聂振邦同志在内蒙古自治区粮库建设工地调研

聂振邦同志在河南省调研夏粮收购工作

郄建伟同志在山东省调研夏粮收购工作

任正晓同志在甘肃省武威市农户调研

张桂凤同志出席第十一届湖北粮油精品展示交易会

杨兵同志在陕西省调研夏季粮油收购工作

曾丽瑛同志在北京市调研粮油市场情况

2010
中国粮食年鉴编辑委员会

委　员

王宝伟	国家发展和改革委员会经济贸易司司长
方　言（女）	国家发展和改革委员会农村经济司副司长
曹长庆	国家发展和改革委员会价格司司长
叶贞琴	农业部种植业管理司司长
盛来运	国家统计局国民经济综合统计司副司长
赵建华	国家统计局农村社会经济调查司副司长
孙鉴奇	国家粮食局办公室主任
徐京华	国家粮食局人事司司长
刘　韧	国家粮食局外事司司长
卢景波	国家粮食局调控司司长
颜　波	国家粮食局政策法规司司长
程传秀（女）	国家粮食局监督检查司司长
邓亦武	国家粮食局财务司司长
何　毅	国家粮食局流通与科技发展司司长
金　刚	国家粮食局机关党委常务副书记
辛志光	中纪委、监察部驻国家粮食局纪检组副组长、监察局局长
张　普	国家粮食局离退休干部办公室主任
王亚平	国家粮食局机关服务中心主任
张本初	国家粮食局军粮供应中心主任
尚强民	国家粮油信息中心主任
杜　政	国家粮食局标准质量中心主任
夏吉贤	中国粮食经济杂志社社长兼主编
赵小津	国家粮食局科学研究院院长
何松森	中国粮食研究培训中心主任
田雨军	国家粮食局发展交流中心主任
宋丹丕	中国粮食行业协会秘书长
胡承淼	中国粮油学会秘书长
李广禄	北京市粮食局局长
马春波	天津市粮食局局长
徐受棠	河北省粮食局局长
姚高宽	山西省粮食局局长
卫庆国	内蒙古自治区粮食局局长
李汪洋	辽宁省农村经济委员会副主任、粮食局局长
祝业辉	吉林省粮食局局长

委　员

撰稿人员（按姓氏笔画为序）

丁　杰　丁　斌　卜铁彪　万劲松　万富世　于　涛　于英威　于振峰
马会军　马新华　孔伟娟　尹成林　方　言　王　旭　王　江　王　松
王　强　王　静　王正友　王仲涛　王秀军　王建强　王金云　王家忠
王鸿鸣　王耀鹏　邓　立　邓亦武　付艳丽　卢景波　史京华　玄红建
田　临　田　野　龙伶俐　仲鹭勍　任昌坤　任洪峰　伍佳丽　关浚哲
刘　平　刘　韧　刘小南　刘冬竹　刘青青　刘俭荣　刘莉华　刘铁宏
刘惠标　刘嘉楠　匡广忠　孙洪波　安海东　曲贵强　朱之光　朱六九
朱传碧　许　策　许正斌　齐朝富　何少平　何建新　吴少宇　吴永顺
吴国梁　张　云　张永刚　张永强　张永福　张生彬　张庆娥　张延华
张成志　张步先　张树森　张秋容　张鸿玺　李　可　李　红　李　玥
李　洵　李　涛　李　德　李亚莉　李志敏　李青宁　李美琴　李桂萍
李寅铨　李福君　杜　政　杨　正　杨　牧　杨卫辰　杨卫路　杨文利
杨晓静　杨绪珍　汪文霞　肖　玲　肖春阳　苏平山　邱　杰　邹　炜
闵　松　陆壮雄　陈　玲　陈　娟　陈书玉　陈玉中　陈加乐　陈军生
陈成云　陈秀玲　陈建军　陈家积　陈海波　周　波　周　辉　周冠华
周晓耘　林　华　林　潇　林风刚　林明亮　林善为　罗　叶　罗文娟
罗守全　罗俊雄　郁士祥　金　刚　金　贤　金巍巍　鱼金明　姚　海
姚秀敏　洪　荣　祝志光　胡飞俊　胡连锋　胡承淼　贺　伟　赵　奕
赵文先　赵永茂　赵宇红　赵凌云　赵素丽　郝胜龙　钟碧嫦　原海明
唐　茂　唐铁军　唐瑞明　徐志宇　徐京华　秦　剑　秦玉云　耿晓頔
袁　辉　袁玉生　郭　建　郭尚营　郭晓虹　陶　英　高　波　高卫华
高美华　商卫国　寇　荣　梁建军　梅　伟　符永光　隋晓刚　麻　婷
麻国杰　黄　辉　黄江鹭　龚　伟　龚娣群　彭　波　智振华　曾令清
曾丽明　曾树林　曾衍德　游　泳　程传秀　程继伟　蒋心宏　韩继志
廖廷球　谭本刚　潘文博　潘祝明　颜　波　戴志刚　魏才奎　魏松青

编审人员（按姓氏笔画为序）

邓亦武　卢景波　刘小南　孙鉴奇　严　涛　何松森　夏吉贤
颜　波

编辑部

主　　任：何松森

工作人员：刘珊珊　朱　蓉　崔菲菲

编写说明

为全面、准确地反映国家和地方粮食工作，国家粮食局从2006年开始组织编撰《中国粮食年鉴》。《中国粮食年鉴》是经新闻出版总署批准出版、由国家粮食局主办并委托中国粮食研究培训中心组编的官方年鉴，是粮食行业实用性、资料性工具书。

《中国粮食年鉴》全面、系统地记述了上一年度中国粮食工作的主要情况，刊载有重要的粮食政策法规文件和统计资料，与国家粮食局主办并委托中国粮食研究培训中心组编的《中国粮食发展报告》联袂成为姊妹篇。本期年鉴由综述、专文、全国粮食工作、各地粮食工作、粮食政策与法规文件、附录等六部分组成。年鉴收集的数据和资料均未包括我国香港特别行政区、澳门特别行政区和台湾省。各省（自治区、直辖市）的排列顺序，按照全国行政区划的统一规定排列。年鉴涉及的单位名称、姓名和职务均以截稿日期为准。

本期年鉴在编辑出版过程中得到了国家粮食局、国家发展和改革委员会、农业部、国家统计局以及各省（自治区、直辖市）、计划单列市及新疆生产建设兵团粮食行政管理部门的大力支持，在此，我们表示衷心的感谢！不足和错误之处，敬请读者批评指正。

《2010中国粮食年鉴》编辑委员会

中国粮食研究培训中心

二〇一〇年十月

1 2 3 4 5 6

目 录

附 录 663

1

第一篇

综　述

2009年全国粮食工作综述

国家粮食局党组书记、局长　聂振邦

2009年，是新世纪以来我国经济发展最为困难的一年。面对国际金融危机的严重冲击和多年不遇自然灾害的重大考验，以及国内外农产品市场异常波动的不利影响，各级粮食部门在党中央、国务院的坚强领导下，坚持以科学发展观统领工作全局，深入学习贯彻党的十七大、十七届三中、四中全会和中央经济工作会议、中央农村工作会议精神，按照年初部署的“抓好收购促增收，充实储备强基础，清仓查库摸家底，加强调控稳市场，深化改革促发展”等重点工作任务，坚定不移地贯彻实施应对国际金融危机一揽子计划和粮食工作各项方针政策，粮食流通各项工作取得新进展，保障了国家粮食安全，为保增长、保民生、保稳定作出了积极贡献。

一　强化强农惠农政策，粮食产量连续六年增长

2009年，中央进一步强化强农惠农政策，大幅度增加涉农补贴资金，“三农”投入规模创历史新高，粮食生产稳步发展。中央财政用于“三农”的支出7253亿元，比上年增加1298亿元，增长21.8%。其中粮食直补、农资综合直补、良种补贴、农机具购置补贴等四项补贴1274.5亿元，比上年增加244.5亿元。支持改造中低产农田、建设高标准农田2660万亩，增加粮食综合生产能力327.5万吨。继续对重点地区的重点粮食品种实行最低收购价政策，大幅度提高小麦、稻谷最低收购价水平，提价幅度达13%~17%。启动实施全国新增千亿斤粮食生产能力建设规划。据统计，2009年全国粮食总产量53082万吨，再创历史新高，连续六年增产，首次实现连续三年超5亿吨。农村居民人均纯收入5153元，比上年增加392元，剔除价格因素，实际增长8.5%。

二　落实各项宏观调控措施，确保粮食市场供求和价格基本稳定

认真落实国家粮食收购政策，切实保护农民利益，调动种粮农民积极性。2009年，全国各类粮食经营企业共收购粮食28781万吨（原粮，下同），其中国有粮食企业收购16387万吨，其他多元主体收购12394万吨，分别占总收购量的57%和43%，国有粮食企业继续发挥主渠道作用。2009年国家再次较大幅度提高小麦、稻谷最低收购价水平，加大国家临时存储稻谷、小麦、玉米、大豆和油菜籽的收储力度。创新托市收购机制，引导加工企业入市收购，对17个省份的中央直属和地方油脂加工企业托市收购油菜籽给予补贴，对内蒙古自治区和黑龙江、吉林、辽宁省一定规模以上的大豆压榨企业入市收购大豆给予补贴，对南方16个饲料消费省份的定点企业和中央直属企业到东北三省和内蒙古自治区采购玉米给予补贴，对江苏、安徽、山东、河南、湖北等省部分受灾地区的芽麦实行保护性收购。全年收购托市粮食（含油菜籽）9241万吨，其中小麦4091万吨、稻谷1119万吨、玉米2748万吨、大豆494万吨、油菜籽789万吨。据测算，各项收购政策的实施，有效拉动市场价格回升，促进农民增收400多亿元，为保护农民种粮积极性、扩大农村消费、促进经济平稳较快发展发挥了积极作用。

面对国内粮食市场可能异常波动的严峻考验，国家根据宏观调控的需要，合理安排政策性粮食竞

价销售。2009年累计成交政策性粮食6550万吨，满足了市场需求，稳定了市场价格。将国家临时存储的575万吨玉米和195万吨大豆划转给地方作为临时储备，定向销售给加工企业，促进国产玉米和大豆的加工转化。下达905万吨临时存储粮和1.9万吨中央储备菜籽油跨省移库计划，充实销区库存，优化库存布局。多次举办粮食产销衔接交易会、贸易洽谈会、精品展销会，签订粮食购销合同2000万吨。认真落实关内销区到东北采购粳稻（大米）运费补贴政策，采购粳稻（大米）625万吨，有力促进了产销衔接，搞活了粮食流通。

加强中央和地方储备粮管理，增强市场调控能力。服从和服务于国家宏观调控、稳定市场粮价的需要，指导中储粮总公司落实中央储备粮轮换计划、油料收购计划和进口转储备计划。会同有关部门下达食用植物油地方储备规模指导性计划。各地按照要求积极充实地方粮食储备规模，健全储备体系，提高储备粮油管理水平。据统计，2009年末地方粮、油储备分别比上年同期增加2.8%和43%。牢固树立"以兵为本"服务宗旨，落实"平战结合"工作方针，突出抓紧抓好规范化管理和应急保障工作。紧贴部队后勤保障需求，不断提升军粮供应体系的综合保障能力，保证了部队日常供应、重大活动和应急用粮需要。

三　认真组织开展清仓查库，摸清了粮食库存家底

国务院高度重视全国粮食清仓查库工作，分别召开电视电话会议进行动员部署和总结，中共中央政治局常委、国务院副总理李克强两次到会并作重要讲话，成立了由国家发展改革委牵头，10个部门和单位共同组成的部际联席会议，办公室设在国家粮食局，具体承担清仓查库的组织协调等工作。地方各级人民政府按照部署和要求，成立相应工作机构，落实职责分工。各级粮食部门科学制定实施方案和检查方法，大规模、多层次培训检查人员。清查中，按照"在地检查"原则，做到"有仓必到、有粮必查、有账必核、查必彻底"，对发现的问题边查边改，严肃查处涉粮违规违纪案件。据统计，地方各级政府和国家有关部门直接参与检查的人员124756人，清查储粮库点29965个，对1765个重点非国有粮食企业和转化用粮企业的粮食库存进行了典型调查，邀请6375名人大代表和政协委员现场督导清查工作，提高了清查结果的透明度和公信力。

清查结果显示，2009年3月末，全国国有粮食企业粮食总库存22540万吨，账实相符率99.7%，质量合格率97.1%，宜存率99.1%，全国粮食库存数量真实，质量良好，储存安全，管理比较规范，品种结构趋于合理，区域布局进一步改善。通过清查，检验和推进了粮食系统各项工作，增进了社会各界对粮食工作的了解，为加强粮食仓储管理和库存监管积累了丰富经验，为科学实施粮食宏观调控奠定了坚实基础。

四　积极推进粮食流通体制改革，国有粮食企业改革和发展取得新成效

粮食流通体制改革继续深化。积极推进粮食行政管理部门职能转变，把粮食行政管理部门的工作重心转到粮食市场调控、监管和行业指导、服务上来。加强稻谷、小麦等主要粮食品种的成本利润调查，及时提出政策性收购粮食价格水平建议，研究完善粮食价格形成机制。积极培育和发展多元市场主体，截至2009年底，具有收购资格的多元市场主体达到6.7万家。

国有粮食企业改革和发展步伐加快。继续妥善解决国有粮食购销企业财务挂账有关遗留问题，

明确中央和地方储备粮承储企业税收优惠政策，为企业改革发展创造良好政策环境。加强对企业产权制度改革的指导，严格规范改革改制行为，保护职工合法权益。截至2009年底，全国国有粮食企业总数18163个，其中购销企业12567个，比1998年分别减少65%、59%，企业布局和结构进一步优化，提高了市场竞争力。指导和促进企业加强经营管理，提高经济效益。2009年全国纳入统计的国有粮食企业统算盈利52.4亿元，同比增加31.1亿元，为历史最好水平。其中国有粮食购销企业统算盈利45.2亿元，同比增盈26.9亿元。25个省份及新疆生产建设兵团实现了盈利，其中北京、上海、山东、湖南和四川5个省（市）已连续五年盈利。

五 加强制度建设和市场监管，粮食依法行政能力进一步提高

积极推进粮食立法。认真贯彻落实党中央、全国人大和国务院关于制定《粮食法》的要求，成立了由17个部门有关负责同志组成的领导小组及工作组，认真开展专题调研，积极做好《粮食法（草案）》研究起草工作。以贯彻两部条例为主线，研究制定年度普法依法治理要点，全面总结“五五”普法以来粮食行业法制宣传教育工作。继续做好粮食收购资格和中央储备粮代储资格审核工作。截至2009年底，全国具有粮食收购资格的经营者8.55万家；具有中央储备粮、油代储资格的企业分别为1907户和208户，资格仓容、罐容分别达到10115万吨和319万吨，资格企业布局趋于合理。

加强监督检查和标准质量工作。继续巩固和加强监督检查体系、质量监测体系建设成果，全国31个省（区、市）及新疆生产建设兵团、82%的市地级和70%的县级粮食部门设立了监督检查机构，纳入国家粮食质量监测体系的质检机构已达197家。进一步完善粮食监督检查和质量安全监管制度，加强粮食市场日常监管和政策性粮食购销专项检查，认真督查、查办涉粮案件和粮食质量安全事件。认真贯彻《食品安全法》，继续抓好标准制修订工作，《稻谷》、《玉米》、《大豆》等国家标准相继实施，认真开展粮食质量与原粮卫生的调查、抽查与监测，积极履行国际标准化组织谷物与豆类分技术委员会秘书处职责和成员国义务。

加强粮食仓储规范化管理和安全生产工作。全面启动仓储规范化管理工作，开展粮食行业安全生产执法、治理和宣传“三项行动”。全面总结近年来粮食行业安全生产工作经验，调查分析部分地方安全储粮事故发生的原因，开展粮油仓储设施安全隐患排查工作，强化粮油仓储设施使用管理，进一步加强教育培训，增强安全生产意识，规范操作行为，落实安全责任，严防重特大事故发生。

六 加强粮食流通产业建设，粮食市场体系、统计体系、信息体系和应急体系进一步完善

粮食流通基础设施和物流体系建设迈出新步伐。落实国务院“建设粮食储备仓容1500万吨、储备油罐175万吨”的计划，两年安排中央投资42.6亿元用于粮油仓储设施建设。从2008年第四季度到2009年底，已安排中央补助投资29.5亿元用于粮油仓储物流和烘干设施专项建设，进一步缓解我国食用油罐容不足和重点粮食产区仓储、烘干能力不足的压力。落实仓房维修改造资金3亿元，改善15个省份实施政策性粮食收储的设施条件。

粮食市场体系建设取得新进展。继续贯彻落实全国粮食市场体系建设规划，22个省（区、市）出台了本地粮食市场建设规划或指导意见。国家粮食交易中心总数达到22个，全国统一竞价交易平台联网市场已达23家，顺利完成了国家政策性粮食的销售任务。大中城市成品粮油批发市场继续呈现强劲发展势头，满足了城镇居民粮油消费需要。加强粮食统计、信息和应急体系建设。加强和改进粮食统计工作，认真完成粮食购销存统计、粮油加工业统计和供需平衡调查等基础工作。建立政策性粮食收购五日报、大米市场监测旬报、临时收储油菜籽和东北地区定向销售月报等制度，调整粮油市场信息监测点布局，健全信息监测系统，加强粮食市场监测预警分析，为粮食宏观调控提供了可靠的决策依据。各地进一步完善本地区粮食应急预案，健全应急保障体系，一些省市积极组织培训和应急演练，不断提高应急保障水平。

粮食产业化经营积极推进。国家粮食局会同中国农业发展银行出台支持现代粮食流通产业发展的政策，在政策性粮油收储、自主购销和产业化龙头企业发展等方面，加大对企业的信贷支持力度；重新审核重点支持的1684家产业化龙头企业，继续提供贷款支持，促进企业做大做优做强。粮油加工业和科技创新取得新成效。粮油加工业多元化主体格局初步形成，技术水平不断提升，主要产品产量和企业效益持续增长。以大型龙头企业和粮食物流枢纽为依托，加工产业园区建设明显加快。组织行业优势资源，申报粮食产后国家工程实验室，国家粮食局科学研究院粮食储藏实验室建设项目正式竣工验收。成功举办以“科学消费植物油”为主题的粮食科技周和科普宣传活动，粮食科技创新体系进一步完善，粮食宏观调控信息保障技术、粮食储藏质量检测等科技研发和推广取得重要成果。

七　切实做好粮食基础性工作，促进粮食行业服务水平进一步提高

“农户科学储粮专项”工程和“放心粮油”工程取得新成绩。认真编制农户科学储粮规划，扩大专项实施范围，在14个粮食产区安排中央补助、地方配套和农户自筹资金6.7亿元，为57.2万农户建设标准化小型粮仓，改善了农户储粮条件，专项实施区的地方政府和广大种粮农户称之为德政工程。“放心粮油”工程已经成为深受广大消费者和社会各方面欢迎的“民心工程”。据不完全统计，全国各地放心粮油生产企业已经建立各类销售网点17万多个，其中农村网点6万多个。

加强粮食行业服务工作。发挥粮食行业协会、粮食贸促会、粮油学会、粮经学会等社团组织作用，成功举办新中国成立60周年成就展、粮油精品展、世界粮食日、爱粮节粮周等活动，充分展示粮食系统改革发展的巨大成就和精神风貌。围绕国家粮食安全研究重大问题，积极组织开展课题研究，提出政策建议。继续加强粮食仓储、物流、加工、科技和信息等方面的对外交流与合作，扩大国际合作领域。继续加强新闻宣传和政务信息公开，为粮食流通工作创造良好的舆论环境。

2

第二篇

专　文

深入学习实践科学发展观
加强粮食宏观调控 保障国家粮食安全

——在全国粮食局长会议上的工作报告

国家粮食局党组书记、局长 聂振邦

2009年1月12日

这次会议是经国务院批准召开的。会议的主要任务是，深入学习实践科学发展观，认真贯彻党的十七大、十七届三中全会和中央经济工作会议、中央农村工作会议精神，总结2008年粮食流通工作，分析当前面临的新形势，统一思想，提高认识，研究部署2009年的粮食流通工作。国务院领导和国家发展改革委领导对这次会议非常重视，对做好粮食流通工作提出了明确要求，我们要深刻领会，认真抓好贯彻落实。

一 积极应对挑战，确保粮食市场供应和价格基本稳定

过去的一年，是很不寻常的一年。面对国际粮价大涨大落的复杂形势，面对国内重大自然灾害的严峻局面，面对百年奥运保供应的重大任务，按照党中央、国务院的统一部署，在国家发展改革委的指导和有关部门的大力支持下，粮食部门认真贯彻落实科学发展观，认真执行国家粮食政策，正确把握形势，改善宏观调控，深化企业改革，加强监督检查，创新体制机制，发展流通产业，经过广大干部职工的共同努力，保证了全国市场、受灾地区和奥运举办城市的粮油供应和价格基本稳定，保护了种粮农民利益，保障了国家粮食安全，为国民经济平稳较快发展作出了积极贡献。

（一）宏观调控稳粮价取得明显成效

一是抓好粮食收购，种粮农民利益得到保护。2008年全国各类粮食经营企业收购粮食5804亿斤（原粮，下同），其中国有粮食企业收购3402亿斤。国家连续调高小麦、稻谷最低收购价，将稻谷最低收购价实施范围扩大到11个省（区）。在6个小麦主产省启动执行预案，全年收购最低收购价小麦835亿斤，比上年增加256亿斤。认真落实国家关于东北地区粳稻、玉米、大豆和南方稻谷的临时收储政策，有效解决农民“卖粮难”问题，2008年收购临时存储稻谷235亿斤、玉米264亿斤、大豆12亿斤。粮食收购期间，各级粮食行政管理部门派出工作组，由负责同志带队深入基层检查指导，协调解决收购过程中出现的问题，督促做好粮食收购工作。各地发挥国有粮食企业主渠道作用，引导和鼓励多元主体积极入市收购，搞活粮食流通。这些措施有力地支撑了粮食市场价格，使农民得到实惠。国家增加政策性粮食收购、提高收购价格带动市场粮价回升，按商品量测算，使全国农民增收500多亿元。仅河南省收购最低收购价小麦近500亿斤，全省农民增收30多亿元。

二是适时吞吐调节，粮食市场和价格保持基本稳定。面对国际粮食危机，粮价大幅上涨的严峻形势，根据国家宏观调控需要和市场需求情况，适时安排政策性粮食竞价销售，合理把握储备粮油的轮换时机和销售节奏，稳定了市场，保证了供应，避免了粮价大涨大落，维护了广大生产者和消费者的权益。2008年国有粮食企业销售粮食3327亿斤，其中销售政策性粮食978亿斤。

三是充实粮食储备，市场调控能力增强。认真组织实施中央储备玉米、大豆和食用植物油增储计

划，中央储备粮、油库存同比分别增加125亿斤和84万吨。及时下达和督促实施中央储备粮年度轮换计划。按照国务院部署，各地认真落实国家有关部门下达的地方储备粮规模指导计划和储备油规模标准要求，地方储备粮、油库存同比分别增加85亿斤和28万吨。

四是完善应急体系，应急保障能力得到提高。按照国家粮食应急预案要求，各地进一步完善本地区粮食应急预案，积极组织培训和应急演练，健全应急保障体系。适应部队后勤保障社会化改革的需要，军粮供应工作和应急保障能力建设取得明显成效。目前全国已确定粮油应急加工定点企业2374家，应急供应定点企业6595家，增强了应急保障能力，经受住了重大自然灾害和突发事件的考验。

五是加强产销衔接，有效促进区域粮食供求基本平衡。2008年，国家下达政策性粮食跨省移库计划100亿斤，目前已累计完成92.5亿斤，有效地充实了销区粮食库存，缓解了产区收储压力。认真落实关内销区到东北产区采购粳稻运费补贴政策，促进东北地区粳稻销售。大力开展粮食产销衔接，通过举办各类粮食产销衔接交易会、贸易洽谈会、产销合作会，签订粮食购销合同410亿斤。

（二）抗灾救灾保供应取得突出成绩

2008年初，我国南方遭遇历史罕见的雨雪冰冻灾害，波及17个省（区、市）。在国务院煤电油运抗灾抢险指挥部统一指挥下，国家粮食局和受灾地区各级粮食部门把“抗雪灾、保供应、稳粮价、安民心”作为最紧迫的任务来抓，加强粮源组织调度，及时启动应急预案，受灾地区粮食部门在当地党委、政府组织领导下，广大干部职工克服天寒地冻、电断路滑等种种困难，肩挑背扛、翻山越岭送粮送油，保证了受灾群众特别是边远地区居民的生活需要。

汶川特大地震发生后，及时落实国务院抗震救灾总指挥部的部署，按照“3个月内向灾区困难群众每人每天发放1斤口粮”的标准，累计下达中央储备粮抗震救灾计划12.5亿斤，向四川省定向销售国家临时储存玉米3.95亿斤。紧急安排四川灾区粮食收购补贴和所需受损仓库维修、烘干设备采购资金2.35亿元。四川、甘肃两省以及云南、陕西部分市县及时启动粮食应急预案，全力以赴抗震救灾，切实做好成品粮油加工、调运和供应工作，做到路断、桥断、粮不断，确保灾区群众、抢险救援部队和抗震救灾人员“有饭吃”。不少灾区粮食部门的干部职工强忍失去亲人的悲痛，冒着随时余震的危险，不顾个人安危，舍小家顾大家，全力投入抗震救灾保供应工作。一方有难，八方支援。全国各地粮食部门迅速组织捐款捐物，送温暖献爱心，有力地支持了抗震救灾和灾后重建。

在抗击严重自然灾害的战斗中，粮食行政管理部门发挥了坚强的组织保障作用，粮食企业发挥了重要的供应保障作用，军粮供应单位发挥了坚强可靠的后勤保障作用，广大干部职工充分发挥了主人翁精神，创造了许多可歌可泣的英雄事迹，涌现了一批先进集体和先进个人。这次会议将对全国粮食系统64个抗震救灾先进集体和124名先进个人进行表彰。

（三）粮食流通体制改革继续深化

一是以纪念改革开放30周年为契机继续推进粮食流通体制改革。落实中央关于纪念改革开放30周年的部署，认真开展以“粮食流通体制改革和现代粮食流通产业发展”为主题的纪念活动，总结粮食流通体制改革成就和经验，加强现代粮食流通产业发展战略研究，提出相关政策措施建议，推进粮食流通体制改革继续深化，推动现代粮食流通产业发展。

二是粮食行政管理部门职能转变稳步推进。各地粮食行政管理部门继续推进职能转变，加快实行政企分开；不断加强粮食市场监管执法体系建设，规范粮食流通市场秩序，服务粮食宏观调控；积极培育和发展粮食经济合作组织，加强对粮食经纪人的培训和引导，加快构建新型粮食购销服务网络，把粮食行政管理部门的工作重心转到粮食市场调控、监管和行业指导、服务上来。

三是国有粮食企业改革发展取得新进展。各级粮食部门认真调查研究，着力找准当前国有粮食企业改革中存在的薄弱环节和突出问题，进一步推进企业产权制度改革，优化企业布局和结构。到2008年11月底，全国国有粮食企业总数18989个，其中购销企业13562个，分别比上年减少11.4%和8.2%；国有粮食企业职工69.9万人，其中购销企业职工51.6万人。全年安置分流职工再就业6.5万人，其中粮食部门安置4.4万人。企业扭亏增盈保持良好势头，据初步统计，2008年纳入统计的国有粮食企业统算赢利20.9亿元，北京、天津、吉林、上海、江苏、浙江、安徽、福建、江西、山东、河南、湖北、湖南、广东、四川、云南、陕西、青海、新疆等19个省（区、市）及新疆生产建设兵团实现了统算盈利。河北、广西、海南等省（区）国有粮食购销企业实现了统算盈利。

四是多元粮食市场主体进一步发展。放开粮食市场后，各地积极培育和发展多元粮食市场主体参与粮食收购、加工和销售，拓宽农民售粮渠道，搞活了粮食流通。目前全国具有粮食收购资格的各类粮食市场主体达到77498家，其中70%以上是多元主体。

（四）现代粮食流通产业发展步伐加快

一是粮食仓储和物流体系建设进一步加强。抓紧落实国家扩大内需政策，做好2008年新增10亿元中央补助投资项目审查工作，安排建设食用油和油料储存设施以及东北地区粮食烘干设施，总投资约25亿元。国家安排7.82亿元中央补助投资，重点安排黑龙江、内蒙古、山东、河南、湖南、山西、广西等21个省（区、市）仓房维修改造和粮食仓储、烘干设施及物流体系建设。在国家新增粮食生产能力建设规划中，认真调研论证，提出“仓储物流工程配套”建设投资方案。各地通过政策扶持和投资引导，多渠道筹集资金，加快推进主要物流通道和节点项目建设，推广应用散粮运输装卸新技术新设备，湖北宜昌、广东东莞、福建福州、浙江杭州、陕西西安等地粮食现代物流设施建设发展迅速。

二是粮食市场体系、统计体系和市场信息体系进一步完善。落实全国粮食市场体系建设“十一五”规划，加强全国统一粮食竞价交易系统建设，发展区域性、专业性和大中城市成品粮批发市场。目前国家粮食交易中心达到18个，全国各类粮食批发市场达到553家。积极推进粮食联网竞价交易，实现全国联网的批发市场达到23家，成功完成了国家宏观调控政策性粮食交易任务，为应对国际市场粮价大起大落、稳定国内粮食市场发挥了重要作用。及时修订国家粮食流通统计制度，完善食用油和粮油加工业统计指标体系。认真开展社会粮食流通统计，做好粮食购销存月报、旬报和食用油、大米日报工作，完成社会粮食供需平衡调查。加强市场信息监测，努力提供及时、准确、全面的市场信息服务，为宏观调控提供依据。

三是以粮食购销、加工企业为龙头的产业化经营稳步发展。各地结合推进国有粮食企业改革，以资本为纽带，开展跨地区兼并联合重组，主动向粮食生产和加工转化领域延伸，发展粮食产业化经营。目前，全国规模以上粮食加工企业11977家，其中国有粮食产业化龙头企业1324家。江苏、安徽、湖北等地将粮食产业发展纳入地方经济发展规划，安排专项资金对粮油精深加工和产业化项目予以贴息。积极争取对重点粮食产业化企业的贷款支持，截至2008年11月底，国家粮食局和中国农业发展银行重点支持的粮食产业化龙头企业1684家，在粮食收购、技术改造、基地建设等方面获得贷款997.7亿元。

四是粮食仓储管理水平和粮食科技创新能力得到提高。各地积极加强粮食仓储管理，山西、云南、安徽等地推行“示范库”建设，北京实行“千分制”考核办法，浙江等地实行“星级库”考评，山东、河北、河南等地实行规范化管理。认真研究制定和组织实施新的小麦国家标准，在小麦主产省推广使用小麦硬度仪，以仪器检验代替感官判定，有效地保护了农民利益，深受广大农民欢迎。科技创新体系建设取得明显进展，在国家粮食局科学研究院、河南工业大学、成都储藏研究所等9个单位建立了国家粮食局工程技术研究中心。粮食数量动态检测、快速品质检测仪器、植物源杀虫剂新剂型、低温准低温储粮示范等研究取得阶段性成果。在全国继续成功举办粮食科技活动周，积极倡导科学膳食，推动主食工业化，促进居民科学健康消费粮油食品。

五是农户安全储粮、“放心粮油”工程扎实推进。辽宁、山东、四川3省全面完成农户安全储粮试点专项，通过中央补助、地方配套和农户自筹的方式，为试点地区农户配置标准化储粮装具，推广科学储粮技术，起到明显减损效果和示范作用。四川省在地震灾后克服困难，超额完成了试点任务。新疆、安徽等省（区）自筹资金，积极开展农户储粮减损工程。继续大力开展“放心粮油”进农村、进社区工作，加强粮油质量监管和城乡营销服务网络建设。中国粮食行业协会组织全国150多家粮油骨干企业，共同签署深入推进放心粮油工程确保粮油食品安全承诺书，促进企业保护消费者权益。

（五）粮食依法行政能力和服务水平全面提高

一是粮食流通监督检查工作深入推进。进一步加强全社会粮食流通监管工作体系建设，目前全国已有29个省（区、市）和80%以上的市、70%的县级粮食部门设立了监督检查机构，经过培训获得执法资格的人员2.5万人。以粮食最低收购价政策落实情况为重点，组织开展专项检查活动9万多次，及时受理举报、核查涉粮案件，维护了正常的粮食流通秩序。制定粮食流通监督检查考核办法，修订监督检查行政执法文书，完善配套制度，建立了行政执法信息管理系统。各地积极推行行政执法责任制，改善执法条件，提高执法水平，部分地区开展了粮食流通信用体系建设，实行粮食企业分级监管。北京等奥运举办城市加强对奥运供应粮油的监管，四川、甘肃等地震灾区在粮食供应中，实行了从原粮出库、加工、检验、包装、运输、分发的全程监管，确保了粮油供应数量充足、质量安全。

二是粮食清仓查库工作继续加强。认真组织完成对2008年3月末全国国有粮食企业库存检查，在企业自查和省级复查的基础上，国家有关部门派出工作组对河北、辽宁等8省市进行督查和抽查。及时核查粮食库存，总结分析检查情况，提出解决问题的对策措施，并向国务院呈报专项检查报告。根据国务院关于在全国开展清仓查库的决定，在广泛调研和征求意见的基础上，拟定2009年全国粮食清仓查库工作实施方案、检查办法，做好实施准备工作。

三是粮食质量监管工作全面展开。加强中央和地方储备粮质量监管，对中央储备粮进行质量卫生专项抽查，组织25个省级粮食部门对地方储备粮质量进行抽查，完善了中央储备粮抽查扦样检验管理办法。组织152个质检机构对10个卫生检验项目的比对考核，检验能力得到进一步加强。完成316项国家粮油标准制修订工作，制订和发布粮食行业标准24项，小麦粉、食用调和油等标准制修订工作取得重要进展。继续开展收获粮食质量调查和品质测报，及时掌握新粮质量状况，为指导粮食收购发挥重要作用。

四是推进粮食法治取得新进展。落实中央关于在本届人大提请审议的法律草案的决定，积极准备《粮食法》的研究起草工作。认真执行中央储备粮管理条例和粮食流通管理条例，修订粮油仓库管理办法、粮油仓储设施管理办法等规章和规范性文件。规范收购市场秩序，认真做好粮食收购资格审核工作。对419户企业进行了中央储备粮代储资格审核，目前全国具有中央储备粮代储资格的企业1997家，仓容规模9865万吨。

五是积极开展对外交流与合作。成功举办中国国际榨油商大会、第8届国际储藏物气调与熏蒸大会，承担谷物与豆类国际标准化组织秘书处工作，在意大利主持召开谷物与豆类分技术委员会第33届年会，扩大了我国在国际粮食领域的影响力。加强国内外粮食物流、散粮汽车运输、稻谷烘干等技术的合作研究和推广。完成粮食仓储行业淘汰甲基溴的国际援助项目。

六是引导社会舆论和市场预期。努力做好抗击严重自然灾害和北京奥运会期间的新闻宣传，通过新闻媒体积极宣传国家粮食政策，介绍粮食购销形势，新闻宣传工作取得新成效。开展全国爱粮节粮宣传周暨世界粮食日活动，为科学消费粮食营造良好氛围。

（六）党的建设、廉政建设和干部队伍建设继续加强

认真贯彻落实党的十七大和十七届三中全会精神，开展深入学习实践科学发展观活动，加强调查研究，健全体制机制，促进粮食流通又好又快发展。加强党的思想建设、组织建设和作风建设，提高粮食系统干部职工队伍素质。大力实施人才兴粮战略，加强干部职工培训，积极拓展职业技能鉴定覆盖面。认真贯彻中纪委全会、国务院廉政工作会议、全国党风廉政责任制电视电话会议精神以及惩治和预防腐败工作规划，推进党风廉政责任制的落实，深入开展反腐倡廉教育，加强粮食系统查办案件工作，坚决纠正损害群众利益的行为，加强监督，为确保粮食安全提供政治和纪律保证。

二 统一思想认识，正确把握粮食流通工作面临的新形势

去年以来，国际国内经济形势复杂多变，世界经济经过几年高速增长后开始出现衰退，金融危机不断向实体经济蔓延扩散，粮食生产和供求形势、价格走势存在许多不确定因素，粮食宏观调控、库存监管、产业发展和体制改革亟待加强和完善，对进一步做好粮食流通工作提出了严峻挑战和更高要求。各级粮食部门一定要把思想和行动统一到科学发展观的要求上来，统一到中央对国内外形势的分析判断上来，统一到中央的决策部署上来，准确把握粮食工作面临的新形势、新要求。

（一）中央关于粮食工作的新政策新部署，给粮食流通工作提出新要求

党的十七届三中全会进一步明确了粮食工作的方针政策，中央经济工作会议、中央农村工作会议对粮食工作作出新的部署。胡锦涛总书记强调，在经济发展遇到困难的时候，我们一定要更加重视农业、农村、农民工作，千方百计确保农业特别是粮食安全不出问题。温家宝总理指出，粮食始终是经济发展、社会稳定和国家安全的基础，任何时候都不能有闪失。中央领导同志的重要指示，为在新的历史起点上，推进粮食流通产业又好又快发展，保障国家粮食安全，指明了方向，明确了目标。最近召开的中央农村工作会议上再次强调，在粮食这个问题上，必须要有长远眼光和战略思维，必须瞻前顾后、留有余地，始终如一地高度重视粮食安全，坚持不懈地抓好粮食生产，决不能因某些品种和局部地区供求关系的变化而出现认识上的反复，决不能因年度的丰歉而出现工作上的摇摆。我们一定要认真学习，深刻领会，结合粮食流通工作实际坚决抓好贯彻落实。

在粮食工作指导思想上，要坚持立足国内保障粮食基本自给和努力保持粮食供求紧平衡相统一，切实保障粮食有效供给。既要防止粮食短缺供不应求、“米贵伤民”，威胁国家粮食安全；又要防止粮食价格走低、“谷贱伤农”，影响粮食生产稳定发展。

在粮食支持保护政策上，要坚持促进粮食增产、农民增收和财力增强相统一，进一步完善粮食支持保护制度。既要健全粮食补贴制度，逐年较大幅度增加农民种粮补贴，支持增粮增收；又要健全粮食价格保护制度，继续提高粮食最低收购价，完善价格形成机制，理顺比价关系，充分发挥市场价格对增产增收的促进作用。

在粮食宏观调控机制上，要坚持落实中央要求和调动地方积极性相统一，加快构建“供给稳定、储备充足、调控有力、运转高效”的粮食安全保障体系。既要求各地区明确和落实粮食发展目标，强

化扶持政策，落实储备任务，承担国家粮食安全责任；又要建立主产区利益补偿制度，加大对产粮大县财政奖励和粮食产业建设项目扶持力度，充分调动农民种粮、地方抓粮的积极性。

在粮食产业发展措施上，要坚持粮食生产、流通和消费相统一，促进产销区粮食产业协调发展。加大对主产区的扶持，完善粮食风险基金政策，加快取消主产区资金配套；加强和充实粮食储备，完善粮食进出口和吞吐调节机制，保持粮食价格合理水平；加大对粮食产业建设项目的扶持，加强粮食物流体系建设，改善粮食仓储条件；积极搞活流通，支持销区企业到产区采购，完善产销衔接；加强对粮油消费的引导，提高全社会节粮意识，强化从生产到消费全过程节粮措施。

（二）国际国内粮食供求和价格形势变化，给粮食宏观调控工作提出新要求

从国际市场看，去年粮食价格经历大起大落“过山车”式的变化。上半年，国际市场小麦、稻谷、玉米和大豆等主要品种价格大幅度上涨，引发全球“粮食危机”。下半年，石油价格大幅度下跌，引发世界粮价上涨的能源因素消失；金融危机发生之后，粮食的金融属性明显减弱；全球实体经济发展减速，工业用粮（油）消费需求疲软，世界主要粮油品种价格快速回落。2008年12月末，国际市场主要粮油品种价格水平较高点时下跌了40%～50%。目前美国玉米运到国内完税价格为1620元/吨，考虑品质差价因素，与国内南方玉米港口分销价格基本持平；美国软红冬小麦完税价格为1860元/吨，较国内同品质小麦价格低100元/吨；大豆完税价格为3300元/吨，较国家收购价格低400元/吨。价格飙升刺激了谷物和油料生产，2008年度世界谷物产量创历史新高，达到22.16亿吨，同比增长4.5%，其中小麦产量增长12.3%，油料产量增长6.9%。但是全球主要粮油品种库存消费比为历史低水平，国际市场粮油品种价格仍处于此次波动之前的历史高位。

从国内情况看，2008年粮食生产再获丰收，总产量创历史新高，粮食供求状况进一步改善。稻谷产需趋紧状况有所好转，小麦和玉米继续保持产大于需的格局，大豆产需缺口继续扩大，预计2008年进口大豆3700万吨。近年来我国粮食库存充裕，库存消费比远高于国际上公认的17%～18%的粮食安全线。中央储备规模稳定增加，地方储备逐步充实，国家临时存储粮食库存较多，为做好粮食宏观调控打下了坚实的物质基础。目前存在的主要矛盾仍然是粮食库存品种结构和区域布局不平衡。在国有粮食企业库存中，大米、小麦的库存比重分别为20.9%和59.8%，大米偏少，小麦偏多；大豆和食用植物油库存比重较低；成品粮特别是小包装成品粮库存偏少。在区域布局上，主产区粮食库存占全国总库存的73.2%，主销区和产销平衡区只占12.1%和14.7%。目前主产区正在增加收购，库存量还将增加，而销区和产销平衡区的一些地方库存比较薄弱。这要求我们进一步发展粮食产销衔接，做好粮食移库工作，充实薄弱地区粮食库存，在供求总量基本平衡的情况下，防止某些品种、局部地区的供求严重失衡和价格剧烈波动。

当前，国际市场粮油价格大幅下跌与国内粮食产量大幅增长的情况同时出现，增加了国内粮价下行的压力。为了稳定国内粮食市场价格，2008年国家先后三次下达粮食临时收储等计划5050万吨，其中玉米临时收储计划3000万吨，稻谷临时收储计划1750万吨，大豆临时收储等计划300万吨，最近再次下达第四批临时收储计划800万吨，这些措施有效地遏制了粮食价格下跌的势头，但是价格下行的压力仍然存在，必须引起高度重视。另一方面，考虑到粮食生产成本增加、种粮比较效益较低的情况，还需要继续提高粮食最低收购价格，保护农民利益，促进粮食生产稳定发展。在国内市场粮价高于国际市场的情况下，要防止有的品种过度进口冲击国内市场。因此，今年粮食宏观调控面临的形势更加复杂，工作任务更加艰巨，必须采取积极有效措施，适时适度吞吐调节，加强进出口调控，妥善应对国际市场对国内市场的不利影响，维护国内粮食市场稳定，保护国内粮食生产。

（三）粮食市场主体结构和库存结构发生新变化，给粮食库存监管工作提出新要求

随着粮食购销市场化改革的推进和国家多项宏观调控措施的实施，粮食市场主体结构、库存结构都发生了新的变化。一方面，市场主体日益多元化，搞活了粮食流通，但也发现部分企业执行粮食流通统计制度不严格、不规范，不易摸清库存底数，加上分布点多面广，给粮食库存监管工作增加了很大难度。另一方面，国家和地方各级储备粮规模不断增加，最低收购价政策执行范围扩大，中央和地方储备粮、最低收购价粮、国家临时存储粮等政策性粮食占到国有粮食库存总量的80%左右，粮食库存监管工作任务日益繁重。特别是近年来粮食价格波动大，个别企业存在"转圈粮"、挤占挪用收购资金、粮食销售后不及时减账、违规销售粮食等现象。这些都是当前粮食库存监管工作迫切需要解决的问题，必须进一步健全监管制度、完善监管办法、充实监管力量、加大监管力度。

（四）粮食流通体制改革和现代粮食流通产业发展中出现新情况新问题，给进一步完善政策措施、健全体制机制提出新要求

经过30年的改革和发展，在国家宏观调控下充分发挥市场机制配置粮食资源基础性作用，适应社会主义市场经济发展要求和符合我国国情的粮食流通体制已经初步建立，现代粮食流通产业发展取得明显成效。但在改革和发展中还存在一些矛盾和问题。当前比较突出的，一是国有粮食购销企业历史包袱还未完全解决，经营性亏损挂账负担沉重，产权制度改革滞后，企业改革和发展缺少必要后续政策支持。二是在粮食收购中，托市主体收购已经成为主要形式，地方国有粮食企业和多元主体的积极性没有很好发挥，市场形成粮食价格机制还需要进一步完善。三是粮食市场主体发育不够，有带动力、辐射力的粮食产业化龙头企业不多，大多数企业规模小，产业化经营水平不高，市场竞争力较弱。四是粮食仓储、物流设施分布不平衡，一些地方严重不足，部分基层粮库长期超负荷运转，缺乏资金维修改造，粮食市场体系建设需要进一步加强。五是粮食流通和加工企业技术含量不高，自主创新能力不强，质量标准基础薄弱，不适应建设现代粮食流通产业的需要。解决好这些问题，要进一步完善政策措施，健全体制机制，深化粮食流通体制改革和国有粮食企业改革，加快推进现代粮食流通产业发展。

三 突出工作重点，扎实做好2009年粮食流通工作

根据中央的精神，结合粮食流通工作面临的形势，2009年粮食流通工作的总体要求是：全面贯彻党的十七大、十七届三中全会精神，以邓小平理论和"三个代表"重要思想为指导，深入学习实践科学发展观，落实中央经济工作会议、中央农村工作会议的部署和全国发展改革工作会议的要求，实施好《国家粮食安全中长期规划纲要》、《国务院关于促进食用植物油产业健康发展保障供给安全的意见》和扩大内需的政策措施，坚持服务三农，促进粮食稳产农民增收；坚持改善民生，切实保障粮油市场供应和价格基本稳定；坚持改革创新，理顺粮食流通体制机制；坚持科学发展，又好又快发展现代粮食流通产业。重点任务是：抓好收购促增收，充实储备强基础，清仓查库摸家底，加强调控稳市场，深化改革促发展。具体要做好以下六项工作：

（一）抓好收购，充实储备，增强粮食宏观调控物质基础

一是落实国家粮食收购政策，切实抓好粮食收购工作。手中有粮，心中不慌。抓好粮食收购，是政府掌握粮源的关键，是保护农民利益、促进农民增收、扩大农村消费的重要举措，也是粮食部

门的一项重要工作。要认真总结粮食最低收购价政策执行情况，进一步完善执行预案，加强政策宣传，提前做好启动预案的准备工作。要认真执行国家临时收储粮食政策，确保理解政策无偏差，执行政策不走样，落实政策不缩水。在国家政策性粮食收购过程中，要发挥好地方粮食部门和粮食企业的积极作用。中储粮公司要与地方粮食部门加强沟通协商，在收购库点的选择上要征求地方意见，在费用拨补上要严格执行国家有关规定。地方粮食部门要主动配合，协调地方粮食企业，积极支持中储粮公司完成好政策性粮食收购任务。各级粮食部门要加强对粮食收购工作的组织和指导，督促国有粮食企业发挥主渠道作用，引导多元市场主体积极入市收购，鼓励企业增加粮食商业收储，加强对企业落实国家粮食收购质价政策的监督检查。各类粮食收购企业要准确把握质价政策，坚持优质优价，以质论价，不得压级压价，损害农民利益，也不得抬级抬价，损害国家利益。各类从事粮食收购、加工、销售的经营者，必须保持必要的库存量，承担社会责任。当前粮食收购工作任务很重，各级粮食部门要高度重视，抓好落实，让政府放心，让农民满意。

二是充实地方粮食储备，进一步增强地方政府调控粮食市场能力。各地要按照国务院规定和有关部门下达的分省（区、市）地方粮食储备规模指导性计划，利用粮食丰收的有利时机，抓紧充实地方储备。要根据粮食应急工作需要，进一步优化地方储备粮布局和品种结构，充实成品粮油应急库存。大中城市、重点地区和薄弱地区要增加小包装成品粮油应急储备库存，确保10天以上的市场供应量。其他地区也要建立必要的地方粮食储备，增强地方政府应对市场异常波动的能力。

三是加强中央储备粮行政管理，进一步优化中央储备粮布局和品种结构。及时下达中央储备粮年度轮换计划，跟踪检查计划执行情况，进一步完善轮换机制，推进中央储备粮轮换通过规范的批发市场进行交易，使中央储备粮轮换服从和服务于国家宏观调控需要。结合中央储备大豆和食用植物油增储等工作，继续优化产销区中央储备粮的布局和品种结构，逐步增加大米、大豆、食用植物油等品种的储备数量。加强对中央储备粮的日常监管和质量抽查，确保数量真实、质量良好、储存安全、轮换规范。

（二）清仓查库，摸清家底，为国家宏观调控提供可靠决策依据

全面查清国家库存粮食的数量和质量，准确掌握粮食库存的真实情况，是国家实施粮食宏观调控的重要决策依据。确保粮食库存数量真实、质量良好，是保障国家粮食安全的重要基础。我们要认真贯彻落实国务院领导同志关于“进行一次清仓查库，摸清家底，既做到政府心中有数，也让群众感到放心”的指示精神，按照《国务院办公厅关于开展全国粮食清仓查库工作的通知》要求和部际联席会议的部署，组织和抓好全国粮食清仓查库工作。

这次清仓查库是2001年以来的又一次全国范围大规模的粮食库存大检查，既是对粮食库存家底的一次大清查，也是对粮食部门工作的一次大检验。检查的重点是，所有中央储备粮、国家临时存储粮（含最低收购价粮、中央临时储备、临时储存进口粮和国家临时储存粮）、地方储备粮的数量、品种和质量情况，国有粮食企业储存商品粮的数量、品种、质量和粮权归属情况，企业粮食库存账实相符、账账相符以及与信贷资金对应情况，政策性粮食存储企业的补贴资金下拨使用情况，纳入粮食流通统计范围的重点非国有粮食经营企业及转化用粮企业执行统计制度的情况，并选择部分在当地市场具有一定代表性的企业，进行粮食库存情况的典型调查。检查的要求是，全面检查要落实“有仓必到，有粮必查，有账必核，查必彻底”的原则，省级复查、国家有关部门抽查要采取随机抽样、突击检查等多种方式，确保库存清查扎实进行，进一步摸清粮食库存底数。

这次清仓查库的一个重要特点是实行“在地检查”原则，各地要高度重视，各级粮食部门要主动

向当地政府汇报情况，按照统一部署和业务分工积极开展工作，选派政治素质高、业务能力强的同志参加清仓查库工作。要抓好清仓查库检查人员的培训，重点做好库存实物、统计、财务、质量检查方法及表格填报等方面的培训，既要培训好师资力量，又要培训好参加抽查、复查、普查和督导的工作人员，保证清仓查库工作顺利进行。

（三）稳定粮价，保障供应，切实加强对粮食市场的调控

一是继续做好政策性粮食竞价销售工作，掌握好调控时机和力度。根据宏观调控需要和市场价格情况，合理确定销售底价，分期分批安排最低收购价粮食和国家临时存储粮食的竞价销售。各地粮食部门和托市主体要督促有关承储企业认真履行合同，严格按规定出库，保证销售工作顺利进行。加强对政策性粮油交易过程和合同履约情况的监督检查，规范交易行为，严格交易管理，确保交易活动正常进行。对干扰客户正常交易和设置障碍影响粮食出库的承储企业，要按有关规定严肃处理。

二是加强粮食移库工作和产销衔接，充实薄弱地区粮食库存。中储粮总公司及相关分公司要认真做好最低收购价粮的出库、发运、接收、入库和监管等工作，各有关省（区、市）粮食局要积极协助，力争按时完成移库任务。为鼓励销区到东北产区采购粮食，国家继续对入关的粳稻和大米给予运费补贴，东北地区和销区省份要加强沟通，督促落实购销合同。对确需紧急调运的粮食，各地要及时上报，以便协调铁路、交通等部门统筹安排运力，保证作为重点物资运输。各地要积极探索建立多形式、深层次、长期稳定的粮食产销合作关系，稳定销区粮源渠道。

三是完善粮食应急预案，加强粮食应急体系建设。启动过预案的地区，要按要求抓紧做好仓储设施、应急加工和供应网点的维修工作，恢复应对粮食应急状态的能力，并根据实际情况进一步完善预案和相关实施细则。没有启动预案的地区，要学习借鉴启动预案地区的经验，完善本地区预案，切实加强应急体系建设，增强应急保障能力。

四是进一步做好全社会粮食流通统计工作，加强粮食市场监测预警分析。督促各类粮食企业严格执行国家粮食流通统计制度，组织开展巡查和培训，提高统计质量。认真组织社会粮食、食用植物油和油料供需平衡调查，做好粮油加工业统计工作，掌握粮油供需和加工业发展状况。进一步健全粮食市场监测体系，扩大监测范围，密切关注国内外粮油市场供求和价格变化情况，加强信息监测和统计调查分析，及时提出粮食宏观调控的政策措施建议。进一步完善信息发布制度，及时公布粮食政策信息和供求、价格信息，加强新闻宣传，正确引导粮食生产、流通和消费。

五是牢固树立“以兵为本”服务宗旨，加强全天候军粮供应保障体系建设。继续加强粮源筹集能力、成品粮油储备能力、应急加工能力、应急运输能力和军粮供应企业创新能力建设。突出抓好军供企业改革和应急保障能力建设，进一步优化军供网点布局，加强规范化管理，提升服务功能。

（四）深化改革，促进发展，加强现代粮食流通产业建设

一是深化国有粮食企业产权制度改革，做大做强粮食购销主渠道。完善国有粮食企业改革政策措施，继续解决企业“三老”中的遗留问题，加大基层国有粮食购销企业产权制度改革力度，以骨干粮库为主体，实行兼并重组，组建公司制、股份制粮食购销企业，完善粮食购销网络，进一步优化布局和结构。加强对国有粮食企业经营管理的指导，切实提高企业经济效益，夯实主渠道基础。严格规范国有粮食企业产权改革行为，落实对外资兼并重组国有粮食企业的安全性审查和监督。

二是大力发展粮食产业化经营，促进企业增效、农民增收。应对国际金融危机对实体经济的冲击，积极争取财税、金融等部门的支持，择优扶持若干个有竞争力、带动力、效益好的大型骨干粮食产业化龙头企业和物流企业做大做强。鼓励和支持龙头企业收购、兼并基层国有粮食购销企业，延伸

和完善产业链条。推动有条件的龙头企业发展粮食科研、生产、收购、加工、销售一体化经营，发展精深加工，培育知名品牌，增强企业竞争力。充分发挥龙头企业在促进产业发展、农民增收和增加就业岗位中的带动作用。

三是加强粮食流通基础设施建设，进一步推动科技创新和产业升级。落实国家扩大内需政策，结合新增粮食生产能力建设，积极发挥行业管理职能，切实推进粮食仓储、物流、烘干设施、油料及食用油库等粮食流通基础设施建设，做好项目需求、方案论证和申报审核等前期工作，加强在建项目管理和监督检查，避免低水平重复建设。重点建设东北地区的哈尔滨、建三江、长春、大连等玉米和稻谷物流节点，黄淮海地区的郑州、诸城、邢台、宿迁等小麦物流节点，长江流域的南京、武汉、长沙、九江、成都等稻谷物流节点，加强和巩固在建的物流节点。认真研究编制粮食加工业发展规划、食用油加工业发展规划，加强对粮油加工业的政策指导和协调服务，积极引导粮油加工企业整合资源，加快产业结构调整和优化升级，提升产业竞争力。组织实施一批国家科技和产业化项目，积极推动信息技术、生物技术在粮食流通领域的应用，启动国家级粮食工程中心和重点实验室的组建工作，加强对外交流与合作，促进粮食行业科技进步和跨越式发展，提高自主创新能力。

四是继续推进粮食市场体系建设，提高粮食流通效率。继续组织实施全国粮食市场体系建设“十一五”规划，抓紧建设北京、上海、云南、广西、新疆国家粮食交易中心，加快完善全国统一的粮食竞价交易系统，扩大交易市场联网范围，健全市场交易规则和监督机制，提高交易效率。加强农村粮食流通体系建设，基层粮食部门要合理规划布局，选择一部分信誉良好、服务周到、管理规范的基层粮食企业，按照市场化运作方式，指导企业盘活资产，发展乡村粮油超市、连锁店、配送中心等新型粮食流通业态，巩固和发展农村粮食流通网络。鼓励和支持多元粮食市场主体发展，大力培育农村粮食经纪人和粮食经济合作组织，搞活粮食购销和经营。

五是继续推进农村粮食产后安全保障工程和“放心粮油”工程，促进科学健康消费。扩大农村粮食产后安全保障工程试点范围，推广安全储粮技术。各试点省份要加强组织管理、指导和协调，做好地方配套资金落实和组织实施工作，确保试点专项按期完成并取得实效。有条件的地方，要争取财政支持，广泛筹集资金，推广农户安全储粮。深入开展放心粮油进农村、进社区工作，加强放心粮油服务体系建设。按照建设资源节约型社会要求，推广节粮先进技术，倡导科学消费理念，减少粮食损失浪费。

（五）完善制度，加强监督，进一步推进粮食依法行政

一是继续贯彻执行两部条例，健全粮食法制体系。认真执行中央储备粮管理条例和粮食流通管理条例，加快健全粮油仓库管理、粮食仓储设施管理、粮食质量监管等配套制度，提升企业粮油储藏技术应用水平，规范国有粮食仓储设施管理。建立健全各级粮食质量监测体系，完善粮油质量标准体系，开发和推广粮食卫生快速检验技术，提升粮食质量卫生检验能力。落实粮食收购、储存、销售出库各环节的质量安全监管责任。认真总结两部条例实施经验，加强《粮食法》的研究工作。

二是依法加强对粮食市场和政策性粮食购销情况的监督检查。各地要健全粮食监督检查行政执法体系，不断提高监管执法队伍素质。依法加强粮食市场监管，认真组织开展粮食收购政策落实情况、国家临时存储粮食销售出库和跨省移库情况、粮食流通统计制度执行情况等专项检查，配合有关部门开展成品粮油市场检查。继续加大对涉粮案件的查处力度，进一步完善案件查处工作机制，提高粮食行政执法的能力和水平。

三是依法加强对全社会粮食市场主体的监管，继续做好粮食收购资格审核和中央储备粮代储资格

审核工作。依法开展粮食收购资格审核，加强对取得收购资格企业的指导、监管和服务，寓监管于服务之中，提高监管服务水平。严格按程序开展中央储备粮代储资格认定工作，加强对中央储备粮代储资格企业的监督检查，为中央储备粮的储存安全提供坚实保障。

四是切实加强粮食仓储规范化管理，继续狠抓安全生产。全面开展粮食仓储规范化管理活动，进一步提升粮食仓储管理水平。建立健全粮食安全生产长效机制，加强指导和检查，重点防范粉尘爆炸、火灾、粮食烘干和浅圆仓、立筒仓作业中的安全生产事故，加强对储粮化学药剂和大型设备的管理。进一步落实安全生产责任制，提高安全事故防范和应急处置能力。

（六）加强学习，提高素质，进一步抓好党的建设、廉政建设和粮食行政管理体系建设

一是认真开展深入学习实践科学发展观活动。各级粮食部门要坚持用马克思主义中国化最新理论成果武装党员，不断强化党员教育，不断增强政治意识、大局意识和责任意识，将学习实践科学发展观的成果转化为谋划粮食流通科学发展的思路、促进粮食流通科学发展的措施、领导粮食流通科学发展的能力，切实做到党员干部受教育、科学发展上水平、人民群众得实惠。

二是切实加强廉政建设。认真落实党中央、国务院关于加强廉政建设的部署，根据粮食行业特点和改革发展面临的形势，坚持标本兼治，进一步推进党风廉政责任制的落实。对这项工作，我们还将专门召开纪检工作会议进行部署。

三是加强粮食行政管理体系建设。按照国家粮食安全中长期规划纲要要求，切实落实和健全粮食行政执法、监督检查、统计调查职责，保障粮食宏观调控和行业管理需要。以行业需求为导向，加强干部职工教育和职业技能培训，努力建设高素质粮食行业干部职工队伍。

同志们，2009年国际国内经济环境错综复杂，粮食流通工作任务艰巨繁重。让我们紧密团结在以胡锦涛同志为总书记的党中央周围，高举中国特色社会主义伟大旗帜，坚持以邓小平理论和“三个代表”重要思想为指导，深入贯彻落实科学发展观，认真落实中央确定的各项方针政策，突出重点，统筹兼顾，扎实工作，奋力开拓粮食流通工作新局面，为确保国家粮食安全、促进经济平稳较快发展和社会和谐作出新的更大贡献，以优异成绩迎接新中国成立60周年！

在全国粮食系统纪检监察工作会议上的讲话

国家粮食局党组书记、局长 聂振邦
2009年4月9日

同志们：

中央纪委第十七届三次全会和国务院第二次廉政工作会议召开后，国家粮食局党组认真学习胡锦涛总书记、温家宝总理的重要讲话和贺国强同志的工作报告精神，研究提出了贯彻落实的措施意见。

这次会议的主要任务是，深入学习贯彻中央纪委第十七届三次全会和国务院第二次廉政工作会议精神，总结2008年全国粮食系统党风廉政建设和反腐败工作，进一步明确当前反腐倡廉建设的各项任务,部署今年全国粮食系统党风廉政建设和反腐败工作。今年全国粮食系统纪检监察工作的安排，杨兵同志将代表党组作具体部署，请大家回去后结合本地的实际情况认真贯彻落实。下面我讲几点意见。

一 认真学习贯彻胡锦涛总书记讲话精神，切实加强粮食系统领导干部党性修养，大力树立和弘扬良好作风，把六个着力的要求落到实处

胡锦涛总书记在中央纪委第十七届三次全会上作的重要讲话，从党和国家事业发展全局和战略的高度，全面分析了当前的反腐倡廉形势，明确提出了深入推进党风廉政建设和反腐败斗争的总体要求和主要任务，深刻阐述了新时期加强领导干部党性修养、树立和弘扬良好作风的重要性和紧迫性以及基本要求和工作重点，明确要求各级领导干部要自觉遵行社会主义核心价值体系，坚持理论和实践相统一、坚持继承光荣传统和弘扬时代精神相统一、坚持改造客观世界和改造主观世界相统一、坚持加强个人修养和接受教育监督相统一，突出抓好“六个着力”，即着力增强宗旨观念，切实做到立党为公、执政为民；着力提高实践能力，切实用党的科学理论指导工作实践；着力强化责任意识，切实履行党和人民赋予的职责；着力树立正确政绩观，切实按照客观规律谋划发展；着力树立正确利益观，切实把人民利益放在首位；着力增强党的纪律观念，切实维护党的团结统一。强调要把加强领导干部党性修养、树立和弘扬优良作风作为重大政治任务抓紧抓好，通过增强党性、改进作风，保证科学发展观贯彻落实。胡锦涛总书记的重要讲话是指导当前和今后一个时期党的作风建设和反腐倡廉建设的纲领性文献，粮食系统广大干部一定要认真学习、深刻领会、坚决贯彻执行。

近年来，全国粮食系统按照中央的部署积极推进党风廉政建设和反腐败工作取得显著成效，粮食系统优良传统作风不断发扬光大，并被赋予新的内涵。当前，粮食系统领导干部队伍作风总的是好的，各级领导干部能够积极贯彻落实中央决策部署，粮食流通各项工作取得新的进展。在去年应对国际市场粮价大涨大落的严峻挑战和抗击国内严重自然灾害保证粮食供应的艰巨任务中，粮食系统经受住了考验，赢得了社会各界的广泛认可。但是，我们也要清醒地看到，一些领导干部作风不正问题仍然存在，服务基层、服务群众的自觉性不够，运用科学发展观实事求是地解决粮食流通工作中新情

况新问题的办法不多，工作上满足于过得去，消极腐败现象时有发生，有的省个别粮库粮食霉变、亏库严重、管理混乱，有的地方存在“转圈粮”问题，还有个别省的粮食部门主要领导以粮谋私、贪污受贿。这些问题的存在，无论对粮食工作还是对领导干部自身成长，都是有百害而无一利。因此，必须按照胡锦涛总书记的要求和中央纪委三次全会精神，把加强领导干部党性修养、树立和弘扬优良作风，作为党的执政能力建设和先进性建设的重要内容，作为粮食系统贯彻落实科学发展观的重大政治任务抓紧抓好，努力使粮食系统各级领导干部成为政治坚定、作风优良、纪律严明、恪尽职守、清正廉洁的领导干部，充分发挥模范带头作用。当前，粮食系统领导干部要突出抓好以下工作：

第一，着力增强宗旨意识，切实保护生产者和消费者利益。始终把保护种粮农民利益作为粮食流通工作的出发点，坚持服务“三农”，认真贯彻落实好国家粮食收购政策，保护种粮农民利益，促进粮食稳产农民增收；要始终把确保国家粮食安全作为粮食流通工作的落脚点，坚持改善民生，切实保障粮油市场供应和价格基本稳定；要始终把促进就业作为粮食流通工作的重要任务，依法维护企业职工正当权益，认真纠正损害群众切身利益的突出问题，切实维护社会稳定。

第二，着力提高实践能力，切实用党的科学理论指导粮食流通工作。既要大力提高理论水平，更要大力提高理论联系实际能力，切实做到用中国特色社会主义理论体系武装头脑、指导实践、推动工作，真正做到把科学发展观落到实处。粮食系统各级领导干部要牢固树立马克思主义的实践观点，把科学理论与粮食流通工作实践结合起来，认真研究解决影响粮食流通科学发展的矛盾和问题，努力提高科学判断粮食形势的能力和水平，不断提高应对粮食复杂情况的能力和水平，创造性地贯彻落实中央决策部署，加强粮食购销和市场调控，推进企业改革和发展，努力开拓现代粮食流通产业发展新局面。

第三，着力强化责任意识，切实履行职责。粮食系统肩负着确保国家粮食安全的重任，我们的工作直接影响国计民生，影响社会和谐稳定，使命光荣，任务艰巨，责任重大。我们必须自觉增强责任意识，不辱使命，把思想统一到干事业上，把精力集中到干实事上，把工夫下到抓落实上，一心一意、踏踏实实做好粮食流通工作。各级粮食行政管理部门的领导干部要把落实国家粮食政策、加强粮食库存监管放在更加突出的位置，深入基层加强监督检查，亲临一线指导粮食企业抓好安全储粮和安全生产工作，消除薄弱环节和安全隐患，努力把问题解决在基层、解决在萌芽状态，尽到粮食部门应尽的责任。

第四，着力树立正确政绩观，切实按照客观规律谋划粮食流通工作发展。秉持什么样的政绩观，是衡量领导干部能否正确对待群众、正确对待组织、正确对待自己的试金石，也是领导干部党性修养的重要体现。粮食系统领导干部树立正确的政绩观，就是要从粮食流通工作实际出发，立足当前、着眼长远，积极进取、量力而行，坚决贯彻落实中央关于经济工作“保增长、扩内需、调结构”和农村工作“稳粮、增收、强基础、重民生”的决策部署，加强粮食战略性问题研究，促进粮食生产稳定发展，种粮农民持续增收，企业效益稳步提高，从根本上推动粮食流通工作科学发展。我们领导干部要以对党和国家事业、对人民群众负责的精神，通过解难题、办实事、促发展，努力做出经得起实践、群众、历史检验的实绩。

第五，着力树立正确利益观，切实把人民利益放在首位。坚持人民的利益高于一切，是共产党员处理利益问题的根本原则，也是领导干部加强党性修养的基本要求。粮食部门的各级领导干部一定要以人民利益为重，不为私心所扰，不为名利所累，不为物欲所惑。要正确处理个人利益、局部利益和全局利益的关系，把防止粮食短缺供不应求“米贵伤民”和防止粮食价格走低“谷贱伤农”结合起来，既要通过不断健全粮食价格保护制度，较大幅度提高粮食最低收购价格，认真落实国家政策性粮食收购工作，促进粮食增产和农民增收；又要通过不断充实地方粮食储备，调整国家粮食库存布局和结构，加强政策性粮食移库和销售，促进粮食区域平衡和品种结构平衡，最大限度地实现好、维护好、发展好最广大人民的根本利益。

第六，着力增强纪律观念，切实做到带头遵纪守法。领导干部要自觉坚决维护党的章程和党内政治生活准则，自觉同党中央在思想上、政治上、行动上保持高度一致。始终如一地高度重视粮食安全，充分调动农民种粮、地方抓粮的积极性，推动现代粮食流通产业又好又快地发展。严格遵守粮食工作纪律，领导干部不能超越职权插手粮食基础建设项目，更不能利用职权贪污受贿、以权谋私、搞权钱交易。在粮食企业改制中要维护群众权益，防止国有资产流失。粮食系统的各级干部要自觉遵守中纪委制定的领导干部廉洁从政等各项纪律，严格要求自己，严格要求配偶子女和身边工作人员，做到清正廉洁。领导干部尤其是中青年干部要牢固树立和坚持正确的事业观、工作观、政绩观，认认真真学习、老老实实做人、干干净净做事，坚持大处着眼、小处着手，从自己做起，从身边做起，从点滴做起，在为群众办实事、解难事、做好事，在促进现代粮食流通产业又好又快发展的伟大实践中奋发有为、建功立业。

二 深刻认识当前粮食系统反腐倡廉形势，正确把握今年粮食系统党风廉政建设和反腐败工作主要任务

2008年是极不寻常、极不平凡的一年。面对国际粮价大涨大落的复杂形势和国内重大自然灾害的严峻局面，按照党中央、国务院的统一部署，在国家发展改革委的指导和有关部门的大力支持下，粮食部门深入贯彻落实科学发展观，认真执行国家粮食政策，正确把握形势，改善宏观调控，深化企业改革，加强监督检查，创新体制机制，发展流通产业，经过广大干部职工的共同努力，宏观调控稳粮价取得明显成效，抗灾救灾保供应取得突出成绩，粮食流通体制改革继续深化，现代粮食流通产业发展步伐加快，粮食依法行政能力和服务水平全面提高，保证了全国市场、受灾地区和奥运举办城市的粮油供应和价格基本稳定，保护了种粮农民利益，保障了国家粮食安全，为国民经济平稳较快发展作出了积极贡献。

在抓好粮食流通各项业务工作的同时，我们坚持不懈地抓好粮食系统反腐倡廉建设并取得明显成效。一年来，粮食系统的各级党组织和纪检监察部门，按照党中央和国务院的统一部署，围绕中心、服务大局，把推进反腐倡廉建设与推进粮食流通科学发展和党的建设紧密结合起来，坚决维护党的纪律，认真开展对党的十七大、十七届三中全会关于粮食工作决策部署执行情况、科学发展观贯彻情况、国家粮食宏观调控政策措施落实情况的监督检查，加强对抗震救灾地区的粮油供应和价格基本稳定等重点工作的监督检查，保证中央大政方针贯彻落实；坚持标本兼治、综合治理、惩防并举、注重预防的方针，深入推进惩治和预防腐败体系建设，增强了反腐倡廉建设的系统性、整体性、协调性、实效性；保持惩治腐败强劲势头，坚决查处腐败案件，严肃惩治违纪违法分子，维护党纪国法的严肃性；坚决纠正损害群众利益的突出问题，加大行政问责力度，切实维护人民群众的根本利益。

我们也要清醒地看到，当前一些消极、腐败现象在粮食系统不同程度地存在，反腐倡廉面临一

些新的情况和问题。一是违纪违法案件仍然易发多发，有的省、市粮食局主要领导违纪案件时有发生，有的领导刚刚上任几个月就贪污受贿。2008年粮食系统立案223件，结案196件，处分193人，其中县处级13人，乡科级88人。二是一些涉粮案件金额巨大，个别粮库亏库竟达58万吨，违纪违法情节严重。从粮食系统这些年查办案件的情况看，企业领导人员特别是粮库主任违纪违法案件占相当大数量。三是以粮谋私、窝案、串案、案中案明显增多。有的粮食部门主要领导案发后，牵出子女、亲戚等。有的领导干部利用职权和职务影响为他人谋利，伙同其配偶、子女等特定关系人收受钱财的案件突出。四是在粮食收购中还存在个别压级压价等损害群众利益的问题。有的粮食基层部门领导干部对群众漠不关心、态度粗暴；有的单位和部门在用人上的不正之风还比较严重。这些情况表明，反腐倡廉形势仍然严峻，任务仍然繁重。我们要认真学习贯彻胡锦涛总书记的重要讲话精神和中央纪委三次全会、国务院第二次廉政工作会议部署的工作任务，全面把握形势，充分认识反腐败斗争的长期性、复杂性、艰巨性，毫不动摇地加强党风廉政建设和反腐败斗争，把反腐倡廉建设放在更加突出的位置，旗帜鲜明地反对腐败。

今年粮食系统党风廉政建设和反腐败工作的总体要求是：全面贯彻党的十七大和十七届三中全会精神，高举中国特色社会主义伟大旗帜，以邓小平理论和“三个代表”重要思想为指导，深入贯彻落实科学发展观，认真落实中央纪委第十七届三次全会和国务院第二次廉政工作会议精神，坚持标本兼治、综合治理、惩防并举、注重预防的方针，紧紧围绕保增长、保民生、保稳定这条主线，加强国家粮食政策措施执行情况的监督检查，规范粮食行政执法行为，着力解决损害群众利益和党员干部在党性党风党纪方面存在的突出问题，以粮食系统党风廉政建设和反腐败斗争的新成效取信于民，为国家粮食安全提供坚强保证。

（一）认真履行纪检监察职责，推动科学发展重大决策部署的贯彻落实

今年中央把应对国际金融危机、保持经济平稳较快发展作为经济工作的首要任务，并出台了一系列扩大内需、促进经济增长的政策措施。目前国家对粮食系统投入10亿元建设资金。各级粮食行政管理部门要切实履行行政管理职能，各级粮食纪检监察机关要认真履行党章和行政监察法赋予的职责，积极开展对中央有关扩大内需、促进经济增长政策措施执行情况的检查，重点督促检查粮食部门贯彻执行中央决策部署是否思想统一、行动迅速，工程项目规划、立项是否符合科学发展观的要求和中央规定的投向，工程建设项目审批和建设程序是否依法合规，项目建设资金管理使用是否规范严格，工程建设是否安全合格等问题，严肃查处违法违规行为，坚决杜绝有令不行、有禁不止现象。要深化行政审批制度改革，强化对审批全过程的监控，完善重大投资责任追究制度，加强对灾后恢复重建资金物资管理使用等政策规定贯彻落实情况的检查，保证中央政策措施落实到位。

（二）加强对粮食系统领导干部的教育和监督，强化对行政权力的制约监督

越是领导干部，越要从严要求。要加强领导干部廉洁从政教育，增强领导干部廉洁自律意识，筑牢拒腐防变思想道德防线。要抓好领导干部廉洁自律各项规定的贯彻落实，严格禁止领导干部利用职务上的便利谋取不正当利益。要防止利用中央投资为本部门、本单位和个人谋取私利。一要坚持科学民主决策。严禁领导干部个人决定大额度资金使用、重大项目安排，干预工程建设招投标和政府采购等行为。二要深入推进政策公开，把公开透明原则贯穿于落实扩大内需、保增长政策的全过程，最大限度地减少发生腐败行为的机会。三要推进行政问责制和绩效管理制度，重点开展对执行中央重大决策不力、资金使用管理不当和发生重特大安全事故等三个方面的行政问责。四要加强党内监督，严格执行党内监督条例，认真落实民主生活会、述职述廉、诫勉谈话、函询等制度，增强党内监督实效。

（三）加强监督检查，确保粮食清仓查库工作顺利进行

为全面准确掌握粮食库存的真实情况，更好地落实宏观调控任务，国务院决定在全国开展粮食清仓查库工作。重点检查所有中央储备粮、国家临时存储粮、地方储备粮的数量、品种和质量情况，国有及国有控股粮食企业储存商品粮的数量、品种、质量和粮权归属情况。粮食系统纪检监察机关要加大执法检查力度，全力配合搞好清仓查库工作。对在清仓查库中发现的涉粮案件，要做到“有诉必应、有案必查、有查必果、有责必问、有错必纠”，对故意掩盖真实情况，弄虚作假、妨碍清仓查库工作的要追究当事人和有关领导的责任。对参加检查人员加强廉洁自律教育，遵守清仓查库的各项纪律，对违反廉政工作纪律的要严肃查处。

（四）加大查办案件工作力度，着力解决重点领域的腐败问题

坚持一手抓惩治、一手抓预防，建立健全查办案件工作组织协调机制，决不让腐败分子逃脱党纪国法的惩处。重点抓好以下方面案件的查办工作：一要以查办发生在粮食系统领导干部中以粮谋私、贪污受贿腐化堕落、失职渎职的案件为重点，严肃查办官商勾结、权钱交易的案件。二要严肃查办利用人事权、行政执法权、行政审批权索贿受贿、循私舞弊的案件。三要严厉查办领导干部干预招标投标获取非法利益的案件。四要严厉查办在国有粮食企业重组改制中、隐匿、侵占、转移国有资产以及企业领导人员搞同业经营、关联交易的案件。五要严肃查办严重违反政治纪律的案件，买官卖官等严重违反组织人事纪律的案件。六要严肃查办在中央和地方储备粮购销活动中弄虚作假套取费用补贴、挪用侵吞中央、地方储备粮和临时存储粮粮款、私自倒卖库存粮食非法牟利的案件。七要继续严肃查办商业贿赂案件。同时，要加强和改进查办案件工作，提高有效突破大案要案的能力。严格依纪依法办案，保障被调查人的合法权益，强化案件监督和管理。完善重大案件通报制度，认真剖析总结粮食系统违规违纪案件的规律特点，充分发挥查办案件的治本功能。

（五）监督落实改善民生政策措施，坚决维护群众切身利益

围绕落实中央强农惠农政策，推动保就业、保民生、保稳定，认真解决粮食行业发生的损害群众利益的突出问题，切实维护粮食生产者、消费者和经营者利益。一要重点加强对粮食收购政策执行情况的监督检查，坚决查处不执行国家粮食收购政策、拒收限收、压级压价等损害农民利益和抬级抬价等损害消费者利益的问题。二要会同有关部门加强对粮食供应工作监督检查，加大对粮食质量的监管力度，配合全国开展的“质量和安全年”活动，继续推进“放心粮油”进农村、进社区活动，维护人民身体健康和生命安全。严防不符合卫生标准的粮食流入口粮市场。严肃查处干扰客户正常交易、设置障碍影响粮食出库或擅自动用中央储备粮油等违规行为。三要严防国有粮食企业在改制中国有资产流失，高度重视职工群众来信来访工作，采取多种措施化解矛盾，最大限度地为职工群众特别是下岗分流职工排忧解难，促进社会和谐稳定。四要配合有关部门做好食品安全、安全生产等专项治理。加强对行业协会、市场中介组织的监管，规范其服务和收费行为。

（六）坚持艰苦奋斗，勤俭节约，严格遵守节约开支的各项规定

中央领导反复强调要艰苦奋斗、勤俭节约。艰苦奋斗是中华民族的传统美德。长期以来粮食系统在弘扬艰苦奋斗作风中形成了“宁流千滴汗、不坏一粒粮”的具有中国粮食特色的优良传统。在当前世界金融危机蔓延扩散、国际经济形势复杂多变、国内改革发展任务艰巨繁重的新形势下，继续发扬这种优良传统作风具有十分重要的意义。各级粮食行政管理部门和国有粮食企业特别是领导干部要带头发扬艰苦奋斗的精神，坚持勤俭办一切事情，厉行节约，精打细算，坚决防止铺张浪费、大手大脚和大吃大喝，自觉抵制享乐主义和奢靡之风，确保国家各项资金用到最急需的地方。要坚决执行党中

央、国务院的规定，从现在起到2010年底，一律不得新建办公楼等楼堂馆所。严格控制公务接待、公车使用和公款出国（境）。公务接待费用支出要在2008年基础上削减10%，车辆购置及运行费用要在近3年平均数基础上降低15%，因公出国（境）经费支出要在近3年平均数基础上压缩20%。严格控制乱发津贴补贴。严格控制会议、文件、庆典和评比达标表彰活动。

三 把加强领导干部党性修养、树立和弘扬优良作风作为重大政治任务，确保粮食系统反腐倡廉各项任务落到实处

胡锦涛总书记在中央纪委三次全会上强调指出，“贯彻落实科学发展观，关键在各级领导干部”。要把加强领导干部党性修养、树立和弘扬优良作风作为粮食系统重大政治任务抓紧抓好，把加强领导干部党性修养作为重要内容纳入学习实践科学发展观活动，通过增强党性、改进作风，转变不适应不符合科学发展观要求的思想观念，解决影响和制约粮食工作科学发展的突出问题以及党员干部党性党风党纪方面群众反映强烈的突出问题，构建有利于现代粮食流通产业科学发展的体制机制，真正做到党员干部受教育、科学发展上水平、人民群众得实惠，保证科学发展观贯彻落实。

（一）继续落实党风廉政责任制，不断提高反腐倡廉建设质量和水平

加强反腐倡廉，领导是关键。要继续坚持和完善党风廉政建设和反腐败斗争领导体制和工作机制，完善总体部署，加强工作指导，狠抓工作落实。要充分发挥党风廉政建设责任制的作用，把反腐倡廉建设列入领导班子和领导干部的考核评价范围。党政主要领导要履行第一责任人的政治职责，对班子内部和管辖范围内的反腐倡廉建设负总责，重要工作和重大问题要亲自部署、过问、协调和督办。领导班子其他成员要抓好自己职责范围内的反腐倡廉建设。各级粮食纪检监察机关要认真履行组织协调职责，协助党委（党组）研究、部署、督促反腐倡廉各项工作，加强组织协调，开展监督检查，注意充分发挥有关部门的职能作用。要明确责任，突出重点，不断探索新形势下反腐倡廉的特点和规律，努力提高反腐倡廉建设质量和水平。

（二）领导干部要廉洁从政，自觉接受监督

领导干部既是作风建设的领导者和推动者，也是作风建设的对象和监督重点。粮食系统的各级领导干部要廉洁自律，自觉接受监督，始终保持振奋的精神和良好的作风，始终坚持党的根本宗旨，严格执行领导干部廉洁从政的各项规定，只有自觉抵御各种腐朽思想观念的侵蚀，接受监督，警钟长鸣，才能不犯错误和少犯错误。粮食系统纪检监察机构要加强对领导干部从政情况、政治纪律、生活作风、配偶和子女从业等情况的监督检查，坚决纠正存在的问题。

（三）粮食纪检监察机关要加强自身建设，全面履行监督职责

各级粮食纪检监察机关肩负着反腐倡廉重任，肩负着党和人民重托，切实加强自身建设、不断提高纪检监察工作能力和水平十分重要。实践证明，粮食系统的纪检监察干部队伍是一支政治坚强、公正廉洁、纪律严明、业务精通、作风优良的队伍。近年来，各级纪检监察机关深入开展“做党的忠诚卫士、当群众的贴心人”主题实践活动，纪检监察干部党性修养和政治素质进一步增强，全面履行职责能力和水平进一步提高。纪检监察干部应该具有坚强党性和良好作风，敢于同各种不正之风和违法乱纪行为作坚决斗争，敢于秉公执纪，敢于碰硬，做到忠于职守。要一身正气、以身作则、刚正不

阿，理直气壮执行党的纪律、履行党内监督职责，让党员和群众信服，作人民的忠诚卫士。

（四）粮食系统各级党组织要积极支持纪检监察工作，为做好党风廉政建设工作创造条件

粮食系统的各级党委（党组）要高度重视纪检监察工作，帮助解决纪检监察机关遇到的实际困难和问题，为纪检监察机关创造良好的工作条件和工作环境，推动落实反腐倡廉各项任务。党委（党组）书记要切实履行领导反腐倡廉建设第一责任人的职责，善于调动各方面积极性，形成反腐倡廉整体合力。要高度重视和切实加强纪检监察干部培养使用，要加强纪检监察干部与业务干部的交流，将党性强、作风好、能力强的纪检监察干部交流到重要的业务岗位，把公正廉洁的业务骨干选调到纪检监察机构，形成风清气正的廉洁环境。

同志们，2009年粮食系统党风廉政建设和反腐败工作的任务艰巨，责任重大。让我们紧密团结在以胡锦涛同志为总书记的党中央周围，进一步统一思想，明确责任，求真务实，开拓进取，以高度的政治责任感和使命感，以更加坚定的决心和更加有力的措施，不断推进粮食系统反腐倡廉工作，以更加饱满的精神和更加务实的作风全面推进粮食流通工作。

在十五省区农户科学储粮专项工作会议上的讲话

国家粮食局党组书记、局长 聂振邦
2009年4月21日

当前清仓查库工作正处在关键时期，大家都很忙，但由于情况特殊，我们紧急召开这次15省区粮食局会议，主要目的是贯彻落实国务院领导同志和国家发展改革委关于做好农户储粮工作的要求，提高认识，统一思想，加快进度，尽快研究解决当前工作中存在的问题，抓紧做好农户科学储粮专项建设规划和2009年投资计划的编报工作。下面我讲几点意见：

一 充分认识做好农户科学储粮工作的重要性

我国农户储粮数量巨大，农户家庭储存的粮食约占全国当年粮食总产量的50%。由于农户储粮装具简陋，保管技术水平低，受鼠害、虫害和霉变等因素的影响造成粮食大量损失，特别是收获后农户待售玉米等粮食大面积严重霉变现象在东北等地时有发生，既给农民造成重大经济损失，也危及食品安全。因此，推广农户科学储粮技术，改善农户储粮条件，减少粮食损失，增加农民收入，意义重大。

国务院领导同志高度重视农户储粮工作，多次作出重要批示。2006年7月，温家宝总理在国家粮食局报送的《关于改善我国农户储粮条件的报告》上批示，“我国农户储粮数量巨大，推广科学储粮技术，改善储粮条件，减少损失，对于保障国家粮食安全有着重要意义。国家粮食局要继续抓好这项工作，有关部门要给予支持和配合”；2008年4月，温家宝总理和李克强副总理都对吉林省部分地区发生农民存粮严重霉变问题作出批示，要求查清原因、采取措施；2008年7月，温家宝总理批示“要鼓励农户多储粮，就要研制推广先进的家用储粮设备（储粮罐），减少损耗”。

国家发展改革委对农户科学储粮专项提出了明确意见。今年4月1日第30次委主任办公会议专题审议了国家粮食局关于农户科学储粮专项工作的汇报，认为推进农户科学储粮是当前扩大内需、加强农村基础设施建设和民生工程建设的重要举措。同意在试点成功的基础上，扩大实施范围，增加建设规模，实施农户科学储粮专项。要求国家粮食局抓好专项管理工作，各级发展改革委予以积极配合。要抓紧制定专项规划，明确建设规模和资金需求，完善项目管理办法。

为贯彻落实好国务院领导同志批示和国家发展改革委的工作要求，国家粮食局在4月17日召开局长办公会，专题研究部署有关工作，要求抓紧制定专项规划和2009年实施方案，明确建设规模和资金需求，上报国家发展改革委，申请落实中央补助投资，尽快启动今年的建设工作。

二 当前工作中还存在的一些困难

根据目前的工作进展情况，多数省区对这项工作高度重视，见事早，行动快，工作成效显著。但也有一些省区工作进度较慢，与国家发展改革委的要求还有一定差距，工作还面临一些困难。

一是部分省区2009年地方配套资金还没有落实。有的省区没有及时沟通落实地方配套资金，报来的方案有些达不到要求，建设规模和投资来源还存在不确定性。这些都给今年投资计划的申报和项目实施带来较大困难。

二是部分省区专项规划的建设规模和投资测算可操作性不强。一方面，一些省区报送的投资规模偏大，能否按期保质保量完成存在一定风险。特别是地方配套资金的能力是否能够按要求落实，安排农户的地区分布、数量、选用仓型是否符合农户实际需要等还存在不确定性。另一方面，一些产粮大省和农户数量大的省份规划建设农户数量相对较少，可能也满足不了本省农户的需要。

三是农户自筹比例偏低。大多数省区报来2009年实施方案中的农户自筹是按20%~30%测算和落实的。这与国务院和国家发展改革委领导关于发挥中央投资“四两拨千斤”的引导作用、进一步扩大农村需求的要求还有一定差距。

三 按照党中央、国务院关于扩大内需工作的要求，抓紧推进农户储粮专项建设工作

按照党中央、国务院关于扩大内需工作“出手要快，出拳要重，措施要准，工作要实”的要求，要以高度的政治责任感和强烈的工作使命感，抓住机遇，刻不容缓，只争朝夕地抓好农户科学储粮专项建设工作。今年工作的总体目标是今年的项目要能在夏粮和秋粮收获后即投入使用，发挥作用。为此，我提出以下几点具体要求：

（一）制定规划，抓紧实施

国家发展改革委已明确把推进农户科学储粮作为当前扩大内需、加强农村基础设施建设和民生工程建设的重要举措，而且也明确要求由国家粮食局负责此事，各级发展改革部门积极配合。为此，要抓住机遇，争分夺秒,夜以继日，抓紧完成专项规划和年度计划。特别是本次新增加的几个工作进度较慢的省，回去后要马上落实，按照要求尽快报来本省规划。另外，农户出资的比例一定要按要求落实，以吸引民间投资用于扩内需建设。这样，一是可以适当减轻地方财政压力；二是按照扩大内需的要求，就是要拉动各方面的投资。

（二）明确标准，降低成本

第一，专项配置的小粮仓一定要选择成熟和标准的仓型，按照国家粮食局制定的《农户小粮仓建设标准》，明确具体的材质、规格、性能等技术要求，保证坚固耐用，方便农户使用。原则上小粮仓使用年限应达到15年或者20年以上；同时要符合食品卫生安全、环保、节能等方面的要求。特别是东北地区选用的钢骨架和钢网材料的仓型，一定要对钢材的厚度和材质，钢网的材质、密度，以及仓顶材料的选用等提出明确要求。第二，要抓住当前钢材等建材价格较低的有利时机，认真审核单仓造价，在满足农户需求、保证粮仓质量的前提下，尽量降低单仓造价，用同样的资金配置更多的粮仓，以利于扩大内需。特别是东北地区选用的钢骨架和钢网材料的仓型，单仓造价很高，一定要核定合理的价格，保证农户能够负担得起。

（三）完善程序，减少环节

对于专项的管理，已经制定了管理办法。各地粮食部门要按照办法要求，规范建设程序，落实项

目建设责任制、招标投标制、合同管理制，用好项目投资。任务下达给各省后要尽量减少中间环节，使农户直接受益。为了强化省级政府的责任，保证专项建设的连续性，我们准备与各省区人民政府签订责任书，请各省政府负责落实配套资金、组织好项目建设，并保证用好建设资金、保证工程质量、建立服务体系。请你们回去后向省政府主管领导汇报。

（四）加强监管，确保质量

专项拟采取以4年规划目标任务为重点、每个年度作为考核时段的方式对项目进行投资安排和建设管理。各地粮食部门要加强项目的组织管理，积极协调发展改革、纪检监察等部门配合，加强项目监管和检查验收，严格资金管理，保证建设质量。驻国家粮食局纪检组监察局也参加项目的监管。我们将组织专家组不定期地到各地进行抽查、抽验。

同志们，实施农户科学储粮专项是贯彻落实国务院领导批示精神，改善农户储粮条件，减少粮食损失，开发“无形良田”，保障国家粮食安全，扩内需、保增长、促进农民持续增收的重要举措，是一项当前促进经济增长，长远惠及民生的工程。今年是正式实施农户科学储粮专项的第一年，落实好今年的投资和项目，对于保证整个专项规划建设的顺利实施意义重大。请各省区一定要进一步提高认识，加强领导，统一思想，明确目标，要严格、认真、逐项贯彻落实好国家发展改革委第30次委主任办公会议对农户科学储粮的具体要求，抓紧编制专项规划，尽早落实计划，严格质量监管，加强廉政建设，扎扎实实地做好这项惠及民生的工程。

应对危机 实现粮油加工业的健康发展

——在2009年全国农产品加工业博览暨东西合作投资贸易洽谈会上的发言

国家粮食局党组成员、副局长 郄建伟

2009年9月16日

粮油加工业是人类经济活动中最古老的产业，从人类诞生之日起，对原粮、油料等进行初级加工，以满足人类生存的基本需求，使粮油加工业与人类相伴而生。同时，粮油加工业又是永恒的产业，它与人类共存亡，永远不会成为“夕阳产业”而走向衰落。一方面，科技的创新不断为粮油加工业的发展提供有力的支撑；另一方面，人类日益增长的需求，又成为粮油加工业发展的根本动力。

我国的粮油加工业正处在发展的重要时期。近十年来，经济体制改革、农村的各项改革、粮食流通体制改革等的深入推进，无不对粮油加工产业的发展产生重大的影响。特别是随着人民生活水平的不断提高，城乡居民对事关生活改善的基本食品——粮油加工业的产品提出了更多、更高的要求，这也进一步促进粮油加工产业的加快发展。

一 金融危机对粮油加工业的主要影响

此次金融危机波及全球，范围广泛，影响深刻，持续时间较长，对国内很多产业造成重大影响。同金融产业、基础产业、其他加工产业等相比较，这次危机对粮油加工业造成的影响从总体上讲相对较轻。

表1：2008年度粮油加工业新增生产能力

单位：万吨

	2008年末达到		其中：当年新增		比上年增长（%）	
大米加工业	16046.5		1382.0		9.4	
小麦粉加工业	11600.4		1382.4		13.5	
食用植物油加工业	油料处理	精炼	油料处理	精炼	油料处理	精炼
	7865.7	2728.6	862.2	382.3	12.3	16.2
玉米加工业	4529.7		61.3		2.0	

从表1可以看到，在金融危机发生的2008年，我国大米、小麦粉、食用植物油加工能力保持了正常的增长速度。只有玉米加工能力的增长速度放缓，其原因不能简单归咎于金融危机，尚有其他多种因素的影响。

表2：2008年度粮油加工业主要产品产量

单位：万吨

	2008年末达到	其中：当年新增	比上年增长（%）
大米加工业	4783.0	401.5	9.2
小麦粉加工业	5505.6	539.7	11.0
食用植物油加工业	2293.6	395.1	21.0

表2说明2008年，我国大米、小麦粉、食用植物油的产量保持了正常的增长水平。

表3： 2009年1~6月粮油加工业重点企业主要产品产量、销售、利税总额情况

	企业数量	产品产量			产品销售收入			利税总额		
		本期实际	去年同期	同比±%	本期实际	去年同期	同比±%	本期实际	去年同期	同比±%
大米加工业	200	707.4	642.8	10.0	260.6	208.1	25.2	7.2	6.5	0.1
小麦粉加工业	245	1242.3	1125.4	10.4	369.1	324.4	13.8	7.7	7.1	0.1
粮食食品加工业	12	87.8	78.5	11.8	36.0	34.0	6.0	4.3	3.4	0.3

表3说明2009年1~6月，我国大米、小麦粉、粮食食品加工业企业产品产量增幅超过10%，保持了平稳增长的态势。

我国粮油加工业受金融危机的影响相对较小。其主要原因：

一是粮油加工业产品需求弹性较小。城乡居民及其他行业对粮油产品的需求具有刚性特征，资金、收入、价格等因素对粮油产品数量需求变动的影响相对较小。这次金融危机的特点是需求的萎缩，从居民消费需求的角度分析，人们对穿着、日用品、服务性消费的需求有所下降，对食品的需求，特别是粮油加工产品的需求仍然是稳步上升的态势，从而使粮油加工产品产量也相应的持续稳定增长。这同我国城乡居民恩格尔系数不断下降也有一定的关系。

二是我国主要粮油品种的流通相对封闭运行。除大豆外，我国主要粮食产品进出口数量有限，95%以上依靠国内生产满足全社会的需求。特别是近几年随着国内粮食产量的逐年增产，进口数量明显减少。全球粮食主要产品的产量增减，价格变动，供求平衡的状况，对国内的影响都因此弱化。此次危机，起源于国外，因此其影响重点是主要波及与国际市场密切相关的产业。这也充分证明我国粮食供应主要依靠国内自给基本方针的正确性。

三是加大对粮油生产的发展支持力度的结果。近几年，党中央、国务院大力实施强农惠农政策，增加对粮油生产的投入，保持了农业的连续丰收，农民收入增长较快，从而也促进了经济平稳较快发展和社会和谐稳定，这也为应对国际金融危机奠定了坚实的基础。危机发生后，党中央和国务院又采取了一系列果断措施，抓好粮食等大宗农产品的生产、储备、流通和加工等各方面的工作。因此使相关产业受到的影响不断减弱。

表4：近几年我国粮食及油料产量

单位：万吨

年度	粮食	谷物				豆类	薯类	油料
			稻谷	小麦	玉米			
2003	43070	37429	16066	8649	11583	2128	3513	2811
2004	46947	41157	17909	9195	13029	2232	3558	3066
2005	48402	42776	18059	9745	13937	2158	3469	3077
2006	49804	45099	18172	10847	15160	2004	2701	2640
2007	50160	45632	18603	10930	15230	1720	2808	2569
2008	52871	47847	19190	11246	16591	2043	2980	2953

但此次危机毕竟是百年一遇，影响深刻，不可能不对我国的粮油加工业产生大的影响。它主要表现在三个方面：

（一）玉米加工企业生产经营困难和产品出口大幅下降

受金融危机的影响，产品的内需与外需严重萎缩，玉米深加工企业开工率明显不足，很多企业处于亏损状态，各项主要经济指标同比下降。国际市场需求不旺，造成出口订单减少，产品价格走入低

谷。生产呈现“两高两低”特点，即“原料价格高，市场销量低、产品库存高，效益低”。近几年玉米初加工的重复建设和无序扩产，也加剧了国内市场淀粉、淀粉糖、酒精、味精、柠檬酸等产品的激烈竞争。产品结构趋同，市场近于饱和状态，也是造成企业经营困难的重要原因。

（二）大豆及食用油加工企业停产较多

大豆油加工业原料进口对外依存度较高，且原料供应商非常集中。国内企业竞争力不强，产品同质竞争激烈。产能过剩愈演愈烈，全行业开工率逐年走低。这些结构性缺失，在危机发生的过程或充分显现，或集中爆发，因此造成大豆加工企业停工停产，经营困难，工人下岗，企业利润下降。

（三）企业资金短缺问题突出

金融危机造成的资金供应链断裂，流动性减弱，特别对中小企业影响突出。而粮油加工企业中，中小型企业居多，资产规模小，信用等级低，贷款困难的问题更加突出。加工原料价格波动，需求平稳，使原本微利运行的粮油加工企业利润空间再次受到挤压，致使利润明显下滑。一些企业生产经营不正常，产品和原料库存加大，造成资金利用率下降，流动资金严重不足。应对金融危机中所增加的贷款，绝大多数投向基础产业和大型企业，粮油加工企业，特别中小企业得到的融资数量明显偏小。

二 我国粮油加工产业发展面临的环境和有利因素

（一）国民经济持续快速发展提高，居民收入稳步提高

今年上半年，面对极其严峻复杂的国内外环境，在党中央、国务院的坚强领导下，经济下滑的态势得到遏制，回升势头日趋明显。可以预计，今后几年，我国经济在经历了这次危机后，将会在结构更加合理、效益不断提高的前提下，继续保持平稳较快增长的势头。同时，由于实施了惠及民生的各项政策，宏观政策中更加注重增加居民在总分配中的份额，注重调整分配结构，注重扩大居民消费需求。这都将为粮油加工业的发展奠定坚实的基础。

（二）消费需求不断增长，消费结构继续升级

从市场经济国家发展过程分析，当一个国家居民恩格尔系数降到40%以下，人均GDP达到1000~2000美元时，食物消费结构将发生急剧变化。目前我国正处于这个发展阶段。我国城市居民的恩格尔系数2008年为37.9%，农村为43.7%，2008年我国人均GDP已突破3000美元。可以预计城乡居民消费结构的变化将对食品消费总量和结构产生重要影响。人们对粮油食品的需求，将从单纯满足于生理需求向更加注重营养健康转变，这将为粮油加工业发展提供巨大的市场空间。适应居民消费结构的变化，未来我国粮食中口粮的消费将继续减少，饲料粮和工业用粮的消费将有较大幅度增长。

（三）科技进步提供新技术、新材料、新装备

经济危机往往孕育新的技术革命，科技上的重大突破和创新必将推动经济结构的调整和经济的发展。近几年科技领域新材料、新装备、新技术层出不穷，日新月异，这必将会推动粮油加工技术的创新。国家将加大对科技创新支持力度，这有利于我国粮油加工业更好地引进国外先进的技术、设备和管理经验。企业也将不断增加投入，增强技术创新能力。生物技术和信息技术等高新技术，将更广泛地应用到粮油加工产品开发，产业链将不断延伸，深加工产品更加丰富，粮油的附加值不断提高。

（四）农业产业结构的调整和产业化进程加快，将为粮油加工业提供更加丰富的优质原料

农业与粮油加工业唇齿相依，密切关联。粮油加工业的健康发展需要农业提供大量的规模化的优质多样的加工原料。近几年我国在加快农业发展的同时，用科学技术对传统产业改造，大力调整农

业产业结构，实行农业产业化经营，发展优质高效农业。专用农产品原料基地的建设，种子工程的实施等，使原粮、油料等优质化、专业化、区域化生产方式日臻成熟。这将使我国的粮油加工业获得充足、优质、多样、符合不同要求的加工原料。未来十一年，我国将实施《全国千亿斤粮食生产能力建设规划》，调整农业产业结构，加快专用农产品原料基地建设，促进农业由生产导向型向市场导向型、加工导向型转变，为粮油加工业发展提供优质、专用的加工原料。

三 实现粮油加工业健康发展的几个问题

外部环境和条件，是加快粮油加工业发展的坚实基础，必须坚决贯彻科学发展观，紧紧把握粮油加工业发展方向，并着力解决好以下几个问题：

（一）产能过剩问题

从国际经验看，粮油加工业的产能利用率一般超过80%，我国产能利用率的评价标准可以考虑确定为75%~85%，具体地讲将75%作为近期的工作目标，将85%作为长期的努力方向。之所以这样考虑，主要是从我国粮油加工业的发展历史和现状考虑。无论从经济体制上，还是从经济发展的水平上，目前我们的粮油加工业都处在一个历史上大的调整时期。

表5：2008年粮油加工行业产能利用率情况

项目类别	年原料处理能力（万吨）	年加工原料量（万吨）	产能利用率（%）
大米加工业	16073.5	7421.9	46.2
小麦粉加工业	11609.4	7846.6	67.6
油料处理	7685.7	3995.9	52.0
油脂精炼	2728.6	1927.8	70.7

一方面，由于粮油初加工工艺简单，可以比较简单地满足人们日常生活的基本需求，特别是在中等收入水平地区。这些地区的加工能力以满足其辐射范围内的需求为利用上限，开工的季节性突出。另一方面，我国地域广阔，边远地区过剩加工能力的淘汰取决于当地加工成本和流入产品物流成本的关系。基于上述原因，中小型粮油加工企业产能利用率偏低的问题，有其长期存在的必然性。这个因素也必然影响全国总指标的变动。

解决粮油加工业产能过剩问题的基本方法是发挥市场在配置资源方面的基础性作用，一定要减少行政干预，而应该更多发挥市场作用。发展优质产能，淘汰落后产能，着力推动粮食加工业结构调整和产业升级。要扶持龙头企业。着力培养一批技术创新能力、现代管理能力和带动能力强的龙头企业，带动整个行业的发展。通过联合、兼并、收购等资本运营方式，实现“强强联合”、“强弱联合”，培育和组建一批资本结构多元化、产品科技含量高、市场竞争力强、服务宏观调控的粮油工业龙头企业或集团企业，发展壮大、建设一批具有特色的粮食加工产业园区和集群，提高产业的集中度和核心竞争力。

（二）产品发展方向问题

坚持走中国特色的新型工业化道路，以保障国家粮食安全和提高粮食资源利用效率为前提，以市场需求为导向，完善形成结构优化、布局合理、产业协调、技术进步、竞争力强、资源节约、环境友好和可持续发展的现代化粮食加工业体系。具体讲主要是从四个方面把握：一是注重粮油产品的营养、健康、品种丰富、提高质量。要将营养科学的理念融合到粮油加工产品中去，保存原料中固有成分，调整营养素的配比，提升产品的营养品质。丰富的品种，不同的档次，才能满足不同地区、不同阶层、不同年龄居民的需求。二是注重发展精深加工，延长产业链，实现效益的最大化。进一步提高加工层次，提供更多更新、科技含量更高的产品。三是使粮油加工业发展成为绿色环保的产业，以循环利用、节能高效、生态环保为准则，加大对原料的综合利用、充分利用，“榨干吃净”，同时最大限度地减少对环境的污染、最大限度地减少对能源的消耗。四是向规模化、集约化发展，在发展中统筹兼顾，整合资源，规范运作，形成规模效应。

（三）提高科技创新能力问题

目前粮油加工业科技自主研发的能力仍然比较薄弱，要在加强基础研究的基础上，支持一批高效利用、清洁生产、节能降耗重大关键技术开发的研制工作，促进具有自主知识产权的产品研究开发和转化。同时，加速高新技术成果产业化，充分利用优秀传统工艺技术与高新技术的组装、集成和工程化配套转化，促进粮油加工业高新技术产业化和行业科技进步。要加强粮油加工业领域国家工程实验室、国家重点实验室、国家产业科技创新联盟、国家工程中心的建设，培育粮油加工业科技创新平台和研发基地。要高度重视装备制造业的发展，它对我国粮油加工业的发展具有举足轻重的地位。要加大创新力度，缩小与国外同类设备的差距，注重开发具有自主知识产权，适合我国原料特点的新装备，还要注重开发主食产品生产设备和精深加工的成套设备。

（四）粮油食品安全问题

贯彻《食品安全法》，要建立严格的风险监测和风险评估制度、准入制度、溯源制度、召回制度等。食品安全问题是人民群众最关心、最直接的民生问题，是粮油加工业发展的生命线。一是加强粮油加工业食品安全检测监测能力建设。鼓励粮油加工业重点企业，增加原料检验、生产过程动态监测、产品出厂检测等先进检验装备，特别是快速检验和在线检测设备。完善企业内部质量控制、监测系统和食品质量可追溯体系。二是提高标准化生产水平，提高粮油加工食品行业准入门槛。明确粮油食品加工企业在原料基地、管理规范、生产操作规程、产品执行标准、质量控制体系等方面的必备条件。三是加快制定和修订粮油食品加工行业产业政策和行业准入标准，加快加工业标准体系制修订。应尽早修订食品添加剂使用卫生标准，禁止滥用添加剂。积极发展绿色安全粮油食品，提高粮油加工和流通监管水平，保障城乡居民吃上放心粮油。四是建立产品质量安全保障机制。建立健全食品召回及退市制度。建立和完善不合格粮油食品主动召回、责令召回及退市制度，建立召回中心，明确召回范围、召回级别等具体规定，使食品召回及退市制度切实可行。五是加强粮油加工业企业诚信体系建设。通过政府指导、行业组织推动和企业自律，加快建立以法律法规为准绳、社会道德为基础、企业自律为重点、社会监督为约束、诚信效果可评价、诚信奖惩有制度的粮油加工业企业诚信体系。

在全国粮食局长会议上的总结讲话

国家粮食局党组成员、副局长 郄建伟
2009年1月13日

同志们：

在大家的共同努力下，全国粮食局长会议已经圆满完成了预定的各项议程，今天就要结束了。下面，我就贯彻落实会议精神讲两点意见。

一 会议的主要收获

这次会议，是在粮食系统干部职工深入学习实践科学发展观，总结改革开放30年来粮食流通体制改革和粮食流通事业科学发展经验，国际金融危机和经济危机的影响不断扩展的背景下召开的。李克强副总理充分肯定了粮食部门服务调控大局、保障粮食安全方面发挥的重要作用和显著成绩，希望我们抓好收购、充实储备、摸清家底、加强监督、服务三农、保障市场，为保持经济平稳较快发展发挥特有优势，作出新的贡献！回良玉副总理高度评价了国家粮食局的工作，认为很出色、很有成效，为确保2008年国家粮食市场供应和价格基本稳定作出了重大贡献。全体与会同志通过学习讨论，一致认为，要积极应对国际国内错综复杂的经济形势，在困难的工作环境中，把压力变为促进工作的动力，把挑战变为推进工作的机遇，为确保国家粮食安全、促进经济平稳较快发展作出新的更大的贡献。这次会议收获主要是：

（一）统一了认识，增强了信心

与会代表学习和讨论了振邦同志的工作报告，认为工作报告统一了认识，鼓舞了干劲，增强了信心，明确了目标。大家表示，一定要把思想认识统一到深入贯彻落实科学发展观的要求上来，统一到中央对当前形势的分析判断上来，统一到中央关于粮食工作的决策部署上来。要根据这次会议的安排，积极进取，扎实工作，努力完成好今年粮食流通各项任务。

（二）交流了经验，启发了思路

这次会议，河南等8个省粮食局和湖北省宜昌市粮食局作了典型发言，大家反映这些地区的做法和经验都很好，很有借鉴意义。典型经验交流的形式也很好，大家很受启发。与会代表希望国家粮食局继续总结各地的典型做法和先进经验，鼓励各地粮食部门发扬创新精神，与时俱进，并采取多种形式，加强对地方的分类指导，上下互动，密切配合，共同做好粮食流通工作。

（三）找准了问题，提出了建议

与会代表结合学习讨论工作报告，分析了当前粮食流通工作特别是本地区粮食流通工作所面临的主要问题，对如何推进粮食流通工作提出了很多好的意见和建议。大家提出的问题多数是当前推进粮食流通工作所面临的突出问题、难点问题，比如粮食宏观调控政策的落实问题、粮食流通基础设施建设问题、农户安全储粮问题、国有粮食企业改革和发展的支持问题，以及现代粮食流通产业发展的扶持政策等问题，会后将根据讨论的情况对这些问题和建议进行梳理，并向国务院和国家发展改革委报告，积极争取支持政策。

（四）明确了任务，突出了重点

两天的时间里，大家通过学习、讨论工作报告，听取地方典型经验交流，对当前粮食流通工作面临的形势有了新的认识，对今年粮食流通工作的四项总体要求有了新的认识，对今年粮食流通工作的五项重点任务和六项具体工作有了新的认识。大家表示，今年的国际国内经济环境错综复杂，粮食流通工作任务更加艰巨，一定要统筹兼顾，突出重点，扎实工作，保护种粮农民利益，维护粮食市场稳定，保证国家粮食安全。

二 贯彻会议精神的几点要求

（一）做好会议精神的汇报和传达工作

会议结束后，在深入学习、深刻领会工作报告和会议精神的基础上，借鉴其他地区有益做法和经验，结合本地区工作实际，研究制定推进粮食流通工作的具体措施和工作规划，并抓紧向党委政府主管领导汇报，争取党委、政府及相关部门的支持。要采取各种有效形式，将会议精神和本地区推进粮食流通工作的安排向市、县基层粮食部门传达，促进会议精神的贯彻落实。

（二）加强对中央粮食方针政策的学习和贯彻落实

党的十七大、十七届三中全会和中央经济工作会议、中央农村工作会议以及今年的中央1号文件对粮食工作作出了新的部署；国务院印发了《国家粮食安全中长期规划纲要》和《关于促进食用植物油产业健康发展保障供给安全的意见》，这一系列会议和文件中，有很多关于粮食流通工作的新精神，赋予粮食部门很多新的职责，对如何做好粮食流通工作提出了明确要求。希望大家认真学习这些会议和文件精神，特别是主要负责同志要吃透精神，把中央关于粮食工作的部署落实到日常的工作中，确保各项工作达到预期的效果。

（三）加强对粮食流通重点难点问题的调研

深入基层，掌握第一手情况和资料，是我们制定政策措施和推动工作的基础。加强研究，增强政策储备，是我们推进体制机制创新的保障。希望大家按照学习实践科学发展观活动的要求，用更多的时间深入基层，了解新情况，发现新问题；用更多的时间深入思考，研究新思路，提出新措施；用更多的时间改革创新，着力突破影响、制约粮食流通工作科学发展的体制性机制性障碍，为促进粮食流通科学发展提供体制机制保障。

（四）抓好粮食流通基础设施建设工作

按照中央关于扩大内需的部署，今年将有几十亿元资金用于粮油仓储、物流、农户储粮等流通基础设施建设。各地要抓住有利时机，改变目前上报项目过于分散的状况，集中抓好1～2个符合国家政策、起关键作用的重点项目，做好前期准备工作。要配合有关部门做好项目的申报和实施工作，争取粮食流通基础设施水平上一个台阶。已经安排项目的省份，要配合有关部门加强项目实施过程中的监管工作，确保国家政策落到实处。

（五）切实做好临时收储粮食的收购工作

在前期下达三批5050万吨临时收储计划的基础上，昨天国家粮食局会同有关部门再次下达第四批800万吨临时收储计划，其中南方稻谷500万吨、东北地区大豆300万吨，有关地区要切实落实好国家的收购政策，抓好粮食收购工作，保护好种粮农民利益和生产积极性。

（六）尽早抓好清仓查库的准备工作

目前，国家十部门关于清仓查库的实施方案、财政部关于落实工作经费的文件、培训方案和通知都已经下发，清仓查库的检查方法也即将下发。这次的大检查最大的特点就是实行“在地检查”，各地要把清仓查库工作作为一件大事，抓好落实。抓紧向政府汇报，抓紧与财政部门沟通，落实经费，抓紧做好培训的准备工作，抓紧制定本地区的实施方案，要早动手、早准备，确保清仓查库工作顺利进行。

（七）做好春节、“两会”期间有关工作

一是要重点抓好节日期间和“两会”期间的粮源组织工作，保证好粮食市场充足供应。二是要加强对粮油价格、库存变化情况的监测，完善粮食应急预案，健全粮食应急加工体系和应急供应保障体系，保证粮食价格基本稳定。三是要开展安全生产隐患排查治理，着力抓好防火、防烘干机伤人、储粮化学药剂管理等重点部位、重点环节的安全管理，尽全力防止安全生产事故发生，避免生命财产损失。四是要做好困难职工走访慰问工作。节日期间，各级领导干部要开展多种形式的“送温暖、献爱心”活动，走访、慰问生活困难职工及家属，对因灾受伤或遇难的干部职工家庭要给予特别的关心和照顾，让大家过一个欢乐祥和的节日，促进社会的和谐稳定。

最近两年来，又有10多个省份的粮食局长，因为工作需要或年龄原因离开粮食局的工作岗位，他们分别是河北的马静局长、上海的陈海刚局长、浙江的李林访局长、安徽的桂梅生局长、福建的刘昌霖局长、山东的邹大民局长、湖北的沈昌发局长、广东的董富胜局长、广西的梁雨祥局长、重庆的胡君烈局长、贵州的刘启云局长、甘肃的朱红局长、宁夏的刘卉局长、新疆的肖启英书记、新疆生产建设兵团的郭毅峰局长等。已经离开粮食局长岗位的各位同志多年来勤勤恳恳、兢兢业业，为推动粮食流通体制改革和粮食流通事业发展做了大量卓有成效的工作。在此，我代表国家粮食局，代表全体与会同志向他们表示崇高的敬意和衷心的感谢。祝愿他们在新的岗位上为我国经济发展和社会稳定作出新的贡献，祝愿离开工作岗位的同志身体健康。我们对最近新任粮食局长的浙江陈聪道局长、安徽孙良龙局长、福建黄希敏局长、山东孟庆秀局长、广东张军局长、四川谭嘉林局长表示衷心的祝贺，对从其他岗位转任粮食局长的河北徐受棠局长、山西姚高宽局长、上海张新生局长、湖北孙永平局长、广西庞栋春局长、重庆张敏局长、贵州沈健局长、甘肃何水清局长、宁夏刘金定局长、新疆雍其新书记和新疆生产建设兵团房生修局长表示热烈的欢迎，让我们为国家粮食安全，为粮食流通事业蓬勃发展共同努力。

同志们！让我们携起手来，大力弘扬万众一心、众志成城，不畏艰险、百折不挠，以人为本、尊重科学的伟大抗震救灾精神，继续发扬粮食系统特别能吃苦、特别能战斗的工作作风，以求真务实、与时俱进的工作态度，勤于学习，善于创新，甘于奉献，勇于开拓，积极进取，扎实工作，把粮食流通事业继续推向前进，为确保国家粮食安全和国民经济平稳较快发展作出新的更大的贡献，以优异成绩迎接国庆60周年！

谢谢大家！

全面贯彻落实《食品安全法》加强粮食质量监管 确保粮食质量安全

——在全国粮食系统贯彻实施《食品安全法》工作会议上的讲话

国家粮食局党组成员、副局长 任正晓

2009年5月26日

同志们：

五年前的今天，温家宝总理签署国务院第407号令，正式颁布实施了《粮食流通管理条例》，今天恰逢《粮食流通管理条例》施行5周年的纪念日。而再过5天，事关广大人民群众食品安全的另一部重要法律《中华人民共和国食品安全法》就要在全国全面实施了。在这个重要的历史时刻，国家粮食局今天在陕西西安召开这次全国粮食系统贯彻落实《食品安全法》工作会议，非常及时，意义重大。这次会议的主要任务是以科学发展观为指导，认真总结交流《粮食流通管理条例》实施5年来全国粮食质量安全监管工作的成绩和经验，安排部署全面贯彻落实《食品安全法》的工作措施，进一步推进我国粮食质量安全监管工作科学发展，确保国家粮食质量安全。下面我讲三点意见。

一 近几年全国粮食质量安全监管工作取得显著成效

2004年5月26日，经国务院第50次常务会议审议通过并正式颁布实行的《粮食流通管理条例》，从法规上明确了粮食经营者的质量保障义务，明确了国务院各相关部门的粮食质量安全监管职责，有效地规范了粮食流通管理秩序，维护了粮食生产者、经营者和消费者的利益，为保障国家粮食安全发挥了重要作用。《条例》实施5年来，各级粮食部门克服重重困难，积极履行粮食质量监管职责，大力推进粮食质量监管制度建设和粮油标准体系建设，全面加强粮食质量检验体系建设和检验机构的能力建设，努力推进粮食质量安全调查、监测和抽查工作的制度化、规范化，促进了粮食质量安全水平的提高，取得了显著的成效，积累了宝贵的经验。

（一）粮食质量安全监管制度逐步完善

《粮食流通管理条例》赋予各级粮食部门负责收购、储存、运输环节和政策性用粮购销活动中的粮食质量与原粮卫生监管的职责。为履行《条例》赋予的职责，国家粮食局和地方各级粮食行政管理部门先后出台了一系列相关配套文件，建立了全新的粮食质量安全监管制度。

国家粮食局联合有关部门先后发布实施了《粮食流通监督检查暂行办法》、《粮食质量监管实施办法》、《粮食监督检查工作规程》、《粮食库存检查暂行办法》等一系列配套制度，规范了粮食监督检查工作的相关要求和程序，细化了粮食经营者的质量安全责任义务，建立了粮食出入库质量把关检验制度和质量报告追溯制度，明确了开展粮食质量与原粮卫生调查、监测和监督抽查的有关规定。各省级粮食部门也结合当地实际相继出台了粮食质量安全监管的配套文件。为规范粮食经营者的经营活动、依法开展粮食质量安全监管提供了重要依据，为保障国家粮食安全发挥了重要作用。

（二）粮油标准制修订工作取得突破性进展

粮油标准是实施粮食质量安全监管的前提和基础。近几年来，我们以促进农民增收、促进粮食产业化发展、规范市场管理、保障质量安全、提高行业管理水平为目标，大力推进了粮油标准制修订工作。特别是2008年，我们举全粮食行业之力，对超龄标准进行了集中修订，完成了国家标准委下达的316项国家粮油标准的制修订任务，20世纪的粮油标准已全部退出历史舞台，使我国粮油标准标龄老化的现象得到彻底改观，国际标准采标率也得到了大幅度提升。

围绕粮食中心工作和社会关注的热点问题，我们加大了粮油标准研究与协调工作力度，制定和修订出台了一系列关键性粮油质量标准。一是进一步完善《小麦》、《稻谷》、《玉米》、《大豆》等主要粮食品种的国家标准。在新的《小麦》标准中，引入了硬度指数指标和适应收购现场使用的仪器检验方法，规范了小麦的分类办法，消除了感官检验带来的人为检验偏差，受到广大种粮农民、粮食企业和各级政府的一致好评，去年农民售卖小麦的收益显著增加。在《玉米》、《大豆》等标准的修订中，充分考虑了我国的国情和粮情，进一步加大了与国际标准接轨的力度，为全面客观评价我国粮食质量状况，推进我国粮食内在品质的提高，发挥了重要作用。二是积极推进重点粮油产品标准的修订。根据广大消费者、面粉加工企业、有关监管部门和专家学者的意见和要求，认真落实中央领导同志批示精神，在国家发展改革委、卫生部、质检总局、国家标准委等部门的支持协调下，积极推进《小麦粉》国家标准的修订，为消除小麦粉产品质量安全隐患奠定了坚实的基础。在《食用植物调和油》国家标准制定中，特别规定了调和油原料油成分标识和留样要求，规范了产品冠名规则，对于保护消费者权益，规范调和油产品市场秩序，实现产品质量的可追溯，都将起到积极的作用。在《营养强化大米》、《营养强化小麦粉》、《营养强化油》等标准中，着重规范了营养强化产品的生产过程控制和产品质量控制要求，为加强营养强化产品质量监管提供了重要依据。三是积极开展粮油产品中有害成分检验方法标准的研究。制定了小麦粉中过氧化苯甲酰、溴酸钾、吊白块等化学成分残留量检测方法国家标准，满足了加强粮油产品质量安全监管的需要。组织开展了粮食中真菌毒素快速检验方法比对、小麦粉中非法添加物鉴别、地沟油鉴别、混合油成分鉴定等技术研究，为完善相关粮食质量安全标准打下了基础。四是完善了粮食行业管理技术规范。制定了《粮食储藏技术规范》、《粮食仓库安全操作规程》、《储粮技术规程》、《粮食仓库机电设备安装技术规程》等一系列粮食行业的管理技术规范，为提高粮食行业管理水平，保障粮食储存安全起到了关键作用。国家粮食局科研院、河南工业大学、南京财经大学、武汉工业学院和成都粮食储藏科研所等单位为粮油标准的制修定和保障粮油质量安全发挥了强有力的服务与支撑作用。

在不断完善国内粮油标准体系的同时，实质性地参与了国际标准化活动，取得了突破性的成绩。2006年底，我国承担了国际标准化组织谷物与豆类分委员会秘书处的工作，负责谷物与豆类国际贸易标准制修订的组织与协调。两年多来，我们已成功地组织召开了两届委员会年会，牵头承担了《小麦》和《稻谷潜在出米率》两项国际标准项目，参与了14项国际标准修订工作，先后派出30家国内实验室参加国际环形试验，在粮食国际标准化活动中发挥着越来越重要的作用，受到了各成员国的广泛尊重与好评。

（三）粮食质量监测体系建设取得实质性进展

为切实履行粮食质量监管职责，各级粮食部门在地方政府和相关部门的支持下，积极推进粮食质检体系建设，按照既要满足实际工作需要，又要避免重复建设的原则，合理规划，因地制宜，恢复和重建了一大批具有社会公益性地位的粮食质量检验机构，粮食行业的检验检测能力有了大幅度提高。截至去年底，隶属各级粮食行政管理部门的检验机构达到904个，初步形成了以省级检验机构为龙头，以主产粮市县和人口密集城市检验机构为主体的粮食质量检验体系。2006年，国家粮食局正式启动了国家粮食质量监测体系建设，按照充分利用现有检验资源，合理布局，择优选用，共建共享的原则，考核授权了一批条件较好的地方检验机构作为国家粮食质量监测机构，直接承担国家粮食局下达的质量监测、检验任务。到今年底，列入国家粮食质量监测体系的检验机构将达到200个以上，基本能够满足开展国家层面粮食质量安全监测和抽查工作的需要。近年来，各级粮食检验机构在开展收获粮食质量调查与品质测报、原粮卫生监测及调查、库存粮食质量抽查、各类政策性粮食质量监管中发挥了重要的作用，特别是在本次全国清仓查库的质量抽样与检验工作中，我们这支机构在关键的时候发挥了重要的作用。同时，各级粮食检验机构充分发挥专业技术优势，为生产企业和市场监管部门提供了大量的检验技术服务，为规范粮油产品市场，保障粮食质量安全作出了重要的贡献。北京、河北、吉林、辽宁、浙江、江西、河南、湖北、湖南、四川、陕西、宁夏等省（区、市）和中储粮总公司、中粮集团等单位都取得了突破性的进展和成绩。

为了提升粮食行业的检验技术水平，国家和省级粮食行政管理部门定期组织开展了各个层级的粮食检验技术培训和比对考核。去年，国家粮食局组织152个国家粮食质量监测机构开展了10个卫生项目27个检验梯度的样品比对考核，北京、上海、浙江、福建、湖北、湖南、广东、四川、云南9个中心和邯郸、石家庄、太原、呼和浩特、包头、乌兰察布、沈阳、鞍山、抚顺、锦州、辽阳11个区域站取得了优秀成绩，促进了国家粮食质量监测体系整体检验能力的提高。

（四）粮食质量安全监管工作得到加强

一是积极开展原粮卫生调查与监测。2006年和2007年，国家粮食局连续两年组织开展了全国粮食质量安全专项调查。在收购、储存环节采集样品近3万份，调查采样范围涉及全国28个省份，重点检验粮食中农药残留、重金属含量和真菌毒素等项目，取得检验数据近15万个，全面掌握了我国原粮卫生状况，为制定全国粮食质量安全风险监测计划，完善粮食质量安全标准，从源头上加强粮食质量安全监管提供了重要依据。各省级粮食部门，结合当地实际，积极组织开展了粮食质量安全日常监测工作，及时发现了面源性粮食质量安全隐患，指导粮食企业加强了粮食收购质量安全把关。

二是规范开展收获粮食质量调查与品质测报。经过连续八年的努力，逐步建立完善了全国粮食收获质量调查测报体系。国家粮食局重点组织18个省份粮食部门开展收获粮食质量调查，每年按产量权重，在900多个粮食主产县采集样品6000多份，采用集中会检方式进行检验，及时反馈和发布粮食质量和品质信息，为完善粮食收购政策，做好粮食收购工作提供了重要依据。其他省份粮食部门结合本地实际，积极组织开展了辖区内的收获粮食质量调查与品质测报工作。各级粮食部门采用多种形式，及时发布当地主要粮食品种的质量、品质和市场需求信息，为指导农民优化粮食品种，促进粮食产销衔接发挥了重要作用。

三是切实加强库存粮食质量监督抽查。近年来，各级粮食部门认真组织开展了针对各级储备粮、各类政策性存储粮以及国有粮食企业商品粮库存的监督检查，实现了粮食库存检查的制度化和规范化，确保了国家粮食库存数量真实、质量良好和储存安全。质量抽查是粮食库存检查工作的重要内容。目前，国家粮食局每年对不少于25%的中央储备粮承储库点和部分省份的地方储备粮承储库点进行质量专项抽查；地方粮食部门和中储粮各分公司每年春季和秋季，都要对辖区内的中央和地方储备粮质量和储存安全状况进行普查，库存粮食质量达标率和品质宜存率逐年提高，基本消灭了重度不宜存的粮食。针对库存粮食可能受到化学药剂和真菌毒素污染的状况，在库存粮食质量抽查内容上，增加了农药残留和真菌毒素污染等卫生检验项目。对卫生安全指标超标的，严禁用作口粮或饲料原料，限定用作其他工业原料。今年全国粮食清仓查库省级复查阶段，我们采用交叉检验方式，对8000余份省级复查抽检样品，增加了对25种重点农药的残留检验，对于全面监测和控制库存粮食农残超标状况将会起到重要作用。

在充分肯定以上工作成绩的同时，我们也要清醒地看到粮食质量监管工作面临的新形势、新任务和新挑战：

一是防范粮食质量安全隐患的难度进一步加大。一方面是粮食生产环境污染和异常气候变化等因素导致一些地方的粮食受到重金属、化学物质和真菌毒素的污染。2006年和2007年我们组织的全国原粮卫生调查发现，在一些矿产业集中的地区存在粮食中重金属含量超标的问题。近年来，由于连续阴雨或气温异常升高造成的区域性、大范围的粮食霉变和真菌毒素超标事件也频繁发生，不仅给种粮农民带来很大损失，同时也带来严重的质量安全隐患。另一方面是粮食生产的比较效益下降，农民不愿意加大粮食生产投入，粮食生产管理比较粗放，滥用农药的现象时有发生，特别是农户普遍缺乏粮食收获后晾晒、整理和安全储存的设施条件，交售的粮食水分、杂质普遍超标，对粮食的储存和质量安全带来风险。

二是粮食质量监管制度需要进一步完善。根据《食品安全法》的要求，我们要在全面总结《粮食流通管理条例》发布实施以来粮食质量监管工作取得的成绩和存在的问题的基础上，对粮食质量安全监管的相关制度进行全面梳理和完善。重点是要进一步明确粮食收购、储存、运输环节和政策性用粮购销活动中，粮食经营者的质量安全义务和各级粮食行政管理部门的监管责任。当前，在全面落实《食品安全法》的过程中，我们面临很多亟待解决的问题，比如，粮食检验制度必须进一步完善和强化，粮食经营者的质量安全责任意识还没有全面确立；企业对粮食收购和销售各环节的质量安全信息记录必须形成制度，粮食质量安全追溯体系有待全面确立；各级粮食部门的质量安全监管责任制还须进一步落实，任务和分工有待明确和细化；粮食质量监测体系建设和质量安全检验能力建设的任务还很艰巨；粮食质量监管相关部门协调高效的沟通协作机制还有待完善和加强。

三是粮食质量监测体系建设需要进一步加强。建立健全粮食质量监测体系是各级粮食行政管理部门履行质量监管职责的重要保障。近年来，各级粮食部门高度重视粮食质量监测体系建设，取得很大成绩。但是由于基础薄弱、欠账较多以及地方财力有限等，全国粮食质量监测体系建设发展不够平衡，一些省份机构数量明显不足，许多省以下机构设备条件简陋，检验能力不强，经费保障困难，难以适应粮食质量安全监管形势发展的需要，亟待从法律制度层面和政策支持层面予以支持和加强。

二 切实提高对全面贯彻落实《食品安全法》、加强粮食质量安全监管工作重要性的认识

“三鹿奶粉事件”暴露了我国食品安全监管制度和运行机制方面存在的问题和缺陷，涉及食品安全监管的每一个部门特别是粮食部门都应当从中吸取教训，引以为戒。贯彻实施《食品安全法》，对于切实保障广大人民群众的身体健康和生命安全，具有十分重要的现实作用和深远意义。粮食是最为

重要的食品和食品的基础原料，粮食的质量安全是食品安全的前提和基础。各级粮食部门要认真组织学习和深入贯彻落实《食品安全法》，充分认识加强粮食质量监管工作的极端重要性，切实依法履行好粮食质量安全监管职责。

第一，贯彻落实《食品安全法》，加强粮食质量安全监管，是粮食部门全面贯彻落实科学发展观的必然要求。科学发展观的核心是以人为本。食品安全是近年来广大人民群众最为关心的热点问题之一。保障国家粮食安全是粮食部门的重要职责，粮食安全包括数量安全和质量安全，在温饱问题基本解决后，质量安全问题更为突出、更为重要，因此，加强粮食质量安全监管，保障粮食质量安全，是各级粮食部门贯彻落实科学发展观的必然要求，是维护最广大人民群众根本利益的具体体现，是密切党同人民群众的血肉联系、巩固党的执政基础的重要使命。

第二，贯彻落实《食品安全法》，加强粮食质量安全监管，是粮食部门依法行政的必然要求。《粮食流通管理条例》明确规定，粮食行政管理部门在监督检查过程中，可以进入粮食经营场所检查粮食的库存量和收购、储存活动中的粮食质量以及原粮卫生。国家粮食局新的“三定方案”进一步明确，国家粮食局负责对收购、储存环节的粮食质量安全和原粮卫生进行监督管理。粮食行政管理部门必须履行好法律赋予的粮食质量监管职责，在人民政府的全面协调下，认真落实粮食质量安全监管责任，杜绝有毒有害粮食流入口粮或饲料市场。

第三，贯彻落实《食品安全法》，加强粮食质量安全监管，是粮食部门切实履行政府职责的必然要求。党中央、国务院历来高度重视食品安全工作，《食品安全法》的发布实施，充分体现了我国政府进一步加强食品安全监管、确保食品安全的决心和信心。各级粮食行政管理部门必须切实履行好粮食质量监管职责，保障辖区内的粮食质量安全。要明确和落实各层级的粮食质量安全监管责任，完善粮食质量安全监管体系，落实监管经费，建立责任追究制度，把粮食质量监管工作落到实处。

第四，贯彻落实《食品安全法》，加强粮食质量安全监管，是维护广大人民群众切身利益的必然要求。为耕者谋利，为食者造福，是粮食工作的出发点和落脚点。按照《食品安全法》的要求，新形势下粮食部门的粮食质量安全监管工作，既要维护好广大消费者的健康安全，又要维护好种粮农民的利益；既要严格库存粮食质量安全监管、防止有毒有害粮食流入口粮或饲料市场，又要加强指导和服务，帮助粮食经营者做好收购环节的质量安全把关，充分利用好粮食资源；既要强调粮食生产经营者的质量安全责任和义务，又要加强政府的主动干预，及时发现和控制面源性粮食污染事故造成的损失和危害。做好粮食质量安全监管工作，任务艰巨，责任重大。我们要坚持以科学发展观为指导，加强统筹协调，积极探索实践，不辜负党和人民的期望和重托，把《食品安全法》的各项规定真正落到粮食行业的各个方面、各个环节。

三 全面贯彻落实《食品安全法》，把粮食质量安全监管工作提升到新水平

（一）深入开展学习宣传贯彻《食品安全法》的活动

《食品安全法》是广大人民群众食品安全的法律保障，也是指导我们做好粮食质量安全监管工作的指南和准则。各级粮食行政管理部门、粮食行政执法队伍和广大粮食企业都要结合本地区、本部门、本单位的实际，深入开展认真学习、广泛宣传、全面贯彻《食品安全法》的活动。一是要认真学习好《食品安全法》。各级粮食行政管理部门的领导同志要带头学习，带头宣讲，所有粮食质量行政执法、监督检查人员和各级粮食质量检测、检验机构的人员都要认真学习，深刻领会，全面掌握。

要采取各种有效方式开展对粮食经营者的《食品安全法》知识培训，进一步提高粮食经营者守法经营的自觉性和自律能力。二是要广泛宣传《食品安全法》。要利用电视、广播、报刊、政府网等多种载体，大力宣传实施《食品安全法》的重要意义和法律的主要内容，为粮食行业贯彻实施《食品安全法》营造良好的社会舆论氛围和监督执法环境。三是要全面贯彻《食品安全法》。各地粮食部门要把《食品安全法》的各项法律规定全面落实到粮油质量监管的各个环节，依法开展粮油质量执法检查。所有粮食经营者都要心中有法、经营依法、行为守法。国有粮食收购、储存和政策性粮食经营企业必须带头严格执行《食品安全法》的规定，自觉守法经营，维护质量安全。全面贯彻《食品安全法》要与贯彻落实现行的《粮食流通管理条例》、《中央储备粮管理条例》以及国家粮食质量监管的有关规章和规范性文件有机地结合起来。各级粮食行政管理部门要依法依规对各类粮食经营者加强执法检查，确保《食品安全法》得到全面贯彻落实。

（二）依据《食品安全法》，修订和完善粮食质量安全监管配套制度

为贯彻落实好《食品安全法》，国务院配套颁布了《食品安全法实施条例》，并下发了《国务院关于当前稳定农业发展促进农民增收的意见》（国发〔2009〕25号）文件，要求各有关部门要依照《食品安全法》的规定，依据各自的部门职责，根据食品安全监管工作的实际需要，制定配套的部门规章，确保《食品安全法》的贯彻落实。各级粮食行政管理部门要按照国务院的部署，对本地区现行的粮食质量监管政策与制度文件进行全面清理，凡是不符合《食品安全法》规定的都要坚决废止或尽快修订。要加速推进粮食质量监管制度建设，国家粮食局已按照《食品安全法》的有关要求和规定，组织对《粮食质量监管实施办法（试行）》（国粮发〔2004〕266号）进行全面修订，修改草案正在征求各地粮食部门和有关单位的意见。修订后的《粮食质量监管实施办法》经国务院有关部门审核同意后，将以部门规章形式公布施行。

（三）切实加强对重点环节粮食质量安全的监管，依法惩治违法违规行为

各级粮食部门要加强粮食质量安全监管体系建设，建立粮食质量安全风险监测预警机制和应急干预机制。重点加强对粮食面源性污染事故或灾害的监测，采取有效措施降低面源性污染造成的食品安全危害和粮食生产经营者的损失。

要加强收购环节粮食质量安全监管，要求粮食经营者严格执行国家粮食质量安全标准、技术规范和粮食收购政策，自觉履行质量保障义务，不得擅自收购和销售不符合质量安全标准的粮食，不得损害农民和其他粮食经营者的利益。

要做好粮食清仓查库工作，加强库存粮食质量安全监管。重点加强对各级储备粮和其他政策性粮食质量安全状况的抽查，加强防范储粮和药剂使用安全隐患，促进企业仓储管理工作规范化。

要加强对企业粮食销售出库环节的质量安全监管。所有粮食经营者都必须严格执行粮食出库检验和出证出票、索证索票制度，严格执行粮食安全水分控制标准，规范建立质量档案，确保销售粮食质量安全。

要严肃查处涉粮违法案件，依法惩治违法违规行为，维护《食品安全法》和国家粮食法规政策的严肃性。要进一步加强各项基础工作，巩固提高监督检查体系、制度和队伍建设的成果，为全面实施《食品安全法》、服务国家宏观调控和确保国家粮食安全，提供坚强有力的制度与组织保障。

（四）建立严格的粮食质量安全责任追究制度

各级粮食行政管理部门要认真落实粮食质量监管责任制。按照“任务明确、责任清晰、程序规

范、依法行政”的要求，层层落实监管责任，切实提高监管执法效能和水平。对未履行职责，滥用职权或渎职行为的，要依法给予严肃处理。

粮食质量安全的基础在企业。所有从事粮食收购、储存、加工、销售的经营者都必须无条件地承担质量安全的法律责任，切实履行质量安全的法定义务。国有粮食企业要积极发挥表率和带头作用，依照《食品安全法》、《粮食流通管理条例》等法律法规和相关规章制度，加强粮食质量安全保障能力建设，完善企业内部质量安全控制和质量可追溯体系，细化管理程序，加强诚信建设，确保质量安全。对有法不依、疏于管理、造成粮食安全隐患甚至粮食安全事故的，要严肃追究责任人的责任，依法严肃处理。

（五）切实加强粮食质量安全监管能力建设

加强粮食质量安全监管能力建设是贯彻落实《食品安全法》的基本要求。一是要进一步加强粮食质量监测体系建设，各省级粮食行政管理部门要完善辖区内粮食质量监测体系布局规划，加大对粮食质检机构建设薄弱地区的指导、协调和扶持力度，消除粮食质量安全监管盲区。二是要进一步加快改善粮食检验机构的仪器设备条件，要多渠道争取、筹集设施装备的资金投入，尽快提高卫生安全项目检验能力，尽快改变检不了、检不出、检不准、检得慢的现状。三是要进一步加强粮食质量安全监管技术人才队伍建设，大力培养使用年轻技术骨干，加强技术人才的实践锻炼，积极引进优秀的专业技术人才，造就一支强有力的粮食质量安全技术专家队伍。

同志们，贯彻实施《食品安全法》，保障粮食质量安全，是党和国家赋予我们的光荣使命。我们要不辱使命，不负重托，切实履行职责，勤奋扎实工作，为维护人民群众身体健康和生命安全，构建社会主义小康社会、和谐社会作出新的更大的贡献！

在粮食系统机关党建工作座谈会上的讲话

国家粮食局党组成员、副局长 张桂凤

2009年12月5日

同志们：

在全党深入学习贯彻党的十七届四中全会精神，粮食系统各级党组织正着手认真总结经验过去一年的工作情况，谋划新年度工作之际，我们召开这次座谈会，深入学习党的十七届四中全会和全国机关党建工作会议精神，进行相互学习和交流，对于我们进一步理清工作思路，以改革创新精神加强和改进新形势下粮食系统机关党的建设具有重要意义。这次会议得到了广西自治区粮食局的大力支持。首先，我代表与会同志表示衷心的感谢！向远道而来的各位与会代表表示诚挚的问候！

刚才，广西自治区粮食局机关党委等16个单位的同志作了发言，大家从不同的侧面和角度谈了做好机关党建工作的体会，内容丰富，各具特色，特别是有些同志还就加强党建调研工作提出了很好的建议，对我们进一步推进粮食系统机关党建工作很有启发。综合大家的发言，我感到各地在开展机关党建工作中主要有六个明显的特点：

一是注重加强学习型组织建设，思想政治建设水平进一步提高。坚持把建设学习型组织、学习型机关、学习型企业，作为加强理论武装、促进“党员受教育、永葆先进性”的重要手段，作为增强基层组织活力、提高党员干部综合素质的重要措施，不断健全学习机制、创新学习形式、丰富学习内容，加强对学习的组织领导，落实各类学习制度，发挥中心组学习的龙头带动作用，采取走出去参观见学和请进来辅导授课结合，送出去脱产学习、集中培训和以会代训结合，基础理论知识学习和立足岗位培训结合等多种方法，充分发挥基层组织的作用，不断增加投入，创造学习条件，扩大学习的覆盖面，使理论武装、业务学习的针对性和实效性进一步增强，有力地推动了中央和党委、党组决策部署的落实。

二是注重围绕中心、服务大局，有力地推动了中心工作科学发展。各地紧紧围绕抓好粮食收购、促进农民增收、推进国有粮食企业改革、增强国家粮食宏观调控能力等中心任务来思考谋划、开展党建工作，把保障和促进中心任务的完成作为衡量和检验机关党建工作的标准，教育引导党员干部增强政治意识和大局意识，立足本职，扎实工作，充分发挥党组织的战斗堡垒和先锋模范作用。特别是在深入开展学习实践科学发展观活动中，各地机关党委都直接参与活动的组织协调，组织广大党员干部开展解放思想大讨论，深入学习调研，查找突出问题，协助党组制定整改方案，为推进粮食流通中心工作科学发展作出了贡献。在完成抗震救灾、服务奥运等阶段性的中心工作中，也发挥了突出的作用。

三是注重加强基层组织建设，进一步提高了党组织的影响力。各地都能把基层组织建设作为机关党建的着力点予以高度重视，加强组织领导，认真落实“一岗双责”，做到“三个一同”、“四个到位”。有的地方严格落实党的组织生活制度，尊重党员主体地位，积极开展党内民主，拓宽民主监督渠道，开展“分行业争创五好基层党组织”等争先创优活动，促进了基层党组织的建设，进一步增强了基层党组织的凝聚力和战斗力。

四是注重加强队伍建设，党员干部的能力素质进一步提高。“建设善于推动科学发展、促进社会和谐的高素质干部队伍”是机关党建的核心任务之一，既是组织人事部门的责任，也是机关党委的重要责任。各地机关党委认真履行这一职责，通过组织开展“五五”普法教育、举办各类粮食业务培训班、进修班，开展业务“大比武”活动，组织党员干部参加函授、自学考试等各种职业技能培训，不断改善知识结构，提高科学文化素质和业务技能，为推动中心工作科学发展提供了可靠的政治和组织保证。

五是注重加强党的作风建设，树立了为民务实清廉的机关形象。各地把加强领导干部和领导机关的作风建设作为机关党建的重要切入点，有的地方结合学习实践科学发展观，应对金融危机，在机关党员干部中开展了“进农村、进社区、促发展、促和谐”活动，深入基层群众之中，进行科普宣传，开展调查研究，帮助解决困难，促进了社会和谐稳定和经济发展。有的地方开展了“机关作风建设年”、“干部作风建设年”、“创文明机关、做全省表率”等活动，有的开展了以“正作风、树形象、作表率”为主题的创建文明处室、文明单位的活动，有的开展“提速、提质、为人民、促发展”的机关效能建设，有的开展“艰苦奋斗、廉洁从政”、“为民、务实、清廉”等专题教育活动，等等。这些活动，把“讲党性、重品行、作表率”的活动进行了具体化，有力地推进了机关作风建设，树立了为民、务实、清廉的机关形象。

六是积极加强机关文化建设，创造了文明和谐的机关环境。各地不断创新文化活动载体，充分发挥群团组织的作用，积极开展文化体育活动，充分利用举行新中国成立60周年盛大庆祝活动等有利时机，举办迎新春文艺晚会、青春歌会、红歌会，开展摄影比赛、球类比赛，组织各类参观活动、讲座等，激发了干部职工的爱国热情和工作热情，营造了文明和谐的机关环境。

下面，我就如何加强机关党建工作谈谈自己的认识。今年5月，中组部召开了全国机关党建工作会议，这是进入新世纪以来召开的第一个专门研究部署机关党建的会议。会议回顾和总结了近年来机关党建工作取得的宝贵经验，为我们今后加强机关党建工作指明了方向。9月召开的十七届四中全会，全面部署了党的建设6个方面的主要任务，提出了30多条加强党的建设的新要求新举措。贯彻落实这两个会议精神是机关党组织的重大政治任务。我感到，当前要学习贯彻好这两个会议精神，重点是要正确处理好四个关系：

一 正确处理服务中心与建设队伍两大任务的关系，积极发挥机关党建的作用

在全国机关党建工作会议上，李源潮同志提出要牢牢把握服务中心和建设队伍这两大核心任务，切实加强和改进机关党建工作。如何把握处理好两大任务的关系，首先，要正确认识机关党建工作的地位，强化使命意识。全国机关党建工作会强调，机关党的建设是党的建设新的伟大工程的重要组成部分。党和国家各级机关是党代表人民执掌政权的领导机构，是坚持改革开放、推动科学发展、促进社会和谐的指挥部、参谋部。与各个社会部门相比，机关共产党员最集中、执政骨干最集中、权力责任最集中。机关党员干部是党和国家方针政策的制定者、实施者，是我国经济、政治、文化和社会事务的管理者。他们的政治素质、业务能力、作风状况如何，直接影响党的执政能力与水平，直接

影响党的群众威信和社会形象。因此，对机关党的建设就比一般组织党的建设的要求更高。胡总书记要求“机关党建工作必须适应新形势新任务的要求，走在党的基层组织建设的前头”，充分体现了党中央对新形势下机关党建工作特殊性、重要性、紧迫性的把握，对机关党建工作的高度重视。当前，有的同志认为随着改革的深入、机构的调整，粮食机关的地位作用在减弱，机关党的工作看不见、摸不着、不好搞，做起来比较困难。越是在这种情况下，越是要求我们机关党务工作者，必须要有使命感，继续勤奋敬业，默默奉献，在机关党建中发挥好骨干作用。其次，要充分认清机关党建工作的作用，强化服务意识。党章明确规定机关党组织的作用是协助和监督。四中全会强调“把服务中心、建设队伍贯穿机关党组织活动始终，发挥党组织在完成本部门各项任务中的协助和监督作用”。所以，围绕中心、服务大局，既是做好机关党建工作的根本要求，也是做好机关党建工作的根本出发点和落脚点。必须强化服务意识，机关党建才能发挥好作用。最后，要妥善处理两大任务的关系，强化统筹意识。服务中心是目的，建设队伍是保证。两者相互依存，相互促进，目标一致。处理好两者关系，需要加强统筹协调，把握工作的轻重缓急，在两者的动态变化中寻求党建工作的切入点。具体要做到三点：一是工作思路要围绕中心工作来谋划。谋划机关党建工作，不能陷入就党建抓党建的思维模式，局限在本机关本部门的小圈子里思考问题，业务工作与党建工作“两张皮”，只有自觉把党建工作放在党和国家大局中，放在本部门的中心工作中来思考和谋划，以中央的政策要求、部门党组的重大决策部署为着眼点，紧紧围绕如何推动部门中心工作、促进中心工作科学发展来制定机关党建工作计划，才能找准定位、体现价值、大有作为、发挥作用。二是工作内容要围绕中心工作来确定。安排党建工作，首先思考是否符合围绕中心、服务大局这个基本方向，把机关党建工作融汇于业务工作的各环节，渗透于业务工作的各方面，贯穿于业务工作的全过程，充分发挥其动员、组织和协调的功能，通过组织党员干部为中心工作改革创新出思路、想办法，献计献策，最大限度地调动干部职工的积极因素，把机关党建工作的成效着力体现到服务、保障和促进中心工作科学发展上来。三是工作方法要根据党员干部的实际情况来设计。开展机关党建工作，需要不断创新工作载体、灵活运用多种工作方式方法，但是必须要根据党员队伍的实际情况来把握工作节奏，采取适当的方法。同时要把建设高素质的党员干部队伍作为着力点，统筹安排服务中心、建设队伍两大任务，使之互相促进融合，努力发挥机关党组织的优势，不断提高党组织的影响力、凝聚力和战斗力，真正发挥机关党建推动发展、服务群众、凝聚人心、促进和谐的作用。

二 正确处理学习与工作的关系，积极推进学习型党组织建设

完成好服务大局的任务，要靠建设一支高素质的党员干部队伍，建设队伍关键是靠加强学习。四中全会提出：“必须按照科学理论武装、具有世界眼光、善于把握规律、富有创新精神的要求，把建设马克思主义学习型政党作为重大而紧迫的战略任务抓紧抓好。”建设马克思主义学习型政党的要求，为加强机关的学习提出了更高的标准和要求。从2003年开始，国家粮食局各基层党支部，积极参加了中央国家机关工委组织的学习型党支部创建活动。近几年各地粮食机关的党组织也积极开展了学习型组织创建活动，在推进基层党组织强化学习功能、增强组织活力、理论联系实际、服务中心工作中发挥了积极的作用。但是，根据以往的经验教训，个别单位还有重工作、轻学习，强调时间紧、任务重、没时间的现象。要正确认识和处理学习与工作的关系，建设学习型党组织，我认为要把握好四点：一是要把学习作为维护中央权威、确保政令畅通的根本措施。教育党员自觉维护中央的权威，确

保政令畅通，在贯彻落实党的路线方针政策上发挥模范带头作用，是机关党组织的首要任务。要完成好维护中央权威，确保政令畅通，建设高素质的党员干部队伍的任务，需要把学习型组织建设作为机关党建的重要目标，坚持不懈地组织好学习，教育引导党员干部把学习作为一种政治责任、一种政治追求、一种生活态度，自觉主动参与学习，使学习成为基层党组织最鲜明的特征。二是要紧紧围绕中心工作需要确定学习内容。重点是组织党员干部深入学习中国特色的社会主义理论体系，学习党的路线方针政策和国家的法律法规，广泛开展形势任务教育、社会主义荣辱观教育，引导党员干部坚定理想信念，做自觉践行社会主义核心价值体系的模范，做共产主义远大理想和中国特色社会主义共同理想的坚定信仰者、科学发展观的忠实执行者、社会和谐的积极促进者。学习业务知识和有关的政治、经济、文化、科技和社会知识，提高机关党员干部的综合素质，提高运用科学理论指导实际工作的能力，使学习成果转化为做好中心工作的思路和办法。三是要努力整合学习资源。创建学习型组织，应以中心组学习为龙头，以处以上干部为重点，以党员干部为基础，着眼于党员干部的全面发展，把学习纳入到争先创优的各项活动中去，使学习成为各个组织自发的内在要求，成为各个部门自觉的行动，齐抓共管，形成合力，创造良好的学习风气。不能把学习当成哪个部门、哪个人的事。四是要不断创造好的学习载体和形式。近年来，各地积极探讨和建立有关的制度和载体，创造了不少建设学习型党组织的好经验好做法，比如推荐必读书目、开办主题讲坛、青年知识讲座、领导干部报告会、网上大讲堂、组织读书体会交流、演讲比赛等，效果都很好。对这些好的做法我们要坚持，同时要不断创造大家欢迎的好的形式和载体，积极推进学习型组织的建设。

三　正确处理“讲党性、重品行、作表率”活动与其他活动的关系，积极推进机关作风建设

讲党性、重品行、作表率，是党的十七大对全党同志特别是领导干部提出的明确要求，也是弘扬党的优良作风，加强党员领导干部党性修养的必然要求。四中全会进一步强调，以坚强党性保证党的作风建设。深入开展“讲党性、重品行、作表率”活动，广泛宣传和认真学习先进典型，使广大党员永葆蓬勃朝气、昂扬锐气、浩然正气。开展“讲党性、重品行、作表率”活动，与开展其他党建活动是一个有机的统一体，需要统筹安排，扎实开展，确保活动的实效。

第一，要把“讲党性、重品行、作表率”活动作为机关党建“总抓手”。李源潮同志在全国机关党建工作会议上要求，把开展“讲党性、重品行、作表率”活动，作为推进机关党建工作改革创新的重要载体，以建设一流机关、打造一流队伍、培育一流作风、创造一流业绩为目标，切实解决机关党员、干部在党性、品德、作风、能力等方面存在的突出问题，进一步树立为民、务实、清廉的机关形象，让党和人民满意。欧阳淞同志在总结中进一步指出，各地、各部门要从实际出发，注意用这项活动把本地本部门的党建活动统揽整合起来，赋予活动新的特色，努力形成全国机关党建工作的一个总抓手和大品牌。我们要认真落实这些要求，搞好衔接，加强整合，扎实开展好这一活动，更好地发挥其应有的作用，努力推进机关的作风建设。

第二，要深刻理解“讲党性、重品行、作表率”的基本内涵。“讲党性、重品行、作表率”含义很深。简单讲，讲党性，就是信仰要纯正，信念要坚定。政治意识强，有政治敏锐性和政治鉴别力，

大是大非面前不糊涂，困难和考验面前不动摇；大局意识强，有全局观念，视野思路宽阔，工作方向明确；忧患意识强，居安思危，未雨绸缪，正视困难，能够及时发现和解决问题；责任意识强，对本职工作认真负责，积极完成，绩效明显。重品行，就是加强道德修养，树立良好的政治品德、思想道德、社会公德和家庭美德，自重、自省、自警、自励，自觉遵守党纪条规和道德准则。作表率，就是用实际行动践行坚强的党性、良好的品行，并始终走在前面，带动培育机关的良好风气。

第三，要把各类争先创优活动融入“讲党性、重品行、作表率”活动之中。要把现在开展的深入学习实践科学发展观，“争创文明机关、争当优秀公务员”，“争创先进党组织、争当优秀共产党员”，争创学习型党组织等各项活动，与“讲党性、重品行、作表率”活动衔接起来，融入进去，进行有效整合，不断创新活动形式，丰富和完善内容，赋予新的特色，使“讲党性、重品行、作表率”活动，真正成为机关党建工作的一个总抓手和大品牌，切实解决机关党员干部在党性、品德、作风方面存在的突出问题，不断提高党性修养，增强党的意识，牢记党的宗旨，严守党的纪律，维护党的形象，以党的作风建设促进机关作风建设，着力建设“为民、务实、清廉”机关。

四 正确处理继承与创新的关系，积极推进机关党建工作创新发展

胡锦涛总书记要求，机关党建工作必须适应新形势、新任务的要求，走在党的基层组织建设的前头。落实“走在前头”的要求，必须要用马克思主义的科学态度和创新精神来研究机关党的建设，正确处理继承与创新的关系，坚持在继承的基础上创新，在创新的前提下发展，才能推进机关党的建设不断进步。

首先，创新不能忽视继承。我们党之所以把马克思主义作为根本指导思想，把马克思主义党建理论作为党建工作的根本和灵魂，是因为马克思主义是在继承全人类优秀文化成果的基础上形成的，是经实践检验正确的真理。所以，新时期的党建理论与实践，不管如何创新，都不能忽视继承马克思主义的党建理论，不能忽视继承包括中华民族优秀传统文化在内的世界各民族的优秀文化成果。特别是在市场经济迅猛发展，有些党员信仰缺失，唯利是图，不信马列信鬼神，崇拜个人主义，金钱至上，价值观混乱的社会大环境下，尤其需要做好继承的工作。一是在坚定信仰、增强党性、树立社会主义核心价值观的教育中，要积极继承中华民族传统文化的精华。中华民族历经五千多年而不衰，形成了丰厚的民族文化思想宝库，比如，“公而忘私、国而忘家”，“先天下之忧而忧、后天下之乐而乐”，“国家兴亡、匹夫有责”的爱国主义精神；“仁民爱物”、“厚德载物”的博爱精神；自力更生、发奋图强、知难而进的奋斗精神；以和为贵的团结友善、热爱和平精神；“富贵不能淫、贫贱不能移、威武不能屈”的坚毅精神；与时偕行、革故鼎新、日新又新的革新精神等，这些精神与我们党的性质、宗旨是一脉相承的，是我们共产党人信仰的源头，反映了人类文明发展进步的规律。在党员的教育中，我们要把这些精神不断赋予新的内涵，与我们党的信仰紧密结合，进一步坚定理想信念，树立正确的价值观。二是积极学习借鉴世界各国政党政治的经验。当前，市场化、全球化、信息化、社会阶层分化和利益主体多元化的新形势，使我们党的执政环境发生了深刻变化。我们与市场经济发达国家的其他执政党面临着许多相同的课题。有些市场经济发达国家的执政党在长期执政或反复执政的过程中对加强党的建设、优化执政方式问题进行了长期的实践和探索。借鉴和吸收这些政党所创造的政治文明成果，可以使我们少走弯路，减少制度创新成本，加快推进执政方式民主化的进程。特别是一些政党丧失执政地位的深刻教训，更值得我们认真思考、正确对待和学习借鉴。三是积极学

习其他社会组织建设的丰硕成果。许多社会组织在实践中创造了一些鲜活的、具有时代特征的组织建设的新观念和新举措，形成了独特的企业文化、组织文化，值得我们在机关党建工作中学习借鉴。

其次，要不断进行创新。只有创新才是促进党建工作常抓常新，充满生机与活力的有效途径。创新要从三个方面入手：一是要从理论创新入手。加强党的理论创新，是贯彻落实党的十七大和十七届四中全会精神的一项重大战略任务，是加强党的建设的基础性工作。进行理论创新，一方面要着力加强调查和研究，认真总结提炼基层党建实践中的经验做法，使之上升到理论的高度；另一方面要认真学习借鉴其他政党、组织建设的经验，使之符合我国国情、党情的需要。从而不断丰富党的建设理论，为实践提供新的理论支持。二是要从内容创新入手。这次全国机关党建工作会议对机关党建工作内容进行了新的拓展。如，把“建设一流机关”明确定为机关党建的职责，表明机关建设不仅仅是综合部门和业务部门的事，也是机关党组织的工作内容；专门强调加强党内民主建设，把加强党内民主建设作为机关党建的重要工作内容；强调党建责任制，把加强党建制度创新作为机关党建的重点内容；等等。近些年，一些机关党组织探索实行党建目标管理制度，制定党建工作考核办法，落实行政负责人“一岗双责”制度，这些都是对机关党建工作内容的丰富和拓展。实践证明，创新机关党建工作内容，是进一步增强基层党组织的创造力、凝聚力和战斗力的重要途径。所以，要创新机关党建工作，需要我们不断拓展工作思路，丰富工作内容。三是要从方法创新入手。随着社会生活的发展变化，我们的工作对象也在不断变化，很多传统的工作方法已经起不到很好的效果，需不断创新方法。比如，党员教育方法，如果只是组织学文件、读报纸、念材料，一锅煮，就很难引起大家的兴趣，需要根据不同年龄层次、不同文化程度党员的情况，采取灵活生动多样的方法，才能有好的效果。再如，许多单位在加强党内民主建设方面，顺应知识化、信息化、网络化的时代潮流，积极发展电子党务，运用现有的网络平台，进行党务公开，征求党员群众意见，加强群众监督，增进基层组织之间的交流，效果良好。总之，我们只有积极适应形势任务的变化，与时俱进，努力创新方式方法，才能增强机关党建工作的实效。

同志们，以改革创新精神推进机关党建工作的共同使命，把我们召唤在了一起。我希望通过我们的共同努力和不懈奋斗，能够把粮食系统的机关党建工作提升到一个新的水平，为保障我国的粮食安全作出我们积极的贡献。

谢谢大家！

学习实践科学发展观 围绕中心 服务大局 深入开展粮食系统党风廉政建设和反腐败工作

——在全国粮食系统纪检监察工作会议上的工作报告

国家粮食局党组成员、中纪委驻国家粮食局纪检组组长 杨兵

2009年4月9日

同志们:

这次会议的主要任务是传达贯彻中央纪委第十七届三次全会和国务院第二次廉政工作会议精神，学习胡锦涛总书记的重要讲话和贺国强同志的工作报告，总结去年工作，研究和落实今年任务。国家粮食局党组非常重视这次会议，党组书记、局长聂振邦同志出席会议并作重要讲话，对今年粮食系统党风廉政建设和反腐败工作作出部署，我们要认真学习，抓紧贯彻落实。下面，我受党组的委托就2008年粮食系统纪检监察工作情况和今年的工作安排讲几点具体意见：

一 2008年全国粮食系统党风廉政建设和反腐败工作的回顾

2008年，全国粮食系统以党的十七大精神为指导，认真贯彻落实中央纪委全会和国务院廉政工作会议精神，围绕粮食中心工作，深入学习实践科学发展观，坚持标本兼治、综合治理、惩防并举、注重预防的方针，积极落实《建立健全教育、制度、监督并重的惩治和预防腐败体系实施纲要》和《建立健全惩治和预防腐败体系2008～2012年工作规划》，党风廉政建设和反腐败工作取得了新的成效。

（一）围绕中心服务大局，切实加强对抗震救灾和举办北京奥运会中粮食供应工作的监督检查

去年南方部分地区严重低温雨雪冰冻灾害和四川汶川特大地震发生后，全国粮食系统纪检监察部门一方面积极抗灾救灾，一方面对救灾工作实施全过程监督检查。湖南省粮食系统纪检监察部门在冰雪灾害之初，立即下发《关于严明纪律确保加强价格监管措施落实的通知》，加强落实价格监管措施情况的监督检查。各级粮食纪检监察干部克服各种困难，坚持始终战斗在第一线，重灾区郴州市粮食系统16名纪检监察干部累计工作6500小时以上。四川省粮食纪检监察部门在震灾发生后，及时下发《关于严肃纪律确保抗震救灾粮油供应和加强对救灾粮油物资监督检查的紧急通知》，加强监督，确保了国家紧急安排的49.8万吨粮食和1.4万吨食用油、1.5亿元仓房应急维修资金、2246万元收购网点应急维修资金、695万元军供网点应急保障资金及时足额拨付灾区；对国家紧急安排的2200万元粮油收购等设备采购资金及时进行招标。贵州加强对2800万元灾后重建资金使用和2700万元扶持性补助项目资金的监督检查。重庆、云南、陕西、甘肃、内蒙古、广西、浙江、福建、山西等地粮食纪检监察机构也积极行动，配合驻在部门做好各项抗灾救灾和支持援助工作。

去年8月北京奥运会成功举办，各地粮食部门纪检监察机构严格按照中央关于“节俭办奥运、廉洁办奥运”的要求，保证粮食供应，并严明纪律，认真做好信访疏导工作。北京市粮食局围绕岗位工作、党风廉政建设、平安奥运三项责任，下发了《北京市粮食局关于严明纪律，确保顺利举办第29届奥运会的通知》，对各级领导班子、党员干部提出七条要求，严明政治纪律，确保政令畅通，为北京

奥运会圆满成功作出了积极贡献。

2008年，世界金融危机，国际粮价大幅波动，对国内粮食市场造成较大冲击。面对复杂局面和严峻考验，各地粮食系统纪检监察部门认真贯彻党中央、国务院的部署，加强对国家有关粮食市场调控措施和粮食购销政策执行情况的监督检查，认真核实库存，积极配合驻在部门做好稳定市场粮价、打击哄抬压价、倒卖走私等工作，切实保护种粮农民和消费者利益，保障了粮食市场供应和粮价稳定。

（二）加强党风党纪教育和制度建设，开展专项治理，领导干部廉洁自律工作取得新进展

去年，各地粮食部门纪检监察机构认真学习、深刻领会党的十七大和中央全会精神，以加强完善惩治和预防腐败体系建设为重点，积极开展党风党纪教育。结合学习实践科学发展观主题活动，在重点解决领导干部思想作风工作等方面突出问题时，各地根据不同情况，采取组织观看警示教育片、召开座谈会、开展学习宣传教育季、举行廉政宣誓、上廉政党课等多种形式，加强领导干部廉政教育，积极开展廉政文化和廉政制度建设，使领导干部廉洁从政的自觉性进一步增强。甘肃将廉政学习教育制度化，坚持每年第一季度为局系统的“反腐倡廉学习宣传教育季”。安徽开展“廉政勤政”主题教育活动。贵州在省局机关公务员中开展“为民、务实、清廉”主题教育活动。福建向领导干部发放廉政教育书籍。云南开展粮食系统党建和党风廉政建设专题调研工作，上报论文33篇。山东制定了《关于开展“廉政文化进机关”活动实施方案》。广东、天津、重庆、陕西、青海、甘肃、海南、西藏等省(区、市)，也积极开展了各种形式的廉政教育活动。

2008年，各地粮食系统纪检监察机关按照中纪委全会的部署，积极开展了评比达标、规范津贴补贴等专项治理工作。天津、浙江、甘肃、贵州等地，严格落实“两办规定”深入开展制止党政干部公款出国境旅游专项工作，通过认真对照检查、填报专项清理登记表、集中管理因公因私护照和港澳通行证等措施，确保清理工作取得了实效。安徽、甘肃、重庆、广西、新疆等地，开展对个人“小灵通”捆绑单位办公电话用公款支付个人通话费问题专项清理工作，对违规行为进行了严肃纠正。河南省开展规范政府采购专项检查，并制定《省粮食局机关政府采购规程》，进一步规范了政府采购管理，提高了资金使用效率和工作透明度。各地还结合实际，开展了公务用车、行政审批事项、行政事业和社团行业协会收费等的专项治理。

（三）贯彻落实《工作规划》，强化监督机制，惩治和预防腐败体系建设扎实推进

《工作规划》下发后，各地粮食部门将组织学习作为一项重要政治任务来抓，结合粮食系统特点，及时制定贯彻落实《工作规划》的实施意见和责任分解意见。各地从落实党风廉政建设制入手，围绕粮食重点工作，采取各种方式，切实加强对驻在部门重大决策、重要干部任免、重大项目建设、大额资金使用等权力运行环节的监督。

湖北对各项监管制度及时梳理修订，着力完善对国有粮食企业监管、权力制约、责任追究、一把手监督等方面的制度建设，累计修改19项，新建制度11项。河南省局纪检组加强粮食供求形势分析，规范粮食调控措施，协助制定了《关于进一步落实国家粮食购销政策规范企业行为的通知》。黑龙江提出全省粮食系统纪检监察工作要从“农民粮食出售顺畅、确保储粮安全、保证市场供应、保护粮食经营者合法权益、库存真实”五个方面着手，贯彻落实《工作规划》。上海市粮食局党组把落实《工作规划》列入领导班子和领导干部考核范围。内蒙古自治区粮食纪检监察机构对国有粮食企业和国储库负责人提出“九项不准”规定，加强国有粮食企业党风廉政建设。安徽通过举办培训班和研讨会，推动全省粮食系统的惩防体系建设。江西从严格干部选拔任用、机关财务支出、企业改革、粮食交易规范等方面监督着手，全面贯彻落实《工作规划》。

此外，各地粮食部门纪检监察机构还结合治理商业贿赂，不断加强对政府采购、招投标等商业行为的监督。辽宁、山西、湖南、浙江、天津等地粮食纪检监察机构积极参与机关办公楼改造、网络信息化、农户储粮、仓库维修、储备粮拍卖、物资采购等招投标和工程项目建设，“关口”前移，变事后检查为全程监督，有效防止商业贿赂行为发生。

（四）坚持服务“三农”，着力解决突出问题，纠正损害群众利益不正之风工作取得新成效

各地粮食纪检监察机关以落实粮食最低收购价政策、稳定市场粮价为重点，开展监督检查，切实解决损害种粮农民利益的问题。在收购旺季，各地纪检监察部门深入乡镇检查粮食收购情况，及时协调解决收购网点少、农民卖粮难的问题。黑龙江省粮食局开展“三下乡”服务，帮助农民适时适价顺畅销售近580亿斤余粮。山东针对群众投诉集中的“代农储粮”中的问题，督促有关县市筹措资金兑付粮食1293.71万斤，涉及农户23142户。新疆粮食局纪委制定《自治区粮食局下基层检查工作人员纪律》，进收购点公布“六不准”廉政纪律。安徽畅通投诉举报渠道，对群众反映定远县某粮站收购粮食找零款搭售洗衣粉问题进行了严肃查处。

加强粮食库存抽查、政策性供粮检查和陈化粮销售监管，保护消费者利益。去年三四月，各地粮食纪检监察部门积极参与对全国粮食库存普查和复查，开展军供、救灾等政策性供粮和陈化粮处理、储备粮轮换等专项检查。北京、辽宁、吉林、山西、湖北等省市进一步加强粮食市场监管，会同有关部门严肃查处了买空卖空、掺假使假、以次充好、克扣数量、销售不符合卫生标准粮油、陈化粮回流口粮市场等损害消费者利益的行为。

继续深入开展行风评议活动。山东、广西、新疆、江西、安徽、湖北等省区市粮食部门深入基层对行风评议活动进行全面检查，通过发放调查问卷、举行评议听证会、参加电台行风热线节目，开展“优化服务方式，促进粮农增收”、“粮食工作三下乡”等活动，进一步增强服务意识，改进工作。

各地积极配合中国粮食行业协会，继续推进“放心粮油进农村”活动。新疆去年新评出“放心粮油”产品9个，“放心粮油销售店”22个，并对6个“放心粮油”产品进行了复审。河南大力宣传全省96家企业的211个“放心粮油”产品，全省粮食行业创办城镇便民连锁店和农村粮油服务社等基层服务网点12000多个，为城乡居民搭建便捷的粮油消费平台，提供安全卫生的饮食保障。

（五）严明纪律，继续查办违纪违法案件

各地粮食系统纪检监察部门继续加大对违纪违法案件的查处力度，直接查办和配合有关部门查办了黑龙江“富锦90粮库案”等一些影响大、群众反应强烈的案件，取得了良好的社会效果。据不完全统计，2008年，全国粮食系统纪检监察机关共收到信访举报2013件。初核771件，立案223件，其中涉及县处级的24件，乡科级的62件，司法机关介入的72件。结案196件，处分总人数193人，其中县处级13人，乡科级88人。

截至2008年底，驻国家粮食局纪检组监察局共受理群众举报案件及领导交办件104件，重点核查督办10件。河南省粮食系统各级领导重视案件查办工作，去年共受理举报件188件，初核102件，立案81件，结案70件，其中司法机关介入17件，58人受到党政纪处分。湖北省粮食系统去年查处各类违法违纪案件81件，已结案22件，22人受到党政纪处分。四川省粮食系统去年共受理举报件49件，初核44件，立案17件，司法机关介入13件，挽回经济损失280.15万元。江西、江苏、湖南、吉林、甘肃等省也在案件查办工作中取得新进展。

从2008年查办案件情况看，与2007年同期相比，初核、立案、结案件和受处分总人数均有所减少，延续了自2004年以来连续5年下降的趋势。但是我们要清醒地看到，粮食系统反腐败任务依然十

分艰巨，近年来大案要案时有发生，其中一把手违法违纪比例较高，涉及金额大、人员多，常有窝案串案，性质严重，影响恶劣；随粮食供求关系和市场价格变化，压级压价、“转圈粮”、擅自销售储备粮等问题突出；一些基层单位党风廉政建设薄弱，以权谋私、弄虚作假，损害群众利益的违纪行为屡禁不止，群众反应强烈，社会各界十分关注。目前粮食系统新发腐败问题隐蔽性强，情况复杂、查办案件难度不断增大，要求我们必须增强突破重要案件的能力，提高办案水平。

过去的一年里，全国粮食纪检监察部门和广大纪检监察干部在当地党委、政府和驻在部门党组的领导下，按照党中央和国务院的统一部署，坚持为粮食改革发展服务，积极贯彻落实《工作规划》，着力解决损害群众利益的突出问题，认真查处违法违纪案件，求真务实，开拓创新，做了大量艰苦的工作，党风廉政建设和反腐败工作取得了新的成绩。但我们的工作与党和人民群众要求还有很大的差距，各地工作进展不平衡，还存在一些薄弱环节。一是对纪检监察工作要围绕中心、服务大局，惩防并举、注重预防等指导思想理解不深，工作主动性、创造性不够；二是对领导干部和重要部位、重点环节的监督力度不够，还需进一步开阔思路、拓展领域，改进监督措施和办法；三是如何用科学发展观统领和促进粮食系统党风廉政建设的战略思考不深，对出现的新情况、新问题，缺乏针对性强、行之有效的防范措施。对于上述问题，我们要在今后的工作中认真加以研究解决。

二 2009年粮食系统纪检监察工作的主要任务

2009年是新中国成立60周年，是深入学习实践科学发展观、积极应对国内外严峻经济形势影响、保持经济平稳较快发展的关键一年，也是贯彻落实《工作规划》、推进惩治和预防腐败体系建设的重要一年。做好粮食系统党风廉政建设和反腐败工作，对于推动粮食流通体制改革、加快粮食事业发展具有重要意义。根据党中央、国务院的统一部署，2009年国家粮食局党风廉政建设和反腐败工作的总体要求是：全面贯彻党的十七大和十七届三中全会精神，高举中国特色社会主义伟大旗帜，以邓小平理论和“三个代表”重要思想为指导，深入贯彻落实科学发展观，严格落实党风廉政建设责任制，坚持标本兼治、综合治理、惩防并举、注重预防方针，以完善惩治和预防腐败体系为重点加强反腐倡廉建设，以改革创新精神抓好《工作规划》的落实，加强对全国粮食系统贯彻落实中央关于推动科学发展、实现经济平稳较快发展政策措施的监督检查，着力解决党员干部党性、党风、党纪方面存在的突出问题，以党风廉政建设和反腐败斗争的新成效取信于民，为粮食系统改革发展稳定提供坚强有力的保证。为认真贯彻中央纪委第十七届三次全会和国务院第二次廉政工作会议精神，结合粮食工作实际，今年我们要重点完成好以下主要任务：

（一）严明党的纪律，推动科学发展重大决策部署的贯彻落实

要深入开展政治纪律教育，加强对粮食系统政治纪律执行情况的监督检查，促使粮食系统的广大党员干部增强政治意识、政权意识、责任意识、忧患意识，始终同以胡锦涛同志为总书记的党中央保持高度一致。要加强对贯彻科学发展观情况的监督检查，为保增长保民生保稳定提供纪律保证。

1.在粮食系统开展对中央应对国际金融危机，加强宏观调控特别是扩大内需促进经济平稳较快发展政策措施执行情况的检查。粮食系统纪检监察机构要会同有关部门对扩大内需的投资项目及时跟踪、全程参与，认真履行职责，加强监督检查。各地粮食局直接或间接参与这些投资项目，有的参与地方投资项目，无论以何种方式参与，无论投资项目是通过何部门投到粮食系统，纪检监察部门都要责无旁贷地履行监督职责。要加强对项目的实施进度、项目的资金管理使用、项目的审批和建设程

序、工程建设质量的检查，保证项目尽快开工、项目资金专款专用和公开透明、项目审批和建设依法合规，工程质量和安全生产领导责任制得到落实。要严明纪律，从严惩处领导干部个人决定大额度资金使用和重大项目安排、违规干预招标投标及政府采购等微观经济活动的违纪违法行为，从严查处在政府投资项目实施和资金管理使用中贪污、挪用、挤占、私分资金和索贿受贿等违纪违法行为。

2.要切实履行职责，加强监督检查，确保清仓查库工作的顺利进行。为全面准确掌握粮食库存的真实情况，更好地落实宏观调控任务，国务院决定在全国开展粮食清仓查库工作。重点检查所有中央储备粮、国家临时存储粮、地方储备粮的数量、品种和质量情况，国有及国有控股粮食企业储存商品粮的数量、品种、质量和粮权归属情况。粮食系统纪检监察机关要加大执法检查力度，全力配合搞好清仓查库工作。要坚持“有仓必到，有粮必查，有账必核，查必彻底”的原则，明确责任，对故意掩盖真实情况，弄虚作假、妨碍清仓查库工作的要追究当事人和有关领导的责任。要设立举报电话，接受群众监督，及时查处各类违规违法行为并选择典型案件公开曝光。要对参加检查人员加强廉洁自律教育，不得参加可能影响清仓查库工作的活动，不得吃请受礼，对违反廉政工作纪律的要严肃查处。

3.开展对粮食系统灾后重建资金物资管理使用情况的检查。强化对大额度资金调拨使用、大宗物资采购、重大项目招标投标情况的监管，认真落实粮食基础设施恢复重建等政策措施。

要建立健全落实科学发展观的纪律保障机制，加大对违法违规行为的查处力度，坚决纠正有令不行、有禁不止的现象，确保中央政令畅通。

（二）切实加强领导干部作风建设，进一步密切党群干群关系

中央关于粮食工作的新政策新部署，对粮食流通工作提出新要求，贯彻落实中央决策部署，必须有良好作风作保证。要进一步加强粮食系统领导干部思想作风、学风、工作作风、领导作风和生活作风建设，认真落实“八个坚持、八个反对”的要求，大力倡导八个方面的良好风气，促进领导干部进一步转变作风。

要把改进党员干部作风作为促进科学发展的重要切入点，引导党员干部加强党性修养和党性锻炼，坚持理论联系实际的学风，切实解决理想信念淡薄、宗旨意识不强的问题。发扬求真务实的精神、大兴求真务实之风，认真解决作风漂浮、片面追求政绩的问题。大力发扬密切联系群众的作风，切实增强群众观念，认真倾听群众的意见和呼声，关心群众生产生活，真心实意地为群众办好事、办实事。大力发扬艰苦奋斗精神，认真执行中央有关厉行节约、反对铺张浪费的规定，规范和控制领导干部职务消费，严禁用公款大吃大喝和高消费娱乐活动，坚决纠正讲排场、比阔气、奢侈浪费等问题。

加强对粮食系统领导干部作风状况的监督检查，及时发现和解决领导干部在作风方面的苗头性、倾向性问题。加快推行领导干部问责制，把行政不作为、乱作为和严重损害群众利益等行为作为问责重点，严肃追究给国家利益、公共利益和公民合法权益造成严重损害的行为，进一步增强各级粮食系统党员领导干部的责任感，切实履行职责，促进党和国家的各项方针政策措施落到实处。

（三）加强党风廉政教育，认真抓好领导干部廉洁自律工作

结合深入学习实践科学发展观活动，在粮食系统开展中国特色社会主义理论体系和党性党风党纪教育，引导粮食系统的党员干部坚定理想信念，增强立党为公、执政为民的自觉性和坚定性。开展示范教育、警示教育和岗位廉政教育，提高党员干部拒腐防变的意识和能力。加大培训工作力度，把反腐倡廉教育列入干部教育培训规划，同领导干部的培养、选拔、管理、使用结合起来。深入推进廉政文化建设。加强反腐倡廉宣传教育工作，树立粮食部门清正廉明的良好形象。

认真抓好领导干部廉洁自律各项规定的贯彻落实，严格禁止领导干部利用职务上的便利谋取不正当利益。着重抓好以下工作：一是严禁领导干部违反规定收送现金、有价证券和支付凭证，收受干股等问题。二是落实领导干部配偶和子女从业、投资入股、到国外定居等规定和有关事项报告登记制度。加强对领导干部配偶、子女经商办企业情况的监督检查，严禁发生与公共利益冲突的行为。三是治理违规组织集资合作建房、超标准建房、在风景名胜或公园区建房等问题；纠正领导干部违反规定发放补贴、多占住房、以明显低于市场价格购买住房或以劣换优、以借为名多占住房等问题。四是严禁利用和操纵招商引资项目，为本人或特定关系人谋取私利。五是严禁领导干部相互请托，违反规定为对方的特定关系人在就业、投资入股、经商办企业等方面提供便利，谋取不正当利益。

认真组织开展党政机关事业单位"小金库"专项治理和规范公务员津贴补贴工作。纠正超预算、超标准新建和装修办公用房，以及超标准超编制配备使用领导干部公务用车的问题。从严控制出国（境）团组数量和规模及在境外停留时间，深入推进制止公款出国（境）旅游专项工作。落实党政机关厉行节约相关规定。各级粮食纪检监察机关要紧密联系实际，把严格执纪与必要的组织处理结合起来，着重解决领导干部在廉洁从政方面存在的突出问题。

（四）加大查办案件工作力度，维护党纪国法的严肃性

1.以查办发生在粮食系统领导机关和领导干部中滥用职权、贪污受贿腐化堕落、失职渎职的案件为重点，严肃查办官商勾结、权钱交易的案件。

2.严肃查办利用人事权、行政执法权、行政审批权索贿受贿、徇私舞弊的案件。

3.严厉查办领导干部干预招标投标获取非法利益的案件。

4.严厉查办在国有粮食企业重组改制中、隐匿、侵占、转移国有资产以及企业领导人员搞同业经营、关联交易的案件。

5.严肃查办严重违反政治纪律的案件和买官卖官等严重违反组织人事纪律的案件。

6.严肃查办在中央和地方储备粮购销活动中弄虚作假套取费用补贴、挪用侵吞中央、地方储备粮和临时存储粮粮款、私自倒卖库存粮食非法牟利的案件。

7.继续严肃查办商业贿赂案件。

要加强和改进查办案件工作，重视网络反腐信息，提高有效突破大案要案的能力。严格依纪依法办案，保障被调查人的合法权益，强化案件监督和管理。完善重大案件通报制度，认真剖析总结粮食系统违规违纪案件的规律特点，充分发挥查办案件的治本功能。

（五）结合粮食流通工作实际，坚决纠正损害群众利益的不正之风

1.抓好粮食收购是政府掌握粮源的关键，是保护农民利益、促进农民增收、扩大农村消费的重要举措。要重点加强对粮食收购政策执行情况的监督检查。督促粮食企业严格执行国家粮食收购政策和粮食收购质量标准，依质论价，优质优价。督促企业强化服务意识，改进收购方法，及时向农民结算售粮款。坚决查处不执行国家粮食收购政策、拒收限收、压级压价、搞"转圈粮"等损害农民利益和抬级抬价、损害国家利益的问题。要督促检查合理布设收购库点，增加收购网点，方便农民售粮，及时解决农民"卖粮难"的问题，确保农民增产增收。要督促指定库点把好粮食收购入库质量关、落实安全储粮责任制，避免出现坏粮现象。

2.要会同有关部门加强对粮食供应工作的监督检查。要积极开展军供、救灾、退耕还林、水库移民等政策性用粮购销活动的监督检查。加大对粮食质量的监管力度，严防不符合卫生标准的粮食流入口粮市场。严肃查处干扰客户正常交易、设置障碍影响粮食出库或擅自动用中央储备粮油等违规行

为。查处掺杂使假、以次充好、克扣数量、销售不符合卫生标准的粮油等损害消费者利益的行为。

3.要规范国有粮食企业改制行为，防止国有资产流失，确保国有粮食企业职工下岗基本生活费、企业离退休人员基本养老金，切实维护职工合法权益。要高度重视职工群众来信来访工作，采取多种措施化解矛盾，积极预防和妥善处理群体性事件，最大限度地为职工群众排忧解难，促进社会和谐稳定。

4.配合有关部门做好食品安全、安全生产等专项治理。加强对行业协会、市场中介组织的监管，规范其服务和收费行为。继续做好清理规范评比达标表彰工作。落实纠风责任制，深入开展行风评议，办好“行风热线”，继续推进“放心粮油”进农村活动，构建农村“放心粮油”营销网络，加强农户安全储粮指导和服务工作。

（六）深化改革和创新制度，推进治本抓源头工作

要加强对权力运行的规范和制约，配合相关部门推进行政管理体制、干部人事制度、财政管理制度改革。一要切实转变政府职能，改进行政管理与服务方式，减少和规范行政审批。二要完善符合科学发展观要求的干部综合考核评价制度，加强对干部选拔任用工作的监督。三要加强预算管理，增强预算透明度。四要完善各项工程建设项目的招标投标监督机制，强化对招标投标重点环节的监管。五要加强对国有产权交易的监管，规范政府采购行为。六要深化国有企业改革，进一步健全企业经营业绩考核、企业重大决策失误追究制度。

（七）推进监督工作，促使领导干部正确行使权力

1.认真落实党内监督各项制度，完善制约和监督机制。一要重点加强对领导干部特别是主要领导干部的监督，加强对人财物管理使用、关键岗位的监督。二要坚持民主集中制，加强党内生活的原则性，提高民主生活会质量。三要严格执行述职述廉、诫勉谈话、函询和党员领导干部报告个人有关事项等制度。四要继续推行领导干部经济责任审计，加强对重点专项资金和重大投资项目的审计。五要结合实际开展对直属单位巡视。六要切实加强对重大决策、重要干部任免、重大项目安排和大额度资金使用等情况的监督。

2.加强粮食系统基层党风廉政建设。要认真落实国有企业领导人员廉洁自律的七项要求：一不准利用职务上的便利通过同业经营或关联交易为本人或特定关系人谋取利益。二不准相互为对方及其配偶、子女和其他特定关系人从事营利性经营活动提供便利条件。三不准在粮食企业资产整合、引入战略投资者等过程中利用职权谋取私利。四不准擅自抵押、担保、委托理财。五不准利用企业上市或上市公司并购、重组、定向增发等过程中的内幕信息为本人或特定关系人谋取利益。六不准授意、指使、强令财会、统计人员提供虚假财务报告和统计报表。七不准违规自定薪酬、兼职取酬、滥发补贴和奖金。要制定推进国有粮食企业贯彻落实“三重一大”决策制度，加强对企业改制、资产评估、资产转让等重大事项的监督。加强对经营管理者履职行为的监督。发挥职工群众在民主决策、民主管理、民主监督中的作用。所有国有企业均要健全党组织和纪检监察机构，配强班子，充实人员。

3.推进党务公开，深化政务公开，完善厂务公开。认真贯彻政府信息公开条例。坚持储备粮轮换通过规范的粮食批发市场公开进行。

4.围绕粮食中心工作，认真开展执法监察、廉政监察和效能监察。加强对粮食行政管理机关及其工作人员履行职责、依法行政的监督。推进政府机关改善行政管理，提高行政效能和服务水平。要积极配合有关部门对储备粮油轮换、最低收购价粮竞价销售、跨省移库、质量卫生等工作情况进行监督检查。

三 完成2009年粮食系统纪检监察工作主要任务的保证措施

（一）认真学习贯彻胡锦涛总书记讲话精神

胡锦涛总书记的重要讲话，是指导当前和今后一个时期党的作风建设和反腐倡廉建设的纲领性文献，对于深入开展党风廉政建设和反腐败斗争，全面推进党的建设新的伟大工程，具有重大而深远的意义。

1.要认真学习胡锦涛总书记在中央纪委十七届三次全会上的重要讲话精神，充分认清当前的反腐倡廉形势，明确深入推进党风廉政建设和反腐败斗争的总体要求和主要任务，切实增强反腐倡廉建设的责任感。

2.要深刻领会胡锦涛总书记重要讲话的精神实质，切实把思想和行动统一到讲话精神上来。充分认识新时期加强领导干部党性修养、树立和弘扬良好作风的重要性和紧迫性以及基本要求和工作重点，要认真对照检查，自觉遵行社会主义核心价值体系，着力增强宗旨观念、提高实践能力、强化责任意识、树立正确政绩观、树立正确利益观，努力做到政治坚定、作风优良、纪律严明、勤政为民、勇担重任、清正廉洁，充分发挥模范带头作用。

3.要按照胡锦涛总书记重要讲话的要求，把加强领导干部党性修养、树立和弘扬优良作风作为重大政治任务抓紧抓好，以坚强的党性和优良的作风保证科学发展观的贯彻落实。要把学习胡锦涛总书记的重要讲话与贯彻落实中央纪委全会、国务院廉政会议精神相结合，与贯彻落实中央经济工作会议和国家粮食局长会议精神相结合，切实抓好2009年反腐倡廉工作任务的落实，不断把粮食系统党风廉政建设和反腐败斗争引向深入。

（二）继续落实党风廉政建设责任制

要继续坚持和完善党风廉政建设和反腐败斗争领导体制和工作机制，完善总体部署，加强工作指导，狠抓工作落实。要充分发挥党风廉政建设责任制的作用，把反腐倡廉建设列入领导班子和领导干部的考核评价范围。党政主要领导要履行第一责任人的政治职责，对班子内部和管辖范围内的反腐倡廉建设负总责，重要工作和重大问题要亲自部署、过问、协调和督办。领导班子其他成员要抓好自己职责范围内的反腐倡廉建设。各级粮食纪检监察机关要认真履行组织协调职责，协助党委（党组）研究、部署、督促反腐倡廉各项工作，加强组织协调，开展监督检查，注意充分发挥有关部门的职能作用。要明确责任，突出重点，不断探索新形势下反腐倡廉的特点和规律，努力提高反腐倡廉建设质量和水平。

（三）以开展深入学习实践科学发展观活动为契机，进一步加强纪检监察机关自身建设

在粮食系统纪检监察机关深入开展“推动科学发展、保障粮食安全、做党的忠诚卫士、当群众的贴心人”主题实践活动。要全面履行纪检监察职责，紧紧围绕保障和促进科学发展来开展部署反腐倡廉工作，要切实把以人为本的理念贯穿到纪检监察工作中去，要坚持把科学发展观的要求，落实到纪检监察工作各个方面，加强协调和统筹兼顾，不断提高反腐倡廉建设的能力和水平。要着力提高思想政治素质，进一步坚定理想信念，增强政治鉴别力和政治敏锐性，在思想上、政治上、行动上与党中央保持高度一致。要在纪检监察干部中开展学习王瑛同志先进事迹活动，以王瑛同志为榜样，加强党性修养，牢固树立群众观念和公仆意识，认真做好本职工作，为深入推进反腐倡廉建设贡献力量。要加大对纪检监察干部的教育培训力度，努力提高工作的专业化水平。要加强教育、管理和监督，严格

执行领导干部廉洁从政各项规定，严格遵守各项纪律特别是办案纪律和保密纪律，不断完善内部监督制约机制。要从政治、工作、生活上关心爱护纪检监察干部。

同志们，今年我们面临的反腐倡廉任务仍然十分繁重。我们要紧密团结在以胡锦涛同志为总书记的党中央周围，与时俱进，求真务实、开拓创新、扎扎实实地做好各项纪检监察工作，以实际行动推动粮食系统党风廉政建设和反腐败工作取得新的成效，为粮食流通事业的改革发展作出积极的贡献。

以科学发展观为指导 进一步提高粮食调控和统计工作水平

——在全国粮食调控与统计工作会议上的讲话

国家粮食局党组成员、副局长 曾丽瑛

2009年3月23日

同志们：

这次会议的主要任务是，贯彻落实全国粮食局长会议精神，回顾总结去年以来粮食调控与统计工作，会审汇编2008年度全国粮油统计年报，研究分析今年粮食供求形势和价格走势，安排部署全年粮食调控与统计工作，并对全国粮食统计工作综合评比先进单位和个人予以表彰。振邦同志对这次会议非常重视，专门作了重要批示，对去年的粮食宏观调控工作给予了充分肯定，并对今年的工作提出了明确要求，我们一定要认真学习，切实抓好落实。下面，我讲两个问题。

一 粮食调控工作取得的新成绩

2008年，是我国经济社会发展进程中极不寻常、极不平凡的一年，也是粮食宏观调控工作任务十分繁重的一年。去年，国际金融危机爆发，全球经济陷入衰退，国际粮价大涨大落；国内发生了严重的雨雪冰冻灾害和汶川大地震，我国经济社会经受了历史罕见的重大挑战和考验，稳定粮食市场面临巨大压力。面对复杂多变的形势，在党中央、国务院的正确领导下，在有关部门的大力支持下，在各级粮食行政管理部门的共同努力下，粮食宏观调控工作成效显著。我们认真贯彻落实中央的决策和部署，积极采取有效措施，加强粮食市场调控，促进了粮食生产的稳定发展和农民持续增收，保证了粮食市场供应和粮价基本稳定，为保持国民经济平稳较快发展作出了积极贡献。回顾一年来的工作，主要有以下几个方面：

（一）认真抓好粮食收购，种粮农民利益得到保护

一是认真落实好粮食最低收购价政策。做好粮食收购工作，落实好最低收购价政策，是保护农民利益、促进农民增收、扩大农村消费的重要举措，是粮食流通工作的重中之重，各级粮食行政管理部门对此高度重视，积极抓好各项政策措施的落实。我局与有关部门研究制定了2008年小麦、早籼稻和中晚稻最低收购价执行预案，细化操作措施，保证了预案的顺利实施。国家先后两次调高小麦、稻谷2008年最低收购价水平，并将稻谷最低收购价实施范围由7个省扩大到11个省（区），更为有力地保护了农民利益。新粮上市前，我局分别召开小麦、稻谷收购工作座谈会，研究分析形势，统一思想认识，提出明确要求，推动了粮食收购工作的顺利开展。2008年6个小麦主产省启动了预案，累计收购最低收购价小麦835亿斤，同比增加256亿斤。由于早籼稻、中晚籼稻、粳稻市场价格均高于最低收购价，没有启动预案。

二是不断加大国家临时存储粮食收储工作力度。受多种因素影响，2008年秋粮上市后，国内市场

粮价出现下行趋势，国家决定对稻谷、玉米、大豆、油菜籽实行临时收储（含中央储备收购）政策。我局会同有关部门分五批下达稻谷、玉米、大豆收储计划共1370亿斤，并下达了部分中央储备菜籽油收购计划。中储粮总公司和地方各级粮食部门认真落实国家临时收储政策，有效解决农民“卖粮难”问题。截至2009年2月底，累计收购2008年产临时存储（含中央储备）稻谷271亿斤、玉米519亿斤、大豆70亿斤，有效地保护了种粮农民利益，稳定了粮食市场价格。

三是指导各类企业积极入市收购，粮食收购总量创历史新高。粮食收购工作直接关系到种粮农民的切身利益，涉及千家万户，意义重大。各级粮食部门认真履行职责，积极指导协调，在收购期间派出工作组，深入基层检查指导，协调解决有关困难和问题，督促各类企业认真做好粮食收购工作。各地在发挥国有粮食企业主渠道作用的同时，引导和鼓励多元主体积极入市收购，搞活粮食流通。初步统计，2008年全国各类粮食企业收购粮食5804亿斤（原粮，下同），同比增加1446亿斤，其中国有粮食企业收购3402亿斤，同比增加1194亿斤。粮食收购总量创历史最高水平，有力地支撑了粮食市场价格，使农民得到了实惠。

（二）千方百计做好抗灾救灾保供工作，群众生产生活需要得到保障

一是积极做好应对雨雪冰冻灾害粮食供应工作。2008年初，我国南方遭遇历史罕见的雨雪冰冻灾害。在国务院煤电油运抗灾抢险应急指挥中心统一指挥下，我局在第一时间作出反应，迅速下发文件,要求各地采取积极有效措施，确保粮油市场供应不断档、不脱销，保持市场价格基本稳定。安徽、湖北、湖南、贵州等地各级粮食部门在当地党委、政府组织领导下，把“抗雪灾、保供应、稳粮价、安民心”作为最紧迫的任务来抓，克服种种困难，加强组织调度，及时组织成品粮油投放市场，保证市场粮油供应和价格基本稳定，并采取措施重点保证滞留人员和低收入困难群体的粮油供应。贵州、安徽、广西、湖南、江西、四川、广东等省（区）的部分地区及时启动了应急预案，紧急动用了部分地方储备粮，全力保障灾区春节期间粮油市场供应。我局会同有关部门安排从东北地区紧急调运部分中央储备玉米，充实江西、湖南两省玉米库存，保证市场供应。抗灾工作转入全面恢复重建阶段后，各地妥善安排灾区人民群众生活，切实做好受灾地区和缺粮地区群众的粮油供应工作，帮助农民顺利度过春荒。

二是全力以赴做好抗震救灾粮食供应工作。汶川特大地震发生后，我局和有关部门及时落实有关政策措施，按照“3个月内向灾区困难群众每人每天发放1斤口粮”的标准，累计下达中央储备粮抗震救灾计划12.5亿斤，下达四川省国家临时储存玉米定向销售计划3.95亿斤。灾区省级粮食部门与中储粮系统加强协调配合，迅速落实出库粮源，并组织应急加工、供应定点企业，对救灾中央储备粮进行紧急出库、加工、调运和供应，保证了灾区粮食供应。四川、甘肃两省以及云南、陕西部分市县及时启动粮食应急预案，全力以赴抗震救灾。灾区各级粮食部门紧急行动，迅速动员，克服困难，加强调度，组织粮油加工企业开足马力生产，切实做好成品粮油加工、调运和供应工作，做到路断、桥断、粮不断，确保灾区群众、抢险救援部队和抗震救灾人员“有饭吃”。不少灾区粮食部门的干部职工强忍失去亲人的悲痛，不顾个人安危，舍小家顾大家，全力投入抗震救灾保供应工作。

为帮助四川地震灾区农民安排好今后生产生活，渡过难关，有关部门紧急下发通知，明确对灾区小麦代储和收购给予费用补贴和贷款资金支持。四川灾区粮食部门在做好救灾粮供应的同时，千方百计做好夏粮收购和代储工作,采取流动车收购等多种方式，方便灾区农民售粮，切实把灾区农民需要交售的小麦收购好、储存好、保管好。据统计，四川地震灾区实际收购和代储小麦11.8亿斤。受灾农民对小麦收购、代储工作表示满意。

三是保障北京奥运会期间的粮食供应。粮食部门紧紧围绕服务奥运这一宗旨，采取有效措施，确保各地粮源稳定、储备充足、供应及时、市场繁荣。北京市粮食局进一步完善应急预案，积极充实成品粮油储备，在奥运前确保小包装成品粮油储备满足全市10天消费量。其他奥运举办城市也对粮油供应保障工作做了精心安排。奥运会和残奥会期间，还加强了对成品储备粮的检查，确保成品储备粮数量真实，质量良好、储存安全，为确保粮油供应和奥运会残奥会顺利进行提供了坚强的物质保障。

（三）着力强化储备粮管理，调控保障水平稳步提高

一是积极做好中央储备粮轮换工作。及时下达中央储备粮年度轮换计划，并加强对执行情况的跟踪检查，全面了解掌握中央储备粮的库存、轮换等情况，促进了中央储备粮轮换工作的顺利进行。

二是及时研究和落实中央储备大豆和食用植物油增储计划。积极落实《国务院办公厅关于促进油料生产发展的意见》（国办发〔2007〕59号）有关精神，结合国家临时收储等政策的实施，分批下达中央储备大豆和食用植物油增储计划，扩大储备规模，进一步增强了国家对食用油市场的调控能力。

三是制定地方储备粮油规模指导性计划，进一步充实地方储备。经商国家有关部门，并征求省级人民政府意见，下达了地方粮油储备规模指导性计划，要求各地择机逐步充实地方储备，尤其是成品粮油（含小包装）储备，以增强宏观调控能力和应急能力。目前，地方粮食储备进一步充实，主销区地方储备已经达到或接近核定规模，粮食主产区和产销平衡区也有所增加，储备布局和品种结构逐步优化。地方储备粮油在调控市场、救灾应急、保证供应、稳定价格等方面发挥了积极作用。

四是妥善解决国债投资建设粮库的产权归属问题。在充分征求地方政府和粮食部门意见的基础上，国家有关部门下发文件划转上收96个国债投资建设粮库为中央储备粮直属库，中央储备粮垂直管理体系逐步健全。

（四）积极做好粮食销售和移库工作，粮食市场和价格保持基本稳定

一是做好政策性粮食的销售工作。根据市场情况和消费需要，及时安排政策性粮食在批发市场公开竞价销售，2008全年共销售出库最低收购价和国家临时存储等政策性粮食978.2亿斤，保证了市场供应。

二是适时安排中央储备食用植物油销售。2008年3月，针对国内外食用油价格持续上涨，部分地区小包装食用油供应紧张情况，国家有关部门安排部分中央储备食用植物油，定向销售给部分大型食用油加工企业，加工成小包装油后尽快投放市场，稳定了小包装食用油的市场价格。

三是继续做好中央储备和国家临时存储粮食跨省移库工作。2008年国家有关部门继续安排中央储备和国家临时存储粮食跨省移库，全年共完成跨省移库123.5亿斤，充实了销区粮食库存，改善了库存布局，缓解了主产区收储压力。

（五）完善粮食统计体系，服务水平进一步提高

2008年，各级粮食部门认真贯彻《国家粮食流通统计制度》，切实履行统计职能，积极开展统计调查，认真做好粮油市场信息监测和预测分析工作，努力提升统计服务水平，为国家粮食宏观调控提供了可靠的决策依据。

一是修订完善国家粮食统计制度，指导行业统计工作。根据粮食流通发展形势的需要，修改完善国家粮食统计制度，进一步完善统计指标体系。研究制定了社会食用植物油及油料供需平衡调查方案，并将其纳入统计制度。

二是加强粮油市场信息监测，适时调整监测范围和监测频率。针对2008年国内外复杂多变的粮食市场形势，我局及时调整、增补粮油市场信息监测直报点，进一步健全了信息监测系统和报告制度。

2008年3月启动食用植物油产销和价格信息日报制度，5月启动大米市场监测日报制度。汶川地震灾害发生后，灾区粮食部门每天报送救灾粮出库、加工、供应等情况，我局汇总整理后及时向国务院抗震救灾总指挥部报告。在此期间，广大粮食统计工作人员连续奋战、加班加点、辛勤工作，每日按时上报监测信息，对做好抗震救灾工作和加强粮食宏观调控发挥了重要作用。

三是切实抓好社会粮食供需平衡调查工作，不断提高调查水平。各地粮食部门积极完善调查方案，努力落实工作经费，认真组织调查活动，全面收集、整理相关数据，深入分析调查数据和汇总结果，较好地完成了2007年度全社会粮食供需平衡调查工作，所形成的报告比较准确地反映了当年粮食供需形势，具有较高的参考价值，得到了国务院领导同志及有关部门的重视和肯定。

四是研究制定植物油供需平衡调查方案并组织实施。为准确把握国内食用油供求形势，经和地方粮食部门共同研究，我局研究制定了食用植物油供需平衡调查方案，并在全国范围确立了全社会油料及食用植物油的供需平衡调查体系。从2009年开始，将首次对食用植物油及油料产、销、调、存、进出口等指标进行抽样调查，为国家实施食用植物油宏观调控提供全面、准确的决策依据。

（六）健全粮食应急体系，应急保障能力明显提高

按照国家粮食应急预案要求，各地进一步完善本地区粮食应急预案，积极组织培训和应急演练，健全应急保障体系。目前，31个省（区、市）都已出台了本地区粮食应急预案，大多数地（市）、县（市）也出台了本地区的粮食应急预案，大多数省份已成立了粮食应急工作指挥部，建立了粮食应急加工和应急供应指定企业等应急保障体系。初步统计，各地已确定粮油应急加工定点企业2374家，应急供应定点企业6595家，应急保障能力进一步增强，经受住了重大自然灾害和突发事件的考验。去年年初雨雪冰冻灾害发生后，贵州省及广西、湖南、江西、四川、广东等省（区）的多个市（州、县)及时启动了粮食应急预案。汶川大地震发生后，四川、甘肃两省启动了省级粮食应急预案，云南、陕西的部分市县也相应启动了粮食应急预案。总体看，各地粮食应急工作卓有成效，保证了粮食应急供应，确保了粮油市场价格的基本稳定。

（七）积极推动粮食产销合作，促进粮食顺畅流通

2008年，粮食产销合作继续健康发展，合作水平不断提高，合作内容不断丰富，合作规模不断扩大。

一是认真落实东北粳稻运费补贴政策。去年，国家先后两次出台了关内销区采购东北粳稻（大米）入关运费补贴政策。我局会同有关部门在哈尔滨和长春召开了产销衔接会，各地粮食部门积极加强与有关部门的沟通协调，认真抓好政策的具体落实，有力地推动了东北稻米向关内销区的顺利流通，缓解了东北地区的收储压力，优化了库存布局。据统计，2008年上半年关内销区按照运费补贴政策共采购东北稻米75亿斤；2008年11月以来，关内销区已采购东北稻米50亿斤左右。

二是各地积极举办各类产销合作洽谈会，取得了可喜的成绩。2008年，各类产销合作洽谈会共签订粮食购销合同410亿斤。同时，黑龙江金秋粮食交易合作洽谈会、福建七省粮食产销协作洽谈会等产销合作会参会企业不断增多，交易数量逐步增加，示范带动效应日益显现，对促进区域粮食供求平衡发挥了更为积极的作用。

（八）加强对粮食宏观调控重大问题的研究，为领导决策提供服务

一是认真贯彻落实《国家粮食安全中长期规划纲要》，立足当前，着眼长远，研究制定了《食用植物油产业发展规划》和《粮油储备体系发展规划》，已报送国家发展改革委；二是配合国家有关部门研究制订粮食增产1000亿斤规划，着力增强粮食综合生产能力。

二 把握重点，切实提高粮食调控工作水平

当前，国际国内经济形势复杂多变，国际金融危机尚未见底，对实体经济的影响日益明显，我国经济增长下行压力加大。今年是进入新世纪以来我国经济发展最为困难的一年，做好今年粮食宏观调控工作，对于保障国家粮食安全、促进农民增收、维护改革发展稳定大局具有十分重要的意义。我们要认真贯彻落实党的十七大、十七届三中全会和中央经济工作会议、中央农村工作会议精神，按照全国粮食局长会议部署，坚持以科学发展观为指导，着力加强和改善粮食宏观调控，促进粮食供求基本平衡，保障粮油市场和价格基本稳定，确保国家粮食安全。为此，需要着重抓好以下工作：

（一）准确把握国内外粮食供求形势，适时适度做好粮食宏观调控工作

一是认真研究分析粮食供求形势，促进粮食总量、区域和品种平衡。近年来，由于国际国内经济环境和市场环境中的不确定性因素增加，影响粮食供求和市场价格的因素增多。我们要准确把握粮食供求形势发展变化趋势，及时提出粮食宏观调控的政策措施建议，为领导决策提供可靠依据。要根据中央关于“保增长、保民生、保稳定”的总体原则，按照全国粮食局长会议的具体部署，围绕国家确定的宏观调控目标，完善调控方式，准确把握调控时机，灵活运用调控手段，切实提高粮食宏观调控水平，进一步增强粮食调控工作的预见性、针对性和有效性，为保证供应和稳定市场服务，为确保国家粮食安全服务，为经济平稳较快发展服务。各地要重点加强对本地区主要粮食品种和敏感品种的分析研究，切实做好本地区市场供应和价格稳定工作。

二是适时召开主要粮食品种收购形势座谈会，指导各地做好粮食收购工作。为做好今年的粮食收购工作，在小麦等各主要粮食品种上市前，我局还将及时召开主要粮食品种收购形势座谈会，深入研究分析粮食生产、收购、供求形势和价格走势，并对各主要粮食品种收购工作作出具体部署和安排。

三是定期发布粮食供求及市场价格信息，正确引导生产和流通。加强对粮食市场形势的监测和分析，逐步建立健全粮食信息发布制度，扩大政府信息公开范围，规范统计数据发布行为，丰富信息发布内容，拓展信息服务渠道，提高信息发布的及时性。通过各种渠道定期公布粮食供求、市场价格和相关政策等信息，正确引导粮食生产、流通和消费。

（二）着力抓好粮食购销工作，确保市场供应和价格基本稳定

一是落实和完善粮食最低收购价政策。在深入学习实践科学发展观活动中，我局和有关省级粮食行政管理部门围绕健全粮食宏观调控体制机制、完善粮食最低收购价政策等进行了深入调研，取得了一批调研成果。我们将充分利用这些调研成果，进一步完善2009年粮食最低收购价预案，争取尽早下发。执行粮食最低收购价政策的省份一定要提前做好各项准备工作，积极做好政策宣传工作，将有关政策及时传达到基层，确保理解政策无偏差，执行政策不走样，落实政策不缩水。要统筹安排好收购工作，主动与相关部门和单位加强沟通协调，相互配合，齐心协力，认真落实好预案规定的各项政策措施，共同完成好粮食收购工作，让政府放心，让农民满意。

二是督促和引导各类粮食企业积极入市收购。各级粮食行政管理部门要加强指导和监督，督促国有和国有控股粮食企业积极入市收购，充分发挥好主渠道作用。未实行最低收购价政策的地区，尤其要注意发挥国有粮食企业的主渠道作用，努力做好收购工作，切实保护农民利益，防止出现农民“卖粮难”。同时，要继续采取有效措施，引导和鼓励各类粮食经营和加工企业积极入市收购，开展公平竞争，充分发挥市场机制的作用，搞活粮食流通。各级粮食行政管理部门要加强对粮油市场的监测分

析，搞好信息服务，为各类市场主体创造一个可预期的市场环境，同时引导农民形成合理预期，适时出售余粮。

三是继续安排好政策性粮食的竞价销售。根据宏观调控需要和市场价格情况，继续分期分批安排最低收购价粮食和国家临时存储粮食的竞价销售。既要保证市场粮食供应不断档、不脱销，又要坚持顺价销售的原则，防止打压市场价格。各地粮食部门要督促有关承储企业认真履行合同，严格按规定出库，各有关省级粮食行政管理部门要加强对交易过程和合同履约情况的监督检查，确保交易活动正常进行。对干扰正常交易和阻挠粮食出库的承储企业，要按有关规定严肃处理。我局将会同有关部门和单位对国家临时存储粮食销售出库情况进行重点巡查。各地粮食行部门要公布举报电话，积极受理举报、投诉，及时查处各种违法违规案件，维护正常粮食流通秩序。

四是继续做好国家临时存储等政策性粮食的跨省移库工作，充实销区库存。为缓解东北地区收储压力，国家有关部门近期下达了2009年第一批国家临时存储粮食跨省移库计划，今后还将继续适时安排跨省移库工作。近两年下达的跨省移库计划目前尚未完成，各地一定要高度重视，积极协助中储粮总公司认真做好最低收购价粮的出库、发运、接收、入库和监管等工作，力争尽快完成已下达的移库任务。

（三）进一步完善粮食储备调节体系，增强宏观调控物质基础

一是加强对储备粮轮换工作的指导。我们将随时掌握和跟踪2009年度轮换计划执行情况，研究解决轮换中的出现的新情况、新问题，并及时下达中央储备粮2010年度轮换计划。中储粮总公司及其分公司要把握好轮换节奏，充分发挥储备粮的吞吐调节作用，为国家宏观调控和稳定市场粮价服务。各地也要加强对地方储备粮轮换的指导，并要和当地中央储备粮轮换协同运作，既要避免轮入过于集中，抬价抢购粮源，又要避免大规模集中轮出打压市场粮价，以保持粮食市场和价格的基本稳定。

二是进一步完善中央储备粮轮换机制，优化储备布局和品种结构。稳步推进中央储备粮轮换通过规范的粮食批发市场公开进行，逐步实现储备粮轮换的公开化、透明化。同时，结合中央储备轮换，优化中央储备粮油布局和品种结构。地方储备粮轮换也要按照以上原则规范运作，逐步调整优化储备布局结构，更好地适应调控市场的需要。

三是加强地方粮食储备体系建设，抓紧充实储备库存。各地要抓住当前市场供给充裕、价格较低的有利时机，积极充实地方粮油储备，增强地方政府宏观调控的物质基础。地方储备粮油的布局和品种结构，要在与中央储备粮油进行衔接的基础上合理安排，特别要在灾害频繁发生地区、山区、库区和缺粮地区增加地方粮食储备。各地建立的地方粮油储备，其中可直接供市场消费的成品粮油（含部分小包装成品粮油）要不低于当地10天市场供应量，在保持市场基本平稳的前提下逐步充实到位，增强地方政府的应急保障能力。

（四）大力加强粮食统计工作，为宏观调控提供可靠的信息服务

一是抓好新修订统计制度的贯彻落实。为更好地适应粮食调控工作的需要，新修订的《国家粮食流通统计制度》增设了一些新的统计指标，对粮油品种也进行了更加具体的分类。各地要做好新制度的宣传和落实，结合实际制订完善地方统计制度，进一步提高粮食统计的科学性、准确性和权威性。各级粮食部门要积极争取地方政府的支持和有关部门的配合，充实统计人员，落实统计经费，扩大统计覆盖范围，切实履行好全社会粮食流通统计的职能。要加大粮食统计业务培训力度，进一步提高统计人员业务素质和工作水平。

二是加强粮食市场监测分析，增强敏感性和时效性。要进一步做好市场价格监测工作，特别是要加强重点食用植物油企业的统计信息直报工作，准确把握供求变化和市场动态，切实增强监测工作的

及时性和准确性。今后将根据需要及时对指定的市场监测点进行调整与充实，各级粮食部门要加强对有关重点企业和监测点的业务指导，建立沟通协调机制，确保监测信息按时报送。当市场出现异常波动时，及时调整监测频率，更好地为国家粮食宏观调控服务。

三是认真搞好社会粮油供需平衡调查。从今年开始新增了油料及食用植物油供需平衡调查，各级粮食部门要重点对辖区内农户、城镇居民户、食用植物油加工经营企业、油料转化企业和餐饮企业进行食用油产、消、存、进出口和流通中损失损耗等项内容的调查，按时完成调查任务。各地要认真总结粮食供求平衡调查工作经验，优化调查方案，完善抽样框设计，科学合理地选择样本，使调查结果能够更好地反映社会粮食供需状况，为粮食宏观调控提供可靠的决策依据。

四是积极做好全国粮食清仓查库相关工作。即将开展的全国清仓查库，是今年粮食部门一项十分重要的工作，检查内容涉及多个方面，有大量工作将由各地粮食统计机构和人员承担。各地方粮食部门和中储粮分支机构要按照有关要求，及时做好2009年3月末国有企业粮食库存报表分解、登统、整合和报送工作，《分解登统表》的库存总数一定要与3月统计报表月末库存相一致。各地要抽调业务能力强、政策水平高的粮食统计人员积极做好清仓查库有关工作，圆满完成各项工作任务。

五是组织开展粮食统计巡查。为进一步提高统计数据质量，确保粮油统计数字真实、准确，今年下半年，拟从各省抽调统计人员组成联合巡查小组，对部分省（市）交叉进行粮食统计巡查，重点检查粮食流通统计制度的贯彻落实情况，特别是各地大中型非国有粮食企业执行统计制度情况，以及地方粮食部门依法开展统计工作情况等，征询各地对改进和加强粮食统计工作的意见和建议，切实推进全社会粮食流通统计工作的顺利开展。

（五）切实健全粮食应急体系，提高应对突发事件能力

当前粮食应急体系建设取得明显进展，但进展还不平衡，如部分地区粮油加工能力比较薄弱，加工设施不完善、设备不配套；部分应急供应和加工网点年久失修，特别是在地震灾害中，四川、甘肃等省一些应急存储、加工、供应网点受损严重，急需维修改造。去年启动过预案的地区要按照应急预案的要求，抓紧做好仓储设施、应急加工和供应网点的维修工作，恢复应对粮食应急状态的能力，并根据实际情况进一步完善预案和相关实施细则。没有启动预案的地区，也要认真学习借鉴启动预案地区的经验，完善本地区预案，切实加强应急体系建设，增强应急保障能力。

（六）积极推动粮食产销合作，促进粮食区域平衡

一是积极做好关内销区到东北地区采购粳稻（大米）的调运工作。要贯彻落实好2009年中央一号文件提出的要求，继续加强“北粮南运”，支持销区企业到产区采购；进一步加强协调配合和跟踪监测，促进关内销区的采购工作顺利进行。

二是建立健全产销合作的长效机制。进一步完善促进产销合作发展的政策措施，积极引导粮食产销区建立利益协调机制，营造促进产销合作发展的良好环境，鼓励产区与销区建立多形式、深层次、长期稳定的粮食产销合作关系，努力扩大合作规模和范围。销区粮食行政管理部门要继续支持有实力的企业到产区开展订单生产、订单收购，或委托产区企业与农户签订单；产区粮食行政管理部门要继续为销区企业提供便利和服务，进一步提升产销合作水平，促进粮食有序顺畅流通。

同志们，2009年是新中国成立60周年，也是实施“十一五”规划的关键之年，让我们进一步增强责任意识和创新意识，全面贯彻党的十七大精神，深入贯彻落实科学发展观，真抓实干，锐意进取，努力推动新形势下的粮食宏观调控工作再上新台阶，为促进经济社会平稳较快发展作出新的贡献！

谢谢大家！

3

第三篇

全国粮食工作

粮油生产

一 粮油生产情况

2009年，在党中央、国务院的正确领导下，经过各级党委、政府和农业部门，以及广大农民群众的共同努力，粮食生产克服历史罕见的冬春连旱、高温伏旱和重大病虫害等灾害影响，粮食总产实现连续六年增长，连续三年稳定在5亿吨以上，为应对国际金融危机冲击、保持国民经济平稳较快发展提供了有力支撑。油料生产在遭遇市场价格下降、长江流域油菜产区低温阴雨、东北及西北严重干旱的情况下，仍然实现增产，食用植物油自给率基本稳定。

（一）2009年粮食生产特点

1.粮食面积稳定增加。2009年粮食播种面积10898.6万公顷，比上年增加219.3万公顷，增幅2.1%，是1957年以来第一次连续六年增加。

2.粮食单产有所降低。2009年粮食平均单产每公顷4870.6公斤，比上年减少80.2公斤，减幅1.6%。

3.粮食总产连续第六年增产。2009年粮食总产53082.1万吨，比上年增产211.2万吨，增幅0.4%，实现1968年来第一次连续六年增产。

4.优质专用品种快速发展。2009年四大粮食作物品种综合优质率达到70.4%，比上年提高5.6个百分点。其中，优质稻谷面积2305.0万公顷，优质率77.8%，比上年提高3.6个百分点；优质专用小麦1727.1万公顷，优质率71.1%，提高3.2个百分点；优质专用玉米1908.4万公顷，优质率61.2%，提高10.3个百分点；高油高蛋白大豆694.7万公顷，优质率75.6%，提高3.9个百分点。

5.三季粮食“两增一减”。

夏粮增产：2009年夏粮播种面积2738.2万公顷，比上年增加55.6万公顷，增幅2.1%；总产12348.5万吨，比上年增产273.6万吨，增幅2.3%；单产每公顷4509.7公斤，比上年提高8.6公斤，增幅0.2%。

早稻增产：2009年早稻播种面积587.0万公顷，比上年增加16.2万公顷，增幅2.8%；总产3335.5万吨，比上年增产176.0万吨，增幅5.6%；单产每公顷5682.2公斤，比上年提高146.9公斤，增幅2.7%。

秋粮减产：2009年秋粮播种面积7573.4万公顷，比上年增加147.5万公顷，增幅2.0%；总产37398.1万吨，比上年减产238.4万吨，减幅0.6%；单产每公顷4938.1公斤，比上年减少130.2公斤，减幅2.6%。

6.主要粮食品种“两增两减”。

稻谷增产：2009年稻谷播种面积2962.7万公顷，比上年增加38.6万公顷，增幅1.3%；总产19510.3万吨，比上年增产320.7万吨，增幅1.7%；单产每公顷6585.3公斤，比上年提高22.8公斤，增幅0.3%。

小麦增产：2009年小麦播种面积2429.1万公顷，比上年增加67.4万公顷，增幅2.9%；总产11511.5万吨，比上年增产265.1万吨，增幅2.4%；单产每公顷4739.0公斤，比上年减少22.9公斤，减幅0.5%。

玉米减产：2009年玉米播种面积3118.3万公顷，比上年增加131.9万公顷，增幅4.4%；总产

16397.4万吨，比上年减产194.0万吨，减幅1.2%；单产每公顷5258.5公斤，比上年减少297.2公斤，减幅5.3%。

大豆减产：2009年大豆播种面积919.0万公顷，比上年增加6.3万公顷，增幅0.7%；总产1498.2万吨，比上年减产56.0万吨，减幅3.6%；单产每公顷1630.2公斤，比上年减少72.6公斤，减幅4.3%。

7.增产省份多，主产省粮食减产，非主产省增产较多。北京、山西、内蒙古、辽宁、吉林、重庆、西藏等7省（区、市）减产，其他24个省（区、市）均有不同程度增产，其中新疆增产221.5万吨、黑龙江增产128.0万吨、湖南增产97.7万吨。13个粮食主产省粮食产量39710.1万吨，比上年减产207.4万吨，占全国粮食总产量的74.8%，比上年减少0.7个百分点；18个粮食主销省和产销平衡省粮食产量13372.0万吨，比上年增产418.6万吨，占全国粮食总产量的25.2%，比上年增加0.7个百分点。

（二）2009年油料生产特点

2009年全国油料产量3154.3万吨，比上年增加201.5万吨，增幅6.8%，实现两年持续增产，但增长量和增长幅度都低于上年（2008年油料增长量为384万吨、增幅约15%）。主要有以下特点：

1.面积继续扩大。2009年全国油料作物播种面积为1365.2万公顷，比上年增加82.7万公顷，增幅6.4%。主要是油菜面积大幅度扩大，2009年全国油菜面积达到727.8万公顷，比上年增加68.4万公顷，增幅10.4%，占面积增量的82.7%。花生面积437.7万公顷，比上年增加13.1万公顷；芝麻面积略有增加；胡麻、向日葵面积则比上年略减。据专家测算分析，因面积扩大增产油料190万吨，占油料增产总量的94%。

2.油菜籽增产幅度最大。2009年全国油菜籽产量为1365.7万吨，创历史最高记录，比上年增加155.5万吨，增幅12.8%。油菜籽增产占油料增量的77.2%。此外，花生、向日葵和芝麻都比上年增产。其中花生产量为1470.8万吨，比上年增加42.2万吨；向日葵195.6万吨，比上年增加16.4万吨；芝麻62.2万吨，比上年增加3.6万吨。

3.增产区域更加集中。2009年增产10万吨以上的有江苏、安徽、江西、河南、湖北、湖南、四川、贵州、云南9个省，比上年减少了4个；共增产油料178万吨，占全国增产总量的88%，比上年提高6个百分点。其中增产20万吨以上的有4个，湖南增产45万吨、湖北增产28万吨、河南增产28万吨、云南增产20万吨，4省共增产油料121万吨，约占全国油料增量的60%。油料生产大省河北、山东减产，两省共减产15万多吨。

4.食用植物油自给率略有提高。油料增产，油菜籽含油率提高，大豆和棉花减产。扣除直接食用部分的油料和大豆，国产油料折油产量接近1000万吨，比上年增加28万吨。其中菜籽油等增产约65万吨，棉花、大豆减产减少棉籽油、大豆油约37万吨。按照2009年食用植物油消费量2350多万吨测算，食用植物油自给率为42.5%，比上年提高0.5个百分点。

二 粮油高产创建

2009年，农业部继续在全国范围内开展粮油高产创建活动。各地按照农业部统一部署，加强组织领导，加大资金投入，创新运行机制，推广集成技术，开展现场观摩，示范带动大面积均衡增产，为促进粮油作物丰收发挥了重要作用。

（一）基本情况

2009年，在财政部的大力支持下，农业部在全国共创建2600个粮棉油万亩高产创建示范片。项目涉及1281个粮棉油主产县级单位，惠及5300多个乡镇（次）、3万个村（次）、900多万农户（次），示范片总面积3101.3万亩。其中粮食作物示范片2050个（水稻、小麦、玉米各600个，大豆150个，马铃薯100个），油料作物示范片350个（油菜250个，花生100个）。在国家高产创建项目带动下，地方自行建立万亩示范片1300多个，全国示范片总面积超过4000万亩，形成了部、省、县联合创建的新格局。

（二）取得的成效

1.涌现出一批万亩高产典型。据专家严格测产验收，有231个小麦万亩示范片亩产超过600公斤，174个一季稻万亩示范片亩产超过700公斤，244个双季稻万亩示范片亩产超过900公斤，237个玉米万亩示范片亩产超过800公斤，71个大豆万亩示范片亩产超过200公斤，87个马铃薯万亩示范片亩产超过3000公斤，115个油菜万亩示范片亩产超过200公斤，71个花生万亩示范片亩产超过300公斤。

2.带动了大面积增产。万亩示范片以点带面、辐射带动，促进了所在区域的大面积增产。据统计，2050个粮食万亩示范片平均亩产653.6公斤，同比（和上年同地块相比，下同）增产70.1公斤；250个油菜万亩示范片平均亩产188.5公斤，同比增产31.2公斤；100个花生万亩示范片平均亩产310.6公斤，同比增产47.2公斤。

3.促进了技术集成和推广。各地通过万亩示范片集中展示优良品种，组装集成高产技术模式，如不同作物的测土配方施肥技术、新耕作制度下的病虫草鼠害综合防治技术、水稻集中育秧、小麦氮肥后移、玉米密植增产技术等。通过示范带动，让农民看得见、学得会、用得上，有效提高了技术入户率和到位率。

4.促进了农民增产增收。通过推广高产、优质、高效栽培技术，提高了作物产量和品质；通过播种栽插、病虫防治、肥水管理、机耕机收等各环节统一作业，降低了生产成本，增加了种植收益。据湖北省农业厅多点测算，144个万亩示范片平均亩增收177.6元。辽宁省农委多点测算，玉米万亩示范片亩增效45.3元，水稻亩增效149.9元。

5.高产创建成为发展粮油生产的新抓手。高产创建通过大面积推广集成技术，把专家小面积的实验产量变为万亩产量，发挥现有品种的增产潜力，受到各方面的肯定和重视。湖北省委书记罗清泉带领省委班子和各市委书记考察高产创建示范片，给予充分肯定。江西省农业厅16位退休的厅领导考察高产创建后，一致认为这是当前组织生产的好形式。高产创建已成为各级党政领导重农抓粮的指挥田、农业部门组织生产的样板田、新品种新技术的展示田、农技人员施展才能的舞台、农民学习新技术的田间课堂。

（三）主要做法

1.加强组织领导，三级联动创建。农业部发布《2009年全国粮棉油高产创建工作方案》和《全国粮棉油高产创建督导工作方案》。加强组织、明确责任、科学选片、分片指导、加强督导、积极宣传、严格测产，抓好各项措施落实。全国有19个省（区）成立以分管副省长为组长，财政部、发展改革委、科技部等部门共同参与的高产创建领导小组。示范片所在县（市）也成立以政府主要负责人为组长的领导小组，加强组织协调，制定工作方案，层层落实责任，保证高产创建顺利开展。

2.加大财政投入，拓宽投入渠道。2009年，中央财政安排5亿元资金支持高产创建。各地也加大财政投入力度，拓宽投入渠道，将已有的涉农项目资金重点向高产创建示范片倾斜。据统计，省、市、县三级财政安排高产创建专项资金达3.95亿元，有力促进了高产创建顺利开展。其中，四川8000万元、江苏4000万元、云南3680万元、广西3500万元、湖北3000万、贵州2600万元、安徽2500万元、内蒙古和陕西各2000万元。

3.落实职责任务，加强技术服务。组织农业部专家指导组、现代农业产业技术体系、科技入户等方面专家，深入示范片开展技术指导服务，制定不同作物生产全过程的高产创建技术规范模式图，免费发送到示范片农技人员手中。各地都组建了高产创建专家指导组，实行分县、分片技术指导责任制。示范片明确了技术负责人和不同专业的技术人员，从实施方案制定、技术路线选定和关键环节指导等方面提供全程技术服务。据统计，2009年各级农业部门共派出9440名农技人员深入示范片开展指导，举办各类培训班11580期（次），培训农民1350万人次，印发技术资料近1000万份。

4.突出展示示范，广泛宣传带动。要求每个万亩示范片竖立样式统一的标牌，标明万亩片区域、示范品种、技术措施、产量指标、创建负责人、指导专家和包片技术员等内容。在关键农时季节，各地组织开展多种形式的现场观摩活动，展示优良品种，推广实用技术。山东举办“粮王大赛”，调动各级开展高产创建的积极性；江西建立联系户制度，开展蹲点服务；福建公布高产创建专家名单和联系方式，充分利用“969155”热线，为农民提供互动交流服务。

5.发展合作组织，创新服务模式。各地以高产创建为载体和平台，积极吸纳社会化服务组织、企业等涉农力量协作共建万亩示范片，积极探索社会化服务模式，实行订单种植，推进规模化、标准化生产和产业化经营。黑龙江充分发挥场县共建、农机作业合作社和农机大户作用，为农民代耕、代种、代收，提高农机作业水平。江苏制定专业化服务标准，在全省297个万亩示范片开展专业化服务的组织达923个，实行合同化管理，并建立生产档案。安徽农财两部门联合公开招标，确定统一专业化技术服务机构。

6.完善评价机制，强化绩效考核。各地在开展高产创建中，积极创新机制，制定奖励激励政策，制定考核办法，全程动态监管，严格绩效考评，把高产创建由部门工作上升为政府行为。据统计，全国有22个省（区、市）对高产创建项目实施效果好、成效突出的单位或个人给予表彰和奖励。湖南将高产创建纳入县（市、区）领导班子绩效考核的重要内容。

三 基层农技推广体系改革与建设示范县

（一）基本情况

2009年，中央财政安排专项资金7.7亿元，在全国31个省（区、市）770个县启动实施了“基层农技推广体系改革与建设示范县项目”（简称“全国农技推广示范县项目”），共认定农业科技试验示范基地7700个，组织专家1万多名，选聘技术指导员7.7万名，培育科技示范户77万名，辐射带动1500万周边农户，大力推广了一批主导品种和主推技术，促进了主导产业的发展，为保障主要农产品有效供给、促进农民持续增收提供了有效服务和技术支撑。

（二）主要做法

1.加强组织领导，提高管理水平。一是成立领导小组。各省成立相应的领导小组，各示范县成立以县主要领导任组长、相关部门参加的领导小组。二是加强规范管理。农业部和财政部印发了项目实施指导意见，统一印发《技术指导员手册》、《科技示范户手册》，统一制作试验示范基地标牌、示范户门牌等。三是加强人员培训。分别举办了管理干部和信息管理员培训班，加强网络化管理，建立中国农业推广网。四是加强项目督导。分4个组对8个省进行了调研和督导，并分4个片区召开工作座谈会，督促各项工作开展。

2.加强改革指导，创新体制机制。农业部印发了《关于加快推进乡镇或区域性农业技术推广机构改革与建设的意见》，明确体系改革与建设的指导思想、原则、目标、主要任务等，提出以满足农民的科技需求为出发点，以服务农民的成效为检验标准，按照综合建设、分步实施的思路，加强机构建设、队伍建设、运行机制建设和条件建设，全面提升基层农业技术推广体系的公共服务能力，为保障国家粮食安全和主要农产品有效供给，促进农民持续增收和农村经济全面发展提供有效的技术服务支撑。通过分区域召开改革与建设座谈会，加强对改革与建设工作的指导与协调。

3.组建技术队伍，开展巡回指导。一是成立专家组，实行专家技术负责制。农业部专家主要依托现代农业产业技术体系和科技入户专家组组成，各省（区、市）和示范县围绕主导产业组成综合专家组。二是选聘技术指导员，实行技术指导员包村联户制。每县选聘100名技术指导员，每个技术指导员联系1～2个村，负责10个左右科技示范户的技术指导和服务。三是积极开展技术指导。在关键季节、突发事件和农民有需求时实行入户指导，技术指导员每年下乡时间不少于150天。

4.确定主导产业，遴选和推广主导品种、主推技术。围绕主要粮食作物和优势农产品，农业部推介发布了100个主导品种和60项主推技术，并优先列入国家农业技术推广计划。各示范县根据当地产业分布，确定3～5个示范主导产业，并围绕每个主导产业，组织专家遴选主导品种和主推技术，制定技术操作规范和技术推广计划。

5.培育科技示范户，建立试验示范基地，发挥示范带动作用。一是遴选和培育科技示范户。各县按照公开、公平、公正和自愿的原则，遴选1000个具有丰富生产实践经验、生产经营规模较大、种养水平较高的科技示范户，带头学习和运用先进科学技术。二是认定一批农业科技试验示范基地。每县依托现有科研教学推广单位试验示范基地、良种繁育场、种养大户、涉农企业、农民专业合作组织的基地等，认定10个左右的农业科技试验示范基地，重点开展新品种、新技术、新机具引进、试验、示范、展示和技术培训等工作。三是发挥科技示范户的辐射带动作用。每个示范户辐射带动周边20个农户，传播先进技术，扩大项目辐射带动范围。

6.开展技术培训，提高农技人员素质。一是开展基地认定，夯实培训条件。以农业大学、农业科研院所为主体，农业部在全国认定了45个农业部现代农业产业技术培训基地，各省也认定一批省级培训基地，作为每县选送100名技术指导员异地开展一周左右集中培训的依托单位。二是制定培训大纲，确保培训质量。各省分重点班和普通班统一编制培训计划，组织专家编写了基层农技人员培训大纲，实施规范化培训。三是加强信息报送，发放培训证书。委托农业部人力资源中心，开发了基层农技人员培训信息管理系统，培训合格的农技人员，发放由人力资源和社会保障部统一监制的《专业技术人才知识更新工程培训证书》，培训时间记入继续教育学时。

（三）主要成效

1.有力促进基层农技推广体系改革与建设。一是强化了公益性职能。各示范县全部明确基层农技推广工作的公益性地位，对农技推广人员纳入财政保障。二是理顺管理体制，合理设置机构。合理确定人员编制，保证公益性职能履行。三是完善内部运行机制。广泛推行农技推广责任制，在农技人员竞争上岗、定岗定责、考核评价、农民需求反馈、资产管理、县域推广统筹等方面也进行了积极探索，取得了明显成效。

2.加速农业科技成果转化应用，有效支撑主导产业发展。一是加速了主导品种和主推技术的推广。示范县围绕3～5个主导产业，主导品种和主推技术入户率达95%以上，示范区平均产量增长10%以上。二是加速了新型农民培育。通过入户指导和多种方式的技术培训，增强了示范户的科技意识，示范户逐步成为观念新、技术强、留得住的“乡土专家”，成为发展现代农业的新型农民。三是发挥了基地示范展示作用。每个县建立10个左右的农业科技试验示范基地，成为专家的试验田，推广的展示田、辐射田和培训田，让技术指导员不出县乡、农民不出村组，就能看到新品种、新技术的展示与示范。

3.不断提升基层农技人员的服务能力和水平。一是提高了业务技能，促进了基层农技推广队伍整体素质的提高。二是凝聚了队伍人心，切实增强了基层农技队伍的凝聚力、向心力和工作的责任感、使命感。三是初步探索了农技人员知识更新的机制。示范县基层农技人员培训经费稳定，要求具体，机制完善，初步探索了广泛动员农业、科研、教学、推广部门力量开展基层农技人员培训的机制和异地研修、集中办班、现场实训等有效培训模式。

4.搭建良好的技术推广平台，放大惠农政策效果。一是充分调动了广大农技推广人员的积极性，优化了推广队伍。二是构建了“专家组＋技术指导员＋科技示范户＋辐射带动农户”的农技推广新机制。通过选聘1万多名专家和7.7万名基层技术指导员，针对农民技术需求，开展一户一策的技术指导和服务，构建了科技成果转化应用快捷通道和新型服务网络。三是促进了科研与推广的结合。广大科研人员带成果、带技术，深入田间地头，指导农民生产，培训技术指导员，了解农民需求，找到了科技创新的方向。四是促进农民专业合作组织的发展。

四 良种补贴

2009年中央继续巩固、完善和强化良种补贴政策，各级各部门认真落实、强化管理，实施成效显著，为粮食连续六年增产发挥了重要作用。

（一）补贴政策不断强化

1.补贴范围扩大。2009年，大宗粮棉油作物良种补贴实现全国覆盖或主产区全覆盖。水稻良种补贴继续覆盖全国所有水稻产区；小麦、玉米、棉花首次实现全国全覆盖；大豆对内蒙古、辽宁、吉林、黑龙江4省（区）首次实行全覆盖；油菜良种补贴继续在12个省份实施，基本覆盖长江流域油菜主产区。

2.补贴品种增加。为解决脱毒种薯供需矛盾，加快马铃薯优良品种推广，提高马铃薯生产水平，2009年启动实施马铃薯原种生产补贴。优先选择内蒙古、黑龙江、重庆、四川、贵州、云南、甘肃、青海、宁夏等9个省（区、市）开展试点，对企业和单位利用微型薯生产原种和对农民利用原种生产脱毒种薯进行补贴。

3.资金规模增加。中央财政先后三次累计拨付补贴资金198.1亿元，比上年增加约37亿元。其中水稻补贴65.5亿元、小麦41.8亿元、玉米58.9亿元、大豆9.8亿元、棉花12.7亿元、油菜7.4亿元，马铃薯2亿元。

（二）补贴成效显著

良种补贴作为农业补贴的重要内容，覆盖面广，资金量大，涉及作物多，政策效果显著。

1.提高了农民的种粮积极性，增加了粮食产量和效益。采取与面积挂钩直接发放补贴资金的方式，直接降低了农民购种成本；采用与良种挂钩的补贴方式，在项目区推广优良品种，配套节本增效技术，促进集中连片种植，在降低生产成本的同时，提高单产水平，落实订单销售，增加了种植收益。据调查，江苏、安徽、山东等省优质小麦价格比普通小麦高0.20元/公斤左右，农民从中得到了实惠。

2.加快了优良品种的普及推广，提高了粮食生产的科技含量。良种补贴改变了一些地方农民自留种的习惯，改变了品种布局“多、乱、杂”的局面，探索了市场经济条件下大面积统一供种模式，良种推广速度明显加快，品种整齐度大幅提高。初步统计，全国项目区共举办各类培训班25万多期，印发资料3亿份，培训人数达3.5亿人次，普及了先进技术，提高了粮食生产的科技含量。2009年全国水稻、小麦、玉米、大豆综合优质率比上年提高5.6个百分点，全国优质棉花比率提高1.2个百分点，全国“双低”油菜比率提高3.4个百分点。

3.推动了区域化布局、标准化生产、专业化服务和产业化运作。通过良种补贴，同一品种或同一品质类型的优良品种实行区域化布局和集中连片种植，有利于实现统一供种、统一播栽、统一病虫害防治、统一肥水管理、统一机收、统一收购加工储藏，提高了标准化生产和社会化服务水平，有力带动了订单生产和产业化开发。如郑麦9023、济麦20、烟农19等12个小麦主推品种种植面积达733万多公顷，约占小麦总面积的1/3。

4.密切了干群关系，促进了农村社会和谐。政策落实中，基层干部和农技人员逐户上门登记核实补贴面积，配合供种企业供种到户、送种上门，传授栽培技术，消除了农民购种顾虑，增强了对基层干部的信任，融洽了干群关系。

（三）主要措施和经验

各地按照财政部、农业部要求，切实加强组织领导、严格程序、强化管理、完善机制，确保良种补贴政策顺利实施、落实到位。

1.加强组织领导，保障项目顺利实施。各级各部门高度重视良种补贴政策落实，健全组织机构，加强部门协调配合，确保组织领导和技术服务同步到位。健全工作机制，建立情况交流报告制度，及时总结典型经验，研究新情况，解决新问题；加强宣传发动，提高广大群众的知晓度、认知度和参与积极性；严明工作纪律，严把品种推介、范围确定、标准落实、公开招标、资金管理等关键环节，保证政策公开透明。

2.规范实施程序，确保政策落实到户。水稻、玉米、油菜采取现金直接补贴，小麦、大豆、棉花采取差价供种和现金补贴两种方式。各地严格按照农财两部印发的《农作物良种补贴项目实施指导意见》，公开推介优良品种，科学选择补贴方式，严格核查种植面积，规范资金发放，健全档案管理，保证了项目规范实施。

3.强化项目监管，杜绝违规操作。各级各部门层层签订责任状，明确目标任务和各方职责。项目区以村为单位实行“四公开”，将补贴金额、补贴农户、补贴数量、供种价格等进行公示，公布举报电话，接受群众监督。供种结束后，省、市（地）级农业、财政部门对项目县进行实地走访，核对供种清册、供种卡，检查项目实施是否规范操作，及时查处通报项目实施过程中的违规行为。

4.注重政策衔接，放大项目实施效果。各地利用新型农民科技培训项目，对项目区各级农业技术骨干、村组干部、种植大户和农民开展培训。结合粮棉油高产创建项目，大力开展优质高产品种示范活动，示范带动粮棉油生产水平全面提高。同时，把产销衔接作为实施良种补贴项目的重要措施来抓，通过请进来、走出去等多种形式，采取招投标方式选择信誉好的大型龙头企业与农户签订产销合同，推进产业化经营，实现优质优价，增加种粮农民收益。

五 农机具购置补贴

2009年，中央财政农机具购置补贴资金规模达到130亿元，比上年增加90亿元，对加快农机化发展进程、促进农业稳定发展和农民持续增收发挥了重要作用，也对拉动内需、推动农机工业振兴、促进经济平稳较快发展起到了积极作用。

（一）基本情况

农机具购置补贴实施范围覆盖全国所有的农牧业县（场），补贴对象为纳入实施范围并符合补贴条件的农牧渔民（含农场职工）、直接从事农机作业的农业生产经营组织，以及取得当地工商登记的奶农专业合作社、奶畜养殖场所办生鲜乳收购站和乳品生产企业参股经营的生鲜乳收购站。补贴机具种类由9大类33小类扩大到12大类38小类的128个品目。补贴标准不超过机具价格的30%，且单机补贴额最高不超过5万元，血防疫区“以机代牛”和汶川地震重灾区县补贴比例可提高到50%，100马力以上大型拖拉机、高性能青饲料收获机、大型免耕播种机、挤奶机械补贴限额提高到12万元。一户农民年度内享受补贴的购机数量原则上不超过1套（4台，即1台主机和与其匹配的3台作业机具）；直接从事植保工作的植保作业服务队年度内享受补贴购置植保机械的数量原则上不超过10台（套）。一个生鲜乳收购站年度内享受补贴的购机数量不超过1套（3台，即1台挤奶机、1个储奶（冷藏）罐、1个运输奶罐）。一户农民（渔民）年度内补贴购置增氧机、投饵机、清淤机的数量分别不超过6台、6台和1台。

（二）主要做法和经验

1.精心组织，落实责任。农业部对全国农业机械发展现状和需求进行了深入调查分析，合理制定农机购置补贴规划。各地认真落实责任制，明确任务，精心组织实施。许多省（区、市）将农机补贴实施列入地方政府的考核内容。大部分省（区、市）农机化主管部门专门成立了行政一把手任组长的领导小组，做好统筹协调，为农机购置补贴提供了有力的组织保障。

2.建立制度，完善机制。各级农机化主管部门和财政部门认真执行“五项制度”，即补贴机具竞争择优筛选制、补贴资金省级集中支付制、受益对象公示制、执行过程监督制、实施效果考核制。各地还结合实际，制定了补贴实施细则、工作规范、监督管理办法、绩效考评办法、档案管理办法、补贴产品经销商管理办法等规章制度，保证了补贴政策规范有效实施。

3.严格程序，阳光操作。坚持突出重点、兼顾一般的原则，补贴资金向粮食等农产品大省倾斜、向主要农作物生产薄弱环节机械倾斜、向服务组织和农机大户倾斜。把机具选型和补贴对象确定为重点，加强规范操作，努力做到公开、公正、公平。部、省两级补贴机具选型和补贴目录制定工作，邀请纪检监察部门全程参与，自觉接受监督。严格执行公示制度，接受农民监督。开发了全国农机购置补贴管理系统，实现网上申报、审核，提高了效率，加快了结算，方便了监管。

4.强化措施，搞好服务。为尽快拉动内需，促进经济增长，比上年提前两个月启动了补贴工作。农业部开通了全国农机购置补贴信息系统，公布了购机补贴热线电话，方便农民、企业查询补贴政策和反映补贴情况。江苏省组织“一站式”、“零距离”服务，深入到农户家中与农民签订购机合同；山西组织开展“农机大回访”行动，对补贴机具质量、服务进行跟踪调查。江苏、陕西建立了补贴资金预拨付制度，减轻了企业垫支压力。

5.严肃纪律，加强监管。严格执行国务院提出的“三个严禁”规定，即严禁采取不合理政策保护本地区落后生产能力，严禁强行向购机农民推荐产品，严禁借国家扩大农机具购置补贴之际乱涨价，要求农机化系统做到“八个不得”。农业部在春耕、三夏、三秋等关键农时，派出联合督导组对各地农机购置补贴政策执行情况进行督导检查。利用农机补贴档案管理信息系统，开展了电话重点抽查。发现问题，严厉查处，并将有关情况通报全国农机化系统，加强警示教育。

6.加强宣传，营造环境。农业部和财政部采取多种形式及时将农机购置补贴实施情况向社会公布，加强政策和工作成效的宣传。各地充分利用广播、电视、报纸、网络等媒体，广泛宣传购机补贴政策、补贴产品目录、实施方案、申请程序等，采取张贴公告到村、发放指南到户、发送手机短信到人等方式，使补贴政策家喻户晓。

（三）实施成效

1.提高了农机装备水平，改善了农机装备结构。2009年我国农机总动力达到8.75亿千瓦，同比增加6.46%。大马力、多功能、高性能及薄弱环节农业机械增长迅速，大中型拖拉机、联合收获机、水稻插秧机分别达350.52万台、85.84万台、26.09万台，同比分别增长17.03%、15.45%、30.69%，农机装备结构不断优化。

2.提升了农机作业水平，加快了农业科技进步。2009年全国耕种收综合机械化水平达到49.13%，连续四年年均增幅超过3个百分点。主要粮食作物机械化快速发展，小麦、水稻、玉米、大豆耕种收综合机械化水平分别达89.37%、55.33%、60.24%、68.68%，同比分别增长2.83%、4.18%、8.46%、7.84%。农机农艺集成配套，促进了精量播种、化肥深施、高产栽培、旱作农业、保护性耕作等先进农业生产技术措施大面积推广。

3.转变了农业生产方式，促进了农业稳定发展农民持续增收。在农机补贴推动下，农业机械得以广泛应用，促进了农业生产规模化、标准化、集约化和产业化，提高了土地产出率、劳动生产率和资源利用率，实现农业节本增产。如机械化收获小麦可减少损失3%左右，仅此一项全国减少小麦遗洒损失250万吨以上。

4.拉动了农村需求，促进了农机工业发展。农机购置补贴政策的实施直接拉动了农村消费需求，带动了农机工业及相关产业的快速发展。2009年，中央财政投入130亿元，带动地方投入20亿元，直接拉动农民投入购机资金约340亿元，购置各类农机具343万台套，受益农户300万户。全国规模以上农机工业企业产值达2264.56亿元，同比增长21.72%，产销率达98%以上。

六 测土配方施肥

2009年，中央财政投入12亿元用于测土配方施肥补贴，项目区扩大到2498个项目县（场、单位），基本覆盖了所有县级农业行政区。为全国粮食连续第六年增产、农民持续增收和农业节能减排作出了重要贡献。

（一）实施成效

1.项目规模稳步扩大。在做好粮食作物测土配方施肥技术推广的同时，进一步向经济作物、园艺作物拓展，粮棉油等主要农作物测土配方施肥技术覆盖率在60%以上，全国测土配方施肥技术推广面积10亿亩以上，受益农户达1.5亿户。

2.科学施肥意识深入民心。随着测土配方施肥深入开展和受益农户增多，农民切切实实得到了实惠，项目区广大农民科学施肥意识明显增强，重化肥、轻有机肥、偏施氮肥、“施肥越多越增产”和“一炮轰”等传统施肥观念正在发生深刻变化，测土配方施肥技术已被越来越多的农民所接受。

3.技术服务能力得到提升。通过实施测土配方施肥补贴项目，各项目县（场）土壤肥料技术队伍建设得到了加强，已有848人获得肥料配方师职业资格，为肥料配方和配方肥推广应用提供了技术支撑；大部分项目县化验室面积达到200平方米以上，基本可以满足测土配方施肥工作需要。测土化验、田间试验、农户调查、配方制定、施肥指标体系建设等取得了新进展，为今后开展科学施肥指导奠定了技术基础。

4.经济、社会、生态效益显著。实践证明，测土配方施肥对作物增产和节本增效作用十分明显，与农民习惯施肥比，小麦、水稻、玉米等粮食作物一般增产6%～10%，每公顷节本增效450元以上；经济作物增产增收效果更为明显，每公顷节本增效1200元以上。初步测算，2009年减少不合理化肥投入150多万吨（折纯），相当于节约燃煤约450万吨，有力推动了节能减排工作的开展。

（二）主要做法

在财政部大力支持下，农业部将测土配方施肥作为促进粮食生产稳定发展、转变农业发展方式的一项重要措施来抓，继续将测土配方施肥列入为农民办理的实事之一。为将测土配方施肥补贴项目做实做好，充分发挥政策效应，农业部采取有效措施，强化监督管理和组织实施，全面深入推进测土配方施肥持续健康发展。

1.强化项目监督管理。农业部会同财政部制定印发了《2009年测土配方施肥补贴项目实施指导方案》，组织项目申报、方案审查、资金下达等。农业部印发了《2009年测土配方施肥工作方案》和《农业部关于进一步加强测土配方施肥项目管理工作的通知》，组织召开了测土配方施肥项目管理会、现场观摩与经验交流会，派出了工作督导组，督导各地强化项目管理，规范项目实施，充分发挥政策效应。

2.夯实基础性工作。据统计，2009年全国累计采集、分析土壤样品238.6万个，采集植株样品18.3万个。完成大量元素、中微量元素等测试1871万项次，植株养分测试60.6万项次。全年布置水稻、小麦、玉米、棉花、油菜等作物“3414”田间肥效试验2.27万个、配方校正试验等2.67万个。目前大部分项目县建立了主要粮食作物施肥指标体系，建立了测土配方施肥数据库。

3.加强技术指导服务。在春季和秋冬季购肥施肥关键季节，农业部及时印发科学施肥指导意见，组织开展“巧施肥促增产”春季行动和秋冬种测土配方施肥专家服务月活动，组织专家和农技人员进村入户，深入田间地头，开展巡回指导和技术服务，指导农民按照配方选好肥、施好肥。各地突出抓好“示范、培训、指导”等环节，多方位、多角度示范引导农民实施测土配方施肥技术。各地建立测土配方施肥“百千万”示范工程，并与粮棉油高产创建示范片、种植大户和科技示范户、农民专业合作组织等紧密结合，大力示范推广测土配方施肥技术。全国累计建立示范片4.7万个，示范面积约1亿亩。

4.强化配方肥推广应用。在指导农民按方选肥、按方配肥和按方施肥的同时，各级农业部门及时公布肥料配方信息，引导、鼓励和支持肥料生产企业调整产品结构，按照农民需求组织生产供应，确保农民用肥需求。通过探索“大配方、小调整”等生产模式和“连锁、配送、超市”等营销模式，破解肥料规模化生产、批量化供应与配方肥区域性较强、个性化需求的矛盾，为更多企业参与测土配方施肥提供有效途径。据不完全统计，2009年参与配方肥生产供应的化肥生产企业700多家，推广应用配方肥1950多万吨（实物量）。

5.严格质量监管。加强化验质量保证体系建设，制定印发测土配方施肥标准化验室基本条件、认定办法等，组织开展测土配方施肥标准化验室认定工作，规范县级化验室建设，为测土配方施肥提供工作保障；加强化验室化验质量监管，组织对100个测土配方施肥补贴项目县化验室抽查考核活动，监测样品检测质量；加强对配方肥产品跟踪和质量监管，逐步建立完善可追溯制度。

6.开展效果评价。组织农业部测土配方施肥技术专家组和各省（区、市）专家组，开展测土配方施肥效果评价活动，深入项目县、乡、村和农户开展问卷调查，了解农民的意见和建议，反映农民心声和关切，客观评价测土配方施肥成效，为全面深入推进测土配方施肥做好技术支撑。

七 病虫害防治

受异常气候影响，2009年小麦条锈病、水稻“两迁”害虫、玉米螟、草地螟、蝗虫等多种重大病虫害发生严重，对粮食生产构成严重威胁。初步统计，2009年全国粮食作物病虫害发生面积36亿亩次，全年累计防治面积43.6亿亩次，病虫防控成效显著。

（一）主要病虫发生情况

1.小麦病虫害。为2001年以来第三个重发年份，发生面积10.0亿亩次。其中，虫害发生5.5亿亩次，病害发生4.5亿亩次。小麦穗期蚜虫在江淮、黄淮海麦区大发生，面积达2.66亿亩，是1990年以来最重的一年。小麦条锈病在西南、汉水流域、黄淮海南部麦区发生期之早、见病范围之广、流行速度之快，为历史同期罕见，发生面积6192万亩，是上年的2.3倍，为2004年以来最重的一年。

2.水稻病虫害。总体偏重发生，发生面积13.7亿亩次。其中，虫害发生10.0亿亩次，病害发生3.7亿亩次。稻飞虱发生4.2亿亩次，呈现西部重于中部、中部重于东部的特点，西南、华南西部和长江中游稻区大发生，其他稻区偏重发生。稻纵卷叶螟发生3.2亿亩次，西南东部和华南南部稻区大发生，重庆、广东为近10年来最重年份。水稻螟虫发生2.6亿亩次，江南、西南中北部、长江中游、东北部分稻区偏重发生。稻瘟病发生面积近7000万亩次，西南、东北稻区部分感病品种发生较为严重。水稻病毒病在江淮、江南、华南局部稻区发生近3000万亩。

3.玉米病虫害。总体中等程度发生，发生面积9.8亿亩次。其中，虫害发生7.4亿亩次，病害发生2.4亿亩次。玉米螟发生3.1亿亩次，东北、华北玉米主产区偏重以上程度发生。由灰飞虱传播的玉米粗缩病发生1400万亩，山东、山西、河南、江苏、安徽等部分地区危害较重。

4.农区蝗虫。总体中等程度发生，发生面积1亿多亩次。其中，东亚飞蝗发生2323万亩次，环渤海湾沿海、华北湖库和沿黄中下游滩区出现高密度蝗蝻点片。亚洲飞蝗发生160万亩次，黑龙江齐齐哈尔和大庆市局部为近80年来首次出现大面积、高密度、群居型蝗蝻危害。西藏飞蝗发生110万亩次，西藏、四川和青海三省（区）河谷地带局部地区出现了高密度蝗蝻点片。北方农牧交错区土蝗发生面积7500万亩次，内蒙古中西部出现大批蝗蝻迁入农田危害现象。

5.草地螟。为2004年以来的又一个重发年份，一代幼虫在内蒙古中东部、黑龙江中西部、吉林和辽宁西部、山西北部偏重发生，面积达6202万亩次。

（二）主要措施和成效

面对病虫重发的严峻形势，各级党委、政府和农业部门高度重视，不断完善“政府主导、属地责任、联防联控”三大机制，坚决打赢“区域性重大病虫歼灭战、局部性重大病虫突击战和重大疫情阻截战”三大战役，最大限度减轻病虫危害。

1.建立健全防控指挥机构。各地切实加大行政推动力度，努力把重大病虫防控上升为政府行为。2009年农业部成立了由部领导挂帅的农作物重大病虫防控指挥机构，全国有24个省（区、市）成立了政府主管领导挂帅的病虫防控指挥机构，比上年增加6个。重大病虫防控关键时期，湖北、重庆等省（市）的部分县市政府启动二级应急预案，四川、广西、河南、江西、湖南、安徽、重庆、湖北等省（区、市）政府召开专门会议或下发紧急通知，部署病虫防控行动。中央和地方财政加大病虫防控支持力度，其中中央财政投入3.82亿元，比上年增加3000万元，省地县三级财政投入近7亿元。

2.强化病虫监测预警。切实加大病虫监测调查力度和频度，加强虫情会商，全面掌握病虫发生动态，严格执行玉米、水稻、小麦重大病虫和蝗虫、草地螟等发生与防控信息周报制度。通过广播、电视、手机短信、明白纸等多种形式，及时将病虫预报和防治要点传递到广大农民手中，切实做到“早发现、早预警、早防控”。2009年农业部共发布病虫信息50期，各地共发布病虫信息近4万期，电视预报8000余期，使广大农民及时了解病虫发生信息和防治要领。

3.推进专业化统防统治。针对一家一户防病治虫难、劳动力素质呈结构性下降的实际，各地积极探索并大力推进专业化统防统治这一病虫防控的有效形式。据统计，截至2009年底，全国已有各种专业防治组织18.6万个，从业人员近96万，拥有各类防控机械85.6万台。其中，经工商或民政等部门登记注册的专业服务组织1.2万个，从业人员24.5万，拥有大中型施药机械18.5万台。小麦、玉米、水稻统防统治比例分别达到13%、18%和22%，比上年提高3个、2个和1个百分点。实践证明，专业化统防统治效果一般比农民自防提高10个百分点，减少用药2～3次，节省用药成本25元，节约用工成本10元。

4.完善防控工作机制。针对蝗虫、草地螟等跨区域暴发危害的情况，农业部组织相关省成立了“北京周边地区蝗虫联防协调小组”、“西藏飞蝗联防协调小组”，形成了信息共享、分工负责、联查联治工作机制，显著减少了监测盲点，提高了防控效果和效率。进一步建立健全病虫防控联系督导制度，采取日常联系督导和关键时期现场督导相结合，强化农作物重大病虫防控督导和指导。农业部在小麦、水稻、玉米重大病虫和蝗虫、草地螟发生防治关键时期，先后组派50多个督导组，赴粮食主产区调查病虫害发生情况，检查各项防控措施落实情况，指导地方开展防控工作。在农业部的带动下，各级政府、农业部门也建立了相应的督导机制，共开展工作督导3万余次。

5.确保防控物资安全。各级农业部门充分利用农作物重大病虫防控中央财政专项补助经费，积极争取地方财政支持，提前储备对路防控物资，组建专业化应急防治队伍，开展应急防控演练，努力提高应急处置能力。为确保农民用上“放心药”，各级农业部门按照农业部“2009农药市场监管年”总体部署，共出动执法人员64.7万人次，检查经营单位38.3万个次，立案查处农药案件10919起，查获、没收、销毁不合格产品数量3480吨，涉案金额7410万元，捣毁制假窝点84个。市场监督抽查表明，农药产品质量合格率为82.6%，标签合格率为75.2%，分别比上年提高11.6个和17.7个百分点。

6.坚决控制暴发成灾。针对年初西南、汉水流域小麦条锈病大流行的严峻形势，采取“前移关口、带药侦查、打点保面、严控源头”措施，将发生流行区控制在黄河流域以南，减少发生面积近1000万亩。针对天津、内蒙古蝗虫重发，黑龙江出现历史罕见蝗情，在及早部署、落实责任的同时，切实加大应急防控处置力度，及时解除了起飞成灾威胁。针对中晚稻水稻“两迁”害虫严重发生态势，采取专业化统防统治、联防联治、群防群治相结合的措施，有效遏制了大面积暴发危害的势头。通过各级农业部门共同努力，将病虫危害损失率控制在3%以内，为保障农业生产安全、促进粮食连续六年增产作出了贡献。

八 防灾减灾

受全球气候变化影响，2009年我国大部地区气温偏高，农业气象灾害多发重发，由于灾情主要发生在粮食主产区和作物生长发育的关键期，给农业特别是粮食生产带来了严重影响。据统计，2009年全国农作物因气象灾害受灾面积4721.4万公顷，比上年增加722.4万公顷；成灾2123.4万公顷，比上年减少104.9万公顷；绝收491.8万公顷，比上年增加88.5万公顷。因气象灾害损失粮食5535万吨，比上年增加2500万吨。

（一）主要特点

1.干旱偏重发生。年初，北方冬小麦主产区发生30年一遇，部分地区50年一遇的严重干旱，波及河南、安徽、山东、河北、山西、陕西、甘肃、江苏等8个冬小麦主产省。7月下旬以后，东北大部分地区降水量比常年同期明显偏少，同时伴随35℃以上持续高温，造成土壤严重失墒，加之农作物生长发育需水量增加，旱情迅速发展。8月中旬，山西、内蒙古、辽宁、吉林、黑龙江5省（区）秋粮作物受旱面积迅速发展，对北方地区乃至全国秋粮生产造成严重影响。2009年全国农作物因干旱受灾面积2925.9万公顷，其中成灾1319.7万公顷，绝收326.9万公顷，分别比上年增加1712.2万公顷、640.0万公顷和245.7万公顷，因干旱损失粮食3330万吨，比上年增加2520万吨。

2.台风登陆数量较常年偏多。2009年共有9个热带风暴或台风相继登陆我国，较常年偏多2个，且时间集中在6月下旬到10月上旬的90天时间内，台风活动呈现“登陆集中、路径诡异、强度持久、雨量充沛”的特点，其中第8号台风“莫拉克”持续时间长，导致福建、浙江等地田间严重积水，部分晚熟的早稻倒伏，瓜果蔬菜遭受水淹，大棚、水产养殖等农业设施被毁坏。2009年全国农作物因台风受灾面积114.6万公顷，其中成灾47.9万公顷，绝收8.1万公顷，分别比上年减少116.5万公顷、46.1万公顷和6.4万公顷。

3.洪涝灾害造成一定损失。入汛后，全国先后发生30多次大范围、高强度的降雨过程，160多条中小河流发生超过警戒水位以上的洪水。华南西部、江南南部和四川盆地局部地区夏季发生暴雨洪涝灾害，东北地区6月的持续低温阴雨致使部分地块发生渍害，给当地农业生产造成一定损失。2009年全国农作物因洪涝受灾761.3万千公顷，比上年增加113.6万公顷；其中成灾316.2万公顷，比上年减少49.4万公顷；绝收78.0万公顷，比上年增加2.4万公顷。

4.部分地区风雹影响严重。2009年全国风雹灾害发生较为频繁。6月上旬，河南北部和东部、安徽北部、江苏北部、山东西南部、山西南部等地出现雷暴大风等强对流天气，造成小麦倒伏，影响收割。8月下旬，华北南部、黄淮中西部等地出现雷雨大风天气，造成处于灌浆期的夏玉米、一季稻大面积倒伏，影响籽粒灌浆和成熟，给田间管理和成熟后收获增加了难度。2009年全国农作物因风雹受灾面积549.3万公顷，其中成灾294.4万公顷，绝收53.5万公顷；分别比上年增加131.3万公顷，82.1万公顷和6.0万公顷。

5.低温冻害总体偏轻。2009年春季，湖北、湖南、江西出现阶段性低温阴雨寡照天气，导致油菜花期拉长；5月下旬，湖北、湖南、江西等地再次出现阴雨低温天气，部分地区出现“五月寒”，致使早稻分蘖受到抑制。9月，华北及西北部分地区出现持续阴雨寡照天气，造成玉米收获期推迟。11月，全国出现大范围雨雪降温天气过程，对设施农业生产造成较大损失。2009年全国农作物因低温冻害受灾面积367.3万公顷，其中成灾144.6万公顷，绝收25.2万公顷，分别比上年减少1102.3万公顷、

727.4万公顷和130.5万公顷。

（二）采取的措施

针对不同时期发生的各种气象灾害，各级农业部门提前预警，迅速行动，及时落实防御措施，适时启动应急响应，大力推进科学减灾，加强工作督导和技术服务，加大救灾资金和物资支持力度，充分发挥社会化服务组织作用，最大限度减轻灾害损失。特别是打赢了应对两场特大旱灾的硬仗，为全年粮食增产奠定了坚实基础。据农业部农情调度，2009年全年改种补种农作物面积8207万亩，比上年增加948万亩。其中，改种补种粮食面积5740万亩，比上年增加1889万亩，改种补种挽回粮食产量2235万吨，比上年增加755万吨。农业防灾减灾工作扎实有效，在大灾之年实现了粮食连续6年增产、总产连续3年稳定在5亿吨以上。主要采取了以下措施：

1.切实加强组织领导。农业部多次召开部防汛抗旱领导小组办公会议，专题研究部署农业防灾减灾工作。在抗击冬小麦主产区特大冬春干旱过程中，及早动员，迅速行动，在上年12月旱象露头之际即下发《农业部办公厅关于做好冬季农作物抗旱工作的紧急通知》，2009年2月先后召开全国抗旱保春管工作视频会和全国小麦抗旱春管现场会，对抗旱工作进行全面部署，并先后启动抗旱二级和一级应急响应。部领导亲赴安徽、山东、河北、甘肃等地开展抗旱督导，3万多名各级农业部门机关干部深入基层，逐县、逐乡、逐村发动群众，落实农业抗旱措施，有效减轻了干旱影响，为夏粮抗灾夺丰收赢得了主动。

2.着力完善工作机制。一是完善灾害预警机制，加强与气象、水利、民政等部门合作，畅通信息沟通和共享渠道，及时发布灾害预警信息，及早落实防范措施。二是完善灾情会商机制，在年初抗旱春管期间，与中国气象局开展了4次联合会商，研究分析干旱发生的趋势及其影响，提出有针对性的对策措施。三是完善应急响应机制，严格执行应急预案，适时启动应急响应。全年下发14个紧急通知，启动抗旱一级应急响应1次、抗旱二级应急响应1次、抗旱三级应急响应1次、防台风三级应急响应1次。四是完善灾情评估机制，与中国气象局联合组织专家深入春旱重灾区，科学评估抗旱救灾成效和旱灾对小麦产量的影响，为正确判断夏粮生产形势提供了科学依据。

3.全力推进科学减灾。在应对冬春连旱和北方地区夏伏旱过程中，根据不同农时季节、抗旱条件、作物受灾程度和抗逆性特点，实行“分类指导、水肥并进、早促早发、防控病虫”的科学抗旱技术路线。依托小麦专家指导组和产业技术体系专家队伍，指导农民抓好技术措施落实。据统计，农业部共派出46个工作组和专家组深入重旱区指导抗旱工作，动员农业专家和技术人员27.9万人次深入抗旱一线开展巡回技术指导，组织群众浇灌受旱耕地2.3亿亩次，追肥1.5亿多亩次。通过因地、因墒、因苗、因时开展田间管理，有效提高了抗灾和灾后恢复措施的科学性和针对性。

4.增加防灾减灾投入。为扶持各地防灾减灾工作的开展，农业部会同财政部向28个省（区、市）、黑龙江农垦、广东农垦和新疆生产建设兵团下拨农业生产救灾资金6批4.04亿元，支持灾区购买救灾种子、种苗、化肥、柴油等农业生产资料，尽快恢复农业生产。并根据灾区恢复生产的需要，及时调剂调运国家救灾备荒种子4480吨。同时，充分发挥农业机械在抗灾中的作用，组织300多万台农业机械参加防汛抗洪，完成抗洪排涝面积2000多万亩，抗洪抢险拉运土石方3000多万立方米，拉运救灾物资2000多万吨。

5.加强抗灾救灾宣传。在2009年两次抗击旱灾的过程中，农业部根据不同抗旱阶段的特点和要求，分阶段制定宣传方案，明确宣传重点。充分利用新闻发布会、连线采访、网上直播等方式，增强宣传声势，提高宣传效果。特别是在春季抗旱春管期间，组织有关单位人员，成立信息宣传组，统一编发简报和新闻稿，共编发《抗旱春管工作简报》68期，集中宣传农业抗旱的主要措施、重大行动和好经验、好做法、好典型。同时，在国务院新闻办公室召开农业抗旱新闻发布会，全面介绍农业抗旱春管工作进展和成效，迅速掀起抗旱春管工作热潮，营造重农抓粮的良好氛围。

粮食生产基地建设

加强粮食生产基地建设，是提高我国粮食生产水平，确保国家粮食安全的重要途径，是农业和农村经济工作的一项重要任务。党中央、国务院多次强调，要大力扶持粮食生产，加快粮食生产基地建设，不断增强综合生产能力。为此，2009年国家发展改革委继续安排中央投资12亿元，用于粮食生产基地建设，其中安排国家大型商品粮生产基地建设中央投资4亿元，安排优质粮食产业工程建设中央投资8亿元。

一 国家大型商品粮生产基地建设

（一）建设背景

为改善粮食供需状况，增加商品粮供应，1995年《中共中央关于制定国民经济和社会发展“九五”计划和2010年远景目标的建议》提出，要有重点地选择若干片增产潜力大的地区，集中投入建成稳定的商品粮生产基地。1996年初，中央农村工作会议又对此提出了要求。根据党中央、国务院的要求和部署，国家发展改革委从1996年开始，每年安排中央投资2亿元，以地市为单位建设大型商品粮生产基地。2000年以来，针对粮食供求的阶段性变化，基地建设由单纯追求产量转向产量、品质并重，在稳步提高粮食生产能力的基础上，兼顾育种科研能力建设，加快优良品种研发和推广，发展优质专用粮食生产。同时，整合相关项目投资，将大型商品粮基地年度中央投资增至4亿元，投资的80%左右用于各项田间工程建设，切实做到藏粮于地，稳定粮食生产能力。

（二）建设内容和成效

针对制约粮食生产的主要因素，国家大型商品粮生产基地以地方农业科研院（所）为技术依托，以地市为单位统筹规划，集中连片建设高产、稳产粮食生产基地。主要建设内容：一是加强小型农田水利等田间工程设施建设，改善粮食生产条件，建成一批旱涝保收的基本农田，增强粮食生产抗御自然灾害的能力，提高粮食产量和商品粮调出量；二是完善育种科研、良种繁育及统一供种体系，加快粮食新品种培育和推广，提高粮食生产的科技含量；三是完善病虫害防治、土肥监测等技术服务体系建设，提高粮食生产的保障能力。

截至2009年底，国家发展改革委累计安排中央投资47亿元，先后在河北、内蒙古、辽宁、黑龙江、吉林、江苏、江西、山东、河南、湖北、湖南、四川等省（区），建设了76个大型商品粮生产基地。在各级政府大力扶持和广大基层干部、群众的共同努力下，基地建设取得了显著成效，项目区育种和良繁能力得到明显增强，桥涵闸、灌排渠道等小型农田水利设施条件明显改善，粮食品种结构明显优化，粮食生产水平明显提高，粮食生产规模化、组织化、标准化、产业化程度明显提升，国家大型商品粮基地在实现全国粮食连年增产、增加粮食供给、保障粮食安全、促进粮农增收等方面发挥了重要作用。

1.改善了粮食生产条件，提高了粮食生产能力。初步统计，国家大型商品粮基地建设累计建成良种繁育基地200万亩，晒场、种子库等设施40万平方米，新增和改善灌溉面积1000万亩左右，修建各类渠道1.5万公里，建了大量基层政府想干没钱干、农民一家一户又干不了的工程，形成了一批旱能灌、涝能排的高产稳产田。项目区良种繁育和统一供种体系、农技服务体系逐步健全，粮食生产水平明显提高，平均亩产比项目建设前提高100公斤左右。

2.增加了粮食生产规模效益，提高了生产组织化程度。国家大型商品粮基地以地市为单位，结合当地的大中型灌区，统筹规划，合理布局，集中连片建设，形成了成片区的生产基地，实现了粮食规模化、区域化生产，提高了规模效益。项目区内实行统一供种、统一病虫害防治、统一加工销售，实现了粮食标准化、专业化生产，提高了粮食生产的组织化程度，促进了粮食生产发展和农民增收。

3.形成了产学研一体化模式，加快了新品种和新技术的推广应用。国家大型商品粮基地以当地农科院所作为技术依托，发挥其科研优势，建立优良品种和技术支撑，促进产学研一体化。在基地建设过程中，先后支持河北、黑龙江、山东等20多个地方农科院所改善实验室、试验田等设施，提升科研水平，培育和推广了100多个适合当地特点和市场需求的新品种，提高了项目区良种覆盖率、粮食产量和品质。如黑龙江省农科院培育出绥农20、黑农46等高油大豆品种，含油率接近或超过进口大豆，绥化大型商品粮基地优质高油大豆比重达到95%以上，比项目建设前提高42个百分点。此外，科研院所与项目区紧密结合，科研人员能够深入项目区现场指导，减少了新品种、新技术推广的中间环节，使农业科技迅速转化为现实生产力。

4.推动了粮食产业化经营，创新了粮食产销联结机制。国家大型商品粮基地建设打破以往就基地抓基地、就生产抓生产的模式，促进基地与加工企业建立长期的产销协作关系，既保证了项目区粮食的销路和价格的稳定，避免了粮食积压，增加了农民收入，又稳定了企业的原料来源，降低了生产经营风险。在加工企业的带动下，农民按照订单要求的品种、技术和标准进行生产，企业凭单收购，推动了粮食产业化发展，实现了农民与企业双赢。

二 优质粮食产业工程建设

（一）建设背景

2004年，国务院批准实施《国家优质粮食产业工程建设规划》（2004~2010年）》（以下简称《规划》）。《规划》提出，通过在黑龙江、河北、河南、山东等13个粮食主产省的484个粮食主产县（市、场），建设标准粮田、良种繁育、区域技术创新、种子质量检测、农业有害生物预警控制以及农机装备推进项目，提高粮食生产能力，增加商品粮供给。

（二）建设成效

截至2009年底，国家发展改革委累计安排中央投资63.5亿元，用于优质粮食产业工程建设，建设了783万亩标准粮田、152个良种繁育基地、30个区域技术创新中心、35个种子质量检测中心和分中心、70个新品种推广示范基地、295个农业有害生物预警控制分中心和区域站、920个农机装备推进项目，提高了产粮大县粮食生产能力，促进了粮食稳产、增产。

1.加快了品种更新换代和配套技术应用。种子加工能力增长1.4倍，商品化供种能力达到110万吨以上，可满足2.4亿亩粮食生产用种需要。种子质量监督体系逐步完善，种子质量年检测份数提高了4倍。示范新品种100多个（次），推广面积4000多万亩。创新22项区域共性技术，累计应用面积1.8亿亩。

2.增强了抗御有害生物灾害的能力。项目县有害生物监测面积占当地作物种植面积的比率提高到

94%以上，重大病虫害发生预报准确率达到90%以上，提高了4~8个百分点。

3.推动了粮食主产区农业机械化发展。项目区耕种收综合机械化水平提高近20个百分点，与农机购置补贴政策相配合，促进了全国农机化的发展。

4.提高了耕地产出能力。项目区灌溉面积扩大2倍左右，耕层深度提高4.0厘米，测土配方施肥覆盖率提高了4.3倍，耕地产出能力比项目实施前提高10%。

2009年4月，国务院办公厅印发了由国家发展改革委牵头编制的《全国新增1000亿斤粮食生产能力规划（2009~2020年）》。根据该规划，从2010年起，国家大型商品粮基地、优质粮食产业工程等项目投资将进行整合，统筹用于规划确定的产粮大县内田间工程及农技服务体系建设，不断提升粮食综合生产能力，确保国家粮食安全。

2009年全国粮食清仓查库

2009年开展的全国粮食清仓查库，是国务院为应对国际金融危机、夯实粮食宏观调控物质基础作出的一项重大决策。各级粮食部门按照国务院要求和全国粮食清仓查库工作部际联席会议的具体部署，本着对国家和人民高度负责的态度，增强主动意识，担当主角重任，发挥主导作用，圆满完成了这项光荣而艰巨的任务。清查结果表明，全国粮食库存数量真实，质量良好，储存安全，管理比较规范。2009年3月末全国国有粮食企业粮食总库存22540万吨（原粮），账实相符率为99.7%，质量合格率为97.1%，宜存率为99.1%。通过全面清查，摸清了国有粮食企业库存实底，达到了“让政府心中有数、让群众感到放心”的目的。

一 领导重视，部署周密

2009年全国粮食清仓查库工作任务重，社会关注度高，各级政府和粮食行政管理部门对此高度重视，坚持早筹划，早安排，全力做好组织、制度、人员和经费保障等工作。2008年12月16日，国务院成立由10部门参加的全国粮食清仓查库工作部际联席会议，并在国家粮食局设立办公室。国家粮食局党组书记、局长聂振邦要求举全局之力，做好清仓查库工作。地方县以上人民政府也在规定的时限内成立了工作机构，粮食部门承担各项具体工作。工作机构的成立，为开展清仓查库提供了强有力的组织保障。按照国务院办公厅通知要求，国家粮食局组织起草了清仓查库实施方案和检查方法，各省（区、市）结合本地实际，进一步细化工作方案，增强了操作性和针对性。为搞好人员培训，部际联席会议办公室编写了35万字的《2009年全国粮食清仓查库培训教材》，2月中旬为各地培训师资495名，5月中旬又对277名部际联合抽查人员进行了集中培训。各地也相应开展了大规模、多层次的人员培训，据统计，这次清仓查库，全国共培训检查人员近10万人。为落实“在地检查”原则，各地按照要求，及时完成了对行政区内全部储粮库点2009年3月末库存数据的整合分解工作。为保障清仓查库工作的顺利开展，中央财政及时下拨了补助经费，各地也按要求落实了配套经费。这些工作的开展，为扎实进行清仓查库奠定了坚实的基础。

二 扎实有序，务求实效

按照国务院全国粮食清仓查库工作动员电视电话会议的部署，各级政府和有关部门立即行动，扎实有序开展库存自查、普查、复查和抽查工作。4月上旬，县级政府派出25747人督导企业开展自查，为全面普查打好基础。4月中旬，市（地）级政府按照“有仓必到、有粮必查、有账必核、查必彻底”的原则，组织2890个普查组共94867人，对行政区内国有粮食库存进行了普查。在市（地）普查的基础上，4月底前，各省（区、市）对重点地区、重点企业进行复查，共派出318个复查组3865人，复查了3091个储粮库点。5月中下旬，部际联席会议派出10个联合工作组对河北等10个重点省份的粮食库存进行了随机抽查和突击检查。据统计，这次清仓查库，共检查储粮库点29965个，实际清查粮食22540万吨（原粮），扦取质量样品8478个。各级政府和部门直接参与检查的人员达124756人，粮食部门派出的人员最多、力量最强，在库存清查中发挥了不可替代的中坚作用。

三 加强督导，整改认真

为推动基层部门认真执行清查方案和检查方法，确保清查工作顺利进行，各级粮食部门切实加强督导检查。部际联席会议牵头人、副牵头人、办公室主任等先后14次赴12省（市）巡查、督导，有力地促进了各地工作。国家粮食局会同有关部门先后组织7个调研督查组，赴10个省份调研，地方各级粮食部门也积极开展督查，及时解决存在的困难和问题。重庆、贵州等省（市）加强了对清仓查库的巡查督导。山东省坚持每三天一次电话调度。山西省通过调研修订了粮食库存实物测量计算的修正系数。湖南省在查库前对各种问题进行梳理排查，提高了清查的针对性。为加强技术指导，全国粮食清仓查库工作部际联席会议办公室设立了技术专家组，并公布了成员电话。各地也指定专人负责对清查政策和技术问题进行解答。

在检查中，各地对发现的问题，坚持边清查边整改，将问题整改贯穿于检查工作的全过程。内蒙古、上海、江苏、安徽、河南、广东、宁夏等省（区、市）开展了清仓查库“回头看”活动，四川省利用清查资料建立了地方储备粮油轮换和监管台账。不少市县针对检查发现的问题，完善基础管理制度，积极建立粮食库存管理的长效机制。全国清查结束后，为贯彻落实全国粮食清仓查库工作总结电视电话会议精神，国家粮食局还专门下发了《关于进一步加强粮食库存管理的若干意见》，要求各地认真总结经验，完善制度，强化管理措施，建立健全粮食库存管理责任制，不断提高粮食库存管理水平。

四 做好宣传，强化监督

为营造良好的清仓查库社会氛围，2009年3月31日，全国粮食清仓查库工作部际联席会议成员兼办公室主任、国家粮食局副局长任正晓接受了中国政府网的在线访谈，全面阐述了清仓查库有关政策和要求，回答了网民普遍关心的问题。为增强清查工作的透明度，各级粮食部门通过报刊、广播、电视及网络等媒体，及时向社会公布粮食清仓查库的政策、内容、程序、方法和要求。为反映和交流工作情况，各级粮食部门及时编发工作简报。国家粮食局共编发《全国粮食清仓查库工作简报》100期，并在政府网开设“全国粮食清仓查库专题”栏目，与中国政府网链接。为增强清仓查库的社会公信力，各地主动邀请了6371名人大代表、政协委员监督指导清查工作。各地还通过当地主流媒体对清仓查库工作进行宣传，接受舆论监督。部分中央媒体单位专程到山东省，对清仓查库工作进行了采访报道。全国粮食清仓查库的结果，也在《人民日报》、中国政府网等媒体上公布。此外，各级粮食部门还及时对群众举报的涉粮案件进行了严肃查处，有效地震慑了违规违纪行为，树立了粮食部门良好的社会形象。

五 档案完整，及时移交

为真实、完整记录清仓查库工作的全过程，在各地的大力支持下，国家粮食局完成部际联席会议及其办公室全部文件资料和各省部分文件资料的整理归档工作，编写了4.6万字的2009年全国粮食清仓查库工作大事记，制作了全国粮食清仓查库工作纪实片。共形成纸质档案111卷，文件1307份；照片档案17卷510幅；音像电子档案1卷19盘。这些档案全部顺利移交给中央档案馆、国家档案局永久保存。地方各级粮食部门也按照实施方案的要求，认真做好本地清仓查库资料整理归档等工作。这些档案资料对今后的工作查考、经验借鉴具有十分重要的意义。

粮食流通

一 2009年粮食商品量增加较多

2009年全国粮食商品量约为29748万吨，商品率56%，比上年提高2个百分点。粮食商品量增加较多的主要原因：一是在中央强农惠农政策支持下，2009年粮食生产再获丰收，粮食增产使得农民可出售余粮数量继续增加，可供市场流通的商品粮源比上年增加1220万吨；二是为保护农民利益，稳定市场粮价，国家继续在部分主产区实施最低收购价和国家临时收储等收购政策，由于政策执行到位，农民售粮踊跃。分地区看，商品量增加100万吨以上的有河南、黑龙江、湖南、新疆和山东等5省（区）。河南、黑龙江粮食商品量超过3000万吨，分别达到3766万吨和3728万吨，两省商品量仍占全国总量的1/4。分品种看，小麦、稻谷、玉米等主要粮食品种商品量均比上年有不同程度的增加。

二 粮食收购同比略增

2009年，社会各类粮食企业（包括国有粮食企业、重点非国有粮食企业和转化用粮企业）共收购粮食26639万吨（贸易粮，下同），与上年相比增加62万吨。其中：收购小麦9596万吨，同比增加242万吨；大米4846万吨，同比减少791万吨；玉米10658万吨，同比增加219万吨；大豆1211万吨，同比增加377万吨。

（一）国有粮食企业收购同比有所减少

国有粮食企业收购粮食15223万吨，比上年减少248万吨。其中：小麦收购6834万吨，同比增加121万吨；大米2637万吨，同比减少967万吨；玉米4988万吨，同比增加234万吨；大豆653万吨，同比增加340万吨。大米收购减少的主要原因：东北地区新稻谷上市后，收购价格高开高走，企业预期后市看好，大米加工、经营企业等多元主体收购积极性较高；同时，由于市场价格高于最低收购价，没有启动粳稻最低收购价预案，国有粮食企业入市比较谨慎，收购量减少较多。2009年共收购中央储备、最低收购价、国家临时存储等政策性粮8117万吨。其中收购中央储备大米10万吨、大豆15万吨；最低收购价小麦3985万吨、大米593万吨；国家临时存储小麦106万吨、大米181万吨、玉米2748万吨、大豆479万吨。

（二）重点非国有粮食企业和转化用粮企业粮食收购量继续增加

各级粮食部门积极引导和鼓励多元主体入市收购。全年重点非国有粮食企业收购粮食7244万吨，比上年增加239万吨，其中小麦、大米和玉米三大谷物品种的收购量分别比上年增加204万吨、185万吨和减少149万吨，大豆增加6万吨。重点转化用粮企业收购粮食4172万吨，比上年增加70万吨，其中玉米收购比上年增加133万吨。

三 粮食销售同比增加

国有粮食企业累计销售粮食16693万吨，比上年增加1368万吨，再创历史新高。分品种看，小麦销售7094万吨，同比减少259万吨；大米3054万吨，同比减少66万吨；玉米5261万吨，同比增加1276万吨；大豆1146万吨，同比增加390万吨。玉米和大豆销售增加较多的主要原因是：随着我国经济企稳回升，企业加工需求逐渐转旺，为保证市场供应和价格的基本稳定，国家有关部门加大了政策性粮食的市场投放量，同时安排东北地区部分国家临时存储玉米和大豆划转给地方，由地方组织定向销售给加工企业，有效解决了东北地区玉米深加工和大豆加工企业的用粮需求，提高了加工企业开工率，有力地促进了国产玉米和大豆的加工转化。2009年国家政策性粮食销售出库达到5750万吨，占国有粮食企业销售总量的34%。其中：最低收购价小麦销售3131万吨、大米133万吨，国家临时存储进口小麦销售93万吨、大米销售344万吨、玉米销售1384万吨、大豆销售13万吨，地方对加工企业定向销售玉米554万吨、大豆97万吨。

四 粮食市场价格整体平稳上升，部分品种价格上涨幅度较大，食用植物油市场价格整体低迷

2009年，国内粮食价格整体保持平稳上涨的态势，其中小麦、玉米和粳稻市场收购价格涨势强劲；籼稻需求不旺，价格基本平稳；大豆和食用植物油受国际市场影响较大，价格整体低迷。据监测，2009年末国内各主要粮食品种每50公斤市场收购价格为：小麦92.8元、早籼稻91.1元、中籼稻93.3元、晚籼稻95.1元、粳稻108.4元，分别比上年同期上涨10.8%、0.1%、2.1%、1.6%和16.7%；玉米、大豆收购价格为81.5元和185.9元，分别比上年同期上涨13.7%和2.4%；豆油、菜籽油和花生油零售价格为468元、519元和935元，分别比上年同期下降7.1% 、9.1%和9.2%。2009年，国家继续实施小麦、稻谷最低收购价政策，对东北地区玉米、大豆继续实行临时收储政策，同时创新收购方式，对油菜籽主产区采取托市收购等政策，对国内粮食市场价格起到了一定支撑作用，保护了种粮农民利益。

五 社会粮食库存总量增加，库存粮食品种结构不断优化，区域布局继续改善

（一）国有粮食企业库存同比增加

2009年，在一系列强农惠农政策的作用下，粮食生产又获丰收，总产量再创历史新高，为保护种粮农民利益，政策性粮食收储力度较大，年末国有粮食企业库存增加较多，库存结构和区域布局继续优化和改善。一是国家政策性粮食库存和地方储备库存增加较多，商品周转库存继续下降，进一步增强了政府市场调控和应急保障能力；二是主要粮食品种库存有所增加，其中大豆库存增幅最大，库存粮食品种结构得到进一步优化；三是政策性粮食跨省移库力度不断加大，产销合作步伐加快，粮食跨

省流通数量稳步增长，主销区和库存薄弱地区的库存进一步充实，粮食库存区域布局有所改善。

（二）非国有粮食企业库存增加，转化用粮企业粮食库存略减

在国家有关部门和各地粮食部门的积极引导和鼓励下，多元主体参与粮食流通、活跃粮食市场的积极性进一步增强，非国有粮食企业和加工转化企业粮食经营量继续增加，年末非国有粮食企业库存增加，转化用粮企业粮食库存略减。

（三）城乡居民存粮增加

2009年末农户存粮26780万吨，同比增加1400万吨，增幅为5.5%。农户存粮继续上升的主要原因有：一是粮食增产，但由于种粮成本提高，以及国家较大幅度提高了最低收购价水平等因素的影响，部分农民对市场粮价存在较高的心理预期，待价而售。二是粮食部门积极推广农户科学储粮技术，特别是部分粮食产区为农户建立标准化小型粮仓，农户储粮条件得到改善。分品种看，除大豆减少，其他粮食品种均有不同程度增加。山西、湖北和新疆3省（区）农户年末小麦库存增加较多，黑龙江、安徽、江西、湖南、广东、四川、云南7省农户年末稻谷库存增加较多，山西、内蒙古、辽宁、四川、新疆等5省（区）农户年末玉米库存增加较多。

2009年末城镇居民存粮630万吨，比上年增加50万吨。随着全国城镇化进程的推进，人口的增加，城镇居民存粮增加。分品种看，各品种存粮均较上年增加，由于城镇居民更加注重科学均衡营养膳食，存粮结构继续发生变化，其中大米和其他杂粮增加较多。

粮食调控

2009年是新世纪以来我国经济社会发展最为困难的一年，也是我国经济社会发展进程中极不寻常、极不平凡的一年。面对国际金融危机的严重冲击，面对各种自然灾害的严峻挑战，面对国内外农产品市场的异常波动，面对稳定粮食市场的巨大压力，在党中央、国务院的正确领导下，在有关部门的大力支持下，在各级粮食行政管理部门的共同努力下，深入学习实践科学发展观，认真贯彻落实党中央、国务院关于粮食工作的方针政策，努力克服国际金融危机的冲击和影响，加强粮食市场调控，促进了粮食生产的稳定发展和农民持续增收，保证了粮食市场供应和粮价基本稳定，顺利完成了积极收购促增收，抓好销售保供应，充实储备增保障，加强调控稳市场，健全统计强基础等重点工作任务，保障了国家粮食安全，为保增长、保民生、保稳定作出了积极贡献。

一　保供应稳市场，调控效果显著

（一）政策性粮食销售顺畅

按照国家有关规定，根据市场需求、价格走势以及宏观调控需要等情况，合理安排最低收购价和临时存储粮等政策性粮食的销售工作，2009年共成交政策性粮食6550万吨，有效保证了市场供应，稳定了市场价格。一是进一步完善交易办法。积极推进批发市场联网交易，加强结算管理，简化出库手续，促进竞价销售的制度化和规范化。截至2009年底，全国开展联网交易的粮食批发市场已达到23个，2009年累计成交国家政策性稻谷925万吨、小麦3980万吨、玉米1630万吨、大豆15万吨。二是合理确定销售底价。三次提高最低收购价小麦的竞价销售底价，适当下调进口小麦和国家临时存储籼稻竞价销售底价，及时发出明确信号，引导市场预期。三是对东北地区玉米、大豆加工企业实行定向销售。及时安排将部分国家临时存储玉米和大豆划转给地方，定向销售给加工企业，有效解决了东北地区玉米和大豆加工企业的用粮需求。

（二）跨省移库进展顺利

2009年，国家分批下达了临时存储粮跨省移库计划905万吨，已全部完成。政策性粮食的跨省移库，不仅缓解了主产区收储压力，充实了销区库存，改善了库存地区结构，而且对稳定市场预期、满足市场需求、保持价格稳定发挥了积极作用。

（三）产销合作步伐加快

粮食产销合作继续健康发展，合作水平不断提高。各地多次举办产销衔接交易会、贸易洽谈会、精品展销会，全年共签订购销合同2000万吨。黑龙江金秋粮食交易合作洽谈会、福建七省粮食产销协作洽谈会等已成为粮食产销合作领域的品牌。2009年，国家对南方16个饲料消费省份的定点企业和中央直属企业到东北三省和内蒙古自治区采购2009年新产玉米给予补贴，继续对关内销区采购2009年新产东北粳稻（大米）入关给予运费补贴。当年，南方饲料企业共采购东北地区新产玉米204万吨，关内销区采购新产粳稻（大米）561万吨，有力地促进了产销衔接，搞活了粮食流通。

二 积极抓好收购工作，农民利益得到有效保护

（一）粮食最低收购价政策执行顺利

国家再次较大幅度提高了2009年粮食最低收购价水平，有关部门研究制定了2009年小麦、早籼稻和中晚稻最低收购价执行预案，进一步完善预案启动机制和补贴机制，细化具体操作措施，确保了预案的顺利实施。2009年，6个小麦主产省全部启动执行预案，安徽、江西、湖南、湖北等4省启动了早籼稻预案，安徽、江西、湖北、湖南、四川、河南6省启动了中晚稻预案。粮食收购期间，各级粮食行政管理部门及时派出工作组，深入基层调查研究、检查指导收购工作，协调解决收购过程中出现的问题，保证收购工作顺利进行。据统计，2009年共收购最低收购价粮4830万吨，同比增加475万吨，基本满足了农民的售粮需求。最低收购价政策的贯彻落实，对保护农民种粮积极性发挥了重要作用。

（二）临时收储工作力度不断加大

一是创新油菜籽托市收购机制。2009年国家继续在主产区对油菜籽实行托市收购政策，国家有关部门积极创新托市收购机制，对17个省份的地方油脂加工企业和有关中央直属企业托市收购油菜籽给予补贴，引入加工企业参与托市收购，充分发挥了市场机制作用。截至2010年2月底托市收购执行期结束，中储粮总公司委托企业、中央和地方委托油脂加工企业共托市收购油菜籽710万吨，对发展油料生产和扶持国内加工企业起到了积极作用。二是改进东北地区秋粮临时收储办法。对东北三省和内蒙古自治区的玉米和大豆继续实行临时收储政策，同时积极引入加工企业参与托市收购。对三省一区规模以上的大豆压榨企业入市收购大豆给予补贴，对南方饲料消费省份的定点企业和中央直属企业到东北地区采购玉米给予补贴。此外，国家还对新疆维吾尔自治区下达了2009年产小麦临时收储计划，实际收购105万吨。国家临时收储政策的落实，对保护种粮农民利益，保持粮食市场价格基本稳定，促进粮食产业健康发展发挥了重要作用。

（三）积极帮助受灾地区妥善解决芽麦收购等问题

2009年部分地区受连续阴雨天气影响出现芽麦问题，国家粮食局和有关部门迅速派出工作组赴灾区进行实地调查，研究芽麦收购的相关措施。明确将5省36个地市不完善粒在20%以内的等内小麦列入最低收购价收购范围；对不完善粒超过20%的芽麦，要求各地按照“政府组织、市场运作、适当补贴、严格监管”的原则，统一组织好专项收购，切实保护受灾地区农民利益。考虑到部分地区灾情较重，中央财政还对损失较大的农户给予了适当的农业生产救灾补助。芽麦收购问题的妥善解决，减少了农民灾后损失，有效防止了芽麦地区的“卖粮难”问题。

（四）指导企业积极开展多渠道收购

各级粮食部门认真履行职责，加强指导协调，督促各类企业认真做好粮食收购工作。特别是未实行托市收购政策的地区，积极采取措施，引导企业开展市场收购，自主经营。一方面，充分发挥国有粮食企业主渠道作用，主动掌握粮源；另一方面，积极引导和鼓励多元主体入市收购，搞活粮食流通。初步统计，2009年全国各类粮食经营企业收购粮食28780万吨（原粮），有力地支撑了粮食市场价格，使农民得到了实惠。另外，新疆维吾尔自治区对小麦、稻谷按最低收购价实行敞开收购，并分别给予每公斤0.2元和0.21元的直接补贴，对油葵实行了保护价收购，这些措施使农民增收约20亿元。广西、浙江、福建等省（区）进一步完善储备订单与补贴收购相结合的办法，较大幅度提高了补贴标准。初步测算，2009年国家实行托市收购政策带动粮价合理回升，促进农民增收400多亿元，为扩大农村消费发挥了积极作用。

三 完善粮食储备和应急体系，调控保障能力得到提升

（一）积极做好中央储备粮油增储和轮换工作

适当增加了大豆和食用油储备规模，中央储备粮油库存进一步充实，增强了国家宏观调控的物质基础。加强对中央储备粮轮换工作的指导，及时下达年度轮换计划并督促实施，同时要求储备粮轮换要把握好时机和节奏，服从和服务于国家宏观调控和稳定市场粮价的需要。到2009年末中央储备粮轮换计划实际完成95%左右，保证了中央储备粮常储常新、质量良好。

（二）地方储备粮油规模进一步落实

2008年国家粮食局会同有关部门下达了地方储备粮指导性计划，2009年又下达了食用植物油地方储备规模指导性计划。2009年9月和2010年3月，国家有关部门两次对地方储备落实情况进行了通报，以督促各地抓紧充实地方储备。到2009年末，地方储备粮油库存数量明显增加，成品粮油（包括小包装）数量也有所增加，储备品种结构继续得到优化，进一步增强了地方政府市场调控和应急保障能力。

（三）粮食应急体系进一步完善

按照《中华人民共和国突发事件应对法》和《国家粮食应急预案》要求，各地进一步完善本地区粮食应急预案，积极组织培训和应急演练，健全应急保障体系，粮食应急保障能力不断增强。为进一步做好应急保障工作，国家粮食局派出工作组赴部分省（区、市）开展专项检查工作，并向国务院办公厅报送了专项检查的有关情况。

四 粮食统计工作稳步推进，市场监测水平不断提高

（一）进一步加强粮油市场信息监测

按照统计制度规定，加强报表管理和统计分析，定期向国务院和有关部门报送粮食购、销、存变化情况。在收购旺季，加大对主产区的统计力度，适时调整监测频率，及时上报收购进度、市场价格等信息。密切关注各地粮油市场价格变化，及时调整信息监测直报点的布局和数量，提高信息监测水平，随时掌握粮油市场出现的新情况和新动态。继续加强对国内大米市场的监控，建立了大米市场信息监测旬报告制度，定期编报《大米市场监测情况》，增设了大型大米加工企业产销存和价格周报，为宏观调控提供可靠的市场监测信息。

（二）粮食流通统计制度不断完善

根据粮食供求形势的变化和国家粮食收购政策的要求，适时调整统计内容，先后对油菜籽主产区、东北地区和南方饲料消费省份安排了新的统计调查任务，及时增设采购进度和统计报表，了解掌握最新情况。各地粮食部门结合当地实际情况，进一步修订完善统计制度，保障了各项统计调查任务的顺利开展。

（三）社会粮食供需平衡调查质量继续提高

2009年是开展全社会粮食供需平衡调查工作的第六个年头。各地进一步完善调查方案和抽样方法，提高调查质量，圆满完成了调查工作。调查结果已成为各级政府和相关部门分析粮食形势、研究制定粮食政策的重要依据。

（四）食用植物油及油料供需平衡调查开始起步

2009年首次在全国范围内组织开展了食用植物油及油料供需平衡调查，基本掌握了食用植物油及油料产、需、调、存、进出口等情况。由于食用植物油流通市场化程度高，对外依存度较高，开展此项调查难度很大。不少省份努力克服困难，想方设法做好调查工作，取得了大量的第一手数据，掌握了不少活情况，为今后进一步做好此项工作积累了经验。

粮食流通体制改革

2009年，粮食部门按照党中央、国务院关于粮食工作的部署，认真贯彻落实《中共中央国务院关于2009年促进农业稳定发展农民持续增收的若干意见》（中发〔2009〕1号）和《国务院批转发展改革委关于2009年深化经济体制改革工作意见的通知》（国发〔2009〕26号）精神，积极推进粮食行政管理部门职能转变，深化国有粮食企业改革，加强和改善粮食宏观调控，积极推进现代粮食流通产业发展，加强粮食法制建设和市场监管，保证了全国粮食市场和价格基本稳定，保护了种粮农民利益，保障了国家粮食安全，为保增长、保民生、保稳定作出了积极贡献。

一 全面部署工作，推进粮食行政管理职能转变

2009年1月中旬，国家粮食局召开全国粮食局长会议，认真贯彻党的十七大、十七届三中全会和中央经济工作会议、中央农村工作会议精神，总结2008年工作，深入分析粮食流通工作面临的新形势。会议明确2009年粮食流通工作要坚持服务三农，促进粮食稳产农民增收，坚持改善民生，切实保障粮油市场供应和价格基本稳定，坚持改革创新，理顺粮食流通体制机制，坚持科学发展，又好又快发展现代粮食流通产业，重点任务是抓好收购促增收，充实储备强基础，清仓查库摸家底，加强调控稳市场，深化改革促发展。各级粮食行政管理部门按照全国粮食局长会议部署，积极推进职能转变，把工作重心转移到粮食市场调控、监管和行业指导、服务上来。加强粮食成本利润调查，及时提出政策性收购粮食价格水平建议，研究完善粮食价格形成机制。积极培育和发展多元市场主体，目前具有收购资格的多元市场主体达到6.7万家。广东、浙江等省逐级签订粮食安全责任书，制定考核办法并组织实施，促进了粮食行政首长负责制的落实。河南、四川等省加快城镇连锁经营店和农村服务网点建设，初步建成了覆盖全省的新型粮油购销服务网络。

二 推进国有粮食企业改革，增强企业扭亏增盈能力

积极协调和配合有关部门制定政策性粮食财务挂账消化、未占用农发行贷款的政策性亏损处理、占用商业银行贷款挂账划转，以及支持企业消化经营性财务挂账等政策，明确中央和地方储备粮承储企业免征营业税、印花税、房产税和城镇土地使用税等政策，为企业改革发展创造良好的政策环境。加强对企业产权制度改革的指导，严格规范改革改制行为，保护职工合法权益。截至2009年底，全国国有粮食企业总数18163个，其中购销企业12567个，比1998年分别减少65%、59%，企业布局和结构进一步优化，提高了市场竞争力。指导和促进企业加强经营管理，提高经济效益。2009年全国纳入统计的国有粮食企业统算盈利52.4亿元，同比增加31.1亿元，为历史最好水平。其中国有粮食购销企业统算盈利45.2亿元，同比增盈26.9亿元。25个省（区、市）及新疆生产建设兵团实现统算盈利，盈利省份比上年增加7个。北京、上海、山东、湖南和四川等5个省（市）连续5年实现统算盈利。

三　加强宏观调控，维护全国粮食市场稳定

2009年国家再次较大幅度提高小麦、稻谷最低收购价格水平，加大国家临时存储稻谷、小麦、玉米、大豆和油菜籽的收储力度，对符合条件的加工企业入市收购给予补贴，对部分受灾地区的芽麦实行保护性收购。据统计，2009年全国各类粮食经营企业收购粮食28781万吨（原粮），各项政策措施促进农民增收400多亿元。

加强中央和地方储备粮管理，指导中储粮总公司落实中央储备粮轮换计划、油料收购计划和进口转储备计划，会同有关部门下达食用植物油地方储备规模指导性计划，2009年末，地方粮、油储备分别比上年同期增加2.8%和43%。做好政策性粮食竞价销售、移库和产销衔接工作，保障了市场供应，优化了库存区域布局，搞活了粮食流通。加强粮食统计、信息工作，为粮食宏观调控提供可靠的决策依据，加强粮食应急体系建设，不断提高应急保障水平。

四　夯实产业基础，推进现代粮食流通产业发展

粮食市场体系建设取得新进展，22个省（区、市）出台本地粮食市场建设规划或指导意见，国家粮食交易中心总数达到22个，全国统一竞价交易平台联网市场达到23家。粮食流通基础设施和物流体系建设迈出新步伐，落实国务院“建设粮食储备仓容1500万吨、储备油罐175万吨”的计划，两年安排中央投资42.6亿元用于粮油仓储设施建设，进一步缓解我国食用油罐容不足和重点粮食产区仓储、烘干能力不足的压力，落实仓房维修改造资金3亿元，改善15个省份实施政策性粮食收储的设施条件。粮油加工业和科技创新取得新成效，粮油加工业多元化主体格局初步形成，技术水平不断提升，主要产品产量和企业效益持续增长；组织行业优势资源，申报粮食产后国家工程实验室，成功举办以“科学消费植物油”为主题的粮食科技周和科普宣传活动，粮食科技创新体系进一步完善。“农户科学储粮专项”工程和“放心粮油”工程取得新成绩，扩大农户科学储粮专项实施范围，在14个粮食产区安排中央补助、地方配套和农户自筹资金6.7亿元，为57.2万农户建设标准化小型粮仓。据不完全统计，截至2009年底，全国各地放心粮油生产企业已经建立各类销售网点17万多个，其中农村网点6万多个，“放心粮油”工程已经成为深受广大消费者和社会各方面欢迎的“民心工程”。

五　加强制度建设和市场监管，提高粮食依法行政能力和服务水平

以贯彻两部条例为主线，研究制定年度普法依法治理要点，全面总结“五五”普法以来粮食行业法制宣传教育工作，河北、浙江、甘肃省粮食部门的普法工作获得中宣部、司法部、全国普法办表彰。认真贯彻落实党中央、全国人大和国务院关于制定《粮食法》的要求，成立了由17个部门有关负责同志组成的领导小组及工作组，认真开展专题调研，积极做好《粮食法（草案）》研究起草工作。继续做好粮食收购资格和中央储备粮代储资格审核工作，截至2009年底，具有中央储备粮、油代储资格的企业分别为1907户和208户，资格仓容、罐容分别达到10115万吨和319万吨，资格企业布局趋于合理。继续巩固和加强监督检查体系、质量监测体系建设成果，全国31个省份及新疆生产建设兵团、82%的市地级和70%的县级粮食部门设立了监督检查机构，纳入国家粮食质量监测体系的质检机构已

达197家。进一步完善粮食监督检查和质量安全监管制度，加强粮食市场日常监管和政策性粮食购销专项检查，认真督查、查办涉粮案件和粮食质量安全事件。认真贯彻《食品安全法》，继续抓好标准制修订工作，《稻谷》、《玉米》、《大豆》等国家标准相继实施。

国有粮食企业改革

2009年以来，各级粮食部门深入贯彻落实科学发展观，不断深化国有粮食企业改革，加强对企业经营管理的指导，国有粮食企业改革和发展取得了明显成效。

一 加强企业改革改制指导，进一步规范和深化国有粮食企业改革

2009年以来，根据群众来信反映少数地方在国有粮食企业改革改制中存在不规范行为，国家粮食局及时下发了《关于严格规范国有粮食企业改革改制和经营行为维护职工合法权益的通知》（国粮财〔2009〕135号），各地按照要求，严格规范企业改革改制和经营行为，切实保护职工合法权益，促进了改革的平稳推进。

11月初，国家粮食局在上海召开了国有粮食企业改革和发展工作研讨会，总结和推介各地国有粮食企业改革和发展的典型经验，进一步促进了国有粮食企业改革和发展。国家粮食局还在全国建立了国有粮食企业改革和发展工作联系点制度，选择了50个国有粮食企业作为重点联系企业。同时，各地因地制宜，继续推动国有粮食企业深化改革。山西、安徽、湖北、四川、陕西等省制定出台了有关改革文件或召开会议，布置进一步深化国有粮食企业改革和发展工作。

二 继续研究解决企业“三老”中的遗留问题，为国有粮食企业改革和发展创造有利条件

针对政策性粮食财务挂账尚未按期消化的实际情况，国家粮食局配合财政部等有关部门向国务院报送了解决政策性挂账问题的政策建议，并下发了《关于进一步做好国有粮食购销企业政策性粮食财务挂账管理和消化处理工作的通知》（财建〔2009〕883号），进一步明确了政策性挂账消化处理以及未占用农业发展银行贷款的政策性亏损消化等有关政策。同时，国家粮食局和中国农业发展银行制定下发了《关于加强合作支持现代粮食流通产业发展的通知》（国粮财〔2009〕217号），明确了金融支持现代粮食流通产业发展的政策措施，规定企业可以通过贷款重组、呆坏账核销政策处理企业经营性财务挂账，减轻企业负担。各地还通过狠抓企业经营管理，提高经济效益，积极消化企业经营性财务挂账，取得了明显成效。另外，各地继续争取政府和有关部门支持，多渠道解决前几年企业分流安置职工的资金缺口，做好分流安置职工的社会保障和再就业工作，积极创造就业岗位，维护了职工合法权益。

三 进一步推动国有粮食企业优化布局、加快发展，继续发挥主渠道作用

各地粮食部门继续通过制定有效的政策措施，着力推进国有粮食企业重点和薄弱环节上的改革，

以产权制度改革为重点，进一步推动国有粮食企业改革和发展。截至2009年底，全国国有粮食企业总数18163个，其中购销企业12567个。与2008年相比，分别减少826个、995个，减幅4.3%、7.3%。尽管国有粮食企业数量减少，但布局和结构进一步优化，市场竞争能力不断提高。2009年，全国国有粮食企业累计收购粮食16387万吨（原粮），占各类粮食企业收购量的62.7%，继续发挥主渠道作用。

同时，国家粮食局和中国农业发展银行进一步加大了对粮油产业化龙头企业发展的支持力度，下发了《关于重新审定重点粮油产业化龙头企业的通知》（国粮财〔2009〕197号），对经营管理规范、有发展潜力的产业化龙头企业，继续提供贷款支持。

四 积极应对全球金融危机，加强对国有粮食企业经营管理的指导，企业经营状况继续保持良好发展态势

2009年以来，面对国际金融危机影响，各级粮食行政管理部门加强了对企业经营管理工作的指导，认真分析问题，提出应对措施。进一步完善了企业扭亏增盈信息通报制度和重点企业经营分析制度，及时了解和掌握企业经营情况。通过制定扭亏增盈目标，建立考核机制，层层分解，狠抓落实。采取多种有效措施，增收节支，提高经济效益。3月，国家粮食局在南京市召开了全国粮食财会工作会议，认真分析了国有粮食企业经营管理情况及当前存在的突出问题，研究部署进一步改善和加强经营管理工作。11月在兰州市组织召开了部分地区国有粮食企业经营管理工作座谈会，巩固和扩大经营管理成果。

2009年，国有粮食企业经营管理继续保持了良好态势，盈利额超预期增加，盈利面进一步扩大。全国纳入统计的国有粮食企业实现统算盈利54.04亿元，比上年增长1.5倍，其中国有粮食购销企业盈利45.07亿元，比上年增长147%。北京、天津、吉林、黑龙江、上海、江苏、浙江、安徽、福建、江西、山东、河南、湖北、湖南、广东、广西、四川、重庆、贵州、云南、陕西、甘肃、青海、宁夏、新疆等25个省（区、市）及新疆生产建设兵团实现统算盈利，盈利省份比上年增加7个，其中江苏省实现了县县盈利。

粮食流通监督检查

2009年，各级粮食部门全面贯彻党的十七大和十七届三中、四中全会精神，深入贯彻落实科学发展观，按照年初确定的粮食监督检查工作部署，围绕粮食流通中心工作，认真履行监督检查职能，在政策性粮食购销活动监督检查，面向全社会粮食流通的监督检查，加强监督检查体系、制度、队伍建设等方面取得了新的成绩。

一 不断强化政策性粮食监督检查

（一）适时开展政策性粮食收购专项检查工作

2009年，国家再次较大幅度地提高了小麦、稻谷最低收购价水平，加大了国家临时存储稻谷、小麦、玉米、大豆和油菜籽的收购力度。为落实粮食收购价格政策，国家粮食局与国家发展改革委联合发文，指导各地认真开展政策性粮食收购价格专项检查。各地粮食部门与物价部门密切配合，制定实施方案，细化检查内容，抽调业务骨干，认真开展检查。河北、江苏、安徽、山东、河南和湖北等6个小麦最低收购价执行预案启动地区积极开展了最低收购价政策执行情况专项检查，对委托收储企业违反政策的行为及时作了纠正和查处。针对部分地区的芽麦问题，有关地区切实加强了对收购工作的监督检查，督促企业按照国家的保护性收购政策，做好芽麦收购工作。下半年，按照国家粮食局关于开展秋粮收购专项监督检查工作的通知，各级粮食部门又组织开展了秋粮收购特别是最低收购价和国家临时收储粮收购监督检查工作。此外，四川、贵州等省开展了国家临时收储油菜籽收购专项检查。通过开展政策性粮食收购检查，有效维护了粮食市场秩序，保护了种粮农民利益，促进了农民增收。

（二）积极组织政策性粮食销售出库检查

国家通过批发市场竞价销售临时存储粮，是加强粮食宏观调控的一项重要措施。各地积极督促承储企业做好政策性粮食出库工作，对少数故意拖延或拒绝出库的企业，进行了严肃查处。江苏省定期与中储粮江苏分公司、粮食交易中心沟通，将国家临时存储粮竞价销售情况及时通报各市、县，前移检查关口。河南省逐月登记小麦出库进度，跟踪检查，帮助粮食批发市场建立销售出库协商调解机制，对3家违反政策性粮食销售出库规定的企业负责人给予了行政处分。通过检查，促进了政策性粮食及时销售出库，保障了买卖双方的合法权益。此外，有关省份还及时将跨省移库粮纳入监督检查范围，确保调得出、储得进、管得好。

（三）切实加强地方储备粮监督检查

2009年，各地积极充实地方储备规模。随着地方储备粮规模的扩大，各地加大了地方储备粮监督检查力度。北京市组织开展了市级储备成品粮专项检查，确保新中国成立60周年国庆期间粮食市场供应。广东省对地方储备粮进行抽样排查，防止重金属超标等质量卫生不合格粮食流入口粮市场。上海、浙江等省(区、市)也开展了地方储备粮轮换入库和储存环节质量卫生专项检查。广西还对地方储备粮订单收购情况进行了专项检查。通过检查，促进了承储企业加强仓储保管，规范了购销、轮换工作，保证了地方储备粮数量真实、质量良好、储存安全。

此外，各地还结合本地实际，有针对性地开展了退耕还林补助粮、救灾粮、军粮等供应情况的监督检查，确保供应及时，质量合格。

二 认真开展社会粮食流通监督检查

2009年，地方各级粮食监督检查部门按照《粮食流通管理条例》的规定，共开展监督检查执法活动10万余次，出动人员近47万人次，检查企业34万多个次。通过开展社会粮食流通监督检查，有力地维护了粮食市场秩序，保护了粮食生产者、经营者和消费者的合法权益。

（一）普遍开展了收购资格核查和收购市场检查

粮食购销市场化改革以来，粮食经营主体数量增长较快，截至2009年底，全国具有粮食收购资格的经营者已达8.55万户，其中社会多元收购主体6.7万户。为了保证多元化的市场活而有序，各地普遍开展了粮食经营者收购资格核查，全年共核查5.9万户收购资格，对1122户不符合收购条件的经营者取消了资格。在粮食收购旺季，加强对收购活动的监督检查，查处无证收购、违规收购，协助工商等部门没收非法经营粮食2106吨。

（二）广泛开展了粮食流通统计制度执行情况检查

为促进企业自觉执行统计制度，各地及时改进监管的方式方法。江苏省在检查中强调“重宣传、重服务、重质量、重监管”，全省95%以上的涉粮企业都建立了粮食经营台账。湖北、云南等省在检查中坚持抓住重点，兼顾一般，坚持处罚和服务相结合。青海省粮食局从企业粮油经营台账入手，会同工商、质检部门开展了粮食经营者粮油经营台账检查，确保统计数据的真实性和准确性。

（三）对粮食经营者履行最低和最高库存义务情况进行检查

此项工作开展难度相对较大，各地特别是一些销区积极探索，稳步推进。福建省结合企业年审工作，对企业最低最高库存量进行核定，下发核定通知书，并以此为检查依据，督促企业遵守执行。天津等地也开展了这项检查。通过检查，提高了粮食经营者履行最低和最高库存义务的自觉性，维护了市场供应和价格的稳定。

（四）配合有关部门开展市场粮食质量安全检查

为贯彻落实《食品安全法》，各地积极配合工商、质检和卫生等部门进一步加大粮食质量检查。上海市抽查了全市粮油加工企业的原粮卫生情况和帮困粮油质量，宁夏回族自治区加大了对“放心粮油店”的监督检查力度。江西省在粮食质量集中整治过程中帮助企业建立粮食出入库查验、索证索票、出证出票、不合格粮食召回等制度。通过检查，维护了粮食质量安全。此外，各地还在元旦、春节、国庆等重大节日期间加强了粮食市场巡查和突击检查，严防不合格粮食流入口粮市场。

在开展执法活动过程中，各地逐步建立健全粮食经营企业电子档案，推动企业诚信建设。天津、江苏、湖北、重庆等省（市）实现了对粮食经营者动态监管和分类监管。同时，坚持执法与宣传并重，采取多种形式，广泛开展了粮食政策法规咨询和宣传活动，努力营造和谐的执法环境，提高了粮食监督检查工作的社会认知度。

三 积极推进监督检查体系和制度建设

（一）监督检查机构进一步健全

2009年，随着海南省粮食局监督检查机构的建立，全国31个省级粮食行政管理部门和新疆生产建设兵团粮食局，全部设立了监督检查机构。市（地）级粮食部门有290个设立了监督检查机构，比上年增加6个，比例为82.4%。县（市）级粮食部门有1731个设立了监督检查机构，比上年增加25个，比例为70.4%。市县级机构达到80%以上的有18个省（区、市）和新疆生产建设兵团，其中天津、山西、江苏、安徽、湖北、重庆6省（市）的市县级机构全部设立。此外，市、县两级粮食部门建立执法队1380个，比上年增加148个。

（二）队伍素质进一步提高

为提高监督检查人员素质和执法水平，2009年，各级粮食部门除举办大规模的清仓查库专门培训外，内蒙古、辽宁、吉林等省（区）及新疆生产建设兵团开展了监督检查行政执法业务培训。陕西省围绕"如何做好粮食监督检查工作"，对全省109名市县粮食局长进行了集中培训。在开展业务培训的同时，各地还注重队伍的思想作风建设、廉政建设，全面提高队伍的素质和能力。截至2009年底，全国取得粮食行政执法资格的人员共计25745人，其中省级927人，市级4660人，县级20158人，市县两级占96.4%，为执法重心下移、正确履行职能创造了条件。

（三）工作经费进一步落实

除清仓查库专项经费外，各地还积极落实日常监管经费，执法条件逐步改善。2009年，全国有近1/2的市（地）、1/3的县（市）粮食部门得到了同级财政部门监督检查专项经费支持，绝大多数省份为基层配备了电脑等器材设备；内蒙古、江苏等省（区）拿出专项经费，开发粮食流通监督检查工作信息管理软件，实现了网络化办公和管理，提高了工作效率。

（四）规章制度和工作机制进一步完善

2009年，一些地方根据工作需要，出台了一批监督检查规章制度，如内蒙古自治区政府出台了粮食流通管理办法，广西南宁市、甘肃兰州市政府分别出台了南宁市粮食流通管理办法、兰州市粮食流通监督管理条例等地方性行政规章。这些配套规章制度增强了监督检查工作的针对性和可操作性。同时，监督检查工作程序和机制也有所创新。如天津市制定了"先行教育、限期改正、再行处罚"的三步式执法程序；湖北省建立了政策性粮食监管联席会议制度；广东省大部分市建立了粮食监督检查部门协作机制和相应的领导机构；内蒙古、新疆等地也建立了由粮食部门牵头的粮食流通监督检查工作协调机制，提高了监管效能；江苏省将执法权力、内容、程序等向社会公布，建立网上监督机制，接受社会监督；为加强层级监督，黑龙江、江西等省开展了案卷评查工作，一些省份制定了监督检查工作考核办法。

粮油标准化与质量安全监管

一 粮油标准制修订和标准化体系建设

（一）标准制修订和实施工作

继2008年集中开展国家标准制修订后，2009年国家粮食局继续稳步开展标准制修订工作。全国粮油标准化技术委员会审定并原则通过18项国家标准和行业标准，报批国家标准138项，提出了114项涉及粮食质量安全、粮食储存流通等方面的标准计划项目。国家标准委发布实施粮油国家标准17项，其中新制定标准8项，修订标准7项。发布实施粮食行业标准18项，均为实物标准样品行业标准。

《稻谷》、《玉米》、《大豆》、《大米》、《橄榄油》、《棕榈油》等一批重要的强制性国家标准相继实施。为确保新标准的顺利实施和正确执行，各级粮食行政管理部门采取一系列措施，加大对新标准的宣传贯彻力度。一是国家粮食局下发了《国家粮食局关于实施新〈稻谷〉〈玉米〉和〈大豆〉国家标准有关工作的通知》，对新标准的实施作出了全面部署。二是编写出版了《稻谷》、《玉米》、《大豆》、《大米》国家标准实施指南；编印下发了适合粮食行政管理部门、收储企业和农民的标准宣传材料；通过政府网站和新闻媒体介绍新标准与原标准的不同之处，进一步扩大新标准宣传范围。三是做好新标准分层次培训工作，确保了各级粮食行政管理部门和粮食购销企业的管理人员能够准确理解和把握新标准，检验人员能够正确掌握新标准的检验要求。据不完全统计，全国培训人数逾2.6万人。四是各地和粮食收储企业广泛宣传新标准。各级粮食行政管理部门、中储粮分公司、直属库和粮食收购库点也都加大了新标准宣传力度，利用电视、广播、报纸、政府网站、农民热线等媒体进行宣传，并采用宣传车广播和散发宣传单等形式开展街头和入村、入户宣传，对新老标准和国家粮食收购政策进行了详细的对比和介绍。

（二）国际标准化工作

2009年，国家粮食局标准质量中心具体承担的国际标准化组织（ISO）食品技术委员会谷物与豆类分会秘书处积极组织和协调各成员国开展国际标准化活动，分技术委员会所属各标准项目按照ISO工作导则时间框架稳步向前推进。正式发布ISO 712《谷物及制品水分含量测定》等7个国际标准；通过了3项国际标准草案（DIS）和7项委员会草案（CD）。对2004年发布的ISO 3093《降落数值测定》国际标准中存在的问题，组织了成员国专家进行深入细致的研究，在此基础上做了修订并发布。

分技术委员会对《小麦及小麦粉面筋含量测定》等8项标准组织进行了复审，最终被确认在今后5年内继续有效。分技术委员会同时决定，将组织对个别标准开展研究和验证，在技术条件成熟时考虑修订。

秘书处组织完成了ISO 5530-1《布拉本德粉质议测定》，ISO 5530-2《布拉本德拉伸仪测定》，ISO 11746《大米颗粒生物学特性测定》等3项国际标准的国际环形试验工作，有11个成员国家的54家实验室参加了环行试验，获得了1485个实验数据，其中我国有35个实验室参加了试验。

为了促进分技术委员会工作的可持续发展，秘书处启动了分技术委员会标准体系制定工作。在对分技术委员会现有标准和项目分析研究的基础上，形成了谷物与豆类标准体系框架草案，将提交2010年在法国举行的第34次年会审议。标准体系的出台将有望根据国际贸易的需要，指导各成员国编制标准新项目提案，逐步完善国际标准体系。

2009年，斯里兰卡和比利时两个观察成员国提出申请成为正式成员国。分技术委员会的正式成员总数由2008年的17个增加到19个。

2009年10月底，分技术委员会主席和秘书长应邀参加了在法国巴黎举行的 ISO食品委员会主席团（CAG）第三次会议，在会上报告了工作情况，就分技术委员会与其他委员会相关的项目进行了讨论；组织成员国参与了《杜马氏定氮法》等由相关委员会组织但是与本委员会密切相关的国际标准制修订工作；组织开展了与国际水稻协作网（INQR）关于大米直链淀粉含量测定环形实验的合作；开展了与国际谷物技术协会（ICC）和国际真菌毒素学会（ISM）的交流与合作，选派了3位专家参加了国际真菌毒素学会（ISM）第一次大会；参加了ICC组织的食品安全与粮油食品、饲料中的真菌毒素（MoniQA） 会议。通过派员参加会议和相互交流，很好地实现了国际组织间的合作和信息共享，为谷物与豆类分委员会工作的协调发展起到了良好的促进作用。

2009年，国家粮食局标准质量中心牵头承担的《小麦》和《稻谷潜在出米率测定》两个国际标准项目的委员会草案（CD）经成员国投票通过；组织国内专家完成了9项国际标准的投票工作，对复审的8项标准组织了专家进行国内适应性研究，结合我国实际提出了复审意见和建议；选派了湖北省粮油食品质量监测站等24 家实验室参加了国际环形试验，为我国粮油质量检验机构搭建了与国际同行合作的平台。

（三）粮油标准化研究工作

国家粮食局组织提出的《食用植物油成分真实性鉴定标准》研究项目，经国家质检总局批准立项并正式启动。

国家粮食局组织有关科研院所和检测机构，开展了粮食中重金属残留测定及分布规律的研究。主要研究了重金属残留量检测方法的规范性，重金属残留在粮食籽粒不同部位的分布差异、粮食加工对重金属残留量的影响等内容。

新的《稻谷》、《玉米》、《大豆》等国家标准正式实施后，针对2009年由于粮食种、收期间气候异常影响新收获粮食质量品质的实际情况，国家粮食局组织开展了生芽、霉变程度对小麦质量、加工品质、食用安全等方面的影响，新标准对我国大豆等级分布的影响，国家临时存储收购大豆损伤粒率和热损伤粒率标准的控制等问题的调研，调研成果在落实国家惠农政策，切实保护农民利益等方面发挥了重要作用。

2009年，国家粮食局启动了对原国家发展计划委员会、国家粮食局、国家质量监督检验检疫总局发布的《关于执行粮油质量标准有关问题的规定》（国粮发〔2001〕146号）进行修订的工作。在广泛征求国家发展改革委、财政部、质检总局以及各省级粮食行政主管部门等相关部门、单位意见的基础上，对《规定》进行了系统修改。修改后的《规定》，将更加符合当前粮食流通形势的需要，有利于保护粮食生产者、经营者和消费者的合法权益，有利于国家的粮食安全。

为了解掌握我国东北、南方地区储存玉米脂肪酸值的变化情况和影响因素，国家粮食局组织专题调研组分赴辽宁、广东等地区，就玉米烘干、储存过程中脂肪酸值变化，烘干、出入库、港口装卸等环节对玉米破碎粒的影响，玉米加工企业对原料玉米品质要求等方面开展了实地调研，为科学制定东北、南方地区储存玉米品质评价标准，更充分、合理地利用粮食资源打下基础。

为推进小麦粉国家标准修订工作，国家粮食局组织专题调研组，赴河北、江苏、山东、河南4省，就如果在小麦粉中全面禁止添加过氧化苯甲酰等化学增白剂后对各类面粉加工企业可能产生的影响进行了实地专题调研。调研主要采取座谈和问卷调查的形式，广泛听取各方面意见和建议。有关省份各级粮食行政管理部门、质检部门和各类面粉加工企业一致赞成在小麦粉中全面禁止添加过氧化苯甲酰等化学增白剂，期待新小麦粉国家标准能够早日发布实施。

2009年，国家粮食局标准质量中心组织召开了第一届中国粮油标准质量年会。会议就我国粮油标准与质量，粮食卫生安全与检验技术等方面的主题进行了大会交流。来自国内外大专院校、科研院所、质检机构、粮食加工企业、仪器设备生产企业的260余位代表参加了此次学术交流活动。会议期间，共有国内外26名粮油质检领域的学者、知名专家作了学术报告，并分别就我国主要粮食标准技术内容和发展方向、粮食储藏与物流标准发展概况、粮食扦样国际标准与油脂化学热点问题、近红外技术在粮食检验中应用、大米品质评价技术等方面进行了交流，取得了良好效果。

为配合国家标准化管理委员会实施国家标准化体系建设工程，国家粮食局组织专家积极开展粮油标准体系建设工作，对归口管理的国家标准、行业标准和标准计划进行分析清理汇总，讨论提出粮油标准制修订重点领域，并在粮食质量安全检验方法、粮食物流、粮食机械、粮食加工质量管理等重点方面提出近200项关键技术标准制修订项目。

二 粮食质量安全监管

（一）召开贯彻实施《食品安全法》工作会议

为全面贯彻实施《中华人民共和国食品安全法》，建立、完善粮食质量管理制度，推进粮食质量检验检测体系和粮油标准化体系建设，加强粮食质量监管，保障粮食质量安全，2009年5月，国家粮食局召开了全国粮食系统贯彻实施《中华人民共和国食品安全法》工作会议。会议总结了近几年全国粮食质量安全监管工作取得的成绩，分析了粮食质量监管工作面临的新形势、新任务和新挑战，强调了贯彻施行《食品安全法》的重大意义。会议对全国粮食系统贯彻施行《食品安全法》作出了全面部署，要求深入开展学习宣传贯彻《食品安全法》活动；依照《食品安全法》修订和完善粮食质量安全监管配套制度；加强重点环节粮食质量安全监管，依法惩治违法违规行为；建立严格的粮食质量安全责任追究制度；切实加强粮食质量监管能力建设。

（二）粮食质量监管制度建设

2009年，各地粮食行政管理部门积极推进粮食质量监管规章制度建设。天津、山西、内蒙古、吉林、江苏、福建、河南、四川、西藏、青海、宁夏等11个省（区、市）出台了15项涉及粮食质量安全监管的法规和制度文件，包括粮食流通管理条例实施办法1项、粮食流通管理办法1项、地方储备粮油管理办法5项、其他粮食质量监管办法和制度文件8项。内蒙古、吉林等省（区）对加强粮食收购、销售、储存和加工等环节的质量监管作出了明确规定。天津、江苏、河南、四川等省（市）强化了省级储备粮油的质量监管责任，明确了检验检测主体，天津还进一步细化了地方储备粮的检验要求和检验指标，明确了资金来源等问题。山西、四川、西藏要求地方粮食企业建立和完善粮食质量档案。山西省要求对新增及轮换入库的省、市级储备粮必须建立质量档案，并建立了粮食质量追溯制度，省粮食质量检验中心负责对新增及轮换入库的省级储备粮进行质量检验，出具检验报告，检验不合格的粮油不得验收入库。四川、西藏等省（区）还规定了省级储备粮油入库的质量标准要求，规范了储备粮油入库质量检验程序，建立了储备粮定期质量抽查制度。西藏对代储单位应具备的检验能力要求、储备粮的储存年限以及储备粮轮换出入库的质量检测指标都作出了明确规定。福建省制定了污染物风险监测体系建设规划，建立粮食质量安全风险监测制度，对粮食批发市场、骨干粮食加工企业、粮食储备库原粮的质量指标和卫生指标进行风险监测。青海省明确了地方储备粮、军供粮管理部门、运输单位、承储企业及粮食质检机构在保证质量安全方面的责任义务，同时，进一步规范了地方储备粮、军供粮在采购、运输、储存、出库、销售等各环节的质量管理行为和管理责任。宁夏自治区在粮食出入库及竞价交易质量监管方面，从粮食质量检验项目、检验报告随货同行、质量纠纷解决，到入库、出库质量检验、检验纪律及法律责任等作出了明确细化的规定。在建立健全各项办法制度的同时，各省（区、市）粮食行政管理部门进一步推进市、县粮食质量监管制度的建设工作。据不完全统计，内蒙古、辽宁、浙江等省（区）2009年出台市级粮食质量监管制度文件12项，对地方粮食流通和储备粮油收购（采购）、销售、储存、运输等环节的质量检验和监管作了详细规定。

（三）粮食质量检验检测体系建设

2009年，各地粮食行政管理部门重点加强粮食主产市、县及重要消费城市粮食检验机构建设，进一步提升质检人员的业务素质和检验技术水平，取得积极成效。

一是加强机构建设。截至2009年底，全国粮食系统共有粮食检验机构793个，比上年新增30个，其中，地市级新增11个，县级新增15个。通过计量认证的检验机构429个，其中，省级32个，地市级162个，县级235个。在省、市、县三级检验机构中，2009年又有55个机构转变为财政全额拨款单位，9个机构由自收自支转变为财政差额拨款单位。

二是加大投资力度。2009年，通过争取财政专项拨款和自筹资金，各级粮食检验机构新增仪器设备和实验室改造投入共计9973.1万元，其中省级3462.2万元（27个机构），新增检验仪器设备260台（套），新增实验室及办公面积3700平方米；地市级4275.8万元（139个机构），新增检验仪器设备885台（套），新增实验室及办公面积10329平方米；县级2235.1万元（283个机构），新增检验仪器设备996台（套），新增实验室及办公面积10899平方米。

三是加强检验技术培训与考核。2009年，国家粮食局组织197个国家粮食质量监测机构开展了7个项目的检验培训和比对考核工作。针对以往发现的薄弱环节和检验人员反映的共性难点问题，组织对各监测机构的354名检验技术骨干进行了集中培训，并安排了现场技术经验交流和实际操作演练。在培训学习的基础上，向各监测机构发放重金属及小麦考核样品588份，开展比对考核，取得比对数据1294个，比对结果比较满意。辽宁、黑龙江、江苏、湖北等24个省份的粮食行政管理部门也结合当地检验工作情况组织开展了培训工作，共计培训粮食质检人员1.4万余人次。

（四）粮食质量安全监管工作

2009年，各级粮食部门深入学习贯彻落实《食品安全法》，认真履行粮食质量监管职责，进一步加强粮食质量安全监管工作力度。

为切实加强收购、储存环节和政策性用粮购销活动中粮食质量与原粮卫生监管，国家粮食局向各省、自治区、直辖市及新疆生产建设兵团粮食局印发了《关于进一步加强粮食质量安全监管工作的通知》（国粮发〔2009〕232号），要求各级粮食行政管理部门进一步加强对粮食质量安全监管工作的领导，成立粮食质量安全监管协调领导小组，落实粮食质量安全监管责任；健全粮食质量安全监管制度和突发事件应急预案；加强粮食质量安全监管，严防不符合粮食质量安全标准的粮食流入口粮市场；加强粮食质量安全监管体系建设，消除监管盲区；建立健全粮食质量安全信息报告和通报机制。

北京、山西、辽宁、吉林、黑龙江、上海、江苏、浙江、安徽、福建、江西、山东、河南、湖北、湖南、广东、广西、四川、重庆、云南、贵州、陕西、甘肃、青海、宁夏、新疆等26个省（区、市）转发了《通知》，并按照要求成立了由“一把手”负总责，分管领导具体负责的省级粮食质量安全监管协调领导小组，同时要求市、县粮食行政管理部门也成立相应的责任机构，逐层逐步落实粮食质量监管责任，在粮食部门形成上下对应、快捷高效的质量安全监管协调机制。

2009年全国粮食清仓查库中，按照对库存粮食质量也要同时检查的要求，在省级复查阶段，全国31个省（区、市）共扦取复查样品7623份，涉及1470个库点，代表数量1415.2万吨，复查样品质量合格率97.1%，宜存率99.1%；国务院部际联合抽查工作组在10个省份共扦取抽查样品855份，涉及109个库点，代表数量158.7万吨，抽查样品质量合格率98.6%，宜存率98.6%。清仓查库检验结果显示目前国有粮食企业库存粮食质量状况总体良好，储存比较安全。结合质量检查工作，国家粮食局同时组织开展了库存粮食农药残留专项抽查工作，抽检项目为列入重点监测范围的25种农药，全部样品农药残留合格率99.4%。

为加强粮食质量安全源头把关，北京、辽宁、上海、江苏、浙江、福建、河南、湖北、广东等9个省（市）结合本地实际情况，对新收获原粮的卫生状况进行了及时调查与监测，并进一步推进粮食经营者切实履行质量安全责任。天津要求粮食经营企业严格遵循“三个严格、两个确保”，即严格制度、严格管理、严格责任，确保储备粮数量真实、质量良好和储存安全，确保储备粮管得好、调得动、用得上。辽宁对全省粮食收储企业质量建档、建标、建制及执行国家粮食标准等情况进行了全面调研，基本掌握了全省粮食收储企业的质量管理情况。浙江对粮食收购企业应具备的必要检验仪器设备、检验能力和技术人员条件进行了详细规定。福建储粮企业加强对储粮药剂使用管理，严格执行熏蒸审批制度，大力推广低剂量熏蒸或免熏蒸等绿色储粮技术。同时，各地加强粮食政策法规知识宣传，引导广大粮食经营者知法守法、依法经营，不断提升社会公众的粮食质量安全意识。河北在全省《食品安全法》现场宣传活动中积极宣讲粮油健康消费科普知识，并通过文化科技卫生“三下乡”活动，集中宣传科学储粮、科学膳食、节约用粮知识，现场解答种粮农民提出的粮食政策和储粮技术咨询。山东举办了《粮食流通管理条例》颁布五周年大型宣传活动，发放粮油质量宣传材料1000余份，并举行了“科学消费植物油”科技活动周宣传活动。陕西参加了省政府新闻发布会，现场向社会公众发布了全省粮食质量管理工作和新标准的有关情况，切实提高了粮食质量监管工作力度与公众参与度。

三 主要粮食收获质量与品质状况

国家粮食局继续在全国开展了小麦、稻谷、玉米和大豆等主要粮食品种收获质量调查工作，对湖北、河南、江苏部分地区小麦收获后期遭连续阴雨而生芽生霉，东北部分地区大豆因灾影响质量的问题，安排了专项会检。通过全国质量调查，及时掌握了新收获粮食的质量状况，为制定粮食收购政策，确保粮食收购工作顺利开展提供了科学依据。各有关地方也同时组织开展了行政区内收获粮食质量调查工作。质量调查共计检验样品近1.7万份，取得检验数据近20万个。20个省份开展了小麦、稻谷、玉米和大豆等主要粮食品种的品质测报工作，共采集检测样品6181份，获得检验数据11.7万个，扦样范围累计涉及20个省176个市789个县（区），基本反映了当年收获的主要粮食品种的内在品质状况。有关各级粮食行政管理部门及时发布了质量品质信息，促进了当地粮食种植品种的优化和优质粮食的产销衔接。

（一）稻谷质量和品质

1.早籼稻。

收获质量。2009年，全国早籼稻整体质量良好。安徽、江西、湖北、湖南、广西5个早籼稻主产省（区）全部样品质量会检结果为：出糙率变幅70.2%~81.8%，平均值77.4%，一等至五等的比例分别为18%、43%、36%、2%、1%，中等以上的占97%，较上年提高5个百分点，其中湖北、湖南、江西3省增幅8~9个百分点；整精米率变幅16.3%~74.6%，平均值58.8%，高于等于50%和44%的比例分别为84%和91%，较上年均有所下降，其中广西略有提高，江西下降较为明显；不完善粒变幅0.2%~16.5%，平均值4.8%；谷外糙米平均值0.2%，超标比例（>2.0%）约2%。

浙江、广东、重庆3省（市）质量调查表明整体质量均较上年有所下降。浙江质量在中等以上的占91%，较上年下降3个百分点，平均整精米率52.4%，高于等于50%的比例为68%，较上年降低10个百分点；高于等于44%的比例为95%，与上年持平。广东质量在中等以上比例为92%，平均整精米率54.8%，较上年降低7个百分点，高于等于50%的比例为74%，较上年降低17个百分点；高于等于44%的比例为86%，较上年降低10个百分点。重庆质量在中等以上的占80%，较上年下降5个百分点，平均整精米率50.0%，高于等于50%的比例为72%，较上年提高9个百分点；高于等于44%的比例为84%，较上年降低2个百分点。

品种品质。2009年，湖北、江西、广东、重庆4省（市）测报结果是：湖北优质（优良）品种早籼稻全项目符合国家优质籼稻标准的比例为5.4%，较上年提高1.3个百分点，其中两优287全项达标率超过25%；全部样品食味品质评分均超过70分，垩白度、垩白粒率较高仍是制约达标的主要因素。江西全项目达标的比例为23.2%，其中赣州、吉安两市达标率分别为65%和40%，T优系列达标率为57%；中优、株两优、金优系列达标率也较高，垩白粒率、垩白度和整精米率对达标率有影响。广东全项目达标比例为4.2%，较上年下降2个百分点。垩白度是制约达标的最主要因素，垩白粒率也有较大影响。重庆样品的垩白度全部不达标，垩白粒率不达标的比例也较高。

2.中晚籼稻。

收获质量。2009年，我国中晚籼稻整体质量较好。江西、安徽、河南省信阳市、湖南、湖北、四川、广西7个主产省（区）质量会检结果是：质量在中等（三等）以上的比例超过96%。平均整精米率57.7%，高于等于50%和44%的比例分别为83.7%和93.8%，其中安徽整精米率达到50%以上的样品比例由上年的64%，增加到96%；湖南、湖北两省与上年基本持平，四川有所下降。平均不完善粒率为3.5%，各省不完善粒率平均值均较上年有所下降。分省看，湖南、安徽两省整体质量较上年有所提高，湖北、四川两省略有下降，江西省基本持平。

浙江、广东、重庆3省（市）质量调查表明：浙江整体质量与上年基本持平，质量在中等以上的为98%，平均整精米率58.4%，高于等于50%的比例为93.1%。广东整体质量与上年基本持平，质量在中等以上的比例占98%，平均整精米率64.6%，较上年降低3个百分点；其中高于等于50%的为97%，与上年基本持平。重庆质量在中等以上的由上年的84%提高到100%，整精米率较上年有所下降，平均值由上年的53.6%下降为51.0%，高于等于50%的比例为79%，较上年下降了9个百分点；高于等于44%的比例为98%,较上年提高了7个百分点。

品种品质。2009年，浙江、安徽、福建、江西、湖北、湖南、广东、重庆8省（市）测报表明：优质（优良）品种中晚籼稻全项目符合国家优质籼稻标准的比例，广东为25.8%，湖北为12%，均较上年提高6.5个百分点；浙江为14.3%，较上年提高1.4个百分点；湖南为9.8%、重庆为2.5%，与上年没有样品达标相比均有较大幅度提高；江西为35.3%，福建为12.2%，安徽受当年中晚籼稻收割期异常气候影响，样品垩白度均较高，没有能够全项目达标的样品。

浙江省优质（优良）品种测报样品中，全项目符合国家优质籼稻标准的比例为14.3%，较上年提高1.4个百分点，六成样品食味评分超过80分。影响达标的因素，按照影响程度的大小依次为：垩白度、垩白粒率、不完善粒、整精米率、直链淀粉含量、胶稠度、出糙率。分地区看，衢州、杭州、宁波达标率较高；分品种看，中晚籼有甬优9号、二优培九、甬优6号和中浙优1号达标率较高。

安徽省优质（优良）品种测报样品主要为丰两优系列、新两优系列等。全部样品食味品质评分变幅47～75，平均值为72，符合优质稻谷国家标准的比例为72%；垩白度变幅1.3%～44.7%，平均值为9.2%，符合优质稻谷国家标准的比例为12%；直链淀粉含量变幅11.5%～24.4%，平均值为16.7%，符合国家优质稻谷标准的比例为62%。受收割期异常气候影响，垩白度较高，没有能够全项目达标的样品。

福建省优质（优良）品种测报样品中，全项达标率为12.2%，食味评分超过80分的样品近九成，垩白度、垩白粒率是影响达标率的主要因素。全部样品胶稠度较高，平均值为74mm，达到一级优质籼稻的要求；直链淀粉含量适中，达标率近90%。分地区看，龙岩市达标率达到41.7%；分品种看，宜优系列达标率超过20%。

江西省优质（优良）品种测报样品以丰优、金优、中优、两优、株两优、先农、黄花粘等品种为主。样品全项目达标的比例：一等为1.6%，二等为18.8%，三等为15%，合计35.4%。垩白粒率、垩白度的达标率分别在70%和60%左右，是全项目达标率较高的主要原因。全部样品平均食味评分87分，平均胶稠度66mm，直链淀粉含量适中，整精米率较高。分地区看，赣州达标率为87.5%，吉安为42.3%，宜春、南昌达标率也在20%左右。

湖北省优质（优良）品种测报样品中，扬两优6号、丰两优香一号、珞优8号、Ⅱ优838、中9优288等品种，直链淀粉含量适中，多数具备优质稻谷的基本性状，食味品质较好，市场销售价格比普通稻高，且产量较稳定，有一定的比较效益。垩白度和垩白粒率仍然是制约达标的主要因素，胶稠度较低也对其达标率有较大影响。

湖南省优质（优良）品种较多，全部测报样品中，食味评分超过80分的比例超过九成。与上年相比，垩白度、垩白粒率达标率虽有较大提高，但仍是制约达标的主要因素；胶稠度达标率明显提高，直链淀粉含量达标率明显下降。分地区看，衡阳、株洲、常德、怀化达标率较高。

广东省优质（优良）品种测报样品全项目符合国家优质籼稻标准的比例为25.8%，较上年提高6.5个百分点，其中达到二等的比例为8.3%，较上年提高5.1个百分点。食味评分达标率近九成，但超过80分的比例较低；直链淀粉含量达标率为72.3%，较上年有所提高；垩白度达标率为46.2%，较上年提高13.9个百分点，但仍是制约达标的最主要因素。分地区看，佛山、广州、江门、惠州等地区维持了较高的达标率，分别为60%、53%、50%、50%、32%；分品种看，粤晶丝苗2号、野丝占、齐粒丝苗、航美香占、美香占、双银占、奥粳占、丰优998、黄华占、玉丝香占等品种品质表现较好。

重庆市优质（优良）品种测报样品食味品质和胶稠度较高，全部达到国家优质籼稻标准要求，但较上年均有所下降。垩白度、垩白粒率的达标率分别为10%、32%，是影响全项达标率的主要因素。

3.粳稻。

收获质量。2009年，我国粳稻整体质量略低于上年。黑龙江、吉林、辽宁、江苏、安徽5个主产省质量会检结果是：质量在中等（三等）以上的比例为81%，较上年下降15个百分点；平均整精米率

66.7%，高于等于61%的比例为72%，高于等于55%的比例为94%，较上年下降4个百分点。平均不完善粒率为5.5%，较上年增加2.5个百分点。分省看，江苏、安徽粳稻质量为近年来最好，中等以上比例与前三年平均值持平，一等品比例大幅提高，整精米率也明显提高。受异常气候影响，黑龙江、吉林两省粳稻质量下降幅度较大，与前三年平均值相比，中等以上比例下降近30个百分点，不完善粒大幅增加（超过八成为未熟粒），其中黑龙江整精米率明显下降。辽宁粳稻质量也有所下降，主要是一等品比例降幅较大。

浙江、宁夏两省（区）质量调查表明，浙江粳稻整体质量较上年有所提高，质量在中等以上的占98%，较上年提高5个百分点；平均整精米率64.3%，较上年降低2.3个百分点，高于等于61%的比例为94%，高于等于55%的比例为97%。宁夏质量在中等以上的占94%，平均整精米率61.6%，高于等于61%的比例为60%，高于等于55%的比例为83%。

品种品质。2009年，辽宁、吉林、黑龙江、江苏、浙江、宁夏6省（区）测报表明：优质（优良）品种粳稻全项目符合国家优质籼稻标准的比例，浙江为7.6%，较上年提高1.5个百分点；黑龙江为10.3%，较上年降低36个百分点；江苏为8.1%，较上年降低3个百分点；辽宁、吉林、宁夏分别为37.5%、36.6%、12.9%。

辽宁推广种植的优质（优良）品种中达到优质稻谷国家标准的品种约20余个，其中辽星系列、吉粳88、袁氏大穗、盐丰系列的子系辽河5-3等的种植比例较大，并表现出出糙率、整精米率较高，直链淀粉含量适中，食味品质评分值高等较好的品质。吉粳88、秋田小町、稻花香、新代水稻、港源系列、中辽系列等品种在抚顺清原、本溪桓仁、丹东东港、大连庄河等辽东地区的品质优异。辽河5-3、盐丰831、绵竹201、超级稻、丰优一号等新品种，在营口、铁岭、辽阳等地品质表现良好，具有较大种植潜力。盘锦、营口地区的盐丰47系列垩白粒率、垩白度较高，品质持续表现不佳。

吉林2009年稻谷品种更新较快，各地区都有主要种植品种。这些品种整体品质较上年略有下降。品质表现较好，能够达到优质稻谷国家标准的有：长春、吉林、四平、松原地区的吉粳88；吉林、通化、松原、四平、白城、辽源地区的超级稻；长春、吉林、四平、通化、辽源地区的丰优307；长春、延边地区的吉粳81；吉林地区的长粒香；吉林和辽源地区的九稻39；长春和通化地区的秋田小町；通化和辽源地区的通9236。

黑龙江粳稻种植面积较大的有空育131系列、龙粳系列、垦鉴系列、绥粳系列、松粳系列等品种，约占到八成左右。这些品种外观和口感较好，胶稠度较高、垩白粒率较低，食味评分较高，约有九成样品在80分以上。整精米率、直链淀粉含量偏低、不完善粒较高是影响其整体达标率的主要因素。

江苏省粳稻垩白度和垩白粒率是制约达标的主要因素。徐稻3号、徐稻4号、南粳44延续了较为优秀的品质表现，连粳6号、徐稻6号今年品质表现也较好。这些品种直链淀粉含量适中，垩白粒率和垩白度低，口感较好的特性，是能够达标的主要品种。

浙江省秀水系列仍是主推优质（优良）粳稻的主要品种，占到全部样品的六成；甬粳（优）系列也超过一成。垩白度、垩白粒率、不完善粒、直链淀粉含量是影响达标率的主要因素，与上年相比，直链淀粉含量达标率有所下降。全部样品食味评分较高，八成样品在80分以上。分地区看，宁波、温州、衢州、丽水等地全项达标率均在10%以上；分品种看，宁88、秀水09的达标率分别达到37.5%、12.5%。

（二）小麦质量和品质

收获质量。2009年，国家粮食局组织开展了河北、江苏、安徽、河南、山东、湖北6省小麦质量调查会检，陕西、宁夏两省（区）粮食部门也自行开展了小麦质量调查。8省（区，以下简称省）共采集检验小麦样品2745份，样品覆盖393个县。8省小麦产量约为全国小麦总产量的78%。收获期间，部分省份的局部地区受异常气候影响，小麦出现不同程度的生芽现象。

河北和山东大部地区小麦整体质量明显好于上年。陕西小麦受旱情影响，整体质量明显下降。宁夏小麦整体质量略有下降。鄂、豫、苏、皖、鲁5省部分地区小麦生芽，导致不完善粒增加，容重下降，内在品质劣变；部分小麦在生芽的同时发生了霉变。

8省全部样品检测结果是：容重变幅598～852 g/L，平均值780 g/L，一等至五等的比例分别为37%、33%、19%、7%、3%，中等以上的占89%，等外品为1%；硬度指数变幅34～78，平均值63，软麦比例为4%，硬麦比例为79%；不完善粒平均值8.7%；籽粒湿面筋含量变幅16.6%～38.4%，平均值28.5%，粗蛋白含量变幅9.4%～17.5%，平均值13.7%。

品种品质。2009年，山西、江苏、安徽、河南、湖北、陕西、宁夏7省（区）测报表明：受小麦生长、收获期间异常气候影响，各省（区）优质（优良）品种小麦全项目符合国家优质小麦标准的比例均较上年有所下降。

山西省测报样品涉及29个优质小麦品种，其中主要为临旱536、晋麦47、烟农19等，约占样品总数的30%，主要种植于晋城、运城、临汾等地区。从测报样品来看，全省小麦粗蛋白和湿面筋含量较高，平均粗蛋白质含量（干基，下同）和湿面筋含量（14%水分基，下同）分别为14.5%、29.4%，符合强筋小麦国家标准的比例分别为71%、14%。稳定时间较短，平均为2.3min，符合弱筋小麦国家标准的比例为67%；运城市的临丰19稳定时间可达到6min。

江苏省测报样品涉及26个优质小麦品种，其中主要为烟农19、郑麦9023、淮麦系列、扬麦系列、宁麦系列等，占样品总数的78%。烟农19种植于苏北徐州、连云港地区，郑麦9023种植于苏中盐城地区，淮麦系列种植于徐州、宿迁、盐城地区，扬麦和宁麦系列种植于苏中盐城、泰州、南通和苏南无锡等地区。样品全项符合国家优质小麦标准的比例为2.9%，较上年降低2.8个百分点。从测报样品来看，全省小麦蛋白质含量不高，稳定时间不长，符合强筋、弱筋小麦国家标准的比例，粗蛋白含量均在10%左右，湿面筋含量分别为13%、4%，稳定时间分别为5%、14%。分地区和品种看，徐州市的烟农19、陕229、矮抗58能达到或接近强筋小麦国家标准；南通市的扬麦13号、宁麦9号、宁麦13号能达到或接近弱筋小麦国家标准。

安徽省测报样品主要为烟农系列、杨麦系列和皖麦系列，超过样品总数的一半。其中烟农19约占样品总数的1/4，在抽样区域普遍种植；扬麦系列主要种植在滁州地区。从测报样品来看，全省小麦粗蛋白含量较高，平均值为14.1%，符合强筋小麦国家标准的比例为53%；湿面筋含量较低，平均值为21.8%，符合弱筋小麦国家标准的比例为48%；平均稳定时间4.3min，符合强筋小麦国家标准的比例为16%，主要为郑麦9023、西农979、烟农19、济麦20等品种，样品主要集中于阜阳地区；稳定时间符合弱筋小麦国家标准的比例为32%，主要为阜阳地区的矮早系列，淮南地区的烟农系列，滁州地区的扬麦、宁麦系列等。综合来看，郑麦9023筋力较强，平均稳定时间达到5.9 min，蚌埠地区的烟农19平均稳定时间也能达到5.2min；滁州地区的扬麦13筋力较弱，平均稳定时间2.6min。

河南省测报样品主要为郑麦9023、西农979、郑麦366、矮抗58、众麦1号，以及周麦系列、豫麦系列、新麦系列、温麦系列等，约占样品总数的70%。其中郑麦9023在豫南驻马店、南阳地区种植较广。从测报样品来看，全省小麦稳定时间较上年有所增加，平均值为5.2min，符合强筋、弱筋小麦国家标准的比例分别为20%、23%；粗蛋白和湿面筋含量均较上年有所降低，平均粗蛋白质含量为13.6%，符合强筋小麦国家标准的比例为34%；平均湿面筋含量为27.7%，达标率较低。分地区看，周口、开封、新乡地区样品平均稳定时间均超过7min；分品种看，西农979、丰舞981、郑麦366的筋力较强，平均稳定时间均超过或接近7min。

湖北省测报样品主要为郑麦9023，占样品总数的68%，在抽样区域均普遍种植。从测报样品来看，全省小麦湿面筋含量较低，平均粗蛋白、湿面筋含量分别为14.0%、26.0%，符合强筋小麦国家标准的比例分别为55%、10%。

陕西省测报样品主要为小偃系列、西农系列以及武农148、晋麦47、晋麦54等，约占样品总数的63%，与上年基本相同。其中小偃系列、西农系列占样品总数的近一半，在抽样区域均普遍种植。从测报样品来看，湿面筋含量较高，平均值为33.3%，符合强筋小麦国家标准的超过六成；平均稳定时间3.2min，符合弱筋小麦国家标准的为36%。分地区看，杨陵、渭南地区小麦筋力较强，平均稳定时间分别为5.2min、4.0min，平均拉伸面积分别为68cm^2、57cm^2；铜川地区筋力较弱，平均稳定时间为2.0min，平均拉伸面积33cm^2。分品种看，西农系列筋力较强，平均稳定时间为4.2min，平均拉伸面积66cm^2；武农148、小偃系列筋力较弱，平均稳定时间分别为2.2min、2.6min，平均拉伸面积均约为48cm^2。

宁夏冬小麦测报样品为5010、5012。从测报样品来看，湿面筋含量较高，平均值为35.2%，较上年提高4.7个百分点，达标率为95%；平均粗蛋白含量为12.9%，较上年下降1个百分点，符合强筋小麦国家标准的为16%；平均稳定时间为1.6min，符合弱筋小麦国家标准的为91%。

（三）玉米质量和品质

收获质量。2009年，全国玉米整体质量较好。河北、山西、内蒙古、辽宁、吉林、黑龙江、山东、河南、陕西9个玉米主产省（区）质量会检结果是：平均容重717 克/升，一等至五等的比例分别为51%、35%、10%、3%、1%，中等（容重，≥650 g/L）以上的占96%；平均不完善粒率为3.0%，其中小于等于5.0%的比例为81%；平均生霉粒为1.9%，其中符合中等要求（≤8.0%）的比例为93%，不完善粒中主要为生霉粒和破碎粒。分地区看，山东、河北、陕西、吉林、辽宁质量与上年基本持平，不完善粒和生霉粒均有所减少；河南、内蒙古中等以上比例与上年基本一致，但生霉粒较多；黑龙江、山西质量较上年明显降低。

品种品质。2009年，山西、辽宁、吉林、黑龙江、陕西5省测报表明：山西省主推品种有先锋335、先玉335、辽单120、新单22、长城799、吉单535、农大108等。全部样品平均容重718 g/L，平均淀粉含量71.6%，达到淀粉发酵工业用玉米国家标准二等要求的比例为42%；平均粗蛋白含量9.3%，达到饲料用玉米国家标准要求的比例为98%；平均粗脂肪含量4.1%。

辽宁省主推品种有郑单、铁单、东单、富友、丹玉等系列，其质量品质表现良好稳定。全省样品平均容重720 g/L，平均淀粉含量（干基，下同）为73.6%，平均粗蛋白含量（干基，下同）为9.9%，均较上年有所提高。全部样品均达到饲料用玉米国家标准（GB/T 17890－2008），符合淀粉发酵工业用玉米国家标准（GB/T8612－1999）二等要求的占69%。分地区看，沈阳、铁岭地区淀粉含量较高；朝阳、阜新、葫芦岛地区粗蛋白质含量较高；大连、鞍山、辽阳地区粗脂肪含量较高。分品种看，淀粉含量较高的有郑单、富友系列，粗蛋白含量较高的有富友、铁单系列，粗脂肪含量较高的有丹玉、东单、郑单系列。

吉林省主推品种约60个，种植面积较大的有先玉335、郑单958、郝育18、长城799、白单31等。各地区均有当地主推品种。全部样品平均容重673g/L；平均淀粉含量为73.1%，达到淀粉发酵工业用玉米国家标准二等要求的占76%；平均粗蛋白含量为10.0%，全部达到国家饲料用玉米标准；平均粗脂肪4.1%。分地区看，四平、松原地区淀粉含量较高；四平、通化、吉林地区粗蛋白含量较高；白山、通化地区粗脂肪含量较高。分品种看，淀粉含量较高的有军单8、先玉335、郑单958；粗蛋白含量较高的有本玉9、军单8、白单9、先玉335；粗脂肪含量较高的有长城799、通单24。

黑龙江省主推品种有龙单、绥玉、吉单、先玉、浙单、海玉、绿单等系列，约占样品总数的四成，其中龙单、绥玉系列超过二成。全部样品平均容重647g/L；平均淀粉含量为73.2%，达到淀粉发酵工业用玉米国家标准二等要求的占83%；平均粗蛋白含量为9.8%，达到国家饲料用玉米标准要求的占97%；平均粗脂肪4.3%。分地区看，鹤岗、佳木斯地区淀粉含量较高，平均值达到淀粉用玉米国家标准一等；鸡西、七台河、齐齐哈尔、绥化地区粗蛋白含量平均超过10%；鹤岗、鸡西、七台河地区粗脂肪含量较高。分品种看，淀粉含量较高的有浙单、龙单系列；粗蛋白含量较高的有绥玉系列；粗脂肪含量较高的有吉单、龙单系列。

陕西省主推品种有郑单958、户单4号、正大12号、中科4号、浚单20号、沈单10号、豫玉22号、新玉18号以及秦龙系列等。与上年相比，中科和户单系列种植面积有所增加，其他无明显变化。全部样品平均容重715 g/L；平均淀粉含量64.3%；平均粗蛋白含量9.8%，达到饲料用玉米国家标准要求的占89%；平均粗脂肪4.9%。2009年度全省玉米容重、淀粉和粗脂肪含量均较上年有所增加；粗蛋白含量与上年持平。分地区看，杨陵、宝鸡地区粗蛋白含量平均超过10%；铜川、西安、宝鸡地区粗脂肪含量较高；渭南、杨陵地区淀粉含量较高；分品种看，粗蛋白含量较高的有中科、浚单系列；粗脂肪含量较高的有沈单、中科、郑单系列；淀粉含量较高的有户单、浚单系列。

（四）大豆质量和品质

收获质量。2009年，黑龙江、吉林和内蒙古3省（区，以下简称省）质量会检表明，3省大豆总体质量较上年有所下降。完整粒率平均值为87.6%，符合国标中等（三等，完整粒率≥85%）以上要求的比例为79%，较上年下降8个百分点（包括新老标准转换带来的偏差），其中一等品比例下降近20个百分点；损伤粒率平均值为4.3%。黑龙江、吉林两省大豆质量较上年明显下降，内蒙古较上年有所提高。

品种品质。2009年，吉林、黑龙江两省测报表明：吉林省主推品种约20个，主要包括黑农、绥农、吉育系列等。全部样品平均完整粒率88.8%，平均粗脂肪含量20.1%，较上年下降0.2个百分点，符合高油大豆标准三等（粗脂肪含量≥20%）的比例为52%；平均粗蛋白质含量40.1%，较上年下降0.7个百分点，符合高蛋白大豆标准三等（粗蛋白含量≥40%）的比例为68%。

黑龙江省主推品种有合丰、绥农、黑农、黑河系列等，约占样品总数的七成。全部样品平均完整粒率89.7%，平均粗脂肪含量18.7%，较上年提高1个百分点，符合高油大豆标准三等的比例为11%；平均粗蛋白质含量39.0%，与上年持平，符合高蛋白大豆标准三等的比例为27%；平均水溶性蛋白含量为32.0%。

粮油市场体系建设

一 粮油现货与期货市场发展状况

（一）粮食现货市场

2009年，国家粮食局积极推进粮食市场体系建设，进一步加强对粮食批发市场的指导，深入开展粮食市场体系建设的调研，继续加强《全国粮食市场体系建设“十一五”规划》的组织实施工作，启动粮食市场体系建设与发展“十二五”规划编制工作，进一步健全全国统一开放、竞争有序的粮食市场体系。

一是继续组织实施《全国粮食市场体系建设“十一五”规划》。积极督促各地按照全国总体规划要求，结合本地实际，提出本省（区、市）粮食市场建设规划，并争取当地政府的支持。全国有22个省级粮食行政管理部门出台了地方粮食市场建设规划或指导意见，并将粮食批发市场作为重要内容，提出了相关建设任务和政策措施。

二是积极推进全国粮食竞价交易系统建设，继续做好国家粮食交易中心审批工作。2009年，在重点联系粮食批发市场基础上，批复乌鲁木齐、北京、大连和天津4个市场为国家粮食交易中心，使国家粮食交易中心的数量达到22家。全国统一粮食竞价交易系统进一步完善，以国家粮食交易中心为主体的全国粮食统一竞价交易平台联网市场达23家，较上年增加4家；标的覆盖28个省（区、市），较上年增加5个；销售不同性质的粮食达到11种，较上年增加5种，共举办政策性粮食竞价销售交易会224次，成交量达6550万吨。

三是加强粮食市场体系建设调查研究，提出完善发展的政策建议。深入开展粮食批发市场调研，特别是加强对大中城市成品粮批发市场调研，分别赴北京、天津、湖北、河北等地了解粮食批发市场经营和发展情况；对安徽、河南就政策性交易情况进行调研，及时掌握全国粮食竞价交易系统建设和功能发挥情况。同时对各地贯彻落实《全国粮食市场体系建设“十一五”规划》情况进行摸底调查，形成《关于粮食市场体系建设有关情况报告》，并向国务院领导和有关部门反映粮食市场体系建设情况，提出发展完善的政策建议。

四是继续培育和发展多元收购市场主体，切实加强收购工作的组织协调和监督检查。2009年，各级粮食行政管理部门切实加强收购工作的组织协调和监督检查，收购市场准入制度建立后，有资质的收购主体数量逐步增加，粮食收购市场秩序进一步规范。国家在引导和鼓励多元市场主体积极入市收购的基础上，创新托市收购机制，引导加工企业入市收购。目前参与粮食收购的市场主体有8.55万家，主要包括国有粮食企业、粮食经纪人、加工企业和个体商户。全国各类粮食经营企业共收购粮食28781万吨（原粮），其中国有粮食企业收购16387万吨。初步测算，各项收购政策的实施，有效拉动市场价格回升，促进农民增收400多亿元。

五是进一步健全粮食零售供应网络，粮食质量安全保障体系不断完善。2009年，城市以超市和社区便利店为主、农村以集贸市场和放心粮油连锁店为主的粮油销售网络进一步拓展。龙头商业企业和粮食加工企业利用自身优质资源在城市大力发展连锁经营的同时，积极开拓农村市场，因地制宜发展农村粮油连锁配送经营。地方各级政府对粮食市场建设工作更加重视，大力予以资金支持，如山西省财政每年拨款2000万元专项资金，用于“放心粮油”店和配送中心的基础设施建设，仅2009年一年就建成1128家放心粮油店。除此之外，一些新型的粮食销售模式如“B-TO-C”伴随电子商务的发展而继续壮大。

六是加强对粮食批发市场建设指导，不断完善国家粮食局重点联系粮食批发市场制度。批复北京盛华宏林粮油批发市场、湖北宜昌泰丰粮食批发市场为重点联系市场，进一步扩大联系范围。目前重点联系粮食批发市场已达46家，包括22家商流粮食批发市场和24家成品粮批发市场，覆盖25个省会城市和12个大中城市；召开国家粮食局重点联系粮食批发市场会议，交流各市场经营发展情况，提出完善重点联系制度意见。

七是加强粮食批发市场管理制度建设，研究起草《粮食批发市场管理办法》（初稿）。为规范粮食批发市场交易行为，搞活粮食流通，促进粮食批发市场健康发展，2009年，国家粮食局研究起草《粮食批发市场管理办法》框架和主要内容，并先后召开两次座谈会征求省级粮食行政管理部门、粮食批发市场和有关专家学者的意见，形成了《粮食批发市场管理办法》（初稿）。

八是认真总结《全国粮食市场体系建设“十一五”规划》落实情况，启动全国粮食市场体系建设“十二五”规划编制工作。根据国家粮食局“全国粮食行业‘十二五’规划”编制工作部署，全国粮食市场体系建设与发展“十二五”规划列为局重点专项规划之一，12月，国家粮食局召开了专家座谈会，启动“十二五”规划编制工作，初步研究提出了编制工作方案和“十二五”期间粮食市场体系建设思路、主要内容，以进一步健全全国统一开放、竞争有序的粮食市场体系。

（二）粮食期货市场

2009年，国内农产品期货市场稳步健康发展，逐步成为市场经营定价的重要参照及规避经营风险的有效工具。早籼稻期货合约的成功上市，完善了我国粮食期货品种结构，标志着我国农产品期货市场建设进入新阶段。

从成交量上看，因实行粮食最低收购价收购政策后，政府对市场的调控能力增强，主力资金不敢贸然入驻，传统农产品期货品种均出现大幅萎缩。2009年全国粮食期货成交量和成交金额分别为65857.2万手和275627.04亿元，同比2008年分别下降1.32%和增长1.4%。

从价格走势看，农产品期货价格随着世界经济形势好转，在国家经济刺激计划作用下强劲反弹，农产品的金融属性再获关注。玉米受国家粮食调控政策影响最大，以28%的反弹幅度跃居第一。以大豆为首的油脂油料的价格与往年大起大落相比，全年在一定价格区间内呈震荡走势。随着美元指数大幅走低，原油期价再次上涨至80美元/桶后，生物能源概念助推油脂油料在年末走出翘尾行情。小麦属于需求弹性供给弹性都很低的品种，通过拍卖量的增减调节市场价格的效果较好。郑州早籼稻上市后持仓量稳步增加，成交量不断放大。

二 粮油市场信息体系建设

（一）进一步健全粮油市场监测体系，扩大监测范围，密切关注国内外粮油市场供求和价格变化情况，加强信息预测分析，建立和完善信息发布制度，做好政策性粮油竞价交易工作，服务宏观调控

2009年面对国际粮价波动的复杂形势，面对国际金融危机对实体经济冲击的严峻局面，全国粮油

信息机构和广大粮油信息工作者，认真贯彻落实科学发展观，正确把握形势，努力做好全国粮油市场监测、分析、预测工作，不断完善各级粮油市场信息服务体系，为保障国家粮食安全，为确保粮食市场供应和价格基本稳定，为粮食企业经营活动提供了信息支持。

1.进一步健全粮油市场监测体系，加强信息预测分析，建立和完善信息发布制度。面对国际国内粮食市场出现的新形势、新变化，粮油信息工作者加强对国际国内粮食市场的监测和分析，注重从国际国内形势的相互联系中把握市场动向，正确分析判断国内外粮油市场走势，进一步健全了粮油市场信息监测体系。经过多年努力，全国粮食市场信息工作体系初步形成。大部分省区市已建立专门的信息机构，配备了专门的工作人员，建立了粮油市场价格监测系统，建立了提供粮油市场信息服务的网站。

近年来，影响粮油市场供求和价格的因素不断增多，国内外宏观经济环境、能源商品价格对粮油市场价格影响日益增强。粮油信息工作不断扩大市场监测范围，在国内外市场融合度不断提高的情况下，注重对与我国粮油市场有密切联系的国外市场的监测，积累监测数据，加强预测分析。

一年来，为适应全国粮食市场供求形势的新特点和粮食流通体制改革带来的变化，国家粮油信息中心加强力量深入各地市场开展调研工作，充分发挥各地粮油信息监测点的作用，不断完善全国粮油市场监测系统，为宏观调控和企业经营提供及时准确的市场信息和政策建议。继续完善价格采集和报送制度，拓展和完善采集点，保证粮油信息的及时性和准确性；加强对市场的预测分析工作，更好地为粮食宏观调控和企业经营服务。继续做好粮油信息计算机网络化建设工作。在建设金农、金宏工程同时，不断完善粮油信息监测系统建设，从技术上保证准确、及时地反映粮食市场的动态变化，充实服务内容和拓展服务领域，及时更新信息，发布最新的国内外粮油市场信息动态。

2.做好政策性粮油竞价交易工作，服务宏观调控。2009年初，为加强政策性粮油竞价销售的资金管理，国家粮油信息中心组织各地市场共同提出了加强全国统一粮食电子竞价交易体系资金管理的工作意见，不定期召开主任联席会议，通过制定《系统安全操作规程》，完善《系统安全应急预案》，签订《市场自律公约》等管理办法，确保电子竞价交易体系安全运行。进一步升级竞价交易系统软件及硬件设施。增强系统安全性能，使操作更加便捷，最大限度地方便市场管理员及客户使用。继续开展市场联网及培训工作。2009年统一平台新联网河南物流、郑州两家市场，另有山西、宁夏、北京3家市场实现联通，相应系统操作培训工作同步开展。继续完善竞价交易系统软件功能，推广地方政策性粮油竞价交易系统的应用。

2009年，国家相关部门依托统一竞价平台先后成功举办了150次集中竞价交易会及39周挂牌交易会，计划销售政策性粮食21163.47万吨，实际成交3480.55万吨（其中：竞价成交3246.94万吨，挂牌成交233.61万吨），累计成交额达623.24亿元。目前，统一平台已联网23家省级粮食批发交易市场，交易品种从小麦、稻谷、玉米、进口小麦扩展至大豆、粳稻等。安徽、河北、山东等市场继续应用电子竞价交易系统，开展地方储备粮食销售及采购工作。2009年先后成功举办了7次地储粮油采购交易会，累计成交12万余吨；18次地方储备粮油销售交易会，累计成交36万吨。

2009年，国家粮油交易中心网站累计发布各类粮食现货交易信息3812条，其中政策性粮食交易信息占九成。网站访问量达53万多次，日均近1900次，同比增加106%；浏览量达145.8万次，日均5000多次，同比增加69%。加强与交易客户的直接交流，将客户反馈的信息及时汇总整理成《交易信息快讯》，报送39期。

（二）各地信息中心继续加强粮油市场信息体系建设，做好粮油市场监测预警分析，为各级粮食宏观调控政策的落实，为粮油市场供应和价格稳定作出了重要贡献

随着我国粮食流通体制改革继续深化，粮油市场信息事业快速发展，市场信息需求日益增加。几年来，在各级粮食行政管理部门和粮食信息系统广大干部职工共同努力下，粮油市场信息服务组织不断完善，逐步形成了全国粮油市场信息服务体系，建立了全国粮食市场动态监测系统，市场信息分析预测水平有了很大提高。

1.各地粮油信息主要工作及成绩。

一是继续完善信息采集体系和价格报告制度，加强粮油市场监测工作。安徽省粮油信息中心紧密结合新形势和粮油市场新情况，不断加强市场监测体系建设，及时监测粮油市场变化，努力做好分析预测工作。紧密围绕安徽省粮油信息中心工作，与合肥国家粮食交易中心（安徽粮食批发交易市场）优势互补、协调发展，不断完善软硬件设施，壮大信息网络队伍，强化网络服务功能，努力实现信息资源共享。

福建省粮油信息中心继续积极做好市场粮油动态收集、监控和测报工作，不断完善和发展现在的价格监测体系，认真做好粮食出库、收购、零售和批发价格每周监测工作。定期测报市场价格动态，预测走势，形成《福建省粮油市场价格一周简析》，为各级粮食主管部门和成员单位及时掌握全省的价格动态和特点提供了方便。

浙江省粮油信息中心按照省粮食局确定的“推进科学发展，加快转型升级，建设流通强省，确保粮食安全”的指导思想，在继续努力做好国内外市场粮油行情的日常监测和预测分析工作的基础上，加强对省内各地粮油集贸市场、批发市场、粮食购销企业、加工企业和用粮企业等有关单位价格变动、购销情况、粮源流向、库存动态的全方位监测；加强对国内外主要粮油期货行情变化的全方位监测，并做好有关市场价格趋势的整理、归纳和预测工作，形成日报、周报、旬报、季报等粮油动态信息，并向不同的对象反馈或发布。

青海省粮油信息中心每日按时采集全省23个价格监测点粮油市场的收购、批发、零售价格，每周两次分别对国际、国内和省内的食用植物油和谷物等主要粮油品种的价格走势和市场形势进行分析，并及时报送相关部门。加强对影响粮油市场行情的政策、产量、消费量等因素的分析和研究，敏感捕获最新信息，及时作出分析预测，并于每月末和每季末汇总、分析，分品种撰写月度和季度行情综述，预测市场走势，为领导决策提供依据。根据市场关注的热点、重点，撰写综合性专题分析报告。

吉林省粮油信息中心以提供优质服务为宗旨，认真做好《中外粮油信息》周刊的编辑和发行工作；不断完善信息工作制度，进一步加大粮油市场监测力度；深化粮油市场分析预测工作，提升粮油信息服务质量。与种粮农户的联系日益密切，进一步延伸粮油信息服务领域。继续做好省局公众信息网站管理维护及信息更新工作。

江苏省粮油信息中心认真执行《江苏省粮油市场价格测报办法》和《江苏省粮油市场价格监测竞赛评比办法》，充分利用已建立的粮油市场行情监测点，建立健全周报与日报相结合的价格测报制度，定期收集主要粮油品种价格信息，有效地掌握了粮油行情的动态变化情况，为政府掌握情况提供了第一手的信息，同时也为企业经营提供了全面的资料。

湖北省粮油信息中心以制度创新、多策并举，有效地推进了粮食信息化建设，坚持以“湖北粮食网”网站为主导、以《粮食市场信息》刊物为补充的信息发布体系，注重提升信息服务水平。精心更

新维护网站，多次对主页进行改版更新，进一步提升“湖北粮食网”服务功能。充实完善了粮食价格监测系统，加强了粮食市场价格监测、分析、预报工作，在原有40个监测点基础上新增了17个，达到57个，监测点和监测范围进一步扩大，并全部实现了网上价格直报。

二是加大对国内外粮食行情的监测力度，不断完善市场信息服务体系和粮食安全预警系统。北京市粮食局信息中心紧密围绕“完善预警体系建设、深入发掘分析领域”的工作思路，不断加强信息工作。在原有监测网络基础上，进一步完善对本市18个区县监测点的管理和抽查工作，加强实地调研，确保日常监测的及时、准确。在2008年底完成“北京粮油市场监测预警平台系统”的初期建设的基础上，2009年侧重对该系统进行全面的系统测试，并录入大量历史数据。通过不断调试，已基本能实现信息采集、查询、预警及简单数据统计等功能。

天津市粮油信息中心继续坚持“一网四刊”的信息发布格局，不断加大刊物的信息承载量，快速准确地反映国内外粮油市场情况，为政府宏观调控提供及时准确的决策依据，为粮油企业经营提供高质量的服务。为了适应新形势，天津市粮油信息中心调整和完善了监测体系，完善了天津统计局超市监测直报工作，增加了区县超市监测点数量，增加北海粮油企业食用油市场监测直报点工作。2009年上半年完成了对全市粮油市场监测点调整工作。

上海市粮油信息中心紧紧围绕粮食流通中心任务，以上海市粮食流通数据中心和粮油市场监测预警预报信息系统为抓手，加强粮油市场监测预警，为政府实施粮食宏观调控和确保粮食市场稳定供应提供信息服务；也为粮食系统和社会粮油经营企业提供粮油市场信息服务；牵头开展长三角粮食流通信息平台建设，实现长三角各城市信息资源共享，对增强主销区粮食市场调控与监测能力，确保城市粮食安全发挥了积极作用，并为各城市粮食行政管理部门和粮食经营企业发挥了粮油市场信息服务作用。

宁夏自治区粮油信息中心认真贯彻 “以发展为主题、以服务为目的”的粮油信息工作基本方针和工作要求，不断加强市场监测体系建设，及时监测粮油市场变化，努力做好分析预测工作。积极开展市场调查分析，加强粮食市场价格监测、预警预报工作，做到及时预警预报，有效地引导粮食市场的价格。根据市场粮价波动情况，适时启动应急价格监测。

河北省粮油信息中心继续加强粮食市场价格监测，加大对粮油市场的分析力度，变被动监测为主动监测，坚持电话询问制度和开市场分析会制度。定期请经营企业、加工企业的同志到中心或到外地召开座谈会，交流对市场情况的看法和意见，及时掌握市场动态。

重庆市粮油信息中心关注和报道粮食改革和发展的热点难点问题，加强对粮食市场的监测，做好粮油市场行情实时监测和上报、发布工作，反映市场动态变化。做好粮油市场分析与预测工作，提供贴近粮油市场、反映动态变化的分析预测文章。做好信息系统的维护和管理工作，充分发挥重庆市粮情监测系统的功能。

云南省粮油信息中心依托云南省粮食局电子政务门户网站，专人负责，将每日粮油集市价格发布到价格行情栏目，确保价格信息的时效性、连续性，绘制出主要粮食品种的收购、销售价格走势图，使粮油信息更具准确性、时效性。加强对全省38个粮油集市价格监测点和主要粮食市场的粮油市场供求、价格变化等情况监测和分析，提高监测频率和密度。加强与市场经营大户的信息沟通，确保信息的准确性和时效性，提高监测工作效率，为各级政府及时决策提供依据。实行特殊时期市场监测日报告制度，保障全省粮食市场粮价稳定。

三是充分发挥计算机网络特长，建设高度一体化的电子政务内网基础平台、电子政务外网基础平台及互联网平台。山东省粮油信息中心认真贯彻山东省粮食工作会议精神，提出了山东省粮食局“金粮工程”一期建设方案，按照一个平台多个系统的设计思想，建设高度一体化的电子政务内网基础平台、电子政务外网基础平台及互联网平台，在此平台上，构建储备粮动态监管信息系统、粮食流通统计信息系统、办公自动化系统等，建设2个备份及容灾系统数据中心，利用省政府电子政务专网建立省—市—县三级纵向网，形成连接省、市、县粮食局和地方粮食储备库，覆盖全省粮食行政管理部门和粮食储备库的计算机网络系统。

2.各地粮油信息工作创新和突破。

一是发布价格指数，强化对政府、企业和农民的信息服务。安徽省粮油信息中心对“中国粮食网”主页进行了结构性的调整，完善了粮食竞价交易窗口等新的信息服务和网络应用功能。建立了“合肥国家粮食交易中心价格指数”，分别为“综合指数”、“小麦指数”、“稻谷指数”、“玉米指数”，对指导粮食市场价格，保持市场稳定发挥了重要作用。黑龙江省粮油信息中心以建立全省粮食价格指数体系为核心，紧紧围绕强化对政府、企业和农民的信息服务和打造黑龙江信息品牌的工作目标，通过“龙粮网”、“短信服务系统”、“农民服务热线”等载体，实现了信息工作质和量的新突破。2008年末在省财政厅的大力支持下，启动了以价格指数为核心的信息体系建设工作。主要建设项目是改造龙粮网、搭建信息公共服务平台。现在，手机短信平台已经开通（在2008年基础上进行了升级），通过手机短信的服务方式，让用户在第一时间得到最新的有关粮食市场行情、粮食供求信息、种植技术常识、气象报道和国家政策等与农民切身利益相关的信息；另外，利用农民热线与农民直接对话，积累了部分农民的基础资料，并建立了农民经纪人档案，目前已与238位农民经纪人建立联系，并利用手机短信平台为其不定期地发布信息。

二是成立新机构，工作再上新台阶。天津市粮油信息中心获天津市政府正式批准成立。2008年12月经过市领导同意，天津市编制委员会正式批准成立天津市粮油信息中心，并纳为市财政全额拨款事业单位。2009年上半年，已经完成了开办程序、人员社会招聘、中心章程撰写等工作。目前天津市粮油信息中心已经正式运转。

三 粮油统计信息

粮食统计工作是粮食宏观调控的一项基础性工作，在粮食流通全面市场化的新形势下，做好全社会粮食流通统计工作，是加强和改善粮食宏观调控的重要前提之一。覆盖全社会的《国家粮食流通统计制度》自2005年正式实施以来，对全面掌握我国粮食流通基本状况，确保国家粮食安全，发挥了重要作用，取得了显著成效。

（一）初步建立了粮食流通部门统计调查体系

按照《粮食流通管理条例》的规定，为不断适应粮食流通发展变化的新形势，满足宏观调控的要求，国家粮食局对粮食流通统计制度不断加以完善，涵盖了粮食流通、粮食仓储设施、粮油加工业和粮食行业机构人员等四个方面内容，逐步建立了相对完备的部门统计调查体系。

（二）促进了粮食统计方法和管理的改革

一是打破了部门界限，将统计范围扩充到所有粮食经营者和用粮企业；二是改变过去以全面报表为主的调查方式，根据调查内容和对象的不同特点，综合运用了全面调查、重点调查和抽样调查等方法；三是突出了依法开展粮食统计工作的理念，既明确了粮食经营企业和用粮企业报送粮食统计数据的义务，也要求各级粮食行政管理部门严格按照《统计法》和《粮食流通管理条例》的规定开展统计监督检查。

（三）为做好粮食宏观调控提供了优质统计服务

一是全面掌握了全社会粮食流通状况。通过粮食统计旬（月）报、市场信息周报等日常统计工作，及时反映全国粮食收购、销售、库存、价格等变化情况；认真组织开展全社会粮食、食用植物油供需平衡调查工作，全面掌握粮油生产、流通、消费、库存等情况，对全国粮油供求现状、面临的形势和未来发展趋势，作出全面、深入分析；在粮食收购旺季，建立收购信息五日报告制度，密切监测主产区粮食收购进展情况，及时上报收购进度、市场价格等信息。重点加强对最低收购价和国家临时存储粮食的收购数量、价格、跨省移库等情况的统计和分析；加强粮油市场信息监测，动态反映各地粮油市场价格变化情况。在粮油价格异常波动期间，对部分重要粮油品种和重点地区实行日监测报告制度，随时掌握粮油市场出现的新情况和新动态。二是基本掌握了粮油加工企业数量、生产规模、区域分布，企业从业人员、专业技术人员数量，主要粮油产品的产量、库存量，主要原料年消费量，以及粮油加工业经营效益等情况，为科学制定粮油加工业发展规划、加快粮油加工业的结构调整和优化升级、正确指导粮油加工健康发展提供了基础资料。三是基本摸清了全国粮食仓容规模、仓型、区域分布、使用状况，专用码头泊位数量、铁路专用线、散粮中转设施，仓库其他配套设施等情况，为准确把握实行粮食最低收购价政策地区仓容情况、科学安排粮食跨省移库发挥了积极作用。初步掌握了粮食流通基础设施建设项目、投资规模、区域分布、资金来源，以及项目完成进度等基本情况，为加强粮食基础设施建设、推进粮食现代物流发展提供决策依据。四是基本掌握了粮食行业机构设置、从业人员总数、年龄结构、学历构成、专业技术人员数量等基本情况，为进一步加强粮食行业管理、做好粮食行业从业人员教育培训工作、切实提升粮食行业执行力提供了基础信息。

（四）加强粮食统计信息化建设

一是继续完善《粮油市场监测预警系统》。该系统运行5年以来，使用情况良好，基本能够及时反映粮油市场价格动态的变化情况。并根据当年市场形势的需要和监测点的实际报价情况，不断对监测点布局进行调整，特别加强了对大中城市成品粮油市场价格的监测工作。二是开发新的《粮油统计信息系统》应用软件。随着粮食流通体制改革的稳步推进和粮食流通形势的不断变化，原系统已经不能完全满足粮食统计工作的需求。为提高统计工作的标准化、规范化、信息化水平，组织开发了一套灵活、方便、稳定、实用的数据报送平台，完成了统计信息系统的升级换代。新的软件采用以数据处理为核心的设计理念，嵌套在Excel内部，基本实现了各项统计调查内容的任务发布、报表设计、数据处理、传输、公布等工作流程的电子化、网络化和高效化。

粮食流通基础设施建设

2009年，国务院印发了《关于当前稳定农业发展促进农民增收的意见》（国发〔2009〕25号），提出“今明两年要安排中央建设投资建设粮食储备仓容1500万吨、储备油罐175万吨”以及“从2009年起，安排中央补助投资建设资金，实施农户科学储粮专项”的工作要求。粮食仓储、物流设施建设的投入大幅度提高，农户科学储粮正式实施，粮食流通基础设施建设各项工作成效显著。

一 粮食仓储和物流设施建设投资力度得到大力加强

国家发展改革委、国家粮食局研究制定了《粮油仓储设施建设方案》，确定2009～2010年两年安排中央投资42.6亿元建设1500万民仓容和175万吨油罐。2009年上半年安排5亿元用于支持中储粮系统建设储备仓容107万吨，食用油储备油罐罐容34万吨；下半年又安排2.4亿元用于解决黑龙江省粮食收储仓容不足的突出问题，支持该省建设地方粮库仓容100万吨。为加强主要物流通道和节点的散粮设施建设，推进粮食现代物流体系建设，2009年国家安排了中央补助投资5.38亿元用于支持90个粮食现代物流项目的建设工作。同时，各地通过政策扶持和投资引导，多渠道筹集资金，加快推进主要物流通道和节点项目建设，推广应用散粮运输装卸新技术新设备。

二 粮食仓房维修改造继续推进

为解决我国粮食连续五年丰收后主产区收储烘干能力不足的矛盾，配合最低价收购政策的执行，中央财政安排了3亿元补助资金用于河北、内蒙古、辽宁、吉林、黑龙江、江苏、安徽、江西、山东、河南、湖北、湖南、广西、四川、新疆等15个启动最低收购价政策省（区）的粮食收储库点的仓房维修改造。2009年全国粮食仓房维修改造共投入资金约15.2亿元，主要集中在粮食主产区。广东、广西、宁夏、山西、云南、甘肃、北京、上海等非主产区也积极筹措资金，加大对仓房维修改造的投入。通过维修改造，有效缓解了上述地区仓容不足和收储条件差的问题，保证了粮食收购工作的顺利进行。

三 农户科学储粮专项正式实施

2009年国家安排中央补助投资2亿元，加上地方配套和农户自筹，总投资约6.7亿元，在河北、内蒙古、辽宁、吉林、黑龙江、安徽、江西、山东、河南、湖北、湖南、四川等粮食主产区和陕西、新疆两个西部主要产粮区等14个省（区）为57.2万农户建设标准化小型粮仓。制定并发布了《农户科学储粮专项管理办法》和《农户小型粮仓建设标准》，编制了《农户小型粮仓通用图集》，初步制定了《农户科学储粮专项建设规划》，保证了专项的顺利实施。经过半年时间的工作，各省（区）粮食局克服了时间紧、任务重、配套资金落实难以及冬季施工等不利因素，已经基本完成预定建设任务。项目为农户配置的储粮装具大部分已经投入使用，项目中选用的储粮装具设计科学，具有防鼠、防霉、防潮、进出粮方便、安装快捷等特点，减损效果显著，深受农民欢迎。通过项目实施，不仅减少了粮食损失，增加了农民收入，还有效拉动了农村市场消费。

四 粮食流通基础设施建设标准制定工作取得明显进展

为做好粮食仓储和物流设施建设，适应国家扩大内需加快建设食用油脂储存设施和实施农户科学储粮专项的需要，2009年加快了《植物油库建设标准》、《粮库管理信息系统建设标准》、《粮食物流园区总平面设计规范》、《农户小粮仓建设标准》等10余项粮食工程建设标准的制修订工作，并发布实施了《植物油库建设标准》、《农户小粮仓建设标准》、《粮食仓库维修改造技术规程》等标准规范。《2001年200亿斤国家储备粮库通用设计》荣获全国工程勘察设计行业国庆60周年作用显著标准设计项目大奖。

粮食仓储管理

2009年，粮食仓储行业工作成效显著。国家发布了《粮油仓储管理办法》及配套文件，启动了“粮油仓储企业规范化管理活动”，召开了“全国粮食仓储工作会议”，粮食仓储工作跃上了一个新的台阶。

一 制定发布《粮油仓储管理办法》

经过沟通协调，国家发展改革委于2009年12月28日正式发布了粮食行业的第二个部门规章——《粮油仓储管理办法》（以下简称《办法》）。这是继2008年国家发布《粮油储藏技术规范》（LS/T1211–2008）后，国家发布的又一个重要的仓储行业规章制度。《办法》共有6章34条。《办法》明确了各级粮食行政管理部门在仓储行业的监管职责和粮油仓储单位的义务；建立了粮油仓储单位备案制度、质量检验制度、分类储存制度、库存粮油货位卡制度、安全生产制度、储存安全制度、卫生制度、账务管理制度；重新规定了粮油储存损耗的定义、定额和处置办法，粮油储存事故分类和报告制度；设立了警告、1万元以下罚款、1～3万元罚款等处罚措施。

二 制定发布《粮油仓储管理办法》配套文件

《办法》出台后，国家粮食局连续发布了《粮油仓储企业规范化管理水平评价暂行办法》、《粮油仓储企业仓房（油罐）编号暂行办法》、《国家粮食局关于印发库存粮油货位卡等粮油仓储管理常用表格表样的通知》等规范性文件，分别对粮食仓储企业规范化管理水平评价内容和评价方法、仓房和油罐编号行为以及粮油货位卡等粮食仓储行业常用表格表样等进行了规范。

三 初步建立粮油保管账制度

针对2009年全国粮食清仓查库工作中发现的问题，为了规范粮油仓储企业对库存粮油数量的管理，根据《粮油仓储管理办法》，国家粮食局设计发布了“粮油保管账制度”。粮油保管账由记账凭证、粮油保管明细账、粮油保管总账和记账方法4个部分组成。基本解决了一企多账、水分杂质减量和自然损耗处置不科学、记账凭证不规范、账簿档案管理不规范、记账方法不严谨等问题。粮油保管账确定了“日清月结”的记账原则。规范了记账凭证、粮油保管明细账、粮油保管总账的格式。通过“折标准水分杂质数量”的科目，科学解决了库存粮食数量的累计问题。

四 启动了粮油仓储企业规范化管理活动

结合2009年全国粮食清仓查库工作中发现的问题，国家粮食局发出了《关于开展粮油仓储企业规范化管理活动的通知》，要求各粮油仓储企业以宣传贯彻新颁标准和管理制度、建立完善粮油仓储管理规章、改善粮油仓储保管条件、治理不规范管理行为和创建规范化管理企业为主要内容，深入开展粮油仓储企业规范化管理活动，切实提高从业人员素质、提高企业管理水平、保证库存粮食安全、促进仓储行业发展。各地区各企业参与活动的热情高涨，形成了比学赶帮的良性竞争氛围。一些企业已经成为仓储管理方面的典型和标杆；各企业在活动中认真查找和梳理企业日常管理中存在的问题和差距，强化了仓储作业的流程管理，细化了工作标准，建立了企业管理制度体系、标准体系和考评体系；参与活动的企业环境卫生、职工精神面貌、企业经营环境得到了很大改善。

五　召开“全国粮食仓储工作会议”

2009年12月16～17日，全国粮食仓储工作会议在安徽省合肥市顺利召开。来自全国31个省（区、市）粮食行政主管部门和中国储备粮管理总公司、中粮集团公司、中国华粮物流集团公司等3家中央企业的相关负责同志参加了会议。会议回顾总结了2009年全国粮食仓储管理、流通设施建设和粮食行业安全生产工作，分析当前面临的形势和任务，研究布置2010年粮食仓储管理、设施建设和安全生产工作，部署全国粮食流通设施建设“十二五”规划工作。国家粮食局副局长郄建伟、安徽省人民政府省长助理花建慧出席了会议。

六　建立《粮油仓储工作简报》制度

为了及时全面反映粮食仓储、安全生产、设施建设、农户储粮等工作动态，交流工作经验，传达领导有关指示，从2009年9月开始，建立了《粮油仓储工作简报》制度。2009年度，共编发简报10期，收到了预期的效果。

七　开辟《粮油仓储企业规范化管理活动专栏》

为了配合“粮油仓储企业规范化管理活动”，从活动开始起，在国家粮食局网站上开办了《粮油仓储企业规范化管理活动专栏》，下设“政策文件”、“工作动态”、“粮油仓储工作简报”3个子栏目，用以介绍从国家到地方有关粮食仓储工作的政策文件，各地开展粮油仓储工作的实时动态，以及地方及企业好的做法与经验。2009年度，共编辑“政策文件”10期、“工作动态”14期、“粮油仓储工作简报”10期。

粮食仓储设施统计

一 召开设施统计工作会议

2009年3月18～20日，在海南海口召开仓储设施统计和投资统计汇编会议。会上核对了数据，听取了地方对仓储设施统计工作及软件的意见，交流了经验。

二 完成2008年度设施统计汇编工作

2009年4月底，完成了2008年度仓储设施统计资料汇编、印刷，并提供给了国家发展改革委、财政部、各省（单位）以及局领导和各司室。为国家和地方制定粮食仓储设施建设规划、全国粮食物流规划、仓房维修改造计划以及最低收购价预案执行等提供参考。

三 修改粮食仓储设施统计软件

2009年10～11月，对“粮食仓储设施统计软件”进行修改。经过修改，完成软件升级，调整了部分指标，完善了操作界面，强化了逻辑关系，使其符合新的统计制度要求。

四 2009年度粮食仓储设施统计情况

截至2009年底，全国有规模以上粮食仓储企业17995户，仓房总仓容36424.3万吨，油罐总罐容1178.4万吨，简易仓房容量3061.9万吨，罩棚1393.0万平方米，地坪20066.1万平方米。全国总仓容、有效仓容分别较上年度增加3042.3万吨、2973.3万吨，增长率分别为9.1%、10.1%，增长幅度较大。主要保粮设备装备水平进一步提高，其中装备环流熏蒸系统、计算机测温系统和机械通风系统的仓容分别占有效仓容的39.8%、54.3%、75.3%。非国有企业在全国占比进一步提高。截至2009年底，全国共有非国有粮食企业4372户，有效仓容5172.1万吨，较2008年分别增长24.7%、49.1%；非国有企业户数和有效仓容占全国总数较2008年分别增加4.7、4.1个百分点。

粮食流通基础设施建设投资统计

2009年是粮食流通基础设施建设投资统计制度实施的第三年，按储备粮库项目、粮食物流设施项目、食用植物油罐项目、仓房维修改造项目、粮食检验检测项目、粮食批发市场项目、粮食流通应急设施项目、农户储粮设施项目和其他项目等9类统计。各地认真准备，加大培训和组织力度，扩大统计面，保证了数据的准确度，工作质量显著提高，切实发挥了投资统计工作对设施建设的指导作用。

由于2008年底以来国家扩大内需政策的实施，大力推进了2009年度的粮食流通基础设施建设。据统计，2009年度全国粮食流通基础设施建设项目共10231个（其中农户储粮专项298个为项目县数），其中完工项目8307个（占项目总数的81%），在建项目1282个（占13%），前期项目642个；本年度新开工项目4793个，占项目总数的47%，占完工和在建项目的50%。

2009年度全国粮食流通基础设施建设项目总投资550亿元，年度完成投资212亿元，项目累计完成投资293亿元。2009年度各类建设项目新建仓容3766万吨（其中立筒仓和浅圆仓573万吨），新建油罐352万吨，大修仓容2614万吨；新建粮食专用码头泊位81个，能力3186万吨；新建铁路专用线8.2千米，新建散粮接收发放能力5.8万吨/小时。

统计表明，2009年度粮食流通基础设施建设取得了显著成效。各地积极筹措资金，加强粮食流通基础设施建设，以保障粮食安全，推进粮食现代物流发展，特别是中央财政资金相比上一年度有了较多投入，以企业为主体、各级政府适当予以扶持和引导、拓展多渠道投资的粮食流通基础设施建设投资方式正逐步形成。

但从总体上看，粮食流通基础设施投资特别是政府投资偏少，不能满足粮食流通产业发展需要。2009年度我国全社会固定资产投资224846亿元，而粮食流通基础设施建设完成投资总额只有212亿元，仅占0.9%。当前，粮食主产区仓储设施陈旧老化，局部地区仓储设施不足的问题日益凸显，部分主要粮食跨省流通通道散粮物流体系建设进度相对滞后，边疆民族贫困地区流通基础设施条件还比较落后，大中城市应急成品粮储备体系亟待完善，农户储粮条件急需改善。

中央储备粮代储资格认定

2009年，中央储备粮代储资格认定工作主要围绕两条主线展开，一是加强制度建设，二是开展资格认定。

一 开展两批中央储备粮代储资格认定工作

根据《中央储备粮代储资格认定办法》和《中央储备粮代储资格认定办法实施细则》的规定，分别于2009年6月9～19日、11月9～23日按期开展了两批中央储备粮代储资格认定工作。两批共受理599户企业申请，其中粮食类企业521户，仓容1908.1万吨；油脂类企业78户，罐容158.7万吨。经专家审核，党组审议以及网上公示，决定授予298户企业粮食类代储资格，授予资格仓容1088.4万吨；授予46户企业油脂类代储资格，授予资格罐容79.6万吨。255户企业未通过专家审核。

二 制定《中央储备粮代储资格延续申请办法》

《中央储备粮代储资格认定办法》第十二条规定："中央储备粮代储资格证书有效期为5年，有效期届满前30个工作日内须按本办法规定的程序提出延续申请。"本着"便民、高效、合法"的立法原则，国家粮食局确定了程序严谨、内容简化、尽量减少资格企业延续申请工作量的思路，国家粮食局起草了《中央储备粮代储资格延续申请办法》，在征求了部分曾经参与中央储备粮代储资格认定审核工作的专家意见，并于2009年12月在"全国粮食仓储工作会议"上正式印发各省、区、市粮食局和中国储备粮管理总公司、中粮集团有限公司、中国华粮物流集团公司等单位征求意见。2009年12月25日，国家粮食局以2009年第4号公告的形式，正式发布了该办法，自2009年12月31日起实施。

《中央储备粮代储资格延续申请办法》共9条，规定了延续申请的程序、需要提交的材料以及审核办法。要求资格企业在代储资格有效期届满前30个工作日之前向省级粮食行政管理部门提出延续申请，省级粮食行政管理部门在5个工作日内签署是否同意企业延续申请的意见并上报国家粮食局，国家粮食局接到申请材料后15个工作日内完成审核并在网上公示7个工作日。企业需要上报1张申请表，主要包括企业名称、资格仓（罐）容、资格仓（罐）号，代储中央储备粮情况等内容。

三 修订《中央储备粮代储资格认定办法实施细则》

2009年，国家粮食局启动了《中央储备粮代储资格认定办法实施细则》（以下简称《细则》）的修订工作。修订《细则》的背景是：一是近年来我国粮食仓储设施总量、技术水平有了很大改善，从科学利用仓储设施资源，保障中央储备粮储存安全的角度，应适当提高资格认定的标准；二是资格认定审核标准的系统性不高，还有一部分定性指标，既不利于中央储备粮的储存安全，也不利于保证认定工作质量，也不便于企业正确掌握应该达到的标准；三是需要将证书管理、变更管理等事项写入《细则》，加强地方粮食行政管理部门和中国储备粮管理总公司的管理责任，确保资格企业的水平；四是增加现场核查程序，确保企业申请材料的真实性。2009年12月，国家粮食局完成了《细则》（修订征求意见稿），并开始征求各省、区、市粮食局、国家发展改革委、财政部、国务院法制办、中国农业发展银行和中国储备粮管理总公司的意见。

四 中央储备粮代储资格企业情况

截至2009年底，共有2115户企业取得了中央储备粮代储资格，其中粮食类资格企业1907户，取得资格仓容10115.2万吨，油脂类资格企业208户，取得资格罐容318.7万吨。总体上看，中央储备粮代储资格企业基本能够满足中央储备粮代储工作的需要，数量满足要求，总体布局合理，但是上海、福建、浙江、广东等地取得资格企业总量偏少。

粮食安全生产

2009年，粮食行业安全生产形势与往年比较为严峻，呈现事故频发、多发状态，人员伤亡较多、个别事故性质严重，社会影响恶劣，从中反映出粮食行业安全生产隐患、管理漏洞和麻痹思想依然存在，必须警钟常鸣，任何时候都不能掉以轻心。在事故多发的情况下，国家粮食局领导对粮食安全生产工作更加重视，多次作出重要批示。整体来看，粮食行业安全生产正常工作得以坚持，长效机制的建设仍在向前推进。

一 事故情况

（一）概述

2009年，国家粮食局共接报粮食安全生产事故15起，全部为伤亡事故，致死34人，占近4年来（2006～2009年）事故总数的42.9%、人员伤亡事故总数的60%、死亡总人数的56.7%。其中，重大事故1起，较大事故3起，其余均为一般事故。按事故类型来分，具体如下：

1.仓房坍塌事故。发生3起，死亡15人，占全年事故总数和死亡总人数的20%、44.1%。其中，贵州仁怀发生的仓房垮塌事故是2009年粮食行业伤亡最惨重的事故，共造成10死9伤，引起社会关注。

2.库区内交通事故。发生4起，死亡4人，占全年事故总数和死亡总人数的26.7%、11.8%。

3.人员违规入仓事故。发生2起，死亡3人，占全年事故总数和死亡总人数的13.3%、8.8%。

4.熏蒸作业事故。发生1起，死亡1人，占全年事故总数和死亡总人数的6.7%、2.9%。

5.机械伤人事故。发生1起，死亡1人，占全年事故总数和死亡总人数的6.7%、2.9%。

6.其他意外事故。发生2起，死亡2人，占全年事故总数和死亡总人数的13.3%、5.9%。

另外，还发生工程施工领域事故2起，死亡8人。一起为在建过程中发生，死亡5人；另一起是在拆除过程中发生，死亡3人。占全年事故总起数和死亡总人数的13.3%、23.5%。

（二）原因分析

从以上数据看，2009年事故主要集中在仓房坍塌、库区内交通和违规入仓三个方面。这三类事故加起来占全年事故总数的60%、死亡总人数的64.7%，并代表了粮食行业易发事故类型。导致这些事故发生的主要原因有：

1.安全生产意识淡薄，管理弱化。近两年东北地区在粮食收购期间时有库内交通事故发生，违规进入筒仓（囤垛）内也屡禁不止，一些企业收粮现场混乱，缺乏有效疏导，甚至明知存在安全隐患仍危险作业，既不及时整改治理，也未采取防护措施。

2.执行制度不严。主要表现有超设计容量、标高装粮，擅自改变设施结构，无资质、无专业设计施工，隐患排查治理走过场，药品库管理、熏蒸作业管理规定得不到严格执行。

3.违规作业，人员安全意识有待提高。这是规章制度执行不力在具体作业行为上的表现，也是企业安全生产意识淡薄、麻痹松懈在作业人员个体上的反映。

4.基础设施条件差。截至2009年底，全国有待报废仓容约661万吨，需大修仓容约3324万吨，还有相当一部分老旧仓房超期使用，由于缺乏维修，结构老化，存在安全生产隐患。

上述原因往往相互交织，彼此关联，而非独立存在。

二 加强安全生产的措施

一是及时发出各类安全生产文件。全年共发出安全生产相关通知、通报9份，涉及国务院安委会部署的专门行动、特定时期的安全生产工作及事故通报等。其中，《国家粮食局办公室关于做好报废储粮化学药剂处置工作的通知》（国粮办展〔2009〕230号）对处置粮食行业库存报废药剂提出了指导性意见。

二是编录事故案例。汇编了从2005年西安全国粮食安全生产会议以来接报的粮食行业安全生产事故，共35个案例，并将其内容制作成“粮食安全事故警示案例”光碟，进行安全生产宣传和事故警示教育。

三是续编安全生产小知识专栏。编写了安全生产小知识专栏之“防汛”、“烘干与消防”篇共12期，在《中国粮食经济》杂志上连载，对粮食行业的各类安全生产知识进行专题宣传。

四是开展事故现场调查。2月赴黑龙江调查华粮绥化粮库烘前仓清除挂壁作业中人员伤亡事故，10月赴贵州仁怀地区调查粮仓倒塌事故，12月赴河南平顶山汝州戎庄粮库调查粮仓倒塌事故。通过事故调查，掌握第一手资料，总结教训，找准工作思路。

五是开展应急检查。2月赴黑龙江哈尔滨检查粮食企业烘干作业安全情况；7月赴广西柳州了解粮食企业水灾损失情况；10月在《突发事件应对法》实施情况检查中，分为两组对陕西、四川和江苏、上海等地的粮食企业安全生产应急预案及其实施情况进行调研；12月赴河南安阳查看粮食企业雪灾受损情况，了解灾情，发现问题，提出防灾减损建议。

六是召开会议部署粮食安全生产工作。2月在哈尔滨召开了部分省份烘干作业安全座谈会；12月在合肥“全国粮食仓储工作会议”上，通报了2009年事故案例，分析了事故原因，并就做好2010年粮食安全生产工作提出要求。

粮食法治建设

一 认真做好《粮食法》研究起草工作

一是认真研究和安排《粮食法》起草工作。国务院2009年立法工作计划，把《粮食法》列入需抓紧研究、待条件成熟时提出的立法项目，明确由国家发展改革委和国家粮食局负责起草。国家发展改革委有关负责同志多次就《粮食法》起草工作作出批示，提出明确要求。国家粮食局主要负责同志多次主持召开《粮食法》起草工作座谈会，听取相关部门和单位以及地方粮食部门对《粮食法》起草的意见和建议，研究讨论《粮食法》起草思路，并对起草工作进行部署。

二是成立《粮食法》起草工作领导小组和工作组。领导小组由中农办、国家发展改革委、科技部、工信部、财政部、国土资源部、环保部、水利部、农业部、商务部、卫生部、人民银行、工商总局、质检总局、国务院法制办、国家统计局、国家粮食局等17个部门有关负责同志组成，国家发展改革委副主任张晓强任组长，国家粮食局局长聂振邦任副组长。工作组作为领导小组下设的研究起草工作机构，由领导小组成员单位的相关司局级负责同志组成，国家粮食局副局长、《粮食法》起草工作领导小组成员任正晓兼任工作组组长。工作组办公室设在国家粮食局政策法规司，负责工作组日常工作。

三是召开《粮食法》起草工作组和领导小组第一次会议。2009年9月，召开《粮食法》起草工作组第一次会议，对《粮食法》起草思路、调研题目及分工以及起草工作进度安排等进行了研究，形成初步意见。2009年10月，召开《粮食法》起草工作领导小组第一次会议，审议通过了上述涉及《粮食法》起草的重要事项。

四是组织开展《粮食法》专题调研。《粮食法》起草工作领导小组第一次会议召开后，《粮食法》起草工作专题调研随即全面启动，分7个专题，即粮食宏观调控和储备粮管理、粮食生产发展、粮食流通产业发展、粮食市场和质量卫生监管、粮食领域外资进入管理制度、粮食省长负责制、保护和合理利用粮食资源，分赴13个省份开展调研。各牵头单位认真制定专题调研方案，相关部门选派业务骨干参加。

五是全面收集整理《粮食法》相关资料。认真总结《粮食流通管理条例》（以下简称《条例》）和《中央储备粮管理条例》两部条例贯彻落实情况，对党中央、国务院关于粮食工作的方针、政策和措施，国务院各有关部门的“三定”方案，以及粮食相关法律、行政法规和部门规章进行收集整理，并汇编成册分送各成员单位。

六是编写《粮食法》起草工作简报。截至2009年底，共印发9期工作简报，主要涉及《粮食法》起草工作进展情况、专题调研组调研动态等方面，分送《粮食法》起草工作领导小组各成员单位，同时抄送全国人大农委、全国人大常委会法工委。

二 深入开展粮食普法工作

一是研究制定年度普法工作要点。按照全国普法办要求，结合《全国粮食行业法制宣传教育第五个五年规划》和2009年粮食工作，研究制定了《2009年全国粮食行业普法依法治理工作要点》。各地粮食部门结合实际工作，制定了本部门的2009年普法工作要点和计划。

二是全面总结“五五”普法中期检查情况。各地粮食部门积极组织开展“五五”普法中期督导检查，对普法情况及时进行总结，认真查找工作中存在的问题和不足，广泛宣传和及时推广普法依法治理先进经验。河北省粮食局、浙江省粮食局陈群华、甘肃省粮食局王宏斌被中央宣传部、司法部、全国普法办分别授予“全国‘五五’普法中期先进集体”、“全国‘五五’普法中期先进个人”和“全国‘五五’普法中期先进工作者”荣誉称号。

三是认真开展《条例》周年宣传活动。以“加强宏观调控，保障国家粮食安全”为主题，开展《条例》颁布实施五周年宣传活动，国家粮食局主要负责同志主持召开《条例》五周年座谈会，对《条例》颁布实施五年来的贯彻落实情况以及依法行政取得的成效和做法进行总结交流。各地也结合本地情况，专门下发宣传通知，明确条例宣传主题、宣传重点、活动安排及形式等，并对宣传活动提出了具体要求。各地积极创新宣传形式，通过制作和张贴有关宣传材料，举办各类现场宣传活动，借助各类媒体开展宣传，深入粮食企业开展宣传等多种形式，扩大《条例》宣传覆盖面。

三 扎实做好粮食行政许可工作

根据《条例》和《中央储备粮管理条例》相关规定，认真做好粮食收购资格审核和中央储备粮代储资格认定工作。截至2009年底，全国具有粮食收购资格的经营者达到8.55万家，其中国有及国有控股企业1.8万家，私营企业、个体经营户和其他经济组织等其他多元主体6.75万家，分别占总数的21%、79%，粮食收购市场经营主体多元化格局已经形成。具有中央储备粮、油代储资格的企业分别为1907户和208户，资格仓容、罐容分别达到10115万吨和319万吨，资格企业布局趋于合理。

四 做好粮食流通监督检查和服务工作

认真组织开展清仓查库工作，成立了由国家发展改革委牵头，10个部门和单位共同组成的部际联席会议，办公室设在国家粮食局，具体承担清仓查库的组织协调等工作。地方各级政府和国家有关部门直接参与检查的人员124756人，清查储粮库点29965个，对1765个重点非国有粮食企业和转化用粮企业的粮食库存进行了典型调查。清查结果显示，2009年3月末全国国有粮食企业粮食总库存22540万吨（原粮），账实相符率99.7%，质量合格率97.1%，宜存率99.1%，全国粮食库存数量真实，质量良好，储存安全，管理比较规范，品种结构趋于合理，区域布局进一步改善。

加强粮食监督检查和质量监管工作。继续巩固和加强监督检查体系、质量检测体系建设成果，全国31个省份及新疆生产建设兵团、82%的市地级和70%的县级粮食部门设立了监督检查机构，纳入国家粮食质量监测体系的质检机构已达197家。进一步完善粮食监督检查和质量安全监管制度，加强粮食市场日常监管和政策性粮食购销专项检查，认真督查、查办涉粮案件和粮食质量安全事件。认真贯彻《食品安全法》，继续抓好标准制修订工作，《稻谷》、《玉米》、《大豆》等国家标准相继实施，认真开展粮食质量与原粮卫生的调查、抽查和监测。

五 积极推进粮食依法行政

按照国务院法制办的要求，对五年多来粮食部门贯彻落实《国务院全面推进依法行政实施纲要》的情况进行总结，研究提出了下一步推进粮食依法行政的措施意见。继续开展粮食依法行政示范创建活动。召开部分粮食依法行政示范单位座谈会，建立健全依法行政示范单位动态管理制度，对部分依法行政示范单位进行调整。通过现场交流、实地查看、编发经验材料等多种方式，总结推广依法行政示范单位的典型经验和做法。继续加强对地方粮食法制工作的指导。广东、四川、安徽、内蒙古等省（区）分别制修订出台了《广东省粮食安全保障条例》、《四川省〈粮食流通管理条例〉实施办法》、《安徽省省级储备粮管理办法》、《内蒙古自治区粮食流通管理办法》等地方性法规和规章。

六 继续加强粮食行政复议工作

根据全国行政复议工作经验交流暨“双先”、“双优”表彰大会精神，认真研究粮食部门贯彻落实的具体措施。定期向国务院法制办报送办理行政复议和行政应诉案件的情况。

粮食行业发展

一 现代粮食流通产业建设

2009年，各级粮食部门按照年初全国粮食局长会议关于加强现代粮食流通产业建设的部署，积极探索，扎实工作，努力夯实粮食流通产业发展基础，增加了种粮农民收入，保证了粮食市场供应和价格基本稳定，为保增长保民生保稳定作出了积极贡献。

（一）健全体制机制，加强粮食宏观调控体系建设

继续抓好粮食收购。再次较大幅度提高稻谷和小麦最低收购价格水平，提价幅度为13%～17%；继续完善粮食最低收购价执行预案，健全启动机制和补贴机制，细化具体操作措施。加大国家临时存储粮油的收储力度。创新机制，引导加工企业入市收购，对17个省份的中央直属和地方油脂加工企业托市收购油菜籽，对内蒙古自治区和黑龙江、吉林、辽宁省一定规模以上的大豆压榨企业入市收购大豆，对南方16个饲料消费省份的定点企业和中央直属企业到东北三省和内蒙古自治区采购玉米分别给予补贴。对江苏、安徽、山东、河南、湖北等省部分受灾地区的芽麦实行保护性收购。

做好政策性粮食竞价销售、移库和产销衔接工作。根据宏观调控需要，合理安排政策性粮食竞价销售，满足市场需求。将国家临时存储的575万吨玉米和195万吨大豆划转给地方作为临时储备，定向销售给加工企业，促进国产玉米和大豆的加工转化。下达905万吨临时存储粮和1.9万吨中央储备菜籽油跨省移库计划，充实销区库存，优化库存布局。多次举办粮食产销衔接交易会、贸易洽谈会、精品展销会，签订粮食购销合同2000万吨。认真落实关内销区到东北采购粳稻（大米）运费补贴政策，采购粳稻（大米）625万吨，促进了产销衔接，搞活了粮食流通。

加强储备粮管理、军粮供应管理和应急体系建设。服从和服务于国家宏观调控、稳定市场粮价的需要，合理安排中央储备粮轮换计划、油料收购计划和进口转储备计划。下达食用植物油地方储备规模指导性计划。各地积极充实地方粮食储备规模，健全储备体系，提高储备粮油管理水平。2009年末，地方粮、油储备同比分别增加2.8%和43%，其中河北、山西、陕西、浙江、新疆等省（区）增加较多。加强军粮供应管理，健全粮食应急预案，完善粮食应急保障体系，保证重大活动和应急用粮需要。

（二）完善政策措施，推进粮食企业改革和市场体系建设

继续推进国有粮食企业改革，大力培育现代粮食市场主体。积极协调和配合有关部门制定政策性粮食财务挂账消化、未占用农发行贷款的政策性亏损处理、占用商业银行贷款挂账划转，以及支持企业消化经营性财务挂账等政策，明确中央和地方储备粮承储企业免征营业税、印花税、房产税和城镇土地使用税等政策，为企业改革发展创造良好政策环境。加强对国有粮食企业产权制度改革的指导，督促加强经营管理，转换经营机制，建立现代企业制度。继续落实《全国粮食市场体系建设“十一五”规划》，培育、发展和规范多元粮食市场主体，具有收购资格的多元主体达到6.7万家。城镇连锁经营店和农村服务网点建设进一步加快，粮食流通更加活跃。国家粮食交易中心总数达到22

个，全国统一竞价交易平台联网市场已达23家，大中城市成品粮油批发市场继续呈现强劲发展势头。

加强粮食统计和市场信息体系建设。加强和改进粮食统计工作，认真完成粮食购销存统计、粮油加工业统计和供需平衡调查等基础工作。健全粮食市场信息监测系统，加强监测预警分析，为粮食宏观调控提供可靠的决策依据。

（三）强化支持政策，大力发展粮食产业化体系

积极培育粮食产业化龙头企业。会同中国农业发展银行出台支持现代粮食流通产业发展的政策，在政策性粮油收储、自主购销和产业化龙头企业发展等方面，加大对企业的信贷支持力度；重新审核重点支持的1684家产业化龙头企业，继续提供贷款支持，促进企业做大做优做强。通过信贷支持、财政贴息、退城进郊兴办粮食产业园区等多种方式，积极培育产业化龙头企业，延长产业链条，促进农民增收、企业增效。

进一步完善科技创新体系，引导和促进粮食行业科技创新。以大型龙头企业和粮食物流枢纽为依托，推进粮食精深加工与综合利用。加快“放心粮油”销售网点和“主食厨房”建设，推进“放心粮油”工程，产、学、研和购、加、销一体化，从田头到餐桌的粮食产业链条初步形成。

（四）加强督促检查，推进粮食流通行政执法监督保障体系建设

认真组织开展清仓查库，摸清了粮食库存家底。在全国范围内开展粮食清仓查库工作，清查储粮库点29965个，对1765个重点非国有粮食企业和转化用粮企业的粮食库存进行典型调查，检验和推进了粮食系统各项工作，为加强粮食仓储管理和库存监管积累了丰富经验，为科学实施粮食宏观调控奠定了坚实基础。

积极推进粮食立法。以贯彻两部条例为主线，制定年度普法依法治理要点，全面总结“五五”普法以来粮食行业法制宣传教育工作。继续落实两部条例，做好粮食收购资格和中央储备粮代储资格审核工作。认真贯彻落实党中央、全国人大和国务院关于制定《粮食法》的要求，成立由17个部门有关负责同志组成的领导小组及工作组，认真开展专题调研，积极做好《粮食法（草案）》研究起草工作。

加强监督检查和标准质量工作。继续巩固和加强监督检查体系、质量监测体系建设成果，全国31个省份及新疆生产建设兵团、82%的市地级和70%的县级粮食部门设立了监督检查机构，纳入国家粮食质量监测体系的质检机构已达197家。进一步完善粮食监督检查和质量安全监管制度，加强粮食市场日常监管和政策性粮食购销专项检查，认真督查、查办涉粮案件和粮食质量安全事件。以两部条例和相关配套文件为依据，政策性粮油购销活动监督检查为重点，面向全社会的粮食流通行政执法监督保障体系初步形成。

二 粮食政务信息体系建设

一年来，国家粮食局紧密围绕粮食工作中心任务，切实改进信息工作方式，及时主动地报送粮食信息，加强电子政务建设，推进政务信息和政府信息公开，粮食行业政务信息体系建设取得了新的进展。

（一）加强粮食政务信息报送和政府信息公开工作

一是扎实抓好粮食政务信息报送工作。政务信息报送是辅助领导科学决策的一项重要工作。及时掌握和反映党中央、国务院领导同志关注的中心工作和热点问题，抓好选题，组织编写，全年向中

办、国办报送粮食信息313期，受到中共中央办公厅和国务院办公厅的肯定。认真做好《情况通报》和《粮食工作通讯》等信息刊物的编印工作，全年共编印《情况通报》（含增刊37期）近百期、《粮食工作通讯》12期。2009年度，各地共报送粮食政务信息2500余条，内容涉及粮食工作的各个方面，为各级领导及时了解各地粮食流通情况、指导粮食工作和宏观调控决策发挥了重要作用。按照中办、国办的有关规定，根据《全国粮食系统政务信息工作管理暂行办法》，国家粮食局对16个政务信息报送年度考核优胜单位进行通报表扬。

二是做好政府信息公开工作。2009年，国家粮食局把政府信息公开工作摆在更加重要的位置，并纳入粮食行业发展的总体规划，与业务工作统筹考虑、统一部署、同步推进，逐步建立信息公开的长效机制。按照《中华人民共和国政府信息公开条例》要求，认真抓好主动公开，妥善处理好依申请公开，对涉及群众切身利益、需要社会广泛知晓或参与的政府信息，按照及时、便民的原则，通过报刊、政府网站等方式及时主动向社会公开。畅通渠道，深入推进办事公开，在做好保密工作的前提下，及时准确发布相关信息，让社会各界及时了解粮食宏观调控形势及政策措施。加强监督，及时公开中央储备粮代储资格认定等行政许可事项、国债和中央预算内投资项目管理、国家粮食科技项目实施及科技成果推广等相关信息，稳步推进我局行政权力公开透明运行。

（二）积极推进粮食电子政务建设

一是全国粮食调控信息系统项目建设全面完成。全国粮食调控信息系统项目是2001年3月经原国家计委批复并开始实施的，是国家粮食局成立以来建设的面向局机关和粮食系统的第一个大型信息化项目。该系统总体目标是建立一个粮食辅助决策支持系统，包含了协同办公系统、业务系统和粮食系统纵向网等内容和模块，其中涉及地方省级粮食局的模块和栏目主要是“协同办公”里的工作互动，“业务系统”中的政务信息、报表管理、软科学管理、案件管理、领导查询和全国粮食系统纵向网（粮食系统办公模块）中的地方动态等。目前，该系统已全面完成建设任务，实现了项目建设目标，并通过最终验收，正式投入运用。该系统既是国家粮食局机关内部公文运转、行政事务管理、日常信息交流的主要平台，也是国家粮食局与各省级粮食行政管理部门互联互通的重要渠道，实现粮食系统业务数据的即时传输和同步处理，有利于全面提高粮食系统工作效能。

二是“金农”、“金宏”工程粮食子系统建设取得明显进展。在“金宏”工程中，国家粮食局主要参与建设战略资源信息系统的粮食子系统，包括粮食综合信息库系统和省级粮食局接入发展改革系统纵向网两个子项目。目前，粮食综合信息库系统子项已按项目设计要求完成了全部建设任务，顺利通过项目评审和最终验收；47个省级粮食局接入国家发展改革系统纵向网项目已正式实施，取得了阶段性成果。“金农”工程（一期）项目中，国家粮食购销调存数据中心机房建设项目已组织实施建设，相关设备采购工作进展顺利。

三是全国粮食动态信息系统建设项目进入初步设计阶段。全国粮食动态信息系统项目的提出，是为了落实《国家粮食应急预案》的有关要求，以提高粮食应急状态发生前的预防能力为主要目的，为在粮食应急状态下各环节的科学决策和业务协同提供信息化手段支持，提高粮食宏观调控的效率和水平。2003年，按照《国务院关于批转全国粮食清仓查库工作总结报告的通知》的有关要求，我们向国家发展改革委申报了全国粮食动态信息系统项目。2004年，经国务院批准，国家信息化领导小组将全国粮食动态信息系统项目列为“中办发〔2002〕17号”文件之外的第二类项目并予以优先支持。2007年3月，国家发展改革委正式批复了《全国粮食动态信息系统项目建议书》。2009年4月，国家发展改革委正式批复了项目中央本级部分的可研报告。目前，我们正在着手组织开展项目中央本级部分的初步设计编制等工作。

四是安全基础设施改造工程基本完成。为提升全国粮食调控信息系统和我局网络环境的保密性和安全性，完成了以中心机房改造为主要内容的“局域网网络改造工程”项目，实施了局机关安全网络布线，提升了我局网络环境的保密性和安全性；推进国务院办公厅“二邮”系统改造升级工作，加强与国务院系统的情况沟通和工作信息交流。

（三）认真做好局政府网信息发布和安全管理工作

切实抓好重点工作的专题专栏建设工作，在局政府网站上开设全国粮食清仓查库、2009夏粮收购等专题栏目，突出反映粮食流通重点工作。局各有关单位和各省级粮食部门及时提供网站信息，更新各相关栏目，确保了信息的权威性和时效性。密切跟踪监测网上舆情，及时发现和掌握互联网上集中关注的涉粮热点、敏感问题，对互联网上关注度较高的涉粮信息进行筛选、整理，供局领导参阅，全年共编辑《摘编》36期。扎实做好局政府网站的安全保障工作，在新中国成立60周年大庆期间，连续24小时值班，并采取相关技术措施，确保了局政府网站的安全运行。

三 粮油加工业发展与指导

2009年，随着国家“扩内需保增长”和促进农业增收，继续加大对粮油加工业健康发展的扶持政策措施的实施，在经济回暖和消费升级带动的背景下，针对国际金融危机影响较大的东北大豆、玉米加工以及油菜籽加工企业，国家及时出台政策，有效保护了农民利益和企业利益，明显提高了企业开工率。国家扶持政策实施效果显著，粮油加工业总体平稳较快发展。

（一）国家从政策和资金方面大力扶持粮油加工业，托市收购及定向销售补贴等政策直接惠及企业

2009年3月，国务院印发《轻工业调整与振兴规划》（国发〔2009〕9号），提出支持粮油加工业企业调整产品结构，加快实施技术改造，提升行业总体技术水平，重点推进油料品种多元化；实施高效、低耗、绿色生产，促进油料作物转化增值和深度开发，保障食用植物油供给安全；实施食品加工安全专项，加强食品安全监测能力建设。6～11月，国家粮食局配合有关部门研究提出了《轻工业2009～2010年投资专项》及《粮油加工业、食用油加工业食品安全检测能力建设方案》。

2009年7月，国务院印发《全国新增1000亿斤粮食生产能力建设规划（2009～2020年）》（国办发〔2009〕38号），为发展粮食加工业提供了丰富优质的原料保证。吉林、黑龙江和河南三省增产规划对有关粮油加工业发展提出了具体措施意见。

2009年9月，经国务院批准，国家林业局、国家发展改革委印发《全国油茶产业发展规划（2009～2020年）》，大力扶持油茶产业发展，提出到2020年全国茶油产量达到250万吨，大幅提高茶油在现有食用植物油供给中的比例。

2009年，国家加大对粮油加工业的政策扶持，继续实施稻谷、小麦最低收购价政策，并且将油菜籽、东北玉米和大豆纳入国家临时收储托市收购品种范围。5月，国家发展改革委、财政部、国家粮食局印发《关于做好2009年油菜籽收购工作的通知》（发改经贸〔2009〕1362号），对油菜籽主产区具有一定资质条件和规模的指定国有或民营油脂加工企业134家，入市收购加工2009年度国产油菜籽给予一次性定额费用补贴。7月，国家发展改革委、财政部、国家粮食局印发《关于做好支持东北地区大豆加工企业加工生产的通知》（财建明电〔2009〕12号）和《关于明确东北地区大豆划转有关问题的函》（财办建〔2009〕130号），引导东北地区（黑龙江、吉林、辽宁、内蒙古）大豆压榨企业

入市收购，对东北地区127家指定大豆压榨企业进行复核确认，入市收购并压榨加工的2009年国产大豆，以及东北地区中央储备轮入大豆，中央财政给予一次性定额费用补贴。9月，按照国务院第58次常务会议提出促进国内玉米深加工企业提高开工率、缓解粮食库存压力的具体措施的要求，国家发展改革委、财政部、国家粮食局印发了《关于做好国家临时存储玉米定向销售工作的通知》（发改电〔2009〕219号），对内蒙古、辽宁、吉林、黑龙江一定规模以上玉米深加工企业定向销售部分国家临时存储玉米，中央财政对划转地方并付诸加工的临时存储玉米给予加工企业一次性定额补贴；11月，财政部、国家发展改革委、国家粮食局、农业发展银行、中国储备粮管理总公司印发《南方饲料消费省份采购东北地区2009年新产玉米费用补贴财务管理办法》的通知（财建〔2009〕853号），对南方饲料消费省份采购东北2009年新产玉米进行补贴。

2009年，国家安排粮油加工业国债技改206个项目立项，总投资89.9亿元，国债投资补助资金4.7亿元，有力地推进了粮油加工企业的新产品开发和更新换代。技改投资项目按行业分，大米加工业40个，小麦粉加工业26个，食用植物油加工业76个，玉米加工业12个，大豆食品加工业12个，薯类及杂粮加工业12个。

（二）着眼长远发展，会同有关部门研究编制《粮食加工业发展规划》

2009年6月，根据《国家粮食安全中长期规划纲要（2008～2020年）》(国发〔2008〕24号)要求，由工业和信息化部会同国家粮食局、农业部等部门启动了编制《粮食加工业发展规划》工作。受工业和信息化部的委托，国家粮食局研究提出了编制大纲和方案，正式印发了《关于编制粮食加工业发展规划的通知》（国粮办展〔2009〕178号），共有21个省（区、市）粮食局启动了粮食加工中长期发展规划编制工作。

7～9月，国家粮食局流通与科技发展司组织中国粮食行业协会、国家粮油信息中心、国家粮食局科学研究院、中粮科学研究院、国家发展改革委宏观经济研究院等单位开展了粮食加工重大问题软课题研究，编写了粮食加工中长期发展规划草案、初稿、征求意见稿，分别召开了主产省粮食局、有关专家规划征求意见会议。经反复修改和完善，并征求省粮食局和有关协会、专家的意见，形成了报送稿，于10月正式报送工业和信息化部。规划着眼于建立现代化的粮食加工体系，发挥粮食加工业对粮食产业的带动作用，强调保障国家粮食安全、食品安全、产业健康发展和提高应对风险的能力。

2009年12月，在江西省南昌市召开了粮油加工业“十二五”发展规划编制座谈会，研究讨论了规划大纲和编制方案，交流了规划编制工作经验，正式启动了粮油加工业“十二五”规划编制工作。各省（区、市）粮食局行业发展处处长和规划课题组有关专家参加了会议。

（三）加强和改进粮油加工业统计工作，为行业规划和产业政策研究提供有效服务

2009年1月，面向各省（区、市）粮食行政管理部门及中央直属企业统计工作人员举办了“2008年度粮油加工业统计软件培训”。加强和改进粮油加工统计工作，健全了加工统计工作体系，完善了加工统计指标体系，扩大到8个行业进行统计，开发了网上直报信息系统。4月底前，汇总各省粮油加工业统计数据和审核。6月，在青岛召开“2008年度全国粮油加工业统计汇编会”，对各省区市粮食局上报数据进行了交叉审核。7月份完成2009年度粮油加工业统计汇总和分析工作，编印了《2008年度粮油加工业统计汇编》，为行业发展规划和产业政策的研究提供了有效数据支持。

2009年6月，首次开展了年加工产能10万吨以上重点加工企业800多家上半年统计监测，8月初编印了《粮油加工业重点企业2009年上半年形势分析报告》。

2009年12月，在南昌召开了2009年度粮油加工业统计工作布置及软件培训工作会议。完善了加工

统计指标体系，新增了节能减排、综合利用、应急加工企业等指标，要求提高统计数据质量，扩大统计范围，尤其是承担政策性收购加工任务的企业要及时填报报表。

（四）企业更加重视食品安全能力建设，放心粮油示范工程取得新成绩

《食品安全法》正式实施，政府、企业对食品安全的重视都提到了新的高度。卫生部、国家发展改革委等部门联合开展了食品安全整顿工作。2009年5月，国家粮食局结合清仓查库工作对中央储备粮进行全面的质量卫生检查。同时，为保证居民健康消费，保障粮油食品安全，国家粮食局继续推动面粉行业禁用增白剂工作。粮油加工企业也更加重视生产和保证各环节的食品安全，尤其是更加重点关注源头。

2009年，放心粮油进农村进社区示范工程继续推进，《深入推进放心粮油进农村进社区示范工程的实施意见》明确了指导思想，制定了工作目标和任务措施。放心粮油科普宣传活动成效显著，各地粮食行业协会和粮油企业在“全国质量月”期间开展了“放心粮油宣传日”活动，广泛宣传粮油科学知识和食品安全常识，宣传放心粮油工程，树立了企业和产品形象，提高了消费者的食品安全意识和自我保护能力，使社会各界更加了解、重视、支持放心粮油工程。

四 粮油加工业统计

为全面了解掌握粮油加工业发展总体状况和变化趋势，做好行业指导工作，促进粮油加工业健康发展，根据新形势的需要，国家粮食局在2008年度较大幅度修订粮油加工统计指标的基础上，扩大到大米加工业、小麦粉加工业、食用植物油加工业、玉米加工业、粮食食品加工业、杂粮加工业、饲料加工业、粮机设备及制造8个行业进行统计，进一步完善了粮油加工业统计指标体系，增加了副产物综合利用、节能降耗、应急加工企业等信息，统计范围进一步扩大，统计数据质量进一步提高，统计的时效性大大加强。统计信息涵盖全社会粮油加工业企业数量、生产能力、产品产量、主要经济技术指标、原料消耗和期末库存、库房容量等基本内容。基本情况如下：

（一）企业数量比上年增长5.8%

2009年度，全国共有粮油加工业企业14472个，比上年增加791个。其中：大米加工企业7687个，比上年增加376个；小麦粉加工企业2787个，比上年减少32个；食用植物油加工企业1321个，比上年增加99个；玉米加工企业346个，比上年增加23个；粮食食品加工企业591个，比上年增加45个；杂粮及薯类加工企业215个，比上年增加88个；饲料加工企业1442个，比上年增加186个；粮机设备制造企业83个，比上年增加8个。

在粮油加工领域，民营企业数量占主导地位。民营企业12750个，占企业总数的88.1%，企业数量比上年增加990个，增幅8.4%；外商及港澳台投资企业数量444家，占企业总数的3.1%，企业数量比上年增加57个，增幅14.7%；国有及国有控股企业1278个，占企业总数的8.8%，企业数量比2008年减少256个，减幅16.6%。其中大米加工减少146个、小麦粉加工减少70个、食用植物油加工减少30个、玉米加工减少8个、粮食食品加工减少5个、饲料加工减少4个、粮机设备制造企业减少1个。

在生产能力上，民营企业也占绝对优势，如大米加工能力，民营企业占86.6%、小麦粉占86.1%、食用植物油油料处理占64.9%、玉米加工占73.4%。别外，外商及港澳台资企业数量所占比例不高，但单个企业规模都较大，生产能力和实际产品相当可观。

按企业设计生产能力划分，粮油加工企业以中小型加工企业为主。日加工能力在50～200吨的企

业数量居多，其中：日加工能力100吨以下的企业8194个，占总数的56.9%，比上年下降5.1%；100～200吨企业3296个，占22.9%； 200～400吨企业1839个，占总数的12.8%；400～1000吨以上企业749个，占总数的5.2%；1000吨以上企业311个，占总数的2.2%。

按区域划分，加工企业主要集中在粮食主产区。内蒙古、吉林、黑龙江、河北、辽宁、山东、河南、江苏、安徽、江西、湖南、湖北、四川13个主产区企业数量10554个，占总数的73%，比上年提高3.7%；山西、广西、重庆、贵州、云南、西藏、陕西、甘肃、宁夏、青海和新疆11个产销平衡区企业数量2326个，占总数的16.1%，比上年提高5.2%；北京、天津、上海、浙江、福建、广东和海南7个主销区企业数量1592个，占全国总数的11%，比上年下降8.7%。粮油加工企业数量居全国前3位的省份是黑龙江1582个、江西1363个、湖北1329个。2009年，黑龙江省企业数量增加801个，比上年增加103.1%，企业数量从2008年度的第4位上升到全国的第一位；安徽省企业数量也增加126个，增加19.5%。

（二）主要经济指标

粮油加工企业实现工业总产值11184.2亿元，比上年增加1451.1亿元，增幅14.9%。按行业分，食用植物油加工业、大米加工业、饲料加工业、小麦粉加工业和玉米加工业实现工业总产值超过千亿元 ，分别为3690.8亿元、1921.5亿元、1679.5亿元、1580亿元和1484.8亿元，分别占总量的33%、17.2%、15%、14.1%和13.3%，分别比上年增加255.4亿元、386.1亿元、181.4亿元、194.6亿元和218.3亿元，增幅分别为7.4%、25.1%、12.1%、14.1%和17.2%。山东、江苏和河南3省工业总产值继续保持全国前3位，分别为1795.8亿元、1150.2亿元和816.4亿元；前10位中，湖北由2008年的第6位上升至第4位；黑龙江省由2008年的第10位上升至第6位。

粮油加工业企业实现工业增加值1553.2亿元，比上年增加288亿元，增幅22.8%。按行业分，食用植物油加工业479.3亿元、玉米加工业299.3亿元、大米加工业257.8亿元、饲料加工业168.2亿元、小麦粉加工业157.2亿元，分别占总量的30.9%、19.3%、16.6%、10.8%和10.1%。分地区，山东、湖北和江苏省位列全国前三位，分别为246.4亿元、168.7亿元和143.1亿元。

粮油加工业企业实现产品销售收入11098.9亿元，比上年增加1533.2亿元，增幅16%。其中：食用植物油加工业3622亿元、大米加工业1909.2亿元、饲料加工业1649.5亿元、小麦粉加工业1558.1亿元和玉米加工业1437.6亿元，分别占总量的32.6%、17.2%、14.7%、14.9%、14%和13%。分地区，山东、江苏和河南省位列全国前三位，分别为1758.4亿元、1136.9亿元和782.5亿元。大型粮油加工企业集团中，产品销售收入过百亿元的企业有益海嘉里（中国）集团（890亿元）、中粮集团有限公司（470.6亿元）、长春大成实业集团有限公司（269.8亿元）、山东西王集团有限公司（150.1亿元）、九三粮油工业集团有限公司（146.7亿元）、嘉吉（中国）公司(113.6亿元)。

粮油加工业企业实现利税总额450.4亿元（利润总额312亿元），比上年增加66.1亿元，增幅17.2%（利润总额比上年增加98.8亿元，增幅46.3%）。玉米加工业、食用植物油加工业和饲料加工业利税总额（利润总额）较高，分别为117.9亿元、115.8亿元和52.5亿元，分别占总量的26.2%、25.7%和11.6%（利润总额分别为：76.6亿元、81.6亿元和43.1亿元，分别占总量的19.9%、21.2%和11.2%）。分地区看，利税总额（利润总额）列前3位的省份分别是山东80.2亿元、江苏39.6亿元、河北39.5亿元。

（三）粮油加工业产能和产量继续保持增长

大米加工业。年处理稻谷能力共计19423.7万吨，比2008年增加3377.2万吨，增长21%，实际处理稻谷8630万吨，大米产量5723.8万吨，比2008年度增加940.8万吨，比上年增长19.7%。日处理稻谷在100～200吨的大米加工企业数量1941个，比上年增加443个，增幅29.6%，产能和产量分别为5981.2万吨和1665万吨，分别占总量的30.8%和29%；日处理稻谷200～400吨以上企业数量567个，比上年增加162个，增幅40%,产能和产量分别为3541.6万吨和1225.3万吨，分别占总量的18.2%和22.2%；日处理稻谷400吨以上加工企业数量153个，比上年增加41个，增幅36.6%,产能和产量分别为3442.8万吨和1580.7万吨,分别占总量的17.7%和28%。

大米加工业产能和产量主要集中在东北地区及长江中下游地区，黑龙江、江西和湖北三省产能位列前3位，产能分别为4122.4万吨、2352.3万吨和2368.1万吨，分别占总产能的21.2%、12%和12.2%。黑龙江、湖北、安徽大米产量居前三位，分别为870.3万吨、772.3万吨、697.2万吨，分别占总产量的15.2%、13.5 %和12.2%。以品种结构看，以标准一等米和特等米为主，产量分别为3565.4万吨和1606.5万吨，分别占总产量的62.3%和28.1%；糙米产量76万吨，占总产量的1.3%。年产量10万吨以上大米企业46个，比上年增加6个，总产量达1102.8万吨，占大米总产量的19.5%。

小麦粉加工业。年处理小麦能力共计12167万吨，比上年增加566.6万吨，比上年增长4.9%；年实际处理小麦8167.9万吨，小麦粉产量共计5532.7万吨，比上年增加27.1万吨，增幅0.5%。日处理小麦200～400吨企业数量562个，比上年增加48个，增幅9.3%，产能和产量分别为3598.1万吨和1604.8万吨，分别占总量的29.6%和29%；400～1000吨企业数量212个，数量比上年增加27个，增幅14.6%，产能和产量分别为2896.3万吨和1520.4万吨，分别占总量的23.8%和27.5%；1000吨以上企业数量50个，数量保持不变，产能和产量分别为2016万吨和1394.5万吨，分别占总量的16.6%和25.2%。

小麦粉加工业产能和产量集中在黄淮海平原小麦主产区，河南、山东和江苏3省产能分别为2548.3万吨、2366.8万吨和1221.8万吨，分别占产能的21%、19.5%和10.1%；河南、山东、江苏小麦粉产量居前三位，产量分别为1214.7万吨、1107.8万吨和674.3万吨，分别占产量的22%、20%和12%，3省合计产量2996.8万吨，占总产量的54.2%。年产量10万吨以上小麦粉企业85个，比上年减少11个，总产量1933.5万吨，占小麦粉企业总产量的34.9%。按产品等级分，特制一等粉和特制二等粉产量所占比例较大，特制一等粉产量2465万吨，占总产量44.6%；特制二等粉1422.4万吨，占总产量的25.7%。

食用植物油加工业。年油料处理能力10946.3万吨，比上年增加3080.6万吨，增幅39.2%；精炼能力3389.9万吨，比上年增加661.3万吨，增幅24.2%。全国食用植物油实际产量2288万吨（从食用油统计产量2780.9万吨中扣除外购国内原油精炼量402.2万吨和外购国内成品油分装量90.7万吨），比上年增加360.2万吨，增幅18.7%；实际年处理油料7364.8万吨。食用植物油加工企业规模化程度较高，日处理油料400～1000吨企业数量146个，比上年增加60个，增幅70%，油料处理及精炼能力分别为1784.3万吨和838.9万吨，分别占总数的16.3%和24.7%；1000吨以上的企业数量123个，比上年增加31个，增幅32.7%，油料处理及精炼能力分别为6344.8万吨和1025万吨，分别占总数的57.9%和30.2%，产量1580万吨，占总数的56.8%。

按地区分，食用植物油产能主要集中在沿海沿江港口地区，江苏、山东、广东产量列前三位，分别为511.0万吨、367.5万吨和273.5万吨。食用植物油以大豆油、棕榈油、花生油、菜籽油为主，4个品种产量2419.1万吨，占油脂总量的87%，其中：大豆油1405.6万吨，占总产量的50.5%，比上年下降3.7%；棕榈油312.5万吨，占总量的11.2%，比上年减少4.9%；菜籽油556.2万吨，占总量的20%，比上年提高8%；花生油144.8万吨，占总量的5.2%，比上年增加1%。

按照食用植物油等级划分，以一级食用植物油产品为主，产量1250.8万吨，占总产量的45%。年产量10万吨以上食用植物油企业71个，比上年增加14个，增长24.6%，总产量达1631.78万吨，占食用植物油企业总产量的58.7%。

从大豆压榨及浸出能力来看，全国年处理大豆能力6080.2万吨，大豆油精炼能力1665.1万吨，分别占油料处理能力和油脂精炼能力总量的55.5%和49.1%。从区域分布来看，大豆压榨能力主要分布在黑龙江省和沿海港口地区，黑龙江、江苏和山东居前，分别为1367.3万吨、774万吨和745.4万吨，分别占总量的22.5%、12.7%和12.2%。

玉米加工业。年处理玉米能力4593.8万吨，比上年增幅1.4%；主要产品产量3523.7万吨，比上年增加7.1%；工业用玉米4545万吨。按生产设计能力分，玉米加工业产业集中度较高，日处理玉米400吨以上企业现有119个，比上年增加14个，增幅13.6%，年处理玉米能力3890.1万吨，占产能总量的84.7%，比上年提高5.3%；产量3152万吨，占总产量的89.1%，比上年提高0.4%。玉米加工业产能和产量集中在吉林、山东、黑龙江、河北、内蒙古、辽宁、河南、安徽8个省份。吉林、山东、黑龙江3省产能列前三，年处理玉米能力分别为952.4万吨、898.7万吨和585.2万吨；山东、吉林、河北3省产量较大，产量分别为1068.3万吨、769.3万吨和312.7万吨。玉米加工主要产品产量为：淀粉1698.7万吨，变性淀粉26.9万吨，发酵产品229.4万吨，淀粉糖528.9万吨，多元醇32.7万吨，酒精及加工品657.7万吨（其中燃料乙醇277.6万吨）。

粮食食品加工业。粮食食品加工企业产品产量1036.3万吨，其中：挂面247.2万吨，比上年增加80.1万吨，增幅47.9%；方便面351.8万吨，比上年增加216.9万吨，增幅160.8%；饼干70.7万吨，比上年增加21万吨，增幅42.2%；米粉（米线）55.4万吨，比上年增加13.4万吨，增幅32%；速冻米面制品67.8万吨，面包糕点19.1万吨，其他粮食食品224.4万吨。

杂粮及薯类加工业。杂粮及薯类加工产品160.4万吨，其中：杂粮加工品116万吨，占总量的71.7%，比上年减少4.5万吨，减幅3.7%；薯类加工品45.6万吨，其中：薯类淀粉28.3万吨，薯类食品17.4万吨。

饲料加工业。年生产能力8243.1万吨，比上年增加432.1万吨，增幅5.5%；产量6356.4万吨，比上年增加1376.2万吨，增幅27.6%。山东、广东、江西饲料产量列全国前三位，分别为1390.3万吨、573.8万吨、396.6万吨。按品种分，配合饲料产量5103.3万吨，占总产量的80.3%；浓缩饲料729.6万吨，占总产量的11.5%；预混合饲料326.6万吨，占总产量的5.1%。

粮机设备制造业。粮机设备制造业企业产品合计41.24万台（套），比上年减少2.28万台（套），减幅5.2%。分产品类型，大米加工主机设备3.17万台（套），比上年增加0.86万台（套），增幅37.2%；小麦粉加工主机设备6.79万台（套），比上年增加4.63万台（套），增幅214.3%；油脂加工主机设备0.61万台（套），比上年减少0.15万台（套），减幅24.6%；饲料加工主机设备1.62万台（套），比上年减少0.71万台（套），减幅30.5%；仓储设备11.81万台（套），比上年增加1.29万台（套），增幅12.3%；检化验（仪器）设备0.36万台（套）、通用设备16.87万台（套）。分地区，江苏、湖北两省粮机设备制造企业工业产值居前，分别为57亿元和8.4亿元，分别占全国粮机设备制造业工业总产值的67%和9.8%。

（四）资产及负债

粮油加工业企业年末资产总计7106亿元，固定资产原值2742.9亿元，固定资产净值2028.3亿元，负债合计3902.9亿元，资产负债率54.9%。其中：食用植物油加工业、玉米加工业、大米加工业和小麦粉加工业资产总计较高，分别为2531.7亿元、1271.4亿元、1163.4亿元和750.2亿元，分别占总数的35.6%、17.9%、16.4%和10.6%。粮油加工企业固定资产投资311.1亿元，比2008年减少70.5亿元，减幅18.4%；固定资产投资排在前两位的是食用植物油加工和玉米加工业，分别为82.7亿元、67.3亿元。

（五）粮油加工业企业从业人员数量

2009年末，粮油加工业企业从业人员总计105.3万人，比上年增加17.9万人，增幅20.4%，其中：在岗职工93.5万人(含专业技术人员13.5万人,技术工人23.5万人)，其他从业人员11.8万人。其中：大米加工业、玉米加工业、小麦粉加工业、食用植物油加工业对就业贡献较大，从业人员分别为20.6万人、 16.8万人、16.5万人和15.4万人，分别占总数的19.6%、16.1%、15.7%和15.7%。以从业人员数量区域分布看，企业从业人员较多的前三位的省份是山东、河南和河北，分别为14.5万人、9.1万人和7.9万人。

（六）企业设备原值、库房容量和科研投入情况

粮油加工企业生产设备原值1248.2亿元，设备净值917.2亿元。分行业看，玉米加工业和食用植物油加工业设备原值较高，分别为373.9亿元和301.7亿元，占总数的30%和24.1%。

粮油加工业企业库房有效仓容总量1亿吨，油罐容量1203.6万吨，分别比上年增加390万吨、169.9万吨。其中：大米加工业、小麦粉加工业和食用植物油加工业库房有效仓容量较大，分别为4145.3万吨、1914.5万吨和1723.9万吨，分别占总仓容量的41.4%、19.1%和17.2%。黑龙江、湖北、吉林加工企业库房有效容量居前三位，分别为：1541.5万吨、902.3万吨和893万吨；江苏、湖北和山东油罐容量列前3位，分别为：190.6万吨、175.3万吨和127.8万吨。

粮油加工业企业科技研发投入经费23.6亿元，比上年增加4亿元，增幅20.4%。其中：玉米加工业和食用植物油加工业研究开发经费投入分别为8.4亿元和5.4亿元，占总量的37%和23.3%。粮油加工业企业获得专利1984件，比上年增加701件，增幅54.6%；其中发明专利528件，比上年增加109件，增幅26%。

（七）粮油加工副产物综合利用情况

大米加工副产物米糠861.5万吨，其中：制油用76.8万吨，占总量的8.9%；饲料用317.3万吨，占总量的36.8%。副产物稻壳1497.5万吨，其中：发电用57.5万吨，占总量的3.8%；供热用430.8万吨，占总量的28.7%。

小麦粉加工副产物896.1万吨，其中：小麦谷朊粉14.7万吨，占总量的1.6%；小麦胚芽10.7万吨，占总量的1.2%；其他副产物870.7万吨，占总量的97.2%。

食用植物油加工产饼粕4826.3万吨；大豆分离蛋白33.4万吨；大豆浓缩蛋白3.9万吨。

玉米加工副产物541万吨，其中：DDGS饲料201.2万吨，玉米胚芽95.6万吨，其他副产物244.1万吨。

（八）能源消耗情况

2009年全国粮油加工业企业用电量204.4亿千瓦时，用水3.8亿吨，用煤4450.9万吨。电耗、水耗较大的主要是玉米加工业企业，电耗78.3亿度，水耗2.4亿吨，分别占总量的38.3%和63%。大米加工业吨米平均电耗50.2千瓦时；小麦粉加工业吨粉电耗67.9千瓦时；食用植物油加工业生产每吨油脂耗电113.4千瓦时，标准煤耗0.8吨，溶剂消耗4.8千克；玉米加工平均处理每吨玉米耗电172.3千瓦时，耗水5.2吨，耗煤0.3吨。饲料加工业平均吨饲料耗电27.9度。

（九）应急加工企业情况

2009年度，全国应急粮油加工企业共有1521个，占全国企业数量的10.5%，其中：省级政府或部门认定338个，地市级政府或部门认定435个、县级人民政府或部门认定748个。应急加工企业主要是大米加工、小麦粉加工和食用植物油加工企业，数量分别为982个、375个、125个，分别占应急加工企业数量的38.2%、24.7%和48.9%。应急大米加工、小麦粉加工企业年产能分别为6009.5万吨、3189.1万吨，分别占总量的30.9%和26.3%；应急大米加工、小麦粉加工企业年产量分别为2767.9万吨、1728.5万吨。

五 国际交流与合作

2009年，国家粮食局围绕粮食行业的中心工作，积极开展国际交流与合作。全年共接待国外来访代表团20多个，来访外宾200多人次。举办国际研讨会4个，签订双边合作协议2个。

（一）热情接待国外来访的团组

2009年虽然受到国际金融危机和甲型流感等因素的影响，但来国家粮食局访问的外国政府和企业粮农代表团仍比上年有所增加。国家粮食局的有关领导分别会见和接待了巴基斯坦总理特别顾问、匈牙利农业国务秘书、乌克兰农业部副部长、美国农业部副部长帮办、美国农业部世界农业展望局局长、海外服务局副局长、美国内布拉斯加州农业部长、阿根廷布宜诺斯艾利斯省农业局长、阿根廷驻华大使、联合国粮农组织驻华代表、亚太食品流通联合会秘书长等政府和国际组织高级代表团以及澳大利亚小麦局总裁、加拿大小麦局总裁、法国路易达孚集团首席执行官、日本佐竹公司常务副社长、法国粮食出口协会主席、美国嘉吉公司谷物油料部总经理等率领的农粮企业高级代表团。国家粮食局的有关领导向他们介绍了我国粮食生产、消费、贸易、储藏和质量检测等情况，以及深化粮食流通体制改革的情况，并回答了他们所关心的问题，使外国来宾对我国的粮食供需和市场情况有了正确的了解，还与外国来宾探讨了今后进一步加强在粮食领域交流与合作的方式和途径。通过接待国外来访团组，进一步加强了国家粮食局与国外粮食主管部门、协会和企业的交流与合作。

（二）积极借鉴国外粮食科学技术和管理经验

为了提高我国粮食储藏、加工、标准质量、行业职业教育等科技水平，借鉴国外粮食管理的先进经验，2009年国家粮食局支持下属粮食科学院、标准质量中心，并帮助中粮集团科研院向国家外专局申请到引进国外智力项目7项，合计聘请国外专家24人，资助项目经费45万元。国家粮食局在实施引进国外智力工作中，严格按照国家外专局的有关规定，高度重视、精心组织，切实做好这些引智项目的实施工作，注意发挥引进国外专家的作用，取得了较好的效果。

国家粮食局标准质量中心为做好“稻米潜在出米率测定国际标准的研制”项目，邀请日本北海道大学农产品加工工程实验室和日本佐竹株式会社的专家来华，就稻米潜在出米率测定国际标准研制工作进行指导，日本专家介绍了日本稻谷加工品质评定和提高稻米潜在出米率的经验及质量控制方法，并解答了我国技术人员所关心的问题，为解决我国稻米潜在出米率测定问题提供了良好的思路。

标准质量中心的“小麦国际标准研制”项目，邀请美国化学家协会技术总监和美国农业部谷物检验检疫局的专家来华就小麦国际标准研制进行交流指导。两位美国专家着重介绍了在小麦国际标准制定中关键因素——扦样，以及美国近红外分析技术评价小麦等内容。通过与外国专家的深入交流，为解决我国小麦国际标准研制的问题提供了非常有价值的参考。

国家粮食局粮科院的“全谷物营养与加工”项目，邀请了美国康奈尔大学食品科学系、美国加州大学戴维斯食品科学与技术系的教授和加拿大阿尔伯塔大学的专家来华指导科研工作。5位国外专家在华期间，对粮科院相关科研人员进行了全谷物食品的加工与利用、粮油加工与营养研究的试验设计和数据分析方法的培训，并到科研院小汤山实验基地和粮科院实验室与相关科研人员直接交流，指导技术人员的具体研究工作。通过国外专家指导和交流，使科研人员全面的了解了美国、加拿大等西方国家在全谷物食品营养与加工研究的现状及技术，对今后我国深入地开展全谷物食品营养与加工的理论研究和实践工作具有较好的借鉴意义。

粮科院的“储粮害虫的生物防控技术研究”项目，邀请了美国俄克拉荷马州立大学、美国农业部粮食营销与生产研究中心及加拿大蒙尼托巴大学的专家来华就储粮害虫的生物防控技术研究进行指导。3位外国专家在华期间，参观了科研院实验室及小汤山实验基地，分别在相关实验室与科研人员进行直接交流和具体指导，并且就储粮害虫的生物防控技术的研究、昆虫信息素研究、昆虫生长调剂类似物的研究与利用、粮食产后抗虫性的研究等方面作了多个专题报告和进行研讨。国外专家所介绍的国外在储粮害虫生物防控领域的大量信息，为粮科院所承担的科技部的“食品级惰性粉杀虫剂的开发”课题提供了借鉴和帮助。

国家粮食局帮助中粮集团科研院申请的“植物组织蛋白仿肉制品加工技术”项目，邀请了美国云吞公司、美国达尔它设计公司和日本不二富吉株式会社的专家，分别到中粮科研院就植物组织蛋白仿肉制品加工技术及相关食品检测技术开展技术交流。外国专家还通过“新产品开发过程管理”专题研讨，介绍了科技创新的经验和体会，客户驱动的产品开发，知识产权、项目规划、执行、可评估管理在食品检测中的应用等内容。通过交流，我国的专家们学到了国外食品项目管理中最新流行的程序与螺旋生命周期模型，这对进一步推动我国企业生产科技创新有着重要指导意义。

中粮集团科学研究院的“纤维素燃料乙醇中试工艺优化和产业化示范”项目，邀请了美国普渡大学化学工程学院、华盛顿州立大学生物科学与工程实验室的专家来华，就维素燃料乙醇中试工艺优化和产业化示范项目进行指导交流。纤维素乙醇也称第二代生物液体燃料，是利用先进技术从包括玉米秸杆、干草、木材等农林业废弃物中获取燃料乙醇。中粮作为国内最大的燃料乙醇生产商，积极开发纤维素乙醇产业化技术。外国专家们对中粮科研院承担的研发课题进行了具体指导，提出了解决技术难点问题的方法，大大推动了研发课题的进展。在中粮集团举办的“国际纤维素乙醇技术瓶颈与解决方案研讨会”上，外国专家们分别作了专题报告。这些前沿性的技术对于进一步优化改进中粮纤维素乙醇中试工艺，实现技术突破提供了新的思路和方案，具有重要参考价值。

中粮集团科学研究院的“低热量油脂研发”项目，邀请了英国伦敦都市大学脑化学和人类营养研究所和丹麦奥胡斯大学的专家来华对进行科研指导，并参加了中粮科研院举办的“油脂与健康高级论坛”，作了题为“科学摄取油脂与增进身体健康”报告，介绍国外在油脂营养方面的最新研究成果。通过专家的来华指导，为中粮科研院的低热量油脂研发项目启发了思路。

通过这些引智项目的执行，项目单位与国外粮油科研机构建立起了良好的合作关系，及时了解和掌握国外最新的粮油科技成果与动态，根据国内需要，有针对性地引进国外专家来华指导或合作研究，有效地解决了当前我国粮油产业和科研中面临的问题，有力地促进了粮油科技的进步。

（三）促进粮食行业的对外交流与合作

2009年，国家粮食局将外事工作的重点放在促进粮食科技对外交流与合作方面，取得了明显的成效。为落实党的十七届三中全会提出的“加强粮食领域国际交流合作，为改善全球粮食供给作出贡献”有关精神，经国家发展改革委和外交部批准，国家粮食局与美国内布拉斯加州政府在北京举行了《合作协议》签字仪式。作为落实《合作协议》的重要内容，美国齐富工业公司与国家粮食局科学研究院所属的国贸工程设计院随后也签订了《粮食仓储物流建设科技合作框架协议》。两个《协议》的签订，标志着中美双方在粮食科技合作方面进入了新阶段。双方都希望在平等互利的基础上，加强粮食仓储、物流、加工、科技、信息等方面的交流与合作，并取得较好的成效。国家粮食局外事司、法规司与联合国粮农组织及亚太地区食品流通机构联合会共同在郑州主办了“批发市场建设和管理国际研讨会”。来自13个国家的21位外国代表和22个省（区、市）的80多位国内代表参加了研讨会。各国代表就粮食批发市场的建设和管理进行了交流及研讨，学到了一些批发市场建设与管理的先进理念和经验。许多国内外代表对研讨会的组织、安排、内容和成果给予了充分的肯定及赞扬。国家粮食局有关司与日本佐竹公司合作，在江苏省苏州市成功举办了“中日稻米储藏流通加工新技术研讨会”，有100多家单位共170多名有关省市粮食局和大米加工企业的代表参加了研讨会。期间，部分稻米加工企业还展示了稻米储藏、流通、深加工新产品、稻米检测新仪器成果及新技术。研讨会对进一步推动国内稻米储藏、流通和深加工业发展以及中日双方科技合作交流有积极促进作用。国家粮食局发展交流中心为推进与中亚国家粮油企业合作，邀请吉尔吉斯斯坦和乌兹别克斯坦实业家委员会主席及相关企业代表到国内一些粮机生产企业参观考察，还组织国内有关粮机生产企业赴中亚地区国家考察和洽谈。国家粮食局还及时地完成外交部交办的对有关国际会议文件提修改意见的任务，得到外交部国际司来函感谢和赞扬。

（四）认真组织好出国考察及培训

为了深化我国的粮食流通体制改革，借鉴国外在粮食管理、流通、储存、加工等方面的经验和技术，2009年国家粮食局领导率团考察了波兰、罗马尼亚和乌克兰的粮食流通体制、粮食管理政策以及粮食储藏、检测和加工等情况，取得了较好的成果。国家粮食局领导还随国务院领导出席了在意大利罗马举行的世界粮食首脑会议，宣传了我国在粮食领域取得的成就，提出了减少世界饥饿人口的主张和建议，为保障世界粮食安全，加强了与世界各国在粮食领域的合作。

2009年国家外专局共批准国家粮食局出国培训项目4个，其中审批类培训3项，审核类培训1项，培训内容涉及美国和澳大利亚的粮食流通体系、粮食标准和质量控制、粮食市场信息和粮食深加工等。如调控司组织的赴澳大利亚“粮食宏观调控与粮食安全培训”、标准质量中心组织的赴美国“粮食质量标准与检验技术培训”、粮油信息中心组织的赴美国“粮食市场信息与交易体系培训”等。通过赴国外培训，使地方粮食管理部门和企业的干部及技术人员，了解了国外的先进技术和经验，开阔了眼界，增长了知识，为提高粮食管理与储粮技术水平起到了积极的促进作用。

国家粮食局还选派一些管理或科技人员出国参加有关粮食的国际会议，如派人参加亚太食品流通联合会在泰国举办的“亚洲稻谷政策和食物安全研讨会”、国际真菌毒素学会在奥地利举办的“国际真菌毒素大会”、在法国举办的“国际标准化组织食品技术委员会第三次会议”、在土耳其举办的“欧盟食品安全科技合作项目年度工作会议”等，参会人员在会上介绍了我国的粮食生产、流通、储藏、质检、科技等情况，阐明了我们对世界粮食有关问题的看法和建议，扩大了我国在国际粮食领域的影响。

六 会展、爱粮节粮周、世界粮食日

（一）会展

2009年全国举办的各类综合性、专业性的展览会、交易会和公益性展览共7个，分别是2009德州全国粮油食品展销会（2月26~27日）、2009中国优质稻米交易会暨夏季稻米形势分析会（7月3~4日）、第五届七省粮食产销协作福建洽谈会（7月16~18日）、2009黑龙江金秋粮食交易合作洽谈会（9月21~22日）、第九届中国国际粮油产品及设备技术展览会暨新中国成立60周年全国粮食行业成就展（10月16~18日）、全国爱粮节粮公益展览会（10月16~18日）、第十一届湖北粮油食品展示交易会（11月4~6日）。以上会展活动展览总面积共计约27000平方米，展位总数970个，参加展示、交易的企业总数2121个，参观总人次59200人次。粮油交易总量达1918.46万吨，交易总额40.99亿元（含意向交易），其中机械设备交易总量381台套，总金额3219.95万元。

（二）爱粮节粮宣传周活动

2009年10月16日，“爱惜粮食、节约粮食宣传周”活动在全国各地同时举办。活动主会场设在南京，借助“新中国成立60周年全国粮食行业成就展”和“第九届中国国际粮油产品及设备技术展览会”（以下简称“两展”）的平台，举办了爱粮节粮公益展览、粮油票证展览以及粮食文物展览等活动，号召广大粮油企业、粮油消费者积极行动起来，参与爱粮节粮宣传，共同营造爱惜粮食、节约粮食的良好氛围。国家粮食局副局长任正晓、张桂凤，江苏省委常委、副省长黄莉新，中国粮食行业协会会长白美清，以及来自全国31个省（区、市）的近110名厅局级领导，3200多名粮食主管部门及相关企业代表参与了南京主会场的活动。

2009年爱粮节粮公益展览在内容方面与同期举办的成就展进行了有机结合，从60年来节粮观念变化、节粮技术发展这个角度，映衬整个行业60年来取得的巨大成就。展览线索从粮食紧缺年代凭票凭证定量定点供应粮油，粮食职工“宁流千滴汗、不坏一粒粮”，到粮食基本自足后针对粮食浪费现象日趋严重，社会各界积极呼吁爱惜粮食，重塑中华传统美德，再到新世纪从落实科学发展观，建设资源节约型、环境友好型社会的战略高度，重视从粮食生产到粮食消费各个环节的节粮，再现了60年来爱粮节粮宣传活动一步步向纵深发展的历程。展览还公布了由河南工业大学调研完成的《河南省粮食产后损失调查报告》，报告内容涵盖该省在粮食生产、储存、运输及消费等各个环节的具体损失数字，同时2008年度爱粮节粮宣传周期间节粮主题小型调查结果也同期公布。丰富多彩的展览内容引起了参观者浓厚的兴趣，三天的展期，共吸引了大约5万名观众到场参观。

除在南京组织的主会场活动外，各地粮食部门在此期间也组织了各种形式的宣传纪念活动。

（三）组织开展2009世界粮食日主题庆祝活动

2009年10月16日，由国家粮食局发展交流中心、农业部国际合作司和上海海洋大学共同承办的“2009世界粮食日主题宣传活动”在上海海洋大学召开。农业部副部长牛盾、国家粮食局副局长张桂凤、联合国粮农组织驻华代表维多利亚及有关方面代表出席活动并致辞，会后有关方面领导饶有兴趣地参观了由教师和学生制作的宣传展板，并在宣传横幅上签名留念。1500余名居民代表、高校师生、中小学生代表参加了现场的宣传活动，现场的宣传活动及海报、展板和资料引起了参与者对粮食安全和危机的强烈共鸣，唤起了公众珍惜粮食、关注饥饿与贫困问题的意识。

除在上海海洋大学举办的主题宣传活动外，10月16日晚，联合国粮农组织亲善大使——美国爵士乐歌手Deedee Bridgewater女士还在上海云峰剧场专场演唱会宣传世界粮食日。同期，10月16~18日，国家粮食局发展交流中心还在南京国际展览中心第九届中国国际粮油产品及设备技术展览会、2009爵士上海音乐节上举办一系列的世界粮食日宣传活动。

七 放心粮油工程

2009年，在各级粮食行政主管部门、行业协会和广大粮油企业的共同努力下，放心粮油工程继续深入发展，取得良好成效。

（一）贯彻国务院文件精神，实施放心粮油进农村、进社区示范工程，培育放心粮油示范企业

2009年3月，国务院发出《关于印发轻工业调整和振兴规划的通知》，指出："增加有效供给。丰富产品花色品种，研发生产满足多层次消费需求的产品。生产与安居工程、新农村建设、教育医疗、灾后重建、农村基础设施以及放心粮油进农村、进社区示范工程等相配套的轻工产品。"

为贯彻落实国务院文件精神，中国粮食行业协会于2009年7月在山西太原召开了全国放心粮油进农村进社区经验交流会，重点推广了山西省粮食局和太原、忻州等市县粮食局、粮食行业协会及粮食企业的先进经验，表彰了97家放心粮油进农村进社区先进单位，研究了进一步推进放心粮油进农村进社区的具体办法和措施。会后，中国粮食行业协会制定了《深入推进放心粮油进农村进社区示范工程的实施意见》，由国家粮食局以"国粮办发〔2009〕199号"文件印发。《实施意见》提出了推进放心粮油进农村进社区工程的指导思想和工作目标："以邓小平理论和'三个代表'重要思想为指导，全面落实科学发展观，认真贯彻《食品安全法》和国务院指示精神，以市场为导向，以企业为主体，以质量安全为核心，以强化管理、规范服务为重点，以构建从田间到餐桌全过程、可追溯的放心粮油产业链为目标，深入推进放心粮油进农村进社区示范工程，发展放心粮油示范企业，带动和引导全行业又好又快发展，确保粮油质量安全，促进粮油市场稳定繁荣，满足城乡居民消费需求。"《实施意见》还提出，争取用几年的时间，在全国初步建成连结产销、覆盖城乡、设施完善、管理先进、质量可靠、服务规范的放心粮油产销服务体系。

按照《实施意见》要求，中国粮食行业协会于2009年底启动了放心粮油示范企业试点工作，经各地粮食行业协会逐级审查推荐，首批放心粮油示范企业将于2010年上半年产生。

（二）放心粮油工程成为各级粮食行政管理部门和许多地方政府的一项"民心工程"

2009年，各级粮食行政管理部门和许多市县级人民政府加大了推进放心粮油工程的力度。山西、江苏等14个省（区）及其部分市县政府都把放心粮油工程列入政府工作报告，作为政府推动的一项惠民工程；大部分省及市县粮食局将放心粮油工程列入工作计划，作为粮食工作的重点之一，进行专题研究和部署。山西省政府从2008年起，每年从省级财政预算中安排2000万元，用于支持市、县两级放心粮油配送中心建设，并将放心粮油工程列入2009年为全省人民群众办的10件实事之一。省级财政资金采取以奖代补、择优扶持的方式，保证真正用在"刀刃"上，提高了资金的使用效益。在省级财政资金的带动下，山西各市县政府也对当地"放心粮油"工程建设予以了资金支持。到2009年底，山西省共建成147个放心粮油配送中心和11000多个经销网点，全省1196个乡镇中，每个乡镇建设一个中心店，每个村开办一个经销店，覆盖全省2/3以上人口，年成品粮油销售量达75万吨左右。据初步调查，2009年全国各级财政用于支持放心粮油工程的资金达1亿元以上。

（三）开展企业信用等级评价试点工作

为加快粮油行业信用体系建设，经商务部和国资委批准，中国粮食行业协会作为行业信用评价试点协会之一，于2009年开展了首批试点粮油企业信用评价工作。评价工作根据企业自愿申报的原则，经省级粮食行业协会审查推荐，由中国粮食行业协会和第三方评价机构严格评价并进行公示，共有71家粮油企业获得A级以上信用等级，其中AAA级46家，AA级24家，A级1家。中国粮食行业协会决定授予A级以上企业“诚信粮油企业”称号，并进行表彰宣传。

（四）加强企业质量安全体系建设

通过实施放心粮油工程，促进了粮油企业的质量安全体系建设。一是从源头抓质量，越来越多的企业建立了生产基地，据不完全统计，2009年有474个粮油加工企业共建立优质原料种植基地1.1亿亩，比上年增加23%。二是各地粮油加工企业利用财政拨款、银行贴息贷款和自筹资金近3亿元，用于更新生产线和设备，购置检化验仪器，为提升质量、保障安全打下坚实的基础。三是许多企业实施了HACCP食品安全管理体系，对采购、加工、包装、储存、运输、销售等各环节实行全程质量控制，并制定了产品质量退市召回制度，以确保产品质量稳定、卫生安全。

（五）广泛开展放心粮油科普宣传活动

在9月的“全国质量月”期间，中国粮食行业协会组织各地粮食行业协会和粮油企业开展了“放心粮油宣传日”活动，并组织全国100多家粮油骨干企业向社会公开发出《百家粮油企业质量诚信倡议书》。各地粮食行业协会和粮油企业结合本地区、本单位实际，因地制宜地开展了形式多样、内容丰富的宣传活动，通过组织咨询会、展销会、宣讲会以及印发宣传材料等多种形式，广泛宣传粮油科学知识和食品安全常识，宣传放心粮油工程，树立了企业和产品形象，提高了消费者的食品安全意识和自我保护能力，使社会各界更加了解、重视、支持放心粮油工程。

（六）创新服务模式，加强城乡粮油服务体系建设

粮油食品超市和连锁、配送经营迅速发展，据不完全统计，目前已建立县以上放心粮油配送中心391个，建立粮油连锁店、超市6.5万多个，加上与之配套的个体网点、农家店等，总数近20万家。与此同时，“两代一换”业务有了新的发展，有些地方还建立了“粮食银行”。据22个省市130个企业不完全统计，2009年代农储粮534万吨，比上年增加27.7%；代农加工粮食509.4万吨，比上年增加6%；品种兑换293.3万吨，比上年增加21.6%。

（七）大力发展放心主食工程，满足城乡居民多元化需求

2009年以来，在以小麦粉、杂粮为主食的地区，加快了对馒头等粮油主食品由家庭手工自制向主食厨房工程发展的进程。据山东、陕西、天津等十几个省（区、市）的43个企业不完全统计，年生产放心馒头、包子等4万多吨，其产量可以满足企业所在地消费量的60%左右。北京龙盛众望早餐有限公司配套产能达到19万份/天，每天可为5万城乡居民提供放心早餐服务。

（八）粮油产品质量大幅提高

经过多年来的不懈努力，普遍增强了粮油企业的质量意识、安全意识、信用意识、服务意识、责任意识，改善了管理，提高了产品质量和服务质量，全国粮油产品质量合格率总体水平不断上升。根据国家质检总局的产品质量公告，2009年大米产品质量抽检合格率98.3%，小麦粉合格率95.3%，食用植物油合格率93.7%，分别比2002年提高了8.3个百分点、60.7个百分点、39.4个百分点，城乡居民的粮油消费安全程度有很大的提高。

国家及各省（区、市）粮食行政管理机构调整情况

一 国家粮食局机构调整情况

2009年3月，国务院办公厅印发了《国家粮食局主要职责内设机构和人员编制规定》（以下简称新“三定”规定）。新“三定”进一步明确了行业管理职能，细化了宏观调控和粮食监测应急职能，增加了促进粮食流通产业发展职能，明确了粮食监管职能。主要职能：

一是研究提出全国粮食宏观调控、总量平衡以及粮食流通的中长期规划、进出口总量计划和收储、动用中央储备粮的建议，拟订粮食流通体制改革方案并组织实施，推动国有粮食企业改革，研究提出现代粮食流通产业发展战略的建议。

二是承担粮食监测预警和应急责任，负责全国粮食流通宏观调控的具体工作，研究提出粮食最低收购价原则的建议，指导协调最低收购价粮食等政策性粮食购销和粮食产销合作。

三是起草全国粮食流通和中央储备粮管理的法律法规草案和有关政策并监督执行，制定粮食流通、粮食库存监督检查制度并组织实施，负责对粮食收购、储存环节的粮食质量安全和原粮卫生进行监督管理。

四是负责粮食流通的行业管理，制定行业发展规划、政策，拟订有关国家标准，指导粮食收购市场准入标准的制定并组织实施，指导粮食流通的科技进步、技术改造和新技术推广，拟订国家粮食质量标准，制定粮食储存、运输的技术规范并监督执行，开展粮食流通的对外合作与交流。

五是承担中央储备粮行政管理责任，会同有关部门研究提出中央储备粮的规模、总体布局和收购、销售、进出口总量计划，会同有关部门审批中央储备粮轮换计划并监督实施，监督检查中央储备粮的数量、质量和储存安全，制定中央储备粮管理的技术规范并监督执行，指导中国储备粮管理总公司的业务。

六是拟订全国粮食市场体系建设与发展规划并组织实施，编制粮食流通、仓储、加工设施建设规划，管理有关粮食流通设施国家投资项目。

七是承办国务院及国家发展和改革委员会交办的其他事项。

国家粮食局设6个内设机构，分别是办公室（人事司、外事司）、调控司、政策法规司、监督检查司、财务司、流通与科技发展司。机关行政编制123名（含援派机动编制1名、离退休干部工作人员编制36名）。其中：局长1名，副局长4名，正副司长职数22名（含总工程师1名、机关党委专职副书记1名），离退休干部办公室司局级领导职数3名。

按照新的“三定”规定，国家粮食局重新制定了各司室三定规定，印发了《国家粮食局关于印发局机关各司室职能配置内设机构和人员编制规定的通知》（国粮人〔2009〕270号）。

二 省级粮食行政管理部门机构改革情况

截至2009年底，全国除辽宁省、重庆市和新疆生产建设兵团属其他部门加挂粮食局牌子、行使粮食行政管理职能外，其余29个省（区、市）粮食局作为独立的行政部门予以保留。其中，为省政府直属机构的19个，包括新进入省直属机构序列的云南省和宁夏自治区粮食局；由省发展和改革委员会等部门管理的10个，包括从直属机构改为部门管理的天津、山东、四川、陕西等4省（市）。目前已有21个省（区、市）完成了省级粮食行政部门改革，并重新核定下发了“三定”规定；已经上报规定待批的8个，正在进行改革的1个，未启动的2个。在完成改革的19个省局中，内设机构最多的有10个处，最少的5个处，大部分在6到8个处之间；行政编制最多的为71名，最少的为28名，平均编制51.7名，有13个局行政编制超过45名。

在这次机构改革中，各省（区、市）粮食行政部门按照责权相等原则，积极完善机构职能，争取有利条件。一是各省（区、市）粮食行政管理部门比照国家局的新“三定”规定，将“加强对粮食战略性问题的研究，进一步深化粮食流通体制改革、完善粮食储备体系、健全粮食监测预警体系和应急机制”等职能写入“三定”规定中。一些省还结合实际，增强了富有自身特点的职能。比如，有的地区根据粮食销区特点强化了加强粮食供给，保障粮食安全等职能；有的地区根据粮食产区特点强化了促进粮食流通产业发展的职能等。二是积极理顺关系，完善内设机构设置。根据工作需要，加强监督检查及粮食信息统计等机构建设，撤并一些计划经济条件下设置的处室，既保证了按需设置，又与上级行业主管部门的业务基本对口。三是各省（区、市）粮食行政管理部门积极向所在省（区、市）编办争取人员编制和职数，比如黑龙江、安徽、青海等省增加了处级领导职数。

教育科研

一 粮食系统教育培训

2009年，全国粮食系统积极开展教育培训工作，认真落实中央大规模培训干部、大幅度提高干部素质的战略任务，系统职工参加学历教育、各类政治理论和业务培训共260894人次，参训率达36.5%，比上年提高了7.3个百分点。

从培训时间来看，参加12天以内短期培训的为231852人次，参加13天以上1个月以内培训的为16808人次，参加1~3个月培训的为8052人次，参加3个月以上培训的为4182人次。

从培训内容来看，2009年度全国粮食系统紧紧围绕党和国家的中心工作，重点加强了公务员依法行政能力培训和工人职业技能培训。公务员培训内容主要包括政治理论、政策法规、粮食流通业务知识以及突发事件应对法等培训，参训人员达 32848人次，参训率达84.4%；对企事业管理人员主要开展了拓展专业知识、增强自主创新能力为主要内容的适应性培训，参训人员达66232人次，参训率达62.7%；对专业技术人员主要开展高新技术知识运用和开阔专业思路的更新知识培训，参训人员达49537人次，参训率达61.8%；对工人主要以粮食行业特有职业（工种）技能培训为主，开展了粮油保管员、粮油质量检验员等职业（工种）技能培训，参训人员达105669人次，参训率达32.7%。此外，为配合全国粮食清仓查库工作，各级粮食部门、企事业单位积极开展了相应的清仓查库业务培训。

从培训机构来看，粮食系统职工参加党校行政学院培训25916人次，参加粮食系统教育培训机构培训121839人次，参加高校科研机构培训5817人次，参加其他培训机构培训107322人次。

此外，2009年全国各级粮食部门共举办培训班18895期，同比增加45.9%，培训人数430556人次，同比增加67%。其中中央单位举办培训班6261期，培训126360人次；省、自治区、直辖市粮食行政管理部门及下属机构举办培训班1595期，培训79940人次；省辖市、自治州、行署粮食行政管理部门及下属机构举办培训班2523期，培训59339人次；县（市、区）粮食行政管理部门及下属机构举办培训班8516期，培训164917人次。

二 粮食行业职业技能鉴定

（一）粮食行业职业技能鉴定工作稳步推进

2009年，粮食行业特有工种职业技能鉴定工作围绕粮食行业技能人才队伍建设，紧扣质量管理核心任务，多措并举，积极稳妥地推进鉴定工作。据统计，2009年全国粮食行业共组织鉴定166次，鉴定职工总数为11664人次，8837人次取得了相应的职业资格证书，通过率为75.8%。从鉴定职业看，参加粮油保管员职业资格鉴定人数为7384人次，占鉴定总人数的63.3%；参加粮油质量检验员职业资格鉴定人数为3950人次，占鉴定总人数的33.9%。从鉴定等级看，参加初级职业资格鉴定人数为3116人次，占鉴定总人数的26.7%；参加中级职业资格鉴定人数为7090人次，占鉴定总人数的60.8%；参加高级职业资格鉴定1231人次，占鉴定总人数的10.6%；参加技师、高级技师职业资格鉴定227人次，占鉴定总人数的1.9%。截至2009年底，全国共有38500人次参加粮食行业职业技能鉴定考试，31722人次取得相应的职业资格证书。

（二）加强粮食行业职业技能鉴定质量管理工作，强化监督检查工作

鉴定质量是鉴定工作的生命。为强化鉴定质量，自2009年8月起，国家粮食局先后对20个省（区、市）粮食局和有关中央企业的鉴定情况进行了巡考和督导，抽查人数占2009年鉴定总人数的15%。并向全行业通报了理论考试抽查及格率，要求有关鉴定站对照本单位的鉴定质量检查整改，并要求各鉴定站严格执行考培分开、落实试卷和考场纪律管理等规定，积极提高鉴定质量。

（三）启动技师培训鉴定工作，积极推进高技能人才队伍建设

为加快行业技能人才队伍结构调整步伐，尽快建设一支粮食行业高技能人才队伍，国家粮食局启动了粮油保管员技师、粮油质量检验师考评工作，选择设施设备完善、师资力量雄厚的国家高技能人才培养示范基地、职业院校承担培训任务。2009年4～7月，共组织了4期粮油保管员技师、粮油质量检验师试点研修班。10月，国家粮食局又在广东省珠海市组织了一期粮油竞价交易师和高级粮油竞价交易师鉴定。截至2009年底，粮食行业已培养技师、高级技师510人。

（四）进一步完善粮食行业职业技能鉴定基础建设，夯实鉴定工作基础

1.及时更新培训教程。为紧跟粮油检验国家标准的更新，国家粮食局组织编写了第三版粮油质量检验员技能培训教程，有针对性地调整、删减、增补了涉及国家标准更新的内容，确保培训鉴定工作的顺利开展。

2.做好考评员考核换证工作。2009年国家粮食局组织对357名考评员进行了任期考核和换证工作。通过这项工作进一步强化了考评员队伍的管理，不但保证了鉴定工作的正常开展，还使考评员队伍更加精干。

3.组建全国粮食行业职业技能鉴定专家评审委员会。为进一步完善对职业技能鉴定工作的智力支持，经各省（区、市）粮食局和有关中央企业推荐，国家粮食局从全行业中遴选出155名优秀专家，组建了全国粮食行业职业技能鉴定专家评审委员会。通过成立专家委员会，明确职责，加强管理，充分调动专家参与鉴定工作的积极性，为在今后工作中充分发挥专家的作用提供了重要的基础。

（五）开展鉴定站质量评估，加强鉴定机构建设

为全面、客观、准确地评估鉴定站质量水平，国家粮食局开展了首次粮食行业特有工种职业技能鉴定站质量评估工作。在前期调研的基础上确定了机构建设与管理、鉴定工作情况、日常考务管理等三大评估内容，细化了35个质量控制关键点，全面量化评估指标，编制周密的评估方案。经过鉴定站自查、省级粮食行业行政主管部门复查和国家粮食局抽查，结合巡考情况，顺利完成了对47个鉴定站的质量评估。最终评出优秀鉴定站11个，合格鉴定站18个，基本合格鉴定站13个，不合格鉴定站5个。同时，要求不合格鉴定站限期整改，切实加强鉴定站能力建设，提高管理水平。

经报国家人力资源和社会保障部批准，增设了黑龙江省粮油卫生检验监测站、湖南省粮油产品质量监测中心、中国华粮物流集团公司3个粮食行业特有工种职业技能鉴定站。至此，全国粮食行业特有工种职业技能鉴定站已达50个。

（六）深入贯彻落实科学发展观，加大对新疆少数民族技能人才工作扶持力度

为落实科学发展观精神，提高少数民族职工素质，确保新疆地区粮食安全，维护边疆稳定。针对新疆少数民族职工分布集中、数量多、技能水平相对较低的情况，国家粮食局协调新疆维吾尔自治

区粮食局，拨出专款，组织翻译并出版了粮食行业职业技能培训教程《粮油保管员（基础知识、初级）》、《粮油质量检验员（基础知识、初级部分）》（维语版）；并为新疆组织举办了两期师资培训班，有针对性地培训少数民族骨干师资，提高当地培训师资队伍的水平；积极为新疆地区鉴定工作提供便利，减轻职工负担。这些措施有效改善了新疆地区的技能培训和鉴定环境，为少数民族职工学习技能、提高素质创造了良好的条件。

（七）启动第二届全国粮食行业职业技能竞赛初赛工作，搭建高技能人才展示平台

经人力资源和社会保障部同意，第二届全国粮食行业职业技能竞赛决赛将于2010年5月举行。为此，国家粮食局组织研究制定竞赛实施方案，编制竞赛技术规程，并专门下发竞赛预通知，以指导各级初赛活动，要求各地层层选拔，积极营造全行业技术练兵的良好氛围。截至2009年底，中国储备粮管理总公司等8个地区和单位已完成了初赛，选拔出一批优秀选手。同时，国家粮食局政府网专门开辟了第二届全国粮食行业职业技能竞赛专栏，发布竞赛有关信息，全面报道初赛进度，做好宣传工作。

三 科技进步与创新

国家粮食局

（一）开展农业及粮食科技发展规划相关研究

为落实国务院《关于印发〈国家粮食安全中长期规划纲要（2008~2020年）〉的通知》（国发〔2008〕24号）精神，结合《国家粮食安全中长期规划纲要（2008~2020年）》的有关要求，国家粮食局组织国家粮食局科学研究院、河南工业大学、无锡粮食科学研究设计院、郑州粮食科学研究设计院、武汉粮食科学研究设计院、西安油脂科学研究设计院、成都粮食储藏科学研究所、南京财经大学等单位的40多名专家，在对粮食产后减损的现状和技术需求进行分析研究的基础上，凝练出粮食行业科技创新和发展的重大问题以及需进一步拓展创新研究的领域，并编写了重点领域的研究报告。经过认真研究和讨论，形成粮食产后科技发展规划报告并报科技部，与其他13个部门联合下发了《关于印发〈农业及粮食科技发展规划（2009~2020年）〉的通知》（国科发农〔2009〕512号）。规划以促进粮食产后增值和食品安全、减少粮油及农产品损失为目标，围绕保障国家粮食安全战略任务，依托国家科技计划，深入分析了当前粮食生产、流通等领域中存在的问题和急需解决的关键技术，重点凝练出生态储粮、高效节能减损干燥、粮食产后减损，粮食品质检测及溯源、粮食四散化物流配套技术以及粮食主产区的农户储粮等重点任务；开展生态储粮与粮食现代流通体系建设配套关键技术研发，研究储粮现代化设施、干燥技术，加强粮食流通“四散化”、促进流通信息化，实现粮食流通“四散化”比例占主导地位。

（二）举办粮食科技活动周，宣传主食营养健康知识

国家粮食局为促进粮食科技发展，提高公众对主食膳食营养作用、地位及粮油加工技术发展趋势的认识，引导公众科学的粮食消费观念，根据科技部、中宣部和中国科协《关于举办2009年科技活动周的通知》（国科发政〔2009〕114号）要求，经过精心筹划、认真组织，2009年5月16～22日，成功举办了以“科学消费植物油”为主题的2009年粮食科技活动周。科技周期间，国家粮食局直接组织参与了2009年全国科技周开幕式、粮食科普知识专题讲座、西安市粮食科技周主会场活动、国家粮食局

科学研究院开放部分实验室，并组织指导了各省（区、市）粮食科技周的宣传活动。同时，国家粮食局组织参加了科技部列车下乡行活动，向吉林省白山革命老区捐献了500套新型农户储粮仓，成功举办了4场粮食科技讲座等丰富多彩的宣传活动。据不完全统计，全国有近500万人参与了本次粮食科技活动周活动，引起了社会各界的强烈反响。2009年粮食科技周活动取得了圆满成功，多次获得科技部等有关部门的表扬。

（三）组织申报国家粮食工程实验室等建设项目

1.组织开展国家工程实验室申报工作。根据国家发展改革委办公厅《关于请组织申报促进粮食增产增收创新能力建设专项的通知》（发改办高技〔2009〕1713号）要求，国家粮食局将粮食行业科研院所、大专院校、大型粮食龙头企业以及行业外部分科技优势资源有机联合起来，组织申报了《粮食储运国家工程实验室》、《粮食深加工国家工程实验室》和《粮食加工机械装备国家工程实验室》。

2.启动局重点实验室建设工作。为进一步完善粮食科技创新体系建设，经过调查研究并结合粮食行业的科技需求，制定了《国家粮食局重点实验室暂行管理办法》，国家粮食局重点实验室建设工作已全面启动。

3.国家粮食局工程技术研究中心组建工作进展顺利。2009年9个国家粮食局工程技术研究中心通过验收，一批新的科技成果不断涌现，产业化、工程化能力不断加强；依托省级科研院所组建的粮情检测等3个工程技术研究中心取得阶段性成果；依托部分大型科技企业组建的花生深加工等工程中心已经启动。通过工程中心的组建，引导带动地方和企业投入近6900万元，培养硕士以上高级人才203人，承担省级以上科研项目95个。通过这些工程中心的组建，构建了粮食行业的创新平台，初步形成了产学研相结合的运行机制，在行业专业领域内提升了辐射能力，对粮食行业的科技发展产生了积极影响。

（四）组织实施国家重点计划项目

1.2009年，国家粮食局共组织申报科技项目53个，当年批复立项15个。其中国家科技支撑计划课题5个，即“粮食丰产科技工程（产后）”、“安全绿色储粮关键技术研究开发与示范”、“储备粮减损新技术研究与示范”、“粮库物流装备、粮食运输技术研究及产业化示范”、“储备粮减损新技术研究与示范”。科研院所技术开发专项2个，即“1000t/d脱臭系统关键技术与装备研究及国产化”、“谷物真空快速水分调节新技术开发与示范”。农业科技成果转化资金项目6个，即“醇法菜籽浓缩蛋白脱毒技术中试”、“智能化稻谷品质综合检测仪”、“饲用屎肠球菌的发酵前包被生产技术中试”、“半干法新型玉米脱胚机”、“储粮害虫磷化氢抗性测定仪中试及应用示范”、“葵花子真空保质干燥新技术中试与示范”。软科学计划项目2个，即“促进我国粮食流通产业现代化的技术政策研究”、“应用生物技术提升我国粮食储藏安全水平的对策研究”。

2.在粮食物流领域中引入RFID（射频识别，俗称电子标签）技术。基于RFID的区域粮食流通管理试点应用项目获国家发展改革委立项并在江苏省常州市示范。该项目在粮食收购环节，结合创新、高效的粮食现代物流模式，以农户结算卡等为依托，自动、及时、准确地采集粮食收购、仓储、物流、生产等流通各环节的数据，能够系统地解决粮食流通信息统计难题，为国家粮食清仓查库、粮食宏观调控提供准确依据；同时为财政、国税、农发行等其他部门提供准确的涉粮数据。在粮食物流环节，建设区域粮食物流公共信息平台，通过车载终端、RFID电子标签等获得运粮车船的在途信息，实现粮食运输的监管和调度，并且在粮食流通相关企业之间共享信息，减少车船空返率，提高粮食运输效率。

3.高技术产业化生物制造项目。通过应用微生物发酵技术生产生物酶制剂，分解饲料中的某种抗营养因子，增强一种或多种营养物质的吸收，提高饲料的利用率和动物生产性能，同时减轻畜禽养殖业对环境的污染，提高牲畜机体免疫力，达到防病治病的目的，逐步减少抗生素的使用。

（五）“十一五”国家科技计划项目验收工作

1.2009年，对“十一五”期间组织实施的7个2006年度农业科技成果转化资金项目进行验收。分别是：国家粮食局科学研究院的电子式拉伸仪转化项目、油脂氧化稳定性测定仪转化中试项目和粮油质量安全系列标准物质的制备生产线项目、国家粮食储备局无锡科学研究设计院的植物油精制智能化装备的转化项目、国家粮食储备局武汉科学研究设计院的改性大米蛋白工程化技术中试项目、国家粮食储备局西安油脂科学研究设计院的醇法浓缩蛋白生产及改性技术的转化项目、国家粮食储备局成都粮食储藏科学研究所的谷物脂肪酸值测定仪的中试生产项目。这些项目经过2年的开发转化，均完成了《合同书》中规定的转化任务，各项技术指标达到了预计要求，并取得了良好的社会经济效益。

2.完成了院所技术开发资金专项——粮食柔性集装单元化储运技术的研究开发的验收工作。该项目研究了原粮柔性集装单元器具载体，开发了粮食柔性集装单元化储运流通配套装置。该项目为我国粮食流通提供了一种新型集装单元化储运模式，有助于解决我国粮食跨省铁路运输瓶颈制约，为我国产销区间的高效粮食物流通道建设提供了技术支持。

3.完成了科学仪器设备升级改造专项项目——连续光谱固定光栅分析仪新功能开发的验收工作。该项目开发了近红外方法检测油脂酸价、过氧化值、碘值等快速检测方法，取得良好的社会、经济效益。

4.2009年，国家粮食局共登记科技成果5项。分别是国家粮食局科学研究院承担并完成的“食用油脂质量安全保障研究”和“连续光谱固定光栅分析仪新功能开发”、国家粮食储备局郑州科学研究设计院承担并完成的“粮食柔性集装单元化储运技术”、国家粮食储备局成都粮食储藏科学研究所承担并完成的“谷物脂肪酸值测定仪的中试生产”和“粮食中麦角甾醇的测定——正相液相色谱法”。

（六）开展粮食科技财务培训

2009年10月，国家粮食局组织了粮食科技项目财务管理培训。科技部条件财务司、国家科技风险事业开发中心等有关单位的领导和专家到会授课，承担科技支撑计划项目的科研院所、院校、企业及其他行业合作单位等53名代表参加了培训。

（七）粮食科技信息交流

2009年，粮食行业科技期刊共计发行27万册，分别为《粮油食品科技》、《粮食与食品工业》、《粮食与饲料工业》、《中国油脂》、《粮食储藏》、《粮食仓储科技通讯》及《粮食流通技术》，为粮食行业新技术的推广和促进科技进步发挥了积极作用。

（八）粮油科技奖励工作

2009年，国家粮食局科学研究院、武汉工业学院、北京中棉紫光生物科技有限公司、武汉粮食科学研究设计院、无锡粮食科学研究设计院、江南大学、河南工业大学等单位完成的“蛋白质饲料资源技术开发及产业化”，河南工业大学、国贸工程设计院、郑州粮食科学研究设计院、无锡粮食科学研究设计院、郑州粮油食品工程建筑设计院等单位完成的“国家粮仓基本理论及关键技术研究与推广应用”和武汉工业学院、江苏牧羊集团有限公司、郑州粮食科学研究设计院、成都粮食储藏科学研究所、中国农业大学、湖南金健米业股份有限公司等单位完成的“粮食保质干燥与储运减损增效技术开发”项目获国家科技进步二等奖。主要完成人参加了2010年全国科技大会，获得了颁发的国家科技奖励证书，并受到国家领导人的接见。

2009年，31个项目获得中国粮油学会科学技术奖。其中特等奖1项："国家粮食储备新技术研究开发与集成创新"；一等奖6项："大豆磷脂系列产品工业化技术"、"高效节能与清洁安全小麦加工新技术研究与应用"、"嗜热真菌耐热木聚糖酶的研究与应用"、"紫苏资源综合高效利用新技术"、"金龙鱼大米产业链创新技术"、"抗冻生物发酵剂及起酥剂研究与应用关键技术"；二等奖7项："横宽型振动筛锤片粉碎机"、"稻米深加工及资源开发的技术研究与产业化"、"高品质大豆磷脂深加工关键技术及产业化开发"、"适合于中国传统面制食品的小麦加工新技术研究"、"10000吨/年醇法大豆浓缩蛋白工业化生产技术研究"、"20吨/日米糠膨化保鲜技术及关键装备"、"生物技术生产富含γ-氨基丁酸稻米健康食品的研究与产业化开发"；三等奖17项："禽饲料专用酶制剂的研究与开发"、"米乳和米糠营养素、米糠营养纤维产业化"、"300T/d玉米油精炼技术"、"麦品及添加剂对面包专用粉品质影响的研究"、"中式营养配餐的研制及产业化开发"、"乌鳢鱼高效生态饲料的研制与产业化"、"《储粮化学药剂管理使用规范》标准研究与制定"、"猪油连续精炼工艺技术的研究与开发"、"彩色小麦优化与特色营养食品的研究与开发"、"粮食感官检验辅助图谱及照明国家标准"、"稻谷加工业HACCP管理体系"、"乳制品蛋白质强化专用大豆蛋白制备"、"SPHS218湿法膨化机"、"F55果葡糖浆制取工艺技术研究与开发"、"油脂加工危害食用安全因素监控及对策研究"、"黑龙江省大宗农产品供应链管理研究"、"MY90x2型双螺杆婴儿米粉膨化机"。通过科技评奖，进一步调动了行业科技创新意识，促进了粮食行业的科技进步。

■ 国家粮食局科学研究院

2009年，国家粮食局科学研究院（以下简称粮科院），深入贯彻落实科学发展观，积极开展粮食科技活动，取得了新的成绩。

（一）科研工作取得显著成效

1.完成了粮科院科学技术发展五年规划(2010~2015年)编制工作。为了贯彻《国家中长期科学和技术发展规划纲要（2006~2020年）》和国家粮食局《"十一五"粮食科技发展指导意见》，明确今后一段时期粮科院科技工作的努力方向，根据局领导及有关部门的要求，粮科院从2007年下半年正式启动了科学技术发展五年规划的编制工作。经过两年多的调研和不断修改，于2009年12月进行了最后一次修改，定名为《国家粮食局科学研究院关于到2015年科学技术发展意见》。该《发展意见》得到国家粮食局的正式批复。此外，2009年工信部会同国家粮食局和农业部等部门组织编制了《粮食加工业发展规划（2009~2020年）》，粮科院承担了其中技术政策内容的编写工作。

2.成立了"国家粮食局粮油质量检验测试中心"并通过资质认证。经过一年的精心筹建，按照国家《实验室资质认定评审准则》建立了一套符合粮科院实验室实际的质量保证体系，撰写了30多万字评审资料。建立了环境设施、仪器设备、检测人员以及检测技术标准的资料档案和完整的检验质量程序。经过国家认证认可监督管理委员会组织的现场评审，确认粮科院"已具备国家法律、行政法规规定的基本条件和能力，可以向社会出具具有证明作用的数据和结果"的检测资质。粮科院作为检验机构公正的第三方，在原粮、成品粮、油料、油脂、粮油制品及饲料原料6类73种产品，218个参数向社会开展检验测试服务。

3.全力实施“十一五”各类科技计划，成绩喜人。

一是在研课题实施情况。2009年是“十一五”计划的第四年，是粮科院承担的“十一五”各类科技计划项目（课题）全面实施的关键之年。当年在研的48个独立科研课题涉及国家科技支撑计划9个项目中18个课题的33个独立子课题、1个国家“863”计划子课题、2个国家自然科学基金项目、2个国家农业科技成果转化资金项目、国家转基因生物新品种培育科技重大专项中独立研究内容1个（转基因生物饲料检测与监测技术）、国家标准制修订计划项目5个、国家能源局重大软科学研究课题1个、粮科院基本科研业务费专项课题3个，这些课题都在按计划进行。

二是纵向科研课题的验收和成果转化情况。2009年共完成25个课题的验收工作。其中，国家农业科技成果转化资金项目、仪器升级改造项目、社会公益研究专项等4个课题先进行了内部预验收，之后通过局科技发展司组织的正式验收；另外21个课题是粮科院基本科研业务费专项课题。2009年3月，粮科院研制的9个标准物质被国家质量监督检验检疫总局批准为国家二级标准物质，获得了评级证书和计量器具生产许可证。半年多时间，就有近百家实验室和检测中心使用这些标准物质。使用单位涉及农业、粮食、质检、进出口检验、计量、卫生、食品等众多行业。在量值溯源和提高测定准确度方面起到了重大的作用，社会效益显著。

三是科技成果获奖及专利申请与授权情况。粮科院主持申报的“蛋白质饲料资源开发利用技术及应用”项目获得国家科技进步二等奖（共七个单位，粮科院排名第一）。粮科院与相关单位联合申报的“国家粮仓基本理论及关键技术研究与推广应用”项目获得国家科技进步二等奖（共计五个单位，粮科院排名第二）。2009年，粮科院牵头与相关单位申报的“国家粮食储备新技术研究开发与集成创新”项目被评为“中国粮油学会科学技术特等奖”。评审会议专家组认为“该项技术总体水平达到国际先进水平，部分技术处于国际领先地位”。由院属单位——国贸工程设计院申报的“安徽粮食现代物流发展规划”项目，荣获2009年度北京市优秀工程咨询成果三等奖。国贸工程设计院《2001年200亿斤国家储备粮库通用图》荣获全国工程勘察设计行业国庆60周年“作用显著标准设计项目”大奖，全国十个获大奖项目中位列第三。

2009年，粮科院共申请国家发明专利4项（粮仓横向通风方法、一种控制小麦粉中微生物的简便方法、一种糙米改性营养粉及营养饮料的制备方法、一种食用豆改性营养粉及营养饮料的制备方法）。共获授权中国发明专利3项（一种微生物胶囊大量制备的方法、一种便携式粮情检测装置、粮情在线检测装置及方法）。院属单位——东孚中心获批2项实用新型专利：谷物颗粒硬度测量仪，油脂氧化稳定性测定仪外观专利。

四是科技论文和著作情况。在实施科研课题的过程中，科研人员认真总结研究成果，积极撰写科技论文和参与科技著作的编写。2009年共发表科技论文80多篇，比2008年增加10多篇。论文等级和质量也有所提高。其中一级以上核心刊物占1/2以上。此外，科研人员还积极参与编写科技著作。值得一提的是，2009年粮科院有2名博士首次在国外著名出版社出版著作。其中，应美国Nova科学出版社邀请，粮科院谭洪卓博士作为副主编和中国农业大学李再贵教授于2009年9月成功出版了《Traditional Chinese Foods: Production and Research Progress》(《中国传统食品的生产与研究进展》)一书，受到国内外业内的广泛关注。

4.积极备战“十二五”科技计划。粮科院科研人员在努力完成现有科研任务的同时，积极寻求更大的发展空间，瞄准“十二五”科技发展机遇，为今后争取更多的科研课题努力备战。2009年申报了21个纵向课题。其中，国家自然科学基金项目6个、北京市自然科学基金项目3个、国家科技基础性工作专项2个、国家农业科技成果转化资金项目2个（已批准1个）、国家转基因生物新品种培育科技重大专项1个（已批准）、粮科院基本科研业务费专项课题7个（已批准3个）。

5. “粮食储运国家工程实验室”项目通过立项评审。为贯彻落实《全国新增1000亿斤粮食生产能力规划（2009~2020年）》，减少加工流通过程中粮食损失，粮科院申报了由国家发展改革委组织的促进粮食增产增收创新能力建设专项中“粮食储运国家工程实验室”。该项目已通过立项评审，得到专家的一致好评。这是粮科院第一次有机会获得国家工程实验室的名称和建设投资。另外，粮科院生物技术研究创新能力在行业中已处于前列，发展后劲也很足。根据这种情况，2009年已正式向国家粮食局申报组建“国家粮食局粮油生物技术重点实验室”，正处待批中。

6.建立研究组制度。为加强科研团队建设，进一步提高科技创新能力，根据年初学习实践科学发展观活动中提出的试行研究组制的整改方案，经过多方调研，结合粮科院实际情况，制定了《国家粮食局科学研究院研究组管理暂行办法》，并建立了10个研究组，完成了研究组管理形式的启动工作。

（二）基础条件建设取得新进展

在国家粮食局、发展改革委和财政部的大力支持下，粮科院的科研条件又有了很大改善。2009年，粮科院通过公开招标方式完成了“粮食生物工程实验室条件建设”、“粮食生物技术与粮油储存环境模拟系统条件建设”、“粮油质量检测与标准验证实验仪器购置”、“粮食精深加工实验室条件建设”4个项目的仪器采购任务。共购置粮食生物技术、粮食深加工、粮油质量检测等相关领域的各类仪器设备236台（套、件）。这些仪器设备即将在粮科院的科研创新工作中发挥积极作用。2010年修购计划“粮油安全评价系统和有害物质防控实验室条件建设项目”已获财政部批准，目前正在进行项目实施计划工作。粮科大厦功能提升项目有13个子项，大部分工程年底前均已完成，2010年春节前完成总体验收。

粮科院储藏实验室建设项目于2009年完成了设备的安装、系统调试、资料整理交接，各项指标均达到标书要求。于11月27日通过国家粮食局组织的验收。此外，2009年粮科院中试基地动物房项目通过了北京市动物管理委员会的验收，通过了人员培训和动物房的年检工作；完成了发酵中试车间项目验收工作；完成了基地实验室、会议室等设备的采购工作。

（三）注重学术交流，加强人才队伍建设

1.国内外、院内外学术交流。2009年5月粮科院组团赴日本不二制油公司出席双方高层年会，并顺访韩国食品研究院进行为期10天的技术与学术交流活动；11月组团赴日本进行为期7天的稻谷加工技术和检测仪器研发、生产和管理技术交流活动；2009年5月，派3人到美国参加为期10天的进口散粮集装箱运输境外工作洽谈事宜；派1人赴法国参加为期5天的肖邦国际技术研讨会；9月，派1人参加在奥地利维也纳召开的第一届国际真菌毒素毒理学大会；10月，派2人赴美国德克萨斯州奥斯汀参加为期12天的气相色谱—质谱联用仪操作使用技术培训。12月，应中国食品科技学会和台湾食品工业发展研究所邀请，派1人赴我国台湾参加了两岸食品产业合作及交流会议。

邀请和接待来访方面，完成了“储粮害虫的生物防控技术研究”和“全谷物营养与加工 ”两个引智项目。接待了美国堪萨斯州立大学食品科学系主任、dirk.mair教授来院参观、探讨合作；加拿大阿尔伯特大学吴建平副教授来院交流全谷物食品蛋白与活性肽结构及功能关系研究；阿根廷农科院院长来院参观、探讨合作；加拿大马尼托巴大学张强教授来院交流粮食基础参数研究；日本不二制油公司研究人员来院交流大豆蛋白及油脂深加工合作研究；加拿大豆类协会负责人来院交流豆类（豌豆）食品的加工技术；澳大利亚面包研究所Ken Quail博士和黄思棣先生来院洽谈澳中小麦混麦加工制作中

国面条的合作研究；韩国食品研究院Jong—Dae Park教授和朴惠源（翻译）来院交流大米食品加工技术和亚洲传统地方食品研究。

2009年，粮科院与山东省德州市人民政府签订了科技合作协议书。东孚中心与佐竹公司合作在苏州举办了“中日稻米储藏、流通、加工新技术研讨会”；参会人员近200人，论文质量受到代表好评，促进了我国稻米行业技术交流。

2.人才队伍建设。根据学科建设和发展需要，继续从国内重点高等院校选聘优秀毕业生来院工作。并进行了改革以来第三次面向海内外公开招聘高级研究人才工作。2009年共从高校招聘了 5 名硕士和6 名本科毕业生，引进了1名海外归国人员，充实科研队伍。为促进科技和管理人员的知识更新，提高人才队伍素质，制定了《粮科院在职人员继续教育规定》。支持和鼓励职工努力学习专业知识以适应新形势的要求。包括参加各种学术活动、短期学习班、不脱产的学位或非学位学习、注册人员的继续教育、参加各项执业资格考试等。

3.进行了专业技术职务任职资格评定工作。2009年共有4人获副高级技术职务任职资格， 11人获中级技术职务任职资格。推荐10人参加正高级职称评审，其中6人获通过，取得正高级技术职称。

（四）加强院刊和网站维护工作

粮科院院刊《粮油食品科技》和网站是粮食科技信息和科技知识的重要载体，是科研人员发表科技论文的平台，是粮科院对外交流的窗口，对促进粮科院科技进步、扩大粮科院在行业的影响力起着重要作用。2009年按计划编辑出版发行了6期，共刊登院内外各类科技和综述文章约150篇，各类科技信息约100条。据中国科学技术信息研究所万方数据股份有限公司《2009年版中国期刊引证报告（扩刊版）》统计显示，院刊《粮油食品科技 》学科影响指标为0.68，在10余家同类杂志中列第一，影响因子等其他重要指标也居同类杂志前列。

2009年院网站的日常更新、维护得到了加强，共编辑刊载了各类行业新闻及科技信息260余条，对宣传粮科院改革发展的新成果、新面貌起到了积极作用。

■ 中国粮油学会

在国家粮食局、国家奖励办和中国科协等有关部门的大力支持和关怀下，经中国粮油学会及所属各专业分会、评审委员和推荐单位的共同努力下，中国粮油学会圆满完成了2009年度中国粮油学会科学技术奖(以下简称“粮油科技奖”)的评审工作。评审委员本着认真、负责、细致、耐心的态度，坚持公开、公平、公正的评审原则，按照评审程序规范进行评审，保证评审工作的科学性、公正性和权威性。评选出一批优秀的粮油科学技术成果以及为粮油科学技术进步作出突出贡献的科技人员和企事业单位，为加速粮油科技进步发挥了重要的作用。

中国粮油学会于2009年4 ~ 6月开展粮油科技奖的推荐与申报工作。截至6月底，共收到33个推荐单位的61个科研项目的申报材料，其中有59个项目通过了形式审查并在中国粮油学会网站上进行了受理项目的公示。根据本年度项目申报的实际情况，共划分为食品、油脂、储藏、饲料、质检、发酵面食和粮食物流7个专业评审组。学会奖励工作办公室将受理项目的申报材料按专业分类提交相应的专业评审小组进行初评。各专业组分别聘请本领域的资深学者、专家60余人，于8 ~ 10月组织开展了各专业组的初评工作。各专业评审组分别召开了评审会议，并采取定量和定性评价相结合的方式进行，最终以无记名投票表决产生初评结果，专业组推荐项目共44项。11月14 ~ 16日召开综合评审会议，经过评审委员评审、理事长办公会复审及公示，最终有31个项目获得了2009年度粮油科技奖，其中特等奖1项、一等奖6项、二等奖7项、三等奖17项。

2009年度中国粮油学会科学技术奖是中国粮油学会组织评审的第五届粮油科学技术奖，中国粮油学会将不断总结自身评审工作经验，努力提高粮油科技奖评审工作的质量和水平，发挥粮油科技奖的导向作用，为粮油行业的科技进步和跨越式发展作出更大的贡献。

四 国家粮食局学术研究

（一）国家粮食局软科学课题研究

2009年，国家粮食局积极组织开展粮食流通重大战略问题的理论研究工作，促进粮食流通工作又好又快发展，为粮食行业科学发展积累政策储备。为增强软科学研究的针对性，2009年初，国家粮食局软科学评审专家委员会办公室通过审议确立当年的软科学课题研究方向，内容涉及构建国家粮食安全保障体系、完善粮食市场调控机制、储备粮管理体制、粮食依法行政、粮食消费政策与制度、健全粮食支持和保护制度、完善粮食价格形成机制、健全粮食市场体系、现代粮食物流体系建设、国有粮食企业改革与发展、粮食产业化经营发展、农村新型粮食流通业态和粮食流通网络建设、健全粮食流通监督检查机制、粮食质量卫生安全保障机制、农村粮食产后减损安全保障等多方面粮食流通业务工作。

各省级粮食行政管理部门对软科学课题研究工作高度重视，在国家粮食局公布的课题研究方向基础上，结合本省粮食工作实际，上报了一批针对性强、立意较新的课题研究项目。2009年底，全国粮食系统共提交60篇具有一定理论水平和实践指导意义的课题研究结果。从评审结果来看，“浅谈农村粮食经纪人的发展与管理”、“关于四川粮食安全与粮油储备战略的研究”、“保障我国粮食安全应对全球化对策的思考”、“完善我国粮食价格形成机制问题研究”等一批优秀成果，紧密围绕粮食流通工作的热点和难点问题，深入分析研究，引用数据资料翔实准确，具有较高的理论价值和实用价值。

为鼓励各地继续深入开展课题研究工作，进一步提升课题研究的水平，国家粮食局对28个获奖单位给予了表彰并授予国家粮食局优秀软科学课题获奖证书。同时，将获奖优秀成果汇编成册，发送各省级粮食行政管理部门供学习参考。

（二）国家粮食局优秀粮食调研报告评选

为推动粮食行业深入开展调查研究，不断推动粮食工作创新发展，国家粮食局组织了粮食系统优秀调研报告征集和评选活动。各地粮食行政管理部门高度重视，积极开展调查研究，充分发挥调研报告的推广、借鉴和参考作用，为领导决策提供科学的政策建议。2009年各地共上报粮食调研报告100余篇，年底，经国家粮食局软科学评审专家委员会办公室评审，评选出一、二、三等奖40篇。

评选出的优秀调研报告，能够紧扣粮食流通工作的难点和热点问题，进行了广泛深入的调查研究，其中以《关于贵州仁怀粮油购销公司三合镇粮站10·17事故的调查报告》、《关于吉林黑龙江稻谷生产收购情况的报告》、《关于外资进入我国粮食流通领域并购企业的调查报告》、《加快仓储设施建设确保储粮安全》、《关于苏州“粮食银行”发展情况的调研报告》、《四川乡村粮油超市在农村商品流通渠道建设中的作用调查》、《关于油菜籽托市收购政策执行情况的调研报告》、《对吉林省粮食干燥现状的调查与思考》等调查报告质量较高，具有很强的现实指导意义。部分调研报告所提出的建议还得到上级领导的肯定和重视，并被有关部门采纳，实实在在地推动了工作，取得了实效。

为鼓励粮食系统干部职工继续深入开展调查研究，国家粮食局对广西壮族自治区粮食局等40个优秀调研报告获奖单位给予了表彰，同时授予“国家粮食局优秀调研报告”证书。获奖优秀调研成果还汇编成册，发送各省级粮食行政管理部门供学习参考。

党建工作

2009年，国家粮食局直属机关各级党组织在局党组和上级党委的正确领导下，坚持以邓小平理论和“三个代表”重要思想为指导，深入学习实践科学发展观，认真贯彻落实党的十七大、十七届四中全会和全国机关党建工作会议精神，围绕中心、服务大局，扎实工作，为局直属机关领导和服务粮食流通事业科学发展，提供了坚强的政治动力和组织保证。

一 深入扎实开展学习实践科学发展观活动

各级党组织把学习实践科学发展观活动作为一项重要政治任务，高度重视，严密组织，紧紧围绕“实践科学发展观，保障国家粮食安全”这个主题，认真扎实地开展了学习实践活动。在2008年认真组织学习调研、进行解放思想大讨论、召开民主生活会、广泛征求意见的基础上，2009年，局直属机关党委协助局党组认真起草领导班子分析检查报告，采取书面和召开座谈会的方式，广泛征求意见和建议，反复修改完善，努力提高分析检查报告的质量。在各单位的大力支持下，协助局党组认真制定了整改落实方案。6月中下旬，又根据上级要求，用半个月的时间对整改落实情况进行“回头看”，组织各单位对照局党组和本单位的整改落实方案，逐条分析检查整改落实情况，达到了检查整改落实进度、及时发现问题、研究落实对策、推进科学发展的目的。这次学习实践活动，总的看是开展得好的，工作也是扎实的，既按照规定动作做，又搞了一些创新，受到了中央检查指导组的充分肯定，基本达到了预期的目的。通过深入学习科学发展观，各级领导干部和广大党员干部坚持“干中学”、“学中干”，用科学发展观指导工作，破解难题，进一步深化了对科学发展观重大意义、科学内涵、精神实质和根本要求的理解，强化了用科学发展观武装头脑、推进工作、改进作风的意识，形成了粮食流通工作科学发展的共识，自觉用科学发展观指导工作，解决了一些影响制约粮食流通科学发展和基层群众迫切需要解决的突出问题，推进粮食流通中心工作取得明显成效。

二 坚持用党的创新理论武装头脑

2009年，局直属机关各级党组织坚持以邓小平理论和“三个代表”重要思想为指导，紧紧围绕“实践科学发展观、保障国家粮食安全”这个主题，把深入学习贯彻党的十七大、十七届三中、四中全会和全国机关党建工作会议精神作为理论学习的重要内容，坚持用中国特色社会主义理论体系这一马克思主义中国化的最新成果武装头脑，加强社会主义核心价值体系建设，以《六个为什么——对几个重大问题的回答》为基本教材，组织广大党员干部深入读书，着力从理论上弄清搞懂，深刻理解中国特色社会主义理论体系的精髓；以庆祝新中国成立60周年系列活动为载体，组织广大党员干部回顾60年来我党领导人民进行社会主义建设的发展历程，总结经验教训，从实践中深入体会。通过学习思考，大家对“六个为什么”的重大理论问题有了清醒的认识，对科学发展观这个发展中国特色社会主义必须坚持和贯彻的重大战略思想有了深刻的理解，对全面推进中国特色社会主义伟大事业有了必胜的信心，进一步坚定了理想信念，增强了贯彻党的路线方针政策的自觉性。在学习中，局党组理论学习中心组充分发挥示范带动作用，先后三次组织集中学习，及时学习领会党和国家的重大战略部署、重要会议精神以及中央领导同志的重要讲话。学习中，大力弘扬理论联系实际的马克思主义学风，着力提高运用科学理论分析问题、解决问题的能力，局党组中心组成员带头深入学习调研。10月底，局党组中心组利用3天时间召开了学习讨论会，深入学习党的十七届四中全会精神，紧密联系当前的形势任务和党建工作实际，交流了学习体会。机关党委积极协助党组中心组精心安排学习内容，做好学习服务工作，提供各类学习资料，保证了中心组学习的正常开展。

三 进一步加强基层党组织建设

一是认真做了换届选举工作。按照党章和〈中国共产党党和国家机关基层组织工作条例〉，6月召开第二次直属机关党的代表会议，深入学习贯彻全国机关党建工作会议精神，总结直属机关党建工作经验，研究加强机关党的建设措施，选举产生了直属机关第二届委员会和纪律检查委员会，进一步健全了党的组织，理清了加强机关党建的思路。之后，指导监督检查司、粮科院、培训中心、信息中心、军粮中心等5个基层党组织完成了换届选举工作。二是加强党员的教育管理和服务。积极推进党务公开，扩大党内民主，实行发展党员公示制，加强发展党员工作的组织领导，严把新党员质量关。全年发展新党员5名，按期转正党员5名，为党员队伍输送了新鲜血液。党的十七届四中全会召开后，立即下发学习贯彻党的十七届四中全会精神的通知，对学习贯彻会议精神作出了具体部署，购买发放学习辅导材料，组织党员进行认真学习。三是认真落实党员领导干部民主生活会制度。积极做好局党组民主生活会的服务工作，根据上级有关要求确定会议主题，利用召开座谈会、意见箱、电子信箱等多种方式，广泛征求意见，及时汇总整理并报局党组领导参考。同时，机关党委会同人事司、监察局组成督导工作组，认真做好对各单位民主生活会的指导和监督。四是认真准确地做了党内统计填报工作，在银行开设党费专用账户，严格执行党费开支使用规定，进一步加强了党费的收缴、使用和管理。

四 积极开展党风廉政建设

认真落实《关于贯彻落实中共中央〈建立健全惩治和预防腐败体系2008～2012年工作规划〉分工方案》，组织党员干部深入学习贯彻十七届中央纪委三次、四次全会和胡锦涛同志重要讲话精神，积极开展党风党纪教育，引导党员干部深刻认识加强党风廉政建设的重要性和紧迫性，大力倡导八个方面的良好作风。积极组织开展向王瑛同志学习的活动。机关党委协助纪检组监察局组织党员干部进行警示教育，利用正反两个方面的典型教育警示党员干部，提高拒腐防变的意识和能力。

五 进一步加强机关作风建设

积极组织开展群众性精神文明创建活动，深入开展“创建文明机关，争做人民满意公务员”活动，把用实际行动开展向吴大观同志学习活动，争做人民满意的公务员，作为加强党员党性修养、弘扬党的优良作风，围绕中心、服务科学发展的重要载体，有力地促进了机关的作风建设。局机关连续第6年被评为中央国家机关文明单位。

六 进一步做好群众工作

一年来，直属机关工会、共青团、妇工委等群团组织，充分发挥作用，组织开展了各项群众性活动。局直属机关工会顺利召开了第二次职工代表大会，进行了换届选举。积极组织开展送温暖活动，在干部职工生病住院、结婚、生孩子、老人去世以及遇到特殊困难时，及时看望慰问，补助困难职工。13个文体协会经常组织开展文体健身活动，促进了干部职工身心健康。局机关工会选派20名同志参加中央国家机关干部职工庆祝新中国成立60周年《歌唱祖国》大型歌会。局机关团委精心选派两名同志参加国庆60周年群众游行和联欢晚会，组织纪念新中国成立60周年爱国主义教育活动，收到良好效果。

七 尽心尽力做好维稳、扶贫等工作

2009年，在“7·22”期间、全国维护稳定暨信访工作会后、国庆节前，先后四次召开维护稳定工作专题会议，传达上级会议和文件精神，分析本局安全工作形势，部署国家粮食局的安全稳定工作，严密防范“法轮功”和敌对势力的干扰破坏，圆满完成了重要敏感日和国庆节期间的各项维护稳定工作。

按照局党组的指示，认真贯彻落实中央扶贫工作精神，积极做好对口贫困地区的帮扶工作。全年共投入扶贫资金6万元，其中为金阳县乡镇干部订购《农民日报》投资1万元，资助金阳县家庭经济困难的学生投资5万元。

八 积极做好党建研究工作

为深入学习党的十七届四中全会精神，研究做好新形势下机关党建工作，推进粮食系统机关党的建设，经局党组批准，2009年12月召开了部分省（市）粮食系统党建工作座谈会，交流各地加强机关党建工作的经验。同时，还按照中央国家机关工委的要求，积极参加工委组织的党建调研工作，完成了《以科学发展观为统领，推进粮食系统党建工作改革创新的若干思考》的课题，并被评为优秀奖；参加工委组织的创新组织工作征文活动，有一篇被评为二等奖。

廉政建设

2009年，在中央纪委监察部的领导下，驻国家粮食局纪检组、监察局认真贯彻党的十七届四中全会和中央纪委三次、四次全会、国务院第二次廉政工作会议精神，坚持围绕确保粮食安全中心、服务粮食工作大局，以全国粮食清仓查库、中央扩大内需投资监督检查和切实保护种粮农民利益为重点，整体推进粮食系统反腐倡廉体系建设，党风廉政建设和反腐败工作取得了新的进展。

一 认真贯彻中央决策，积极推进粮食系统惩防体系建设

（一）认真贯彻落实中纪委全会和国务院廉政工作会议精神

1. 中央纪委第十七届三次全会、国务院第二次廉政工作会议召开后，驻局纪检组、监察局配合国家粮食局党组，先后召开党组扩大会议、机关干部大会传达贯彻会议精神，并协助党组制定下发了《2009年国家粮食局党风廉政建设和反腐败工作实施意见》和《任务责任分解意见》。

2. 2009年初，组织召开了全国粮食系统纪检监察工作会议，深入学习贯彻中央纪委第十七届三次全会和国务院第二次廉政工作会议精神，总结2008年全国粮食系统党风廉政建设和反腐败工作，进一步明确了当前反腐倡廉建设的各项任务,部署了全年粮食系统党风廉政建设和反腐败工作。

3. 2009年中，召开了全国粮食系统纪检监察工作座谈会，传达学习贺国强同志、何勇同志在全国纪委书记座谈会上的重要讲话内容，部署了下半年全系统党风廉政工作任务。

4. 2009年底，召开了全国粮食系统第十八次纪检监察工作研讨会，贯彻落实中央第十七届四中全会和中央纪委四次全会精神，总结2009年以来全国粮食系统的纪检监察工作，研究2010年工作重点。

（二）认真贯彻全国纠风会议精神

全国纠风工作会议召开后，国家粮食局党组高度重视，先后召开党组扩大会议，纪检组监察局召开全体干部会议，传达会议精神，传达监察部领导同志的重要讲话，结合国家粮食局的实际提出了贯彻落实意见。在行业纠风方面2009年重点抓了以下工作：一是加强粮食收购工作的监督检查，贯彻落实中央有关粮食收购的惠民政策，保护农民利益。二是继续开展和推进“放心粮油进农村”工作。三是做好农民安全科学储粮工作。四是做好行风评议工作。五是加强军粮等政策性粮食供应工作。

（三）积极推进粮食系统惩防体系建设

继续落实国家粮食局《建立健全惩治和预防腐败体系2008～2012年工作规划》，结合粮食部门实际，认真制定贯彻落实《工作规划》的实施办法，把任务分解落实到各职能部门。

（四）扎实开展反腐倡廉宣传教育活动

1.深化廉洁自律警示教育。结合落实反腐倡廉工作，召开全局党员干部警示教育会，传达中央纪委有关案件查处情况的通报，发放廉政宣教书籍和教材，在国家粮食局局域网上对发生在粮食系统内的典型违纪案件进行剖析，开展警示教育。

2.组织开展全系统党风廉政建设调研工作，编辑了《全国粮食系统党风廉政建设调研成果汇

编》，供全系统纪检监察干部交流学习。

（五）加强监督，完善制度，做好领导干部廉洁自律工作

1.加强对党组成员的监督。了解掌握局党组成员在用车、住房调整装修、配偶子女就业、出国等方面的变化情况，及时与党组成员交换意见。会同人事部门落实“党员领导干部报告个人有关事项的规定”，6名党组成员和100余名局管干部按期报告了个人有关事项。

2.加强对干部选拔任用工作的监督。采取面试、笔试、谈话、测评等多种方式，对竞争上岗人员进行廉政考核。2009年共对27名参加竞争上岗的人员进行了廉政考核，取消了2人竞争上岗资格，严格把好了干部选拔任用第一关。

3.积极配合中央选拔省部级领导后备干部工作，对涉及候选人的举报信件进行了认真的调查核实。

4.认真贯彻执行中央有关规定。制定《国家粮食局巡视工作暂行办法》，会同国家粮食局有关单位共同制定《国家粮食局党组关于贯彻落实〈关于实行党政领导干部问责的暂行规定〉的意见》和《国家粮食局治理工程建设领域突出问题工作意见》，加强对局属单位和全国粮食系统党风廉政建设工作的指导。按照中纪委的规定，开展了制止党政干部公款出国（境）旅游专项工作，取得了预期效果。

（六）积极推动清理“小金库”工作

配合局有关部门召开清理“小金库”专项动员会议，成立专门机构，下发文件。坚决贯彻中办国办和中纪委关于清理小金库的规定，核查驻在部门所属单位13个，对发现的6项问题进行了调查。

二　围绕中心工作，加强检查，确保中央部署和政策落实

（一）认真履行监督检查职责，加强对中央扩大内需建设项目的监督检查

2008年底，中央向粮食行业下达10亿元国债资金，用于粮油存储设施项目和烘干塔项目建设，同时地方配套投资1.3亿元，企业自筹15.8亿元，总计投资额达27.8亿元，涉及新建、扩建项目33个。驻局纪检组、监察局对中央投资项目监督检查高度重视，国家粮食局党组成员、纪检组组长杨兵同志多次提出，要求加大力度做好监督检查工作。纪检组副组长、监察局局长辛志光同志协调国家粮食局科技与流通发展司在北京和内蒙古赤峰两次召开专题汇报会，听取中储粮、中粮、华粮和有关省区项目建设情况汇报，并带领检查组对南方油罐设施建设项目和东北烘干塔及仓储设施建设项目实物工作量进行监督检查，及时了解项目进展情况，纠正存在的问题。从总体情况来看，建设项目基本正常，但也存在部分项目进度滞后、配套资金拨付不到位等问题。针对上述问题，对有关项目单位提出了明确的要求并监督整改。

（二）开展治理工程建设领域突出问题工作

国家粮食局成立了治理工程建设领域突出问题工作领导小组和办公室，驻局纪检组、监察局领导分别担任领导。专项治理工作进展扎实，已对山西省临汾市襄汾县南辛店国家粮食储备库新建仓房出现危房情况进行调查。同时，加强对驻在部门及直属单位招投标项目的监督。

（三）加强监督检查，确保清仓查库工作的顺利进行

全国粮食清仓查库工作是2009年全国粮食系统的重点工作之一，驻局纪检组、监察局作为骨干力量，全程参与并负责纪律监督、案件核查等工作。一是提供了纪律保证。驻局纪检组、监察局负责全

国粮食清仓查库师资培训班有关工作纪律与监督的培训工作，并下发有关清仓查库工作纪律规定，确保了此次清仓查库工作的高度公信力。二是查办了涉粮案件。清仓查库工作中，驻局纪检组、监察局担负着清查办公室案件核查组的领导和日常工作，并本着“有案必查、查必彻底”的原则，查处了一批群众反映强烈的涉粮案件，取得了良好的社会效果。全国清仓查库共收到举报157件，其中与粮食库存检查相关的举报96件。案件核查组共收到举报106件，其中与粮食库存检查相关的举报53件，经查属实或部分属实的17件。三是及时督办。部际联席会议办公室案件核查组在福州召开了10省（市）案件核查督办会，总结和督办了案件查处工作，督促相关单位对责任人进行严肃处理，并追回了大部分涉案钱款。

（四）切实保护种粮农民利益，粮食行业作风建设取得新成效

坚持服务“三农”，重点对国家最低价收购政策执行情况开展了监督检查。驻局纪检组、监察局领导分别带队，对江苏、河南、陕西、四川等省最低收购价政策、临时收储政策、菜籽油加工补贴政策执行情况进行实地检查，对发现的收购点不足、压级压价等问题进行了及时纠正。同时，会同有关部门，协助解决农民卖粮难问题，切实保护种粮农民权益和积极性，确保国家粮食政策落到实处。积极支持业务部门推动“农户科学储粮”工程建设，推进“放心粮油活动”，树立粮食行业良好形象。继续加强对地方“粮食系统行风评议活动”的指导，组织经验交流。开展对救灾、军供等政策性粮食供应工作的监督检查，增强为民服务意识，提高服务质量，粮食行业作风建设得到进一步提高，做到了农民满意、中央放心。

三 严肃查办违纪违法案件

按照中纪委全会要求，结合粮食系统的特点，驻局纪检组、监察局对有领导同志批示的案件和重大案件，都会同有关部门进行了认真核实查处。

（一）案件受理情况

共受理各类案件161件。其中清仓查库案件核查组受理了106件，驻局纪检组、监察局日常受理了55件。从举报的内容来看，被举报对象以库主任、一把手为主，问题多集中在以权谋私、贪污受贿、弄虚作假、套取挪用收购资金、压级压价等方面。反映局机关干部问题的共3件。所有受理的案件都按照相关程序进行了批转或办理，其中自查的有18件（包括上报中纪委的初核件13件，均已经结案）。

（二）主要案件查处情况

1.查处了一批损害农民群众利益的问题。对贵州省部分油脂企业掺劣、倒卖临时储备菜籽油指标问题；《重要信息要目》第57号中反映中储粮总公司所属单位违规经营甚至配合民营企业压价收粮，损害农民利益问题；广东省湛江市徐闻县粮食集团公司亏空粮库案；黑龙江省清仓查库复查组在桦南县检查时大吃大喝，工作走过场、包庇当地短库、粮食变质等问题进行了查处。

2.对群众举报局管干部等有关问题进行了核实。对在中组部后备干部考核期间群众反映某些后备干部人选拉票和其他不廉洁行为进行了调查；在审核离退办有关干部任职转正过程中，就该干部夫妇双方是否享受过福利分房和是否领取住房补贴等情况进行了核实；协助西城区法院，就群众举报机关服务中心某干部有关问题进行了调查；对《审计署关于国家粮食局科学研究院所属北京双诚建设监理公司出借资质获取违规收入等问题的审计移送处理书》中反映情况和群众举报离退办有关人员以权谋

私、违规领取住房补贴和用车等问题进行了核实。

3.配合中央纪委案件室协调、核查了有关案件，继续做好对“粮神殿”案件涉案人员的边控工作。

四 加强自身建设，不断提高反腐倡廉工作能力和水平

（一）加强学习，建设学习型机构

驻局纪检组、监察局高度重视自身建设，干部思想觉悟不断提高，业务能力不断增强、工作作风更加扎实、纪检监察和支部工作等都有突破和创新。一是加强学习型机构建设。重视政治理论学习，多次组织全体干部认真学习胡锦涛总书记讲话，学习贺国强同志、何勇同志讲话，结合工作对照检查，指导实践。二是加强作风建设。坚持原则，带头接受监督，以身作则，多名同志先后深入基层查库查案，团结协作，吃苦耐劳，连续作战，认真负责。三是认真学习王瑛同志的先进事迹，要求驻局纪检组、监察局干部联系个人实际找差距，勇于创新，努力做党的忠诚卫士。四是加强业务培训，完善信息制度，提高业务能力，选派4人次参加中央纪委和国家公务员局组织的业务培训。

（二）加强系统纪检监察干部队伍建设，提高监督能力

加强纪检监察干部队伍建设，举办了全国粮食系统纪检监察培训班，驻局纪检组、监察局领导和最高人民检察院反贪局专家、党校教授分别讲课，通报了当前反腐败斗争形势，讲解了《中国共产党巡视工作条例（试行）》等四个重要文件，分析了粮食系统涉粮案件的犯罪特点和规律，提出了预防建议。全系统纪检监察干部近350人参加了培训。

（三）重视档案管理和信息上报，基础工作进一步加强

1.加强档案工作的规范化管理，派员参加中央纪委办公厅“关于纪检监察电子公文传输系统”培训，并按照中央纪委办公厅的要求，对2009年400余份文件分别进行了电子录入和归档整理。档案管理工作得到了中纪委办公厅的好评。

2.重视信息上报工作，2009年累计向中央纪委、监察部上报专报信息14份，工作月报12份。

3.加强系统工作信息交流。为使全国粮食系统及时了解中央反腐倡廉的各项重要精神和当前反腐斗争的形势，了解工作动态，宣传各地好的经验做法，驻局纪检组、监察局编辑了近30期粮食纪检监察工作简报，指导粮食系统反腐倡廉工作。

粮食新闻宣传工作

2009年，国家粮食局新闻宣传工作在局党组的高度重视和正确领导下，全面落实科学发展观，认真贯彻党的十七大、十七届三中全会和中央经济工作会议、中央农村工作会议精神，紧紧围绕粮食中心工作，坚持“服务全局、突出重点，积极主动、有所作为，严格程序、认真把关，不缺位、不越位”的基本原则，及时宣传和发布粮食流通政策及工作信息，取得较好的社会效果，为粮食流通工作营造了良好的舆论氛围。

一 增强新闻宣传工作的计划性和协调性

为及早谋划全年的新闻宣传工作思路和工作重点，2009年初在广泛征求局内各司室、事业单位和联系单位关于2009年新闻宣传工作意见的基础上，研究制定了《国家粮食局2009新闻宣传工作要点》，对重点宣传工作制定具体方案，确保新闻宣传的计划性和主动性。各业务司室积极配合接受记者采访、组织相关采访材料和及时报送新闻信息，为做好各项新闻宣传工作贡献了积极力量，确保了各项新闻宣传工作的顺利开展。

二 扎实开展粮食流通政策的新闻宣传

积极邀请新华社、人民日报、经济日报、农民日报等中央媒体参与全国粮食局长会议报道，特别是组织中央电视台在会议期间对国家粮食局领导进行采访，宣传全国粮食局长会议精神。针对国际国内粮食宏观调控和国家粮食安全面临的新形势，谋划局领导在中央主流媒体上刊发署名文章的宣传活动，积极宣传中央的粮食工作政策方针。在《求是》、《宏观经济管理》、《中国政协报》和《中国信息报》等报刊发表聂振邦局长“加强粮食宏观调控，确保国家粮食安全”、“面对金融危机更要重视粮食安全”等文章；在新中国成立60周年大庆期间，中央电视台七频道《社稷·粮安天下》栏目专访聂振邦局长，谈60年来粮食流通工作取得的巨大成就。一年来，中央电视台、新华社、《人民日报》、《经济日报》、《农民日报》、《粮油市场报》、《求是》、《中华英才》、《中国国情国力》、《宏观经济管理》等主流媒体共刊登和报道反映国家粮食局工作的信息100余篇（次），其中，各中央主流媒体共发布清仓查库工作信息20多篇，刊发夏粮收购工作情况的信息近30条，充分发挥了正确舆论导向的作用。

三 全力做好全国粮食清仓查库的新闻宣传

对全国粮食清仓查库的新闻宣传是国家粮食局2009年新闻宣传的工作重点之一。认真研究制定有关对清仓查库新闻宣传工作进行规划、指导和规范的两个文件。邀请任正晓副局长做客中国政府网，就2009年全国粮食清仓查库工作进行现场访谈。同时，在中国政府网上链接国家粮食局清仓查库专题，在更高的平台上全面客观地反映清查工作情况，用权威、准确的正面信息引导社会舆论。组织部分中央媒体赴山东青岛实地采访报道粮食清仓查库工作，亲临现场了解查库具体操作过程，增强查库工作的透明度和公信力。

四 积极做好粮食收购工作的新闻宣传

根据局领导的批示精神，积极组织开展夏粮收购工作的宣传报道，全面客观反映各地粮食部门积极开展粮油收购工作的情况，引导各地认真做好粮食收购工作。期间，邀请曾丽瑛副局长做客中央电视台，介绍夏粮连续6年丰收和粮食收购工作的情况；做客央视网《我有问题问省（部）长》专栏，在线访谈夏粮收购方面的有关政策；做客中经网，在线访谈夏粮收购工作的情况。同时，加强同《人民日报》、《经济日报》、新华社、《中国经济导报》的联系，积极宣传夏季粮油收购工作；在局政府网站开设了“2009夏粮收购”的专题栏目，全面报道夏粮收购工作情况，宣传国家粮食收购政策。

五 认真做好局政府网信息发布和中国政府网内容保障工作

积极协调局机关各司室、事业单位和各省级粮食部门及时提供网站信息，更新各相关栏目。只要不涉及保密内容的信息，均在第一时间通过局政府网站对外发布和宣传报道，确保了信息的权威性和时效性；做好重点专题专栏建设工作。局政府网站根据国家粮食局中心工作，推出了“2009年全国粮食局长会议”、“2009年全国粮食清仓查库”、“2009年夏粮收购”、“《粮食流通管理条例》颁布实施5周年宣传活动”、“2009年粮食科技活动周”、“第二届全国粮食行业职业技能大赛”等6个专题，很好地反映了国家粮食局阶段性重点工作，取得了较好的宣传效果；密切跟踪监测网上舆情，及时发现和掌握互联网上集中关注的涉粮热点、敏感问题，对互联网上关注度较高的涉粮信息进行筛选、整理，供局领导参阅，全年共编辑《摘编》36期。扎实做好局政府网站的安全保障工作，在新中国成立60周年大庆期间，连续24小时值班，并采取相关技术措施，确保了局政府网站的安全运行。2009年国家粮食局政府网站共发布信息7400多条，其中反映国家粮食局中心工作的信息1000多条，反映地方粮食局工作的信息6400多条。及时向中国政府网报送重要工作动态信息，共被中国政府网采用137条。同时，认真贯彻落实中央关于加强和改进报刊管理工作的文件精神，切实做好局属报刊的监督管理工作。

六 围绕中心，服务大局，充分发挥《中国粮食经济》宣传和舆论引导作用

作为国家粮食行政管理部门的机关刊物和全国唯一的国家级粮食经济类期刊，《中国粮食经济》始终坚持以科学发展观为统领，始终坚持围绕中心、服务大局的办刊方针，致力于把全行业的思想统一到国家粮食行政主管部门制定的改革发展思路上来，致力于忠实记录处于重要调整时期的粮食行业和企业的发展变化，致力于反映出广大粮食人的精神风貌，致力于丰富广大粮食系统干部职工的精神文化生活。2009年，《中国粮食经济》紧紧把握国家粮食局党组提出的粮食流通工作重点和粮食工作宣传要点，进一步丰富内容，美化形式，充分发挥了宣传和舆论引导作用，展示了权威的行业主流媒体形象。2009年，《中国粮食经济》共甄选刊发稿件300余篇，消息200余条，信息公开近30则，共计

136万字。2009年新创办的《〈中国粮食经济〉内部摘编》共编发33期，消息近40则。

（一）科学改版，丰富内容

2009年，面对粮食流通事业新形势和读者阅读新需求，《中国粮食经济》在保留杂志特色基础上进行了适当的改版。一是在不提高定价的情况下将杂志由56页扩充到64页，调整了部分栏目顺序，增加了"热门话题"、"粮食财务"、"粮食企业"3个新栏目和"编读往来"板块，在"粮食形势"栏目增加了FAO发布的《全球谷物供给与需求简况》内容，以拓宽杂志内容覆盖面，增强编读互动性；二是丰富"信息公开"栏目内容，增加国家有关中长期粮食政策，方便读者了解最新的政策信息；三是将杂志的出版日期由每月10日提前到每月1日，进一步增强杂志的时效性。

（二）围绕粮食中心工作开展宣传报道

2009年，《中国粮食经济》宣传报道工作继续坚持以粮食行业各项大事要事为中心，坚持正确的舆论导向，服务粮食事业发展大局。

1.大力宣传粮食系统深入学习实践科学发展观活动情况。2008年底，随着深入学习实践科学发展活动在全国范围内的全面展开，《中国粮食经济》适应形势需要开辟了"践行科学发展观"栏目，每期刊登1～2篇从不同角度、不同层面上反映粮食部门学习实践情况的优秀稿件或粮食系统干部职工心得体会，从新闻舆论上引导粮食系统掀起学习实践科学发展观的高潮，受到读者的广泛关注。

2.全面、深入、多角度地报道粮食行业召开的重要会议。2009年，《中国粮食经济》全面深入报道了全国粮食局长会议、中央储备粮工作会议、粮食纪检监察工作会议、国有粮食企业改革和发展研讨会等重要会议，对各大会议部署的各项工作重点进行权威解读，为读者提供指导和帮助。

3.关注粮食行业重点、热点话题。在"专题"和"热门话题"栏目中就2009年粮食部门的重点工作和读者关心的热门话题展开宣传和探讨。主要对粮食清仓查库工作、夏粮收购工作和庆祝新中国成立60周年等重大事件以多种体裁和内容组织了综合报道。就2008年粮价大起大落对我国的影响、粮食行政执法体系建设、粮食直补政策和最低收购价政策的执行与完善等粮食职工感兴趣的热门话题展开交流和探讨。

4.深入进行粮食经济理论研究和探讨。在粮食流通体制改革进入了一个更深的层次，有许多新情况、新问题需要进一步研究探讨的大背景下，《中国粮食经济》将研究、探讨粮食经济理论视为杂志不可或缺的一个重要版块。2009年，《中国粮食经济》主要刊发了有关粮食安全、外资进入对我国粮食行业的影响、国有粮食企业改革、粮食价格支持政策、粮食行政管理体系建设等问题的理论探讨性文章，从理论层面探索粮食事业发展新路子。

5.继续关注地方粮食工作和基层粮食职工，交流工作经验，推广先进典型。2009年，在"粮食财务"、"交流"、"工作研究"等栏目刊发各地粮食部门的工作成效和基层粮食工作者对粮食工作的一些看法和建议，并专门开辟了"粮食企业"这一新栏目宣传推广优秀粮食企业的经营管理经验。

（三）重视版式设计，树立特有风格

2003年改版以来，杂志在版式上不断探索，逐渐形成了自己独特的风格，为广大读者熟悉并认同。2009年，杂志在稳定版式设计风格的同时，更用心地雕琢细节，如提高图片质量，力求做到文图相符，并辅之以注释等。2009年，《中国粮食经济》努力为粮食行业的摄影爱好者提供一个展示的平台，多次采用粮食工作者拍摄的照片作为封面图片或文章配图，受到读者的好评。在封面彩页设计上，配合《粮食流通管理条例》颁布实施5周年、新中国成立60周年、粮食科技活动周等制作了公益宣传。

（四）在服务行政管理工作的同时增强杂志权威性和影响力

2009年，中国粮食经济杂志社继续与国家粮油信息中心合作，发布粮油市场月报；与国家粮食局调控司合作，每月发布全国粮食购销统计数据；与流通与科技发展司合作，发布中央储备粮代储资格公告信息，刊登安全生产小知识防汛专栏和药剂管理专栏。不仅为粮食行政管理工作提供服务，同时也丰富了杂志的内容，增强了杂志权威性和可读性，扩大了影响力。

（五）创办《〈中国粮食经济〉内部摘编》，为领导决策提供参考

2009年初，根据国家粮食局领导指示，中国粮食经济杂志社创办了《〈中国粮食经济〉内部摘编》，内容以反映粮食工作中存在的问题为主。在编辑过程中，杂志社以作者来稿和行业外媒体刊登的文章为信息采集源头，摘编刊登了涉及粮油临时收储政策、部分地区农民“卖粮难”、粮食企业仓容紧张、贷款难等内容的文章，其中多篇受到局领导重视，批示有关部门调研解决。

（六）办好中国粮食经济网，为读者、作者提供便捷

作为纸介质《中国粮食经济》的补充和扩展，中国粮食经济网开通4年来，发挥了良好的作用，为读者订阅《中国粮食经济》和作者投稿提供了很大的便捷。截至2009年底，中国粮食经济网共发布10000余条信息，电子版杂志70期，通过网上投稿的稿件已有近800篇，网上订阅数量也在逐年增加。

七 各地粮食经济类期刊彰显地方特色，服务地方粮食工作

2009年，各地粮食经济类期刊围绕国家及本地粮食工作重点开展新闻宣传报道，努力为促进本地区的粮食事业发展服务，彰显出鲜明的地方特色，深受当地粮食干部职工的欢迎，在本地区影响力逐步扩大。一是以不同形式大篇幅报道了各地召开的粮食工作重要会议，向基层读者传达当地粮食工作部署。二是从地方层面对粮食领域重大事件进行报道，如许多期刊都以“专题”或“特别报道”的形式对当地粮食部门深入学习科学发展观活动、粮食清仓查库、粮食收购等工作以及新中国60周年大庆进行了深入宣传报道。三是开辟了颇具地方特色的专栏，如《贵州粮食》的“农村科学储粮”、《晋粮经济》的“放心粮油”、《齐鲁粮食》的“粮食订单”等。四是大量刊登地方粮食流通体制改革和行业发展类文章，为本地区交流工作经验、树立典型提供平台。五是进一步改进刊物外在形式，有的期刊由小开本改为了大开本，有的期刊对封面及内文版式进行了全新的设计，有的期刊更换了纸张，并提高了印刷质量。

老干部工作

一 基本情况

截至2009年底，国家粮食局共有离退休人员337人。其中，离休128人，退休209 人；副部级以上离休干部2人，司（局）级离退休干部87人，处级以下离退休干部231人，退休工人17人。在离休干部中，红军时期参加革命2 人，抗战时期参加革命38人，解放时期参加革命88人；70岁以上离退休人员279人，最高年龄95岁；在老同志中，有中共党员257人。为老干部服务的在职人员34人。

二 积极开展新中国成立60周年庆祝活动，认真落实离退休干部的政治待遇

着眼保持离退休干部本色，积极组织离退休干部政治学习，促进老干部与时俱进，适应形势发展要求，在政治上、思想上和行动上与党中央保持高度一致。

（一）及时组织学习党的路线方针政策

组织离退休干部深入学习贯彻党的十七大和十七届三中、四中全会精神，认真学习胡锦涛同志在首都纪念新中国成立60周年大会上的重要讲话。学习温家宝总理在十一届全国人大二次会议上所作的《政府工作报告》，引导大家深刻领会《政府工作报告》的精神实质，做到团结一心，共克时艰，为贯彻落实党的各项方针政策提供了思想保障。

（二）组织开展“两节”走访慰问和团拜、座谈活动

按照国家粮食局的要求，安排11位离退休干部代表参加了国家粮食局党组召开的老干部春节座谈会。筹办了“国家粮食局离退休干部春节团拜会”，离退休干部和工作人员共300多人参加了团拜活动。广泛开展了走访慰问活动，并陪同局党组成员走访慰问了老部长、老领导、老部长遗孀，给老同志送上了组织的关怀。

（三）开展以庆祝新中国成立60周年为主题的系列活动和文体活动

认真贯彻落实中央文件精神，在上级党组织的统一部署下，开展庆祝新中国成立60周年纪念活动。组织参观了新中国成立60周年成就展览；组织开展了慰问新中国成立前参加革命老干部、老工人、老党员和伤残军人活动，局长聂振邦、副局长曾丽瑛等领导同志专程前往北京医院看望了93岁高龄的老红军、老部长赵发生同志和在家中颐养天年的老红军贺筠同志。曾丽瑛副局长还看望了部分抗战时期参加工作的老同志。组织召开了“歌颂伟大祖国”主题座谈会，曾丽瑛副局长参加了座谈会，同与会的老同志代表亲切交谈。在组织开展庆祝新中国成立60周年纪念活动中，各工作处以活动站为依托，结合自身的特点和优势也广泛开展了纪念活动，如以“唱响主旋律，弘扬时代精神，庆祝新中国成立六十周年”为主题的老干部歌唱组座谈会和书画展、红歌联唱会、“庆祝新中国成立60周年离退休老干部革命岁月回顾图片展”等。

（四）坚持情况通报制度

举办了离休干部学习班，分专题观看了新中国成立60周年所取得的巨大成就录像，通报了离退办2009年的工作情况；举行了“离退休干部先进个人表彰会”，对“全国离退休干部先进个人”荣誉称号获得者赵凌云同志和国家粮食局离退休干部办公室评选的刘淑萍等8位离退休干部先进个人进行表彰。局党组书记、局长聂振邦和局党组成员、副局长曾丽瑛到会看望老同志，为离退休干部先进个人颁奖，向离退休干部通报粮食工作情况，近150名离退休老干部参加了会议。在参加国家发展改革委“庆祝新中国成立60周年书画摄影展览”活动中，组织得力，荣获优秀组织奖。程济苍、潘敬贤、张达略等老同志荣获书法类优秀奖，老同志王景山荣获绘画类优秀奖。

三 不断完善服务管理机制，认真落实离退休干部生活待遇

（一）加大了对有困难的老同志的帮扶力度

提高了老同志享受困难补助的比例，由10%增加到15%；为90岁以上老人发放1000元健康长寿奖金。

（二）积极做好医疗保健工作

做好门诊医疗服务工作，门诊量达5971人次，无医疗差错。预防为主，严防传染病侵袭。针对甲型流感疫情，成立了疫情防控领导小组。制定防控预案，编写宣传材料，发放预防药物，储备防护用品,引导大家关注并理性对待疫情，共同预防甲流。开展了年度健康体检工作，离退休干部223人参加体检，占应检人数的81%；为离休人员扩大就医范围，使他们在北京市100多家医院均可就诊，看病选择性更强、更近、更方便；按照中组部要求，为符合条件的离休干部提高了医疗待遇。积极进行保健与医疗的有益尝试，开展了专家保健咨询服务活动。

（三）努力改善离退休干部活动条件

积极向有关部门争取资金，协调工作，对马连道、报国寺工作处进行了维修，添置活动设备、器材，改善老同志学习活动条件。报国寺活动站被国管局确定为中央国家机关老干部活动分中心，为争取更多的资金等方面的扶持，完善活动设施，增加国家粮食局离退办老干部与兄弟部委老干部的交流提供了有利条件。

四 全面贯彻落实科学发展观，努力加强领导班子和在职干部队伍建设

2009年初，学习实践活动进入了关键阶段，即整改落实阶段，离退休干部办公室把这个阶段的学习与加强在职干部队伍建设和老干部工作紧密结合，努力在整改落实上下工夫，增强以科学发展观统领离退休干部工作的自觉性和坚定性。6月，又进行了一个月的整改落实回头看工作，按计划完成了整改任务。主要做了四个方面的工作：一是在局党组的高度重视、中储粮总公司等部门的积极支持下，在最短时间筹集了第二步规范津补贴所需经费，提前一个月在元月底，按新标准向全体离退休人员发放到位。二是为加强对老干部工作的领导，落实中组部《关于加强新形势下离退休干部工作的意见》，在局领导的亲自关心和协调下成立了国家粮食局、中国储备粮管理总公司离退休干部工作领导小组，为解决今后老干部工作中的重要问题奠定了基础。三是针对双高期离退休老同志的特点，努力

加大帮扶力度，出台了一系列帮扶措施。结合新中国成立60周年国庆活动，加大走访慰问力度，广泛开展走访慰问活动。四是大力开展送温暖活动，千方百计增加老干部福利待遇。

继续在老干部工作人员中开展讲党性、重品行、做表率、树组工干部新形象活动，培养了工作人员的敬业精神；加强工作人员的学习培训，将每周四定为离退办在职干部集体“学习日”，利用学习日时间，组织在职人员认真学习党的创新理论和基本知识，及时贯彻党的路线方针政策和上级有关文件精神，交流学习体会。分批组织工作人员参加了全国老龄委等涉老机构举办的老干部工作培训班，通过学习培训，使工作人员开阔了视野，了解了政策，增长了才干。

第四篇

各地粮食工作

北京市粮食工作

基本情况

北京市简称京，是中华人民共和国首都，是全国政治、经济、交通和文化中心，也是世界闻名的历史古城、文化名城。北京市位于华北平原西北边缘，东南距渤海约150公里，西、北和东北群山环绕，东南是缓缓向渤海倾斜的大平原，地势西北高、东南低。全市土地面积16410平方公里，其中平原面积占38.6%，山区面积占61.4%。全市下设16个市辖区、2个县。

截至2009年末，北京市常住人口1755万人，其中户籍人口1245.8万人，外来人口509.2万人；城镇人口1491.8万人，乡村人口263.2万人。粮食播种面积22.6万公顷，与上年持平；粮食产量124.8万吨，比上年减产0.5%；居民粮食消费价格水平比上年增长5.6%。

2009年粮食工作

2009年，北京市粮食行业深入学习实践科学发展观，认真贯彻党中央国务院关于粮食工作的方针政策，落实市委市政府关于粮食工作的战略部署，努力克服国际金融危机的冲击和影响，全面完成了年初制定的工作目标，各项工作都取得了新进展。

一　粮食市场繁荣稳定，为保增长、保民生、保稳定作出了积极贡献

全年粮食消费量492万吨，粮食产量124.8万吨，通过市场机制和政府调控实现供需平衡。粮食购销活跃，库存充裕，市场供给充足。北京市各种经济成分的粮食经营者，积极组织粮源，全年购进粮食589.4万吨，增长8.8%，其中国有粮食购销企业购进177.4万吨，占全市购进量的30.1%，有效保证了首都粮食市场供应总量充足；销售及加工用粮568.4万吨，比上年增长5.3%。

二　圆满完成新中国成立60周年阅兵粮食供应保障任务

全市各级粮食部门和粮食经营企业，组织各种优质粮油货源39万吨。在阅兵部队的军粮供应工作中，认真落实“统一采购、统一配送、统一质量”的要求，实行严格的质量保障制度，建立24小时军粮快速绿色通道，巩固“军粮供应零中断、军粮质量零投诉、军供服务零事故”成果，走访慰问部队

1600余次，为部队排忧解难150多次，出色完成了阅兵部队粮食供应任务，受到了市政府、北京军区联勤部和阅兵总指挥部的嘉奖。

三 粮食清仓查库工作圆满完成

按照国务院、国家粮食局和市政府的部署，北京市成立了由分管副市长任组长、14个相关部门为成员单位的粮食清仓查库工作领导小组，健全了领导机构。市与区县政府高度重视，各负其责、密切合作；市级组成了13个检查组和2个巡视组，对本市行政区域内列入检查范围的全部粮食进行了彻底检查。市政府领导同志深入基层慰问干部职工，人大代表和政协委员现场督导清查工作，提高了清查工作的透明度和公信力。全市共有6034人（次）参加了检查工作，检查粮食库点162个，检查货位4301个，粮食实物422.5万吨，账实差率0.28%，宜存率100%。检查结果表明，本市粮食库存数量真实，账实相符；质量符合国家有关规定，储存安全；粮食补贴拨补情况良好，库贷对应，资金占用合理。达到了国务院要求的“让政府心中有数、让群众感到放心”的目的。市政府召开粮食清仓查库工作总结电视电话会议，表彰先进单位和先进个人。全市粮食行业的辛勤工作得到了国家粮食局、市政府领导同志的肯定和社会的认可。

四 市储备粮增储任务提前完成

根据国家下达的地方粮食储备规模指导性计划，落实中央经济工作会议精神，加大启动内需的力度，按照市政府领导的批示精神，粮食部门科学安排，合理调度，创新工作方式，积极筹措粮源，加强采购、运输、接卸、结算等各环节工作协调，委托企业赴产区采购小麦10万吨，提前6个月圆满完成了15万吨市储备粮增储任务。市储备粮中小麦和稻谷比例达到总规模的82%，高于国家有关部门70%的规定。市储备粮油宜存率连续3年达到100%，始终保持了相当于10天消费量的成品粮油储备，成品粮油储备规模落实度达100%，居全国首位。

五 粮食企业实力和竞争力明显提升

认真落实国家鼓励企业从东北采购粮食的政策，结算补贴东北稻谷入关运费补贴资金1.39亿元。落实储备粮承储企业免征营业税、印花税、房产税和城镇土地使用税等政策，为企业改革发展创造良好的政策环境。解决了一部分企业高价位库存，支持企业开展粮油贸易经营。投入2000万元专项资金支持仓储加工物流基地建设，有力推动了粮食产销区之间的合作。京粮集团大力实施“做市场、做品牌、做资本”战略，加快资源整合步伐，培育核心竞争优势，夯实粮食产业基础，实现利润1.33亿元。各区县粮油总公司在强化粮油仓储业务的同时，积极开展资产经营和粮油贸易经营，在稳定区域粮食市场中发挥了重要作用，连续5年实现全行业赢利。

六 政府对粮食的应急反应能力进一步提高

充分发挥粮油市场信息监测网络的作用，及时收集、整理、分析信息，预测主要粮油品种的价格走势，认真做好信息上报和发布工作，为政府宏观决策和企业经营服务。注重日常管理与重点工作相结合，常态管理与应急管理相结合，不断完善应急工作机制。定期核对应急指挥机构和应急供应网点的信息，确保指挥网络和供应网络畅通。加强与应急加工企业的联系，认真履行协议规定的权利和义务，确保应急加工能力储备真实有效。制定了应急状态下市储备粮投放程序规定，进一步提高了粮油供给应急能力。

七 市储备粮规范化管理水平稳步提高

评选出14个库点开展规范化千分制评价验收工作。组织基层检化验员培训和样品检验对比工作，开展了储存和收购环节卫生调查，强化了市储备粮油质量管理工作。倡导科学保粮，推广稻谷低温储藏技术，减少化学药剂的污染，使市储备粮储存工作由传统向绿色生态型转变，由减少数量损失向优化品质转变。改善仓储设施，提高储粮科技和信息化水平，试点了市储备粮视频实时监控联网，为全面实现市储备粮网络视频信息实时监控奠定了基础。

八 进一步提高服务农村、服务农民的水平

顺利完成退耕还林补助粮食供应工作，供应粮食总量折合4.36万吨原粮，切实保护了退耕农户的利益。扎实完成夏粮收购工作，共收购小麦4.2万吨，保护了农民的种粮积极性。完成《北京市农户科学储粮专项建设规划（2010～2012）》编制工作，推动农户储粮减损工程实施。

九 加强宣传，进一步提高粮食流通人才队伍建设

完成粮油科普工作，开展“巧食五谷 品质生活”粮食主题日活动，引导合理消费、平衡膳食，倡导爱粮节粮理念。推行国家职业资格证书制度，举办了第二届职业技能竞赛，开展粮食行业职业技能鉴定,26人次通过国家职业资格四级鉴定，加快了人才队伍知识化进程，提高了职业技能水平。

十 粮食行业管理工作进一步加强

进一步完善行政决策机制，加强普法宣传工作，抓紧《北京市储备粮管理办法》修订的立法工作，全面推进粮食依法行政。进一步规范粮食仓储设施维修资金管理，粮食流通基础设施建设工作稳步推进。认真做好粮食流通统计工作，完成了社会粮食供需平衡、食用油供需平衡和粮油工业统计三项调查任务。健全和落实安全生产工作责任制，严格执行各项规章制度，杜绝重大安全责任事故，实现粮食流通行业安全发展。

十一 北京国家粮食交易中心顺利挂牌

全年交易粮食66.9万吨，交易总金额15亿元，带动了大宗粮油贸易的开展。

◆ **北京市粮食局领导班子成员**

李广禄 党组书记、局长
周爱华（女）党组副书记、纪检组长
马长旺 党组成员、副局长
朱 雷 党组成员、副局长

北京市副市长程红（左二）检查2009年粮食清仓查库工作。

北京市召开2009年粮食流通工作会，北京市副市长程红（左二）、市商委主任卢彦（左三）、市粮食局局长李广禄（左一）参加会议。

北京市粮食局局长李广禄同志（左三）参加2009年粮食科技周活动。

2009年北京市粮食行业先进代表合影。

天津市粮食工作

基本情况

天津市地处华北平原东北部，海河流域下游。东临渤海，与山东、辽东两半岛相望；北依燕山，与河北省、北京市相邻。市域总面积11760.26平方公里，海域面积3000余平方公里。年末全市常住人口1228.16万人，比上年末增加52.16万人。全市粮食种植面积30.66万公顷，增长4.5%。粮食总产量156.29万吨，增长4.9%，为近10年最好水平，连续6年增产丰收。其中：小麦产量54万吨，增产1.5万吨；稻谷11.3万吨，增产0.8万吨；玉米88.7万吨，增产4.4万吨；大豆1.6万吨，增产0.4万吨；其他0.7万吨，增产0.3万吨。粮食商品量123.9万吨，比上年增加21.8万吨，粮食商品率达到79.3%。

全市粮食消费总量485.3万吨，人均消费粮食395.14公斤。粮食产消缺口329万吨，比上年缺口减少了32.2万吨。食用植物油消费量268157 吨，比上年增加27636 吨；人均消费量21.83公斤。

全市进口粮食214.3万吨，比上年增加161.7万吨；出口粮食6.1万吨，比上年增加2.6万吨。

2009年粮食工作

2009年，天津市各级粮食行政管理部门认真贯彻党的十七大和十七届三中、四中全会精神，深入贯彻落实科学发展观，以解放思想为先导，以改革创新为动力，牢记确保全市粮食安全的重大历史使命，圆满完成年初确定的“两个建立、四个完善”的工作目标和各项任务，为天津市经济发展和社会稳定作出了应有的贡献。

一 努力加强和完善粮食储备与市场调控，为确保全市粮食安全奠定了坚实的基础

（一）地方储备粮规模全部充实到位并保证了常量库存，维护了全市粮食市场和价格基本稳定

按照国家有关规定，天津市地方储备粮油规模全部充实到位，为确保粮食安全提供了强有力的

物质保障。国家发展改革委、国家粮食局、财政部、农发行在《关于地方粮油储备规模落实情况的通报》中给予充分肯定。

按照“先进后出”的轮换模式，全市地方储备粮规模保持常量库存，进一步夯实了粮食安全的物质基础。同时，根据需求变化，调整了地方食用油储备结构，将现存的四级豆油退出食用油储备，品种改为毛豆油，既节约了财政费用支出，又有利于保管和轮换。

（二）加强了粮食形势分析和粮食市场信息工作，及时掌握市场动态

建立了粮油市场分析会议制度，及时向市政府、市发展改革委报送了有关情况。推进了粮食市场信息体系建设，收集整理全市120个信息监测点上报数据近70000条。按照国家粮食局的要求建立了大米和食用油加工企业和主要现货批发市场的价格、生产、进销、库存的直报工作。

（三）积极推动粮食应急工作的开展，各项应急措施进一步完善

各区县粮食应急机构全部建立，应急实施方案已全部出台。进一步完善了应急监测网络、资源网络、加工和供应网络及运输通信网络。调整了应急加工点和应急销售点。重新核定了市级动态储备粮小包装规格标准。会同市财政局联合下发了《关于调整市级储备成品粮费用补贴标准的通知》、《关于核定市级动态储备粮小包装规格标准的通知》，对全市储存的市级动态储备粮储存费率做了相应调整，保证了市级动态成品储备粮应急情况下的有效供给，确保了市级储备成品粮的储存安全。

二 大力开展粮食收购和销售，增加粮源搞活流通

（一）充分发挥国有粮食购销企业主渠道作用，努力掌握市场粮源

国有粮食购销企业采取多项便民收购措施，方便农民售粮。全市夏粮收购5.3万吨，秋粮收购2.6万吨。

（二）充分发挥批发市场交易平台作用，积极开展了粮食竞价销售

中国天津粮油批发交易市场全年实现交易额25.69亿元，交易量104.31万吨，分别完成年计划的128%和104%，交易额创历史新高。

（三）巩固和发展省际粮食产销合作，增加粮源供应

与东北稻谷基地和山东小麦基地进行了互访，密切了产销双方的合作关系，粮源供应数量有较大幅度增加。与黑龙江省签署了新的粮食产销合作协议，黑龙江省对天津市的年稻谷供应量达到75万吨。与黑龙江省等6个省市共同举办了第六届黑龙江金秋粮食交易合作洽谈会，实现进津粮食成交量82.5万吨，创交易洽谈会举办以来交易最高纪录。天津市在河北省的粮食采购由几年前的50万吨增加到目前的近150万吨。按照国家有关政策，积极组织企业采购东北粳稻（大米）入关55.1万吨，既增加了全市粮源，也为解决东北卖粮难问题作出贡献。

（四）组建了天津国家粮食交易中心，加强粮食流通载体建设

根据《全国粮食市场体系建设“十一五”规划》，经国家粮食局批准，依托中国天津粮油批发交易市场，组建了天津国家粮食交易中心。在搞活流通、保障市场供应、服务国家宏观调控和环渤海地区经济发展等方面发挥了积极作用。

三 认真细致搞好粮食清仓查库，摸清了库存家底

根据《国务院办公厅关于开展全国粮食清仓查库工作的通知》及国家发展改革委等10部门的要求和李克强副总理在全国粮食清仓查库工作动员电视电话会议上讲话精神，全市经过企业自查、市级普查、核查、汇总等4个阶段，对74家中央储备粮、地方储备粮承储企业和国有及国有控股粮食企业储存商品粮进行了全方位的检查。同时，全面检查了纳入全市粮食统计范围的118家重点非国有粮食经营企业和转化用粮企业执行统计制度情况，选择了48家具有一定代表性的企业，进行了粮食购销及库存情况等典型调查。

经清查，全市粮食库存数量真实，账实相符，没有发现亏库现象；粮食质量良好，均为宜存粮；粮食储存安全，安全措施基本到位；库贷结构合理真实，库存粮食与贷款规模相符，没有发现违规贷款行为；政策补贴及时到位。

四 进一步加强了地方储备粮管理，推进了粮食流通基础设施建设和现代粮食流通产业建设

（一）认真搞好储备粮轮换

全年累计轮出小麦12.36 万吨、轮入小麦12.35 万吨，轮出稻谷 6.7 万吨、轮入稻谷10.5 万吨，轮换食用油 1 万吨。

（二）加强了粮食质量监管

将区、县级储备粮质量检验工作纳入市级强检范畴。监督完成了地方储备粮油的质量检测工作。开展了储存环节原粮农药残留专项抽查工作，全市抽查样品农药残留合格率为100%。落实“一年四查”制度，保证了储粮安全。

（三）积极推进粮食仓储物流建设

向国家粮食局申报新建粮食仓储项目7个，其中，静海古城粮食储备库已获得250万元的资金支持。全市新增仓容79万吨，是近年来新增仓容最多的一年，提升了粮食仓储设施硬件水平。

（四）认真开展了业务技能培训

天津市特有工种职业技能鉴定站共举办了5批319名粮油保管员和粮油质量检验员参加的培训。其中260人通过考核鉴定，取得了国家人力资源和社会保障部、国家粮食局颁发的《职业资格证书》。改变了粮食仓储技能人员青黄不接、业务水平下降的局面，粮食保管队伍业务素质得到进一步提高。

（五）筹建了地方储备粮管理信息查询系统

该系统的硬件设备已基本安装调试完毕，软件正在试运行，取得了较好效果，提高了地方储备粮管理效率。

（六）推进了粮食科技创新和产业升级

开展了粮食科技周活动。开展了6项粮油仓储科技课题研究，提升了全市科学保粮整体水平，全市储备粮科保率达90%以上。

（七）推进了粮食市场体系建设

制定了《天津市粮食市场体系建设“十二五”规划》，提出了粮食市场体系建设新的指导意见。全市已初步形成多元市场主体、多种交易方式、多层次市场结构的粮食市场体系。

（八）编制了2010～2020年粮油加工业发展规划

规划以保证粮食安全为核心，充分发挥市场在资源配置中的基础性作用，确立了全市粮油加工业发展目标。

五 加强粮食流通监督检查，进一步规范了粮食企业经营行为

（一）开展了对取得“粮食收购许可证”的粮食收购企业的核查

进一步规范了粮食收购主体。全市取得“粮食收购许可证”的粮食收购企业达304家。

（二）开展了粮食收购专项监督检查，进一步维护了粮食收购流通秩序

会同市物价局对全市夏粮收购价格进行了检查。全市粮食收购严格执行国家粮食收购价格政策，没有发现违法违规行为。

（三）对“应急体系”的监督检查实现制度化、规范化

定期对全市15家粮食应急加工企业和287家粮食应急供应网点进行监督检查，根据情况变化，随时做出调整，确保粮食应急预案启动后，保证应急粮油的加工和供应。

（四）推进了粮食经营者执行最低和最高库存标准的常态化

全市208家粮食收购和规模以上的粮食加工、销售企业全部达到了规定的最低和最高库存量标准。

六 充分发挥粮食行政管理部门职能，全面推进依法行政

（一）加强和充实了粮食行政管理机构和人员，提高了行政效能

通过积极争取，经编制部门批准，市粮油信息中心和粮油质量检测中心由经费自收自支改变为市财政全额拨款的事业单位，为更好地发挥粮食行政管理的辅助功能，及时准确地掌握粮油市场动态，搞好粮油质量监测，服务粮食宏观调控，创造了更加有利的条件。

（二）积极为企业争取优惠政策，改善了企业经营环境

在受金融危机影响、国家税收难度较大的情况下，继续为全市国有粮食购销企业争取到免征2009年度房产税、土地使用税政策，免征额达2000余万元，减轻了粮食购销企业负担，增强了企业发展后劲。

经财政部驻津专员办审核，为全市粮食企业采购东北粳稻（大米）入关申请运费补贴1.43亿元，帮助企业大大提高了经济效益。

（三）进一步加强了依法行政和粮食法制建设

成立了市粮食局依法行政领导小组，召开了全系统依法行政工作会议。制定了《全面推进粮食依法行政工作的实施意见》、《重大事项决策制度》等文件，推动依法行政工作向纵深发展。建立了行政规范性文件监督管理机制，加强了政府法制监督。规范粮食行政执法行为，制定了《天津市粮食行政管理三步式执法实施办法》、《天津市粮食行政管理部门行政处罚自由裁量权适用规则》，为行政

处罚提供了更加具体的依据，提高了粮食行政执法人员依法行政能力和水平。深入开展了法制宣传教育，提高了粮食经营和管理人员法律素质。

（四）积极开展了粮油加工业统计工作

2009年是粮油工业统计纳入市粮食局行政工作的第一年，通过认真统计，初步摸清了全市粮油加工业的底数。全市纳入统计的粮油加工企业55个，其中：国有及国有控股企业10个，占18.1%；外商及港澳台商投资企业15个，占27.3%。粮油加工业总产值295.8亿元，比上年增加56.6亿元，增幅23.6%；产品销售收入295.9亿元，比上年增加52.8亿元，增幅21.7%；工业增加值102.8亿元，比上年增加15.4亿元，增幅17.6%；利润总额9.1亿元，比上年增加5.2亿元，增幅133.3%；年末从业人数11712人。有效仓容59.7万吨，油罐总容量54.5万吨。

（五）认真贯彻执行粮食行业会计制度，提高了财务工作水平

在国家粮食局组织的全国粮食系统会计制度执行考评中，被评为先进单位。

（六）建立和完善了政府信息公开制度

建设开通了市粮食局门户网站，主动公开粮食工作有关信息，搞好公共服务。积极宣传粮食政策，保障社会公众的知情权，增进社会公众对粮食工作的了解和支持。及时报送粮食信息，在全国粮食系统政务信息工作考核中，被评为优胜单位，受到国家粮食局通报表彰。

七　进一步加强了军粮供应管理工作，全面提升了军粮供应综合保障能力

认真开展军粮财务大检查，保证了军粮补贴资金专款专用，封闭运行。积极争取军粮供应网点维修改造资金105万元，落实改造项目3个。改造工程已全部完工，并投入使用。大力开展培训，提升了军粮供应人员业务水平。加强了和部队的沟通联系，积极探讨军粮供应工作的新思路。

八　全面加强思想政治建设，党群工作取得新进展

（一）贯彻落实科学发展观和党风廉政建设取得新成效

圆满完成深入学习实践科学发展观活动，得到上级机关的充分肯定和表扬。认真落实党风廉政建设责任制，制定下发了《加强党风廉政建设和反腐败工作安排意见》等文件。实行了“一把手”负总责，党组成员“一岗双责”责任制，抓廉政、促勤政自觉性明显提高。

（二）积极开展新中国成立60周年庆祝活动，受到广泛好评

在参加由国家粮食局举办的新中国成立60周年粮食行业成就展和第九届中国国际粮油产品及设备技术展览会上，荣获《优秀设计装修奖》、《组织奖》、《优秀联络员奖》。组织编纂的纪念新中国成立60周年征文集受到各界赞誉。

◆ 天津市粮食局领导班子成员

马春波　　党组书记、局长
穆金生　　党组成员、副局长
周庆平　　党组成员、副局长
田少生　　党组成员、纪检组长
李久彦　　党组成员、副巡视员
周　海　　党组成员、副巡视员

2009年2月23日,天津市粮食局局长马春波(右二)在天津市2009年粮食工作会议上作工作报告。

天津市政府召开2009年全市粮食清仓查库工作总结会,副市长任学锋(左二)做总结讲话。

2009年8月18日,天津市与黑龙江省召开粮食产销合作座谈会并举行签约仪式。

河北省粮食工作

基本情况

河北省环抱首都北京，东与天津市毗连并紧傍渤海，东南部、南部衔山东、河南两省，西倚太行山与山西省为邻，西北部、北部与内蒙古自治区交界，东北部与辽宁省接壤。全省总面积18.8万平方公里，占全国土地总面积的1.96%，居第14位。下辖11个地级市、22个县级市、114个县、36个市辖区，总人口7034.4万人。全省耕地面积590.1万公顷，粮食占耕地400.7万公顷，粮食播种面积621.7万公顷。

河北省是全国13个粮食主产省之一，主要生产小麦、玉米，年粮食产量稳定在2500万吨以上，商品率约50%，正常年景粮食产需总量平衡有余，油脂油料缺口较大，主要依靠省外购入和进口弥补。2009年全省粮食总产量2910.2万吨，比上年增加4.4万吨，接近历史最好水平，为历史上第二个高产年份，其中小麦1229.8万吨，玉米1465.2万吨，稻谷、杂粮215.2万吨。农民提供的商品粮1702.1万吨，商品率58.5%。全年进口大豆319.3万吨，出口杂粮10.1万吨。全省各类粮食企业累计收购粮食1280万吨，其中按最低收购价收购小麦304万吨；销售粮食1697万吨，其中国有粮食经营企业销售460万吨。

截至2009年底，全省粮食系统共有购销企业841家，在岗职工1.6万人。

2009年粮食工作

2009年是21世纪以来国家经济发展最为困难的一年，粮食工作同样也经历了诸多困难和挑战。面对复杂多变的粮食形势，全省粮食部门坚持以科学发展观为指导，认真贯彻省委、省政府和国家粮食局的决策部署，围绕“保安全、壮实力、增活力、重民生、求突破”的工作主线，全力以赴抓落实，奋发有为促发展，认真执行国家粮食政策，带动了农民增产增收；不断完善粮食安全保障机制，粮食宏观调控能力进一步增强；大力培育粮油项目和品牌，提高了粮食产业化经营水平；加快粮食行政职能转变，推动了国有粮食企业规范化管理向纵深发展，圆满完成了年初确定的各项目标任务，为全省经济社会发展作出了积极贡献。同时，扎实开展“学习实践科学发展观”和“干部作风建设年”活动，形成了推进粮食经济科学发展的思想共识，塑造了崭新的当代河北粮食形象。

一　政策性粮食业务落实较好

认真执行国家粮食最低收购价政策，6~9月，中南部6个小麦主产市按最低收购价收购小麦304万吨，比上年增加100万吨，带动农民增收近7亿元；省粮油批发交易中心承办政策性粮食竞价交易近50次，成交208万吨；组织企业到东北集中采购稻谷47万吨；军粮供应连续10年超额完成国家计划；大力引导各类市场主体参与粮食购销活动，2009年全省各类粮食企业共收购粮食1280万吨，销售粮食1697万吨；积极推动省际间粮食产销合作，组织参加全国及区域性粮油展销活动，省粮食局与北京、黑龙江签订了粮食产销合作协议，促进与天津市产销协议的进一步落实。全省粮食价格稳定，市场繁荣。

二 粮食安全保障机制更加完善

按照国家要求，认真落实粮油储备计划，完善粮食应急保障体系，供给保障能力大大增强。到2009年底，全省地方粮食储备到位规模创历史最高水平，超额完成国家下达计划。省级粮油储备全部到位，市级粮食储备实际库存总量超过省定规模。46个县建立起了县级储备，唐山、秦皇岛所辖各县（区）全部建立了县级储备。储备品种更加优化，布局更加合理，轮换更加规范，达到了储存安全、质量良好的基本目标。全省11个设区市及97%的县（市）出台了粮食应急预案，挂牌应急网点达到1071个，价格监测点达到260个，每周收集、发布粮油价格信息5000多条，基本建成了覆盖全省、遍布城乡的粮食应急保障网络。

三 粮食清仓查库工作圆满完成

2009年上半年，按照国务院统一部署，由省政府直接组织、各部门共同参与，开展了全省范围的粮食清仓查库工作，彻底摸清了国有粮食企业的库存底数。清查结果显示，到2009年3月底，全省国有粮食库存账实基本相符，差率为0.22%，比全国平均差率低0.08个百分点；粮食抽样合格率98.7%，比全国平均高1.6个百分点，主要粮食品种宜存率100%。由于全省清查工作组织严密、培训到位、检查认真、整改及时、结果真实，得到了国家工作组的充分肯定和国家粮食局的表彰，8人被评为全国粮食清仓查库工作先进个人，省粮食局和邯郸、承德两个市局被评为先进单位，在全国粮食局长会议上，省粮食局作了专题发言。

四 粮食行政执法深入推进

各级粮食行政管理部门加快转变职能，改善行业统计，改革行政审批，推动依法管粮迈出新步伐。2009年，全省粮食部门共核发《粮食收购许可证》472个，组织了粮食油脂供需平衡、粮油加工转化、外资企业进入、农户种粮成本收益等统计调查；开展粮食流通检查3682次，查办涉粮案件324起；组织了新收获粮食原粮卫生调查和品质测报，完成粮油质量检验4000多个批次。充分利用《粮食流通管理条例》颁布五周年、世界粮食日、法制宣传日等活动，广泛开展粮食政策法规宣传，扩大社会影响。省粮食局被中宣部、司法部和全国普法办评为“全国‘五五’普法中期先进集体”，是全国粮食系统唯一获此殊荣的先进单位。

五 粮油项目建设取得新进展

抓住国家加大基础设施投资的机遇，认真落实粮食物流、加工业发展规划，积极争取财政金融支持，项目建设出现良好势头。2009年，全省共确定粮油加工、物流、仓储等项目31个，总投资28.4亿元，预计可新增粮食仓容270万吨。省粮油批发交易中心项目已经主体封顶，省粮油质检中心完成设备投资300万元，省粮食局直属库3万吨油罐项目一期工程投入使用，二期工程已进入扫尾；承德、唐山等市项目建设初具规模，邢台北方粮油物流中心工程顺利启动，柏粮集团物流园二期工程完成预定工期；国家安排的农户科学储粮专项规划开始起步，首批6万户共覆盖3个市的11个县，深受当地农民欢迎。

六 国有粮食企业规范化管理向纵深发展

立足于向管理要效益、靠转型促发展，启动了全省国有粮食经济振兴和发展规划，加快推进现代粮食企业建设，企业发展质量稳步提高。据统计，2009年全省国有粮食购销企业实现销售收入103亿元，同比增长11%，经营活力进一步增强。深入推进国有粮食购销企业规范化管理，首批14家省储粮承储示范企业按时完成建设内容，科学保粮率达到100%，启动了省粮食局直属企业精细化管理试点工作；强化了企业安全生产责任，针对雨雪冰冻等灾害，及时组织企业排查隐患，全年共治理储粮安全隐患633处，企业“一符四无”率保持在90%以上，没有出现重大安全责任事故，省粮食局被省政府评为“2009年度安全生产工作先进单位”。

七 新型购销服务网络建设势头良好

坚持加快发展和服务民生同步推进，加快建设粮油购销服务网络，新兴服务网点起步良好，原有网络日渐完善。面向农村农民，总结推广了黑马公司便民连锁超市、柏乡粮库“公司+经纪人+农户”等服务模式。石家庄市在部分县进行放心粮油进农村试点，确定示范企业17家。面向军需民用，在全国率先建立军粮特供网络，采取特许加盟形式，向部队和社会供应“军粮特供”产品，到2009年底，加盟店已发展到31家。面向城镇居民，石家庄、保定、廊坊、邯郸、秦皇岛等市的大众厨房经营网点（店）已有557个，生产主食、糕点等50多种，打造了家家惠、俏馔、民生源、利福来、山粮主食等地方品牌，取得了较好的社会效益和经济效益。

八 粮食财会知识竞赛成功举办

继2007年全国粮食系统财会知识竞赛后，河北省再次成功举办全省粮食系统财会知识竞赛，得到了国家粮食局和河北省财政厅的充分肯定，也是全国唯一连续每两年举办一届财会知识竞赛的省份。全系统2000余名财会人员参加了竞赛活动。经过层层选拔，优中选优，组成12支代表队在石家庄市进行了团体决赛。竞赛现场气氛热烈，选手情绪饱满，充分展示了全省粮食财会人员的良好素质和时代风采。竞赛活动达到了振奋精神、鼓舞斗志，激发学习热情、增强职业道德，检验执业水平、促进队伍建设的预期目标，取得了明显成效。

九 推进粮食经济科学发展形成共识

按照省委统一部署，扎实开展“学习实践科学发展观”活动，形成了推进粮食经济科学发展的四点共识。

一是粮食事业的发展必须以科学发展观为指导，以融入中心、增强功能、服务全局为根本出发点，从解放思想、转变观念的高度，以新的理念、新的要求、新的标准审视工作现状，明确努力方向，谋划发展思路。

二是粮食企业改革必须以转机制、增后劲、谋突破为根本着力点，顺应形势变化，把握发展机遇，推进资源整合，做大做强粮食产业。

三是粮食系统重点工作的确定和实施必须以基础性、方向性、可持续性为根本立足点，发展现代粮食流通产业，探索和拓展新的服务领域，提升服务功能和服务水平，在壮实力、增活力、提高服务力上作出不懈努力。

四是粮食系统队伍建设必须以树立“敬业、诚实、和谐、为民”的当代河北粮食形象为根本落脚点，深刻剖析观念、思路、状态、作风等方面存在的突出问题，下大力为发展打好基础、创造条件、营造环境。通过开展学习实践科学发展观活动，全省粮食系统上下思想认识更加统一，发展思路更加明确，活力、实力、服务力明显增强，良好行业形象逐渐树立，为各项工作的顺利开展奠定了坚实的思想基础。

十 “干部作风建设年”活动成效明显

开展“干部作风建设年”活动，是省委继学习实践科学发展观活动之后作出的一项重大决策。省粮食局党组高度重视，专门组织人员成立作风建设办公室，坚持把作风建设贯穿于实际工作中，认真谋划，深入发动，适时调度，强力推动，使全局作风建设取得了明显成效。

一是建立公开承诺制、首问首办责任制、限时办结制、追究问责制和考核评议制等五项制度，修订完善了局机关行政管理、公务接待、财务制度、内部审计等多项管理制度，使机关管理更加规范。

二是开展了“一把手蹲点调研”和“为企业解难题、为群众送服务”、“建立联系点台账”、“建立完善服务窗口”、“恳谈日”等五项活动。局领导班子成员深入基层蹲点调研，撰写蹲点日志和调研报告，形成了《关于粮食工作服务“三农”问题的思考》等多篇有分量的调查报告。

三是清理规范完善了三项行政审批事项。实行了一口对外、网上审批和一站式服务，粮食收购资格审批期限由15个工作日缩减为10个工作日，陈化粮购买资格审批期限由10个工作日缩减为7个工作日，受到了省效能办的好评。

四是以认真贯彻省委“十个严禁”为抓手，大力整饬机关纪律。省粮食局党组和各支部专题召开领导班子民主生活会，对“十个严禁”逐条进行自我剖析和检查对照，大大强化了“十个严禁”“高压线”意识，增强了教育效果，有效防范了不良现象和问题的发生。通过开展“干部作风建设年”活动，广大干部职工精神面貌、工作状态和工作作风明显好转，工作质量和办事效率大大提高，“敬业、诚实、和谐、为民”的当代河北粮食形象逐步深入人心，并变成全局干部职工的自觉行动。

◆ 河北省粮食局领导班子成员

徐受棠	党组书记、局长
赵学敏	党组副书记、副局长
陈同文	巡视员
伍　林	党组成员、纪检组长
卢瑞卿	党组成员、副局长
杨洲群	党组成员、副局长
佟军亭	副巡视员

2009年3月，河北省副省长张和（前排右二）在省粮食局局长徐受棠（右一）陪同下到基层粮食企业调研。

2009年5月7日，河北省粮食局局长徐受棠（前排左）与北京市粮食局局长李广禄（前排右）在北京代表冀、京双方签订粮食产销合作框架协议。

河北省粮食局局长徐受棠（左二）到鹿泉市“军粮特供”特许加盟示范店指导工作。

山西省粮食工作

基本情况

山西省位于黄河中游东岸，华北平原西面的黄土高原上，因居太行山之西而得名。春秋时期，大部分地区为晋国所有，所以简称“晋”。东以太行山与河北省为邻，西、南隔黄河与陕西省、河南省相望，北以外长城为界与内蒙古自治区毗连。全省总面积为15.6万平方公里,约占全国总面积的1.6%，辖11个地级市，119个县、市、区，常住人口3427.36万人。地形多为山地丘陵，山区面积约占全省总面积的80%以上。2009年农作物种植面积369.21万公顷，比上年减少0.92%。其中，粮食种植面积314.67万公顷，增长1.14%；油料种植面积16.99万公顷,减少5.15%；棉花种植面积7.02万公顷，减少2.12%。在粮食种植面积中，玉米种植面积145.12万公顷，增长5.27%；小麦种植面积72.75万公顷，增长4.31%。山西属于典型的温带大陆性气候，干旱少雨，晋南和晋中盆地是重要的商品粮基地。

2009年全省粮食总产942万吨，比上年减产8.37%。其中，玉米654万吨，减产4.2%；小麦211.11万吨，减产16.5%。夏粮总产212.9万吨，减产16.4%；秋粮总产729.1万吨，减产5.7%。2009年国有粮食企业收购粮食292.5万吨，非国有粮食企业收购粮食507.3万吨。国有粮食企业销售粮食345万吨，非国有粮食企业销售粮食648.1万吨。工业用粮130万吨，种子用粮24万吨，饲料用粮356.3万吨，城镇口粮184万吨，农村口粮456万吨。截至2009年末，全省共有国有粮食企业1224个，在职职工33613人。其中购销企业475个，在职职工18486人。山西国有粮食企业总仓容811.1万吨，有效仓容723.4万吨。

2009年，山西省全年地区生产总值7365.7亿元，比上年增长5.5%。人均地区生产总值21544元。2009年城镇居民人均可支配收入和农村居民人均收入分别达到13996.6元和4244.1元，分别增长6.7%和3.6%。

2009年粮食工作

2009年，山西省粮食局按照省委、省政府“转型发展、安全发展、和谐发展”的要求，认真贯彻落实科学发展观，认真履行粮食流通管理职责，正确把握形势，加强宏观调控，积极应对金融危机对粮食行业带来的严峻挑战，圆满完成了全年粮食流通各项工作任务，保障了全省粮食安全，为全省保增长、保民生、保稳定作出了积极贡献。购销两旺，粮食安全保障水平得到提升；“放心粮油”工程建设顺利，惠及三晋人民大众；地方储备粮规模进一步充实，夯实了粮食宏观调控基础；粮食清仓查库工作圆满完成，受到国家粮食局的表彰；国有粮食企业改革取得新进展，扭亏增盈成效明显；文明和谐建设不断加强，粮食部门的形象面貌有了新提升；全省粮食经济“三个发展”迈出新步伐，粮食产业化发展呈现良好局面。

一 粮食宏观调控能力不断增强

（一）粮食购销创新高，保护了种粮农民利益

各级粮食部门高度重视粮食收购工作，深入基层调查研究，加强检查指导，及时发现并全力协调解决粮食收购中出现的新情况、新问题，保证了收购工作的顺利进行。针对年初玉米收购价格下跌，市场动荡，出现农民卖粮难的问题，各级领导深入调研，及时向省、市政府提出建议。为最大限度地保护粮农利益，省粮食局在充分调研的基础上，先后三次向省政府呈报了关于在山西省实行玉米最低收购价的请示，为省政府决策提供依据。忻州市政府在全省率先实行玉米最低保护价收购。省政府在全省实行了玉米补贴收购政策，保护了农民种粮积极性。2009年，全省共收购粮食512.3万吨，达到全年任务385万吨的133%。其中,晋中、吕梁2个市收购量超目标任务200%以上。全省收购新小麦30.3万吨，是2004年全省粮食购销市场和价格放开以来，在减产严重情况下收购量较多的一年。全年共销售粮食894.6万吨，达到全年目标的232.36%，创了新高。其中,太原、阳泉、晋中、吕梁4个市销售量超目标任务300%以上。

（二）充实粮油储备规模，增强了粮食调控能力

2009年，国家重新核定下达了山西省地方储备粮油规模。为了确保新增地方储备粮油规模全部落实到位，各级粮食部门积极向省政府和当地政府汇报，主动与有关部门协调沟通，统一了认识，取得了共识。省政府领导高度重视，王君省长、申联彬常务副省长、牛仁亮副省长先后作出重要批示，明确要求按照“中央一号”文件精神，不折不扣地将山西省新增地方储备粮油规模全部落实到位。11月初，省政府下达了地方储备粮油规模指导性计划，入库落实工作抓紧进行。其中，忻州、阳泉、朔州、太原4个市，已完成或超额完成了省政府下达的指标。山西省地方储备粮油规模的增加具有标志性的意义，将使全省粮油安全保障能力提升到一个新水平。

（三）强化储粮管理，保证库存粮油安全

山西省粮食局先后制定一系列制度措施，进一步加强和规范粮油仓库及粮食仓储设施管理，严格省级储备粮代储资格认定办法，严格省级储备粮油储存情况的上报，并组织开展春秋季储粮安全大检查工作。立足于防大汛、抗大洪、抢大险，加强与气象、防汛等部门的联系，做好汛情预测和分析，完善预案，坚持二十四小时值班和零报告制度。认真做好全省粮食系统防震减灾、防火、防雷等工作，确保了全省粮食库存安全无事故。继续开展了示范站（库）建设达标和现代化粮库建设活动,共有360个站（库）达到了“示范站（库）”的标准，12个省直储备库和32个市、县储备库达到了现代化粮库建设标准。11个市和山西粮油集团都完成了安全储粮目标。积极探索常储常新等储备粮轮换新方式，运用网上交易等现代粮食交易新方式，太原国家粮食交易中心实现网上交易粮食42万吨，交易额6.5亿元。国有粮食购销企业库存粮油账实相符，粮情稳定，“一符六无”粮仓率达到97.8%。推广了“三项”储粮新技术和“双低”、“三低”等实用技术，科学保粮率达到90%以上。粮油质量监测体系建设有了新进展，省粮油质检中心在粮食质量调查和品质测报工作中发挥了

积极作用。

（四）粮食产销衔接稳步推进，购销渠道逐步稳固

为加强粮食产销衔接，确保市场粮油供应，山西省粮食局积极同小麦、大米主产省衔接洽谈，组织双方粮食企业签订贸易合同，确保了全省粮食供应不脱销、不断档，促进了粮油市场的稳定和繁荣。据不完全统计，上年全省共调入小麦109.5万吨、稻谷53万吨，达到全年产销合作调入目标125万吨的130%。

（五）完善应急体系建设，应急保障能力不断提升

山西省粮食局积极指导各地制定粮食应急预案，建立应急成品粮油储备，落实粮食应急企业。目前，全省11个市全部出台了粮食应急预案，建立应急成品粮储备1750万公斤，落实应急供应网点354个、应急加工企业95户，建立国家和地方粮油价格监测点47个。省军粮供应中心坚持以兵为本的服务宗旨，在军粮统筹采购配送、双拥共建、军粮网点建设等方面取得了新进展。

二 “放心粮油”工程全面推广实施

2009年，山西省人民政府把发展1000家放心粮油店列入了为全省人民办的十件实事之一。省发展改革委将“放心粮油”工程和粮食物流体系建设纳入服务业发展总体规划，列为“1+10”重点项目之一。对此，各级政府大力支持，相关部门积极配合，各级粮食部门全力落实。年初，在忻州市召开“放心粮油”工程建设管理工作会议，认真研究，周密安排；年中，省粮食局组织由局领导带队的6个督查组对1000家放心粮油店建设进行逐店督查；年末，根据省政府的安排组成6个验收组，在当地工商、质检等部门的配合下，对1000家放心粮油店进行了逐店验收。到10月底，实际建成1128家，超额128家，提前完成省政府下达的任务。

在重点建设1000家放心粮油店的同时，全面推进了“放心粮油”工程三年建设规划的实施，全省“放心粮油”工程网络体系不断健全，运行效益稳步提高。全省“放心粮油”工程建设普遍采取了股份制、国有控股、参股和加盟联营等方式，调动了各方面的积极性，优化了资源配置。自实施“放心粮油”工程以来，市、县两级配送中心共完成投资3.5亿元，其中政府补助5501万元，带动社会投资2.95亿元。1128家放心粮油店共完成投资1.59亿元，其中，政府补助760万元，带动社会投资1.52亿元。2009年，新建成市级配送中心5个、县级配送中心62个。至年底，全省共建成市级配送中心13个，县级配送中心102个，建设发展放心粮油中心店、经销店及经销点8772个。“放心粮油”网络已覆盖全省1118个乡（镇、街办）、10756个行政村（占全省行政村的38%）和1155个城市社区（占全省社区的71%），覆盖人口1800多万人，占全省总人口的一半以上。“放心粮油”工程从业人员达到18643人，其中安置国有粮食企业分流人员2885人，安置社会人员9552人。截至2009年底，市、县两级配送中心累计实现粮油经销量95万吨，销售收入28亿元，利润4366万元，呈现出快速增长的良好态势。山西省“放心粮油”工程得到了各级政府、社会各界和消费者的肯定和欢迎。新华社、中央电视台、山西电视台、《中国消费者报》、《中国粮食经济》、《粮油市场报》、《山西日报》、《前进》等多家媒体，先后对山西省“放心粮油”工程作了详细报道。2009年7月，中国粮食行业协会在山西太原召开了“全国放心粮油进农村进社区工作经验交流会”，推广了山西省的经验，国家粮食局张桂凤副局长参加了会议。

三 粮食清仓查库工作圆满完成

根据国务院和省政府的安排部署，山西省粮食清仓查库工作按照“有仓必到、有粮必查、有账必核、查必彻底”的要求，经过全省发展改革、粮食、财政、农发行、质检等部门的共同努力，圆满完成县级自查、市级普查、省级复查、部际联合工作组抽查和汇总整改6个阶段的各项工作任务，受到了全国部际联合抽查组的充分肯定。通过这次清仓查库，摸清了全省粮食库存家底和粮情，为落实粮食行政首长负责制、全面提升粮食管理水平提供了第一手资料。从清查结果看，全省粮食库存账实相符率98.9%，账实基本相符；库存粮食质量合格率达94%以上，粮情基本稳定；粮食库存与银行贷款基本相符；各种政策性粮食补贴资金基本能够按期拨付到位，库存管理工作基本符合规定，粮食清仓查库总体情况良好。在全省粮食清仓查库工作中，涌现出一大批先进典型。省粮食局对13个粮食清仓查库工作优秀组织单位、51个先进集体、40个先进企业和204名先进个人进行了表彰奖励。省粮食局、晋中市粮食局及5名同志分别被评为全国粮食清仓查库工作先进单位和先进个人，受到了国家粮食局的表彰。

四 依法管粮水平得到提高

2009年，省粮食局认真贯彻落实《粮食流通管理条例》，严格履行职责。目前，11个市级粮食局全部具备执法主体资格，均成立了监督检查内设机构和粮食流通管理稽查队。113个县级粮食局中，具备执法主体资格的达到97个。2009年，为规范粮食收购市场秩序，夏粮收购期间，省粮食局下发《关于开展夏粮收购市场监督检查的通知》。为保证了节日期间粮油食品安全，下发《关于在国庆中秋节期间开展全省粮油食品安全大检查的通知》等。全省共开展各项检查2050次，出动行政执法人员10856人次，检查各类粮食经营企业13134个次，查处粮食违法案件130起，办理粮食违法案件363件。加大对粮食收购市场、库存粮食、军粮等政策性粮食和“放心粮油”经销网络的监督检查力度，保证数量真实、卫生合格、质量良好，为军队官兵和人民群众提供了安全放心的粮油食品。

五 国有粮食企业改革成效显现

2009年初，省粮食局在忻州市召开全省国有粮食企业改革研讨会，分析了全省国有粮食企业改革面临的新形势，找准了制约企业改革和发展的突出问题，明确了改革的指导思想和原则、目标要求、工作措施，并不断加大改革推进力度。通过深化改革，国有粮食企业减亏增盈取得积极进展，经济效益明显提升。全年对340个国有粮食购销企业进行了不同形式的改革、改组和改造，其中退出7个，破产70个，进入破产清算程序的37个，拍卖14个，租赁5个，政府收回19个，合并重组188个。到2009年底，全省保留购销企业数462个，其中完成公司制改造99个。全省国有粮食企业发生亏损9074万元，同比减亏1.35亿元，减幅60%；其中，国有粮食购销企业发生亏损4896万元，同比减亏8793万元，减幅64%。从各市来看，太原、晋城继续保持盈利，朔州、运城、忻州、阳泉、临汾5个市减亏幅度较大。在没有托市收购政策性经营的背景下，山西省国有粮食企业大幅减亏，经济运行趋于正常，继续保持向好态势。

六 粮食产业化建设取得新成效

在实践中，山西省粮食局坚持把体制改革与产业发展相结合，粮食产业化发展迅速。

（一）加快现代粮食物流体系建设

大力推进山西粮食物流中心建设，全年共落实资金1000万元，其中，中央安排400万元，省安排600万元。积极与晋中市政府沟通联系，加紧办理山西粮食物流中心建设用地手续。省物流中心大同节点项目落实中央资金200万元，土建工程已完成。长治物流中心顺利开工建设，其中仓储物流功能区总占地面积22.2万平方米，总投资2.75亿元。

（二）努力培育粮食龙头企业

太原市大力培育粮食龙头企业集团，成效初显，初步实现了从“田间”到“餐桌”的产业延伸。良源集团采取股份合作、联手经营等形式，发展订单农业，通过发展有机产品，促进有机产品联盟，提升了核心竞争力，形成了“龙头+基地+农户+市场”的生产经营格局。物流集团积极调整产品结构，由“生”向“熟”升级，现已推出馒头、饼子、包子、点心、面包、豆浆等产品上市经营。临汾市曲沃县与黑龙江佳木斯市三江米业合资合作，建成曲沃三江米业有限公司，日处理稻谷150吨，安排粮食职工100人。曲沃县天泉淀粉加工有限公司投资6000万元，实现年加工能力6万吨淀粉、4万吨高麦芽糖，年销售收入1.2亿元、利税1260万元，安排就业岗位200个。晋中市灵石县粮食局利用技改资金，投资1200万元建设天和养猪场，现存栏3000头，年实现利润600万元，转化粮食1000万公斤，形成从面粉加工到养殖的产业延伸。

（三）大力推进粮食产业化发展

2009年省粮食局确定建设的12个产业化项目全部建成投产。山西粮油集团有限责任公司鸣李储备库和古船集团合作，短短8个月，共配送销售面粉3000多万公斤，实现销售额7200多万元、利润100多万元。鸣李库在轮换中为古船提供小麦2500多万公斤，实现了互利双赢。粮食产业化项目的不断推进，延伸了粮食经营链条，提高了企业经济效益，提供了就业岗位，增加了职工收入，丰富了城乡人民生活。

七 粮食部门内在素质和外部形象持续提升

2009年，省粮食局认真开展深入学习实践科学发展观活动，在破解发展难题、创新体制机制、提高科学发展能力等方面取得积极成效。学习实践活动得到了广大干部职工的充分肯定，群众“满意”和“比较满意”率达到100%。加强党风廉政建设和反腐败工作，坚持标本兼治、综合治理、惩防并举、注重预防的方针，深入推进了以完善惩治和预防腐败体系为重点的反腐倡廉建设。大力推动行风建设，进一步转变作风，提高行政效能。加强政务信息报送工作，省粮食局荣获全国粮食系统政务信息报送先进单位。全力做好维护稳定工作，在全系统的努力下，上访次数、件数明显减少。山西粮油集团狠抓稳定工作，有力推进了长治粮机厂依法破产工作。举办有奖征文、成就展等系列活动，为庆祝新中国成立60周年营造了良好氛围。深入推进文明和谐单位和学习型机关创建活动，出台了《全省粮食系统创建文明和谐单位的实施意见》、《关于加强学习型机关建设系统培训干部的实施意见》等文件。按照省有关要求，完成了省粮食局机关办公楼节能改造和信息化网络建设，提升了后勤保障能力，改善了办公条件，推进了电子政务建设。按照省政府要求，积极稳妥推进机构改革，切实抓好职责调整的落实,促进职能转变。经过不懈努力，2009年省粮食局机关首次获得了“省直机关文明和谐单位”称号。11个市粮食局中有9个被评为市级文明和谐单位和标兵单位，市局直属单位和各县（市、区）粮食局中有48个被评为文明和谐单位。省粮食局直属单位和储备库共有8个单位分别被评为文明和谐单位和标兵单位，省贸易学校蝉联了标兵单位称号，鸣李储备库上年建成省直文明和谐单位。

省粮食行业协会、粮食经济学会及离退休老同志在开展“放心粮油”评比、支持小杂粮产业发展和各项粮食工作上做了大量工作，发挥了积极作用。干部培训、人才培训、职业技能培训工作进一步加强。省贸易学校2009年荣立“集体一等功”，在全省“五一”大会上受到表彰。粮食调查研究工作成果显著，全年共撰写调研报告和论文103篇，省粮食局报送的《关于山西粮食安全现状的调研报告》荣获国家粮食局优秀调研报告三等奖。

◆ 山西省粮食局领导班子成员

姚高宽	党组书记、局长
姚允民	党组成员、纪检组长
牛银虎	党组成员、副局长
张　文	党组成员、副局长
吕苛青	党组成员、副局长
梁　政	党组成员、总经济师

2009年4月10日,山西省粮食工作会议在太原召开，副省长牛仁亮（中）在会上作重要讲话。

山西省粮食局局长姚高宽（左二）在忻州市调研“放心粮油”工程开展情况。

参加新中国成立60周年粮食工作成就展的山西代表团同志与中国粮食行业协会、粮食经济学会会长白美清（右五）合影。

2009年9月8日，山西省召开全省推进放心粮油工程建设电视电话会议。

内蒙古自治区粮食工作

基本情况

内蒙古自治区位于中国北部边疆，地处北温带，总面积118.3万平方公里，约占全国总面积的12%，居全国第三位。内蒙古自治区是全国成立的第一个少数民族自治区。全区共划分12个盟（市）、两个计划单列市，79个旗（县、市）、24个市辖区（含经济开发区）。2009年末全区常住人口2422.1万人，其中城镇人口1293.5万人，占总人口的53.4%，乡村人口1128.6万人，占总人口的46.6%。

2009年全区生产总值9725.8亿元，比上年增长16.9%，其中第一产业增加值929亿元，增长2.3%；第二产业增加值5101.4亿元，增长21.4%；第三产业增加值3695.4亿元，增长15%。全年完成地方财政收入1378.1亿元，其中地方财政一般预算收入850.8亿元，分别比上年增长24.5%和30.7%。全年地方财政支出1925.1亿元，增长32.3%。全年农作物种植面积692.8万公顷，比上年增加6.7万公顷，其中，粮食作物种植面积542.4万公顷，比上年增加16.9万公顷。

2009年粮食工作

2009年，在内蒙古自治区党委政府的正确领导下，以邓小平理论和“三个代表”重要思想为指导，深入贯彻落实科学发展观，认真学习党的十七大、十七届三中、四中全会精神，在应对国际金融危机对粮食工作的冲击中，以确保自治区粮食安全和市场稳定为目标,以解决农民“卖粮难”和粮食安全储存为重点，圆满完成了自治区党委政府下达的各项工作任务。

一 粮食生产

全年粮食总产量1981.7万吨，比上年减少149.6万吨，下降7%。其中，小麦 171.2万吨，增长11.2%；玉米1341.3万吨，下降4.9%；稻谷64.8万吨，下降8.1%；大豆114.4万吨，增长7.9%；薯类161.3万吨，下降17.6%。全年油料产量119.6万吨，增长1.8%。

二 粮食流通

全年粮食收购688.6 万吨，销售 555.7 万吨，出口 9.7万吨，无进口。商品量1358.3万吨，商品率68.6 %。城市口粮208.4万吨，农（牧）区口粮 417.6万吨，工业用粮 320万吨，种子用粮 59.8万吨，饲料用粮661.0万吨。

秋粮收购工作。从2009年12月1日至2010年2月底，全区收购商品玉米187万吨，国有粮食企业和转化用粮企业的收购量占到48.8%，大多数是边收购边发运，收购价格普遍高于上年。托市收购政策执行主体——中储粮直属企业全部挂牌，因市场价高于托市价，政策性收购只入库35万吨玉米、30万吨大豆。

三 粮食调控

（一）争取国家政策支持，解决农民“卖粮难”

2009年3月，国家安排中央储备菜籽油计划1.7万吨，折油菜籽5万吨，中等品收购价格2.2元/500g，使农垦企业在解决2008年油菜籽卖出困难问题的同时，直接增收7165.2万元。5月，国家下发了《关于做好2009年油菜籽收购工作的通知》，将自治区油菜籽列入了国家政策性收购范围，使全区油菜籽问题得到了长期解决。

（二）国家安排收购计划,玉米、大豆卖粮难问题得到有效解决

国家安排自治区临储玉米收购计划100万吨、临储大豆收购计划45万吨，使全区2008年玉米、大豆卖粮难问题得到有效解决，售粮农民因此直接增收3.3亿元。

（三）完善应急体系建设

编制印发了《内蒙古自治区粮食应急预案实施细则》，明确了自治区粮食应急的监测、预警、保障建立、预案启动、指挥、终止和后期处置等操作程序。

四 行政执法

（一）大力宣传《粮食流通管理条例》

在《粮食流通管理条例》颁布实施5周年之际，自治区粮食局与呼和浩特市粮食局在呼和浩特市新华广场隆重举办了大型宣传活动，自治区和呼和浩特市政府及有关部门的领导，区、市两级粮食系统机关和所属单位、企业及中储粮和华粮驻区单位、农业发展银行内蒙古自治区分行、新闻媒体及市民近2000人参加了活动。

（二）《内蒙古自治区粮食流通管理办法》审议通过并实施

《内蒙古自治区粮食流通管理办法》经自治区人民政府2009年1月22日第二次政府常务会议审议通过，2009年2月10日以自治区人民政府令165号予以颁布，5月1日起实施；制定印发了《内蒙古自治区粮食流通监督检查行政处罚程序（试行）和《内蒙古自治区粮食流通监督检查工作考评暂行办法》；与自治区6部门制定下发了《关于建立健全粮食流通监督检查工作协调机制的意见》。

（三）发放“粮食收购许可证”

截至2009年9月末，全区累计发放“粮食收购许可证”3890个，比2008年底的3459个增加431个，

其中国有企业443个，非国有企业1774个，个体户1673个。

（四）加强业务培训

全年举办粮油质检、行政执法培训班六期，培训人数510多人。

（五）积极开展各类粮食执法行政检查

全年全区各级粮食行政管理部门开展各类粮食行政执法检查1929次，参加执法人员6355人次，其中综合检查451次，收购流通检查321次，收购活动检查190次，统计制度执行情况检查347次，政策性收购活动检查104次，质量检查178次，仓储设施及运输工具检查144次，库存检查160次，调查举报案件13次，承接交办、移送案件21件。全年全区受理粮食行政处罚案件300例，其中责令改正208例，警告118例，罚款10例，取消收购资格25例。

五 流通体制改革

截至2009年12月末，全区国有粮食企业总数278个，已改制企业197个，其中股份制公司24个；国有粮食购销企业253个，国有粮食购销企业职工总数为8146人，其中在岗职工为6346人，不在岗人数为1800人。享受农业发展银行贷款重点支持企业54个。

六 行业发展

（一）完善相关机构及职能

截至2009年末，12个盟市粮食行政编制185人，事业编制73人。101个旗县区中有86个为行政部门，9个为事业单位，6个市辖区设有行政管理部门；单设粮食局的43个，与其他相关部门合署办公的52个；粮油行政管理人员1019人，其中行政编制520人，事业编制499人。经当地编办批准，7个盟市和31个旗县设立了监督检查科室，其中3个盟市和19个旗县单独设立了监督检查科室。4个盟市和24个旗县经当地编办批准设立了粮食流通行政执法大队；2个盟市和35个旗县通过单位内部调整组建了粮食流通行政执法大队。

（二）组建通辽国家粮食交易中心

经自治区人民政府同意并报请国家粮食局批准，于2008年7月在通辽玉米批发交易市场基础上组建了全区唯一一家国家现代粮食交易平台——通辽国家粮食交易中心。

2009年6月29日上午，通辽市国家粮食交易中心隆重举行揭牌庆典仪式，国家粮食局局长聂振邦、内蒙古自治区政府副主席布小林到场并为交易中心揭牌。

（三）基础设施建设

完成了《内蒙古自治区“十一五”粮食流通基础设施建设规划》（2009~2010年）。完成了《内蒙古自治区农户科学储粮专项建设规划》（2009~2012年）、《内蒙古自治区2009年农户科学储粮专项建设实施方案》和《实施细则》。规划四年为23万农户提供粮食装具，2009年在2万户中试点。完成了《内蒙古自治区粮油加工业发展规划》（2009~2020年）（草案），并上报国家粮食局。2009年11月中旬，国家发展改革委对全区申报的粮食仓储设施建设项目进行了审查，其中24个通过初步审查，建设仓容85.5万吨，总投资5.1亿元。

（四）争取各项建设资金

2009年，共争取各项建设资金30068万元，其中中央补助资金9396万元，自治区配套资金9290.8万元，盟市配套资金6742.3万元（包括农户储粮2400万元），企业配套4639万元。其中烘干机建设和维修改造79台，总投资19365万元；粮食现代物流项目2个，建设补助资金1000万元；农户科学储粮专项建设2万户，总投资6000万元；财政下达全区仓库维修补助资金703万元；自治区财政用于支付粮食流通基础设施建设资金3000万元。

（五）完成建设投资计划

截至2009年12月中旬，完成粮食烘干机建设投资19365万元，全部完成投资计划，并通过当地有关部门的验收。

（六）开展职业技能鉴定培训

2009年，自治区粮食局先后在呼伦贝尔市、赤峰市举办了4期粮油保管员和粮油质检员职业技能培训鉴定班，职业技能培训鉴定563人。超额完成了国家粮食局下达全区的年度培训任务。

七 党群工作

（一）坚持理论学习

每周四下午的理论学习坚持了数年。2009年共安排十七大报告和十七届四中全会专题讲座4次，副处级以上干部对科学发展观的学习认识进行了专题讨论；组织干部听取王瑛、吴大观先进事迹2次。

（二）组织教育活动

在局机关系统工会的精心组织下，顺利完成了局系统干部职工赴锡盟蓝旗学习考察和迎新春联欢活动。11月中旬，组织局系统部分党务工作者赴延安学习参观，进行革命传统教育。

（三）完善相关制度

制定了“2009年内蒙古自治区粮食局党风廉政建设和反腐败工作实施意见”、“2009年内蒙古自治区粮食局党风廉政建设和反腐败工作责任分解意见”。坚持“谁主管谁负责”的原则，“一把手”负总责，分管领导各负其责，实行责任追究制。

（四）重点开展监督工作

2009年重点开展了基建项目、清仓查库、新任干部、军粮采购招标等方面的跟踪监督。

机构调整情况

2009年12月8日，内蒙古自治区人民政府办公厅以内政办发〔2009〕92号文件,批准内蒙古自治区粮食局主要职责、内设机构和人员编制。

主要职责：

（1）贯彻执行国家和自治区有关粮食流通、储备的方针、政策和法规；研究提出并组织实施自治区粮食宏观调控、总量平衡以及粮食流通的长期规划、进出口总量计划和动用自治区储备粮的建议。

（2）拟订全区粮食流通体制改革方案并组织实施，研究提出现代粮食流通产业发展战略的建议，推动国有粮食企业改革。

（3）承担全区粮食监测预警和应急责任，负责全区粮食流通宏观调控的具体工作；研究提出自治区列入国家最低收购价政策范围及其他政策范围粮食品种的建议，负责政策性粮食和军粮供应与管理。

（4）起草全区粮食流通和地方储备粮法规草案和有关政策并贯彻执行。

（5）负责全区粮食流通监督检查，制定粮食流通监督检查制度并组织实施；负责对粮食收购、储存环节的粮食质量安全和原粮卫生进行监督管理；负责拟订粮食收购资格基本条件并组织实施。

（6）负责全区粮食流通的行业管理和粮食市场体系建设，拟订行业发展规划和粮食收购市场准入标准并组织实施；制订行业技术规范，推进全区粮食流通科技进步和新技术推广；研究拟订自治区粮油质量管理办法和地方质量标准；负责相关对外交流与合作。

（7）承担全区地方储备粮行政管理责任，制订自治区本级储备粮油调运和仓储管理政策；会同有关部门研究提出地方储备粮和自治区本级储备粮的规模、总体布局并组织实施；指导全区国有及国有控股粮食仓库管理工作。

（8）负责全区粮食流通基础设施建设规划、布局，确定设施建设投资项目并指导实施。

（9）指导全区粮食行业财会工作，汇总和分析财务会计报表，负责部门预算；负责全区粮食流通的统计工作。

（10）承担自治区人民政府交办的其他事项。

自治区粮食局设7个内设机构：办公室、人事处、财务处、综合处、储备处、基础设施建设处和监督检查处。另设机关党委、离退休人员工作处和派驻纪检组（监察室）。

局机关行政编制48名，其中局长1名、副局长3名、总经济师1名（副厅级），处级领导人数20名（9正〈含机关党委专职副书记、离退休人员工作处处长各1名〉、11副）。

◆ 内蒙古自治区粮食局领导班子成员

卫庆国	党组书记、局长
康昱幸（蒙古族）	党组成员、副局长
张忠何	党组成员、副局长
铁　钢（蒙古族）	党组成员、纪检组长
王斯琴（女，蒙古族）	党组成员、副局长
刘永旺	党组成员、副局长
张天喜	副巡视员

2009年9月26日,内蒙古自治区党委副书记、自治区政府副主席任亚平（前右二）在自治区粮食局局长卫庆国（前右一）陪同下接见参加全区粮食清仓查库工作表彰会代表。

2009年9月27日，内蒙古自治区粮食局局长卫庆国在自治区粮食行业协会第三届理事会、粮食经济学会第六届理事会上讲话。

内蒙古自治区粮食局局长卫庆国（右五）深入巴彦淖尔市粮食企业检查指导工作。

辽宁省粮食工作

基本情况

2009年是我国经济发展最为困难的一年，也是辽宁省粮食发展史上非同寻常的一年。2009年3月辽宁省人民政府决定，辽宁省粮食局整合划入辽宁省农村经济委员会，保留粮食局牌子。全省各级粮食行政部门以科学发展观为指导，全面贯彻落实中央农村工作会议、全国粮食工作会议精神和省委、省政府的决策部署，积极应对和努力克服世界金融危机、特大伏旱灾害和农产品价格剧烈波动三大不利影响，强化指导，狠抓落实，全面完成了省委、省政府确定的各项目标任务，全省粮食工作实现了持续稳定发展。全省粮食作物播种面积312.4万公顷，其中水稻、玉米两大主要粮食作物播种面积共262万公顷；粮食总产量达到1591万吨，其中水稻产量再创新高，连续三年突破500万吨，玉米产量略有下降，为963万吨；全年收购粮食2016.5万吨，销售1433万吨；全省国有粮食企业实现利润5007万元，与上年亏损9876万元相比，实现扭亏增盈14883万元。由于2009年国家政策性粮食收购数量大幅增加，库存充实，国家调控粮食市场的能力进一步增强，夯实了调控粮食市场的物质基础，确保了粮食安全。

2009年粮食工作

一 粮食产购销情况

（一）粮食产量

在局部地区遭受严重伏旱的情况下，全省粮食总产量达到1591万吨，比2008年度减少269.3万吨，减幅14.5%。其中玉米963.1万吨，水稻506万吨（连续三年突破百亿斤），大豆30万吨，小麦4.5万吨，其他谷物43.6万吨。

（二）播种面积

辽宁省粮食播种面积312.4万公顷。其中玉米196.4万公顷，水稻65.7万公顷，豆类2.1万公顷，小麦0.88万公顷，其他谷物21.9万公顷。

（三）粮食商品粮

根据粮食产量预测，粮食商品粮在1000万吨左右，其中玉米650万吨左右，水稻300万吨左右。

（四）粮食收购

辽宁省全年共收购粮食2016.5万吨（其中玉米1500万吨，水稻280万吨），比上年同期减少303万吨。在收购入库粮食中，国有粮食经营企业347万吨（玉米226万吨，水稻95.5万吨），同比减少359万吨。中储粮系统收购玉米456.5万吨。重点非国有粮食经营及转化企业收购1213万吨（玉米818万吨，水稻184.5万吨），同比减少400万吨。国有和非国有企业收购量分别占总收购量的39.8%和60.2%。

（五）粮食销售

全年共销售粮食1433万吨（玉米807万吨，水稻313万吨，不含中储粮销售数量），比上年同期减少723.5万吨。在销售的粮食中，国有粮食经营企业520万吨（玉米287万吨，水稻127万吨），同比减少278.5万吨。重点非国有粮食经营及转化企业912.5万吨（玉米519.5万吨，水稻186.5万吨），同比减少295.5万吨，国有和非国有企业销售量分别占总销售量的36.3%和63.7%。

二 粮食宏观调控工作

（一）地方储备粮体系建设

目前，全省地方储备粮规模进一步落实，新增25万吨省级储备水稻已全部采购入库。市级储备粮实物储备数量有新的增加。

（二）粮食应急体系建设

继续完善了全省粮食应急企业档案化管理制度。加强了对承担应急工作定点企业的跟踪调查，及时掌握企业运行情况，适时做必要的调整。全省列入应急加工、供应企业共75家，日加工能力达到了1600吨；落实成品粮油应急储备5.88万吨、其中大米2.35万吨、面粉1.97万吨、食用油1.55万吨、并落实小包装以及装具、灌装、运输等具体措施，保证能够快速投放市场；编制“071”方向粮食及食用油动员新预案。

三 粮食流通监管工作

（一）以粮食清仓查库为主线，扎实开展各项粮食监督检查

共执行粮食监督检查任务1829次，出动人员21461人次，检查单位11541户次。按照国务院的统一部署，认真组织开展粮食清仓查库，摸清了家底，按照“在地”原则，查实粮食总量1505万吨，清查结果数量真实、质量良好、储存安全。

（二）夯实工作基础，为监督检查工作提供有力保障

体系建设有新进展。大连市金州区恢复粮食局，具备了粮食行政执法资格；喀左县粮食局经编制部门批准新设监督检查股；普兰店、开原市、昌图县经编制部门批准分别成立了粮食执法队。执法队伍素质有新提高。全省执法业务培训人员1200人。执法宣传呈现新局面。全省组织大型宣传活动两次，发放宣传册8000余本，宣传单4.8万张，走访企业115家，进一步向全社会宣传了粮食法规，扩大了粮食行政执法的知名度。

四 粮食行业发展工作

（一）全省国有粮食企业改革取得阶段性成果

截至2009年末，辽宁省国有粮食企业572户，职工10261人；累计安置再就业职工18997人，其中当年安置1481人。国有粮食企业减亏增盈取得了新成果，到12月末，全省国有粮食购销企业实现统算利润5007万元，实现了全省国有粮食购销企业扭亏增盈工作目标。

（二）加强调研和规划，积极探索和推进粮食产业化发展

制定了《辽宁省粮食产业化发展意见》和《辽宁省2009~2020年粮食加工业发展规划》，并组织开展了全省性的粮食产业化发展调研活动。

（三）推进全省粮食质量监测体系建设

确定了20个县（市、区）粮油检测站为省级粮食质量监测机构。20个地级市、县站成为国家级粮食质检站，成为全国质检体系建设中的排头兵。

（四）组织实施农户科学储粮专项

农户科学储粮专项5万户，投资1.5亿元，全面组织施工，新增农户安全储粮能力20万吨，实现产后粮食减损增收1亿元左右，专项地区农民户均增收2000元。

（五）积极争取国家资金支持，加强粮食企业基础设施建设

分别向国家申请粮食仓储设施建设投资14228.86万元和仓房维修资金26652万元，国家下拨粮食仓房维修改造资金1450万元，缓解了全省地方国有粮食企业有效仓容不足的矛盾。

（六）大连国家粮油交易中心挂牌运营

该中心将成为国家政策性粮食交易的重要载体，对于活跃粮食现货交易，促进全省乃至东北粮食流通发展起到积极的推动作用。

（七）首届辽宁省粮食行业职业技能大赛取得圆满成功

10月，省农委和省人社厅在沈阳成功举办了首届辽宁省粮食行业职业技能大赛。全省共有14支代表队、74名选手分别参加了比赛，共产生优秀团队奖6个、优秀组织奖6个、优秀个人奖52个。

（八）全省粮食行业职业技能培训鉴定工作取得新进展

设立了粮食行业职业技能鉴定专家委员会，组织培训鉴定336人，全面完成了粮食行业特有工种职业技能鉴定站质量年度鉴定考评任务，综合评估为优秀鉴定站。

五 党群工作

2009年，按照省直机关工委的部署和委党组的要求，党建工作围绕中心、服务大局，以巩固和发展深入学习实践科学发展观活动成果为重点，加强目标绩效管理，内强素质、外塑形象，为完成省农委的各项工作任务提供了强有力的保障。组织深入学习实践科学发展观“回头看”工作及党员干部“走进千家万户”实践活动和总结，开展了“深入乡村办实事，科学发展上水平”主题实践活动，对年初确定10件实事进行跟踪落实，取得明显效果；协调解决在党员干部“走进千家万户”实践活动中涉农问题。获省直机关最佳实事3件，获省直机关庆祝新中国成立60周年歌咏活动合唱展演金奖。

机构调整情况

辽宁省粮食局的职责整合划入省农村经济委员会，不再保留省粮食局。省农村经济委员会挂省粮食局牌子。省农村经济委员会职责中加入：加强对粮食战略性问题的研究，进一步深化粮食流通体制改革，完善粮食储备体系，健全粮食检测预警体系和应急机制，加强对粮食购销和省储备粮管理的指导协调，提高粮食供应的保障能力。省农委设26个内设机构，其中涉及粮食的处室除综合处室（办公室、人事处、机关党委、监察室、信访处等）外，有粮政处、粮食调控处、粮食储备处、粮食流通监督检查处、粮食行业发展处、军粮供应管理处等6个处。省农委机关行政编制155名，正处级领导职数32名，副处级领导职数26名。

◆ 辽宁省农村经济委员会（省粮食局）现任领导班子成员

刘长江　　党组书记、主任兼省农村工作领导小组办公室主任
李汪洋　　党组副书记、副主任（正厅级）
李忠国　　党组副书记、副主任、省农村工作领导小组专职副主任（正厅级）
王振威　　党组成员、副主任
孙　铁　　党组成员、副主任
高　伟　　党组成员、副主任
钱程广　　党组成员、副主任
张景山　　党组成员、副主任
王长宏　　党组成员、副主任
陈　健　　党组成员、副主任
柴久凤　　党组成员、扶贫办主任（副厅级）
王丽桥　　党组成员、主任助理

2009年10月29日，辽宁省农村经济委员会主任刘长江（左一）、副主任钱程广（左三）到铁岭检查秋季玉米收购工作。

辽宁昌图粮食储备库收粮现场。该储备库为省农委（粮食局）直属粮库，现有仓容12万吨。

使用中的农户储粮仓和晾晒的玉米棒。

吉林省粮食工作

基本情况

吉林省位于中国东北地区中部，东界与俄罗斯接壤，东南隔图们江、鸭绿江与朝鲜民主主义人民共和国相望，南连辽宁省，西接内蒙古自治区，北邻黑龙江省。总面积187400平方公里，约占全国总土地面积的2%，居全国第14位，省会长春市。全省有8个地级市、1个自治州，20个县级市、17个县、3个少数民族自治县、20个市辖区，418个镇、5个少数民族镇、170个乡、28个少数民族乡。全省耕地面积553.5万公顷，其中粮食作物面积433.3万公顷。截至2009年末，全省常住人口为2739.6万人，其中，城镇人口1460.7万人。2009年，全省实现地区生产总值7203.2亿元，增长13.3%。全省城镇居民人均可支配收入达到14006.3元，同比增长9.2%；农村居民人均纯收入达到5266元，增长6.8%。

吉林省是国家重要的商品粮基地，粮食综合生产能力已达到2500万吨阶段性水平。主要粮食作物有玉米、水稻和大豆三大品种，常年玉米播种面积在286.7万公顷，稻谷面积66.7万公顷，大豆面积60万公顷。玉米大多是角质率在80%的黄玉米，水稻全部是角质率在90%的粳稻，大豆多是高油、高蛋白的品种。

2009年粮食工作

2009年，全省粮食总产量2460万吨，其中：水稻505万吨、玉米1810万吨、大豆82万吨、杂粮62万吨、小麦1万吨。全省全年粮食收购2622万吨，销售量914万吨，出口量12.5万吨，商品量1990万吨，人均粮食占有量910公斤，粮食商品率达80%。工业用粮707.3万吨，种子用粮13.8万吨，饲料用粮415万吨，城镇口粮241.9万吨，农村口粮286.6万吨。全省仓容总量1320万吨，比上年增加了95万吨。

一　国有粮食购销企业产权制度改革全面完成

2009年年初，省政府将国有粮食购销企业产权制度改革纳入90项重点工作之一，进一步加大工作力度。截至2009年9月17日，全省643户地方国有粮食购销企业，通过上划、兼并、重组、破产、出售等多种方式，提前13天全面完成了吉林省人民政府向人代会报告的重点改革任务。其中，78户直接上划到中央和省直企业，29户兼并重组（其中省直企业23户），109户出售，427户破产（其中中央和省直企业上划和收购破产201户）。通过改革，有力地支持了央企、大型农业产业化龙头企业做大做强，非国有粮食企业也得到了有益补充，全省形成了以国有粮食购销企业为骨干、多种经济成分并存的多元化粮食流通格局；中央和省储备粮公司将地方260户规模较大、粮源充足、交通便利、仓储设施比较完备的企业充实到自身储备体系之中，增加收储能力1185万吨，宏观调控能力进一步增强；在全省国有粮食购销企业原有负债96.2亿元中，有79.9亿元得到化解，占83.1%；截至2009年12月末，全省国有粮食企业实现利润5.1亿元，同比增加5亿元，彻底扭转了连续多年巨额亏损的局面；地方国有粮食购销企业在职职工1.74万人，全部解除了劳动关系，获得经济补偿，其中1.14万人重新获得聘用，走上了新的工作岗位，660名职工赴日劳务输出，重新上岗职工月平均工资达到1200元，比改革前翻一番。

二 粮食购销成果显著

到12月，全省收购新粮2622万吨，其中，临时储存（储备）1356万吨，占51.5%，形成了政策性粮食收购为主导，市场粮收购为补充的格局，这是有史以来收购价格最高、进度最快、入库数量最多、粮食质量最好的一年。收购结束后，省粮食局以书面形式向800多位省人大代表、省政协常委报告了粮食收购情况，征求意见、建议，受到社会好评。

受国际金融危机影响，国内粮食需求放缓，粮食销售不畅，库存居高不下。为扩大粮食销售数量，缓解库存压力，多方采取措施，加大粮食销售力度，促销泻库进展顺利。

一是组织长春国家粮食交易中心竞价销售国家临时储存粮食699万吨。二是跨省移库向南方销区调运粮食。2009年国家共分三批给全省下达移库计划370万吨，年底前全部完成。三是争取国家政策，由玉米深加工企业转化粮食596.75万吨。四是通过各种展销会、洽谈会销售粮食。7月福建七省粮食产销洽谈会签约销售粮食145.5万吨，9月长春玉米博览会签约142万吨。五是创新合作方式，与四川、云南等6省确立固定的产销协作关系。截至12月末，全省共竞价销售、调出和加工转化粮食1750万吨，超额完成年初确定的1000万吨目标。

三 依法行政，粮食流通监管水平明显提升

2009年9月23日，经省政府第12次常务会议讨论通过，颁布了《吉林省〈粮食流通管理条例〉实施办法》（吉林省人民政府第208号令），2010年1月1日起实施。这是全省第一部粮食流通地方法规，为管好粮、用好粮提供了法律保障。

2009年上半年，国务院决定在全国开展粮食清仓查库，对全省来说，是清查数量最大，库点分布最广，粮食性质最为复杂，要求时限最紧，检查项目最多的一次库存大检查。省粮食局党组严格按照国家要求，精心组织了企业自查、市州普查、省级复查和迎接国家抽查。在清查过程中，省里组成了6个督查组，由厅局级领导带队，深入实地，对各阶段工作进行督导检查；邀请了280多名人大代表、政协委员对清查工作进行全程监督；通过媒体公布情况，接受社会监督，保证清查结果具有社会公信力。全省共组织检查人员15900人，检查库点825个、粮食库存2139.8万吨，检查结果粮食数量账实相符，质量符合国家标准，得到国家部际联合检查组的充分肯定，被评为全国粮食清仓查库工作先进单位。

四 服务“三农”各项举措有效实施

（一）大力实施农户产后减损工程

2009年，国家在14个省实施农户科学储粮，省粮食局多次向国家发展改革委、国家粮食局等有关部门汇报，将全省3万套农户科学储粮仓列入国家拉动内需项目，进入先期推广应用的14个省份的行列，总投资9000万元，其中争取到中央投资补助2700万元，在全省3万个农户中推广应用。科学储粮仓可使玉米损耗由11.77%降至2%以内，单仓增收553元，深受农民欢迎。全省农户全部采用农户科学储粮仓储粮，可减少玉米损失140万吨，相当于增加210万亩耕地，节约16.8万标吨化肥和4.2亿吨淡水资源，再造“无形良田”。

（二）全面启动“三下乡”活动

为帮助农民了解储粮知识和粮油市场信息，指导农户科学售粮、安全储粮，帮助农户增加收益、减少损失，省粮食局组织全省粮食行业大力开展“三下乡” 活动（送粮油市场信息、安全储粮技术、放心粮油知识）。编写了《农户安全储粮技术手册》、《粮油市场信息动态》和《粮油食品营养与健康知识手册》，制作了《农户安全储粮实用技术》展板，在梅河口市牛心顶镇举行启动仪式，观摩群众近万人，发放宣传资料30000份，使农民深入了解最新粮油市场动态和庭院安全储粮知识，受到广大农户的欢迎。

五 粮食流通基础设施建设取得新进展

（一）提高粮食烘干能力

主动协调国家相关部门，争取到新建烘干机78台项目，总投资2.5亿元（其中，中央投资补助7578万元，企业自筹17682万元）。项目建设期间多次与省发展改革委组成联合工作组，对78台烘干机项目建设情况进行全面检查，对重点企业、重点部位进行抽查，保证项目建设质量。目前，78台烘干机已经全部完成，形成烘干能力305万吨，有效缓解了全省烘干能力不足的问题。

（二）改善全省储粮条件

全省总仓容1125万吨，其中335万吨仓容需要维修改造。为改善储粮条件，确保储粮安全，省粮食局多次向国家粮食局、财政部汇报，争取仓房维修改造资金1863万元，协调省财政厅配套资金500万元，可改造仓容125万吨。

六 现代粮食市场体系建设加快推进

（一）长春国家粮食交易中心的作用不断提升

全年共举办137次竞价交易会，竞价销售国家临时存储粮和省级储备粮油699万吨，成交金额122亿元。吸引大批省内外客户进场交易，为全省带来了税源和税费收入，进一步发挥了吉林在全国以玉米为主要品种的粮食交易中心、结算中心、物流配送中心、质量检测中心的作用，为促进地方经济发展作出了积极的贡献。

（二）中心城市批发市场建设步伐加快

长春、吉林、四平的成品粮油批发市场基本上承担起70%的城市口粮供应任务。建立9个中心城市成品粮油价格监测网络，完善信息反应机制，为全省宏观调控提供准确依据。

（三）经纪人队伍发展壮大

制定了经济人队伍建设发展规划，组织对全省粮食经济人队伍普遍开展了一次业务培训，会同大连商品交易所开展3期期货知识专题培训。目前，粮食经纪人直接收购的粮食超过全省收购总量的70%，已经成为农村粮食流通领域不可缺少的重要力量。特别是在2008～2009年的新粮收购过程中，经纪人组织农民“挑好粮、卖好粮”，为完成临时储存粮食收购计划作出了重要贡献，也促进了农民增收。

七 服务能力不断增强

（一）深入调查研究，做好新粮收购工作

8月初省粮食局对下部署了产量调查和成本调查， 9月上中旬，组织工作组深入到灾情较重的地区进行了实地调研，在此基础上，于9月25日召开了全省市州粮食局长座谈会，听取了各地的情况汇报。国庆节后，省粮食局又组织人员深入到2009年受旱灾较重的梨树、公主岭等市县部分乡镇，与农户进行了座谈，并选择有代表性的地块现场进行了实割实测，最后综合形成《关于2009年粮食生产形势、价格走势及有关政策建议的情况报告》报省政府，并代省政府给国务院起草了《关于对吉林省秋粮收购继续给予政策支持的请示》，得到省政府领导和国家相关部门的认可。

（二）精心组织，保质保量，按期完成国家各项军粮供应任务

2009年，在做好省内军粮供应的同时，不断拓展新的服务领域，保质保量按期完成了国家粮食局、财政部和解放军总后勤部下达的驻青藏高原部队7000吨大米供应（前运粮）任务、“和平使命2009”中俄联合反恐军事演习（白城洮南）和其他军粮供应任务，得到解放军总后勤部军粮办和省内驻军的高度评价和充分肯定。

（三）为省内玉米深加工企业争取政策支持，帮助企业渡过难关

由于受金融危机和玉米原料紧缺价高的影响，2009年全省玉米深加工企业全行业亏损。为解决这一实际问题，在省政府领导的支持下，省粮食局积极向国家有关部门反映情况争取政策。通过努力，8月份国家出台了对加工企业的扶持政策，划转部分国家临时存储玉米定向销售给省内17户玉米深加工企业，企业每加工1吨玉米，中央财政给予150元补贴。为方便企业运输，减少生产成本，按照就近就地原则，全部分解落实到加工企业。在补贴销售的优惠政策支持下，玉米深加工企业生产经营运行平稳，库存原料充足，经济效益大幅提高。目前市场上酒精销售价格每吨5000元左右，每吨盈利500元左右；淀粉销售价格每吨2300元左右，每吨盈利100元左右，基本弥补了上半年全部亏损。

（四）帮助大米加工企业宣传和塑造精品品牌，扩大知名度

省粮食局借香港—吉林经贸交流合作活动周之机，在香港成功举办了“精品大米在吉林”粮食专项展洽会。参展样品突出有机、绿色、高科技和营养这一特色。展会上，吉林大米白金名片在港岛引起轰动，得到香港各界人士及大公报等十几家媒体的广泛关注，吉林大米受到香港市民的广泛青睐，签订了12万吨大米贸易协议，成交金额22亿元人民币。这次展会树立了吉林精品大米的高端市场形象，为发展全省大米经济奠定了坚实的基础。

（五）抓好盐业行政管理，确保合格碘盐供应

建立完善了三级质量检测网，严把碘盐质量关；理顺市场稽查体系，实施全省联动，严防非碘盐、劣质盐流入食盐市场；开发食盐新品种，满足不同消费群体需求，保障市场有效供给。目前，全省碘盐合格率达到99.5%，碘盐覆盖率达到100%，合格碘盐食用率达到99.5%，上述三项指标位列全国第一。

八 机构职能适时转变

2009年，省粮食局抓住机构改革这一契机，力求法制建设、调查研究、工作作风实现新突破。

一是法制建设不断加强。在机构改革中，对内设机构进行调整，成立法规处，完成《吉林省〈粮食流通管理条例〉实施办法》研究论证，并经省政府常务会议通过。5月26日，组织全省粮食部门开展《粮食流通管理条例》颁布实施5周年宣传活动，全省出动人员2000余人，发放宣传材料10万余份，增进群众对《条例》的了解和认知，努力在全社会营造依法管粮的氛围。

二是深入开展调查研究。根据全省粮食经济发展的实际，紧扣事关全局的重点难点问题，确定了6个重点调研课题，由党组成员分别领题，带领机关处室和直属单位负责干部，深入基层、深入企业、深入群众，调查研究，形成了调研报告。其中，《吉林粮食流通体制改革专题研究报告》，在全国粮食行业纪念改革开放30年“国粮杯粮食流通体制改革与现代粮食流通产业发展”征文活动中，荣获一等奖；《新形势下中国粮食安全研究》获得国家粮食局优秀软科学成果二等奖。

三是机关建设得到加强。维修改造办公楼，解决办公条件不适应的问题；先后组织开展联谊会、书画摄影展、乒乓球比赛等文体活动，特别是组织参加了省直机关庆祝中华人民共和国成立60周年“十月颂歌”歌咏大会，并荣获优秀奖，干部职工表现出强烈的责任心和集体荣誉感。2009年，省粮食局获得国家、省委、省政府奖励10余项，机关处室和直属单位获得国家、省政府和省直机关党委等有关部门奖励6项，有11名同志被国家粮食局、省政府和省直机关党委等有关部门评为先进个人。省粮食局被省委、省政府评为“2009年度全省精神文明建设先进单位”，在首届吉林省新锐传媒年度贡献单位评选委员会组织的读者问卷调查活动中，省粮食局被评为“吉林省百姓口碑金奖单位”。干部职工精神面貌焕然一新，振兴吉林，振兴粮食经济的积极性得到充分发挥。

九 强化制度监管，党风廉政建设有新加强

（一）认真落实党风廉政建设责任制

制定了《2009年省粮食局党风廉政建设和反腐败工作任务分解意见》，成立工作组开展落实党风廉政建设责任制情况专项检查，把党风廉政建设和反腐败各项工作任务落到实处。从2009年开始，省粮食局每年召开机关、直属单位党风廉政建设工作会议和全省粮食系统党风廉政建设工作会议，结合中央和省不同时期党风廉政建设的要求，加强纪检监察队伍培训，专题部署党风廉政建设工作。

（二）以用人、理财、办事为重点，进一步完善科学决策和民主监督的程序与制度

特别是针对粮食竞价交易、粮食收购、物资采购、建设项目招投标等重点环节和粮食行政机关工作人员行为规范等问题，进行认真地梳理，制定和完善了《关于加强干部监督工作的实施办法》、《吉林省粮食流通监督检查工作制度》、《吉林省粮食局加强财务管理的若干规定》等一系列规章制

度，从管理上堵塞了漏洞，源头治腐工作取得了新的进展。

（三）深入开展党员领导干部教育

组织全省粮食部门深入学习中央有关会议精神，积极开展《关于实行党政领导干部问责的暂行规定》辅导讲座、凭吊革命烈士、重温入党誓词、旁听法院审判典型案件等实践活动，不断强化党员干部宗旨意识和自我防范意识，从而有效抵制各种不良思想侵蚀。把示范和警示教育纳入理论中心组学习的重要内容，引导广大党员干部正确认识反腐败斗争的形势，增强反腐败的信心和决心。

（四）积极开展廉政监察

2009年，省粮食局针对国有粮食购销企业改制中群众举报的侵吞国有资产、历史遗留问题，进行专项调查，并作出相应处理。针对群众反映办公楼近20余年没有维修、不能满足办公需要的实际，驻局纪检组监察室从研究立项、公开招标、确定施工队伍，到大宗材料购置全程进行监督，不仅实现了办公环境简洁、清新、舒适，而且打造了廉洁工程。对于中央投资全省粮食流通基础设施项目和安全储粮工程，驻局纪检组监察室全程参与，确保了项目实施公平公正，合法合规。

十 坚持多措并举，队伍建设有新进展

（一）干部培训力度不断加大

制定完善了《吉林省粮食局优秀年轻干部培养规划》，组织参加国家和省有关培训82人次，使党员干部把握政策和依法行政能力得到加强，思想政治素质和综合协调能力得到提高。

（二）后备干部培养锻炼机制得到完善

制定了《吉林省粮食局领导班子后备干部培养和管理规划》，选派5名同志作为新农村建设工作指导员、乡镇企业联络员和乡镇政府科技副职；选派1名省管后备干部赴白城市政府挂职锻炼，任白城市政府副秘书长；选派1名优秀处级干部赴舒兰市“百镇建设工程”挂职锻炼，任副镇长，增加多岗位工作经验和领导能力。

（三）干部选拔任用更加规范

建立公开选拔机制，加大了优秀年轻干部的选拔培养和各年龄层次优秀干部的选拔任用力度，在机关和直属单位开展竞争上岗。由于坚持了正确的用人导向，进一步增强了干部的责任心和进取心，形成了比政治理论修养、以工作业绩论英雄的良好氛围。

◆ 吉林省粮食局领导班子成员

祝业辉	党组书记、局长
韩福春	党组成员、副局长
李贺军	党组成员、副局长
张宏明	党组成员、副局长
冯春梅（女）	党组成员、纪检组长、监察专员
高乃民（女）	巡视员（至2009年8月）
沈启地	副巡视员

2009年8月21日，吉林省与上海市粮食产销合作座谈会暨签约仪式在长春举行，吉林省副省长王守臣（前排右一）与上海市副市长唐登杰（前排左一）出席签约仪式。

2009年4月25日，国家发展改革委员会副主任张晓强（前排左二）在吉林省副省长王守臣（前排右二）、省粮食局局长祝业辉（前排右一）等人员的陪同下，对吉林省粮食清仓查库工作进行了检查指导。

2009年4月10日，吉林省粮食局局长祝业辉（前排中）代表省粮食局党组欢送第一批共305名农业研修生赴日。

黑龙江省粮食工作

基本情况

黑龙江省地处祖国边陲，幅员辽阔，四季分明，物产丰富。全省土地总面积47.3万平方公里（含加格达奇和松岭区），耕地集中连片，土质肥沃，是世界仅有的三大黑土带之一。全省常住总人口3826万人，其中城镇人口2123.4万人，乡村人口1702.6万人。黑龙江属中温带到寒温带的大陆性季风气候，年平均气温在-4～5℃，全年日照时数在2300～2800小时，常年有效积温1600～2800度，无霜期100～160天，年降水量400～650毫米，适宜种植大豆、玉米、水稻、小麦等粮食作物。

2009年，黑龙江省全面落实应对国际金融危机的各项计划和政策措施，认真贯彻落实国家“扩内需、保增长、调结构、惠民生、促和谐”的方针政策，加快推进“八大经济区”和“十大工程”建设，全省经济迅速触底回升、保持了较快增长，社会事业全面进步，人民生活持续改善。全年实现地区生产总值（GDP）8288.0亿元，按可比价格计算比上年增长11.1%，连续六年保持11%以上的增幅，整体经济继续在较高增长平台运行。全年实现地方财政收入885.6亿元，比上年增长15.4%。城镇居民人均可支配收入12566元，比上年增长8.5%；城镇居民人均消费性支出9630元，增长11.7%。农村居民人均纯收入5206.8元，增长7.2%；农村居民人均生活消费支出4241.3元，增长10.3%。

黑龙江是粮食主产省，是国家重要的商品粮基地，2009年粮食总产量4353万吨，人均粮食占有量1137.7公斤；粮豆商品量3261.5万吨，比上年增长2.9%，均创历史新高。按全省粮食流通统计口径计算，2009年各类粮食经营企业共收购粮食2891万吨，调销粮食3333万吨。全年工业用粮480.06万吨、种子用粮103.4万吨、饲料用粮544.63万吨；城镇口粮364.2万吨、农村口粮367.5万吨；出口量达到97.1万吨。

2009年粮食工作

2009年，全省各级粮食行政管理部门在各级党委和政府的正确领导下，坚持以党的十七大精神为指导，深入落实科学发展观，主动迎接国际国内复杂形势挑战，认真贯彻中央和省关于粮食流通工作部署，真抓实干，开拓进取，较好地完成了各项工作任务，粮食流通产业发展取得显著成效。主要是：农民余粮销售顺畅，卖粮收入增加；企业粮食销售顺畅；国有粮食购销企业产权改革全面完成，战略性重组取得初步成效；开拓市场、引进资金成效显著；国有粮食购销企业规范化管理得到切实加强，经济效益明显提高；加强了粮食宏观调控，保持了市场稳定；粮食流通综合服务保障体系建设得到进一步加强；加大了粮食市场监管和公共服务力度，树立了粮食行业良好形象。

一 粮食生产

2009年，黑龙江省农业生产虽然经历了春旱、夏涝、伏旱、低温和寡照等多重自然灾害，但是由于国家扶持政策刺激，粮食播种面积又有大幅增加，加之种植结构进一步优化、生产标准有新提高、农作物生长后期又呈现了“自老山”，粮食生产连续六年获得大丰收，再创历史新高，跃居全国第二位。粮食作物播种面积1313.3万公顷，比上年增长15.7%；全年粮食总产量4353万吨，比上年增长3.0%。四大粮食作物产量“三增一减”：水稻产量1574.5万吨，增长3.7%；玉米1920.2万吨，增长5.4%；小麦116.3万吨，增长30.0%；大豆591.9万吨，下降4.6%。绿色食品产业快速发展，年末全省绿色食品认证个数1600个，比上年增加100个，增长6.7%；绿色食品种植面积5760万亩，增长11.4%。

二 粮食流通

全省各级粮食行政管理部门以科学发展观为统领，紧紧围绕服务“三农”、保障国家粮食安全和把粮食资源优势变为经济优势这个中心，按照推进发展现代农业和社会主义新农村建设的总体要求，采取各种有效措施，全面搞活粮食流通，实现了省委、省政府提出的“农民增收、企业增效”的目标。

（一）农民余粮销售顺畅

针对全球金融危机影响，国内粮食市场发生重大变化、省内市场粮食购销平淡等实际情况，全省早谋划、详安排，进一步加大了粮食生产、流通、消费市场监测和调研力度，全面、客观分析和研判市场形势；积极争取国家支持，稳定和提高了政策性粮食收购价格，继续实施稻米运费补贴政策；与有关部门密切配合，认真落实国家各项收购政策，对国家临储粮食实行了不限收、不拒收，敞开收购。为解决粮食加工企业按较高的市场价收购原料生产经营亏损、开工不足问题，争取了国家给予全省每公斤临储玉米0.15 元、大豆0.21元专项补贴，支持19家玉米、47家大豆加工龙头企业开工生产；争取了中央财政对全省81家大豆压榨企业收购2009年新产大豆给予每公斤0.16元费用补贴的政策。各级粮食行政管理部门指导国有粮食购销企业充分发挥主渠道作用，通过全面强化市场信息、技术、储粮设施、政策宣传和协调指导等各项优质服务，帮助农民实现粮食提质，吸引省内外粮食经营者，促进了农民适时适价出售余粮，增加了卖粮收入。按全省粮食流通统计口径计算，各类粮食经营企业全年共收购粮食2891万吨。按三大品种商品量和农民平均出售价格测算，预计2009年秋粮收购期全省农民可同比增收近100亿元。

（二）粮食企业储粮安全

全省现有国有粮食购销企业598个，总仓容1587万吨（其中有效仓容1376万吨）。2009年粮食收购期，各级粮食行政管理部门精心组织、周密安排，及时完成了1146万吨的潮粮干燥任务。对全系统开展安全储粮检查工作，及时发现并整改储粮管理中存在的问题，为储粮安全奠定了基础。细化了国有粮食购销企业管理各项制度，在全省粮食系统开展“示范粮库”创建活动，培育了20个全面规范化管理示范粮库，有效推动了企业规范化管理深层次发展。针对近两年全省潮粮多、储存量大、安全隐患多的实际，合理选择潮粮干燥方式，突出抓好重大节假日、粮食收购、潮粮烘干以及冬防、春防、防汛等工作，确保全省粮食系统储粮安全。积极争取国家下达给全省钢网式农户储粮仓5.5万套的任务，其中中央补助资金5400万元，为减少全省农民粮食产后损失、增强农民安全储粮能力。

（三）企业粮食实现购销平衡

全年各类粮食经营企业调销粮食3333万吨，自主经营新粮实现了当年购销平衡。全年仅通过铁路外运粮食就达到2070.5万吨，不仅保证了企业正常粮食经营，而且为销区提供充足优质粮源，为维护销区市场稳定和保障国家粮食安全作出了积极贡献。继续深入推进粮食产销合作，与京、津、沪、苏、浙、闽、滇、晋、陕、甘、湘、鲁、冀13个省市建立了长期稳定的粮食产销合作关系，进一步扩大了合作范围，拓展了合作领域；销区在全省粮食生产、储存、收购、加工等基地建设得到加强，中粮、东方等一批现代化粮油加工项目已落户本省，浙江省与牡丹江市合作建立了粮食生产基地，云南省、陕西省与全省开展的动态粮食储备和委托代储地方储备粮数量增加到18万吨。成功举办了“2009・黑龙江金秋粮食交易合作洽谈会”，共达成合同、协议粮食交易量917万吨，比上届增加4%，为推进粮食产销区企业合作的快速健康发展搭建了平台。经多次协调、沟通，已将库存定购、保护价陈化粮全部清仓销售完毕。

三 粮食调控

认真贯彻落实《黑龙江省省级储备粮管理办法》，充实了省级储备粮库存，加强了省级储备粮库存管理和轮换工作。常年常时了解、掌握粮食应急加工、销售企业的经营状况，保证企业正常运转，保证市场急需时应急预案顺利启动和实施，提高了应急反应能力。哈尔滨、大庆、伊春等大中城市加快建立成品粮油应急储备，增强了各级政府粮食调控物质基础。在市县建立69个信息工作站、121个信息直报点，巩固和加强粮食信息监测网络建设，调整和增加信息内容，增加粮食市场供求和价格测报频率，做到市场异常时早预警、早决策、早应对，保证了市场粮油盐有效供给和价格基本稳定。开展粮食流通统计工作提档升级行动，在全面落实统计制度基础上，加大了统计资源开发利用力度，为研究和推进各项重点工作提供综合性、高质量的专题分析报告。2009年度，全省统计工作在全国排名第一。始终坚持“服务部队，服务基层”，创新管理模式，加强军粮质量监管和网点基础建设，抓好军粮供应粮源统筹和服务，全省军粮质量合格率达到100%，部队满意率达到100%。

四 粮食企业改革

认真落实国家和省关于完善粮食流通体制改革的总体部署，大力推进国有粮食企业产权制度改革，通过建立现代企业制度，整合资源、重组资产，加快推动国有粮食企业向规模化、集团化方向发展，企业竞争力得到了显著提高。对骨干国有粮食购销企业，通过改制重组，因地制宜地组建国有或国有控股的公司制粮食购销企业，按照现代企业制度要求，健全法人治理结构，进一步转换内部管理和经营机制；对非骨干国有粮食购销企业，按照市场经济原则，采取股份制、联合重组、租赁等多种有效形式，实行投资主体多元化改革，使计划经济模式下的粮库“脱胎换骨”为市场经济下公司制的现代企业。同时，推进资源整合、资产重组，组建企业集团，使企业“强筋壮骨”。齐齐哈尔、绥化、双鸭山和伊春等市（地）组建了区域性粮食企业集团，肇源、呼兰、萝北、甘南等县（市）国有粮食购销企业集团化运作初见成效。全省粮食龙头企业发展到81家，年实现销售收入608亿元。规划建设的20个稻米加工园区项目开工建设7个、已建成6个。通过改革，多数国有粮食购销企业经营方式和内部机制得到较大转变，企业效益明显增加。全省国有粮食购销企业统算实现盈利4435万元，全省13个地市和省农垦总局中有11个盈利，全省83个市、县（区）中有59个盈利。

五　行政执法

认真履行面向全社会实施粮食流通市场监管和公共服务的职责，积极转变部门职能，深入推进依法行政工作。进一步完善、落实了行政执法责任制，并对各地行政执法责任制工作进行全面考评。重点开展了政策性粮食购销、收购许可、流通统计和食盐流通等重点领域市场专项执法检查，保证了国家粮食购销和食盐专营政策的落实，保护了农民和消费者利益。加强了粮食库存监管，圆满完成粮食清仓查库工作任务。按照国家统一部署，对全省中央储备粮、国家临时存储粮、地方储备粮、国有及国有控股粮食企业商品粮库存进行了全面彻底清查，清查结果显示，全省粮食账实相符、账账相符、账表一致，数量真实准确、质量良好、储存安全。2009年，省粮食局被国家粮食局评为全国清仓查库优秀组织单位。同时，加强了对国有粮食购销企业委托经营、产销合作合同兑现等经营活动的监管，规范了企业经营行为，规避了经营风险，维护了正常粮食流通秩序。

六　产业发展

加大了招商引资力度，全省粮食系统共引进到位资金27.6亿元，中粮、东方等一批现代化粮油加工项目已落户本省；加强了仓储物流体系建设，全省国有粮食购销企业自筹资金累计5.7亿元加强了基础设施改造，完成了6亿元国家投资粮食仓储设施建设项目，新增和恢复烘干能力350万吨；加强了粮食市场体系建设，建立了以哈尔滨国家粮食交易市场为龙头、区域性粮食批发市场为骨干、城乡粮食集贸和零售市场为基础的全省三级粮食市场体系和以价格指数为核心的粮食市场信息发布制度；初步建成了以黑龙江国家粮食质量监测中心为龙头、以9个国家挂牌区域监测站为骨干的全省粮食质量安全监测服务体系；加大了粮食科技创新工作，省粮食科研所的大豆生物工程项目建设已顺利通过国家验收，目前生产进入稳定运行阶段；坚持以发展农村经济为中心，以增加农民收入为目的，以改善农民生产生活条件为重点，多次深入新农村帮建村进行调研，帮助制定发展规划、协调帮建项目，圆满完成了帮建工作任务；做好职业技能鉴定工作，全年共举办了6期粮油保管员、粮油质量检验员职业技能培训班，全省粮食行业共1126人参加了培训与鉴定，其中有810人取得了国家职业资格证书，促进了全省粮食行业职工队伍建设。

七　党群工作

认真贯彻党的十七大和十七届三中、四中全会精神，深入学习实践科学发展观，以加强党的执政能力和先进性建设为主线，进一步强化了思想理论、执政能力、反腐倡廉、法制服务型机关建设和机关党的建设，积极开展创建学习型机关和文明单位活动以及“讲党性、树新风、优环境、促发展”为主题的作风建设活动，全面提高了党员素质，促进了机关党的建设。2009年，省粮食局被省委、省政府重新命名为省级文明单位标兵。严格实施《实施纲要》，坚持标本兼治、综合治理、惩防并举、注重预防的方针，加大反腐倡廉教育力度，落实一级抓一级、一级对一级负责的党风廉政建设责任制，加强对各类粮食市场主体的指导服务，坚持把反腐倡廉建设贯穿于粮食政策制定、制度建设和改革发展的总体设计之中，贯穿于权力运行的全过程，进一步健全和完善了反腐倡廉制度体系、领导体制和工作机制，端正了粮食行业风气，树立了行业良好形象。

机构调整情况

2009年7月3日，《黑龙江省机构编制委员会关于印发黑龙江省粮食局主要职责、内设机构和人员编制规定的通知》（黑编〔2009〕96号）中明确：根据《黑龙江省人民政府机构改革方案》，设立省粮食局，为省政府直属机构（正厅级）。其主要职责做了相应调整：取消已由省政府公布取消的行政审批事项；加强对粮食（含食用油、盐）战略性问题的研究，进一步深化粮食流通体制改革，完善地方粮食储备体系，健全粮食监测预警体系和应急机制；加强对粮食购销和省级储备粮管理的指导协调，提高地方粮食供应的保障能力。

根据上述职责，省粮食局设8个内设机构：办公室、调控处、法规监督处、农村处、行业指导处、仓储物流管理处、财务审计处、人事教育处。按照有关规定，另设机关党委、离退休干部工作处和纪检监察机构。局机关行政编制68名（含军转干部编制8名），工勤人员编制6名。

◆ 黑龙江省粮食局领导班子成员

胡东胜　　党组书记、局长（2009年11月任职）
金　辉　　党组副书记、副局长
张　赋　　党组成员、副局长
肖培尧　　党组成员、副局长
齐　瑶　　副巡视员
陈德志　　副巡视员

2009年3月13日，黑龙江省委常委、常务副省长杜家毫（中）到省粮食局调研。

2009年12月7日，黑龙江省政府副省长吕维峰在全省秋粮收购工作会议上讲话。

2009年12月21日，黑龙江省粮食局局长胡东胜（左二）深入哈尔滨市调查了解秋粮收购进展情况。

2009年9月21日，“2009·黑龙江金秋粮食交易合作洽谈会”在黑龙江省建三江农垦分局开幕。图为省粮食局副局长金辉在会上做主题演讲。

上海市粮食工作

基本情况

全年粮食种植面积19.33万公顷；粮食产量达到121.7万吨，比上年增长5.2%。夏收粮食播种面积7.34万公顷，同比增长30.14%；总产量为27.86万吨，同比增长21.3%。秋收粮食播种面积11.99万公顷，同比增长1.5%；总产量为93.84万吨，同比增长1.2%。其中：稻谷播种面积10.85万公顷，同比减少0.1%；总产量90万吨，同比增长0.9%。

上海市年粮食需求量大体在550万吨左右，其中口粮370万吨，饲料用粮130万吨，工业用粮50万吨；本市食用油年消费量在40万吨左右。本市郊区提供粮源约占22%，78%以上的粮源从国内采购和国外进口。针对特大型粮食消费城市特点，上海市粮食局着力清仓查库，稳定粮源，衔接购销，完善市场，规范流通，保障供应。全市累计收购小麦12.7万吨、粳稻谷16.96万吨，国有粮食购销企业发挥了市场主导作用。粮食产销合作进一步深化，产销协议数量达100万吨。上海市10个粮食批发市场年粮食交易总量达155万吨，其中粳米交易量125.5万吨。

2009年粮食工作

2009年，在市委、市政府领导下，在国家粮食局指导下，上海各级粮食行政管理部门以邓小平理论和“三个代表”重要思想为指导，深入学习实践科学发展观，紧紧围绕全市加快推进“四个率先”、建设“四个中心”大局，根据上海流通主导型的粮食供需平衡特点，着力清仓查库，稳定粮源，衔接购销，完善市场，规范流通，各项工作取得新的进展。

一　认真开展粮食清仓查库，基本达到摸清家底预期目的

（一）按时保质完成了清查任务

按照国务院统一部署，全市各级粮食部门在市、区县政府领导下，与有关部门和企业密切配合，制定和落实市、区县粮食清仓查库工作实施方案，认真组织开展清仓查库人员技术培训，具体承担清仓查库组织实施工作，自年初开始，历时5个月，共出动4600多人次，按期保质完成了企业自查、区县普查、市级复查和整改总结各阶段检查任务。经检查，本市粮食库存数量真实，质量良好，账实一

致，账账相符，库存充裕，结构合理，为保障粮食市场供应安全奠定了扎实基础，为政府宏观调控提供了可靠保障。

（二）认真抓好整改落实

针对清查过程中发现的本市粮食仓库规划布局、基础设施、制度建设、基础管理等方面问题，积极落实整改，研究提出了本市未来三年国有粮食企业仓储设施建设和维修改造规划，明确加强本市粮食仓储行业管理工作思路，努力改善部分区县国有粮食企业仓储设施条件，提高储粮安全保障能力。

由于工作较有成效，上海市粮食局和奉贤区粮食局分别被评为全国粮食清仓查库工作省级和县级先进单位，有4位同志被评为先进个人，受到国家粮食局表彰。

二 切实加强市场供应和应急管理，粮油供应保障有力

（一）粮油市场保持稳定有序

各区县粮食部门和有关企业切实抓好粮油货源筹措和市场投放，确保日常粮油供应稳定丰富，确保帮困对象、部队、高校粮油供应和质量；特别是安排好节日期间粮油商品投放，保障节日市场稳定有序。针对5月份食用油价格上涨，密切关注市场动态，及时分析研判，有效维护市场稳定。同时，抓早启动了世博会粮油市场供应调研，为世博会粮油供应和应急保障做好准备。

（二）粮油市场监测不断加强

进一步完善了粮油市场周分析制度，启用了超市总部粮食监测数据报送系统，定期做好监测日报和周报工作；建立了粮食经济运行综合分析常态化工作机制，加强信息监测和统计调查分析，形成粮食经济运行综合分析月报制度，服务领导科学决策。

（三）应急保障能力不断提高

积极参与本市应急平台数据组织工作，着力加强粮食应急供应加工企业和零售网点管理，认真开展市应急平台粮油应急供应专项演练；在已经建立粮源、加工、零售应急供应保障网络的基础上，积极筹建本市粮食应急供应配送网络，选定6家规模大、声誉好的国有运输物流企业作为本市粮食应急供应指定运输企业。

三 主动衔接购销和平衡供求，粮源渠道稳定拓宽

（一）粮食收购主渠道积极、多渠道活跃

全市累计收购小麦12.7万吨、粳稻谷16.96万吨，其中国有粮食购销企业收购量分别为8.4万吨和15.2万吨，分别占收购总量的66.1%和89.6%，发挥了市场主导作用。多元主体也积极入市收购，活跃了市场流通。

（二）产销合作进一步深化

积极协调调运，落实与东北粮食主产区产销协议，并与黑龙江、吉林两省签订新一轮粮食产销合作协议，合作规模达100万吨。同时，继续做好东北运沪粮食运费补贴工作，本市14家粮食企业共采购东北新粳稻（米）28.6万吨。

（三）粮食储备运作效能不断提高

进一步完善了储备品种结构，大米、小麦储备达75%以上，更加适应应急调控需要；安排市级储

备粮轮换计划，组织有序轮换，并继续规范推进公开竞价销售，成交21.65万吨，成交率达96%；进一步加强了对市级储备粮“藏粮于企”库存监管和考核，使承储企业储备粮管理水平有较大提高，在清仓查库中，储存量达到规模数量100%，做到数量真实、质量良好。

（四）粮食批发市场体系进一步完善

继续优化批发市场布局和服务功能，规范市场行为，加强粮油食品流通安全监管，开展面粉经营户专项调研，推进市场规范运作，有效发挥了吸纳粮源、保障供应的功能。本市10个粮食批发市场年粮食交易总量达155万吨，其中粳米125.5万吨。

四　注重依法行政，流通监管规范有效

（一）监督检查效能稳步提高

全年共出动3135人次开展883次粮食流通监督检查，检查粮食经营者2411户，检查内容涵盖收购、储存环节和政策性用粮购销活动等粮食流通各个领域，较好地履行了《粮食流通管理条例》赋予的各项监督检查职责，规范了本市粮食流通秩序。

（二）粮食质量安全可控

夏粮和秋粮收购期间，对本市9个郊区（县）的45份小麦和80份稻谷样品进行质量、真菌毒素、重金属和农药残留检测，各项卫生指标合格率100%。结合粮食清仓查库，开展库存粮食质量和储存品质指标检测，共抽取各类储粮样品120份，检测结果总体良好。对本市26家粮油加工企业原粮卫生情况和39个帮困粮油供应点、13个军供站（点）粮油质量卫生状况进行抽检，检测结果总体良好。

（三）粮油统计工作扎实推进

根据国家粮食局要求，准确填报各项粮油购销存资料，及时汇总和报送各项粮油商品流通统计数据，依法做好粮油加工业统计，按时完成了年度粮油统计年报及年报资料的编制工作；认真搞好社会粮油供需平衡调查，特别是新增的油料及食用植物油供需平衡调查，为粮食宏观调控提供了决策依据。

五　依托信息平台和粮油科技，为粮食调控提供有效支撑

（一）“上海粮食网”发挥积极作用

通过网站规范化、标准化改版，政府信息公开透明度和网站互动服务功能进一步提高，市、区县粮食政务信息和粮油市场信息发布量较往年明显增加，成为有效的粮油信息服务和便民服务平台。

（二）粮食业务应用系统建设稳步推进

切实抓好上海市粮食流通数据中心的信息采集和应用，并建成运行数据中心（二期）——上海粮油市场监测预警预报信息系统，增强了粮油市场动态监测能力；建成并试运行上海粮食批发市场粮油质量监测信息系统，粮油市场监测范围由市场价格延伸至批发市场粮油质量；基本建设完成上海市粮食统计信息系统，将为政府实施粮食调控提供有效服务；按照国家有关部门要求，基本完成市粮食局接入全国发展改革系统纵向网工程建设任务，并启动全国粮食动态信息系统上海市粮食局接入系统建设。

（三）“长三角粮食网”建设和运行取得阶段性成果

会同长三角各城市粮食部门制定并完善有关工作计划，拓展网站功能应用，实现了长三角地区部

分粮食信息共享，成为各城市粮食部门工作动态、工作经验的交流平台和推动地区粮食流通联动发展的平台。

（四）粮油科技工作积极推进

通过深入调研，编制了《上海粮食加工业发展规划（2009~2020年）》，明确依托科技创新推进本市粮食加工业发展的重点任务和政策措施；围绕“科学消费植物油”，开展了本市粮食科技周宣传，有效引导健康消费；组织参加新中国成立60周年全国粮食行业成就展，充分展示本市粮食行业发展成就和粮油企业发展成果，被国家粮食局评为优秀组织奖和优秀装修设计奖。

六 推进粮食法治和队伍建设，行政效能不断提高

（一）粮食法治建设进一步推进

深入贯彻实施《食品安全法》，研究制订和落实本市粮食行业具体工作方案；抓早启动了本市粮食流通发展“十二五”规划调研和编制工作；认真清理粮食行政审批事项，修订完善粮食行政执法责任制；积极开展全市粮食行业普法依法治理，全面推进“五五”普法规划贯彻落实；认真组织开展《粮食流通管理条例》颁布实施五周年宣传活动和全市粮食行政执法人员培训，推进全市粮食行业文明诚信体系建设，粮食行政执法水平和社会认知度不断提高。

（二）粮食行政管理创新进一步加强

聚焦本市粮食流通发展重点、热点和难点问题，开展了多项前瞻性专题调研，形成调研报告，有效推进粮食工作。在各区县粮食部门的支持配合下，编撰完成《2009上海粮食发展报告》，翔实反映了一年来上海粮食流通改革发展情况。

（三）机构改革基本到位

贯彻落实《上海市政府机构改革方案》，市粮食局抓好“三定”落实，并指导区县粮食部门机构改革工作，促进履职尽责。

（四）学习实践活动进一步深化

深入开展学习实践科学发展观活动，认真制定整改落实方案，明确了22项整改事项和责任部门，突出实践性，积极落实整改，并开展群众满意度测评；同时，切实加强党风廉政建设，深入开展“讲党性、重品行、作表率、树形象”主题教育活动，有效促进粮食流通科学发展。

机构调整情况

上海市粮食局是负责全市粮食流通宏观调控具体业务和粮食储备管理的行政管理部门，归口市商务委管理。局机关行政编制为46人，其中，正副处级领导职数15名。上海市粮食局内设7个处室，即办公室、政策法规处、组织人事处（老干部处）、财务处、监督检查处（流通与科技发展处）、调控处（储备管理处）、市场处（军粮供应处）；还按规定设置纪检监察机构和机关党委等。

上海市粮食局主要职能：

（1）贯彻执行有关粮食流通、粮食储备的法律、法规、规章和方针、政策；研究起草粮食流通、粮食储备的地方性法规、规章草案和政策，并组织实施有关法规、规章和政策。

（2）研究提出本市粮食（含食油，下同）宏观调控、总量平衡以及粮食流通发展中长期规划、进出口总量计划的建议，并会同有关部门组织实施。

（3）负责本市粮食流通的行政管理和行业指导；研究提出深化粮食流通体制改革方案，并协同有关部门组织实施；推动国有粮食企业改革；做好国有粮食购销企业改革的协调、监督、检查和指导工作。

（4）负责对本市粮食市场主体的指导、监督、检查和服务；研究提出粮食市场建设规划；协同有关部门管理粮食市场，健全粮食市场监测预警体系，实施粮食市场应急机制，提出启动粮食应急预案建议；负责部队、帮困对象粮食供应管理和城镇居民副食品价格补贴发放管理。

（5）负责本市粮食流通宏观调控具体工作和市级储备粮日常监督管理；研究提出市级储备粮的规模、品种、布局计划和收储、动用建议，按规定批复市级储备粮轮换计划并组织实施，并按规定通报有关情况；落实粮食购销政策；负责粮食流通统计；指导协调粮食产销合作和区（县）级储备粮管理。

（6）负责本市粮食流通监管；制定粮食流通、粮食库存监督检查制度并组织实施；负责对粮食收购、储备环节的粮食质量安全和原粮卫生进行监督管理；负责对粮食收购、储存、运输活动和政策性用粮的购销活动以及执行国家粮食流通统计制度的情况进行监督检查。

（7）编制粮食流通、仓储、加工设施建设规划；制定粮食储存、运输的技术规范，并监督执行；负责粮食质量标准的实施和监督；指导并推动粮食流通的科技进步、技术改造和新技术推广。

（8）负责粮食收购、军粮供应站、军粮供应委托代理资格的行政许可；负责中央储备粮代储资格的受理和上报工作；会同有关部门认定陈化粮购买资格。

（9）负责粮食流通系统教育培训；负责粮食流通系统的对外交流与合作；负责粮食流通信息化建设。

（10）负责有关行政复议受理和行政诉讼应诉工作。

（11）承办市政府交办的其他事项。

◆ 上海市粮食局领导班子成员

张新生　　市商务委副主任、粮食局党组书记、局长

孟洪恩　　党组成员、纪检组长、副局长

夏伯锦　　党组成员、副局长

姚　海　　党组成员、副局长

2009年11月4日，国家粮食局副局长任正晓（左二）在上海市粮食局副局长孟洪恩（左一）、上海市崇明县副县长李志宏（右一）陪同下，到崇明调研国有粮食企业改革和发展情况。

2009年4月24日，上海市副市长唐登杰（中）由上海市商务委副主任、市粮食局局长张新生（左一）、原上海市奉贤区副区长倪耀明（右一）陪同，到奉贤邬桥粮库检查指导粮食清仓查库复查工作。

2009年8月20日，上海市副市长唐登杰（前排左一）率团赴黑龙江省调研深化粮食产销合作情况，并与黑龙江省副省长吕维峰（前排右一）签订《关于进一步推进粮食产销合作协议》，上海市商务委副主任、市粮食局局长张新生（后排左五）、上海市粮食局副局长夏伯锦（后排左三）陪同。

江苏省粮食工作

基本情况

江苏省位于我国大陆东部沿海中心、长江下游，东濒黄海，东南与浙江和上海毗邻，西连安徽,北接山东。2009年末，全省常住人口为7724.5万人，居全国第五位，占全国的5.8%。全省现设13个省辖市，下辖106个县(市、区)，其中25个县、26个县级市、55个市辖区。

2009年全省GDP达34061.19亿元，增长12.4%，人均GDP达44232元。财政总收入8404.93亿元，增长18.2%。城镇居民人均可支配收入达20552元，农村居民人均纯收入达8004元，分别增长10%、8.8%。

全省面积10.26万平方公里,占全国的1.06%,列全国第24位，人均国土面积在全国各省区中最少。全省耕地面积476.4万公顷，占全国的3.9%，人均占有耕地0.925亩。2009年全省粮食产量3230万吨，比上年增产55万吨；粮食消费总量3050万吨，产消结余180万吨。粮食生产逐步向苏北集中，苏南地区粮食缺口呈不断扩大之势，苏中地区产需平衡略有结余。口粮中的小麦、稻谷产需有余，可以调剂出省，而玉米、大豆等工业用粮产需不足，需要通过进口和省外调剂解决。

2009年粮食工作

2009年全省粮食工作紧紧围绕“建立健全粮食宏观调控体系、现代粮食市场体系、粮食产业化体系和执法监督保障体系，深化国有粮食企业改革”工作思路，狠抓各项措施落实，加快由产粮大省向粮食经济强省转变，为巩固发展全省农业农村好形势、促进经济平稳较快增长作出了积极贡献。

一是抓收购、促增收。全省国有粮食购销企业全年累计收购粮食1382万吨，由于粮食收购价格提高和粮食商品量增加，全省农民通过售粮增收30亿元。

二是抓清查、强管理。高标准、高质量地完成了全省粮食清仓查库工作。全省区域内粮食库存账实相符、账账相符，账实误差率仅为0.04%。制定下发了《关于进一步加强全省粮食仓储管理工作的意见》和《全省粮食流通监督检查工作创优考核办法》，着力构建依法管粮的长效机制。

三是抓产业、提效益。依托区域性粮食现代物流中心，大力发展粮油精深加工，全省粮油工业总产值和销售收入双双突破千亿元大关，市场竞争力明显增强。

四是抓建设、添活力。抢抓扩内需、保增长的政策机遇，加快粮食流通基础设施建设，大力发展现代粮食物流，全省粮食仓储物流大流通、快购销的新格局逐步显现。全省18个重点粮食现代物流项目已完工9个，累计完成投资35亿元，占计划总投资的63%。

五是抓经营、增利润。全省国有粮食购销企业实现利润20154万元，较上年增加1679万元，增幅9.09%，继续保持县县盈利。

一 全省粮食购销两旺，宏观调控能力进一步提高

（一）精心组织粮油收购

认真落实国家小麦、稻谷最低收购价和油菜籽临时收储政策，积极做好仓容和资金协调，指导各类收购主体入市收购，充分满足了农民售粮需求。夏粮收购期间，针对苏北部分地区出现的芽麦问题，争取国家适当放宽最低价收购标准，组织各类企业收购芽麦123万吨，带动了市场芽麦收购价格的上升，减轻了农民灾后损失；秋粮收购期间，倾力服务，帮助部分农民烘干整晒高水分稻谷，避免粮食霉烂变质。全省国有粮食购销企业全年累计收购粮食1382万吨，其中收购国家托市小麦448万吨；油菜籽收购128万吨，其中托市收购油菜籽108万吨，占收购总量的84.4%。

（二）加强粮食产销衔接

组织安排省内粮食产销区各类企业进行现场洽谈签约活动。共签订省内产销区粮食购销衔接协议（合同）270万吨，较上年增加10万吨，销区市共在粮产区落实粮食生产基地4.1万多公顷。加强与省外产销区间的合作，先后组织参加了福建产销洽谈会、黑龙江金秋粮食交易合作洽谈会等活动，在黑龙江八省洽谈会上，江苏企业共签订合同协议102万吨，调剂省内粮食供需，搞活粮食流通。

（三）健全完善地方储备粮油制度

以《江苏省地方储备粮管理办法》的出台为契机，完善地方储备粮油制度，加快地方储备粮管理法制化进程，制定下发《江苏省省级储备粮轮换管理暂行办法》和《江苏省省级储备食用油管理暂行办法》，为地方储备粮油依法管理提供制度保障。积极落实江苏省地方食用油储备，按照“以省为主、省市共担”的原则，将国家下达江苏的地方食用油储备计划分解，省级储备油按期落实。进一步优化省级储备粮的承储布局结构，解决了分储、代储问题，提高了存储集中度，取消了个别违规库点，区域内略有调整，布局更加合理。加强地方储备粮管理与运作。适时、有序、均衡安排储备粮轮换吞吐，积极发挥储备粮调控市场的功能，促进了粮食市场的稳定。

（四）健全粮食应急体系

按照《江苏省粮食应急预案》的要求，实行粮油市场价格日报和周报监测预报制度。实行定人、定时、定点监测，及时采价、报价，确保价格监测及时、准确。重新审定了应急企业数据库。加快充实成品粮油应急储备。认真组织开展社会粮油供需调查工作。在全省采取全面调查、重点调查和抽样调查相结合的方法，对7530家农户、5000家城镇居民户和6515个企业进行了调查，全面深入分析全省粮食供求形势和发展趋势，为粮食宏观调控提供可靠依据。

二 清仓查库圆满完成，粮食执法监管工作进一步加强

2009年，全省粮食流通监督检查工作以粮食清仓查库为重点，全面开展粮食收购、政策性粮食销售出库、粮食质量、粮食统计、军粮供应等各项检查，着力推进行政执法、行政权力监督、企业信用建设等各项工作，较好地维护了粮食市场秩序，全省粮食流通监督检查工作取得了新进展。在粮食

清仓查库工作中，省粮食局和南京市、张家港市粮食局被评为全国先进单位；顾雅贤等8名同志被评为全国先进个人。在2009年全国粮食流通监督检查工作考核中，省粮食局连续五年被国家粮食局评为“全国粮食流通监督检查工作先进单位”，无锡、淮安及泰兴市粮食局也被国家粮食局评为全国先进单位。

（一）圆满完成了粮食清仓查库任务

全省粮食部门把清仓查库作为2009年的头等大事，根据国家和省统一部署，围绕查清粮食库存数量和质量的目标，历时近七个月，高标准、高质量地完成了清仓查库工作。仅自查和普查阶段，全省就出动1.1万余人，清查库点1600余个、仓廒18500余间。清查结果显示，全省区域内粮食库存账实相符，账账相符，库贷合理，管理规范，储存安全，其中账实相符率达99.96%，得到了国家抽查组的充分肯定，认为“江苏省粮食清仓查库工作领导有力，组织缜密，程序规范，措施得当，工作扎实，成绩显著”。

（二）加大粮食行政处罚力度

全年全省各级粮食行政管理部门共处理342起涉粮案件，其中取消粮食收购资格16家，实施经济处罚47起，罚款10.72万元，发挥了法律的震慑力。无锡市行政处罚力度最大，全市共查处案件28起，其中警告6起，收缴罚款7.8万元，占全省72.8%。

（三）加强行政执法信息化建设

省粮食局开发了全省粮食流通监督检查行政执法电子政务系统，并在《江苏粮网》上增设了行政执法专门窗口。开展全省粮食流通企业诚信建设。根据《江苏省粮食流通企业信用体系建设三年行动实施计划》，2009年全省各级粮食部门及有关企业及时填报《企业信用档案统计表》、《企业资信情况》、《企业奖惩情况》和清仓查库的结果等基本信息，追记了2006~2009年度的信用档案数据。全省纳入记录的粮食流通企业为2244家，其中省粮食局直接记录的为130家。截至2009年底，全省粮食流通企业基本情况和信用档案报送、登录工作已基本完成，从而使全省粮食流通企业诚信建设迈出了实质性的步伐，为2010年末实施全省联网，构筑统一平台奠定了良好的基础。

三 发挥职能作用，粮油检验监测工作提档升级

（一）稳步推进质检体系机构建设

2009年全省又有宿迁等5家质监站通过国家粮食局验收，至此全省已有17家质检所（站）纳入国家粮食质量监测机构，在全国位列第二。徐州市粮油质量监测所根据徐州市编委文件精神，从2009年4月开始筹建，至此全省13个省辖市已全部建立了市级粮食质检机构。各县级质检机构积极申请计量认证，提高实验室水平。南京市将县级质检机构是否通过计量认证列入监督检查考核范围。截至2009年底，全省共有粮食质量检验机构71家，其中通过计量认证27家，新增及恢复1家，转变为全额拨款6家。

（二）加强粮食质量与原粮卫生监管

2009年上半年，组织全省质检机构60多人，参加清仓查库工作，共扦样430份，及时送至山东及河南省检验。下半年重点贯彻国家粮食局《关于进一步加强粮食质量安全监管工作的通知》（国粮发〔2009〕232号）精神，在全省开展了原粮及军供粮油卫生检测工作。组织各市对地方储备及秋粮收购主要稻谷品种，扦样140份，检测项目为有机磷农药残留139份，符合国家卫生标准。对军供粮油的

米、面、油三大品种，共检测样品126份,检测项目为有机磷和重金属，全部符合国家卫生标准。夏、秋两季，组织开展全省粮食收获质量调查、品质测报和会检工作，全省共采集小麦样品701份、稻谷样品487份，用于常规质量指标和优质品质指标的检测。据不完全统计，全省各级质检机构2009年共检测样品43356份，检测样品数量大幅提高。

（三）加强新标准和检验技术的培训

新的《稻谷》、《玉米》、《大豆》国家标准分别于2009年7月1日、9月1日正式实施。为了确保新标准在全省秋粮收购中能够顺利实施，省粮食局积极开展宣传培训工作，及时举办《稻谷》等新国家标准实施暨检验技术培训班，重点培训全系统质检机构人员达250人。

四 加强粮食流通基础设施建设，粮食仓储物流大流通、快购销的新格局初步形成

2009年度全省粮食流通基础设施建设项目633个，其中完工项目586个，在建项目47个，项目总投资535184万元，年度完成投资221337万元，新增仓容量256.86万吨，新增油罐19.49万吨，大修仓房144.64万吨，新增粮食专用码头泊位42个，总吨位20.31万吨，购置各类设备2177台。

（一）重点项目进展顺利，区域性物流中心逐步形成

《江苏粮食现代物流发展规划》提出了全省“两纵两横、四大枢纽、八大节点”的粮食现代物流总体布局。在该规划指导下，各地积极组织实施项目规划和建设，培育区域性粮食现代物流中心。目前全省沿江从东到西密布了南通粮油、江海张家港、靖江扬子江、江阴中粮、中储粮镇江、南京龙潭等粮食物流中心，形成了粮食流通长江走廊，成为承接北粮南下和粮食进出口通道。运河沿线以宿迁、淮安、宝应、扬州、无锡、苏州等物流中心为代表，成为全省北粮南下、产销衔接、供需平衡、保障安全的主要通道。东陇海线目前布局有连云港新海、徐州苏鲁和新沂市粮食物流中心，将成为国家“黄淮海流出通道”的重要组成部分。沿海地区作为国家“华东沿海流入通道”的重要组成部分，现有连云港港口物流中心，大丰、如东港等沿海粮食物流项目正在规划中。全省粮食物流中心项目的建设不但增加了仓容，极大地改善了仓储设施条件，加快了粮食流通效率，而且加强了仓储物流环节与加工、市场等环节的无缝对接，形成粮食产业集聚区，成为发展粮食产业化经营的重要载体，促进了现代粮食流通产业可持续发展。

（二）仓容总量有了显著增加，网点布局更趋合理

2009年底，全省库点达2261户，有效仓容达1800万吨，同比增长13.6%，基本上能够满足全省各级储备、收购需要。全省粮食仓储配套设施也得到了改善，至2009年末，全省粮食烘干能力达到4149吨/小时，粮食铁路专用线10条，粮食码头泊位数1427个。在仓容总量增加的同时，粮食仓储设施布局也得到了改善。苏南销区结合成品粮油批发市场，建设以城市粮食保供为主的储备中心库，苏北苏中产区加快收纳库的维修改造，中心储备库的功能完善，建设集收纳、储备为一体的中心粮库，目前全省2/3以上的市、县中心粮库已建成，1/3的市、县正在建设或规划中。通过几年的持续建设，以港口库和区域性物流中心为龙头、中心储备库为骨干、一线收纳库为基础的粮食仓储体系正在逐步形成。

（三）先进技术得到推广应用，储粮水平不断提升

仓储装备水平显著提高，2009年底配备检化验仪器设备16159台，通风机7519台，输送机9720台，吸粮机、清仓机、补仓机、扒粮机等其他各类大中型粮机设备2666台，汽车衡1372台，同比分别增加4.7%、14.7%、18.7%、25.6%、25.8%。目前，大中型粮库基本实现机械化进出仓作业，改善了工作条件，提高了工作效率。储粮新技术广泛应用，全省新建粮库充分吸收和利用现代各项新技术、新装备，机械通风、粮情检测、环流熏蒸等储粮新技术得到了推广应用。至2009年末，全省共有1607.11万吨仓容实现了机械通风，819.33万吨仓容装备了粮情测控系统，605.18万吨仓容装备了环流熏蒸系统，同比分别增长16.4%、13.9%、25.9%，为全省粮食储存安全提供了技术保障。

五 推进粮油工业发展，粮油产业运行质态显著提升

全省粮油企业抓住国家扩内需、保增长的政策机遇，积极开发新品，开拓市场，粮油产业运行质态显著提升，呈现“一个平稳、两个优化、三个提升”的特点。

（一）一个平稳

粮油工业总产值保持平稳增长。全省粮油工业实现产值1148.9亿元，增长17.6%。工业生产基本稳定，主要产品产量平稳增长，大米、油脂产量分别达到530.5万吨、511.0万吨，分别同比增长11.6%、45%。龙头骨干企业带头积极克服金融危机的不利影响，支撑作用明显。市级以上龙头企业159个（国家级9个，省级47个），实现粮油工业总产值529.6亿元，接近全省粮油工业总产值的一半，实现利税13.3亿元，利润10亿元。

（二）两个优化

一是产品结构优化。全省粮食精深加工拓展行动三年计划成效显著，产学研合作逐年拓展，精深加工层次不断提高，各种附加值高的产品不断涌现。入统企业生产的特等米和标准一等米达504.4万吨，占到全部产量的95.1%；生产的小麦特等粉（包括特一粉和特二粉）达501.6万吨，占到全部产量的74.4%。作为粮食深加工的粮油食品产量68.8万吨，同比增长19.5%。2009年新增11个江苏名牌，复评通过16个，目前江苏名牌总计66个。

二是所有制结构优化。入统798家企业中，国有及国有控股企业仅占7.6%；外商及港、澳、台商投资企业占6%；民营企业占86.3%。以民营企业为主体，多种所有制、多元化经营的粮油工业格局已经形成。

（三）三个提升

一是经济效益稳步提升。全省粮油工业实现销售收入1137.5亿元，增长17.2%，实现利税39.6亿元，利润28.4亿元，全省实现利税39.6亿元、利润28.4亿元，分别大幅度增长38.5%和68.1%。二是出口交货值显著提升。各地调整产品结构，大力发展外向型经济，实现出口交货值15.8亿元，同比增长48.0%。其中油脂工业实现5.9亿元，同比增长59%，粮机加工业实现利税总额5.3亿元，增长120.8%，利润总额3.7亿元，增长111.4%。三是专利获得数大幅提升。研究开发投入1.9亿元，专利获得数193件，同比增长119%。

六 深化国有粮食企业改革，企业发展稳步提升

各地通过企业重组、股份制改革等形式，推进经营要素向优势骨干企业集聚。截至2009年底，

全省国有粮食购销企业数量由2008年的1537家减为1426家。租赁经营由574家减为476家，承包经营由306家减为259家，目标责任管理由357家增加到400家。各地规范企业改革改制行为，健全绩效考核和责任追究制度，支持企业搞好粮食购销，开展多种经营，指导企业加强财务管理，降低成本费用，提高经济效益，全省国有粮食企业经济效益稳中有升，特别是县级粮食购销总公司开始由资产管理型向经营管理型转变，自身经营能力和带动基层企业发展的能力得到增强。2009年，全省国有粮食企业实现利润25287万元，同比增加4917万元，增幅达24.14%。其中，国有粮食购销企业实现利润20154万元，实现了县县盈利的目标。

机构调整情况

2009年12月15日，江苏省政府办公厅印发了《关于江苏省粮食局主要职责内设机构和人员编制规定的通知》（苏政办发〔2009〕159号），明确省粮食局为省政府直属机构，增加了“加强粮食省长负责制下有关粮食流通，以及推进全省现代粮食流通产业发展、提高粮食安全保障能力”两项职能。

省粮食局机关行政编制为63名（含离退休干部服务人员编制8名）。领导职数为：局长1名，副局长4名；正副处长（主任）21名，其中正处长（主任）9名（含机关党委专职副书记1名，离退休干部处处长1名），副处长（副主任）12名。

省粮食局内设机构：办公室、政策法规处、调控处（省级储备粮管理办公室）、产业发展处、监督检查处、财务处、人事处、机关党委、离退休干部处。

◆ 江苏省粮食局领导班子成员

王元慧（女） 党组书记、局长
严长俊 党组副书记、副局长
于国民 党组成员、副局长
卢保全 党组成员、副局长
沈祖方 党组成员、省纪委驻省粮食局纪检组长
王建国 党组成员、副局长
刘成龙 副巡视员
张生彬 党组成员、办公室主任

江苏省省委书记梁保华（前排右三）视察宿迁粮食物流园区。

江苏省省委常委、副省长黄莉（左一）调研粮食工作。

国家粮食局副局长任正晓（前排中）在江苏省粮食局局长王元慧（左二）陪同下抽查江苏省粮食清仓查库工作。

国家粮食局副局长任正晓（前排中）在江苏省粮食局局长王元慧（右一）陪同下抽查江苏省粮食清仓查库工作。

浙江省粮食工作

基本情况

浙江省地处中国东南沿海长江三角洲南翼，东临东海，南接福建，西与江西、安徽相连，北与上海、江苏接壤。浙江境内最大的河流钱塘江，因江流曲折，称之江，又称浙江，省以江名，简称“浙”，省会为杭州。浙江东西和南北的直线距离均为450公里左右，陆域面积10.18万平方公里，为全国的1.06%，是中国面积最小的省份之一。浙江地形复杂，山地和丘陵占70.4%，平原和盆地占23.2%，河流和湖泊占6.4%，耕地面积仅208.17万公顷，故有“七山一水两分田”之说。

据1%人口抽样调查，2009年末浙江全省常住人口5180万人，比上年增长1.17%。常住人口中，居住在城镇的人口为2999.2万人，占总人口的57.9%；居住在乡村的人口为2180.8万人，占总人口的42.1%。与2008年相比，城镇人口占总人口的比重上升了0.3个百分点。

2009年，浙江全省生产总值为22832亿元，比上年增长8.9%。人均GDP为44335元（按年平均汇率折算为6490美元），增长7.6%。三次产业增加值结构从上年的5.1：53.9：41调整为5.1：51.9：43。

2009年，浙江全省财政一般预算总收入4122亿元，比上年增长10.5%，其中地方一般预算收入2142亿元，增长10.8%。

据对全省城乡住户抽样调查，2009年浙江城镇居民人均可支配收入24611元，农村居民人均纯收入10007元，扣除价格因素，分别比上年实际增长9.7%和9.5%，城镇居民人均可支配收入连续9年、农村居民人均纯收入连续25年列全国各省区第一位。

2009年，浙江全省粮食播种面积和单产分别比上年增长1.5%和0.3%，粮食总产量789.15万吨，比上年增长1.8%。其中春粮总产量58.53万吨，比上年增长6.9%；早稻总产量67.87万吨，比上年增长14.3%；秋粮总产量662.75万吨，比上年增长0.2%，其中晚稻总产量598.8万吨，比上年减少0.4%。全省油料播种面积21.1万公顷，比上年增长10.1%；油料总产量43.24万吨，比上年增长4.8%。

2009年，浙江全省粮食企业收购粮食95.5万吨。全省粮食需求量1917.5万吨，其中口粮999万吨、饲料用粮607.5万吨、工业用粮301万吨、种子用粮10万吨。

2009年粮食工作

2009年，浙江各级粮食部门在省委、省政府的正确领导下，坚持以邓小平理论和“三个代表”重要思想为指导，深入贯彻落实科学发展观，按照省委、省政府“保增长、抓转型、重民生、促稳定”的要求，紧紧围绕保障粮食安全总目标，全面贯彻实施“创业富民、创新强省”总战略，进一步完善和落实粮食安全行政首长负责制，稳定粮食生产，加强宏观调控，深化产销合作，搞活粮食市场，增强流通能力，全面提升粮食产业化、流通现代化和管理科学化水平，确保了全省粮食市场和价格的基本稳定。

一 认真贯彻粮食安全行政首长负责制，粮食安全工作责任进一步落实

2009年年初，省政府与各市政府签订了涵盖粮食生产、耕地保护、粮食流通等涉及粮食安全主要内容的《粮食安全责任书》，明确粮食安全责任制考核办法。各市相继与所属县（市、区）政府签订《粮食安全责任书》，进一步做好粮食安全行政首长负责制相关任务分解、落实工作。各级粮食行政管理部门切实承担起责任制考核的牵头、协调和日常管理工作。责任制考核结果显示，各市在落实粮食安全行政首长负责制方面做了大量的工作，取得了积极的成效，全省初步形成了制度化、系统化、长效化的粮食工作“一把手”负责机制。

二 圆满完成粮食清仓查库工作，粮食仓储管理水平进一步提升

省委、省政府高度重视粮食清仓查库工作，省、市、县（市、区）三级政府都按要求建立了领导机构，配备精兵强将，统一指挥协调，合力推进粮食清仓查库工作。茅临生副省长亲自到省直储备粮库检查指导，省、市、县三级有155名人大代表、政协委员参与监督指导。全省各级粮食部门科学制定方案、精心组织培训、规范操作程序、加强后勤保障，统筹安排各阶段工作，有效保障了粮食清仓查库工作的顺利推进。全省累计有6000多人次参加了此次粮食清仓查库工作，按照“在地检查”的原则，切实做到“有仓必到、有粮必查、有账必核、查必彻底”，达到了“让政府心中有数、让群众感到放心”的目的。粮食清仓查库结果显示，全省库存粮食数量真实可靠、账实相符；粮食质量总体良好，粮情稳定，储存安全；粮食库存管理比较规范，地方储备粮规模到位，没有发现擅自动用等违规行为。全省审计机关开展的地方储备粮专项审计调查结果也表明，储备粮油管理制度健全，轮换计划执行规范，财政补助资金专款专用，银行贷款资金占用合理。同时，各地继续广泛开展“星级粮库”创建活动，进一步完善规章制度，推广先进适用科学保粮技术，建立健全库存监管长效机制，不断提高管理水平。

三 完善落实粮食产销政策，粮食生产进一步发展

全省各级粮食部门积极开展“送订单、送定金、送政策、送科技、送信息”等多种形式的为农服务活动，切实落实粮食产销政策。省局会同农业、财政部门研发使用了浙江省种粮农户档案管理系统，确保“订单粮食”奖励资金足额兑现。各地大幅提高预购定金的发放户数和额度，向1179户种粮大户发放预购定金3740万元。各地积极筹措资金，在骨干粮食收购点新配备输送机182台、烘干机39台，方便农民售粮。2009年，全省国有粮食购销企业共与16.67万户农户和1032个合作社签订粮食订单73万吨，订单面积269万亩，订单数量同比增加二成以上。累计收购“订单粮食”72.5万吨，其中早稻订单收购35.05万吨，订单履约率达到90.2%，较往年明显提高。据测算，在省政府订单早稻奖励政策的扶持下，种粮农户每50公斤早稻的销售收入达到了108~118元，为全国最高。同时，认真做好油菜籽托市收购，有效保护了省内油菜籽生产。这些政策直接使农民增收3亿元以上，极大地调动了农民的种粮积极性，促进了省内粮食生产稳定发展。

四 切实落实粮食调控措施，粮食应急保供水平进一步提高

全省各级粮食部门以增强粮食控制力为重点，一手抓粮油储备，一手抓应急管理，进一步夯实了粮食安全保障的基础。各地积极制定新增地方储备粮规模落实计划，及早安排粮源充实储备，完成新增储备计划的83.3%，其中成品粮储备到位65.23%；新增的地方储备食油规模也已落实到位。着力完善粮食应急管理体系，建立省内主要粮食批发市场的实时价格信息报送系统，及时开展粮食安全预警和粮情预报工作。进一步完善粮食安全应急预案，积极组织开展多部门联合参加的粮食安全应急演练，提高应急实战能力。同时，牢固树立“以兵为本”的服务宗旨，紧贴部队后勤保障需求，深入抓好军粮供应和网点维修改造工作，不断提升军粮供应体系的综合保障能力。

五 积极推进粮食流通基础设施建设，粮食流通能力进一步增强

各地充分利用国家扩大内需政策，加快粮食流通基础设施建设，进一步改造和提升粮食批发市场功能，优化市场环境，扩大经销规模，并加快推进集粮食储运、加工、批发和信息为一体的区域性粮食物流中心的建设和发展，推动了粮食流通产业的转型升级。各地物流中心已建成和在建项目用地达274.7公顷，完成建设总投资约26亿元，超过规划总投资的50%。全省累计新建成中心粮库56个、高标准仓容121万吨，有效保障了储粮安全。

六 继续深化粮食产销合作，粮食购销渠道进一步稳固

各地继续组织和引导企业到产区开展产销合作，并制定相应的政策措施，鼓励各类企业到产区建立粮源基地，进一步巩固和拓展粮食产销合作渠道。2009年“哈洽会”期间，茅临生副省长率团参加了“浙江黑龙江粮食产销合作座谈会暨签约仪式”，两省粮食局签署《粮食产销合作协议书》，双方企业达成粮食产销合作项目14项。在黑龙江金秋粮食交易合作洽谈会，浙江与黑龙江省再次签订粮食产销合作项目43项。同时，各地充分利用国家运费补贴政策，组织企业做好东北三省稻米采购运输工

作。采购调运享受入关补贴稻米数量和补贴金额分别比上年增加92.3%和139%。全省主要粮食批发市场成交量逐年扩大，年交易量已稳定在600万吨左右，其中85%以上的粮源来自省外，基本保证了城乡居民的口粮供给。

七 不断加强依法管粮工作，粮食工作法治化进程进一步加快

各地全面贯彻实施《浙江省实施〈粮食流通管理条例〉办法》和《浙江省地方储备粮管理办法》，并以《粮食流通管理条例》颁布实施5周年为契机，积极开展粮食法规的宣传贯彻活动，着力营造粮食行业浓厚的自觉守法、严格执法的良好氛围。及时宣传贯彻新的国家粮食质量标准，将粮食质量安全纳入粮食安全的范畴，加强粮食质量安全例行监控，并认真开展粮食质量与原粮卫生的调查、品质测报，各级储备粮出库检测、军粮抽检、粮食市场准入检测和粮食市场抽查检测等措施进一步完善。为规范粮食行政执法行为，提高依法管粮的透明度，省粮食局还出台了《浙江省粮食行政机关行政处罚自由载量权参照执行标准（试行）》，对23种粮食行政处罚进行了细化，明确执法标准，规范执法尺度。各地粮食、工商、质检等相关部门加强协作，严格粮食储藏、加工、流通各环节的质量监管，有效防止了有毒有害粮食流入市场，维护了粮食市场正常秩序。

八 深入开展学习实践活动，粮食部门自身建设进一步加强

2009年，浙江全省各级粮食部门认真开展深入学习实践科学发展观活动，准确把握科学发展观的重大意义、科学内涵、精神实质和根本要求，增强贯彻落实科学发展观的自觉性和坚定性。着力转变不适应不符合科学发展观的思想观念，着力解决影响和制约粮食工作科学发展以及党员干部党性、党风、党纪方面群众反映强烈的突出问题。着力提高推进浙江粮食工作科学发展的能力，进一步推进科学发展，加快转型升级，建设流通强省，确保粮食安全。深入开展以种粮大户和粮食企业为重点的“服务企业、服务基层”活动，指导国有粮食购销企业积极参与粮食生产专业合作社等新型粮食生产主体的培育。鼓励粮食加工经营企业与种粮农民结成利益共同体，开展“农村粮食产后减损安全保障工程”试点，降低粮食产后损失浪费。扎扎实实为基层群众解难事、做实事、办好事，促进农民增收、企业增效。落实中纪委全会和国务院廉政工作会议部署，进一步完善惩治和预防腐败体系，整体推进粮食系统党风廉政建设。继续抓好干部职工教育培训和专业技能人才培养，全省先后举办粮食局长、粮食保管员、检验员以及会计继续教育等各类培训班10多期，粮食干部职工队伍素质进一步提高。进一步推进行业文化建设，陶冶干部职工情操，有效促进各项工作的开展。继绍兴县举办江南粮食文化陈列馆后，余杭区的“四无粮仓”陈列馆又顺利开馆，再现了粮食人艰苦创业的优良传统。国庆60周年前夕，各地组织了丰富多彩的庆祝活动，省粮食局精心组织合唱团参加“红歌中国——经典传唱60年”省直机关大合唱比赛，荣获二等奖。

机构调整情况

2009年11月，浙江省人民政府办公厅印发了《关于印发浙江省粮食局主要职责内设机构和人员编制规定的通知》（浙政办发〔2009〕129号）。通知明确，根据《中共中央办公厅、国务院办公厅关

于印发〈浙江省人民政府机构改革方案〉的通知》（厅字〔2009〕28号），设立浙江省粮食局。省粮食局是主管全省粮食工作的省政府直属机构。

浙江省粮食局的主要职责为：

（1）贯彻执行国家和省有关粮食工作的方针、政策、法规，承担有关粮食流通和储备粮管理的地方性法规、规章草案的起草和组织实施；负责省粮食安全工作协调小组的日常工作，落实省政府统一领导下的粮食工作市县政府分级负责责任制；研究提出全省粮食流通体制改革方案和粮食购销政策，组织实施粮食安全目标责任制考核工作。

（2）承担全省粮食流通市场调控的具体工作，负责编制全省粮食流通中长期规划及粮食购销、储备等计划，做好粮食供需平衡统计调查工作；指导协调政府“订单粮食”等政策性粮食购销和粮食产销合作；负责粮食市场行情的分析、购销预警信息的发布和相关应急措施的落实；指导库区、灾区和大中专院校学生、城市低收入居民、农村缺粮人口等特殊群体的政策性粮食供应；保障军队粮食供给。

（3）负责全省粮食流通的行业指导；负责指导省内粮食收购市场准入制度的组织实施，做好全社会粮食流通统计工作；负责指导粮食行业的教育培训，指导粮食流通的科技进步、技术改造和新技术推广；开展粮食流通的对外交流与合作。

（4）制定粮食流通、粮食库存监督检查制度并组织实施；协同有关部门管理省粮食风险基金；督促检查国家和省粮食购销政策的执行情况；负责粮食收购资格管理；监督管理粮食收购、储存环节的粮食质量安全；协同做好粮食质量标准管理工作。

（5）承担省级储备粮的行政管理职能，会同有关部门研究提出省级储备粮的规模、总体布局和动用省级储备粮的建议，经省政府批准后组织实施；制定省级储备粮管理的技术规范，会同有关部门和单位组织省级储备粮的收储、轮换、调配，监督检查并落实省级储备粮的数量、质量和储存安全；督促指导各地按省政府下达的储备计划落实储备任务，指导和协调下级粮食部门的地方储备粮管理工作；管理省储备粮管理有限公司。

（6）拟订全省粮食市场体系建设与发展规划并组织实施，编制粮食流通基础设施建设规划，指导全省粮食仓储和现代物流建设，管理有关粮食流通设施国家和省政府投资项目。

（7）承办省政府交办的其他事项。

根据职责，省粮食局设5个职能处室：办公室（政策法规处与其合署）；购销调控处；管理监督处、财务会计处、人事处（挂离退休干部处牌子），并按规定设置纪检监察机构和机关党委。省粮食局行政编制38名，其中：局长1名，副局长2名，总工程师1名；处级领导职数14名（含机关党委专职副书记1名）。后勤服务人员编制5名。

◆ 浙江省粮食局领导班子成员

陈聪道　　党组书记、局长

钟传厚　　党组成员、副局长

韩鹤忠　　党组成员、副局长

李立民　　党组成员、副局长（2009年8月任职）

2009年盛夏，浙江省粮食局局长陈聪道在粮食收购站调研。

2009年“八一”前夕，局长陈聪道赴舟山慰问部队官兵。

浙江省粮食局合唱队参加“红歌中国”大合唱比赛。

安徽省粮食工作

基本情况

安徽省地处华东腹地，沿江通海，承东启西，是国外及沿海发达地区向内地产业转移的前沿地带。国务院批准的全国第一个以"产业转移"为主题的皖江城市带承接产业转移示范区建设上年正式启动，对推动安徽加速崛起具有里程碑意义。

安徽全省总面积13.96万平方公里，现辖17个市、105个县（市、区）。2009年末全省总人口6794.5万人，比上年增加53.7万人；城镇化率为42.1%，比上年提高1.6个百分点。全省全年生产总值(GDP)10052.9亿元，首次突破"亿万元"大关，成为全国第14个、中部第4个过亿万元的省份，按可比价格计算，比上年增长12.9%，已连续6年保持两位数增长；财政收入达到1551.2亿元，比上年增长17%。全年城镇居民人均可支配收入14085.7元，比上年增长8.4%；农村居民人均纯收入4504.3元，比上年增长7.2%。

安徽盛产稻谷、小麦、油菜、大豆、玉米等，农产品品种比较齐全，其中水稻、小麦占总产量80%左右。安徽又是全国7个粮食净调出的粮食主产省之一。中央一系列强有力的惠农政策，特别是安徽持续大力推进"小麦高产攻关活动"、"水稻提升行动"、"玉米振兴计划"，使全省粮食综合生产能力和生产水平大幅提升。2009年粮食作物种植面积6605.6千公顷，比上年扩大44.5千公顷，其中优质专用小麦面积1766.5千公顷，扩大95.6千公顷。油料种植面积968.8千公顷。全年粮食总产量再创新高，2009年在遭遇50年一遇特大干旱情况下,全年粮食产量3069.9万吨，比上年增加46.6万吨，连续6年丰收、4年连创新高。油料产量240.3万吨，增长5.4%。粮食作物优质率达到76%，其中水稻优质率达到68%。

安徽历来高度重视粮油加工业的发展，强力推进粮食产业化，加速由粮食加工大省向粮食产业强省转变。2009年度全省入统粮油加工业770个，稻谷加工能力1868.6万吨、小麦加工能力1035.7万吨、玉米加工能力206.9万吨,油料处理能力334万吨。2009年全省粮食加工总产量1371.2万吨，油脂加工总产量90.2万吨，实现工业总产值637.8亿元，实现利润16.3亿元，综合经济指标居全国前列。拥有粮食类国家农业产业化龙头企业12家，全国名牌产品8个,安徽省名牌产品74个。

安徽省国有粮食购销企业现有总有效仓容1397万吨(不含中储粮安徽分公司、中粮集团)，其中5万吨以上的粮库31个，仓容215万吨，具备环流薰蒸条件仓容633万吨，95%的仓容实现了机械通风。全省粮库拥有地中衡、清理筛、输送机等保粮设备9681台(套)，烘干能力11609吨/小时。拥有铁路专用线21条，专用码头16个，总吨位1.5万吨。

2009年底，安徽省国有粮食系统机构数1060个(行政单位 97个，事业单位81个，企业单位882个)。全省粮食系统现有在岗职工26550人，其中粮食购销企业在岗职工21620人，同比减少了112人。

2009年粮食工作

2009年是安徽省粮食工作不寻常的一年，也是取得不平凡成绩的一年。全省各级粮食部门以科学发展观为统领，以扎实推进"市县储备粮落实年"、"粮食产业提升年"和"物流设施建设年"等主题活动为抓手，主动作为，危中奋进，攻坚克难，难中攀高，全省粮食工作荣获省委省政府和国家粮食局等七项大奖，呈现亮点频出、充满生机、富有活力的强劲发展势头，经济效益连续4年位居全国粮食系统前列，为全省经济社会发展作出了积极贡献。

一 严格落实中央惠农政策，种粮农民增产增收水平进一步提高

2009年是安徽省启动托市收购品种最多、收购任务最重的一年。全省各级粮食部门以高度责任感严格执行收购政策，饱含感情倾力优化收购服务，主动创新积极拓展收购方式，严明纪律依法规范收购监管，全省没有出现"打白条"和"卖粮难"现象，收购工作实现了政府、农民双满意。全省累计从生产者购进粮食1565万吨，其中国有粮食企业按最低收购价收购粮食710万吨，收购临时存储油菜籽88万吨，小麦和油菜籽托市收购量分别位居全国第二和第三位。滁州、阜阳收购量突破130万吨和85万吨，居全省前列。全省种粮农民因增产、优质和价格因素增加收入近20亿元。特别值得一提的是省粮食局主动参与粮食生产"三大行动"，有力促进了全省粮食综合生产能力提高，被省政府授予全省粮食生产"三大行动"先进单位。

二 圆满完成粮食清仓查库工作，粮食库存管理进一步规范

安徽省粮食部门把清仓查库作为2009年的头等大事，根据国家和省统一部署，举全省之力，坚持"有仓必到、有粮必查、有账必核、查必彻底"的原则，圆满完成了各个阶段的工作。全省出动1.5万余人，清查库点2353个，清查各类粮食达1185万吨。通过清查，全省粮食库存账实相符，质量良好，库贷合理，管理规范，储存安全。部际联席会议牵头人、国家发展改革委副主任张晓强在皖抽查时认定: 安徽清仓查库领导高度重视、工作认真扎实、检查结果可信。省粮食局、六安市、肥西县粮食局荣获"全国粮食清仓查库先进单位"称号， 7位同志被评为先进个人。清查结束后省粮食局及时制发了《关于进一步加强粮食库存管理的通知》，着力构建依法管粮的长效机制。通过清仓查库，既摸清了库存家底，又检验了行业管理水平，更展示了行业时代风采。

三 强力推进地方储备粮落实，宏观调控能力进一步增强

通过核定储备粮油规模，召开"市县储备粮落实年"活动推进大会，同时，省政府组织粮食、财政和农业发展银行开展专项督查，全省新增到位市县级储备粮14.5万吨，累计完成省下达规模的92%，比上年增加21个百分点；轮换省级储备粮16万吨，新增油脂储备1万吨；合肥、淮北、淮南、蚌埠、马鞍山、芜湖、六安、安庆、巢湖、宣城、黄山、池州、铜陵等13个市建立了成品粮储备，滁

州等11个市建立了成品油储备，实现历史性突破。安徽粮食批发交易市场进一步彰显宏观调控中的“稳盘”作用，2009年度竞价销售政策性粮食4674万吨，成交额846亿元，被中央电视台等主流媒体高密度报道，并在全国粮食局长会上作典型发言，反响强烈。以省市联动的方式成功举办安徽省Ⅱ级粮食应急预案实战演练,开创全国主产省粮食应急演练先河，得到国家粮食局等相关部门充分肯定。坚持“数量足、质量好、服务优”原则，军粮综合保障能力和水平进一步提高。创新粮食产销长期合作新机制、新方式，2009年全省地方粮食企业销往省外粮食达540万吨，购销总量居全国前列。

四 坚持推进发展保增长，粮食产业化经营实力进一步壮大

强力推进“粮食产业提升年”主题活动，争取省政府出台了《关于加快推进粮食产业化发展的意见》，重点开展了一批主题对接，加快建设了一批精深项目，扶持培育了一批骨干龙头企业，打造提升了一批知名品牌，粮食产业经济在金融危机中逆市飘红，发展强劲。2009年全省入统企业粮油加工产品产量达1557万吨，创历史新高，销售收入首次突破600亿元，达到678亿元，同比增长40%；利税总额达到21.55亿元，同比增长59%；粮油加工产量、销售收入、利税等均居全国前列。粮食产业化“518”提升工程取得实质性进展，粮油类国家级和省级龙头企业分别为12个和123个，销售收入超过50亿元、10亿元和5亿元的龙头企业分别新增1家、3家和7家。引导龙头企业参与农村耕地流转，全省有83家粮食龙头企业直接参与耕地流转5.5万多公顷，优质粮油基地建设规模扩大到81.1万公顷，粮食订单面积236.8万公顷，较上年增加11.3万公顷，订单品种优质率达到90%。在省财政厅的大力支持下，安排1800万元扶持资金，重点支持65家龙头企业产业升级，750万元专项资金，扶持23家中、小粮油加工企业技术改造，关键时刻提振了企业信心；牵头开展银企、科企等五大对接，签订协议贷款20.06亿元，对接科研新成果25项，得到省委、省政府领导充分肯定。大力推进与央企战略合作，成功承办全国粮食行业大企业年会，在南京举办的新中国成立60年粮食成就展上安徽形象大放光彩，省粮食局组织参加合肥、上海、长春三大农业交易会，被省政府授予三大农业交易会组织工作先进单位。品牌建设再上台阶。丰大的面条、新锦丰的方便面注册商标荣获“中国驰名商标”称号，填补了全省粮油工业史上空白。另外，新评安徽著名商标30个，安徽名牌7个。市场拓展能力不断增强，城市连锁店和农村服务社分别发展到2464、2801家，销售收入同比增长13%。行业组织化程度不断提升，农民专业合作组织发展到297家，安徽省粮食行业协会再度荣获全国唯一粮字号先进协会称号。

五 持续加大园区建设攻坚力度，现代粮食产业发展空间进一步拓展

积极跟进中央扩大内需等优惠政策，主动攻坚，果断施策，特别获得财政支持资金补助1777万元，重点扶持19个园区项目，产业园区建设如火如荼。全省建成和在建的园区81个，总占地1800公顷，完成投资达38亿元，同比增长24%，其中无为、黟县等32个园区建成并完善配套功能，霍邱、怀宁等28个园区一期主体工程竣工投入使用，占在建园区74%，同比增加13%。金安、桐城等6个粮食产业园区被授予首批全省示范园区。全省有50个粮食产业园区列入省“861”行动计划重点建设项目，同比增加了21个，省粮食局被省政府授予全省“861”行动计划重点项目建设先进单位。现代仓储物流建设方兴未艾，国家1100万元资金补助的阜南、太湖、芜湖县粮食物流项目正式建成投入运营。由安徽粮食批发市场计划投资2.8亿元的安徽现代粮食物流中心库正式开工兴建；已申报的一批在建和即将开工建设的仓储、油脂、物流项目有望获得国家近亿元补助；粮食“四散”装备进一步

改善，散运量比例同比增长17%。首次争取国家专项补助292万元，落实第四期新农村科学储粮示范户2.5万户，同比增加25%，得到国家粮食局领导的肯定并在全国推广。国有粮食企业累计投资8.8亿元，新扩建粮库82个，已竣工51个，新增仓容134万吨；新建油罐项目22个，竣工16个，新增罐容21万吨，大大提升了安徽省粮油收储条件。

六 始终坚持依法行政，粮食流通监管力度明显加强

围绕《粮食流通管理条例》颁布实施五周年，通过组织开展“5·26”粮食法规宣传和科技活动周，参与省委宣传部组织的“2009江淮普法行”等活动，广泛宣传粮食法律法规，扩大粮食法规社会认同度。省粮食局荣获“全省学法用法示范机关”称号。加强粮食行政执法队伍建设，继续开展粮食流通监督检查行政执法培训，全省共有877人持有有效粮食监督检查证，基本能满足粮食流通监督检查工作需要；完善监督检查工作制度，继续推行粮食流通监督检查联席会议制度和信用分类监管制度；不断创新监管方式，不断推进行政执法制度化、规范化、程序化、常态化，制定出台安徽粮食流通监督检查实施细则，行政执法人员行业规范，提升粮食行政执法水平。依法组织开展了专项监督检查，全省检查各类粮食企业和经营户1.36万户次，责令纠正1151例，警告处罚149例，罚款11.2万元。省局直接查处违法违规案10件。

七 紧盯产权制度改革不放松，粮食企业综合竞争力进一步提升

注重总结成功经验，适时召开国有粮食企业改革和经营管理座谈会，积极推广霍邱、明光、金安等改革模式，抓住改革的关键环节和重点领域，坚持把推进国有企业产权制度改革与消化不良贷款有机结合起来，通过资产重组、股份制改造、出售转让和联合经营等方式，采取依法破产、关闭注销和法院起诉等办法，化解历史包袱。2009年依法核销企业经营性挂账18.18亿元，累计核销达到27.49亿元。全力推进经营要素向优势骨干企业集聚，国有粮食购销企业个数由2008年的809家重组为754家。紧紧抓住托市收购利好政策，积极开拓市场化经营，着力完善各项经营管理制度，建立健全绩效考核和责任追究制度，国有粮食企业经济效益稳中有升。全省17个市全部实现盈利，国有粮食购销企业利润达到1.22亿元，比上年增长3%，连续3年实现利润超亿元，盈利水平位居全国前列，肥东、淮北市区、颍东、凤阳、南谯、颍上、蒙城、裕安、定远、寿县等10个县（区）获得全省综合经济效益考核前10名。

八 深入推进学习实践科学发展观活动，粮食行业发展环境进一步优化

紧密结合行业特点，扎实开展学习实践科学发展观活动，着力解决发展中的突出问题，不断增强科学发展的能力和水平，省粮食局学习实践活动群众评议满意度达100%。积极推进粮食工作向依法管理和依法运行转变，加大粮食行政执法力度，强化市场监管，维护良好的流通秩序。加强粮油质量监测，“放心粮油”覆盖面不断拓宽。加强“安徽粮食政务网”功能建设，政务公开和信息化建设力度不断加大。省粮食局政务信息工作被国家粮食局和省委、省政府评为先进单位。坚定不移把效能建设向处室延伸，向基层拓展，机关效能、行业形象不断提升。高度重视粮食系统干部教育培训，省粮食局及时举办市县粮食局长、粮食业务等8期培训班，培训1690人次。加大职业技能鉴定及培训力

度，开展岗位练兵和职业技能竞赛活动，职工队伍素质有了新的提高。深入持久开展“反腐败、反违规、反造假”活动，全面推行全省国有粮食企业领导干部廉洁从业承诺书等5项制度，以廉政手册、廉政格言、廉文荐读、廉政短信、廉政书柜等途径大力推进廉政文化建设，全省粮食行业党风廉政建设成效显著。2009年省粮食局还被授予全省爱国拥军模范单位和扶贫工作先进单位称号。

◆ 安徽省粮食局领导班子成员

孙良龙　　党组书记、局长
刘　惠　　党组成员、副局长
戴绍勤　　党组成员、副局长
谢胜权　　党组成员、副局长
王用华　　党组成员、驻局纪检组长
刘伯林　　副巡视员

2009年3月1日，安徽省召开全省粮食暨清仓查库工作会议。

2009年5月24日，国家发展改革委副主任张晓强到安徽检查粮食清仓查库工作。

2009年7月20日，安徽省粮食局、农发行安徽省分行召开全省粮食产业化银企合作会议。

2009年9月10日，安徽省二级粮食突发事件应急演练观摩现场。

福建省粮食工作

基本情况

福建省地处东南沿海，与台湾隔海相望，全省陆地面积12.4万平方公里，海域面积13.6万平方公里，总人口3627万。福建是个多山的省份，丘陵和山地占全省总面积的80%以上，有“八山一水一分田”之称，人均耕地面积不及全国人均耕地面积一半的水平，是我国粮食主销省之一。2009年全省粮食种植面积123.1万公顷，比上年增加2.1万公顷，粮食总产量666.9万吨，比上年增加14.6万吨，其中：小麦1.1万吨、早籼稻125.5万吨、中晚籼稻389.8万吨、玉米14.6万吨、大豆14.1万吨、薯类及其他121.8万吨。2009年度全省粮食企业购进经营量1312万吨，比上年增加129.5万吨；全省粮食企业销售经营量1257.4万吨，比上年增加180.3万吨。2009年度全省从港口、码头、铁路渠道调入的粮食共982万吨，其中进口282.7万吨；销往省外粮食14.4万吨，其中出口1.9万吨。

截至2009年末，全省共有国有粮食企业492家，企业从业人员7129人。全省共有粮食仓储企业745家，仓容总量640.2万吨，比上年增加42.2万吨，其中国有粮食仓储企业库区1002家，仓容472.4万吨，比上年增加37.3万吨，占全社会总仓容的80%。全省食用油罐仓容37.4万吨；铁路专用线14565米；专用码头泊位11个，总吨位40万吨。

2009年粮食工作

一 充实政府储备，加快仓储设施建设，提高了粮食宏观调控能力

（一）全面落实新增地方储备油规模

根据国家发展改革委、粮食局等四部委下发《关于下达食用植物油地方储备规模指导性计划的通知》精神，全省新增食用油地方储备1.65万吨，其中省级1.35万吨、福州市0.3万吨，并于2009年底前全部入库到位。

（二）全力以赴推进粮食储备库建设

按照省政府确定的“三年建库，十年无忧”的目标，依靠发展改革委、财政、建设、国土等部门支持，克服困难，积极组织扎实推进新（扩）建省级粮库工作。一年来完成了库区选址及土地征用工作，按照省政府重点项目管理要求和招投标、代建制规定，实行全程代建和部分施工代建，已完成43万吨粮库代建招标，松下、长安、晋江、安溪库的施工图审查和监理招标，长汀、南安库地质勘探和

初步设计等前期工作。省储库点的7万吨仓容扩建与50万吨旧仓容的功能提升和技术改造的方案已确定并送审。在市县粮库建设方面，主要做好建设指导和进度跟踪，指导市县规划建设与本级储备规模相匹配的、符合现代储粮新技术要求的中心粮库，同时，安排省级资金4000万元扶持市县粮库建设。各级粮食部门在当地政府的重视支持下，多渠道争取资金，整合资产退城进郊，有力推进市县储备粮库建设，仓储设施条件有了明显改善。2009年，全省粮库新扩建和维修年度总投资39842.3万元，新竣工仓容35万吨。

（三）落实国务院粮食清仓查库工作，切实加强储备管理

2009年，在组织开展好每年春秋两季粮油安全大普查的基础上，按照国务院和省政府的要求，加强组织领导，周密计划部署，扎实有序地推进粮食清仓查库工作，通过准备、自查、普查、复查以及整改各阶段，按时保质保量全面完成了全省粮食清仓查库各项工作任务。全省共有7836人次参与粮食清仓查库工作，清查库点734个，对54个重点非国有粮食经营企业及转化用粮企业进行了典型调查。同时，全省共邀请了233位人大代表、政协委员参与各级清查监督工作，提高了清查工作的透明度和清查结果的公信度。从清查结果看，全省清查工作政策执行到位，完成质量较高，检查结果真实可靠；储备粮做到“一符、三专、四落实”，全省粮情稳定，粮食库存数量账实相符、质量良好、管理比较规范，得到国家有关部委和省政府的充分肯定。省粮食局和福州市粮食局被国家粮食局授予2009年全国粮食清仓查库工作先进单位称号，漳州市粮食局林熙熙等6位同志被授予2009年全国粮食清仓查库工作先进个人称号。为总结经验，促进工作，对46个2009年全省粮食清仓查库工作先进单位和130位先进个人进行了表彰。

二　认真落实惠农政策，抓好储备订单收购，确保各级政府掌握一定的粮源

根据国务院对农业实行综合补贴政策，适时向省政府建议，适当提高全省订单补贴标准。经省政府批准，2009年省级储备订单补贴标准由2008年的5元/50公斤提高到10元/50公斤，早稻和中晚稻最低收购价由2008年的77元/50公斤、79元/50百斤分别提高到90元/50公斤、92元/50公斤，进一步调动了农民种粮积极性，确保了政府宏观调控粮源。在粮食收购过程中，各级粮食部门认真贯彻执行储备订单粮食收购直接补贴政策以及最低收购价政策，坚持公开、公平、公正的原则，与地方（乡、镇）政府一道将订单分解落实到种粮农户；继续开展收购创优活动，及时足额兑现补贴款；针对三明市等省内产区反映市场收购价格一度跌破政府最低收购价情况，省粮食局抽调人员并邀请省财政厅、省物价局参加，组成调查组开展中晚稻收购市场调研，在充分了解收购情况和市场价格的基础上，商财政、物价、农业等部门及时启动最低收购价执行预案，全省有 23个县（市、区）启动了预案，共按订单收购各级储备中晚稻22.2万吨，确保了中央和全省各项粮食惠农政策落实到位，保护了种粮农民利益。2009年省内各级共签订储备42.5万吨粮食收购订单，其中：省级30万吨，市、县级12.5万吨储备粮已全部收购到位。

三　加强产销协作，完善应急机制，确保了全省粮食市场和价格基本稳定

（一）巩固、发展粮食产销协作，增加入闽粮源

在举办省内产销区粮食购销协作洽谈会的基础上，继续办好全省与省外主产区的产销协作会。

2009年在厦门举办第五届七省粮洽会，共签订粮食购销合同、协议606万吨，比2008年增加50多万吨。同时，根据国家采购调运东北粳稻（含粳米）补贴政策，积极组织全省各类粮食经营企业到东北三省洽谈合作，2008年11月至2009年4月，全省共采购调运东北粳稻（含粳米）43万吨，省内粮食经营企业共获得中央运费补贴1.1亿元。

（二）推进粮食批发市场建设，搞活粮食流通

按照地方政府投资为主，多元经济介入的格局，开展粮食边界边贸市场调研，加强对粮食批发市场分类指导，协同有关市县积极推进粮食批发市场建设。福州粮食批发市场、泉州·中国粮食城、漳州浦口粮食交易市场、龙岩闽西粮油饲料城等4个省级粮食批发市场和三明、南平2个区域性粮食批发市场以及福鼎闽浙粮食边贸批发市场均如期完成当年建设任务。至2009年12月，全省粮食批发市场新增投资6500万元，累计完成投资14.3亿元，各级粮食批发市场吸纳各种经济成分的企业1593家，交易量达到650万吨，交易金额130亿元。

（三）坚持以兵为本，确保军粮供应

按照国家粮食局、总后勤部的要求，2009年继续采取统一采购、统一配送的办法，组织供应“三无”岛屿免洗米和营养强化小麦粉，保质保量做好部队日常、演练和抢险救灾应急军粮供应。进一步完善军供保密和质检制度，配备售粮POS机防护罩，强化了军粮“一批一检一报告”等制度落实情况检查，树立军供站长军粮质量第一责任人意识，规范军粮价差补贴款的拨付、使用和管理。从检查执行结果和与部队座谈情况看，全省军供工作基本做到粮油供应品质良好，服务措施周到细致，财务管理与结算严格执行财经纪律，受到国家粮食局和驻闽部队的肯定。

（四）不断完善应急机制，确保市场稳定

2009年，因各成员单位人员调整变动较大，省粮食局对粮食安全应急指挥部各成员单位及其联络员名单进行了重新核实、确认，结合当前形势和全省实际，修订各成员单位应急工作实施办法，调整充实人员，明确责任义务。结合北方降雪，贯彻落实国家粮食局《关于做好强降雪期间粮食供应和安全生产工作的紧急通知》和《关于做好当前粮油购销和市场供应工作的通知》精神，做好应对各类突发事件的调控预案，采取积极措施，加强货源组织，做好粮油调运和调配工作，确保市场供应不断档、不脱销，确保粮食市场稳定。认真做好全省社会粮食流通统计、粮油工业统计、流通基础设施统计、粮油供需平衡调查分析等各项统计工作，在加强粮食市场和行情监测预警的基础上，做好骨干粮食加工企业、骨干粮店的年检和审核确认工作，稳固已形成的应急加工和供应网络。2009年，全省确定骨干粮店242家，骨干粮食加工企业119家。

四 深化粮食企业改革，加强横向联合，推进了粮食产业不断发展

（一）推进粮食企业产权制度改革

按照国家和省政府关于进一步深化粮食流通体制改革的指导意见，各地通过股份改制、兼并重组、拍卖、承包、租赁等多种形式的改革，进一步优化了产权结构。至2009年12月，全省共有584家企业实施了改革。通过改革，重新组建国有和国有控股粮食企业471家。其中：国有粮食购销企业251家，附营企业220家。

（二）加强横向联合，推进粮食产业化经营

按照国家《关于加强合作支持现代粮食流通产业发展的通知》精神，2009年推荐42家骨干粮食

企业作为重点扶持对象，争取农业发展银行贷款89430万元。科技部中小企业技术服务项目“福建省粮油深加工工程技术研究中心”通过验收，为全省粮油加工企业成果转化、技术提升搭建了平台。同时，引导粮食企业通过“引种带订单、公司加农户、示范促发展”的方式，加强粮食主产区和主销区的横向联合，省政府拨出30万元专项资金奖励产业化经营取得显著成效的企业，鼓励企业到产区办工厂、建基地，开展跨省粮食产业化经营，延伸产业链。各级粮食部门培育出了粮食产业化龙头企业45家，通过引种带订单等方式，建立省内外优质粮食生产基地20多万公顷，带动农户70万户，落实粮食收购订单150多万吨。

五 转变行政管理职能，推进粮食依法行政，有效维护了粮食市场流通秩序

（一）切实履行粮食流通监督职责

各级粮食部门认真履行粮食流通监督职责，积极开展对粮食经营者从事粮食收购、储存、运输活动和政策性用粮的购销活动以及执行国家粮食流通统计制度情况的监督检查，开展大米不规范包装整治工作，维护了粮食市场正常秩序。2009年全省共对各类粮食经营企业及相关单位进行2692次检查，行政处罚案件总数84例，其中责令改正次数76例，警告5例，罚款2例，取消粮食收购资格1例；移交其他部门处理40例。同时，抓好粮食质量监测体系建设，认真开展粮油产品质量、卫生检查，加强粮食收购、储存等环节和政策性用粮的质量监管。省级财政投入500万元，补助检测机构更新、配置粮食检验专用仪器设备，省市两级已基本具备重金属与农药残留检测能力，为粮食质量安全监管提供了有力的技术支撑。2009年全省共抽查原粮、成品粮油11024批次，从检测结果看，总体质量水平良好。

（二）加强制度建设，持续推进粮食依法行政

认真落实粮食系统“五五”普法工作规划，组织开展粮油“科技活动周”活动，在加大《粮食流通管理条例》宣传，引导科学消费植物油，提高社会对《粮食流通管理条例》的认知程度基础上，加强了行政执法的制度建设，出台《福建省粮食流通监督检查工作考评暂行办法》，补充完善《福建省实施〈粮食流通管理条例〉办法》并重新上报省政府，进一步规范行政执法行为和粮油市场主体经营行为。同时，认真做好粮食行政审批工作和全省中央储备粮代储资格认定工作。2009年，全省有929家企业取得粮食收购资格，有26家粮食类企业和2家油脂类企业取得中央储备粮代储资格，粮食类资格仓容83.4万吨，油脂类资格仓容1.5万吨。

（三）加强党风廉政建设和队伍建设，提高行政效能

按照省委的统一部署，认真抓好深入学习实践科学发展观活动整改落实阶段和“回头看”工作，11个“马上着手解决的实际问题”和“近期着手解决的突出问题”已逐步解决。召开全省粮食系统机关党的建设“三级联创”活动研讨会，以贯彻十七届四中全会精神为重点，加强系统带动，促进上下联动，推进党建工作。强化党风廉政教育，以开展粮库建设、储备粮轮换、订单收购、小金库治理等工作的监督检查为重点，落实党风廉政责任，推进党风廉政建设。结合学习《国务院关于支持福建省加快建设海峡西岸经济区的若干意见》和省里《实施意见》，认真开展专题研讨，不断更新观念，拓展思路，找准定位，结合粮食工作实际谋发展。针对县级机构人员变化变大，采取一次性对46个县的60位正、副局长进行了综合业务培训，分期开展了全省仓储、检验、财会、统计人员业务培训，举办了第二届全省粮食行业职业技能大赛，切实从各层面各岗位入手，提高履职能力，进一步提高粮食系统整体素质。

◆ 福建省粮食局领导班子成员

黄希敏（女）	党组书记、局长
黄恩盛	党组成员、纪检组长
徐桂春	党组成员、副局长
冯利辉	党组成员、副局长

2009年7月1日，福建省省长黄小晶（左一）到省粮食局调研。

2009年6月4日，福建省省委副书记于广洲（右一）到省粮食局调研。

2009年3月25日，福建省副省长张昌平（前排中）在全国粮食清仓查库动员电视电话会议上发言。

2009年4月22日，福建省粮食局局长黄希敏（左三）到东郊粮库检查。

江西省粮食工作

基本情况

江西省是全国13个粮食主产省之一，全省土地总面积16.69万平方公里，其中耕地面积282.67万公顷。全省总人口4432.16万，其中农业人口3415.75万。江西农业资源丰富，生态优势明显，森林覆盖率高达60.05%，居全国第二。境内鄱阳湖是中国最大的淡水湖，全球最大的候鸟栖息地。优良的生态环境孕育了优质的粮食品种，江西大米质白如玉，鲜嫩爽口，粮食产业成为全省名副其实的优势产业和支柱产业。从2004年起，在国家一系列惠农强农政策激励下，全省粮食生产实现了历史性突破。在2004年增产350万吨、2005年增产50万吨、2006年增产42.5万吨、2007年增产7.5万吨、2008年增产54万吨的基础上，2009年全省积极实施新增百亿斤粮规划，大力开展粮食高产创建活动，全省粮食播种面积360.46万公顷，总产2002.5万吨，增产44.5万吨，增幅2.3%，粮食总产量连续六年创历史新高，是新中国成立以来第一次提前一年完成“十一五”目标，六年累计增加粮食总量2700万吨。近年来，江西培育出了金佳大米、玉珠大米、万年贡米、春丝面条、会昌和南城麻姑米粉等著名的粮食品牌及粮食制品，形成了中粮（江西）米业、江西省粮油集团、江西金佳谷物、百乐米业、金土地集团、金农米业、圣牛米业等一批大型粮食加工龙头企业集群。

2009年粮食工作

受全球金融危机影响，2009年是我国经济发展最为困难的一年，粮食工作也同样面临着巨大压力与挑战。为有效应对金融危机，保持全省粮食经济平稳较快发展，全省粮食工作紧紧围绕“保发展、保民生、保稳定”这一主线，认真贯彻落实省委省政府和国家粮食局统一工作部署，深化改革，加快发展，服务“三农”，较好地完成了各项目标任务，全省粮食工作取得新成效，呈现平稳发展的良好态势。

一 全面落实好粮食最低收购价政策，促进了种粮农民增产增收

面对粮食连年丰收的喜人局面，为保证农民增产增收，全省各级粮食部门精心安排、周密部署，

倾心服务"三农"，认真执行国家粮食政策，全力做好粮食收购工作。

一是加强了对粮食市场形势的分析研判。省粮食局对2009年粮食市场进行了科学分析，得出市场粮价下行压力大于上行压力、极有可能要启动最低收购价执行预案的结论，并根据这一分析结果提前进行收购准备工作。在早稻和中晚稻上市之前，又分别召开设区市粮食局长和调控工作座谈会，专门为做好粮食收购工作分析市场形势，统一思想认识，要求各地准确把握粮食市场价格走势，指导企业做好粮食最低收购价预案启动准备。

二是协调有关部门启动了早稻和中晚稻最低收购价预案，保证了国家粮食收购政策在江西的贯彻落实，保证了全省粮食收购工作的顺利进行。为方便农民售粮，省粮食局还多次与中储粮江西分公司进行协调，争取多设委托收储库点。全省共确定早稻最低收购价委托库点810个、中晚稻最低收购价委托库点889个，基本满足了农民售粮需要。

三是指导各地认真做好收购优质服务。各级粮食部门切实加强对粮食最低收购价政策宣传，各粮食收购网点做到收购政策上墙、粮食样品上台，完善服务措施，提供便民利民服务，方便农民售粮，充分发挥了国有粮食购销企业的主渠道作用。同时认真做好国家油菜籽临时收购和全省用粮企业到东北地区采购2009年新产玉米工作。

四是引导和鼓励各类收购主体积极入市收购，活跃粮食流通，全年全省非国有粮食企业的收购量同比增加，成为粮食收购市场的重要力量。

2009年全省共收购粮食730.45万吨，比上年同期增加31.85万吨，收购量创近几年之最。国有粮食企业收购454.3万吨，占全社会收购量的62%，其中国家临时储存和最低收购价粮280.5万吨，占国有粮食企业收购总量的61.7%。

二　强化宏观调控，保障了粮食市场供应与价格基本稳定

一是继续完善地方粮食储备体系。国家确定的江西省地方储备规模逐步落实，其中省级储备到位率76%；市县级储备到位率61%。同时省局加强了省级储备粮管理，对轮入的省级储备粮库存数量和储存质量指标进行了全面检查。结果表明各地对省级储备粮管理比较重视，保管良好，所有省级储备粮库存数量真实，管理规范，质量指标综合判定合格率达96.1%，宜存率达98.8%。对个别地方省级储备粮储存中存在的问题及时进行了通报并督导整改。

二是进一步完善粮食应急预案。全省进一步完善了粮食应急预案，充实了承担应急响应的重点粮食加工、供应企业共129个。抚州市加强对应急储存、加工、供应企业的业务指导和检查，与重点应急企业签订了应急响应协议书并授权挂牌。赣州市采取市政府应急信息动态交流平台通报和提请市政府督办等多种形式，抓好粮食应急体系建设，组织开展了粮食应急演练。

三是做好军粮供应管理工作，进一步完善军粮供应管理制度，军粮供应保障能力稳步提高。

四是大力推进粮食产销协作。成功举办2009中国优质稻米交易会暨夏季稻米市场形势分析会，组织省内企业参加福建、浙江等省粮食经贸洽谈会。上饶市组织开展多场区域产销协作洽谈会，搭建产销对接平台。南昌市大力开展粮油配送服务，继续推进"放心粮油进社区、进校园、进农村"活动。2009年全省销售粮食750多万吨，其中国有粮食企业销售325万吨。省内粮食市场价格与供应稳定运行。

三 加强粮食流通基础设施建设，推进了现代粮食流通产业发展

一是做好粮食仓储设施建设。争取国家和省财政资金4540万元，各地各企业还自筹了部分资金用于新建（扩建）和修缮仓储设施，粮食仓储装备水平进一步提高。奉新县自筹资金500多万元开展仓储基础设施维修改造，规范仓储管理活动，宜春市召开现场经验交流会重点推介该县做法。

二是积极争取国家扩大内需政策支持，向国家有关部门申报粮食仓储、物流设施及食用油库等粮食流通基础设施项目27个，项目总概算14.2亿元。

三是加快市场体系建设。利用早籼稻期货上市之机，省粮油集团瑞奇期货公司为企业提供期货知识辅导，开展套期保值服务，为完善粮食市场体系作出了积极努力。省粮油批发市场开展与南方（九江）粮食交易市场资源与功能整合，推广电子商务交易，全省已设立7个分市场，提升了市场整体功能。全省具有一定规模和影响的粮食批发市场20余家，呈现出粮食现货、期货和批发、零售市场共同发展的局面，市场体系进一步完善。

四 深化国有粮食企业改革，提高了国有粮食企业经营效益

一是积极谋划国有粮食企业改革思路。为进一步深化国有粮食企业改革，省粮食局与省委政研室、省财政厅、省农发行等单位联合开展改革调研，并向省委省政府提交了有情况、有分析、有思路的调研报告。

二是确定了奉新、都昌县作为国有粮食企业“三位一体”改革试点县，鼓励大胆尝试，为全省国有粮食企业改革创造新鲜经验。

三是广泛开展国有粮食企业改革实践。据统计，全省国有粮食企业已经实行改制的企业达1000家，占全省国有粮食企业总数的77%。部分国有粮食企业继续完成职工身份置换补偿工作，截至2009年底，全省国有粮食企业身份置换人员数达到80%以上。新余市积极争取市委市政府支持，以项目建设为抓手，全力推动市局直属国有粮食企业改革，“六大项目”工程建设进展顺利。九江、景德镇、鹰潭等地加大了市直国有粮食企业改制工作力度，全面启动、平稳推进了市局直属国有粮食企业改制工作。

四是大力推进粮食产业化经营。全省已有国家、省、市级粮食产业化龙头企业215家，其中加工型龙头企业194家。全省粮食加工企业年稻谷加工能力达543万吨，加工能力和经营效益均居全国前列。省粮油集团加快资产重组与资源整合，先后组建了吉安、安福、永新等分公司，金佳谷物公司二期的稻壳发电已经点火，淀粉糖综合利用项目建设进展顺利。宜春市积极探索以“粮源基地，订单收购，龙头企业带动一体化”为主要内容的粮食产业化经营模式，全市共组建粮食生产合作社300多个。会昌县做强做大米粉产业，完善加工工艺，开发适销对路新产品，2009年米粉年产量将达到5万吨，成为名副其实的“中国米粉之乡”。都昌县积极延伸产业链，购置农业机械为农民提供从播种到收购全程服务，并建设集粮食收购、储备、加工、贸易与质量检测为一体的粮食物流中心。

五是指导国有粮食企业通过完善目标考核责任制和奖惩制度，推进机制创新和制度创新，进一步提高了国有粮食企业经营管理工作水平，国有粮食企业盈利面达98%，全行业实现统算盈利7100多万元，盈利额居全国前列，创近年来盈利最好水平，这也是全省国有粮食企业自2006年粮改以来的连续四年全行业统算盈利。

五 强化粮食流通监管，粮食依法行政能力和服务水平进一步提高

一是加强依法行政制度建设。2008年省粮食局与省政府法制办公室联合开展了《江西省省级储备粮管理办法》的立法调研，该办法经数十次易稿，2009年正式提交省政府常务会议讨论并批准实施。今后省储备粮将依法进行管理。

二是认真组织开展了2009年粮食清仓查库工作。全省各级粮食部门按照“在地管理”原则，科学制定工作方案，坚持“有仓必到、有粮必查”，顺利完成了清查工作。据统计，全省直接参与清查工作的人员达6122人，清查库点1275个，清查粮食823万吨。清查认定，全省粮食库存数量、品种、性质情况基本真实，粮食库存账实、账账基本相符，库存粮食质量和原粮卫生符合规定，储存安全。

三是开展清理行政审批事项活动。省粮食局暂停陈化粮购买资格行政许可项目，保留粮食收购资格、军粮供应资格行政许可项目。

四是开展规范行政执法行为活动。就行政执法主体资格、行政执法人员、行政执法依据、规范行政执法程序和规范行政处罚自由裁量权等粮食行政执法行为8个方面工作重点进行清理和规范。通过清理，全省取消未在岗粮食行政执法人员资格56人。

五是依法开展了粮食收购资格、建立粮食经营台账和执行粮食流通统计制度及执行粮食政策情况专项监督检查。全省共开展执法检查2580起，有效维护了粮食流通秩序。

六是加强粮食市场质量监测。进一步完善了粮食质量监测体系建设，全省纳入国家粮食质量监测体系的机构已达14家，完成了全省原粮卫生监测、品质测报等工作。

六 加强党的建设、廉政建设、作风建设和干部职工队伍建设，粮食行业形象和整体素质进一步提高

一是各地开展了深入学习实践科学发展观活动。各级粮食行政管理部门学习科学发展、服务科学发展、把握发展大局、加快发展的责任意识进一步增强，领导和促进科学发展能力进一步提高。

二是落实党风廉政建设工作责任制。按照系统抓、抓系统要求，整体推进全系统党风廉政建设，全行业党风政风进一步好转。

三是组织开展机关效能年建设活动，加强干部队伍建设。各级粮食行政管理部门建立、完善内部工作制度，规范机关工作规则，落实首问负责制、限时办结制和责任追究制度及便民高效要求。省粮食局结合开展清理行政审批事项活动，精简了审批程序，将审批时限由原来的15天或20天全部缩短为5天，干部职工工作作风进一步好转。抓好职工教育培训和技能人才培养，推进职业技能鉴定工作，全年开展教育培训1710多人次，干部职工队伍整体素质进一步提高。

四是组织了一系列的活动，展示粮食系统改革发展的成就和精神风貌，举办了庆祝新中国成立60周年系列活动，组织企业参加粮油精品展，开展《粮食流通条例》颁布五周年、世界粮食日、爱粮节粮周等宣传活动。

七 坚持整体推进，省粮食局直属各单位稳步发展

省粮食局积极争取各有关部门支持，加强局属各企事业单位班子建设，统筹改革发展稳定工作，充分发挥各自优势，局属各企业事业单位呈现稳步发展的良好局面。省粮油科研所继续坚持以科研和技术服务两条腿走路的指导思想，积极争取上级有关部门支持，努力开拓市场，全所队伍稳定、效益提高、事业发展。2009年底，省编办批准将其调整为全额拨款单位，为今后的顺利发展奠定了良好基础。省粮油质监中心积极配合省粮食局完成了全省粮食清仓查库和省级储备粮检查工作，扎实开展质量调查、品质测报和原粮卫生调查等工作，加强了稻谷、玉米、大豆3个新国家标准的宣传，帮助萍乡、丰城等6个市、县粮油质量监督检验机构通过了国家粮食局组织的国家粮食质量监测网考核。全年共接收检测样品3498批次，创收保持稳步增长。江西工贸学院完成了二期工程近6万平方米房屋建设，改善了学院办学条件。争取中央财政支持，建设数控实训基地和粮食工程专业实训基地，推进示范性高职院校创建和申报工作。积极争取省教育厅支持，及时调整地招生策略，开设多种类别办班，招收新生1942人。省粮油批发市场加快与南方粮食交易市场资源与功能的整合，为“南昌国家粮食交易中心”挂牌作了较充分的准备。认真做好粮油信息服务工作，及时准确地向国家有关部门报送粮油月报和市场价格信息，《中国谷物网》再次入选“中国农业网站100强”。省粮油集团公司稳步推进粮食产业化进程，农业合作社组织发展到55个。抓紧了金佳谷物二期项目建设，采取兼并、租赁和业务合作等多种形式，完成了对安福、永新县国有粮食企业的整合重组，组建了金佳谷物安福购销公司和永新购销公司。全年预计完成销售收入13.8亿元，实现利润1800万元。省储备粮管理公司开展省级储备粮巡查和省级储备粮春秋两季抽查与普查，进一步规范了省储粮的管理；加强省级储备粮信贷资金和财务管理，确保省级储备粮各项资金和费用及时拨付到位。

2009年全省粮食工作取得新成绩，省粮食局、宜春市粮食局、吉安市粮食局、九江市粮食局被评为全国粮食清仓查库工作先进单位，省粮食局连续多年被评为省直机关党的工作优秀单位和省直机关文明单位，并入围第十二届省级文明单位，综治工作也已顺利通过省综治委考核。

◆ 江西省粮食局领导班子成员

熊根泉　　党组书记、局长
刘承芳　　党组成员、副局长
蔡厚勇　　党组成员、纪检组长
邱吉玲（女）　巡视员
路　线　　巡视员

江西省委常委、纪委书记尚勇（左三）在省粮食局局长熊根泉（左二）陪同下视察江西金佳谷物有限公司。

中国粮食行业协会会长白美清（右二），江西省委常委、副省长陈达恒（左二），国家粮食局副局长任正晓（右一），中储粮总公司副总经理刘新江（左一）共同启动2009中国优质稻米（南昌）交易会。

2009中国优质稻米（南昌）交易会暨夏季稻米市场形势分析会会场。

江西省召开全省粮食清仓查库工作动员电视电话动员会议。

山东省粮食工作

基本情况

山东省位于中国东部沿海，地处黄河下游。境域东临海洋，西接大陆，西北与河北接壤，西南与河南交界，南与安徽、江苏毗邻。陆地东西最长约700公里，南北约420公里，总面积15.71万平方公里，约占全国总面积的1.6%。境内地形以平原、丘陵为主，平原、盆地约占全省总面积的64%；山地、丘陵约占34.9%；河流、湖泊占1.1%。山东海岸线全长3024.4公里，占全国的1/6，居第二位。

全省分济南、青岛、淄博、枣庄、东营、烟台、潍坊、济宁、泰安、威海、日照、莱芜、临沂、德州、聊城、滨州、菏泽17个省辖地级市，省会济南市；140个县级行政单位，其中49个市辖区、31个县级市、60个县。2009年末，全省常住人口9470.3万，自然增长率5.62‰。2009年全省实现生产总值33805.3亿元，按可比价格计算，比上年增长11.9%，人均生产总值35796元，增长11.3%；地方财政一般预算收入2198.5亿元，比上年增长12.3%；城镇居民人均可支配收入17811元，比上年增长9.2%，农村居民人均纯收入6119元，增长8.5%。

2009年，全省粮食播种面积7030.1千公顷。粮食连续七年实现增产，总产量达到4316.3万吨，粮食商品率达到61.6%。纳入统计范围的粮食经营企业累计完成商品粮收购3123万吨，销售2410万吨。根据2009年度社会粮食供需平衡调查，全省社会粮食消费总量4255万吨，其中城镇口粮569万吨，农村口粮1137万吨；工业用粮657万吨，种子用粮113万吨，饲料用粮1444万吨。

2009年底，全省纳入统计范围的粮油加工企业1058家。其中：大米加工企业45家，年生产能力91.7万吨；小麦粉加工企业513家，年生产能力2366.8万吨；食用植物油加工企业95家，年油料处理能力1421.6万吨，精炼能力321.8万吨；玉米加工、粮油食品加工、杂粮加工、饲料加工及粮油机械制造等企业405家。

2009年底，全省纳入统计范围的仓储企业951家，比上年增加52家，其中国有企业525家；总仓容2109.7万吨，其中有效仓容1879.4万吨。

2009年粮食工作

2009年，全省粮食市场基本稳定，粮食产业平稳较快发展。17个市国有粮食企业全部实现统算盈利，销售收入273亿元，综合经济效益2.95亿元，分别比上年增长12%和5%，连续五年盈利并实现平稳增长，综合效益保持全国领先。其中聊城、滨州等11个市盈利过千万元，青岛、淄博等13个市购销企业和经营性企业全面盈利。

一 粮食宏观调控体系进一步完善

（一）粮源掌控能力增强

全年各类粮食经营企业从农民手中收购粮食3123万吨，比上年增加218万吨。按最低收购价收购粮食454万吨，是该政策执行四年以来的最高水平。年末全社会商品粮库存比上年增加20万吨。

（二）粮食储备能力增强

省政府核定的地方储备粮油规模基本落实到位，成品粮储备得到积极落实。推进储备粮规范化管理，7个市地方储备粮实现集中存放、统一管理。认真落实省委、省政府要求，信息化建设迈出新步伐，全省投入800多万元进入信息化建设，50多个地方储备粮库实现了业务管理信息化。农户科学储粮试点工作有新进展，落实国家补助和地方配套资金2680万元，10个试点市发展示范户6.7万户，居全国第一位。

（三）粮食应急保障能力增强

省、市两级粮食应急预案全部建立，128个应建预案的县（市、区）已出台125个。应急加工、供应企业分别达到321家和1303家。全省17个市全部出台了粮食经营者最低最高库存制度，13个市举行了应急预案模拟演练。

（四）军粮供应能力增强

按照“数量足、质量好、服务优”的要求，加强军供基础设施建设，规范军供企业管理，提升军供服务水平，军供综合保障能力不断提高。

二 现代粮食市场体系进一步发展

（一）落实国家扩大内需投资项目

25个粮食项目列为山东省现代物流业调整振兴规划重点项目。国家有关部门批复全省粮食现代物流项目5个，补助资金2100万元。加快仓房维修改造步伐，全年落实中央补助和地方配套资金2800多万元，企业自筹资金7000多万元。

（二）加快地方储备粮库建设

省粮食局制定实施了《2009~2013年粮食仓储设施建设和维修改造五年规划》，全省投资超过10亿元，新建储备库和基层收纳库仓容270多万吨，维修改造仓容270多万吨。

（三）稳步推进粮食市场和物流设施建设

认真落实国家粮食局《粮食市场体系建设“十一五”规划》，省粮食局出台了《关于加强粮食市场体系建设的意见》，全省已建成运营的大型粮食市场28处，会员及商户达到2049家，年成交量524万吨。

（四）积极培育多元粮食收购主体

全省累计核发粮食收购资格证6178个，其中国有及国有控股企业1137家。

三 粮食流通执法体系进一步加强

（一）粮食清仓查库工作圆满完成

按照国务院和省政府的统一部署，在有关部门的大力配合下，各级粮食行政管理部门坚持“在地原则”，做到“有仓必到，有粮必查，有账必核，查必彻底”，认真组织好清仓查库工作。清查结果显示：山东境内所存的中央储备粮、国家临时存储粮、地方储备粮、国有企业商品粮数量真实，质量良好，储存安全，管理规范，库贷挂钩及政策性补贴使用符合政策规定,达到了“让政府清楚，让群众放心”的目的。

（二）粮食监督检查工作体系更加完善

全省17个市经政府批准全部设立监督检查机构，122个应设监督检查机构的县（市、区）已设立119个，成立粮食行政执法大队100个。1482名同志经考试取得粮食监督检查资格。加快质检体系建设，全省各级粮食行政管理部门所属质检机构达到52家。

（三）粮食市场监管效果显著

坚持专项检查和日常监管相结合，全年共出动粮食行政执法人员近6万人次，检查企业2.6万个次，维护了粮食市场秩序，打造了粮油消费的放心环境。

四 粮食产业化经营体系进一步壮大

（一）骨干龙头企业发展壮大

全省纳入统计范围的重点粮油加工企业保持良好发展势头，加工转化能力和经济效益继续位居全国前列。省粮食局重点指导的40家重点企业年实现销售收入770亿元，比上年增长12%。

（二）“放心粮油”工程深入实施

抓好“放心粮油”进农村、进社区，城乡粮油服务网点发展到近2万个，比上年增加5000多个。烟台蓝白食品公司被商务部认定为全国20家“放心早餐工程试点企业”之一。

（三）产业集群发展加快

各地依托区域资源等优势，培育发展产业集群，有力地带动了区域粮食经济发展。德州市被中国食品工业协会命名为“中国粮油食品城”。

五 行业管理水平进一步提高

加强行业指导，全省粮食产业健康发展。积极争取政策支持，全省落实各项财政补贴11亿元，夏粮收购资金150亿元，产业化龙头企业贷款61亿元，比上年均有较大幅度增长。加强财务管理，全省国有粮食企业资产总额297亿元，负债率81%，比上年降低2.5个百分点，保值增值率117%，比上年增长3个百分点。进一步落实安全生产责任制，妥善处理改革遗留问题，高度重视来信来访工作，认真抓好隐患排查治理，全省粮食行业保持稳定和谐发展的良好局面。

◆ **山东省粮食局领导班子成员**

孟庆秀　　党组书记、局长
张翠玉（女）　巡视员
乔延亭　　党组成员、副局长
王顺厚　　党组成员、纪检组长
缑怀祯　　党组成员、副局长
丁兆石　　副巡视员

国家粮食局局长聂振邦（左四）到山东德州视察粮食工作，山东省政府特邀咨询张昭福（左三）、省粮食局巡视员张翠玉（左二）及德州市有关领导陪同。

山东省委常委、常务副省长王仁元（左一）到企业视察粮食清仓查库工作，省政府副秘书长韩金峰（左二）、省粮食局局长孟庆秀（右一）陪同。

山东省举行《粮食流通管理条例》颁布实施五周年大型宣传活动。

河南省粮食工作

基本情况

河南省是全国农产品主产区之一，粮、棉、油、肉等主要农产品产量均居全国前列，已成为全国最大的粮仓。2009年，面对60年一遇的冬春连旱等自然灾害，实施“抗旱浇麦保丰收600行动计划”和“秋粮夺丰收450行动计划”，在重灾之年粮食再获丰收。全省第一产业实现增加值2768.99亿元，比上年增长4.2%；粮食总产量达到5390万吨，增长0.5%，连续4年稳定在5000万吨以上、连续6年创历史新高、连续10年居全国首位，在迎战金融危机之年为保障国家粮食安全作出了特殊贡献。国家粮食战略工程河南核心区建设规划获国家批准并启动实施，完成商丘、安阳国家大型商品粮基地和89个县标准粮田项目建设，为确保全省粮食生产能力稳中有升奠定了基础。农业经济结构进一步优化，全省优质专用粮食种植面积达到713万公顷，占粮食面积的73.6%。

河南大力发展农副产品精深加工和综合利用，加快推进农业产业化经营，设立专项资金重点扶持100户农业产业化龙头企业发展，全省规模以上农业产业化龙头企业达6000家。2009年全省农产品加工企业实现销售收入5750亿元、增长15%，实现增加值1437亿元、增长19.8%；粮油、肉类、乳制品加工能力分别达到3590万吨、80万吨、370万吨，味精、面粉、方便面、挂面、面制速冻食品等产品均居全国首位。目前，河南规模以上食品工业增加值居全国第2位，食品工业成为全省工业第一大支柱产业。

2009年粮食工作

一 粮食生产

全省耕地面积为792.6万公顷，人均0.08公顷，低于全国人均耕地面积。河南省牢记保障国家粮食安全之责，毫不放松地抓好农业生产，毫不动摇地落实强农惠农政策，粮食生产能力进一步增强。粮食播种面积稳定在900万公顷左右。主要农作物有小麦、玉米、水稻、大豆、红薯、花生、油菜和多种小杂粮，农作物良种覆盖率在95%以上。粮食总产量达到5390万吨，其中小麦3056万吨，玉米1634万吨，水稻451.3万吨，其他及小杂粮700万吨。

二 粮食流通

全省国有粮食企业收购粮食2465万吨，其中按最低收购价收购小麦2185万吨，占全国6个主产省执行最低收购价政策收购总量的54.3%，连续4年居全国第1位，仅此带动农民增收40多亿元。完成粮食销售1895万吨，其中最低收购价小麦竞价销售累计成交1875.05万吨，已累计出库1596.25万吨，粮食购销总量连续10年居全国第1位。

三 粮食调控

（一）地方储备粮管理不断加强

认真落实《河南省省级储备粮管理办法》，优化省级储备粮布局和品种结构，实行统一管理。对储备粮承储企业资格进行了重新申报检查，建立了省级储备粮代储企业数据库，较好地完成了国家下达全省的储备粮计划。同时认真落实国家下达全省的食用油储备指导性计划，充实地方粮油储备，增强了粮油宏观调控的物质基础。

（二）粮食市场供应充足稳定

补充和调整价格监测点，完善粮油价格监测预警体系，通过全省28个价格直报点，加强对主要粮食品种的购销、批发价格实时监测，每周上报一次。夏粮收购期间，实行收购进度5日报制度，增强了粮食调控的有效性。认真组织政策性粮食竞价交易活动，完成国家托市小麦竞价销售1875.05万吨，保证了市场供应，稳定了市场价格。

（三）粮食清仓查库工作圆满完成

2009年，清仓查库工作是改革开放以来第二次全国范围的大规模的清查。按照国务院和省委省政府的统一部署，各级粮食行政管理部门把粮食清仓查库工作作为一项首要任务来抓，充分发挥主角、主体和主导作用，全面落实清仓查库工作要求，自4月1日至5月25日，对全省所有纳入检查范围的粮食数量、品种、质量、储备粮轮换、库贷挂钩、政策性补贴资金等方面进行了全面、深入、细致的检查。经过四个阶段的清查，清仓查库工作圆满结束。结果表明，全省统计库存粮食数量与实际库存数量差率为0.8%，粮食质量合格率为96.2%，储存品质宜存率为99.9%，各项指标全部符合国家要求，库存粮食储存安全，库存粮食数量真实、质量良好、账实相符，管理比较规范，达到了摸清库存家底、提高管理水平、服务国家大局的目的，落实了“让政府心中有数、让群众感到放心”的要求。

（四）扎实做好最低价粮食收购工作

2009年，省委、省政府把落实国家粮食最低价收购政策作为“十大实事”的重要内容。年初，省粮食局召开了全省粮食工作会议，分解下达了粮食收购任务。夏收前，专门召开会议进行了安排部署，提前做好了政策宣传，仓容、物资器材准备和人员培训等工作。收购中，各级粮食部门经常深入收购现场检查指导工作，督促收储企业严格执行国家粮食收购政策，科学定等定级，坚持依质论价、优质优价，及时结算粮款，搞好收购服务，方便农民售粮，真正把国家惠农政策落到了实处。针对夏收前的灾情，积极争取国家放宽了本省9个市因灾小麦的收购质量标准，引导转化用粮企业收购芽麦165万吨，最大限度地减少了农民灾后损失。2009年全省小麦最低收购价收购量占全国收购总量的54.3%，连续4年居全国第1位，平均收购价格每公斤1.82元，比上年同期增加0.22元。认真落实油菜籽收购政策和稻谷最低收购价政策，全省共收购油菜籽25.25万吨，稻谷最低收购价收购72.75万吨。

（五）积极组织粮食销售

加强粮食供求形势分析，指导粮食经营企业采取灵活多样的方式，努力搞活自主经营。积极组织粮食企业参与最低收购价小麦公开竞价销售，落实跨省移库计划200万吨，保证了市场的有效供给。扎实做好军粮供应工作，做到了军供粮源可靠稳定、供应及时有序、质量绝对安全、保障坚强有力，受到驻豫部队官兵一致好评。省粮食局被省委、省政府、省军区命名为“全省双拥工作先进单位”。妥善安排好节日和敏感时期以及灾区、贫困区、水库移民等政策性粮油保障工作，确保了社会和谐稳定。

（六）巩固发展产销合作

继续加强和巩固与18个省（区、市）已建立的粮食购销合作关系，积极组织全省粮食企业参加第五届福建7省粮食产销合作洽谈会、豫甘两省粮食市场产销合作会及豫桂两省（区）粮食产销洽谈会，共签订粮食销售合同37万吨。全年销往省外原粮及制成品1500多万吨，促进了销区粮食平衡和品种余缺调剂。

（七）粮食信息体系建设取得新进展

认真落实国家粮食流通统计制度，依法将从事粮食收购、销售、储存、加工的粮食经营者及饲料、工业用粮企业纳入统计范围，提高了社会粮食统计覆盖面。完成了粮食流通基础设施建设投资统计和粮油加工业统计工作。组织开展了全省2008年度粮食供需平衡调查工作，分别对6000农户、1300户城镇居民、2400家企业的粮食收入、支出及库存情况进行调查；先后2次组织稻谷、玉米和大豆的成本利润抽样调查，取得调查数据6460个，为粮食管理和经营提供了准确的信息资料。

四 流通体制改革

（一）多元粮食市场主体竞相发展

严格市场准入制度，扎实做好粮食收购资格许可工作，组织开展了粮食收购资格审核复查，对已取得资格的粮食经营者，加强指导、服务和管理。全省累计批准5849家粮食经营企业从事粮食购销活动，其中：非国有市场主体3192家，占55%，促进了粮食市场健康发展，活跃了粮食流通。

（二）国有粮食企业改革任务全面完成

在深化国有粮食购销企业产权制度改革、妥善处理改革遗留问题的基础上，各地继续强力推进国有粮食非购销企业改革，层层签订改革责任目标，实行实名制登记考核，采取股份制、兼并、租赁、破产、整体出让等形式，加快改革进程。全省668家国有粮食非购销企业改组改制任务全部完成。

（三）企业经济效益持续提高

积极协调有关部门妥善处理财务挂账，全省政策性挂账基本剥离完毕，消化经营性挂账10亿元，切实减轻了企业负担。加强企业内部管理，继续实行扭亏增盈工作目标责任制，严格控制不合理费用支出，费用同比减少3.9亿元，企业盈利水平明显提高。全省粮食购销企业实现盈利1.34亿元，连续3年创新高。全省共有113个县实现盈利，县（市）盈利面达72%。省粮食局直属企业实现利润8275万元。

五 行政执法

（一）粮食依法行政能力明显增强

深入开展了“五五”普法、依法治理和《粮食流通管理条例》宣传教育活动。各级粮食行政管理部门加快职能转变，实行政企分开。认真落实依法行政责任制，把依法行政纳入了全省粮食工作目标考核体系。制定下发了《河南省粮食行政处罚裁量标准》和《河南省粮食流通监督检查人员行为规范》，规范了粮食行政执法程序和处罚裁量标准等，提高了粮食行政执法的公正性和可操作性。省粮食局机关审核报备规范性文件298份，审核率、备案率及行政复议案件报告率达到100%。

（二）粮食监督检查体系建设取得新进展

积极争取当地党委、政府支持，加快建立粮食监督检查机构，充实人员，落实经费。全省18个省辖市粮食局全部设立监督检查部门；132个县级粮食局中有120个设立监督检查机构，其中：107个县（市、区）成立了粮食行政执法大队。全年培训粮食行政执法人员500多人次，累计考核发放执法证1556个。切实加强粮食监督检查证件审核管理，初步建立了证件管理档案，为有效开展各项粮食监督检查工作打下了基础。

（三）粮食流通监督检查活动有效开展

认真组织开展小麦、稻谷最低价收购和省级储备粮专项检查，规范了企业购销行为。夏收期间，各地共下发整改通知书300多份。加大对国家临时存储粮食销售出库的监督检查，出台了《河南省最低收购价粮食竞价销售出库补充规定》，建立了销售出库的协商、调解和处罚机制，严肃处理各种违规经营行为，有效减少了竞价交易中的争议和纠纷，提高了合同履约率。2009年各级粮食行政管理部门共组织各种形式的行政执法活动8361次，处理各种涉粮案件2260起，有效维护了粮食流通秩序。

（四）库存粮油储存安全

省粮食局制定了《河南省粮油仓储企业规范化管理暂行办法》，全面启动仓储企业规范化管理活动，宣传贯彻新颁标准和管理制度，治理不规范管理行为。认真落实中央财政仓库维修补助资金，鼓励企业自筹资金，加大仓房维修改造力度，扩大了粮食仓储能力。严格落实安全储粮责任制，组织开展了春、冬两季粮油安全大普查和粮情检查；扎实做好储粮安全度夏度汛工作，确保了储粮安全。全省科学储粮率达86%以上。

（五）粮食质量监管能力明显提高

加强质检机构建设，省质检站顺利通过了国家5年一次的检验资格复审；推荐了开封、焦作、濮阳和滑县、息县5个市、县的质检机构申请设立国家级质检中心，已经国家粮食局专家组考核验收，粮食质检条件不断改善。积极贯彻实施国家粮油新标准，培训质检人员和专业骨干2000多人。扎实推进和规范原粮卫生检测和品质测报工作，认真开展了夏粮质量抽样、清仓查库复查抽检、军供粮油检验、饲料产品检验等项工作，共检测粮油饲料样品11735个；组织进行了为期4个多月的食品安全督查，确保了粮食质量安全。

六 行业发展

（一）粮食现代物流业快速发展

围绕《河南粮食生产核心区建设规划》，加快推进粮食物流园区和粮食物流节点建设，河南省粮食物流园区征地94公顷，完成投资1.5亿元。新乡粮食物流园区规划400公顷，一期占地14公顷，规模较大，功能齐全，初步形成了从种植到餐桌的完整产业链。开封、鹤壁、固始等市、县的区域性物流园区已颇具规模。积极推进散粮运输方式变革，全省公路散粮运输普及率70%以上，粮食“四散”比重明显提高；初步形成了沿107国道，京广、陇海铁路通往省外的5个散粮流通通道，促进了粮食有序流通。

（二）粮食产业化经营积极推进

继续推广延津县“公司+合作社+基地+农户”的粮食产业化经营模式，拉长粮食产业链条。研究制定了全省《粮油加工业发展规划》，以食品安全、精深加工、品牌营销为重点，大力推进主食工业化，粮油食品工业不断发展。全省工厂化粮食加工企业达2900多家，年加工转化能力3500万吨。扎实开展了“企业服务年”活动，培育、筛选80家粮油加工企业申报第三批全国粮油产业化龙头企业，审定推荐省直两家企业为省级农业产业化龙头企业。

（三）农村服务网点建设步伐加快

积极发展农产品、农业生产资料和消费品连锁经营，全省粮食行业城镇连锁经营店及农村服务网点累计达到14856个。在全省6个市、县820个农户中开展了粮食丰产示范仓试验，累计受益农户达1200多户。启动实施国家批准全省的2万户农户科学储粮专项建设项目，争取国家补助资金240万元。继续开展“放心粮油”进农村、进社区活动，河南省5家企业获得全国“放心粮油”进农村先进单位。

（四）会展及招商引资工作取得明显成效

省粮食局先后组织146家企业参加了2009年全国农产品加工业贸易洽谈会和新中国成立60周年全国粮食行业成就展暨第九届中国国际粮油产品及设备技术展览会，现场签约金额1.5亿元，并获得了多项参展大奖。加大招商引资和银企对接力度，对外经济技术交流得到加强。全年引资1000万元以上的落地项目达123个，投资总额63亿元。推动中粮集团与新乡市粮食局合作建设新乡粮食物流园区，项目总投资8亿元。

（五）粮食科技创新和职业教育培训明显加强

以国家产业政策为导向，积极组织申报科研项目及成果，全年共向国家和省有关部门申报粮油科技项目10项，其中8项列入了省级科技计划。成功举办了以“科学消费植物油”为主题的粮食科技活动周和科普宣教活动，提高了群众的营养健康消费意识。落实职业教育攻坚计划，组建了河南省粮食技工教育集团和河南省科贸职教集团；认真抓好职工业务培训和技能人才培养，分级分层次培训人员12000多人次；组织开展了储运等业务技能竞赛活动，2人获得“河南省五一劳动奖章”，6人获得“河南省技术能手”称号，4个单位被省工会授予“工人先锋号”；顺利完成了全国首期粮油保管员技师鉴定工作，全年职业技能鉴定823人。河南省粮食局直属3所院校办学水平进一步提高，全年共实现招生13392人，毕业生就业率均保持在96%以上。

七 党群工作

（一）党建工作成效明显

认真学习贯彻十七届三中、四中全会精神，强力推进基层党组织的思想、组织、作风和制度建设，各级党组织和领导班子建设明显加强。省粮食局直属机关党委、纪委分别被省委组织部和省委省直工委评为“五好机关党委”和“五好机关纪委”。顺利完成了学习实践科学发展观活动，群众测评满意率达99.1%。扎实开展了“讲党性修养、树良好作风、促科学发展”教育活动，落实了3个阶段共9个环节的各项具体任务，做到了学习时间、内容、人员、效果四落实，努力把教育活动成果转化为推进粮食工作的正确思路、现实举措和领导能力。

（二）党风廉政建设取得新成绩

全面贯彻中纪委、省纪委全会和省政府廉政工作会议精神，认真落实中央惩防腐败体系建设工作规划和省委实施办法，严格执行党风廉政建设责任制，签订责任目标，分解工作任务，强化监督检查，建立完善各项监督制度，严肃查办违法违纪案件，惩防腐败体系建设明显加强，党风廉政建设和反腐败斗争取得新的成效。扎实开展了"小金库"专项治理工作。全省粮食系统纪检监察机关共受理信访举报151件，初查核实91件，立案调查45件，结案41件，维护了党纪国法的严肃性和群众的根本利益。驻局纪检组监察室被省纪委表彰为全省查办案件先进集体。

（三）粮食行业政风行风持续好转

加强行政审批监管，落实行政执法责任，规范了行政权力，促进依法管粮。继续在全系统内广泛开展民主评议政风行风活动，认真开展重点处室民主评议工作，整改落实了群众提出的75条意见建议，切实纠正行业不正之风。组织干部职工捐款50万元，帮助解决新郑市辛店镇部分群众的人、畜饮水困难。认真做好联县驻村帮扶工作，落实省政府南水北调移民安置工作部署，省粮食局驻原阳工作组顺利完成了试点移民村231户931人的搬迁任务，扎实为群众办好事、办实事。

（四）机关建设取得新进展

深化机构改革，理顺机关内部职责，落实"两转两提"要求，积极推进政务公开和政府信息公开，不断提高行政效能和服务水平，机关工作进一步制度化、规范化。加强机关后勤保障，基础服务设施明显改善。扎实开展节能降耗工作，省粮食局被评为"河南省公共机构节能减排工作优秀单位"。认真抓好离退休干部工作，千方百计落实老干部政治待遇和生活待遇。离休干部田云祥同志被中组部授予"全国离退休干部先进个人"荣誉称号。推进精神文明建设，组织开展了庆祝新中国成立60周年系列活动，省粮食局在省直机关"爱国歌曲大家唱"比赛中获得银奖和优秀组织奖。

机构调整情况

根据《中共河南省委人民政府关于印发河南省人民政府机构实施意见的通知》（豫文〔2009〕18号）精神，设立河南省粮食局，为省政府直属机关。

省政府进一步明确了河南省粮食局职能。调整工作职责3项，确定主要工作职责9项。

根据职责，确定了省粮食局内设机构。设立了办公室、调控处、政策法规处、监督检查处、财务处、流通与科技发展处、人事教育处（机关党委）、离退休干部工作处共8个处室，省纪委向河南省粮食局派驻了纪检监察室。

省粮食局机关行政编制为71名，其中：局长1名，副局长3名；正处级领导职数10名（含机关党委专职副书记、总经济师各1名），副处级领导职数11名。

省粮食局所属事业单位的设置、职责和编制事宜另行规定，所属国有企业（除金融投资类外）移交省政府国资委监管。

◆ 河南省粮食局领导班子成员

曹濮生	党组书记、局长
杨天义	党组成员、副局长
黄东民	党组成员、巡视员
于前锋	党组成员、纪检组长
刘大贵	党组成员、副局长
李国范	党组成员、副局长
乔心冰	党组成员、副局长
葛巧红	党组成员、副局长
李志强	副巡视员

2009年4月20日，国家粮食局副局长任正晓听取河南省粮食清仓查库工作汇报。

2009年5月1至2日，河南省粮食局局长曹濮生到焦作、安阳检查粮食清仓查库工作。

2009年6月15日，河南省粮食局副局长杨天义到新郑检查夏粮收购工作。

湖北省粮食工作

基本情况

湖北省位于中国的中部，长江中游的洞庭湖以北，故称湖北，简称“鄂”。现设12个省辖市、1个自治州、3个直管市、1个林区、24个县级市、39个县。2009年末，全省常住人口5720万人，其中：城镇人口2631.2万人，乡村人口3088.8万人。2009年，全省完成生产总值12831.52亿元，地方财政一般预算收入814.78亿元，城镇居民人均可支配收入14367元，农民人均纯收入5035.26元。

湖北省地势呈三面高起、中间低平、向南敞开、北有缺口的不完整盆地。地貌类型多样，山地、丘陵和岗地、平原湖区各占湖北省总面积的56%、24%和20%。全省除高山地区外，大部分为亚热带季风性湿润气候，光照充足，热量丰富，无霜期长，降水充沛，雨热同季。湖北省是粮食主产省和全国重要的商品粮生产基地。粮食作物主要有水稻、小麦、油菜籽。全省粮食商品率一般在35%左右。

湖北省土地面积为185897平方公里，占全国土地总面积的1.9%。2009年，全省粮食播种面积401.25万公顷，粮食总产量2309.1万吨，油料播种面积144.83万公顷，油料总产量31.4万吨。2009年，全省纳入统计的各类粮食经营主体共收购粮食100.64亿公斤，其中国有粮食企业收购粮食466.1万吨；纳入统计的各类粮食经营主体共销售粮食967.6万吨，其中国有粮食企业销售粮食385.7万吨。

湖北省现有国有粮食企业432个，在岗人员12589人，其中国有粮食购销企业345个，在岗人员11152人。全省国有粮食企业仓容总量1282.36万吨，其中有效仓容1055.06万吨。

2009年粮食工作

2009年，全省粮食部门在省委、省政府的正确领导下，深入开展学习实践科学发展观活动，努力克服国际金融危机和粮食流通体制转型带来的双重压力，坚持解放思想，更新发展理念，深化国有粮食企业改革，落实宏观调控措施，加快现代粮食流通产业发展，强化粮食流通监管，积极服务“三农”，圆满完成了粮食工作各项目标任务，取得了明显成效。

一 粮食宏观调控

认真落实粮食宏观调控措施，抓好粮食收购和储备，提高了粮食安全保障能力，维持了粮食市场稳定。

（一）超额完成粮食收购目标任务

省粮食局主动加强与中储粮湖北分公司、农发行湖北省分行等单位的沟通协调，联合下发了《关于做好2009年粮油购销工作的意见》、《关于做好地方国有粮食企业粮油收购资金供应工作的通知》，公布了重点信贷支持企业名单，确保国家粮食收购政策落到实处，让农民真正得到实惠。各级粮食部门积极支持中储粮企业搞好政策性粮食收储，协助农发行加强收购资金管理，督促指导地方国有粮食企业搞好粮食收购，继续发挥粮食收储主渠道作用，积极引导多元主体入市收购，搞活粮食流通。2009年，全省纳入统计的各类粮食经营主体共收购粮食1006.4万吨，超额完成了省政府确定的700万吨粮食收购目标任务；收购油菜籽225万吨，比上年同期增加141万吨，达到历史最高水平。纳入统计的各类粮食经营主体共销售粮食967.6万吨。全省粮食购销基本平衡，粮食供应和市场粮价基本稳定。

（二）落实地方储备粮油规模

省粮食局积极争取省政府领导重视支持，多次与省直有关部门协商沟通，落实了国家下达全省的地方粮食储备规模，确定了新增储备粮的落实方案和费用补贴原则，组织完成了新增地方储备油入库计划。同时，加强储备粮油日常监管，保证了地方储备粮油质量良好、储存安全、账实相符。

（三）加强粮食市场监测预警和应急保障能力

深入宣传贯彻国家《突发事件应对法》，修订完善了省、市、县三级粮食应急预案。加强粮食流通统计，做好粮食市场价格直报和监测分析工作。对军供粮定点加工企业进行复审认定，搞好军粮统筹配送工作。指导推动武汉“城市圈”开展粮食产销协作，组织东北玉米、粳稻统一采购。通过华中粮食批发市场拍卖政策性粮食165万吨，落实全省商业企业小包装成品油和加工企业成品油储备8500吨。

二 国有粮食企业改革

为了适应粮食购销市场化改革和粮食流通体制转型带来的深刻变化，省粮食局在充分调查研究的基础上，决定按照“整合资源、精干主体、创新机制、放开搞活”的思路，推动新一轮全省国有粮食企业改革，在2009年3月召开的全省粮食工作会议上进行了部署和动员。4月，经省政府同意，省粮食局联合省财政厅、农发行湖北省分行出台了《关于进一步深化国有粮食企业改革的意见》，明确了改革的具体措施：

（一）整合壮大国有独资或国有控股粮食储备企业（库）

每个县（市）以现有的仓储设施为依托，以承担中央、地方储备粮油经营管理和军粮供应任务的粮食企业为基础，整合部分资产质量较高、粮食收储量较大、交通区位较好的粮食购销企业，组建一至两家国有独资或国有控股的骨干粮食储备企业（库），主要从事政策性粮食经营管理业务，作为政府实施粮食宏观调控的重要载体。没有储备库的县（市），可以结合中心粮库建设改造，以现有的优势企业为基础建设改造骨干国有粮食储备企业（库）。

（二）因地制宜设置军粮供应站

军粮供应站点原则上并入骨干国有粮食储备企业（库），保留牌子。军粮供应任务较大的地区，可以根据当地实际情况单独设置军供站点，并整合部分优质资产，壮大军供站点实力，提高综合保障能力和经济效益。军粮供应站实行国有独资或国有控股的产权制度。

（三）放开搞活其他国有粮食企业

除承担中央、地方储备粮经营管理和军粮供应任务的企业外，其他国有粮食企业，可根据当地的实际情况，采取改组改造和兼并、租赁、出售、转制等多种形式，面向市场，放开搞活。

省粮食局加强对改革的指导和督办，开展了全省性的专题调研，召开了全省国有粮食企业改革座谈会，大力推进改革工作。各地认真学习贯彻省里文件精神，积极争取地方党委政府重视支持，成立领导小组和改革专班，理清改革思路，制定工作方案，精心组织实施。通过深化改革，全省国有粮食经营主体得以精干，多元主体发展壮大，粮食市场进一步发育完善。2009年，全省重组整合了61家国有骨干粮食储备企业，大部分县、市改革工作基本完成，部分地方实现了国有粮食企业"一县一企"的改革目标。改革推动了企业经营管理机制的创新，增强了企业活力。全省国有粮食企业经济效益稳步提升，2009年实现盈利7452万元，超额完成省政府确定的目标任务。省粮食局和随州市粮食局分别在全国粮食局长会议、全国国有粮食企业改革和发展工作研讨会上作了经验交流。

三　现代粮食流通产业发展

全省粮食部门以更新发展理念、转变发展方式为突破口，着力推进现代粮食流通产业科学发展。

（一）加强规划指导和政策扶持，全省粮油工业迈上新台阶

2009年6月，田承忠副省长带领相关部门负责同志深入市、县调研，并主持召开了全省粮油工业发展联席会议，研究解决粮油工业发展中的重大问题。在充分调研基础上，省粮食局组织拟定了《2009~2020年湖北省粮油食品工业发展规划》，明确了发展四大产业集群的目标措施，即长江、汉江沿线的稻米加工产业群和油料加工产业群，襄樊、随州地区的麦面加工产业群，鄂西山区的小杂粮加工产业群。进一步调整落实粮食产业化贴息扶持政策，集中支持国宝桥米、福娃集团、奥星粮油等骨干龙头企业做强做大。积极为龙头企业提供产业政策信息、品牌申报服务，与高等院校联合组织了全省粮食深加工技术研讨，引导企业科技创新、管理创新和产品开发。成功举办了全省粮食行业新中国成立60周年成就展暨第11届粮油精品展交会，为企业搭建了展示、展销、交流和展望的平台，提升了全省粮食行业的社会形象。通过规划引导、政策扶持和强化服务等一系列措施，有力推动了全省粮油工业快速发展。2009年，全省粮油加工业总销售收入突破600亿元，武汉、襄樊、荆州3个市都突破100亿元，福娃集团、国宝桥米集团、奥星粮油等4家企业均突破20亿元，福娃集团、国宝桥米集团双双跻身2009年湖北企业100强。全省粮油加工行业获湖北著名商标称号55家，国宝品牌被评为中国驰名商标，45个产品被评为湖北名牌产品。福娃集团、国宝桥米集团、奥星粮油工业公司3家粮油企业被省委、省政府授予"湖北省农产品加工业'四个一批'工程"先进企业称号。奥星粮油工业公司董事长梁红星被评为第8届湖北经济年度风云人物。

（二）制定实施粮食基础设施建设规划，促进中心骨干粮库和粮食现代物流体系建设

紧紧抓住国家拉动内需、加强基础设施建设的机遇，根据《国家粮食现代物流发展规划》对湖北的定位，确定了全省粮食现代物流建设总体规划布局，积极争取国家政策、资金支持，加快推进重点

物流项目建设步伐。武汉、襄樊、荆州、宜昌、荆门、利川等6个项目被列入国家支持计划，中央已下拨投资补助资金2900万元。荆州、随州、黄石、襄樊、赤壁等地的粮食现代物流园区建设取得积极进展，一批市、县粮食物流园区相继开工建设。针对全省粮食仓储设施总体上存在"既多又少"，即仓储总量多、达标仓储少的矛盾，省粮食局及时调整工作思路，在全面测算摸底基础上，拟定了《全省中心骨干粮库建设改造规划》，经省政府同意，由省粮食局、省财政厅和省发展改革委三个部门联合发文实施。全省规划用5年时间分批建设改造880万吨仓容的达标骨干仓库，从根本上解决储粮安全问题。2009年全省完成投资2.1亿元, 其中中央财政安排2695万元，省级预算安排2000万元，建成仓容38.2万吨。2009年11月，省政府常务副省长李宪生、副省长田承忠到省粮食局现场办公，对粮食工作给予了肯定，研究决定了落实地方粮油储备、支持粮油工业发展、加快中心骨干粮库建设和推进农户科学储粮工程等重要事项，并下发了省政府专题会议纪要，为全省粮食流通产业提供了有力支持，带来了新的发展机遇。

四 粮食流通监管

按照国务院和省政府统一部署，在有关部门支持配合下，组织开展了全省粮食清仓查库工作。全省粮食库存账实差率0.03%，低于国家规定的标准。粮食库存账实、账账相符，且粮食质量良好，储存安全，贷款资金管理规范，受到了国家有关部门和省政府领导的肯定，省粮食局和荆州市、宜城市粮食局被国家粮食局授予全国粮食清仓查库先进单位。坚持开展粮食收购政策、统计制度、出入库质量检验制度执行情况等专项监督检查，依法查处涉粮案件，维护了粮食流通秩序。省粮食局被国家粮食局授予全国粮食流通监督检查先进单位。扎实开展依法行政示范单位创建活动和行政执法"一案一考评"试点工作，研究制定并公布实施了粮食行政处罚自由裁量权指导标准，着力规范粮食行政执法行为，切实提高依法行政和依法管粮水平。

五 服务"三农"

全省粮食部门认真落实国家粮食收购政策，积极探索服务"三农"新途径。各级粮食行政管理部门加强粮食政策执行情况的监督检查，及时研究解决农民售粮遇到的困难和问题，保证国家惠农政策落到实处。2009年全省小麦严重受灾发芽，为了防止出现农民卖粮难问题，省粮食局迅速组织专班奔赴灾区调查了解灾情，及时报告省委、省政府，并向国务院争取政策提供依据，最终国家降低了在全省收购最低收购价小麦的质量标准。同时积极联系饲料、酒精等粮食加工企业收购、消化部分芽麦，最大限度地减少农民损失。全省按最低收购价收购小麦42万吨，收购芽麦95万吨。为了缓解油菜籽收购的压力，防止油菜籽积压给农民造成损失，省粮食局积极争取国家批准全省22家油脂加工企业参与油菜籽托市收购，托市收购油菜籽162万吨，占油菜籽收购总量的78%，比市场价格每公斤高出0.4元, 全省农民仅此一项增收8亿元以上。组织开展收获粮食质量调查和品质测报，促进了粮食种植结构调整和品种结构优化。积极关注和支持新型粮食市场主体、粮食流通业态发展。省粮食局组织开展了粮食生产专业合作社和"粮食银行"发展情况调研，提出了支持其发展的思路和建议，得到了省委、省政府多位领导的重视和批示，要求有关部门研究支持政策。荆州市粮食局出台了《"粮食银行"试点工作暂行办法》，以洪湖市为试点，积极培育和引导"粮食银行"发展。洪湖、安陆等地粮食部门通过国有资产出售、租赁，帮助龙头企业扩充粮食购销网点，增强粮食仓储能力。黄石市粮食部门支持种粮大户侯安杰进军粮食加工市场，争创大米品牌。省粮食局积极争取国家支持，在全省大力推广农户科学储粮示范工程。2009年全省被国家纳入“农村粮食产后减损安全保障工程”试点省份，落实国家和省级配套资金1275万元，投放新型小粮仓5万套，在荆门市掇刀区等14个县（市、区）推广，帮助农户科学储粮，减少了农户储粮损失。

六 粮食部门自身建设

湖北省粮食局以深入开展学习实践科学发展观活动为契机，在全省粮食部门大力倡导解放思想，树立粮食工作新理念，即从狭隘的“小粮食”转向开放的“大粮食”，从孤立的“稳粮食”转向全面的“强粮食”，从单纯的“管粮食”转向放手的“活粮食”，凝聚了共识，促进了发展。进一步提出了实现“五个转变”的具体要求，即干部转变观念、部门转变职能、工作转变方法、企业转变机制、发展转变模式。按照省委、省政府的统一部署，结合粮食工作，扎实开展 “作风建设年”和“能力建设年”活动。大兴调查研究之风，开展了粮食产业化发展、国有粮食企业改革、粮食收购等重大调研活动，研究制定了一系列推进改革和发展的政策措施。积极推行电子政务和政务公开，简化办事程序，改进工作作风，提高了机关工作效能。加强职工教育培训和技术人才培养，推进职业技能鉴定工作，提高了粮食干部职工队伍素质。统筹推进党建工作，大力开展反腐倡廉惩防体系建设，启动腐败风险预警防控工作，促进了粮食行业的健康发展，维护了全省粮食系统的和谐稳定。

◆ 湖北省粮食局领导班子成员

孙永平　党组书记、局长
沈桥梁　党组成员、副局长
赵启玉　党组成员、副局长
马木炎　党组成员、副局长
余日福　党组成员、副局长
李　涛　党组成员、副局长（2009年10月任职）
闵建华　党组成员、纪检组长
朱运清　巡视员（2009年6月任职）
谭富生　副巡视员（2009年12月任职）
齐　明　华中粮食中心批发市场管委会办公室主任（副厅级）（2009年12月任职）

2009年11月6日，湖北省委书记罗清泉（右三）在省人民政府副省长田承忠（右一）、省粮食局局长孙永平（右四）陪同下，视察第十一届湖北粮油精品展交会。

2009年11月5日，湖北省省长李鸿忠（右二）在省粮食局局长孙永平（左一）陪同下，视察第十一届湖北粮油精品展交会。

2009年11月17日，湖北省委常委、省人民政府常务副省长李宪生带领省直有关部门负责人在省粮食局召开现场办公会。

湖南省粮食工作

基本情况

湖南省地处长江中游，位于东经108°47′～114°15′，北纬24°38′～30°08′，东西宽667公里、南北长774公里，总面积21.1875万平方公里，其中耕地面积为323万公顷。辖14个市（州）、122个县（市、区）。2009年末，全省总人口6900.2万人，比上年增加55万人，增长0.8%。其中，城镇人口2980.89万人，乡村人口3919.31万人。2009年，全省地区生产总值12930.69亿元，比上年增长13.6%。按常住人口计算，人均生产总值20226元，增长13.1%。财政总收入1504.58亿元，比上年增长14.5%。

2009年粮食工作

2009年，在省委、省政府的正确领导下，全省粮食系统按照"一化三基"战略和"两型社会"建设要求，努力克服国际金融危机带来的冲击和影响，深入贯彻落实科学发展观，坚持"大粮食、大市场、大物流、大产业"的发展理念，坚定不移地以新型工业化引领粮食产业健康快速发展，始终不渝地抓好保增长、保民生、保稳定工作，粮食流通各项工作取得新进展，全行业保持了平稳较快发展势头。2009年全省粮食总产量创历史新高，突破3000万吨大关，实现连续6年增产。全省累计收购粮食762万吨（含中储粮234万吨），比上年增长176万吨；全省共销售粮食1147万吨,比上年增销155万吨。

一 粮食储备体系建设

落实储备粮油规模。省级粮食储备已落实到位，市、县级地方储备进度明显加快，其中怀化、衡阳、长沙、湘潭、常德、益阳、郴州等市的落实情况较好，均已完成80%以上。加强仓储设施建设。投入维修资金8600万元，其中中央财政2109万元、省财政1500万元、企业自筹5000万元，对部分破损仓房进行了维修。将地方粮食储备工作纳入了政府绩效评估体系，为粮食工作在地方政府工作中增加了份量。

二 粮油购销

认真落实国家粮食最低价收购政策。全年粮食收购总量762万吨（含中储粮234万吨），其中最低价收购稻谷140万吨，促进农民增收近4亿元。认真落实国家油菜籽临时收储政策，5家托市油脂加工企业收购油菜籽14.3万吨，促进农民增收近1亿元。加大产销衔接力度，拓展湘米市场。全年粮食销售1147万吨，比上年增销155万吨，其中销往省外127万吨。

三 粮食应急体系建设

完善粮油市场价格监测网络。加强粮食应急体系建设，全省建立粮食应急加工指定企业54个，省级粮食应急供应企业158个。强化军粮供应保障，指定省内15家粮食加工企业为军粮定点加工单位，确保了全省军粮及时足额供应。

四 粮食产业化

截至2009年底，全省规模以上的粮油加工企业452家，共加工大米371万吨，加工面粉14.66万吨，植物油52万吨。粮油产品实现工业总产值271.5亿元，利润8.39亿元。

2009年，全省粮油订单面积122.6万公顷，订单收购粮油原料298万吨，有46个企业试行土地流转。40家龙头企业完成技术改造总投资3.28亿元，省粮食局为龙头企业争取了财政技改贷款贴息资金1105万元。到2009年底，湖南粮油产品有中国名牌5个（其中大米3个，面条2个），中国驰名商标5个，湖南名牌39个，湖南著名商标27个。108个产品获绿色食品标志，28个产品获无公害食品标志，12个产品获有机食品标志。有175家企业批准为国家粮食局、中国农业发展银行重点支持的粮油产业化龙头企业。金健米业进入湖南100强企业。

五 新型产业平台构建

2009年4月早籼稻期货合约正式挂牌。全国早籼稻期货基准指定交割库共11家，湖南省占了7家。发展电子商务，从2007年1月湖南粮食中心批发市场电子商务平台投入使用以来，至2010年底已交易粮食350万吨，交易额54亿元。

六 圆满完成粮食清仓查库工作

据统计，全省粮食清仓查库参与人员共计13500余人次。各级人大代表和政协委员共计245人参与监督检查。清查结果表明，2009年3月末全省国有粮食企业粮食库存账实相符率99.89%。湖南省粮食清仓查库工作得到了国家检查组的充分肯定，省粮食局、湘潭市粮食局、宁乡县粮食局被评为全国粮食清仓查库工作先进单位。长沙市粮食局等68家单位被评为全省粮食清仓查库工作先进单位。

七 粮食质量监管

在全省粮食清仓查库质量抽检中，全省共抽检样品215个，政策性粮食抽检合格率91.2%、宜存率95.4%。省粮食局安排专项工作经费补助6万元，扦样早籼稻200份、中晚籼稻300份参加国家粮食局集中会检，完成省级原粮卫生调查扦检样120份。抽检省市级新入库储备粮样品124份，结果表明，质量完好、储存安全、卫生指标合格。对部分粮食加工企业的库存粮食组织了卫生专项督查。举办了《稻谷》等新标准实施暨检验技术培训班。长沙霞凝国家粮食储备库、湖南金霞粮食产业有限公司等重点龙头企业加强了质检能力建设，增扩检验项目并通过了省质量技术监督局CMA认证。

八 粮食物流

全省在建1000万元以上的粮食物流项目29个，年中转量达1900万吨，总投资近53亿元，已完成投资17亿元。仓储项目42个，规划仓容358.5万吨，总投资21.6亿元，已完成投资3.5亿元。省粮食局共向国家粮食局、国家发展改革委等部门申报了35个粮食物流项目、35个仓储项目和5个油罐项目。中央财政对怀化市粮食物流中心、湖南省横市粮食物流园、湘西粮食现代物流城、金健米业股份有限公司粮食现代物流项目建设共补助资金1500万元。

九 农户科学储粮工程

省粮食局制定了《湖南省农户科学储粮专项建设规划（2009~2012）》、《湖南省农户科学储粮2009年度实施计划》和《湖南省农户科学储粮专项实施意见》。按照“主产粮县、基础较好、适度集中、农户自愿”原则，选择了株洲、汉寿、桃源、津市、桃江、双峰、涟源、桂阳等8个县实施2009年度农户科学储粮专项，以县为单位与每个农户签订合同，依法依规组织了项目招标，中标企业严格按照标准和合同生产、配送标准镀锌钢板仓到农户家中。截至2010年3月初，圆满完成了国家粮食局下达全省5万套共2000万元的投资计划（中央投资30%，省财政配套30%，农户自筹40%）。

十 粮食行政执法

加强了粮食收购资格和粮食收购市场的监管。各市县结合当地市场供应与粮价情况，开展了专门检查，督导企业履行义务，有效地维护了粮食流通秩序。2009年，全省共核查案件1698例，其中：责令改正1229例，警告240例，罚款57例，暂停、取消粮食收购资格396例。各地围绕政府关注的重点、群众关心的热点积极开展专项检查，加大涉粮案件的核查，扩大了粮食流通监督检查工作的社会影响，粮食行政执法的重要作用逐步得到社会各方面的认知。

十一 粮食财务

2009年，全省粮食企业实现利润2146万元，比上年的1774万元增加372万元。其中粮食购销企业实现利润2497万元，比上年减少26万元。2009年末全省粮食企业资产总额86亿元（已剔除政策性粮食财务挂帐），其中固定资产净值23亿元；负债总额68亿元（已剔除政策性粮食财务挂账），其中银行借款余额40亿元；所有者权益18亿元。2009年全省粮食企业营业收入总额320082万元，营业成本总额358493万元，补贴收入总额36044万元，费用开支总额56650万元。

◆ 湖南省粮食局领导班子成员

吴奇修	党组书记、局长
向才昂	党组成员、副局长
焦小毅	党组成员、副局长
邓德林	党组成员、副局长
石少龙	党组成员、副局长
彭利萍	党组成员、纪检组长
皮祖玉	巡视员
余新奇	副巡视员

2009年2月5日，湖南省粮食工作会议暨全省粮食清仓查库工作动员会议在长沙召开。省委常委、常务副省长于来山（主席台中）到会并作重要讲话，省粮食局局长吴奇修（主席台左一）作工作报告，会议由省政府副秘书长刘明欣（主席台右一）主持。

2009年5月15日，湖南省粮食清仓查库工作汇报会在长沙召开。会议听取了有关市州关于普查工作的概况、结果、存在的问题及原因、建议等方面的汇报。省粮食局局长、全省粮食清仓查库领导小组副组长兼办公室主任吴奇修(主席台左二)出席会议并作重要讲话。

2009年9月17日，湖南省粮食局主办了“‘抒豪情、颂祖国’庆祝新中国成立60周年歌咏会”。

广东省粮食工作

基本情况

广东省地处祖国大陆南部，全境共辖2个副省级市、19个地级市、23个县级市、54个市辖区、44个县（其中3个自治县）。2009年末常住人口9638万人，其中：城镇人口占63.4%，乡村人口占36.6%。全省陆地面积18万平方公里，约占全国陆地面积的1.9%，耕地面积253万公顷。2009年，全省生产总值39082亿元，比上年增长9.5%；人均地区生产总值40748元，增长8.4%；全省一般预算收入3649亿元，城镇居民人均可支配收入21575元，农村居民人均纯收入6907元。

2009年，全省粮食作物播种面积2538.5千公顷，比上年增长1.5%。粮食产量1314.5万吨，比上年增长5.7%，其中：稻谷1058.3万吨、玉米75.4万吨、大豆13.6万吨。按照常住人口计算，年人均粮食占有量136公斤。粮食商品量298万吨，商品率22.7%。粮食需求量3687万吨，其中：口粮1772.5万吨、饲料用粮1518.8万吨、工业用粮102.7万吨、其他用粮293万吨。粮食产需缺口2372.5万吨，自给率35.7%。

2009年粮食工作

2009年，广东在全国率先实现粮食安全保障立法，率先开展粮食安全责任考核，认真完成粮食清仓查库任务，大幅增加地方粮食储备规模，建立食用植物油储备制度，扎实推进粮食流通基础设施建设及仓储规范化管理工作，粮食安全得到有效保障，为全省保增长、保民生、保稳定提供了良好的基础保障。

一 率先实现粮食安全保障立法和开展粮食安全责任考核

省人大常委会审议通过了《广东省粮食安全保障条例》，自2009年7月1日起施行。该条例是全国第一部系统规范粮食安全保障工作的地方性法规，涵盖粮食生产、流通和消费等各环节，体现了“一手抓粮食市场机制的完善，一手抓政府粮食安全保障能力建设”的粮食安全保障思路，明确了“政府负责、部门协作、社会参与”的粮食安全保障机制。

根据省政府出台的《广东省粮食安全责任考核办法》，省粮食局联合省直有关部门开展了对各地级以上市政府粮食安全责任的首次届中考核工作。考核结果经省政府审定后通报全省，21个地级以上市中有20个考核合格，得分前5名的市分别是江门、惠州、东莞、中山和广州。通过粮食安全责任考核，有效促进了各级政府和有关部门进一步重视和做好粮食工作。

二 粮食清仓查库和其他监督检查工作顺利开展

按照国务院的统一部署，全省完成了粮食清仓查库任务，经历了企业自查、市县普查、省级复查、国家抽查和整改总结等各阶段，历时近半年，出动检查人员共1.9万余人次，检查列入范围的全部300多家企业、近1100个库点。在检查中，全省实行了“划分片区、轮替互查”的跨市交叉普查方式。清查结果表明，全省粮食账实差率0.1%，质量合格率94.3%，品质宜存率99.5%，库存粮食数量真实、质量良好、存储安全。省粮食局和韶关市粮食局被国家粮食局授予“2009年全国粮食清仓查库工作先进单位”称号，全省有5人被授予先进个人称号。广州、佛山、河源、惠州、潮州、云浮市粮食清仓查库工作领导小组等207个组织和个人被授予省级荣誉称号。

省、市、县三级粮食流通监督检查工作部门协作机制建设不断推进，大部分地级以上市建立了部门协作机制。中山市制定了粮食行政处罚自由裁量的量化标准；江门市核定了158家粮食经营企业的最低和最高库存的具体数量。省和深圳市稳妥处理了储备大米卫生指标的有关问题，省粮食局提出了加强粮食质量安全监管的措施建议。同时，全省规范做好粮食收购许可证审核工作，各级粮食行政管理部门累计发放粮食收购许可证844个，有效规范了粮食收购市场秩序，保护了种粮农民利益。

三 粮食市场保持稳定

全省继续推进实施《广东省粮油市场监测报告制度》，认真做好粮油市场信息每日监测和每旬一报工作。省粮食局建立了粮食市场形势分析会议制度，健全省级粮油市场监测网络，共落实省级粮油市场监测点100个，实现粮油市场信息网上直报和汇总。各地也积极健全本级粮油市场监测网络，全省共落实各类粮油市场信息监测网点约900个。各级粮食部门根据粮食市场情况及时提出政策措施建议。全省继续加强粮食产销合作，采购东北粳稻米79万吨，占全国采购量的12.6%。全省粮食市场供应充裕，供需平衡，粮食价格指数上涨4.3%，比全国低1.3个百分点。

根据《广东省粮食安全保障条例》规定和《中共广东省委广东省人民政府关于实施扩大内需战略的决定》要求，经省政府同意，省粮食局联合有关部门启动了全省低收入困难群体粮油保障制度建立工作。

根据省委、省政府关于当好推动科学发展、促进社会和谐排头兵的要求，结合全省军粮供应管理工作实际，部署了争当全国军粮供应管理工作排头兵的目标和措施。各地向驻粤部队统筹供应食用油工作继续推进，与上年相比，协议供应数量增加3.9%，实际供应数量增加19.4%，比计划高出12.8个百分点。

四 粮油储备和应急体系建设进一步推进

按照国家有关部门下达的计划，全省地方储备粮规模增加17%，食用油储备制度建立。省政府建立了省级储备粮管理工作联席会议制度。省粮食局、财政厅制定了《省级储备食用植物油管理实施细则（试行）》，规范省级储备食用植物油管理工作。各地积极推进落实新增的粮油储备规模。佛山市已落实食用油储备规模，肇庆市与有关企业签定食用油储备承储合同，珠海市制定了本级食用油储备管理办法。

省政府办公厅印发了《关于进一步加强粮食应急工作的意见》，从制度安排、网络建设、成品储备、监测预警等方面对推进全省粮食应急体系建设作出全面部署。省粮食局印发了《广东省粮食应急保障网点认定管理试行办法》，规范粮食应急保障网点认定和管理工作。全省已落实各类粮食应急保障网点约1300个，粮食应急网络不断完善。省以及广州、汕头、云浮等市开展了粮食应急演练，韶关、江门等市结合军粮供应保障工作进行了演练。

五　粮食流通基础设施和仓储管理水平进一步提高

全省粮食仓储、物流等项目总投资15.4亿元，比上年增长10%，年度完成投资4.2亿元。省政府常务会议研究通过《广东省粮食流通基础设施建设规划（2009~2015年）》，科学规划省直属和地方粮库、粮食市场体系和质检体系建设。省储备粮东莞直属库、汕头直属库建设有序推进。各地也加大粮库建设力度。深圳市17万吨仓容、佛山市56万吨仓容、江门市16.8万吨仓容、潮州市一期4万吨仓容市级储备粮库等项目顺利推进，中山市中心粮库二期主体工程完工。

省粮食局制定了《广东省粮油仓储企业规范化管理评价暂行办法》，在全省组织开展了粮油仓储企业规范化管理活动。出台了《广东省农户科学储粮专项建设规划（2010~2012年）》，计划每年建设一批小型粮仓，帮助农户减少粮食产后损失。全省开展了以“科学消费植物油”为主题的粮食科技周活动，向全社会宣传粮油科学消费知识，引导科学健康的粮油消费习惯。

六　队伍建设进一步加强

全省粮食系统进一步深入开展学习实践科学发展观活动，认真学习并深入贯彻党的十七届四中全会和省委十届五次全会精神，扎实开展纪律教育学习月和党风廉政教育活动。省粮食局组织全省粮食系统干部职工约2500人次参加了粮食安全保障条例、清仓查库、仓储新技术标准、军粮供应、统计财会等各类业务培训。全省国有粮食企业持续健康发展，全年盈利8839万元，比上年增长83%。各级粮食行业协会积极发挥联系政府和企业的桥梁纽带作用，推进“放心粮油”工程。省粮食局认真组织参加新中国成立60周年全国粮食行业成就展，同时获得优秀组织奖和最佳设计装修奖。

◆ 广东省粮食局领导班子成员

张　军	广东省发展和改革委员会党组副书记、副主任、粮食局局长
李　敏	副局长
冯晓光	副局长
骆裕根	副局长

2009年3月至6月，根据国务院的统一部署，广东省开展了粮食清仓查库工作，图为时任省委常委、常务副省长黄龙云（前排右二）到佛山市指导粮食清仓查库工作。

2009年6月，广东省人大常委会举行《广东省粮食安全保障条例》颁布实施新闻发布会，该条例是全国第一部系统规范粮食安全保障工作的地方性法规。

2009年10月，广东省粮食局组织参加新中国成立60周年全国粮食行业成就展，获得优秀组织奖和最佳设计装修奖（右三：广东省人民政府副秘书长李春洪；右二：广东省发展和改革委员会副主任、粮食局局长张军；右一：广东省粮食局副局长李敏；左二：广东省粮食行业协会会长董富胜；左一：广东省储备粮管理总公司总经理龙红辉）。

广东省韶关市粮食局被国家粮食局授予“2009年全国粮食清仓查库工作先进单位”称号。

广西壮族自治区粮食工作

基本情况

广西壮族自治区地处祖国南疆，东临广东省，南临北部湾与海南省隔海相望，西连云南省，东北接湖南省，西北靠贵州省，西南与越南毗邻。广西设14个地级市，7个县级市，56个县，12个民族自治县，34个市辖区。2009年末全自治区人口总数为5092万人，土地面积23.7万平方公里，约占全国土地总面积的2.5%。

2009年，广西生产总值7700.4亿元，比上年增长13.9%。全年财政收入966.9亿元，比上年增长14.7%。城镇居民人均可支配收入15451元，剔除价格因素，比上年实际增长12%；农村居民人均纯收入3980元，增长10.6%。

2009年全区粮食播种面积306.8万公顷，比上年增加9.4万公顷；油料种植面积18.1万公顷，增加1.8万公顷。广西是一个结构性缺粮的省区，2009年粮食总产量1463.2万吨，比上年增产4.9%；油料产量42.1万吨，增产12.6%。人均粮食占有量287公斤，粮食商品率为29.7%。全年全区国有和重点非国有粮食经营转化企业共购进粮食约913万吨（贸易粮，下同），比上年同期增加84万吨；共销售粮食573万吨。2009年全区粮食消费量1931万吨，比上年增加52万吨，其中农村口粮877万吨，城镇口粮172万吨，工业用粮163万吨，饲料用粮708万吨，种子用粮11万吨。

2009年末，广西国有粮食企业共981家，从业人员0.9万人。其中国有购销企业531家，从业人员0.7万人；粮食附营企业450家，从业人员0.2万人。2009年末全区粮食仓容总量为475.6万吨。

2009年粮食工作

2009年，广西粮食工作在自治区党委、自治区人民政府的正确领导和国家粮食局的直接指导下，及时抓住党中央、国务院为应对国际金融危机、保持经济稳定发展而采取一系列政策措施的难得机遇，紧紧围绕保增长、保民生、保稳定、保发展良好势头的目标，切实加强粮食宏观调控，努力加快粮食行业改革与发展，取得了明显成效。

一 抓好粮食清仓查库工作，准确掌握库存粮食情况

按照国务院和自治区政府的要求，积极组织各级粮食行政管理部门开展全区粮食清仓查库工作。

全区粮食系统先后组织1100多人进行业务培训，组织了1487人、分109个清查工作组，按照中央规定的每一个步骤，认真对行政区内各级储粮企业储存的中央储备粮、国家临时存储粮、地方储备粮和商品周转粮进行检查核实，取得了显著成绩，出色完成了粮食清仓查库工作。经核查，全区粮食库存数量真实，质量符合国家标准，储备粮管理规范，储存安全。全区粮食清仓查库工作得到了全国粮食清仓查库工作领导小组的充分肯定，自治区粮食局被评为全国粮食清仓查库工作先进单位。

二 完善粮食储备体系，夯实宏观调控基础

（一）深入调研，提出了增加地方储备规模和实行异地代储的意见

在深入学习实践科学发展观活动中，全局组织调研组深入各地调查研究，撰写了一批调研报告，其中《准确把握全区粮食供求形势，建立确保粮食安全的储备新机制》调研报告，获国家粮食局年度调查研究论文评比一等奖。在考察吉林、内蒙古、河南等省区粮食产销及储备情况的基础上，结合全区粮食产销实际，协同自治区发展改革委、财政厅等部门联合向自治区人民政府提出了增加全区地方粮食储备规模并实行异地代储的意见，已经得到自治区人民政府批准。

（二）落实成品粮油储备，增强应急供应能力

结合全区实际，对全区成品粮油储备布局进行适当调整，进一步增强了全区粮食应急供应能力。

（三）完善储备粮管理制度，进一步规范储备粮管理

根据《广西壮族自治区储备粮管理办法》的要求，组织起草了《广西壮族自治区储备粮轮换管理办法（试行）》和《广西壮族自治区储备粮异地代储管理办法（试行）》，已经征求了有关部门的意见，作进一步修改后实施。

（四）推广绿色储粮新技术，确保粮食质量安全

结合粮食行业工作实际，及时调整粮食储藏工作的重心，由减少粮食数量损失向保持粮食品质转移，大力推广充氮气调储粮技术，实施绿色储粮，确保粮食质量安全，让群众放心。2009年，在广西柳州国家粮食储备库等粮食储存库试行充氮气储粮技术。目前全区实施充氮气调绿色储粮总仓容70.6万吨，占全区总仓容的13%。

三 抓好粮食购销工作，确保粮食市场稳定

(一)认真分析研究粮食供求形势，及时做好返乡农民工口粮供应工作

受国际金融危机影响，2009年春节前后全区有300多万外出务工农民工提前返乡并滞留在家，给全区粮食市场供应带来新的问题和困难。自治区粮食局及时派出工作组深入相关市县调研，多次组织专题会议研究返乡农民工口粮供应问题，及时向自治区人民政府提出意见和建议，引起了各级各有关部门的高度重视。按照自治区人民政府主要领导的批示精神，全年分批组织出库销售了30万吨自治区储备粮，各市、县也根据实际，及时组织储备粮出库销售，有效保证了滞留农民工和缺粮群众的口粮供应，稳定了粮食市场，全区没有发生返乡农民工缺粮断供现象。

(二)做好粮食外采和调运工作，丰富市场供应

根据实际需要，充分发挥国有粮食购销企业在市场粮食经营的主渠道作用，有计划地做好粮食外采和调运工作，及时补充粮源，丰富了粮食供应品种，确保了市场供应和粮食价格基本稳定。2009

年全区国有和重点非国有粮食经营、转化企业共购进粮食913万吨（贸易粮，下同），比上年增加8.6%；销售粮食573万吨，比上年增加7.1%；转化用粮256万吨，比上年增加5.8%。

(三)搞好市场监测统计，及时掌握粮食市场变化情况

全区各级粮食部门认真落实国家粮食流通统计制度，进一步加强社会粮食统计调查和市场监测、预测，圆满完成了2008年度社会粮食供需平衡调查工作，及时掌握粮食市场变化情况，为粮食宏观调控提供决策依据。

四 项目建设进展顺利，投资增长势头良好

2009年以来，按照中央和自治区关于扩大投资拉动内需保增长的要求，全局高度重视抓好项目建设，规划建设了一批粮食仓储物流和粮油食品加工项目。全年完成固定资产投资2.3亿元，占自治区人民政府下达全局本级全年固定资产投资任务的279%。其中，总投资5000万元的自治区储备粮防城港直属库一期工程项目、总投资7000万元的广西金茶王油脂公司精炼油脂生产项目已竣工投产，总投资3.1亿元的广西国泰粮食集团30万吨粮油食品精深加工搬迁技改项目、总投资2亿元的广西黎塘粮食产业园项目以及广西工商职业技术学院新校区建设等项目已经做好了前期各项准备工作。

五 储备粮直补订单粮食收购工作成效显著

科学安排储备粮直补订单收购工作，明确2009年的直补范围由全区所有县（市、区）调整集中到60个粮食主产县（市、区），直补订单粮食收购计划为80万吨，直补资金总额由2008年的1.6亿元增加到2亿元，直接补贴标准由2008年每公斤0.20元提高到0.24元。直补资金兑付方式统一调整为全部由财政所通过农补网“一折通”兑付给农户。同时，还调整了入库时间，提高了直补资金的预拨比例，进一步明确了订单收购粮食的用途和有关部门的职责。全区全年累计收购直补订单粮食78.2万吨，基本完成了全年收购计划。

六 继续稳步推进国有粮食企业改革，企业经营效益明显提高

争取自治区财政安排借款3300万元支持改革资金筹措困难的县用于分流安置企业人员。截至2009年底，全区已有83个县（市、区）基本完成了人员分流安置任务，分流人员占原职工人数的82.6%。通过兼并重组和股份制改造等方式改制的企业占原有国有粮食企业60%以上。2009年全区国有粮食购销企业完成销售额28亿元，实现利润2000多万元。

七 着力抓好安全生产和维护稳定工作，促进社会和谐稳定

各级粮食部门始终坚持抓好安全生产和维护稳定工作，确保了粮食行业改革与发展。各级粮食部门认真落实安全生产责任制，采取有力措施做好安全生产防范工作，安全生产工作取得明显成效。由于全区粮食系统改革遗留的历史问题较多，长期以来，部分市县的粮食职工上访不断，在一定程度上影响了社会和谐稳定。全局党组高度重视，多次专题研究职工信访和维稳问题，提出要认真妥善处理老问题，及时处置新问题的办法，及时组织工作组深入基层认真做好上访人员的政策解

释和思想教育工作，帮助基层企业解决生产经营中遇到的实际困难和问题，有效化解矛盾，防止群体性上访事件发生。

八 精心组织参加全国粮食行业相关展会，获组委会表彰和国家粮食局通报表扬

为庆祝中华人民共和国成立60周年，展示新中国成立60周年特别是改革开放以来粮食行业所取得的辉煌成就，由国家粮食局、江苏省人民政府主办的新中国成立60周年全国粮食行业成就展暨第九届中国国际粮油产品及设备技术展览会于2009年10月16～18日在南京举行。自治区粮食局认真组织广西粮食代表团参加展览，及早谋划做好参展的各项工作，向全国同行展示了广西粮食行业新中国成立60周年特别是改革开放30年来粮食流通工作改革与发展的巨大成就。经过组委会评比，广西粮食代表团同时荣获了组委会特设的“优秀组织奖”和“最佳装饰设计奖”，得到国家粮食局的通报表扬。

九 认真抓好行政效能建设，机关工作作风明显改进

2009年以来，自治区粮食局结合学习实践科学发展观活动，通过召开座谈会、开展问卷调查等形式，认真查找了影响机关作风和行政效能建设的问题，深入剖析问题的根源，提出了逐一整改的措施。还组织举办各类干部职工业务培训班和公文处理培训班，提高了干部职工业务素质和机关公文处理能力。根据《粮食流通管理条例》和《粮食流通监督检查暂行办法》的有关规定，切实加强了粮食流通市场的监督检查，维护了粮食市场秩序；坚持实行依法行政，进一步提高粮食流通管理和服务水平。目前，局机关工作作风有了改善，工作效率有了提高，办文办事的质量也有所提高。同时，各级粮食部门认真贯彻执行党中央和自治区党委关于加强党风廉政建设的各项规定，加强党风廉政教育，强化对党员干部的监督管理工作，党风廉政建设得到有效加强。社会主义精神文明建设深入开展，积极组织党员干部开展党员服务年和扶贫帮困活动，组织干部职工参加各种文体活动，粮食科技、学校教育、扶贫帮困等各项工作都取得了新成效。

机构调整情况

2010年3月1日广西壮族自治区人民政府办公厅关于印发《广西壮族自治区粮食局主要职责内设机构和人员编制规定》的通知（桂政办发〔2010〕28号）就广西壮族自治区粮食局主要职责、内设机构和人员编制作出规定：

根据《自治区党委、自治区人民政府关于自治区人民政府机构设置的通知》（桂委会〔2009〕235号），设立自治区粮食局，为自治区人民政府直属机构。

一、职责调整

加强对全区粮食（含食用油，下同）战略性问题的研究，进一步深化粮食流通体制改革，完善粮食储备体系，健全粮食监测预警体系和应急机制，加强对粮食购销和自治区储备粮管理的指导协调，

提高全区粮食供应的保障能力。

二、主要职责

（1）研究提出全区粮食宏观调控、总量平衡以及粮食流通的中长期规划和粮食直补与储备粮订单收购挂钩的收储安排、动用自治区储备粮的建议，拟订全区粮食流通体制改革方案并组织实施，推动国有粮食企业改革，研究提出现代粮食流通产业发展战略的建议。

（2）承担粮食监测预警和应急责任，负责全区粮食流通宏观调控的具体工作，研究提出粮食最低收购价原则的建议，负责协调军粮供应、灾区、库区和缺粮地区粮食供应和国家重点工程建设项目的粮食供应等政策性粮食购销和粮食产销合作。

（3）起草全区粮食流通和自治区储备粮管理的地方性法规、规章和规范性文件草案，并监督执行，制定全区粮食流通、粮食库存监督检查制度并组织实施，负责对粮食收购、储存环节的粮食质量安全、品质测报和原粮卫生进行监督管理，指导粮食收购市场准入标准的制定并组织实施。

（4）负责全区粮食流通的行业管理，制定行业发展规划、政策，指导粮食流通的科技进步、技术改造和新技术推广工作，推动开展绿色储粮、科学储粮和“放心粮油”工程，开展粮食流通的对外合作与交流，负责粮食质量标准管理有关工作，制定粮食储存、运输的技术规范并监督执行，负责粮食市场监督管理的有关工作。

（5）负责管理自治区储备粮，会同有关部门研究提出自治区储备粮的规模、总体布局和收购、销售、进出口总量计划，会同有关部门审批自治区储备粮轮换计划并监督实施，监督检查自治区储备粮的数量、质量和储存安全，制定自治区储备粮管理的技术规范，并监督执行。

（6）拟订全区粮食市场体系建设与发展规划并组织实施，编制全区粮食流通、仓储、加工设施的建设和维修改造规划，管理有关粮食流通设施自治区投资项目。

（7）承担自治区人民政府交办的其他事项。

三、内设机构

根据上述职责，自治区粮食局设6个内设机构。

（1）办公室（政策法规处）。负责文电、会务、机要、档案等机关日常运转工作；承担宣传、信息、督查、安全保密、信访、政务公开、新闻发布、接待等工作；负责机关及直属单位信息化建设的有关工作；组织起草全区粮食流通和自治区储备粮管理的地方性法规、规章和规范性文件草案和有关政策；研究提出全区粮食流通体制改革方案并组织实施；组织拟订全区粮食市场体系建设与发展规划并组织实施；组织拟订粮食质量标准、检测制度和自治区储备粮管理的技术规范；负责普法宣传教育和依法行政的有关工作。

（2）调控处。研究提出全区粮食宏观调控、总量平衡以及粮食流通的中长期规划和粮食直补与储备粮订单收购挂钩的收储安排、动用自治区储备粮的建议；提出自治区储备粮轮换计划的审核意见并监督实施；研究提出粮食最低收购价原则的建议；承担粮食监测预警和应急有关工作；负责协调军粮供应、灾区、库区和缺粮地区粮食供应和国家重点工程建设项目的粮食供应等政策性粮食购销和粮食产销合作；承担全区粮食供求平衡、行业统计分析工作；组织实施“放心粮油”工程。

（3）监督检查处。拟订全区粮食流通监督检查制度、办法并组织实施；组织拟订粮食收购市场准入指导标准并组织实施；监督检查全区有关粮食法律、法规、政策及各项规章制度的执行情况；监督检查自治区储备粮计划、数量、质量和技术规范的执行情况；承担粮食收购资格核查工作；组织指导政策性粮食购销活动以及执行粮食流通统计制度情况的监督检查；组织开展全区粮食库存检查工作。

（4）财务处。承担部门预算、有关财务管理工作及直属单位政府采购、国有资产管理和内部审计工作；推动国有粮食企业改革和发展，调查了解国有粮食企业的经营管理状况并进行指导；指导全区粮食系统财务管理工作；负责全区粮食企业财务会计信息资料的编审、上报工作。

（5）流通与科技发展处。拟订全区粮食流通、仓储、加工设施的建设和维修改造、科技发展规划及有关年度计划；承办粮食流通设施自治区投资项目的有关工作；承担自治区储备粮代储资格的认定工作；承担粮食仓储管理和安全储存工作，指导粮食行业安全生产工作；承担粮食行业科技管理、科技创新体系建设和新技术推广工作，推动开展绿色储粮、科学储粮工作；承担粮食行业粮油加工统计工作。

（6）人事处。承担机关和所属单位的人事和工资管理、机构编制工作；拟订全区粮食行业队伍建设、人才培养规划和岗位培训计划，以及职业技能培训、鉴定计划并组织实施；研究和推进本行业有关人事制度的改革；指导所属学校教育工作。

机关党委：负责机关及指导直属单位的党群工作。

离退休人员工作处：负责机关离退休人员工作，指导直属单位的离退休人员工作。

四、人员编制

自治区粮食局机关行政编制为47名。其中局长1名，副局长3名，正处级领导职数8名（含机关党委专职副书记1名），副处级领导职数7名。

◆ 广西壮族自治区粮食局领导班子成员

庞栋春	党组书记、局长
黄显阳	党组成员、副局长
谢　俊	党组成员、副局长
杨　斌	党组成员、副局长（2009年11月任职）
刘文志	党组成员、纪检组长
何孔健	副巡视员

2009年4月22日，广西壮族自治区人民政府副土席陈章良（左二）在中央储备粮南宁直属库检查指导粮食清仓查库工作。自治区粮食局局长庞栋春（左一）、自治区人民政府副秘书长曾东（左三）、中储粮总公司广西分公司总经理周健生（右二）、自治区粮食局副局长谢俊（右一）陪同检查。

2009年8月19日，广西壮族自治区人民政府副主席陈章良（前右二）、自治区粮食局局长庞栋春（前右一）检查横县横州镇储备粮直补订单收购工作。

2009年10月29日，广西壮族自治区粮食局局长庞栋春（右二）深入贺州市调研。

广西壮族自治区粮食局领导班子（左起：纪检组长刘文志、副局长谢俊、局长庞栋春、副局长黄显阳、副局长杨文斌、副巡视员何孔健）。

海南省粮食工作

基本情况

海南省位于我国最南端，北濒琼州海峡，与广东省相望。以海南岛为主体，包括西沙、中沙、南沙群岛及无数岛礁和周围海域。全省陆地面积约3.45万平方公里，海洋面积200多万平方公里，为热带海洋季风气候，阳光雨量充沛，气候温和，风光旖旎。

2009年，全省生产总值1646.60亿元，比上年增长11.7%。全省常住人口864.07万人，人均生产总值19166元，比上年增长10.5%。全省粮食耕地面积42.1万公顷，全省粮食总产量187.6万吨。其中，稻谷145.9万吨，比上年增长1.5%。本省为结构性缺粮省，全省从省外购进粮食148.8万吨，其中国有粮食企业购进37.9万吨。2009年食品及工业用粮5.5万吨，种子用粮1.2万吨，饲料用粮141.9万吨，城乡居民口粮187.1万吨。全省国有粮食企业61个，职工1078人。

2009年粮食工作

一　落实粮食调控措施，确保全省粮食供求总量平衡

2009年全省粮食总需求324万吨，产需缺口达139万吨，为确保全省供求平衡，海南省粮食局积极落实调控措施。

一是抓好粮食统计和粮情监测工作。认真组织实施粮食统计台账制度，完善粮食监测制度和监测品种，组织开展2008年度社会粮食供需平衡等6个专项调查，推进省粮情监测应急系统省级枢纽的应用，与14个市县粮食局和5家省直单位远程联网，筹备接入国家发改纵向网工作，提升粮情监测的水平。加强对粮情的综合分析和调研成果的运用，组织撰写《2008年度海南省社会粮食供需平衡调查报告》，发布26期《海南粮食价格监测周报》、15期《海南粮情监测情况》，汇编《海南省粮情基础资料》，为省政府实施粮食调控提供基础数据资料和决策依据。

二是加强对国有粮食购销企业的指导，发挥其调控市场的主渠道作用。通过指导国有粮食购销企业带头执行国家的粮食政策，积极开展粮食收购、省外粮食调销业务和轮换销售储备粮，全年共收购稻谷16万吨、省外购进粮食27.3万吨，轮换销售储备粮，有效地保护种粮农民积极性和调节市场供应。指导国有粮食购销企业做好政府布置的需要救助群众的口粮供应工作。

三是抓好鼓励扶持政策的落实，加强监管，搞活流通，发挥多元粮食经营主体的积极作用。全省

100多家粮食企业经营从事省外粮食调销业务，全年省外购进粮食139万吨、食用植物油8万吨；组织本省粮食经营者参加"第五届七省粮食产销协作福建洽谈会"、"2009年黑龙江金秋粮食交易合作洽谈会"，推进粮食产销合作；做好省内企业执行国家政策，采购2008年新产东北粳稻（大米）的组织协调、服务工作，2008年11月至2009年4月政策执行期间，组织各种所有制粮食经营主体从东北采购粳稻1.8万吨、粳米5.2万吨供应省内市场。

四是切实抓好粮食应急日常工作。对全省65个粮食应急加工网点、245个粮食应急销售网点进行核实，编制2009年度应急工作手册；指导市县局与粮食应急加工、销售点协议签订工作，70.8%的加工网点、53.9%销售网点分别与市县粮食局签订应急加工、销售协议；指导各市县完成本地的粮食应急预案。

二 加强储备粮监管，确保政府粮食调控的物质基础

切实加强省级储备粮油的监管，指导市县级储备粮管理工作，协助管理在琼中央储备粮。中央、省、市县三级粮食储备管理工作平稳有序。省级储备粮年末库存中2009年生产粮占70.1%，2008年生产粮占29.4%，连续9年实现数量真实、质量良好、储存安全、正常轮换、年末库存为当年粮和上年粮、当年粮不低于50%的管理目标。

一是加强省级储备粮的监管。加强对省级储备粮数量和质量的监管，核实粮食库存数量，及时掌握省级储备粮库存量、轮换量、挂空量等情况，结合夏季粮食普查，组织质量抽样检验，检查结果：质量合格率为93.3%，宜存率为90.7%；加强对省级储备粮轮换工作的指导督促，通过采取先购后销、边购边销、以旧粮换新粮等灵活方式，经营轮换省级储备粮，完成年度轮换计划；做好省级储备粮承储管理年度考核工作，27家企业中评定优秀企业6家、合格企业12家、基本合格企业6家、不合格企业3家；抓好省储备粮管理信息系统一期建设工作，完成了省总监控室的建设和承储量5000吨以上的9家企业仓储、统计、会计人员系统软件应用培训，系统软件试运行。

二是落实食用植物油储备。起草《海南省省级储备食用植物油管理办法》，商有关部门报经省政府同意印发执行，下达省级食用植物油储备计划。按照分步实施的原则，已落实本年度储备散装食用精炼液油和小包装食用调和油，并协调落实中央储备毛豆油。

三是协助做好在琼中央储备粮管理工作，指导做好市县级储备粮管理工作。协助中储粮总公司海南联络处管理好在琼中央储备粮，指导省级企业做好中央储备粮的代储管理工作，加强对市、县级储备粮管理的指导，督促市、县落实市、县级储备规模，完成计划93.5%。

四是指导承储企业抓好储备粮仓储管理工作。积极推广应用机械通风、电子测温、"双低"储粮等科学储粮技术；抓好粮食安全生产；开展粮油仓储企业规范化管理活动。

三 认真落实军供政策，确保驻琼部队粮食供应

海南省粮食局始终坚持"以兵为本"的服务宗旨，认真贯彻落实国家的军粮供应政策，以军粮质量为中心，按时、按质、按量、按品种保证部队粮食供应不脱销不断档，获得部队的一致好评。

一是认真落实《海南省军粮质量监管办法》，严把质量关，在广州军区联勤部每年组织对中南五省质量抽检中，全省军供粮食质量、卫生指标合格率均达到100%，为唯一全部达标省份。

二是实施军用购粮卡改革，保持军用购粮卡系统运转良好，保证部队粮食供应。

三是认真执行军粮管理规定，开展全省军粮财务专项检查，历次结果表明，未出现违规现象。

四是实行24小时预约服务，开展义务送粮活动，全省年送粮率达75%。

五是认真落实国家有关做好“三无”岛屿驻军粮食供应的通知精神，在省内挑选落实质量稳定的防潮包装免洗米粮源，不惜成本从北京采购符合质量标准的强化小麦粉供应“三无”岛屿驻军。为确保全省供应西、中、南沙群众驻军的粮食质量，对原来的粮食包装保鲜设备和技术进行全面更新，将大米15公斤包装、小麦粉25公斤的传统编织袋包装改为5公斤真空脱氧包装，外加纸箱包装等防潮措施，实现粮食的保鲜、防潮、防高温、防霉变的综合效果和解决在运输、保管、储存中的难题，保证了军粮质量的稳定。

四 加强粮食行政监管，维护粮食流通的正常秩序

认真贯彻国务院颁布的《粮食流通管理条例》和省政府制定的粮食购销市场化改革各项政策，扎实履行职责，做好粮食行政监管的各项工作，有效地维护市场秩序。

一是组织实施社会粮食库存管理。1月，经报省政府批准公布《海南省粮食经营者最低和最高库存量标准规定》。认真组织实施海南省粮食经营者最低和最高库存量规定，建立粮食经营者最低和最高库存制度。8月，针对在粮食经营数据报送情况和执行对象的确定、库存量标准的核定及管理监督等方面存在的问题，重点对海口、文昌等6市县进行实地调研，总结经验，分类指导，逐步推进全省粮食经营者最低和最高粮食库存量标准实施工作。目前全省18个市、县已全面建立粮食经营者最低和最高库存制度，核定310家粮食经营者最低和最高库存量标准。

二是做好粮食收购许可管理工作。全省粮食部门认真执行《海南省粮食收购许可管理若干规定》（省政府令第204号），按照粮食收购许可规定和程序审核、发放粮食收购许可证，做好粮食收购资格审核档案管理，对外地收购的粮食企业办理备案，从源头上规范粮食经营主体进入粮食收购市场，保护粮食生产者的合法权益。全省已发放收购许可证202家，其中国有粮食购销企业76家，其他经济组织和个体工商户126家。

三是抓好原粮质量管理与市场监管。切实开展国有粮食购销企业收购环节的原粮卫生监测，加大储存环节的粮食质量与卫生安全抽查检验力度，健全粮食入库检验制度和粮食质量档案制度，确保原粮质量安全。经检验，国有企业全年轮换销售的储备粮均符合质量标准。

四是粮食、质检、工商等部门协同加强粮食市场管理，严禁不符合国家质量标准的粮油流入市场，维护粮食流通秩序。2009年组织两次成品粮油市场检查，切实开展粮食市场流通领域的监督检查。

五是切实抓好粮食清仓查库工作。2009年的粮食清仓查库是国务院统一组织的全国性粮食库存专项检查，由省政府统一领导，省发改、监察、财政、农业、审计、质检、统计、粮食、农发行、中储粮等10个单位参加，省粮食局具体组织实施。通过组织企业自查、市县交叉普查和省级复查，共查清了全省18个市县53家国有粮食企业129个库区363栋仓库粮食的数量、账务和质量等情况。清查结果表明：全省粮食库存数量真实，质量良好，储存安全，账实、账账相符。粮食清仓查库工作期间，全省没有收到涉粮案件的投诉、举报，没有收到违反清仓查库工作纪律的投诉、举报。

五 继续推进国有粮食企业改革

国有粮食企业有进有退，海南省粮食局继续抓好“退”的企业的改革问题和解决遗留问题，同时抓好“进”的企业粮食流通基础设施建设，为企业发展增后劲。

一是做好政策性新增粮食财务挂账剥离工作。积极主动配合有关部门，做好将1992年4月1日至1998年5月31日全省纳入中央财政和地方财政贴息范围的政策性新增财务挂账从国有粮食购销企业剥离工作。

二是妥善处理省直属单位历史遗留银行债务。某资产公司就一家省直属公司历史遗留银行债务拟公开拍卖其海口地区主要粮食储备库之一的资产，海南省粮食局提出建议：采用不计拖欠贷款利息，按一定比例一次性出资受让债权的方式由省财政安排资金了结债务，根据省政府的批示精神，海南省粮食局会同省有关部门组成专项工作小组，先后走访法制部门和一些处理债权回购有经验的单位，与该资产公司进行四轮商谈，最终确定以20%的比例回购全部债权，并完成了签订《债权转让合同》、支付回购价款、办理债权资料移交等各项工作。

三是抓好省饲料厂的改革工作。2007年底，全省国有粮食企业改革工作总体目标基本实现，全省553家国有粮食企业已完成改革任务的552家。只有海南省饲料厂由于当时对外租赁经营合同期未满，未同步实施改革。2008年海南省饲料厂租赁经营期满后，海南省粮食局抓紧该厂改革工作，协调省有关部门核定职工经济补偿金标准和职工安置项目；指导企业制定改革方案和职工安置方案，协助企业做好职工思想工作，平稳推进改革。

六 积极推进粮食基础设施建设

为推动现代粮食流通产业建设，根据全省粮食供求形势和特点，积极推进2个粮食流通基础设施重点项目，并着力抓好洋浦粮食储备库的建设。

一是加快推进海口粮食物流园区建设。海口物流园区规划占地20公顷，建设10万吨仓容粮食储备库。建设2.1公顷口粮批发仓铺及综合服务设施，建设日加工稻谷600吨的大米加工厂。

二是加快马村油库扩容和分装厂项目建设。根据食用植物油储存和轮换管理需要，抓好海南丰源油脂有限公司增加建设库容和分装厂项目建设，增加建设库容9800吨油库，一个日分装能力50吨的分装厂。

三是推进洋浦粮食储备库建设。海南省粮食局提出在不改变洋浦粮库项目建设规模和性质与基本功能的前提下对粮食接收工艺方案进行调整，报经国家发展改革委、国家粮食局批准。2009年3月项目重新启动，预计2010年9月底完成土建工程、设备安装，并装粮压仓，年内竣工验收。

◆ 海南省粮食局领导班子成员

宋建海	党组书记、局长
郭泽云	党组成员、副局长
黄　驹	党组成员、副局长
杨树岷	党组成员（2009年8月任命）、副局长（2009年9月任命）
王新华	副巡视员（2009年8月卸任党组成员，2009年9月卸任副局长）

海南省人民政府副省长姜斯宪（中）出席全省粮食清仓查库总结大会并讲话。省政府副秘书长屈建民（右）、省粮食局局长宋建海（左）在主席台就座。

海南白水塘粮库库区俯视图。

海南马村食用植物油储备库油罐群。

重庆市粮食工作

基本情况

重庆市农业资源富集，农村经济开发前景十分广阔,重庆市属于典型的亚热带湿润季风气候，主体性、多样性气候明显，是多种动植物生长的适宜区或最适区，是全国重要的农产品商品生产基地。重庆市农业和农村经济在国民经济中占有重要地位。辖40个区县(市)、总人口3060万，其中农村人口2485万，占总人口的 81.2%。土地资源：全市有幅员面积8.2万平方公里，耕地面积257.4万公顷，占幅员面积的31.26%。其中，水田面积115.1万公顷，旱地141.0万公顷，菜地1.28万公顷。园地面积15.7万公顷，占幅员面积的1.91%。其中，果园地4.53万公顷，桑园地1.85万公顷，茶园地3.66万公顷。未利用土地155.02万公顷，占幅员面积的18.82%。水资源：重庆境内河流众多，流域面积大于50平方公里的河流有443条，其中大于500平方公里的河流有41条，均属长江水系。气候资源：重庆属亚热带湿润季风气候类型，年平均气温为17.0～18.8℃，平均降水量为1000～1400毫米，年平均日照时数1000～1400小时，平均相对湿度80%左右，无霜期200～350天。冬暖夏热，少霜雪，多雾、寡日照，四季分明，热量丰富，降水充沛，温湿适度，水热同季，具有山地气候的立体性，冬季温暖、夏季高温的特殊性和地形小气候的多样性等三大气候特征，适宜于多种农作物生长。同时灾害性气候亦十分明显。干旱、洪涝、低温、寒潮、暴风雨、冰雹等灾害，每年均有不同程度发生。

2009年粮食工作

2009年，受气候影响，重庆市小春粮食播种面积下降，为直辖以来最低；水稻受气候、病虫害影响，总产量比特大丰收年的上年也相应减少；农业产业结构调整等因素，也导致了粮食播种面积略减。但2009年粮食产量依然达到了1137万吨，比直辖后的11年粮食平均总产量高出4.2%，是一个粮食生产的稳定年份。与国务院3号文件和市政府年初确定的1100万吨生产目标要求相比，粮食总产量超过3.3%。在2009年粮食总量中，稻谷占45%，对于以稻米为主食的全市来说，保障了市民“米袋子”的稳定。

一　圆满完成粮食清仓查库工作

检查收储粮食库存点284个，仓间10124个，粮食实物量146.6万吨，摸清了粮食库存家底，荣获

"全国粮食清仓查库工作组织奖"。

二 市级储备粮轮换工作有序推进

全年新增市级储备粮6万吨，增强了政府对粮食的宏观调控能力。

三 粮油购销两旺，粮食市场价格基本稳定

重庆市年粮食消费量为1250万~1300万吨，粮油流通量约为570万吨。2009年全市购进粮食227万吨、食用油22.35万吨；销售商品粮285万吨、食用油28.8万吨。重庆市商委加快粮食流通体系建设，把粮油供应网点建设作为商贸网点建设的重要内容，加大了市级商业发展资金对粮油市场网络建设的投入。目前重庆市有粮食批发市场21个，其中市级批发市场1个，区县级粮食批发市场20个；城乡粮食集贸市场（农贸市场）456个，各类粮食经营户超过6000户。

四 粮油基础设施建设取得发展

提出了建立四大体系、实施四大工程的粮食工作思路，即建立粮油保供体系、粮油市场体系、粮油检测与执法保障体系、粮油物流与加工体系和科学储粮工程、放心粮油工程、粮油信息化工程、粮油企业培育工程。编制完成了地方粮食储备库改造、食用油仓储及物流设施、粮食及现代物流三个规划，西彭、大足、丰都等粮食储备库及专用码头改扩建工程基本完工。全年完成粮油基础设施投资1.7亿元，新增仓容12.6万吨，罐容1.8万吨，粮食专用码头泊位4个，设备291台（套），大修仓容15万吨。

五 科学储粮取得成效

加强了对市级储备粮的管理，建立了储备粮市和区县两级定期督促检查制度，全市"四无"储粮达99.95%，"规范化"储粮达85%。同时启动了农户科学储粮工程，编制了《重庆市农户科学储粮专项建设规划》，开展了农户科学储粮试点。

六 军粮供应及时高效

圆满完成驻渝部队粮油供应和调往西藏的"前运粮"加工任务。

七 粮油监管力度得到加强

粮食质量检测、仓储企业规范化管理进一步加强，尤其是加强执法队伍建设，成为商务部行政执法的试点单位，全年检查粮油经营企业(户)3990家，查处涉粮案件264件，对全市粮食收购许可证进行清理，规范粮食收购行为。

机构调整情况

2009年，按照中共中央办公厅、国务院办公厅印发的《重庆市人民政府机构改革方案》的要求，重庆市粮食局并入重庆市商委。新商委按照要求完成了“三定”规定的制定和审批，积极稳妥地推进内设机构和机关干部调整，对外挂市政府专项工作牌子7个；对内部设20个职能处室，其中和粮食有关的有粮油管理处、粮油调控处、军粮供应管理处。整合了事业单位，将原粮食局机关后勤服务中心、市粮食建筑设计室、市商业职工活动中心整合成市商贸流通服务中心。

◆ 重庆市商业委员会领导班子成员

周克勤	党组副书记、主任
张　敏	党组书记、副主任
黄　伟	党组成员、副主任
陈国华	党组成员、副主任
刘天高	党组成员、副主任
范光明	党组成员、副主任
赖　蛟	党组成员、副主任
蒋寿光	党组成员、副主任
陈　曜	党组成员、纪检组长、监察专员
尤祖才	党组成员、主任助理
孙华培	党组成员、主任助理
杨元亮	副巡视员
肖建平	副巡视员
王　伶	副巡视员

重庆市副市长周慕冰（左二）在铜梁县委书记魏寿明、县长唐川等县领导陪同下到重庆铜梁国家粮食储备库调研。

重庆铜梁国家粮食储备库。

铜梁龙米业生产基地。

四川省粮食工作

基本情况

2009年，四川省粮食工作坚持以科学发展观为指导，紧紧围绕“保障供给，稳定市场，确保安全”的要求，加强宏观调控，增加粮食收购、储存和加工能力，促进粮食生产与流通协调发展；抓住灾后重建机遇，加强粮食流通基础设施建设，加快现代粮食物流和市场体系发展步伐，构建新型城乡购销网络体系；大力推进粮食产业化经营，增加农民收入，发展壮大企业，促进“两个加快”，推进粮食事业又好又快发展。

全省粮食行业有省粮食行政管理部门1个（四川省粮食局），市、州粮食行政管理部门21个（市、州粮食局，其中行政机关20个，参照公务员管理的事业单位1个），县（市、区）粮食行政管理部门178个（其中行政机关40个，参照公务员管理的事业单位103个，行使粮食行政管理职能的事业单位35个），粮食经营企业单位1104个（其中国有及国有控股独立核算企业579户）。粮食从业人员27635人，其中：行政管理人员2983人，事业单位1719人，粮食经营企业22933人（其中国有及国有控股企业16025人）。全系统总资产158.79亿元，其中：固定资产52.45亿元、固定资产净值36.07亿元、流动资产96.39亿元，负债总额127.12亿元。粮食仓库总数790个，储存能力1212.5万吨；储油罐2031个，储存能力59.3万吨；铁路专用线31.71千米；专用码头4个。

2009年，四川省粮油生产面积6419.4千公顷，产量3194.6万吨。全省认真执行粮食最低收购价政策，敞开收购农民余粮，实际收购粮食553.18万吨，收购油菜籽78.72万吨。全年销售粮食总量782.23万吨，销售食用油60万吨，完成了管好各级储备及商品粮库存和新增省级临储菜油2.8万吨的任务，保持了市场基本稳定，保障了全省的市场供应。

2009年粮食工作

一 粮食生产

2009年四川省粮油生产面积6419.4千公顷，产量3194.6万吨，增产75万吨。其中，稻谷面积2027.1千公顷，产量1520.2万吨；小麦面积1077.5千公顷，产量423.3万吨；玉米面积1334.4千公顷，产量643万吨；油菜籽面积936.58千公顷，产量199.9万吨。

二 落实国家粮食宏观调控措施，确保全省粮食市场基本稳定

全省认真执行粮食最低收购价政策，敞开收购农民余粮，实际收购粮食553.18万吨，收购油菜籽78.72万吨。全年销售粮食总量782.23万吨，销售食用油60万吨，调进粮食951.76万吨，调进食用植物油30.5万吨。认真落实食用油和小包装成品粮油储备规模，在全省已建立小包装成品粮油储备5.8万吨的基础上，落实了新增省级储备菜油2.8万吨的计划，保持了市场的基本稳定，保障了全省的市场供应。一是抓好粮油收购。全省粮食系统认真执行国家粮油收购政策，指导和督促国有粮食企业发挥主渠道作用，采取了一系列有效措施，抓好粮油收购工作特别是油菜籽和中籼稻的托市收购工作。引导和鼓励多元市场主体积极入市收购，切实满足农民出售粮油的需要。执行托市收购政策的国有粮食购销企业和加工企业严格按照政策要求，依质论价、敞开收购，外资和民营企业纷纷跟进，带动了价格上扬和进度加快。二是认真落实食用油和小包装成品粮油储备规模，加强省内产销衔接，积极调粮入川和争取国家粮食移库四川。三是保障市场供应。各地采取积极有效措施“保供应、稳粮价、安民心”，积极组织货源，扩大生产加工，增加市场投放，丰富粮油品种，满足市场需求，稳定市场粮价。全力做好灾区和高寒边远山区群众越冬粮油储备工作。在灾区及高寒边远山区涉及的13个市（州）69个县325个重点乡镇储备粮油143.5万吨，在大中城市储备小包装成品粮油4万多吨，保证了供应不断档脱销，确保了受灾群众的粮油需求。

为确保粮食安全，修订完善了《四川省省级储备粮油管理办法》，注重省、市、县三级应急供应体系建设，全省完善各级《粮食应急预案》203个。加强对826个应急网点、404个粮油价格监测点的管理，坚持全省油料库存5日报、大中城市5升桶装油价格周报、大米市场监测日报等制度。

三 多项措施促进农民增收，服务“三农”工作卓有成效

一是会同有关方面共同执行稻谷最低收购价预案，指定并落实862个委托收购库点，按最低收购价收购稻谷；认真做好省级油菜籽托市收购工作，加上国家临储收购菜籽。初步测算，两项托市收购使全省农民增收5亿元以上。二是全省粮食系统组织发展订单粮油166.7万公顷，其中优质专用粮油订单面积为122.4万公顷，带动农民增收6亿多元。发展粮油专业合作组织85家，其中两家受到省级表彰。三是全省有14个重点粮食产业化龙头企业实施了新建和改建发展项目，总投资2.37亿元，重点建设的5个精深加工项目已全部竣工。67家粮油及粮食食品加工企业进入“第五批省级重点农业产业化龙头企业”行列，若男食品等5家企业被省评为“先进龙头企业”。苍溪漓山粮油等21家企业进入四川省“100家农产品加工示范企业”行列，仙特米业等23家企业被评为“建设新农村省级示范企业”，翡翠粮油等6家企业被省评为“第三批建设创新型培育企业和示范企业”；全省粮油加工总产值预计370亿元，产品销售360亿元，利润4亿元。四是全省乡村粮油超市和连锁店达到4428家，实现销售收入23.95亿元，粮油经营量达到110.2万吨。五是国家在全省47个粮食主产县实施了农户科学储粮专项，为5万农户建设了新型小粮仓，项目农户比2008年增长117%，户均减损增收130元。

四 完成全省粮食清仓查库工作

2009年3月以来，根据国务院的统一安排部署，按照“有仓必到、有粮必查、有账必核、查必彻

底”的要求，全省有序开展了粮食清仓查库工作，经过前期准备、企业自查、市州普查、省级复查和国家抽查等各阶段的扎实工作，达到了预期目的。这次全省粮食清仓查库工作有四个特点：一是组织周密，二是自查扎实，三是普查到位，四是复查认真。全省各级各有关部门密切配合、组织严密、工作扎实，经受了考验。经对市级普查数据核实和汇总，检查时点全省库存粮食实物数与统计数差率为0.08%，远远低于国家规定的3%以内的标准。全省库存粮食账账相符、账实相符、质量良好、储存安全。国家部际联合工作组对全省粮食清仓查库进行抽查的结论是：四川省各级政府及相关部门高度重视清仓查库工作，精心组织，周密部署，层层落实，认真开展了自查、普查和复查工作。工作组所抽查库点粮食库存账实相符，账账相符，粮食储存安全，外观质量无明显异常，仓储管理工作和各级储备粮轮换比较规范。

五 灾后重建和扩大内需项目建设进展顺利，现代粮食流通产业框架初步形成

全省粮食部门累计开工灾后重建项目57个，完工13个，完成投资1.26亿元，投资进度超年初计划4000万元。全省粮食行业扩大内需项目累计完成投资16.17亿元，投资总额创历史最高水平。目前，全省粮食行业还有规划项目80多个，投资总额近50亿元。其中粮油储备项目（含油罐）30个，投资估算20亿元；批发市场及电子商务骨干项目20个，投资估算1.5亿元；粮食现代物流及产业园区项目30个，投资估算20亿元；粮油质量检验检测系统和应急设施设备项目10个，投资估算8亿元；农户科学储粮专项20万户。规划项目中在建项目23个，投资额15.35亿元。包括粮油仓储设施项目16个（储备库项目7个、食用油罐项目3个），投资额3.95亿元；批发市场在建项目2个，投资额0.82亿元；物流项目5个（其中省规划一级物流节点3个），投资额10.58亿元。

六 结合粮食工作实际，切实推进依法行政

完善粮食行政管理配套制度，大力开展法制宣传教育，着力规范行政执法行为，努力提高行政效能，为搞活粮食流通、规范市场秩序提供了有力的法治保障。严格规范行政许可审批。全局有粮食收购许可、陈化粮购买资格认定和军粮供应站资格认定3项行政审批事项，全部纳入政务中心集中办理。认真履行许可审批和监督管理职责。按照“谁审批，谁负责”的要求，2009年利用全国清仓查库和大小春粮油收购检查等机会，组织行政执法人员，对有粮食收购许可证企业的粮食库存及全省粮食经营者执行国家粮油购销政策的情况进行了检查。全省开展各类检查6320次，出动执法人员32053人次，对29865户粮食经营者依法进行了检查，查处粮食违法案件1169件。在行政执法中严格依法办事，努力规范执法行为，对违规违章的企业，依法进行处罚，认真执行经过细化了的行政处罚自由裁量规定，没有发生具体行政行为被人民法院、行政复议机关、行政执法监督机关撤销、变更、责令整改的情况。

全省依法办理《粮食收购许可证》7745个，比上年末增加57个，民营及个体经营户比例达90%。一是加强对粮食收购工作的监督检查。夏秋粮收购期间，多次组织工作组深入基层检查指导，督促粮

食购销企业认真执行国家粮食收购政策，尤其是油菜籽收购和稻谷最低收购价政策启动后，各地集中开展了收购执法专项检查活动，切实维护了市场秩序。收购实行敞开收购，依质论价，未发现压级压价现象，并及时支付售粮款，保护了种粮农民、粮食经营者利益。二是加强对救灾粮、军供粮、退耕还林粮等供应质量和储备粮轮换的专项检查，加强质量监管，杜绝不符质量和卫生要求的粮食流入口粮市场，切实维护了广大消费者利益。

七　粮食企业改革和发展成效显著

通过资产整合和企业重组等改革，全省国有粮食购销企业由年初的596家整合为581家。积极争取和认真落实地方储备粮库免征有关税费等政策，减轻了企业负担，实现毛利收入1.2亿元，继续保持整体盈利的态势，利润总额增长32.23%，资产总额达到148.21亿元，增长4.7%。仓储设施已具有1000万吨储存能力，每个县级行政区域都保留了1～2个国有粮食购销企业。

八　注重发挥品牌效应，提高粮油产品的市场占有率

全省有3个产品获得“中国名牌”称号，比上年增加1个；8个产品获得“国家地理保护标志产品保护”认证，比上年增加3个；217个产品获得“绿色食品”标志认证，比上年增加18个；120个产品获得“无公害食品”标志认证，比上年增加17个；58个商标获得“四川省著名商标”称号，比上年增加29个。

九　阿坝州大骨节病区换粮工作

积极协助配合扶贫开发和综合防治大骨节病工作，完成阿坝州大骨节病区粮食供应工作。2009年阿坝州大骨节病区13个县、159个乡镇、669个村118206名病区群众全年更换粮食1674.718万公斤。

十　省委、省政府领导充分肯定粮食工作

对四川省2009年粮食工作，省委副书记李崇禧2010年1月29日批示：上年，全省粮食系统干部职工奋发努力、超常工作，为全省粮食再获丰收、粮油市场稳定作出了贡献，向大家表示衷心感谢！粮食问题事关国计民生，事关经济社会发展全局，一定要千方百计抓好，确保粮食安全。

省委常委、副省长钟勉2010年1月4日批示：2009年省粮食局和全省粮食系统认真执行国家政策和省政府部署，组织粮油最低价和托市收购成效明显，推进粮油产业化经营积极主动，服务“三农”工作措施有力，同时拓展了粮食事业发展新空间，保障市场供应和维护全省粮食市场稳定工作也卓有成效。

（注：2009年1月20日，四川省人民政府第24次常务会议修正《四川省〈粮食流通管理条例〉实施办法》（省政府第206-1号令），2009年2月19日公布施行。

2009年3月，四川省粮食局印发《关于进一步加快推进灾后恢复重建工作的意见》（川粮发〔2009〕5号）。

2009年8月24日，四川省人民政府印发《四川省省级储备粮油管理办法》（川府发〔2009〕28号）。

2009年10月30日，四川省粮食局、四川省财政厅印发《四川省农户科学储粮专项实施细则（暂行）》。）

机构调整情况

四川省粮食局为四川省发展和改革委员会管理的行政机构。

一、职责调整

（1）取消已由省政府公布取消的行政审批事项。

（2）加强对粮食（含食用植物油，下同）战略性问题的研究；完善地方粮食储备体系，加强省级储备粮管理。

（3）健全粮食监测预警体系和应急机制，组织协调粮食进出川工作，提高全省粮食供应保障能力。

（4）加强对全省粮食购销和粮食流通产业发展的指导协调，加强农村科学储粮指导，推广先进适用的农户储粮技术和粮仓。

二、主要职责

（1）贯彻执行国家粮食流通和储备粮管理的方针、政策及法律、法规，起草全省粮食流通和省级储备粮管理的相关地方法规规章草案，制定粮食流通、库存监督检查等相关管理制度并监督执行。拟订全省粮食流通体制改革方案并组织实施，推动国有粮食企业改革。提出发展现代粮食流通产业战略建议。承担粮食行政调解、行政复议、行政应诉工作。

（2）承担粮食预警监测和应急责任，负责全省粮食宏观调控具体工作，组织指导全省粮食系统统计工作。研究提出全省粮食宏观调控、总量平衡以及粮食流通的中长期规划和进出口计划的建议，拟订全省粮食最低收购价执行预案并监督执行。管理社会粮食流通，保障军队等政策性粮食的供应。负责全省粮食余缺调剂，指导省内粮食销售工作，开展省际间粮食流通的合作交流。

（3）承担省级储备粮行政管理责任，指导全省粮食储备体系建设。提出地方储备粮总规模及省级储备粮的总体布局和收储、轮换、动用计划建议并组织实施，制定省级储备粮管理技术规范并监督执行，监督检查省级储备粮库存数量、质量和储存安全，协助做好在川中央储备粮及国家其他政策性临时储存粮食的监督管理工作。

（4）贯彻实施国家粮食质量标准，制定全省粮食储存、运输技术规范并监督执行。负责全省粮食收购、储存环节和政策性用粮质量安全，负责库存原粮卫生监督管理，指导粮食行业安全生产和抢险救灾，指导全省农村科学储粮工作。

（5）制定粮食流通产业发展规划，提出促进粮食流通产业发展的政策建议并督促落实，指导、协调全省粮食流通基础设施建设，管理省级投资粮食流通设施建设项目。制定全省粮食仓储、加工和物流体系建设规划并组织实施，拟订全省粮食市场体系发展规划，指导粮食批发市场建设。指导粮食企业科技进步、技术改造和新技术推广应用。指导城乡粮食流通市场建设。

（6）指导全省国有粮食企业的财务管理和会计报告工作。贯彻国家粮食流通财政财务政策和会计制度，组织编报全省国有粮食企业会计报表及会计决算。负责国家和省预算拨付的粮食政策性补贴资金和专项资金的使用管理。会同有关部门管理粮食风险基金、政策性粮食财务挂账，参与粮食收购资金贷款管理。

（7）制定粮食系统人才发展规划，指导全省粮食行业的职业教育，指导直属学校的教育改革和管理。

（8）承担省政府公布的有关行政审批事项。

（9）承办省政府、省发展改革委交办的其他事项。

三、内设机构

四川省粮食局设9个内设机构：办公室、政策法规处（行政审批处）、调控处、产业发展处、仓储管理处、监督检查处、财务处、人事教育处和离退休人员工作处。

四、人员编制和领导职数

四川省粮食局机关行政编制58名。其中：局长1名、副局长3名；机关党委书记按省委规定配备；正处级领导职数10名(含机关党委专职副书记或机关党办主任1名)，副处级领导职数12名。

◆ 四川省粮食局领导班子成员

侯　勇	省发展和改革委员会党组成员、省粮食局党组书记、局长（2009年12月任职）
石恩祥	党组成员、副局长
黎　明	党组成员、副局长
张书冬	党组成员、副局长
刘孟元	党组成员、纪检组长
黄自友	党组成员、机关党委书记

四川省粮食局局长侯勇（左二）、副局长张书冬（左一）前往成都市青白江区、新都区，就加快粮食物流园区建设进行专题调研。

四川省召开2009年全省粮食清仓查库工作总结电视电话会议，省委常委、副省长钟勉（中）出席。

四川省召开全省粮食清仓查库工作总结会议，省粮食局局长侯勇（右三）、副局长张书冬（右二）、机关党委书记黄自友（右一）、副局长石恩祥（左三）、纪检组长刘孟元（左二）出席。

四川省举办2009年粮食科技活动周。

贵州省粮食工作

基本情况

2009年，全省GDP为3893.5亿元，比上年增长11.2%，财政总收入为779.6亿元，增长15.6%；全省城镇居民人均可支配收入为12862.5元，增长9.4%；农民人均纯收入为3005.4元，增长7.5%；粮食总产量为1168.3万吨，增长0.9%；油菜籽产量70.4万吨，增长16.6%。

2009年，全省购进粮食73.7万吨，销售粮食59.1万吨；收购油菜籽16.9万吨，销售食用植物油9.1万吨。其中，国有粮食企业购进商品粮20.6万吨（贸易粮，下同），购进油菜籽6.9万吨，销售粮食15.8万吨；全省粮食商品量245万吨（原粮，下同），社会粮食消费量1352万吨，其中城镇居民口粮167万吨，农村居民口粮549万吨，工业用粮65万吨，种子用粮36万吨，农村饲料用粮520万吨。

2009年，全省国有粮食企业统算实现盈利464万元，比上年同期减亏2299.7万元，减幅125.3%，其中，国有粮食购销企业盈利520.8万元，比上年同期减亏1892.2万元，减幅138%。

2009年,全省粮食行业独立核算单位3232个，在职职工19490人。其中，粮食行政机构95个，在职职工1413人；事业机构39个，在职职工450人；流通企业1358个，在职职工9306人；加工企业248个，在职职工3401人；多种经营企业1492个，在职职工4920人。

2009年粮食工作

一 把增强粮食宏观调控能力作为粮食工作的重要任务，沉着应对国际金融危机带来的严峻挑战

按照国家四部委下达的指导性计划，分解落实了地方粮油储备规模，73个县建立县级储备粮。经省人民政府批准，省财政每年拨付3000万元粮食流通专项资金支持粮食安全“四大体系”建设，并向国家上报了请求增加全省粮食风险基金规模和中央财政补助比例的报告。扎实开展清仓查库工作，全面摸清了全省粮食库存家底。各地以此为契机，切实加强地方储备粮管理，实现“一符四无”仓容

266万吨，“一符四无”粮油128.7万吨，处理虫粮1.5万吨、高水分粮0.2万吨。

二 把搞活粮食市场流通作为粮食工作的重大任务，大力推进现代粮食流通产业发展

各级粮食部门始终把粮食流通作为保障市场粮食供给、促进农民增收的重要工作来抓。截至2009年12月底，国有粮食企业购进商品粮20.3万吨，销售商品粮15.5万吨；购进食用植物油8.8万吨，销售9.1万吨。组织有关企业收购油菜籽42.7万吨，创近几年新高。贵阳谷丰等三大粮食批发市场粮食进场量达76.8万吨，同比增加1.1万吨；交易量达78.15万吨，同比增加1.6万吨。全省粮食供需基本平衡，粮食市场和粮食价格基本稳定。提高服务部队水平和军粮供应保障能力，得到伙食单位的充分肯定，测评满意度达100%。

三 把深化改革、扩大开放作为实现科学发展的根本动力，不断激发粮食经济发展的内在动力

各地以“调整结构、转型升级、整合资源、优化管理”为主线，积极深化粮食企业改革。贵阳市以穗金粮食集团发展公司为主体，投资组建了贵阳黔禾米业等4家公司，资源整合取得重大突破。同时，加快省直属粮食企业改革步伐，于2009年底按期完成省直属粮食企业的改革改制任务。老账消化成效明显，2009年全省国有粮食企业共消化财务挂账2.1亿元，其中铜仁地区消化挂账达8442万元，黔东南州、遵义市、黔南州消化挂账额均达到2000万以上。

四 把重大粮食基础设施建设作为贯彻落实中央扩大内需方针的关键，加快构建现代粮食流通体系

抓住国家扩大内需机遇，向国家粮食局申报粮食仓储设施建设项目19个、建设仓容80万吨、投资金额达10.6亿元；储备油罐建设项目10个、罐容6万吨、投资金额5990万元。在积极做好项目申报的同时，多方筹集资金，全力抓好粮食基础设施建设。2009年，安排粮食流通专项资金1600万元补助粮食仓储建设和市场建设等项目，带动地县投资7500万元。据统计，2009年全省粮食物流基础设施建设项目36个（包括新建项目和续建项目），项目概算总投资8.2亿元，已完成投资0.9亿元。其中，粮库建设项目14个，概算投资4.2亿元，已完成投资3756万元，建成仓容近3万吨；油罐项目6个，概算投资2099万元，已完成投资720万元，建成罐容1.4万吨；市场建设项目8个，概算投资2.4亿元，已完成投资2967万元；粮油加工项目8个，概算投资1.5亿元，已完成投资1805万元。

五 把依法管粮作为对广大干部的一项基本要求，不断强化依法行政意识，保障粮食经济平稳较快发展

全省94个粮食行政管理部门全部成立监督检查机构，实现了全省三级监督检查机构全覆盖工作目标。严格执行粮食市场收购资格准入制度，全年共审核颁发《粮食收购许可证》2217份，其中，法人和其他经济组织办证582户、个体工商户办证1635户，对1888户粮食收购许可证进行了年检。加强粮食质量监管，培训检化验人员186人，抽检各类粮油食品1700多批次。开展粮食专项检查，组织执法检查2378人次，实施行政处罚166例。

六 把解决人民群众最关注的利益问题作为民生建设的重中之重，着力提高粮食工作服务水平

积极培育和扶持龙头企业，协调安排资金近千万元，重点支持30个粮食产业化项目和重点骨干粮食批发市场建设项目。全省实施订单种植面积达到17万公顷，助农增收2亿元以上。各级粮食部门筹措资金120余万元，生产发放丰产仓3000个，培训农民8000人次，受益农户超过5000户，试点农户储粮损失率由8%降至2%，减少粮食损失280吨，增收52万元。2009年，在贵阳、遵义、安顺等地开展“放心粮油”工程建设试点，建立“放心粮油”区域性配送中心1个，县级配送中心4个，连锁超市18个，“放心粮店”30个。

七 把推进机关党建和干部队伍建设作为增强粮食经济发展内在动力的关键，提高干事创业的执行力

扎实开展深入学习实践科学发展观活动，在事关粮食工作科学发展的重大问题上进一步统一了思想、形成了共识、理清了思路。加强机关文化建设，全年举办各类讲座10余场，860人次受到教育。组织开展“全省粮食系统迎国庆60周年歌咏大赛”，积极参加省直机关“迎国庆、颂贵州”歌咏比赛并荣获二等奖。对全局17名中层干部进行轮岗交流，增强干部队伍活力。在全省粮食系统首次启动互派干部双向挂职锻炼机制，选派17名年轻干部到省粮食局机关和部分基层粮食行政部门挂职。开展副处级干部竞争上岗，进一步推进干部人事制度改革。加强党风廉政倡廉教育，落实党风廉政建设责任制，省局领导班子成员及处室负责人没有出现违法违纪问题。

◆ 贵州省粮食局领导班子成员

沈　健	党组书记、局长
张和林	党组成员、副局长
林元惠	党组成员、纪检组长
乔鲁毅	党组成员、副局长
章　萍	党组成员、机关党委书记
何武林	党组成员、总经济师
吴青春	党组成员、副局长

2009年12月，贵州省副省长蒙启良到省粮食局检查省直国有粮食企业改革工作。

2009年4月，贵州省委常委、贵阳市委书记李军到省粮食局调研工作。

2009年7月，贵州省粮食局局长沈健（左）在贵阳粮油工业园区检查工作。

2009年6月，贵州省召开全省粮食系统清仓查库工作总结表彰会议。

云南省粮食工作

基本情况

云南简称“滇”或“云”，地处中国西南，北回归线横贯南部。总面积39.4万平方公里，占全国总面积的4.1%。东与广西壮族自治区和贵州省毗邻，北以金沙江为界与四川省隔江相望，西北隅与西藏自治区相连，西部与缅甸相邻，南部和东南部分别与老挝和越南接壤，共有陆地边境线4060公里。全省辖16个州、市，129个县、市、区。2009年末全省总人口为4571万人，比上年末增加28万人。其中城镇人口1554万人，乡村人口3017万人。

云南省委、省政府历来高度重视粮食工作，为促进粮食生产稳定发展，确保粮食安全，近年来出台了一系列支农惠农政策，有效地调动和保护了农民种粮的积极性，粮食生产连续多年获得丰收。2009年全省粮食总产量1577万吨，比上年增长3.8%，其中：稻谷636万吨，小麦72万吨，玉米543万吨，大豆29万吨，薯类和其他杂粮297万吨。

2009年全省粮食收购量201万吨，粮食总销售381万吨。粮食商品量462万吨，进口粮食25万吨。粮食消费量1802万吨，其中：城镇口粮186万吨，农村口粮694万吨，饲料用粮768万吨，工业用粮45万吨，种子用粮66万吨，食品、副食用粮43万吨。据铁路部门统计，全年调入粮食218万吨，销往省外粮食16万吨，销往省外的粮食主要以薯类和杂粮为主。从今后发展趋势看，随着工业化、城镇化的发展以及人口增加、旅游业和人民生活水平提高，粮食消费需求将继续呈刚性增加。从粮食流通的角度看，云南已由原来的产销基本平衡区转变为销区，省内口粮产需缺口不断扩大，粮食销售调入量逐年增加，对外依存度越来越大，保障粮食安全的任务十分艰巨。

2009年粮食工作

2009年，云南省粮食局紧紧围绕保发展、保民生、保稳定的工作大局，坚决执行省委、省政府关于确保粮油有效供给和市场基本稳定的一系列决策和指示，围绕服务粮农增收，促进产业发展，巩固产销合作，繁荣粮油市场，抓好清仓查库，加强监管调控等重点任务，切实加强全省粮食流通工作，攻坚克难、改革创新，尽心竭力确保全省粮食安全。加强对各地粮食流通体制改革的指导，局党组集体深入基层调研,帮助基层和直属单位理清发展思路，破解发展难题，明确发展方向。积极探索“以粮为本求生存、跳出粮字谋发展”的工作思路，深化粮企改革，开展资产经营，实行科技创新，狠抓扭亏增盈，一批有实力、有效益的粮油企业继续做优做强做大，全省粮食系统全年实现利润9100万元。按照“产供销一条龙、农工商一体化”的产业化发展思路，培育粮油产业化经营龙头企业，加快以粮食购销、加工企业为龙头的粮油产业化经营体系建设，支持发展粮油精深加工，强化粮油食品加工业的质量意识和品牌建设。积极与省级地方税务部门沟通协调，争取对省、州（市）、县（市、区）三级共191户地方储备粮承储企业给予免征全年的房产税、城镇土地使用税等税收优惠政策，为企业改革发展创造良好政策环境。

一 粮食清仓查库

按照国务院统一安排，3月25日，省政府召开全省粮食清仓查库工作动员电视电话会议，省委常委、常务副省长罗正富同志亲自部署，全省清查工作正式启动。全省各级政府和有关部门严格按照“在地检查”原则和“有仓必到，有粮必查，有账必核，查必彻底”的要求，有序推进粮食清仓查库企业自查、州市普查、省级复查三个阶段的工作。整个清仓查库工作期间，全省共组织12147人，对所有在全省的中央储备粮、国家临时存储粮、地方储备粮的数量、品种和质量情况，国有及国有控股粮食企业存储商品粮的数量、品种、质量和粮权归属情况进行了认真清查。在省级复查工作中，全省在完成国家复查工作方案规定任务的基础上，扩大复查工作覆盖面，全省16个州市都进行了复查，复查量占库存总量的42.7%，超过了国家规定应查总量20%~30%的要求。经过认真组织清查，全省库存粮食数量真实，质量良好，账实相符，账账相符，粮食库存值高于贷款额，粮食储存品质检测指标符合国家要求，宜存率为100%。云南省粮食局和昆明市粮食局分别被国家粮食局授予“全国粮食清仓查库工作优秀组织单位”和“全国粮食清仓查库工作先进单位” 荣誉称号，杨诚等5位同志被授予“全国粮食清仓查库工作先进个人”荣誉称号。

二 保护粮农利益

会同有关部门研究制定2009年中晚籼稻和粳稻的最低收购价，在国家稻谷最低收购价基础上较大幅度提高了全省稻谷最低收购价，有效调动了农民的种粮积极性。秋收后，针对德宏等地中晚籼稻收购价格下滑的情况，与省发展改革委、农发行云南省分行及时组成调研组，由省粮食局局长、副局长带队，深入产区调研，指导和检查收购工作，协调解决收购过程中的问题，研究落实相关扶持政策，组织云南昆明国家粮食储备中转库、云南省粮油工业公司、昆明国家粮食储备有限公司、昆明市粮油购销有限责任公司和怒江州、大理州、临沧市、迪庆州国有粮食企业到德宏按不低于国家最低收购价挂牌收购粮食，共托市收购粮食3.4万吨，德宏等地粮食收购价稳步回升，切实保护了产区粮农的利益，维护了边疆社会稳定。认真执行国家油菜籽托市收购政策，及时指定全省4家地方油脂加工企业挂牌敞开收购油菜籽6万吨，申报中央财政托市收购补贴资金1191.89万元。指导和督促各地充分发挥国有粮食企业主渠道作用，支持和引导粮食购销、加工等龙头企业开展粮食订单收购，引导和鼓励多元主体积极入市收购，搞活粮食流通。

三 粮食宏观调控

认真履行粮食行政首长负责制考核领导小组办公室的职责，商省级有关部门对2008年各州市政府及省级相关部门贯彻落实粮食行政首长负责制情况进行考核，并报经省政府批准兑现2008年度考核奖励。进一步完善地方粮食储备调节体系，落实新增省级粮食常规储备规模，及时下达省级储备粮年度轮换计划并督促落实，与有关部门研究下达州市级储备粮规模指导计划。会同有关部门到北京汇报，请求国家发展改革委等四部门调减全省地方食用植物油储备规模。严格按省政府批准的规模抓紧落实食用植物油地方储备规模。到2009年12月末，全省省级和州市级食用植物油脂地方储备任务全部落实到位。认真开展粮食供应应急体系建设情况调研，结合实际提出完善粮食供应应急体系建设的意见建议，形成《云南省粮食局粮食应急预案实施办法》，进一步确定粮食应急加工、储运和供应企业。及时建立值班和报告制度，加强对灾区粮食需求、库存、价格及粮食市场供应情况的监测分析，有效确保灾区的粮食供应，保障部队的紧急需求，确保灾区粮食价格的基本稳定。

四 粮油产销合作

为满足日益增加的市场需要，确保云南粮油有效供给和市场基本稳定,省粮食局着力建立稳定流畅的粮油货源渠道。组织省内10家粮食企业到东北粮食主产区采购稻谷（大米）16.7万吨，充实地方粮食库存，保障全省市场供应，共落实中央财政运费补贴资金1764.2万元。全年调入粮食200万吨以上。进一步加强与国内大型食用油脂企业益海嘉里集团合作，建立稳定畅通的食用植物油货源渠道，在省粮油工业公司合作建设的年周转20万吨食用油油罐，以及年生产3.5万吨食用油中包装生产线已投产。

五 粮油动态储备

2008年度全省与黑龙江、吉林、湖南、四川等粮食主产省建立了省级动态储备10万吨，截至2009年6月底，10万吨省级动态储备任务已经全部圆满完成。为进一步做好全省省级储备粮动态储备合作，推进粮食产销合作，保障云南粮食有效供给和市场基本稳定，省政府同意2009年度继续与主产区建立10万吨省级动态储备合作。11月份以来，全局分别与黑龙江、吉林、湖南等粮食主产省签订了合作协议，积极推进落实省级动态储备任务，丰富了云南粮食市场，确保了云南粮食有效供给。与省财政厅等部门沟通协商，确定省级食用植物油储备采取动态储备方式，由企业自主经营，自负盈亏。指导各地按照动态储备的方式，进一步落实地方食用植物油储备，规避市场价格风险、节约财政费用开支，增强市场调控能力。

六 粮油市场监测监管

继续提高全省38个价格监测点监测密度和频率，坚持粮油市场价格日报告和周分析制度。增加对昆明大型粮油市场和各大超市的市场监测，重点对食用植物油价格及供应情况进行跟踪监测。继续宣传贯彻《粮食流通管理条例》，组织开展大米的国家新标准和《食品安全法》等政策法规的宣传。研究制定《云南省粮食收购经营者质量检验能力认定程序（试行）》，开展全省粮食安全专项整治行动和粮食收购企业保管检验员能力培训，对全省核发《粮食收购许可证》的企业进行行政许可现场核查。进一步健全粮食库存监督监查机制，严肃查处虚报库存、套取补贴、擅自动用储备粮等违法违规行为。加强粮食市场巡查，维护粮食生产者、经营者和消费者的合法权益。认真做好各级各类库存粮食的质量检查，切实加强对粮食收购质量的督查，认真抓好原粮卫生专项调查，扎实推进质量监管制度、质量监测体系、质检技术装备和高素质的质检队伍建设。

七 粮食基础设施建设

积极争取《云南省粮食物流基础设施建设“十一五”规划》项目立项和实施。完成粮食仓储物流及农户储粮设施需求情况调查工作。向国家粮食局申报项目22个，投资计划12.5亿元。国家发展改革委安排昆明市粮油购销有限责任公司粮食物流节点项目补助资金600万元，其中：中央财政安排300万元，昆明市政府配套300万元。经与省发展改革委协调，东川市粮油购销公司小麦粉加工配送项目、砚山县丰林花生油厂年产1万吨花生油生产线扩建项目被列入全省2008年预算内投资贴息计划。组织实施了云南省粮油质检基础设施建设项目第二批建设计划。按照“平战结合、突出战备，军民兼容、部队优先，主副并进、以副补主”的军粮供应企业改革发展思路和“打基础、办实事、增活力、强后劲”，解决基层军供网点急需解决的问题，增强军供保障及应急调控能力的思路和专款专用的原则，对全省军粮供应网点进行省级补助投资建设。

◆ 云南省粮食局领导班子成员

苏全忠	党组书记、局长
何庄元	党组成员、副局长
张　睿（苗族）	党组成员、副局长
许建平	党组成员、副局长
杨韵玲（女，白族）	党组成员、纪检组长
马红跃	党组成员、副局长
孙卫平	机关党委书记、副巡视员
李国文	副巡视员

2009年10月9日，云南省政府召开全省粮食清仓查库工作总结电视电话会议。省委常委、常务副省长罗正富(中)出席会议并作重要讲话，省政府副秘书长黄立新(右一)主持会议，省粮食清仓查库工作联席会议牵头人、省粮食局局长苏全忠(左一)在主席台就座。

2009年，云南省粮食局党组班子集体深入直属企业调研，支持企业做优做强做大。

2009年11月20日，云南省、吉林省和黑龙江省举行2009～2010年度省级动态（粮食）储备合作座谈会。

西藏自治区粮食工作

基本情况

西藏自治区地处中国的西南边疆，青藏高原的西南部，平均海拔4000米以上，素有“世界屋脊”之称。西藏南隔喜马拉雅山脉与印度、尼泊尔、不丹、缅甸等国接壤。北部和东部与新疆、青海、四川、云南等省（区）为邻。全区土地面积为120多万平方公里，约占全国总面积的1/8。

西藏高原地形地貌复杂多样，气候独特。高原大部区域空气稀薄，含氧量少，太阳辐射强，日照长，昼夜温差大。全区主要农作物有青稞、小麦、油菜、豆类等品种。

西藏是以藏族为主体的民族自治区，其他还有汉族、回族、门巴族、珞巴族等。西藏行政区划为1个地级市、6个地区、1个县级市、71个县。全区常住人口290.03万人，2009年比上年末净增加2.95万人。其中：城镇人口69.03万人，占总人口的23.8%；乡村人口221万人，占总人口的76.2%。

2009年粮食工作

2009年全区各级粮食部门在自治区党委、政府的坚强领导下，在国家粮食局指导下，按照走有中国特色、西藏特点的发展路子和“一产上水平、二产抓重点、三产大发展”的经济发展战略，围绕“保增长、保民生、保稳定”的总体要求，深入贯彻落实科学发展观，全面落实国家和自治区粮食流通政策，紧紧抓住确保全区粮食安全这个中心任务，准确判断，沉着应对，统筹安排，围绕保证市场粮食供应和价格稳定，进一步提高和改善粮食宏观调控，深化国有粮食企业改革，切实做好粮食清仓查库，着力强化自治区储备粮管理，大力推进依法行政和依法管粮，深入开展反分裂斗争，各项工作取得了较好的成绩，为全区经济社会的更好更快更大发展作出了积极贡献。

一 粮食生产、流通情况

2009年，粮食播种面积169.4千公顷，其中：青稞117.8千公顷，小麦36.8千公顷。粮食总产量为90.5万吨。其中：青稞59.5万吨，小麦24.6万吨。油菜籽播种面积24.4千公顷，产量为5.8万吨。

2009年全区国有粮食企业收购粮食3万吨，销售粮食9.7万吨，省外购进粮食1.8万吨。

二 粮食宏观调控得到进一步加强，粮食市场基本稳定

（一）认真抓好粮食收购，努力掌握调控粮源

各级粮食行政管理部门从服务“三农”、支持粮食生产的大局出发，始终把粮食收购工作作为加强粮食宏观调控、保障市场粮食供应和促进农民增收的重要工作来抓，认真安排部署。各级国有粮食企业积极发挥粮食收购主渠道作用，认真落实好粮食收购政策，保护和调动种粮农民生产积极性，同时引导和鼓励多元主体积极入市收购，搞活收购市场，增加农民收入。2009年旺季全区粮食收购价格达到历史最高水平，有效增加了全区种粮农民收益。

（二）认真做好粮源组织采购和市场投放工作

为做好保供稳市工作，自治区粮食局多次对全区粮食供应和市场稳定工作进行安排部署，特别是在各个重要节日期间专门安排部署市场粮油供应和市场稳定等工作。各地市粮食行政管理部门在当地党委、政府的领导和统一部署下，尽职为民，积极指导督促粮食经营企业切实做好粮油组织采购和市场投放工作。及时充实边远易灾县（乡）的粮食库存，确保了全区粮食市场供应和价格基本稳定。

（三）加强粮食供求形势分析，做好粮情预测工作

2009年，为增强粮食宏观调控工作的预见性、及时性和有效性，各级粮食行政管理部门坚持粮食市场价格动态和粮油供求信息的采集制度，进一步加强对粮食市场的监测，加大监测密度和频率，认真分析预测粮食生产、消费、库存、价格变化形势和趋势，为做好粮食宏观调控工作提供决策依据。

（四）进一步充实应急粮源，增强调控基础

按照《自治区粮食应急预案》的要求，继续抓好应急粮源的落实，昌都、那曲两地区在落实3000吨地区级应急储备粮的基础上，2009年又落实了1000吨的县级应急储备粮，进一步增强了政府调控市场的物质基础。

三 完善管理机制，自治区储备粮管理进一步加强

（一）全力抓好自治区储备粮油轮换工作

2009年是全区全面放开粮食购销市场以来规模最大的一次自治区储备粮油集中轮换。按照《自治区储备粮轮换管理试行办法》的有关规定，在各级政府和有关部门的高度重视和支持下，各级粮食部门克服数量大、时间紧、任务重等困难，精心组织、统一部署，采取一系列行之有效的措施，千方百计采购粮油，确保了自治区储备粮油轮出销售与轮入采购工作顺利开展。

（二）自治区储备粮规模增加，保管费用标准提高

经自治区人民政府批准，2009年，自治区储备粮规模得到充实，新增青稞储备2750吨。在自治区财政厅的大力支持下，从2009年4月开始提高了自治区储备粮保管费用。

（三）建立健全管理制度

2009年，在不断探索和建立健全自治区储备粮管理长效机制的基础上，加大了制度措施的修订和完善工作，分别制定出台了《自治区储备粮仓储管理办法（试行）》、《自治区储备粮代储库主任职责》、《自治区储备粮代储库保管员岗位责任制》等制度。与自治区有关部门联合制定出台了《自治区储备粮轮换管理试行办法》。进一步健全了管理制度，规范了管理工作。同时，建立了自治区储备粮代储库仓储设施维修机制。

四 全力做好自治区粮食清仓查库工作

根据《国务院办公厅关于开展全国粮食清仓查库工作的通知》、《国家发展改革委关于印发2009年全国粮食清仓查库工作实施方案的通知》要求，全区成立了由自治区政府牵头、有关部门负责人组成的粮食清仓查库工作领导小组，召开了动员大会，制定了粮食清仓查库工作实施方案和检查方法。自上而下开展了大规模、多层次的业务培训，共培训检查人员485人。从3月底到4月底，顺利完成了企业自查、地市普查、自治区复查各阶段、各环节工作任务，普查率达100%，复查率达88%。全区共组织工作组99个，参加库存检查的检查人员达1590多人。通过清查，全区各地市被查企业粮食库存实物与保管账、统计账、会计账、报表等账实相符，账账相符，账表相符，基本做到了账务处理及时合规，不同性质、品种的粮食按照规定进行了分账管理、分仓（垛）储存，总体质量符合国家标准。

五 国有粮食企业改革稳步推进

国有粮食企业进一步解放思想，更新观念，结合企业自身优势和当地经济发展及地理优势，围绕主业，拓展经营，积极推动国有粮食企业改革和发展，不断探索和寻求企业新的经济增长方式，取得了较好的成效。2009年，自治区粮食局直属单位以企业内部三项制度改革为重点的改革工作取得实质性突破和明显成效。企业财务核算进一步规范，内控制度进一步健全，财务管理水平有效提高。

六 切实做好监督检查工作，依法管粮进一步推进

（一）深入开展宣传

继续采取多种方式认真开展《粮食流通管理条例》颁布实施五周年和粮改政策宣传活动，通过开展宣传活动，使粮食经营者、消费者特别是个体工商户进一步了解熟悉了国家和自治区有关粮食流通政策法规，了解了粮食经营有法可依，增强了法律意识，提高了粮食流通管理和行政执法的社会影响力，为依法管粮奠定了基础。

（二）做好粮食收购资格审核和市场监管

继续加强粮食流通监督检查人员培训，严格按照《自治区粮食收购资格审核管理办法（暂行）》的规定，依法做好粮食收购资格审核，切实做到依法审核发证，并加强对取得收购资格的经营者的指导、服务和监管。认真开展粮食收购市场专项检查，维护了收购市场秩序。积极配合工商等部门开展粮油市场专项检查，加强日常巡查，严厉打击以次充好、短斤少两、哄抬物价等违法违规行为，有效地维护了粮食市场的正常秩序。截至2009年底，全区获得《粮食监督检查证》的人员有115人。

七 全力维护社会稳定

（一）扎实开展深入学习实践科学发展观活动

按照自治区党委的统一部署，紧紧围绕“一贯彻、三坚持、两推进”的要求，继续抓好局直系统深入学习实践科学发展观活动。通过开展深入学习实践科学发展观活动，科学发展的理念在广大党

员、干部头脑中扎下了根，政治意识、大局意识和责任意识进一步增强，达到了党员干部思想观念有新转变，工作作风有新改进，执行能力有新提高，制度建设有新成果，管理工作有新进展的目标。

（二）扎实开展维护稳定工作

认真贯彻自治区党委的工作部署，始终坚持把反对分裂、维护稳定工作放在首位。以确保全区社会局势持续稳定，确保粮食流通工作有序推进和努力构建和谐社会为目标，从讲政治、顾大局的高度，充分认识反分裂斗争的艰巨性、复杂性、长期性，继续深化“反对分裂、维护稳定、促进发展”主题教育，多层次、多形式、多角度揭批达赖政治上的反动性、宗教上的虚伪性和手法上的欺骗性。以扎实有效的工作真正筑牢反对分裂、维护稳定的“第一道防线”。

（三）扎实推进领导干部作风建设年活动

按照区党委的活动要求，以领导干部思想作风、学风、工作作风、领导作风、干部生活作风建设为重点，弘扬新风正气，抵制歪风邪气。同时，深入开展党的政治纪律、组织纪律教育，加强对党的政治纪律执行情况的监督检查，加强对权力运行的制约和监督，落实廉洁自律各项规定和党风廉政建设工作任务，做到党风廉政建设与各项业务工作统筹安排，同部署、同落实、同检查、同考核，以扎实的工作推进党风廉政建设责任制的落实。

◆ 西藏自治区粮食局领导班子成员

吴国汉	党委书记、副局长
次旺诺布（藏族）	党委副书记、局长
达　拥（女，藏族）	党委委员、副局长
何长春	党委委员、副局长

2009年，西藏自治区开展粮食清仓查库工作，召开自治区粮食清仓查库复查工作组与山南地区行署见面会。

新中国成立60周年全国粮食行业成就展西藏自治区展区。

陕西省粮食工作

基本情况

陕西省地处祖国内陆腹地，黄河中游。周边与山西、河南、湖北、四川、重庆、甘肃、宁夏、内蒙古等8个省（区、市）接壤，是连接中国东、中部地区和西南、西北的交通枢纽。全省设10个省辖市和杨凌农业高新技术产业示范区，有3个县级市、80个县和24个市辖区。2009年末，全省常住人口3772万人，其中城镇人口1640.8万人，占43.5%,乡村人口2131.2万人，占56.5%。

2009年，陕西省生产总值8186.7亿元，比上年增长13.6%。全省城镇居民人均可支配收入14129元，比上年增加1271元，增长9.9%；人均消费支出10706元，比上年增长9.6%。农村居民人均纯收入3438元，比上年增加302元，增长9.6%；人均生活消费支出3349元，比上年增长12.4%。

陕西主要粮食品种为小麦、玉米、稻谷，辅以各类杂粮，属于粮食基本平衡省份。2009年，全省粮食播种面积313.4万公顷，较上年增长0.3%；粮食总产量1131.4万吨，比上年增长1.8%。当年全省人均粮食占有量299.9公斤。粮食收购量499万吨；销售量671.5万吨。粮食消费总量1384万吨，其中：城镇口粮223.6万吨，农村口粮563.6万吨，工业用粮211.8万吨，饲料用粮351.4万吨，种子用粮33.6万吨。

2009年末，陕西省有国有粮食企业462个，职工11647人，其中国有粮食购销企业342个，职工8562人。改制后新组粮食企业350个，其中国有或国有控股粮食企业231个。全省粮食仓容总量715.4万吨，同比增加51.5万吨，其中有效仓容646.1万吨，同比增加57.4万吨，有效仓容占仓容总量的90.3%。

2009年粮食工作

2009年，是新世纪以来我国经济发展最为困难的一年，也是粮食流通事业发展极不平凡的一年。陕西省各级粮食行政管理部门紧紧围绕“确保粮食安全、保证市场供应、促进农民增收”的总要求，认真履行粮食流通管理职责，积极应对金融危机对粮食行业带来的严峻挑战，开拓创新，努力工作，全省粮食流通工作取得了新的进展，保持了良好的发展局面。

一 粮食生产和流通

2009年，陕西粮食播种面积313.4万公顷，比上年增长0.3%；粮食总产量1131.4万吨，比上年增长1.8%。其中小麦383.1万吨，玉米526.1万吨，稻谷82.5万吨。

全省各级粮食部门始终把粮食购销工作作为全年工作的中心来抓。6月3日，省粮食局与农业发展银行省分行联合下发了《关于切实做好2009年夏粮收购工作的通知》，及早对全省夏粮收购工作进行安排。6月10日，联合召开全省夏粮收购工作会议，就做好夏粮收购工作再次进行动员部署。全省各类粮食收购主体积极入市收购，粮食流通市场继续呈现多元市场主体平等竞争、相互促进的良好局面，特别是非国有粮食收购主体发展较快，占全社会总量的66.3%。1~12月份，全社会各类粮食企业累计收购粮食499万吨，同比增加28.25万吨；其中：国有粮食经营企业收购168万吨，占全社会收购总量的33.7%，同比增加3.2万吨。全社会各类粮食企业累计销售粮食671.5万吨，同比增加16万吨；其中：国有粮食经营企业销售197.4万吨，占全社会销售总量的29.4%。全年粮食购销数量均超额完成了省委、省政府下达的年度目标任务，并且创下了历史最高水平。全省粮食收购价格高开高走，平均每公斤较上年同期上涨0.20~0.24元。按收购量计算，因价格上涨因素，全省农民可增加收入约9亿元。

二 粮食调控

2009年，陕西按照省政府印发的《陕西省粮食安全中长期规划纲要（2009～2020）》，从充实储备、健全制度、统计信息、市场监测、完善应急等方面入手，进一步加强粮食宏观调控，构建全省粮食安全保障体系。

一是抓住年初价格偏低的有利时机，及时增加省级玉米储备计划，并增加省级稻谷储备库存。制定下发食用油企业商业周转储备指导性意见、食用油市县级储备规模指导性计划和省级动态食用植物油储备计划。省、市、县三级储备粮规模均达到历史最高水平，政府宏观调控的物质基础明显增强。

二是制定《陕西省省级储备粮轮换管理办法》和《陕西省省级成品粮油储备管理办法》，强化省级储备粮管理。

三是做好全省粮食流通统计和社会粮食、食用油供需平衡调查。完成了年度全省粮食、食用植物油及油料供需平衡调查报告，为省委、省政府实施宏观调控提供科学决策依据。陕西省粮食局被评为2009年度全国粮食流通统计工作先进单位，姜旭红被评为2009年度全国粮食统计工作先进个人。

四是进一步加强粮油市场价格信息监测。全省建立国家粮油价格监测点11个，省级粮油价格监测点36个，市、县级粮油价格监测点323个。

五是建立应急成品粮油储备，落实应急粮食加工、供应、运输企业，进一步完善粮食应急体系。全省10个设区市有9个市制定出台了市级粮食应急预案；107个县（市、区）有91个县（市、区）制定出台了县（市、区）级粮食应急预案。按照省政府确定“面粉5天、大米10天、食油60天的日消费量”的要求，全省建立了一定规模的应急成品粮油储备。落实省级粮食应急企业176户，市、县级粮食应急企业533户，粮食应急保障能力进一步提升。

三 粮食企业改革和扭亏增盈

省粮食局年初下发了关于做好全省国有粮食企业改革和财会工作的通知，对深化国有粮食企业改革和扭亏增盈工作进行了具体安排部署，并积极与财政部门协商，研究制定政策，鼓励企业化解经营性财务挂账，减轻负担。同时，认真开展调查研究，建立企业扭亏增盈工作联系点，及时总结宝鸡市、富平县等地扭亏增盈的成功经验，坚持以点带面，指导全省工作。到2009年底，全省国有粮食企业已经完成改制849个，占88.3%，其中国有粮食购销企业已经完成改制644个，占90.3%；全省有84个县（市、区）完成了产权制度改革，占80.8%。按照每个县组建1~2个国有或国有控股粮食企业的要求，104个有粮改任务的县（市、区）中，有99个县（市、区）新组建企业350个，其中国有或国有控股粮食企业231个。国有粮食企业化解经营性历史债务的力度加大，累计化解债务15.5亿元，比上年增加8.8亿元。

随着改革的深化，企业历史债务逐步化解，经营机制进一步转换，经营情况明显好转。2009年，全省国有粮食企业累计实现营业收入43.43亿元，同比增加9.03亿元；盈亏相抵后实现盈利4335万元，同比增加3110万元。全省设区市统算全部实现盈利，89个县（市、区）统算实现盈利。

四 粮食依法行政和监督检查工作

全省各级粮食行政管理部门坚持依法行政，加强法制宣传，认真开展《粮食流通管理条例》颁布施行5周年宣传贯彻活动，开展普法依法治理工作，为依法行政营造良好社会氛围。按照《粮食流通管理条例》赋予的职责，积极转变行政职能，完善监督检查工作体系，加快配套法规和制度建设，依法加强对全社会粮食流通的监管，开展了粮食收购资格核查、粮食收购活动检查、粮食流通统计制度执行情况检查等工作。西安、榆林等市粮食局开展粮食经营者保持最低最高库存量检查，拓展了监督检查工作思路。市、县级监督检查机构建设进一步加强，10个设区市和92个县（市、区）设立监督检查机构，省、市、县三级1000余人取得监督检查证或行政执法证，有4个市、52个县（市、区）成立粮食行政执法队，44个市、县落实了监督检查专项经费。全年开展各类监督检查2539次，出动人员19612人次，检查单位16122个次，依法查处涉粮案件700起，责令整改400起，维护了正常的粮食流通秩序。

五 粮食清仓查库

按照国务院部署和省政府安排，从2009年2月到10月上旬开展了全省粮食清仓查库工作。按照“有仓必到、有粮必查、有账必核、查必彻底”的要求，经过全省发展改革、监察、财政、农业、审计、质检、统计、粮食、农发行、中储粮西安分公司等10部门7500人的共同努力，顺利完成了工作准备、县级自查、市级普查、省级复查、部际联合工作组抽查和汇总整改6个阶段的各项工作任务，取得良好效果，受到了国务院和全国部际联合抽查组的充分肯定。清查结果表明：全省粮食库存数量真实，质量良好，账实相符，储存安全；清仓查库程序规范，工作扎实；粮食企业管理工作和制度符合有关规定；全省纳入清查范围的各类粮食统计库存与实际库存差率为0.01%；经过国家指定的粮食质量检验机构检测，粮食质量合格率达到99.5%，比全国平均合格率高出2.4个百分点。通过这次清仓查库，摸清了全省粮食库存家底，掌握了库存实情，为落实粮食行政首长负责制、全面提升粮食管理水平提供了翔实的第一手资料，对于加强粮食规范化管理，建立和完善各项规章制度，起到了积极的促进作用。在清仓查库工作中，全省涌现出一批先进单位和先进个人，西安市粮食局等38个单位和李保民等172人被评为全省粮食清仓查库工作先进单位和先进个人，陕西省粮食局等2个单位和苏玉保等5人被评为全国粮食清仓查库工作先进单位和先进个人。

六 粮食物流园区建设、基础设施建设和粮食流通产业发展

按照陕西现代粮食物流发展规划，省粮食局先后启动了关中地区的杨凌粮油食品物流园区、西瑞集团兴平粮油仓储物流基地、西粮集团泾阳物流基地三大物流项目建设，以及陕南、陕北的粮食批发市场体系建设和地方粮食仓储设施建设。杨凌粮油物流园区和西瑞集团在兴平、西粮集团在泾阳建设的三大粮食物流园区项目，累计完成投资3.6亿元，新增仓容36万吨、油罐3.2万吨；杨凌粮油物流园区入园企业已达5家。粮食批发市场体系建设稳步推进，市场交易量逐年提高，发展和运营态势良好。省粮食批发市场被国家粮食局批准为西安国家粮食交易中心，年交易量约35万吨，交易金额5.7亿元；西安成品粮批发市场年现货交易量约45万吨，成交金额13亿元，其成品大米基本覆盖陕西市场并辐射甘、宁、晋、豫等省区；新建立不久的宝鸡粮食批发市场年交易量约15万吨、交易额5亿元；咸阳粮食批发市场年交易量7.5万吨、交易金额4.5亿元；汉中大米油脂批发市场项目主体工程全部完工；榆林小杂粮批发市场正在进行前期准备工作。地方粮食仓储设施建设步伐加快，陕西现代粮食物流体系的基本框架已经形成。

近几年，陕西省先后编制了粮食流通产业发展、粮食基础设施、现代物流建设、粮油加工业发展、粮食仓储设施建设等10多个专项规划，为全省粮食现代物流体系建设提出了宏观指导依据。其中的粮食流通产业设施发展规划已付诸实施，《陕西省粮食仓储设施建设规划（2010～2020年）》已经省发展改革委主任办公会议原则通过，并上报政府常务会审议。开展粮油仓储企业规范化管理活动，提升企业规范化管理水平，全省表彰奖励2009年度粮油仓储管理工作先进单位20个。启动省级储备粮承储资格审核工作，完成首批5家企业省级储备粮承储资格认定。推动粮库信息化系统建设工作，完成7户企业信息化系统建设项目验收。

七 粮油加工业发展

2009年，全省粮油加工业实现工业总产值166.8亿元，产品销售收入163.3亿元，实现利润4.3亿元，分别比上年增长25.5%、28.9%和26%。全省现有日处理原料400吨以上的粮油加工企业23家，其中日处理原料400~1000吨的19家，日处理原料1000~2000吨的3家，日处理原料3000~4000吨的1家；企业销售收入过亿元的企业有30家，10亿元以上的企业4家。全省有2个粮油品牌荣获“中国名牌”称号，19个粮油品牌荣获“陕西省名牌”称号；34家粮油企业的38个品牌119个产品获得中国粮食行业协会授予的“放心粮油”称号，此外还有一批企业在全国首批信用体系评价中被评为“AAA”级和“AA”级企业。2009年10月16日和11月1日，省粮食局及省粮食行业协会组织全省10余家粮油加工企业，先后组团参加了新中国成立60周年全国粮食行业成就展、粮油精品展和第16届中国杨凌农业高新

科技成果博览会，积极开展对外合作与交流，荣获“优秀组织奖”、“后稷奖”等7个奖项，进一步提高了陕西粮油产品的知名度。

八 粮油质检和信息化建设

全省先后投入4000万元，完成了省级质检站和11个设区市质检机构的建设及基层粮食购销企业的仪器设备采购和配置等工作，累计购置质检仪器设备3700多台（套），全省粮油质检的技术装备水平显著提升。省粮油质检所被国家粮食局确定为粮食行业粮油质量检验员职业技能培训基地、国家粮食质量监测中心和国家粮油标准验证实验室。西安、宝鸡、咸阳、榆林等4个市级粮食质检机构由国家粮食局授牌纳入全国粮食质量监测体系。加强粮油质量管理工作，组织完成了粮食质量调查和品质测报工作，开展了“倡议粮食加工企业在面粉中提倡不使用增白剂”活动，省内26家知名大中型面粉加工企业现场签订了倡议书。配合省政府新闻办公室完成了粮食质量管理新闻发布会，会上发布了全省粮食流通工作的总体情况、粮食质量管理情况，以及《稻谷》、《玉米》、《大豆》三项国家标准修订情况。组织完成全国粮食科技活动周西安主会场活动，发放宣传资料4万余份，接受群众咨询万余人次，受到国家粮食局、省政府领导肯定和社会各界的好评。

积极推进省粮食局机关和局系统信息化建设工作，加强电子政务建设，推动政务公开，制定出台了《陕西省粮食局政府信息公开暂行办法》等一系列规章制度，对省粮食局门户网站进行了改版、充实，及时主动通过门户网站公开政府信息，宣传粮食政策法规，反映全省粮食工作动态，营造全社会关注、参与粮食工作的良好氛围。

九 党风廉政、精神文明建设和机关建设

（一）党风廉政建设

组织召开了全省粮食系统纪检监察工作会议，传达学习中纪委、省纪委三次全会，国务院、省政府廉政工作会议和全国粮食系统纪检监察工作会议精神，全面安排部署党风廉政建设和反腐败工作。制定党风廉政建设和反腐败工作意见，层层签订党风廉政建设责任书，并纳入年度目标考核。大力推动行风建设，进一步转变作风，增强服务意识，提高行政效能。

（二）粮食行业精神文明建设

开展以“创佳评差”竞赛活动为载体的行业精神文明建设。年初，省粮食局与各设区市粮食局签订竞赛活动目标责任书，制定竞赛活动考评细则，年底在各市自查的基础上，采取抽查、召开联评会的方式对竞赛活动进行了总结评比。西安市粮食局等6个市局被评为最佳市局，商洛市粮食局等5个市（区）局被评为先进市（区）局，西安爱菊粮油工业集团等21个单位被评为最佳单位。广泛开展“文明购粮、优质服务”和“放心粮油”活动。在纪念新中国成立60周年前夕，举办了庆祝新中国成立60周年文艺汇演、书画摄影展等活动，取得良好效果。

（三）省粮食局机构改革

按照《陕西省人民政府关于印发省粮食局主要职责内设机构和人员编制规定的通知》要求，省粮食局结合自身实际，及时制定《机关机构改革实施方案》，召开机构改革动员大会，把广大干部职工的思想和行动统一到省委、省政府的决策和部署上来。经过几个月的稳步推进，基本完成了机构改革

任务。通过改革，进一步明确了机关处室职能，健全了工作规则，理顺了办事程序；广大干部职工的服务意识明显增强，机关作风明显转变，工作效率明显提高，精神面貌明显转变。

（注：以上数据中，粮食产量、全省人口、全省生产总值、城乡居民人均收入等，引自陕西省统计局和国家统计局陕西调查总队公布的《陕西省2009年国民经济和社会发展统计公报》；粮食分品种产量、工业用粮、饲料用粮、城镇口粮、农村口粮等数据系陕西省粮食局有关处室根据2009年度全省社会粮食供需平衡情况调查统计资料提供；其他数据系由陕西省粮食局有关处室根据有关统计数据提供。）

机构调整情况

2009年1月，陕西省政府公布省级机构改革方案，决定省粮食局由省政府直属机构调整为省发展和改革委员会管理。在之后下发的《陕西省人民政府办公厅关于印发省粮食局主要职责内设机构和人员编制规定的通知》（陕政办发〔2009〕121号）中明确：设立省粮食局（副厅级），由省发展和改革委员会管理。主要职责：

（1）研究提出全省粮食宏观调控、总量平衡以及粮食流通的中长期规划、进出口总量计划和收储、动用省级储备粮的建议；指导全省粮食流通体制改革工作；负责拟定全省粮食流通体制改革、国有粮食企业改革方案和现代粮食流通产业发展战略，并组织实施。

（2）承担粮食监测预警和应急责任；制定全省粮食应急预案，并负责提出启动建议。

（3）负责全省粮食流通的行业管理和全省粮食流通宏观调控的具体工作，制订行业发展规划、政策，制定粮食收购市场准入标准并组织实施；指导粮食流通的科技进步、技术改造和新技术推广；执行国家粮食质量标准和粮食储存、运输的技术规范；负责粮食行业的对外交流与合作。

（4）负责全省粮食系统依法行政和法制建设工作；起草全省粮食流通和省级储备粮管理的有关政策并监督执行；制定粮食流通、粮食库存监督检查制度并组织实施；负责对粮食收购、储存环节的粮食质量安全和原粮卫生进行监督管理。

（5）负责省级储备粮的行政管理，研究提出省级储备粮的规模、总体布局和收购、销售、进出口总量计划，提出省级储备粮轮换计划的审批意见并督促实施；监督检查省级储备粮的库存数量、质量和储存安全。

（6）依法对粮食经营者从事粮食收购、储存、运输活动和政策性粮食购销活动，以及执行国家粮食流通统计的情况进行监督检查；负责全省粮食库存检查工作；指导全省粮食系统专项资金的管理工作。

（7）组织安排和协调保障部队、灾区库区移民和缺粮贫困地区粮食供应。

（8）承办省政府、省发展和改革委员会交办的其他事项。

省粮食局设7个内设机构：办公室、政策法规处、调控处、监督检查处、财务处、流通与科技发展处、人事处（离退休人员服务管理处）。

机关党委负责机关和直属单位的党群工作。

纪检组、监察室按有关规定设置。

省粮食局机关行政编制49名。其中：局长1名，副局长3名，处级领导职数17名（含机关党委专职副书记1名）。

◆ 陕西省粮食局领导班子成员

姚增战	党组书记、局长兼省发展改革委党组成员、副主任（正厅级）
王　勇	党组成员、副局长
秦克勤	党组成员、纪检组长
岳万民	党组成员、副局长
赵　策	副巡视员（2010年3月任职）

2009年10月28日，陕西省委副书记王侠（左二）在副省长、杨凌农业高新技术产业示范区管委会主任姚引良（左一）及省发展改革委副主任、省粮食局局长姚增战（左三）陪同下，到杨凌粮油食品物流产业园区考察调研。

2009年10月9日，陕西省粮食清仓查库工作总结电视电话会议在西安召开。省粮食清仓查库领导小组组长、省委常委、常务副省长赵正永在会上作重要讲话。

2009年5月16日，全国粮食科技活动周西安主会场活动在西安举行。国家粮食局副局长郄建伟（中）和陕西省政府副秘书长周玉明（右）及省发展改革委副主任、省粮食局局长姚增战（左）参加开幕式。

甘肃省粮食工作

基本情况

甘肃省位于黄河上游，地处黄土高原、内蒙古高原和青藏高原交汇处，总土地面积45.4万平方公里，占全国总面积的4.72%，居第七位。省境地形呈狭长状，东西长1655公里，南北宽530公里。现辖12个地级市、2个自治州，4个县级市、58个县、7个自治县、17个市辖区。全省常住人口2635.46万人，比上年末增加7.34万人。其中，城镇人口860.48万人，占常住人口的32.66%；乡村人口1774.98万人，占常住人口的67.35%。2009年，甘肃省实现生产总值3382.35亿元，比上年增长10.1%，人均生产总值12852元，比上年增长9.4%。农村居民人均纯收入2980.1元，增长9.41%。大口径财政收入604.01亿元，比上年增长36.63%。一般预算收入286.69亿元，增长20.94%。全省粮食种植面积274.0万公顷,比上年增长2.13%。全省粮食总产量达到906.2万吨，比上年增长2.0%，人均粮食占有量344公斤，其中，夏粮总产341.3万吨，下降2.8%，秋粮总产564.9万吨，增长5.2%。棉花种植面积5.57万公顷，下降23.45%；油料种植面积35.19万公顷，增长6.08%；糖料种植面积0.45万公顷，下降2.62%；蔬菜种植面积37.16万公顷，增长1.05%。

2009年粮食工作

2009年，在省委、省政府的正确领导和国家粮食局的有力指导下，全省粮食系统以邓小平理论和“三个代表”重要思想为指导，全面落实科学发展观，认真贯彻中央和省委省政府关于粮食工作的一系列方针政策，全力抓好粮油购销、粮食清仓查库、粮食企业扭亏增盈等重点工作，确保了全省粮食供需基本平衡和粮食市场基本稳定，为全省经济社会又好又快发展作出了积极贡献。

全年全省购进粮食264.0万吨，同比增加12.1%，其中从省外生产者和企业采购69万吨；收购食用油3.5万吨，同比增加2.2倍，其中托市收购菜籽油2.2万吨。销售粮食303.5万吨，同比增加15.4%；销售食用油4.7万吨，同比增加90.7%。

截至12月底，全省国有粮食企业资产总额86亿元，企业资产负债率85%。全年全省国有粮食企业实现销售收入25亿元，统算实现盈利900万元，一举改变了多年全系统经营亏损的局面，其中，12个市（州）、64个县区统算盈利，2个县盈亏持平，企业盈利面达80%。

一 狠抓购销和储备，粮食宏观调控能力不断增强

（一）粮油收购有序开展

一是在认真分析预测全省粮食生产、供需状况的基础上，年初下达了分市（州）粮油收购指导性计划，并在夏粮、秋粮上市前两次下发通知，督促各类粮食市场主体不断创新收购机制，千方百计多从省内收购，掌握调控粮源。

二是针对省内主要粮食品种不足的实际，通过落实省际间粮油购销协议、与粮食主产省召开产销合作会、组织企业参加东北大米产销衔接会、大力培育省内非公粮食经营企业、积极创造条件吸引省外粮商落户等方式，较好弥补了小麦、大米缺口。

三是落实国家油菜籽临时收储政策，省粮食局、省财政厅、农发行省分行共同筛选具有一定规模、加工工艺成熟、资信可靠的油脂加工企业，并报经省政府审核，财政部和国家粮食局备案后，签订《委托协议书》，承担油菜籽临时收储。全年全省共购进粮食264.0万吨、同比增加12.1%，其中从省内生产者收购195.0万吨，从省外生产者收购31.5万吨，从省外企业采购37.5万吨，分品种看，收购小麦150.0万吨、大米23.0万吨、玉米63.0万吨、其他28.0万吨。全年全省收购食用油3.5万吨，同比增加2.2倍，其中托市收购菜籽油2.1万吨；分品种看，收购菜籽油2.5万吨、亚麻油3000吨、豆油400吨、其他6000吨。

（二）粮油供应和市场调控有力

不断健全粮食市场监测体系，根据小麦、玉米、特一粉、粳米和菜籽油等主要粮油品种价格变化情况，切实加强粮食市场调控，通过指导企业适时投放适销对路的粮油，有序增加节假日粮油供应，科学组织政策性粮油竞卖和储备粮油轮换吞吐等措施，确保了市场粮油供应充足与价格基本稳定。为满足城乡群众“吃好”的新要求，以创建放心粮店、粮油超市为载体，积极开展放心粮油进社区、进农村、进校园活动，仅兰州、酒泉、张掖、武威4市放心粮店总数达到了183家。四五月间，遭受严重旱灾的天祝藏区群众饲料用粮告急，武威市粮食部门紧急筹措玉米4000万吨，帮助解决了饲料用粮困难。全年全省共销售粮食303.5万吨，同比增加15.4%。分品种看，销售小麦209.0万吨，大米25.5万吨，玉米51.5万吨，其他17.5万吨。销售食用油4.7万吨，同比增加90.7%。分品种看，销售菜籽油3.4万吨、亚麻油3000万吨、豆油1000万吨、其他9000吨。

（三）市县粮油储备不断充实

按照2009年中央一号文件“地方粮油储备要按规定规模全部落实到位”的要求和省委副书记、省长徐守盛“抓紧充实和优化各级各类粮油储备，充分发挥储备粮油的稳压器和蓄水池作用”的指示，各级粮食部门积极争取当地党政支持，不断加强粮油储备体系建设。在综合考虑城镇人口及粮食消费水平等因素的基础上，经省政府批准，省粮食局、省财政厅、农发行省分行联合下达了分市（州）粮食储备规模指导计划。经市县两级政府批准，平凉、武威、定西、嘉峪关、金昌、张掖、白银7市增加了粮油储备规模。目前，全省省级储备粮油规模落实到位。14个市（州）全部建立起了粮食储备，实际到位同比增加5.8万吨。兰州、嘉峪关、张掖、天水、平凉、庆阳、临夏等7市州还建立起了1.7万吨的面粉储备。

（四）军粮保障能力稳步提高

以构建全天候、全方位的军粮保障体系为目标，按照“少站点、大网络、宽辐射”的原则，不断

加强军粮供应网点建设和管理。目前，全省共有27个军粮供应站、52个代供点，担负着驻甘部队的军粮保障任务。不断加强设施建设，筹资为20个军供站点配备军粮专用配送车，统一形象标识，有效提高了军粮供应应急运输能力。在日常军粮供应中，各单位牢固树立“以兵为本”的服务理念，认真贯彻国家军粮供应政策，严把粮源关、进货关、检验关、储存关和销售关，切实落实电话预约售粮、24小时售粮、送粮到军营等服务措施，军粮供应呈现出渠道畅通、质量稳定、服务优质、保障有力的良好局面。新疆乌鲁木齐“7·5事件”发生后，有关军粮供应站加强与赴疆维稳武警部队的联系，按部队所需及时配齐了优质粮油，兰州、嘉峪关、张掖、临夏、甘南等市州还进行了伴随保障，赢得了部队官兵的好评。

二 全力以赴，粮食清仓查库工作圆满完成

（一）组织领导有力

国务院关于开展全国粮食清仓查库工作的文件下发后，省委、省政府高度重视，成立了由省委常委、副省长刘永富任组长，发改、粮食、财政、审计等10个部门为成员的粮食清仓查库工作领导小组，制定了全省粮食清仓查库工作实施方案，省粮食清仓查库工作领导小组对657名业务骨干进行了重点培训。各市（州）、县（市、区）政府把清仓查库工作摆上重要议事日程，逐级成立了清仓查库领导机构，细化制定了具体实施方案。据统计，全省共成立粮食清仓查库工作领导小组98个，其中省级1个、市级15个（包括甘肃矿区）、县级82个。在清仓查库各阶段，刘永富副省长多次主持召开会议研究清仓查库工作、听取工作汇报，并深入兰州、定西等市现场检查督导。市、县政府领导同志及时协调解决清查中的具体问题，实地进行指导。各级清仓查库工作领导小组成员单位努力克服与本部门业务工作的冲突，积极选派业务骨干参与清仓查库工作，形成了各部门密切配合、通力协作的良好氛围。各级粮食部门作为清查工作的具体办事部门，进一步增强主体意识、主角意识和主动意识，切实承担起了清仓查库的具体任务，确保了工作顺利开展。

（二）执行程序规范

3月25日，全国、全省粮食清仓查库工作动员电视电话会议后，企业自查工作全面启动，全省共有1916人参加，其中县政府督导人员176人。从4月5日开始，转入市级政府普查阶段，全省共出动1186人，按照“有仓必到、有粮必查、有账必核、查必彻底”的原则，对307个储粮库点进行了全面清查。4月20～30日，根据省级复查突出重点地区、重点环节和重点企业的工作要求，抽调省领导小组成员单位的47人，组成4个工作组，分别由省粮食局、农发行省分行和中储粮兰州分公司领导带队，对金昌、武威、定西、庆阳4市和永登县的50户企业、165个库点的普查情况进行了彻底复核。复查粮食数量占全省库存总量的32%，超过了实施方案规定的比例。

（三）结果真实可靠

在市级普查和省级复查阶段，各地都按照综合交叉和本地回避的原则进行人员编组，对工作底稿和检查报告实行逐级签字确认制度，并广泛开展纪律教育、明确责任追究办法，实现了阳光清查、廉洁清查。同时，在省、市、县监察、审计部门设立举报电话，邀请各级人大代表、政协委员参与监督，在甘肃电视台、甘肃日报、甘肃经济日报以及市、县新闻媒体及时向社会通报工作情况，进一步增强了工作透明度和公信力，仅省级3家新闻媒体宣传报道就达21次。经清查，全省粮食实际库存差率0.05%；质量合格率和宜存率均为100%；粮食库存管理规范，库存粮食数量与农发行收购资金贷款

相符，储备粮轮换按计划完成，没有发现短库及弄虚作假的现象和行为，达到了温家宝总理提出的进行一次清仓查库，摸清家底，既做到政府心中有数，也让群众感到放心的目标要求，向全省人民和省委省政府递交了一份完满的答卷。5月28日，徐守盛省长审签确认了全省粮食清仓查库汇总结果，随后省政府正式向中央上报了全省清仓查库工作总结报告。从全国粮食清仓查库部际联席会议办公室反馈的信息，甘肃是第一个完成清查工作的省份，并对甘肃的做法给予了充分肯定，省粮食局、天水市粮食局被评为全国粮食清仓查库工作先进单位，全省有4人被评为全国粮食清仓查库工作先进个人。

三 强化仓储管理，粮食保管水平不断提升

（一）安全储粮责任制不断靠实

各级粮食部门坚持“以防为主、综合防治”的保粮方针，以国有粮食企业储粮安全为中心，继续实行粮食安全保管分级管理、分级负责制度，权责统一、监管并重的责任机制不断得到靠实。积极督促各类储粮企业切实做好粮油库存的日常监管，不断加大粮情监测频率，及时掌握粮食储藏状态，发现问题及时处理。同时，指导企业进一步完善和细化防火、防汛、防盗等处理突发事件的应急预案，不断提高预案的可操作性，有效预防和避免了各类安全事故的发生。

（二）各项保粮措施全面落实

按照国家粮食局统一部署，在全系统开展了粮油仓储企业规范化管理活动。通过认真组织学习新颁《小麦》、《玉米》、《粮油储藏技术规范》等国家和行业标准，建立健全新型仓储管理制度体系，全面推行“包仓制”，创建规范化管理仓储企业等方式，促进粮食保管水平提高。组织4638人次开展春秋两季粮油大普查，对199个单位的储粮进行了普查，普查的储粮单位和储粮数量均达到了100%，并对查出的储粮安全隐患及时处理，有效降低了粮食在仓储环节的损失。继续巩固和发展“一符四无”粮仓建设成果，各类“一符四无”粮仓达到了总仓容量的98.9%，较上年提高了3个百分点。各地各单位本着经济、实用、高效的原则，广泛应用低温、密闭、机械通风等储粮技术，全省科学保粮率达到了84%，比上年同期提高5个百分点，粮食整体存储质量处于历史最好水平。

（三）储备粮油监管不断加强

各级粮食部门以储备粮油储存安全为重点，严格落实管理责任和管理制度，各级储备粮都存放在了设施最优、条件最好的粮库，普遍做到了储备粮与商品粮分开储存，中央、省级、市县级储备粮分开，不同收获年份和质量等级的储备粮分开。重点抓好省级储备粮油管理，坚持粮油质量档案管理和承储企业资格年审制度，对品质档案及时更新，督促不符合要求的11户承储单位及时整改。修订了《省级储备油承储资格审核办法》，并为符合条件的10户企业重新核发了资格证。为确保省级储备粮油常储常新，对2004年以前入库的12.35万吨储备粮和2007年以前入库的3000吨储备油全部进行了轮换。

四 多措并举，国有粮食企业扭亏增盈成效显著

按照省委省政府2009年全省国有粮食企业要“整体实现扭亏为盈”的目标要求，各级粮食部门切实加强对企业经营管理工作的指导，认真分析问题，提出应对措施。

一是继续实行和强化扭亏增盈目标考核制度，量化指标，明确奖惩。2009年初，省粮食局以国有

粮食企业经济效益为重点，对各市（州）上年整体工作进行了综合评价并兑现了奖励，在制定下发的当年考核办法中，进一步加大了企业经济效益的比重。金昌、天水、定西、临夏、甘南等市（州）也制定和完善了目标考核责任制和奖惩制度，通过机制创新和制度创新，为保持国有粮食企业经营状况的良好态势提供了保障。

二是认真履行国有资产监管职责，进一步完善企业扭亏增盈信息通报制度和重点企业经营分析制度，积极引导企业规避金融危机风险，提高经济运行质量。张掖、平凉、庆阳等市和省粮油贸易有限公司在深入调研的基础上，召开企业经营调度会、经验交流会，帮助亏损严重的企业分析原因，提出整改措施，对扭亏增盈成效显著的通报表扬并总结推广，有力促进了企业经营管理水平的提高。

三是指导企业不断加强财务管理，规范会计核算，完善内控措施，提高经济效益。武威市通过实行费用定额管理、落实政策性财务挂账停息政策、核销不良贷款等措施，实现了增收和节支协调运行。嘉峪关、酒泉、陇南等市和省粮油购销有限公司充分利用现有仓储设施和营销网络，积极发展多种经营，开展代储、代运和租赁业务，有效提高了企业经济效益。全省国有粮食企业在网点大幅减少、粮油价格不确定因素增多、市场竞争日趋激烈的情况下，全年实现销售收入25亿元，统算实现盈利900万元，其中张掖、庆阳、平凉、酒泉、定西、武威、临夏、陇南、嘉峪关、金昌、天水、甘南12个市（州）和省直国有粮食企业统算实现盈利1921万元，2个市（州）亏损1021万元；86个县市区中64个盈利、2个盈亏持平；全省国有粮食企业盈利面达到80%，多年亏损的局面实现了历史性转变。

五 加强基础工作，行业整体发展实力继续增强

（一）项目建设稳步推进

据统计，全省全年共开展各类项目建设92个（其中竣工71个，在建18个，立项3个），概算总投资7.43亿元，目前已完成投资4.37亿元。

——粮食仓储物流和灾后重建项目37个，重点项目有：陇南市和甘南州8个地震重灾县的11个灾后恢复重建项目，共落实中央灾后重建资金3515万元，已建成7个；1个省级粮食现代物流中心和3个区域物流中心项目，中央安排预算内投资700万元，省里安排地方国债资金3580万元，已全部开工；临夏州粮油批发市场项目，计划总投资5642万元，2万吨粮库、1.5万吨油库建成投入使用，1.4万平方米的商铺进入收尾阶段；国家粮食局批准组建的兰州国家粮食交易中心项目，总投资652万元，已正式挂牌运行。

——粮油加工项目13个，重点项目有：景泰三福粮油公司年产6万吨植物油技改项目，计划总投资2430万元，国有资金以参股形式出资，正在抓紧建设。兰州市总投资6850万元的昌盛植物油新厂建设项目预计2009年8月底建成投产；总投资2700万元的放心粮油工程连锁经营扩建项目落实国家补助资金700万元；平凉市云翔面业总投资1300万元的日处理330吨小麦生产线项目建成投产。

——饲料加工及跨行业经营项目42个，重点项目有：张掖市总投资5000万元的山丹啤酒麦芽生产项目和嘉峪关市总投资1658万元的年产100万张镁板项目已建成投产；武威市凉州区总投资1200万元的10万吨饲料加工项目已完成设备安装；总投资1100万元的民勤苁蓉种植项目全年完成示范性种植333公顷；省粮油储运有限公司房地产项目全年销售商品房161套，销售业绩提高，社会声誉良好。

（二）粮食行业统计水平不断提高

各级粮食部门按照粮食行业新的统计体系，以改善统计工作环境，提高源头数据质量为重点，不

断改革创新统计方式方法，主动加强与统计、工商、税务、农业等部门的沟通协调，积极争取被调查企业和农户的支持，较好地完成了粮食流通统计、粮食供需平衡调查、粮食行业机构人员统计、粮油加工业统计、粮食仓储设施统计等5项行业统计工作。同时，认真做好统计资料的分析比对，为政府实施粮食宏观调控提供了科学的决策依据。

（三）职业技能培训鉴定机制不断完善

经积极申请，全省粮食行业特有工种职业技能培训鉴定继2008年增加高级粮油保管员后，2009年又新增了高级粮油质检员工种。按照国家粮食局安排，全年培训粮油保管员3期、质检员2期，又有68名中级粮油保管员、51名高级粮油保管员、42名中级粮油质检员、12名高级粮油质检员取得了资格证。目前，全省经培训鉴定合格，持有粮食行业特有工种职业资格证书的粮油保管员、质检员达到了519人，其中中级保管员305人、中级质检员108人、高级保管员94人、高级质检员12人，行业技术水平和职工素质有了新的提高。

六　加强粮食流通监管，依法管粮水平不断提高

（一）《条例》宣传形式多样

以《粮食流通管理条例》颁布实施五周年为契机，按照国家粮食局统一部署，结合“2009年粮食科技宣传周”活动，紧紧围绕“加强宏观调控，保障国家粮食安全”、“科学消费植物油”的主题，从5月20日开始，面向全社会开展了为期10天的粮食法规政策宣传活动。据统计，活动期间全省14个市（州）、80个县（市、区）共设立宣传点551个、咨询台255个，出动宣传彩车244辆，悬挂张贴横幅、条幅和标语3155张（条），向群众发放粮食政策及粮油知识宣传画、宣传手册、宣传纪念品等69.6万余份，有80多万人次接受了宣传，27家新闻媒体参与报道，粮食生产者、经营者和消费者对粮食政策法规的认知面不断扩大。以提升各级粮食行政管理部门依法行政能力为出发点，以赛代训，组织6987名粮食干部职工参加了粮食流通法律法规知识竞赛，对成绩优秀的9个集体和24名个人进行了表彰，进一步营造了学法、知法、用法的良好氛围。

（二）粮食执法机构和队伍建设进一步健全

各级粮食部门以构建“责权明确、行为规范、监督有效、保障有力”的粮食流通执法机构体系为目标，努力争取党政支持，粮食执法机构建设取得了积极进展。目前，14个市（州）和80个设有粮食局的县（市、区）中，经编制部门批准，嘉峪关、张掖、白银、金昌、武威5市和3县（区）设立了监督检查科（股），兰州、天水、张掖、平凉、庆阳、临夏、甘南7市（州）和57个县（区）成立了粮食执法队。实行执法人员资格审核和持证上岗制度，全省经各级政府法制机构批准取得粮食执法资格的人员达到了599人，其中获得粮食监督检查证的228人，获得行政执法证的371人。

（三）粮食市场监管不断加强

各级粮食部门不断探索加强粮食流通监管的途径和方法，有效维护了正常的粮食流通秩序。一是严把市场准入关，对新申请粮食收购资格的经营者严格审核，对经营项目发生变化已不具备条件的及时注销，目前全省持有粮食收购资格证的经营者1820户。二是切实开展粮食流通执法，积极会同工商、质检、卫生等部门，全年开展粮食流通执法2300多次，出动1.5万多人次，查处举报案件27起。三是寓监管于服务之中，普遍组织各类粮食经营主体进行粮食统计、粮食质量和粮食法律法规等知识培训，既提高了经营者的管理水平，又增强了经营者的守法意识，减少了执法阻力。《兰州市粮食流

通监督管理条例》实施一年来，取得了较好效果，全市面粉、大米和食用油合格率分别达到了91%、96.2%和91.3%。

七 深入学习实践科学发展观，党的建设、廉政建设和作风建设进一步增强

（一）学习实践科学发展观活动顺利完成

2009年初，按照中央决定和省委部署，在学习调研和分析检查两个阶段工作任务完成的基础上，全局学习实践科学发展观活动转入了整改落实阶段。为扎实做好这一阶段的工作，对照领导班子分析检查报告，认真制定整改落实方案，分解细化整改任务，明确责任处室和单位，列入整改方案的32个任务全部得到解决。同时，按照学习实践活动完善体制机制的要求，对全局行政审核审批事项和现行规章制度进行了全面清理。经反复调研论证，本着高效、廉洁、便民、务实的原则，对清理出的18个审核审批事项，依法保留3个，取消、废止或转入正常业务15个；对清理出的规章制度，废止22个，修订、完善14个。对省委省政府下转的第二批学习实践活动中各市（州）要求解决的问题，及时召开党组扩大会议，专门研究讨论，确定了牵头处室和办理处室，正在抓紧办理。

（二）党风廉政建设各项任务全面落实

深入贯彻落实十七届中纪委三次和四次全会、国务院第二次廉政工作会议、省纪委十一届三次和四次全会精神，坚持“标本兼治、综合治理、惩防并举、注重预防”的方针，对2008年执行党风廉政建设责任制情况进行了考核，9个处室、20个直属单位领导班子全部被评为“好”等次，85名领导干部中评为“好”等次的84名、“较好”等次的1名。制定下发了2009年党风廉政建设和反腐败工作安排意见，把党风廉政建设8个方面的62项任务，分解下达到各牵头处室和有关单位，并与直属单位党委签订了责任书。继续以“反腐倡廉学习宣传教育季”活动为载体，开展反腐倡廉教育，重点抓好各级领导干部的教育、监督和廉洁自律，惩防体系建设各项工作任务不断落实。

（三）营造了积极向上的工作氛围

以加强党的执政能力和先进性建设为目标，紧密结合粮食工作实际，坚持开展党的基本理论、基本纲领、基本路线教育和中国特色社会主义理论、社会主义核心价值体系教育，为机关干部职工购置发放辅导读本400多册。在局机关和直属单位深入开展了“提高质量效益、带头创新思路”主题实践活动，广大党员干部的思想政治修养和学习能力、干事能力、创新能力得到提高。在新中国成立60周年之际，通过在党报开设专栏、制作宣传展板、举办红歌赛等形式，广泛开展了甘肃粮食工作60年成就宣传，社会反响良好。全年在机关和企事业单位选拔任用县处级干部14名，对机关4个处室的处长和5名新提拔干部实行了轮岗交流，进一步优化了领导干部结构，营造了重品德、重潜质、重实绩的用人导向和“想干事、能干事、会干事、干成事”的良好氛围。

2009年，全省粮食工作虽然取得了新的成绩，但仍然存在一些突出的矛盾和问题。

一是品种结构矛盾日益突出。全省年消费小麦450多万吨、大米50万吨，而年产小麦250万吨左右，大米产量很小，200万吨的小麦缺口和50万吨的大米缺口全部依靠省外购进。2009年，全省粮食产量达到906万吨，创历史最高水平，但增产的主要是玉米、马铃薯，小麦、大米不足的问题仍然突出。

二是国有粮食企业经营发展的基础还不牢固。从各地反映和分析的情况看，尽管国有粮食企业发展态势良好，但受整体经济环境、历史遗留问题等因素影响，仍然存在着企业经营主要依靠政策性收

储，“三老”遗留问题还没有彻底解决，自主经营困难等问题，继续保持良好发展态势面临较大的压力。

三是在全国、全省粮食连续丰收的同时，增加了粮价下行压力，特别是玉米增产较多而销路不畅，防止“谷贱伤农”，保护种粮农民积极性的难度进一步加大。

◆ 甘肃省粮食局领导班子成员

何水清	党组书记、局长
张曼丽（女）	党组成员、纪检组长（任职至2009年6月）
韩卫江	党组成员、副局长
成文生	党组成员、副局长
陈玉皎	党组成员、副局长
王水兵	党组成员、纪检组长（2009年6月任职）

2009年11月9日，兰州国家粮食交易中心揭牌仪式在兰州举行，国家粮食局局长聂振邦（左七）和甘肃省副省长郝远（左八）共同为兰州国家粮食交易中心揭牌。

2009年7月8日，甘肃省东风军粮供应有限公司扩建改造工程开工建设，省粮食局副局长成文生（左三）和酒泉卫星发射中心社会服务部政委张俊明等参加了开工典礼仪式。

甘肃省粮食清仓查库复查人员在检查露天粮数量。

青海省粮食工作

基本情况

2009年全省生产总值1081.27亿元，按可比价计算，比上年增长10.1%，人均生产总值19454元，增长9.6%。全年全省财政一般预算收入166.46亿元，比上年增长21.9%。其中，地方一般预算收入87.74亿元，增长22.6%，中央一般预算收入78.72亿元，增长21.2%。年末全省常住人口557.3万人。其中，城镇人口233.5万人，乡村人口323.80万人。全年人口自然增长率为8.32‰。全年城镇居民人均可支配收入12691.85元，比上年增长9.0%，人均消费支出8786.52元，比上年增长7.1%；农牧民人均纯收入3346.15元，比上年增长9.3%，人均生活消费支出3243.55元。

青海省主要农作物有春小麦、青稞、马铃薯、蚕豆、豌豆和油菜籽。全年农作物播种面积51.40万公顷，比上年增长0.1%。其中，粮食播种面积27.57万公顷，油料播种面积17.24万公顷，其中油菜籽17.03万公顷。全年粮食总产量102.70万吨，增长0.9%。其中小麦为39.04万吨，豆类10.80万吨，马铃薯38.30万吨；油料36.60万吨，增长3.9%，其中油菜籽36.20万吨，增长4.0%。全年全省粮食需求量为208.26万吨，产消缺口99.86万吨，自给率为51%，粮食供需平衡主要通过省际间购入解决。全年全省粮食消费量为202.56万吨，其中，农村居民口粮78.7万吨、城镇居民口粮36.42万吨、种子用粮9.51万吨、饲料用粮65.44万吨、工业用粮5.89万吨。2009年末，全省登记备案涉粮企业1100户。其中，国有或国有控股粮食企业62户。

2009年粮食工作

一 突出抓好三项重点工作

（一）认真组织开展粮食清仓查库工作

国务院办公厅《关于开展全国粮食清仓查库工作的通知》下发以后，省政府高度重视，于2009年1月19日下发了《关于开展全省粮食清仓查库工作的通知》，对清仓查库工作进行了安排部署，及时成立了粮食清仓查库领导小组，研究制定了《2009年青海省粮食清仓查库工作实施方案》，并在全国粮食清仓查库工作动员电视电话会议结束后，立即召开了全省粮食清仓查库工作动员电视电话会议，全面部署并认真组织开展了清仓查库工作。

一是在全省范围内建立了各级粮食清仓查库领导小组及办事机构。全省8个州（地、市） 和42个县按要求设立了组织机构，细化了粮食清仓查库的实施方案，为全省粮食清仓查库工作提供了组织保障。

二是认真做好培训工作。对全省303名粮食清仓查库检查人员进行了业务培训和实物检查演练，使全体参与清仓查库的工作人员进一步加深了对开展全省粮食清仓查库工作重要性的认识，掌握了国家有关粮食政策及清仓查库的具体操作方法。

三是明确各部门职责和任务。省领导小组办公室分别于2月19日和2月24日召开会议，明确了各部门的职责和分工，具体安排部署了清查工作，按照清查工作的有关要求，结合全省实际情况，对全省粮食清仓查库工作经费进行了认真的审核并及时拨付，保证了各级粮食清仓查库工作的顺利开展。

四是根据各阶段的工作重点，安排组织企业自查、州（地、市）级普查和省级复查工作，对全省粮食库存情况进行了全面检查，掌握了大量翔实的基础资料和数据，摸清了全省国有粮食企业库存数量，并对全省重点非国有粮食经营企业及转化用粮企业进行了典型调查。同时，在清仓查库各阶段的检查中，派出工作组，对各州（地、市）级普查情况进行了巡查督导，及时解决了工作中出现的困难和问题，保证了全省普查工作的进度和质量。各级清仓查库领导小组共邀请了16名人大代表、政协委员对普查和复查工作进行巡视监督，确保了清仓查库工作的公正性、真实性。据统计，全省共检查粮食库点101个，检查粮食实物数量837287吨。从检查结果看，全省各类性质的粮食差率均在正常范围内，粮食库存数量真实、账实相符，经有关机构对全省送交的33份样品的检验，样品质量合格率、储存品质宜存率均为100%，粮食质量良好。库贷核查方面，经核查，虽存在库贷差异，但均为合理占用，未发现挤占挪用银行资金的情况，农发行省分行粮食贷款余额与企业粮食库存金额保持一致。政策性粮食财政补贴资金拨付及时、足额，全省各级储备粮存储企业无多计费用和套取补贴的问题。

（二）做好油菜籽收购工作

一是顺利完成了2008年度油菜籽收购计划。3月底，协调中储粮兰州分公司如期完成了16.5万吨油菜籽的收购任务。同时，根据收购任务完成后，农民的手中尚余相当数量油菜籽的实际，按照省政府领导的指示，省粮食局会同省财政厅下发了《关于进一步做好油菜籽收购工作的通知》（青粮储64号），制定了参与油菜籽收购的企业贴息补助政策，并及时召开省内重点扶持的油脂加工企业座谈会，鼓励企业按市场化的原则，最大限度地收购农民手中剩余的油菜籽。据统计，全省共收购油菜籽31.6万吨，占2008年全省油菜籽总产量的89.8%，解决了农民卖油菜籽难问题。

二是积极争取并落实2009年度油菜籽收购计划。2009年在国家政策的引导和扶持下，农民种植油菜籽的积极性高涨，全省油菜籽播种面积和产量与上年持平，但菜籽油销售市场疲软，油菜籽上市开秤价格较低，下行压力加大。为切实保护农民利益，解决可能出现的“卖籽难”问题，促进油料生产的积极性，稳定市场，青海省粮食局提早行动，向国家粮食局报告情况。在国家粮食局的大力支持下，争取到24万吨国家临时存储油菜籽收购计划。经省政府审定，报批了按照不低于国家确定的托市收购价格挂牌收购油菜籽的6家省内企业，协调、督促参与收购的中储粮兰州公司和由省政府审定的6家龙头企业积极做好收购的准备工作并按照不低于国家确定的托市收购价格（1.85元/市斤）挂牌收购农民交售的油菜籽。为落实好收购政策，确保惠农政策落实到位，根据省政府召开的油菜籽收购协调会议精神，加大了油菜籽收购政策的宣传力度，做到家喻户晓，鼓励农民积极交售，为确保2009年的油菜籽收购任务的完成奠定了基础。截至2009年12月25日，全省托市收购油菜籽25.81万吨。其中，中储粮兰州分公司委托企业收购7.92万吨（占临时收储24万吨收购计划的33%），全省委托企业收购

17.89万吨（占全省预测可交售数量30万吨的59.6%）。全省的收购总量占全省预测可交售数量30万吨的86%，占临时收储计划的107.54%。

（三）认真抓好建设项目，积极做好国家粮食局对全省的对口帮扶工作

按照国务院《关于支持青海等省藏区经济社会发展的若干意见》及省政府办公厅《关于认真学习贯彻〈国务院关于支持青海等省藏区经济社会发展的若干意见〉的通知》（青政办〔2008〕83号）精神，加强了项目工作的组织领导，成立了抓项目工作领导小组，设立了项目办，分解了相关的任务，落实了责任人，明确了工作的目标、内容，扎实做好项目的相关工作。按照省政府的要求，完成了涉及由省粮食局牵头主办承办的县城和中心城镇粮食批发市场建设规划，配合牵头主办的主要农副产品、重要生活必需品储备体系、完善应急调控工程项目规划和配合承办县城和中心城镇商业零售网点及配送中心建设3项规划的编制、论证、修改完善及申报工作。完成了12个重点项目的可研报告的编制及相关项目的可研论证工作。同时，为了抢抓2009年国家扩大内需的机遇，将争取中央投资新开工项目与落实藏区发展政策有机结合起来，认真做好全省粮食基础设施建设项目中的重点项目的立项报批工作，共向国家粮食局申报四类51个项目。完成了《青海省粮食批发市场体系建设规划》、《青海省现代粮食物流发展规划》的编制、论证和修改完善及上报工作。提出了青海省粮食流通“十二五”发展规划总体思路。研究提出了青海省军粮配送中心、青海粮食应急物资储备库、“放心粮油”工程等建设项目。

认真落实对口帮扶工作。按照省委、省政府关于2009年第一季度前落实相关对口帮扶政策和具体措施，以省部（委）正式签订相关的协议、纪要、意见或备忘录等形式落实的要求，结合全省粮食工作的实际，向国家粮食局上报了《关于落实国发〔2008〕34号文件精神请求国家粮食局对口帮扶的请示》，提出了需要国家粮食局对口帮扶的政策及项目的申请。国家粮食局给予了大力支持和帮助，先后复函，从粮食基础设施建设项目、粮食市场体系建设、粮食质量监测体系建设、军粮供应和应急保障体系建设、增加国家专项储备粮和跨省移库粮计划、干部挂职培训、协调发达省份对口帮扶等方面对全省粮食流通工作进行扶持。并明确了北京、山东等10个发达省（市）对口帮扶全省8个州（地、市）。按照国家粮食局要求，省粮食局精心安排，认真准备，成立了落实对口帮扶工作的组织机构，明确了责任分工。制定了落实对口帮扶方案，提出了按“衔接、协议、实施”三步走的工作原则，向对口帮扶的10个省（市）发出了《青海省粮食局关于落实国粮办展〔2009〕131号文件精神商请落实对口帮扶工作的函》，就落实对口帮扶工作进行了全面沟通并建立了联系，提出了对全省对口帮扶的建议。经过积极主动对接工作，邀请对方来青海对口考察交流等，对口帮扶工作取得初步成效。

一是10个省（市）都高度重视贯彻落实国粮办展〔2009〕131号函件内容，通过沟通取得了对口帮扶认识上的一致，结合实际提出了帮扶总体思路、原则。

二是积极回访交流，经省粮食局邀请安徽、江苏、江西等省组织有关人员来青海考察、赴对口地区交流。江苏省粮食局局长亲自带队来青考察，同对口帮扶地区玉树州政府、粮食行政管理部门对接后确定了对口帮扶的原则、步骤和具体设想，结合江苏省实际对玉树州在以下三个方面开展帮扶。即：在粮食基础建设方面的帮扶，帮助提高当地保障粮食安全能力；在人才培训方面的帮扶，帮助培训玉树州粮食系统干部职工，提高人员素质，发挥人才优势；在经营合作方面的帮扶，为玉树州粮食购销、储备企业主动牵线搭桥，建立、加强与江苏省粮食企业沟通和联系，为长期合作发展打好基础，适时帮助引进资金、技术、项目等。现双方正在落实有关帮扶的具体项目。

三是人才培训已迈出步子。国家粮食局已安排省粮食局人员在国家局机关挂职，在国家质检中心安排1名质检人员挂职培训，在北京市粮食局信息中心安排1名信息人员进行挂职培训，江西省粮食局对海南州的4名业务人员安排了培训。

二 强化两个推动

（一）通过实施“放心粮油”工程、扭亏增盈和全面预算管理工作，推动全省国有粮食购销企业发展

一是根据青政〔2008〕83号文件精神，为重点培养一批“放心粮油店”，提高全省粮油产品供应质量，会同省工商局、质检局、省粮食行业协会下发了《青海省国有粮食企业“放心粮油店”管理评审暂行办法的通知》（青粮财〔2009〕74号），设计了“放心粮油”标识，还对“放心粮油店”的名称、编号予以规范，并在全省军粮供应中实行了“统一采购、统一配送、统一服务规范、统一质量承诺”四统一的管理。同时，组成专家评审组，严格按照程序对申报的国有粮油店进行现场检查评定和会议综合评审，全省14家国有粮油店被评为“放心粮油店”。加强与财政等部门的沟通和协调，多渠道争取资金540万元，支持加工企业进行技术改造，提升基础设施功能，有力推动实施“放心粮油”工程，为国有粮食企业发展奠定基础。截至目前，全省已有运营的州、县级区域性配送中心4个，放心粮油经营店30个。“放心粮油”网络已在7个州（地、市），32个县（乡、区）有了发展，“放心粮油”的从业人员达到500人，其中：解决国有粮食购销企业再就业人员近200人，还吸纳了一部分社会人员的就业。放心粮油经营初具规模，取得了良好的社会、经济效益。放心粮油逐步走进学校、社区，走进了千家万户，对净化粮食市场，确保粮油产品质量安全，促进现代粮食流通发展都产生了积极的影响。

二是抓好国有粮食购销企业的扭亏增盈工作。加强对全省国有粮食企业经营状况和财务状况的收集分析，定期对全省国有粮食购销企业经营活动进行通报，召开全省国有粮食企业扭亏增盈工作座谈会，督促各级粮食行政管理部门指导国有粮食购销企业进一步加强管理，搞活经营，降低成本费用，提高经济效益，实现扭亏增盈。截至11月底，全省统算国有粮食购销企业盈亏相抵实现盈利220万元，相比增盈22万元，增幅11.11%，预计全年全省统算仍是保持盈利的形势。

三是全面推行预算管理工作。为进一步促进全省国有粮食企业强化管理，建立健全内部控制机制，规范各项基础管理工作。在加强局属单位全面预算管理的基础上，指导各州（地、市）、县级国有粮食购销企业推行实施全面预算管理工作，召开了专题会议，下发了《关于认真做好全面预算管理工作的通知》（青粮财〔2009〕102号），对各地全面预算管理工作进行了安排布置，有效地促进了全省粮食购销企业建立规范协调的管理制度，为防范经营管理风险，提高企业经济效益，完成扭亏增盈目标夯实了基础。

（二）以技术与管理双推进方式，推动储备粮管理水平不断提升

在省级储备粮库中全面推广科学储粮技术的运用，加强储备粮管理的探索与研究，使科学储粮技术与管理手段有机结合，相互促进，进而实现省储备粮管理水平的全面提升。

一是制定了《青海省粮食局2009年直属单位安全管理目标考核办法》，细化和完善了安全管理工作目标，进一步加强了储备粮的安全管理，并将科学储粮工作纳入安全工作考核中，既有力地推动了

科学储粮工作的全面开展，又促进了科学储粮与储粮安全管理的有机结合。

二是加强了储备粮管理理念和手段方式的探索与研究，提出了《省级成品储备粮油管理办法》，在成品粮油的入库出库、仓储管理、轮换管理、运输管理等方面提出了明确的规定，在进一步明确成品粮油管理的职责的前提下，引入了动态轮换机制。该办法的实施既进一步规范了省级储备成品粮油的管理，又有效地发挥了成品粮油在宏观调控中的积极作用。此外，针对全省储备企业与加工企业执行的质量标准和市场需求脱节问题，为促进储备粮轮换与加工有机结合，在认真调研的基础上，研究提出了《省级储备小麦红、白、软、硬储存比例的意见》。

三是抓好省级储备粮轮换工作。面对2008年国内粮食市场价格波动，省粮食局早计划、早安排，于年初下达了2009年省级储备粮轮换计划，安排轮换计划数58830吨。截至11月30日，全省省级储备粮轮换任务已全部完成。

三 提升两个能力

（一）夯实基础，不断提升全省粮食宏观调控的能力

一是做好了第二批粮食应急、加工、运输定点企业的资格报审的认定工作，督导各州（地、市）完善本级预案体系和加强应急网络建设，使全省粮食应急网络体系、预案体系建设得到进一步夯实。

二是根据《国家粮食中长期安全规划纲要》和国家粮食应急管理工作的规定，建立全省保证不少于10天供应量的应急成品粮储备（省级保证7天，州级保证3天，简称“7+3”）。在对各州（地、市）居民口粮消费进行认真测算的基础上，研究下发了《青海省应急成品粮储备实施方案》和《青海省应急成品粮管理暂行办法》，为了使应急成品粮储备尽快落实到位，组织相关人员对各地应急成品粮储备情况进行了检查、督办。到年底，省级和各地区都建立起了应急成品粮储备，全省粮食应急成品粮供应能力有了质的提升。

三是加强粮油信息的预测预报力度。加大了资金、人员的投入，进一步强化管理，整合信息资源，加强粮油信息特别是米、面、油三大品种的信息收集、分析，粮油信息质量得到有效提升，为储备粮的轮换及掌握国内外粮食价格行情提供了依据。

四是认真贯彻落实《中华人民共和国突发事件应对法》并对全省粮食系统的贯彻落实情况进行了全面检查，提高了应对突发事件的能力。

五是积极协调、组织全省粮食经营企业采购调运东北大米14091吨，既充实了省内大米的市场库存，又确保了省内市场的大米供应，还为企业争取了170.35万元政策补贴。

（二）积极做好新形势下军粮应急供应工作，不断提升军供应急供应和服务能力

一年来，坚持按照军队粮油供应的要求，高标准、高质量地完成了驻青部队及来青驻训部队的粮食供应，同时积极创新服务理念，拓宽军供服务范围，军粮服务的质量水平有了较大提升。2009年2月下旬，在人员少、时间紧、任务重的情况下，全省军供干部职工发扬“心系部队、服务第一”的军供精神，团结一致、齐心协力、加班加点、连续奋战近50天，为来青驻训部队供应粮油、副食及生活用品260余种，配送30余次，保质保量地确保了来青驻训部队的军粮及副食品供应，受到了部队官兵的高度赞扬。

四 扎实开展了四项活动

（一）扎实开展学习实践科学发展观第三阶段活动，不断加强工作作风建设，促进工作落实

认真实施学习实践科学发展观第三阶段活动安排，扎实落实整改措施，总结和转化学习实践科学发展的成果，促进了工作的落实。

一是制定下发了《青海省粮食局办公室关于进一步加强基层反映和解决问题工作机制的通知》，形成了服务、解决基层实际问题的工作机制，并认真解决了干部职工反映的实际问题。

二是加强协调，做好全局“三定规定”的草拟、上报及沟通衔接工作。在与省发展改革委、省编办等部门汇报沟通的基础上，特别是在省政府、省发展改革委、省编办的支持下，使全局“三定”规定得到较好的落实。

三是加强培训工作，切实提高粮食行业干部职工素质。精心安排、实施2009年培训计划，制定了局机关干部和直属单位领导班子成员学习培训方案，组织局机关人员及直属单位领导班子成员分批轮训（封闭学习），重点强化经济学、管理学、社会学、礼仪接待、人文历史（粮食系统）等方面知识的学习，举办了“科学发展观在青海的实践”和“打造卓越的执行团队”等6期专题讲座。

（二）组织干部开展下乡宣讲中央、省委1号文件活动，协调实施扶贫项目工作

认真落实省委关于开展万名干部下乡宣读中央、省委1号文件活动的通知要求，组织局机关和直属单位干部赴果洛州甘德县宣讲中央、省委1号文件，取得良好效果。根据省扶贫开发局的要求，全局实施了对对口扶贫点果洛州甘德县的对口帮扶工作，共捐赠计算机1台、棉被150套、面粉10吨，援建了90平方米的党员活动室。

（三）组织开展《粮食流通管理条例》颁布五周年及科技宣传周、世界粮食日、“放心粮油”系列宣传活动

以“加强宏观调控，保障国家粮食安全”和“科学消费食用植物油”为主题，在全省范围内开展了《粮食流通管理条例》及科技宣传周的宣传活动。在活动中以粮食经营者为主要对象，突出粮食流通政策、科学消费、放心粮油为宣传要点，倡导科学、合理、健康的生活消费方式，引导广大群众树立科学合理的消费观念。活动期间，共印制发放宣传资料4500余份、挂图800余张，展出宣传展板74块。10月30日，开展了以“保粮食安全，吃放心粮油”为主题的“放心粮油”宣传活动。向14家粮油经营门店颁发了“放心粮油店”牌匾，为10个军供站（点）配发了军供专用“放心粮油”配送车、电脑、货柜等设备。“放心粮油”工程建设的展开，凸显了利国、利民、利企的多重效应，得到了各级政府、有关部门、社会各界和消费者的一致肯定和支持。通过实施“放心粮油”工程，也加快了国有粮食企业改革转型，促进了粮油市场多元化主体的培育，提升了现代粮食流通发展水平，进一步增强了应急网络保障和应急调控能力。

（四）积极筹备参加全国粮食行业新中国成立60周年成就展和2009年第九届中国粮油产品及设备技术展览会

2009年适逢新中国成立60周年，为展现60年来粮食行业的辉煌成就，国家粮食局在贵州省专门召开了“新中国成立60周年全国粮食行业成就和2009年第九届中国粮油产品及设备技术展览会”的筹备会议。根据会议要求，省粮食局不仅制定了“两个展会”的实施方案，还对全省60年来粮食工作发

展改革的辉煌成就进行了总结，编写了《青海粮食行业60年辉煌成就》，遴选了96张图片，制作了展板和宣传画册及“60年成就电视专题片”，并且在会展中将粮食行业60年成就展与粮油产品展有机结合，采用图文并茂、影像结合、新旧对比的形式，较为详细地展现了全省粮食行业60年来特别是改革开放以来全省粮食市场体系、储备体系、应急体系、粮食监督检查体系等方面取得的成绩。粮油展共展出菜籽油、蚕豆制品、青稞速食面、青稞米、炒面、马铃薯速食品等6大类、32个品种的特色粮油产品，引起了反响，得到了好评。

五 积极促进油菜籽产业发展，提出了建设油菜籽产业园区的思路

面对国内油脂加工企业的规模化、多元化和高科技化发展趋势，为改变全省油菜籽加工企业小、散、弱、多，产品缺乏市场竞争力的现状，把油菜籽资源优势有效转化为经济优势，促进农民增产增收，促进全省油脂加工业和油菜籽产业发展，确保市场供应。省粮食局按照省政府领导的指示，组织有关企业赴湖北、湖南、陕西省进行考察调研，经多次座谈讨论，提出了按照“政府引导、市场运作、依托企业、强强联合、深度合作、共同发展”的原则，以青海江河源农牧科技发展有限公司等6家企业为主体，广泛吸纳省内外粮油加工、销售企业入股，组建青海油脂加工集团（股份）公司和建设油菜籽产业园区的思路。主要是在集团公司的平台上，建设功能齐全、技术一流、设施完善、管理规范的集粮油加工、交易、仓储、食品、饲料、配送于一体的粮油食品物流园区，连接和延伸油菜籽产业链条，以油品加工为龙头，带动面粉、饲料、食品加工、物流和仓储等相关产业发展，进而发展成为粮食产业园区。

（注：以上数据来源于2009年青海省国民经济和社会发展统计公报和青海省2009年度社会粮食供需平衡调查。）

◆ 青海省粮食局领导班子成员

顾艳华	直属机关党委书记、局长
商卫国	直属机关党委副书记、副局长
乔正善（土族）	直属机关党委委员、副局长

2009年 4月2日，青海省省委常委、常务副省长徐福顺（右二）调研粮食工作。

青海省省粮食局局长顾艳华（左一）到油菜籽收购市场调研。

2009年10月30日，青海省举行全省放心粮油宣传活动暨"放心粮油店"授牌、军粮设备配发仪式。

宁夏回族自治区粮食工作

基本情况

宁夏古有“塞上江南”的盛誉，今有“中国十大新天府”的美称。黄河在宁夏境内流程397公里，穿越12个市、县，有丰富的可利用水资源。沿黄河两岸的宁夏平原，土地肥沃。全区有耕地100多万公顷，人均0.17公顷以上。2009年全区粮食产量为340.7万吨，本区消费量为313万吨。国有粮食企业特别是储备企业继续发挥粮食流通主渠道作用，是政府调控粮食市场的主力，全区粮食市场稳定。

2009年，学习实践科学发展观活动强力推动了自治区粮食局的各项工作，党员干部受教育、科学发展上水平，行风政风端正，政令畅通，执行得力。

2009年，全区以竞价采购形式筹集退耕还林（草）补助粮，按时完成供应任务。创新军粮供应形式，圆满完成“卫勤使命—2009”和“跨越—2009（青铜峡）”两次军事演习的伴随保障任务，创全国首例。加强仓储管理，研究推广节能减排绿色储粮技术，实行精细化管理、目标管理，经清仓查库，清查范围内的库存粮食账实相符率、粮食质量均高于国家标准。推进国有粮食企业改革与发展，企业经济运行质量明显提高，结束了宁夏粮食行业自1996年以来近13年的亏损局面，全区统算实现盈利。进一步深化粮食流通体制改革，起草《关于进一步深化粮食流通体制改革、促进现代粮食流通业发展的意见》，并经自治区人民政府常务会议通过。争取国家粮食局对宁夏粮食物流、粮油仓储设施、粮油质检体系、军粮配送中心、信息管理系统和应急保障等建设项目的支持，部分项目已列入国家发展改革委2010年规划。

自治区粮食局在自治区人民政府组织的机关效能建设目标考核和民主评议政风行风测评中都取得了好成绩。

2009年粮食工作

一 发展粮食生产，粮食产量再创新高

2009年，继续对农民实行粮食直接补贴，增加农资综合补贴，小麦、水稻、玉米三大品种良种补贴首次实现全覆盖。

加强科技对粮食生产的推动作用。稳定灌区小麦、水稻种植面积，压减旱作区小麦面积，扩大马

铃薯、玉米种植面积。夏、秋粮食种植面积比例由2000年的41.2：58.8调整为2009年的30.1：69.9。减少产量低而不稳、易受自然灾害影响的粮食作物种植面积，发展避灾农业。推进冬麦北移，引黄灌区冬小麦种植面积扩大到2万公顷。

提高耕地质量，增加粮食作物种植面积。宁夏在流转土地5.33万公顷用于建设高新农业种植基地、现代农业养殖示范等项目，公共管理与公共服务用地、重点建设项目用地大幅度增加的情况下，自治区人民政府严格实行耕地保护目标责任制，推进土地整理复垦开发，实现占补平衡。2009年，投入农业综合开发资金3.5亿元改造中低产田2.53万公顷、综合治理0.25万公顷、建设现代节水高效农业0.63万公顷。青铜峡市、永宁县成为国家综合开发办投资建设的国家高标准农田建设示范工程的第一批项目县，建设“田成方、林成网、渠相通、路相连、涝能排、旱能灌”的亩产千斤粮的高产稳产田。

2009年全区粮食作物播种面积82.73万公顷，比2008年增加0.11万公顷，连续3年稳定在80万公顷以上。

川区粮食总产量为220.4万吨，比2008年增长2.7%；山区粮食总产量为120.3万吨，增长4.9%。全区夏粮总产量为76.3万吨，比2008年增长12.5%；秋粮为264.4万吨，增长1.1%。夏秋同增、山川同增。

2009年全区粮食总产量为340.7万吨，比2008年增加11.5万吨，增长3.5%。经受住金融危机和自然灾害的双重考验，实现连续6年增产，再创历史新高。优质粮食作物面积比2008年增长3.8%。

二 积极收购，掌握粮源，增加农民收入

往年1～5月为粮食收购淡季。但是，全区粮食储备企业在2009年的这段时间里，采取腾并仓容、租用仓库、委托市县购销企业和农场代收代储等办法解决仓容不足问题，积极收购粮食，并与加工企业、购销企业联合经营，发挥农民经纪人作用上门收购，淡季不淡，共收购农民余粮3.6万吨，比2008年同期增加6199吨。

组织订单收购。2009年订单收购的品种由小麦、水稻、玉米扩大到油葵、蚕豆、豌豆、荞麦、土豆等。截至4月10日，全区有78家粮食购销、加工、储备企业与34.7万户农民、14个国营农场和优质粮生产基地签订粮食订单3.78万份，订单粮食总量110万吨，涉及种粮面积22.53万公顷。国有粮食购销企业、储备企业和非国有粮食流通、加工企业向签订订单的农户提供产前、产中、产后全程免费技术服务。截至12月底，全区共完成订单收购粮食88.4万吨，订单履约率约为81%。兴唐米业产业集团到2009年已建成有机稻、富硒稻、优质稻、新品稻4大种植基地1万公顷，辐射灵武、永宁、贺兰、青铜峡、利通区等5个县市。

贯彻自治区党委、人民政府冬麦北移战略，第一次实行冬小麦与春小麦同质同价收购政策，增加种粮农民收入。7月15日，出台灌区小麦收购信息参考价，每公斤硬质红小麦（中等）2.00元，白小麦（中等）1.74元，红小麦、混合小麦（中等）1.66元。石嘴山、兴庆、青铜峡等储备企业和银川、吴忠、中卫市国有粮食购销企业实际收购硬质红小麦（中等）平均价为每公斤2.08元，比2008年开秤指导价高0.18元，比2009年小麦主产省高0.20元多，比周边的陕西、甘肃省高0.24元多。

采购外省稻谷。宁夏大米销往区外的数量逐年增加，根据自治区人民政府领导批示精神，自治区粮食局组织企业从东北地区采购粳稻，以保证区内市场需求。

2009年，全区国有粮食企业带动非国有粮食经营、加工等各类企业收购区内生产的小麦、稻谷、玉米共154.0万吨，拉动农民增收约3.1亿元；收购区外生产的小麦、稻谷、玉米17.7万吨。年内，共接收跨省移库粮食21.7万吨。

三 销售临时储备稻谷，调控市场，增加财政收入

自2008年11月初至2009年3月底，自治区粮食局根据自治区人民政府2008年第108次专题会议决定，组织储备企业公开挂牌、敞开收购整精米率在50%~55%，其他指标符合国家质量标准的稻谷8.15万吨作为自治区临时储备。2009年4月上旬，自治区粮食局、财政厅、农发行宁夏分行联合验收组确认，符合临时储备稻谷质量标准的实为6.35万吨，予以验收，并决定根据市场需求情况通过批发市场竞价销售这部分粮食，余下的1.8万吨稻谷不予验收，转为企业商品粮，由企业自主销售，自负盈亏。

2009年3~4月，宁夏稻谷市场供给偏紧，价格波动较大，自治区粮食局指导储备企业调整销售计划，平抑市场。5月起，区内稻谷市场需求旺盛。5月15日，经宁夏粮油批发交易中心市场竞价销售临时储备稻谷17180吨，6月26日销售12024吨，7月28日销售6847吨，8月7日销售7518吨，8月25日销售5410吨，11月6日销售13750吨。适时出库销售临时储备稻谷，调控了粮食市场，并使自治区财政实现价差收入2000多万元。

四 首次招标采购军粮，首次随军保障

9月1日，自治区粮食局颁布《宁夏军粮统筹采购管理办法》、《宁夏军粮统筹招标采购实施细则》，成立自治区粮食局军粮招标采购评审小组，建立省级军粮统筹采购、联购分销制度。以公开招标方式采购军粮，由自治区军粮统筹采购招标评审小组、自治区粮食局纪检监察机构派员监管全程。中标的加工企业按要求包装军粮，使用统一的军供标识、商标，根据分月配送计划，备足周转库存，及时送达，质量检验报告随货同行。军粮供应企业按照“一批一检一报告”的要求，接收军粮，供应部队。9月7日，自治区粮食局在宁夏粮油批发交易中心市场召开军粮招标采购会，首次以招标形式采购军粮。

7月中旬，自治区粮食局接到为“卫勤使命—2009”军事演习提供后勤保障服务的通知。自治区粮食局领导挂帅，责成军粮管理中心协助演习部队做好服务工作。组建自治区粮食局野战军粮供应站，抽调5辆军供放心粮油配送车，组织各军粮供应站为演习部队供应粮油，并供应蔬菜、肉、蛋、奶等副食及日用品。共出车近400台次，供应粮油1.2万公斤，蔬菜副食等10万公斤。8月5日，兰州军区联勤部部长、政委视察自治区粮食局野战军粮供应站时，称赞宁夏军粮供应大胆创新，探索出了一条在野外提供军粮供应保障工作的新路子。

9月，自治区粮食局接到为“跨越—2009(青铜峡)”演习提供后勤保障服务的通知。这是一次整建制师进行的跨区交叉的军事演习。自治区粮食局成立野战军粮供应站及相应的组织机构、服务机构，提前备足粮油，备足蔬菜、饼子、副食、日用品，组织3辆厢式货车、3辆“放心粮油”配送车专门负责配送。演习中，自治区粮食局野战军供站实行伴随保障，部队走到哪里，就把粮油、蔬菜、水等送到哪里。9月11日，演习部队需要饼子，配送车自下午6点跑到次日凌晨2点把1万多个饼子送到

各演习部队。9月12日，自治区粮食局局长刘金定、副局长严彦召到野战军粮供应站检查指导工作，刘金定要求军粮供应工作要讲政治、顾大局，坚持“以兵为本” 原则，通过实战保障，检验应急能力，锻炼队伍，积累经验，积极探索“常态”机制。参加演习的部队首长赞扬自治区粮食局在低温多雨、部队流动性大的情况下，在戈壁滩设立野战军供站，配备流动配送车，及时、高效地进行伴随保障，体现出宁夏粮食部门高度的政治责任感和高度负责的工作精神。据不完全统计，自9月6日至26日，自治区粮食局野战军粮供应站共出车400多台次，供应粮油2万公斤，蔬菜副食等10.3万公斤、燃煤1.5万公斤。

兰州军区联勤部在给自治区粮食局的感谢信中说，自治区粮食局这次组建野战军粮供应站和野战军供超市，为演习部队筹措、供应主副食品和生活日用品，开创了三个“第一次”，即第一次为军供系统战时给养保障起到了示范引路作用，第一次为大规模部队提供保障，第一次为野外无依托条件部队提供保障。这既是对野外演习驻训部队给养保障方面一次有益的探索，也是落实新时期军供方针一次有益的尝试，不仅探索了平战结合的新路子，而且积累了军地联供的新经验。

参加“跨越—2009（青铜峡）”演习的沈阳军区某部在寄给自治区党委书记陈建国的感谢信中说：“沿途所经各地党委、政府高效的应急保障机制，巨大的动员潜力，充分展示了贵区多年来经济快速发展、社会和谐稳定的瞩目成就，充分体现了自治区广大人民牢固的国防观念和对子弟兵的深情厚谊。”

国家粮食局通报表扬自治区粮食局两次为演习部队提供伴随保障服务的做法，并在全国加以推广。

五 按时、全面完成退耕还林补助粮供应任务

自治区粮食局与自治区发展改革委等部门联合印发的《关于做好2009年退耕还林补助粮供应工作的通知》规定，对山区8县及红寺堡开发区、中宁县喊叫水乡、中卫市部分乡镇的退耕地每亩补助现金90元、原粮30公斤（购粮款50元），其中原粮部分供应小麦、玉米各半。粮食供应结算价格超过50元的部分由县（区、市）财政承担，低于50元的结余部分在专户内滚动使用。筹措退耕补助粮总的要求是“任务到县，责任到县”。

自治区粮食局筹措资金2亿多元，协助退耕县公开竞价采购合格粮食12万吨，按时、全面完成补助粮供应任务。

六 加强储备粮管理，“一符四无粮仓”巩固率为100%

2009年，对储备企业实行动态日报制度管理储备粮。储备企业每日上午9时，向自治区粮食局报告当期时段的储备粮入库、出库品种、性质、数量、价格，当期库存粮食储藏变化情况以及未经储备粮管理系统处理的信息。自治区粮食局于每周一、三、五统计分析企业上报数据，为领导决策提供依据。

自治区粮食局通过宁夏粮食宏观调控信息管理系统直接采集当期动态信息，监管储备粮。本系统于2008年开工建设，2009年完成并改造完善储备库网络建设、应急指挥系统、价格监测系统、协同办公系统建设。可以通过电信12条数字电路传输储备企业基础数据和影像资料，随时查看储备粮库存管理情况。本系统网络进行稳定，数据传输安全通畅，于2009年9月25日正式通过由自治区发展改革

委、财政厅、农牧厅、建筑设计院等多部门组成的项目专家组验收。

年内，自治区原粮储备规模达到国家粮食局提出的建议数，轮换出库粮食6.8万吨、入库7.2万吨，库存粮食全部为宜存粮，品质完好率为100%。其中优质小麦占小麦库存量的比例由年初的32%提高到年底的39.3%。运用节能减耗绿色储粮技术，推行精细化管理，全年库存量增加30%而能耗下降6%，轮换出库粮食损耗率由2008年的1.8%下降到1.1%，“一符四无粮仓”巩固率为100%。

七　精心组织，清仓查库出精品

4～6月，按照国务院的统一部署，根据“有仓必到、有粮必查、有账必核、查必彻底”的原则，在全区开展粮食清仓查库工作，并圆满完成自治区人民政府提出的“宁夏粮食清仓查库出精品”的工作目标。

清仓查库工作在自治区党委、人民政府领导下进行。自治区人民政府成立粮食清仓查库工作领导小组组织指挥清仓查库工作，自治区人民政府分管粮食工作的副主席担任组长，自治区人民政府办公厅、发展改革委、粮食局、财政厅各有1位领导担任副组长，自治区粮食局、监察厅、农牧厅、质检局、统计局、审计厅、农发行宁夏分行、中储粮西安分公司等为成员单位。市、县（区、市）成立市县清仓查库工作领导小组。

这次清仓查库统一抽调清查人员、集中培训、混合编组、本地回避。清查方法为，自上而下部署组织、自下而上全面清查，分为县级自查、市级普查、省级复查、国家抽查4个环节，随机抽查、突击检查和暗查相结合，“在地检查”。清查范围为，辖区内国有及国有控股粮食企业库存的中央事权粮食、地方储备粮和企业商品粮。全区有2091人参加自查、普查、复查、“回头看”工作，组成市级普查组11个、省级复查组4个、“回头看”检查组5个，共清查库点221个、货位1792个。储存在宁夏的中央事权粮食的复查数量为库存量的93%，地方储备粮为57%，均高于国家规定的比例。

在清仓查库工作中，自治区清仓查库工作领导小组邀请人大代表、政协委员督导工作，市县清仓查库工作领导小组邀请同级人大代表、政协委员督导工作。在企业自查、市级普查阶段共邀请到人大代表、政协委员，区级150人次、市级145人次、县级212人次。

清查结果显示，清查范围内粮食的统计库存账面数与实际库存数差率为0.06%，低于国家3%以内的规定，低于全国平均差率0.3%。库存粮食质量良好，库存与贷款相符，政策性粮食补贴拨付较及时，资金使用规范，无涉粮案件。在全国粮食清仓查库质量省级交叉检验中，经陕西省国家质检中心检验，宁夏储存的中央和地方储备粮质量合格率、品质宜存率全部达标。

10月9日，国务院召开电视电话会议，总结全国粮食清仓查库工作，国家粮食局表彰宁夏回族自治区粮食局为全国粮食清仓查库工作优秀组织单位，银川市粮食局为全国粮食清仓查库工作先进市级单位。

八　改革发展国有粮食企业，结束连续13年全行业亏损局面

自治区粮食局根据自治区党委、人民政府主要领导和分管领导的批示精神，先后到安徽、广东、河南、吉林、山东、上海、浙江等省市调研促进粮食生产，培育壮大粮食加工、销售龙头企业，推进国有粮食购销企业产权制度改革，加快粮食流通基础设施建设等课题。先后深入到银川、吴忠等地的

粮食行政管理部门、国有粮食企业、粮食加工龙头企业调研加强粮食工作行政首长负责制，发挥市场机制在粮食资源配置中的基础作用，提高国有粮食企业市场竞争力，加强粮食市场监管等课题。局领导多次向自治区党委、人大、政府主要领导和分管领导专题汇报深化粮食流通体制改革调研、准备情况，起草出《关于进一步深化粮食流通体制改革、促进现代粮食流通业发展的意见》，并于11月24日经自治区人民政府第51次常务会议通过。自治区粮食局还起草出《关于深化国有粮食购销企业改革的指导意见》、《关于进一步落实粮食工作行政首长分级负责制的意见》等6个配套文件。

2009年，国家粮食局、中国农业发展银行重新审定2006年、2007年认定的重点支持粮油产业化龙头企业。经审定筛选，在宁夏粮油经营企业、加工企业及饲料企业中，宁夏大北农科技实业公司、兴唐米业产业集团、农垦企业集团米业公司、吴忠兴达粮油公司、吴忠嘉禾粮油食品公司及宁夏三鑫粮油贸易公司等企业再次成为国家粮食局、中国农业发展银行重点支持的粮油产业化龙头企业。

针对2008年以前储备企业经济效益差，部分企业发生亏损的实际情况，自治区粮食局把扭亏增盈作为工作重点，在储备企业中实行重大事项财务报告审批制度，推行全面预算管理，开展单仓费用核算活动。各储备企业细化、量化经济指标和目标任务，落实到科室，并进一步落实到个人，强化细节管理。组织储备企业科学轮换库存，拓展多种经营业务，提高企业效益。6月，自治区粮食局专项检查直属国家粮食储备库全面预算管理工作情况。8月21日，召开储备企业经济运行分析会，研究解决影响企业经济运行和可持续发展问题，并在储备企业中开展以“杜绝粮油仓储企业不规范管理行为，严格粮油仓储企业库存管理，提高企业管理水平”为目标的创建规范化管理企业活动。8月1日~8月30日，各企业按照粮食法规、粮改政策、管理制度、技术标准、操作规程，制定出规范化管理流程，细化岗位职责，完善绩效评价体系。9月1日~12月30日，制定出治理企业不规范管理行为方案，落实工作责任，强化管理。

自治区粮食局指导全区国有粮食企业开办“粮食银行”，开展“四代一换”（代购、代销、代农储粮、代农加工和品种兑换）业务。年内，全区国有粮食企业共开办“粮食银行”11家，入行农户12511户、储存经营粮食近7万吨。

1～4月，直属储备企业比上年同期减少亏损502万元，新城粮库、银川购销公司比上年同期减亏137万元。截至8月底，直属储备企业全面扭亏为盈。截至年底，全区国有粮食企业全年统算盈利。宁夏成为全国16个国有粮食企业扭亏为盈省份之一。

九 筹建粮食物流园区，监管粮食市场

2009年，原宁夏粮食物流中心建设项目因银川火车站改造扩建而停建，自治区粮食局考察、调研并申报建设新的宁夏粮食物流园区。自治区粮食局根据《国务院关于进一步促进宁夏经济社会发展的若干意见》组织调研、筛选、论证，整理出宁夏总投资为7.83亿元的4大类、21个重点粮食流通建设项目，自治区粮食局主要领导3次到北京向国家粮食局领导汇报工作。国家粮食局印发《关于宁夏回族自治区粮食局请求对口帮扶意见的复函》（国粮办展〔2009〕126号），决定从粮食基础设施建设、质量监测体系建设、宏观调控应急保障体系建设、军粮配送中心建设等12个方面对宁夏给予支持。2009年，有投资规模为6400万元的5个物流建设项目列入国家发展改革委2010年项目规划。

监管粮食流通秩序。继续执行粮食收购资格许可制度，实行年审，并通报年审结果。各级粮食行政部门成立由主管领导或分管领导担任组长的检查小组，采取全面检查、重点检查相结合的方法，监

管粮食流通秩序。在夏粮、秋粮收购期间，自治区粮食局组织抽查，规范粮食企业收购行为，警告或处理没有收购资格许可证而入市收购的粮商。

加强粮食供求和价格信息监测。2009年，价格监测点增加到53个，其中直报点为20个，各市粮食部门管理的监测点23个。各市粮食部门还设立39个价格采集点。宁夏首次建立小杂粮监测点，首次与周边省区建立粮油价格互通机制。自治区粮食局及时汇总各地监测数据，反映市场动态，分析预测价格走势，形成粮食价格动态信息，为粮食生产与经营服务，为政府决策提供准确的信息。

年内，自治区粮食局调整部分应急食用植物油承储计划，修订《宁夏粮食应急预案实施细则》，细化工作职责，完善应急供应预案。

组建粮食质检体系，监管粮食质量

在2009年的政府机构改革中，自治区人民政府将粮食加工环节的质量安全和卫生监督职责划归自治区粮食局。自治区粮食局制定《宁夏粮食质量监测体系建设总体方案》，筹措资金建立中卫、固原粮食质量检测站，构建以宁夏粮油产品质量检测中心为龙头，市、县（区、市）粮食质检站为骨干，自治区直属国家粮食储备库化验室为支撑的粮食质检体系。自治区粮食局筹集资金为自治区质检中心、石嘴山、吴忠质检站和8个直属储备企业的化验室配备仪器设备，并完成了11个质检机构的计量认证。

10月，参加国家粮食局举办的全国国家质量监测机构全项目对比考核，全国参加对比考核的监测机构为189个，宁夏成绩为6个A、1个B，综合成绩评定为优异。

制定《2009年监督检查工作实施方案》和《粮食质量监管实施方案》，组织例行质量监管活动，督导市县粮食行政管理部门监督检查工作，指导市县粮食部门“食品安全先进市、县”创建工作。元旦、春节期间，专项检查粮食加工企业、零售企业的粮油食品安全情况。“五一”、“十一”两节期间，自治区粮食局会同工商、质检、卫生等部门以质量为重点开展粮油市场联合执法检查。截至11月中旬，全区各级粮食行政管理部门共开展各项粮油质量、卫生监管活动100余次，出动检查人员500余人次，检查粮食经营企业1000家次，发出书面整改通知20余份，口头提出整改意见80多条。

3月9～19日，检查储备粮、应急成品储备粮油的质量状况，在储备库和代储库的110个货位扦取样品77个，代表粮食数量81388吨，并完成样品质量和储存品质指标的全项检测任务，做出检测报告77份。

在粮食收获的第一时间，组织技术人员深入到农户家中、收购现场采集粮食样品700多份，涉及全区10个市县近300多个村，开展小麦、稻谷质量调查、品质测报、原粮卫生专项调查，为粮食收购、推荐优良粮食品种提供依据。

检测到的近万个数据显示，灌区冬小麦全部为硬质麦，整体质量良好，平均达到国家标准中等以上，但不完善粒较高。容重平均值为762g/L、不完善粒平均值为7.3%、硬度指数平均值为67，全麦粉湿面筋含量平均值为25.5%。稻谷整体质量良好，整精米率平均值为61.6%，出糙率平均值为80.7%，平均达到国家标准二等以上。自治区粮食局推荐的宁春4号、宁春39号小麦，已列入2010年全区主要推广种植品种。

继续实施放心粮油工程。截至年底，全区放心粮油店共有233家，其中国有放心粮油店为28家。本年工作重点是巩固已建放心粮油店，在国有或国有控股粮店中特别是在军供企业经营的总店、连锁店中发展放心粮油店。全区由军供企业经营的国有粮店有22个，由军供企业配送的连锁、加盟店有70多个，这些企业执行粮食政策好，配合政府调控市场行动积极，为城乡居民提供放心粮油成绩显著。2009年，自治区粮食局筹资60万元支持15个军供国有放心粮油店建设，统一设计军供企业店面形象。

年底，全区粮食行业已有宁夏名牌产品26个、中国名牌1个，分布在23家粮油加工企业中。

十一 端正政风行风，加强机关效能建设

2009年，自治区粮食局以保证全区粮食安全、发展现代粮食流通业、进一步深化粮食流通体制改革、提高执政能力、端正政风行风为重点开展机关效能建设。实行政务公开，打造阳光政务。加快电子政务建设，提高工作效率。开展党风廉政建设，规范行政权力运行。强化效能监督，实行行政问责制。

自治区粮食局根据《自治区人民政府关于下达自治区政府直属机关单位2009年度效能目标管理考核责任书的通知》自查自评打分情况如下：宏观调控赋分为20分，自评分为20.4分；粮食行政执法监督检查赋分为20分，自评分为20分；粮食产业化赋分为15分，自评分为15.2分；服务“三农”赋分为10分，自评分为10分。自治区人民政府效能目标管理考核第五考核组考核自治区粮食局2009年效能目标管理和党政领导班子及领导干部履行职责情况后，充分肯定自治区粮食局的效能建设取得的成绩。

在自治区人民政府组织的机关效能目标管理考核中，自治区粮食局获得优秀档次，三等奖；在民主评议政风行风测评中，得分位于19个参加测评直属机构的第5名。

机构调整情况

自治区人民政府在2000年政府机构改革中，规定宁夏回族自治区粮食局为政府直属事业单位。2009年4月10日，自治区人民政府办公厅以宁政办发〔2009〕68号文件《关于印发自治区粮食局主要职责内设机构和人员编制规定的通知》规定自治区粮食局（粮食储备局）为自治区人民政府直属机构。职责调整主要内容：加强粮食预警及应急体系建设的职责；加强原粮收购、储存、加工环节的粮食质量安全和卫生监督检查的职责；加强指导全区粮食流通产业发展工作的职责。负责对原粮加工环节的粮食质量安全和卫生进行监督检查，协同有关部门做好粮食加工生产环节质量标准管理工作为新划入职责。

自治区粮食局（粮食储备局）设6个内设机构：办公室、人事与老干部处、调控处、储备管理处、财务处、监督检查处，行政编制为41名。

◆ 宁夏回族自治区粮食局领导班子成员

刘金定　　　党组书记、局长
严彦召　　　党组成员、副局长
赵银祥　　　党组成员、副局长（2009年1月任职）
叶　宁　　　党组成员、纪检组长（2009年11月退休）
吴长青　　　党组成员、副局长
王少英（回族）巡视员（2009年12月退休）
解　涛　　　副巡视员

2009年10月10日，宁夏回族自治区粮食局局长刘金定(左一)陪同自治区党委书记陈建国(右一)、政府主席王正伟(左二)参观首届中国（宁夏）园艺博览会暨第五届中国西部特色（宁夏）展示合作洽谈会自治区粮食局展区。

2009年9月27日，宁夏回族自治区粮食局局长刘金定（右二）陪同自治区党委副书记于革胜（左一）到灵武市、青铜峡市调研粮食工作。

2009年9月12日，宁夏回族自治区粮食局局长刘金定（右二）、副局长严彦召（右一）检查指导宁夏野战军粮供应站工作。

2009年5月23日，宁夏回族自治区粮食局副局长赵银祥（左二）、巡视员王少英（右二）在银川市检查指导学习贯彻《食品安全法》、纪念《粮食流通管理条例》颁布五周年活动。

新疆维吾尔自治区粮食工作

基本情况

新疆维吾尔自治区位于祖国的西北部，总面积160多万平方公里，是全国面积最大的省区。2009年，全区生产总值4273亿元，比上年增长8%；全社会固定资产投资完成2825亿元，增长25%；全口径财政收入883.7亿元，增长7.9%；城镇居民人均可支配收入12120元，增长6%；农村居民人均纯收入4000元，增加497元，增长14%，实现历史性突破。

2009年，新疆粮食播种面积199.5万公顷，比上年增加34.5万公顷，增长20.9%。其中小麦115.3万公顷，水稻7.3万公顷，玉米59.9万公顷，油料种植面积27万公顷。全年粮食总产量1152万吨，比上年增加243万吨，增长26.7%。其中，小麦630.7万吨，水稻65.6万吨，玉米439万吨，油料64万吨。全区地方国有粮食购销企业收购粮食258.5万吨，比上年增加125.2万吨。其中小麦204.7万吨，增加121万吨；大米20.6万吨，增加2.9万吨。销售粮食216万吨，比上年增加53.5万吨。其中小麦174.2万吨，增加54.5万吨；大米22.4万吨，增加5.7万吨。全区粮食总消费910万吨，结余240万吨。

全区粮食行业现有自治区级粮食行政管理机构1个（新疆维吾尔自治区粮食局）；14个地（州、市）中，9个设粮食局，5个与发改展改革委或商务局合署办公。87个县（市）设粮食行政管理机构90个。全区粮食行业从业人员总数25791人，其中：行政管理人员777人，事业单位人员1238人，国有粮食购销企业在职人数6957人，粮油加工企业人员16819人。

2009年粮食工作

2009年是极不平凡的一年。一年来，全区各级粮食行政管理部门在自治区党委、人民政府的正确领导下，在各有关部门的大力支持和配合下，坚持以邓小平理论和“三个代表”重要思想为指导，深入贯彻落实科学发展观，紧紧围绕保护农民利益、确保粮食安全这个中心，认真执行粮食购销政策，正确把握形势，加强宏观调控，改善基础设施，发展流通产业，深化企业改革，加强监督检查，各项工作都取得了比较好的成绩。尤其是面对“7·5”事件造成的不利影响，迎难而上，奋力拼搏，不断加大工作力度，积极应对严峻挑战，经过广大干部职工的共同努力，确保了维稳部队、特警的粮食供应，保证了全区市场粮油供应和价格基本稳定，为全区经济平稳较快发展作出了积极贡献。

一 做好军粮供应，维稳工作成效显著

稳定是硬任务，是第一责任。乌鲁木齐“7·5”严重暴力犯罪事件发生后，自治区粮食局党委根据自治区党委、人民政府关于做好“7·5”事件处置和维稳工作的总体部署和具体要求，在第一时间召开紧急会议，安排部署军粮供应保障工作。根据乌鲁木齐在短时间内进驻部队多、兵力增加快、维稳警力在市区内外点多面广线长无法开灶、急需熟食快餐、饮用水等副食品供应的特殊情况，提出了“不计成本、不计代价、不讲条件”、“超品种、超范围、超常规”、“先供应、后结算”搞好军供工作的要求，并立即组织实施。

（一）成立机构

迅速成立由自治区粮食局和乌鲁木齐市、昌吉州粮食局有关领导参加的“乌鲁木齐地区军粮保障供应协调小组”，具体负责军粮供应应急保障的协调领导和组织实施工作；成立了由自治区粮食局与新疆军区联勤部有关方面组成的“任务部队军粮、副食品应急供应联合办公室”，加强军地协调配合；同时在昌吉、伊犁、和田、喀什等重点地区相应成立了军粮应急供应领导小组，组织协调当地的军粮供应工作。

（二）加强联系

主动加强与部队的密切联系，根据部队需要提供优质高效的全方位服务，坚决做到部队执行任务到哪里，军粮保障供应就到哪里。

（三）落实粮源

认真组织落实米、面、油等军供粮源，实行定点生产加工，并及时协调好交通管制时期的送粮车辆通行问题，确保军粮供应及时、安全、可靠。

（四）做好部队副食品供应

根据维稳部队需要，加强副食品供应，乌鲁木齐货源不足的，立即组织从外地调运，并把昌吉等地作为乌鲁木齐军粮包括副食品、熟食供应的后备基地。

（五）保证军粮供应质量

从组织货源、运输途中到交到部队手上，实行全程监控，粮油质检部门跟进服务，确保食用绝对安全。

（六）加强部队走访慰问

“7·5”期间和“八一”前后，全区粮食系统和军供部门先后走访慰问了新疆军区联勤部、武警新疆总队、边防总队、维稳一线部队和军供部门的干部职工，共向部队赠送慰问品、慰问金约35万元。

在做好这次特殊时期的军粮供应工作中，粮食行政管理部门发挥了坚强的组织保障作用，军粮供应部门发挥了坚强可靠的后勤保障作用，确保了维稳部队、特警的粮食供应，为新疆的社会稳定大局做出了应有的贡献，得到了自治区、部队和国家粮食局的高度评价和赞誉。

二 加强宏观调控，粮食安全保障能力进一步增强

（一）狠抓粮食收购，农民增收明显

一是突出抓好小麦收购工作。2009年，新疆小麦继续实行敞开收购、敞开直补政策，每公斤直补0.20元。小麦收购价格与全国小麦托市收购价保持同步，每公斤比上年提高0.20元，即标准级小麦收购价格为每公斤1.74元。继续对种植小麦实行综合补贴，计划内每亩补贴90元，计划外每亩补贴46元。全区国有粮食购销企业认真执行粮食收购政策，全年收购小麦360万吨，比上年增加221万吨，创历史最高记录。农民因收购价格提高和小麦直补增收超过14亿元。二是从实际出发做好稻谷收购工作。2009年，新疆稻谷继续执行敞开收购、敞开直补政策，凡农民交售给国有粮食购销企业的稻谷，每公斤补贴0.21元，并制定了稻谷最低保护价，比上年提高0.26元，即标准级粳稻每公斤1.90元，当市场价格高于最低保护价按市场价随行就市收购，当市场价格低于最低保护价按最低保护价由国有粮食购销企业全额收购。全区地方国有粮食购销企业收购稻谷27万吨，比上年增加1.2万吨。农民因收购价格提高和稻谷直补增收超过1亿元。三是千方百计做好油料收购工作。2008年7月以来，新疆受油料价格大幅下跌，农民利益受到巨大损害的不利影响，在全国率先出台了国有粮食购销企业按每公斤3.6元最低保护价敞开收购油葵的政策。2009年，在油菜籽纳入国家托市收购的情况下，又继续实行了油葵籽最低保护价敞开收购政策。2008、2009两年，全区收购油料70万吨。农民因实行最低保护价敞开收购油料的政策增收超过5亿元。

（二）确保市场供应，维持粮价稳定

2009年上半年，为确保全区粮食市场供应，维持粮价基本稳定，按照“三定”(定量、定价、定向)原则，及时向市场投放自治区政府锁定政策性小麦15.7万吨，同时积极轮换储备粮，稳定了市场粮食供应。下半年，由于全区小麦总产远大于社会消费总需求，市场价格下行压力加大，各地坚持顺价销售原则，维护了粮食购销市场正常秩序。随着国家下达全区150万吨临时存储小麦收购计划的实施，极大地缓解了自治区夏粮购销压力，促进了市场价格回升，为全区国有粮食购销企业实现顺价销售发挥了重要作用。

（三）加强市场监测，提高应急保障能力

加强粮食监测预警体系建设，选定21个粮油价格直报点，作为新疆重点地区粮油价格监测点，并实施价格监测周报制度，对全区市场粮油价格动态实施定期分析预测，适时编发《粮情快报》，对区内外粮油政策和市场行情进行分析预测。同时，确定自治区储备粮承储企业和国有粮食购销企业为自治区粮食应急储备企业，在全区确定了33家粮油应急加工企业、44家粮食应急供应企业。

三 粮食流通体制改革深入推进

目前，全区118家国有粮食购销企业已基本完成改制，每个县（市）都重新组建了国有独资或国有控股有限责任公司。一些企业通过重组兼并，资产结构进一步优化，经济实力不断壮大，国有粮食购销企业的竞争力正逐渐增强。积极争取和落实了国有粮食购销企业改制分流职工经济补偿金2132万元，并协调有关部门对全区国有粮食购销企业继续免征2009～2010年企业所得税地方分享部分，对承

担政策性油料（脂）收储任务的国有粮食购销企业免征增值税。进一步指导各地做好扭亏增盈工作，2009年全区国有粮食企业实现统算盈利1.24亿元，其中国有粮食购销企业统算盈利1.27亿元。

四 粮食流通基础设施建设进一步加强

（一）加大仓储设施建设和维修力度

充分利用自治区粮食仓储设施建设维修资金，最大限度调动各地和企业投资仓储设施建设的积极性。2009年自治区下拨建仓资金3000万元（其中自治区财政从2009年起将原来每年2000万元仓储建设维修资金增加至3000万元），协调带动地方政府和企业自筹资金实施了一批退城进郊和建仓项目，新建仓容10万吨以上。同时，积极争取国家对新疆仓储设施建设和旧仓维修改造资金，2009年财政部第一次给新疆下拨了761万元仓储维修改造资金，较好地改善了全区仓容不足和陈旧老化的状况。

（二）加强农户科学储粮工作

制定了《自治区农户科学储粮专项建设规划》、《自治区2009年度农户科学储粮专项建设实施方案》和《农户科学储粮管理办法》，争取中央财政资金1145万元，加上自治区配套和农户自筹资金，正在为全区5万农户配备新型储粮装具，改善农户储粮现状，减少农户储粮损失。

（三）加快粮食物流设施建设

按照《新疆维吾尔自治区粮食现代物流设施“十一五”后三年及中长期建设规划》要求，在乌鲁木齐、伊犁州和阿克苏建设3个一级节点，在喀什、塔城地区等基础条件较好的中转库建设16个二级节点，在自治区粮食主产县建设15个三级节点。目前，3个粮食物流一级节点的储备粮库已开工建设，其中伊犁国家粮食储备库粮食物流中心铁路专用线正在抓紧建设之中。部分二级、三级节点也已结合仓储设施建设开始起步。

五 粮食产业化经营稳步推进

（一）扶持龙头企业发展

2009年，利用自治区财政安排的1000万元粮食产业化发展基金，支持23个重点粮油加工企业技术改造项目贴息和涉粮类自治区产业化龙头企业的项目贴息贷款，引导企业投资近7.6亿元，有力支持和促进了自治区级涉粮类农业产业化龙头企业发展。目前，已有国家级、自治区涉粮类农业产业化重点龙头企业65个（其中国家级3个）。

（二）推进放心粮油工程

进一步推进“放心粮油”工程建设，先后对伊犁州、昌吉州、乌鲁木齐市、阿克苏地区“放心粮油”工程进行了专题调研。目前，全区共有国家和自治区级“放心粮油”生产企业65个（国家级13个），品牌68个，产品120个。“放心粮油”销售店582个、配送中心2个，示范企业指导种植基地13万多公顷。全区粮食系统国家级名牌产品1个，自治区级名牌产品19个。

（三）发挥粮食行业协会作用

先后组织召开了稻米座谈会和面粉企业座谈会，围绕新疆米业、面粉加工业发展进行了交流研讨，形成了“积极推进仓厂联合、发展稻米产业”的共识，对全区米业发展和面粉加工企业开拓市场营销起到了积极的促进作用。

六 依法管粮取得新进展

（一）开展粮食清仓查库工作

按照国务院的部署，全面开展粮食清仓查库工作。经查，全区粮食实际库存差率为0.05%，在全国要求的3%以内。全区粮食库存数量真实、质量良好、账账相符、账实相符。

（二）开展粮食库存专项监督检查

积极开展粮食政策落实情况的专项检查和对全社会粮食流通的监督检查，严肃查处各类涉粮案件。先后对部分地区夏粮收购价格执行情况进行了专项检查和成品粮油市场检查工作，进一步加大对乌昌地区成品粮油市场的联合执法监督检查力度，规范粮食流通市场秩序，确保粮油食品安全。

（三）加强粮食行政执法制度建设

会同有关部门制定了《全区粮食收购价格重点检查工作实施方案》，建立了跨部门粮食流通监督检查联席会议制度。制定了粮食流通监督检查年度考核评比制度和年中、年末粮食流通监督检查考核办法，并纳入全区行政监查效能考核范围。

七 信息化建设迈出新步伐

编制了《新疆维吾尔自治区粮食综合信息化管理平台技术实施方案》，并与中国移动新疆公司签署全面合作协议，共同推进自治区粮食综合信息化管理平台项目建设。力争用3年左右的时间联网到县、联网到库，建成全区粮食系统的信息库、资料库、数据库和项目库，形成粮食信息交换、发布体系。

八 机关内部管理得到加强

在局机关及直属事业单位全面开展清产核资、“小金库”专项治理工作。配合做好自治区巡视组对自治区粮食局进行的巡视监督和自治区审计厅对自治区粮食局的经济责任审计，综合运用巡视和审计成果，进一步加强了机关建设和管理。将原由国资委管理的新疆粮油集团有限责任公司交由自治区粮食局直管。

◆ 新疆维吾尔自治区粮食局领导班子成员

雍其新	党委书记、副局长
米尔扎依·杜斯买买提（塔吉克族）	党委副书记、局长
刘会军	党委委员、副局长
王卫军	党委委员、副局长
杨　力（回族）	党委委员、纪委书记
折为民	党委委员、总经济师
唐阿塔尔·克力马洪（哈萨克族）	党委委员、副局长
黄国粹	党委委员、副巡视员
曹生俊	副巡视员（2010年3月任职）

国家粮食局副局长任正晓（前排右二）在新疆维吾尔自治区粮油产品质量监督检验站调研并与技术人员交谈。

新疆维吾尔自治区人民政府副主席戴公兴（左二）赴基层粮食收购库点调研夏粮收购情况。

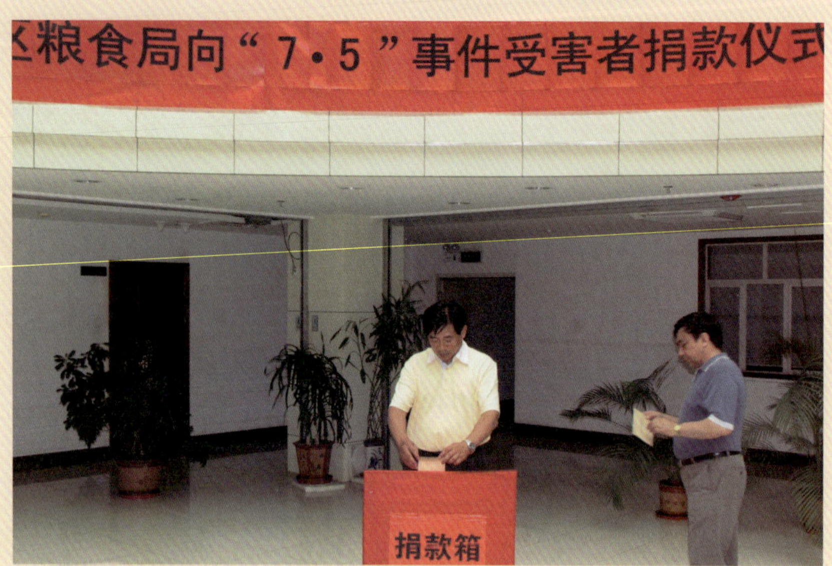

新疆维吾尔自治区粮食局向“7·5”事件受害者捐款仪式。

新疆维吾尔自治区粮食局与中国移动新疆公司签署全面合作协议，共同推进全区粮食系统信息化建设。

青岛市粮食工作

基本情况

2009年，青岛市实现生产总值（GDP）4890.3亿元，增长12.2%。其中第一产业增加值230.3亿元，增长3%；第二产业增加值2449.8亿元，增长12.7%；第三产业增加值2210.3亿元，增长12.5%。全市财政总收入实现1463.6亿元，增长16.9%；地方财政一般预算收入377.0亿元，增长10.1%；地方财政一般预算支出433.6亿元，增长17.4%。

2009年，全市粮食播种面积52.92万公顷，增长3.6%，总产量达到353.91万吨，增长6.1%，创历史新高。2009年末全市实有耕地面积41.87万公顷，增长0.2%。

2009年末，全市拥有农业机械总动力719.33万千瓦，增长3.1%。农用拖拉机18.02万台，增长2.3%。农村用电量42.23亿千瓦时，地膜覆盖面积16.06万公顷。

2009年粮食工作

一 粮食流通

按照国家和省粮食局统一部署，认真搞好市场分析，全面落实粮食最低价收购政策，收购工作实现新突破。全市国有粮食企业累计收购粮食108.9万吨，同比多购37.3万吨，增长52%。其中按最低收购价政策收购小麦38.9万吨，托市收购量位居全省前列。2009年全市粮食系统国有企业完成购销总量232.3万吨，实现销售收入15.5亿元，实现利润922万元，与上年同比分别增长48.2%、13%和51%。两级地方粮食储备规模和成品粮油储备得到落实，成品粮油储备量达到9700吨，其中面粉5000吨，食用油4700吨。

二 粮食调控

切实落实粮食安全保障责任，提高宏观调控能力，进一步充实粮油储备，优化品种结构。市政府确定增加的4万吨原粮储备、3000吨花生油、3500吨应急面粉储备按计划全部落实。完成了市本级地方储备粮年度轮换任务。全市已全面落实了国务院规定的关于销区储备6个月销量的要求，其中成品粮油应急储备可以确保市区居民10天以上的消费。按照处置突发事件应急要求，修订完善了应急预案和应急组织机构。应急粮油物资储备全部到位。组织了青岛市食用油保供应急演练和市级储备库安全生产应急演练。根据市级储备粮集中存放、统一管理的要求，积极推进市级储备库三期工程建设。项目总投资3618万元，建设仓容5万吨，2009年底已完成基础工程建设，2010年第二季度投入使用。

三 储备管理

全面推进储备粮规范化管理，组织开展仓储科技创新活动，推广应用仓储管理新成果，全市粮食储备库“四无”粮仓达到100%，省级示范粮库数量已达6个，占全省总数的24%，数量和管理水平位居全省首位。认真开展粮食清仓查库，在全国开展的粮食清仓查库中，省政府复查组对全市储备粮管理的检查评价是，“数量真实准确，质量良好，储存状况安全，政策性补贴合规到位，库存管理规范”。国家、省粮食局对青岛市粮食工作给予了充分肯定，人民日报、经济日报、中国经济导报等中央新闻媒体通过跟踪报道，首次全面宣传了全国清仓查库工作。青岛市及平度、城阳、胶州三市被省粮食局评为清仓查库先进单位。

四 行政执法

认真履行粮食依法监督管理职能，加强粮食收购市场执法监督。对全市407户粮食收购主体进行了执法检查，累计检查706人次。共接受群众举报22起，查处违法违规收购案件58起。落实质量监管措施，严格执行粮食批发市场入市粮油质量批检制度。依托市粮油质量检测中心，加强对口粮市场粮油质量日常监管，严把入市质量关，累计检测入市粮油产品12000余批次，检测结果通过媒体向社会进行公布，粮食安全消费得到有效保障。

五 军粮供应

青岛市是驻军大市，保障部队军粮供应责任重大。2009年，全市军粮供应保障能力进一步提升，服务质量明显改进，全年军粮供应任务圆满完成。坚持“优质军粮，情满军营”的服务理念，通过加强管理强化责任，军粮供应和服务水平进一步提高，军粮质量稳定可靠，圆满完成驻青部队日常驻防和执行重大军事任务期间的军粮保障任务。全市三无岛屿、艰苦地区驻军军粮供应品种全部实行了营养强化和真空小包装供应。开展的“阳光食品进军营”活动深受部队欢迎，并在全省推广。

六 市场化建设

认真履行行业管理职能，加强指导和服务，完善监测网络，对全市33家主要骨干加工企业实施了动态监测。推进行业食品安全信用体系建设，指导企业深入开展了“放心粮油进农村、进社区”活动。搞好粮食流通市场规划，加快粮食集散中心建设。完成了粮油综合批发市场面粉和食用油交易区改造，新增交易面积3390平方米。市场交易区扩大到了11390平方米，年交易量达到28万吨以上，交易额达到8亿元。

七 行业统计

根据国家粮食局《粮油加工业统计报表制度》的要求，2009年度全市纳入统计范围的粮油加工企业总计52家，粮食、油脂油料、食品、饲料的年加工能力总计为453万吨。其中：小麦粉加工企业19家，生产能力为年加工小麦89万吨；食用植物油加工企业10家，生产能力为年加工油料187万吨、年精炼油脂38万吨；饲料生产企业15家，生产能力为年产饲料113万吨；大米加工企业3家，生产能力为年加工稻谷6万吨；粮食食品加工企业5家，生产能力为年产食品20.5万吨。

纳入统计范围的粮油加工企业，2009年实际消耗各种粮油原料324.9万吨，较上年增加34%；生产粮油食品饲料产品总计为355.4万吨，较上年增加43.3%。其中加工小麦54.9万吨、大豆132万吨、花生69.7万吨、油菜籽1.8万吨、棕榈毛油6.9万吨、玉米55.6万吨、稻谷4万吨。生产面粉35.8万吨，食用植物油62.8万吨，饼粕146万吨，方便面、饼干、挂面等粮油制成品13万吨，饲料95.8万吨，大米2万吨。

2009年度52家粮油加工企业，实现销售收入176.6亿元，实现利税总额6.9亿元。

八 党建工作

扎实开展深入学习实践科学发展观活动，建立起了粮食工作的“六大工作机制”，全局的经验做法先后六次在全市推广交流，特别是42个突出问题的有效解决，促进了粮食各项工作的开展，整个活动群众测评满意率为100%。大力推进“人才兴粮”战略，引进、培养和管理三措并举，粮食系统干部队伍更加精干高效。局机关1名处级干部走上副局长领导岗位，9名优秀的中青年干部充实到了企事业领导班子，市局创新干部管理机制的做法被市委组织部在全市推广。在全市公务员管理和队伍建设评估考核中，局机关被评为优秀等次。全局反腐倡廉的做法多次在全国、全省粮食纪检工作会议上推广。“细微精良”机关品牌被青岛市委、市政府命名为“青岛市机关名牌”，被市精神文明建设委员会授予“青岛市服务名牌”称号，并在全省粮食系统推广交流。局机关被省文明委命名为2009年度“省级文明机关”。

九 机构改革

2009年12月，青岛市委市政府出台了《青岛市人民政府机构改革的意见》，市粮食局调整为市政府工作部门。

◆ 青岛市粮食局领导班子成员

黄润华　　党委书记、局长

安郁宏　　党委委员、副局长

岳　军　　党委委员、副局长

孙一宇　　党委委员、纪委书记

于莲华　　党委委员、副局长（2009年11月任职）

国家粮食局局长聂振邦（主席台中）到青岛出席全国粮食系统纪检监察工作会议。

国家粮食局局长聂振邦前排（前排右一）检查指导青岛粮食清仓查库工作。

山东省政府特邀咨询张昭福（左三）、青岛市粮食局局长黄润华（后排右一）陪同国家粮食局局长聂振邦（前排左一）到青岛市军队粮油供应站调研。

青岛市粮食局局长黄润华（右一）陪同山东省粮食局局长孟庆秀（右三）在青岛市粮油质量检测中心调研。

宁波市粮食工作

基本情况

宁波简称“甬”，是我国首批沿海对外开放城市、计划单列市和副省级城市，也是一座底蕴深厚的历史文化名城，素有“港城、商城、名城、绿城”的美誉。全市总面积9817平方公里，其中市区面积2462平方公里，拥有户籍人口571.02万人，其中市区221.83万人。宁波辖海曙、江东、江北、镇海、北仑、鄞州6个区，宁海、象山2个县，慈溪、余姚、奉化3个县级市。共有78个镇、11个乡、63个街道办事处、594个居民委员会和2601个村民委员会。

2009年，全市GDP4214.6亿元，比上年增长8.6%，财政一般预算收入966.2亿元，比上年增长19.2%。市区居民人均可支配收入27368元，比上年增长9.2%。农村居民人均纯收入12641元，比上年增长10.4 %。2009年宁波第三次入选“最具幸福感城市”，并获得了2009年度唯一的“中国最具幸福感城市金奖”。

2009年，农作物播种面积32.2万公顷，其中粮食播种面积14.8万公顷，粮食产量86.3万吨；全市建成粮食生产功能区120个，面积27.0万亩，新建市级农业产业基地22个，农业科技示范园区2个，累计分别达到85个和21个，总面积达到61867公顷。全市粮食总需求量 294.18万吨，其中：口粮188.50万吨，饲料用粮55.53万吨，工业用粮27.53万吨，食品业及酿造业用粮21.45万吨，其他用粮1.15万吨。全市粮食产需缺口209.08万吨，全年向外采购粮食276.39万吨，向外销售粮食72.96万吨，省外购销渠道已拓展到15个省（区）。

截至2009年末，全市共有粮食经营企业69家（包括粮食加工、粮食批发企业，不包括粮食零售企业），国有粮食购销企业17家，市本级国有粮食购销企业从业人员271人。

2009年粮食工作

2009年是积极应对国际金融危机、保持经济稳健发展的重要一年。宁波市粮食局在市委、市政府的正确领导和国家、省粮食局的关心指导下，坚持以科学发展观统领粮食工作全局，深入贯彻党的十七大和十七届三中全会精神，以稳定粮食市场和确保粮食安全为总抓手，励精图治，奋发图强，突出重点，狠抓落实，在保障粮食供应，维护粮食流通秩序，加强为农服务，加快流通基础设施建设，提高队伍素质等方面，取得了良好的成效，完成和超额完成了年初确定的各项工作目标和任务。

一 抓好供给保障，加强指导协调，确保粮食供给持续稳定

（一）加强调查研究，为确保粮食供给打好基础

认真组织各县（市、区）对上年度全社会粮油产需供求平衡情况进行了调查，全面掌握全市粮食的供需总量、品种结构、区域余缺和流通动态，为科学决策提供了翔实的依据。同时，定期分析和认真研判国内外粮食形势的宏观环境与粮情动态。经常深入粮食批发市场、加工经营企业了解粮油购销、库存情况，协调各方关系，把握调控方法，为落实稳定市场、保障供给的各项措施奠定了扎实基础。切实加强粮情监测，完善监测网络，做好粮油供求和价格的定期测报工作，全面准确地反映粮食市场动态，确保在第一时间内能够灵敏反应，提高了指导工作的合理性、科学性和时效性，继续保持了粮食供求平衡、市场稳定、质量安全、社会反映良好的局面。

（二）深入推进产销合作，粮食流通渠道进一步顺畅

按照“远交东北大粮仓、近联毗邻产粮省、推进民营企业参与”的思路，不断推进产销合作。一是推进国有粮食购销企业与主产区稳固产销合作关系。市本级、镇海区、慈溪市、北仑区、奉化市分别在江西、安徽粮食生产区保持地方储备粮代理收储合作，6个基地年收储粮食达3.5万吨。二是积极推进主产区粮食企业在全市建立销售基地。通过认真调研，深入考察，牵线洽谈并加强服务，以国有粮食购销企业和市场主体企业为载体，与实力强大的中粮集团、华粮集团、黑龙江鹤岗万源粮油等大型企业合作，入驻全市建立了东北大米销售基地。三是鼓励支持和服务帮助加工、批发企业深入推进产销合作。这些企业在黑龙江、吉林合作基地收储粳稻米和采购的东北大米数量大幅度增加，全年达40万吨，已经成为弥补全市口粮缺口的重要渠道。

（三）竭力扶持多元经营主体发展，确保粮食市场有效供给

因势利导，强化服务，积极鼓励多元主体向外采购粮食，增加库存，增加有效供给的粮源。充分利用国家对东北粳稻米实行运费补贴政策，鼓励企业积极采购，指导企业做好申报凭证，防止错失。经财政部宁波专员办审核，全市12家企业申报补贴数量19.85万吨，审查核定19.12万吨，获得补贴款4843万元，占全省56%。同时，指导协调国有粮食收储公司充分利用仓储、中转方面的基础设施，积极为各类粮食批发、加工企业提供转运、储存服务，扶持多元主体做大做强，增强粮源调购能力，活跃粮食市场，促进了全市粮食供给和价格的持续稳定。

（四）认真履行保军需职责，较好完成军粮供应任务

严格执行军粮供应政策，保证军粮供应质量，提高服务水平，做到“粮源稳定、质量优良、服务热情、部队受益、政府放心”，主要抓了三个方面：一是抓好粮油供应质量，执行《军粮供应管理办法》，做到“三统一、二定点”，严格检查军供粮油质量，由具备资质的机构进行质量鉴定，确保质量安全；二是协助做好军粮财务专项检查；三是开展军民共建活动。围绕全市的双拥工作，定期走访慰问部队，征求意见和建议，不断改进服务措施。

二 发挥国有粮食企业的主渠道作用，抓好订单粮食收购和为农服务工作

（一）及时分析判断粮食行情，为制定粮食产销政策积极当好参谋

根据中央关于加强新农村建设和加大扶持粮食生产力度的指示精神，从调动农民种粮积极性、尽可能掌控粮源的目的出发，深入了解粮食主产区、周边地区粮食收购价格的动态和倾向，分析和预测

粮食供求变化和粮价走势，为制定粮食产销政策当好参谋，扩大补贴范畴，提高补贴标准，较早出台全市粮食收购政策和操作方案。

（二）积极开展订单粮食签约工作，扩大订单品种，增加订单数量

一是改进了粮食生产补贴办法。将承包面积20亩以上的市定种粮大户的直接补贴政策，改为收购环节予以补贴，按照国有粮食收储企业的实际订单收购量，在收购价（含价外补贴）之外，每50公斤早稻再补贴6元、中晚稻和小麦补贴4元、油菜籽补贴10元。二是扩大了收购范围。为了鼓励农民多种粮食，提高种粮收入，把小麦纳入订单收购，并享受价外补贴政策。国有粮食收储企业恢复了春粮油菜籽收购，保证农民所种的各类粮食都有稳定顺畅的出售渠道。三是及早公布订单粮食托底收购价格，向农民发出最直接的激励信号。订单粮食收购价格大幅度提高，尤其是早籼稻比上年提高了18%，有力保护了农民的种粮收益，稳定了全市的粮食生产。全市与4.84万户农民签订了21.67万吨粮食收购订单。发放预购定金260.5万元，帮助重点种粮大户解决生产资金困难。

（三）切实抓好粮食收购入库工作，强化为农服务措施

收购期间，各地大力开展以方便农民售粮为主要内容的优质服务活动。为了切实解决农民晒粮难问题，全市新增烘干机7台，共达到69台，全力提供服务，全市共烘干粮食1万多吨。坚持公开、公正作价，努力改善收购环境，提高收储服务质量，保证农民满意，经评议调查意见反馈，农民对粮食收购工作满意率为99.5%。截至2009年1月17日，全市共收购大小麦0.78万吨，早籼稻7.12万吨（比上年增加61.4%），晚稻7.2万吨。

三 以落实粮食安全责任制为契机，推进粮食储备管理工作

（一）建立粮食安全责任制度，强化粮食工作目标考核

协调做好各县（市、区）耕地保护、粮食生产和保障供给各项指标的分解落实，切实履行粮食安全工作协调小组办公室的职能，协助市政府与各县（市、区）政府签订了《粮食安全责任书》，制定粮食安全责任制考核办法，建立了各类工作台账，确定分项计分、组织实施、考核流程、结果公布等具体措施。部署落实好各地自查自评、市级部门初审和现场考评，使粮食安全责任制真正落到了实处。

（二）认真落实地方粮食储备规模，确保粮源到位，储粮安全

按照市政府确定的粮食储备规模，严格执行储备管理制度，拓展和落实粮源，督促做好粮食轮换工作，确保粮食数量真实、质量良好、推陈储新。全年安排轮换出库18.2万吨，轮换补库13.8万吨。同时，要求各地充实适合居民口粮消费的晚稻库存，晚稻储备比重保持在20%以上，落实应急成品粮库存1.97万吨，包装食油储备库存500吨，为有效保障粮食供求和粮价基本稳定夯实了物质基础。切实加强安全储粮工作，积极推广应用科学保粮技术，确保粮食质量良好，全年“一符四无”粮食合格率达到99%。

（三）积极开展粮食清仓查库和地方储备粮专项审计工作，认真配合完成了检查任务

按照国务院办公厅《关于开展全国粮食清仓查库工作的通知》和部际联席会议确定的实施方案，在市政府的直接领导和各有关部门的大力协同下，研究制定了符合宁波实际的实施方案，精心组织，周密安排，严格要求，遵循“有仓必到、有粮必查、有账必核、查必彻底”的清查原则，扎实开展了县级自查和市级普查，配合做好了省级复查，顺利完成了行政区内的清查任务，清查核实，全市粮食

库存账账相符，账实一致，库贷合规，质量良好，宁波市粮食局被评为2009年度全国粮食清仓查库工作先进单位。积极配合各级审计部门开展了地方储备粮专项审计，并对审计中发现的问题认真进行分析，研究制定了整改措施，制定《宁波市地方储备粮委托代储管理办法》，由市政府下发至各县（市、区）执行，进一步加强了储备粮规范管理工作。

四　积极实施粮食现代物流专项规划，着力推进重大项目建设

（一）市粮油批发市场项目开工兴建，工程进展顺利

深入研讨论证新建市场的布局结构，确保市场功能适应粮油经营的现实需求和发展需要。作为全市在建项目的重中之重，全局上下殚精竭虑，攻艰克难，步步为营，扎实推进，完成了大量艰辛的前期工作，终于在2009年4月正式动工兴建。在实施过程中，全局督促和协调有关各方加强工程监理和现场管理，筹划落实好建设资金，确保工程质量和建设工期不出纰漏。该项目概算总投资27008万元，截至12月底，已完成财务投资18000万元，占总投资额的66.6%。其中，仓储区、配套用房土建和交易区主体结构已基本完成，商务楼地下停车场浇筑至室外地面标高，约占总工程量的70%。整个工程预计可以如期竣工交付使用。

（二）区域性粮食物流中心项目筹建开始启动，前期工作取得了积极的进展

一年来，全局把此项目作为基建储备项目的核心来抓，深入广泛地开展考察调研、机构组建、规划设计、项目申报及多方衔接工作，倾力推进前期各项工作。成立了项目建设领导小组和筹建处；注册成立了宁波东粮物流有限公司，作为投资建设主体，已落实了1000万元项目启动资金；报批了项目初步选址意见书，基本确定了项目的功能和建设规模，完成了项目规划设计；编制完成可行性研究报告，市发展改革委已批复项目立项报告，市环保局已批准环境评估表，资金申请报告已报送国家发展改革委；经过协调，镇海区国土局和管委会均已出具意见书，同意建设粮食物流中心项目，以利于项目报批；与中储粮总公司等国家大型企业深入进行交流和沟通，就发展全市粮食现代物流广泛达成共识，以利于将来的合作。

（三）各县（市、区）中心粮库建设推进顺利

至2009年底，全市中心粮库完成2处、在建4处、筹建3处。其中，余姚市和慈溪市中心粮库已建成并投入运行；奉化市、鄞州区、象山县、宁海县中心粮库正在抓紧建设；镇海区、北仑区、余姚市中心粮库已通过立项。市本级全年安排仓储设施维修资金及设备购置300.5万元，保证了现有基础设施的安全有效使用。

五　深入学习实践科学发展观，粮食部门的自身建设和管理水平进一步提高

（一）抓学习，切实增强政治觉悟和整体素质

认真学习贯彻党的十七届三中全会，以学习实践科学发展观为主线，进一步加强以干部队伍为主体的理论学习和各级组织建设。坚持以人为本，以提高队伍的整体素质为目的，精心设计载体，周密部署计划，通过集中辅导、电视听课、相互交流、外出参观、警示教育等多种形式，深入开展学习实践科学发展观活动，进一步改进了思想工作作风，提高了政治修养、道德素质和反腐拒变的自觉性。市局机关和企业提拔任用干部8名，共87人次参加国家、省、市各类学习培训，全系统未发生一例党

员干部违纪案件，从机关到企业，学风渐长，正气盛行，单位内部空前团结。

（二）抓管理，全面推进和谐粮食建设

坚持“预防为主、综合治理”的方针，全面排查不安定、不安全因素，超前管理，有效治理，维护社会稳定。全年未发生一起安全生产上报责任事故、越级信访和群访事件以及刑事、治安案件，受理各类信访5件，全部予以办结。同时，认真做好人大代表建议、政协委员提案的办理工作，做到主动造访、虚心采纳、规范处理，使代表们和委员们满意。

（三）抓考核，不断提高工作绩效

切实抓好全系统各项绩效考核工作，旨在提高机关的工作效率和企业的社会效益和经济收益。进一步加强企业的财务管理和国有资产管理，规范运作，增收节支，全市国有粮食购销企业无一家亏损，市本级企业全部超额完成了利润指标。以创建第六轮文明机关为主要载体，机关内部管理工作也得到了加强。认真汲取前两轮创建工作的成功经验，克服设施陈旧的客观困难，防止思想疲塌的主观倾向，把创建工作与组织建设、民主评议、绩效考核有机结合起来，做到软件不软、硬件过硬，努力打造学习型、廉勤型、和谐型机关，连续三次获得市级文明机关的荣誉。全局在全省年度考评中再次荣获一等奖，信息、网站等各类单项工作也在全省名列前茅。

◆ 宁波市粮食局领导班子成员

杜钧宝　　党委书记、局长

胡望荣　　党委委员、副局长

徐常升　　党委委员、副局长

杨久义　　党委委员、副局长

冯沛福　　党委委员、副局长（2009年6月任职）

2009年10月26日，国家粮食局副局长张桂凤（左一）一行在宁波实地调研庄桥粮油批发市场建设工地，宁波市粮食局局长杜钧宝（右一）陪同。

2009年5月8日，宁波市粮食局局长杜钧宝（中）在全市粮食局长会议上作情况汇报。

2009年1月9日，宁波市粮食局局长杜钧宝在老干部情况通报会上讲话。

厦门市粮食工作

基本情况

2009年，厦门市农作物总播种面积2.88万公顷，比上年增长1%。粮豆播种面积8400公顷，增长5%，总产量4.5万吨，增长1.9%。粮食产量与上年大体持平，粮食总购进、总销售均有所增加。全社会粮食总供给278万吨（原粮口径），比上年增加32.3万吨，增长13.15 %。其中国内购进量235.2万吨，进口38.3万吨(比上年减少4.9万吨)；总需求281.1万吨，增加43万吨，增长18.1%。年末粮食总库存比上年减少3.7万吨，减少7.6%。全市食用植物油总供给量45.4万吨，比上年增加40.4%，其中进口9.1万吨，增长73.1%；总需求量44.4万吨，增长52.4%，其中总消费5.4万吨，基本持平。全市重点油脂企业食用油总购进量43.6万吨，比上年增长46.7%，总销售40.6万吨，增长36.4%。

2009年末，全市共有粮食经营、加工转化和主要用粮企业944家，其中具有粮食收购资格企业44家（含国有粮食购销企业5家）。按经营类别分，粮食加工企业22家，转化企业1家，经营企业16家。

主要粮油加工企业24家（有14家被确定为骨干粮食加工企业），其中：大米加工13家，面粉加工8家，食用植物油加工3家。大米加工能力略大于本市需求量，面粉和面制品、食用油加工能力较强。全市骨干粮店25个。

厦门市有中央储备粮经营管理企业1家、地方储备粮经营管理企业1家（因整合比上年减少4家）。全市粮食系统独立核算单位为10家，在册职工总数394人。

2009年粮食工作

一 粮食宏观调控

（一）开展粮食清仓查库工作，粮食安全保障的基础性工作进一步加强

根据国务院关于全国粮食清仓查库的统一部署，开展粮食清仓查库工作：一是抓好前期准备工作。做好工作部署和宣传工作，精心组织清查力量，组织实物等6个专题培训，举办3场实战演练。二是层层分解落实责任，建立责任追究制度。突出企业自查阶段和普查阶段的工作重点，按照规定的时限完成工作任务，严把质量关。三是抓好严明纪律和强化监督工作。通过新闻媒体向社会公布清查工作的主要内容、要求和进度安排，并设立举报电话；主动邀请市人大、政协派员开展督查，加强外部

监督。粮食清查结果表明，截至2009年3月末，全市国有粮食企业粮食库存账实相符，质量良好。

（二）完成建库工作，粮食流通基础设施建设成效显著

加快推进旗山、翔安和集美三大市级储备粮库（总仓容25.7万吨）建设：一是建立健全工作机制。每周在现场召开工作例会，落实建库工作计划。定期召开业主、代建、施工和监理等单位参加的联席会议，协调解决工程建设问题。二是着力抓工程质量。始终把工程质量作为重中之重抓牢抓实。针对粮食仓库防潮、防湿、保温和气密性要求高的特点，建立业主、代建、监理、施工四方质量监管机制，严格落实施工操作规程，层层把好质量关。新建粮库全部通过验收，其中旗山粮库质量优良被推荐参评市优良工程。三是做好协调服务。积极协调市财政、银行等部门完成融资贴息有关手续，及时解决建库资金问题。截至10月，三大市级储备粮库陆续竣工，并进行压仓试验。

（三）加强储备粮管理，应急供应保障体系建设进一步完善

落实地方储备粮（油）任务，奠定了宏观调控坚实的物资基础：一是做好2009年度地方储备粮轮换3.5万吨工作。优化轮换方案，采用订单和举办2次政府招标采购会，规范运作，完成储备粮轮入工作。精心组织，举办2次拍卖会，售出轮换粮2.3万吨，成交率100%，共超出底价251万元，取得良好成效。正常轮换的1.3万吨稻谷由夏商集团定向加工供应，12月执行完毕。二是进一步完善储备粮定价工作联席会议制。邀请市监察局（或驻市粮食局监察室）参与监督，做好价格信息收集工作，会上通报供各成员单位参考。三是检查督促应急大米、食用油的储备和及时轮换。除专项检查库存成品粮油外，还采取不定期检查方式，深入实行成品粮油滚动轮换的民营企业进行检查。

推进规范管理，加强监管，不断提高仓储工作水平：一是积极开展全市粮油仓储企业规范化管理活动，制定《实施方案》，出台《考核办法》，有序推进管理活动的开展；二是开展夏秋两季粮油安全检查，经核查，企业粮油库存账实相符，粮情稳定，质量合格；三是修订完善《粮食储备应急动用预案》等5个预案，制定粮食部门重要经济目标和应急防护措施。

（四）增加粮食风险基金规模

2009年全市粮食风险基金比上年增加1094万元，达到6121万元（其中省级配套1121万元），全部及时落实到位。

二 粮食行政执法

（一）依法管粮，维护粮油市场正常秩序

一是抓好市场监督检查。加强市场巡查，组织7次较大规模的粮油市场监督检查，共检查粮油加工批发经营企业74家（次），有力地提升了守法经营意识，促进了粮油市场的有序运行。二是做好粮食收购资格年审工作。制定市粮食局《规范行政执法自由裁量权实施意见》，坚持依法办证。严格把好收购资格审核关，全年取消1家、新增3家企业的收购许可，完成42家企业年审。三是加强骨干粮店、骨干粮食加工企业建设。完成骨干粮食加工企业、骨干粮店的年审，有14家骨干粮食加工企业、21家骨干粮店通过年审。有4家企业申报骨干粮店经考核获批。四是抓好粮油质量考评。坚持开展粮油质量季度考评，着力引导和促进企业不断提高产品质量，争创名牌。全年共随机抽取69家企业116批次粮油及其复制品，检测结果，必检四大卫生指标均符合标准，合格率100%。五是增强粮油价格实时监测，及时掌握毗邻地区粮食市场变化情况，进行粮油市场变化分析和预测，为领导决策提供参考。

（二）做好粮食流通统计和信息工作

广泛宣传粮食流通统计制度，编发《统计工作手册》，加强统计人员业务培训，做好粮食流通统计和粮油供需平衡调查工作。政务信息工作连续四年被市政府评为先进单位。

三 行业发展

（一）多方合作，巩固和发展产销协作关系

一是加强协作关系，构建长期、稳定的粮源渠道。抓好储备粮订单采购工作，召开厦门市粮食产销协作会议，会上签定粮食产销协作意向30万吨。二是抓好第五届七省粮食产销协作福建（厦门）洽谈会的会务保障工作。厦门市签定购粮合同30万吨。食用油采购意向2.3万吨。三是组织全市粮食企业参加各类产销协作会议。在龙岩召开的第8届全省粮食产销协作洽谈会上签订购粮协议9万吨，现场签定购粮合同4.5万吨。参加第九届国际粮油展暨新中国成立60周年成就展，有3家企业开设企业成就宣传图展，共设5个展位展销名优产品。

（二）周密安排，确保粮油市场供应充足

组织粮食企业到产区采购粮食，保证粮源供应，稳定市场粮价。动员和组织粮食加工企业扩大成品粮加工数量，增加成品粮的市场投放量。加强与铁路、交通等部门的沟通协调，保证粮食运输通畅。切实抓好节假日粮油供应工作，早安排、早落实，做到不脱销、不断档。

（三）组织放心粮油进社区、进农村活动

经常组织已获国家、省“放心粮油”品牌、“放心粮油企业”的会员单位参与进农村、进社区活动，向消费者提供优质可靠的粮油产品和粮油质量咨询，宣传科学用粮、健康用粮知识，并向市民免费发放宣传资料1万多份。

（四）开展《粮食流通管理条例》和世界粮食日宣传活动

采取多种形式积极开展《粮食流通管理条例》宣传活动，世界粮食日期间，通过厦门日报、晚报、电视台、广播电台等媒体多渠道广泛宣传全市粮食安全保障工作情况，开展爱粮节粮宣传活动。

（五）推动政策性国有粮食企业发展

完善管理制度，提高经营和管理水平，制定公司领导班子成员绩效考评办法中的分类指标与评议指标体系，加强对储备粮管理的行政监督指导职能，积极支持和帮助企业开展中央与省级储备粮的代储任务，为企业进一步提升管理水平，提高经济效益打下良好的基础。

（六）服务企业，充分发挥粮食行业协会作用

一是抓好《食品安全法》宣传工作。召开全市粮食行业贯彻落实《食品安全法》大会，组织学习和讲授法律知识，近50家粮食加工、经营、收储企业参加。二是大力开展争创名牌活动，促进全行业注重品牌、注重质量的意识不断提高。厦门中盛粮油企业有限公司生产的“盛洲”牌食用油和厦门兴盛食品公司生产的“兴盛”牌面制品双双被评为中国驰名商标。厦门中盛粮油企业有限公司、厦门好年东米业有限公司被国家工商总局分别评为中国、福建省驰名商标企业，厦门中盛粮油企业有限公司被国家质监总局评为福建省名牌产品企业。三是制定《粮食质量安全事故应急处置预案》，规范粮食质量安全事故应急处置程序。四是每月编发《厦门粮油信息》刊物，提供信息服务。组织了元宵、中秋粮食行业协会会员联谊活动，丰富了协会会员之间的交流，融洽了会员之间的关系。

（七）加强管理，安全生产平稳有序

一是抓好宣传教育。通过宣传栏、墙报、宣传标语、组织培训等形式，和举办大型智力竞赛活动，制作安全行车警示卡，发遵守交通安全法的倡议书，向民营企业送《粮食行业安全生产300问》等方式，广泛宣传，形成浓厚氛围。二是抓好储备粮安全管理。推进粮食仓储安全技术改造，下达仓储设施维修改造专项80万元；采用新技术新规范，不断提升化学危险品管理水平。三是抓好粮库安全建设。加强新库施工过程和防风防汛的安全检查，举办粮库安保应急处置预案演练，全系统粮库的安保工作水平明显提高。四是突出重点隐患排查整治。突出防火防汛隐患排查治理，在8个独立储粮库建立军地联动机制，开展出租房地产安全检查专项整治等活动。五是完成"安全生产三项行动"，取得良好成效；"安全生产三年行动"有序开展。组织应急预案演练，全系统开展应急预案演练8场次，300多人次参加，有效地提升了各单位应对突发事件的处置能力。2009年度，局安全生产工作被市政府评为先进单位。

四 军粮供应

加强制度建设。修订《市军供站岗位职责制度汇编》和《军供粮油质量管理办法》。加强内部监控机制的建设，将军粮质量监控关口前移至定点供应企业出厂之前。制定《军粮采购工作实施方案》，组织军粮供应企业资格认定的重新申请与评审工作。

加强质量监控。开展3次军粮质量检查和1次蒸煮品尝评比。定期走访部队伙食单位，了解军粮供应质量，聘请了驻军单位官兵作为军粮义务质量监督员。在全省军粮供应系统中率先建立军供化验室，为有效实施军供粮油质量管理办法提供技术保障，全年没有出现军粮供应质量问题。

加强服务意识。拓宽销售渠道，不断增加部队适销对路的粮油等商品。优化供应品种，东北粳米供应上升至100%。定期走访部队，征求意见，积极开展"军民共建"活动。加强军粮节日供应和军地座谈会服务沟通机制。春节、"八一"等重大节日期间组织市军供站等单位到驻厦部队举行座谈会和开展慰问活动，军供工作受到驻军部队的一致好评。

五 党建工作

（一）认真开展深入学习实践科学发展观活动

一是抓好组织领导，精心动员准备。成立市粮食局开展深入学习实践科学发展观活动领导小组。制订阶段学习计划，层层动员，细化学习方案。二是抓好理论学习，打牢思想基础。采用通读与精读相结合、集中学习培训和个人自学相结合、学习辅导与知识竞赛相结合等方式，强化学习。三是抓好调查研究，开展解放思想大讨论。市粮食局将学习的收获与调研的成果结合起来，共形成调研报告18篇。四是广泛征求意见，开好民主生活会。发《市粮食局学习实践科学发展观活动征求意见表》共292份，并将征求到的意见和建议梳理汇总向党组成员反馈。组织三级党组织的班子成员到厦门警备区某炮兵团参观学习，促进了局党组谈心活动的开展。五是抓好分析检查报告的撰写，组织群众评议。检查报告获得一致认可，群众满意度高。六是制定整改落实方案，集中解决突出问题。经过反复讨论，形成《整改落实方案》正式稿，并按方案尽快完成整改。整理印发局《学习实践活动文件资料汇编》和《学习实践活动画册》。

本次活动，全系统参加活动的党委有2个、党总支3个、党支部20个，党员共245名，其中处级以上党员干部18名。经测评，活动满意度达91%。在学习实践活动中，全局认真贯彻落实市委工作部署，结合实际扎实开展工作，在厦门市学习实践活动中作典型介绍。市委学习实践巡查组对全局学习实践活动整改后续工作落实情况检查后，给予较高的评价。

（二）做好党的思想教育和组织建设工作

组织学习党的十七届四中全会精神和国务院《关于支持福建省加快建设海西的若干意见》等文件，选派干部参加市学习十七届四中全会精神培训班。

完成局机关党总支和局直属党委的选举工作。做好党员发展工作，制订系统3年党员发展规划和2010年党员发展计划。

落实党建责任制，开展党建活动。召开直属党委工作会议和系统党组织书记联席会。制定上报了第七轮党建工作责任书，做好春节慰问工作，组织开展纪念建党88周年“七个一”系列活动，开展“三级联创”活动。

（三）抓好党风廉政建设工作

一是认真开展反腐倡廉教育。抓好典型教育，抓好元旦、春节期间廉洁自律和反对铺张浪费工作，开展了以“加强党性修养，树立和弘扬优良作风”为主题的党风廉政教育宣传月活动。二是认真做好清仓查库监督工作。制定清仓查库“八不准”规定，协助对清仓查库工作进行监督。三是不断完善制度，加强监督。对市级地方储备粮的拍卖实施现场全程监督，对2008年度政府安排给国有粮食企业“挖、革、改”资金使用情况进行专项检查。继续加强对办公用房维修、添置办公家具招标采购工作的监督。

（四）抓好精神文明建设工作

组织系统文明单位干部职工192人次参加“迎国庆、倡新风”文明督导活动，开展“爱国歌曲大家唱”活动，协助做好全省粮食系统第四届乒乓球友谊赛会务工作并组队参加，获得第五名。开展“万人献爱心”、“慈善一日捐”活动，共捐款32870元。为我国台湾受灾同胞捐款，完成捐建农家书屋工作，做好省、市级和市直机关文明单位复查考评工作。

◆ 厦门市粮食局领导班子成员

曾耀民　　党组书记、局长
郭勇鹏　　党组成员、副局长
林育周　　党组成员、纪检组长
林勇鹏　　党组成员、副局长
张伟生　　党组成员、副局长

2009年11月18日，厦门市粮食产销协作会共签订粮食产销合作意向30万吨。

2009年8月竣工的厦门集美粮食储备库。

2009年9月竣工的厦门旗山粮食储备库。

2009年9月竣工的厦门翔安粮食储备库。

大连市粮食工作

基本情况

大连市地处欧亚大陆东岸，中国东北辽东半岛最南端，东濒黄海，西临渤海，南与山东半岛隔海相望，北依辽阔的东北平原。是东北、华北、华东以及世界各地的海上门户，是重要的港口、贸易、工业、旅游城市。全市总面积12574平方公里。区内山地丘陵多，平原低地少。现辖3个县级市(瓦房店市、普兰店市、庄河市)、1个县(长海县)和6个区(中山区、西岗区、沙河口区、甘井子区、旅顺口区、金州区)。另外，还有开发区、保税区、高新技术产业园区3个国家级对外开放先导区，长兴岛临港工业区和花园口经济区。

2009年，国民经济保持平稳较快发展。初步核算，全市实现地区生产总值4417.7亿元，按可比价格计算比上年增长15%。2009年，财政收入突破400亿元。实现地方财政一般预算收入400.2亿元，比上年增长18%。

2009年末，全市年末常住人口617万人。年末户籍人口为584.8万人，比上年末净增1.4万人，其中非农业人口357.8万人，比重为61.2%。

粮食生产虽遭受较重干旱影响，总产量比上年下降5%，但仍是历史上第三个丰产年，达153.4万吨。

2009年粮食工作

一 完成市级成品粮油储备任务，建立起粮食安全、应急保障长效机制

（一）落实市级成品粮油储备规模，充实实物库存

年初，按照国务院、省政府确定的“大中城市要建立10天以上消费量的成品粮油储备”的要求，大连市政府果断决策，决定立即建立市级成品粮油储备，规模为成品粮1万吨（面粉、大米各5000吨）、成品食用油8000吨。为落实好承储库点，大连市服务业委员会（大连市粮食局）会同市财政局和农发行大连市分行，按照成品粮油储备条件要求，以及各企业轮换经营能力，先进行资格认定，最后确定了10家企业作为成品粮油承储库点。同时，积极协调市财政局和农发行等有关部门，积极筹措

资金、组织粮源，迅速建立起了成品粮油储备体系，成品粮油实物库存在短时间内就全部落实到位，为保证应急供应奠定了充足的物质基础。

（二）争取财政支持，改善成品粮油仓储条件

针对大多数存放市级储备成品粮的库房年久失修，已不能满足当前成品粮存储要求的现状，为确保全市成品粮油储得住、管得好、调得动，质量可靠，储存安全，在认真调查研究的基础上，积极与大连市财政局协调，并报请市政府同意，争取了156万元财政专项资金，用于企业成品粮存储库房维修改造和配套设备的购置。这是自粮食流通体制改革以来，市财政首次拨付专项资金，用于粮食仓储设施维修改造。同时各承储企业为弥补财政资金不足的问题，确保工程质量，完善仓储设施，又自筹资金320万元投入到本次维修改造项目中。维修改造后的成品粮库房美观、实用、安全，储粮条件实现了历史性的突破，为储粮安全创造了更加有利的条件。经过与市财政局共同验收，认为工程质量达标，符合市级成品储存条件的要求，可投入运行。

（三）加强管理，制定市级成品粮油管理制度

按照严格制度、严格管理、严格责任的要求，进一步明确承储企业的责任，坚持制度创新、机制创新的原则，市粮食局与各承储企业签订了《成品粮油储备任务书》。同时，对各企业《大连市市级储备粮油储备管理暂行办法》的执行情况开展经常性的督促检查，并下发了《关于做好大连市市级成品粮油储备安全储存工作的通知》。通过建章立制，创新制度，从而保证了市级成品粮油储备数量真实、质量可靠和储存安全。

二　粮食收购工作取得成效，农民利益切实得到保障

自2008年秋粮上市以来，全市认真贯彻执行质价政策，积极组织开展粮食收购工作。2009年全市共收购粮食26.1万吨（水稻4.9万吨、玉米21.2万吨）。其中，国有粮食企业收购9.5万吨，占收购总量的36.4%；社会粮食企业收购16.6万吨，占收购总量的63.6%。同时，协调中储粮大连直属库收购国家临时储存玉米1.35万吨。通过收购农民余粮，较好地保护了当地农民种粮利益，使政府、农民、企业三满意。

同时，认真开展了2009年秋粮产量、商品量等调查，及时轮出市、县级地方储备粮，为秋粮收购腾出仓容，做好粮食收购设备维修、腾仓倒库、清仓消毒、人员配备和培训等各项准备工作，为开展好粮食收购，确保不出现农民卖粮难问题，促进农业生产的发展打下良好基础。

三　全力做好市级储备粮油轮换工作，实现了市级储备粮油常储常新

在认真分析国际、国内粮食形势，把握市场行情走势的基础上，在市财政局、农发行等部门的大力支持下，结合秋粮上市的新特点，适时对市级储备粮油分期分批安排轮换。全年完成市级储备粮食轮换13.6万吨，成品粮1万吨，均按计划全部完成；市级储备豆油轮换0.8万吨，也全部完成轮换计划。通过开展市级储备粮轮换，不仅实现了市级储备粮油常储常新，而且由于较好地把握了市场行情走势，使企业也获得了较好的经济效益。尤其是市级储备玉米的轮换，由于对行情走势预测准确，轮换时机把握得当，轮换所取得的效益是十分可观的，也是近几年来所没有的。

四 全面做好粮食仓储管理工作，仓储管理水平再上新台阶

一是增加投入，改善粮食仓储条件。2009年全市国有粮食企业共自筹资金1197万元，新建库房仓容7700吨，维修地坪34337平方米，维修改造成品库房3994平方米，制作垛底防潮垫板2150平方米，购置垛底托盘120个。这是粮食市场放开以来，仓储设施维修改造投入最多、收效最大的一年，对于提升全市粮食仓储管理水平再上新台阶奠定了良好的基础。二是按照科学储粮、绿色储粮、环保储粮的新要求，切实加强粮食仓储管理工作。

五 认真开展粮食产需供求平衡调查工作，为各级政府决策提供可靠依据

按照国家粮食局、省农委的部署，认真制定方案，精心组织，先后利用两个多月的时间，全面完成了全市粮食产需供求平衡调查任务，并得到省农委的肯定。通过调查，摸清了全市粮食产量，农民、城市居民粮油消费量，饲料业用粮量，工业及食品业用粮量及库存粮油的数量，为各级政府决策提供了详实、可靠的依据。

六 适当调整地方粮油储备规模确保全市粮食安全

根据瓦房店市和长海县实际，报请市政府决定，对瓦房店市、长海县县级储备粮油计划作了适当调整，调整后的计划更加符合他们的实际情况。瓦房店市、长海县地方储备粮油实物已经陆续入库，为确保全市粮食安全奠定了良好的基础。

七 开展好县级储备粮规模落实督查做好应急保障

根据市政府2009年度区（县、市）工作绩效评估办法，积极与有关部门进行协调沟通，认真制定方案、下发文件，并与市政府督查室、市财政局、市农发行等有关部门组成督查组，于11~12月对全市县级储备粮规模落实情况进行了逐一督查。督查严格按照市政府规定的内容逐项认真考核，有力地促进了县级储备粮规模、实物的落实。到2009年末，全市县级储备粮规模已按计划全部落实到位，县级储备粮管理水平上了一个新的台阶。全市市、县两级地方储备粮体系已完全建立，为加强粮食宏观调控、做好应急供应提供了充足的物质保障。

八 认真做好社会粮食流通统计工作

2009年，为做好全社会粮食流通统计工作，一是召开专门会议，认真贯彻《统计法》和《辽宁省粮食流通统计制度》，提高粮食统计水平；二是认真审核、汇总，及时上报各种粮食流通统计报表，及时上报各种日报、周报、旬报等信息材料，及时整理统计资料，为各级领导决策提供可靠依据；三是加强对社会粮食企业的业务指导，耐心细致地开展工作，在扩大统计覆盖面上下功夫，2009年，全市社会粮食流通统计工作覆盖面达到82%，超过了国家规定的80%以上的比例，统计的准确性和全面性有了新的提高。

九 进一步修订、完善全市《粮油市场应急供应预案》及配套方案，提升全地区粮油市场应急供应工作水平

经过几个轮次的工作，将大连市粮油市场应急供应工作纳入到全市应急工作管理体系之中，以市政府文件的形式在全地区下发了《大连市粮油市场应急供应预案》（大政发〔2009〕15号）；针对下发的预案，又在调研的基础上，重新修订了与应急加工、应急运输、应急销售相关企业签订的《协议书》，并做好了组织应急加工、运输、供应企业的人员培训和签订协议书的各项准备工作。同时与市公安局、交通局协调，解决了有关应急实施时粮油运输车辆通行有关事宜。

十 依法行政，加强指导，努力提高粮食行政许可工作水平，切实维护粮食市场流通秩序

根据《辽宁省粮食收购资格审核管理暂行办法》和《大连市〈粮食收购许可证〉年检暂行办法》的规定，通过大连商业网向全社会发布了《关于〈粮食收购许可证〉年检的通知》及《粮食收购许可证》年检的具体办理办法和程序。于1月至3月中旬，对市内四区2008年12月31日前取得《粮食收购许可证》的177家粮食收购企业的资质情况进行了核查。通过核查，对符合条件的153家企业给予了年检或变更换证，对不符合年检条件的8家企业实施查处整改。

按照《粮食流通管理条例》和《辽宁省粮食收购资格审核管理暂行办法》的规定，全年，经市行政服务中心本局窗口受理、审核后，共新发放《粮食收购许可证》41份，其中，新办证企业17家。

十一 加大对全地区粮食批发市场体系建设工作的指导和社会粮油企业的协调管理及服务工作，认真做好粮油价格信息监测

根据《大连市区市县粮食市场体系建设发展实施规划》，针对庄河、瓦房店等地粮油批发市场建设及挂牌前的准备尤其是市场的招商工作给予了多次调研指导。目前，庄河粮油批发市场已正式挂牌营业，瓦房店市金谷粮油批发市场正在积极与市政府相关部门协调一部分土地挂牌搬迁问题，并策划招商。金州、普兰店粮油批发市场的建设已纳入当地商贸业的重点工作中，正在积极协调落实。

加强与国内、省内粮食部门的沟通和交流，及时了解国际、国内原粮的价格走势，掌握国内部分大中城市以及省内周边城市成品粮油的价格情况，做好分析预测，完成动态信息反馈，提供给市、局领导及各相关职能部门，并通过“大连商业网”向社会发布，共编写《粮油市场信息》10期，实现服务社会，信息共享。

十二 粮油储存设施和粮食烘干设备项目管理工作

2009年主要完成了2008年底大连市列入国家新增中央预算内投资计划的3家企业5个粮油储存设施和粮食烘干设备项目的全面落实和监督检查。这5个项目分别是大连北良企业集团有限公司粮食烘干设施建设项目、大连金信集团有限公司辽宁金信生化有限公司粮食烘干设施建设项目、大连金信集团有限公司开原市威远堡中心粮库粮食烘干设施建设项目、大连金信集团有限公司开原市金沟子中心粮库粮食烘干设施建设项目、大连新台食品有限公司粮食烘干设施建设项目，项目总投资3617万元，其中：中央预算内投资702万元，企业自筹2915万元。

根据《大连市扩大内需促进经济增长政策落实监督检查工作实施方案》（大纪发〔2008〕14号）精神，按照国家"抓紧开工建设，加快实施进度，尽快形成实物工作量"的要求，大连市服务业委员会（大连市粮食局）成立了扩大内需促进经济增长政策落实检查工作领导小组办公室，明确了责任分工；专人跟踪检查落实项目单位的项目建设手续完善情况、项目资金到位和使用情况、项目建设进度情况，定期向市纪检监察局、审计局、财政局、发展改革委等部门报送督查报告。各项目单位对项目中央预算内投资部分都实行了专户管理，项目的配套资金足额落实；各项目建设全部履行了审批、核准、备案程序，建设严格按照项目法人责任制、招标投标制、工程监理制和合同管理制等要求实施和管理，设备购置实行了政府采购。

截至目前，5个项目中除大连北良企业集团有限公司外，其余4个项目已于6月底前全部完成，具备竣工验收条件，待新粮收购入库，有高水分粮时即可试车验收。大连北良企业集团有限公司粮食烘干设施建设项目前期受项目建设手续影响迟迟未能开工，为避免冬季施工，完成2008年新增中央预算内投资计划，该企业向保税区报告后先行开工，开发区质量监督站临时介入，对该项目工程质量进行监督。该项目已于9月28日正式开工，目前基础构筑已全部完成，待烘干设备运至现场即可组织安装。

十三 农户科学储粮专项工程项目管理工作

2009年6月，根据《国务院关于当前稳定农业发展促进农民增收的意见》（国发〔2009〕25号）要求，国务院决定从2009年起在全国实施农户科学储粮专项工程，安排中央补助投资建设资金，实施农户科学储粮专项，为主产区农户改善储粮条件，减少粮食产后损失。大连市是辽宁省2009年农户科学储粮专项工程的6个地市之一，项目总数为5000户，占全省的1/10，其中庄河市2000户、瓦房店市2000户、普兰店市1000户。大连市政府对实施该项工程高度重视，市发展改革委、财政局、监察局给予了大力支持，戴玉林副市长多次批示，协调有关部门解决资金问题，李万才市长亲自批示财政拨款资金450万元，用于该项目建设。

全局为做好这项惠民利民工程，成立了大连市农户科学储粮专项工程领导小组；多次召开农户科学储粮专项工作协调会议，就具体实施工作进行全面部署；组织各区（市、县）粮食行政管理部门落实试点农户，签订协议，筹集农户建仓款；按照市政府统一招标程序，通过招标完成了储粮仓加工厂商的选定工作；分别与5家中标企业以及有关区（市、县）粮食行政管理部门签订了三方加工合同；举行了大连市农户科学储粮专项工程启动仪式；组织专人多次深入加工厂家巡查。截至11月24日，全市5000个储粮仓已完成成品仓3353个，半成品仓1290个。

十四 监督检查体系建设、队伍建设工作

一年来经过市县两级粮食行政主管部门的共同努力，全市粮食监督检查体系建设、队伍建设得到进一步完善。旅顺口区设立了粮食监督检查科，编制2人；金州区由原企业性质的粮食总公司改制成金州区粮食局，11名同志改为参照公务员管理，其中有4名同志按照有关规定申请补办了粮食监督检查执法证；普兰店经贸局成立了粮食行政执法监察大队，为财政全额拨款的事业单位人员，编制8人；庄河市成立了粮油监督检测站，配备了2名有资质的专业人员。

十五 粮食清仓查库工作

2009年3月初至4月24日，全市认真贯彻《国务院办公厅关于开展全国粮食清仓查库工作的通知》（国办发〔2008〕118号）和《辽宁省人民政府办公厅关于做好全省粮食清仓查库工作的通知》（辽政办发〔2008〕99号）精神，在省政府的正确领导下，在省粮食清仓查库联席会议办公室的指导下，在全市粮食清仓查库工作领导小组成员单位的人力支持配合下，在全市粮食清仓查库全体工作人员的共同努力下，按照国家、省《2009年粮食清仓查库工作实施方案》的要求。按照“有仓必到、有粮必查、有账必核、查必彻底”的原则，对61家统计报账企业的67个库点、6407个货位、3164903吨库存粮食实物进行了检查；对6家国有粮食企业代54家非国有企业储存的832个货位、287383吨粮食实物进行了检查；另外，对77家重点非国有粮食企业进行了执行粮食流通统计制度情况检查，并典型调查了其中的4家。普查表明，全市行政区内纳入清仓查库范围的库点，除1个库点（系外省委托代储）存在账实不符外，其余全部达到粮食库存数量、品种真实，国有粮食企业代储的商品粮粮权归属清晰；统计账、会计账、保管账、银行资金账账务处理合乎规定，账实相符，账账相符，对不同性质和品种的粮食都能按规定进行分账管理、分仓储存；粮食库存与农发行粮食收购资金贷款对应，资金占用合理；所查粮食没有发现气味异常、霉变、发热、结块、严重虫粮等问题；2008年中央储备粮、地方储备粮轮换计划下达规范，轮换品种、数量、时间与计划一致，轮入粮食的生产年限和质量符合政策规定；地方储备成品粮数量真实、质量良好；2007年、2008年中央储备粮、地方储备粮、最低收购价粮保管和轮换费用及时足额拨付到位；重点非国有粮食经营及转化用粮企业执行统计制度情况良好。

十六 粮食收购市场专项检查工作

根据省粮食局《关于在全省开展粮食收购市场专项检查的通知》精神，2008年12月至2009年3月，全市分两个阶段开展了粮食收购市场专项检查工作，市级共检查4个区（市）粮食经营企业12家，对基层部门开展粮食收购市场专项检查起到了督促指导作用。庄河市检查粮食收购企业15家，检查收购粮食数量37000吨，抽查核对账目15套，检查收购粮食票据、检斤票据1万余份，走访调查卖粮农民13户。在检查中发现庄河市栗子房粮库统计台账没按规定记账，用保管账记账的问题，下达了“责令改正通知书”，并监督企业进行整改。全市的粮食收购市场总体是好的。没有发现以不正当手段取得粮食收购许可的行为，也没有涂改、倒卖、出租、出借《粮食收购许可证》的现象。

粮食收购者在从事粮食收购活动中没有发现压等压价、克扣农民的现象；没有违反规定代扣、代缴税、费和其他款项；能按时结算售粮款，没有给农民打白条、损害农民利益、扰乱粮食收购市场秩序等行为。

十七 秋粮收购市场监督检查工作

根据省农委下发的《关于加强对全省秋粮收购市场监督检查的通知》（辽农〔2009〕317号）的精神，市县两级于2009年10月对全市秋粮收购市场进行了监督检查，共出动人员342人次，检查粮食收购许可证企业114余家，没有检查出不符合条件和无证收购粮食的企业。

十八 粮食收购价格检查工作

根据国家发展改革委和国家粮食局以及省物价局和农委的要求，全局配合大连市价格主管部门，从2009年8月12日至8月26日，对中储粮大连直属库及其委托库、租用库的粮食收购价格情况进行了检查。通过检查，没有发现该企业在国家临时玉米收购中有价格违法行为。

◆ 大连市服务业委员会（大连市粮食局）领导班子成员

韩玉明　　党委书记、主任（局长）
方健伟　　党委委员、副书记
闫　敏（女）副主任（副局长）
李　光　　党委委员、副主任（副局长）
周传富　　党委委员、副主任（副局长）
陈祥立　　党委委员、副主任（副局长）
朱保奎　　副巡视员
高宪明　　副巡视员

国家粮食局局长聂振邦（前排左三）为大连国家粮食交易中心揭牌。

大连市副市长孙广田（前排左一）在市服务业委员会（市粮食局）主任韩玉明（右一）陪同下到粮油市场调研。

深圳市粮食工作

基本情况

深圳市1979年设市，1980年设立经济特区，现为国家副省级计划单列城市。深圳市东临大亚湾和大鹏湾，西濒珠江口，北与东莞、惠州两市接壤，南与我国香港特别行政区一河之隔。全市土地总面积1991.64平方公里，现辖罗湖、福田、南山、盐田、宝安、龙岗等6个行政区以及光明新区、坪山新区。2009年末常住人口为891.23万人，其中户籍人口为241.45万人。

2009年，深圳市国内生产总值8201.23亿元，比上年增长10.7%。其中，第一产业增加值6.47亿元，下降18.6%；第二产业增加值3831.64亿元，增长9.3%；第三产业增加值4363.12亿元，增长12.5%。三次产业结构由上年的0.1：48.9：51.0发展为0.1：46.7：53.2。按年平均常住人口计算，2009年全市人均GDP为92771元，比上年增长8.9%。

深圳市农业生产规模进一步缩小，农业生产以“三高”农业和创汇农业为主，主要为深圳、香港市场提供农副产品及鲜活产品。全年农作物播种面积6913公顷，其中粮食播种面积10.9公顷，蔬菜播种面积6567公顷，水果播种面积3700公顷。全年粮食产量52吨，蔬菜产量10.72万吨，水果产量0.39万吨，水产品总产量3.03万吨。

2009年，深圳市纳入粮食流通统计范围的粮食企业共41家，其中国有粮食企业3家。政府和国有粮食企业粮食仓容总量为39.5万吨。据测算，深圳市2009年度粮食需求总量366万吨，其中小麦130万吨，稻谷154万吨，玉米40万吨，大豆42万吨。由于深圳市是粮食纯销区，粮食供给全部依靠国内调入和进口解决，每年由市外调入粮食310多万吨，进口50多万吨。

2009年粮食工作

一 调整粮食行政管理体制

2009年深圳市政府进行大部制机构改革，对粮食行政管理体制作了调整，由市发展和改革委员会负责组织制定重要物资储备的计划和政策；市科技工贸和信息化委员会承担组织实施重要物资的储备和市场供应的责任，负责粮食行政管理。

"三定规定"确定后，两个部门迅速做好工作和人员交接，并加强了沟通和协调，分别就各自职能分工开展相关工作。

二 完善粮食储备管理和应急体系

（一）克服困难，完成粮食增储任务

2009年底。市发展改革委根据广东省政府下达的粮食储备任务和深圳市粮食储备管理的有关规定，及时下达年度粮食储备计划，明确储备规模、储备结构、储存库点、粮食轮换和费用补贴等规定。市科工贸信委积极配合市发展改革委对增储计划的落实情况进行检查，确保储备粮数量真实、质量良好、储存安全。

（二）落实粮食考评工作

按照广东省关于粮食考评工作的要求，由市科工贸信委会同宝安、龙岗两区政府、市发展改革委、财政委等单位，对全市2008、2009年度粮食工作进行考评，全市粮食储备规模和粮食风险基金规模两项指标均达到省考评的要求。

（三）平湖市属新粮库投入使用

平湖市属粮食储备库于2009年底正式投入使用。该粮库占地面积7.7万平方米，总投资3.56亿元，共有4栋楼房仓和10座浅圆仓，总仓容达17万吨。粮库配备先进的工艺设备、完备的粮情监控和防霉变系统以及完善的自动控制系统，能够实现接收、发放、倒仓等一系列作业的自动化控制。

三 加强军粮供应行政管理，提高军供服务水平

（一）完成2009年全市军粮财务专项检查工作

根据国家粮食局和省粮食局关于开展军粮财务专项检查的通知要求，全市认真落实军粮差价补贴款和军供网点维修改造资金等方面的自查工作，包括2006~2008年的军粮差价补贴款拨补使用情况，历年中央和省安排的军供网点维修改造资金及项目落实情况，重点检查2004~2008年网点维修改造情况，对1997~2003年网点维修改造情况进行分年度统计，对历年军粮供应网点维修改造项目审批的相关文件和各类资料进行清查，并按年度整理归档以备上级检查。

（二）加大军粮质量安全检查力度

按照省粮食局《转发国家粮食局关于做好军粮质量卫生安全专项检查的函》要求，组织对全市各军供站点军粮采购、包装、储存、配送和销售等环节进行了专项检查，掌握了全市军粮质量情况，并针对检查中发现的问题提出了整改要求，确保军粮的质量安全。

（三）建立军粮供应管理信息系统

根据国家及省有关规定和要求，全市高度重视军用购粮卡改革工作，克服改革过程中的各种困难和问题，组织全市各军供网点工作人员做好培训，提前配置软硬件设备，严格军供信息保密管理，按照要求完成了军用购粮卡改革工作，确保全市军粮供应管理信息系统正常运行，保障了军粮供应安全、稳定、有序进行，大大提高了军粮供应效率。

（四）做好军粮供应管理统计工作

一是按月汇总上报各项统计报表，准确及时地掌握全市军粮库存数量及入库价格，为军粮供应差

价补贴款的预拨和结算等工作提供依据；二是统计调查全市军粮供应差价补贴历史情况；三是统计调查各军供网点的基础设施、保密安全设备和经营状况等基本情况。

四 逐步规范粮食行业管理

（一）认真开展粮食清仓查库工作

根据《国务院办公厅关于开展全国粮食清仓查库工作的通知》和省粮食局的清查工作实施要求，制定全市粮食清仓查库的具体实施方案，成立市粮食清仓查库工作领导小组和工作组，申请专项经费，组织企业做好自查工作，组织工作组成员赴中山进行交叉普查工作，配合东莞市粮食局来深圳市交叉普查，配合省粮食局来本市抽查，接待省人大代表和政协委员到现场督查。

（二）积极组织协调东北粳稻调运和费用补贴工作

根据国家相关部委关于妥善解决东北粳稻“卖粮难”问题的意见，组织全市粮食经营企业赴东北三省采购粳稻（大米），与粮食主产区初步建立合作关系，加强产销衔接。据统计，2009年1月1日至4月30日的调粮运费补贴期限内，全市共采购粳稻（大米）24万余吨。对稳定深圳市粮食价格，增强粮食市场供给能力起到了重要作用。

（三）认真做好粮食统计和专项调查工作

一是做好全市2009年度粮食行业机构从业人员及职工教育培训情况统计工作；二是做好粮食流通、库存粮油等粮食统计月报和年报的上报工作；三是做好全市2009年度粮食供需平衡调查；四是对全市2010年度粮食供需平衡进行测算；五是对全市国有粮食企业改革、政策性财务挂账消化、经营性财务挂账和税收等情况进行全面调查；六是进行粮食流通基础设施建设投资和粮食批发市场建设有关情况调查统计。

◆ 深圳市科技工贸和信息化委员会领导班子成员

王学为　党组书记、主任
肖苑生　党组副书记、副主任
朱云生　党组成员、副主任（分管粮食工作）
王晓春　党组成员、副主任
殷　勇　党组成员、副主任
彭新叶　党组成员、副主任
贾兴东　党组成员、副主任
陆　健　党组成员、副主任
谢建民　党组成员、副主任
刘　锦　党组成员、副主任
邱　宣　党组成员、副主任
高　林　党组成员、副主任

2009年4月23日，广东省人大代表和政协委员到中央储备粮深圳直属库检查深圳市粮食清仓查库工作。

2009年8月20日，深圳市副市长吕锐峰到平湖市属新粮库建设工地调研。

2009年10月27日，深圳市科工贸信委副主任朱云生赴粮食储备库现场调研深圳市粮食储备和军粮供应情况。

新疆生产建设兵团粮食工作

基本情况

新疆生产建设兵团（简称兵团）组建于1954年，是新疆维吾尔自治区的组成部分，承担着党和国家赋予的屯垦戍边职责，在自己所辖的垦区内，依照国家和新疆维吾尔自治区的法律、法规，自行管理内部的行政、司法事务，是一个既屯垦又戍边，既融入新疆社会又高度集中统一、党政军企合一，是国家实行计划单列的特殊社会组织，受中央政府和新疆维吾尔自治区人民政府双重领导。兵团辖有14个师，阿拉尔、图木舒克、五家渠、石河子4个城市，175个农牧团场，2200连队，4000多户工业、建筑、运输、商业企业(其中上市公司13家)，分布在新疆各地州境内。与蒙古、哈萨克斯坦、吉尔吉斯坦3国接壤，管辖着2019千米的国界线，辖区内土地总面积745.7万公顷，其中耕地总面积109.1万公顷。总人口257.3万人。

2009年，兵团农作物播种面积110.8万公顷，其中粮食作物30.7万公顷，占农作物播种面积的28%，较上年提高7个百分点；粮食总产211.73万吨，较上年增加69.4万吨，增长48.8%。现有粮库79个，总仓容39.2万吨，其中有效仓容22.92万吨。粮库从111个减少到79个，减少了32个，减幅29%；有效仓容从45.27万吨减少到22.92万吨，减少了22.35万吨，减幅49%；保粮设备更是大幅减少，实现机械通风仓容量从20.42万吨减少到8.28万吨，减幅高达59%。油罐个数从271个减少到220个，但罐容却从9.21万吨增加到11.24万吨。现有各类粮食机构154个，较上年减少5个。其中：行政管理部门14个，事业单位2个，粮油经营企业138个。粮食系统现有从业人员2275人，较上年相比减少935人。

2009年粮食工作

一 粮食生产

2009年，全兵团粮食播种面积307096公顷，较上年增加81153公顷，增长35.9%；粮食总产量211.73万吨，较上年增加69.4万吨，增长48.8%；其中小麦播种面积197080公顷，较上年增加77400公顷，增长64.7%；产量119.62万吨，较上年增加61.72万吨，增长106.6%。水稻播种面积21773公顷，较上年减少2160公顷，降幅为9%；产量20.13万吨，下降12%。玉米播种面积63327公顷，较上年增加3747公顷，增长6.3%；产量60.27万吨，增加0.68万吨，增长12.1%。

二 粮食流通

2009年，自治区人民政府继续执行小麦、水稻敞开收购、敞开直补政策，价外补贴标准不变，仍为小麦0.2元/公斤、大米0.3元/公斤。种植小麦农资综合直补由上年南疆五地州1455元／公顷，其他地州(市)1410元／公顷，调整为全疆统一标准，计划内1350元／公顷，计划外690元／公顷。全区小麦收购价格全区统一每公斤上调0.2元，其中：白小麦(标准级)最低收购信息参考价1.74元/公斤，较上年增幅13%；红麦、混和麦(标准级)1.68元/公斤，相邻等级价差0.03元/公斤。水稻实行最低收购价政策，统一执行1.9元/公斤(标准级)，较上年提高0.26元/公斤，增幅15.9%，相邻等级差为0.03元。全区小麦收购计划从200万吨增加到300万吨，增长50%。其中兵团小麦收购计划从45.05万吨增加到60.35万吨，增加15.3万吨，增长34%。大米收购指导性计划不变，仍为全区5万吨，兵团1.2万吨。全兵团累计交售小麦78.30万吨，完成计划130%，是历史上交售量最高的一年。累计交售水稻10.8万吨，是计划的9倍。

三 行政执法

根据《国家粮食局办公室关于做好〈粮食流通管理条例〉五周年宣传活动的通知》精神，结合兵团实际，通过张贴宣传画，向群众发放宣传资料、进行新闻报道等形式开展了《条例》五周年宣传活动。按照国务院办公厅《关于开展全国粮食清仓查库工作的通知》(国办发〔2008〕118号)精神，决定从2009年4月起在全国范围内开展粮食清仓查库工作。为切实做好此项工作，兵团发展改革委（粮食局）及时安排布置粮油仓储企业和粮食加工企业认真进行自查。同时与自治区粮食局、发展改革委、监察厅、财政厅、农业厅等11个单位组成粮食清仓查库联合工作领导小组和清查库工作办公室，按照“有仓必到、有粮必查、有账必核、查必彻底”的原则，负责全区的粮食清仓查库工作。经查，兵团所属8个粮油储备库储备的中央储备粮油均储存安全、质量良好、数量真实、卫生达标、账实相符。兵团发展改革委(粮食局)被国家粮食局评为全国粮食清仓查库“优秀组织”奖。

四 流通体制改革

2009年8月由中央储备粮管理总公司新疆分公司(以下简称中储粮新疆分公司)请求，经兵团领导批示，兵团2000~2001年利用国债资金建设的图木舒克、夏尔托热、克孜勒布拉克、丰庆4个粮食储备库于10月整建制划转移交中储粮新疆分公司管理，总仓容12万吨，人数52人。根据兵团机构编制委员会《关于撤销兵团粮油储备总站的通知》(兵编发〔2009〕72号)精神，11月兵团粮油储备总站予以撤销。

五 行业发展

2009年初，兵团召开了粮油仓储工作会议，深入学习贯彻落实全国粮食局长会议精神，全面总结兵团粮油仓储工作，分析粮食流通形势，安排布置粮油仓储工作重点，明确仓储管理工作目标、具体要求。房生修副主任作了题为“深入贯彻科学发展观扎实做好兵团粮油仓储工作”的讲话，并代表兵团发展改革委(粮食局)与4个直属粮库主任(法人代表)签订了党风廉政建设责任书、保密工作目标责任书。兵团发展改革委(粮食局)党总支与各库党支部签订了党建目标责任书。兵团发展改革委(粮食局)党组宣布了4个直属粮库的干部聘任决定。粮食处通报了4个直属粮库2008年度经营管理、费用执行、财务审计、年终考核、评比情况等。

（一）粮食仓储基础设施建设

2009年，农一师阿拉尔市2.5万吨粮食储备库项目于6月竣工验收，9月投入使用；兵团克孜勒布拉克国家粮食储备库1万吨扩建项目如期完成建设内容，7月新粮上市时投入使用。

（二）粮油加工业

2009年，全兵团粮油加工企业共39家，其中大米加工企业9家，年加工生产能力17.25万吨；小麦粉加工企业10家，年加工生产能力20.75万吨；食用植物油加工企业19家，年油料处理能力123.25万吨，油脂精炼能力23.63万吨；饲料企业1家，年生产能力12.5万吨。全年共生产大米3.92万吨，小麦粉4.87万吨，食用植物油8.98万吨。

（三）粮食行业人才队伍建设

2009年4月，兵团发展改革委（粮食局）在乌鲁木齐市举办了兵团粮食系统执法培训班。通过培训29名考试合格的学员获得了粮食流通监督检查行政执法证，为开展垦区粮食流通执法工作奠定了坚实的基础。按照国家粮食局人事司、职业技能鉴定指导中心《关于粮食行业特有工种职业技能鉴定考评员任期考核及换证工作的通知》(司函人事〔2009〕14号)要求，兵团发展改革委(粮食局)对兵团粮食系统获得国家粮食行业特有工种职业技能鉴定考评员资格的考评员进行了任期考核和换证工作。

六 粮食行业管理

2009年，兵团发展改革委（粮食局）根据国家粮食局《关于公布2009年度国家粮食局软科学课题研究方向的通知》(国粮办政〔2009〕37号)和国家粮食局软科学评审专家委员会《关于做好2009年度软科学课题研究工作的通知》精神，组织编写了《关于粮食产业化经营发展的研究》课题，提出粮食加工业发展是粮食产业化经营发展的关键环节，并研究分析了当前粮食加工业发展存在的突出问题，提出了对策建议。认真开展调研，组织撰写了《兵团粮食产销储及粮食安全情况的调研报告》，着重分析了当前兵团粮食工作和粮食安全面临的突出问题，提出相应的措施建议。积极开展了面向全社会的粮食统计和会计核算工作，为粮食生产、流通和宏观调控提供了及时、准确的基础数据，其中：会计工作连续第四年获国家粮食局评选的会计报表三等奖、粮油工业统计工作连续第七年被国家粮食局评为优胜单位和先进个人、粮食仓储设施统计被国家粮食局评选为全国七个先进单位之一。

七 党群工作

2009年，按照中央的统一部署和兵团党委的安排，兵团粮食系统认真开展深入学习实践科学发展观活动，党建总体做到了工作有计划、活动有组织、任务有落实。党群组织的凝聚力和战斗力明显加强，面对金融危机带来的不利影响，带领全系统同志奋力拼搏，攻坚克难，为顺利完成2009年各项工作任务，提供了坚强的政治和组织保障。兵团发展改革委(粮食局)始终把用最新理论武装头脑、提高思想理论水平、指导实践、推动工作，作为首要任务来抓，以加强政治理论学习为重点，以争先创优为目标，以学习实践科学发展观活动为契机，增强贯彻落实“三个代表”重要思想和科学发展观的自觉性、坚定性。全年党组先后6次、委主任办公会议4次召开专题会议研究反腐倡廉工作。形成了主要领导亲自抓，党组成员分工抓，处室结合业务具体抓，突出阶段重点抓的良好局面，党政齐抓共管，纪检组组织协调，班子成员各负其责。兵团发展改革委(粮食局)主要领导与副职领导、副职领导与分管业务处室领导签订《党风廉政建设责任书》、《保密责任书》，党总支与各支部签订了《党建目标责任书》。制定下发了《关于落实党风廉政建设责任制有关事项的通知》、《关于贯彻落实〈兵团机关2009年反腐倡廉工作任务〉的分工意见》，把党风廉政建设渗透到业务工作之中。党组全年先后开展了清理“小金库”、领导干部住房、借用公款、车辆使用、配偶及子女从业情况等专项检查。增强民族团结，维护社会稳定。面对乌鲁木齐“7・5”事件严峻而复杂的斗争形势，兵团发展改革委(粮食局)党组积极响应中央和自治区党委及兵团党委的决策部署，旗帜鲜明地做好增进民族团结、维护社会稳定的各项工作，牢固树立“三个离不开”思想，不利于民族团结的话不说，不利于民族团结的事不做，积极组织党员干部参加 “热爱祖国、热爱新疆、热爱兵团，加强民族团结”知识竞赛试题活动，组织党员干部参观“7・5”事件图片展，自愿向“7・5”事件受害群众捐款9470元，向维稳处突一线的武警官兵送去1万余元的慰问品进行慰问，以实际行动维护大局稳定。

◆ 新疆生产建设兵团发展改革委（粮食局）领导班子成员

傅援朝	党组书记、副主任
朱新祥	党组副书记、主任
郭毅峰	党组成员、副主任
张叔俊	党组成员、副主任
王　淼	党组成员、副主任（纪检组长）
赵世民	党组成员、副主任
刘新兰	党组成员、副主任
朱东方	党组成员、副主任（援疆干部）
房生修	党组成员、副主任（援疆干部）
白永明	党组成员、副主任（援疆干部）
闫海燕	党组成员、副主任
乔永新	党组成员、副主任
肖秀荣	巡视员
张德云	巡视员
闫新梅	助理巡视员

新疆生产建设兵团发展改革委（粮食局）副主任房生修（左二）在夏尔托热国家储备库检查工作。

新疆天山雪米有限责任公司是兵团农一师米业加工企业，位于新疆阿克苏阿拉尔市。

5

第五篇

粮食政策与法规文件

联合发文

关于印发2009年小麦最低收购价执行预案的通知

（国家发展和改革委员会 财政部 农业部 国家粮食局
中国农业发展银行 中国储备粮管理总公司
发改经贸〔2009〕1293号 2009年5月19日）

各省、自治区、直辖市发展改革委、财政厅、农业厅、粮食局、物价局、农业发展银行分行，中储粮有关分公司：

为认真贯彻落实《中共中央国务院关于2009年促进农业稳定发展农民持续增收的若干意见》（中发〔2009〕1号）精神，做好今年小麦收购工作，保护种粮农民利益，经国务院批准，现将《2009年小麦最低收购价执行预案》（以下简称《预案》）印发给你们。

各地方、各部门要高度重视，按照《预案》的要求，精心安排，周密部署，密切配合，认真做好今年小麦最低收购价执行预案的各项准备和组织实施工作。各地要抓紧腾仓并库和仓库维修，确保新粮收购仓容。各省(区、市)有关部门要在省级人民政府的统一领导下，认真研究、及时解决小麦收购中出现的矛盾和问题，确保小麦收购工作的顺利进行。

特此通知。

2009年小麦最低收购价执行预案

（国家发展和改革委员会 财政部 农业部 国家粮食局 中国农业发展银行 中国储备粮管理总公司）

第一条 为认真贯彻落实小麦最低收购价政策，切实保护种粮农民利益，根据《中共中央国务院关于2009年促进农业稳定发展农民持续增收的若干意见》（中发〔2009〕1号）和《粮食流通管理条例》有关精神，制定本预案。

第二条 执行本预案的小麦主产区为河北、江苏、安徽、山东、河南、湖北6省。

其他小麦产区是否实行最低收购价政策，由省级人民政府自主决定。

第三条 小麦的最低收购价以2009年生产的国标三等小麦为标准品，白麦每市斤0.87元，红麦、混合麦每市斤0.83元。白麦分为硬质白小麦和软质白小麦，其中种皮为白色或黄白色的麦粒不低于90%，硬度指数不低于60的为硬质白小麦，硬度指数不高于45的为软质白小麦。红麦分为硬质红小麦和软质红小麦，其中种皮为深红色或红褐色的麦粒不低于90%，硬度指数不低于60的为硬质红小麦，硬度指数不高于45的为软质红小麦。不符合以上标准的为混合麦。标准品的具体质量标准为：容重750～770g／L（含750g/L），水分12.5%以内，杂质1%以内，不完善粒8%以内。执行最低收购价的小麦为2009年生产的等内品。相邻等级之间等级差价按每市斤0.02元掌握。最低收购价是指承担向农民直接收购的收储库点的到库收购价。

非标准品小麦的具体收购价格水平，由委托收购企业根据等级、水分、杂质等情况，按照《国家计委、国家粮食局、国家质检总局关于发布〈关于执行粮油质量标准有关问题的规定〉的通知》(国粮发〔2001〕146号)有关规定确定。

第四条 在河北、江苏、安徽、山东、河南、湖北6个小麦主产区执行最低收购价的企业为：（1）中储粮总公司及其有关分公司；（2）上述6省地方储备粮管理公司（或单位）；（3）北京、天津、上海、浙江、福建、广东、海南等7个主销区省级地方储备粮管理公司（或单位）。

第五条 中储粮有关分公司要按照“有利于保护农民利益、有利于粮食安全储存、有利于监管、有利于销售”的原则，合理确定执行小麦最低收购价的委托收储库点（含中储粮直属库，下同）。委托收储库点应具有农发行贷款资格，有一定的规模和库容量，仓房条件符合《粮油储藏技术规范》要求，具有较高管理水平和良好信誉，应优先选择有中央储备粮代储资格的企业为委托收储库点。为充分利用现有仓储资源，对符合上述条件的中央大型粮食企业在主产区的闲置粮库，要列为委托收储库点。委托收储库点可根据需要设点延伸收购，在不增加国家费用补贴的前提下，自行负责将延伸收购点收购的小麦集并到委托收储库点或指定库点储存。

委托收储库点由中储粮有关分公司负责提出，商省级粮食行政管理部门和农业发展银行省分行后，报中储粮总公司审核确定，并报国家有关部门和省级人民政府备案后对外公布。

地方储备粮管理公司(或单位)也要根据实际需要，设定一定数量的委托收储库点，并积极入市收购，充实地方储备。地方储备粮管理公司（或单位）设定的委托收储库点要与中储粮公司确定的委托收储库点相互衔接。

委托收储库点确定后，由中储粮分公司和地方储备粮管理公司（或单位）分别与其委托收储库点签订委托收购合同，明确有关政策及双方权利、义务等。委托收储库点要严格按照国家有关规定进行收购，中储粮总公司及相关分公司要加强对收购入库粮食质量的监管。

第六条 第三条规定的最低收购价适用时间为2009年5月21日至9月30日。在此期间，当小麦市场价格低于最低收购价格时，由中储粮公司和有关省地方储备粮管理公司（或单位）按照本预案第三条规定的最低收购价格，在上述小麦主产区挂牌收购农民交售的小麦。具体操作时间和实施区域由中储粮分公司根据市场情况商省级粮食行政管理部门和农业发展银行省分行确定，并由中储粮总公司报国家粮食局备案。

第七条 小麦上市后，地方各级政府和粮食行政管理部门要引导和鼓励各类粮食经营和加工企业切实履行收购义务，积极入市收购新粮。国有和国有控股粮食企业要按照《粮食流通管理条例》有关规定，切实发挥主渠道作用。农业发展银行要积极为各类收购主体入市收购提供信贷支持，保证具备贷款条件的国有和国有控股粮食企业资金供应。

第八条 预案执行期间，中央和地方储备轮入的小麦应不低于国家规定的最低收购价格水平。主销区地方政府要督促当地储备粮管理公司（或单位）按照不低于国家规定的最低收购价格积极到主产区收购小麦。

第九条 为满足市场对陈麦的需求，预案执行期间继续竞价销售2006年、2007年、2008年临时存储最低收购价小麦，要按照顺价销售、保证市场供应、保持市场粮价基本稳定的原则，合理制定销售底价，并把握好销售力度和节奏。

预案执行期间，中央和地方储备粮的承储企业应积极入市收购新粮用于轮换。为防止出现“转圈粮”等问题，预案执行期间，中央和地方储备粮的承储企业以及承担小麦最低收购价收储任务的库点一律不得直接和间接购买国家拍卖的最低收购价小麦。

预案执行期间，原则上停止中央、地方储备库存小麦的大批量集中拍卖活动。对确有长期供货合同的中央和地方储备小麦，分别由中储粮总公司和省级粮食行政管理部门报国家发展改革委、财政部、国家粮食局备案后，定向销售给小麦加工企业。

预案执行期间，粮食经营企业不得故意低价销售，冲击市场。

第十条 中储粮公司委托的收储库点按最低收购价收购小麦所需贷款(收购资金和收购费用)，由所在地中储粮直属企业统一向农业发展银行承贷，并根据小麦收购情况及时预付给委托收购库点，保证收购需要。对于没有中储粮直属企业的地区，为保证收购需要，可暂由中储粮分公司指定具有农发行贷款资格、资质较好的收储企业承贷；收购结束后，贷款要及时划转到中储粮公司直属企业统一管理。农业发展银行要按照国家规定的最低收购价格和合理收购费用及时足额供应。收购费用为每市斤2.5分（含县内集并费），由中储粮总公司按照国家有关规定包干使用。

第十一条 地方储备粮管理公司(或单位)按最低收购价收购的小麦主要用于充实地方储备，所需收购贷款由农业发展银行按照国家规定的最低收购价格及时足额发放。有关收购、保管费用和利息按地方储备粮管理的有关规定执行。

第十二条 预案执行期间，中储粮总公司和有关省粮食局每五日分别将中储粮分公司和地方储备粮管理公司(或单位)按最低收购价收购的小麦品种、数量汇总后报国家粮食局。中储粮总公司汇总的数据要同时抄送中国农业发展银行。具体报送时间为每月逢五日、十日期后第二天中午12时之前。

省级农发行在每月初5个工作日内将上月最低收购价收购资金的发放情况抄送当地中储粮分公司。同时，中储粮有关分公司将最低收购价小麦每月收购进度情况抄送当地农发行省分行、省级粮食行政管理部门。各收储库点要每5日将收购进度抄报所在地县级粮食行政管理部门。

第十三条 小麦最低收购价执行情况，分别由中储粮总公司和省级粮食行政管理部门，于本预案执行结束后一个月内，报告国家发展改革委、财政部、农业部、国家粮食局、中国农业发展银行。

第十四条 中储粮总公司及其相关分公司执行最低收购价政策收购的小麦，粮权属国务院，未经国家批准不得动用。中储粮总公司及其相关分公司要按有关规定，及时对委托收购库点收购的小麦品种、数量、等级等进行审核验收。对验收合格的小麦，由中储粮总公司及其相关分公司负责就地临时储存，并与委托储存库点签订代保管合同，明确品种、数量、等级、价格和保管责任等。对验收不合格的小麦，由当地中储粮分公司、农业发展银行分支行和收购贷款承贷企业与委托收购库点及时研究处理。国家粮食局会同有关部门结合每年的粮食库存检查对委托收储库点进行抽查，对质价不符、账实不符、不按规定及时出库等行为，将参照《粮食流通管理条例》、《中央储备粮管理条例》等有关规定严肃处理。

第十五条 中储粮总公司管理的临时储存最低收购价小麦，保管费用补贴和贷款利息补贴，由中央财政负担，先预拨，后清算。委托收储库点的保管费用补贴标准为每市斤3.5分／年，自小麦收购入库当月起根据月末库存数量进行补贴；贷款利息根据入库结算价与同期银行贷款利率计算；中储粮总公司执行小麦最低收购价政策发生的质检、监管等日常费用标准，按《财政部关于调整完善中储粮公司最低收购价粮食质检、监管、省内跨县集并及跨省移库包干政策的通知》（财建〔2007〕405号）文件执行。中央财政根据中储粮总公司上报的最低收购价利息费用补贴的申请报告，按季度将保管费用、贷款利息及质检、监管等日常费用拨付给中储粮总公司。中储粮总公司要将保管费用及时足额拨付到存储库点。事后，由中央财政根据实际保管数量、核定的库存成本等对中储粮总公司进行清算。

第十六条 中储粮总公司管理的临时储存最低收购价小麦，由国家有关部门按照顺价销售的原则，在粮食批发市场或网上公开竞价销售，销售盈利上交中央财政，亏损由中央财政负担。中储粮总公司对销售盈亏进行单独核算，中央财政对中储粮总公司及时办理盈亏决算。

第十七条 执行最低收购价的委托收购库点，要按照《国家粮食局关于实施新<小麦>国家标准的通知》（国粮发〔2008〕3号）的有关要求，切实做好收购过程中执行新标准的各项工作；要按时结算农民交售小麦的价款，不得给农民打白条，不得压级压价和代扣各种收费，不得将农业发展银行贷款挪作他用。按最低收购价收购的小麦销售后及时归还农业发展银行贷款。对违反上述规定的，由当地粮食、物价、工商、农业发展银行等部门按照《价格法》、《粮食流通管理条例》等有关规定查处。

第十八条 国家发展改革委负责协调落实小麦最低收购价政策的工作，监测小麦收购价格变化情况，会同有关部门解决最低收购价政策执行中的矛盾和问题。财政部负责及时拨付中储粮总公司按最低收购价格收购小麦所需的费用和利息补贴。农业部负责了解各地执行最低收购价政策情况，监测小麦市场价格，反映农民的意见和要求。国家粮食局负责监督中储粮总公司、地方储备粮管理公司（或单位）最低收购价政策执行情况、储粮安全情况，督促国有和国有控股粮食企业积极入市收购，发挥主渠道作用。中国农业发展银行负责向执行最低收购价任务的贷款企业及时提供收购资金和费用贷款。中储粮总公司及其有关分公司作为国家委托的最低收购价政策执行责任主体，对其执行最低收购价政策收购的小麦的数量、质量和库存管理等负总责。省级人民政府负责对最低收购价政策的落实情况进行监督检查，切实落实仓库维修工作，确保在新粮收购前投入使用，并督促、协调地方各部门，支持和配合中储粮总公司的工作，共同完成托市收购任务。

第十九条 本预案由国家发展改革委、财政部和国家粮食局负责解释。

关于做好2009年油菜籽收购工作的通知

(国家发展和改革委员会 财政部 国家粮食局
中国农业发展银行 中国储备粮管理总公司
发改经贸〔2009〕1362号 2009年5月27日)

各省、自治区、直辖市发展改革委、财政厅、粮食局、物价局、农业发展银行分行，中储粮有关分公司：

根据国务院第58次常务会议精神，今年国家将按照有利于保证农民种植油菜籽能够获得基本收益、有利于充分发挥市场机制作用、有利于促进国内食用油产业持续健康发展的原则，继续在主产区对油菜籽实行临时收储。目前国内油菜籽大量上市在即，为做好油菜籽收购工作，保护农民利益和发展油料生产的积极性，经国务院批准，现就做好今年油菜籽托市收购有关工作通知如下：

一 明确油菜籽托市收购价格水平、执行区域和时间

综合考虑去年以来化肥等农资价格变化及今年油菜籽种植成本等情况，按照保证农民基本收益和略高于市场价格的原则，确定今年油菜籽托市收购价格为每市斤1.85元。

执行区域为湖北、四川、安徽、江苏、湖南、河南、贵州、江西、青海、陕西、浙江、甘肃、重庆、内蒙古、云南、新疆、西藏等17个油菜产区。其中，冬播油菜产区托市收购期限为2009年6月1日~9月底；春播油菜产区为2009年9月1日~12月底。

二 明确油菜籽托市收购执行主体和操作方式

中储粮总公司受国家委托，承担国家临时收储任务，安排直属企业或委托有一定资质的国有或民营粮油企业按国家确定的托市收购价格挂牌收购农民交售的油菜籽。具体委托企业名单由中储粮有关分公司负责商地方粮食部门和农发行后提出，报中储粮总公司审核确定，并报国家有关部门备案。中储粮总公司委托收购的油菜籽，要适时委托加工企业加工成菜籽油，转入国家临时存储，今后视市场情况再择机安排销售。

有关省(区、市)人民政府，要按照国家有关部门下达的食用植物油地方储备规模指导性计划（国粮调〔2009〕50号），抓住今年油菜籽丰收的有利时机，指定地方储备粮企业入市收购农民交售的油菜籽，加工成菜籽油充实地方储备。地方储备粮企业入市收购油菜籽的价格不得低于国家规定的托市收购价格，保护农民利益。

三 引导油脂加工企业积极入市收购油菜籽

为调动加工企业入市收购油菜籽的积极性，国家委托一部分规模较大、有一定资质的中央直属粮油企业和地方国有或民营油脂加工企业，按照不低于国家确定的托市收购价格挂牌收购农民交售的

油菜籽，并加工成菜籽油自行销售，自负盈亏。中央财政给予委托企业每市斤0.10元的一次性费用补贴，如果油菜籽市场价格回升到每市斤2.00元以上，停止补贴。受国家委托的中央直属企业，由国家粮食局商财政部、国家发展改革委确定；地方油脂加工企业原则上每省3 ～5家，具体名单由有关省级人民政府审核确定，并于6月1日前报国家粮食局、财政部备案。具体补贴办法由财政部另行制定下发。

各相关省级人民政府也要按照粮食省长负责制的要求，切实采取有效措施，支持本地其他油脂加工企业入市收购，满足农民交售油菜籽需要，保护农民利益。

四　加强对油菜籽收购的监督检查

各地和各有关部门要按照职责分工，加强对油菜籽托市收购政策执行情况的监督检查，确保国家的惠农政策落到实处。中储粮总公司作为国家临时收储的执行主体，对其收购的油菜籽及加工后的菜籽油数量、质量和库存管理等负总责。各有关省级人民政府要按照粮食省长负责制的要求，切实承担落实地方储备、保护农民利益的责任，加强对本地区执行油菜籽托市收购政策的地方储备企业、加工企业的监管，严格执行油菜籽收购的质价政策，并对国家委托的地方加工企业油菜籽收购数量和收购、加工凭证等的真实性负责。各地价格主管部门和粮食行政管理部门要会同有关单位组成联合检查组，加强对油菜籽收购政策执行情况的检查。国家有关部门将加强督导，并组织巡查。所有接受委托、享受中央财政费用补贴的油脂加工企业名单向社会公布，接受社会监督。

五　加强市场监测

各级价格主管部门要加强油菜籽市场价格的监测，及时掌握市场价格变化情况。中储粮系统和各级粮食行政管理部门要加强对油菜籽收购进度的统计，及时汇总报送收购进展情况。

六　加强舆论引导

各地要加强对今年油菜籽托市收购政策的宣传，明确市场预期，引导加工企业积极入市收购，指导农民合理安排油菜籽出售，保护农民利益。

七　加强组织领导

各地方、各部门要按照通知要求，精心组织、密切配合，认真做好今年油菜籽收购的各项准备和组织实施工作。各地要抓紧腾仓并库和仓库维修，中央安排的油罐设施建设投资计划下达后，地方(企业)配套资金要早落实，项目建设要早启动，早投入使用。各地有关部门要在省级人民政府的统一领导下，认真研究、及时解决油菜籽收购中出现的矛盾和问题，确保油菜籽收购工作顺利进行。

关于开展粮食收购价格重点检查的通知

（国家发展和改革委员会 国家粮食局
发改价检〔2009〕1505号 2009年6月11日）

各省、自治区、直辖市及新疆生产建设兵团发展改革委、物价局、粮食局：

为认真贯彻《中共中央、国务院关于2009年促进农业稳定发展农民持续增收的若干意见》（中发〔2009〕1号)精神，落实《国务院关于落实<政府工作报告>重点工作部门分工的意见》要求，做好2009年粮食收购工作，确保国家粮食最低收购价和临时收储价格政策执行到位，规范粮食收购市场价格秩序，切实维护种粮农民利益，国家发展改革委、国家粮食局决定开展粮食收购价格重点检查。现将有关事项通知如下：

一 开展粮食收购价格重点检查的意义

受国际金融危机影响，去年以来，我国农业生产、农村经济发展面临新的严峻形势，国内粮食等主要农产品价格下行压力较大，农业生产效益下滑，农民增收困难加大。为保持农业农村经济持续稳定发展，切实保护农民利益，国家陆续出台了大幅提高小麦、稻谷最低收购价，加大国家临时存储玉米、稻谷、大豆收购等一系列政策措施。2009年保持粮食稳定发展的任务更加繁重，保持农产品价格合理水平的难度更加凸显，保持农民收入稳定增长的制约更加突出。在当前形势下，促进农业生产发展是保增长的基础，增加农民收入是保民生的重点。各地价格主管部门、粮食行政管理部门要充分认识开展粮食收购价格重点检查的重要意义，把贯彻国家粮食收购政策、落实各项惠农政策作为当前工作的重要内容，高度重视，精心组织，突出重点，狠抓落实。要切实发挥职能作用，加大监督检查力度，通过重点检查督促粮食收购企业严格执行国家收购政策，确保国家各项粮食调控政策得到全面落实，切实保护种粮农民利益，维护粮食市场价格秩序。

二 检查时限、范围

（一）检查时限：2008年1月1日以来执行小麦最低收购价、国家临时存储玉米收购价格的情况。重大价格违法行为，可追溯到上一年度。

（二）重点检查范围和品种

1.小麦最低收购价预案执行地区：河北、江苏、安徽、山东、河南、湖北省。

2.国家临时存储玉米执行地区：辽宁、吉林、黑龙江省、内蒙古自治区。

其他省(区、市)价格主管部门、粮食行政管理部门要按照本通知要求，负责安排和部署本地区粮食收购价格政策的监督检查工作。

三 检查对象、时间

重点检查对象：承担小麦最低收购价收购、国家临时存储玉米收购的中储粮直属企业及委托收储库点和延伸收购库点。

检查时间：从6月25日开始，10月30日结束。各地可根据本地实际情况，具体确定检查时间，全部检查工作在10月底前结束。

四 检查主要内容

此次重点检查的主要内容是有关粮食收购企业执行小麦最低收购价、国家临时存储玉米收购价格政策的情况。

（一）违反国家规定的小麦最低收购价、国家临时存储玉米收购价格进行收购的。

（二）违反按质论价的规定，收购时压级压价，或者质价不符、缺斤短两等变相压级压价的；违反《国家关于执行粮油质量标准有关问题的规定》（国粮发〔2001〕146号），收购时多扣水分、杂质的；实际水分、杂质指标低于或高于标准不按规定实行增量扣量、增价扣价的。

（三）以低于最低收购价收购，按最低收购价入账，套取价差的。

（四）违反国家政策规定，擅自设立项目、自定收费标准的。

（五）违反明码标价规定，未向售粮农民公示收购品种、质量标准、实物样品和收购价格的；未配备符合要求的收购验质检验仪器和设备的。

（六）其他违反国家粮食收购价格政策的行为。

五 检查组织和要求

（一）加强组织实施。此次检查由国家发展改革委、国家粮食局组织部署。省级价格主管部门负责牵头组织实施，并会同省级粮食行政管理部门结合实际情况，统筹安排，制定检查实施方案。执行小麦最低收购价预案地区和国家临时存储玉米执行地区的重点检查工作方案，请在7月5日前分别报送国家发展改革委、国家粮食局。为加大检查力度，推动检查有效开展，国家发展改革委、国家粮食局将联合对检查开展情况进行抽查和督导。省级价格主管部门要会同省级粮食行政管理部门对检查落实情况进行督查。

（二）加大查处力度。各地要提高检查覆盖面，小麦最低收购价预案执行地区和国家临时存储玉米执行地区的省级价格主管部门，至少要确定2个粮食主产市、县进行直接检查，并要列入检查工作方案上报。粮食主产市、县要在小麦收购期间对粮食收购库点进行现场检查。要加强工作指导，及时发现检查出现的问题，采取有效检查方式、方法，加强部门协调配合。要通过新闻媒体宣传国家粮食价格政策，曝光价格违法典型案件。充分发挥12358价格举报电话的作用，动员农民群众维护自身权益，及时查处举报案件。

（三）严格执行政策。粮食收购价格检查政策性强、要求高，各地价格主管部门和粮食行政管理部门要切实加强领导，组织学习培训，掌握政策界限，提高检查的针对性和有效性。承担粮食收购任务的企业，以及委托收储库点和延伸收购库点等单位，要认真落实此次检查要求，支持配合检查工作。在开始检查前，中储粮有关分公司要将本辖区承担小麦最低收购价、国家临时存储玉米收购的收储库点和延伸收购库点名单，提供给当地省级价格主管部门和粮食行政管理部门。检查中遇到的粮食质量问题，省级粮食质量监测中心要积极予以工作配合。

（四）认真搞好总结。各地要注意研究在新形势下，粮食收购价格违法行为的新情况、新特点，以及粮食收购价格执行中存在的问题，分析产生的原因，提出完善政策的意见和建议。省级价格主管部门、粮食行政管理部门(包括执行小麦最低收购价预案和国家临时存储玉米以外的其他省、区、市)在检查结束后，于11月15日前将粮食收购价格重点检查总结报告及两件价格违法典型案例，分别上报国家发展改革委(价格监督检查司)和国家粮食局。

关于印发2009年早籼稻最低收购价执行预案的通知

（国家发展和改革委员会 财政部 农业部
国家粮食局 中国农业发展银行 中国储备粮管理总公司
发改经贸〔2009〕1796号 2009年7月7日）

各省、自治区、直辖市发展改革委、财政厅、农业厅、粮食局、物价局、农业发展银行分行，中储粮有关分公司：

为贯彻落实党的十七届三中全会和《中共中央国务院关于2009年促进农业稳定发展农民持续增收的若干意见》（中发〔2009〕1号）精神，做好今年早籼稻收购工作，保护种粮农民利益，经国务院批准，现将《2009年早籼稻最低收购价执行预案》印发你们。

各地方、各部门要高度重视，按照预案的要求，精心安排，周密部署，密切配合，认真做好今年早籼稻最低收购价执行预案的各项准备和组织实施工作。新的《稻谷》国家标准（GB1350–2009）已于2009年7月1日起正式实施。各地要按照《国家粮食局关于实施新〈稻谷〉〈玉米〉〈大豆〉国家标准有关工作的通知》（国粮发〔2009〕138号）的有关要求，切实做好收购过程中执行新标准的各项工作。要抓紧腾仓并库和仓库维修，确保新粮收购仓容。各省(区、市)有关部门要在省级人民政府的统一领导下，认真研究、及时解决早籼稻收购中出现的矛盾和问题，确保早籼稻收购工作的顺利进行。

2009年早籼稻最低收购价执行预案

（国家发展和改革委员会 财政部 农业部 国家粮食局 中国农业发展银行 中国储备粮管理总公司）

第一条 为认真贯彻落实早籼稻最低收购价政策，切实保护种粮农民利益，根据《中共中央国务院关于2009年促进农业稳定发展农民持续增收的若干意见》(中发〔2009〕1号)和《粮食流通管理条例》有关精神，制定本预案。

第二条 执行本预案的早籼稻主产区为安徽、江西、湖北、湖南、广西等5省(自治区)。

其他早籼稻产区是否实行最低收购价政策，由省级人民政府自主决定。

第三条 早籼稻最低收购价每市斤0.90元，以2009年生产的国标三等早籼稻为标准品，具体质量标准按新的稻谷国家标准(GB1350 – 2009)执行，即：杂质1%以内，水分13.5%以内，出糙率75%～77%(含75%，不含77%)，整精米率44～47%(含44%，不含47%)。执行最低收购价的早籼稻为2009年生产的等内品。相邻等级之间等级差价按每市斤0.02元掌握。最低收购价是指承担向农民直接收购的收储库点的到库收购价。

非标准品早籼稻的具体收购价格水平，由委托收购企业根据等级、水分、杂质等情况，按照《国家计委、国家粮食局、国家质检总局关于发布〈关于执行粮油质量标准有关问题的规定〉的通知》(国粮发〔2001〕146号)有关规定确定。对整精米率达不到相应质量等级标准下限要求的，每低1个百分点，扣价0.75%，不足1个百分点，不扣价；高于标准规定的，不增价。

第四条 在安徽、江西、湖北、湖南、广西5个早籼稻主产区执行最低收购价的企业为：(1)中储粮总公司及其有关分公司；(2)上述5省(自治区)地方储备粮管理公司(或单位)；(3)北京、天津、上海、浙江、福建、广东、海南等7个主销区省级地方储备粮管理公司(或单位)。

第五条 中储粮有关分公司要按照“有利于保护农民利益、有利于粮食安全储存、有利于监管、有利于销售”的原则，合理确定执行早籼稻最低收购价的委托收储库点(含中储粮直属库，下同)。委托收储库点应具有农发行贷款资格，有一定的规模和库容量，仓房条件符合《粮油储藏技术规范》要求，具有较高管理水平和良好信誉，应优先选择有中央储备粮代储资格的企业为委托收储库点。为充分利用现有仓储资源，对符合上述条件的中央大型粮食企业在主产区的闲置粮库，要列为委托收储库点。委托收储库点可根据需要设点延伸收购，在不增加国家费用补贴的前提下，自行负责将延伸收购点收购的早籼稻集并到委托收储库点或指定库点储存。

委托收储库点由中储粮有关分公司负责提出，商省级粮食行政管理部门和农业发展银行省分行后，报中储粮总公司审核确定，并报国家有关部门和省级人民政府备案后对外公布。

地方储备粮管理公司(或单位)也要根据实际需要，设定一定数量的委托收储库点，并积极入市收购，充实地方储备。地方储备粮管理公司(或单位)设定的委托收储库点要与中储粮公司确定的委托收储库点相互衔接。

委托收储库点确定后，由中储粮分公司和地方储备粮管理公司(或单位)分别与其委托收储库点签订委托收购合同，明确有关政策及双方权利、义务等。委托收储库点要严格按照国家有关规定进行收购，中储粮总公司及相关分公司要加强对收购入库粮食质量的监管。

第六条 第三条规定的最低收购价适用时间为2009年7月16日至9月30日。在此期间，当早籼稻市场价格低于最低收购价格时，由中储粮公司和有关省地方储备粮管理公司(或单位)按照本预案第三条规定的最低收购价格，在上述早籼稻主产区挂牌收购农民交售的早籼稻。具体操作时间和实施区域由中储粮分公司根据市场情况商省级粮食行政管理部门和农业发展银行省分行确定，并由中储粮总公司报国家粮食局备案。

第七条 早籼稻上市后，地方各级政府和粮食行政管理部门要引导和鼓励各类粮食经营和加工企业切实履行收购义务，积极入市收购新粮。国有和国有控股粮食企业要按照《粮食流通管理条例》有关规定，切实发挥主渠道作用。农业发展银行要积极为各类收购主体入市收购提供信贷支持，保证具备贷款条件的国有和国有控股粮食企业资金供应。

第八条 预案执行期间，中央和地方储备轮入的早籼稻应不低于国家规定的最低收购价格水平。主销区地方政府要督促当地储备粮管理公司(或单位)按照不低于国家规定的最低收购价格积极到主产区收购早籼稻。

第九条 预案执行期间，中央和地方储备粮的承储企业应积极入市收购新粮用于轮换。

为调动企业参与早籼稻收购和经营的积极性，预案执行期间，原则上停止中央、地方储备库存早籼稻的大批量集中拍卖活动。对确有长期供货合同的中央和地方储备早籼稻，分别由中储粮总公司和省级粮食行政管理部门报国家发展改革委、财政部、国家粮食局备案后，定向销售给稻谷加工企业。

预案执行期间，粮食经营企业不得故意低价销售，冲击市场。

第十条 中储粮公司委托的收储库点按最低收购价收购早籼稻所需贷款(收购资金和收购费用)，由所在地中储粮直属企业统一向农业发展银行承贷，并根据早籼稻收购情况及时预付给委托收购库点，保证收购需要。对于没有中储粮直属企业的地区，为保证收购需要，可暂由中储粮分公司指定具有农发行贷款资格、资质较好的收储企业承贷；收购结束后，贷款要及时划转到中储粮公司直属企业统一管理。农业发展银行要按照国家规定的最低收购价格和合理收购费用及时足额供应。收购费用为每市斤2.5分(含县内集并费)，由中储粮总公司按照国家有关规定包干使用。

第十一条 地方储备粮管理公司(或单位)按最低收购价收购的早籼稻主要用于充实地方储备，所需收购贷款由农业发展银行按照国家规定的最低收购价格及时足额发放。有关收购、保管费用和利息按地方储备粮管理的有关规定执行。

第十二条 预案执行期间，中储粮总公司和有关省粮食局每五日分别将中储粮分公司和地方储备粮管理公司(或单位)按最低收购价收购的早籼稻品种、数量汇总后报国家粮食局。中储粮总公司汇总的数据要同时抄送中国农业发展银行。具体报送时间为每月逢五日、逢十日期后第二天中午12时之前。

省级农发行在每月初五个工作日内将上月最低收购价收购资金的发放情况抄送当地中储粮分公司。同时，中储粮有关分公司将最低收购价早籼稻月度收购进度情况抄送当地农发行省分行、省级粮食行政管理部门。各收储库点要每五日将收购进度抄报所在地县级粮食行政管理部门。

第十三条 早籼稻最低收购价执行情况，分别由中储粮总公司和省级粮食行政管理部门，于本预案执行结束后一个月内，报告国家发展改革委、财政部、农业部、国家粮食局、中国农业发展银行。

第十四条 中储粮总公司及其相关分公司执行最低收购价政策收购的早籼稻，粮权属国务院，未经国家批准不得动用。中储粮总公司及其相关分公司要按有关规定，及时对委托收购库点收购的早籼稻品种、数量、等级等进行审核验收。对验收合格的早籼稻，由中储粮总公司及其相关分公司负责就地临时储存，并与委托储存库点签订代保管合同，明确品种、数量、等级、价格和保管责任等。对验收不合格的早籼稻，由当地中储粮分公司、农业发展银行分支行和收购贷款承贷企业与委托收购库点及时研究处理。国家粮食局会同有关部门结合每年的粮食库存检查对委托收储库点进行抽查，对质价不符、账实不符、不按规定及时出库等行为，将参照《粮食流通管理条例》、《中央储备粮管理条例》等有关规定严肃处理。

第十五条 中储粮总公司管理的临时储存最低收购价早籼稻，保管费用补贴和贷款利息补贴，由中央财政负担，先预拨，后清算。委托收储库点的保管费用补贴标准为每市斤3.5分/年，自早籼稻收购入库当月起根据月末库存数量进行补贴；贷款利息根据入库结算价与同期银行贷款利率计算；中储粮总公司执行早籼稻最低收购价政策发生的质检、监管等日常费用标准，按《财政部关于调整完善中储粮公司最低收购价粮食质检、监管、省内跨县集并及跨省移库包干政策的通知》（财建〔2007〕405号）文件执行。中央财政根据中储粮总公司上报的最低收购价利息费用补贴的申请报告，按季度将保管费用、贷款利息及质检、监管等日常费用拨付给中储粮总公司。中储粮总公司要将保管费用及时足额拨付到存储库点。事后，由中央财政根据实际保管数量、核定的库存成本等对中储粮总公司进行清算。

第十六条 中储粮总公司管理的临时储存最低收购价早籼稻，由国家有关部门按照顺价销售的原则，在粮食批发市场或网上公开竞价销售，销售盈利上交中央财政，亏损由中央财政负担。中储粮总公司对销售盈亏进行单独核算，中央财政对中储粮总公司及时办理盈亏决算。

第十七条 执行最低收购价的委托收购库点，要按照新的稻谷国家标准（GB1350－2009）做好早籼稻收购工作；要按时结算农民交售早籼稻的价款，不得给农民打白条，不得压级压价和代扣各种收费，不得将农业发展银行贷款挪作他用。按最低收购价收购的早籼稻销售后及时归还农业发展银行贷款。对违反规定的，由当地粮食、物价、工商、农业发展银行等部门按照《价格法》、《粮食流通管理条例》等有关规定查处。

第十八条 国家发展改革委负责协调落实早籼稻最低收购价政策的工作，监测早籼稻收购价格变化情况，会同有关部门解决最低收购价政策执行中的矛盾和问题。财政部负责及时拨付中储粮总公司按最低收购价格收购早籼稻所需的费用和利息补贴。农业部负责了解各地执行最低收购价政策情况，监测早籼稻市场价格，反映农民的意见和要求。国家粮食局负责监督中储粮总公司、地方储备粮管理公司(或单位)最低收购价政策执行情况、储粮安全情况，督促国有和国有控股粮食企业积极入市收购，发挥主渠道作用。中国农业发展银行负责向执行最低收购价任务的贷款企业及时提供收购资金和费用贷款。中储粮总公司及其有关分公司作为国家委托的最低收购价政策执行主体，对其执行最低收购价政策收购的早籼稻的数量、质量和库存管理等负总责。省级人民政府负责对最低收购价政策的落实情况进行监督检查，切实落实仓库维修工作，确保在新粮收购前投入使用，并督促、协调地方各部门，支持和配合中储粮总公司的工作，共同完成托市收购任务。

第十九条 本预案由国家发展改革委、财政部和国家粮食局负责解释。

关于做好2009年芽麦收购工作的通知

（国家发展和改革委员会 财政部 农业部 卫生部
国家质量监督检验检疫总局 国家粮食局 中国农业发展银行
发改经贸〔2009〕1802号 2009年7月8日）

江苏、安徽、山东、河南、湖北省人民政府：

今年一些省部分地区因灾出现小麦大量发芽霉变情况，为切实保护农民利益，确保食品安全，经国务院批准，现就做好发芽小麦收购工作的有关事项通知如下：

一 省长负责做好芽麦专项收购

对不完善粒(发芽率)20%以内的小麦，继续按照国家发展改革委等有关部门和单位下发《关于做好河南湖北两省部分地区小麦收购工作的紧急通知》(国粮电〔2009〕8号)、《关于做好受灾地区最低收购价小麦收购工作的紧急通知》(国粮电〔2009〕9号)中所确定的原则和要求，做好相关收购工作。

各受灾地区省级人民政府要根据粮食省长负责制要求，按照“政府组织、市场运作、适当补贴、严格监管”的原则，对不完善粒超过20%的发芽小麦，统一组织好本地区的专项收购。一是要根据小麦种植成本和发芽小麦使用价值、现行市场价格等情况，自行合理确定芽麦指导性的收购价格，保护受灾农民利益。二是要根据本地芽麦数量、发芽程度、企业加工能力等情况，指定并组织部分具有一定规模、具备较高管理水平的酒精、饲料、养殖企业定向收购农民交售的芽麦，多渠道消化，以使农民损失降至最低。为了便于农民售粮，定点加工企业还可自行委托部分粮食购销企业代收。三是要对定点收购企业给予一定的费用补助，以鼓励企业积极入市收购芽麦。四是积极与农发行衔接定点收购企业名单，由农发行对符合贷款条件的企业安排专项收购资金提供支持，确保收购需要。

二 做好受灾农民救灾补助工作

对各省小麦不完善粒超过20%进行收购的企业，中央财政不再给予相关费用补贴。考虑到今年小麦受灾地区灾情较重，中央财政将对损失较大的农民给予适当的农业生产救灾补助。有关省级人民政府财政等有关部门要积极做好灾情核实工作，并把救灾款尽快发放到农民手中。

三 加强芽麦收购加工和产品销售的质量监管

在做好芽麦专项收购工作的同时，各省级人民政府要切实加强领导，组织本省粮食、卫生、农业、质检、工商、食品药品监管等部门，对芽麦收购、加工和使用进行全过程监管，加强对芽麦及其产品(包括副产品)的质量安全检查，严防严控不符合安全指标的芽麦流入口粮或饲料市场，从根源上消除隐患，确保食品安全。

四 加强政策宣传引导

各省级人民政府要督促本省粮食等有关部门采取切实措施，积极向农民宣传相关科学知识，充分认识霉变小麦的危害，防止农民使用霉变小麦饲养家禽牲畜，造成新的经济损失。同时要做好收购政策宣传及解释工作，稳定农民情绪，及时化解矛盾，防止群体事件发生，维护社会稳定。收购中发现的有关情况和问题要及时向国家有关部门报告。

关于印发2009年中晚稻最低收购价执行预案的通知

（国家发展和改革委员会 财政部 农业部
国家粮食局 中国农业发展银行 中国储备粮管理总公司
发改经贸〔2009〕2363号 2009年9月18日）

各省、自治区、直辖市发展改革委、财政厅、农业厅、粮食局、物价局、农业发展银行分行，中储粮有关分公司：

为贯彻落实党的十七届三中全会和《中共中央国务院关于2009年促进农业稳定发展农民持续增收的若干意见》（中发〔2009〕1号）精神，做好今年中晚稻收购工作，保护种粮农民利益，经国务院批准，现将《2009年中晚稻最低收购价执行预案》印发给你们。

各级政府和有关部门及中储粮总公司要高度重视，认真做好今年中晚稻最低收购价执行预案的各项准备工作，腾仓并库，确保新粮收购仓容。要在省级人民政府的统一领导下，相互协调配合，做好预案的组织实施工作，及时协调解决中晚稻收购中出现的矛盾和问题。如果今年中晚稻市场价格高于最低收购价水平，执行预案不启动，各地要积极引导各类粮食企业有序收购，维护粮食市场秩序，确保中晚稻收购工作的顺利进行，切实保护农民利益。

2009年中晚稻最低收购价执行预案

第一条 为认真贯彻落实中晚稻最低收购价政策，切实保护种粮农民利益，根据《中共中央国务院关于2009年促进农业稳定发展农民持续增收的若干意见》（中发〔2009〕1号）和《粮食流通管理条例》有关精神，制定本预案。

第二条 执行本预案的中晚稻(包括中晚籼稻和粳稻)主产区为辽宁、吉林、黑龙江、江苏、安徽、江西、河南、湖北、湖南、广西、四川等11省(区)。

其他中晚稻产区是否实行最低收购价政策，由省级人民政府自主决定。

第三条 中晚籼稻最低收购价每市斤0.92元，粳稻最低收购价每市斤0.95元，以2009年生产的国标三等中晚稻为标准品，具体质量标准按新稻谷国家标准(GB1350－2009)执行，即中晚籼稻杂质1%以内，水分13.5%以内，出糙率75%～77%(含75%，不含77%)，整精米率44%～47%(含44%，不含47%)；粳稻杂质1%以内，水分14.5%以内，出糙率77%～79%(含77%，不含79%)，整精米率55%～58%(含55%，不含58%)。执行最低收购价的中晚稻为2009年生产的等内品。相邻等级之间等级差价按每市斤0.02元掌握。最低收购价是指承担向农民直接收购的收储库点的到库收购价。

非标准品中晚稻的具体收购价格水平，由委托收购企业根据等级、水分、杂质等情况，按照《国家计委、国家粮食局、国家质检总局关于发布〈关于执行粮油质量标准有关问题的规定〉的通知》（国粮发〔2001〕146号）有关规定确定。对整精米率达不到相应质量等级标准下限要求的，每低于1个百分点，扣价0.75%；不足1个百分点，不扣价；高于标准上限的不增价。整精米率低于38%的中晚籼稻和整精米率低于49%的粳稻不列入最低收购价范围。

第四条 在辽宁、吉林、黑龙江、江苏、安徽、江西、河南、湖北、湖南、广西、四川11个中晚稻主产区执行最低收购价的企业为：(1)中储粮总公司及其有关分公司；(2)上述11省(自治区)地方储备粮管理公司(或单位)；(3)北京、天津、上海、浙江、福建、广东、海南等7个主销区省级地方储备粮管理公司(或单位)。

第五条 中储粮有关分公司要按照“有利于保护农民利益、有利于粮食安全储存、有利于监管、有利于销售”的原则，合理确定执行中晚稻最低收购价的委托收储库点(含中储粮直属库，下同)。委托收储库点应具有农发行贷款资格，有一定的规模和库容量，仓房条件符合《粮油储藏技术规范》要求，具有较高管理水平和良好信誉。为充分利用现有仓储资源，对符合上述条件的中央大型粮食企业在主产区的闲置粮库，要列为委托收储库点。委托收储库点可根据需要设点延伸收购，在不增加国家费用补贴的前提下，自行负责将延伸收购点收购的中晚稻集并到委托收储库点或指定库点储存。

委托收储库点由中储粮有关分公司负责提出，正式商省级粮食行政管理部门和农业发展银行省分行后，报中储粮总公司审核确定，并报国家有关部门和省级人民政府备案后对外公布。对当地没有中储粮直属库，派不出驻库监管人员的委托收储库点，按照粮食省长负责制的要求，由省级粮食行政管理部门对其执行国家粮食质价政策和收购粮食的数量、质量和资金安全负责监管并承担监管责任，同时省级人民政府要组织协调中储粮有关分公司与省级粮食行政管理部门签订监管协议，明确责任。

地方储备粮管理公司(或单位)也要根据实际需要，设定一定数量的委托收储库点，并积极入市收购，充实地方储备。地方储备粮管理公司(或单位)设定的委托收储库点要与中储粮分公司拟定的委托收储库点相互衔接。

委托收储库点确定后，由中储粮分公司和地方储备粮管理公司(或单位)分别与其委托收储库点签订委托收购合同，明确有关政策及双方权利、义务等。委托收储库点要严格按照国家有关规定进行收购，中储粮总公司及相关分公司要加强对收购入库粮食质量的监管。

第六条 第三条规定的最低收购价适用时间：江苏、安徽、江西、河南、湖北、湖南、广西、四川8省(区)为2009年9月16日至2009年12月31日，辽宁、吉林、黑龙江3省为2009年11月16日至2010年3月31日。在此期间，当中晚稻市场价格低于最低收购价格时，由中储粮分公司和有关省地方储备粮管理公司(或单位)按照本预案第三条规定的最低收购价格，在上述中晚稻主产区挂牌收购农民交售的中晚稻。具体操作时间和实施区域由中储粮分公司根据市场情况商省级粮食行政管理部门和农业发展银行省分行确定，并由中储粮总公司报国家粮食局备案。

第七条 中晚稻上市后，地方各级政府和粮食行政管理部门要引导和鼓励各类粮食经营和加工企业切实履行收购义务，积极入市收购新粮。国有和国有控股粮食企业要按照《粮食流通管理条例》有关规定，切实发挥主渠道作用。农业发展银行要积极为各类收购主体入市收购提供信贷支持，保证具备贷款条件的国有和国有控股粮食企业资金供应。

第八条 预案执行期间，中央和地方储备轮入的中晚稻应不低于国家规定的最低收购价格水平。主销区地方政府要督促当地储备粮管理公司(或单位)按照不低于国家规定的最低收购价格积极到主产区收购中晚稻。

第九条 预案执行期间，中央和地方储备粮的承储企业应积极入市收购新粮用于轮换。

为调动企业参与中晚稻收购和经营的积极性，预案执行期间，原则上停止中央、地方储备库存中晚稻的大批量集中拍卖活动。对确有长期供货合同的中央和地方储备中晚稻，分别由中储粮总公司和省级粮食行政管理部门报国家发展改革委、财政部、国家粮食局备案后，定向销售给稻谷加工企业。

预案执行期间，粮食经营企业不得故意低价销售，冲击市场。

第十条 中储粮公司委托的收储库点按最低收购价收购中晚稻所需贷款(含收购费用)，由所在地中储粮直属企业统一向农业发展银行承贷，并根据中晚稻收购情况及时预付给委托收购库点，保证收购需要。对于没有中储粮直属企业的市(地)级行政区域，为保证收购需要，可暂由中储粮分公司指定具有农发行贷款资格、资质较好的收储企业承贷；收购结束验收合格后，贷款要及时全额划转到中储粮公司直属企业统一管理。农业发展银行要按照国家规定的最低收购价格和合理收购费用及时足额供应收购资金。收购费用为每市斤2.5分(含县内集并费)，由中储粮总公司按照国家有关规定包干使用。

第十一条 地方储备粮管理公司(或单位)按最低收购价收购的中晚稻主要用于充实地方储备，所需收购贷款由农业发展银行按照国家规定的最低收购价格及时足额发放。有关收购、保管费用和利息按地方储备粮管理的有关规定执行。

第十二条 预案执行期间，中储粮总公司和有关省粮食局每五日分别将中储粮分公司和地方储备粮管理公司(或单位)按最低收购价收购的中晚稻品种、数量汇总后报国家粮食局。中储粮总公司汇总的数据要同时抄送中国农业发展银行。具体报送时间为每月逢五日、十日期后第二天中午12时之前。

省级农发行在每月初五个工作日内将上月最低收购价收购资金的发放情况抄送当地中储粮分公司。同时，中储粮有关分公司将最低收购价中晚稻月度收购进度情况抄送当地农发行省分行、省级粮食行政管理部门。各收储库点要每五日将收购进度抄报所在地县级粮食行政管理部门。

第十三条 中晚稻最低收购价执行情况，分别由中储粮总公司和省级粮食行政管理部门，于本预案执行结束后一个月内，报告国家发展改革委、财政部、农业部、国家粮食局、中国农业发展银行。

第十四条 中储粮总公司及其相关分公司执行最低收购价政策收购的中晚稻，粮权属国务院，未经国家批准不得动用。本预案执行结束后，中储粮总公司及其相关分公司要按有关规定，及时对委托收购库点收购的中晚稻品种、数量、等级等进行审核验收。对验收合格的中晚稻，由中储粮总公司及其相关分公司负责就地临时储存，并与委托储存库点签订代保管合同，明确品种、数量、等级、价格和保管责任等。对验收不合格的中晚稻，由当地中储粮分公司、农业发展银行分支行和收购贷款承贷企业与委托收购库点及时研究处理。国家粮食局结合每年的清仓查库对委托收储库点进行抽查，对质价不符、账实不符、不按规定及时出库等行为，将参照《粮食流通管理条例》、《中央储备粮管理条例》等有关规定严肃处理。

第十五条 中储粮总公司管理的临时储存最低收购价中晚稻，保管费用补贴和贷款利息补贴，由中央财政负担，先预拨，后清算。委托收储库点的保管费用补贴标准为每市斤3.5分/年；贷款利息根据入库结算价与同期银行贷款利率计算；中储粮总公司执行中晚稻最低收购价政策发生的质检、监管等日常费用标准，按《财政部关于调整完善中储粮公司最低收购价粮食质检、监管、省内跨县集并及跨省移库包干政策的通知》（财建〔2007〕405号）文件执行。中央财政根据中储粮总公司上报的最低收购价利息费用补贴的申请报告，按季度将保管费用、贷款利息及质检、监管等日常费用拨付给中储粮总公司。中储粮总公司要将保管费用及时足额拨付到存储库点。事后，由中央财政根据实际保管数量、核定的库存成本等对中储粮总公司进行清算。

第十六条 中储粮总公司管理的临时储存最低收购价中晚稻，由国家有关部门按照顺价销售的原则，在粮食批发市场或网上公开竞价销售，销售盈利上交中央财政，亏损由中央财政负担。中储粮总公司对销售盈亏进行单独核算，中央财政对中储粮总公司及时办理盈亏决算。

第十七条 执行最低收购价的委托收购库点，要按时结算农民交售中晚稻的价款，不得给农民打白条，不得压级压价和代扣各种收费，不得将农业发展银行贷款挪作他用。按最低收购价收购的中晚稻销售后及时归还农业发展银行贷款。对违反规定的，由当地粮食、物价、工商、农业发展银行等部门按照《价格法》、《粮食流通管理条例》等有关规定查处。

第十八条 国家发展改革委负责协调落实中晚稻最低收购价政策的工作，监测中晚稻收购价格变化情况，会同有关部门解决最低收购价政策执行中的矛盾和问题。财政部负责及时拨付中储粮总公司按最低收购价格收购中晚稻所需的费用和利息补贴。农业部负责了解各地执行最低收购价政策情况，监测中晚稻市场价格，反映农民的意见和要求。国家粮食局负责监督中储粮总公司、地方储备粮管理公司 (或单位)委托收储库点最低收购价政策执行情况，督促国有和国有控股粮食企业积极入市收购，发挥主渠道作用。中国农业发展银行负责向执行最低收购价任务的贷款企业及时提供收购资金和费用贷款。中储粮总公司及其有关分公司作为国家委托的最低收购价政策执行主体，对其执行最低收购价政策收购的中晚稻的数量、质量和库存管理等负总责。省级人民政府负责对最低收购价政策的落实情况进行监督检查，切实落实仓库维修工作，确保在新粮收购前投入使用，并督促、协调地方各部门，支持和配合中储粮总公司的工作，共同完成托市收购任务。

第十九条 本预案由国家发展改革委、财政部和国家粮食局负责解释。

关于进一步做好芽麦收购和麦种供应有关工作的通知

（国家发展和改革委员会 财政部 农业部 卫生部
国家质量监督检验检疫总局 国家粮食局 中国农业发展银行
发改经贸〔2009〕2542号 2009年10月11日）

江苏、安徽、山东、河南、湖北省人民政府：

今年小麦收获期间一些小麦主产区部分地区发生芽麦灾情后，地方政府和国家有关部门积极采取措施，安排部署芽麦收购和秋冬播小麦备种工作。总的看，当前芽麦收购比较顺利，市场平稳，各地秋冬播小麦备种情况良好。但一些受灾较重地区农民手中还有部分芽麦待消化处理，个别灾区秋冬播麦种供应可能存在缺口。为保护农民利益，稳定发展粮食生产，各地要高度重视，进一步加大工作力度，继续落实好中央和地方已出台的各项政策措施，切实妥善解决好芽麦收购和秋冬播小麦用种等问题。经国务院批准，现就有关事项通知如下：

一 加强对芽麦收购的组织协调

各地要切实按照粮食省长负责制要求，做好芽麦收购和秋冬播备种工作。各相关省级人民政府要按照国家有关部门《关于做好2009年芽麦收购工作的通知》(发改经贸〔2009〕1802号)要求，再指定一批具有一定规模、消化能力较强的酒精、饲料、养殖等粮食加工转化企业定向收购农民交售的芽麦。各级粮食等有关部门要加强指导和组织协调，加强对芽麦收购的宣传，合理引导农民预期，防止农民惜售造成新的损失。特别是要指导为农民代储代销芽麦的粮食购销企业做好经营管理，帮助企业寻找销路，尽快向农户兑现粮款。

二 加大芽麦收购资金支持力度

农业发展银行和各金融机构在资金风险可控的前提下，要加大对芽麦收购资金贷款的投放力度。对各级政府指定具备贷款条件的芽麦收购企业，要按规定积极提供收购资金贷款。对芽麦消化能力较大的产业化龙头企业要加大贷款投放力度，支持其增加芽麦收购。考虑到芽麦收购有一定市场风险，如果指定企业收购芽麦经营出现亏损占用农发行贷款的，相关省级人民政府要研究妥善解决办法。

三 加强农业生产救灾资金监管

各地财政和农业部门要在核实灾情的基础上，抓紧制定中央农业生产救灾补助资金的分配方案。一是要加紧落实救灾物资发放。目前正处于加强秋熟作物田间管理的关键时期，为加快农业生产救灾资金预算执行，各地要加紧组织化肥等救灾物资的采购工作，按照相关工作程序将农业生产救灾物资配送到受灾地区农户手中。二是要加强救灾资金监督管理。各地要切实采取有关措施，对农业生产救灾资金使用做到实时监管，确保资金规范使用，提高资金使用效益。

四 加强调剂保证秋冬播麦种供应

农业部门要加强芽麦发生地区小麦种子调运调剂，做好种子发芽试验和预播试验，确保秋冬种生产安全。同时，加强与当地农业发展银行的沟通，协调解决种子采购资金问题，加强质量监管和用种指导。

五 加强对芽麦购销的监管

各地要加强对芽麦收购的监管，做好相关统计，掌握具体流向。地方各级质监部门要督促面粉和酿酒等加工企业，严格按照相关规定加工使用芽麦，建立购销台账，严格执行原材料进厂把关、生产过程控制等制度，保障食品安全。

关于提高2010年小麦最低收购价格的通知

（国家发展和改革委员会 财政部 农业部
国家粮食局 中国农业发展银行
发改电〔2009〕272号 2009年10月14日）

各省、自治区、直辖市发展改革委、物价局、财政厅(局)、农业厅(局、委、办)、粮食局、农业发展银行分行：

为贯彻落实党的十七届三中全会精神，进一步加大对种粮农民的支持力度，保护农民种粮积极性，促进粮食生产发展，经国务院批准，决定从明年新粮上市起适当提高主产区2010年生产的小麦最低收购价水平。每50公斤白小麦(三等，下同)、红小麦、混合麦最低收购价格分别提高到90元、86元、86元，比2009年均提高3元。稻谷最低收购价格也要适当提高，具体水平另行公布。当前正值秋冬种季节，各地要做好宣传工作，以调动农民种粮积极性，促进粮食生产稳定发展。

关于印发《国内油脂加工企业收购加工2009年度国产油菜籽补贴管理办法》的通知

（财政部 国家发展和改革委员会 国家粮食局
财建〔2009〕252号 2009年6月9日）

内蒙古、江苏、浙江、安徽、江西、河南、湖北、湖南、重庆、四川、贵州、云南、西藏、陕西、甘肃、青海、新疆省(区、市)财政厅(局)、发展改革委、粮食局，中粮集团有限公司，中国中纺集团公司，财政部驻相关省(区、市)财政监察专员办事处：

根据国务院第58次常务会议精神，今年国家在油菜籽主产区继续实行油菜籽临时收储政策的同时，出台补贴加工企业政策。为调动加工企业入市收购油菜籽的积极性，将委托一部分规模较大、资质较好的中央直属粮油企业和地方国有或民营油脂加工企业，按照每市斤1.85元至2.00元的收购价格挂牌收购农民交售的油菜籽，并加工成菜籽油自行销售，自负盈亏。中央财政给予委托企业收购并加工油菜籽每市斤0.10元的一次性费用补贴。为此，我们研究制定了《国内油脂加工企业收购加工2009年度国产油菜籽补贴管理办法》。现印发给你们，请严格遵照执行，以确保补贴政策顺利实施。

国内油脂加工企业收购加工2009年度国产油菜籽补贴管理办法

为充分发挥市场机制作用，调动国内油脂加工企业积极性，稳定国内油菜籽价格，经国务院批准，2009年新产油菜籽上市后，决定对具有一定资质条件和规模的指定国有或民营油脂加工企业，入市收购加工2009年度国产油菜籽给予一次性定额费用补贴。特制定本办法。

一 补贴范围

（一）地区范围。油菜籽托市收购政策执行区域包括冬播油菜籽产区(江苏、浙江、安徽、江西、河南、湖北、湖南、重庆、四川、贵州、云南、陕西、甘肃)，春播油菜籽产区(内蒙古、西藏、陕西、青海、甘肃、新疆)。

（二）企业范围。根据企业自愿、自主申报、自担风险的原则，由省级人民政府按一定资质条件和规模，审核确定的地方国有或民营油脂加工企业(每省原则上确定3～5家企业)，以及国家粮食局商财政部、国家发展改革委确定的中央企业所属油脂加工企业。所有享受补贴的油脂加工企业，未经国家有关部门批准，不得安排国家临时存储油收购和加工任务，同时具体企业名单要向社会公开并报财政部、国家粮食局等有关部门备案。

二 补贴条件及标准

（三）纳入补贴范围的企业，申领补贴须符合以下条件：

1. 加工企业按1.85元/斤(含)至2.00元/斤(含)的价格公开挂牌收购，收购价格以收购发票上的结算单价为准。

2. 收购的油菜籽必须是2009年度国内新产油菜籽。

3. 收购的油菜籽必须在收购期限截止后两个月内加工成菜籽油。

4. 补贴收购期限分别为：冬播油菜产区2009年6月1日至9月底；春播油菜产区2009年9月1日至 12月底。

5. 申领补贴的油菜籽收购总量不超过该加工企业180天的油菜籽加工能力。

6. 收购发票的开票单位必须是国家指定的已向社会公布的油脂加工企业。

（四）根据企业按上述规定实际收购的油菜籽数量，中央财政按每斤0.10元/斤的标准，给予一次性的定额费用补贴。包干补贴后，菜籽油由企业自行销售、自负盈亏。

（五）纳入补贴范围的企业，具有下列行为之一的，一经发现，取消该企业全部财政补贴，并通过社会媒体等公开通报：

1. 补贴收购期限内企业将已收购的油菜籽直接进行销售。

2. 企业将尚未加工成菜籽油的油菜籽申领补贴。

3. 企业将非补贴收购期限内收购的油菜籽或进口油菜籽申领补贴。

4. 企业收购、销售、库存的油菜籽、菜籽油、菜粕账实不符。

5. 其他弄虚作假套取国家补贴的行为。

（六）享受加工补贴的油菜籽，必须由该企业加工成菜籽油自行销售、自负盈亏，不得转入中储粮总公司收储体系。

（七）根据国家有关部门监测结果，当国内油菜籽市场价格回升到平均2.00元/斤以上时，中央财政停止补贴。

三 补贴资金的申请

（八）申请时间。油脂加工企业分两批申请补贴，冬播油菜产区两批补贴的申请期限分别为2009年10月15日前和12月15日前；春播油菜产区两批补贴的申领期限分别为2010年1月15日前和3月15日前。地方油脂加工企业按上述规定期限向省级粮食部门报送补贴申请及有效凭证；中央企业所属油脂加工企业向集团总部报送补贴申请及有效凭证。第一批补贴申请包括油菜籽收购的全部材料及补贴收购期限内菜籽油加工、销售、库存情况；第二批补贴申请包括加工延长期限内(冬播油菜产区为2009年10月1日至11月底，春播油菜产区为2010年1月1日至2月底)菜籽油加工、销售、库存情况。

（九）补贴申请材料包括：

1. 当地税务部门统一印制的粮油收购统一发票(复印件)，此发票应有税务部门加盖的审核章。

2. 补贴期限内企业开具的全部增值税专用发票和增值税普通发票(复印件)，包括作废发票，并且发票号码应连续。

3. 补贴期限内企业加工成菜籽油的入库报告单。

4. 补贴期限起始日期和截止日期，各月末库存数量情况(含库存油菜籽、菜籽油和菜粕)。

企业提供的申请材料应登记造表、加盖公章，并应对全部材料的真实性负责。

（十）补贴备查材料包括：

1. 收购环节开具的原料收购结算单、质检单、称重计量单，以及对单次收购数量在5吨以上的，企业留存的交货人身份证复印件。

2. 经银行经办人员签署的收购资金日对账表，或企业自有资金情况。

3. 企业从收购起始日至收购截止日后两个月内，所有油菜籽加工、菜籽油销售的原始单据及统计报表，以及企业用电量、用煤量、溶剂使用量等情况。

4. 企业库存情况统计表。

备查材料由企业自行保管，有关部门审核检查时需进行抽检。

四 补贴资金的审核

（十一）地方油脂加工企业申请材料的审核。省级粮食部门对企业补贴申请材料及时汇总、整理及初步审核，并于7个工作日内报省级财政部门进行复审。省级财政部门于7个工作日内复审完毕，并向中央财政报送预拨补贴资金的申请报告，申请报告同时抄报财政部驻当地财政监察专员办事处进行审核。省级粮食部门和财政部门要对企业申请材料的真实性、完整性负责。

（十二）中央企业所属油脂加工企业申请材料的审核。集团总部对企业补贴申请材料及时汇总、整理及初步审核后，并于15个工作日内，向财政部报送预拨补贴资金的申请报告，申请报告同时抄报财政部驻北京市财政监察专员办事处审核。集团总部要对所属企业申请材料的真实性、完整性负责。

（十三）财政监察专员办事处要在省级相关部门、集团总部审核基础上，对申报材料进行复审，并抽取2～3家企业进行实地核查。专员办事处在收到申请报告后30个工作日内向财政部报送审查结果。

五 补贴资金的拨付

（十四）财政部根据省级财政部门、集团总部报送的第一批补贴资金申请报告，按初步确定的收购油菜籽数量和菜籽油加工数量，以及补贴标准和一定比例进行预拨。地方油脂加工企业的补贴，中央财政预拨给省级财政部门；中央企业所属油脂加工企业的补贴，中央财政预拨给集团总部。

（十五）财政监察专员办事处第二次审核结束后，财政部根据各专员办事处报送的审核结果，对补贴资金进行清算。

（十六）省级财政部门在收到中央财政拨款后，应于10日内直接拨付给相关企业。

六 附则

（十七）中央财政拨付的补贴资金，作为补贴收入，由企业按现行会计核算要求，统筹管理与使用。

（十八）补贴期限内发生的商务纠纷、意外事故等，由企业按有关法律法规自行协调解决。

（十九）纳入补贴范围的企业必须认真执行油菜籽收购政策，按规定如实提交补贴申请材料。有关地区和部门要切实履行监督检查职责，严禁弄虚作假、虚报冒领补贴资金。

（二十）本办法由财政部负责解释。

关于印发《南方饲料消费省份采购东北地区2009年新产玉米费用补贴财务管理办法》的通知

（财政部 国家发展和改革委员会 国家粮食局 中国农业发展银行
财建〔2009〕853号 2009年11月27日）

上海、江苏、浙江、安徽、福建、江西、湖北、湖南、广东、广西、海南、重庆、四川、贵州、云南、西藏、黑龙江、吉林、内蒙古、辽宁省(自治区、直辖市)财政厅(局)、粮食局，中国储备粮管理总公司、中粮集团有限公司、中国华粮物流集团公司、中国中纺集团公司：

为充分发挥市场机制作用，稳定国内玉米市场价格，保护种粮农民利益，经国务院批准，2009年东北地区(包括黑龙江、吉林、辽宁、内蒙古，下同)新产玉米上市后，中央财政对南方饲料消费省份采购东北地区新产玉米并运到本地的，给予一次性定额费用补贴。为做好补贴管理工作，现将《南方饲料消费省份采购东北地区2009年新产玉米费用补贴财务管理办法》印发你们，请认真贯彻执行。

南方饲料消费省份采购东北地区2009年新产玉米费用补贴财务管理办法

为充分发挥市场机制作用，稳定国内玉米市场价格，保护种粮农民利益，经国务院批准，2009年东北地区(包括黑龙江、吉林、辽宁、内蒙古，下同)新产玉米上市后，中央财政对南方饲料消费省份采购东北地区新产玉米并运到本地的，给予一次性定额费用补贴。为此，特制定本办法。

一 补贴范围

（一）南方饲料消费省份包括上海、江苏、浙江、安徽、福建、江西、湖北、湖南、广东、广西、海南、重庆、四川、贵州、云南、西藏等16个省(区、市)。

（二）上述省份的地方储备粮公司和玉米饲料加工企业，在省级人民政府组织领导下，由省级粮食行政主管部门和财政部门根据企业自愿、自主申报、自担风险的原则，每省(区、市)委托1～2家具有粮食经营资格的企业，统一到东北地区采购2009年国内新产玉米，并统一运回本地和申领补贴。具体企业名单要及时向社会公布。

（三）上述省份的中央直属粮食企业(含企业总部)在东北地区采购并运回上述省份的玉米，以及上述省份的中央储备企业从东北地区采购并用于储备轮入的玉米，享受同等补贴政策，具体企业名单由企业总部审核确定，并由企业总部统一组织申领补贴。

（四）有关省份及中央直属企业选择确定具体企业名单后，需报财政部、国家粮食局等有关部门备案；国家粮食局汇总后及时向社会公开。企业名单一经公布，不再调整。

二 补贴条件及标准

（五）纳入补贴范围的企业，申领补贴须符合以下条件：

1. 由省级粮食行政管理部门会同财政部门委托的企业，需同时具有粮食经营资格，以及所在地省级粮食、财政部门共同出具的委托文件。中央直属粮食企业和储备企业需由企业总部审核确认。

2. 企业在东北地区从农民手中收购的价格不得低于内蒙古和辽宁0.76元/斤、吉林0.75元/斤、黑龙江0.74元/斤(国标三等，下同)。收购高于或低于国标三等玉米，按照国家标准每升高或降低一个等级，收购价格可以上浮或下调0.02元/斤。

3. 采购的玉米必须是2009年度国内新产玉米。

4. 享受费用补贴的采购期限为2009年12月1日至2010年4月30日。

5. 采购的玉米必须在2010年6月30日前运抵本省(区、市)。

6. 补贴申领企业必须与运输凭证的货物接收单位相一致。

7. 中央储备企业申请补贴的玉米采购总量，不得超过国家有关部门和中储粮总公司下达的本地区补贴期限内合理的年度轮换计划。

（六）企业按上述规定实际采购并运回本省(区、市)的玉米，中央财政按折合标准品(水分≤14%、杂质≤1%)的玉米数量，每斤0.035元的标准，给予一次性的定额费用补贴。享受补贴的玉米由企业自行销售、自负盈亏。

（七）纳入补贴范围的企业，具有下列行为之一的，一经发现，取消该企业全部财政补贴，并通过社会媒体等公开通报：

1. 企业将尚未运抵本省(区、市)的玉米申领补贴。

2. 企业将非补贴采购期限内采购的玉米，或非2009年东北地区新产玉米申领补贴。

3. 企业未按统计制度规定向当地粮食行政管理部门报送购、销、存统计月报，以及属于粮油加工企业未按规定报送粮油加工业统计报表，拒报虚报统计资料。

4. 其他弄虚作假套取国家补贴的行为。

（八）根据国家有关部门监测结果，当东北地区从农民手中直接收购玉米价格回升到平均0.80元/斤(国标三等)以上时，中央财政停止补贴。

三 补贴政策的起止期限

（九）享受补贴的玉米需是2009年12月1日至2010年4月30日在东北地区采购，并于2010年6月30日之前运抵购粮企业所在省(区、市)的2009年国内新产玉米。

（十）采购时间以采购合同签订的时间为准。

（十一）运抵截止时间指运输到购粮企业所在省份的时间，根据合法的运输单据上注明的日期，按以下原则确定：

1. 省间铁路直达运输以货到站台日期为准；

2. 铁水、公水联运以货到接卸码头日期为准；

3. 公路直达运输以货到接卸目的地日期为准。

四 补贴资金的申请

（十二）申请时间。享受此项费用补贴的企业需在2010年7月15日前提交申请，地方采购企业按上述规定期限向省级粮食行政管理部门报送补贴申请及有效凭证；中央所属企业向企业总部报送补贴申请及有效凭证。补贴申请包括玉米采购和运输的全部材料，以及运回本省(区、市)的销售、库存情况。

（十三）补贴申请材料包括：

1. 采购环节的凭证：在东北地区从农民手中直接收购的，应有当地税务部门统一印制的粮油收购统一发票(复印件)，此发票应有税务部门加盖的审核章。在东北地区从粮食企业统一采购的，应有合法的采购合同和当地税务增值税专用发票(复印件)。采购所在地的县级粮食行政管理部门或质量检测单位出具的新粮证明。同时收购小票的收购主体或采购合同的买方，必须是国家粮食局向社会公布的补贴申领企业。

2. 运输环节的凭证：铁路、交通、航运部门统一印制的发运单和提货凭证。其中:发出地为东北地区，到货地为本办法规定的补贴省份，收货人为国家粮食局向社会公开的补贴申领企业。

3. 货款支付凭证:税务部门印制的粮食收购单据或银行汇款凭证。其中:付款凭证的付款方和收款方，必须与采购合同的买卖双方相对应；同时2010年6月30日前的付款金额必须超过合同金额的80%。

4. 销售库存凭证：销售合同及增值税专用发票(复印件)，库存情况统计表。

5. 中央储备玉米承储企业，还需提供国家有关部门和中储粮总公司下达的年度轮换计划文件。

申领补贴时，各凭证均提供复印件(须加盖单位公章)，但申领企业必须保存好凭证，以备核查。企业提供的申请材料应登记造表，并应对全部材料的真实性负责。同时企业自行保管所有原始凭证，有关部门审核检查时需进行抽检。

五 补贴资金的审核

（十四）地方采购企业申请材料的审核。省级粮食部门对企业补贴申请材料及时汇总、整理及初步审核，并于15个工作日内报省级财政部门进行复审。省级财政部门于15个工作日内复审完毕，并向中央财政报送预拨补贴资金的申请报告，申请报告同时抄报财政部驻当地财政监察专员办事处进行审核确认。省级粮食部门和财政部门要对企业申请材料的真实性、完整性负责(西藏地区由省级粮食行政管理部门初审后，省级财政部门自行审核上报)。

（十五）中央直属企业申请材料的审核。企业总部对企业补贴申请材料及时汇总、整理及初步审核后，于2010年7月底前，向财政部报送预拨补贴资金的申请报告，申请报告同时抄报财政部驻北京市财政监察专员办事处审核确认。企业总部要对直属企业申请材料的真实性、完整性负责。

（十六）财政监察专员办事处要在省级相关部门、企业总部审核基础上，对申报材料进行复审，并至少抽取1～2家企业进行实地核查。专员办事处在受理申请报告后30个工作日内向财政部报送审查结果。

六 补贴资金的拨付

（十七）财政部根据省级财政部门、企业总部报送的补贴资金申请报告，按财政监察专员办事处审核确定的玉米补贴数量，以及补贴标准进行拨付。地方企业的补贴，中央财政拨付给省级财政部门；中央直属企业的补贴，中央财政拨付给企业总部。

（十八）省级财政部门在收到中央财政拨款后，应于10个工作日内直接拨付给补贴申领企业。

七 附则

（十九）中央财政拨付的补贴资金，作为补贴收入，由企业按现行会计核算要求，统筹管理与使用。

（二十）补贴期限内发生的商务纠纷、意外事故等，由企业按有关法律法规自行协调解决。

（二十一）纳入补贴范围的企业必须认真执行国家政策，准确及时填报相关统计报表，按规定如实提交补贴申请材料。有关地区和部门要切实履行监督检查职责，严禁弄虚作假、虚报冒领补贴资金。

（二十二）本办法由财政部负责解释。

关于印发《东北大豆压榨企业收购加工2009年度国产大豆补贴管理办法》的通知

(财政部、国家发展改革委、国家粮食局、中国农业发展银行
财建〔2009〕854号 2009年11月27日)

黑龙江、吉林、内蒙古、辽宁省(自治区)财政厅、粮食局，中国储备粮管理总公司、中粮集团有限公司、中国华粮物流集团公司、中国中纺集团公司：

为促进我国大豆产业发展，稳定国内大豆市场价格，保护种粮农民利益，引导东北地区(黑龙江、吉林、辽宁、内蒙古)大豆压榨企业入市收购，经国务院批准，2009年新产大豆上市后，对东北地区当地部分规模较大、信誉较好、统计规范的指定大豆压榨企业，入市收购并压榨加工的2009年国产大豆，以及东北地区中央储备轮入大豆，中央财政将给予一次性定额费用补贴。为做好补贴管理，做好东北地区国产大豆收购工作，现将《东北大豆压榨企业收购加工2009年度国产大豆补贴管理办法》印发你们，请认真贯彻执行。

东北大豆压榨企业收购加工2009年度国产大豆补贴管理办法

为促进我国大豆产业发展，稳定国内大豆市场价格，保护种粮农民利益，充分发挥市场机制作用，调动大豆压榨企业入市收购、加工国产大豆的积极性，经国务院批准，2009年新产大豆上市后，对东北地区(黑龙江、吉林、辽宁、内蒙古，下同)符合一定资质条件和加工能力的指定大豆压榨企业，入市收购并压榨加工的2009年国产大豆，中央财政适当给予一次性定额费用补贴。为此，特制定本办法。

一 补贴范围

（一）东北地区纳入补贴范围的大豆压榨企业(包括国有或民营大豆压榨企业)，由省级人民政府负责确定。省级人民政府选择确定的大豆压榨企业须为当地符合一定资质条件、具备年5万吨以上的大豆压榨处理能力；具体企业名单由东北地区省级人民政府按照“企业自愿、自主申报、自担风险”的原则审核确定，并及时向社会公布。

（二）东北地区的中央储备大豆承储企业，因轮换需要收购的大豆，享受同等补贴政策；具体收储企业名单由中储粮总公司统一负责审核确定。

（三）纳入此次一次性定额费用补贴范围的指定大豆压榨企业，未经国家有关部门批准，不得同时承担国家临时存储大豆收储任务。

（四）享受补贴的所有企业名单及压榨处理能力等情况，需报财政部、国家粮食局等有关部门备案；国家粮食局汇总后向社会公布，并接受社会监督。

二 补贴条件及标准

（五）纳入补贴范围的指定大豆压榨企业，申领补贴须符合以下条件：

1. 按不低于1.87元/斤(含，国标三等，下同)的价格公开挂牌收购，收购价格以收购发票上的结算单价为准。收购高于或低于国标三等大豆，按照国家标准每升高或降低一个等级，收购价格可上浮或下调0.02元/斤。

2. 收购的大豆必须是2009年度东北地区新产大豆。

3. 收购期限为2009年12月1日至2010年4月30日。

4. 收购的大豆必须在2010年6月30日前加工成豆油。

5. 申领补贴的大豆收购总量不超过该企业200天的大豆加工能力。

6. 收购发票的开票单位必须是省级人民政府指定的，并已向社会公布的大豆压榨企业。

（六）纳入补贴范围的中央储备大豆承储企业，申领补贴须符合以下条件：

1. 承储企业因轮换需要，按不低于1.87元/斤的价格从农民手中直接收购。

2. 收购的大豆必须是2009年度东北地区新产大豆。

3. 收购数量不得超过国家下达的补贴期限内合理的国产大豆轮换计划。

4. 收购期限为2009年12月1日至2010年4月30日。

5. 承储企业需具有中储粮总公司下达的年度大豆轮换任务。

（七）对企业符合上述规定收购的大豆，中央财政按每斤0.08元的标准，给予一次性的定额费用补贴。定额补贴后，指定大豆压榨企业加工的豆油及其副产品由企业自行销售、自负盈亏。

（八）纳入补贴范围的企业，具有下列行为之一的，一经发现，取消该企业全部财政补贴，并通过社会媒体等公开通报：

1. 2009年12月1日至2010年6月30日，企业将收购的大豆直接进行销售。

2. 压榨企业将尚未加工成豆油的大豆申领补贴。

3. 企业将非补贴收购期限内收购的大豆或进口大豆申领补贴。

4. 企业收购、销售、库存的大豆、豆油、豆粕账实不符。

5. 企业未按统计制度规定向当地粮食行政管理部门报送购、销、存统计月报，以及粮油加工业统计报表，拒报虚报统计资料。

6. 其他弄虚作假套取财政补贴的行为。

（九）指定大豆压榨企业享受补贴的大豆，必须由该企业加工成豆油自行销售、自负盈亏，不得转入中储粮总公司临时收储体系。

（十）根据国家有关部门监测结果，当东北地区国产大豆市场价格回升到平均1.97元/斤(国标三等)以上时，中央财政停止补贴。

三 补贴资金的申请

（十一）申请时间。省级人民政府审核确定的大豆压榨企业，于2010年7月15日前向省级粮食部门报送补贴申请及有效凭证。中央储备大豆承储企业，于2010年5月15日前向中储粮总公司报送补贴申请及有效凭证。补贴申请包括大豆收购的全部材料，以及补贴期限内豆油及其附产品加工、销售、库存情况。

（十二）补贴申请材料包括：

1. 当地税务部门统一印制的粮油收购统一发票(复印件)，此发票应有税务部门加盖的审核章。

2. 补贴期限内企业开具的全部增值税专用发票和增值税普通发票(复印件)，包括作废发票，并且发票号码应连续。

3.指定的大豆压榨企业还需提供:(1)补贴期限内加工成豆油的入库报告单。(2) 2009年11月末及补贴期限内各月末大豆、豆油和豆粕库存数量。(3)补贴期限内各月豆油和豆粕销售情况。

4.中央储备大豆承储企业还需提供:(1)补贴期限内各月末大豆实际库存统计报表。(2)国家有关部门以及中储粮总公司下达的国产大豆轮换计划。

企业提供的申请材料应登记造表、加盖公章，并应对全部材料的真实性负责。

（十三）补贴备查材料包括：

1.收购环节开具的原料收购结算单、质检单、称重计量单，以及对单次收购数量在5吨以上的，企业留存的交货人身份证复印件。

2.经银行经办人员签署的收购资金日对账表，或企业自有资金情况。

3.企业从2009年12月1日至2010年6月30日，所有大豆加工、豆油和豆粕等销售的原始单据(销售发票、销售合同、货款回收证明等)及统计报表，以及企业用电量、用煤量、溶剂使用量等情况。

4.企业库存情况统计表。

备查材料由企业自行保管，有关部门审核检查时需进行抽检。

四 补贴资金的审核

（十四）指定大豆压榨企业申请材料的审核。省级粮食部门对企业补贴申请材料要及时汇总、整理及初步审核，并于15个工作日内报省级财政部门进行复审。省级财政部门要于15个工作日内复审完毕，并向中央财政报送补贴资金的申请报告，申请报告同时抄报财政部驻当地财政监察专员办事处进行审核确认。省级粮食部门和财政部门对企业申请材料的真实性、完整性负责。

（十五）中央储备大豆承储企业申请材料的审核。中储粮总公司对企业补贴申请材料及时汇总、整理及初步审核后，于15个工作日内，向财政部报送预拨补贴资金的申请报告，申请报告同时抄报财政部驻北京市财政监察专员办事处审核确认。中储粮总公司对中央储备大豆承储企业申请材料的真实性、完整性负责。

（十六）财政监察专员办事处要在省级相关部门、中储粮总公司审核基础上，对申报材料进行复审，并至少抽取2～3家企业进行实地核查。专员办事处在受理申请报告后30个工作日内向财政部报送审查结果。

五 补贴资金的拨付

（十七）财政部根据省级财政部门、中储粮总公司报送的补贴资金申请报告，按财政监察专员办事处审核确定的大豆补贴数量，以及国家规定的补贴标准进行拨付。指定大豆压榨企业的补贴，中央财政拨付给省级财政部门；中央储备大豆承储企业的补贴，中央财政拨付给中储粮总公司。

（十八）省级财政部门在收到中央财政拨款后，应于10个工作日内直接拨付给补贴申领企业。

六 附则

（十九）中央财政拨付的补贴资金，作为补贴收入，由企业按现行会计核算要求，统筹管理与使用。

（二十）补贴期限内发生的商务纠纷、意外事故等，由企业按有关法律法规自行协调解决。

（二十一）纳入补贴范围的企业必须认真执行大豆收购政策，准确及时填报相关统计报表，按规定如实提交补贴申请材料。有关地区和部门要切实履行监督检查职责，严禁弄虚作假、虚报冒领补贴资金。

（二十二）本办法由财政部负责解释。

关于进一步做好国有粮食购销企业政策性粮食财务挂账管理和消化处理工作的通知

（财政部 国家发展和改革委员会 中国人民银行
审计署 银监会 国家粮食局 中国农业发展银行
财建〔2009〕883号 2009年12月2日）

各省、自治区、直辖市人民政府：

为积极稳妥地处理国有粮食购销企业粮食财务挂账，促进国有粮食企业改革，加快粮食流通体制市场化改革进程，根据国务院有关政策规定，各省级人民政府对国有粮食企业历史财务挂账进行了清理确认，政策性粮食财务挂账已从企业剥离。在这项工作基本结束后，为进一步加强政策性粮食财务挂账的管理，做好挂账处理工作，经国务院批准，现将有关后续政策通知如下：

一 严格核定挂账数额，坚决防止再发生新的政策性粮食财务挂账

（一）由省级人民政府负责清理确认的国有粮食企业粮食财务挂账，以2009年9月30日之前由各省级人民政府报送国务院的挂账余额为准，不得随意更改。2009年9月30日之后，原则上不再受理各省(区、市)上报调整清理确认的挂账数额。已经省级人民政府确认上报，但尚未从国有粮食企业剥离的政策性粮食财务挂账，要在2009年年底前完成剥离工作。对个别地方尚未处理完的市场化改革之前库存的保护价粮、陈化粮，要抓紧处理，销售后产生的差价亏损，按国务院有关政策规定确属政策性粮食财务挂账的，由省级人民政府负责进行清理确认，专报国务院批准后才能纳入，并尽快从粮食企业剥离。

（二）这次挂账清理确认之后，建立防止再挂新账的机制，坚决杜绝国有粮食企业再发生新的政策性粮食财务挂账。今后政府委托国有粮食企业从事粮食调控，要按照谁委托、谁拿钱的原则，及时支付调控支出。凡属中央调控事权的政策性业务，由中央财政支付调控支出；按粮食省长负责制原则，凡属地方人民政府调控事权的政策性业务，由地方财政支付调控支出。

二 保持现行粮食财务挂账处理政策总体稳定，积极稳妥地做好挂账消化处理工作

（三）政策性粮食财务挂账本金的消化从2009年起再给一个5年过渡期(2009～2013年)，过渡期内现行挂账处理政策总体保持稳定，政策性粮食财务挂账本金的消化责任不变，继续由地方政府负责，国家不出台强制性的消化政策。有关粮食财务挂账对企业停息、财政贴息政策及利息负担、结算办法等，继续按现行有关政策规定执行。

（四）继续鼓励有条件的省份主动消化政策性粮食财务挂账。过渡期内，有能力消化部分政策性粮食财务挂账本金的，可由省级人民政府与财政部签订责任书，明确消化计划。对省级人民政府承诺消化本金的挂账，根据挂账消化进度和年度挂账余额，在5年过渡期内，中央财政从地方开始消化挂账本金的年度起，全额负担挂账利息。明确挂账消化计划，要优先消化纳入中央财政和地方财政共同贴息的新增粮食财务挂账。

（五）继续做好部分政策性粮食财务挂账占用商业银行贷款的划转工作。纳入中央和地方财政共同贴息范围的新增粮食财务挂账占用商业银行贷款的，按经省级人民政府核实确定的政策性粮食财务挂账占用商业银行贷款的实际余额，从国有粮食购销企业剥离，同时将贷款等额划转到农业发展银行。由各省级人民政府负责，省级财政、粮食、农发行分行协调有关商业银行，限期清理划转，划转后贷款的偿还责任不变。从2010年1月1日开始，对没有划转到农业发展银行的贷款，中央财政和地方财政暂停贴息，待该省完成贷款划转工作后再补拨利息。

（六）经省级人民政府清理确认的未占用中国农业发展银行贷款的政策性亏损，与占用农业发展银行贷款的政策性粮食财务挂账分开，由地方政府负责消化弥补，具体实施方案由省级人民政府自主确定。

（七）经国务院有关部门批准划转上收的中国储备粮管理总公司直属库、中国华粮物流集团公司直属企业，在划转上收之前发生的粮食财务挂账，已纳入地方清理范围，经省级人民政府负责清理确认的政策性粮食财务挂账，划归地方管理，享受地方政府的消化、管理政策。

三 完善制度，进一步加强政策性粮食财务挂账的日常管理

（八）各省（区、市）政策性粮食财务挂账的日常监管，由省级财政部门会同同级粮食部门及中国农业发展银行分行负责。西藏自治区没有设农业发展银行，政策性粮食财务挂账从企业剥离，上划到县级以上(含县级)粮食行政管理部门集中管理后，政策性粮食财务挂账占用贷款由中国农业银行西藏分行负责管理。

（九）省级财政部门要设置“政策性粮食财务挂账”台账，明细反映其中“老粮食财务挂账”、“新增粮食财务挂账”、“陈化粮价差亏损挂账”、“保护价粮价差亏损挂账”、“其他政策性亏损挂账”的变化情况；设置“纳入中央财政和地方财政共同贴息范围的新增粮食财务挂账”台账，明细反映其中“政策性新增粮食财务挂账”、“经营性新增粮食财务挂账”，及其中“占用中国农业发展银行贷款的新增粮食财务挂账”、“原占用商业银行贷款的新增粮食财务挂账”变化情况；设置“未占用中国农业发展银行贷款的政策性亏损”台账，反映政策性亏损的消化弥补情况。省级粮食部门和中国农业发展银行分行，也要设置相应的台账，加强日常管理工作。

（十）地方政府消化政策性粮食财务挂账本金、消化弥补未占用农业发展银行贷款的政策性亏损，要由省级财政部门会同省级粮食部门及农业发展银行分行及时报财政部、国家粮食局、中国农业发展银行备案。

（十一）健全完善政策性粮食财务挂账月报制度，月报表由中国农业发展银行按月汇总分省数据后，报送财政部、国家粮食局（西藏自治区挂账月报由西藏自治区财政厅会同区同级粮食部门、农业银行分行单独报送）。政策性粮食财务挂账月报表另行制定下发。

（十二）政策性粮食财务挂账利息补贴实行年度决算制度。年度终了后，由省级财政部门会同省

级粮食部门、农业发展银行分行，在共同核实政策性粮食财务挂账分月余额的基础上，办理政策性粮食财务挂账利息补贴年度决算报告，报财政部、国家粮食局、中国农业发展银行备案。政策性粮食财务挂账利息补贴年度决算表另行制定下发。

（十三）加强政策性粮食财务挂账的管理，积极稳妥地解决好国有粮食企业的历史挂账包袱，是粮食省长负责制的重要内容。地方政府有关部门要加强协作，密切配合，认真做好政策性粮食财务挂账的日常监管工作。

（十四）其他未尽事宜继续按现行有关政策规定执行。

关于印发《农业及粮食科技发展规划(2009～2020年)》的通知

（科学技术部 农业部 教育部 水利部 国土资源部 财政部
国家粮食局 商务部 民政部 国家林业局 国家质检总局
全国供销总社 中国气象局 中国科学院
国科发农〔2009〕512号 2009年8月27日）

各省、自治区、直辖市及计划单列市科技厅（委、局）、农业厅（局）、教育厅（教委、局）、水利（水务）厅（局）、国土资源厅（局）、财政厅（局）、粮食局、商务主管部门、民政厅（局）、林业厅（局）、质量技术监督局、各直属出入境检验检疫局、供销社、气象局，有关单位：

为切实保障我国中长期粮食安全，根据2008年国务院第15次常务会议精神和《国家粮食安全中长期规划纲要（2008～2020年）》分工要求，科技部、农业部、教育部、水利部、国土资源部、财政部、国家粮食局、商务部、民政部、国家林业局、国家质检总局、全国供销总社、中国气象局、中国科学院共同编制了《农业及粮食科技发展规划（2009～2020年）》。现印发给你们，请结合各地实际，认真贯彻落实。

农业及粮食科技发展规划（2009～2020年）

粮食安全始终是关系我国国民经济发展、社会稳定和国家自立的全局性重大战略问题。保障国家粮食安全，对建设社会主义新农村和实现全面建设小康社会目标具有十分重要的意义。根据《国家粮食安全中长期规划纲要（2008～2020年）》的要求，以《国民经济和社会发展第十一个五年规划纲要》和《国家中长期科学与技术发展规划纲要（2006～2020年）》为依据，科学技术部牵头组织编制《农业及粮食科技发展规划（2009～2020年）》。本规划在总结我国农业及粮食科技发展成就、分析现代农业科技发展趋势和我国农业及粮食科技需求的基础上，以粮食科技为重点，统筹兼顾农业全面发展，提出了2009～2020年我国农业及粮食科技发展的总体思路、发展目标、重点任务和保障措施，是指导今后一个时期我国农业及粮食科技工作的重要依据。

一 发展现状与需求

（一）发展现状

我国始终重视科技进步对农业及粮食发展的重要作用。“十五”以来，国家进一步强化了农业及粮食科技工作，切实加强关键技术集成创新，大力发展现代农业高新技术，积极促进科技成果转化，重视平台基地和人才队伍建设。我国农业科技发展取得了显著成效，科技进步对农业增长的贡献率由“九五”的37%提高到目前的48%。成功育成了超级稻、抗虫棉等一批高产优质农作物新品种，良种覆盖率达到95%以上。“粮食丰产科技工程”等重大项目的实施，为确保近年粮食增长做出了重要贡献。农业生物技术、农业信息技术等高新技术研究不断创新，对发展现代农业的引领作用逐步显现。

农产品加工与储运技术研发能力不断提高，农业及粮食整体效益得以提升。农田水利建设及农业资源利用与防灾减灾技术取得新进展，农业可持续发展能力明显增强。通过农业科技成果转化资金、农业科技入户工程等计划的实施，农业及粮食科技成果转化能力不断增强，农村科技服务工作呈现新局面。

但是，我国农业及粮食科技发展仍然不能满足发展现代农业、保障粮食安全对科技发展的迫切需求，农业科技发展尚存在许多问题与不足。一是农业科技自主创新能力比较薄弱。重大突破性技术成果缺乏，许多畜禽、园艺作物品种及重大农业装备主要依赖进口，粮食等农产品产后储藏流通和加工技术研发滞后；二是农业科技经费投入不足。我国农业科研投入占农业GDP的比重仅0.49%，远低于世界平均水平；三是农业科技发展后劲不足。农业及粮食科研设备比较陈旧、研究基地较少、创新人才匮乏的局面依然没有根本改变；四是农业科技的体制与机制还不能完全适应现代农业科技发展的需要，亟需建立更加完善的农业科技创新体系和更具活力的创新机制。

（二）战略需求

我国政府始终高度重视粮食安全问题，始终把农业放在发展国民经济的首位。我国农业和粮食生产取得了举世瞩目的成就，为世界粮食安全做出了巨大贡献。面向未来建设创新型国家以及全面建设小康社会的战略目标，随着农村改革的不断深化和社会主义市场经济的不断完善以及以工促农、以城带乡的不断推进，我国农业发展及粮食安全面临许多新问题和新挑战，对农业及粮食科技发展提出了更加强劲的战略需求。

1. 确保粮食安全的任务日趋艰巨，迫切需要依靠科技进步提高粮食生产能力。近10年我国粮食产量经历了五年减产、五年恢复的生产周期，粮食综合生产能力达到了5000亿公斤以上，但年际波动较大，稳定性较低。今后我国粮食总需求量还将继续增长。依据《全国新增1000亿斤粮食生产能力规划（2009～2020年）》，到2020年全国粮食需求总量将达到5725亿公斤，在保持粮食播种面积基本稳定和国内粮食自给率95%的条件下，2020年粮食综合生产能力需要达到5450亿公斤。面对未来人口增加、耕地减少、水资源短缺以及保护环境的压力，依靠现有常规技术实现稳定持续增产的难度不断加大，必须大力促进粮食稳产高产技术的突破，不断提高粮食单产水平，保障粮食生产能力迈上新台阶。

2. 建设现代农业的步伐不断加快，迫切需要依靠科技进步带动农业产业升级。随着我国现代农业规模化、产业化进程不断加快，农业产业功能将进一步向多元化发展，产业领域进一步拓展，产业链进一步延伸，农业科技需求正在发生深刻变化，迫切需要在生物技术、信息技术等高新技术领域取得突破，占领国际农业高新技术制高点，带动农业技术升级，促进农业产业结构优化，建立与现代农业产业体系相适应的技术支撑体系。

3. 持续增加农民收入的难度不断加大，迫切需要依靠科技进步提高农业整体效益。党的十七届三中全会提出到2020年我国农民收入要比2008年翻一番的战略目标。但随着工业化与城镇化的不断推进，农民收入的增长受资源短缺、成本上涨、市场竞争等因素的多重约束更加突出。在土地流转、劳动力转移等因素的驱动下，农村劳动力的结构性短缺趋势明显，农户经营规模将逐步扩大，农业组织化程度随之提高，广大农民对农业科技的需求日趋旺盛，迫切需要依靠先进技术促进农业集约经营，提高规模效益，增加农民收入。

4. 农业发展面临的生态环境压力日益严重，迫切需要依靠科技进步增强农业可持续发展能力。我国农业及粮食生产面临着耕地质量下降、生态恶化、污染加剧等严峻的生态环境问题，迫切需要依靠科技进步，保护农业生态环境，推进农业发展方式的转变，缓解生态环境压力，实现农业可持续发展。随着国家加强农田水利、生态环境保护、中低产田治理等重大工程建设，将进一步带动农业生态环境科技的发展。

5. 全球气候变化的影响不断凸显，迫切需要依靠科技进步增强农业的适应能力。全球气候变化、温室气体排放与农业密切关联，又直接影响农业发展及粮食生产，且存在诸多的不确定性，尤其是干旱、洪涝、高温等自然灾害更加频繁，对农业及粮食生产的危害逐步加大。必须趋利避害，加强重大气象灾害防控技术及农林生态系统固碳与减排关键技术研究，提高农业及粮食生产的适应能力，降低全球气候变化的不利影响。

6. 经济全球化因素的影响日益明显，迫切需要依靠科技进步增强农业抵御风险的能力。经济全球化将进一步加剧农业及粮食的国际贸易竞争。全球能源紧缺与粮食安全的矛盾日益突出，粮食供求将长期处于趋紧态势，对我国粮油等农产品贸易造成更大难度。近期爆发的全球金融危机，对我国农业及粮食稳定发展将产生一定影响。必须未雨绸缪，加强科技应对途径研究，不断提高我国农业及粮食应对全球经济风险的能力。

（三）发展潜力

我国农业及粮食科技蕴藏着较大的发展潜力。与国际先进水平相比，我国农业及粮食科技整体技术水平仍有较大差距。目前，我国农业科技贡献率为48%，发达国家为60%～80%；我国化肥利用率仅35%左右，发达国家在60%以上；我国农业灌溉水有效利用系数为0.47，发达国家达到0.7以上。根据FAO方法计算，我国小麦、水稻、玉米三大作物的气候生产潜力是目前实际产量的2～3倍。我国主要作物平均单产水平，仅相当于世界同类作物最高单产国家平均水平的40%～60%。在不断加强农业及粮食科技的前提下，预计到2020年科技进步对粮食增长的贡献率可以达到60%，依靠科技进步可新增粮食生产能力300亿公斤以上。

依靠科技进步，保障粮食安全的主要技术潜力表现在：一是发挥优良新品种的增产潜力。预计到2020年新品种可以更换2次，每次品种更换可以实现的遗传增益潜力约5%～10%；二是扩大高产超高产技术应用潜力。目前，我国水稻、玉米和小麦的超高产水平比全国平均产量水平高出1倍以上，但实际应用面积较小，通过加快技术示范推广，可显著提高粮食单产水平；三是发挥中低产田改良技术的增产潜力。我国中低产田面积约占现有耕地的2/3，在加快基本农田建设的基础上，通过科技改良中低产田，可显著增加粮食生产能力；四是开发非粮饲草饲料资源的粮食替代潜力。通过科技进步，充分利用我国草地资源、灌木资源、海洋渔业资源、秸秆和农副产品资源及山区木本植物资源，扩大饲料饲草来源；五是提高畜禽饲料转化效率的节粮潜力。通过科技进步，调整畜牧业结构，培育饲料报酬率高的优良畜禽新品种，发展草食型家畜和畜牧业节粮养殖技术，可显著减少饲料粮的消耗；六是减少粮食损失的技术潜力。我国每年因病虫害、旱涝等自然灾害造成的粮食损失率约10%，粮食产后流通损失率约8%。通过改进产后储运、流通技术以及加强防灾减灾技术，可显著减少粮食损失。要将科技潜在生产力转变为现实生产力，根本出路就是要不断加强农业及粮食科技工作，大力推进农业及粮食科技进步。

二 发展思路与目标

（一）发展思路

农业及粮食科技发展要以科学发展观为指导，按照全面建设小康社会和建设社会主义新农村的总体要求，围绕保障国家粮食安全、增加农民收入及加快农业转变发展方式的战略任务，瞄准国际现代农业科技发展前沿，以加强农业科技自主创新为中心，全面实施科技兴农战略，以科技进步提高农业的土地产出率、资源利用率和劳动生产率，推动农业由传统粗放经营向现代集约经营转变，为提高农业综合生产能力，增强农业抗风险能力、国际竞争能力及可持续发展能力提供科技支撑。

农业及粮食科技发展要坚持“夯实基础、强化创新、拓展领域、加速转化”的发展思路。大力加强农业重大基础研究和农业科技发展能力建设，进一步夯实农业科技持续发展的理论基础与条件基础；大力强化以农业生物技术和信息技术为主的高新技术，促进农业及粮食重大关键技术的创新与突破；积极拓展农业科技发展领域，全面提高农业科技的自主创新能力；大力加快农业技术成果的转化推广，大幅度提高农业科技成果转化率，促进农业规模经营，提高农业整体效益，增加农民收入。

（二）基本原则

从我国国情出发，遵循农业及粮食科技发展的基本特点，体现近期、中期和远期的统筹兼顾，农业及粮食科技发展应坚持以下原则：

——高新技术与常规技术相结合。在继续加强农业高新技术研究的同时，尤其要重视常规技术集成创新，加速先进适用技术的转化和大面积应用。

——科学技术研究与科技发展能力建设相结合。既要部署全局性、带动性的重大关键技术研究，也要更加重视农业研究设施、重点科研基地以及科技人才队伍建设，将科技发展能力建设摆在重要位置。

——国家战略需求与市场导向相结合。在满足国家战略需求，强调政府优先支持农业公益性研究的前提下，要积极发挥市场作用，鼓励支持企业加大对农业及粮食产业技术研发的投入。

——国家统筹规划与促进区域发展相结合。我国农业区域差异明显，在农业科技发展中，既要以国家统筹推进为主导，又要积极促进区域农业科技的协调发展。

（三）发展目标

2009～2020年农业及粮食科技发展的总体目标是：基本建立适合我国国情的农业科技创新体系，突破一批事关农业及粮食发展全局的重大关键技术，取得一批重大突破性技术成果，农业科技自主创新能力显著增强，农业科技成果转化能力显著提高，农业科技的国际竞争能力显著提升，我国农业科技迈入世界先进国家行列，努力成为世界农业科技强国。

1. 近期目标（2009～2010年）。到2010年，农业科技进步贡献率达到49%以上，科技成果转化率达到45%以上，全国粮食平均单产水平达到318公斤/亩左右，继续保持粮食综合生产能力稳定在5000亿公斤以上。农业及粮食科技创新取得一批新成果，农业水、肥利用率进一步提高，农林生态环境得到进一步改善，农业可持续发展能力进一步增强。

2.中期目标（2011～2015年）。到2015年，农业科技进步贡献率达到51%以上，科技成果转化率达到50%以上。农作物新品种覆盖率保持在95%以上，全国粮食平均单产水平达到335公斤/亩以上，粮食单产年递增率达到0.8%以上，保障粮食综合生产能力稳定在5300亿公斤以上。粮食及农产品质量安全水平显著提高。粮食作物耕种收机械化水平达到55%以上。灌溉水利用系数提高到0.53以上。化肥利用率达到40%以上。粮食流通损失率降至6%以下。农田地力等级普遍提高，农林生态环境明显改善，农业防灾减灾能力明显提高。初步建立新型农业科技创新体系基本格局，农业及粮食科技自主创新能力、成果转化能力和国际竞争能力明显增强。

3.远期目标（2016～2020年）。农业及粮食科技的自主创新能力达到新水平，农业及粮食科技的主要可比指标达到世界先进国家平均水平。农业科技进步贡献率达到55%以上，科技成果转化率达到55%以上。基本形成保障国家粮食安全的现代技术支撑体系，全国粮食平均单产水平达到350公斤/亩以上，粮食单产年递增率达到0.7%以上，保障粮食综合生产能力达到5500亿公斤以上。基本建立农林生态环境安全、农产品质量安全、防灾减灾的技术体系。基本建立布局合理、功能完备、运转高效的国家农业科技创新体系。农业科技总体水平率先进入世界先进国家行列，成为世界农业科技强国。

专栏　2015、2020年农业及粮食科技发展的主要技术指标

类别	指标	现状	2015年	2020年	属性
农业科技	农业科技贡献率(%)	48	＞51	＞55	约束性
	农业科技成果转化率(%)	40	＞50	＞55	预期性
粮食生产	粮食生产能力(亿公斤)	5016	＞5300	＞5500	约束性
	粮食单产水平(公斤/亩)	316.2	335	350	约束性
	粮食单产年递增率(%)	—	＞0.8	＞0.7	约束性
	作物新品种更换次数(次)	—	1	1	预期性
	中低产田农田比例(%)	60	58	50	约束性
	耕种收机械化水平(%)	42	55	65	预期性
粮食储运	粮食物流四散化率(%)	20	30	55	预期性
	粮食流通损失率(%)	8	6	3	预期性
畜禽水产	猪饲料转化率	3.7：1	＜3.5：1	＜3.4：1	预期性
	蛋鸡饲料转化率	2.9：1	＜2.8：1	＜2.7：1	预期性
	奶牛饲料蛋白质转化率(%)	27	＞28	＞30	预期性
	肉牛饲料转化率	8.0：1	＜7.5：1	＜7.0：1	预期性
	水产类饵料系数	1.9：1	＜1.6：1	＜1.5：1	预期性
资源环境	灌溉水利用系数	0.47	＞0.53	＞0.55	预期性
	化肥利用率(%)	35	＞40	＞45	预期性
	废弃物循环利用率(%)	40	＞50	＞60	预期性
	粮食因灾损失率(%)	10	＜9	＜8	预期性
	土壤侵蚀量降低率(%)	3～5	10～15	20～30	预期性
	农田林网增产效益(%)	1	＞3	＞5	预期性

注：1. 现状数据主要根据2007年有关统计数据和专题研究报告整理，其中农业科技贡献率为2006年数据。
2. 粮食生产能力、单产数据来源于《国家粮食安全中长期规划纲要》，其他预测数据主要根据有关专题研究报告。

三 重点任务

按照农业及粮食科技发展的战略需求和发展目标，农业及粮食科技工作要重点从攻克重大关键技术、加强高新技术与基础研究、加快成果转化推广、推进区域农业技术集成示范、强化科技发展能力建设以及实施科技重大专项与科技工程等方面整体部署、统筹规划，全面推进农业及粮食科技工作，为保障国家粮食安全、增加农民收入和促进农业持续发展提供更加有力的科技支撑。

（一）攻克农业及粮食重大关键技术

围绕农业及粮食产业发展目标，以提高生产能力、转变发展方式、增加产业效益为核心，攻克一批农业及粮食产业持续发展急需解决的技术难点，重点加强粮食作物、油料及木本粮油、节粮型畜牧水产、农业水土资源高效利用、农业生态环境与防灾减灾、粮油储运与流通、农产品加工与食品安全、农用工业等优先领域的重大关键技术研究。

1.以稳步提高粮食生产能力为目标，加强粮食高产高效关键技术研究。重点突破玉米、小麦、水稻等粮食作物可持续超高产技术。加强大面积丰产高效简化栽培技术研究与集成，实现粮食作物大面积均衡增产。加强中低产田改良关键技术研究，增加粮食生产能力。加强新型高效农作制以及经济作物、园艺作物与粮食作物合理轮作的高效种植体系研究，促进种植结构优化。突破主要粮食作物高产优质多抗新品种选育与种质创新，培育一批优质高产新品种，加快粮食主产区品种更新换代。

2.以保障食用植物油有效供应为目标，加强油料作物和木本粮油高产优质高效生产关键技术研究。重点加强大豆、油菜、花生等大面积丰产高效技术集成研究，提高主要油料作物的单位面积产量。加强优质专用大豆、早熟高产高抗的双低油菜、优质高产花生新品种选育研究，提高主要油料作物产品的出油率。加强油茶、核桃等主要木本油料植物高产优质新品种选育和高效栽培技术研究。加强山区特色农业资源高效利用技术研究，提高山区特产资源利用率。

3.以保障畜禽水产产品有效供给为目标，加强节粮型畜牧业与水产业的关键技术研究。加强饲料产业技术研究，突破秸秆及农副产品养牛、养羊等高效转化技术，提高非粮饲料资源的利用率。加强畜牧业及水产饲养环节的节粮高效养殖技术研究。加强草地资源开发、优质牧草品种培育及人工草地建设技术研究。加强节粮型畜禽水产种质资源创新与高效新品种培育，提高畜禽水产生产性能和饲料粮转化率。加强重大动物疫病快速诊断技术和新型疫苗研究，提高健康养殖水平。加强海洋农业发展关键技术研究，提高渔业综合生产能力。

4.以促进农业紧缺资源的技术替代为目标，加强农业水土及废弃资源高效利用关键技术研究。重点加强灌溉节水、旱作节水、生物节水和非常规水资源利用等关键技术研究，推进节水农业发展。加强耕地保护、农用废弃地、盐碱地及滩涂等土地整治技术研究，确保耕地占补平衡。加强耕地资源保护、耕地质量提升、退化耕地修复等关键技术，提高耕地综合生产能力。加强农林可再生资源循环高效利用关键技术研究，建立不同区域循环农业技术体系，提高废弃资源利用效率。

5.以保障农业及粮食生产环境安全为目标，加强农林生态环境和防灾减灾关键技术研究。重点加强农田污染综合防控、水污染综合治理、农林生态系统优化、退化农林生态系统恢复重建等技术研究，改善农林生产环境。加强生态脆弱农区水土保持、水源涵养、防风固沙和高效稳定农田防护林及农林复合生态系统构建技术研究，促进农林生态保护。加强农林节能减排、气象灾害监测与预警防控及农业应对全球气候变化研究。加强农林重大生物和外来有害生物入侵预警、检测检疫及防控等关键技术研究，构建农林生态安全保障体系。

6.以促进产后增值和食品安全为目标，加强农产品加工与质量安全控制关键技术研究。重点突破稻米、小麦、玉米、油料等粮油产品的高值化深加工、副产物资源高效利用及梯度开发等关键技术。加强畜禽水产品安全加工与绿色供应研究。加强粮油、饲料等农副产品及食品质量快速检测技术，农产品以及食品质量安全监测预警技术，农产品和食品质量安全标准体系等研究，建立健全粮油等农副产品以及食品安全溯源体系和全程质量控制标准体系。

7.以减少粮油及农产品产后损失为目标，加强农产品储运流通关键技术研究。重点开展粮食等主要农产品低温和气调贮藏、绿色虫霉防治、高效节能干燥、多功能粮情测控、智能化控制等技术研究，开发适用于不同储粮生态区害虫生态治理、散粮装载卸专用设备配套、粮食收储快速检测、全程数字化物流等专项技术。突破绿色高效的生态储粮、集约化的农产品物流保鲜等关键技术，开发粮食流通调控与监控技术。

8.以提升农业及粮食生产物资装备水平为目标，加强农用工业自主创新关键技术研究。重点开展农业及粮食生产全程机械化装备以及高效肥料、低毒农药和功能性农膜等关键技术研究。优先研发大马力拖拉机、复式多功能节约型田间作业机械、健康养殖以及产后加工等关键技术装备。突破缓/控释肥料、高效专用复合(混)肥、无公害商品有机肥料等新型肥料研制与应用关键技术及装备。加快创制环境友好型农药、天然产物来源农药新品种。加强高光效、专用化、可降解的新一代农膜研究。

围绕攻克农业及粮食发展关键技术的战略任务，在组织实施“粮食丰产科技工程”等一批重大科技工程的基础上，统筹兼顾农业领域不同行业科技的发展重点，突出技术集成创新和大面积应用示范，依托国家科技支撑计划、部门行业科技计划以及地方科技计划等，整体部署，分期安排，组织实施一批重大项目。在现代农业产业升级方面，重点实施农林种质资源保护与利用、现代奶业发展关键技术、现代水产业发展关键技术、畜禽健康养殖关键技术、重大动物疫病防控关键技术、草地畜牧业发展关键技术、高效园艺产业发展关键技术、设施农业关键技术、现代高效农作制关键技术等重大项目；在农业资源高效利用与生态环境方面，重点实施循环农业技术体系集成示范、农林生态建设关键技术、区域中低产田综合改良技术、农业应对全球气候变化关键技术、农林重大生物灾害防控技术、耕地质量培育关键技术、现代保护性耕作技术体系、农林特产资源高效利用关键技术、农业节水关键技术等重大项目；在农产品产后加工储运及农用工业发展方面，重点实施食品加工关键技术、农产品储藏保鲜与物流关键技术、新型饲料生产关键技术、农业机械化与多功能农业装备开发、新型高效肥料研制及产业化、新型环保农药研制及产业化、农产品全程质量安全检测监测关键技术等一批重大项目。

（二）加强农业及粮食高新技术与基础研究

面向保障粮食安全和增强国际技术竞争力的重大需求，瞄准国际科技前沿，加强农业高新技术领域前沿技术与农业重大基础研究，重点开展分子农业技术、数字农业技术、环控农业技术、智能农业技术以及食品生物技术研究，引领我国农业及粮食产业技术升级，增强我国现代农业技术的国际竞争力。

1.加强分子农业技术研究，推动农业生物产业发展。重点开展规模化基因鉴定与分离、基因功能分析与调控、转基因、分子标记、细胞工程和分子设计育种、代谢工程、生物反应器、农业环保制剂等分子农业技术研究，获得具有自主知识产权和市场应用前景的重要新技术、新基因、新材料、新品种，促进我国农业生物技术产业化发展。

2.加强数字农业技术研究，提高农业信息化水平。重点开展作物生长信息快速获取与智能化处理、农业定向数字化设计与管理、农田精准作业导航与变量作业控制、知识网格等数字农业技术研究。研发重大农业基础共性软件平台、农业专用智能传感器、控制器和田间信息采集设备、农产品电子标签等，集成建立农业生产精准作业系统及国家农业信息服务网络。

3.加强环控农业技术研究，提高农业环境质量和生态安全控制技术水平。重点攻克农业污染物源头控制、过程治理以及末端资源化治理等污染防治核心技术。优先突破粮食和油料作物生产中污染物快速解析、识别、降解及污染土壤和水体修复技术，开发相应的技术模式和产品。加强农牧工产业系统物质循环定量控制技术研究。加强设施环境控制技术和设备研究，发展高效设施农业。加强重大病虫害和外来生物识别、重大农业气象灾害监测的雷达、低空遥感和卫星遥感技术，以及有害和入侵生物快速分子检测技术研究。

4.加强智能农业技术研究，提高农业装备的自主制造能力。重点突破农业装备数字化设计、智能化控制、主动可靠性以及柔性生产和绿色制造等核心技术，创新研发基于现场总线、自动导航、网络通讯、机器视觉、生物传感器、虚拟显示终端等前沿技术的智能农业装备，生产制造水、肥、药、种等人机环境友好型精准变量作业智能装备以及各类新型农用机器人。

5.加强食品生物技术研究，带动食品产业技术升级。重点开展食品酶工程、发酵工程、蛋白质工程等前沿性技术研究，围绕食物蛋白质功能特性改造、食物资源功能化利用、食品清洁加工、节能减排、食品配料与添加剂的生物制造等核心领域，重点突破食品加工新酶创制、酶分子定向进化与选育、食品组分酶法改性与修饰、微生物细胞生物转化与合成、功能因子高效分离制备、传统生产过程生物技术改造等高新技术，引领我国未来食品产业的健康发展。

6.加强农业及粮食重大基础研究，提高农业科技源头创新水平。重点开展主要作物重要农艺性状功能基因组、作物高产优质品种分子设计、动植物核心种质资源的分子生物学基础、作物高产优质的生理生态、农林有害生物控制与农产品质量安全、动物重大疫情防治理论、土肥水资源高效利用理论基础、农林生态系统调控、农业气象灾害演变规律、生态储粮基础以及土壤—植物—机器系统理论等研究。

围绕农业高新技术及基础研究的战略任务，在加快实施“转基因生物新品种培育”国家科技重大专项的基础上，依托国家“863”计划、“973”计划等，组织实施作物重要性状形成的分子基础及功能途径、主要动植物功能基因组、农林植物杂种优势利用、农业生物药物、农业信息重大共性软硬件产品、农田污染监控与修复、食品蛋白质工程、食品与配料生物制造、智能化农业装备等一批农业高技术重大项目以及若干项农业重大基础研究项目。

（三）加快农业及粮食科技成果转化推广

农业科技成果转化推广是依靠科技增加粮食产量，提高农民收入的关键途径。要切实加强农业及粮食重大科技成果转化，进一步加快科技成果中试熟化和示范应用，并形成一批农业及粮食科技成果转化中心。要深化农村科技服务体制和机制改革，促进农业科技工作重心下移，强化先进适用技术的普及推广，进一步促进科技与经济紧密结合。

1.加强农业及粮食重大科技成果转化。通过“国家农业科技成果转化资金”等渠道，每年重点熟化和示范应用一批“863”计划、科技支撑计划等所取得的重大成果，2020年农业科技成果的转化率提高到60%以上。依托重大科技成果转化项目的实施，与地方、企业紧密结合，带动建设100个左右国家农业科技园区，100个左右农业科技成果转化促进中心，逐步建立农业科技成果转化体系。

加强现代农林动植物新品种的转化应用。重点转化推广超级杂交稻、转基因抗虫棉、"双低"油菜、超高产油茶等高产优质多抗农作物新品种及配套优质高产高效栽培技术成果，以及优势畜禽、水产新品种及节粮型健康养殖等新品种及新技术，促进农业结构调整，增加农民收入。

加强粮油产品加工与绿色储运技术成果转化。以提升安全性和附加值为目标，加快菜籽油脱毒脱臭、浓缩果汁加工、大豆浓缩蛋白等粮油、果蔬、畜禽水产品增值加工技术与设备，以及主要农产品质量安全评价、检测、全程质量控制技术和产品的转化推广，延长农业产业链，减少产后损失，提高农产品附加值，实现农业增效。

加强农业资源高效利用与生态环境保护技术成果转化。加强粮食主产区耕地质量保育、土地整理、保护性耕作、农业污染防控、水土保持与小流域综合治理等技术成果的转化与示范，促进农林生态建设。加强农业节水技术与产品、旱作农业技术、非传统水资源利用技术、高效施肥技术及产品的示范与转化，提高水肥资源利用效率。

加强农业防灾减灾技术与产品的转化。重点加快农林重大气象灾害和病虫害监测预警及防控技术、重大动物疫病诊断技术与产品、畜禽及人畜共患病高效疫苗等成果的转化和应用，加强相关技术和产品的集成配套，提高农业防灾减灾能力。

加强新型适用农业装备与设施的转化。重点转化粮食作物全程机械化作业机械、新型种子加工、土地整理、节水灌溉、设施农业、畜禽水产规模化养殖以及牧草、饲料、林产和农产品产地加工等技术装备与设施，提高农业劳动生产率，促进农业及粮食生产的专业化、标准化。

2.推进农业及粮食技术进村入户应用示范。继续大力推进"农业科技入户示范工程"、"科技富民强县"等专项计划，探索建立"以户带户、以户带村、以村带乡"等科技成果推广新模式。大力推广农民急需的简化、高效的先进适用技术。加强面向乡村农户的农产品市场信息技术、农村产业结构调整技术的推广。到2020年，推广农作物主导品种200个左右，推广先进适用技术1000项左右，农村适用技术推广普及率达到90%以上，培训农民5000万人次以上，在农业主产区培育100万个科技示范户。

3.加强农业及粮食科技推广服务体系建设。在深入推进基层农业技术推广体系改革的基础上，进一步加强和发挥农技推广公共服务机构作用，完善责任机制、考核机制及绩效机制，不断增强农技推广活力，充分调动各级农技推广部门的积极性，提升基层农技推广机构的公共服务能力。与此同时，积极推广"农村科技特派员"、"农业专家大院"、"星火科技12396"以及科技服务协会等农村科技服务模式，构建和完善多元化、社会化、网络化的新型农村科技服务体系，形成农业及粮食科技推广服务的强大合力。

（四）强化农业及粮食科技发展能力建设

科技发展能力建设是促进科技自主创新的重要保障。要实现建设世界农业科技强国的长远发展目标，必须建设一流的研发条件、形成一流的创新体系，培养一流的创新人才。要进一步加大对农业及粮食科技发展能力建设的投入力度，重点加强科技平台基地、产业技术体系和优秀人才培养，全面提高农业科技发展能力，为促进农业及粮食科技进步奠定更加坚实的基础。

1.加强农业及粮食科技平台基地建设。科技平台基地是决定科技发展能力的重要条件。从农业科技的公益性、多学科、多部门、区域化等特点出发，按照加强投入、完善功能、合理布局、避免重复的原则，着力加强已有涉农领域的重点实验室、工程技术中心、野外基地(台、站)的投入，进一步改善基础条件，完善运行机制，切实发挥功能。在此基础上，重点围绕农林动植物遗传育种、农作物生长发育与调控机理、农林生态系统，农林资源高效利用，农林重大灾害监防控等领域新建一批国家重点实验室及省部级重点实验室；在新品种、新装备、新肥料、新农药、新兽药、农林生物质工程、农产品加工储藏与流通等方面，新建一批农口国家工程技术研究中心及企业国家创新中心；围绕粮食高产、农田水肥监测、农林生态系统变化、农业污染物质监测、生物多样性监测、农业气候变化等，建设一批国家农业及粮食科技长期定位野外基地（台、站）。

2.加快现代农业产业技术体系建设。现代农业产业技术体系是按照产业发展需求，以农产品为单元，以产业为主线，建设从生产到消费各个环节紧密衔接的技术体系。这是提升我国农业科技创新能力的重要途径。要加快推进水稻、玉米、小麦、大豆、油菜、生猪、奶牛、棉花、柑橘、苹果等农产品产业技术体系建设，注重多部门联动，强化多学科集成，加快实施进程，取得明显成效。同时，根据今后我国农业及粮食产业发展的新需求，在节粮畜牧业、水产养殖、木本粮油、农业机械等领域新布局一批产业技术体系建设，促进现代农业产业的发展。

3.强化农业及粮食科技创新型人才培养。在加大国家各类人才计划对农业及粮食科技创新人才支持力度的基础上，进一步加强人才队伍建设，创新人才培养机制。培养造就一批具有世界水平的领军人物和一大批中青年高级专家与学科带头人，占领国际农业先进技术研究创新的人才高地，推动我国农业及粮食科技人才队伍建设。

（五）推进区域农业及粮食综合技术集成示范

以打造国家粮食核心区、增强区域粮食生产能力为目标，以黑龙江、吉林、内蒙古、河南、江西、安徽等粮食净调出省为重点，大力加强区域农业及粮食综合技术集成示范，带动重点区域农业及粮食生产现代化、高效化与持续化发展。

1.重点区域粮油作物丰产稳产技术集成示范。开展重点区域粮食、油料作物新品种与优质丰产技术集成示范，形成不同类型主产区水稻、小麦、玉米、大豆、油菜等五大作物的高产稳产技术模式，实现重点区域大面积均衡增产。

2.区域中低产田综合改良技术集成示范。重点开展粮食主产区干旱瘠薄型、渍涝型、冷浸型、水土流失型、盐渍型等中低产田综合改良技术示范推广，加强秸秆直接还田、测土配方施肥技术以及耕层调控技术、保护性耕作、旱作节水等先进技术的组装集成与示范，提高不同区域中低产田的生产力水平。

3.区域旱涝灾害及病虫草害防控技术集成示范。重点集成区域旱、涝、低温、冷害等灾害监测、预测预警和防控技术，以及高效避灾减灾种植制度，逐步形成配套的防灾减灾技术模式。加强区域粮食作物病虫草害预警技术示范，大幅度减少区域农业生物灾害损失。

4.区域粮油等加工及储运流通技术集成示范。重点开展适应粮油重点产区的产地加工技术集成示范，带动区域粮油加工企业发展。加快粮食保质干燥技术及储粮防虫、防霉变技术、绿色储运技术与配套设备的开发转化，提高主产区的粮食储备与流通技术水平。

（六）组织实施国家科技重大专项与科技工程

围绕国家农业发展及粮食安全的近期、中期和长期战略需求，在加快实施“转基因生物新品种培育”国家科技重大专项的基础上，以促进农业产业化发展、加快产业技术升级、提高产业核心竞争力为目标，以重大共性技术和关键技术突破、技术集成创新和区域示范为重点，有效整合现有国家和地方科技资源，统筹安排，分步实施，集中力量重点部署一批科技工程，提高农业及粮食科技发展后劲，增加科技储备，为确保国家粮食安全和现代农业建设提供强有力的科技支撑。

1.组织实施“转基因生物新品种培育”科技重大专项。从国家农业及粮食安全的长远战略需求出发，在国家科技重大专项计划中，于2008年启动了“转基因生物新品种培育”（2008~2020年）科技重大专项，这是国家科技发展的重中之重，对于保障我国粮食安全与现代农业的长远发展以及增强国际竞争力具有重大战略意义。

专项要以水稻、小麦、玉米、大豆、棉花等主要农作物和猪、牛、羊等牲畜为主要对象，适当扩大到林木、花草等，以培育抗病虫、抗逆、高产、优质等转基因新品种为中心，重点突破功能基因克隆与验证、规模化转基因操作、生物安全评价技术；建立和完善优异种质创新、新品种培育和规模化制种技术平台；获得具有重要应用价值和自主知识产权的基因，培育和推广抗病虫、抗逆、优质、高产、高效等重大转基因生物新品种，加快优良品种的更新换代步伐；建设一批国家转基因生物研究中心以及中试和产业化基地，培养具有创新能力的研究团队；培植若干具有国际竞争力的农业生物技术企业集团，促进种植业、养殖业科技进步并带动现代种植业的发展，使我国农业转基因生物研究及产业化整体水平跃居世界前列。

2.实施一批农业及粮食发展科技工程。科技工程主要部署急需优先解决、目标相对集中、近期能够突破的重大共性技术和关键技术的集成创新与示范。确定重大科技工程的原则：一是有利于近期突破产业发展的重大瓶颈问题，形成自主创新技术成果，支撑产业发展；二是有利于适应区域农业与粮食发展的实际需求，促进区域农业科技发展；三是有利于引导和整合科技资源，增强农业科技自身发展能力。

（1）粮食丰产科技工程。围绕持续提高粮食单产，增加粮食生产能力的重大关键技术需求，以水稻、小麦、玉米等主要粮食作物为重点，以东北平原、华北平原、长江中下游平原等粮食主产省(区)为主体，重点加强可持续超高产、大面积均衡丰产、全程机械化作业、农田土壤结构调控、水肥资源高效利用、重大灾害防控等关键技术集成研究与区域规模化示范，建立粮食丰产集成技术核心区、示范区与辐射区。到2020年，在粮食主产省(区)建设粮食持续丰产技术集成示范面积达到5亿亩左右，新增粮食生产能力100亿公斤以上。

（2）农林动植物育种科技工程。围绕农业高产、优质、高效发展对农林动植物新品种的需求，以推进动植物品种更新换代、提高我国动植物新品种的自主开发能力为核心，常规育种技术与分子育种技术相结合，突破杂交后代高效鉴定、优异性状聚合、广适性评价、杂种优势利用等关键技术。创新一批育种材料，加快培育高产、优质、多抗、高效新品种。到2020年，培育有重大应用前景的高产、优质、高效动植物新品种800个左右，建立区域化、标准化、规模化良种检测和繁育体系，培育若干具有核心竞争力的大型种业集团，促进我国动植物新品种产业化。

（3）食用植物油增产科技工程。围绕食用植物油发展对高产、优质生产技术的需求，以长江流域油菜、东北大豆、华北平原花生以及特色产区油茶为重点，以增加产量、提高品质、提升效益为核心，突破油料作物区域规范化、机械化、轻简化栽培关键技术研究，提高油料作物和主要木本粮油植物高产、优质、高抗新品种选育技术水平，强化园艺化栽培技术和生态经营技术以及木本油料深加工产品开发。开展油料作物和木本油料植物高产高效技术集成和产业化示范。建立油料作物增产综合技术示范区1亿亩，油料含油率平均提高2~3个百分点，油料作物单产比目前提高10%以上，木本油料单产提高4倍以上。

（4）节粮畜牧业科技工程。围绕节粮型畜牧业产业技术体系建设，以提高畜禽产业的饲料转化效率为核心，选择猪、奶牛、肉牛、肉羊、蛋鸡等畜禽优势养殖区域，重点加强饲料转化率高、生产能力强的节粮型畜禽新品种培育、秸秆及农副产品养牛、养羊等高效转化技术、规模化畜禽的节粮高效养殖技术研究。加强南方草地资源开发、优质牧草品种培育及人工草地建设关键技术研究。加强主要畜禽的重大动物疫病快速诊断技术和新型疫苗研究开发。到2020年，形成我国主要畜禽的节粮养殖技术体系，饲料转化率提高30%以上。

（5）中低产田改良科技工程。围绕国家中低产田改造基础建设工程中的关键技术问题，以突破中低产田土壤改良重大共性关键技术为重点，在东北平原、黄淮海平原、四川盆地、长江中下游地区、陕西关中平原、西北内陆绿洲、黄土高原以及西南丘陵等区域，重点攻克不同类型中低产田障碍因子诊断评价、土壤快速改良、土壤质量优化、农田保护性耕作等关键技术，开发研制新型土壤改良制剂和产品，创建一批适合不同区域中低产田改良技术模式，形成不同区域中低产田改良新型技术体系与标准体系。到2020年依靠科技改良中低产田2.0亿亩，农田基础地力提高1～2个等级，单产提高30%以上，为实现区域粮食生产大面积持续均衡增产提供技术支撑。

（6）节水农业科技工程。围绕农业节水灌溉和旱地农业发展，以提高水资源利用率为核心，严格实行灌溉用水总量控制和定额管理，在黄淮海平原、沿黄灌区、长江流域灌溉区、西北内陆灌区等典型灌溉农业区，重点研究建立灌区现代化水管理技术、田间节水灌溉技术、节水灌溉设备与节水型作物品种等技术集成模式与节水高效农业示范区，创建一批具有自主产权的现代节水农业技术设备。在东北半干旱旱作区、黄土高原旱作区、南方丘陵旱作区等雨养旱作农业区，重点开展抗旱作物新品种、旱地覆盖、旱地保护性耕作、旱地水肥管理等抗旱节水技术创新研究与示范，大幅度提高雨洪资源的利用效率。到2020年建成5亿亩高效节水农业技术示范区，灌溉水有效利用系数达到0.55以上，旱地作物水分生产效率达到1.5kg/m³以上，为缓解农业水资源紧缺压力提供技术支撑。

（7）土地整治科技工程。围绕补充耕地的土地整治科技需求，与国家土地整治项目相结合，重点加强土地资源评价与规划技术、基本农田划定与整备技术、耕地后备资源综合监测及土地生态化、信息化整治技术。在粮食主产区重点进行土地综合整治技术开发与示范，在生态脆弱区重点进行土地保护与修复综合技术研究示范，在国家重点工程建设区重点加强规模化整治装备、技术体系与标准体系建设。建立不同类型的土地整治技术示范区，为实现到2020年补充耕地5500万亩的国家目标提供技术支撑。

（8）农机装备科技工程。围绕全面提高我国农业装备科技水平、加快推进农业及粮食生产机械化的科技需求，加强农业装备的数字化设计、试验验证、主动可靠性、优化配置运用和质量安全保障等共性技术研究。突破农业装备关键部件和关键制造工艺技术。攻克水稻、玉米等主要粮食作物全程机械化以及大豆、油菜和油茶等经济作物机械化关键技术。强化畜禽水产养殖、农副产品产地机械化处理、林产加工、农业灾害防控等领域装备技术以及保护性耕作、复式联合作业等农业装备技术创新。开展成套装备的技术集成研究。创新一批具有自主知识产权的农业装备核心技术和重大产品，提高农业机械化装备的国产化率。以粮食主产区为主体，建设农业机械化示范区。到2020年，全国农业机械化水平显著提高，耕种收综合机械化水平达到65%以上。

（9）食品加工与安全科技工程。围绕营养、健康、安全食品加工关键技术需求，以食品高效分离、物理场强化干燥、非热加工、食品组分修饰改性、生物酶处理等关键技术为突破口，重点加强食品原料品质干预、加工过程节能减排降耗、装备自动化和连续化、食品包装材料和添加剂绿色制造等关键技术集成，大力发展营养强化食品、方便食品、有机食品等未来食品工业支柱产业。针对加工过程中食品品质控制和质量检测、食品安全预警和溯源技术需求，研发微生物网络测报、实时在线无损检测、危害物快速溯源、物流安全控制等关键技术，建立覆盖食品生产、流通、消费全过程的标准体系和安全控制体系，支撑我国食品产业快速、健康发展，到2020年我国食品消费中加工食品的比重达到70%，食品工业产值达到农业产值的2~3倍。

（10）粮食产后减损科技工程。围绕减少粮食储藏流通损失，提高粮食产后储运流通水平的技术需求，以粮食重点储粮区域、重点流通区域以及粮食主产区的农户储粮为重点，开展生态储粮与粮食现代流通体系建设配套关键技术研发。开发适用于不同储粮区域的高效节能环保新型粮仓设施，研发粮库低温和气调储粮技术、储粮虫霉防治技术、粮食干燥高效节能减损技术、农村农户粮食产后储藏减损技术等。加强粮食“四散化”(散装、散卸、散存、散运)物流体系配套关键技术与设备研究，重点加强粮食主产区粮食收储、散粮装载卸专用设备配套技术与装备开发，研究粮食物流衔接技术、粮食物流全程数字化技术等，培育一批大型现代化、信息化的区域粮食物流企业，显著提高我国粮食物流技术装备水平与信息化技术水平，到2020年全国粮食物流“四散化”比例提高到55%以上。

（11）新型农用物资创制科技工程。围绕粮食安全和现代农业发展对新型农用工业物资的战略需求，重点研究开发高效、安全、低成本的新型肥料、新农药、新农膜等农用物资，提高技术水平，降低生产投入成本。重点突破低品位磷钾矿资源肥料化利用和缓控释、高效复合(混)肥、优质有机肥料等新型高效肥料生产与施用关键技术。加强环境友好型农药、利用天然产物创制农药新品种等关键技术研究。突破高光效、专用化、功能与寿命同步的功能性农膜等关键技术。创制一批新型农用工业物资专利产品，推动农用工业产业升级与结构调整，带动一批农用工业企业发展。在粮食主产区建立产品试验示范及技术集成应用，到2020年主要粮食作物化肥、农药有效利用率达到45%以上，有力支撑现代农业的发展。

（12）海洋农业科技工程。围绕促进海洋农业增产增收、提高海洋食物资源高效利用的科技需求，选择重点海洋产品生产区域，开展优良种苗培育、健康养殖与高效收获等关键技术研究；开发海洋资源养护、环境质量控制和选择性捕捞新技术；加强主要海洋经济种类探捕开发技术以及渔场快速监测和精确测报技术，提高远洋渔业装备水平和保鲜储运能力；加强大宗海洋水产品的加工增值技术，提高精深加工能力。到2020年，新增海产品生产能力100亿公斤以上，基本形成覆盖滩涂、近海和远洋的现代海洋农业产业技术体系，使我国海洋农业综合技术水平跻身世界先进国家行列。

（13）农林生物质科技工程。围绕促进农林生物质高效综合利用、延伸农业产业链、发展农业循环经济的科技需求，以农林剩余物为主要原料，重点加强沼气发酵升级、生物质资源集储、木质纤维素降解与液化以及生物基燃料乙醇制备、生物基材料定向合成等共性关键技术研究；创新研制生物质液体燃料、绿色化学品和生物基材料等新产品；加快构建农林生物质高效转化与综合利用工程科技创新平台；进行农林生物质资源高效综合利用技术集成与产业化示范。到2020年，农林剩余物等生物质资源的处理利用率达到60%以上，转化利用水平显著提高。

（14）农林防灾减灾科技工程。围绕减少重大自然灾害损失，增强农业及粮食抗灾能力的科技需求，重点开展干旱、洪涝等重大气象灾害和主要粮食作物重大病虫害的成灾机理、监测、预警、评估及控制技术研究，在东北、华北和长江中下游三大平原等粮食主产区建立农业重大气象灾害和病虫害预警及防控体系；强化相关制剂及产品的研制开发，有效减轻各种灾害对粮食生产造成的损失；加强农林复合生态系统构建技术研究；加强外来有害入侵生物综合防治技术研究，建立有效的预警与防控机制。到2020年，粮食主产区因灾损失率降低到8%以下，为农业重大气象灾害和生物灾害预警及防控提供技术支撑。

（15）农林生态安全科技工程。围绕保护农业及粮食生态环境、促进农林可持续发展的目标，重点加强粮食主产区农田防护林复合优化配置和可持续经营技术、高效稳定的水源涵养和水土保持林构建技术攻关研究。加强生态脆弱区防沙治沙技术、退化农林生态系统修复技术研究。攻克农业面源污染综合防治技术、农业肥料和农药减量化、农业重金属等有害物质可控制化以及秸秆畜禽粪便循环化利用等关键技术。强化农林生态系统服务功能的监测评估技术研究。与国家重点农林生态工程相结合，针对不同类型退化农林生态系统，建立农林生态保障技术集成试验示范区。到2020年，土壤侵蚀量降低率达到20%～30%，农田林网增产效益提高到5%以上，基本建立“山区水源涵养功能圈、低山丘陵农区水土保持功能圈、平原农区生态安全功能圈”的农林生态保障技术体系。

四 保障措施

（一）大幅度增加国家财政对农业及粮食科技工作的投入

面对当前及今后我国农业及粮食安全的重大科技需求，必须把支持农业及粮食科技工作摆在更加突出的地位，将其作为财政科技投入的重点，进一步加大国家财政对农业及粮食科技工作的投入力度，使国家对农业及粮食科技投入的年度增加幅度明显高于其他非公益性领域。要进一步加大国家“863”计划、“973”计划和科技支撑计划等重大科技计划对农业及粮食领域的倾斜支持。要充分利用市场机制，建立农业及粮食科技发展基金，调动企业、金融以及其他社会资金对农业和粮食科技的投入。

（二）进一步完善农业及粮食科技工作的协调领导机制

农业及粮食科技工作涉及范围广、部门层次多，需要国家统筹协调，各部门共同推动。在国家科教领导小组的统一领导下，进一步完善农业及粮食科技工作的部门协调制度，加强各个部门之间以及与地方领导机构之间的密切联系，广开沟通渠道，充分调动各个部门对支持农业及粮食科技工作的积极性。积极推进多部门联动机制，形成合力，共同进行农业及粮食科技工作的总体规划、组织协调和督促落实。建立部门会商机制，对农业及粮食科技工作中的重大科技问题进行统筹决策，共同推进我国农业及粮食科技工作。

（三）深化农业科技体制改革，建立国家农业科技创新体系

按照落实科学发展观、建设创新型国家的总体要求，根据《国家中长期科学与技术发展规划纲要（2006～2020年）》的部署，加快推进国家农业科技创新体系建设。在继续深化农业科研院所与涉农高校科技管理体制改革的基础上，进一步优化结构布局，积极转变机制，逐步建立以农业(含林业、水利、气象等)科研院所和涉农大学为主体的基础性、公益性农业科学研究体系。积极支持农业科研院所、涉农高校与企业建立多种形式的技术研发和成果转化联盟，加快农业科技成果转化体系建设。完善和建立以国家农技推广公共服务机构为主体，农业科研院所和农业院校、涉农企业、农民专业合作经济组织等广泛参与，公益性服务与经营性服务相结合、专项服务与综合服务相协调的新型农村科技服务体系。科学规划，合理布局，重点选择创新能力强、区域科技带动性大的地方农业科研院所和大学，联合其他研究力量，组建若干区域农业科技创新中心，带动区域农业科技创新与发展。进一步加强对公益性农业科研院所与农业高校的倾斜支持力度，建立对长期从事基础性、公益性农业科技活动相对稳定的支持机制。加强农业科技创新人才支持力度，积极改革人才培养机制，依托重大项目、重点学科和科研基地，推进农业科技创新团队建设，着重培养和造就农业科技高层次人才队伍。

（四）积极引导企业参与农业及粮食技术研发，促进产学研紧密结合

积极鼓励和支持企业与科研单位或涉农高等院校形成利益共享、风险共担的产学研合作组织，推动企业技术研发和产业化能力大幅提高。引导和支持涉农企业增强自主创新能力建设，孵化一批具有国际竞争力的龙头企业或产业集团。支持农业高新技术企业进一步提升自主创新能力，推进高新技术产业化发展。支持涉农大中型骨干企业建立企业研发中心，增强企业自身研究开发实力。支持涉农民营科技企业和科技型中小企业加强公共技术服务能力建设。加强产业技术创新战略联盟建设，带动企业增加对农业及粮食科技的投入。对部分经济效益显著但市场风险较大的非公益性产业化项目，积极引入竞争机制，并在知识产权、税收等方面给予企业适当优惠，鼓励企业按照市场机制对项目进行运作和管理。

（五）切实加大对粮食主产区农业科技的支持力度

粮食主产区，尤其是黑龙江、吉林、内蒙古、河南、安徽、江西6个粮食净调出省（区），是确保新增500亿公斤粮食生产能力的核心产区。国家要进一步加大对粮食主产省（区）的科技支持力度。在国家农业及粮食科技平台建设、科技计划重大项目立项、人才队伍建设、区域农业及粮食创新中心建设等方面，优先向粮食核心主产区倾斜。同时，各粮食主产省（区）政府也要切实加大对本省（区）农业及粮食科技工作的投入，形成合力，共同推进区域农业及粮食科技发展。

国家粮食局文件
局发文部分

国家粮食局2008年工作总结和2009年工作要点

（国家粮食局 国粮发〔2009〕3号 2009年1月6日）

2008年工作总结

2008年，在党中央、国务院的正确领导下，在国家发展改革委党组的指导下，我们全面贯彻党的十七大和十七届三中全会精神，以邓小平理论和“三个代表”重要思想为指导，深入贯彻落实科学发展观，坚决执行中央关于粮食工作的各项方针政策，面对国际粮价大幅波动、国内发生罕见自然灾害等严峻形势，继续深化粮食流通体制改革，适时适度实施粮食宏观调控，积极发展现代粮食流通产业，确保粮食市场供应和价格稳定，加强机关党的建设，努力转变工作作风，各项工作取得了新的成绩。

一 贯彻落实党的十七大和十七届三中全会精神，认真开展深入学习实践科学发展观活动

根据中央关于第一批开展深入学习实践科学发展观活动的实施意见，结合粮食工作实际，从9月份开始开展为期半年的深入学习实践科学发展观活动。局党组高度重视，加强领导，精心组织，周密部署，圆满完成了学习调研阶段的各项任务，分析检查阶段的工作正在认真进行。

在学习调研阶段，局党组认真学习了胡锦涛、温家宝等中央领导同志在中央深入学习实践科学发展观活动动员大会暨省部级主要领导干部专题研讨班和第一批深入学习实践科学发展观活动工作会议的讲话精神，确定了“实践科学发展观，保障国家粮食安全”的活动主题。党组理论学习中心组举办学习研讨班，认真分析国际粮价波动、世界经济衰退、国际金融危机加剧等新形势、新挑战，提出发展粮食流通产业、保障国家粮食安全的工作措施，为全局学习贯彻工作做出了表率。在认真抓好集中学习培训和理论研讨、打牢思想基础、明确调研方向的基础上，局党组围绕确保国家粮食安全、完善粮食宏观调控体制机制、解决党员群众反映强烈的突出问题等10个重点课题，组织专题调研，形成30余份有情况、有问题、有分析、有对策建议的调研报告。各单位也按要求开展了集中学习和专题调研活动。全局180余名在职党员参加了集中培训。为帮助全局党员干部更好地学习理解和掌握科学发展

观，通过专题辅导报告、组织党员干部撰写读书笔记和学习心得体会、开展解放思想大讨论等形式，进一步增强学习实践的自觉性和坚定性。

在分析检查阶段，全局各单位按照把学习贯穿活动始终的要求，继续通读、精读“三本书”，采取召开座谈会、设置意见箱或网络信箱、发放征求意见表和问卷调查等形式，广泛征求意见，查找影响粮食流通事业科学发展的突出问题，并认真分析产生这些问题的主客观原因，提出在粮食流通工作中深入贯彻落实科学发展观的思路、总体要求和主要措施。

学习实践活动开展以来，按照局学习实践科学发展观活动的实施方案，把握重点，保证时间，严格要求，注重质量，逐层推进，分步检查，保证学习实践活动各阶段任务按要求顺利完成，取得了良好效果。

二 深入贯彻落实科学发展观，2008年各项粮食工作任务全面完成

（一）加强粮食宏观调控，保障粮食市场供应和价格基本稳定

做好抗灾救灾粮食供应工作，确保抗震救灾和灾区群众生产生活需要。年初，南方发生大范围低温雨雪冰冻灾害。我们积极应对，及时指导各地粮食部门做好抗灾救灾和保证粮油市场供应工作，加强粮源组织和调度，加大市场监测和监督检查力度，及时启动粮食应急预案，迅速组织、加工和调运成品粮油投放市场，满足灾区群众生活需要。参与国务院煤电油运和抗灾抢险应急指挥中心办公室的工作，及时完成有关工作任务。编印抗震救灾粮食工作简报21期。针对江西、湖南两省玉米库存薄弱、市场价格涨幅较大的情况，紧急安排从东北地区调运中央储备玉米充实两省库存。四川汶川特大地震发生后，局领导迅速赶赴灾区，指导抗震救灾粮食供应和粮食收购工作。全局紧急动员，全力以赴做好军粮和受灾地区粮油供应，粮食应急体系经受住了大灾的考验。根据国务院关于三个月内向灾区困难群众每人每天供应一斤成品粮的要求，会同有关部门分批下达中央储备粮救灾计划62.63万吨，安排东北地区国家临时存储玉米19.73万吨，定向销售给四川灾区企业，满足灾区群众生产生活需要。鉴于我局有关单位和个人在抗震救灾工作中的突出表现，何贤雄同志受到中共中央、国务院和中央军委的表彰，调控司统计信息处、军粮中心军供一处和刘冬竹等5位同志分别获得粮食系统抗震救灾先进集体和先进个人称号。

抓好粮食收购工作，切实保护种粮农民利益。会同有关部门研究制定最低收购价执行预案，完善预案启动机制和补贴机制，细化操作措施。及时分析粮食购销形势，部署主要粮食品种收购工作。指导和督促各地充分发挥国有粮食企业主渠道作用，引导和鼓励多元主体积极入市收购，搞活粮食流通。局领导带队，分赴主产区指导和检查收购工作，协调解决收购过程中的问题。切实做好灾区夏粮收购工作，会同有关部门研究落实相关扶持政策，指导检查夏粮收购，保护受灾地区种粮农民利益。多次安排中央储备和国家临时储存粮油收购计划，出台相关政策措施，解决东北“卖粮难”问题。加强对各类粮食企业和最低收购价粮等国家政策性粮油的收购进度统计和分析，及时编报《粮食收购情况简报》，反映粮食收购工作进展情况。

进一步充实粮食储备，增强市场调控能力。会同有关部门研究并组织实施中央储备玉米、大豆和食用植物油增储计划。下达地方储备粮分省规模的指导性计划，提出地方储备油规模的初步测算数字。会同有关部门研究提出增加国家临时存储计划的建议，经国务院批准，分批下达了国家临时存储玉米、稻谷和大豆收储计划。充实销区粮食库存，下达政策性粮食跨省移库计划7批次、127亿斤，改

善库存地区布局。

合理安排粮食销售，积极推动区域产销合作。继续安排最低收购价粮食常年常时在粮食批发市场公开销售，根据市场供求、价格及用粮企业需求等，适时调整销售品种、数量和底价，把握好销售节奏和力度。利用全国统一粮食电子竞价交易系统平台，推进有关批发市场联网开展网上交易，方便企业就近购粮。今年以来，共竞价销售政策性粮食873亿斤。根据国务院部署，“两会”期间安排定向销售中央储备食用油25万吨，每天跟踪掌握储备油出库和市场投放情况。组织各地粮食部门和有关企业开展产销衔接，加强与有关部门和地方的沟通，落实东北稻米入关运费补贴政策，及时掌握进度。支持和鼓励地方举办产销合作贸易洽谈会，提高产销合作水平，帮助地方协调解决铁路运输困难等问题。

做好粮食统计工作，健全应急监测预警系统。做好粮食购销存统计旬报、收购进度、仓储设施等日常工作，全年编报36期粮食统计旬（月）报，收购旺季每五日报告主要粮食品种的收购进度。加强粮油市场信息监测，根据形势适时调整监测频率，在价格异常波动期间，实行日报制度，节假日也不间断。完成2007年度社会粮食供需平衡调查报告，研究制订食用油供需平衡调查方案，初步确立全社会油料及食用植物油的供需平衡调查体系。修订《国家粮食流通统计制度》，健全全社会粮油加工统计指标体系。提高分析、预测市场的能力，及时提供市场分析报告，为宏观调控服务。

完善军粮供应机制，加强供应保障能力。贯彻落实“以兵为本”的服务宗旨，做好抗震救灾、藏区维稳、抗击低温冰雪灾害、奥运安保等军粮供应保障任务。探索建立“平时服务、急时应急、战时应战”的全天候军粮供应保障体系。按照“平战结合、突出战备，军民兼容、部队优先，主副并进、以副补主”的思路，不断提高整体服务功能和管理水平。继续加强军供网点维修改造，完善网络布局。加强军供信息系统建设，不断提升功能，确保信息安全。

（二）完善粮食流通法制体系，依法加强全社会粮食流通监管

深入贯彻落实《粮食流通管理条例》，继续推进粮食行业法治建设。以宣传贯彻《条例》为重点，积极开展粮食行业普法依法治理工作。开展粮食系统“五五”普法中期督导检查和表彰活动，研究制定检查方案和措施。以“维护市场秩序、服务宏观调控”为主题，通过宣传画、征文活动和在政府网站设置专栏等形式，开展系列宣传活动。总结《粮食流通管理条例》和《中央储备粮管理条例》颁布实施以来的贯彻落实情况，吸收和借鉴国内外立法经验，提出完善两部《条例》的建议，全力做好粮食流通立法的相关准备工作。组织修订《粮油仓库管理办法》，并已上报有关部门。完成对现行粮食行政法规、规章和规范性文件的清理。指导地方粮食立法。大力推进粮食依法行政，做好粮食行政复议、粮食收购资格审核等工作，提高依法行政水平。

开展粮食收购政策落实情况专项检查，做好库存清查工作。会同有关部门联合开展粮食收购政策落实情况、最低收购价粮食竞价销售出库情况的专项检查，督促各地做好最低收购价粮食竞价销售出库检查。认真开展全国粮食库存检查，会同有关部门和单位先后派出5个工作组，对河北、重庆等8省市进行督查和粮库随机检查，并向国务院提交了库存检查的专题报告。通过检查，摸清了粮食库存的基本情况、存在的问题，提出了整改意见并督促整改。会同有关部门研究提出2009年全国粮食清仓查库工作实施方案，制定检查方法，为2009年开展全国粮食清仓查库工作做了必要准备。

完善监督检查工作机构和工作制度，认真查处涉粮案件。进一步推动粮食系统完善监督检查机构，健全粮食行政执法检查体系。制定《全国粮食流通监督检查工作考核暂行办法》，完成《粮食行政执法文书》修订工作。指导各地粮食部门开展监督检查，重点核查领导批示、群众举报和媒体报道反映的涉粮案件，查清情况，澄清事实，引导舆论，维护粮食市场秩序。

依法实施行政许可，做好中央储备粮代储资格认定工作。加强粮食收购价格审核工作，具备收购资格的粮食企业达到77498家。继续开展中央储备粮代储资格认定，批准218户企业的代储资格，重点增加了代储资格企业较少省份的数量和油脂类企业数量，改善代储资格企业总体布局。经年度核查，取消了190户企业的中央储备粮代储资格，保证代储资格企业的总体质量。

加强粮食质量监管，确保粮食质量安全。全面贯彻实施小麦新标准，推广使用小麦硬度仪，科学定等定级，保护农民利益，增加农民收入。制定和发布粮油储藏技术规范等24项粮食行业标准，完成316项粮油国家标准集中制修订计划。认真落实中央领导同志批示精神，加强部门间协调和沟通，积极推进小麦粉国家标准的修订工作，多次召开座谈会和技术研讨会，就在小麦粉中禁用化学增白剂问题达成共识。继续开展收获粮食质量调查和品质测报，及时公布我国主要粮食品种的收获质量状况。组织开展中央储备粮、地方储备粮质量和卫生专项抽查。重新修订《中央储备粮质量抽查扦样检验管理办法》，开展粮食质量追溯、原粮召回等管理办法的研究。组织开展国家粮食质量监测机构卫生检验比对考核，对各级监测机构的300多名检验技术骨干进行培训。

（三）总结粮食流通工作经验，深化粮食流通体制改革

分析研究粮食流通工作新情况，加强对各地改革的跟踪指导。贯彻落实中央关于经济工作和经济体制政策改革工作的部署，组织各地粮食部门分析粮食生产、供求和价格形势，总结粮食流通体制改革经验，加强对各地粮食流通产业发展情况的跟踪，推动现代粮食流通产业发展。开展粮食生产成本、收益和价格情况的调查研究，提出提高稻谷、小麦最低收购价水平和完善执行预案等政策措施建议。制定并组织实施国家粮食局纪念改革开放30周年活动方案。召开纪念改革开放30周年暨粮食流通体制改革和现代粮食流通产业发展座谈会，总结粮食流通体制改革和现代粮食流通产业发展成效与经验，研究提出继续深化改革、促进发展的政策措施建议。开展“国粮杯”征文活动，撰写《粮食流通体制改革30年》等纪念文章。

开展国有粮食企业改革和发展调研，加强对企业改革指导。开展国有粮食企业改革情况的全面调研，掌握当前企业改革和发展情况。会同有关部门先后派出多个调研组，就基层国有粮食购销企业改革和经营管理及外资进入粮食购销、加工环节的影响等问题进行重点调研，召开13个粮食产销区和产销平衡区省份国有粮食企业改革工作座谈会，专题研究深化县级国有粮食企业改革和应对外资进入粮食加工收购领域等问题，向国务院领导呈送了专题调研报告。开展粮食产业化发展调研，及时向有关部门反映各地开展粮食产业化情况。指导各地积极落实有关政策，认真做好分流安置职工社会保障和再就业工作，切实解决企业富余职工分流安置中的遗留问题，维护职工合法权益。

争取和落实有关财务政策，指导各地做好扭亏增盈工作。研究探索企业经营性挂账处理办法，协调对承担地方政策性粮油储备的企业免征营业税、所得税、印花税、房产税和城镇土地使用税，进一步减轻企业负担。及时了解和掌握粮食购销动态及收购资金供应状况，协调农业发展银行完善贷款资格认定条件，扩大贷款范围，支持粮食企业积极入市收购。协调解决夏粮收购贷款供应中出现的问题，及时、足额供应最低收购价粮食收购贷款。加强粮食财会指导，针对世界金融危机和国际市场粮价波动的影响，及时研究国有粮食企业经营管理工作，指导各地开展扭亏增盈。在上年实现国有粮食购销企业统算盈利基础上，今年1至11月，全国国有粮食企业实现统算盈利2.74亿元。

认真办理人大建议和政协提案，做好人民群众来信来访处理接待工作。对人大代表和政协委员提出的有关粮食安全等意见建议进行深入调研，积极协调，及时答复，得到有关部门和代表、委员的肯定。认真贯彻落实《信访条例》，按照中央“6.28”会议和“平安奥运行动”指挥部协调领导小组的

要求，切实做好群众来访接待和来信处理工作，以高度的责任心，化解矛盾，维护稳定。全年共接待来访人员86批次、284人次，处理群众来信132件，未发生冲突等上访事故和其他突发事件。

（四）推进粮食现代物流体系、市场体系和农村粮食产后安全保障工程建设，指导粮食行业科技创新

贯彻落实中央关于扩大内需促进经济增长的措施，推进主产区仓房维修改造和地震灾区等仓储能力建设。会同有关部门抓紧对吉林、辽宁和内蒙古等省区粮食烘干设备、食用油储存设施等新增中央补助投资项目的审核，安排中央补助投资10亿元。做好今后两年粮食仓储、物流、农户储粮重点项目等投资需求的摸底和申报工作。实施《粮食现代物流发展规划》，会同有关部门安排中央补助投资2亿元项目50个，预安排2009年5亿元项目90个。加强中央补助投资物流项目审查、现场检查和调研，推进各地粮食现代物流体系建设。研究提出仓房维修改造方案并争取中央财政补助资金2.1亿元，用于支持河北等13个省份仓房维修改造。研究提出解决黑龙江省粮食仓储、烘干和流通设施不足问题的措施意见，争取3.72亿元中央预算内专项投资。申请紧急安排1.72亿元资金，用于地震灾区受损仓房抢修和设备采购。

组织实施《粮食市场体系建设“十一五”规划》，继续推进粮食市场体系建设。加强对重点联系市场和国家粮食交易中心的指导和扶持。先后批复河南粮食交易物流市场、陕西省粮食批发市场、内蒙古通辽玉米批发交易市场为国家粮食局重点联系市场，进一步扩大报送价格信息的范围。继续选择和批复部分市场组建国家粮食交易中心，全年共批复福州等8个国家粮食交易中心。目前国家粮食交易中心已达18家。以各地国家粮食交易中心为骨干，构建全国统一的国家政策性粮食竞价交易体系，在保证市场供应和稳定价格中发挥了重要作用。全国粮食竞价交易系统成功进行300多次交易活动，成交金额超过1000亿元。召开全国重点联系粮食批发市场座谈会，认真总结经验，积极组织交流，加强对全国粮食市场体系建设工作的理论指导。

加强粮食仓储管理工作，推进“农村粮食产后安全保障”工程。配合有关部门做好全国新增千亿斤粮食生产能力等专项规划的调研、论证和编制工作，研究提出粮食仓储物流工程建设投资方案，编制《粮食储备体系建设规划》、《食用油储备物流设施建设规划》。参与编制《粮食及农业科技发展规划》。召开“全国粮食仓储工作会议”，成功举办了“第二届储藏技术管理论坛”，总结各地仓储规范化管理典型经验，发布《粮油储藏技术规范》等3个新标准，为全面开展粮食仓储企业规范化管理活动打好基础。完成辽宁、山东、四川农村粮食产后减损安全保障工程试点专项，为3.2万余户农户配置和建设标准化储粮装具，并研究提出2009年试点方案。继续推进“粮食丰产科技工程”课题研究，推广农户科学储粮先进技术，在12个省建立47个农户科学储粮示范基地和24个农户储粮装具加工生产基地。开展全国农户粮食储藏损失调查及河南省粮食产后损失调查，研究提出产后减损政策措施建议。会同有关部门研究制定《促进大豆加工业健康发展指导意见》。开展粮食行业安全生产“隐患排查治理工作”和“百日督查专项行动”，指导行业安全生产。

加强粮食工程技术中心创新平台建设，提高粮食科技支撑行业发展能力。全面推广应用小麦硬度仪，为小麦国家标准贯彻提供支撑。开展粮库存粮数量探测、生态储粮等前瞻性课题研究，积极推动生物新技术应用及产业化。加强支撑行业发展的创新平台能力建设，组建油脂、物流、储藏物保护等9个工程中心。组织申报2009年“食品机械装备国产化专项”和食用植物油加工国债投资补助项目。粮食科研与创新能力又有新的提高，科研条件进一步改善。全年承担各类研究项目（课题）100余项，申报“十一五”滚动科技计划等科研课题48项。举办以“提倡科学膳食，推动主食工业化”为

主题的粮食科技活动周和“保面积、攻单产、节消费，保障国家粮食安全”等科技讲座。实施粮油营养研究与功能性评价系统、粮食生物工程实验室等项目，粮食储藏中试实验室、5吨生物发酵中试车间、动物实验室等即将建成投入使用。

三 围绕粮食中心工作，加强粮食行业指导和服务

（一）认真贯彻中央关于粮食工作的方针政策，及时部署和指导粮食流通工作

按照中央经济工作会议、中央农村工作会议的部署，认真分析粮食流通工作面临的形势，提出全年粮食流通工作的总体要求和工作重点，及时召开全国粮食局长会议进行部署。密切跟踪掌握粮食工作中出现的新情况、新问题，通过召开座谈会、典型交流等形式，加强对粮食行业的指导，确保中央政令在全国粮食行业得到贯彻落实。

（二）加强粮食政务信息报送，围绕粮食中心工作扎实开展新闻宣传

围绕中央领导关注的中心工作、热点问题和粮食工作中心任务，认真采编并及时报送粮食政务信息，向中办、国办报送《粮食信息》近300条，编印《情况通报》增刊30余期，多数被中办、国办采用，中央领导在多条信息和增刊上作出重要批示。围绕粮食中心工作开展新闻宣传报道。针对国际粮价大幅上涨等公众关心的问题，局领导和有关司负责同志接受中央电视台等媒体的采访，用权威、准确的信息引导社会舆论。搞好奥运期间新闻发布和记者采访接待服务，维护国家粮食局政府网运行安全。加强局政府网信息发布和中国政府网涉粮内容保障，全年在局政府网发布信息近万条，被央网采用140余条。做好为抗击南方部分省份低温冰冻雨雪灾害和汶川特大地震救灾、恢复重建粮食保障供应等方面的新闻宣传。及时收集舆情，编印“互联网信息摘编”54期。面对国际粮油价格大幅波动和国内粮油市场出现的新情况，积极加强国际国内粮油市场调研和监测分析，开展市场专题研究活动，提交《今日粮油价格》、《国际市场粮油价格》，反映市场最新情况，提高市场动态监测能力。积极开展支持宏观决策和面向社会的粮油市场信息服务。《中国粮食经济》把握粮食工作中心，加强选题策划，突出宣传重点。全年刊发稿件300余篇，消息200余条，编辑发行等工作取得新进展。

（三）积极推进粮食电子政务建设，创新粮食流通管理方式

全国粮食调控信息系统和中心机房改造项目已完成建设任务，通过正式验收并投入使用。“金宏”工程粮食综合信息库系统已通过项目评审和初步验收。47个省级粮食局纵向网接入工程、“金农”工程国家粮食购销调存数据中心项目及32个省级购销调存数据中心建设取得明显进展。全国粮食动态信息系统可行性研究报告已经国家发改委批准立项。信息系统安全基础设施改造建设顺利推进。粮食行业电子商务工作明显推进。

（四）做好行业教育培训和职业技能鉴定工作，加强人才队伍建设

努力做好行业教育培训工作，培训干部职工1000多人次。完善培训教材，抓好职业技能鉴定工作，全年共组织鉴定2万余人次，1.6万人次取得相应职业和等级的资格证书。举办考评员培训班，壮大考评员队伍。加强培训基地建设，推进院校职业技能鉴定工作。研究制定全国粮食行业技术能手评选表彰管理办法和全国粮食行业技能人才培育突出贡献奖评选表彰管理办法，完善人才评选表彰制度。认真开展清理规范各类职业资格工作。

（五）深入推进放心粮油工程，规范粮油生产经营行为

总结各地开展放心粮油工程的经验，组织起草《放心粮油企业生产技术管理规则》和《放心粮店

经营管理规则》，进一步规范放心粮油生产企业和放心粮店的生产经营行为。加快建立和实行粮油企业产品质量追溯和退市召回制度，组织全国55家粮油骨干企业共同签署深入推进放心粮油工程、确保粮油食品安全承诺书，防范食品安全事故。修订和细化粮食行业信用评价方案，启动信用评价试点，推进粮食行业信用体系建设。

（六）加强粮食领域的对外交流与合作，办好展会和学术研讨活动

开展国外智力引进项目，聘请20位国外专家来华介绍粮食储藏、储粮害虫防治、粮食品质标准、谷物深加工等方面的技术和经验。积极开展对外合作，帮助有关企业开展散粮运输技术等方面的国际合作研究。先后召开中瑞散粮运输新技术研讨会、中日稻谷烘干新技术研讨会、粮食安全学术研讨会、第八届国际储藏物气调与熏蒸大会、第八届中国国际粮油产品及技术设备展览会、世界榨油商大会、全国爱粮节粮宣传周和世界粮食日纪念活动等，增进行业交流与合作。在意大利成功举办了国际标准化组织谷物与豆类分委员会第33届年会。全年接待国外来访粮农代表团20多个、来访外宾200多人次。粮科院接待20个国家的驻华使馆外交官、欧盟驻华代表团农业参赞和联合国粮农组织驻华代表处代表。继续推动与国外有关企业长期科技合作，加强国内外粮食物流发展和稻谷烘干新技术新成果的经验交流和推广。完成粮食仓储行业淘汰甲基溴国际援助项目，率先实现淘汰目标。中国贸促会粮食分会正式成为上合组织中国实业家委员会的成员单位。

（七）加强对现代粮食流通产业发展等重大问题的研究，深入开展理论探索

做好软科学课题研究和优秀调研报告评奖工作，推动粮食系统理论研究，引导各地加强粮食工作调研。开展2007年粮食工作优秀调研报告评选，选出优秀调研报告40篇。完成《2008中国粮食发展报告》和《2008中国粮食年鉴》编写出版工作。完成发展改革委重点课题《现代粮食流通产业发展战略研究》、《新形势下粮食支持政策与国家粮食安全问题研究》、我国粮食安全的实证分析和政策研究、我国粮食行业发展战略研究等课题，积极参与中财办和国家开发银行合作研究项目中关于我国粮食安全的风险和对策的专题研究。深入调查国际热钱进入我国粮食市场和粮食行业外商投资情况，研究提出外商投资粮食收购和加工业的政策建议，向国务院领导呈送了专题报告。研究提出促进居民科学健康消费粮油的政策措施建议和《食用油产业发展规划》有关内容，完成《现代粮食物流产业发展战略研究》课题。总体完成《现代粮食大辞典》的审改工作。

四　加强机关建设，搞好协调服务，机关面貌呈现新气象

（一）加强机关党建工作，为粮食中心任务的顺利完成提供政治保障

结合学习贯彻“两会”精神、纪念改革开放30周年、举办北京奥运会等重大活动，组织党员干部深入学习贯彻党的十七大精神，全面掌握十七大和十七届三中全会确立的重大理论、战略思想和工作部署，增强广大党员干部拥护党的路线方针政策的坚定性和贯彻落实的自觉性。制定并落实关于进一步加强和改进党组中心组学习的实施办法，实现学习活动的制度化、规范化和经常化，充分发挥示范带动作用，提高理论学习效果。组织局机关司处级干部和直属单位领导班子成员参加国家发展改革委十七大精神轮训。举办形势报告会、学习成果研讨交流会，开展“纪念改革开放三十周年”主题党日活动和“创建文明机关、争做人民满意公务员”主题实践活动等，深化对党的基本理论、基本路线、基本纲领、基本经验的认识，提高运用科学理论分析和解决实际问题的能力。重点加强基层组织建设，积极发展党员。认真开好党员领导干部民主生活会，采取多种方式征求对局党组的意见建议。积

极开展党建工作调查研究，加强系统内党建工作交流。

（二）贯彻落实中央反腐倡廉各项措施，加强党风廉政建设

及时传达贯彻和落实中纪委全会和国务院廉政工作会议精神，制定《2008年国家粮食局党风廉政建设和反腐败工作实施意见》和《任务责任分解意见》，分解任务，明确责任，提出要求，逐项落实。结合粮食工作实际，促进廉政建设制度化。制定并贯彻落实《国家粮食局建立健全惩治和预防腐败体系2008～2012年工作规划》。认真分析粮食工作中反腐倡廉工作重点，深入研究粮食部门在反腐倡廉中的新问题和新特点，制定切实可行的工作措施。认真查处案件，全年共受理群众举报件及领导交办件104件，其中要求上报查处结果的21件、初核10件。纪检监察部门自查、督办14件，戒勉谈话和廉政谈话等20余人次。重点督办查办黑龙江省富锦九〇粮库亏库案件及其他涉粮案件。

（三）推进机关和事业单位人事制度改革，抓好干部队伍建设

加强司级领导班子思想政治建设，督促各单位有针对性地加强班子自身建设。创新干部选拔任用思路，坚持正确的用人导向，配备司处级领导班子。起草国家粮食局“三定规定”草案并上报中央编办，做好军粮中心参照公务员法管理的实施工作。加强干部教育培训，选派干部到中央党校、国家行政学院和国外学习培训。抓好《行政机关公务员处分条例》的贯彻落实。积极做好高校毕业生和转业、复员军人接收工作和解决干部夫妻分居问题，做好人才引进和拴心留人工作。

（四）落实“三个转变”，加强机关作风建设

进一步落实转变职能、转变工作方式、转变工作作风等“三个转变”，推进政府信息公开，创新管理方式，深入基层、深入实际，大力开展调查研究，掌握粮食工作新情况，针对新问题提出政策措施建议。增强宗旨观念和大局意识，努力为行业和基层服务。加强机关效能建设，提高工作质量和工作效率。规范办事办文，精简会议和文件。加强政务督察，积极推进机关工作的制度化、规范化。倾听社会各界意见和建议，切实改进工作。

（五）提高服务能力，进一步做好离退休干部工作

认真抓好老干部政治待遇各项制度的落实，组织广大老干部深入学习科学发展观等重大战略思想，开展以纪念改革开放三十年等为主题的丰富多彩的纪念活动。进一步做好老干部生活待遇的落实工作。提高服务能力，帮助老干部解决最关心、最现实的突出问题。广泛开展走访慰问和送温暖活动。

（六）坚持服务宗旨，搞好后勤保障服务

坚持科学管理和优质服务，挖掘潜力，规范管理，不断改善后勤服务环境，提高服务质量，为机关提供优质高效的服务。完成各类会议特别是15次重要会议的服务保障工作。顺利完成全局文件、材料的印刷任务，全年共印刷各类文件、材料及书刊1759件，总印数近50万张，保证全局工作的正常运转。加强后勤财务管理，完善制度，严格执行政府采购规定，规范办公用品采购，资金节约率15%左右。克服部分车辆停驶限行，机动车少、机关用车量大的困难，努力保证机关的公务用车，安全行驶60多万公里无责任事故。完成15套经济适用住房的分配、为28位职工调整住房，出售南菜园住房77套，及时审核发放38位职工的住房补贴88.7万元，对报国寺、新文化街老旧院落和三义里等部分宿舍楼进行维修改造、粉刷等。

（七）搞好部门预算管理，促进各项业务工作顺利开展

在中央部门预算总体偏紧的情况下，做好国家粮食局2009年部门预算编制和申请工作，保障全国粮食清仓查库和粮食宏观调控等工作所需经费及重点粮食事业发展所需开支。继续推进国库集中支付改革，加强预算支出管理，加快预算执行进度。积极落实、迅速拨付救灾款项，为抗震救灾工作提供

资金保障。深化财政国库管理制度改革，扎实推进公务卡改革试点工作。想方设法筹措资金，积极做好第二步规范津贴补贴工作，重点保障离退休人员津补贴缺口。认真开展中央政府采购执行情况专项检查，规范政府采购预算编制。

（八）开展群众性精神文明创建活动，促进文明机关和谐机关建设

重视建设文明机关和谐机关，积极发挥直属机关工会、共青团、妇工委等作用，开展"迎奥运、讲文明、树新风"、"创建文明机关，争做人民满意公务员"等精神文明创建活动。成立13个文体协会，广泛开展群众性文体活动，促进了全局的精神文明建设。组织做好抗震救灾和扶贫工作，为四川地震灾区群众捐款110余万元人民币，募集棉衣被10000余件（条），支援重点灾区小型碾米设备7台套、粮食仓储清理和输送设备20台套及农户储粮小型钢板仓200个。进一步做好对口贫困地区的帮扶工作，全年共投入扶贫资金85万元，资助定点扶贫地区扶贫项目建设和粮库、校舍及道路维修等，并继续实施"奋斗"奖学金工程，帮扶金阳中学学习成绩优异的贫困家庭学生。关心干部职工工作和生活，积极开展送温暖活动。

2008年是我国改革开放30周年，也是我国推进中国特色社会主义伟大事业进程中极不平凡的一年。在这一年里，我们全面贯彻党的十七大和十七届一中、二中、三中全会精神，高举中国特色社会主义伟大旗帜，深入贯彻落实科学发展观，进一步解放思想，坚持改革开放，推动科学发展，促进社会和谐，积极应对来自国际国内形势复杂变化和自然界的严峻挑战，始终把确保国家粮食安全、确保粮食市场供应和价格基本稳定作为粮食工作的出发点和落脚点，坚定不移地贯彻执行党中央、国务院制定的粮食流通政策措施，想大事、谋全局，抓改革、促发展，团结进取，扎实工作，恪尽职守，无私奉献，为国民经济又好又快发展和社会稳定和谐作出积极贡献。

在肯定成绩的同时，也应该看到，粮食流通工作中有许多新情况需要研究，有不少难点和问题需要解决，还有很多新的课题需要探索，在机关建设方面，还需要进一步转变职能、转变作风、改进服务、创新管理，服务行业、服务基层还需要进一步加强，党员领导干部驾驭全局、推进科学发展的能力需要进一步增强，干部职工的政治素质和业务能力还需要进一步提高。

2009年工作要点

根据党的十七届三中全会提出的"加快构建供给稳定、储备充足、调控有力、运转高效的粮食安全保障体系"的精神，结合粮食流通工作面临的形势，2009年全局工作的总体要求：认真贯彻落实党的十七届三中全会精神，深入学习实践科学发展观，按照中央经济工作会议、中央农村工作会议的部署，坚持改革创新，加强市场调控，搞好清仓查库，深化企业改革，促进产业发展，推进流通建设，确保国家粮食安全，加强机关党的建设、廉政建设、干部队伍建设和文明机关和谐机关建设。

一 扎实开展学习实践科学发展观活动

认真贯彻中央《关于第一批开展深入学习实践科学发展观活动的实施意见》精神，全面做好国家粮食局学习实践活动的各项工作。按照局党组提出的在粮食流通工作中深入贯彻落实科学发展观的思

路，站在新的历史起点和经济全局的战略高度，全面协调可持续地推动现代粮食流通事业科学发展。针对粮食工作实际，坚持解放思想、实事求是、科学发展，处理好大胆探索与稳步推进的关系；始终把确保粮食安全作为工作的出发点和落脚点，处理好放开市场与加强调控监管的关系；坚持国有粮食企业主渠道和其他粮食市场主体全面协调发展，处理好主渠道和多渠道的关系；坚持立足国内基本自给，处理好国内与国际两个市场的关系；坚持以人为本，处理好促进粮农增收与保护消费者利益的关系；坚持统筹兼顾，处理好中央与地方、产区与销区、东部与西部的关系。坚持立足国内保障粮食基本自给和努力保持粮食供应紧平衡，切实保障粮食有效供给，加快构建“供给稳定、储备充足、调控有力、运转高效”的粮食安全保障体系。着力解决粮食宏观调控政策层面的突出问题和涉及群众切身利益的问题，进一步细化整改措施，集中解决突出问题，明确责任，改进工作，完善制度。扎实做好学习实践活动中群众评议、整改落实等后续阶段的工作，认真总结，科学测评，用工作成果检验学习实践活动的成效，探索建立学习实践科学发展观的长效机制。

二　进一步提高粮食宏观调控水平

认真研究分析粮食供求形势，及时提出调控措施建议，促进粮食总量、区域和品种平衡。指导粮食购销工作。定期发布粮食供求及市场价格信息，正确引导生产和流通。深入分析国际粮食供求形势，配合有关部门做好粮食进出口工作，搞好粮食供求平衡。

研究提出2009年粮食最低收购价水平的政策建议，完善执行预案，督促有关省份落实好各项政策措施，引导国有和国有控股粮食企业积极入市收购，充分发挥主渠道作用，同时引导和鼓励各类粮食经营企业积极参与收购，搞活粮食流通。继续分批安排最低收购价粮食和国家临时存储粮食的竞价销售，把握好销售节奏，保证市场供应不断档、不脱销。做好最低收购价等政策性粮食跨省移库工作，充实薄弱地区库存。

完善中央储备粮轮换机制，跟踪检查中央储备粮轮换计划执行情况。调整中央储备粮布局和品种结构，督促尽早完成大豆和食用植物油中央储备增储工作。充实地方粮油储备和成品粮油应急库存。

督促各地按照《国家粮食应急预案》和本地区粮食应急预案的要求，进一步完善预案和相关实施细则，抓紧做好仓储设施、应急加工和供应网点的维修工作，切实把应急体系建设工作做到位，确保各项措施的贯彻落实。

加强食用植物油统计工作，逐步建立食用植物油安全监测体系。进一步做好全社会粮食流通统计工作，扩大统计范围，提高数据质量。搞好粮食市场监测和分析，根据形势需要调整监测频率和密度，增强对市场反应的敏感性和即时性。组织社会粮食供需和食用植物油及油料供需平衡调查。开展粮食统计巡查，充分发挥统计监督职能。加强国内外粮油市场研究，建立科学的信息收集、分析、监测、预测体系，推动面向社会的市场信息发布制度，提高信息服务能力。

完善促进产销合作发展的政策措施，建立粮食产销区利益协调机制，妥善解决产销合作中的问题。做好关内销区采购东北粳稻（大米）的调运工作。构建完善全国统一粮油电子竞价交易体系，完成政策性粮食竞价销售任务。

全面贯彻“以兵为本，服务部队，服务基层”的宗旨，以完善军粮供应各项政策、建设军粮供应战备应急保障机制、研究军粮质量标准体系为重点，积极促进军粮供应保障工作又好又快发展。

三 进一步提高依法行政能力和水平

积极开展调研活动，借鉴国外粮食立法经验，加快研究起草粮食法的有关工作。深入开展两个《条例》的学习宣传和贯彻落实工作。指导地方推进粮食立法，完善地方粮食法制体系。及时了解示范单位在推进粮食依法行政方面的情况，研究推进依法行政工作的政策措施。跟踪了解地方各级粮食行政复议工作情况，指导建立健全粮食行政复议机构，推动行政复议工作。加强对外商投资企业进入粮食收购等领域问题的研究。

指导和推进地、县两级监督检查机构建设，夯实粮食监督检查工作基础。搞好粮食流通监督检查行政执法培训，提高执法水平。加强对粮食最低收购价政策落实情况及政策性用粮购销活动的监督检查。对领导关注、群众反映强烈的各类涉粮案件，特别是全国粮食清仓查库中发现的、国家粮食购销政策执行中出现的重大问题进行严肃查处。

全面修订《粮食质量监管实施办法》，加强收购储存环节和政策性粮食质量安全监管，继续推进粮油标准体系建设，重点抓好涉及质量安全的粮油标准研究和制修订。进一步推动和加强粮食质量监测体系建设。

继续做好中央储备粮代储资格审核工作，加强对中央储备粮代储资格企业的监督检查，严格按程序开展中央储备粮代储资格认定。

四 扎实开展全国粮食清仓查库工作

贯彻落实国务院领导同志关于“进行一次清仓查库，摸清家底，既做到政府心中有数，也让群众感到放心”的指示精神，按照国务院办公厅关于开展全国粮食清仓查库工作的要求和部际联席会议的部署，组织和抓好2009年全国粮食清仓查库工作。按照“有仓必到，有粮必查，有账必核，查必彻底”的原则，采取县级企业自查、市级普查、省级复查和国家有关部门随机抽查相结合的方式，重点检查中央储备粮、国家临时存储粮、地方储备粮、国有粮食企业储存商品粮的数量、品种、质量等情况，进一步摸清粮食库存底数。

五 落实和完善粮食流通体制改革政策措施

加强对各地深化粮食流通体制改革、促进现代粮食流通产业发展工作的指导。做好县级粮改联系点的有关工作，及时总结推广好的做法和经验。密切跟踪掌握改革进展情况，研究提出深化改革、促进发展的政策措施和配套政策措施建议。

完善国有粮食企业改革和发展的政策措施，指导各地推进基层国有粮食企业产权制度改革，实行兼并重组，组建适应粮食购销新体制的公司制、股份制粮食购销企业，完善购销网络，继续发挥购销主渠道作用。积极培育粮食产业化龙头企业，延伸产业链条，发展粮食订单生产、订单收购，鼓励企业做大做强。支持有条件的加工龙头企业向粮食科研、生产、收购、加工、销售一体化发展。协调有关部门研究解决国有粮食购销企业政策性财务挂账认定、剥离中的遗留问题，指导各地通过多种方式积极消化企业经营性挂账。指导和督促各地解决国有粮食企业安置富余人员的资金缺口，落实社会保障和再就业政策，保护职工合法权益。

协调改进粮食收购资金信贷管理办法，支持国有粮食购销企业开展粮食购销业务。指导各地拓宽粮食收购资金来源渠道，探索商业性金融机构支持粮食收购的途径。加强对国有粮食企业扭亏增盈工作的指导，认真搞好粮食财务信息统计和财务分析。配合财税部门进一步完善有关税收政策，减轻企业负担。

加强粮食最低收购价、粮食成本利润和国际、国内粮食支持保护等问题的调查研究，提出粮食价格政策和完善粮食支持保护政策建议。积极配合有关部门研究完善粮食直接补贴政策，切实保护种粮农民利益。

充分运用现代粮食流通产业发展研究成果，推动各地积极培育和发展现代粮食市场主体，健全市场体系。建立新型粮食购销服务体系，发展粮食流通新业态，实现主渠道保稳定、多渠道活流通。

六 大力推进粮食流通产业发展

贯彻落实国家粮食安全中长期规划纲要、《国务院关于促进食用油产业健康发展保障供给安全的意见》的各项政策措施，结合国家新增千亿斤粮食生产能力建设规划的实施，配合有关部门完善粮食储备体系建设、食用油储备物流设施建设、农业及粮食科技发展等专项规划。研究提出推进农户储粮、现代物流项目建设、仓储设施建设和维修改造等指导性意见，加强对有关专项建设的指导。开展粮油加工业政策措施研究，规范和引导粮油加工业健康发展，会同有关部门研究起草粮食加工业发展规划。加快产业化体系建设，积极争取"粮油加工业技术改造升级"专项扶持政策。组织实施新的粮油加工统计制度。

推进粮食物流重点项目建设，扩大农户储粮工程试点范围。组织申报和审查粮食现代物流、粮食仓储设施、农户储粮试点专项等基础设施建设投资项目，做好项目建设进度、质量和资金管理等方面的检查落实。结合全国新增1000亿斤粮食生产能力规划建设工作和区域特点，统筹规划和协调重要物流节点粮食现代物流项目建设。加快推进农村粮食产后减损安全保障工程试点专项，协调有关部门，加大中央补助投资力度，扩大试点范围。做好"粮食丰产科技工程"农户储粮减损工作，推广农户储粮科学技术。

组织实施《全国粮食市场体系建设"十一五"规划》，切实加强对粮食市场体系建设的组织、指导、协调和服务。指导大中城市成品粮批发市场建设，发挥成品粮批发市场在保障城市口粮供应方面的作用。完善重点联系粮食批发市场制度和全国粮食竞价交易系统，推进全国统一交易平台建设。

抓紧出台粮油仓库管理等管理办法。启动"粮食仓储行业规范化管理活动"，规范国有粮食仓储设施管理。加强对重点领域和重点环节的监督检查，督促企业完善安全生产工作机制，防范安全生产事故发生。

加强粮食行业科技创新体系建设，健全农村粮食产后技术服务体系。配合相关部门开展粮食科技发展战略研究。组织实施一批国家科研和高技术产业化项目，推动信息技术、生物技术应用，启动国家级工程中心和重点实验室组建申报工作，提高自主创新能力。加大爱粮节粮宣传力度，继续举办科技活动周，在全社会倡导形成崇尚节俭、合理消费、科学消费的理念和习惯。

七 加强粮食行业指导和行业服务

认真做好政务信息报送工作。加强电子政务建设，完善粮油市场信息监测体系和机制，提高行业信息服务水平。加强粮食新闻宣传，发挥好《中国粮食经济》的导向作用，抓好局政府网站的安全管理和信息发布，推动地方粮食政府网站建设。加强行业教育培训和职业技能鉴定工作。充分利用引智项目、开展中外合作项目、举办展览会、爱粮节粮宣传周、世界粮食日和学术交流等活动，进一步加强粮食领域的国际、国内合作与交流。推动放心粮油进农村、进社区活动，提高放心粮油在城乡市场的占有率。配合有关部门搞好粮油食品安全专项整治工作，推进粮油名牌工程，确保粮油食品安全。

八 进一步加强机关自身建设

深入学习和贯彻党的十七届三中全会和中央经济工作会议、中央农村工作会议及“两会”精神，做好机关党建工作。充分发挥党组理论学习中心组的示范带动作用，加强理论武装。加强基层组织建设，充分发挥战斗堡垒作用。落实中央《关于加强党员经常性教育的意见》等四个保持共产党员先进性长效机制文件和工委《关于加强和改进中央国家机关党的建设的意见》，建立健全党员学习、教育、管理、联系群众、党内民主参与等方面的制度。做好直属机关党委换届工作，指导基层加强组织建设。开展新中国成立60周年庆祝活动和“创建文明机关、争做人民满意公务员”等活动，促进文明机关和谐机关建设。加强党员干部培训，及时掌握党员干部思想动态。做好青年和妇女工作，抓好对口扶贫。高度重视、主动关心群众生活，深入开展“送温暖、办实事”活动，帮助职工排忧解难。

贯彻落实贺国强同志在中央纪委监察部派驻机构工作总结交流会上的讲话精神，加强对粮食部门执行党的政治纪律情况的监督检查，坚决纠正和查处违背科学发展观的行为，确保中央关于粮食工作的各项方针政策和重大决策部署得到有效落实。切实抓好粮食行业惩治和预防腐败体系建设和反腐倡廉建设，加强对领导班子及其成员贯彻执行民主集中制、选拔任用干部、贯彻落实党风廉政建设责任制和廉政勤政情况等方面的监督。严厉查办侵害国家和群众利益的案件。

全面推进政府信息公开，坚决落实 “三个转变” ，促进机关效能建设。扎实做好机构编制工作，深化机关干部人事制度改革，规范事业单位人事管理。继续做好离退休干部工作，特别是“双高”期老干部服务工作，落实好老干部政治待遇和生活待遇。进一步做好机关后勤服务保障工作，确保机关各项工作顺利开展。加强部门预算管理，合理安排资金，保障机关正常运转和重点粮食事业项目支出。

2009年是新中国成立60周年大庆之年，做好粮食流通工作意义重大。在新的一年里，我们要紧密团结在以胡锦涛同志为总书记的党中央周围，以邓小平理论和“三个代表”重要思想为指导，深入学习实践科学发展观，更加扎实、更加深入、更加科学、更加有效地做好粮食流通的各项工作，确保国家粮食安全，促进国民经济又好又快发展。

关于同意建立乌鲁木齐国家粮食交易中心的复函

（国家粮食局 国粮政〔2009〕63号 2009年4月7日）

新疆维吾尔自治区人民政府：

你区《关于申请组建乌鲁木齐国家粮食交易中心的函》（新政函〔2009〕49号）收悉。

为贯彻落实《国务院关于进一步促进新疆经济社会发展的若干意见》（国发〔2007〕32号）有关精神和《国务院关于完善粮食流通体制改革政策措施的意见》（国发〔2006〕16号）中关于"重点扶持大宗粮食品种的区域性、专业性和成品粮油批发市场"的精神，根据《全国粮食市场体系建设"十一五"规划》中组建国家粮食交易中心的有关要求，同意你区在新疆粮油中心批发市场基础上组建"乌鲁木齐国家粮食交易中心"。新疆地域辽阔，资源丰富，粮食生产潜力大，组建"乌鲁木齐国家粮食交易中心"，有利于整合你区粮食流通基础设施和相关资源，促进粮食生产发展和粮食产销衔接，在搞活粮食流通、提高流通效率、服务国家宏观调控、保障国家粮食安全方面发挥积极作用。

专此函复。

关于同意建立北京国家粮食交易中心的复函

（国家粮食局 国粮政〔2009〕64号 2009年4月7日）

北京市人民政府：

你市《关于申请设立北京国家粮食交易中心的函》（京政函〔2008〕154号）收悉。

为贯彻落实《国务院关于完善粮食流通体制改革政策措施的意见》（国发〔2006〕16号）中关于“重点扶持大宗粮食品种的区域性、专业性和成品粮油批发市场”的精神，根据《全国粮食市场体系建设“十一五”规划》中组建国家粮食交易中心的有关要求，同意你市在北京粮油交易信息服务中心基础上组建“北京国家粮食交易中心”。北京是我国首都，又是全国粮食主销区，组建“北京国家粮食交易中心”，有利于整合粮食流通基础设施和相关资源，促进粮食产销衔接，在搞活粮食流通、调节粮食供求、服务国家宏观调控、保障国家粮食安全方面发挥积极作用。

专此函复。

关于成立离退休干部工作领导小组的通知

（国家粮食局 中国储备粮管理总公司
国粮发〔2009〕118号 2009年4月29日）

国家粮食局各司室、直属单位、联系单位，中国储备粮管理总公司各部：

为了贯彻落实中组部《关于进一步加强新形势下离退休干部工作的意见》（中组发〔2008〕10号）的要求，国家粮食局、中国储备粮管理总公司决定成立离退休干部工作领导小组（以下简称领导小组）。有关事项通知如下：

一　主要职责

（一）负责指导、协调、督促、检查各单位齐抓共管离退休干部工作；

（二）听取离退休干部的意见和建议，根据中央和国家的有关政策规定，研究处理离退休干部反映的重要问题；

（三）就解决离退休干部工作中遇到的经费等重要问题向党组提出建议，并指导督促离退办做好贯彻落实工作。

二　组成人员

组　长：曾丽瑛　国家粮食局党组成员、副局长

副组长：姚瑞坤　中国储备粮管理总公司党组成员、副总经理

成　员：孙鉴奇　国家粮食局办公室主任

徐京华　国家粮食局人事司司长

邓亦武　国家粮食局财务司司长

金　刚　国家粮食局机关党委副书记

王亚平　国家粮食局机关服务中心主任

李春胜　中国储备粮管理总公司财务部部长

张　普　国家粮食局离退休干部办公室主任

领导小组的日常工作由国家粮食局离退休干部办公室办理。

关于做好汛期安全生产和储粮安全工作的通知

（国家粮食局 国粮展〔2009〕134号 2009年5月31日）

各省、自治区、直辖市及新疆生产建设兵团粮食局，中国储备粮管理总公司，中粮集团有限公司，中国华粮物流集团公司：

今年汛期已到，部分地区出现了强降雨、大风等极端天气，对粮食企业的设施和储粮安全造成威胁，加之当前粮食企业库存较高，夏粮收购即将开始，储粮安全和防汛形势不容乐观。为做好今年的粮食行业防汛工作，确保安全生产和储粮安全，现就有关事项通知如下：

一 强化防汛减灾意识，提早部署防汛工作

各地粮食行政管理部门及粮食企业要加强对防汛工作的领导，切实做好防范洪涝、强风、台风、雷暴、泥石流等极端自然灾害的准备，加强与当地气象、防汛等部门的联系，做好汛情预测和分析，防患于未然。各地粮食行政管理部门要详细了解辖区内粮食库存分布情况，以县（市）粮食行政管理部门为单位，制订遇险粮食紧急疏散转移的预案，明确指挥协调机制、粮食流向、运输方式、人员分工、资财准备等内容；处于水患区的粮食仓储企业自身也要制订防汛预案，并加强演练，遇到突发情况及时与当地粮食行政管理部门沟通，确保预案有效实施、企业安全度汛。各地粮食行政管理部门及粮食企业要结合安全生产“三项行动”，深入开展屋面防漏、地面防潮、墙面防渗、门窗防雨，以及露天囤垛、防汛物资准备、防汛设备工况等关键环节的安全隐患排查治理，加大投入，改善抗洪硬件条件，提升防汛排险能力。

二 加强管理，确保汛期储粮安全

通过今年的清仓查库，发现当前储粮安全还存在以下几个方面的问题：一是部分地区有效仓容紧张，仓房条件较差，不少粮食还处于露天储存状态；二是部分入库粮食水分偏高，粮情不稳，害虫出现活跃迹象；三是南方一些企业缺乏玉米保管经验，部分移库南方的玉米储粮安全状况堪忧。对此，各地粮食行政管理部门和相关单位要加强对企业安全储粮工作的指导和检查，高度关注存在储粮安全问题的企业，及时消除储粮安全隐患，特别要加大储粮科技攻关力度，解决移库玉米的安全储存问题。要做好粮油保管员的业务培训工作，提高从业人员业务素质。要督促粮食仓储企业贯彻落实好国家粮油储藏各项技术规程和管理制度，提高仓储管理水平，确保安全储粮。为了保证政策性粮油的储存安全，储存政策性粮油和各级储备粮的仓房，必须加强防鼠、防雀、防火、防雨、防风能力，储存其他性质粮食的仓房也要尽量改善条件，降低粮食损失损耗。

三 严格制度，确保储粮化学药剂管理和熏蒸作业安全

各地粮食行政管理部门要结合安全生产“三项行动”，通过部门检查、企业整改、部门验收的方式，消除储粮化学药剂管理和熏蒸作业中的不规范行为。重点解决“双人双锁”制度不落实、药品领用与回收登记不完善、药品库安全措施不到位、熏蒸作业操作不规范、熏蒸设备不符合安全标准等相关问题。另外，处于水患区的粮食仓储企业要提前把库存药剂转移至安全场所，防止水灾衍生事故的发生。

四 精心准备，保证夏粮收购安全

各地粮食行政管理部门要指导粮食企业做好夏粮收购的准备工作，制订收购工作方案，搞好人员培训，提前检查仓房、场地、设备、仪器等是否达到收购作业的标准和要求。要加强对收购现场的管理，禁止无关人员入内，注意对车辆和人员的疏导，加强作业现场的设备与用电安全管理，同时要为售粮农民提供便利条件。要注重对收购粮食的整理，严格执行分类堆放的规定，禁止不同等级、不同品种的粮食混存。企业要加强对新入仓粮食粮情变化的监测，严格执行“一、三、七”粮情检查制度。另外，各地粮食行政管理部门和有关单位要加强对非国有粮食企业执行政策性收购任务的监督检查，确保储粮安全。

在汛期和夏粮收购期间，各地粮食行政管理部门要加强与辖区内各类粮食企业的联系，建立24小时值班与领导带班以及信息报告制度，发生重大灾情要迅速逐级上报国家粮食局。

国家粮食局联系方式：
工作时间：010–63906904，63906909（传真）；
节假日及夜晚：010–63906078，63906058（传真）。

关于严格规范国有粮食企业改革改制和经营行为维护职工合法权益的通知

（国家粮食局 国粮财〔2009〕135号 2009年5月31日）

各省、自治区、直辖市及新疆生产建设兵团粮食局：

近几年来，各地认真贯彻落实党中央、国务院关于粮食流通体制改革的政策措施，结合当地实际，积极推进国有粮食企业改革，实现了政企分开，基本解除了企业历史包袱，采取多种形式改革改制，企业布局和结构得到优化，竞争力明显增强，主渠道作用继续发挥，改革改制取得明显成效。但是，少数地方的一些企业在国有粮食企业改革改制中，存在程序不规范、侵犯职工合法权益等问题，影响了改革的进程和效果。为严格规范国有粮食企业改革改制行为，维护职工合法权益，进一步推动国有粮食企业改革和发展，现就有关问题通知如下：

一 严格规范国有粮食企业改革改制，切实保护职工合法权益

各地粮食行政管理部门要指导、督促国有粮食企业在改制中，严格按照《国务院办公厅转发国资委关于进一步规范国有企业改制工作实施意见的通知》（国办发〔2005〕60号）要求，制定企业改制方案，并按规定程序审批。国有粮食企业改制中涉及企业国有产权转让的，要严格按照有关法规和《企业国有产权转让管理暂行办法》（国资委、财政部令2003年第3号）、《国资委、财政部关于印发〈企业国有产权向管理层转让暂行规定〉的通知》（国资发产权〔2005〕78号）、《国资委、财政部关于企业国有产权转让有关事项的通知》（国资发产权〔2006〕306号）等文件规定执行。认真做好企业改制中的资产清查和债务核实工作，加强对改制企业的财务审计和资产评估，防止国有资产流失。国有粮食企业在改革改制中，对中央和地方政府投资建设的粮食仓储设施不得随意处置或改变其用途。

在企业改制和产权转让中，要尊重和维护广大职工的知情权、参与权、监督权，让职工了解改革改制内容，认真听取职工意见，保障职工合法权益，增强职工对企业改革改制后发展的信心，保证改革改制顺利有序进行。要充分发挥职工代表大会或职工大会的作用，制定的企业改制方案，必须提交职工代表大会或职工大会审议，并及时向职工公布。

改革改制后的国有独资、国有控股粮食购销企业，要依据《中华人民共和国公司法》建立健全法人治理结构，按照现代企业制度的要求实行规范运作。建立外资并购境内国有粮食企业安全审查机制。

二 严格规范国有粮食企业租赁经营，切实维护国有资产安全

国有粮食企业的租赁经营，要按照国有资产管理的相关政策规定，严格规范租赁行为。企业资产租赁方案要实行集体研究、民主决策。租赁程序要实行“阳光操作”，采取公开公正公平的形式进行。对租赁经营的国有粮食企业要委托中介机构真实评估企业资产，坚决杜绝不评估、不按程序操作、贱租企业资产现象。承租人的选择应通过社会招标、竞价租赁、市场竞争的方式进行，确保实现租赁资产的合

理价值。在租赁经营中要明确承租人与所租赁的国有粮食企业分别承担的责任、权利和义务，承租人在承租中要按合同约定交纳资产租赁费用。

切实加强对租赁企业的监管，明确监管目标、监管内容和监管措施，及时发现问题和总结经验。对租赁经营的薄弱环节，要建立有效的风险防范机制，避免承租人的短期行为，防止国有资产流失。

三 加强对国有粮食企业资金运作的监管，切实保障粮食收购资金安全

各地粮食行政管理部门要指导国有粮食企业搞好诚信建设，优化资产结构，提高信用等级，用好粮食收购资金，掌握商品粮源，促进粮食购销。指导企业依法筹集资金，有效运营资产，强化风险意识，开展合法经营。严禁国有粮食企业挤占挪用粮食收购资金，用于与粮食经营无关的投资等业务活动；严禁国有粮食企业以与粮油产业化龙头企业合作为名套取银行贷款；严禁国有粮食企业为其他企业提供贷款担保。要督促国有粮食企业切实加强资金管理，及时清理往来账款，加快销售货款回笼，减少资金沉淀和不合理占用，提高资金使用效益。

四 妥善处理国有粮食企业富余职工分流安置的遗留问题，积极落实社会保障和再就业政策

各地要按规定将国有粮食企业分流职工纳入当地社会保障体系，做好企业解除劳动合同人员的档案移交和社会保险关系的接续等工作。按照《国务院关于完善粮食流通体制改革政策措施的意见》（国发〔2006〕16号）和国家发展改革委、国家粮食局等六部门《关于印发进一步推进国有粮食企业改革和发展的意见的通知》（国粮财〔2006〕123号）等有关文件规定，由省级人民政府统筹考虑，采取多渠道解决国有粮食企业分流安置职工和离退休人员所需资金，特别是妥善解决企业拖欠职工工资、医药费、社会保险费和一次性经济补偿金等问题。

各地要把推动国有粮食企业改革改制和增加就业岗位结合起来，促进分流职工再就业。落实小额担保贷款、税费减免等各项再就业扶持政策，搞好职业培训，提高转岗转业能力，为分流职工创造良好的再就业条件。鼓励和支持企业下岗失业人员自主创业、自谋职业。支持国有粮食企业通过企业资产重组，创办新的经济实体，安置分流人员。充分利用企业现有网点、仓房和产业优势，拓展经营网络，构建新的发展平台，增加就业岗位。

五 加强对国有粮食企业改革改制工作的领导，及时化解企业改革改制中的矛盾

各地粮食行政管理部门要按照科学发展观的要求，在当地党委、政府领导下，加强对国有粮食企业改革改制工作的领导，积极贯彻落实有关政策措施，因地制宜、精心组织、周密部署，推动国有粮食企业改革和发展，继续发挥国有粮食企业在加强粮食宏观调控、保持国内粮食市场稳定、保护种粮农民利

益、保障国家粮食安全等方面的主渠道作用。

在深化国有粮食企业改革中，要拓宽职工反映意见渠道，明确专门机构，安排专职人员，认真做好信访接访工作。采取领导定期或不定期接访、在政府网站公开领导电子邮箱、公开信访接待电话等多种形式，建立健全职工表达诉求与应急处置的机制。及时跟踪了解国有粮食企业改革改制进展情况，切实解决职工反映的问题，及时化解各种矛盾，把问题解决在当地，维护社会稳定，确保国有粮食企业改革顺利进行。

关于实施新《稻谷》《玉米》和《大豆》国家标准有关工作的通知

（国家粮食局 国粮发〔2009〕138号 2009年6月11日）

各省、自治区、直辖市、计划单列市及新疆生产建设兵团粮食局，中国储备粮管理总公司、中粮集团有限公司、中国华粮物流集团公司：

《稻谷》（GB 1350–2009）、《玉米》（GB 1353–2009）和《大豆》（GB 1352–2009）国家标准将分别于2009年7月1日和9月1日起正式实施，为确保新标准顺利贯彻实施，现就有关问题通知如下：

一 抓紧做好新标准的宣传贯彻工作

《稻谷》、《玉米》为全文强制性国家标准，《大豆》为条文强制性国家标准，强制性标准必须严格执行。各地粮食行政管理部门要充分认识贯彻实施新标准的重要性，加强对新标准实施工作的领导，尽快组织宣传贯彻，要充分利用媒体，加强对粮食收储企业、加工企业和种粮农户、粮食经纪人的宣传，确保新标准的顺利实施。

二 认真开展新标准的推广培训

各地粮食行政管理部门和大型国有粮食企业，要在我局开展培训的基础上，根据国家标准化法的有关规定，结合当地实际情况，制定培训计划，自上而下组织粮油质检机构、粮食收储企业、加工企业的有关质量和标准化管理人员及检验人员认真学习，准确理解国家有关粮食政策和新标准，掌握新的检验技术，提高业务水平，在粮食收购工作中切实做到依质论价。

三 切实做好粮食收购过程中执行新标准的各项工作

承担托市收购和其他政策性粮食收购任务的企业，应根据新标准的要求，配备必需的质量检验仪器，完善各项规章制度，改善粮食储运条件。各粮食收购点要加大宣传力度，在显著位置公布新标准和国家粮食收购政策规定的质价标准，将粮食收购价格上榜、质量指标上墙、标准样品上台。对售粮农民提出的关于新标准及质价政策的有关问题，要耐心释疑解惑，让农民明白售粮，确保粮食收购工作有序地进行。

四 加强对贯彻实施新标准的监督检查

各地粮食行政管理部门在粮食收购期间，要按照《粮食流通管理条例》和《粮食流通监督检查暂行办法》的有关规定，对收购工作中执行国家标准的情况进行重点监督检查，对不执行新标准的行为，要依据有关法规严肃查处。同时，要注意调查了解执行新标准中的问题和建议，并逐级汇总后，报国家粮食局标准质量管理办公室。粮食收购期间，国家粮食局将对质价政策和国家标准的执行情况进行督查。

关于同意建立大连国家粮食交易中心的复函

（国家粮食局 国粮政〔2009〕144号 2009年7月4日）

辽宁省人民政府：

你省《关于申请组建大连国家粮食交易中心的函》（辽政〔2009〕62号）收悉。

为贯彻落实《国务院关于完善粮食流通体制改革政策措施的意见》（国发〔2006〕16号）中关于“重点扶持大宗粮食品种的区域性、专业性和成品粮油批发市场”的精神，根据《全国粮食市场体系建设“十一五”规划》中组建国家粮食交易中心的有关要求，同意你省在大连北方粮食交易市场基础上组建“大连国家粮食交易中心”。辽宁省是我国粮食主产省，大连市是东北地区的粮食集散地，粮食物流设施先进，粮源充足，具有很好的交通和区位优势。组建“大连国家粮食交易中心”，有利于整合粮食流通基础设施和相关资源，发挥你省粮食资源优势和交通、区位优势，促进粮食生产发展和粮食产销衔接，在搞活粮食流通、提高流通效率、服务国家宏观调控、保障国家粮食安全方面发挥积极作用。

专此函复。

关于开展粮油仓储企业规范化管理活动的通知

（国家粮食局 国粮展〔2009〕153号 2009年7月8日）

各省、自治区、直辖市及新疆生产建设兵团粮食局，中国储备粮管理总公司、中粮集团有限公司、中国华粮物流集团公司：

近年来，各地区各单位在规范粮油仓储企业管理方面进行了有益探索，取得了明显效果，全国粮油仓储企业的管理水平不断提高，安全储粮能力有所加强。但在今年全国粮食清仓查库工作中，我们发现一些粮油仓储企业在仓储管理方面还存在明显的薄弱环节，影响库存粮食的数量真实、质量良好和储存安全。为加强粮油仓储企业的仓储管理，治理仓储管理中的不规范行为，提高企业规范化管理水平，保障国家粮食安全，经研究决定在全国粮油仓储企业中开展一次规范化管理活动，现就有关事项通知如下：

一 当前粮油仓储企业管理方面存在的主要问题

（一）库存粮食管理方面

主要问题是：粮食入仓前未按规定对仓房进行清扫消毒；不同性质、不同品种、不同生产年份的粮食混存；入仓粮食的水分、杂质超标；库存粮食有霉变结块情况；粮情监测及记录不规范；粮食损耗处置不及时；粮堆形状不规整；露天存放的粮堆缺乏测温通风系统等。

（二）设施设备管理方面

主要问题是：仓房密闭隔热措施不到位，缺少防虫、防鼠、防雀措施；门窗破损未及时维修、关闭不严；爬梯、配电箱未及时做防锈处理；通风口密闭措施不到位；墙体抹面、落水管脱落未维修；围墙有坍塌情况，库区杂草丛生；库区内散养家禽，卫生差；排水设施不完善；设备器材乱堆乱放，设备使用后未及时养护，设备档案不完整，测温系统出现故障未及时排除等。

（三）安全生产管理方面

主要问题是：熏蒸作业现场管理混乱，环流熏蒸设备不符合安全规定；在未进行有效密闭的情况下实施露天熏蒸作业；药品库管理未执行“双人双锁制度”，无药品包装回收记录，药品库没有警告标志；超仓房设计容量装粮，包打围的围包码放不规范，已经出现围包变形面临坍塌的危险；库区火源管理不严格，库区内有吸烟痕迹，个别企业消防设施不齐全或已经失效等。

（四）账务管理方面

主要问题是：未执行统计制度，台账填写不规范，统计资料不完整，统计数据有未报、漏报、错报的情况；原始凭证存在随意涂改、缺项、漏项等情况；库存粮油货位卡片制作及使用不规范，内容与实际不符；保管账统计账填写不规范，存在以表代账的情况；有出库不核销、入库不记账或未分批次记账情况等。

（五）行政管理方面

主要问题是：企业仓储管理制度不健全；粮食出入库、粮情检查、安全生产等制度执行不到位；

管理机构不健全，专业人员未执行持证上岗制度；企业名称使用不规范，一笔业务中使用多个名称或简称；代储、购销等合同格式不规范、内容不全面，相关权责不明确；存在仓储管理档案不完整，管理不规范情况等。

二 规范化管理活动的主要目的

（一）提高从业人员素质

通过活动，使仓储企业从业人员特别是主要管理干部了解粮食流通政策，熟悉粮食流通管理法规制度，掌握并熟练应用粮食储藏技术。

（二）提高企业管理水平

通过活动，治理企业仓储管理上的不规范行为，完善企业管理制度，优化企业仓储管理流程，规范企业仓储管理行为，提高企业管理效率和效果。

（三）保证库存粮食安全

通过规范企业库存管理，做到账实相符、账账相符；通过加强仓储管理措施，防止储粮安全事故发生和库存粮食品质劣变，确保库存粮食安全。

（四）促进仓储行业发展

通过活动，改善企业仓储条件，提高企业管理效率，增强企业盈利能力，促进整个行业科学发展。

三 规范化管理活动的主要内容

（一）宣传贯彻新颁标准和管理制度

围绕近年来国家和地方出台的粮食法规、粮改政策文件、管理制度，技术标准、操作规程，广泛开展宣传、培训、教育活动，使各级粮油仓储管理人员了解政策要求、熟悉制度规定、掌握并正确理解各类粮油储藏技术和设备操作规程。通过多种形式广泛开展新标准新制度宣传贯彻活动。地方粮食行政管理部门、相关单位和粮油仓储企业要加强对粮油仓储企业负责人、粮油保管员、粮油质量检验员等专业人员的在职教育，提高企业从业人员的综合素质和专业知识。

（二）建立完善粮油仓储管理规章

各地区各单位要按照近年来已经出台的粮食管理法规、部门规章、规范性文件以及技术标准的要求，结合本地区、本企业实际情况，抓紧对有关仓储管理制度进行修改完善。建立健全系统性强、针对性强、有关要求明确、符合企业规范管理要求的新型仓储管理制度体系。各粮油仓储企业在完善制度的同时，要适当调整企业仓储管理组织结构，规范仓储业务管理流程，细化各仓储管理岗位职责，完善以提高效率和确保储粮安全为核心的绩效评价体系，并建立与新制度体系相适应的工作机制。

（三）改善粮油仓储保管条件

粮油仓储企业要加强对粮油仓储设施的管理。首先要加强现有仓储设施设备的管理，通过科学规划、合理调度，进一步挖掘现有设施设备的能力，提高设施设备的使用效率；其次要建立科学的设施设备维护保养工作机制，加强对设施设备的维护保养，延长设施设备的使用年限；第三，要多方筹集资金，逐步改善粮油仓储设施设备条件。各地区各单位要加强对仓房维修改造工作的指导，有条件的地方要出台仓房维修改造技术标准；要加强对基层粮油收储网点设置和撤消的指导，防止出现因没有收购网点不利于农民售粮的情况发生，也要防止收购网点的重复建设，浪费社会资源。

（四）治理不规范管理行为

粮油仓储企业要针对本次清仓查库发现的仓储管理问题，集中开展一次不规范行为治理行动。要杜绝粮食混存、仓房鼠害、违规熏蒸、药品库管理不规范等影响企业储粮安全和安全生产等不规范行为；要逐步解决政策执行、账务管理、粮食管理、设备设施管理、人员管理以及制度不完善等不规范行为，提高企业管理水平。为保证治理行动的效果，地方粮食行政管理部门和相关单位可根据本地区本单位实际情况，制订治理工作方案，确定治理工作重点，落实治理工作责任，加强对治理过程的检查、指导、总结、交流和评估。

（五）创建规范化管理企业

各地区各单位要在现有工作基础上，开展适合本地区本单位企业管理实际的规范化管理企业创建行动。规范化管理创建行动的目标是：杜绝粮油仓储企业的不规范管理行为，严格粮油仓储企业库存管理，提高企业管理水平。

各地区各单位可以根据以上内容，结合工作实际，细化活动方案，开展多种形式富有地方特色的配套活动。

四 开展规范化管理活动的基本要求

（一）规范化管理活动的范围

全国各类所有制性质的粮油仓储企业均应参加本次规范化管理活动。其中地方企业由各省（区、市）粮食局负责组织；中国储备粮管理总公司、中粮集团有限公司、中国华粮物流集团公司的直属企业按照隶属关系由公司负责组织。

（二）规范化管理活动的时间安排

自本通知正式发出之日起，粮油仓储企业规范化管理活动即正式启动。各地区各单位要利用6个月的时间完成规范化活动的各项任务，2010年春节后进入全国总结、交流阶段。

在全国范围内开展规范化管理活动是一次整体提升粮油仓储企业管理水平的重大行动，事关粮油仓储行业的科学发展，事关库存粮油的数量真实、质量良好和储存安全，事关国家各项粮食流通政策的贯彻落实和国家粮食安全，各地区各单位要高度重视，加强对规范化管理活动的指导，保证活动的顺利进行。在活动组织过程中，各地区各单位要密切联系实际，从企业规范管理需要出发，侧重解决实际问题，切实提高企业规范化管理水平，为国家粮食安全做出贡献。

关于政府信息公开工作自查情况和整改措施的报告

（国家粮食局 国粮发〔2009〕182号 2009年8月27日）

国务院办公厅：

按照国务院办公厅《关于对政府信息公开工作情况进行督查调研的通知》（国办发明电〔2009〕16号）要求，现将我局政府信息公开工作有关自查情况和整改措施报告如下：

近年来，我局按照党中央、国务院的要求，积极贯彻落实《中华人民共和国政府信息公开条例》，结合部门实际，加强领导，建章立制，督促落实，积极做好政府信息公开工作。

一 政府信息主动公开工作情况

一年来，国家粮食局采取多种形式主动公开相关粮食信息，尤其是通过政府网站共发布各类粮食信息近万条，实现了粮食政务信息的资源共享。主要内容涉及：我局主要职责、内设机构和人员编制、公务员考录情况，国家粮食政策、法规、规章及其他规范性文件，有关政策文件的解读和访谈情况，发展规划纲要、行政许可事项及地方粮食行政管理部门工作信息等。围绕国家粮食局中心工作，及时在局政府网开设了抗灾救灾、深入学习实践科学发展观、粮食清仓查库、夏粮收购等专题栏目，为公众提供专业、集中、权威的获取信息渠道。

（一）编制、公布政府信息公开指南和目录

2008年4月，我局印发了《国家粮食局政府信息公开指南》，编写了国家粮食局政府信息公开目录，方便广大公民、法人和其他组织查阅，已上网信息目录181条，发布相关粮食信息近万条，并通过媒体及时发布信息，引导社会舆论和市场预期。

（二）健全国家粮食局新闻发布和新闻发言人制度

为使新闻宣传工作更好地为粮食工作服务，使我局对外新闻宣传报道制度化、规范化，2000年，我局制定了《国家粮食局新闻工作暂行规定》（国粮办政〔2000〕37号）。2001年，印发了《国家粮食局办公室关于建立国家粮食局新闻发言人制度的通知》（国粮办政〔2001〕42号），确立了新闻发言人制度，确定了新闻发布（报道）的形式：一是召开新闻发布会；二是接受新闻单位采访；三是向新闻单位提供稿件或者声像资料；四是在互联网上建立国家粮食局政府网站。通过我局政府网站和新闻媒体及时发布国家粮食政策信息，引导社会舆论和市场预期。

（三）政府门户网站建设

我局充分发挥政府网站公开政府信息的平台作用，早在2001年4月即建立了部门网站——国家粮食局政府网（网址：www.chinagrain.gov.cn），通过网站大力宣传国家有关粮食政策，指导基层粮食工作，为农民、消费者和粮食企业提供网上服务，成为粮食行业信息发布的权威网站和对外宣传的重要窗口。为进一步贯彻落实国务院办公厅对政府网站“信息公开、公共服务、公众参与”三大功能定位的要求，使政府信息公开更好地为社会公众服务，为粮食流通工作服务，在广泛征求意见的基础上，2007年对局政府网站进行了全面升级改版，主要栏目从当初的10个增加到39个，改变了过去单一

发布信息的局面，逐步形成了政务性、服务性与互动性相结合的新格局。如：增加了政府信息公开、在线办事和公众参与等专栏。开通了政府信息公开工作电话，设立政府信息公开意见箱，主动接受公众监督，切实增强了政府网站的互动性和服务性，充分发挥了公开政府信息的重要平台作用。

二 工作机制和制度建设

（一）成立政府信息公开工作领导小组

为加强政府信息公开工作的组织领导，我局及时成立了政府信息公开工作领导小组，由国家粮食局党组成员、副局长郄建伟同志任组长，国家粮食局党组成员、纪检组长杨兵同志任副组长，领导小组成员由各司室和驻局监察局等单位的负责同志组成。领导小组下设办公室，具体负责政府信息公开工作的实施。

（二）建立健全政府信息公开制度

根据《中华人民共和国政府信息公开条例》的有关规定，先后制定《国家粮食局政府信息公开暂行办法》和《国家粮食局政府信息公开指南》，对我局政府信息公开的方式、内容、工作流程、实施步骤和保障措施等作出了明确规定。

（三）开展培训，加强队伍建设

我局专门邀请专家讲座，开展政务公开知识培训。为进一步提高国家粮食局干部职工对推行政务公开工作重要意义的认识，深入推进全局政务公开工作，我局专门邀请专家举办了政府信息公开讲座。讲座介绍了世界一些国家政府信息公开情况，我国政府信息公开实践与发展，以及《政府信息公开条例》的立法目的、指导思想和确定的主要制度等。

（四）落实年度工作报告公布制度等情况

按照《中华人民共和国政府信息公开条例》要求，我局对涉及群众切身利益、需要社会广泛知晓或参与的政府信息，按照及时、便民的原则，认真落实年度工作报告，通过政府网站等方式向社会公布了《国家粮食局2008年政府信息公开工作报告》。

三 政府信息依申请公开工作

（一）我局依申请公开工作的受理和答复

自《中华人民共和国政府信息公开条例》实施以来，我局共收到政府信息公开申请43件，全部通过我局政府网站信息公开专栏提交。主要内容涉及机构设置、粮食收购价格、粮食市场价格等问题。在收到的申请中，已全部办理或答复，办结率为100%。对于答复的申请内容中涉及信访、投诉、反腐举报等方面，由于反映的问题不属于我局工作职能范围，我们都主动向申请人进行了说明，建议其通过相应渠道办理。我局对公开会涉及国家秘密、商业秘密、个人隐私的政府信息都不予公开。

（二）政府信息公开的收费和减免情况

《国家粮食局政府信息公开暂行办法》规定，国家粮食局依申请提供政府信息，除可以收取检索、复制、邮寄等成本费用外，不得收取其他费用。不得通过其他组织、个人以有偿服务方式提供政府信息。收取的检索、复制、邮寄等成本费用按照国务院价格主管部门会同国务院财政部门制定的标准执行。申请公开政府信息的公民确有经济困难的，经本人申请、国家粮食局政府信息公开工作领导小组负责人审核同意，可以减免相关费用。

鉴于目前行政机关依申请提供政府信息收取检索、复制、邮寄等成本费用标准尚未出台，因此我局没有收取任何费用。

（三）因政府信息公开申请行政复议、提起行政诉讼情况

截至目前，我局没有发生因政府信息公开申请行政复议、提起行政诉讼的情况。

四 存在的问题及整改措施

通过自查，我局政府信息公开总体是好的，但也存在一些不足，主要表现在：

一是没有制定单独的信息公开保密审查制度、澄清制度。主要是因为在我局制定的《国家粮食局政府信息公开暂行办法》中已经包含了相关的保密审查制度，在2009年印发的《国家粮食局关于加强保密工作的意见》中也规定了政府信息公开的保密审查工作的相关内容。

二是没有设立政务公开大厅或在行政服务场所开设依申请公开接待窗口。这主要是因为我们行政审批事项很少，无须安排专门的接待场所，也由于我局是国家机关中唯一的整个单位在外租用办公用房的单位，办公用房十分紧张，接待群众上访的办公场所也是借用大楼物业大厅。

三是没有及时向国家档案馆、公共图书馆、政府行政服务大厅等政府信息查阅场所及时提供政府信息。

四是我局政府信息公开平台还没有及时按照国务院办公厅印发的《政府信息公开目录系统实施指引》要求进行修改。

针对以上问题，我局将在今后的工作中进一步处理好保密工作与政府信息公开工作的关系，努力改进不足，想方设法开设一个依申请公开的接待窗口，为我局的政府信息公开工作创造一个更好的环境。

特此报告。

关于重新审定重点粮油产业化龙头企业的通知

（国家粮食局 中国农业发展银行
国粮财〔2009〕197号 2009年9月23日）

各省、自治区、直辖市及新疆生产建设兵团粮食局，农业发展银行分行：

2006年、2007年，国家粮食局和中国农业发展银行先后联合认定了1684家重点支持的粮油产业化龙头企业，在粮食收购、基地建设、技术改造等方面优先提供贷款支持。大部分龙头企业积极利用支持政策，抓住市场机遇，因地制宜开展经营，取得了较好的经济效益和社会效益，为促进农民增产增收和推动社会主义新农村建设做出了积极贡献。同时，随着现代粮食流通产业的发展，粮油产业化龙头企业的状况也发生了较大变化，大部分龙头企业不断创新机制，拓展经营空间，取得了较快发展；一部分龙头企业实行强强联合或兼并重组，竞争实力进一步增强；但也有一部分龙头企业因经营管理不善，效益下降；甚至还有个别企业存在挪用粮食收购资金的现象。为进一步加大对粮油产业化龙头企业发展的支持和指导，充分发挥重点粮油产业化龙头企业的影响和带动作用，促进粮油产业健康发展，国家粮食局和中国农业发展银行决定，对重点粮油产业化龙头企业进行重新审定。现将有关事项通知如下：

一 审定范围

本次参与审定的企业包括两部分：一是对《国家粮食局 中国农业发展银行关于印发重点支持的粮油产业化企业名单的通知》（国粮财〔2006〕178号）和《国家粮食局 中国农业发展银行关于印发第二批重点支持的粮油产业化企业名单的通知》（国粮财〔2007〕252号）确定的重点支持粮油产业化企业按审定条件予以重新审定，符合条件的继续保留重点粮油产业化企业资质，不符合条件的撤销重点粮油产业化企业资质。二是对未纳入上述两文件范围，但属于地市级以上（含地市级）人民政府或政府有关部门认可的，以粮油生产、流通、加工、转化为主业的产业化龙头企业可申请参与本次审定。

二 审定条件

重点粮油产业化龙头企业应符合以下条件：一是经农业发展银行评定2009年信用等级在“A-”级（含）以上，或2009年信用等级未确定但2008年信用等级在“A”级（含）以上；二是原则上应达到农业发展银行地市级优质客户（含）以上水平；三是近年来（新建企业投产运营以来），企业经营效益良好，各项经营指标居本省（区、市）前列；四是对农业增产、农民增收具有带动能力，有良好的经济效益和社会效益；五是符合粮食产业发展政策、有市场前景和一定的发展潜力；六是没有违规和不良信用记录，以及除粮食财务挂账外无不良贷款，除政策性因素外无欠息；七是按照《粮油加工业统计制度》及时填报《全国粮油加工业统计年报表》。

三 审定方法

由企业向当地粮食行政管理部门和农业发展银行提出申请，经当地粮食行政管理部门和农业发展银行双方共同审查后，联合行文逐级上报至国家粮食局和中国农业发展银行，最后由国家粮食局和中国农业发展银行共同审查后，确认并公布重新审定的重点龙头企业名单。各省级粮食行政管理部门和农业发展银行省级分行接到本通知后，要密切配合，认真做好辖区内重点龙头企业的审核工作，保证最终上报《粮油产业化龙头企业统计表》相关数据的真实性和准确性，并于2009年12月底前，分别报送国家粮食局和中国农业发展银行。有关审核上报的具体问题，请与国家粮食局财务司和中国农业发展银行客户一部联系。

关于加强合作支持现代粮食流通产业发展的通知

（国家粮食局 中国农业发展银行
国粮财〔2009〕217号 2009年10月16日）

各省、自治区、直辖市及新疆生产建设兵团粮食局、农业发展银行分行，中国农业发展银行营业部：

为贯彻落实《国家粮食安全中长期规划纲要（2008～2020年）》和中共中央、国务院《关于2009年促进农业稳定发展农民持续增收的若干意见》（中发〔2009〕1号）精神，增强政策性金融服务能力，推进现代粮食流通产业发展，国家粮食局和中国农业发展银行（以下简称农业发展银行）决定，进一步加强合作，支持现代粮食流通产业发展，并就有关事项通知如下：

一　充分认识加强政策性金融支持现代粮食流通产业发展的重要意义

发展现代粮食流通产业，是在新世纪、新阶段，我国经济社会进入科学发展轨道，符合社会主义市场经济发展要求的新的粮食流通体制基本确立的条件下，粮食流通部门贯彻落实科学发展观，服务社会主义新农村建设，保证粮油市场价格基本稳定，促进粮食生产稳定发展和种粮农民增收，确保国家粮食安全的重要举措。促进现代粮食流通产业发展，有利于整合现有粮食流通资源，通过体制机制和科技管理创新，不断改造和提升传统粮食流通产业，提高粮食流通效率和调控效率，增强粮食流通产业市场竞争力和国家粮食安全保障能力。我国作为世界上最大的粮食生产国和消费国，随着经济社会的快速发展，粮食功能在不断拓展、延伸和丰富，不仅为现代粮食流通产业发展提供了广阔空间，更对发展现代粮食流通产业提出了新的要求。

近年来，各地积极推进现代粮食流通产业发展，取得了明显成效。但由于粮食行业的特殊性，长期积累的一些遗留问题还没有得到彻底解决，自身缺乏资金积累，推进现代粮食流通产业发展面临不少困难和问题。特别是去年以来，受全球金融危机影响，我国现代粮食流通产业发展面临的形势和挑战更加严峻，需要各级政府和有关部门的大力支持。因此，国家粮食局和中国农业发展银行决定加强合作，充分发挥政策性金融支持现代粮食流通产业发展的重要作用，推动国有粮食企业进一步深化改革，改善粮食流通产业发展条件，增强粮食宏观调控能力，为确保国家粮食安全和建设社会主义新农村服务。

二　粮食部门和农业发展银行合作支持现代粮食流通产业发展的主要范围

各级粮食行政管理部门和农业发展银行要围绕促进现代粮食流通产业发展，确保国家粮食安全，服务社会主义新农村建设这一中心任务，按照“政府引导、市场运作、突出重点、力求实效”的原则，积极支持现代粮食流通产业发展。

合作支持的主要范围是：（1）政府储备粮油的增储和轮换业务，以及国家最低收购价粮、临时存储粮和政府用于市场调控的其他政策性粮油的购销。（2）国有粮食企业及取得粮食收购资格的其他粮食企业按市场价自主购销粮食业务。（3）粮食产业化龙头企业生产基地建设、技术升级改造、固定资产购置和食品安全及检测能力建设，以及粮食订单收购和放心粮油工程建设。（4）粮油仓储、物流设施建设和粮食批发市场建设等。（5）粮食产区与销区的产销合作。

三 粮食部门和农业发展银行支持现代粮食流通产业发展的主要政策措施

（一）保证政策性粮油信贷资金及时足额供应

足额保障中央储备粮油的增储资金需要，按照地方政府有关部门具体落实的地方粮油储备计划规模，足额发放粮油储备贷款，充实地方粮油储备，夯实国家粮食宏观调控物质基础。及时足额保证国家最低收购价粮、临时存储粮和其他政策性粮油（含军供粮油）的收购资金，支持符合条件的粮食企业积极入市收购，确保粮食市场价格稳定，保护种粮农民利益。

（二）支持具备收购资格的粮食企业自主开展粮食购销

一是积极支持国有粮食企业发挥粮食购销主渠道作用，指导企业准确研判粮食市场形势，开展粮食购销，促进农民增产增收。对基层国有粮食购销企业改革改制中暂时达不到贷款条件的地区，以县（市）为单位，选择1～2个条件相对较好的骨干粮库发放收购贷款。适当降低基层国有粮食购销企业贷款风险准备金比例。研究推行企业应收账款、仓单等用于贷款抵、质押，扩大企业有效资产担保范围。根据企业风险承受能力，核定最高贷款额度，并落实到企业，促进企业搞活经营。对企业收购尚未销售的粮食，在正常保质期内且粮食质量完好的，可办理贷款展期。二是支持具备粮食收购资格的其他粮食企业入市收购，对收购量大、经济效益好、信用度高的企业，优先给予支持。积极支持合同收购和订单收购。

（三）支持粮食产业化龙头企业做优做强

重点支持有竞争力、带动力、效益好的粮食产业化龙头企业发展，积极提供企业正常生产经营所需的短期流动资金贷款、流动资金循环贷款，固定资产购置、技术升级改造、技术研发引进、粮食生产基地建设和食品安全及检测能力建设等中长期贷款，以及龙头企业开展粮食订单收购和放心粮油工程建设所需资金。对粮食产业化龙头企业中长期贷款，可根据企业项目建设期和达产期限，给予一定的宽限期。

（四）支持粮油仓储、物流设施建设和粮食批发市场建设

按照《粮食现代物流发展规划》和《全国粮食市场体系建设“十一五”规划》要求，积极支持粮油仓储和物流设施、批发市场建设，增强粮食流通产业发展后劲。对符合扩大内需和国家产业政策导向、国家和省级政府关切、有财政资金配套的粮油仓储、物流设施、粮食批发市场和放心粮油工程等项目，农业发展银行在保证信贷资金安全、防范信贷风险的前提下，优先予以贷款支持；对有政策明确规定、财政支持的建设项目，可采用信用贷款方式。粮食行政管理部门和农业发展银行要加强对项目贷款资金使用情况的监管，严格财务管理，保证信贷资金安全。

（五）支持粮食产销区开展粮食产销合作

按照“政府推动、部门协调、市场机制、企业运作”的原则，支持粮食产区与销区建立购销衔接机制，建立稳定的粮食购销渠道。积极推动产销区企业间开展粮食产销合作，不断拓展合作区域范围，壮大参与主体，扩大交易规模，提升合作层次，丰富合作内容，促进国内粮食有序流通。加大对粮食产销合作的信贷支持力度，鼓励销区企业到产区采购粮源，支持产区企业到销区拓展销售网络。对各级政府牵头促成、委托国有粮食企业执行的粮食产销合作协议可发放粮食调控贷款予以重点支持，研究并实行简捷的结算方式，进一步推动粮食产销合作向纵深发展。

四 认真做好支持现代粮食流通产业发展的相关工作

各级粮食行政管理部门要进一步推动国有粮食企业深化改革，搞活经营，提高效益，增强企业竞争实力，为现代粮食流通产业发展奠定坚实基础。指导国有粮食企业妥善解决经营性挂账等历史遗留问题，进一步改善企业资产结构，降低负债比例，提高信用等级。加快推进国有粮食购销企业产权制度改革，组建适应粮食购销新体制的公司制、股份制粮食购销企业，构建区域性粮食购销网络。积极培育大型粮食企业集团，引导和鼓励国有大型粮食经营企业对基层粮食企业的兼并重组，增强购销服务功能。把推进企业产权制度改革与发展粮食产业化结合起来，积极培育粮食产业化龙头企业，优化产业结构，延伸和完善产业链条，增强抵御市场经营风险能力。进一步转换企业经营机制，创新经营方式，增强经营活力。督促国有粮食企业加强粮食信贷资金管理，严禁挤占挪用，确保资金使用安全。

各级农业发展银行要进一步完善粮食信贷资金管理办法，切实加强和改进信贷服务，在防范信贷风险的基础上，增加对现代粮食流通产业发展的信贷投放规模，支持现代粮食流通产业发展。继续结合国有粮食企业改革改制，通过贷款重组、呆坏账核销政策，支持国有粮食企业消化经营性财务挂账，减轻企业负担。对基本面好、信用记录无劣迹、有竞争力、有市场、有订单但暂时出现经营困难的国有粮食企业，可视情况适当给予贷款展期，妥善解决续贷问题，促进企业发展。

五 粮食部门和农业发展银行要建立工作协调机制

各级粮食行政管理部门和农业发展银行要把支持现代粮食流通产业发展作为一项重要工作，切实加强组织领导，紧密配合，建立部门合作的长效机制，落实好各项政策措施。国家粮食局有关部门和农业发展银行总行有关部门建立局行联系会议和信息沟通制度，重点加强政策研究、信息交流、重大项目协调及监督检查等方面的工作。省级以下粮食行政管理部门与农业发展银行建立工作协调机制，加强沟通交流，具体落实相关政策。

各级粮食行政管理部门和农业发展银行要加强对现代粮食流通产业发展的指导和服务，调查和掌握粮食流通产业发展状况，及时总结支持现代粮食流通产业发展的经验和做法，分析研究发展中存在的主要问题，创新合作方式，完善政策措施，进一步提高服务水平。每年年底，省级粮食行政管理部门和农业发展银行要将支持现代粮食流通产业发展情况进行汇总分析，分别报国家粮食局和中国农业发展银行。

各级粮食行政管理部门和农业发展银行要认真贯彻落实本通知精神，并将在执行过程中遇到的新情况、新问题，及时向国家粮食局（财务司）和中国农业发展银行（客户一部）报告。

关于同意建立天津国家粮食交易中心的复函

（国家粮食局 国粮政〔2009〕226号 2009年11月12日）

天津市人民政府：

你市《关于申请设立天津国家粮食交易中心的函》（津政函〔2009〕133号）收悉。

为贯彻落实党的十七届三中全会关于“加快构建供给稳定、储备充足、调控有力、运转高效的粮食安全保障体系”、《国务院关于完善粮食流通体制改革政策措施的意见》（国发〔2006〕16号）关于“重点扶持大宗粮食品种的区域性、专业性和成品粮油批发市场”的精神，根据《全国粮食市场体系建设“十一五”规划》中组建国家粮食交易中心的有关规定，同意你市在中国天津粮油批发交易市场基础上组建“天津国家粮食交易中心”。天津是我国粮食主销区，粮食产需缺口大，又地处环渤海经济圈的中心位置，是我国北方大陆桥的重要出海口和京津冀都市圈的海上门户，交通便捷，港口功能突出，具有很好的区位优势和发展现代物流的便利条件。组建“天津国家粮食交易中心”，有利于整合粮食流通基础设施和相关资源，发挥天津市的交通和区位优势，推动粮食现代物流和产销衔接发展，在搞活粮食流通、保障市场供应、服务国家宏观调控和促进环渤海地区经济发展、天津滨海新区开发开放方面发挥积极作用。

专此函复。

关于加强农户科学储粮专项管理工作的通知

（国家粮食局 国粮展〔2009〕228号 2009年11月13日）

河北、内蒙古、辽宁、吉林、黑龙江、安徽、江西、山东、河南、湖北、湖南、四川、陕西、新疆等省（自治区）粮食局：

根据中共中央办公厅、国务院办公厅《关于开展工程建设领域突出问题专项治理工作的意见》（中办发〔2009〕27号）、中央治理工程建设领域突出问题工作领导小组《工程建设领域突出问题专项治理工作实施方案》（中治工发〔2009〕2号）和《规范工程建设项目决策行为和招标投标活动指导意见》（中治工发〔2009〕3号），以及国家粮食局《农户科学储粮专项管理办法（暂行）》（国粮办展〔2009〕150号）要求，现将农户科学储粮专项有关工作要求通知如下：

一 充分认识专项治理工作的重要意义

农户科学储粮专项是当前扩大内需、加强农村基础设施建设和民生工程建设的重要举措。实施好专项，对于改善农户储粮条件、减少储粮损失、保障国家粮食安全有着重大意义。此次开展的工程建设领域突出问题专项治理工作是严格管理程序、确保工程质量、发现并纠正存在的问题、保障专项顺利实施的一项重要举措。各省区要认真学习有关文件精神，高度重视，认真组织做好专项治理工作，确保专项实施达到预期效果。

二 抓紧落实配套资金、严格资金管理

各有关省区要按照承诺的配套资金比例尽快落实配套资金。中央补助资金和地方配套资金设专账统一管理，按进度直接拨付给供货或施工企业；中央补助资金应全部用于项目建设内容，不得用于管理费等其他费用。

三 尽快落实项目县及农户，制定具体实施方案

选择前期工作较扎实、积极性较高的商品粮基地县，分片集中安排。请抓紧落实项目县和项目县农户数量，尽快制定具体的专项实施方案。

四 严格执行招投标程序

粮仓供货商或施工企业必须通过公开招投标方式选定。要按照《招标投标法》的有关规定，严格执行招标程序，确保招标依法合规。

五　严把储粮装具质量关

各有关省区在农户科学储粮专项中选用的仓型要符合《农户小型粮仓建设标准》的各项要求，要采用经国家粮食局专家组审查鉴定的通用设计图纸，确保为农户配备的粮仓材质、规格和性能符合技术标准，做到粮仓坚固耐用、农户称心满意。

六　确保质量，按期完成

各有关省区要积极采取有效措施，加快专项建设进度，按照国家批准的专项建设规模、内容和投资按期完成专项任务。

请各有关省区按照《工程建设领域突出问题专项治理工作实施方案》中提出的工作步骤开展工作，深入排查问题，认真进行整改，抓紧开展自查和重点督查工作，并于2009年12月底前向国家粮食局报送自查情况报告。国家粮食局将于近期对重点省区专项工作实施进度和装具生产质量等情况进行专项检查。

关于进一步加强粮食质量安全监管工作的通知

（国家粮食局 国粮发〔2009〕232号 2009年11月23日）

各省、自治区、直辖市及新疆生产建设兵团粮食局：

为全面贯彻落实《食品安全法》，加强收购、储存环节和政策性用粮购销活动中粮食质量与原粮卫生的监管，防止不符合质量安全标准的粮食流入口粮市场，确保人民群众的粮食消费安全，现就进一步做好粮食质量安全监管工作的有关事项通知如下：

一 加强领导，落实责任

粮食质量安全监管是新形势下粮食行政管理部门的重点工作。各级粮食部门要扎扎实实做好粮食质量安全监管工作，突出抓好对原粮卫生的监管。

要进一步加强对粮食质量安全监管工作的领导。各级粮食行政管理部门都要成立粮食质量安全监管协调领导小组，“一把手”负总责，分管领导具体负责，在粮食部门形成上下对应、快捷高效的质量安全监管协调机制。

要认真落实粮食质量安全监管责任制。各级粮食行政管理部门要依照《食品安全法》、《粮食流通管理条例》的有关规定，在同级人民政府统一负责、领导、组织、协调下，切实履行本行政区域内的粮食质量安全监管职责。各省级粮食行政管理部门要加强对市、县两级粮食部门开展质量监管工作的指导和检查。对未履行职责或滥用职权、玩忽职守、徇私舞弊的，要依法追究责任。

二 健全粮食质量安全监管制度和突发事件应急预案

各省级粮食行政管理部门要依法建立健全本行政区域内粮食质量安全监管制度。

一是制定粮食质量与原粮卫生监测实施计划。依据粮食质量安全标准，对本行政区域内收获、库存和出库销售粮食的质量与卫生状况进行全面监测并及时报告。

二是建立粮食质量安全突发事件应急机制。坚持早发现、早报告、早处置的原则，及时排查、确认粮食面源污染状况和其他质量安全隐患，采取有效监控措施，消除安全隐患，减少危害造成的影响。

三是建立健全粮食收购管理制度。规范粮食经营者质量安全保障能力和检验把关要求，健全粮食收购入库和出库检验制度，健全粮食经营者质量安全责任制和质量安全信用管理体系。

四是建立健全粮食质量安全监督抽查制度。规范抽查计划的编制和实施要求，加强对重点区域、重点环节、重点项目、重点监管对象的抽查，特别是加强原粮卫生抽查。

三 切实履行职责，加强粮食质量安全监管

各省级粮食行政管理部门要统一部署和监督本行政区域内的粮食质量安全监管工作，严防不符合

粮食质量安全标准的粮食流入口粮市场。

要加强对粮食收购、储存和政策性用粮购销活动中粮食经营者履行质量安全责任情况的监督检查。结合本行政区域的实际，确定质量安全责任监督检查的重点内容，督促粮食经营者严格执行国家粮食质量安全标准和技术规范，认真落实国家粮食收购政策，加强检验把关，严格执行入库、出库检验和出证、索证制度，严格执行储粮药剂使用管理制度，健全质量档案，切实履行粮食质量安全责任和义务。

要加强对库存粮食和政策性购销粮食的质量安全抽查。在全面开展库存粮食和政策性粮食例行抽查的同时，要对存在质量安全隐患的地区和重点项目进行重点抽查。国家和省级粮食行政管理部门可以根据特定区域内粮食可能受到有害物质污染，以及执行政策性任务的需要，依法对出库和政策性购销粮食设定必检项目和实行强制检验。

要加强对有害粮食的监管。对抽查发现的有害成分含量超过粮食质量安全标准限量的粮食，应立即封存，停止销售出库；已经销售的，应依法责令召回。封存的有害粮食，能够进行无害化处理的，经指定的检验机构检验合格后方可销售；不能进行无害化处理的，不得作为口粮销售。严格执行食用粮食与非食用粮食分类储存制度。

四　进一步加强粮食质量安全监管体系建设

各级粮食行政管理部门都要有固定的机构和专门的人员负责开展粮食质量安全监管的具体工作。各省级粮食行政管理部门要进一步加强对粮食质量监测体系建设的规划、指导、协调和扶持力度，优化检验机构布局，消除监管盲区，重点加强粮食主产市、县、重要消费城市的区域性粮食质量监测机构建设，加强仪器设备投入，提高人员素质，全面提升各级监测机构的质量安全检验能力，充分发挥监测机构的作用。

各级粮食部门要积极争取财政资金，对国家和地方粮食质量监测体系建设给予支持。

五　建立健全粮食质量安全信息报告和通报机制

各地粮食行政管理部门发现重大粮食质量安全事故或隐患时，应当立即向当地人民政府和上级粮食行政管理部门报告。各省级粮食行政管理部门要定期向国家粮食局报告本行政区域粮食质量安全状况，重大突发事件应立即报告。

粮食销区省份发现采购或调入的粮食不符合国家粮食质量安全标准的，应及时向产区省份的省级粮食行政管理部门通报，协助追溯有害粮食的源头；有害粮食数量较大、情况严重的，应同时向国家粮食局报告。

原粮卫生监管工作责任重大，关系到人民群众的切身利益和社会稳定，不容任何懈怠和放松。各级粮食行政管理部门要从落实科学发展观和构建社会主义和谐社会的高度，进一步做好原粮卫生监管工作，保障国家粮食质量安全。

关于开展秋粮收购专项监督检查工作的通知

（国家粮食局 国粮检〔2009〕249号 2009年12月3日）

各省、自治区、直辖市粮食局：

2009年9月以来，秋粮收购工作已陆续展开。为此，国家发展改革委、国家粮食局等部门联合下发了《关于印发〈2009年中晚稻最低收购价执行预案〉的通知》（发改经贸〔2009〕2363号），部分中晚稻主产区已按照政策规定启动了预案。随后，国家有关部门又下发了《关于做好2009年东北地区秋粮收购工作的通知》（发改经贸〔2009〕2969号）、《关于2009年国家临时存储粮食收购等有关问题的通知》（国粮调〔2009〕242号）、《关于印发〈南方饲料消费省份采购东北地区2009年新产玉米费用补贴财务管理办法〉的通知》（财建〔2009〕853号）和《关于印发〈东北大豆压榨企业收购加工2009年度国产大豆补贴管理办法〉的通知》（财建〔2009〕854号），要求有关地区切实加强秋粮收购的组织领导和监督检查。为确保国家各项粮食收购政策，特别是最低收购价和国家临时收储政策执行到位，保护种粮农民利益和粮食生产积极性，维护粮食流通秩序，在秋粮收购期间，各级粮食行政管理部门要按照《粮食流通管理条例》和国家有关政策规定，认真组织开展秋粮收购专项监督检查工作。现将有关事项通知如下：

一 检查对象

辖区内从事秋粮收购活动的各类粮食经营、加工和转化企业（以下统称粮食企业），具体包括：中央直属粮食企业、本地粮食企业和跨区域从事粮食收购活动的外地粮食企业。

重点检查中储粮总公司和地方储备粮管理公司（或单位）指定的中晚稻最低收购价委托收储库点，玉米和大豆国家临时存储委托收储库点，享受中央财政补贴政策的东北地区大豆压榨企业、到东北地区按不低于临时收储价格收购新玉米并限期运回本省的有关地区的地方储备粮公司、玉米饲料加工企业和中央直属粮食企业、到东北地区采购新产粳稻（粳米）的关内企业。

二 检查内容

（一）《粮食流通管理条例》等有关规定的落实情况

从事粮食收购活动的粮食企业是否具备粮食收购资格；粮食收购者是否执行了国家粮食质量标准；粮食收购者是否及时支付了售粮款，有无违反条例规定代扣、代缴税费和其他款项的行为；粮食收购者是否建立了粮食经营台账，是否向收购地的县级粮食行政管理部门定期报告了粮食收购数量等有关情况，跨省收购粮食是否向收购地和粮食收购者所在地的县级粮食行政管理部门定期报告了粮食收购数量等有关情况。

（二）《2009年中晚稻最低收购价执行预案》等有关规定的落实情况

委托收储企业收购的中晚稻是否为2009年生产的新粮，有无将早籼稻或非当年生产的中晚稻列入中晚稻最低收购价范围的情况，是否存在搞“转圈粮”虚假收购等行为；委托收储企业是否执行了粮食质价政策，有无将不符合质量要求的中晚稻列入最低收购价范围的情况；委托收储库点是否具有农发行贷款资格，是否有一定的规模和库容量，仓房条件是否符合《粮油储藏技术规范》要求，是否具有较高管理水平和良好信誉；延伸收购点收购的中晚稻是否按预案规定集并到委托收储库点或指定库点储存；委托收储库点执行最低收购价政策的适用时间是否符合预案规定；委托收储库点是否按预案规定每五日将收购进度抄报所在地县级粮食行政管理部门，收购进度是否真实。中晚稻最低收购价执行预案其他规定的落实情况。

（三）国家临时收储等政策的落实情况

国家临时收储指定收储库点是否为符合政策规定的国有粮食企业，企业名单是否已按工商登记名称及时向社会公布；指定收储库点是否实行了敞开收购，在政策规定的收购期限内有无限收或拒收的情况；指定收储库点是否执行了新的玉米、大豆国家标准和粮食质价政策；指定收储库点收购的玉米和大豆是否为2009年生产的新粮，是否符合国标三等以上质量标准和安全储存水分；国家临时存储粮有无从现有库存陈粮中划转或移库的情况，有无收购国外进口的转基因大豆的情况；国家临时存储粮收购是否按规定每5日报送收购进度，是否抄报当地粮食行政管理部门，收购进度是否真实；享受中央财政补贴政策的东北地区大豆压榨企业和南方饲料消费省份相关企业是否严格执行了国家有关粮食政策。国家有关部门政策文件其他规定的落实情况。

三 检查时间

专项检查的具体时间由各地根据秋粮收购进度和国家有关政策的执行时间等情况确定。

四 组织方式

省级粮食行政管理部门要结合本省（区、市）实际，周密制定工作方案，加强对检查工作的指导和巡查。市、县两级粮食行政管理部门要按照方案要求，具体组织实施。在开展检查过程中，地方各级粮食行政管理部门要在当地政府的统一领导下，加强与工商、物价等执法部门的协调配合，充分发挥联合执法优势；加强与中储粮有关分公司等中央直属企业的沟通，共同做好国家粮食收购政策的落实工作。

五 工作要求

各地粮食部门要高度重视此次秋粮收购专项监督检查工作，切实加强组织领导，明确责任，科学安排，确保专项检查工作取得实效。要严格检查程序，坚持公平、公正、文明执法，增强检查工作的透明度和公信力。各省（区、市）粮食行政管理部门应在当地秋粮收购工作结束后1个月内，将专项监督检查工作总结报送国家粮食局监督检查司。专项检查工作开展期间如遇到重大问题或发现重大事项要及时逐级上报。我局将对各地秋粮收购专项监督检查工作进行重点抽查。

关于印发局机关各司室职能配置内设机构和人员编制规定的通知

（国家粮食局 国粮人〔2009〕270号 2009年12月30日）

各司室：

根据《国务院办公厅关于印发国家粮食局主要职责内设机构和人员编制规定的通知》（国办发〔2009〕27号）精神，我局机关各司室职能配置内设机构和人员编制规定已经2009年10月29日局党组会议审议通过，现予印发。

附件1：

国家粮食局办公室（人事司、外事司）职能配置内设机构和人员编制规定

一 主要职责

（一）办公室主要职责

1.协助局领导组织协调机关日常政务工作。

2.负责局党组会议、局长办公会议、以局名义召开的全国性会议的会务工作，督查督办落实党组会议决定、局长办公会议议定的有关事项。

3.负责文件、电报、资料的收发、批分、核稿、催办和档案管理，管理局及办公室印章。

4.负责组织办理答复全国人大代表建议、全国政协委员提案；承担处理人民来信来访事宜。

5.负责向中央办公厅、国务院办公厅和国家发展和改革委员会报送政务信息；负责政府信息公开工作。

6.组织制订局机关工作有关规章制度并组织实施，起草有关工作计划和局机关年度工作总结。

7.负责局机关的安全、保卫、保密和密码管理工作。承担局保密委员会办公室的工作。

8.负责局机关电子政务建设和管理工作。

9.承办局领导交办的其他事项。

（二）人事司主要职责

1.负责局党组有关干部人事工作的决议、决定的贯彻落实；拟订干部人事工作政策规定和规划，经局党组批准后组织实施。

2.负责局机关、直属和联系单位机构编制管理。

3.负责局机关各司室、直属和联系单位的领导班子及后备干部队伍建设。负责局机关公务员管理，指导直属和联系单位干部人事工作，联系有关社会团体。

4.指导直属和联系单位专业技术人才队伍建设工作。

5.负责局机关工资福利工作，指导直属和联系单位工资福利和社会保障工作。

6.指导粮食行业人才队伍建设和教育培训工作。统一归口管理局机关、直属和联系单位综合性培训和有关专业培训。

7.负责粮食行业特有职业（工种）技能鉴定工作。可对外使用国家粮食局职业技能鉴定指导中心名义开展工作。

8.负责本局和粮食系统综合表彰奖励工作。

9.承办局领导交办的其他事项。

（三）外事司主要职责

1.负责组织和协调国家粮食局与有关国际组织、外国政府及机构交流与合作事宜。

2.指导和管理局机关及直属、联系单位的涉外工作。

3.归口管理粮食行业的引进国外智力和赴国（境）外培训工作。

4.开展有关世界粮食调研。

5.处理日常外事工作。

6.承办局领导交办的其他事项。

二 内设机构

（一）局长办公室

负责局党组会议、局长办公会议、以局名义召开的全国性会议的会务工作，起草有关会议纪要。督查督办落实党组会议决定和局长办公会议议定的重要事项，负责局领导批示、指示和交办事项的催办落实。负责局年度会议计划的管理。负责全局值班工作安排和签报管理。编印《情况通报》，编写粮食局大事记。负责安排局领导日常政务活动、局领导文件传阅和公务接待工作。

（二）综合处

负责向中央办公厅、国务院办公厅和国家发展和改革委员会报送粮食工作信息。组织办理全国人大代表建议、全国政协委员提案的答复。起草有关工作计划和局机关年度工作总结。负责人民来信处理及来访接待工作。承担局机关电子政务建设有关工作。负责机关的安全和治安工作，指导局属单位的安全保卫工作。承担办公室行政事务工作。

（三）秘书处

研究制订全局公文处理工作的规章制度，并负责组织实施和检查。负责全局文件、电报、资料的收发、批分、交换、协调和档案管理等公文处理工作。负责以局和办公室名义发出文件、电报的核稿和送印。承担局机关政府信息公开工作。管理局印章及办公室印章。负责局保密委员会办公室的具体工作，承担机关保密工作和密码管理工作。负责联系并协调机要通信、机关公文运转系统的有关工作。

（四）人事处

承办局机关、直属和联系单位的机构编制、职能配置和领导职数管理工作；承办局机关各司室、直属和联系单位领导班子建设、局管后备干部队伍建设工作；承办局机关公务员(含参照公务员法管理单位人员)、直属和联系单位领导班子考核、任免、培训、奖惩、监督、离退休、人事档案管理和出国政审（含因私出国管理）等日常工作；承办社会团体管理的有关工作；负责局机关、直属和联系单位考试录用、毕业生接收、军转干部安置等有关干部调配工作；负责直属和联系单位人事制度改革具体组织实施工作；负责指导直属和联系单位职称改革和专业技术职务评聘等管理工作；承担局机关、直属和联系单位工资计划管理和局机关工资福利工作；负责指导直属和联系单位内部分配制度改革和社会保障工作；负责指导粮食行业职业教育、继续教育和职工培训工作；负责粮食行业机构、人才、教育培训和局机关机构编制、人事、工资等统计工作；承担粮食行业特有职业（工种）资格政策、规划制定和实施工作；承办本局和粮食系统综合表彰奖励的具体工作。

（五）外事处

编制并组织实施局年度对外交流计划；组织和协调局机关、直属和联系单位与有关国际组织、外国政府及机构的双边和多边交流及合作事宜；承担安排局领导的出访和外宾接待工作；审核局机关、直属和联系单位人员出国（境）任务，并办理有关手续；审核本局和粮食行业组织召开国际会议和参加国际组织的有关事项；归口管理粮食行业的引进国外智力和赴国（境）外培训工作；开展有关世界粮食调研。

（六）机关党委办公室

承担直属机关党委文稿起草、公文运转、印鉴管理工作；组织贯彻落实党委会决议；承担局机关、直属和联系单位党的组织建设及党务工作，承担党员发展、组织关系转递、党内统计以及党费收缴、管理、使用工作；指导本局基层党组织加强党员的教育管理，组织党员学习政治理论，做好思想政治工作；承担局党组中心组理论学习和民主生活会的服务工作；承办局处级以下党员违反党纪案件查处工作；受理对局基层党组织和处级以下党员的检举控告以及对党纪处分不服的申诉；承担统战、工会、团委和妇女工作委员会的具体工作；承担局扶贫工作。

三 人员编制

办公室（人事司、外事司）编制为24人。其中：主任1名，副主任2名；人事司、外事司领导职数各1名，机关党委专职副书记1名；正副处长职数8名。局长办公室编制4名，综合处编制2名，秘书处编制4名，人事处编制3名，外事处编制3名，机关党委办公室编制2名。

附件2：

国家粮食局调控司职能配置 内设机构和人员编制规定

一 主要职能

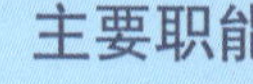

（一）研究提出粮食宏观调控、总量平衡以及粮食流通的中长期规划和年度计划、进出口总量计划；协调救灾等重点用粮计划。

（二）研究分析国内、国际的粮食形势和动态，提出国家宏观调控的政策建议，组织实施对粮食流通的宏观调控。承担全国粮食流通宏观调控的具体工作。

（三）研究提出中央储备粮的规模、总体布局和收购、销售、进出口总量计划，并督促实施；指导完善粮食储备体系。

（四）研究提出收储、动用中央储备粮的建议；提出中央储备粮油轮换计划的审核意见并督促实施。

（五）负责指导协调最低收购价粮食等政策性粮食的购销和粮食产销合作。

（六）承担粮食监测预警和应急有关工作，健全粮食监测预警体系和应急机制。

（七）负责组织和指导全国粮食流通统计工作，研究制定国家粮食流通统计制度并组织实施；建立健全粮食流通统计调查体系。

（八）承办局领导交办的其他事项。

二 内设机构

（一）综合处

研究提出粮食宏观调控、总量平衡以及粮食流通的中长期规划；综合分析预测国内、国际的粮食形势和动态，提出粮油市场供求形势分析报告；指导粮食产销合作，协调重点粮食运输；承担退耕还林用粮的协调事务；负责本司文秘和行政事务工作。

（二）计划储备处

研究提出粮食宏观调控、总量平衡、进出口总量计划以及粮食流通的年度计划；研究提出粮食宏观调控的建议，承担全国粮食流通宏观调控的具体工作，指导地方粮食购销；协调救灾等重点用粮计划；研究提出中央储备粮的规模、总体布局和收购、销售、进出口总量计划，研究提出收储、动用中央储备粮的建议，提出中央储备粮轮换计划的审核意见并督促实施；指导协调地方储备粮的管理；指导协调最低收购价粮食等政策性粮食的购销；承担粮食应急的具体工作，指导地方健全粮食应急机制。

（三）统计信息处

组织和指导全国粮食流通统计工作；制定国家粮食流通统计制度并组织实施；建立健全粮食流通统计调查体系，制定粮食供需统计调查方案并组织实施，汇总统计数据，进行统计分析，提供统计资料；建立健全全国粮食监测预警体系。

三 人员编制

调控司编制12名。其中：司长1名，副司长2名，正副处长职数4名。综合处编制2名，计划储备处编制4名，统计信息处编制3名。

附件3：

国家粮食局政策法规司职能配置 内设机构和人员编制规定

一 主要职责

（一）负责研究提出全国粮食流通体制改革方案，并组织实施。

（二）负责组织对粮食战略性问题的研究；负责研究提出现代粮食流通产业发展战略的建议。

（三）组织起草全国粮食流通和中央储备粮管理的法律法规草案、有关政策及规章制度。拟订粮食质量标准、检测制度及有关技术规范等。

（四）研究提出粮食最低收购价原则的建议。

（五）负责制定全国粮食市场体系建设与发展规划，并组织实施。

（六）负责拟订粮食收购市场准入指导标准并组织实施。

（七）负责对外新闻宣传和政府网站建设与管理。可对外使用国家粮食局新闻办公室名义开展工作。

（八）承担相关行政复议、行政应诉等工作。

（九）承办局领导交办的其他事项。

二 内设机构

（一）综合处

负责制定全国粮食市场体系建设与发展规划，并组织实施；承担国家粮食交易中心建设有关工作，指导全国统一粮食竞价交易系统建设；负责对外新闻宣传工作，承担国家粮食局新闻办公室具体工作；承担局政府网站建设和管理工作；监督管理局主管期刊出版工作；负责粮食软科学课题研究的组织与管理工作，组织开展粮食工作优秀调研报告评选；负责本司文秘和行政事务工作。

（二）政研处

研究提出全国粮食流通体制改革方案并组织实施，总结和推广粮食流通体制改革经验，指导推进粮食流通体制机制创新；负责粮食战略性问题研究的具体组织工作；研究提出现代粮食流通产业发展战略的建议；研究提出粮食最低收购价原则的建议；承担全国粮食局长会议工作报告组织研究起草工作。

（三）法规处

组织起草全国粮食流通和中央储备粮管理的法律法规草案、有关政策及规章制度；负责拟订粮食收购市场准入指导标准，承担粮食收购资格许可工作；负责拟订全国粮食行业法制宣传教育规划并组织实施；拟订粮食质量标准、检测制度及有关技术规范等；承担相关行政复议、行政应诉等工作。

三 人员编制

政策法规司编制12名。其中：司长1名，副司长2名，正副处长职数4名。综合处编制3名，政研处编制2名，法规处编制4名。

附件4：

国家粮食局监督检查司职能配置内设机构和人员编制规定

一 主要职责

（一）负责拟定粮食流通监督检查的制度、办法并组织实施。

（二）组织对全国粮食流通和中央储备粮管理的法律、法规、政策执行情况进行监督检查。

（三）监督检查中央储备粮库存的数量和质量情况，以及计划执行情况。

（四）组织指导地方粮食行政管理部门对政策性粮食购销活动和社会粮食流通进行监督检查。

（五）组织指导地方粮食行政管理部门对粮食收购资格进行核查。

（六）承担全国粮食库存检查的具体工作。

（七）承办局领导交办的其他事项。

二 内设机构

（一）综合处

负责拟订粮食流通监督检查的制度、办法并组织实施；组织指导全国粮食流通监督检查工作体系建设；组织指导全国粮食监督检查行政执法等工作；督办有关涉粮案件；负责本司文秘和行政事务工作。

（二）监督检查一处

负责对中央储备粮管理的法律、法规、政策执行情况进行监督检查；监督检查中央储备粮库存的数量和质量情况，以及计划执行情况；承担全国粮食库存检查的具体工作。

（三）监督检查二处

组织对全国粮食流通的法律、法规、政策执行情况进行监督检查；组织指导地方粮食行政管理部门对政策性粮食购销活动和社会粮食流通进行监督检查；组织指导各地粮食行政管理部门对粮食收购资格进行核查。

三 人员编制

监督检查司编制12名。其中：司长1名，副司长2名，正副处长职数4名。综合处编制2名，监督检查一处编制4名，监督检查二处编制3名。

附件5：

国家粮食局财务司职能配置
内设机构和人员编制规定

一 主要职责

（一）负责指导全国粮食行业贯彻实施国家有关财政、金融和税收等有关政策；负责调查研究和协调解决粮食行业执行有关财政、金融和税收政策等问题；承担指导全国粮食行业财会工作。

（二）参与制定有关粮食流通的财政、金融和税收政策，以及粮食财政财务管理办法和会计核算办法，并组织实施。

（三）负责调查了解国有粮食购销企业的经营管理状况并进行指导；负责审核、汇总全国国有粮食企业、直属单位的财务会计报表和财务分析工作。

（四）承担部门预算及有关财务管理工作；负责编制部门预算和决算，管理各项资金,办理财政预算资金使用的申报和请款；负责财政预算资金使用情况的审核、拨付和核算。

（五）承担机关和直属单位政府采购、国有资产管理和内部审计工作；承担机关行政财务管理工作；指导和监督直属单位财务管理工作。

（六）负责研究制定全国国有粮食企业改革和发展方案，并组织实施；负责推动国有粮食企业改革和发展。

（七）承担局领导交办的其他工作。

二 内设机构

（一）综合处

研究制定全国国有粮食企业改革和发展方案，并组织实施；承担推动国有粮食企业改革和发展工作；负责调查了解国有粮食购销企业的经营管理状况并进行指导；负责本司文秘和行政事务工作。

（二）财务一处

负责指导全国粮食行业贯彻实施国家有关财政、金融和税收等有关政策；负责调查研究和协调解决粮食行业执行有关财政、金融和税收政策等问题；参与制定有关粮食流通的财政、金融和税收等政策，以及粮食财政财务管理办法和会计核算办法，并组织实施；负责全国国有粮食企业的财务会计报表和财务分析工作；承担指导全国粮食行业财会工作。

（三）财务二处

承担部门预算及有关财务管理工作；负责编制部门预算和决算，管理各项资金，办理财政预算资金使用的申报和请款；负责财政预算资金使用情况的审核、拨付和核算；负责局直属单位的财务会计报表和财务分析工作；指导和监督直属单位财务管理工作；承担机关和直属单位政府采购、国有资产管理和内部审计工作；承担机关行政财务管理工作。

三 人员编制

财务司行政编制暂定9名。其中：司长1名，副司长2名，正副处长职数3名。综合处、财务一处、财务二处编制各暂定2名。

附件6：

国家粮食局流通与科技发展司职能配置内设机构和人员编制规定

一 主要职责

（一）研究制定粮食流通设施建设、加工、科技发展规划，编制有关年度计划并组织实施。

（二）研究制定粮食流通设施建设、仓储、加工、科技发展政策和有关管理办法并组织实施。

（三）承担粮食流通的行业管理工作，指导粮油仓储设施资产管理有关工作，承担粮食仓储设施、投资建设和加工业的统计工作。

（四）承担粮食流通设施国家投资项目管理工作。承担指导中国储备粮管理总公司的设施建设、仓储等方面的业务工作和基本建设计划的审查下达工作。

（五）承担中央储备粮代储资格认定工作，承担粮食仓储行业管理和安全储存工作，指导粮食行业安全生产工作。

（六）制定有关流通设施建设标准与技术规范。

（七）承担粮食行业科技管理、科技创新体系建设和新技术推广工作；指导粮食流通的技术改造和科技进步；开展粮食科技交流与合作。

（八）承办局领导交办的其他事项。

二 内设机构

（一）综合处

编制粮油加工业发展规划，研究提出相关政策建议并组织实施；承担粮油加工业的行业指导、统计工作；承担文秘、行政事务等工作。

（二）仓储管理处

承担粮食仓储政策制订、行业管理工作；承担中央储备粮代储资格认定和检查等工作；承担粮食仓储设施统计工作；制订粮食行业安全生产政策，指导和检查粮食行业安全生产；承担全国粮食安全储存行业指导工作；组织有关粮食储藏管理规章制度的制修订工作。

（三）设施处

承担粮食流通设施建设行业管理，编制粮食流通设施建设规划及年度计划；指导粮油仓储设施资产管理有关工作；承担粮食设施投资建设的统计工作；组织制定有关设施建设和技术改造的标准、规范和管理办法；承办粮食流通设施国家投资项目（含政策性投资补助项目）的管理工作，承担预算内基本建设投资项目的管理工作。

（四）科技处

承担粮食行业科技管理工作，指导粮食流通技术进步，承担编制粮食流通科技发展规划；制定有关科技管理办法并组织实施；承担粮食科技创新体系的组织管理工作，推动粮食科技自主创新、基础研究和升级改造工作；承担粮食储运、加工等科技项目的管理工作；承担粮食行业国家科技奖励和指导粮食行业科技期刊的相关工作；组织协调粮食行业重点科技项目的研究开发、技术引进、消化吸收及重大科技成果转化工作。

三 人员编制

流通与科技发展司编制12名。其中：司长1名，副司长2名，正副处长职数4名。综合处编制3名，仓储管理处编制2名，设施处编制2名，科技处编制2名。

附件7：

国家粮食局直属机关党委职能配置规定

主要职责

（一）宣传和执行党的路线、方针、政策，宣传和执行党中央、中央国家机关党工委、国家发展改革委党委和局党组的决议；围绕全局的中心工作，发挥党组织的战斗堡垒作用和党员先锋模范作用，完成局党组确定的各项工作任务。

（二）组织本局党员、干部和职工学习政治理论和业务知识。

（三）指导本局基层党组织自身建设；负责党员的教育、管理和监督。

（四）协助做好局机关工作人员的思想政治工作，推进机关精神文明建设、和谐机关建设。

（五）开展本局入党积极分子的教育、培训和考察，做好发展党员工作。

（六）协助局党组管理机关党组织和群众组织的干部。

（七）负责局机关、直属和联系单位党的纪律检查、统战、侨务等工作；领导机关工会、共青团、妇委会等群众组织。

（八）按照党组织隶属关系，领导局直属和联系单位党的工作。

（九）承办上级党的机关和局党组交办的扶贫工作及其他事项。

根据有关规定，机关党委办公室设在局办公室。

附件8:

国家粮食局离退休干部办公室职能配置内设机构和人员编制规定

一 主要职责

（一）根据党中央、国务院有关离退休干部工作的方针、政策，拟订本局离退休干部工作的实施办法并组织实施；负责落实离退休干部政治、生活待遇。组织离退休人员学习贯彻党和国家的方针、政策。

（二）负责离退休干部的医疗保健、生活福利等服务工作。

（三）负责离退休干部的离退休费核定、调整及档案管理；会同有关单位办理离退休干部的丧葬和善后处理事宜。

（四）负责对局直属和联系单位的离退休工作进行指导。

（五）承办局领导交办的其他事项。

二 内设机构

（一）综合处

组织安排本办行政会务、协调各处工作；负责本办公文的校核、运转和信息工作，起草工作计划和总结；组织规章制度的制订及实施；负责在职人员的人事、劳资工作；负责与有关部委和局直属联系单位的工作联系和协调；负责文件收发、安全保卫、保密、计划生育、工会、共青团、妇女等日常工作；负责固定资产管理；负责本办印章管理。

（二）党委办公室

按照局机关党委的统一部署，提出本办党的工作计划，并组织落实；承担本办党的组织建设、政治理论学习、政治活动、党风廉政建设等工作；组织离退休干部的文体活动；宣传、总结离退休干部在社会主义四个文明建设中的重要作用和先进经验；负责离退休干部的接收安排和离退休费的核定、调整工作；承担离退休干部信息系统、党员信息系统的管理维护，档案管理和统计工作；负责撰写去世老干部的生平。

（三）财务处

负责本办财务会计管理工作；负责编制离退休干部经费预算、决算及各种会计报表；负责管理上级部门拨付的各项资金；监督、审核经费使用情况；负责离退休干部各种费用的申报和发放工作；负责本办政府采购工作；会同有关处室管理本办固定资产；负责办理离退休干部医药费的审核、报销等工作。

（四）行政医疗处

负责对有特殊困难的离退休干部的服务管理工作；负责贯彻落实离退休干部的医疗保健政策；负

责公费医疗及护理费的管理；负责组织离退休干部健康体检工作；协助解决离退休干部住院问题；负责宣传卫生保健知识；负责组织本办统一开展的健康休养、参观等活动；负责组织安排离退休干部的生活福利工作；会同各处办理离退休干部丧葬抚恤事宜，做好遗属工作；负责本办供暖费管理工作；负责车辆管理工作。

（五）中管干部服务处

负责中管干部参加政治活动和社团活动的安排；负责中管干部的文件管理工作；负责中管干部交办的事项和日常服务工作；配合医疗部门和家属做好中管干部的医疗保健和治疗工作；承担中管干部丧葬及遗孀的具体事宜；会同有关部门负责中管干部阅读文件和按规定参加重要会议的组织安排工作。

（六）报国寺、马尾沟、西单、马连道工作处

分别负责各工作处离退休干部的服务与管理工作；组织离退休干部的政治学习及有关政治活动；开展老有所为、发挥作用的工作；负责离退休干部的日常医疗保健工作；组织开展离退休干部的参观、文体等活动；负责管理所使用的各项经费和设施；办理离退休干部丧葬及遗属的有关事宜；报国寺工作处具体承担中央国家机关老干部活动中心报国寺分中心的日常管理。

三 人员编制

国家粮食局离退休干部办公室人员编制36名。其中：主任1名、副主任2名；正副处长职数15名；综合处编制4名、党委办公室4名、财务处4名、行政医疗处4名、中管干部服务处4名、报国寺工作处4名、马尾沟工作处3名、西单工作处3名、马连道工作处3名。

局办公室发文部分

关于印发《粮食仓储设施建设和维修改造工作指导意见》的通知

（国家粮食局办公室 国粮办展〔2009〕2号 2009年1月4日）

各省、自治区、直辖市及新疆生产建设兵团粮食局：

为解决粮食主产区仓容不足和收储条件差的问题，增强粮食主产区仓储能力，确保国家粮食安全，指导各地做好仓储设施建设和仓房维修改造工作，在总结近三年粮食仓房维修改造建设和管理经验的基础上，我们制定了《粮食仓储设施建设和维修改造工作指导意见》。经局领导批准，现将该指导意见印发给你们，请认真遵照执行。

粮食仓储设施建设和维修改造工作指导意见

为进一步做好粮食仓储设施建设和维修改造工作，特制定《粮食仓储设施建设和维修改造工作指导意见》。

一 增强粮食仓储设施建设和维修改造工作的紧迫性

目前，我国粮食仓储设施基本满足粮食流通需要，但在地区分布、技术装备等方面还存在问题，特别是基层收纳粮库仓房年久失修，不能满足农民卖粮和安全储藏需要，部分粮食主产区仓容严重不足，大量粮食露天堆存。为做好最低收购价粮食收购工作，从2006年起，国家每年安排中央财政补助资金，用于补助和引导启动最低收购价预案的部分粮食主产区粮库维修改造。通过维修改造，上述地区部分库点的仓储设施得到了较大改善，仓容不足的压力得到缓解，粮食主产区的仓储能力得到增强，对保障最低收购价政策的顺利实施起到了重要作用。但是，我国基层粮食收储库点仓房设施陈旧、需维修仓容量大的问题没有从根本上得到解决，特别是我国粮食生产经过连续五年丰收，加上世界经济危机导致需求放缓，我国主产区粮食收储矛盾日渐突出。同时，在国家实施新增1000亿斤粮食生产能力规划后，主产区粮食收储能力急需加强。为此，为有效缓解粮食主产区收购和储备仓容不足的矛盾，保证及时收购，切实保护种粮农民利益，确保国家粮食安全，各级粮食行政管理部门要高度重视，增强粮食仓储设施建设和仓房维修改造工作的责任感和紧迫感，加大资金投入和指导管理力度，把这项工作切实抓紧抓好。

二　做好统筹规划和年度计划

各省区市粮食行政管理部门要根据本地区粮食仓储设施的实际情况和粮食收储需求，按照应急和长远发展相结合、布局合理、功能完善的原则，研究制定本地区未来五年的粮食仓储设施建设和维修改造规划，建立稳定的政府投资来源，多渠道筹措资金，合理安排年度仓房建设和维修改造项目，保证维修资金高效、集中使用，确保维修改造效果，避免出现年年维修、年年破损的情况。

各级粮食行政管理部门要建立和完善粮食仓房建设和维修改造项目储备，根据规划，按照轻重缓急的原则，研究提出年度仓房建设和维修改造方案。对于需要申请中央投资补助和中央财政补助的项目，由省级粮食行政管理部门汇总后报国家粮食局。

三　项目安排的原则和要求

粮食仓储设施建设项目要与中央和地方储备粮布局和规模相适应，要与执行政策性粮食收购任务、解决主产区农民售粮问题的要求相适应。要优先安排利用现有粮库土地新建或报废重建，要优先安排结合粮食现代物流设施项目进行建设。粮库建设的投资标准和具体要求参见《粮食仓库建设标准》（建标〔2001〕58号）和三批国家储备粮库建设项目管理等有关文件。中央投资补助主要支持主产区建设储备粮库，支持36个纳入《国家粮食应急储备预案》的大中城市建设成品粮应急储备仓容。

仓房维修改造项目安排的范围要相对集中，以保证补助资金的合理使用并充分发挥效益。应重点安排给本地区执行最低收购价任务较重、仓容矛盾较突出的粮食主产市、县，特别是兼有小麦、稻谷两个品种最低收购价任务的地区。中央财政补助资金原则上用于执行最低收购价任务等政策性粮食收储任务库点的仓房维修改造，不能用于仓房和相关基础设施的新建项目。

四　维修改造项目的标准、内容和建设管理

（一）维修改造仓房评定标准

设计使用年限以内的仓房可维修改造；已到设计使用年限但经鉴定主体结构仍可继续使用的仓房可维修；当仓房出现影响安全储粮问题时应维修。维修或改造结构之前要先进行可靠性与可使用年限的鉴定或评判，维修改造部分使用年限应不低于原结构剩余使用寿命。

（二）维修内容及要求

仓房维修应按照仓储设施建设和粮油储藏技术规范的有关要求进行。维修的主要内容为：仓顶维修、墙体修补、仓内地面维护、门窗及通风系统的改造等。仓房维修后，应满足上不漏、下不潮的基本要求，能密闭、防鼠、防雀，发生粮情异常变化时能及时处理。

仓房维修改造的投资每万吨仓容原则上应不高于50万元。

（三）中央财政补助维修项目建设管理要求

各地粮食行政管理部门要加强与财政等有关部门的沟通协调，明确管理责任主体，制定项目管理办法，把好工程质量关，加强资金使用的监督管理，组织做好仓房维修改造项目建设管理工作。中央财政补助资金下达后，各地粮食行政管理部门要会同有关方面，抓紧制定仓房维修工作方案（包括拟

维修的各库点名单、维修项目、维修费用、资金来源、建设方案、验收办法、完工时间等），并及时报送国家粮食局备案。

1.组织和保障。省级粮食行政管理部门具体负责本省仓房维修改造的指导、管理、监督检查和验收工作。市、县级粮食行政管理部门要指定具体负责仓房维修工作的部门和人员，明确责任，做好本地区仓房维修改造指导、管理、协调和监督检查工作。维修改造项目单位要建立项目责任制，加强项目管理，保证各项工作手续齐全，做好施工资料及合同的归档工作，确保维修质量和进度，保证施工安全。

2.设计和监理。维修难度较高（如仓顶更换、主体结构加固等）和维修资金较大（100万元以上）的项目，应由具备乙级设计资质以上的粮食行业设计单位进行施工方案设计，并由具备监理资质的监理单位进行监理。一般性维修的维修方案（包括施工组织、技术措施、材料选择、投资概算等）要经过专业技术人员审查确定。

3.项目招投标。按照国家和当地工程建设招投标工作的规定，需要招标的项目必须进行公开招标；不需要招标的项目，应采取竞争性谈判、询价评比的方式确定施工单位。施工单位的选择确定，应由县级粮食行政管理部门统一组织，不得直接发包或指定施工单位。

4.建设资金管理。仓房维修改造项目建设资金的管理按国家和有关部门的规定执行。各级粮食行政管理部门要切实加强对维修资金使用的监督管理工作，确保维修资金专款专用，严禁挤占、截留和挪用。

5.竣工验收和总结。仓房维修改造项目的竣工验收可由省级粮食行政管理部门委托当地市级粮食行政管理部门具体组织实施。验收的主要内容包括：是否按要求完成维修内容，工程质量是否合格，是否满足安全储粮要求；建设档案是否完整、真实；项目竣工决算是否完成等。

维修改造工作完成后，各省级粮食行政管理部门应及时将工作总结报送国家粮食局。工作总结内容包括中央补助资金和地方配套资金、企业自筹资金落实情况，维修工作组织落实情况，维修仓容和库点情况及维修主要内容、存在的问题及有关措施建议等，并填报年度仓房维修改造完成情况表，同时研究提出下年度仓房维修改造计划。

关于进一步做好粮食现代物流项目建设工作的通知

（国家粮食局办公室 国粮办展〔2009〕7号 2009年1月9日）

各省、自治区、直辖市及新疆生产建设兵团粮食局，中国储备粮管理总公司、中粮集团有限公司、中国华粮物流集团公司：

根据全国《粮食现代物流发展规划》和《粮食现代物流项目管理暂行办法》（发改经贸〔2008〕413号）要求，总结近两年粮食现代物流建设和管理经验，为进一步做好粮食现代物流项目建设工作，现将有关事宜通知如下：

一 充分认识粮食现代物流项目建设的重要性和紧迫感

我国粮食现代物流发展还比较落后，流通成本高、效率低、损耗大的问题仍然很突出，发展粮食现代物流对于降低流通成本、提高运输效率、增加农民收入、保障粮食安全至关重要。《中共中央国务院关于切实加强农业基础建设进一步促进农业发展农民增收的若干意见》（中发〔2008〕1号）、《国家粮食安全中长期规划纲要（2008~2020年）》（国发〔2008〕24号）、《中共中央关于推进农村改革发展若干重要问题的决定》都对加强粮食现代物流建设提出了明确要求。

总体来看，《粮食现代物流发展规划》的发布实施和中央补助投资的安排，有力地推进了各地粮食现代物流项目建设工作。一些主要粮食物流通道和节点正相继建设一批粮食现代物流项目。但是，从近年各地建设情况看，项目建设中还存在一些突出问题：一是一些省（区、市）缺乏统筹规划和协调，指导力度不够，存在一定的盲目建设、重复建设或管理缺位问题；二是项目功能定位不清，粮食现代物流的特性不突出；三是粮食物流配套设施和技术研发推广进展缓慢。特别是在当前扩大内需、保证增长等新形势下，对加快推进粮食现代物流项目建设的要求更加紧迫。各级粮食行政管理部门和中央大型粮食企业要提高认识，加强领导，把粮食现代物流项目建设作为今后相当长时期粮食流通工作的一项重要任务抓紧抓好。

二 准确界定粮食现代物流项目

（一）主要建设内容

粮食现代物流项目的建设内容主要包括：散粮中转库（包括浅圆仓、立筒仓、机械化平房仓等中转仓型），散粮接收、发放设施（包括粮食专用码头、铁路专用线、接收、发放设备等），散粮运输工具（包括散粮火车、散粮汽车、散粮船舶、散粮集装箱等），企业粮食物流信息系统和检验检测系统等。

（二）基本区域范围

国家重点扶持《粮食现代物流发展规划》确定的六大跨省散粮物流通道内的项目，即东北流出通道（辽宁、吉林、黑龙江及内蒙古）、黄淮海流出通道（河北、河南、安徽、山东）、长江中下游流出通道（湖南、湖北、江西、安徽、四川、重庆、江苏）、华东沿海流入通道（江苏、上海、浙江、福建）、华南沿海流入通道（广东、广西、海南）以及京津流入通道（北京、天津、河北、山西）。同时对未纳入六大通道的西部省区重要粮食物流节点予以扶持。

（三）建设规模条件

1.散粮中转库。包括内陆散粮中转库、内河港口散粮中转库、南方销区沿海港口散粮中转库。具体条件是：内陆散粮中转库粮食年中转量30万吨及以上，具备开行火车班列运输的基本运量，具有铁路散粮接收、发放能力。内河港口散粮中转库粮食年中转量50万吨及以上，具有码头散粮接收、发放能力。南方销区沿海港口散粮中转库粮食年中转量200万吨及以上，达到班轮运输的基本运量，具有码头散粮接收、发放能力。

2.散粮接收、发放设施。在主要散粮物流节点，依托大型粮库、大型粮油加工企业、粮食码头和批发市场建设与散粮车辆配套的铁路专用线、散粮中转码头、卸粮坑、吸粮机、散粮倒运车、出仓机、装车机等散粮接收、发放设施。其中：粮食储备库仓容5万吨及以上，粮食加工企业年加工能力30万吨及以上，粮食批发市场年交易量50万吨及以上。

3.散粮运输工具。按照跨省主要通道的粮食流量、品种、作业需求，支持大型粮食物流企业增加散粮运输工具。大型粮食物流企业应具备的条件是：粮食年转运量100万吨及以上（购置散粮火车皮和内河散粮船舶）、年集运量30万吨及以上（购置散粮汽车）、年转运量30万吨及以上（购置散粮集装箱）。

4.企业粮食物流信息系统和检验检测系统。根据发展粮食现代物流要求，支持大型粮食物流企业建设信息系统和粮食质量检验检测系统。

三 申报国家投资补助项目的程序和管理要求

申报国家投资补助的项目，除具备上述规定的范围和规模外，还应具备以下基本条件：

一是要符合当地城市发展总体规划和交通规划，具有优越的区位优势和良好的交通运输条件，能够实现各种运输方式之间的有效衔接，具备开通固定班轮、班列条件。二是项目已经批准立项或核准，规划、土地、环境保护等方面手续齐全；涉及散粮码头、铁路专用线建设和改造的，应按国家有关规定办理港口岸线使用和铁路专用线审批手续。三是建设资金基本落实，已经开工建设且散粮物流设施完成了部分工程量，或者已具备开工条件且年度内可开工建设。

申请国家扶持的粮食现代物流项目，宜由项目所在省（区、市）发展改革委、粮食局联合上报国家发展改革委和国家粮食局，计划单列企业集团可直接上报国家发展改革委和国家粮食局；项目竣工验收后要及时报国家发展改革委和国家粮食局备案。国家发展改革委会同国家粮食局负责审查粮食现代物流项目资金申请报告，并对项目进行稽察和监督检查。

各地粮食行政管理部门要充分发挥行业管理职能，建立和完善项目储备并及时更新项目信息（中央补助项目和已开工建设或已批准立项的项目），认真填写《粮食现代物流项目基本情况调查表》，并于每年5月底前报送国家粮食局流通与科技发展司。同时，要加强与发展改革部门的沟通协调，共同做好项目的筛选、申报、监督检查和验收等管理工作。企业是粮食现代物流项目建设的责任主体，负责项目申报、资金筹措、建设管理等具体工作。

对于同一项目，原则上只安排一次中央补助投资；对于后期又扩建的项目，可再次申请中央补助投资，补助投资原则上不超过项目总投资的30%。

四 粮食现代物流项目建设应注意的问题

（一）统筹规划，合理确定项目布局

按照粮食现代物流发展规划，在认真分析本地区粮食流量、流向，确定发展粮食现代物流的主要线路和节点的基础上，加强地区之间、企业之间建设项目的统筹协调，合理布局粮食现代物流设施项目，按照市场运作、政府扶持、效益优先的原则，引导企业投资方向，避免盲目扩张和低水平重复建设。同时，对于具体项目，粮食仓储、中转、加工、贸易、信息服务等各功能子项要合理分区，安排好各子项的建设次序，做好相互间的有效衔接。

（二）因地制宜，合理确定建设规模和内容

粮食现代物流项目建设中，要根据区域特点因地制宜确定建设规模和内容，节约投资和项目用地，不宜贪大求全，既要满足当前的物流需要，又要充分考虑未来国民经济的发展，留有适当的发展空间。同时，能够在原有物流设施资源基础上进行适当改造的项目不宜再大规模重建。

（三）规范要求，做好资金申请报告的编报工作

申报国家补助投资的项目必须按照有关要求编制资金申请报告，同时填报《粮食现代物流项目基本情况调查表》。但目前许多粮食物流项目的资金申请报告存在编制不规范的问题，影响了项目的申报质量和审批效率。为此，各地粮食行政管理部门和中央大型粮食企业要加强指导，规范粮食现代物流项目资金申报告的编报工作。

关于印发《实施农村粮食产后减损安全保障工程指导意见》的通知

（国家粮食局办公室 国粮办展〔2009〕16号 2009年1月19日）

各省、自治区、直辖市及新疆生产建设兵团粮食局：

根据《国家粮食安全中长期规划纲要（2008~2020年）》和国务院领导同志关于做好农户储粮工作的批示精神，为切实做好农户科学储粮示范推广工作，改善农户储粮条件，减少粮食产后损失，保障国家粮食安全，推进社会主义新农村建设，经局领导批准，现将《实施农村粮食产后减损安全保障工程指导意见》印发给你们，请认真遵照执行。

实施农村粮食产后减损安全保障工程指导意见
（国家粮食局 2009年1月）

为切实做好农户科学储粮示范推广工作，特制定《实施农村粮食产后减损安全保障工程指导意见》。

一 深刻认识农村粮食产后减损安全保障工程的重要意义

我国农户家庭储粮数量巨大。据统计，2007年末我国农户存粮4915亿斤，约占当前粮食总产量的50%。从我局典型调查情况看：我国农户储粮鼠、虫、霉害问题多，损失大，平均损失为5%～8%左右，据此测算，全国每年农户储粮造成的粮食数量损失约250～390亿斤，折合经济损失300亿元左右。因此，在我国耕地逐年减少、国家粮食储备量有限的情况下，尽快采取措施，减少农户储粮损失，是有效增加农民收入、切实保障国家粮食安全的迫切要求，是利国利民的大事。正如温家宝总理所言，我国农户储粮数量巨大，推广科学储粮技术，改善储粮条件，减少损失，对于保障国家粮食安全有着重要意义。为此，各地粮食行政管理部门要提高认识，加强组织，落实专门的机构和人员负责，把推进农村粮食产后减损安全保障工程作为一项重要工作抓紧抓好。

二 建设目标和基本原则

（一）建设目标

通过在全国实施农村粮食产后减损安全保障工程，为500余万农户建设标准化粮仓（装具），使项目点农户减少储粮损失5%左右，同时带动全国农户改善粮食收获后的储藏和处理条件，使全国农户减少粮食产后损失2%左右。

（二）基本原则

1.在“粮食丰产科技工程”基础上组织实施。建设项目要与产后减损技术研发项目紧密结合，主要推广应用科技项目取得的成果，保证科研成果尽快转化为生产力，项目建设应选择“粮食丰产科技工程”研发并经鉴定通过的储粮装具。要针对农户储粮的主要地区和粮食品种特点，统一规划，优化设计，使为农户建设的小粮仓、配置的储粮装具实现标准化、系列化，以便于农户使用和项目管理。同时，仓型选择和原材料选用上要因地制宜、就地取材，尽量规避原材料价格上涨带来的风险。

2.与技术服务体系建设相结合。各地要提出以各级粮食行政管理部门为主建立农村粮食产后技术服务体系的具体方案。建设项目要为建立农村科学储粮技术服务体系创造良好的硬件条件和技术平台，包括为基层粮食部门配备相关的仪器设备和对农户储粮技术人员进行培训等，促进农户科学储粮长效机制的建立。

3.与社会主义新农村建设相结合。各地要将该工程纳入本地社会主义新农村建设的总体规划，按照统一规划、统一设计、综合建设的原则，将小粮仓建设纳入农村基础设施新民居建设中。

4.自愿申请、共同出资。各省级、地（市）、县级粮食行政管理部门及农户如有主动参与项目建设的意愿，省级政府要为项目配套投资、组织实施等作出相应承诺。项目县参与项目的农户应不少于总农户数的20%,其中：东北、西北及内蒙古地区的项目县，参与农户应不少于5000户；其他地区的项目县，参与农户应不少于10000户。

5.突出重点、分批实施。建设项目主要安排在粮食主产区和西部地区，优先安排在上述地区的粮食主产地区（县）、条件成熟地区（县）、有积极性的地区（县），并与“粮食丰产科技工程”相结合，按照农户规模、经济承受能力和前期工作基础，分期分批安排投资。选点时要充分考虑可能发挥的示范和“以点带面”效应。

6.确保公开、公正、公平。要保证中央补助投资资金全部直接用于农户，用于项目建设。选定设备厂家采用公开招标制，受益农户采用公示制，建设资金采用省级部门集中支付制，项目管理实行监督抽查制，项目效益结果实行公示制。

7.与建立粮食现代物流体系、保障国家粮食安全相结合。通过农户储粮设施建设项目的实施，从粮食流通的源头实现粮食的散装储存和散装运输，保证粮食的数量和品质安全，从而不断提高我国粮食物流“四散化”水平，充分发挥农户储粮的蓄水池作用，保证国家在对粮食市场进行宏观调控时能够及时、方便、快捷地从农户手中收购到一定数量品质上乘的粮食。

三 实施计划和内容

（一）实施计划

农村粮食产后减损安全保障工程分为试点阶段和正式实施两个阶段：

2007～2009年为试点阶段，其中2007年度在辽宁、四川、山东三省进行小规模试点，为符合项目选点要求的38个试点县3.2万个农户配置标准化小粮仓，目前试点工作已经结束；2009年计划在已经通过“粮食丰产科技工程”产后减损专项科研课题建立农户科学储粮示范区、地方积极性较高的辽宁、吉林、山东、湖北、安徽、陕西、四川、新疆等八省（区）试点。拟安排项目试点县157个，试点项目农户30 万户。

2010～2012年为正式实施阶段，计划全面实施农村粮食产后减损安全保障工程。三年共拟安排项目县360个，项目点农户约500万户、代农储粮点500个。

（二）建设内容

建设内容主要包括三部分：一是为符合项目选点要求的农户建设（改造）标准化小型粮仓、配置储粮装具；二是对部分直接为农户储粮服务的基层收纳粮库进行技术改造、建立粮食处理中心、配置仪器设备；三是对基层技术服务人员和农户进行培训和技术指导。

（三）投资模式

项目采取中央投资、地方配套和农户自筹相结合的方式，中央投资、地方配套、农户自筹的比例大体按3∶5∶2筹措。其中，地方配套资金以省级财政为主，地市和县级财政具体配套比例由试点省确定。

四 组织实施

本项目的组织实施由国家粮食局总体负责。具体要求如下：

（一）管理程序

国家粮食局负责研究提出建设方案和投资计划，报国家发展改革委审批；负责审查批准各地建设方案；负责项目进度、质量和资金使用的监督检查和项目实施后效果评价。

省级粮食行政管理部门负责制定全省建设方案（包括确定的项目县、农户数量，建设内容，总投资及投资构成，实施进度安排等），落实地方配套资金，并负责组织和落实省、市、县、农户各层次补贴协议的签订。同时制定选择施工队伍或供货商的办法，负责项目的组织实施、检查验收和项目总结，以及组织建立农村储粮技术服务体系。

地市级粮食行政管理部门受省级粮食行政管理部门委托，协助做好项目的进度、质量检查和验收工作。县级粮食行政管理部门负责确定参与农户、确定农户的粮仓需求类型；与农户签订项目补贴协议，落实农户的配套资金；负责粮仓建设进度和质量监督工作；负责对示范农户科学储粮方法的培训；负责建立受益农户档案资料等。

（二）规划和可研

省级粮食行政管理部门负责编制本省项目总体规划和实施方案。本省规划包括项目目标、拟安排项目县和农户数量、基本情况、项目必要性与可行性、项目建设方案与内容、投资来源、效益分析、组织与管理等。要在项目县实施方案的基础上，编制本省建设项目可行性研究报告，连同省级政府配套资金承诺一并上报国家粮食局审批。

（三）规范设计与招标采购

国家粮食局组织粮食工程建设设计单位在“粮食丰产科技工程”前期工作基础上，对现有储粮粮仓、装具进行优化设计，形成针对不同地区、不同粮食品种的标准化、系列化粮仓设计图纸和产品技术规格要求，制订有关建设规范。然后由各省级粮食行政管理部门根据标准化设计，进行公开招标，确定标准化粮仓、装具的种类、型号、价格及供应厂商。

（四）资金管理

中央补助投资、省级政府配套投资和农民自筹资金统一集中到省级粮食行政管理部门。省级粮食行政管理部门应建立项目资金专账，将中央拨款和地方配套资金统一管理，并按进度直接拨付给供货或施工企业。农民按扣除补贴金额后的装具差价款交款提货，其余货款由省级粮食行政管理部门按照确定的程序安排统一与供货方结算。

以省为单位按照项目总投资的2%安排资金作为监督检查费；安排2.5%作为技术服务费。这两部分资金全部从地方配套资金中提取，由省级粮食行政管理部门管理，并按照工作进度统一支付给服务单位。各省农户储粮技术培训和服务体系建设所需资金由省级粮食行政管理部门在地方配套资金中安排解决。

（五）监督检查

项目实行受益公示制。项目县应对项目点农户的小粮仓、装具型号、补贴金额、服务部门等在县或乡镇范围内张榜公示，接受群众监督。各项目县应对小粮仓、装具进行登记、编号，建立农户储粮新建小粮仓、装具补贴档案，档案内容按照国家粮食局编制的统一软件填写、汇总、上报。档案内容主要包括：农户姓名、身份证号码、地址、联系方式、小粮仓或装具型号、购置数量、补贴金额、补贴协议及装具编号等。县级粮食行政管理部门应做到逐户现场检查，监督工程建设质量和技术服务工作，省级粮食行政管理部门应组织地市粮食行政管理部门进行抽查。

项目进度实行定期报送制度。各省级粮食行政管理部门应于月底分别将项目执行和完成情况报送国家粮食局。主要内容包括：投资到位及完成情况、形成工作量、工程形象进度、资金拨付情况等。国家粮食局将根据项目进展情况随时组织专家进行现场检查。

（六）建立技术服务体系

各地粮食行政管理部门应依托有关粮食科研机构、市、县级粮食行政管理部门、基层粮库建立农村粮食产后技术服务体系，负责对服务区内的农户进行储粮专业知识培训和技术指导。建设项目将安排专门投资为各级技术服务机构配备集中使用的粮食检测仪器、储粮装备，以便于对服务区内农户进行检测、通风、熏蒸等储粮技术服务。

（七）竣工验收

具备验收的基本条件为：粮仓或装具全部逐户到位、质量合格、投入使用能满足安全储粮要求，所有工程款或货款全部支付给施工企业或供货商，档案文件整理齐全。

县级粮食行政管理部门在对项目进行逐户现场验收后，逐级报请省级粮食行政管理部门组织竣工验收，竣工验收以县为一个子项进行。由省级粮食行政管理部门组织地市粮食行政管理部门进行逐县验收，现场抽查点应不少于参加农户的30%。全省验收工作完成后，由省级粮食行政管理部门将项目工作总结、验收结果、资金使用情况以及下年度工作方案等报送国家粮食局。

关于印发《2009年粮食财会工作要点》的通知

（国家粮食局办公室 国粮办财〔2009〕19号 2009年1月21日）

各省、自治区、直辖市及新疆生产建设兵团粮食局：

《2009年粮食财会工作要点》已经国家粮食局领导批准，现印发给你们，请各地结合实际，认真贯彻落实。

2009年粮食财会工作要点

2009年，各级粮食财会部门要认真贯彻党的十七大、十七届三中全会精神，以邓小平理论和“三个代表”重要思想为指导，深入学习实践科学发展观，按照全国粮食局长会议要求，围绕粮食流通工作重点，积极做好粮食财会工作。

一 深入开展学习实践科学发展观活动，突出实践特色

各级粮食财会部门要深入开展学习实践科学发展观活动，不断增强政治意识、大局意识和责任意识。正确处理好学习实践活动与开展业务工作的关系，真正做到工作和学习实践活动“两不误”、“两手抓”、“两促进”、“两提高”。要按照科学发展观的要求，切实突出实践特色，把学习实践活动与新时期粮食财会工作实际相结合，与促进科学发展的体制机制相结合。准确把握当前宏观经济形势和粮食流通形势，认真总结粮食财会工作及存在的突出问题，深化对科学发展规律的认识，将学习实践活动成果及时转化为全面推进粮食财会工作的具体行动，促进粮食财会工作科学发展，为加强粮食宏观调控和推进现代粮食流通产业发展服务。

二 抓体制机制创新，推进国有粮食企业改革和发展

协调有关部门尽快研究解决国有粮食购销企业政策性粮食财务挂账认定、剥离中的遗留问题。加强企业经营性挂账管理，结合企业产权制度改革，采取多种方式逐步消化企业经营性挂账。督促有关部门及时拨补相关财政补贴资金，确保不形成欠账，不留呆坏账。积极争取政府安排专项资金，解决国有粮食企业安置富余人员的资金缺口，落实社会保障和再就业政策，维护职工合法权益。

加强对国有粮食购销企业产权制度改革的指导，推进企业兼并重组，组建适应粮食购销新体制的公司制、股份制粮食购销企业，完善购销网络，增强市场竞争力，继续发挥购销主渠道作用。把推进企业产权制度改革与发展粮食产业化结合起来，积极培育粮食产业化龙头企业，延伸和完善产业链条，发展粮食订单生产、订单收购，鼓励企业做大做强，增强抵御市场经营风险能力。推动有条件的加工龙头企业向粮食科研、生产、收购、加工、销售一体化发展，培育知名品牌，增强企业竞争力和影响力。严格规范国有粮食企业改制中的产权转让行为，确保国有资产安全。指导国有粮食企业进一步转换经营机制，创新经营方式，增强市场经营活力。

三 抓政策协调落实，为促进粮食宏观调控和流通产业发展创造良好条件

积极协调农业发展银行完善粮食收购资金信贷管理办法，支持国有粮食企业开展粮食购销业务，掌握粮源。指导国有粮食企业进一步优化资产结构，减轻负债比例，提高银行信用等级。督促企业加强粮食收购资金管理，严禁挤占挪用，保证资金使用安全。拓宽粮食收购资金来源渠道，争取其他商业性金融机构支持粮食收购。

协调金融部门增加对粮食产业化龙头企业在固定资产、技术改造、技术引进和粮食生产基地建设等方面中长期贷款，争取各级政府安排专项资金，对重点粮食产业化龙头企业的技术引进、技术改造和粮食生产基地建设进行专项补助和贷款贴息，促进粮食产业化发展。

配合财税部门在《关于地方商品储备有关税收问题的通知》（财税〔2008〕110号）基础上，进一步完善地方储备粮企业税收政策；抓紧研究完善粮食企业增值税政策。落实好对有困难的国有粮食购销企业减免土地税、房产税等政策。

四 抓行业财会指导，进一步提高国有粮食企业经营管理水平

认真分析国内外经济形势变化，以及全球金融危机和国际粮价波动对国有粮食企业的影响，加强对企业经营管理工作的指导。认真搞好粮食财务信息统计和财务分析，及时掌握企业经营管理情况。继续实行扭亏增盈信息通报制度和重点企业经营情况分析制度，支持企业开展粮食购销，搞活经营，规避风险。督促和指导企业加强经营管理，规范财务核算，降低成本费用，提高经济效益。

按照全国粮食清仓查库工作部署，认真配合做好粮食清仓查库工作，重点做好清仓查库账务检查工作。

继续搞好粮食财会人员培训，加强粮食财会队伍和体系建设，提高粮食财会管理水平。

五 抓部门预算管理，积极支持粮食事业发展

按照深化预算管理制度改革、强化预算管理与监督的要求，继续加强部门预算管理，积极争取财政部门支持，合理安排资金，促进粮食宏观调控和粮食事业发展。配合有关部门加强对粮食仓储设施改造和物流建设资金的监管，保障资金使用安全。落实全国清仓查库工作经费，保障清仓查库工作顺利进行。强化对粮食行政事业单位国有资产管理，确保国有资产合理配置、有效使用。加强粮食行政事业单位的财务管理，提高机关和直属单位的财务管理水平。

六 抓粮食财务政策研究，提高粮食财会服务水平

紧紧围绕粮食流通发展的热点、难点问题，搞好调查研究，提出政策措施建议。进一步研究新形势下粮食风险基金使用政策，充分发挥粮食风险基金在保障国家粮食安全中的重要作用。积极研究发挥其他商业性金融机构支持粮食收购的有效办法，拓宽资金来源渠道。研究探索“粮食银行”的运行方式，建立风险规避机制，支持农民余粮变现，保护种粮农民利益。

关于印发《2009年粮食流通监督检查工作要点》的通知

（国家粮食局办公室 国粮办检〔2009〕20号 2009年1月21日）

各省、自治区、直辖市及新疆生产建设兵团粮食局：

《2009年粮食流通监督检查工作要点》已经国家粮食局领导批准，现印发给你们，请结合当地实际，认真贯彻落实。

2009年粮食流通监督检查工作要点

2009年，粮食流通监督检查工作要以党的十七大和十七届三中全会精神为指导，全面贯彻落实科学发展观，按照全国粮食局长会议提出的粮食流通监督检查工作任务，紧密结合粮食流通新形势，认真做好国务院部署的全国粮食清仓查库工作，积极开展国家各项粮食政策落实情况专项检查，依法加强全社会粮食流通监督检查，严肃查处各类涉粮案件，继续加强粮食流通行政执法培训，深入推进监督检查专题调研，切实维护粮食流通秩序，保障国家粮食安全。

一　全力以赴搞好粮食清仓查库，确保粮食库存真实可靠

积极做好前期准备工作。按照《国务院办公厅关于开展全国粮食清仓查库工作的通知》（国办发〔2008〕118号）和《关于印发2009年全国粮食清仓查库工作实施方案的通知》（发改经贸〔2008〕3676号）要求，在部际联席会议和地方各级人民政府的领导下，积极做好全国粮食清仓查库准备工作。成立领导小组及其工作机构，加强组织协调，落实职责分工，细化工作要求，全面部署清查工作。结合实际制定本辖区具体实施方案。认真组织清仓查库培训工作，对辖区内参加省级复查、市级普查和督导企业进行自查的全体检查人员进行专业培训，确保清查工作顺利进行。

认真开展清查工作。组织专门力量督导企业自查。按照“有仓必到，有粮必查，有账必核，查必彻底”的原则开展市（地）级普查。对本省（区、市）内重点地区、重点企业的粮食库存及清仓查库工作情况开展复查。普查、复查工作人员均按照“统一抽调、混合编组、集中培训、综合交叉、本地回避”的原则择优选调和安排。协助国务院抽查工作组开展粮食库存抽查。逐级汇总有关数据报表和检查工作报告。对检查结果层层把关，准确及时报送，确保清查结果真实可靠。

二　积极开展国家各项粮食政策落实情况专项检查，确保政策落实到位

加强国家粮食收购政策落实情况专项检查。加强最低收购价粮食的监督检查，检查最低收购价粮食是否质价相符、账实相符和储存是否安全，督促收储库点严格执行国家粮食收购政策，严防扰乱市场、克扣农民、“转圈粮”等违规行为。收购国家临时存储粮的玉米产区、南方稻谷产区、东北大

豆产区的粮食部门要有针对性地加强对国家临时存储粮收购活动的监督检查，保障国家临时存储粮收购政策的贯彻落实，督促企业切实保证收购的国家临时存储粮为国内新产粮食。加强退耕还林、水库移民、救灾粮供应等政策性粮食的监督检查，做到供应及时，质量合格。对检查中发现的违法违规问题，按有关规定严肃处理，确保国家各项粮食政策贯彻落实到位。

加强国家临时存储粮食销售出库和跨省移库情况的监督检查。加大对政策性粮食交易过程和合同履约情况的检查，规范交易行为，严格交易管理，确保交易正常。督促有关承储企业认真履行竞价销售出库合同，严格按合同规定组织出库。对干扰客户正常交易和设置障碍阻滞粮食正常出库的承储企业，按有关规定严肃处理，追究企业负责人的责任，并对有关典型案件进行通报。

三 依法加强全社会粮食流通监督检查，维护粮食流通秩序

开展粮食收购资格核查。规范粮食收购许可制度，加强对已取得粮食收购资格的粮食经营者的指导、服务、监管与核查，确保取得资格的粮食经营者符合必须具备的条件。

开展建立粮食经营台账和执行粮食流通统计制度情况检查。检查督促各类粮食经营企业和转化用粮企业设置原始记录、建立粮食经营台账，及时准确报送统计报表和有关资料，保障粮食流通统计制度的贯彻落实。

协调、配合有关部门开展成品粮油市场检查。配合有关部门加强对粮油加工、批发、零售等重点环节经营行为的监督检查，加强对大型粮油批发市场、超市和农贸市场的巡查，督促企业加强自律和承担社会责任。

四 加大涉粮案件查处力度，提高办案质量和效率

认真受理群众举报。时时关注社会舆论，及时了解网络、报刊、电视等媒体的涉粮报道，认真受理人民群众以各种方式反映的涉粮问题，为提高涉粮案件办理的严肃性、权威性和时效性打好基础。

规范案件查办程序。查办案件要有检查、有证据、有定性、有结论、有处理。加强案件督办、催办，将案件查处作为监督检查工作考核的重要内容，必要时对案件办理不及时、不认真的进行通报，提高办案效率，做到案件及时查结，避免久拖不结。

加大案件查处力度。高度重视案件查处工作，及时分析总结案件查处中反映出来的问题和不同时段涉粮案件发生的规律，查找粮食流通管理的薄弱环节和漏洞，提出有针对性的完善政策措施和相关制度的建议，更好地发挥粮食监督检查的服务和保障作用。分析总结案件查处经验，不断提高案件查办质量和效率。

五 加强队伍建设，提高人员素质

认真开展深入学习实践科学发展观活动。坚持用马克思主义中国化最新理论成果武装监督检查队伍，不断增强监督检查人员政治意识、大局意识和责任意识，将学习实践科学发展观的成果转化为开展粮食监督检查的工作思路、方法和动力，提高行政执法能力和水平。

加强队伍培训。从增强责任意识、提高执法技能、注重工作成效三个方面增强粮食监督检查业务

培训的针对性和实用性，进一步促进培训工作的制度化、系统化。用理论教学、工作研讨和召开现场会相结合的方式加强培训，不断提高执法人员的政治责任感，工作责任心和业务洞察力。

加强廉政建设。督促监督检查行政执法人员自觉加强学习，提高政治、业务素质和工作能力。严格遵守党风廉政建设的规定，遵守行政执法规定和程序。坚持依法执法，文明执法，廉洁执法。树立粮食行政执法的权威，维护粮食监督检查队伍的良好形象。

六 巩固监督检查体系建设成果，进一步夯实工作基础

加强监督检查专题调研和工作交流。根据产区、销区、产销平衡区的不同特点，结合近几年监督检查案件查处情况，梳理各项检查和案件查处规律。选择重点专项检查工作和影响大、发案多的案件类型进行专题调研，归纳总结专项检查和专案调查经验，创新监督检查方式方法，组织跨省、跨地区交流，提高粮食监督检查的工作质量和效率。

巩固工作机构和制度建设成果。进一步推动基层粮食监督检查机构建设，督促尚未建立监督检查内设机构的市、县两级粮食部门尽快建立机构，为开展工作打好基础。认真执行《粮食流通管理条例》和《中央储备粮管理条例》，进一步完善各项粮食流通监督检查规章制度和工作程序。为粮食立法提供实践依据，配合做好粮食立法有关工作。

关于成立粮食清仓查库专项工作班子的通知

（国家粮食局办公室 国粮办检〔2009〕22号 2009年1月22日）

各司室、直属单位、联系单位：

为贯彻落实《国务院办公厅关于开展全国粮食清仓查库工作的通知》（国办发〔2008〕118号）精神，全力以赴做好全国粮食清仓查库工作，经局长办公会议研究，决定成立由局党组全体成员组成的国家粮食局粮食清仓查库专项工作班子，以加强对清仓查库工作的组织领导。现将专项工作班子及下设工作组的组成人员、职责明确如下：

一　专项工作班子组成人员

（一）领导成员

党组书记：聂振邦

党组成员：郄建伟 任正晓 张桂凤 杨　兵 曾丽瑛

（二）组成人员

孙鉴奇 卢景波 颜　波 程传秀 邓亦武 何　毅 辛志光 吴子丹 杜　政 王亚平
何松森 尚强民 张本初

专项工作班子下设综合协调组、技术专家组、案件核查组、新闻宣传组、工作保障组，与部际联席会议办公室相关机构相衔接，分工负责做好粮食清仓查库的各项具体工作。

二　工作组组成人员及职责

（一）综合协调组

联系局领导：任正晓

组　长：程传秀

副组长：赵文先 孙鉴奇 卢景波 杜　政 韩继志

成　员：金　贤 秦玉云 陈玉中 于英威 罗守全 罗文娟 林风刚 齐朝富 周　辉 张永刚 陈　玲

职　责：统一协调与联络部际联席会议各成员单位、各省级粮食清仓查库工作领导小组办公室；起草、印发清仓查库有关文件、通知、领导讲话；组织全国粮食清仓查库工作动员电视电话会议；组织清仓查库人员培训；组织实施国务院有关部门联合抽查；起草全国粮食清仓查库工作总结报告。

（二）技术专家组

联系局领导：郄建伟

组　长：吴子丹

副组长：程传秀　陈家积 邓亦武 何　毅 杜　政 赵文先

成　员：陶　英 张　云 于英威 罗守全 罗文娟 林风刚 齐朝富 郭　峰 郭晓虹 张忠杰

陈　玲 邓　立 刘　坚

职　责：起草全国粮食清仓查库工作实施方案和检查方法；编写全国粮食清仓查库培训教材；提供业务指导，解决检查中遇到的专业技术问题；汇总全国粮食清仓查库数据;收集粮食库存统计资料;负责清仓查库文件档案的整理和归档工作。

（三）案件核查组

联系局领导：杨　兵 曾丽瑛

组　长：辛志光

副组长：袁　辉 周冠华 朱传碧 唐柏飞 陈　良 唐瑞明

成　员：刘冬竹 杨卫辰 白　鸥 梁燕东 周晓耘 郭　建 蒋俐怡 徐广超

职　责：公布举报投诉电话，确定专人负责；受理群众举报投诉，向各地和各抽查组分发举报案件；直接组织核查清仓查库过程中发现的重大案件；跟踪、了解案件核查进展情况，督促各地有关粮食库存案件按期结案；整理、通报典型案件。

（四）新闻宣传组

联系局领导：聂振邦

组　长：颜　波

副组长：赵素丽 袁　辉 吴永顺

成　员：孔伟娟 唐　茂 杨绪珍 刘铁宏 郁士祥 田　野 张永刚　周晓耘 刘　坚

职　责：起草工作简报，及时通报工作动态；与有关媒体、人大代表和政协委员联络；起草新闻宣传稿，组织对外宣传报道；负责保密措施的落实。

（五）工作保障组

联系局领导：张桂凤

组　长：邓亦武

副组长：王亚平 王耀鹏 何松森

成　员：刘铁宏 杨卫辰 郑志刚 李亚莉 邓　立　常晓明

职　责：负责清仓查库工作经费的安排和管理；负责部际联席会议办公室办公场地、办公用品和设备采购；负责有关会议和培训会务工作；提供办公、交通、生活等后勤服务。

关于印发《国家粮食局关于进一步加强因公出国（境）团组管理的办法》的通知

（国家粮食局办公室 国粮办外〔2009〕33号 2009年2月11日）

各司室、直属单位、联系单位：

为认真贯彻落实《中共中央办公厅 国务院办公厅印发〈关于进一步加强因公出国（境）管理的若干规定〉的通知》（中办发〔2008〕9号）精神，结合我局实际情况，特制定《国家粮食局关于进一步加强因公出国（境）团组管理的办法》。该办法已于2009年2月10日经局党组会讨论通过，现印发给你们，请遵照执行。

国家粮食局关于进一步加强因公出国（境）团组管理的办法

为了贯彻落实《中共中央办公厅 国务院办公厅印发〈关于进一步加强因公出国（境）管理的若干规定〉的通知》（中办发〔2008〕9号）、中纪委、监察部等十部委局《关于开展贯彻落实“两办规定”制止党政干部公款出国（境）旅游专项工作的通知》（中纪发〔2008〕10号）和《财政部、外交部、监察部、审计署、国家预防腐败局关于印发〈加强党政干部因公出国（境）经费管理暂行办法〉的通知》（财行〔2008〕230号）的精神，进一步加强对我局因公出国（境）团组的管理，特制定本办法。

一、我局各组团单位必须认真贯彻执行党和国家有关外交、外事财务、纪检监察的有关规定，按照务实、高效、精简和节约的原则，组织有明确出访目的和实质内容的团组出国（境）执行相关公务。严禁以营利为目的组织团组出访，严禁高标准、乱收费。

二、机关各司室和局直属、联系单位根据业务工作需要，应于12月10日前提出下一年的出访计划报外事司审核和汇总。外事司根据审核结果，编制出下一年我局出访计划，报经局领导批准后，即严格按计划执行。除临时特殊出访任务外，不再增批新的出访团组。培训团组须按有关程序报经国家外国专家局批准后方可组织实施。

三、组团出访要有明确的公务目的及实质内容，切实配合全局的中心工作和本单位的任务。确有必要组团出访的单位，原则上两年内组团出访不超过一次。

四、根据《中共中央办公厅 国务院办公厅印发〈关于进一步加强因公出国（境）管理的若干规定〉的通知》（中办发〔2008〕9号）文件精神，司局级及以下人员原则上2年内出国（境）不超过1次，如需参加有关国际会议和执行签约项目等可根据实际需要酌情安排。

五、严格控制出访人数和时间。一般情况下，考察团组总人数不超过6人，访问一个国家一般不超过6天；访问两个国家不超过10天；访问三个国家不超过12天。未经批准，不得增加出访人数和出访国家数。培训团人员总数控制在25人以内，在外时间一般不少于21天。考察和培训人员要与出访任务相关，人员构成要合理，严禁无关人员“搭车”出访。我局已退（离）休人员原则上不再派遣出国（境）执行公务。

六、对于列入计划的团组，组团单位实施时须按程序报批，签报(会签财务司、外事司)主管局领导和主管外事局领导，签报中要说明出访主要目的、计划时间、考察提纲、费用来源及标准和出访人员名单等情况。经批准后再填写出国（境）任务报批件，由外事司审核后，报主管外事的局领导审批。

七、外单位邀请我局人员出访，应将邀请函先送至外事司。邀请函要写明出访任务、国家和地区、时间，以及由谁负担出访费用等，但不得点名邀请某人出访（特殊任务除外）。外事司根据出访任务，商有关单位选派人员，并报局领导批准后，正式通知组团单位。

八、各出访团组经局领导批准后，要认真组织实施。加强外事纪律教育，严格按批准的时间和路线出访，不得随意更改和增加出访国家或地区。

九、各出访团组在出访前要认真做好准备，制订详细的考察和培训提纲，使考察和培训取得实质性收获。出访团组回国后，应在一个月内写好出访报告，报送有关局领导，并抄送外事司。

十、各出访团组和人员要认真执行《财政部 外交部 监察部 审计署 国家预防腐败局关于印发〈加强党政干部因公出国（境）经费管理暂行办法〉的通知》（财行〔2008〕230号）和财政部、外交部制定的《临时出国人员费用开支标准和管理办法》（财行〔2001〕73号），凡未经财务部门经费审核认可的因公出国（境）申请，外事审批部门一律不予批准。各出访团组要严格按照各项开支标准执行，不得随意突破。

十一、根据外交部对因公护照管理的有关规定，出访人员一般要在回国后7天内，将护照送交外事司统一管理。

十二、我局各组团单位在组团过程中和出访期间，如违反国家有关因公出访的规定和外事纪律，外事司将会同监察局等有关单位对当事人进行严肃查处，并视情节追究组团单位负责人的责任。

十三、本办法自下发之日起开始执行，我局原有关于出国（境）团组管理的规定如有与本办法抵触的，以本办法为准。本办法由外事司负责解释。

关于公布2009年度国家粮食局软科学课题研究方向及有关事项的通知

（国家粮食局办公室 国粮办政〔2009〕37号 2009年2月17日）

各省、自治区、直辖市及新疆生产建设兵团粮食局：

为贯彻落实中央关于粮食工作的方针政策，推动开展粮食流通重点难点问题研究，促进粮食流通工作全面发展，我局研究提出2009年度国家粮食局软科学课题研究方向，现印发给你们，请各地加强领导，认真组织和做好今年的软科学课题研究工作。

一 2009年度软科学课题研究方向

根据党的十七大、十七届三中全会精神和中央经济工作会议、中央农村工作会议对粮食工作的有关要求，以及2009年全国粮食局长会议的部署，今年软科学课题研究方向主要是：

1.关于构建我国粮食安全保障体系的研究

2.关于完善粮食市场调控机制的研究

3.关于储备粮管理体制与制度的研究

4.关于完善和落实粮食省长负责制的研究

5.关于粮食依法行政的研究

6.关于《粮食流通管理条例》实施情况和《粮食法》确立制度的研究

7.关于国外粮食法律的研究

8.关于粮食消费政策与制度的研究

9.关于健全粮食支持和保护制度的研究

10.关于完善粮食价格形成机制的研究

11.关于健全粮食市场体系的研究

12.关于加快现代粮食物流体系建设的研究

13.关于国有粮食企业改革与发展问题的研究

14.关于粮食产业化经营发展的研究

15.关于农村新型粮食流通业态和粮食流通网络建设的研究

16.关于健全粮食流通监督检查机制的研究

17.关于健全粮食质量卫生安全保障机制的研究

18.关于农村粮食产后减损安全保障的研究

二 有关要求

1.课题选题。研究方向要符合党中央、国务院对粮食流通工作的总体要求，各单位可从国家粮食局公布的2009年软科学课题研究方向选题，也可自行确定研究题目。研究提出建议要具有实用性、科学性、可操作性，切实为当前和今后粮食流通工作服务。

2.申报范围。课题申报单位为省级粮食行政管理部门。未申报的课题不能参加国家粮食局优秀软科学课题评选。

3.申报数量。各单位在申报课题过程中要严格把关，课题申报数量1～3个；每个课题的研究单位一般不超过3个，每个课题的研究人员不得超过15人。

4.申报时间。请认真填写《国家粮食局软科学研究课题申报表》，于2009年3月15日前报送我局软科学评审专家委员会办公室（政策法规司）。

关于调整国家粮食局软科学评审专家委员会评审专家的通知

（国家粮食局办公室 国粮办政〔2009〕40号 2009年2月17日）

各司室、直属单位、联系单位：

自2001年国家粮食局成立软科学评审专家委员会以来，课题评审工作在各位专家的大力支持下，逐步走向制度化和规范化，课题质量和水平得到不断提高。鉴于参评课题数量不断增多，评审工作量逐年加大，以及部分专家工作调整等原因，经研究，我局决定对国家粮食局软科学评审专家委员会成员进行适当调整。现将调整后的名单公布如下（共16名）：

主任委员：聂振邦 国家粮食局局长

副主任委员：陈锡文 中央财经领导小组办公室副主任、中央农村工作领导小组办公室主任

郄建伟 国家粮食局副局长

委员：张冬科 中央财经领导小组办公室、中央农村工作领导小组办公室组长

李朴民 国家发展改革委政策研究室主任

胡恒洋 国家发展改革委农村经济司副司长

刘小南 国家发展改革委经济贸易司副司长

张玉香（女） 农业部总经济师

刘长春（女） 国务院法制办财政金融法制司副司长

郭 玮 国务院研究室农村司巡视员

徐小青 国务院发展研究中心农村部副部长

朱长国 中国粮油学会会长

赵凌云（女） 中国粮食行业协会副会长

戚维明 中国质量协会副会长

丁声俊 国家粮食局科学研究院研究员

颜 波 国家粮食局政策法规司司长

调整后的国家粮食局软科学评审专家委员会职责不变，办公室主任由颜波同志担任，日常工作由政策法规司负责。

联系人：贺 伟 孔伟娟

联系电话：010-63906251、63906276

传真电话：010-63906248

E-mail：fgs@chinagrain.gov.cn

办公地址：北京市西城区木樨地北里甲11号国宏大厦C座1201室

邮政编码：100038

关于印发《2009年全国粮食行业普法依法治理工作要点》的通知

（国家粮食局办公室 国粮办政〔2009〕48号 2009年2月24日）

各省、自治区、直辖市及新疆生产建设兵团粮食局：

为做好2009年全国粮食行业普法依法治理工作，根据《全国普法办公室关于印发〈2009年全国普法依法治理工作要点〉的通知》（普法办〔2009〕4号）精神，我局制定了《2009年全国粮食行业普法依法治理工作要点》，现印发给你们，请结合本地实际，认真组织落实。

2009年全国粮食行业普法依法治理工作要点

2009年全国粮食行业普法依法治理工作总的要求是：认真贯彻落实党的十七大、十七届三中全会精神，高举中国特色社会主义伟大旗帜，以邓小平理论和“三个代表”重要思想为指导，深入贯彻落实科学发展观，全面贯彻落实粮食行业“五五”普法规划，围绕粮食流通中心工作，服务三农，服务民生，广泛开展法制宣传教育，扎实推进依法治理，努力提高粮食行业干部职工的法律素质和依法治理水平，促进依法行政，实现依法管粮。

一 坚持服务科学发展，全面推进粮食行业“五五”普法规划贯彻落实

1.深入学习实践科学发展观，坚持以科学发展观为统领，解放思想，转变观念，用符合科学发展的思想观念、方式方法，来研究、谋化、推进粮食普法依法治理工作。切实加强服务和促进科学发展的法律法规宣传教育，把科学发展观贯彻落实到工作的各环节、全过程。

2.深入开展宪法和国家基本法律的宣传教育。加大宪法宣传力度，把宪法宣传教育纳入年度各项主题法制宣传教育活动，努力提高粮食流通行业人员特别是各级粮食行政管理部门领导干部和公务员的宪法意识，在粮食流通行业形成学习贯彻宪法的热潮，形成崇尚宪法、遵守宪法、维护宪法的良好氛围。

3.继续抓好两部条例的宣传工作。今年是《粮食流通管理条例》颁布实施五周年、《中央储备粮管理条例》颁布实施六周年。要在前几年学习宣传活动的基础上，结合粮食流通工作的新形势、新要求，围绕社会普遍关心的问题，因地制宜，创新宣传方式，积极开展学习宣传活动，将条例的贯彻落实工作推向新高度。

4.做好相关法律法规的宣传工作。加大行政法规的学习宣传力度，提高粮食行政管理人员依法行政的意识和能力，促进依法管粮。学习宣传整顿和规范市场经济秩序的法律法规，为粮食企业营造良好的市场环境。加强安全生产、劳动和社会保障、社会救助等方面法律法规的宣传教育，增强粮食流

通行业的安全生产意识和保护劳动者合法权益意识。加强市场经济法律法规、宏观调控法律法规的宣传教育，为落实好中央关于扩大内需、促进经济又好又快发展的重大部署营造良好的社会氛围。

二 坚持分类指导，切实加强重点对象的法制宣传教育

5.深入贯彻落实粮食行业“五五”普法规划和决议，切实抓好面向全社会的法制宣传教育，认真贯彻落实关于加强领导干部、公务员、企业经营管理人员和农民学法用法工作的指导意见，推进重点对象法制宣传教育的深入开展。

6.认真开展公务员学法用法活动，推进“法律进机关”。把法制学习作为机关学习的重要内容，结合各职能部门工作职能，制定学法用法计划，认真组织实施。坚持和完善党委（组）理论学习中心组集体学法制度、领导干部和公务员法制讲座制度、法律培训制度、考试考核制度，使领导干部和公务员学法用法经常化、规范化。

7.面向种粮农民开展法制宣传教育，推进“法律进乡村”。认真贯彻党的十七届三中全会提出的“加强农村法制宣传教育，搞好法律服务，提高农民法律意识，推进农村依法治理”要求，深入乡村、集市，宣传国家惠农强农政策，宣传法律法规中保护种粮农民利益的有关规定，告知维护自身合法权益的途径和方法，增强粮食生产者依法维权的意识和能力。

8.加强对粮食消费者的法制宣传工作，推进“法律进社区”。利用社区普法广场、法制宣传栏、法制长廊、电子显示屏等法制宣传载体，向广大消费者普及粮油消费知识，引导科学合理消费粮食，倡导节粮爱粮。

9.加大对粮食经营企业的法制宣传力度，推进“法律进企业”。积极引导粮食经营企业加强法制宣传教育工作，重点宣传企业在经营活动中应履行的义务，培养粮食经营者树立诚信守法、依法经营、依法办事的观念，提高依法经营的自觉性。

三 深入开展依法治理，积极推进依法行政示范创建工作

10.加强粮食流通监督检查，加大案件查处力度。依法加强对粮食质量、卫生情况的监督检查，确保粮食储存和消费安全。加大对粮食收购环节损害农民利益案件的查处力度，依法规范粮食收购秩序。加强对储备粮、军粮供应、最低收购价粮食和国家临时存储粮食等政策性粮食的监督检查。对群众反映强烈、社会比较关注的涉粮案件，加大查处力度，依法严肃处理。

11.落实行政执法责任制，强化对行政行为的监督。按照“三定”方案和现有法律法规规章的有关规定，认真梳理行政执法依据，建立健全行政执法责任制和执法过错责任追究制，积极探索建立执法质量考核考评制度，提高依法治理的效果。

12.进一步总结推广经验，推进依法行政示范创建工作。按照《国家粮食局关于粮食行政管理部门贯彻国务院全面推进依法行政实施纲要的意见》（国粮政〔2005〕55号）要求，加强对本地区粮食依法行政示范单位的指导，总结依法行政示范创建活动的经验，并通过座谈会等形式交流推广，积极推进粮食依法行政示范创建活动。

四 不断创新方式方法，努力增强法制宣传教育的实际效果

13.充分发挥各种媒体的作用。充分利用电视、广播、报刊等传统新闻媒体，利用国家粮食局政府网站、地方粮食行政管理部门网站等互联网平台，办好粮食法制宣传栏目。在公共场所建立固定或流动的法制宣传设施，利用移动电视、车载电子显示屏等，不断扩大法制宣传的效果。

14.采取多种方式加强法制宣传。进一步丰富法制宣传的内容，创新宣传形式，增强法制宣传教育的针对性、实用性，通过开展法制文艺汇演、法制报告会、法律知识竞赛、法制教育征文、演讲比赛等人民群众喜闻乐见的形式，切实提高法制宣传教育的效果。

15.认真组织开展“12・4”全国法制宣传日活动，充分利用各种专项法律颁布实施纪念日，组织开展专项法律的宣传日、宣传周和宣传月活动。

五 加强领导，充分调动各方面的积极性

16.各级粮食行政管理部门要切实加强对普法工作的领导，进一步健全普法机构，明确普法职责，协调好普法机构与其他处室的工作衔接。加强普法队伍建设，做好法制宣传人员的教育和培训，培养普法骨干。对普法依法治理活动中涌现出的先进集体和个人进行表彰和宣传。保障普法经费，安排专项经费用于普法教育和宣传，从机构、人员、经费等各个方面确保粮食普法依法治理工作的顺利开展。

关于组织开展2009年粮食科技活动周的通知

（国家粮食局办公室 国粮办展〔2009〕59号 2009年3月3日）

各省、自治区、直辖市及新疆生产建设兵团粮食局，各有关粮食科研单位、院校：

根据科技部关于举办2009年科技活动周的会议精神，为促进食用植物油产业健康发展，保证安全供给，进一步突出粮食科技惠及民生和科技支撑发展的指导思想，经研究，决定于2009年5月中旬举办粮食科技活动周。现将有关事项通知如下：

一 活动主题

2009年粮食科技活动周主题拟定为“科学消费植物油”。

2009年科技活动周是以科学发展观为统领，紧紧围绕当前中心工作，发挥科技活动周贴近实际、贴近生活、贴近群众的特点，充分体现科技在支撑引领经济发展中的重要作用。通过创新的表现形式、活动内容和组织管理形式，宣传成就、增强信心，分析困难、激励干劲，指明目标、推动发展。通过举办一系列丰富多彩、形式多样的群众性科技活动，以实际行动向国庆六十周年献礼。

二 活动时间和地点

（一）时间

根据国务院规定，2009年科技活动周举办时间为：5月16日~22日。粮食科技活动周集中宣传时间为：5月16日~17日。

（二）主要活动地点

粮食科技活动周期间国家粮食局在陕西省西安市设主会场，开展集中的宣传活动。

三 内容和方式

食用植物油是城乡居民的生活必需品。发展食用植物油产业，保障供给安全，对促进经济发展和维护社会稳定意义重大。2009年粮食科技活动周要突出宣传《国务院关于促进食用植物油产业健康发展 保障供给安全的意见》（国发〔2008〕36号）精神，重点展示“十五”、“十一五”粮食科技创新成果，以加强营养健康知识宣传和教育普及为主要宣传目的，通过举办宣传讲座、图片展示、音像视频宣传、发放宣传材料、现场演示、专家与市民互动、参与科技部科技列车行活动和开放国家粮食局科研院实验室等形式，为公众提供相关信息和咨询服务，宣传食堂、饭店等餐饮场所节约用油的文明规范，宣传油脂食品营养、健康的科学知识，倡导低油饮食、科学健康的饮食习惯，鼓励节约用油、减少损失浪费。

本届粮食科技活动周要突出体现科技自主创新，要通过展示油脂及其产品的营养科学研究和技术成果，介绍正确消费植物油的营养知识，开展群众喜闻乐见的宣传活动，促进油脂企业加强科技创新，规范引导我国油脂业健康发展，逐步改变部分居民消费植物油不合理的现状，引导公众健康营养消费。

四 组织形式

为协调本次粮食科技活动周的各项工作，我局决定成立2009年粮食科技活动周领导小组，领导小组办公室设在流通与科技发展司。

2009年粮食科技活动周主会场的活动由国家粮食局与陕西省粮食局联合主办，中储粮总公司、中粮集团、西安市粮食局、中国烹饪协会、中国营养学会、中国油脂协会、中国粮油学会、公众营养与发展中心、西安油脂科学研究设计院、国家粮食局科研院、国家粮食局标准质量中心等有关单位协办。

五 有关要求

（一）各省（区、市）粮食局和有关单位要结合实际情况，提出本地和本单位粮食科技活动周活动的内容和形式，做到精心设计、突出重点、讲求实效，体现知识性、趣味性、科普性、大众性。国家粮食局将组织编印宣传画、图片、手册、知识问答题、DVD等供各地宣传和参考使用。

（二）各主办单位应积极联合当地科技部门和企（事）业单位共同组织开展宣传活动，为科研院所、企业等提供宣传平台，展示科技与产品。需要与我局共同主办活动的单位请于3月31日前告知流通与科技发展司。

（三）各省（区、市）要充分调动各方面的积极性，本着少花钱、多办事的原则，举办有特色、讲实效的粮食科技活动周活动。

（四）各组织单位要高度重视粮食科技活动周的安全工作，按照有关管理要求，积极做好活动的申报、审批工作。要与当地公安、消防、城管等部门通力合作，认真制订粮食科技活动周的安全保卫方案及应急预案，使安全保卫工作做到组织落实、任务明确、责任到人。

（五）各有关粮食科研单位、院校要积极配合当地粮食部门做好有关宣传工作。

（六）粮食科技活动周期间，结合科技部、中宣部科技下乡活动的要求，我局将组织有关专家、科研单位结合有关省粮油工作实际情况适时安排相关宣传内容。有关工作另行通知。

（七）请各省（区、市）粮食局将各自活动方案于3月31日前报送流通与科技发展司。

（八）科技周结束后，请各单位认真总结，于6月6日前将粮食科技活动周总结报告及相关声像资料报送流通与科技发展司。

关于中国华粮物流集团公司绥化粮库安全生产事故的通报

（国家粮食局办公室 国粮办展〔2009〕62号 2009年3月6日）

各省、自治区、直辖市及新疆生产建设兵团粮食局，中国储备粮管理总公司、中粮集团有限公司、中国华粮物流集团公司，黑龙江省农垦总局：

2月22日，中国华粮物流集团公司所属绥化粮库发生一起安全生产事故，造成2名工人死亡。为了强化企业安全生产意识，避免类似事故再次发生，现将这次事故有关情况予以通报，请认真汲取教训。

2009年2月22日凌晨1时至3时，绥化粮库安排进行烘干机烘前仓清理作业，2名工人进入仓内清理挂壁，作业过程中被掉落的粮块击中，掩埋窒息死亡。经有关部门初步认定，这是一起安全生产责任事故，导致事故发生的主要原因是企业安全生产制度落实不到位，工人违规作业。

本次事故教训深刻，各地区、各单位要认真汲取本次事故教训，高度重视安全生产工作，坚决贯彻“安全第一，预防为主，综合治理”的工作方针，全面落实安全生产责任制，切实加强安全生产检查，防止事故再次发生，为行业发展提供安全保障。

一 加大安全生产检查力度

近期，针对重点领域和环节，开展一次安全生产检查，其中东北地区检查的重点是烘干作业安全，包括工作方案是否制订完备，安全责任是否落实到人，应急措施是否准备妥当。

二 督促企业严格按程序组织作业

对于高空作业、熏蒸作业等危险性较大的工作，要事先制订工作方案，并加强对作业人员的培训教育，完善应急预案，严格按照规定的程序组织作业。

三 认真做好消防工作

要加强库区现场及火源管理，东北地区要针对露天囤垛较多的情况，增加检查频次，完善防火措施，落实防火责任，切实做好露天储粮设施的防火工作。

四 加强对外租资产的管理

各级粮食部门及企业要落实外租设施的安全生产责任，加大对外租设施安全生产的监督管理，确保出租后的各类设施安全监管责任不缺位，安全生产标准不降低。

五 重视基层人员的作用

要充分调动基层管理人员和一线生产作业人员的积极性，开展发明创造活动，从实践中探索有益经验，改善安全环境，改进生产方法，消除各种安全生产隐患。

关于印发《国家粮食局重点实验室暂行管理办法》的通知

（国家粮食局办公室 国粮办展〔2009〕63号 2009年3月6日）

各省、自治区、直辖市、计划单列市及新疆生产建设兵团粮食局，有关粮食科研院所、院校，各有关企业：

为贯彻落实《国家中长期科学和技术发展规划纲要（2006～2020年）》和《十一五粮食科技发展指导意见》，加强和规范国家粮食局重点实验室建设与运行管理，特制定《国家粮食局重点实验室暂行管理办法》，现印发给你们，请结合实际情况开展工作，切实加强粮食行业科技自主创新能力，持续稳定地支撑和引领粮食行业的发展。

国家粮食局重点实验室暂行管理办法

一 总 则

第一条 为提高粮食科技自主创新能力，使粮食科技能够持续稳定地支撑和引领粮食流通的发展，根据《国家重点实验室建设与运行管理办法》（国科发基〔2008〕539号），制定本办法。

第二条 国家粮食局重点实验室是国家粮食科技创新体系的重要组成部分，是组织较高水平粮食科学基础研究和应用基础研究、提高产业自主创新能力和核心竞争力、聚集和培养学科带头人、开展研究合作的重要基地。

第三条 从事粮食科研、教学的机构和其他具有科技创新能力的实体机构等遵照本办法，可以申请国家粮食局重点实验室（以下简称局重点实验室）。每一学科领域原则只设一个重点实验室。

第四条 局重点实验室的主要任务是：

（一）针对粮食科技前沿及行业重大科技问题开展创新性基础研究、竞争前高技术研究和社会公益研究；

（二）开展粮食流通核心技术的攻关和关键工艺的试验研究，重大装备样机及其关键部件的研制、高技术产业的产业化技术开发、产业结构优化升级的战略性前瞻性技术研发、产业技术标准研究；

（三）发展粮食科技重点学科和新兴学科；

（四）造就高水平的学术带头人。

第五条 国家粮食局优先在粮食储藏、粮食物流、粮食标准及检测、粮油加工和装备等重点领域选择优势学科开展组建工作。

第六条 局重点实验室主管单位和依托单位管理职责如下：

（一）国家粮食局负责制定重点实验室管理办法，组织对局重点实验室的评审，并指导组建和运行。组织有优势条件的重点实验室申报国家重点实验室、国家工程实验室及国家实验室。国家粮食局流通与科技发展司负责具体管理工作事宜。

（二）重点实验室的依托单位负责重点实验室的组建和日常管理。制定重点实验室管理规章制度，落实重点实验室人员、建设与发展资金及其配套条件，聘任、考核重点实验室的主任和副主任，组织做好重点实验室年度考核和考评、评估准备工作。

二 基本条件

第七条 申报局重点实验室应具备以下条件：

（一）实验室的研究方向要符合国家产业政策和粮食流通发展的需要，有明确的近、中、远期研究目标，有较高的学术水平和鲜明的研究特色。

（二）所申请实验室在专业领域中，近期承担多项国家、行业或地方、单位的重大、重要基础或应用基础研究课题或国家科研项目，获省级以上科研成果奖的项目3项以上；在相应技术领域有较好的研发基础条件，在行业中具有技术和学术优势，重点突出，具有较强的创新能力。

（三）具有承担国家和局重大科研任务和培养高级粮食科研人才的能力，有较高水平的学术带头人和层次合理的科技队伍，学术思想活跃，学风正派。有本专业高级职称（教授、研究员）专业人员不少于3人，其他中级以上（助理研究员、讲师）研究人员不少于10人，在培博士、硕士不少于5人。

（四）实验室有健全的管理制度和有效的管理模式；有适应本专业领域需要的完备的实验仪器及其他研究试验条件；具有独立核算的能力和环境；建有培训和合作研究制度，拥有较好的人员培训及合作研究条件，基本具备接纳国内外同行业科研单位开展合作研究的条件。

（五）具备良好的科研实验条件，人员与用房集中。实验室面积在3000平方米以上，仪器设备总值（原值）1500万元以上。

（六）实验室依托单位能够保证实验室的基本运行费（每年不低于50万元）和必要的技术支撑、后勤保证、学术活动的条件。组建期内基本仪器、设备更新升级费用不少于80万元。

三 申请设立与验收

第八条 局重点实验室的设立与组建管理程序主要包括：申请、评审、组建、运行、验收等。凡符合第三条并具备第七条规定条件的实验室，经依托单位同意，可填写《国家粮食局重点实验室申请书》（需复审的实验室也填报此申请书），由主管单位审核后报送国家粮食局流通与科技发展司。

第九条 国家粮食局流通与科技发展司对申报的实验室进行初步审核。按照符合重点领域、合理布局、公平竞争、择优设立命名的原则，组织专家组（一般5～9人）对初审合格的实验室进行论证和评审，经国家粮食局审定后，确立局重点实验室。

第十条 实验室的组建、运行期为2年。运行期内承担各类实验项目不少于10项。

第十一条 重点实验室必须编制年度报告，依托单位每年对重点实验室工作进行年度考核。依托单位应当于每年1月30日前将上一年的《国家粮食局重点实验室工作年报》和局重点实验室考核结果报国家粮食局备案。

第十二条 组建、运行期满后，主管单位提出验收申请报告，由国家粮食局组织专家组开展验收工作。

第十三条 验收工作根据国家粮食局确定的局重点实验室目标任务要求进行验收。通过验收的，国家粮食局批准正式挂牌。名称形式统一为：国家粮食局×××重点实验室。验收不合格的取消组建资格，一年后才能再次申请。

四 管理职责与要求

第十四条 根据行业发展的需要以及重点实验室考评情况，国家粮食局可对已验收命名的重点实验室进行重组、整合、撤销等。

第十五条 局重点实验室主任应为行业在本领域的学术带头人，并具有较强的组织管理能力，年龄不超过60岁。依托单位聘任实验室主任，并报国家粮食局流通与科技发展司备案。

第十六条 局重点实验室须设立专家委员会，由具有副教授（副研）以上技术职称的专家组成。人数控制在9人以下。其中本实验室的专家不得超过1/3。专家委员会主任和成员皆由依托单位聘任，报国家粮食局流通与科技发展司备案。

第十七条 局重点实验室的科研条件建设和仪器设备更新等费用主要由其依托单位多渠道自行解决。鼓励以不同形式与国内外企业、政府、个人合作并取得研究经费、仪器设备的资助等。由我局负责组织管理的基础件和高新技术研究课题将优先安排局重点实验室承担。

第十八条 局重点实验室应跨学科跨行业吸引国内优秀科研人才合作研究，积极开展国际合作，鼓励自由选题，进行创新性的研究，并加强知识产权保护。在重点实验室完成的研究成果均应署本重点实验室名称。

第十九条 重点实验室仪器设备要相对集中，统一管理，凡符合开放条件的仪器设备都要对外开放。加强数据、资料、成果的审核及相关管理工作，确保分析研究数据的准确性和真实性。

五 附 则

第二十条 本办法由国家粮食局流通与科技发展司负责解释。

第二十一条 本办法自发布之日起生效。

关于粮食依法行政示范创建活动检查情况的通报

（国家粮食局办公室 国粮办政〔2009〕64号 2009年3月12日）

各省、自治区、直辖市及新疆生产建设兵团粮食局：

为了解国家粮食局县市级粮食行政管理部门依法行政示范单位（以下简称依法行政示范单位）推进依法行政的有关情况，总结粮食依法行政示范创建活动经验，进一步提高粮食行政管理部门特别是基层粮食行政管理部门依法行政的能力和水平，2008年11月我局印发了《关于对国家粮食局县市级粮食行政管理部门依法行政示范单位组织开展检查的通知》（国粮办政〔2008〕205号）。各省级粮食行政管理部门按照通知要求，对照《国家粮食局县市级粮食行政管理部门依法行政示范单位检查标准》，对依法行政示范单位进行了检查。现将依法行政示范创建活动检查的有关情况通报如下：

一 关于粮食依法行政示范创建活动检查的基本情况

各省级粮食行政管理部门通过召开座谈会听取工作汇报、现场查阅依法行政工作有关资料和情况、走访企业听取意见、组织实地检查等形式，重点对依法行政示范单位的法制建设、职能转变、行政执法程序、行政执法行为、行政监督机制、行政执法队伍建设等情况进行了检查。

根据各地上报的检查报告、调整建议，以及依法行政示范单位评选标准，我局对这些单位开展依法行政示范创建活动情况进行了书面审核。经过审核和公示，保留31家依法行政示范单位称号，取消辽宁省大洼县粮食局的“国家粮食局县市级粮食行政管理部门依法行政示范单位暨建设粮食依法行政示范联系单位”荣誉称号（由辽宁省粮食局负责收回牌匾和荣誉证书），增加辽宁省沈阳市沈北新区粮食局为“国家粮食局县市级粮食行政管理部门依法行政示范单位”，并确定为“国家粮食局建设粮食依法行政示范联系单位”。自2009年3月起，北京市密云县粮食局等32个县市级粮食局为国家粮食局县市级粮食行政管理部门依法行政示范单位暨建设粮食依法行政示范联系单位（名单见附件）。

二 做好粮食依法行政示范创建活动的有关要求

粮食依法行政示范创建活动开展以来，依法行政示范单位按照合法行政、合理行政、程序正当、高效便民、诚实守信、权责统一的要求，切实加强对依法行政工作的组织领导，积极推进职能转变，建立健全粮食流通制度，规范行政执法程序和行为，不断探索粮食行政监督机制，抓好依法行政队伍建设，落实依法行政经费。依法行政示范单位依法决策、依法办事的观念得到增强，机关工作人员特别是行政执法人员的依法行政意识和行政执法能力得到提高。但也存在依法行政的素质和能力还不能完全适应新形势下依法管粮的需要，示范作用不明显、辐射带动作用不强等问题。

各依法行政示范单位要紧紧围绕粮食流通中心工作，全面贯彻落实《国务院关于全面推进依法行政实施纲要的意见》（国发〔2004〕10号）、《国务院关于加强市县政府依法行政的决定》（国发〔2008〕17号）精神，严格按照《国家粮食局关于粮食行政管理部门贯彻国务院全面推进依法行政实施纲要的意见》（国粮政〔2005〕55号）要求，继续做好依法行政工作，扎实推进依法管粮，针对检查中发现的问题和存在的不足，认真制定落实整改措施。要认真总结维护粮食流通秩序，维护粮食生产者、经营者和消费者的合法权益，保持粮食供应和价格基本稳定的做法和经验，切实发挥示范辐射带动作用，不断提升基层粮食部门依法行政的能力和水平。

各省级粮食行政管理部门要加强对依法行政示范单位的指导和监督，积极推进辖区内粮食依法行政示范创建活动，总结、交流和推广依法行政示范单位的经验和做法，努力提高粮食行政管理部门依法行政的公信力。

国家粮食局县市级粮食行政管理部门依法行政示范单位暨建设粮食依法行政示范联系单位名单

北京市密云县粮食局
天津市塘沽区粮食局
河北省唐山市丰南区粮食局
山西省高平市粮食局
内蒙古自治区扎兰屯市粮食局
内蒙古自治区林西县粮食管理局
辽宁省沈阳市沈北新区粮食局
吉林省珲春市粮食局
黑龙江省龙江县粮食局
上海市宝山区粮食局
江苏省江阴市粮食局
江苏省泰兴市粮食局
浙江省瑞安市粮食局
安徽省凤台县粮食局
福建省古田县粮食局
江西省宜丰县粮食局
山东省淄博市周村区粮食局
河南省郑州市粮食局
湖北省荆州市荆州区粮食局
湖南省汉寿县粮食局
广东省阳春市粮食局
广西壮族自治区宾阳县粮食局
四川省渠县粮食局
四川省长宁县粮食局
重庆市大足县粮食局
贵州省贵阳市乌当区粮食局
云南省昭通市昭阳区粮食局
陕西省西安市粮食局
甘肃省兰州市粮食局
甘肃省平凉市崆峒区粮食局
宁夏回族自治区灵武市粮食局
新疆维吾尔自治区阿克苏市粮食局

关于进一步加强粮食行业特有工种职业技能鉴定试卷保密管理工作的通知

（国家粮食局办公室 国粮办人〔2009〕90号 2009年4月13日）

各省、自治区、直辖市及新疆生产建设兵团粮食局，中国储备粮管理总公司、中粮集团有限公司、中国华粮物流集团公司：

近期，个别粮食行业特有工种职业技能鉴定站发生了使用后的职业技能鉴定试卷泄密事件，严重干扰了职业技能鉴定工作的正常秩序，造成了恶劣的社会影响，并直接威胁到职业技能鉴定国家题库粮食行业分库的安全，有关省粮食局对此高度重视，对相关责任人员作出了严肃处理。根据《劳动和社会保障工作中国家秘密及其密级具体范围的规定》（劳社部发〔2000〕4号）和《劳动和社会保障部职业技能鉴定中心关于做好职业技能鉴定国家题库试卷安全保密工作的通知》（劳社鉴发〔2005〕16号）有关规定，启用前和使用后的职业技能鉴定试卷（含答案、评分标准等）属国家秘密范畴，任何组织和个人不得以任何形式泄露。为进一步加强试卷保密工作，规范粮食行业特有工种职业技能鉴定工作，现将有关事项通知如下：

一 加强领导，加大试卷保密工作力度

各省（区、市）粮食局和有关中央企业应高度重视职业技能鉴定试卷的保密工作，充分发挥本单位保密部门的指导、监督作用，把职业技能鉴定试卷的保密工作，作为维护鉴定考试公平、公正原则，确保鉴定质量的重要保障工作来抓。

二 强化教育，提升安全保密意识

各省（区、市）粮食局和有关中央企业要通过多种形式，定期组织鉴定管理人员、鉴定站工作人员、考评人员、监考人员学习保密规章制度和要求，了解各类泄密渠道，特别是学习信息化条件下保障计算机安全，掌握防止失泄密的技术手段。结合典型案例，以案讲法，增强涉密人员的安全保密意识和法制观念，使其知法、懂法、守法，积极地把维护职业技能鉴定试卷安全转化为自觉行为。

三 健全制度，落实保密工作责任

各省（区、市）粮食局和有关中央企业要进一步完善各项试卷保密管理制度，针对涉密人员、涉密载体、涉密场所及涉密工作的各个环节制定具体的管理办法和措施。建立并落实职业技能鉴定保密工作责任制，指定专人做好试卷保管、传递、启封、发放、回收和销毁等环节的保密工作，与涉密人员签订保密责任书，严格试卷查验和交接程序，确保手续齐全，责任明确，一旦发生失泄密事件，能够迅速追溯到泄密源头，追查到责任人。

四 加强监督，切实履行职责

各省（区、市）粮食局和有关中央企业人事教育部门应将鉴定试卷的安全保密检查作为一项经常性、制度性的工作来抓，特别要加强对试卷交接、保管等重要环节的检查。发现泄密问题，应及时报告国家粮食局人事司、职业技能鉴定指导中心，并采取切实有效措施防止事态扩大。对各类泄密行为或事件应严肃查处，并追究有关人员的责任，触犯法律的应移交司法机关处理。

关于开展2009年上半年中央储备粮代储资格认定工作的通知

（国家粮食局办公室 国粮办展〔2009〕99号 2009年4月20日）

各省、自治区、直辖市及新疆生产建设兵团粮食局，中粮集团有限公司，中国华粮物流集团公司：

根据《中央储备粮代储资格认定办法》、《中央储备粮代储资格认定办法实施细则》的有关规定，我局将于5月份开展2009年上半年中央储备粮代储资格认定工作。现将有关事项通知如下：

一 时间要求

拟申请中央储备粮代储资格的企业请于2009年5月18日至5月29日期间（节假日除外）向省级粮食行政管理部门和相关单位提出申请，省级粮食行政管理部门及有关单位按规定程序完成受理、现场核查、初审等工作后，于2009年6月8日17:00前将相关材料报送至国家粮食局流通与科技发展司。

二 材料要求

企业申报材料应使用“中央储备粮代储资格企业申请系统（2005年版）”软件制作，其中财务方面需提交2007年、2008年两个年度数据。企业向省级粮食行政管理部门和相关单位提供的材料包括：申请材料纸质文本（一式四份）和电子文本（一份）。省级粮食行政管理部门和相关单位上报的材料包括：正式文件及汇总表（一式两份），受理通知书、现场核查记录表及初步审核意见（一份），企业申请材料纸质文本（一式三份），以及通过“中央储备粮代储资格省级受理系统”软件制作的电子数据（一份）。软件可在国家粮食局政府网站(www.chinagrain.gov.cn)行政许可栏目中免费下载。

三 其他要求

（一）中粮集团有限公司、中国华粮物流集团公司所属企业申报中央储备粮代储资格时，应先征求企业所在地省级粮食行政管理部门和中储粮有关分公司的意见，企业所在地省级粮食行政管理部门、中储粮分公司应出具是否同意授予申报企业中央储备粮代储资格的明确意见。

（二）本次认定仅受理国有粮食企业的申请，暂不受理非国有粮食企业的申请。国有粮食企业指国有独资和国有控股粮食企业。

关于做好有关国内油脂加工企业油菜籽收购统计工作的通知

（国家粮食局办公室 财政部办公厅
国粮办调〔2009〕100号 2009年6月12日）

内蒙古、江苏、浙江、安徽、江西、河南、湖北、湖南、重庆、四川、贵州、云南、西藏、陕西、甘肃、青海、新疆等省（区、市）粮食局、财政厅，中粮集团有限公司，中国中纺集团公司：

根据国家发展改革委、财政部、国家粮食局等部门《关于做好2009年油菜籽收购工作的通知》（发改经贸〔2009〕1362号）和财政部、国家发展改革委、国家粮食局《关于印发〈国内油脂加工企业收购加工2009年度国产油菜籽补贴管理办法〉的通知》（财建〔2009〕252号）有关精神，为及时了解和掌握有关国内油脂加工企业油菜籽收购进展情况，切实做好油菜籽收购统计工作，经商国家发展改革委，现就有关事项通知如下：

一 统计范围

此次国内油脂加工企业油菜籽收购的统计范围，包括实行油菜籽托市收购政策区域范围内由省级人民政府审核确定的地方国有或民营油脂加工企业和国家有关部门确定的中央企业所属油脂加工企业（以下统称委托油脂加工企业），按1.85元/斤至2.00元/斤的价格公开挂牌收购的油菜籽。油菜籽托市收购政策执行区域为江苏、浙江、安徽、江西、河南、湖北、湖南、重庆、四川、贵州、云南、陕西、甘肃等冬播油菜籽产区，以及内蒙古、西藏、陕西、甘肃、青海、新疆等春播油菜籽产区。委托油脂加工企业应建立油菜籽收购统计台账，保留好油菜籽收购的有关原始凭证和收购发票，专账反映直接从农民手中收购的油菜籽数量和价格等有关情况。冬播和春播油菜籽兼有的地区，应将冬播和春播油菜籽收购等情况分别统计。

二 及时报送油菜籽收购进度

2009年油菜籽托市收购政策的执行期限，冬播油菜籽产区为2009年6月1日～9月30日，春播油菜籽产区为2009年9月1日～12月31日。各有关省级粮食行政管理部门、中粮集团有限公司、中国中纺集团公司要督促有关委托油脂加工企业认真做好油菜籽收购进度统计工作，建立收购进度五日报。在油菜籽托市收购政策执行期限内，每五日将有关油脂加工企业油菜籽收购进度情况汇总后报送国家粮食局和财政部，同时抄送省（区、市）财政厅。具体报送时间为每月逢5日、10日（或月底）后的第2个工作日下班前。

三 做好油菜籽收购和库存统计月报

委托油脂加工企业要按照《国家粮食流通统计制度》的有关规定，认真做好油菜籽收购和库存月度报表统计工作。对按国家有关政策和规定价格收购的油菜籽，应在“商品油脂收支平衡月报表”中增设油菜籽品种，在从生产者购进指标中增设“补贴收购”指标，在月末库存中增设 “其中油菜籽库存”，并在备注中注明油菜籽加工数量和菜粕库存数量，每月及时反映油菜籽收购、加工和库存等情况。对于油菜籽补贴收购期间及两个月加工延长期限内加工和销售的菜籽油，应直接在“商品油脂收支存平衡月报表”中作菜籽油销售和库存统计。

对有关国内油脂加工企业实行油菜籽收购加工定额费用补贴政策，是国家对油菜籽市场实施的一项重要调控措施，各有关省级粮食行政管理部门和中央企业要高度重视，严格按照发改经贸〔2009〕1362号和财建〔2009〕252号文件以及本通知精神，加强对有关油脂加工企业执行油菜籽收购政策的监管，保证油菜籽托市收购工作的顺利进行。要指导企业认真做好收购进度和月度报表统计工作，确保账实相符，坚决杜绝虚报统计数字、弄虚作假套取国家补贴的现象发生，违者将按有关规定严肃处理。

关于近期两起粮食安全生产事故的通报

（国家粮食局办公室 国粮办展〔2009〕108号 2009年4月24日）

各省、自治区、直辖市及新疆生产建设兵团粮食局，中国储备粮管理总公司、中粮集团有限公司、中国华粮物流集团公司：

3月12日，黑龙江省某粮库一座铁制三角支架被拖拉机拽倒，造成现场1名工人被砸伤致死。3月22日，湖北省某粮库实施熏蒸作业2天后，粮库周边1位居民非正常死亡。至此，今年一季度粮食行业已发生多起安全生产事故，致死6人。为扭转事故频发局面，切实改善安全生产环境，现提出以下工作要求：

一 细化目标，落实安全生产责任制

各地粮食行政管理部门要切实承担检查、监督、指导的责任，会同当地安监部门，制订全社会粮食企业安全生产监督管理方案，提出监管目标，落实监管措施。加大对社会粮食企业的监管力度，强化对国有粮食企业安全生产的监管，完善国有粮食企业负责人考核办法，把安全生产纳入企业负责人绩效考核内容，实行安全生产一票否决制。要督促企业建立安全生产隐患排查治理机制，有效防范和遏制安全生产事故的发生。粮食企业要认真履行安全生产主体责任，落实企业安全生产责任制，完善安全生产规章制度，健全安全生产管理机构，确定安全生产任务目标。加大安全生产投入和隐患治理力度，加强对作业现场管理，严格操作规范，执行持证上岗和岗前培训制度，将安全生产责任全面细化分解到岗到人。

二 强化管理，夯实安全生产工作基础

做好安全生产工作，关键在于管理。近年来，国家粮食局发布了一系列管理办法、技术标准和操作规程，各地区、各企业要认真贯彻、推广应用。要以“规范化管理活动”、清仓查库等工作为契机，健全企业管理规章制度，优化生产作业流程，细化岗位责任，完善考评办法，提高企业管理水平。要完善安全生产预案，落实预防性措施，加强演练，提高企业应急管理能力。要加大对安全生产事故的调查处理力度，切实做到问题未查清不放过，隐患未排除不放过，整改措施未落实不放过，有关人员未受到教育和处理不放过。

三 搞好培训，增强安全生产意识

要加强对安全生产知识的培训，从近年来发生的事故中深刻汲取教训。各地要适时开展安全生产培训，培训重点是企业负责人。粮食企业也要利用板报、宣传栏、业务学习等方式，宣传安全生产知识，学习安全生产法规，通报安全生产事故，以此提高企业职工安全生产意识和业务素质。

关于通报表扬获得中央宣传部、司法部、全国普法办“五五”普法中期表彰的粮食行业先进集体和先进个人的决定

（国家粮食局办公室 国粮办政〔2009〕112号 2009年4月29日）

各省、自治区、直辖市及新疆生产建设兵团粮食局：

“五五”普法以来，各地粮食部门紧紧围绕粮食流通中心工作，积极开展法制宣传教育，扎实推进依法行政，普法依法治理工作取得了阶段性成果，粮食行业广大干部职工的法律素质逐步提高，粮食行政机关工作人员依法行政的意识和能力进一步增强，粮食行政管理部门依法行政的公信力得到提高，粮食法制宣传教育在维护粮食市场秩序、服务粮食宏观调控、推进粮食部门依法行政等方面发挥了积极作用。

2008年，我局按照《中央宣传部、司法部、全国普法办关于组织开展“五五”普法中期督导检查的通知》（司发通〔2008〕70号）的统一部署，在全国粮食行业组织开展了“五五”普法中期督导检查。根据督导检查的结果，对“五五”普法工作中表现突出的先进集体和先进个人进行了表彰，并择优向全国普法办推荐表彰。在《中央宣传部、司法部、全国普法办关于表彰全国“五五”普法中期先进集体和先进个人的决定》（司发通〔2009〕19号）中，所推荐的河北省粮食局、浙江省粮食局陈群华同志和甘肃省粮食局王宏斌同志被中央宣传部、司法部、全国普法办分别授予了“全国‘五五’普法中期先进集体”、“全国‘五五’普法中期先进个人”和“全国‘五五’普法中期先进工作者”荣誉称号。

为充分发挥先进单位和先进个人的引导示范作用，进一步推动粮食普法依法治理工作的深入开展，国家粮食局决定对获得荣誉称号的河北省粮食局、陈群华同志和王宏斌同志予以通报表扬。希望获奖单位和个人珍惜荣誉、戒骄戒躁，在今后的工作中奋发进取、再创佳绩。

全国粮食行业广大干部职工要以受到表彰的先进单位和先进个人为榜样，认真学习借鉴他们普法依法治理工作中的经验与做法，坚持围绕中心、服务大局，贯彻落实《全国粮食行业法制宣传教育第五个五年规划》，为确保国家粮食安全，实现“保增长、保民生、保稳定”做出新贡献。

关于成立全国粮食行业职业技能鉴定专家评审委员会的通知

（国家粮食局办公室 国粮办人〔2009〕115号 2009年5月4日）

各省、自治区、直辖市及新疆生产建设兵团粮食局，中国储备粮管理总公司、中粮集团有限公司、中国华粮物流集团公司，河南工业大学、南京财经大学、武汉工业学院，局各司室、直属单位、联系单位：

为发挥粮食行业专家队伍在职业技能鉴定工作中的积极作用，满足粮食行业高技能人才培养和职业技能鉴定工作需要，经有关单位推荐，决定聘请丁文平等155名同志组成全国粮食行业职业技能鉴定专家评审委员会(以下简称“专家评审委员会”)。

专家评审委员会办公室设在国家粮食局人事司，负责协调有关工作。

关于举办第二届全国粮食行业职业技能竞赛的预通知

（国家粮食局办公室 国粮办人〔2009〕116号 2009年5月5日）

各省、自治区、直辖市及新疆生产建设兵团粮食局，中国储备粮管理总公司、中粮集团有限公司、中国华粮物流集团公司：

为鼓励粮食行业广大职工钻研技术、苦练技能，大力推动粮食行业技能人才队伍建设，经研究，决定举办第二届全国粮食行业职业技能竞赛（以下简称“竞赛”），此次竞赛为国家级二类竞赛。为了推动竞赛活动的广泛开展，现将有关事项预通知如下：

一 竞赛职业及命题标准

竞赛设置粮油保管员和粮油质量检验员两个职业。

决赛由理论知识笔试和操作技能考核两部分组成，竞赛试题依据《粮油保管员国家职业标准》和《粮油质量检验员国家职业标准》高级工（国家职业资格三级）及以上等级的知识和技能要求，结合生产岗位的实际需要命制，并适当增加对新知识、新技术、新设备和新技能的考试内容。

二 参赛选手条件

凡从事粮油保管员和粮油质量检验员职业，遵纪守法，并具有良好职业道德的粮食行业职工均可报名参赛。

为体现群众参与的原则，经研究，在首届全国粮食行业职业技能大赛中获一、二等奖的人员不再参加各级竞赛。

三 赛事组织及安排

竞赛包括初赛和决赛。其中初赛于2009年5月至2010年4月举行，决赛拟于2010年上半年举行。

（一）初赛

1.组织形式

竞赛初赛和选拔赛采取自下而上、层层选拔的方式进行。原则上要求各省（区、市）粮食局和有关中央企业举办初赛，有条件的地区应开展地、市级及以下的选拔赛。

2.赛题命制

初赛试题由各省（区、市）粮食局和有关中央企业自行命制，并在初赛结束后一个月内将赛题报国家粮食局职业技能鉴定指导中心（以下简称鉴定中心）备案。

地、市级及以下选拔赛原则上采取比赛结合集中鉴定的形式进行。具体赛程由各省（区、市）粮食局和有关中央企业统筹安排。

3.职业资格认定

各省（区、市）粮食局和有关中央企业提交对初赛和选拔赛中取得优异成绩的选手认定职业资格的申请，国家粮食局将根据申请情况，结合备案试题的命题标准及选手成绩等因素，认定相应的职业资格等级，原则上最高认定为技师（国家职业资格二级）。

对结合鉴定的地、市级选拔赛产生的选手，在省级初赛中取得优异成绩的，可在选拔赛认定的职业资格基础上晋升一个等级。

对结合鉴定的地、市级选拔赛中取得前3名成绩的选手，可根据鉴定等级破格认定相应的国家职业资格。

4.组织奖的产生

对领导重视，积极开展各级初赛选拔赛，竞赛工作计划性强，组织工作出色，决赛成绩优异的省（区、市）粮食局和有关中央企业，将授予“优秀组织奖”，并予以表彰。

（二）决赛

具体事项另行通知。

四 工作要求

（一）加强领导，周密部署。各省（区、市）粮食局和有关中央企业初赛，在国家粮食局的指导下进行；地、市级及以下选拔赛由各省（区、市）粮食局和有关中央企业统一组织进行。各省（区、市）粮食局和有关中央企业原则上应成立竞赛组委会，全面负责本地区或本单位竞赛工作，制定详细的工作方案，切实抓好本地区、本单位各级选手选拔工作。

（二）各省（区、市）粮食局和有关中央企业应本着勤俭节约、务求实效的工作原则，做好初赛、选拔赛的组织工作。注意避免形式上的开销，充分利用现有资源，杜绝铺张浪费；奖项设置合理适度，以精神奖励为主，辅以适当的物质奖励。严禁以竞赛活动的名义，向参赛单位和个人收取不符合政策要求的费用。

（三）各省（区、市）粮食局和有关中央企业在初赛和选拔赛中，应引导职工注重技能操作锻炼，并适当增加操作技能考核成绩在总成绩中的比重，完善操作技能考核形式，提高职工操作技能水平，突出竞赛活动技能主题，树立良好的导向作用。

（四）树立典型，注重宣传。各省（区、市）粮食局及有关中央企业应积极通过各类媒体，广泛宣传大赛活动，尤其要深入报道初赛和选拔赛阶段脱颖而出的优秀选手和先进经验，向全社会展示粮食行业崇尚技能、尊重人才的良好风貌。

（五）积极参与，踊跃交流。各省（区、市）粮食局及有关中央企业应组织本地区、本单位职工积极参赛，相互交流。为方便交流比赛组织经验，充分展现粮食行业先进技能人才的风采，国家粮食局政府网（www.chinagrain.gov.cn）将建立“第二届全国粮食行业职业技能竞赛”专栏，请各单位积极上报初赛和选拔赛进展情况，我们将在该专栏中选登。

为便于了解各地、各单位初赛和选拔赛情况，协调竞赛活动的有序开展，请各单位指派专人作为竞赛联络员，并于2009年5月22日前将联络人名单及其基本信息（姓名、职务、联系方式及电子邮箱）报送国家粮食局人事司。

关于公布国家粮食局2008年度粮食工作优秀调研报告获奖名单的通知

（国家粮食局办公室 国粮办政〔2009〕125号 2009年5月12日）

各省、自治区、直辖市及新疆生产建设兵团粮食局：

为推动粮食行业深入开展调查研究，不断提高粮食调研工作水平，发挥调研报告的借鉴和参考作用，2008年我局组织了粮食系统优秀调研报告征集和评选活动。各有关单位共提交的百余篇调研报告，经国家粮食局软科学评审专家委员会组织有关专家认真评审，共评出获奖调研报告40篇，其中一等奖8篇，二等奖14篇，三等奖18篇。现予公布。

国家粮食局2008年度
粮食工作优秀调研报告获奖名单

一 一等奖

调研报告题目：关于东北地区秋粮收购有关政策落实情况的报告
调研单位：国家粮食局调控司
调研组成员：聂振邦 卢景波 刘冬竹 张树淼 颜 波 陈玉中 尚强民

调研报告题目：陕西、贵州和广西三省（区）国有粮食企业改革和发展情况调研报告
调研单位：国家粮食局财务司
调研组成员：任正晓 邓亦武 王 旭 李 红

调研报告题目：关于《粮食流通管理条例》贯彻落实情况的调研报告
调研单位：陕西省粮食局
调研组成员：姚增战 冯建军 闫国强 杨照涛

调研报告题目：坚持科学发展 确保粮食安全——关于我省粮食安全问题的调研报告
调研单位：甘肃省粮食局
调研组成员：何水清

调研报告题目：保障贵州粮食安全的思路与对策
调研单位：贵州省粮食局
调研组成员：沈　健 何武林 杨光荣 李建国 王　锐 马珊珊 刘　念

调研报告题目：关于扶持我省重点菜籽油加工企业 扩大生产保障市场供应的调研报告
调研单位：青海省粮食局
调研组成员：顾艳华 邓宏岩 牛库山 杨文利 李兴明

调研报告题目：准确把握粮食供求形势 建立确保粮食安全的储备新机制
调研单位：广西壮族自治区粮食局
调研组成员：庞栋春 韦尚英 覃泽鲁 周应球 朱其俊

调研报告题目：深入学习实践科学发展观 加快推进国有粮食购销企业产权制度改革
调研单位：吉林省粮食局
调研组成员：祝业辉 国玉文 陈俊喜 赵淑华 王子敬 张　炜

二　二等奖

调研报告题目：学习实践科学发展观 坚持“以人为本”的核心 努力提高少数民族地区粮食行业职工的职业素质——关于新疆少数民族地区粮食行业职业技能鉴定工作的调研报告
调研单位：国家粮食局人事司
调研组成员：徐京华 陈军生 李寅铨 林明亮 李　涛 曲贵强

调研报告题目：关于甘肃省夏粮收购和救灾粮油供应情况的调研报告
调研单位：国家粮食局调控司
调研组成员：曾丽瑛 卢景波 刘冬竹 冯俊英

调研报告题目：实践科学发展观 推进放心粮油工程
保障粮油食品安全——部分省市放心粮油工程调研报告
调研单位：中国粮食行业协会
调研组成员：张桂凤 宋丹丕 段建丽 胡承淼 郭洪伟 陈家积 秦玉云

调研报告题目：关于农村耕地撂荒情况的抽样调查
调研单位：中国粮食经济学会
调研组成员：李为民 黄大虎 白季春

调研报告题目：关于推进我省粮食生产与流通协调发展 确保国家粮食安全的调研报告
调研单位：河南省粮食局
调研组成员：黄东民 潘新超 庆　凌 陈晓鹏

调研报告题目：关于保障国家粮食安全的思考与对策
调研单位：安徽省粮食局
调研组成员：孙良龙 尹成林

调研报告题目：加强质量监管 确保质量安全——福建省粮食质量安全调研报告
调研单位：福建省粮食局
调研组成员：徐桂春 张耀和 郑拯民 王洪华 黄建立

调研报告题目：关于健全我省食用植物油储备制度问题的调研报告
调研单位：广东省粮食局
调研组成员：张 军 李 敏 邵信辉 仲爱华 胡连锋 李自模 陈奕和 杨志华

调研报告题目：从抗震救灾粮食供应看粮食公共危机的应对策略
调研单位：四川省粮食局
调研组成员：谭嘉林 蔡开泉 罗 叶 黄玖辉 贾爱民 胥 镤

调研报告题目：土地有序有效流转的好形式——对亮之星米业公司租田种粮的调查与思考
调研单位：湖南省粮食局
调研组成员：石少龙

调研报告题目：关于上海地区储存稻谷脂肪酸值变化的调研报告
调研单位：上海市粮食局
调研组成员：孟洪恩 夏伯锦 杨纵鲸 孙绪良 邓 峰 谢 诺 王 薇 陈小平 费晓东 苏宪庆 顾正明 吴 青 姚洛平 何志军 储云福

调研报告题目：推进“三位一体”改革 促进国有粮食企业发展
调研单位：江西省粮食局
调研组成员：熊根泉 刘福元 廖小平

调研报告题目：河北省粮食应急管理现状、问题与对策
调研单位：河北省粮食局
调研组成员：徐受棠 董志伟 王雪松 王跃进 朱晓东

调研报告题目：落实国家粮食生产核心区战略 推动河南粮食流通产业又好又快发展
调研单位：河南省粮食交易物流市场
调研组成员：曹濮生 刘大贵 屈新明 曹 宏 肖 磊

三 三等奖

调研报告题目：打造粮食安全新载体 构建粮食流通主渠道——江苏省国有粮食企业改革和发展情况调研报告
调研单位：国家粮食局财务司
调研组成员：邓亦武 李 红

调研报告题目：关于河南省粮食核心区建设有关粮食加工和流通仓储调研的报告
调研单位：国家粮食局流通与科技发展司
调研组成员：何 毅 傅选义 张 军 周 伟 杨卫路 张 云 马 帅 赵 奕 谭本刚 方松海 韩纯良

调研报告题目：关于建立困难离休干部帮扶机制问题研究
调研单位：国家粮食局离退休干部办公室
调研组成员：张 普 金连清 王凤桐 张景仓 韩建伟 李祥军 迟迅凯 李金良 熊晓宝

调研报告题目：关于保障我国粮食流通产业安全的调研报告
调研单位：中国粮食研究培训中心
调研组成员：何松森 唐 成 李文明

调研报告题目：关于四川2008年稻谷收益成本的调查报告
调研单位：四川省粮食局
调研组成员：张书冬 蔡开泉 罗 叶 黄玖辉 贾爱民 胥 镤

调研报告题目：解放思想 创新机制 走贵州特色粮食产业化发展之路
调研单位：贵州省粮食局
调研组成员：张和林 徐晓明 王世祥 赵 刚 孙 昊

调研报告题目：关于苏北国有粮食购销企业改革发展情况的调查
调研单位：江苏省粮食局
调研组成员：严长俊 刘成龙 赵云芳 张国钧 王吉富

调研报告题目：完善应急体系 增强调控能力——对宁夏粮食应急体系建设情况的调查与思考
调研单位：宁夏回族自治区粮食局
调研组成员：解 涛

调研报告题目：关于粮食流通产业情况调查
调研单位：北京市粮食局
调研组成员：马长旺 朱 雷 刘淑英 赵 红 阎维宏 许世才 高惠茹 杨 牧 王 玲 任长坤 闫竞新 陈 哲

调研报告题目：对荆州市及石首、公安、松滋等地稻谷收购工作情况的调研报告
调研单位：湖北省粮食局
调研组成员：沈桥梁 孟宪群 戴 佳

调研报告题目：关于我区粮食工作情况的调研报告
调研单位：新疆维吾尔自治区粮食局
调研组成员：雍其新 米尔扎依·杜斯买买提 卡德尔汗·米拉斯 王卫军 杨 力 折为民 黄国粹

调研报告题目：关于粮食产业体系建设及农户科学储粮的调研报告
调研单位：山东省粮食局
调研组成员：缑怀祯 刘绪斌 郑志宏 田宪玺 隋晓刚

调研报告题目：建立粮食经营者最低和最高库存量标准调研报告
调研单位：海南省粮食局
调研组成员：宋建海 杨全光 简素英 郑妙影

调研报告题目：关于山西粮食安全现状的调研报告
调研单位：山西省粮食局
调研组成员：姚高宽 张 文 白喜明 段 鹏 王九元 宋林根 韩华雄 武京运 孙克强 刘 鹏 刘 钧

调研报告题目：充分发挥粮油批发市场功能 努力推动粮食流通健康发展
调研单位：河北省粮油批发交易中心
调研组成员：赵学敏 安永涛 张学智 张文波

调研报告题目：关于建立我市粮油应急体系的调研报告
调研单位：广东省清远市粮食局
调研组成员：成拥党 万康伦 唐岳生 王帮甫

调研报告题目：关于粮食主销区建立粮食生产基地稳定粮源供应的探讨
调研单位：福建省厦门市粮食局
调研组成员：郭勇鹏 张建华 黄江鹭 曾朝明 曾伟明

调研报告题目：关于完善粮食质量卫生安全保障体系的研究

调研单位：云南省大理州粮食局

调研组成员：罗乃俊 马 佳 伦志宏 邹红晶 陈志勇

关于公布国家粮食局优秀软科学研究成果奖2008年度获奖项目的通知

（国家粮食局办公室 国粮办政〔2009〕128号 2009年5月18日）

各省、自治区、直辖市及新疆生产建设兵团粮食局：

根据2008年初国家粮食局软科学评审专家委员会办公室发布的课题研究方向，各有关单位申报并完成了68项课题。按照《国家粮食局优秀软科学研究成果奖励办法》的有关规定，经国家粮食局软科学评审专家委员会的认真评审，共评出国家粮食局优秀软科学研究成果一等奖4项，二等奖9项，三等奖15项。现予公布。

国家粮食局优秀软科学研究成果奖2008年度获奖项目名单

一 一等奖

项目名称：关于新形势下粮食支持政策与促进国家粮食安全问题研究
项目单位：国家粮食局课题组
项目顾问：聂振邦
项目负责人：任正晓
项目组成员：邓亦武 朱传碧 王耀鹏 肖春阳 王 旭 陈家积 秦玉云 韩继志 亢 霞 刘 平 姜在峰 陈春平 李志红 韩晓亮 石少龙 冯 静 何忠伟
主要执笔人：邓亦武 秦玉云 亢 霞 冯 静 石少龙 何忠伟 王 旭

项目名称：我国粮食安全的实证分析和政策研究
项目单位：中国粮食研究培训中心
项目负责人：何松森 王耀鹏
项目组成员：唐 成 李文明 胡文国 彭 超
主要执笔人：何松森 王耀鹏 唐 成 李文明 胡文国 彭 超

项目名称：江苏省国有粮食企业改革发展研究
项目单位：江苏省粮食局
项目负责人：王建国

项目组成员：赵云芳 张国钧 郭金云 李彦光 尤晓萍
主要执笔人：张国钧 尤晓萍

项目名称：黑龙江省发展现代粮食流通产业研究
项目单位：黑龙江省粮食局
项目负责人：肖培尧
项目组成员：李春艳 卜祥银 张金丰 孙春艳 孙亚明
主要执笔人：李春艳 卜祥银 张金丰

二 二等奖

项目名称：关于我国粮食行政管理职能转变的研究
项目单位：国家粮食局办公室
项目负责人：聂振邦
项目组成员：孙鉴奇 张树淼 吴永顺 段建丽 麻国杰 张永强 金 贤 史京华 郁士祥 刘莉华
主要执笔人：智振华

项目名称：以保障国家粮食安全为核心 加快粮食法制建设
项目单位：国家粮食局政策法规司
项目负责人：聂振邦
项目组成员：颜 波 赵素丽 韩继志 孔伟娟 陈玉中 陈书玉 杨绪珍 肖 玲 于 涛 田 野 贺 伟 周 辉
主要执笔人：颜 波 韩继志 肖 玲 于 涛

项目名称：国际粮食市场供求形势与价格走势研究
项目单位：国家粮食局外事司
项目负责人：聂振邦
项目组成员：刘 韧 王 贵 王正友 杜海鹰 孙 冰
主要执笔人：王 贵 刘 韧

项目名称：我国粮食改革开放三十年
项目单位：中国粮食经济学会 中国粮食行业协会
项目总顾问：白美清
项目组成员：肖振乾 李思恒 文绍星 张正义 王耀鹏 宋丹丕 尚强民 吴 兢 李为民 耿兆书 姚国勤
主要执笔人：宋廷明 赵凌云 宋文仲

项目名称：关于我国粮食流通法律制度建设的研究
项目单位：浙江省粮食局
项目负责人：钟传厚
项目组成员：陈聪道 韩鹤忠 陈群华 项慈若
主要执笔人：项慈若

项目名称：我国粮食安全立法的研究
项目单位：四川省粮食局
项目负责人：谭嘉林
项目组成员：谭嘉林 侯 勇 蔡开泉 曾庆芬 罗 叶 黄玖辉 贾爱民 胥 镤
主要执笔人：蔡开泉 胥 镤 曾庆芬

项目名称：粮食现代物流体系研究
项目单位：新疆维吾尔自治区粮食局
项目负责人：米尔扎依·杜斯买买提 张 威
项目组成员：折为民 卢 波 陈天甲 张建梅 党文海
主要执笔人：卢 波

项目名称：新形势下的中国粮食安全研究
项目单位：吉林省粮食局
项目负责人：祝业辉
项目组成员：刘笑然 刘晓蕾
主要执笔人：刘笑然

项目名称：关于粮食经营者保持必要库存量政策的研究
项目单位：湖北省粮食局
项目负责人：谭富生
项目组成员：熊贵斌 谢支武 戴 佳
主要执笔人：谢支武 熊贵斌

三 三等奖

项目名称：粮油仓储设施管理及相关政策研究
项目单位：国家粮食局流通与科技发展司
项目负责人：郄建伟
项目组成员：何 毅 王莉蓉 刘福元 刘世鹏 杜亚莉 赵国瑞 刘 萍 唐学军 王晓森 白 鸥 王业东 高玉柱
主要执笔人：王莉蓉 刘世鹏 刘福元

项目名称：粮食流通监管模式探讨
项目单位：国家粮食局监督检查司
项目负责人：任正晓
项目组成员：程传秀 赵文先 袁 辉 刘铁宏 于英威 罗守全 杨卫辰 张永刚 周晓耘 陈 玲 邓 立
主要执笔人：袁 辉 刘铁宏 张永刚 周晓耘

项目名称：我国食用植物油供求形势及保障安全的措施研究
项目单位：国家粮食局调控司
项目负责人：曾丽瑛
项目组成员：卢景波 陈家积 周冠华 姚秀敏 秦玉云 刘冬竹 张 云 周 波
主要执笔人：周 波

项目名称：全国粮食行业高技能人才队伍建设现状分析
项目单位：国家粮食局人事司
项目负责人：聂振邦
项目组成员：徐京华 陈军生 李寅铨 程继伟 林明亮 李 涛 匡广忠 麻 婷 曲贵强
主要执笔人：李寅铨 曲贵强

项目名称：我国粮食行业发展战略研究
项目单位：中国粮食研究培训中心
项目负责人：何松森 王耀鹏
项目组成员：胡文国 彭 超 唐 成 李文明
主要执笔人：何松森 王耀鹏 胡文国 彭 超 唐 成 李文明

项目名称：粮油加工业发展战略课题研究报告
项目单位：中国粮食行业协会
项目负责人：王瑞元
项目组成员：宋丹丕 张建华 左恩南 狄友清 褚绪轩 孙征奇 王凤成 周 坚 王玉梅
主要执笔人：宋丹丕 张建华 褚绪轩 孙征奇 狄友清

项目名称：黑龙江省粮油加工业发展战略研究
项目单位：黑龙江省粮食局
项目负责人：张 赋
项目组成员：张 赋 刘永波 李珠元 王建平 傅建平 丁大年
主要执笔人：刘永波 傅建平

项目名称：关于完善青海省粮食质量卫生安全保障体系的研究
项目单位：青海省粮食局
项目负责人：顾艳华
项目组成员：徐建宁 张鹏飞 牛库山 邓宏岩 但启淮 轩春江 张新宁
主要执笔人：徐建宁 张鹏飞 但启淮 轩春江 张新宁

项目名称：在新形势下如何发挥粮食风险基金的安全保障作用
项目单位：河北省粮食局
项目负责人：任树昌
项目组成员：任树昌 郑栋梁
主要执笔人：郑栋梁

项目名称：我国粮食供求问题与粮食安全对策研究
项目单位：湖南省粮食局
项目负责人：李梦觉 龚曙明
项目组成员：李梦觉 龚曙明 焦小毅 石少龙 甘 霖 左梅生 刘仲秋 谢小良 朱海玲
主要执笔人：龚曙明

项目名称：基于粮食安全保障的我国粮食主产区建设问题研究
项目单位：南京财经大学 江苏省粮食局
项目负责人：侯立军
项目组成员：张生彬 张国钧 周 敏 邓志方 蒋 林 万忠民
主要执笔人：侯立军 周 敏

项目名称：北京市粮食批发市场建设与发展研究
项目单位：北京市粮食局
项目负责人：马长旺
项目组成员：马长旺 王 玲 冯兰敏 王 瑞 韩 浩 曹红阳 李 鹏
主要执笔人：曹红阳 李 鹏

项目名称：完善粮食流通监督检查体系研究
项目单位：安徽省粮食局
项目负责人：孙良龙
项目组成员：孙良龙 刘 惠 黄 刚 姚 平 桑成林 董 辉 徐 新
主要执笔人：黄 刚 董 辉 徐 新

项目名称：关于完善粮食质量卫生安全保障体系的研究
项目单位：河南省粮食局
项目负责人：刘大贵
项目组成员：魏祖耀 张丽洁 刘卫红 宋宇宁 于新华 陈晓鹏
主要执笔人：于新华

项目名称：关于完善广东粮食流通监督检查体系的对策研究
项目单位：广东省粮食局
项目负责人：区少芳 邓伟珍
项目组成员：潘水斌 黄 鑫 徐 菱 林 乐
主要执笔人：黄 鑫 徐 菱 林 乐

关于印发《粮食行业开展安全生产“三项行动”的实施意见》的通知

（国家粮食局办公室 国粮办展〔2009〕129号 2009年5月18日）

各省、自治区、直辖市及新疆生产建设兵团粮食局，中国储备粮管理总公司，中粮集团有限公司，中国华粮物流集团公司：

为贯彻落实《国务院办公厅关于进一步推进安全生产“三项行动”的通知》（国办发〔2009〕32号）精神，强化粮食行业安全生产工作基础，构建粮食行业安全生产长效机制，我局决定在粮食行业开展安全生产“三项行动”。现将《粮食行业开展安全生产“三项行动”的实施意见》印发给你们，请认真遵照执行。

《粮食行业开展安全生产“三项行动”的实施意见》

一 工作目标

深入实践科学发展观，坚持“安全第一，预防为主，综合治理”的工作方针，在粮食行业扎实开展安全生产执法行动、治理行动、宣传行动等“三项行动”，完善安全生产制度体系，深化隐患排查治理，加大宣传教育力度。通过“三项行动”，强化粮食行业安全生产工作基础，提高粮食行业安全管理水平，推动粮食仓储企业规范化管理活动不断深入，有效防范和遏制各类事故发生，促进整个行业安全生产形势持续稳定好转。

二 工作范围及内容

（一）范围：

各类粮食仓储、购销、加工企业。

（二）内容：

1.执法行动。主要目标是通过与安监部门联合执法、典型引导、人员培训等方式，初步建立起覆盖全社会粮食企业的安全生产工作机制，引导企业完善安全生产制度体系、工作体系和投入机制，为安全生产工作提供制度保障。主要包括：

（1）引导企业树立安全发展的理念，建立正常的安全生产投入机制，保证安全生产设施、设备、物资、防护用品以及培训经费的投入，为企业安全生产创造良好的物质基础。

（2）通过与当地安检部门联合行动，或开展粮食执法专门行动，加强与非国有粮食企业的联系，建立适当的工作渠道和机制，初步建立覆盖全社会粮食企业的安全生产工作体系。

（3）本着谁决策、谁负责的原则，完善安全生产责任制，全面落实企业负责人作为安全生产第一责任人的责任，进一步完善落实部门的行业安全生产监督管理指导职能。

（4）进一步完善以排查隐患为主的安全生产检查、安全生产事故报告及登记备案、安全生产事故责任追究等三项制度，严肃查处知情不报或有意隐瞒、延报、漏报等行为。

（5）引导企业提高应急管理能力，制订并完善各种应急预案，落实应急救援物资的准备及人员的安排，定期开展应急预案演练。

（6）引导企业完善仓储、加工、运输、收购等重大生产活动的工作方案。优化作业流程，细化工作要求，明确岗位分工，加强对现场作业人员的防护，作业后及时清理现场。

2.治理行动。主要目标是通过对企业生产作业中一些违规行为的整治，强化生产作业过程控制，规范企业生产作业行为，为安全生产提供行为保障。主要包括：

（1）严格规范熏蒸作业流程，完善落实药品药剂的保管、领退、登记、检查制度。

（2）高度重视并采取得力措施做好防火、防汛、防风、防雷暴、防粉尘爆炸等“五防”工作。

（3）对于收购、烘干、高空作业、使用大型机械设备、筒仓内作业、用电、基建、出租资产等易出问题的环节要加强检查和防范，确保有备无患。

（4）禁止违规装卸粮、超设计容量或超装粮高度装粮等行为，利用简易仓、席茓囤、罩棚等临时储粮设施时要合理安排设计，并加强巡查，防止货位混乱。

（5）加强库（厂）区管理。闲杂车辆不得进入库区，并杜绝无证驾驶、酒后驾车，在库内设定醒目交通标识，加强协调指挥，合理安排线路，认真检查车辆，确保车况良好。

3.宣传教育行动。主要目标是：通过开展各种安全生产培训或召开会议，编辑撰写报刊、杂志、网络专栏，利用宣传栏、板报、画报或其他影视资料，宣传安全生产相关法律、政策、知识，帮助广大粮食干部职工树立安全意识，提高安全技能，增强安全素质。主要包括：

（1）坚持开展形式多样、内容丰富的培训活动，特别是要加强岗前业务培训，并推行重要和关键岗位持证上岗制度。

（2）针对清仓查库期间发现的问题，加大整改治理力度，结合本地区安全生产特点，组织、开展好“安全生产月”活动。

（3）做好事故报告、通报工作，便于部门、企业以及广大粮食干部职工从中汲取教训、提高认识、引以为戒。

三 时间要求

建议各地区、各单位在保证质量的前提下，结合本地区、本单位实际情况，于2009年6月30日前完成细化“三项行动”方案的工作，同时认真开展“安全生产月”活动，并将方案及活动情况报国家粮食局流通与科技发展司；7～11月完成“三项行动”的具体实施工作；年底前，将“三项行动”工作总结报国家粮食局流通与科技发展司。

四 工作要求

（一）加强组织领导

各级粮食行政管理部门要在当地政府和安委会的统一部署下，加强组织领导，认真部署“三项行动”各项工作。各单位负责人要切实履行安全生产第一责任人的责任，确保责任到位、工作到位。要结合本地实际，制定具体可行的实施方案，落实工作目标，明确任务安排，深入细致地做好这项工作。

（二）突出重点工作

各地粮食行政管理部门要加强安全生产检查，特别要防范极端自然灾害、防火、防粉尘爆炸，关注储粮化学药剂的管理与熏蒸作业，以及大型设备等重点领域和关键环节，加强对租赁场所的监管，进一步落实安全生产责任制，发现问题要明确责任并及时下达整改通知，对重大隐患要实行挂牌督办、跟踪治理，有效防范和遏制粮食安全生产事故。

（三）注重综合治理

各地区、各单位实施“三项行动”可以与各自已经或即将开展的规范化管理活动相结合，积极把规范管理和安全生产结合起来，并渗透到日常工作当中去，研究、把握粮食行业安全生产规律及特点，规范流程及每个环节的具体操作，改变粗放型管理方式，用管理的规范化、精细化来提高企业安全生产能力，增强人员安全生产素质，构建粮食行业安全生产长效机制。

（四）发挥示范效应

各地粮食行政管理部门要切实加强对“三项行动”开展情况的监督检查，及时研究、解决行动中发现的问题。对于行动中的典型做法、好的经验要认真搜集、汇总，在总结报告中一并上报，并在本地区宣传推广。

各地粮食行政管理部门一定要坚持科学发展理念，以高度的责任感认真开展好 “三项行动”，牢牢抓住“完善制度、规范管理、务实创新、着眼长效”十六字诀，落实措施，共同努力，确保生产安全，以粮食行业安全发展的良好局面向新中国成立60周年大庆献礼。

关于印发《国家粮食局国家科技计划项目课题评审管理细则》的通知

（国家粮食局办公室 国粮办展〔2009〕147号 2009年6月6日）

各有关单位：

为提高粮食行业科技创新能力，构建产学研相结合的粮食科技创新体系，更好地完成国家主体科技计划项目，根据《国家科技支撑计划管理暂行办法》（国科发计字〔2006〕331号）、《国家科技支撑计划专项经费管理办法》和《国家科技计划项目承担人员管理的暂行办法》等规定，结合粮食科技发展的需要，我们制定了《国家粮食局国家科技计划项目课题评审管理细则》，经局领导批准，现印发给你们，请认真贯彻执行。

国家粮食局国家科技计划项目课题评审管理细则

根据国家科学技术部、财政部关于《国家科技支撑计划管理暂行办法》（国科发计字〔2006〕331号）、《国家科技支撑计划专项经费管理办法》和《国家科技计划项目承担人员管理的暂行办法》的有关规定以及粮食行业科技发展的实际情况，为做好国家科技支撑计划课题申报评审等工作，推动粮食行业科技创新，特制定本实施细则。

一 总 则

第一条 课题评审坚持“公开、公平、公正”原则。重点支持对国家粮食安全具有重大战略意义的关键技术、共性技术、公益技术的研究开发与应用。以服务国家粮食安全，满足行业发展需要为宗旨，以服务粮食宏观调控和粮食高新技术产业化应用为目标，推动粮食行业科技创新能力建设，解决粮食行业科技发展的技术瓶颈问题。

第二条 坚持行业内外技术优势互补、强强联合，突出企业科技创新的主体地位，支持和鼓励产学研相结合。

二 职 责

第三条 项目组织单位的职责：（一）按要求组织编制项目可行性研究报告；（二）负责确定项目的研究内容与任务分解，组织课题的申报与评审；（三）负责审核牵头单位和牵头人的资质条件、择优确定项目负责人和课题承担单位，组织课题承担单位签订课题任务书；（四）负责研究经费分配，落实项目约定支付的匹配经费及其他配套条件；（五）根据科技发展需要，培养行业科技人才，负责确定粮食重点技术领域、技术发展方向，并根据专家意见，择优确定有突出科研成果、具有较多相关专利及较先进技术水平的依托单位或个人参加研究工作，并酌情对课题研究内容以及经费进行相应补充或调整。

第四条 项目负责人职责：协助项目组织单位编制可行性研究报告；负责项目答辩，提出项目研究内容、任务分工、经费分解及项目实施等初步方案并组织实施，负责项目管理和监督检查工作，保证项目顺利实施。

第五条 课题牵头单位职责：（一）负责编制课题可行性研究报告，签订课题任务书；（二）负责组织研究队伍、落实配套条件，开展课题研究；（三）负责对子课题提出技术要求，并组织协调各参与单位落实相关工作；（四）编制课题经费预算，按规定管理课题经费；（五）负责汇总、汇报课题进展情况，保证按时按质按量完成研究任务。

第六条 子课题牵头单位职责：负责承担子课题相关研究与管理工作，并按照子课题任务书的要求，完成研究任务，定期向课题牵头单位汇报实施情况。

第七条 各申报单位应服从项目组织单位的管理。

三 课题申请要求

第八条 课题牵头单位原则上为科研院所、大专院校和企业，以及研究型事业单位等。

科院院所、大专院校及研究型事业单位必须符合以下条件：具有稳定的专业研究队伍、基础设施条件和较强的科研能力，在某一专业领域中近期具有多项国内领先的技术和已具有一定数量的自主知识产权的高新技术成果（专利），具有承担粮食行业相应国家级科研课题的综合能力和水平。

企业牵头申请课题，原则上必须具备下列条件：在中华人民共和国境内注册，运行管理规范、财务状况良好、具有独立法人资格的内资或内资控股企业。同时必须具备以下条件：

（一）已初步形成技术创新机制，具有专门的研发机构和人员；无承担国家课题的不良记录；

（二）有较强的经济实力和优良的科研资产，有筹措资金的能力和信誉；银行信誉AA级以上；最近二年无亏损；

（三）有较强的科研能力，在某一专业领域中具有多项国内领先的技术或已具有一定数量的自主知识产权的高新技术成果（专利或专有技术）。

第九条 企业、省级粮食科研所申报课题时须提供所在省科技厅或粮食局的推荐函；非粮食行业内的企事业、科研单位、大专院校原则上由上级主管单位(部门或科技主管部门)推荐；粮食部门直属科研单位、原中央级转制科研院所可直接向国家粮食局进行课题申请。课题牵头人应具有副高级以上职称。

第十条 每个课题的联合申请单位不得超过6家（不接受个人申请）。有明确产品目标需求和产业化前景的项目，原则上应由企业牵头或企业参加。

第十一条 为了促进高新技术带动粮食传统产业的发展，提高课题质量，形成行业内外优势互补、强强联合的攻关团队，每个申报单位（以法人单位为准）原则上只能在同一项目中牵头1个课题，同一课题中，最多牵头2个子课题；在同一项目中，同一单位牵头的子课题数原则上不超过4个；同一课题的参与单位原则上不超过10家。

第十二条 为保证科研人员的研究时间，按时按质按量完成研究任务，项目负责人在同期国家支撑计划等主体项目中只能牵头1个项目；已在同期支撑等国家主体计划项目中牵头课题的人员，原则上不能再牵头其他课题；同一研究人员在同期支撑等国家主体计划中，牵头、参与研究的子课题数原则上不超过3个。每个子课题原则上只接受1名以个人名义参与课题研究的科研人员。

第十三条 如承担国家支撑等主体科技计划的课题（含子课题）牵头人，在申报新课题时，有应验未验收2个以上课题（含子课题）的，不能再参与其他课题（含子课题）的研究。

第十四条 非粮食行业的科研院所、大专院校、企业参加项目的单位数原则上不低于参加单位总数的40%。由企业牵头承担的项目和课题，以企业投入为主，企业配套资金投入不低于总预算的50%。

第十五条 课题申请单位必须严格按《国家科技支撑计划专项经费管理办法》规定单独编制课题经费预算，并要求格式正确，依据充分，方向明确，数据合理。

四 课题评审程序

第十六条 课题评审主要程序为课题申报、形式审查、专家评审、明确课题承担单位。

第十七条 课题申报：以提交纸质申报书为准，不得以口头、电子邮件等其他非文本材料的方式申报。

第十八条 形式审查：国家粮食局流通与科技发展司（以下简称发展司）根据课题申请指南，对课题申请书进行形式审查。主要审查内容包括：

（一）牵头企业资格审查，包括：企业股权形式、工商注册、单位资信证明、最近三年的财务报表，申报材料真实性承诺函等；

（二）课题申请证明材料审查：包括配套资金承诺函、有关前期科技成果等知识产权证明材料（自主知识产权证明、成果查新证明）、课题预算书、企事业单位法人登记证复印件、研发实力等相关证明；

（三）课题负责人资格审查：包括职称、以往承担课题的情况、本次申报情况；

（四）课题申请书的格式规范性及内容完整性；

（五）课题申请书的送达时间，超时不予受理，如遇到不可抗拒的因素影响，需提前说明，由发展司酌情处理。

第十九条 专家评审：评审主要内容为听取课题申请负责人汇报、质疑、综合评分、提出专家建议等。

（一）课题评审主要内容：

1.课题目标要求明确具体、技术指标可考核，三年能够完成任务，并能形成具有自主知识产权的成果或相关技术标准；

2.课题任务承担单位要了解行业基本情况，课题预期目标能够直接应用在粮食行业或具有较强的应用前景；

3.技术内容、路线、方案符合实际，具有可行性；

4.课题前期基础条件较好，组织保障到位，实施机制合理，产学研结合，能够落实科技创新和人才、专利、标准等“三大”战略；

5.本课题研究内容是否与以前课题重复，有无具体说明。

（二）根据《国家科技支撑计划管理暂行办法》的要求，对申报书与课题申请指南结合程度、总体目标、任务设置、技术路线与实施方案进行审核，对研究内容、任务划分及承担单位研究能力分别进行评审，对课题申请单位现有基础条件进行评估，对经费管理、预期效果及风险分析等内容作出公平、公正的评价，并提出意见及完善建议。

第二十条 明确课题承担单位及子课题参与单位：经过评审确定的课题承担及参与单位原则上不作调整。

五 专家组职责及要求

第二十一条 评审专家经行业内外有关单位推荐，经研究遴选产生，职称为副研究员、副教授或高级工程师以上。非粮食行业的专家数不少于专家总数的40%。专家组原则上由7～15人组成，其中组长1名、副组长1～2名。财务专家不少于1名。

第二十二条 有下列情形的评审专家，原则上应当在课题评审时主动回避：

（一）课题申请单位是评审专家所在工作单位；

（二）课题申请单位与评审专家所在单位有密切的利益关系；

（三）评审专家在两年内与课题申请单位有合作成果；

（四）评审专家与课题负责人或主要研究人员在研究生或博士后阶段存在师生或同学关系；

（五）评审专家与课题负责人或主要研究人员存在直系亲属关系；

（六）评审专家与课题申请单位有其他可能影响公正的关系。

第二十三条 本办法自公布之日起执行，由发展司负责解释。本细则适用于国家粮食局组织的国家科技计划课题申请。

关于印发《农户科学储粮专项管理办法（暂行）》的通知

（国家粮食局办公室 国粮办展〔2009〕150号 2009年6月11日）

各省、自治区、直辖市粮食局：

根据《国务院关于当前稳定农业发展促进农民增收的意见》（国发〔2009〕25号）要求，从今年起，国家安排中央补助投资建设资金，实施农户科学储粮专项，为主产区农户改善储粮条件，减少粮食产后损失。为做好专项建设的组织管理和实施工作，我局研究制定了《农户科学储粮专项管理办法（暂行）》，现印发你们，请遵照执行。各地可根据本办法规定制定本省（区、市）农户科学储粮专项管理实施细则，并报送我局备案。

农户科学储粮专项管理办法（暂行）

一 总 则

第一条 为加强农户科学储粮专项管理，规范项目建设行为，保证项目建设的顺利进行，根据《国务院关于当前稳定农业发展促进农民增收的意见》（国发〔2009〕25号）、《农户科学储粮专项建设规划》和国家有关政策法规，特制定本办法。

第二条 专项遵循农户自愿申请、共同出资的原则，采取中央补助投资、地方配套和农户自筹相结合的投资方式。

第三条 专项在国家发展改革委领导下，由国家粮食局负责组织实施，各级发展改革委予以积极配合。省级粮食行政管理部门负责研究提出本省的项目建设规划和年度实施方案，负责本省（区、市）项目的组织实施。

第四条 省级人民政府应与国家粮食局签订专项建设责任书，承诺按规划目标完成本省农户科学储粮专项，落实地方配套资金，组织实施专项建设，保证装具质量，保证建设资金安全合理使用。

二 建设内容与补助标准

第五条 专项的建设内容包括：为符合项目选点要求的农户建设标准化小型粮仓、配置新型储粮装具（圆筒仓、钢网仓等）（以下简称“粮仓”），对农户进行科学储粮技术指导。

第六条 专项采取中央补助投资、地方配套和农户自筹相结合的投资方式，中央补助投资比例为30%，其余70%由地方财政配套和农户自筹资金解决。

三 实施条件

第七条 专项原则上应安排在前期工作较扎实、积极性较高的商品粮基地县。项目县的选择要根据本省建设规划，分片集中安排。安排项目的乡镇政府和行政村的党支部或村委会应具有较好的组织协调能力。

第八条 东北地区（含内蒙古东部）参与项目的农户，其储粮数量应在1万斤以上，其他地区应在2500斤以上。参加项目的农户要自愿提出申请，与县级粮食行政管理部门签订协议，并承诺所购粮仓5年内不得转让或者变卖。

第九条 省级政府应提出组织实施本省（区、市）项目、安排专项资金的承诺，地方配套资金应在国家粮食局批准该省年度实施方案后一个月内拨付至省级粮食行政管理部门专账。地方配套资金无正当理由未能按时到位，取消该省项目实施资格。

四 管理程序

第十条 国家粮食局负责研究提出全国总体建设规划和年度投资计划，报国家发展改革委审批；负责审查批准各省报送的年度实施方案；负责项目进度、质量和资金使用的监督检查和项目实施后效果评价。

第十一条 省级粮食行政管理部门负责制定全省项目建设规划和年度实施方案，落实地方配套资金；制定选择粮仓施工企业或供货商的办法；负责项目的组织实施、监督检查和竣工验收；组织建立农村储粮技术服务体系。地市级粮食行政管理部门受省级粮食行政管理部门委托，协助做好项目的进度、质量检查和验收工作。

第十二条 县级粮食行政管理部门负责确定参与项目农户的粮仓需求类型；与农户签订项目补助协议，落实农户的配套资金；负责粮仓建设进度和质量监督工作；负责对农户科学储粮技术培训；负责建立受益农户档案资料等。

第十三条 省级粮食行政管理部门将全省年度实施方案连同地方配套资金承诺以正式文件报国家粮食局审批。

第十四条 各省应通过由省级粮食行政管理部门统一组织的公开招投标方式选定粮仓供货商或施工企业。供货商或施工企业的选择要满足本省项目布点和实施的实际需要，尽量方便运输，方便农民提货，节省成本费用。已中标企业在专项实施期内如无违约行为应续标连续承担供货或施工任务。

五 设计与施工

第十五条 专项拟建粮仓要符合《农户小型粮仓建设标准》的各项要求，要采用经国家粮食局专家组审查鉴定的标准化设计图纸。专项所建粮仓要按照国家粮食局的要求进行统一标识。

第十六条 国家粮食局组建农户科学储粮专项专家组，负责审查确定各省仓型、核定概算，对专项建设进行技术指导、进度检查和验收抽查。各省（区、市）应选定一家粮食科研设计单位作为本省（区、市）专项建设技术支持单位，负责本省（区、市）专项的设计、技术服务、粮仓制造质量和安装监理等工作。

第十七条 各省（区、市）需要对已通过专家鉴定的标准化仓型进行修改、完善的，要向国家粮食局提出申请，由国家粮食局专家组对修改后的仓型进行审查鉴定。拟采用粮仓的仓型确定后，省级粮食行政管理部门将有关规格型号、性能指标和核定造价（概算）等报国家粮食局备案。各省必须按照确定的标准图纸组织招标、生产和供货。

第十八条 各省（区、市）要依托有关粮食科研机构、粮食仓储企业等建立省、地市、县三级农户储粮技术服务体系。

第十九条 供货或施工单位应严格按照签订的施工或供货合同和标准化设计图纸组织施工、生产和供货，并配合做好售后服务和技术指导。供货或施工单位应对所供粮仓统一编号，按农户登记，以备检查。同时要按照专项统一标识要求对所供粮仓刷涂（张贴）永久性统一标识。

六 资金管理

第二十条 中央补助资金和地方配套资金应设专账统一管理，按进度直接拨付给供货或施工企业。农户自筹资金的管理由省级粮食行政管理部门根据本省实际情况自行确定。中央补助资金应全部用于项目建设内容，不得用于管理费等其他费用。

第二十一条 以省为单位按照项目总投资的1.2%安排资金作为建设单位管理费用（各级粮食行政管理部门履行监督检查、验收职责）；安排2%作为技术支持、制造和安装监理等费用（支付给设计单位或技术支持单位）；安排0.8%作为国家粮食局专家组费用。上述费用列入单仓造价测算，并全部从地方配套资金中安排，由省级粮食行政管理部门统一管理，按照工作进度支付给服务单位。

第二十二条 各省粮食行政管理部门应严格按照财政资金管理的有关规定使用财政资金，专账管理、专款专用，并及时拨付给供货方。对于截留、挪用项目资金的省份，除按国家有关规定追究责任外，国家将不再安排农户科学储粮专项。

七 监督检查

第二十三条 农户科学储粮专项是扩内需、保增长、重民生、促和谐的一项重要举措，是加强农村基础设施和农村民生工程建设、促进农民持续增收、保障国家粮食安全的有效途径，各级粮食行政管理部门要切实加强对项目的管理工作。各省（区、市）粮食系统纪检监察部门要及时了解项目实施情况，配合做好监管工作。国家粮食局将会同纪检监察部门对项目的实施情况进行监督检查。

第二十四条 专项实行受益公示制。项目县应对受益农户和补助金额等在乡镇或村范围内张榜公示，接受群众监督。

第二十五条 各县应对粮仓进行登记、编号，建立农户储粮新建粮仓档案。档案使用国家粮食局编制的统一软件填写、汇总、上报。档案内容包括：农户姓名、身份证号码、地址、联系方式、粮仓型号、购置数量、补贴金额、合同编号等。

第二十六条 县级粮食行政管理部门应做到逐户现场检查，监督工程建设质量和技术服务工作，省级粮食行政管理部门应组织地市粮食行政管理部门进行抽查。

第二十七条 项目进度实行定期报送制度。各省级粮食行政管理部门应于每月25日前将项目执行和完成情况报送国家粮食局。主要内容包括：资金到位和拨付情况、粮仓供货或施工单位招标情况、制造和安装进度、技术服务单位等。国家粮食局根据项目进展情况组织专家组进行现场检查。

第二十八条 项目的设计、施工、设备购置、技术服务等都要依法订立合同。各类合同需明确质量要求、履约担保和违约处罚条款，以及双方的权利和义务。

第二十九条 对于没有正当理由未按期完成施工、供货任务，或施工、设备质量存在较大问题的施工或供货企业，除按合同依法追究责任外，今后不允许再参与农户科学储粮专项及粮食仓储物流设施建设任务。

八 专项验收

第三十条 专项具备验收的基本条件为：粮仓全部逐户到位、质量合格并投入使用，能够满足农户安全储粮要求，粮仓性能指标符合《农户小型粮仓建设标准》各项要求，所有工程款或货款全部支付给施工企业或供货商，建立完整的农户储粮新建粮仓电子档案并报省级粮食行政管理部门汇总。

第三十一条 专项的验收分为年度验收和总体验收两个阶段。年度验收一般先由县级粮食行政管理部门组织初步验收，必须做到逐户现场验收。初步验收后，由省级粮食行政管理部门组织年度验收。竣工验收以县为一个子项进行，由省级粮食行政管理部门组织，国家粮食局组织抽验。

每年的项目原则上应在7月底前完成，8月底完成本年度项目的年度验收工作形成年度工作总结。年度工作总结主要包括项目实施情况、验收结果、资金使用情况等。

专项规划期（2009~2012年）最后一年的年度验收完成后，由省级粮食行政管理部门组织专项的总体验收，将规划期专项总体实施情况、规划目标完成情况、粮食减损效果、经济效益分析等形成总体验收报告。

第三十二条 对于验收不合格的粮仓，应责成有关单位在10日内完成整改。有关项目县未按要求完成农户科学储粮专项粮仓档案管理软件信息录入工作的，不得通过年度验收。

第三十三条 每年8月底前，各省将年度工作总结上报国家粮食局备案。同时，根据已经批复的本省项目建设规划，结合当年项目实施情况，研究提出下年度专项实施方案报送国家粮食局。

九 附 则

第三十四条 各省（区、市）粮食行政管理部门根据本办法规定制定本省（区、市）专项管理实施细则，并报国家粮食局备案。

第三十五条 本办法自2009年7月1日起实施。

第三十六条 本办法由国家粮食局负责解释。

关于编制粮食加工业发展规划的通知

（国家粮食局办公室 国粮办展〔2009〕178号 2009年7月28日）

各省、自治区、直辖市及新疆生产建设兵团粮食局、黑龙江省农垦总局，中粮集团有限公司，各有关规划编写单位：

根据《国家粮食安全中长期规划纲要（2008～2020年）》(国发〔2008〕24号)要求，由工业和信息化部会同国家粮食局、农业部等部门组织编制《粮食加工业发展规划(2009～2020年)》（以下简称《规划》）。现将《工业和信息化部办公厅关于印发粮食加工业发展规划编制工作方案及编写提纲的通知》（工信厅消费〔2009〕142号）转发给你们，请按照有关编写提纲要求，抓紧开展有关《规划》编制工作。并就有关事宜通知如下：

一 提高认识，认真做好规划编制工作

贯彻《国务院办公厅关于印发全国新增1000亿斤粮食生产能力规划（2009～2020年）的通知》（国办发〔2009〕47号）以及国家有关政策和法规，编制《粮食加工业发展规划》，充分发挥粮食加工业对整体粮食产业的带动作用，实现粮食加工业有序、健康和协调发展，对保障国家粮食安全具有重要意义。各省（区、市）粮食行政管理部门和有关单位要提高认识，高度重视，结合本地区粮食资源禀赋、利用现状，以及加工业发展水平的实际情况和未来发展趋势，认真做好本地区（公司）粮食加工业发展规划（2009～2020年）的编制工作。

二 基本要求

（一）做好与国家粮食安全中长期规划纲要的衔接，并加以细化和落实，使粮食加工业发展与保障国家粮食安全、加强宏观调控有效结合起来。

（二）在已有工作的基础上开展编写工作，充分吸纳促进玉米深加工业、大豆加工业健康发展的指导意见等成果，并借鉴国外粮食加工业健康发展的经验。

（三）加强粮油加工业发展重要问题的软科学研究。注重从宏观、系统的角度，研究粮食加工业的发展。立足近期，要突出操作性；着眼长远，要具有前瞻性。要认真总结近年来粮油加工业发展的基本特点、主要经验，针对粮食加工业发展的新形势、新问题，提出有针对性、可操作性的政策措施建议，为规划编写提供理论支撑，高质量完成规划编写工作。

（四）鉴于粮食加工业市场化成分高，规划实施的主体是企业，各省（区、市）粮食局要结合本地实际情况，多与粮食加工企业沟通，可组织有影响力、有特点的粮食加工重点产业化龙头企业（集团公司、产业园区）编报本单位的粮食加工业发展规划。

（五）加强与有关部门间的协调沟通和衔接。要主动听取发展改革、财政、工业和信息化等部门关于规划编制的意见和建议，密切配合，多协商、多沟通，建立高效、良好的部门协作机制。

（六）加强重大项目研究。围绕完善粮食加工体系主线，加强产业结构调整，推进产业升级，引导合理布局，壮大龙头企业，提高粮食产业效益，促进农民增收。结合本地实际，研究提出符合国家产业政策和相关要求的粮食加工业技术改造和产业升级、主食品工业现代化示范、食品装备自主化、粮食加工应急保障供应、资源节约综合利用与节能减排等重点项目。

（七）《规划》中的目标设为2012年、2015年、2020年，同时“十二五”期间规划内容应更具体。规划编制采取定性、定量相结合的方法，目标指标须有定量预测分析及说明。规划中所涉及的数据要采用国家统计局数据，迄始年份统一使用2008年数据。

（八）鉴于《规划》的编制工作时间紧，工作量大，粮食加工业涉及面宽，各单位要切实负起责任、加强领导、精心组织，加强协调沟通和组织保障，抽调业务骨干参加。严格按《规划》提纲编写，突出重点，确保按时完成规划专题报告起草工作。我局将适时抽调有关专家和业务骨干进行规划的集中修改，请有关单位给予支持。

（九）我局将组织编写组赴有代表性的地区和企业开展粮油加工业规划编制专题调研，召开若干专题性座谈会。请各地积极支持和配合做好相关专题调研活动，及时报送有关材料和数据。采取定性、定量相结合的方法撰写调研报告，要求情况详实、措施具体、分析深刻、文字精练。

三 规划编写单位工作分工

按照《规划》编制各部门分工中涉及到我局的任务，相关单位工作分工如下：国家粮食局流通与科技发展司负责《规划》编写牵头工作，统筹协调粮食行业相关单位参加编写工作，提供2008年度粮油加工业统计资料，研究提出粮食加工业发展的目标、重点任务和政策措施建议，根据各单位的意见进行汇总；调控司负责提出《规划》有关粮食生产、供给、消费需求的总量和结构目标数据等；国家粮油信息中心负责对《规划》中有关国内外粮食生产、进出口贸易、市场价格、消费需求分析等问题进行专项研究，并提出预测数据和说明；中国粮食行业协会负责《规划》相关的粮油加工企业发展现状和问题、发展目标、方向、重点任务（含完善产业区域布局、行业准入等）、政策措施和重点项目建议的编写；中粮集团有限公司负责编报本公司粮食加工业中长期发展规划；国家粮食局科学研究院负责《规划》中涉及技术政策内容的编写；中粮集团科学研究院负责《规划》相关重要问题的软课题研究。

四 进度安排

2009年7月30日前，各编写单位按分工细化编写组工作方案，转发编制规划的通知文件，开展规划编写工作，分别组织召开稻谷加工、粮机装备、食用油加工、玉米加工、杂粮及薯类加工企业等专题座谈会。

8月30日前，开展编写、讨论、专题调研，各编写单位将规划相关专题报告报我局发展司。

9月20日前，各省（区、市）粮食局（公司）要将《规划》正文和说明（包括现状和趋势分析、目标指标预测分析以及有需要说明的问题、履行的有关程序等）报我局发展司；9月30日前，我局将组织编写规划，形成《规划》（讨论稿），经局领导批准后报工业和信息化部。

关于调整部分油菜籽托市收购企业名单的通知

（国家粮食局办公室 财政部办公厅
国粮办调〔2009〕179号 2009年7月28日）

安徽、江西、湖北、云南、陕西省粮食局、财政厅，中国储备粮管理总公司，中粮集团有限公司：

安徽省粮食局《关于我省宿松县宝利来油脂有限公司不参加地方政策性油菜籽收购的报告》（皖粮调函〔2009〕89号）、江西省粮食局《关于增补油菜籽委托加工企业名单的函》（赣粮调〔2009〕6号）、湖北省粮食局、财政厅《关于增加我省油菜籽托市收购加工企业的请示》（鄂粮食文〔2009〕110号）、云南省粮食局《关于补报陆良县爨乡油脂公司为2009年国家委托收购油菜籽企业的报告》（云粮调控发〔2009〕18号）、陕西省发展改革委《关于调整陕西省油菜籽托市收购企业名单的请示》（陕发改经贸〔2009〕868号）和中粮集团有限公司《关于油菜籽托市收购网点有关事项的请示》（中粮总字〔2009〕212号）均悉。经研究，现就有关事项通知如下：

一 调整部分企业托市收购委托任务

根据“企业自愿、自主申报、自担风险”的原则，解除安徽、江西、云南、陕西4省以及中粮集团所属部分油脂加工企业托市收购油菜籽的委托任务，同时新增部分油脂加工企业参与托市收购（见附件一）。新增参与油菜籽托市收购的油脂加工企业享受补贴的起始时间为2009年7月1日，企业此前收购的油菜籽不得享受国家补贴。各有关省和中粮集团要按照国家有关政策要求，加强对参与托市收购企业的监督与管理，督促企业认真做好油菜籽托市收购工作，切实保护农民利益。自2009年7月1日起，解除委托任务的油脂加工企业所收购加工油菜籽，不得享受国家补贴。对已解除委托任务的油脂加工企业重新选择参与国家临时存储菜籽油收购和加工任务的，中储粮总公司要从严把关；同时，这些企业前期收购的油菜籽不得享受国家托市收购补贴政策。

二 规范部分油脂加工企业名称

鉴于在已公布的中粮集团所属油脂加工企业名单中，部分企业所提报的单位名称不准确，为便于补贴政策的审核与拨付，现对这部分油脂加工企业的名称予以规范（见附件二）。

附件：

一、部分油菜籽托市收购油脂加工企业调整名单

部分油菜籽托市收购油脂加工企业调整名单（冬播油菜籽产区）			
	省份	解除委托任务企业名单	新增委托企业名单
地方委托企业	小计	（4家）	（10家）
	安徽	宿松县宝利来油脂有限公司	
	江西	江西绿源油脂实业有限公司	江西省双狮粮油有限公司
	湖北		湖北绿秀粮油集团有限公司
			安陆市正凯油脂工贸有限公司
			松滋市六合春油脂有限公司
			云梦县龙云蛋白食品有限公司
			湖北晶盛惠粮油有限公司
			中兴能源（湖北）有限公司
			咸宁市赤壁宏兴油厂
	云南	玉溪滇雪粮油食品工业公司	陆良县醫乡油脂公司
	陕西	安康市硒源油脂有限责任公司	岐山县太子油脂公司
中粮集团所属企业	小计	（11家）	（9家）
	江苏	海辰蛋白科技有限公司	通州市油脂化工厂有限公司
		巴陵油脂南京分公司	江苏省三河粮棉油加工有限公司
		姜堰市益众油脂有限责任公司	
		江苏艾森龙河油脂有限公司	
		大丰市祥翔油脂有限责任公司	
	江西	江西省彭泽县德润油脂有限责任公司	
	浙江	浙江新市油脂股份有限公司	
	安徽		安徽省含山县油脂有限公司
	湖北	湖北巨源油业有限公司	公安县裕公裕兴油脂化工厂
		湖北宏凯工贸发展有限公司	荆州市团结油脂有限公司
		荆门环星油脂有限公司	荆州市金星油脂有限责任公司
		永康生物科技（荆州）有限公司	松滋市永盛粮油有限公司
			枝江市茂华油脂加工厂
	四川		绵阳市广吉油脂有限公司

二、中粮集团所属部分油脂加工企业规范名称

中粮集团所属部分油脂加工企业规范名称 （冬播油菜籽产区）			
	省份	原公布企业名称	规范后企业名称
中粮集团	江苏	大丰市鑫鑫油脂有限责任公司	大丰市鑫鑫油脂有限公司
		溧阳正昌油脂有限公司	溧阳市正昌油脂有限公司
		金湖广原油脂有限公司	金湖县广原油脂有限公司
	安徽	明光市宏远油脂有限公司	明光市鸿远油脂有限公司
		滁州金恒油脂工业有限公司	滁州金恒油脂工业有限公司定远县金恒油厂
		滁州绿一油脂加工厂	滁州绿一油脂有限公司
		寿县庆丰油厂	寿县庆丰植物油有限责任公司
		东至创威油脂有限公司	安徽创威油脂有限公司
	湖南	东盛油脂有限公司	华容县东盛油脂有限公司
	湖北	松滋天颐油脂有限公司	松滋天颐油脂有限责任公司
		宜昌环星油脂有限公司	宜昌环星油脂化工有限责任公司
		宜都龙威粮油工贸有限责任公司	宜都龙威粮油工贸有限公司
		金香缘农业科技开发有限公司	湖北金香缘农业科技开发有限公司
		湖北公安新裕公司	湖北新裕农业发展有限公司
		湖北广水生物有限公司	湖北广华生物有限公司

关于同意宜昌市泰丰粮油批发市场作为国家粮食局重点联系单位的批复

（国家粮食局办公室 国粮办政〔2009〕190号 2009年8月14日）

湖北省粮食局：

你局《关于将宜昌市泰丰粮油批发市场纳入全国重点联系市场的请示》（鄂粮食文〔2009〕98号）收悉。现批复如下：

湖北省是我国重要的粮食产区，宜昌市是重要的粮食集散地，每年粮食购销交易量较大，及时收集、整理和发布粮油价格及交易情况，对搞活粮食流通，实施市场信息引导，调节粮食市场供求都具有重要的参考作用。为进一步健全和完善重点联系批发市场制度，加强对粮食批发市场指导，扩大粮食市场信息来源，增加粮食市场信息量，经研究，同意将你省宜昌市泰丰粮油批发市场列为国家粮食局重点联系单位。请你局负责督促宜昌市泰丰粮油批发市场按照《国家粮食局办公室关于确定重点联系粮食批发市场的通知》（国粮办政〔2001〕273号）有关要求，做好相关工作，并于2009年8月30日前将单位负责人和信息员的姓名、职务、电话传真至国家粮食局政策法规司。

关于明确春播油菜籽托市收购油脂加工企业名单的通知

（国家粮食局办公室 财政部办公厅
国粮办调〔2009〕198号 2009年8月28日）

内蒙古、陕西、甘肃、青海和新疆等省（自治区）粮食局、财政厅，中粮集团有限公司：

根据国家发展改革委、财政部、国家粮食局等部门《关于做好2009年油菜籽收购工作的通知》（发改经贸〔2009〕1362号）和财政部、国家发展改革委、国家粮食局《关于印发〈国内油脂加工企业收购加工2009年度国产油菜籽补贴管理办法〉的通知》（财建〔2009〕252号）有关精神，现将春播油菜籽产区托市收购油脂加工企业名单予以明确（具体名单见附件），其他有关事项仍按发改经贸〔2009〕1362号、财建〔2009〕252号和国家粮食局办公室、财政部办公厅《关于做好有关国内油脂加工企业油菜籽收购统计工作的通知》（国粮办调〔2009〕100号）文件执行。

附件：

一、省级人民政府审核确定的地方油脂加工企业名单

省级人民政府审核确定的地方油脂加工企业名单	
（春播油菜籽产区）	
省份	企业名称
内蒙古	小计（6家）
	呼伦贝尔淳江油脂有限责任公司
	呼伦贝尔金杨油脂有限公司
	呼伦贝尔金骄生物化工有限公司
	内蒙古蒙佳粮油工业集团有限公司
	包头市金鹿油脂有限责任公司
	内蒙古新蒙油脂股份有限公司
陕西	小计（5家）
	陕西建兴农业科技有限公司
	陕西春光油脂有限公司
	陕西八鱼渭南油脂工业有限公司
	岐山县太子油脂有限责任公司
	陕西金福海油脂工业有限公司
甘肃	小计（5家）
	白银市景泰县三福粮油有限责任公司
	张掖市山丹县丹马油脂有限责任公司
	张掖市民乐县陇金油脂有限责任公司
	平凉市陇兴油脂有限责任公司
	定西市通渭晓铃商贸有限责任公司

续表

青海	小计（6家）
	青海江河源农牧科技发展有限公司
	湟中弘大农副产品购销有限公司
	青海西海油脂加工有限责任公司
	大通巨丰油脂工业有限公司
	湟中县通发农畜产品有限责任公司
	青海海川农副产品有限公司
新疆	小计（5家）
	塔城市粮食收储公司储绿油脂厂
	新疆特克斯金谷油脂有限公司
	新疆奎屯天康植物蛋白有限公司
	新疆康尤美昭苏油脂有限公司
	昌吉市昌鼎工贸有限公司

二、国家有关部门确定的中央企业所属油脂加工企业名单

国家有关部门确定的中央企业所属油脂加工企业名单（春播油菜籽产区）		
中央企业	地区	油脂加工企业名称
中粮集团	中粮集团合计(5家）	
	青海	小计（2家）
		青海芳谱精炼油有限公司
		海东星原粮油工贸有限公司（加工厂名）
	新疆	小计（2家）
		中粮天海粮油工业（沙湾）有限公司
		中粮塔原红花（新疆）有限公司
	内蒙古	小计（1家）
		呼伦贝尔金海粮油经贸有限公司（加工厂名）

关于印发《深入推进放心粮油进农村进社区示范工程的实施意见》的通知

（国家粮食局办公室 国粮办发〔2009〕 199号 2009年8月28日）

各省、自治区、直辖市、计划单列市及新疆生产建设兵团粮食局：

最近，国务院下发了《关于印发轻工业调整和振兴规划的通知》（国发〔2009〕15号），要求相关部门增加有效供给，丰富产品花色品种，研发生产满足多层次消费需求的产品。规划还要求生产配套产品，推进放心粮油进农村、进社区示范工程。为认真落实国务院文件精神，经局领导批准，现将中国粮食行业协会会同有关部门提出的《深入推进放心粮油进农村进社区示范工程的实施意见》印发给你们，请认真遵照执行。

深入推进放心粮油进农村进社区示范工程的实施意见
（2009年8月）

粮食是关系国计民生的重要商品，粮油质量安全关系消费者身体健康，关系企业生存发展，关系社会稳定和谐。为消费者提供质量合格、卫生安全的粮油产品和优质便捷的服务，是粮油企业的首要任务和应尽职责。按照《国务院关于印发轻工业调整和振兴规划的通知》（国发〔2009〕15号）精神，现提出深入推进放心粮油进农村进社区示范工程的实施意见。

一 充分认识放心粮油进农村进社区示范工程的重要意义

自粮食行业开始实施放心粮油工程以来，在各级党政和有关部门的高度重视和大力支持下，在各级粮食行政管理部门、行业协会和广大粮油企业的共同努力下，放心粮油工程深入发展，取得显著成效，企业的质量意识、安全意识、诚信意识、服务意识明显增强，产量质量明显改善，服务质量明显提升，消费者满意，政府满意，企业满意，放心粮油工程已经成为深受各方面欢迎的“民心工程”。

二 推进放心粮油进农村进社区示范工程的指导思想和工作目标

（一）指导思想

以邓小平理论和“三个代表”重要思想为指导，全面落实科学发展观，认真贯彻《食品安全法》和国务院指示精神，以市场为导向，以企业为主体，以质量安全为核心，以强化管理、规范服务为重点，以打造从田间到餐桌全过程、可追溯的放心粮油产业链为目标，深入推进放心粮油进农村进社区示范工程，发展放心粮油示范企业，带动和引导全行业又好又快发展，确保粮油质量安全，促进粮油市场稳定繁荣，满足城乡居民消费需求。

（二）工作目标

争取到2012年，在每个有条件的县市发展1个（或1个以上）工艺合理、设备先进、管理规范、质量可靠的放心粮油示范厂；在每个有条件的乡镇和社区发展1个（或1个以上）主营粮油食品、兼营相关商品、连锁配送、便民利民的放心粮油示范店；发展1千个以上与示范厂、示范店相配套的示范配送中心和主食厨房；发展5千万亩以上由示范企业指导种植、订单收购的示范种植基地。通过这些示范企业（或示范项目），带动和引导更多的企业，在全国初步构成连接产销、覆盖城乡、设施完善、管理先进、服务规范的放心粮油产销服务体系。

三 推进放心粮油进农村进社区示范工程的主要措施

（一）深入学习宣传贯彻《食品安全法》和国务院15号文件

《食品安全法》和国务院15号文件是指导粮食行业开展放心粮油进农村进社区示范工程的重要依据和行动指南，各级粮食行政管理部门、行业协会要结合本地区、本单位实际，认真学习、广泛宣传、深入贯彻。广大粮油企业要进一步增强质量意识、安全意识、诚信意识、服务意识，切实加强质量管理，完善质量保证体系，落实质量安全责任，严格按照国家标准组织生产，确保产品质量合格、卫生安全；要加强产品研发，努力生产品种丰富、适销对路的粮油产品，满足多层次消费需求；要改善经营方式，提升服务功能，提高服务水平，积极开展“两代一换”、连锁配送等形式多样、行之有效的经营业务，为消费者和种粮农民提供优质便捷的服务。

（二）广泛开展放心粮油科普宣传活动

粮食行业协会和粮油企业要面向广大消费者，广泛开展放心粮油科普宣传活动，进一步增强消费者的食品安全意识和自我保护能力。要充分利用“全国质量月”、“爱粮节粮宣传周”、“世界粮食日”以及有关节假日，因地制宜地组织企业开展放心粮油宣传、展销、咨询等活动。要坚持每年开展“放心粮油宣传日”活动，进一步扩大影响，树立形象，使广大消费者和社会各界更加了解、重视、支持放心粮油工程。

（三）大力抓好放心粮油示范企业

实施放心粮油进农村进社区示范工程，关键是要抓好一大批示范企业，使之真正发挥示范作用和辐射作用，带动全行业发展。发展示范企业要注重经济效益和社会效益，依托现有粮油骨干企业，广泛开展横向联合，充分利用粮食行业现有场地、设施和各种资源，加以提升改造，不搞重复建设，避免浪费。示范企业实行统一标准、分级认定，由中国粮食行业协会组织有关专家，在深入调查研究的基础上，科学制订放心粮油示范厂、示范店、示范种植基地、示范主食厨房、示范配送中心等的标准和规范。在此基础上，由中国粮食行业协会和省级粮食行业协会分级做好示范企业审核认定工作。示范企业要按照统一的标准和规范，强化管理基础，优化经营模式，规范服务行为，实行产业化经营、规范化管理、标准化服务，使企业的经营管理水平和服务水平上一个新台阶。要建立监管和年审制度，加强对放心粮油示范企业的监督管理，确保合格。

（四）积极争取各级政府和有关部门的政策支持

要积极争取各级政府和有关部门对实施放心粮油进农村进社区示范工程的重视和支持，充分发挥各方面的积极性，在投资、信贷等方面对示范企业给予重点扶持。粮食行政管理部门要将放心粮油示范企业纳入粮食应急体系，作为政府进行宏观调控和开展粮食应急储备、应急加工、应急供应的重要载体，发挥示范企业的优势和功能，为国家粮食安全和市场稳定服务。

（五）加强组织领导

各级粮食行政管理部门、行业协会及有关单位要充分认识放心粮油进农村进社区示范工程的重要意义，统一思想，提高认识，把这项工程作为粮食工作的重要内容，列入重要议事日程，强化组织领导，落实责任制度，精心安排，扎实推进，确保放心粮油进农村进社区示范工程健康发展。

关于同意组建国家粮食局花生深加工工程技术研究中心的通知

（国家粮食局办公室 国粮办展〔2009〕238号 2009年10月29日）

山东省粮食局：

你局《关于山东省高唐蓝山集团公司申报国家粮食局花生精深加工工程技术研究中心的请示》（鲁粮产字〔2009〕60号）及《国家粮食局花生深加工工程技术研究中心项目可行性研究报告》均悉。为保障国家粮食安全、构建粮食流通行业科技创新体系，加强粮食科技成果转化能力建设，根据《国家粮食局办公室关于印发国家粮食局工程技术研究中心组建管理暂行办法的通知》（国粮办管〔2003〕216号）规定，经组织专家评审、考察和论证，并报送局领导批准，同意你们在现有基础上组建国家粮食局花生深加工工程技术研究中心。现将有关事项批复如下：

一　原则同意经专家论证后确定的国家粮食局花生深加工工程技术研究中心的组建目标、发展方向、主要任务、运行机制和组建方案等内容，请抓紧开展工程中心的组建工作。组建期为2年。

二　工程技术研究中心的组建经费由承担单位自筹资金解决。有关部门或地方的配套经费可冲减相应数额的自筹资金。组建期内涉及基本建设内容，请按有关程序报批。

请你们充分发挥人才、科研和基础设施优势，实行“开放、流动、协作、竞争”的运行机制，促进“产学研”相结合，加强粮食科技成果的工程化、集成化和产业化建设，不断增强工程技术研究中心的成果转化能力和创新能力，为粮食流通行业提供技术支撑。

工程技术研究中心组建项目完成后，由项目单位上报组建情况的总结报告，经我局组织验收合格后正式授予国家粮食局工程技术研究中心名称。

关于国家粮食局自然科学研究系列工程系列高级专业技术职务任职资格评审委员会换届的通知

（国家粮食局办公室 国粮办人〔2009〕241号 2009年10月23日）

各直属、联系单位：

根据《国家粮食局关于研究员、享受研究员同等有关待遇的高级工程师评审工作的实施办法》规定，经局领导批准，我局自然科学研究系列、工程系列高级专业技术职务任职资格评审委员会（以下简称评审委员会）已经完成换届工作。现将新一届评审委员会组成人员名单公布如下：

主任委员：王瑞元

副主任委员：刘成林、姚惠源

委员（按姓氏笔画排序）：王若兰、卞　科、朱永义、李子明、李里特、吴子丹、张根旺、陈华定、周　坚、周光俊、郝　伟、姚　专、袁育芬、徐振良、唐学军、凌家煜、曹　阳、谢兆鸿、赫振方、翟江临

以上各评审委员会成员的任期一般为两年。

关于取消陕西和甘肃部分油菜籽托市收购企业委托任务的通知

（国家粮食局办公室 财政部办公厅
国粮办调〔2009〕268号 2009年12月2日）

陕西、甘肃省粮食局、财政厅，中国储备粮管理总公司：

陕西省发展改革委《关于解除陕西春光油脂有限公司油菜籽委托收购资格的请示》（陕发改经贸〔2009〕1618号）、甘肃省粮食局、财政厅《关于山丹马场丹马油脂有限责任公司退出油菜籽托市收购工作的请示》（甘粮计〔2009〕11号）均悉。经研究，现就有关事项通知如下：

根据“企业自愿、自主申报、自担风险”的原则，取消陕西春光油脂有限公司、甘肃省张掖市山丹县丹马油脂有限责任公司托市收购油菜籽的委托任务。自2009年11月1日起，取消委托任务的油脂加工企业所收购加工油菜籽，不得享受国家补贴。对已取消委托任务的油脂加工企业重新选择参与国家临时存储菜籽油收购和加工任务的，中储粮总公司要从严把关；同时对于企业前期收购的油菜籽不得享受国家托市收购补贴政策。

关于同意北京盛华宏林粮油批发市场有限公司作为国家粮食局重点联系单位的批复

（国家粮食局办公室 国粮办政〔2009〕273号 2009年12月4日）

北京市粮食局：

你局《关于将盛华宏林粮油批发市场有限公司纳入全国重点联系市场的请示》（京粮文〔2009〕45号）收悉。现批复如下：

北京是我国首都，又是重要的粮食主销区，北京粮油市场发展对联结粮食产销、保障首都粮食市场供应和稳定市场粮价具有重要作用。北京粮油市场价格对全国粮油市场供求变化反应灵敏，对研判粮油市场供求形势、制定粮食宏观调控政策具有较高的参考价值。为进一步健全和完善重点联系批发市场制度，扩大粮食市场信息来源，增加粮食市场信息量，以及加强对市场的指导和扶持，促进市场更好发挥保障粮油市场供应、服务粮食宏观调控作用，经研究，同意将北京盛华宏林粮油批发市场有限公司列为国家粮食局重点联系单位。请你局督促北京盛华宏林粮油批发市场有限公司做好价格信息报送等相关工作，并于2009年12月16日前将单位负责人和信息员的姓名、职务、电话传真至国家粮食局政策法规司。

关于发布《粮油仓储企业规范化管理水平评价暂行办法》的通知

（国家粮食局办公室 国粮办展〔2009〕281号 2009年12月9日）

各省、自治区、直辖市及新疆生产建设兵团粮食局，中国储备粮管理总公司，中粮集团有限公司，中国华粮物流集团公司：

为规范粮油仓储企业规范化管理水平评价行为，提高评价工作质量，我局制订了《粮油仓储企业规范化管理水平评价暂行办法》，现予发布，请各级粮食行政管理部门和相关单位以及有关粮油仓储企业参照执行。

粮油仓储企业规范化管理水平评价暂行办法

一 总 则

第一条 为了规范粮油仓储企业管理评价行为，引导企业规范管理，提高企业仓储管理水平，确保库存粮食的数量真实、质量良好、储存安全，特制订本办法。

第二条 本办法适用于各级粮食行政管理部门（以下简称评价机构）对粮油仓储企业管理水平的评价。粮油仓储企业可参照本办法开展企业仓储管理水平自我评价活动。中国储备粮管理总公司、中粮集团有限公司、中国华粮物流集团公司可参照本办法对本公司直属企业的仓储管理水平进行评价。

第三条 粮油仓储企业是指以粮油储存业务为主营业务的企业。

第四条 粮油仓储企业规范化管理水平评价结果分规范化管理“优秀”企业（综合得分大于92分）、“良好”企业（综合得分大于80分）、“达标”企业（综合得分大于60分）、“不达标”企业四个等级。

二 评价机构及程序

第五条 评价机构开展评价活动前，应成立专门的评价工作班子，具体负责评价活动的组织工作。

评价机构不得向企业收取费用。

第六条 评价机构开展评价工作时，必须制订评价工作方案和工作准则。评价工作应遵循公平、公正、公开的原则。评价方法应科学，评价组织应严谨。

第七条 评价程序。粮油仓储企业规范化管理评价的一般程序为：评价机构发出开展评价工作的信息，企业提出申请，评价机构成立评价专家组，专家组现场考察，专家组综合评判，汇总评价结果，评价机构确认评价结果。

第八条 根据评价目的、评价对象的不同，评价机构可以对本次评价内容、分值分配和判定方法等进行细化、调整。

第九条 评价机构应针对评价任务成立专门的评价专家组，具体实施评价活动。评价专家组应由企业管理、仓储管理、设施设备、质量检验方面的专家组成，人数为单数且不少于5人。专家组按照本办法的规定和评价方案，独立对粮油仓储企业管理水平进行评价，评价机构不得干预专家组的正常评价活动。

第十条 专家组成员应在组长的组织下，通过现场调查、资料审查、与企业管理人员交流、专家组成员间交流等方式，由专家独立评分。

三 评价内容

第十一条 粮油仓储企业管理水平评价指标分基本指标、综合指标和加分指标。基本指标为企业必须做到的事项，如果有一项基本指标未达到要求，可直接判定被评价企业为规范化管理不达标企业，基本指标没有分值。综合指标反映企业某些方面的管理水平，专家应根据企业达标程度，给予不同的分值，综合指标的总分值为100分，评分方法为逐项评价，不符合要求的扣分。加分指标为企业在管理上做出突出成就的事项，具备这些能力表明企业管理水平比较高，专家根据企业取得的成果，给予一定的加分分值，一个企业的累计加分不得超过10分。

第十二条 粮油仓储企业管理水平评价内容应包括：

（一）基本条件；

（二）管理制度建设；

（三）仓储管理情况；

（四）仓储设施管理情况；

（五）安全生产情况；

（六）企业文化建设情况。

第十三条 在评价过程中，评价专家要注意对企业管理技术、管理过程、管理成果、改进能力等因素的综合评价。

四 附 则

第十四条 依据本办法评价的结果是对企业经营管理现状的综合判断。评价机构在做出评价结论的同时，应向企业提出管理改进意见和建议。企业应通过持续改进，不断完善管理行为，保持和提高自身管理水平。

第十五条 评价机构向社会发布评价结果时，应同时发布主要评价指标和评价方法。评价机构可以向参与评价企业授牌、授证，牌证上应注明评价机构和年份。

第十六条 《粮油仓储企业规范化管理水平评价表》为本办法组成部分。

第十七条 评价机构可参照本办法对粮油加工、运输和进出口等企业的仓储规范化管理水平进行评价。

关于建立国有粮食企业改革与发展联系点制度的通知

（国家粮食局办公室 国粮办财〔2009〕296号 2009年12月25日）

各省、自治区、直辖市及新疆生产建设兵团粮食局：

我国全面实行粮食购销市场化改革以来，国有粮食企业经过改革和发展，历史包袱基本解除，布局和结构得到优化，经营管理水平显著提高，市场竞争力明显增强，继续在粮食购销和宏观调控中发挥主渠道作用。同时，随着国际国内经济形势和粮食市场的变化，国有粮食企业改革和发展既面临新的挑战，又面临新的机遇。

为了进一步加强对国有粮食企业改革和发展指导，及时掌握企业改革和发展的动态和有关情况，完善政策措施，创新体制机制，提高企业市场竞争力、影响力和控制力，推进企业又好又快发展，充分发挥国有粮食企业在促进农民增产增收、保障国家粮食安全中的重要作用，我局决定建立国有粮食企业改革与发展联系点制度，并在各地推荐的基础上，首批选择了50个国有粮食企业作为重点联系企业（见附件一）。我局将加强与这些国有粮食企业的联系，对企业改革和发展中涌现出来的经验及时总结推广;对企业改革和发展中遇到的新情况和新问题，认真开展专题研究，及时加强指导。同时，重点联系的国有粮食企业要及时报送深化改革和加强经营管理等有关动态情况（见附件二）。

请各地粮食行政管理部门配合我局共同做好国有粮食企业改革与发展联系点的联系和指导工作，督促其及时向我局报送国有粮食企业改革和发展有关动态信息。请各重点联系国有粮食企业于2010年1月20日前，将本企业负责人及其联系人姓名、电话、地址、邮编、经营业务等有关情况报送我局（财务司）。

附 件

一、国有粮食企业改革与发展联系点名单

北京市

1.北京粮食集团有限责任公司

天津市

2.天津市粮油集团有限公司

河北省

3.河北柏粮集团

4.辛集市禾壮粮油购销有限责任公司

5.灵寿县华峰粮油购销有限公司

山西省

6.左权县宏源粮食有限责任公司

内蒙古自治区

7.内蒙古通粮粮食购销集团有限公司

8.锡林郭勒盟桑根达来内蒙古自治区粮食中转储备库

辽宁省

9.鞍山银珠米业有限公司

10.沈阳南方谷物实业公司

吉林省

11.吉林省兴良储备粮库

黑龙江省

12.齐齐哈尔市第一粮库有限公司

13.绥化市秦家粮库有限公司

14.黑龙江农垦北大荒商贸集团有限责任公司

上海市

15.上海粮油仓储有限公司

江苏省

16.张家港市粮食购销总公司

17.沛县沛丰粮油购销有限公司

浙江省

18.绍兴县粮食收储有限公司

安徽省

19.南陵金谷粮油收储有限公司

20.六安天业集团

福建省

21.建阳市粮食购销有限公司

22.厦门市粮食购销有限责任公司

江西省

23.江西省粮油集团有限公司

山东省

24.菏泽华瑞食品有限责任公司

25.山东金德利快餐连锁总公司

河南省

26.河南金地集团

27.舞阳中粮粮油有限责任公司

湖北省

28.武汉市粮油储备公司

29.荆州市金欣粮食实业有限公司

湖南省

30.湖南金健米业股份有限公司

31.湖南金霞粮食产业有限公司

32.湖南益阳小河口国家粮食储备库

广东省

33.广州市粮食集团有限责任公司

34.台山市粮食购销总公司

海南省

35.海南丰源油脂有限公司

广西自治区

36.南宁市储备粮管理有限责任公司

四川省

37.崇州市富浩粮油购销有限责任公司

38.绵阳市游仙粮油购销公司

重庆市

39.重庆粮食集团有限责任公司

贵州省

40.贵州康星油脂（集团）有限公司 41.贵阳穗金粮食发展有限公司

云南省

42.昆明国家粮食储备有限公司

西藏自治区

43.山南雅砻粮油购销有限责任公司

陕西省

44.西安西粮实业有限公司

甘肃省

45.平凉市粮油购销储备有限责任公司

青海省

46.青海省大通粮食储备库

宁夏自治区

47.彭阳县粮食购销公司

新疆自治区

48.昌吉州粮油购销（集团）有限责任公司 49.阿克苏地区金谷粮油购销集团有限责任公司

新疆生产建设兵团

50.新疆天山雪米农业有限责任公司

二、国有粮食企业改革与发展联系点基本情况

1.企业全称

2.企业董事长、总经理、法定代表人、联系人姓名

3.企业地址、邮编

4.企业经营业务范围

5.企业注册资金、资产总额

6.企业深化改革和加强经营管理等情况

关于延长春播油菜籽收购执行期限的通知

（发展改革委办公厅 国家粮食局办公室 财政部办公厅
中国农业发展银行办公室
国粮办调〔2009〕301号 2009年12月29日）

中国储备粮管理总公司，内蒙古、西藏、陕西、甘肃、青海和新疆等省、自治区发展改革委、粮食局、财政厅（局）、物价局，农发行内蒙古、西藏、陕西、甘肃、青海、新疆分行，中粮集团有限公司：

近日，部分省（区）纷纷要求延长春播油菜产区油菜籽托市收购执行期限，考虑春播油菜产区的特殊情况，为保护农民利益，促进国内油料生产发展，经研究，现就有关事项通知如下：

一、将国家发展改革委、财政部、国家粮食局等部门《关于做好2009年油菜籽收购工作的通知》（发改经贸〔2009〕1362号）和国家发展改革委、国家粮食局、财政部、中国农业发展银行等部门《关于下达2009年国家临时存储菜籽油收购计划的通知》（国粮调〔2009〕136号）文件中明确内蒙古、西藏、陕西、甘肃、青海和新疆等春播油菜产区油菜籽收购的执行期延长至2010年2月底。

二、将财政部、国家发展改革委、国家粮食局《关于印发〈国内油脂加工企业收购加工2009年度国产油菜籽补贴管理办法〉的通知》（财建〔2009〕252号）中确定的春播油菜产区补贴收购期限延长至2010年2月底，油脂加工企业两批补贴的申领期限也相应延长至2010年3月15日前和2010年5月15日前。申领补贴的油菜籽收购总量继续按不超过180天的油菜籽加工能力核定。

其他有关事项仍按发改经贸〔2009〕1362号、财建〔2009〕252号、国粮调〔2009〕136号和国家发展改革委、国家粮食局、财政部、中国农业发展银行等部门《关于下达2009年第二批国家临时存储菜籽油分地区收购计划的通知》（国粮调〔2009〕195号）文件执行。

公告部分

2008年度中央储备粮代储资格企业变更事项

（国家粮食局 公告2009年第1号 2009年4月2日）

根据《中央储备粮代储资格认定办法》以及《中央储备粮代储资格认定办法实施细则》的规定，我局对2008年度中央储备粮代储资格企业变更事项进行了审核。决定取消桂林市第一粮库的中央储备粮代储资格（资格油罐已拆除），取消河南开封城南国家粮食储备库等6户企业部分仓房的中央储备粮代储资格（部分资格仓房已拆除），准予河北省天元国有粮食收储库等130户企业变更名称、仓房编号等，准予黑龙江白山国家粮食储备库等107户企业变更法人代表、企业代码等事项。佳木斯市粮库等4户企业提出的增加资格仓（罐）容等情况不符合有关规定，不予以变更。

请相关省（区、市）粮食局协助收回并销毁取消资格企业、取消部分仓房资格企业和名称变更企业的中央储备粮代储资格证书，被取消部分仓房资格企业和名称变更企业的新证书将另行发放。

（名单略）

决定授予北京市平谷官庄粮食收储库等215户企业中央储备粮代储资格

（国家粮食局 公告2009年第2号 2009年7月10日）

根据《中央储备粮代储资格认定办法》以及《中央储备粮代储资格认定办法实施细则》的规定，经审核，决定授予北京市平谷官庄粮食收储库等215户企业中央储备粮代储资格。自公告之日起，上述企业可以依法开展中央储备粮代储业务。

决定授予北京大兴国家粮食储备库等129户企业中央储备粮代储资格

（国家粮食局 公告2009年第3号 2009年12月24日）

根据《中央储备粮代储资格认定办法》以及《中央储备粮代储资格认定办法实施细则》的规定，经审核，决定授予北京大兴国家粮食储备库等129户企业中央储备粮代储资格。自公告之日起，上述企业可以依法开展中央储备粮代储业务。

中央储备粮代储资格延续申请办法

（国家粮食局 公告2009年第4号 2009年12月25日）

第一条 根据《中央储备粮代储资格认定办法》和《中央储备粮代储资格认定办法实施细则》，特制定本办法。

第二条 本办法适用于取得中央储备粮代储资格企业及资格仓房（油罐）5年有效期到期企业的延续申请行为。

第三条 中央储备粮代储资格企业延续申请工作实行公开、公正、公平、高效、便民的原则。

第四条 延续申请的程序。中央储备粮代储资格企业应在代储资格有效期届满前30个工作日之前向省级粮食行政管理部门提出延续申请，省级粮食行政管理部门受理申请、签署是否同意企业延续申请的意见并在5个工作日内报国家粮食局，国家粮食局在接到申请材料后15个工作日内完成延续资格审核工作，有关审核结果在国家粮食局政府网上公示7个工作日，无异议后授予申请企业中央储备粮代储资格，向社会公告，向企业颁发资格证书。

省级粮食行政管理部门受理企业延续申请时应向企业发出行政许可受理（不予受理）通知书。

第五条 延续申请需要提交的材料。企业名称、取得资格类型、取得资格仓容仓号（罐容罐号），延续申请仓容资格仓容仓号（罐容罐号），代储中央储备粮的品种、时间等。

第六条 国家粮食局组成审核专家组，对企业提交延续申请材料提出审核意见，并报国家粮食局批准。

第七条 本办法所称省级粮食行政管理部门指各省、区、市人民政府粮食行政管理部门，国务院国有资产监督管理委员会直接管理的企业集团。

第八条 本办法自2009年12月31日起施行。

第九条 《中央储备粮代储资格延续申请表》为本办法的组成部分。

通告部分

发布2009年度大米、小麦粉加工精度行业标准样品

（国家粮食局 国粮通〔2009〕1号 2009年1月5日）

为配合《大米》、《小麦粉》国家标准的实施，确保大米、小麦粉加工精度检验结果的一致性，现发布2009年度大米、小麦粉加工精度行业标准样品。

大米、小麦粉加工精度行业标准样品目录

标准样品名称	等 级	标准样品编号	代替标准	适用标准
早籼米加工精度标准样品	特等	LS/T 15121：1—2009	LS/T 15121：1—2008	GB 1354
	标准一等	LS/T 15121：2—2009	LS/T 15121：2—2008	
	标准二等	LS/T 15121：3—2009	LS/T 15121：3—2008	
晚籼米加工精度标准样品	特等	LS/T 15122：1—2009	LS/T 15122：1—2008	
	标准一等	LS/T 15122：2—2009	LS/T 15122：2—2008	
	标准二等	LS/T 15122：3—2009	LS/T 15122：3—2008	
晚粳米加工精度标准样品	特等	LS/T 15123：1—2009	LS/T 15123：1—2008	
	标准一等	LS/T 15123：2—2009	LS/T 15123：2—2008	
	标准二等	LS/T 15123：3—2009	LS/T 15123：3—2008	
南方小麦粉加工精度标准样品	特制一等	LS/T 15111：1—2009	LS/T 15111：1—2008	GB 1355
	特制二等	LS/T 15111：2—2009	LS/T 15111：2—2008	
	标准粉	LS/T 15111：3—2009	LS/T 15111：3—2008	
北方小麦粉加工精度标准样品	特制一等	LS/T 15112：1—2009	LS/T 15112：1—2008	
	特制二等	LS/T 15112：2—2009	LS/T 15112：2—2008	
	标准粉	LS/T 15112：3—2009	LS/T 15112：3—2008	
注：标准样品有效期限为一年。				

上述标准自2009年4月1日起实施。

特此通告。

《粮食仓房维修改造技术规程》标准

（国家粮食局 国粮通〔2009〕2号 2009年2月16日）

现批准《粮食仓房维修改造技术规程》为粮食工程建设行业标准，自2009年5月1日起施行。

《粮食仓房维修改造技术规程》编号为LS8004-2009，其中第1.0.6、1.0.7、4.2.1（3）、4.2.2（1、2、3、4）、4.2.3（1、2）、4.2.4（1、2、3）、5.2.1（2）条（款）为强制性条文，必须严格执行。

《粮食仓房维修改造技术规程》由国家粮食局负责管理，中国标准出版社负责出版发行，郑州粮油食品工程建筑设计院负责具体解释工作。

小麦储存品质品尝评分参考样品行业标准

（国家粮食局 国粮通〔2009〕3号 2009年2月27日）

为配合《小麦储存品质判定规则》国家标准（GB/T 20571）的实施，保证小麦储存品质中品尝评分值检验结果的一致性，2009年度第一批小麦储存品质品尝评分参考样品已通过专家评审，现以行业标准形式予以发布：

行业标准名称：小麦储存品质品尝评分参考样品

标准编号：LS/T 15211.1—2009

评定参数：馒头品尝评分分值73分

适应标准：GB/T 20571

有效期：2009年9月30日

本标准自2009年3月1日起实施。

小麦硬度指数标准样品行业标准

（国家粮食局 国粮通〔2009〕4号 2009年6月10日）

为配合《小麦》国家标准（GB 1351—2008）和《小麦硬度测定 硬度指数法》国家标准（GB/T 21304—2007）的实施，确保小麦硬度检验结果的一致性，现发布2009年度小麦硬度指数标准样品行业标准。

行业标准样品名称：小麦硬度指数标准样品

行业标准样品编号：LS/T 1531—2009

硬度指数标准值：64.6

不确定度：1.5

批准日期：2009.6.4

有效期：2009.6.4 ~ 2010.6.3

研制单位：河南工业大学

无锡粮食机械厂

《农户小型粮仓建设标准》标准

（国家粮食局 国粮通〔2009〕5号 2009年6月26日）

现批准《农户小型粮仓建设标准》为粮食工程建设行业标准，自2009年7月1日起施行。农户科学储粮专项必须遵照本标准执行。

《农户小型粮仓建设标准》编号为LS/T8005—2009，由国家粮食局负责管理，成都粮食储藏科学研究所负责具体解释工作。

小麦储存品质品尝评分参考样品行业标准

（国家粮食局 国粮通〔2009〕6号 2009年9月30日）

为配合《小麦储存品质判定规则》国家标准（GB/T 20571）的实施，保证小麦储存品质中品尝评分值检验结果的一致性，2009年度第二批小麦储存品质品尝评分参考样品已通过专家评审，现以行业标准形式予以发布：

行业标准名称：小麦储存品质品尝评分参考样品

标准编号：LS/T 15211.2—2009

评定参数：馒头品尝评分分值73分

适应标准：GB/T 20571

有效期：2010年4月30日

本标准自2009年10月1日起实施。

电报部分

关于进一步做好东北地区秋粮收购和安全储粮工作的通知

（国家发展改革委 国家粮食局 财政部 中国农业发展银行
国粮电〔2009〕1号 2009年1月4日）

中国储备粮管理总公司，内蒙古、辽宁、吉林、黑龙江省（自治区）发展改革委、粮食局、财政厅、农发行分行：

为稳定粮食市场价格，保护种粮农民利益，国家在东北地区实施临时收储等政策措施，收购工作进展总体比较顺利。为进一步做好秋粮收购和安全储粮工作，现将有关问题通知如下：

一 认真落实粮食收购政策

中储粮总公司和地方有关部门要切实加强收购工作的组织领导，督促有关分公司和指定库点严格按照国家粮食收购政策，认真做好国家临时存储粮食收购工作。中储粮有关分公司要会同省级粮食行政管理部门和农发行省级分行合理布设收购库点，增加收购网点，方便农民售粮。对国家已经下达的临时存储稻谷、玉米、大豆收购计划，要在本省（区）范围内统筹使用，避免指定库点出现停收、限收现象，切实解决农民交售难的问题。指定收购库点要强化服务意识，改进收购方式，提高工作效率，减少农民售粮排队等候时间。

二 督促企业做好安全储粮工作

2008年粮食增产，东北地区新收购的国家临时存储粮食数量较多，确保粮食储存安全是中储粮系统、地方政府和粮食部门一项十分重要的工作。各地要按照粮食省长负责制的要求，由省级政府牵头，尽快建立中储粮分公司与地方粮食部门联合工作机制，明确各方面工作职责，层层落实安全保粮责任制，抓紧进行逐一排查，消除安全隐患。要充分利用地方粮食系统和中央大型粮食企业以及社会上的烘干能力，抓紧对收购的高水分粮进行烘干处理，避免出现坏粮现象。对于收购国家临时存储粮仓容不足的，要及时向国家有关部门申报搭建露天储粮设施计划，防止因仓容问题而影响粮食收购。要加大工作力度，督促指定收储库点把好粮食收购入库质量关，对水分、杂质超标的，要按照《粮油储藏技术规范》的要求，在烘干、整理合格后再入库或固定储存形态。要建立储粮安全事故报告制度，发生储粮事故后要立即向当地粮食行政管理部门和中储粮有关分公司报告事故情况、发生原因和处理结果。地方粮食行政管理部门要加强储粮安全检查工作，指导收储企业强化粮情检测、机械通风等保粮措施，确保国家临时存储粮食储存安全。

三 指导农民做好科学储粮工作

地方各级政府和粮食部门要按照粮食省长负责制的要求，切实采取有效措施，加强对农户科学储粮的指导。要加强农民储存粮食的品质监测工作，指导农民科学储粮。要积极引导和动员农民将待售的玉米“上栈子”、“上楼子”、“上房顶”，消灭“大揽堆”和“地趴”存粮，做好离地通风、庭院降水工作，防止发生霉变，确保储粮安全，减少产后损失。对因灾等已经霉变的玉米，要指导农民进行挑选整理，达到收购质量要求，好粮卖好价，增加售粮收入。对霉变粒超标玉米的收购仍按照国家发展改革委、国家粮食局和中国农业发展银行《关于做好东北地区霉变粒超标玉米收购等工作的紧急通知》（国粮电〔2008〕13号）执行。

四 加强政策宣传

国家在东北等地实行国家临时存储粮食收购政策，是稳定粮食市场价格、保护种粮农民利益的一项重要措施。国家有关部门已经明确，将进一步加大临时收储工作力度，根据收购进度和市场情况，及时下达后续批次的收购计划。对于收购的国家临时存储粮食，将由国家有关部门按照顺价销售的原则，择机在粮食批发市场公开竞价销售，以避免打压市场粮价，为多渠道入市收购留下市场空间。各地要进一步加大政策宣传力度，采取预约收购等措施，引导农民均衡有序售粮，维护好收购秩序，避免出现农民长时间排队扎堆卖粮的现象。同时，各地要采取有效措施，引导和鼓励各类粮食经营和加工企业积极入市收购，搞活粮食流通。

目前东北秋粮收购工作已进入关键阶段，各地各有关部门要认真贯彻落实党的十七届三中全会和中央经济工作会议、中央农村工作会议精神，进一步提高认识，加强领导，精心组织，落实责任，确保收购工作的顺利进行。有关落实情况和问题，要及时报告国家有关部门（单位），以便协调解决。国家有关部门将组成联合工作组，对各地粮食收购和安全储粮等情况进行巡查和督导。

关于做好河南湖北两省部分地区小麦收购工作的紧急通知

（国家发展改革委 国家粮食局 财政部 农业部
中国农业发展银行 中储粮总公司
国粮电〔2009〕8号 2009年6月8日）

河南、湖北省发展改革委、粮食局、财政厅、农业厅，农发行河南、湖北省分行，中储粮河南、湖北分公司：

今年小麦收获期间，河南、湖北两省部分地区由于受连日阴雨天气影响，小麦出现大面积麦穗发芽等情况，小麦品质下降，给农民收入和小麦收购工作带来不利影响。为保护农民利益，减少农民损失，现就做好河南、湖北两省部分地区小麦收购工作有关事项紧急通知如下：

一 同意将不完善粒20%以内的等内小麦列入最低收购价收购范围

对于今年河南省南阳、信阳、驻马店、平顶山、漯河等5市和湖北省襄樊、随州、孝感、黄冈、荆门、十堰等6市受灾地区符合GB1351—2008国家标准五等以上小麦不完善粒在20%以内的，列入2009年小麦最低收购价收购范围。水分、杂质和不完善粒等指标不符合国家标准的，按照原国家发展计划委员会、国家粮食局、国家质量监督检验检疫总局《关于执行粮油质量标准有关问题的规定》（国粮发〔2001〕146号）进行扣量、扣价。同时，对不完善粒超过10%（不含10%）的最低收购价小麦，要单独收购、单独存放、单独统计，在销售时单独定价、定向销售。此项政策仅适用于2009年河南、湖北两省上述地区的小麦收购。其他有关事项仍按《2009年小麦最低收购价执行预案》（发改经贸〔2009〕1293号）执行。对于小麦不完善粒超过20%的，不列入最低收购价收购范围，由企业随行就市收购，自行销售。

二 做好收购资金供应工作

根据小麦最低收购价执行预案的规定，最低收购价收购小麦所需贷款，农发行将按照国家规定的最低收购价格和收购费用标准及时足额供应。对于企业按市场价格自营收购的小麦，各地农发行也要积极为符合贷款条件的企业入市收购提供资金支持。

三 积极做好小麦收购工作

地方政府要按照粮食省长负责制的要求，督促国有和国有控股粮食企业认真执行国家粮食收购政策，发挥好主渠道作用，同时要采取有效措施，引导和鼓励多元主体积极入市收购，搞活粮食流通，切实保护农民利益，防止出现农民“卖粮难”。地方各级政府和农业、粮食等部门要积极做好技术服务工作，指导农民搞好小麦晾晒和整理，减少不完善粒，提高质量，增加农民售粮收入；要加强对收购验质人员的培训，统一判定尺度，让农民放心交粮；要加强与本地或省外酒精、饲料等加工转化企业以及养殖企业的联系和协调，积极为农民销售质量较差小麦寻找出路，最大限度地减少损失。各地还要加强对今年小麦最低收购价政策的宣传，正确引导农民售粮，对达不到质量标准不能按最低收购价收购的小麦，要向农民做好解释工作，确保今年小麦收购工作顺利进行。

关于做好受灾地区最低收购价小麦收购工作的紧急通知

（国家发展改革委 国家粮食局 财政部 农业部
中国农业发展银行 中储粮总公司
国粮电〔2009〕9号 2009年6月26日）

江苏、安徽、山东、河南、湖北省发展改革委、粮食局、财政厅、农业厅，农发行江苏、安徽、山东、河南、湖北省分行，中储粮江苏、安徽、山东、河南、湖北分公司：

今年小麦收获期间，部分地区由于受连日阴雨天气影响，小麦出现大面积麦穗发芽等情况，小麦品质下降，给农民收入和小麦收购工作带来不利影响。为保护农民利益，减少农民损失，现就做好受灾地区最低收购价小麦收购工作有关事项紧急通知如下：

一　同意将不完善粒20%以内的等内小麦列入最低收购价收购范围

对于今年执行小麦最低收购价政策的江苏省徐州、淮安、盐城、连云港、宿迁、扬州等6市，安徽省淮北、亳州、宿州、蚌埠等4市，山东省菏泽、威海、临沂等3市，河南省南阳、平顶山、驻马店、信阳、漯河、商丘、周口、开封、三门峡等9市，以及湖北省襄樊、随州、荆门、黄冈、孝感、十堰、荆州、武汉、宜昌、天门、潜江、仙桃、黄石、鄂州等14市受灾地区，凡符合GB1351—2008国家标准五等以上且不完善粒在20%以内的小麦，一并列入2009年小麦最低收购价收购范围。水分、杂质和不完善粒等指标不符合国家标准的，按照原国家发展计划委员会、国家粮食局、国家质量监督检验检疫总局《关于执行粮油质量标准有关问题的规定》（国粮发〔2001〕146号）进行扣量、扣价。同时，对不完善粒超过10%（不含10%）的最低收购价小麦，要单独收购、单独存放、单独统计，在销售时单独定价，定向销售。此项政策为应对此次灾情的一次性政策，仅适用于2009年上述受灾地区因雨灾发芽，致使不完善粒超标的小麦收购，因其他原因造成不完善粒超标的小麦，不得列入最低收购价范围。其他有关事项仍按《2009年小麦最低收购价执行预案》（发改经贸〔2009〕1293号）执行。对于小麦不完善粒超过20%的，不列入最低收购价收购范围。

二　做好收购资金供应工作

根据小麦最低收购价执行预案的规定，最低收购价收购小麦所需贷款，农发行将按照国家规定的最低收购价格和收购费用标准及时足额供应。对于企业按市场价格自营收购的小麦，各地农发行也要积极为符合贷款条件的企业入市收购提供资金支持。

三　积极做好小麦收购的组织协调工作

地方政府要按照粮食省长负责制的要求，督促国有和国有控股粮食企业认真执行国家粮食收购政策，发挥好主渠道作用，同时要采取有效措施，引导和鼓励多元主体积极入市收购，搞活粮食流通，切实保护农民利益，防止出现农民“卖粮难”。地方各级政府和农业、粮食等部门要积极做好技术服务工作，指导农民搞好小麦晾晒和整理，减少不完善粒，提高质量，增加农民售粮收入；要加强对收购验质人员的培训，统一判定尺度，让农民放心交粮；要加强与本地或省外酒精、饲料等加工转化企业以及养殖企业的联系和协调，积极为农民销售质量较差小麦寻找出路，最大限度地减少损失。各地还要加强对今年小麦最低收购价政策的宣传，正确引导农民售粮，对达不到质量标准不能按最低收购价收购的小麦，要向农民做好解释工作，确保今年小麦收购工作顺利进行。

关于规范粮食仓储设施管理做好安全生产工作的通知

（国家粮食局办公室 国粮电〔2009〕16号 2009年10月20日）

各省、自治区、直辖市及新疆生产建设兵团粮食局，中国储备粮管理总公司，中粮集团有限公司，中国华粮物流集团公司：

10月17日，贵州省仁怀市三合镇县粮食收储公司粮库发生粮仓垮塌事故，致使售粮群众多人被埋，共造成10死9伤。这次事故的教训十分惨痛，反映了当前粮食仓储设施管理还存在一些问题，严重影响了企业安全生产和储粮安全。为做好当前安全生产工作，推动规范化管理活动全面展开，现就有关事宜通知如下：

一 全面开展粮食仓储设施和大型设备安全性能检查

各地区、各单位要指导企业对各类粮食仓储设施和大型设备的安全性进行一次全面的检查。检查重点是：已达到或接近设计使用年限的设施，设计、施工和竣工验收资料不详的设施，临时设施、简易设施，在地震、雪灾、洪涝、风灾、火灾中受损的设施；烘干机、吸粮机、装船机、筒仓进出仓系统、进出港输送系统等设备；曾经进行过结构或性能改造的设施、设备。要保证检查工作质量，建立“谁检查、谁负责”的工作机制，详细记录检查的工作过程，相关资料要存档备案，经检查确认安全的设施、设备方可继续使用，否则应立即停止使用，以确保安全。对于检查中发现的隐患要及时整改，暂时不能整改到位的，要明确整改时限和监管责任，防止安全生产事故发生。请各地区、各单位于11月20日前将检查结果报送国家粮食局发展司。联系人：彭扬，联系电话：010-63906904、63906909（Fax）。

二 加强对粮食收购现场的管理

随着国家各项惠农政策的落实，农民售粮踊跃，收购现场人员和车辆、设备较多，情况复杂，容易发生意外。对此，各地区、各单位要加强调查研究，科学预测粮食收购数量，合理安排收购网点和时间，及时、全面、准确发布收购信息，方便农民售粮。有关单位要加强与相关部门的沟通，请求协助做好收购现场的治安和交通管理。收购企业要改进收购作业流程，提高工作效率，尽量避免农民排队时间过长的现象。有条件的收购企业还应积极向售粮农民提供卫生、饮水、取暖、休息等服务。收购企业要提前做好人员和收购设备、仪器、场地等准备工作，避免因设备故障等因素中断收购工作，引起现场混乱。要加强对收购现场人员及设备、车辆、电源、火源等的管理，可设置专门或兼职的安全员负责收购现场车辆、人员疏导，禁止无关人员、车辆进入收购现场。收购量较大的企业要制订“粮食收购工作应急预案”，落实各项应对措施，提高突发事件应对和处置能力。应急预案应报当地政府和上级粮食行政管理部门备案。

三 加强对粮食仓储设施的管理

粮食仓储设施管理与使用不当，是导致近期几起安全生产事故发生的原因之一。各地区、各单位要指导粮食企业做好仓储设施和设备管理工作。首先，要建立粮食仓储设施和设备档案，档案包括设计资料、竣工验收资料、维修改造技术资料、使用说明书、采购合同等；其次，制订各类仓储设施和设备操作规程和使用要求，包括仓房进出仓要求、装粮品种及高度、设备操作与维护规程等，禁止超设计容量、超设计标高装粮，禁止用包装仓直接装散粮；第三，加强卫生管理，仓房、卸粮机等特定场所或机器要按规定配备防爆型电气设备，要加强对作业现场、设施设备的管理，及时清理粉尘，杜绝随意拉设电线的现象，防止粉尘爆炸事故发生；第四，要做好仓储设施和设备的日常维护维修工作，对于没有使用价值的设施设备要按规定进行报废处理，消除安全生产隐患。

四 加强人员管理

必须全面落实岗前培训制度，未经培训，未掌握设施、设备使用性能和安全要求的人员，不得上岗作业；开始作业前，安全员必须讲解作业中的安全规定，并监督操作人员执行；严格禁止人员进入正在进出粮作业的筒仓、烘干机；要根据工作需要和仓储设施承载能力，对一次入仓作业的人数和粮食数量作出限制，防止出现爬梯、仓内操作平台倾覆、坍塌情况；要设置必要的警告标志，提醒相关人员规避潜在的风险。

安全生产责任重于泰山，务必引以为戒、警钟长鸣。请各地区、各单位以本次事故为鉴，加强仓储设施和设备管理，提高企业规范化管理水平，为企业安全发展、科学发展创造良好条件。

关于做好强降雪期间粮食供应和安全生产工作的紧急通知

（国家粮食局 国粮电〔2009〕17号 2009年11月13日）

各省、自治区、直辖市及新疆生产建设兵团粮食局：

2009年11月中旬以来，我国北方地区普降大到暴雪的极端天气，给受灾地区人民群众生产生活带来了严重的影响。按照国务院办公厅《关于做好强降雪防范应对工作的通知》（国办发明电〔2009〕25号）要求，为贯彻落实党中央、国务院领导同志的指示精神，妥善安排好人民生活，进一步做好强降雪期间粮食供应和安全生产工作，现将有关事项紧急通知如下：

一 切实加强领导，高度重视雪灾期间粮食供应和安全生产工作

这次发生在北方地区的暴雪等灾害性天气，持续时间长、影响范围大。党中央、国务院领导同志高度重视，温家宝总理亲赴灾区指挥抗灾救灾。各地粮食行政管理部门一定要提高认识，进一步加大工作力度，采取积极有效措施，把确保粮油市场供应作为当前一项中心工作来抓，明确责任，狠抓落实。受灾地区粮食行政管理部门要加强领导，主要领导要深入一线，靠前指挥，一级抓一级，层层抓落实。

二 采取积极措施，保证粮油市场供应

各地粮食部门要积极做好粮油调运和调配工作，加强货源组织调度，必要时要投放地方储备粮油，确保市场供应不断档、不脱销。河北、山西、山东、陕西、宁夏等受灾较重地区要重点关注灾区、山区和低收入困难群众的粮油供应情况，及早安排落实粮源，保证口粮供应。要千方百计帮助粮油加工企业组织好货源，保证充足的大米、面粉、食用油等成品粮油库存。对粮油运输有困难，或当地粮油加工能力不能满足救灾需要的，要及时向当地人民政府和上级主管部门报告，以便及时协调和妥善解决。

三 加强市场监测，做好启动粮油应急预案的准备

各地粮食部门要强化粮油市场监测,认真分析市场供求形势，随时掌握粮油储备（含成品粮油应急储备）库存和市场供应动态，必要时启动粮油应急预案。对粮油市场出现的新情况、新变化，要认真分析研究，及时发现并解决问题，重要情况和重大问题要及时向省级人民政府和国家有关部门报告。同时，要进一步细化和完善地方储备粮油应急动用方案，健全应急粮油加工和供应网点体系，保障应急调控能力。大中城市要按照有关规定建立和充实成品粮油应急储备，包括小包装成品粮油，确保随时投放市场，满足应急需要。

四 强化市场监管，维护市场流通秩序

各地粮食部门要按照《粮食流通管理条例》的规定，认真履行粮食市场监管职责。要加强与有关部门的沟通协调和密切合作，认真开展粮油质量卫生检查，严禁将不符合卫生质量标准的粮油投放市场，保证人民群众吃上放心粮油。要进一步加大对粮油加工、批发、零售等重点环节经营行为的监督检查力度，重点开展对大型粮油批发市场、超市和农贸市场的巡查，督促企业加强自律和承担社会责任。坚决打击囤积居奇、哄抬价格等违法行为，切实维护市场流通秩序。

五 加强安全检查，防止发生雪灾事故

有关地区粮食部门要全面评估本次强降雪对粮食企业安全生产工作的影响，分析可能出现的灾情和险情，指导粮食企业落实相关应急保障措施，做好安全生产应急预案启动的各项准备工作。有关粮食企业要加强对罩棚、简易仓房、大跨度厂房等设施的安全检查，在保障安全的情况下及时清除罩棚和仓房屋顶积雪，防止引发屋顶坍塌等雪灾事故。降雪期间，要暂停高危生产作业，禁止无关人员进入粮库仓储区和加工企业生产区。对于存在安全隐患的设施，要设置警戒线并派专人监测，避免人员伤亡。同时，要加大粮情监测检测频率，防止雪融水进入粮堆，确保储粮安全。

六 认真落实值班制度，确保信息畅通

要认真落实24小时值班和领导带班制度，安排专人值班。值班人员要坚守岗位，随时关注动态情况，一旦发生安全生产和市场供应紧急情况，要立即向当地政府和上级主管部门报告，并迅即采取措施。各地粮食行政管理部门负责同志要做到手机24小时开通，确保通讯畅通，以保证发生突发事件时，及时联络，及早处理。

与粮食有关的文件

中华人民共和国食品安全法实施条例

（中华人民共和国国务院令 第557号 2009年7月20日）

一 总 则

第一条 根据《中华人民共和国食品安全法》（以下简称食品安全法），制定本条例。

第二条 县级以上地方人民政府应当履行食品安全法规定的职责；加强食品安全监督管理能力建设，为食品安全监督管理工作提供保障；建立健全食品安全监督管理部门的协调配合机制，整合、完善食品安全信息网络，实现食品安全信息共享和食品检验等技术资源的共享。

第三条 食品生产经营者应当依照法律、法规和食品安全标准从事生产经营活动，建立健全食品安全管理制度，采取有效管理措施，保证食品安全。

食品生产经营者对其生产经营的食品安全负责，对社会和公众负责，承担社会责任。

第四条 食品安全监督管理部门应当依照食品安全法和本条例的规定公布食品安全信息，为公众咨询、投诉、举报提供方便；任何组织和个人有权向有关部门了解食品安全信息。

二 食品安全风险监测和评估

第五条 食品安全法第十一条规定的国家食品安全风险监测计划，由国务院卫生行政部门会同国务院质量监督、工商行政管理和国家食品药品监督管理以及国务院商务、工业和信息化等部门，根据食品安全风险评估、食品安全标准制定与修订、食品安全监督管理等工作的需要制定。

第六条 省、自治区、直辖市人民政府卫生行政部门应当组织同级质量监督、工商行政管理、食品药品监督管理、商务、工业和信息化等部门，依照食品安全法第十一条的规定，制定本行政区域的食品安全风险监测方案，报国务院卫生行政部门备案。

国务院卫生行政部门应当将备案情况向国务院质量监督、工商行政管理和国家食品药品监督管理以及国务院商务、工业和信息化等部门通报。

第七条 国务院卫生行政部门会同有关部门除依照食品安全法第十二条的规定对国家食品安全风险监测计划作出调整外，必要时，还应当依据医疗机构报告的有关疾病信息调整国家食品安全风险监测计划。

国家食品安全风险监测计划作出调整后，省、自治区、直辖市人民政府卫生行政部门应当结合本行政区域的具体情况，对本行政区域的食品安全风险监测方案作出相应调整。

第八条 医疗机构发现其接收的病人属于食源性疾病病人、食物中毒病人，或者疑似食源性疾病病人、疑似食物中毒病人的，应当及时向所在地县级人民政府卫生行政部门报告有关疾病信息。

接到报告的卫生行政部门应当汇总、分析有关疾病信息，及时向本级人民政府报告，同时报告上级卫生行政部门；必要时，可以直接向国务院卫生行政部门报告，同时报告本级人民政府和上级卫生行政部门。

第九条 食品安全风险监测工作由省级以上人民政府卫生行政部门会同同级质量监督、工商行政管理、食品药品监督管理等部门确定的技术机构承担。

承担食品安全风险监测工作的技术机构应当根据食品安全风险监测计划和监测方案开展监测工作，保证监测数据真实、准确，并按照食品安全风险监测计划和监测方案的要求，将监测数据和分析结果报送省级以上人民政府卫生行政部门和下达监测任务的部门。

食品安全风险监测工作人员采集样品、收集相关数据，可以进入相关食用农产品种植养殖、食品生产、食品流通或者餐饮服务场所。采集样品，应当按照市场价格支付费用。

第十条 食品安全风险监测分析结果表明可能存在食品安全隐患的，省、自治区、直辖市人民政府卫生行政部门应当及时将相关信息通报本行政区域设区的市级和县级人民政府及其卫生行政部门。

第十一条 国务院卫生行政部门应当收集、汇总食品安全风险监测数据和分析结果，并向国务院质量监督、工商行政管理和国家食品药品监督管理以及国务院商务、工业和信息化等部门通报。

第十二条 有下列情形之一的，国务院卫生行政部门应当组织食品安全风险评估工作：

（一）为制定或者修订食品安全国家标准提供科学依据需要进行风险评估的；

（二）为确定监督管理的重点领域、重点品种需要进行风险评估的；

（三）发现新的可能危害食品安全的因素的；

（四）需要判断某一因素是否构成食品安全隐患的；

（五）国务院卫生行政部门认为需要进行风险评估的其他情形。

第十三条 国务院农业行政、质量监督、工商行政管理和国家食品药品监督管理等有关部门依照食品安全法第十五条规定向国务院卫生行政部门提出食品安全风险评估建议，应当提供下列信息和资料：

（一）风险的来源和性质；

（二）相关检验数据和结论；

（三）风险涉及范围；

（四）其他有关信息和资料。

县级以上地方农业行政、质量监督、工商行政管理、食品药品监督管理等有关部门应当协助收集前款规定的食品安全风险评估信息和资料。

第十四条 省级以上人民政府卫生行政、农业行政部门应当及时相互通报食品安全风险监测和食用农产品质量安全风险监测的相关信息。

国务院卫生行政、农业行政部门应当及时相互通报食品安全风险评估结果和食用农产品质量安全风险评估结果等相关信息。

三 食品安全标准

第十五条 国务院卫生行政部门会同国务院农业行政、质量监督、工商行政管理和国家食品药品监督管理以及国务院商务、工业和信息化等部门制定食品安全国家标准规划及其实施计划。制定食品安全国家标准规划及其实施计划，应当公开征求意见。

第十六条 国务院卫生行政部门应当选择具备相应技术能力的单位起草食品安全国家标准草案。提倡由研究机构、教育机构、学术团体、行业协会等单位，共同起草食品安全国家标准草案。

国务院卫生行政部门应当将食品安全国家标准草案向社会公布，公开征求意见。

第十七条 食品安全法第二十三条规定的食品安全国家标准审评委员会由国务院卫生行政部门负责组织。

食品安全国家标准审评委员会负责审查食品安全国家标准草案的科学性和实用性等内容。

第十八条 省、自治区、直辖市人民政府卫生行政部门应当将企业依照食品安全法第二十五条规定报送备案的企业标准，向同级农业行政、质量监督、工商行政管理、食品药品监督管理、商务、工业和信息化等部门通报。

第十九条 国务院卫生行政部门和省、自治区、直辖市人民政府卫生行政部门应当会同同级农业行政、质量监督、工商行政管理、食品药品监督管理、商务、工业和信息化等部门，对食品安全国家标准和食品安全地方标准的执行情况分别进行跟踪评价，并应当根据评价结果适时组织修订食品安全标准。

国务院和省、自治区、直辖市人民政府的农业行政、质量监督、工商行政管理、食品药品监督管理、商务、工业和信息化等部门应当收集、汇总食品安全标准在执行过程中存在的问题，并及时向同级卫生行政部门通报。

食品生产经营者、食品行业协会发现食品安全标准在执行过程中存在问题的，应当立即向食品安全监督管理部门报告。

四 食品生产经营

第二十条 设立食品生产企业，应当预先核准企业名称，依照食品安全法的规定取得食品生产许可后，办理工商登记。县级以上质量监督管理部门依照有关法律、行政法规规定审核相关资料、核查生产场所、检验相关产品；对相关资料、场所符合规定要求以及相关产品符合食品安全标准或者要求的，应当作出准予许可的决定。

其他食品生产经营者应当在依法取得相应的食品生产许可、食品流通许可、餐饮服务许可后，办理工商登记。法律、法规对食品生产加工小作坊和食品摊贩另有规定的，依照其规定。

食品生产许可、食品流通许可和餐饮服务许可的有效期为3年。

第二十一条 食品生产经营者的生产经营条件发生变化，不符合食品生产经营要求的，食品生产经营者应当立即采取整改措施；有发生食品安全事故的潜在风险的，应当立即停止食品生产经营活动，并向所在地县级质量监督、工商行政管理或者食品药品监督管理部门报告；需要重新办理许可手续的，应当依法办理。

县级以上质量监督、工商行政管理、食品药品监督管理部门应当加强对食品生产经营者生产经营活动的日常监督检查；发现不符合食品生产经营要求情形的，应当责令立即纠正，并依法予以处理；不再符合生产经营许可条件的，应当依法撤销相关许可。

第二十二条 食品生产经营企业应当依照食品安全法第三十二条的规定组织职工参加食品安全知识培训，学习食品安全法律、法规、规章、标准和其他食品安全知识，并建立培训档案。

第二十三条 食品生产经营者应当依照食品安全法第三十四条的规定建立并执行从业人员健康检查制度和健康档案制度。从事接触直接入口食品工作的人员患有痢疾、伤寒、甲型病毒性肝炎、戊型病毒性肝炎等消化道传染病，以及患有活动性肺结核、化脓性或者渗出性皮肤病等有碍食品安全的疾病的，食品生产经营者应当将其调整到其他不影响食品安全的工作岗位。

食品生产经营人员依照食品安全法第三十四条第二款规定进行健康检查，其检查项目等事项应当符合所在地省、自治区、直辖市的规定。

第二十四条 食品生产经营企业应当依照食品安全法第三十六条第二款、第三十七条第一款、第三十九条第二款的规定建立进货查验记录制度、食品出厂检验记录制度，如实记录法律规定记录的事项，或者保留载有相关信息的进货或者销售票据。记录、票据的保存期限不得少于2年。

第二十五条 实行集中统一采购原料的集团性食品生产企业，可以由企业总部统一查验供货者的许可证和产品合格证明文件，进行进货查验记录；对无法提供合格证明文件的食品原料，应当依照食品安全标准进行检验。

第二十六条 食品生产企业应当建立并执行原料验收、生产过程安全管理、贮存管理、设备管理、不合格产品管理等食品安全管理制度，不断完善食品安全保障体系，保证食品安全。

第二十七条 食品生产企业应当就下列事项制定并实施控制要求，保证出厂的食品符合食品安全标准：

（一）原料采购、原料验收、投料等原料控制；

（二）生产工序、设备、贮存、包装等生产关键环节控制；

（三）原料检验、半成品检验、成品出厂检验等检验控制；

（四）运输、交付控制。

食品生产过程中有不符合控制要求情形的，食品生产企业应当立即查明原因并采取整改措施。

第二十八条 食品生产企业除依照食品安全法第三十六条、第三十七条规定进行进货查验记录和食品出厂检验记录外，还应当如实记录食品生产过程的安全管理情况。记录的保存期限不得少于2年。

第二十九条 从事食品批发业务的经营企业销售食品，应当如实记录批发食品的名称、规格、数量、生产批号、保质期、购货者名称及联系方式、销售日期等内容，或者保留载有相关信息的销售票据。记录、票据的保存期限不得少于2年。

第三十条 国家鼓励食品生产经营者采用先进技术手段，记录食品安全法和本条例要求记录的事项。

第三十一条 餐饮服务提供者应当制定并实施原料采购控制要求，确保所购原料符合食品安全标准。

餐饮服务提供者在制作加工过程中应当检查待加工的食品及原料，发现有腐败变质或者其他感官性状异常的，不得加工或者使用。

第三十二条 餐饮服务提供企业应当定期维护食品加工、贮存、陈列等设施、设备；定期清洗、校验保温设施及冷藏、冷冻设施。

餐饮服务提供者应当按照要求对餐具、饮具进行清洗、消毒，不得使用未经清洗和消毒的餐具、饮具。

第三十三条 对依照食品安全法第五十三条规定被召回的食品，食品生产者应当进行无害化处理或者予以销毁，防止其再次流入市场。对因标签、标识或者说明书不符合食品安全标准而被召回的食品，食品生产者在采取补救措施且能保证食品安全的情况下可以继续销售；销售时应当向消费者明示补救措施。

县级以上质量监督、工商行政管理、食品药品监督管理部门应当将食品生产者召回不符合食品安全标准的食品的情况，以及食品经营者停止经营不符合食品安全标准的食品的情况，记入食品生产经营者食品安全信用档案。

五 食品检验

第三十四条 申请人依照食品安全法第六十条第三款规定向承担复检工作的食品检验机构（以下称复检机构）申请复检，应当说明理由。

复检机构名录由国务院认证认可监督管理、卫生行政、农业行政等部门共同公布。复检机构出具的复检结论为最终检验结论。

复检机构由复检申请人自行选择。复检机构与初检机构不得为同一机构。

第三十五条 食品生产经营者对依照食品安全法第六十条规定进行的抽样检验结论有异议申请复检，复检结论表明食品合格的，复检费用由抽样检验的部门承担；复检结论表明食品不合格的，复检费用由食品生产经营者承担。

六 食品进出口

第三十六条 进口食品的进口商应当持合同、发票、装箱单、提单等必要的凭证和相关批准文件，向海关报关地的出入境检验检疫机构报检。进口食品应当经出入境检验检疫机构检验合格。海关凭出入境检验检疫机构签发的通关证明放行。

第三十七条 进口尚无食品安全国家标准的食品，或者首次进口食品添加剂新品种、食品相关产品新品种，进口商应当向出入境检验检疫机构提交依照食品安全法第六十三条规定取得的许可证明文件，出入境检验检疫机构应当按照国务院卫生行政部门的要求进行检验。

第三十八条 国家出入境检验检疫部门在进口食品中发现食品安全国家标准未规定且可能危害人体健康的物质，应当按照食品安全法第十二条的规定向国务院卫生行政部门通报。

第三十九条 向我国境内出口食品的境外食品生产企业依照食品安全法第六十五条规定进行注册，其注册有效期为4年。已经注册的境外食品生产企业提供虚假材料，或者因境外食品生产企业的原因致使相关进口食品发生重大食品安全事故的，国家出入境检验检疫部门应当撤销注册，并予以公告。

第四十条 进口的食品添加剂应当有中文标签、中文说明书。标签、说明书应当符合食品安全法和我国其他有关法律、行政法规的规定以及食品安全国家标准的要求，载明食品添加剂的原产地和境内代理商的名称、地址、联系方式。食品添加剂没有中文标签、中文说明书或者标签、说明书不符合本条规定的，不得进口。

第四十一条 出入境检验检疫机构依照食品安全法第六十二条规定对进口食品实施检验，依照食品安全法第六十八条规定对出口食品实施监督、抽检，具体办法由国家出入境检验检疫部门制定。

第四十二条 国家出入境检验检疫部门应当建立信息收集网络，依照食品安全法第六十九条的规定，收集、汇总、通报下列信息：

（一）出入境检验检疫机构对进出口食品实施检验检疫发现的食品安全信息；

（二）行业协会、消费者反映的进口食品安全信息；

（三）国际组织、境外政府机构发布的食品安全信息、风险预警信息，以及境外行业协会等组织、消费者反映的食品安全信息；

（四）其他食品安全信息。

接到通报的部门必要时应当采取相应处理措施。

食品安全监督管理部门应当及时将获知的涉及进出口食品安全的信息向国家出入境检验检疫部门通报。

七 食品安全事故处置

第四十三条 发生食品安全事故的单位对导致或者可能导致食品安全事故的食品及原料、工具、设备等，应当立即采取封存等控制措施，并自事故发生之时起2小时内向所在地县级人民政府卫生行政部门报告。

第四十四条 调查食品安全事故，应当坚持实事求是、尊重科学的原则，及时、准确查清事故性质和原因，认定事故责任，提出整改措施。

参与食品安全事故调查的部门应当在卫生行政部门的统一组织协调下分工协作、相互配合，提高事故调查处理的工作效率。

食品安全事故的调查处理办法由国务院卫生行政部门会同国务院有关部门制定。

第四十五条 参与食品安全事故调查的部门有权向有关单位和个人了解与事故有关的情况，并要求提供相关资料和样品。

有关单位和个人应当配合食品安全事故调查处理工作，按照要求提供相关资料和样品，不得拒绝。

第四十六条 任何单位或者个人不得阻挠、干涉食品安全事故的调查处理。

八 监督管理

第四十七条 县级以上地方人民政府依照食品安全法第七十六条规定制定的食品安全年度监督管理计划，应当包含食品抽样检验的内容。对专供婴幼儿、老年人、病人等特定人群的主辅食品，应当重点加强抽样检验。

县级以上农业行政、质量监督、工商行政管理、食品药品监督管理部门应当按照食品安全年度监督管理计划进行抽样检验。抽样检验购买样品所需费用和检验费等，由同级财政列支。

第四十八条 县级人民政府应当统一组织、协调本级卫生行政、农业行政、质量监督、工商行政管理、食品药品监督管理部门，依法对本行政区域内的食品生产经营者进行监督管理；对发生食品安全事故风险较高的食品生产经营者，应当重点加强监督管理。

在国务院卫生行政部门公布食品安全风险警示信息，或者接到所在地省、自治区、直辖市人民政府卫生行政部门依照本条例第十条规定通报的食品安全风险监测信息后，设区的市级和县级人民政府应当立即组织本级卫生行政、农业行政、质量监督、工商行政管理、食品药品监督管理部门采取有针对性的措施，防止发生食品安全事故。

第四十九条 国务院卫生行政部门应当根据疾病信息和监督管理信息等，对发现的添加或者可能添加到食品中的非食品用化学物质和其他可能危害人体健康的物质的名录及检测方法予以公布；国务院质量监督、工商行政管理和国家食品药品监督管理部门应当采取相应的监督管理措施。

第五十条 质量监督、工商行政管理、食品药品监督管理部门在食品安全监督管理工作中可以采用国务院质量监督、工商行政管理和国家食品药品监督管理部门认定的快速检测方法对食品进行初步筛查；对初步筛查结果表明可能不符合食品安全标准的食品，应当依照食品安全法第六十条第三款的规定进行检验。初步筛查结果不得作为执法依据。

第五十一条 食品安全法第八十二条第二款规定的食品安全日常监督管理信息包括：

（一）依照食品安全法实施行政许可的情况；

（二）责令停止生产经营的食品、食品添加剂、食品相关产品的名录；

（三）查处食品生产经营违法行为的情况；

（四）专项检查整治工作情况；

（五）法律、行政法规规定的其他食品安全日常监督管理信息。

前款规定的信息涉及两个以上食品安全监督管理部门职责的，由相关部门联合公布。

第五十二条 食品安全监督管理部门依照食品安全法第八十二条规定公布信息，应当同时对有关食品可能产生的危害进行解释、说明。

第五十三条 卫生行政、农业行政、质量监督、工商行政管理、食品药品监督管理等部门应当公布本单位的电子邮件地址或者电话，接受咨询、投诉、举报；对接到的咨询、投诉、举报，应当依照食品安全法第八十条的规定进行答复、核实、处理，并对咨询、投诉、举报和答复、核实、处理的情况予以记录、保存。

第五十四条 国务院工业和信息化、商务等部门依据职责制定食品行业的发展规划和产业政策，采取措施推进产业结构优化，加强对食品行业诚信体系建设的指导，促进食品行业健康发展。

九 法律责任

第五十五条 食品生产经营者的生产经营条件发生变化，未依照本条例第二十一条规定处理的，由有关主管部门责令改正，给予警告；造成严重后果的，依照食品安全法第八十五条的规定给予处罚。

第五十六条 餐饮服务提供者未依照本条例第三十一条第一款规定制定、实施原料采购控制要求的，依照食品安全法第八十六条的规定给予处罚。

餐饮服务提供者未依照本条例第三十一条第二款规定检查待加工的食品及原料，或者发现有腐败变质或者其他感官性状异常仍加工、使用的，依照食品安全法第八十五条的规定给予处罚。

第五十七条 有下列情形之一的，依照食品安全法第八十七条的规定给予处罚:

（一）食品生产企业未依照本条例第二十六条规定建立、执行食品安全管理制度的；

（二）食品生产企业未依照本条例第二十七条规定制定、实施生产过程控制要求，或者食品生产过程中有不符合控制要求的情形未依照规定采取整改措施的；

（三）食品生产企业未依照本条例第二十八条规定记录食品生产过程的安全管理情况并保存相关记录的；

（四）从事食品批发业务的经营企业未依照本条例第二十九条规定记录、保存销售信息或者保留销售票据的；

（五）餐饮服务提供企业未依照本条例第三十二条第一款规定定期维护、清洗、校验设施、设备的；

（六）餐饮服务提供者未依照本条例第三十二条第二款规定对餐具、饮具进行清洗、消毒，或者使用未经清洗和消毒的餐具、饮具的。

第五十八条 进口不符合本条例第四十条规定的食品添加剂的，由出入境检验检疫机构没收违法进口的食品添加剂；违法进口的食品添加剂货值金额不足1万元的，并处2000元以上5万元以下罚款；货值金额1万元以上的，并处货值金额2倍以上5倍以下罚款。

第五十九条 医疗机构未依照本条例第八条规定报告有关疾病信息的，由卫生行政部门责令改正，给予警告。

第六十条 发生食品安全事故的单位未依照本条例第四十三条规定采取措施并报告的，依照食品安全法第八十八条的规定给予处罚。

第六十一条 县级以上地方人民政府不履行食品安全监督管理法定职责，本行政区域出现重大食品安全事故、造成严重社会影响的，依法对直接负责的主管人员和其他直接责任人员给予记大过、降级、撤职或者开除的处分。

县级以上卫生行政、农业行政、质量监督、工商行政管理、食品药品监督管理部门或者其他有关行政部门不履行食品安全监督管理法定职责、日常监督检查不到位或者滥用职权、玩忽职守、徇私舞弊的，依法对直接负责的主管人员和其他直接责任人员给予记大过或者降级的处分；造成严重后果的，给予撤职或者开除的处分；其主要负责人应当引咎辞职。

十 附则

第六十二条 本条例下列用语的含义:

食品安全风险评估，指对食品、食品添加剂中生物性、化学性和物理性危害对人体健康可能造成的不良影响所进行的科学评估，包括危害识别、危害特征描述、暴露评估、风险特征描述等。

餐饮服务，指通过即时制作加工、商业销售和服务性劳动等，向消费者提供食品和消费场所及设施的服务活动。

第六十三条 食用农产品质量安全风险监测和风险评估由县级以上人民政府农业行政部门依照《中华人民共和国农产品质量安全法》的规定进行。

国境口岸食品的监督管理由出入境检验检疫机构依照食品安全法和本条例以及有关法律、行政法规的规定实施。

食品药品监督管理部门对声称具有特定保健功能的食品实行严格监管，具体办法由国务院另行制定。

第六十四条 本条例自公布之日起施行。

粮油仓储管理办法

（国家发展改革委令 2009年第5号 2009年12月29日）

一 总则

第一条 为了规范粮油仓储单位的粮油仓储活动，维护粮食流通秩序，保障国家粮食安全，根据《粮食流通管理条例》、《中央储备粮管理条例》和相关法律法规，制定本办法。

第二条 中华人民共和国境内的粮油仓储单位从事粮油仓储活动，适用本办法。

第三条 粮油仓储单位必须遵守国家法律、法规和相关管理规定，执行国家和地方粮食流通政策和粮食应急预案，贯彻国家和地方制定的仓储管理制度和标准，接受粮食行政管理部门的业务指导，配合粮食行政管理部门依法开展监督检查。

第四条 粮油仓储单位应当建立健全粮油仓储管理制度，积极应用先进适用的粮油储藏技术，延缓粮油品质劣变，降低粮油损失损耗，防止粮油污染，确保库存粮油数量真实、质量良好、储存安全。

第五条 国家粮食行政管理部门负责全国粮油仓储监督管理工作，制定管理制度和标准，组织储粮安全检查工作。

县级以上地方人民政府粮食行政管理部门负责本行政区域的粮油仓储监督管理工作。

二 粮油仓储单位备案管理

第六条 粮油仓储单位应当自设立或者开始从事粮油仓储活动之日起30个工作日内，向所在地粮食行政管理部门备案。备案应当包括单位名称、地址、法定代表人、主要仓储业务类型、仓（罐）容规模等内容。具体备案管理办法由省、自治区、直辖市人民政府粮食行政管理部门制定。

第七条 粮油仓储单位应当具备以下条件：

（一）拥有固定经营场地，并符合本办法有关污染源、危险源安全距离的规定；

（二）拥有与从事粮油仓储活动相适应的设施设备，并符合粮油储藏技术规范的要求；

（三）拥有相应的专业技术管理人员。

第八条 未经国家粮食行政管理部门批准，粮油仓储单位名称中不得使用“国家储备粮”和“中央储备粮”字样。

三 粮油出入库管理

第九条 粮油仓储单位应当按照国家粮油质量标准对入库粮油进行检验，建立粮油质量档案。成品粮油质量档案还应包括生产企业出具的质量检验报告、生产日期、保质期限等内容。

第十条 粮油仓储单位应当及时对入库粮油进行整理，使其达到储存安全的要求，并按照不同品种、性质、生产年份、等级、安全水分、食用和非食用等进行分类存放。粮油入库（仓）应当准确计量，并制作计量凭证。

第十一条 粮油仓储单位应当按货位及时制作“库存粮油货位卡”，准确记录粮油的品种、数量、产地、生产年份、粮权所有人、粮食商品属性、等级、水分、杂质等信息，并将卡片置于货位的明显位置。

第十二条 粮油仓储单位应当在粮油出库前按规定检验出库粮油质量。粮油出库应当准确计量，并制作计量凭证，做好出库记录。

第十三条 出库粮油包装物和运输工具不得对粮油造成污染。未经处理的严重虫粮、危险虫粮不得出库。可能存在发热危险的粮油不得长途运输。

第十四条 粮油仓储单位应当及时清除仓房、工作塔等仓储设施内的粉尘，按规定配置防粉尘设备，防止发生粉尘爆炸事故。禁止人员进入正在作业的烘干塔、立筒仓、浅圆仓等设施。

四 粮油储存管理

第十五条 粮油仓储单位负责人对全部库存粮油的数量真实、质量良好、储存安全负责。

粮油保管员、粮油质量检验员应当掌握必要的专业知识和职业技能，具备相应的职业资格。

第十六条 粮油储存区应当保持清洁，并与办公区、生活区进行有效隔离。在粮油储存区内开展的活动和存放的物品不得对粮油造成污染或者对粮油储存安全构成威胁。

第十七条 粮油仓储单位应当对仓房（油罐）编排号码，配备必要的仓储设备，建立健全设备使用、保养、维修、报废等制度。

第十八条 粮油仓储单位应当按照仓房（油罐）的设计容量和要求储存粮油，执行《粮油储藏技术规范》等技术标准，建立粮油仓储管理过程记录文件。

第十九条 粮油仓储单位仓储能力不足时，应当通过代储、租赁等方式，合理利用其他单位的现有粮油仓储设施，扩大仓储能力。粮油仓储单位应当与承储或者出租的单位签订规范的代储或者租赁合同，明确双方的权利义务。

现有仓储设施不足，确有必要露天储存粮油的，应当具备以下条件：

（一）打囤做垛应当确保结构安全，规格一致；

（二）囤垛应当满足防水、防潮、防火、防风、防虫鼠雀害的要求，并采取测温、通风等必要的仓储措施；

（三）用于堆放粮油的地坪和打囤做垛的器材不得对粮油造成污染。

第二十条 在常规储存条件下，粮油正常储存年限一般为小麦5年，稻谷和玉米3年，食用油脂和豆类2年。

第二十一条 粮油仓储单位应当按照本办法有关粮油储存损耗处置方法的规定处置粮油储存损耗。国家对政策性粮油储存损耗的处置方法另有规定的，从其规定。

第二十二条 储存粮油出库数量多于入库数量的溢余，不得冲抵其他货位或批次粮油的损耗和损失。

第二十三条 粮油仓储单位应当设立粮油保管账、统计账、会计账，真实、完整地反映库存粮油和资金占用情况，并按有关规定妥善保管。库存粮油情况发生变化的，粮油仓储单位应当在5个工作日内更新库存粮油货位卡和有关账目，确保账账相符、账实相符。

第二十四条 粮油仓储单位应当建立安全生产检查制度，定期对生产状况进行检查评估，及时消除安全隐患。

第二十五条 储粮化学药剂应当存放在专用的药品库内，实行双人双锁管理，并对药剂和包装物领用及回收进行登记。

进行熏蒸作业的，应当制订熏蒸方案，并报当地粮食行政管理部门备案。熏蒸作业中，粮油仓储单位应当在作业场地周围设立警示牌和警戒线，禁止无关人员进入熏蒸作业区。

第二十六条 库存粮油发生降等、损失、超耗等储存事故的，粮油仓储单位应当及时进行处置，避免损失扩大。属于较大、重大或者特大储存事故的，应当立即向所在地粮食行政管理部门报告。属于特大储存事故的，所在地粮食行政管理部门应当在接到事故报告24小时内，上报国家粮食行政管理部门。

粮油储存事故按照以下标准划分：

（一）一次事故造成10吨以下粮食或2吨以下油脂损失的为一般储存事故；

（二）一次事故造成10吨以上100吨以下粮食或2吨以上20吨以下油脂损失的为较大储存事故；

（三）一次事故造成100吨以上1000吨以下粮食或20吨以上200吨以下油脂损失的为重大储存事故；

（四）一次事故造成1000吨以上粮食或200吨以上油脂损失的为特别重大储存事故。

第二十七条 发生安全生产事故的，粮油仓储单位应当依法及时进行处理，并立即向所在地粮食行政管理部门报告。

五 法律责任

第二十八条 粮油仓储单位违反本办法第六条规定，未在规定时间向粮食行政管理部门备案，或者备案内容弄虚作假的，由负责备案管理的粮食行政管理部门责令改正，给予警告；拒不改正的，处1万元以下罚款。

第二十九条 粮油仓储单位不具备本办法第七条规定条件的，由负责备案管理的粮食行政管理部门责令改正，给予警告；拒不改正的，处1万元以上3万元以下罚款。

第三十条 粮油仓储单位的名称不符合本办法第八条规定的，由负责备案管理的粮食行政管理部门责令改正，给予警告。

第三十一条 粮油仓储单位违反本办法有关粮油出入库、储存等管理规定的，由所在地粮食行政管理部门责令改正，给予警告；情节严重的，可以并处3万元以下罚款；造成粮油储存事故或者安全生产事故的，按照有关法律法规和国家有关规定给予处罚。

六 附则

第三十二条 本办法所称粮油，包括各类粮食、植物油料和油脂。

本办法所称粮油仓储单位，是指仓容规模500吨以上或者罐容规模100吨以上，专门从事粮油仓储活动，或者在粮油收购、销售、运输、加工、进出口等经营活动过程中从事粮油仓储活动的法人和其他组织。

仓容规模500吨以下或者罐容规模100吨以下从事粮油仓储活动的经营者，其管理办法由省、自治区、直辖市人民政府粮食行政管理部门参照本办法制定。

第三十三条 本办法相关条款所称的“以上”包括本数，“以下”不包括本数。

第三十四条 本办法自公布之日起施行。原商业部1987年6月22日颁布的《国家粮油仓库管理办法》（（87）商储（粮）字第12号）同时废止。

附件一：

关于污染源、危险源安全距离的规定

粮油仓储单位的固定经营场地至污染源、危险源的距离应当满足以下要求：

一、距有害元素的矿山、炼焦、炼油、煤气、化工（包括有毒化合物的生产）、塑料、橡胶制品及加工、人造纤维、油漆、农药、化肥等排放有毒气体的生产单位，不小于1000米；

二、距屠宰场、集中垃圾堆场、污水处理站等单位，不小于500米；

三、距砖瓦厂、混凝土及石膏制品厂等粉尘污染源，不小于100米。

附件二：

关于粮油储存损耗处置办法的规定

一、粮油储存损耗包括自然损耗和水分杂质减量：

（一）自然损耗是指粮油在储存过程中，因正常生命活动消耗的干物质、计量的合理误差、检验化验耗用的样品、轻微的虫鼠雀害以及搬倒中零星抛撒等导致的损耗。

（二）水分杂质减量是指粮油在入库和储存过程中，由于水分自然蒸发，以及通风、烘晒、除杂整理等作业导致的水分降低或杂质减少等损耗。

二、粮油储存损耗应当以一个货位或批次为单位分别计算，不得混淆。

三、自然损耗应当在一个货位或批次粮油出清后核销。其中，原粮的自然损耗按以下定额处置，在定额以内的据实核销，超过定额的按超耗处理并分析超耗的原因：

（一）储存半年以内的，不超过0.1%；

（二）储存半年以上一年以内的，不超过0.15%；

（三）储存一年以上的，不超过0.2%。

四、水分杂质减量应当实核实销：

（一）入仓前以及入仓期间发生的水分杂质减量应当在形成货位后核销；

（二）储存期间的水分杂质减量应当在一个货位或批次粮油出清后核销。

粮油仓储设施项目管理暂行办法

（国家发展和改革委员会
发改经贸〔2009〕2366号 2009年9月20日）

一 总 则

第一条 根据《国务院关于当前稳定农业发展促进农民增收的意见》（国发〔2009〕25号）和《中央预算内投资补助和贴息项目管理暂行办法》（国家发展改革委第31号令），特制定本办法。

第二条 粮油仓储设施项目范围，一是中央直属粮油储备企业建设的粮油仓储设施，二是地方粮油企业建设的粮油仓储设施，三是其他中央企业建设的粮油仓储设施。

第三条 粮食储备仓容300亿斤、食用油罐175万吨的具体布局方案是:（1）粮食储备仓容300亿斤中，安排中央直属粮油储备企业152亿斤（其中东北地区82亿斤，其他9个主产区30亿斤，11个产销平衡区20亿斤，7个主销区20亿斤）；地方及其他中央企业148亿斤（其中东北地区78亿斤，其他9个主产区50亿斤，11个产销平衡区10亿斤，7个主销区10亿斤）。（2）储备油罐175万吨中，安排中央直属粮油储备企业100万吨（其中长江流域及西北、西南等油菜籽主产区34万吨，其他地区66万吨）；地方及其他中央企业75万吨（其中油菜籽主产区30万吨，其他地区45万吨）。

二 项目条件

第四条 粮食主产区仓储设施项目，应安排在国家托市收购、临时收储等政策性业务重、仓容不足矛盾突出的地区，重点支持承担政府储备、托市收购、临时收储等政策性业务的粮食收储企业的项目，每个项目仓容建设规模不小于0.5亿斤；主销区和平衡区项目要相对集中，重点支持承担国家储备和为完善地方储备制度而依托国有粮食购销企业建设的仓储设施项目，其中主销区每个项目仓容建设规模不小于1亿斤，平衡区项目不小于0.5亿斤。地方食用油罐项目要充分考虑大豆和油菜籽生产布局、中央和地方食用油脂储备规模和布局的需要，以及国家启动油菜籽、大豆的临时收储计划和应急调控市场的需要，单个项目油罐建设规模不小于5000吨。中央直属粮油储备企业可根据建设总规模及现有直属库储备设施规模，合理确定单个项目仓（罐）容建设规模。

第五条 按照国家关于扩大内需中央投资项目的总体要求，申报项目必须是合规在建项目或城市规划、土地征用、环境影响评价、初步设计方案、资金筹措等前期工作已经完成，具备开工条件并能够尽快形成实物工作量的项目。申报项目单位应建立现代企业制度，无违法违纪行为。

三 扶持方式和标准

第六条 国家采取投资补助方式对符合条件的粮油仓储设施项目予以扶持。对中央直属粮油储备企业项目，补助资金为1500万元/亿斤（粮食储备仓）、375万元/万吨（储备油罐）；对地方及其他中央企业项目，补助资金平均为1000万元/亿斤（粮食储备仓）、250万元/万吨（储备油罐）。对地方项目，粮食主产区及西部地区补助比例适当高于销区及东部发达地区。地方各级政府对地方项目要安排相应配套资金，并在土地、税费、信贷等方面给予支持。

四 项目申报和资金下达

第七条 申请国家资金扶持的粮油仓储设施项目，须由省级和计划单列市发展改革委或计划单列企业向国家发展改革委上报资金申请报告，同时抄报国家粮食局。资金申请报告需由具有乙级以上工程咨询资质的单位负责编制。

第八条 资金申请报告应包括以下内容:

（一）项目单位基本情况。包括主管部门、企业性质、现有设施、运营管理模式、组织机构、近三年经营情况及财务状况等。

（二）项目基本情况。包括项目建设性质、建设内容、总投资及资金来源、主要技术工艺、各项建设条件落实情况以及工期安排等。

（三）项目市场分析。主产区申报项目重点分析当地粮食产量、商品量、周边地区粮油仓储设施现状及申报项目所占市场份额等，销区和平衡区申报项目重点阐述地方政府储备规模总量、现有承储设施情况及政府部门与申报项目签署的承储地方储备粮油的协议等。

（四）项目设计方案。包括拟建仓（罐）容总量、仓型结构（房式仓、浅圆仓、钢板仓、砖圆仓等）、工艺流程图及总平面图（要详细标明已有设施和拟建设施等）。

（五）项目投资估算、融资方案、财务评价及控制风险措施等。

（六）项目招标内容，包括土建工程、机电设备等拟招标采购规模（数量）和投资额度。

第九条 资金申请报告应附以下文件:

（一）地方投资主管部门有关项目批复、核准或备案文件。

（二）城市规划部门出具的建设项目规划许可意见。

（三）项目现占地土地证，新征土地需由国土资源部门出具审批意见。

（四）环保部门出具的环境影响评价文件的审批意见。

（五）有关部门出具的港口岸线使用、铁路专用线审批文件（涉及散粮码头、铁路专用线建设和改造的）。

（六）项目单位营业执照复印件。

（七）主产区申报项目单位最近几年承担的国家和地方储备、托市收购、临时收储等政策性业务的相关证明；主销区和平衡区项目单位承担政府储备任务的相关协议等。

（八）项目建设资金（包括企业自有资金、地方政府配套资金及银行贷款等）落实的证明材料。

（九）项目实施进度的证明，如工程造价、审计等中介机构出具的资金到位和支出情况评审报告，工程进度全景照片及各在建子项工程照片等。

（十）项目单位对资金申请报告内容和附属文件真实性负责的声明。

第十条 省级和计划单列市发展改革委、计划单列企业在上报资金申请报告及相关附件时，需按照国家发展改革委编制的“中央投资项目编报系统软件”（从http：//www. ndrc. gov. cn/xzzq/rjxz下载）编报投资计划草案，利用“数据导出”形成.imo格式发送电子邮件。

第十一条 国家发展改革委会同国家粮食局组织有关专家，对资金申请报告进行审查。国家发展改革委对同意安排投资的项目，统筹安排下达中央补助投资计划。单个项目的补助资金原则上均为一次性安排。对于已经安排补助资金的项目，不再受理其资金申请报告。

五 组织实施

第十二条 签订建设责任书。在国家发展改革委下达投资计划前，国家发展改革委主要领导将与项目较多的主产省（自治区）人民政府主管领导、中央直属粮油储备企业领导签订项目建设责任书，以明确各自承担的责任，确保按照批复的项目建设内容和规模完成建设任务。国家发展改革委负责提出项目建设的总体方案、批复项目资金申请报告、下达投资计划，并对项目实施情况进行监督检查；主产省（自治区）人民政府、中央直属粮油储备企业负责项目具体组织实施工作，落实配套资金，严格按照国家发展改革委下达的投资计划和建设规模、标准完成建设任务。

第十三条 建立项目法人责任制。项目法人负责项目申报、资金筹措、建设管理等具体工作，要按照招标投标制、工程监理制、合同管理制等规章制度组织项目实施，严格按照批准的建设内容和建设规模进行建设，不得擅自改变主要建设内容和建设标准。对不能按计划完成建设目标的，要及时报告有关情况，说明原因并提出调整建议。

第十四条 建立项目招标采购制度。项目土建施工和设备采购，要严格按照国家有关招标投标的法律法规开展招标工作，择优选定施工单位和供货单位。项目设计、工程监理也应通过招标方式确定。

第十五条 建立统一监理制度。对项目数量比较多的地区，省（自治区）发展改革委可根据地方配套资金的情况，通过公开招标方式，统一选派工程监理单位，以保证工程质量及建设任务的完成。

第十六条 加强项目管理。省级和计划单列市发展改革委要会同同级粮食主管部门加强对项目建设的监督、指导，定期到现场检查项目进展和资金使用情况，及时协调解决建设中存在的重大问题。要敦促有关单位和项目单位，严格按照承诺和国家发展改革委下达的投资计划筹措配套资金，避免因配套资金不落实造成“半拉子”工程或减少建设规模、降低建设标准等现象的发生。计划单列企业也要定期指导、检查所属企业项目建设工作。国家发展改革委将对项目进行稽察和监督检查，确保补助资金的合理使用。

第十七条 实行竣工验收制度。粮油仓储设施项目建设完成后，由省级和计划单列市发展改革委（会同同级粮食主管部门）、计划单列企业组织有关方面进行竣工验收，并报国家发展改革委和国家粮食局备案。

第十八条 建立项目责任制度。对以虚假材料骗取国家补助资金，或转移、侵占、挪用国家投资，或配套资金不落实、擅自减少建设规模及降低建设标准，或无正当理由未及时建设实施或竣工完成的，将按照《中央预算内投资补助和贴息项目管理暂行办法》（国家发展改革委第31号令）第五章的有关规定给予相应处罚。

六 附 则

第十九条 省级和计划单列市发展改革委、中央直属粮油储备企业可参照本办法，制定当地（企业）粮油仓储设施建设管理办法。

第二十条 本办法由国家发展改革委负责解释。

粮油仓储设施建设方案

（国家发展和改革委员会
发改经贸〔2009〕2875号 2009年11月11日）

加快粮油仓储设施建设、改善粮油仓储条件，是做好粮油收购、促进农民增收的重要途径，也是完善各级政府储备制度、增强政府调控能力、保障国家粮食安全的重要措施。为做好我国粮油仓储设施建设工作，根据《国务院关于当前稳定农业发展促进农民增收的意见》（国发〔2009〕25号）、《国务院办公厅印发全国新增1000亿斤粮食生产能力规划的通知》（国办发〔2009〕47号）、《国务院关于促进食用植物油产业健康发展保障食用油安全的意见》（国发〔2006〕36号）精神，特制定本方案。

一 现状、问题和形势

新中国成立以来，国家多次大规模投资建设粮食、食用油仓储设施，粮油仓储条件不断改善。一是粮食仓储设施建设迈出较大步伐。1998～2003年国家启动三批国债投资粮库建设，共投资343亿元，建成粮库1115个、总仓容1052亿斤，极大地改善了我国粮食仓储设施条件。截至2008年底，全国粮库有效仓容5893亿斤，其中适宜粮食储备的仓容5470亿斤，仓储技术水平得到显著提高。二是食用油仓储设施形成一定规模。截至2008年底，全国共有油脂罐容855万吨，其中国有企业罐容463万吨，符合国家食用油储备条件的175万吨。三是中央直属储备管理体系基本建立。中储粮系统目前共有直属库349个，有效仓容764亿斤，预计到2009年底有效总仓容将达864亿斤左右，油罐罐容将达到137万吨，国家对粮食市场的调控能力明显增强。

尽管我国粮油仓储设施形成了一定规模，条件不断改善，但粮油仓储设施地区性不足的矛盾仍然十分突出，主要表现在：

（一）部分粮食主产区仓储设施严重不足。近几年我国粮食连续丰收，产量逐年增加，国家实行最低收购价政策和托市收购政策，粮食主产区仓容不足矛盾日益突出，特别是东北地区和黄淮海等主产区仓容缺口更大，大量粮食露天存放，粮食安全存在严重隐患。

（二）食用油脂储备设施总量不足且布局不合理。1998～2003年国家投资建设了一大批储备粮库，但对食用油罐建设却没有投入。现有油罐大部分是建于上世纪的小型油库，且布局不合理。环渤海、长三角、珠三角等油脂加工区和食用油脂消费地区，食用油罐严重不足。

（三）中储粮系统仓储设施严重不足。作为宏观调控重要载体的中储粮系统，直属库容与中央储备库存差距很大，仓储设施严重不足，难以适应政府调控的需要。在部分粮食主产区直属库点少，政策性粮食收购缺少管理平台。

根据《国家粮食安全中长期规划纲要（2008～2020年）》（国发〔2008〕24号）、《全国新增1000亿斤粮食生产能力规划》（国办发〔2009〕47号），到2020年我国粮油产量、消费量及政府储备规模将大幅提高，将对我国粮油仓储设施提出更高的要求。一是随着千亿斤粮食增产规划的实施，增产的千亿斤粮食中大部分将成为商品粮进入流通领域，进一步加剧仓储烘干设施不足的矛盾。二是预计到2020年我国食用油消费总量将大幅增加，对食用油脂油料仓储设施总量和布局提出了更高的要求。三是预计到2020年中央粮食储备规模和食用油储备规模也将进一步增加，迫切需要加快中储粮系统粮油仓储设施建设。另一方面，现有大量仓储设施将进入报废期或需要更新改造。全国现有5470亿斤有效储备仓容中，1978年以前建设的1000亿斤仓容将进入报废期，需要重建；1978～1990年期间建设的1000亿斤仓容，也需要进行维修改造。因此，目前急需投资建设一批粮油仓储设施，必须高度重视，加大投入，以缓解粮油仓储设施不足的矛盾。

二 指导思想和原则

解决粮油仓储设施不足的问题，需要一个长期过程。根据我国粮油生产、消费、物流、储备、加工体系现状和发展趋势，要在科学论证、统一规划、优化布局的基础上，根据国家财力情况，分清轻重缓急、主次矛盾，逐步展开。粮油仓储设施建设要遵循以下原则：

第一，重点解决东北、黄淮海、长江中下游等主产区仓储设施不足的突出矛盾，以满足粮食增产后收储仓容的需要。

第二，按照中央和地方事权划分和调动地方建库积极性的原则，重点支持中央直属粮油储备设施建设，同时对地方粮油仓储设施建设也予以适当支持。

第三，充分发挥市场机制作用，以企业为主体，以市场为主导，建设资金主要依靠企业投资，国家只给予补助。

三 建设规模、步骤及布局

（一）建设规模

根据《国务院办公厅印发全国新增1000亿斤粮食生产能力规划的通和》（国办发〔2009〕47号），到2020年全国粮油仓储设施的总体建设目标是：新建粮食仓容1000亿斤，新建食用油罐225万吨。其中，中央直属储备库400亿斤、食用油罐100万吨，同时继续上收一批国债投资粮库，以实现中央储备粮油主要由直属库（罐）承储的目标。地方需建设储备仓容600亿斤、食用油罐125万吨。

（二）实施步骤

粮油仓储设施建设总体分为三个阶段：第一阶段（2009～2010年），新建粮食储备仓容300亿斤、食用油罐175万吨；第二阶段（2011～2015年），新建仓容400亿斤、食用油罐25万吨；第三阶段（2016～2020年），新建仓容300亿斤、食用油罐25万吨。

（三）区域布局

全国粮油仓储设施建设总体布局思路是，重点支持主产区和中央直属储备设施建设，适当兼顾平衡区、销区和地方粮食收储设施。第一阶段（2009～2010年）具体布局方案是:（1）粮食储备仓容300亿斤中，安排中央直属粮油储备企业152亿斤（其中东北地区82亿斤，其他9个主产区30亿斤，11个产销平衡区20亿斤，7个主销区20亿斤）；地方及其他中央企业148亿斤（其中东北地区78亿斤，其他9个主产区50亿斤，11个产销平衡区10亿斤，7个主销区10亿斤）。（2）储备油罐175万吨中，安排中央直属粮油储备企业100万吨（其中长江流域及西北、西南等油菜籽主产区34万吨，其他地区66万吨）；地方及其他中央企业75万吨（其中油菜籽主产区30万吨，其他地区45万吨）。

四 支持方式

国家采取投资补助方式对符合条件的粮食仓储设施项目予以扶持。2009～2010年暂定标准为：对中央直属粮油储备企业项目，补助资金为1500万元/亿斤（粮食储备仓）、375万元/万吨（储备油罐）；对地方及其他中央企业项目，补助资金平均为1000万元/亿斤（粮食储备仓）、250万元/万吨（储备油罐）。对地方项目，粮食主产区及西部地区补助比例适当高于销区及东部发达地区。地方各级政府对地方项目要安排相应配套资金，并在土地、税费、信贷等方面给予支持。

五 组织实施

根据《中央预算内投资补助和贴息项目管理暂行办法》（国家发展改革委第31号令）的有关规定，国家发展改革委办公厅于9月20日下发了《粮油仓储设施项目管理暂行办法》（发改经贸〔2009〕2366号），2009～2010年粮食仓储设施项目的具体实施工作照此执行。

关于认真做好全国粮食清仓查库工作的通知

（中国农业发展银行 农发银发〔2009〕6号 2009年1月13日）

各省、自治区、直辖市分行，总行营业部：

为了认真贯彻落实《国务院办公厅关于开展全国粮食清仓查库工作的通知》（国办发〔2008〕118号）和《关于印发2009年全国粮食清仓查库工作实施方案的通知》（发改经贸〔2008〕3676号）精神，各级行要按照《国家发展改革委办公厅关于印发2009年全国粮食清仓查库检查方法的通知》（发改办经贸〔2009〕117号）要求与规定，认真准备，积极参与做好这次全国粮食清仓查库工作。现就有关问题通知如下：

一 高度重视，增强做好清仓查库工作的责任感和紧迫感

粮食是关系国计民生的重要商品。近年来，面对国际粮食市场的剧烈波动和国内粮食供需偏紧的矛盾，党中央、国务院高度重视粮食清仓查库工作。国务院办公厅已专门下发文件对今年全国粮食清仓查库工作进行安排部署。通过开展清仓查库，准确掌握粮食库存，确保粮食库存账实相符和真实可靠，对稳定粮食市场，保障粮食安全具有重要意义。这次粮食清仓查库将粮食库存与农发行贷款挂钩情况作为其中的重要内容，充分说明国务院对农发行粮食贷款发放与管理工作的重视与支持。对于农发行来讲，开展和参与粮食清仓查库既是一次全方位提高全行粮食信贷管理水平的重大机遇，同时也是一次对全行粮食贷款发放与管理工作质量的整体检验。各级行一定要提高认识，高度重视全国粮食清仓查库工作，切实加强组织领导，增强做好清仓查库工作责任感和紧迫感，精心准备，周密部署，将这次全国粮食清仓查库工作作为全行阶段性中心工作抓实抓好。

二 认真学习，准确掌握清仓查库的要求与规定

目前《国务院办公厅关于开展全国粮食清仓查库工作的通知》、国家发改委等十部委《关于印发2009年全国粮食清仓查库工作实施方案的通知》以及《国家发展改革委办公厅关于印发2009年全国粮食清仓查库检查方法的通知》已经下发。各省级分行要迅速组织相关人员认真学习领会文件精神，准确掌握粮食清仓查库的要求与规定。

本次清仓查库的范围包括所有中央储备粮、国家临时存储粮（含最低收购价粮、临时储存进口粮以及国家临时储存粮）、地方储备粮，国有（国有及国有控股）粮食企业储存的商品粮。本次清查的粮食包括大豆，不含食用植物油。具体内容包括库存粮食数量检查、库存粮食财务检查、库存粮食质量检查、储备粮轮换管理情况检查、成品粮库存情况检查、政策性粮食财政补贴资金拨补情况检查和重点非国有粮食经营及转化用粮企业执行统计制度情况检查等七个方面。在进度安排上，本次清仓查库共分为六个阶段：3月末前为准备阶段，4月5日前为县级自查阶段，4月20日前为市级普查阶段，4月末前为省级复查阶段，5月10日开始进行全国抽查，6月末前完成检查结果汇总上报和问题整改。

在库存粮食财务检查中，纳入了粮食库存与农发行贷款挂钩情况的核查内容，即库贷核查。所谓库贷核查就是根据粮食收购信贷资金封闭管理的要求，在查清纳入这次检查范围的农发行贷款企业粮食库存数量的基础上，确认实际库存金额，再将实际库存金额与农发行贷款科目反映的贷款余额进行比较，验证是否做到了库贷相符，对存在的粮食库存与贷款的差额，认真分析其差额形成的原因，查找贷款的具体去向，抓紧清理收回。

三　及早行动，努力做好库贷核查的各项准备工作

各级行要在2008年总行组织的东北三省、内蒙古地区和夏粮主产区粮食库贷核查，以及各级行自行组织的粮食库贷核查的基础上，按照这次清仓查库的范围，提前部署，及早行动，做好库贷核查的各项准备工作。

一是抓好业务培训。根据《国家发展改革委办公厅关于印发2009年全国粮食清仓查库检查方法的通知》，针对库贷核查的特殊要求，总行正研究制定《2009年全国粮食清仓查库库贷核查方法》，将另行文印发。按照全国粮食清仓查库的进度安排，将于2月中、下旬先后组织全国粮食清仓查库和总行库贷核查培训工作。各省级分行要选派业务骨干参加全国粮食清仓查库和总行库贷核查培训，同时组织好辖内各级行的培训。要通过培训，促使相关人员进一步学习领会国务院和十部委文件精神，确保所有参加清仓查库的人员都能够熟练掌握《国家发展改革委办公厅关于印发2009年全国粮食清仓查库检查方法的通知》和我行《2009年全国粮食清仓查库库贷核查方法》的具体要求和操作规定，为全面完成库贷核查工作任务打下坚实基础。

二是提前做好自查工作。从现在开始到3月末，各级行要充分利用2008年库贷核查的工作成果，进一步对粮食库贷挂钩情况进行全面自查。要通过对贷款企业粮食库存数量和金额的核查，验证信贷台账登记的完整性和准确性，分析库存与贷款是否相符，对不能相符的，要查明形成差异的具体原因，并及时进行整改，切实做到账实相符，为全国粮食清仓查库奠定基础。

三是规范信贷台账登记。对粮食库贷挂钩自查中发现的台账登记不规范问题，各级行要集中人力和时间抓紧纠正和整改。特别是对没有划转贷款的跨省移库政策性粮食，调出、调入双方开户行必须根据企业实际出、入库和账务记载情况减少、增加相应性质和品种粮食的信贷台账库存数量；对粮食加工环节的台账登记问题，要按照总行2008年开展的库贷核查的有关要求进行规范，即经初加工形成的大米、面粉，要按企业的实际加工转化率折算成原粮登记台账，除此之外的粮食精深加工在产品与产成品，一律不在库存台账中登记，已经登记的要进行调减，对这部分加工环节占用的贷款反映在库贷核查有关差异分析项目中，并建立辅助台账监测。

四是抓紧收回无库存对应贷款。对储备粮轮换原则上坚持“购贷销还”，尤其是中央储备粮轮换，除一些企业确实需要边轮出边轮入外，轮出回笼货款一律不得“周转使用”，要全额收回贷款；全面清理收回企业应收款项尤其是应收销货款占用的贷款；对企业跨年收购已结束的，要及时全额收回结余货币资金占用贷款；大力清收挤占挪用等各种其他不合理资金占用贷款，特别是对于一些挤占挪用我行粮食贷款的突出事件，要充分利用这次全国粮食清仓查库的重要机遇，向企业和当地政府讲明利害关系，促其立即采取有效措施，抓紧清收归位，争取将各种影响我行粮食贷款安全的不利因素消除在全国粮食清仓查库正式开展之前。总之，要通过采取有效措施收回无库存对应贷款，确保我行粮食贷款余额与企业粮食库存金额基本保持一致。

四 切实加强对库贷核查工作的组织领导

在这次全国粮食清仓查库活动中，各级行除按当地政府统一安排做好相关工作外，重点是要按照我行《2009年全国粮食清仓查库库贷核查方法》，做好库贷核查工作，任务相当繁重。为此必须切实加强组织领导。一是各级行都要成立以主要负责人为组长的粮食清仓查库领导小组，抽调业务骨干组成临时办事机构，并按规定参加本级政府成立的粮食清仓查库工作组织。总行专门成立了清仓查库工作小组。二是各级行在上半年工作安排上要统筹兼顾，坚持两手抓，既要积极参与粮食清仓查库，全面完成库贷核查工作任务，又要做好正常的粮油信贷工作。三是各级行在库贷核查工作中，要主动加强与有关部门的沟通与协调，对于在库贷核查中遇到的困难和问题要及时向当地粮食清仓查库工作组织汇报，并同时报告上级行，对于拿不准的问题，要先请示上级行，待上级行明确后，再做处理。

关于印发《2009年全国粮食清仓查库库贷核查方法》的通知

（中国农业发展银行 农发银发〔2009〕23号 2009年2月9日）

各省、自治区、直辖市分行，总行营业部：

为了贯彻落实《国家发展改革委办公厅关于印发2009年全国粮食清仓查库检查方法的通知》（发改办经贸〔2009〕117号）和总行《关于认真做好全国粮食清仓查库工作的通知》（农发银发〔2009〕6号）精神，做好2009年全国粮食清仓查库库贷核查工作，总行制定了《2009年全国粮食清仓查库库贷核查方法》，现印发给你们，请结合总行《关于认真做好全国粮食清仓查库工作的通知》要求，一并贯彻落实。各级行要组织有关部门和员工认真学习，切实掌握粮食库贷核查工作要求和方法，认真完成好全国粮食清仓查库各项工作。

2009年全国粮食清仓查库库贷核查方法

一 粮食库贷核查的意义

粮食库贷核查就是以承贷企业为对象，根据粮食收购信贷资金封闭管理的要求，在查清纳入本次检查范围的农发行贷款企业粮食库存数量的基础上，确认实际库存金额，再将实际库存金额与农发行相关贷款科目反映的贷款余额进行比较，验证是否做到了库贷相符，对存在的粮食库存金额与贷款的差额，认真分析其形成的原因，查找贷款的真实去向，并采取措施尽快清理收回。

将粮食库存与农发行贷款挂钩情况作为清仓查库的重要内容，即在粮食清仓查库中进行库贷核查，在核查粮食贷款占用的基础上，进一步验证粮食库存的真实性，这不仅丰富了粮食清仓查库的内容，而且能够提高粮食清仓查库的质量。开展粮食清仓查库的目的是要确保粮食库存账实相符和真实可靠，而粮食库存账实相符和真实可靠仅仅表现在粮食库存数量方面是不够的。按照本次粮食清仓查库的范围，中央储备粮、国家临时存储粮、地方储备粮全部由农发行贷款形成，国有粮食企业的商品粮也基本上是在农发行贷款支持下形成的。在此情况下，粮食库存的真实可靠不仅表现为企业粮食库存账实相符，也同时应当表现为实际粮食库存金额与农发行贷款相一致，即库贷挂钩。如果不能做到库贷挂钩，即使粮食库存数量账实相符，那么，这个账实相符的库存数量也是有问题的，因为还有一部分粮食收购贷款没有形成对应的粮食库存，或者现有的粮食库存超量占用了收购贷款，这都存在粮食库存占用或资金占用不真实的问题，通过开展库贷核查可以使问题得到及时发现和解决。

这次粮食清仓查库将库贷核查作为其中的重要内容，充分说明国务院对农发行粮食贷款发放与管理工作的高度重视。对于农发行来讲，开展和参与粮食清仓查库既是一次全方位提高全行粮食信贷管理水平的重大机遇，同时也是一次对全行粮食贷款发放与管理工作质量的整体检验。各级行一定要深刻认识粮食库贷核查工作的重要意义，切实加强组织领导，增强工作责任感和紧迫感，精心准备，周密部署，将这次全国粮食清仓查库工作特别是库贷核查工作作为全行阶段性中心工作抓实抓好。

在本次粮食清仓查库工作中，各级农发行除按当地政府统一安排做好相关工作外，重点是做好库贷核查工作，完成《粮食库贷核查情况工作底稿（汇总表）》的填报任务。

二 库贷核查方法

库贷核查的基本方法是“二查二确认一分析”，即查信贷管理台账反映的企业粮食库存数量、查企业在农发行贷款科目上反映的贷款余额，依据查实的企业实际库存数量核定企业实际库存金额，在此基础上确认银企数量差异、确认农发行粮食贷款余额与企业实际库存金额的差异，分析差异形成的原因及贷款的真实去向。

（一）台账反映的粮食库存数量核查

1.原始资料：来源于粮油信贷管理台账五。

2.可用数据：由于农发行现行台账是适应粮改初期“三项政策”制定的，还没有来得及进行修改。根据这次粮食清仓查库，只能使用其中第四项“期末库存”中“数量”栏的数据。

3.数据细分：

（1）从“中央储备粮”分出临时储存进口小麦。

（2）将“商品粮”划分为：最低收购价粮、国家临时储存粮、其他商品粮。

根据细分结果填制《粮食库存台账库存数量细分表》。填制时注意计量单位的变换，即由“斤”变换为“吨”。

4.附表1与附表3的对应关系：

附表1第1列第1行＝附表3第1列第1行；

附表1第1列第2行＝附表3第1列第2行减第3行；

附表1第1列第3行＝附表3第1列第4行；

附表1第1列第4行＝附表3第1列第6行；

附表1第1列第5行＝附表3第1列第7行；

附表1第1列第6行＝附表3第1列第3行；

附表1第1列第7行＝附表3第1列第8行。

（二）贷款余额核查

1.核查范围：按照本次粮食清仓查库的范围，被核查粮食贷款余额所涉及的贷款科目包括14个，具体名称如下：

12001中央储备粮贷款；

12002特种储备粮贷款；

12003中央储备粮轮换贷款；

12301省级储备粮贷款；

12302市县储备粮贷款；

12303地方储备粮轮换贷款；

12701调控粮食收购贷款；

12702调控粮食调销贷款；

12705粮食最低收购价贷款；

129保护价粮食贷款；

19002粮食收购贷款；

19007小麦专项收购贷款；

19008粮食调销贷款；

30002粮食流转贷款。

对于在贷款科目上已经反映为无库存对应的粮食贷款，如各类粮食财务挂账贷款、粮食企业其他不合理占用贷款、待清收粮油准政策性贷款等，一律不纳入这次库贷核查范围。

2.贷款科目细分：

（1）从“12001中央储备粮贷款”中分出国家临时储存进口小麦贷款。

（2）从“12701调控粮食收购贷款”中分出国家临时储存粮贷款。

（3）从“12702调控粮食调销贷款”中分出国家临时储存进口大豆贷款。

根据细分结果填制《农发行粮食贷款科目细分表》。

3.附表1与附表4的对应关系：

附表1第2列第1行＝附表4第2列第1行；

附表1第2列第2行＝附表4第2列第2行加第4行减第3行；

附表1第2列第3行＝附表4第2列第6行加第7行；

附表1第2列第4行＝附表4第2列第13行；

附表1第2列第5行＝附表4第2列第10行加第12行；

附表1第2列第6行＝附表4第2列第3行；

附表1第2列第7行＝附表4第2列第5、8、9、11、14、15、16、17、18行之和减第10、12行之和。

（三）库存金额核定

一般来讲，企业实际粮食库存金额就是粮食入库成本，但在企业实际财务处理中还存在一些特别情况。现分性质简述如下：

1.中央储备粮。对于已经财政部门核定入库成本的，依据财政核定成本核定实际库存金额；对于未经财政部门核定入库成本的，按实际占用农发行贷款核定实际库存金额。按照目前有关政策规定，国内生产的粮食，占用贷款包括价款、收购费用、烘干费用、搭建储粮设施费用和跨省移库运输费用占用贷款；进口粮食包括价款、关税和中转费占用贷款。

2.地方储备粮。按当地地方储备粮政策和储存企业财务处理规定核定实际库存金额。

3.最低收购价粮。按收购价款、收购费用、烘干费用、搭建储粮设施费用和跨省移库运输费用占用的农发行贷款核定实际库存金额。

4.国家临时储存粮。国内生产的粮食，按价款、收购费用、烘干费用、搭建储粮设施费用和跨省移库运输费用占用的农发行贷款确认实际库存金额；进口粮，按价款、关税和中转费占用的农发行贷款确认实际库存金额。

5.国家临时储存进口小麦。按财政部门核定的成本确认实际库存金额。

6.商品粮。按企业的库存成本确认实际库存金额。

（四）差异及原因分析

本次库贷核查的差异是指企业实际库存金额与其对应的农发行粮食贷款余额之间的差异，即粮食库贷核查情况工作底稿及汇总表的第4列与第2列之间的差异。为了全面反映企业的粮食库存情况，对每个承贷企业实际库存金额与农发行粮食贷款余额之间的差异均进行双面反映，即在差异项目中，既有企业实际库存金额比农发行粮食贷款余额大的影响因素，也有企业实际库存金额比农发行粮食贷款余额小的影响因素。

1.企业实际库存金额比农发行粮食贷款余额大的影响因素。从企业资产负债对应关系看，这类因素只有一种，就是企业除农发行借款以外的所有资金来源形成的粮食库存金额。但考虑到政策性粮食跨省移库的特殊性，本次库贷核查将跨省移库形成的差异从企业结算资金中单列出来。

（1）自筹资金占用。是指企业用自有资金、职工集资、除农发行借款以外各种借入资金、业务经营中形成的应付、预收（不含跨省移库形成的应付款）等往来资金形成的粮食库存金额。

（2）跨省移入贷款未划入。自2006年以来，国家有关部门先后下达政策性粮食跨省移库计划11批，总规模1564万吨，其中最低收购价粮1028万吨，中央储备及国家临时储存玉米536万吨。

政策性粮食跨省移库目前处于五种情况：一是尚未出库，二是出库在途，三是出库并入库、但因双方数据未核对暂未做账务处理，四是出库并入库双方企业已做账务处理、但贷款未划转，五是出库并入库双方企业已做账务处理、贷款也已划转。在这五种情况中，除第一、五两种情况不影响库贷差异外，其余三种情况均影响库贷差异。为了便于核查，根据跨省移库有关规定，第二、三两种情况作为调出方粮食库存进行核查；第四种情况作为调入方粮食库存进行核查，由此而形成的库贷差异在调入、调出双方分别反映为“跨省移入贷款未划入”和“跨省移出贷款未划出”。

2.企业实际库存金额比农发行粮食贷款余额小的影响因素。

（1）业务环节占用。是指在粮食收购、调运等正常业务环节中发生的搬倒费、运杂费、材料费、整理费、保险费等占用的农发行贷款。此项主要指商品粮。

（2）货币资金占用。是指取得农发行贷款后，占用在银行存款、现金等环节，尚未用于购入粮食的资金，或者粮食销售回笼货款未及时用于归还农发行粮食贷款而形成的银行存款、现金等占用。

（3）结算资金占用。是指在业务经营过程中形成的应收货款、预付款、其他应收款等各种应收款项占用的农发行贷款。

（4）加工环节占用。是指加工成大米、面粉以外，无法折算成原粮的粮食深加工产品所占用的农发行贷款。

（5）损失损耗占用。是指库存粮食发生损失损耗占用的农发行贷款。

（6）销售价差亏损占用。是指粮食销售过程中发生的价差亏损占用的农发行贷款。

（7）跨省移出贷款未划出。粮食已出库，企业也按规定做了账务处理，但贷款未划转而形成的无库存对应贷款。

（8）其他。企业挤占挪用等其他无库存因素占用的农发行贷款。

三　提前做好自查工作

各级行要从现在开始到3月末，在2008年总行组织的东北四省（区）和夏粮主产区粮食库贷核查，以及各行自行组织的粮食库贷核查的基础上，充分利用已进行的库贷核查工作成果，按照这次清仓查库的范围和上述库贷核查方法，提前做好库贷情况自查。要通过对贷款企业粮食库存数量和金额的核查，验证信贷台账登记的完整性和准确性，分析库存与贷款是否挂钩，对不能挂钩的，要查明形成差异的具体原因，为全国粮食清仓查库奠定基础。

（一）规范信贷台账登记

对自查中发现的台账登记不规范问题，各级行要集中人力和时间抓紧纠正和整改。特别是对没有划转贷款的跨省移库政策性粮食，调出、调入双方开户行必须根据企业实际出、入库和账务记载情况减少、增加相应性质和品种粮食的信贷台账库存数量；对粮食加工环节的台账登记问题，要按照总行2008年开展的库贷核查的有关要求进行规范，即经初加工形成的大米、面粉，要按企业的实际加工转化率折算成原粮登记台账，除此之外的粮食精深加工在产品与产成品，一律不在库存台账中登记，已经登记的要进行调减，对这部分加工环节占用的贷款反映在库贷核查有关差异分析项目中，并建立辅助台账监测。

（二）抓紧收回无库存对应贷款

对储备粮轮换原则上坚持“购贷销还”，尤其是中央储备粮轮换，除一些企业确实需要边轮出边轮入外，轮出回笼货款一律不准“周转使用”，要全额收回贷款；全面清理收回企业应收款项尤其是应收销货款占用的贷款；对企业跨年收购已结束的，要及时全额收回结余货币资金占用贷款；大力清收挤占挪用等各种其他不合理资金占用贷款，特别是对于一些挤占挪用我行粮食贷款的突出事件，要充分利用这次全国粮食清仓查库的重要机遇，向企业和当地政府讲明利害关系，促其立即采取有效措施，抓紧清收归位，争取将各种影响我行粮食贷款安全的不利因素消除在全国粮食清仓查库正式开展之前。总之，要通过采取有效措施收回无库存对应贷款，确保我行粮食贷款余额与企业粮食库存金额基本保持一致。

四　库贷核查结果的上报

各省级分行在完成粮食清仓查库后，要在按全国粮食清仓查库统一规定汇总上报《粮食库贷核查情况汇总表》（全国粮食清仓查库表格之表4～7）的同时，对表中的差异进行具体分析，形成书面分析报告，于5月31日前连同《粮食库贷核查情况汇总表》一并上报总行。

关于进一步明确粮油准政策性贷款有关管理问题的通知

（中国农业发展银行 农发银函〔2009〕133号 2009年3月20日）

各省、自治区、直辖市分行，总行营业部:

为进一步明确发生粮油价差亏损企业信贷支持政策，真实、准确反映粮油贷款占用情况，现就待清收粮油准政策性贷款有关管理问题通知如下:

一 明确待清收粮油准政策贷款企业的信贷支持政策

去年下半年以来，受国际金融危机、国内经济下行等影响，粮油商品价格加速下滑。部分农发行开户企业自主经营的粮油发生价差亏损，占用农发行贷款难以按期收回，不良贷款增加。为切实落实国家有关金融支持经济发展的政策措施，确保粮油收购不出大的问题，对发生待清收粮油准政策性贷款的企业，各级行要逐企业分析排查。对基本面比较好、信用记录较好、有发展潜力，有稳定的粮食销售渠道，积极配合农发行信贷管理，但暂时出现经营或财务困难的，可继续予以贷款支持。要通过发放后续贷款帮助企业抓住商机，努力扭亏增盈，并用新增利润弥补以前年度价差亏损，收回相应贷款。对因企业发生待清收粮油准政策性贷款形成的不良贷款，不作为新发放粮油贷款的刚性控制条件。

二 加强对待清收粮油准政策性贷款的审核

对符合待清收粮油准政策性贷款科目核算规定，暂时没有收回的粮油收购贷款，各级行要按规定程序和要求，及时从“19002粮食收购贷款”和“19003油料收购贷款”科目转入“19005待清收粮油准政策性贷款”科目核算。凡要转入“19005待清收粮油准政策性贷款”科目的贷款，各级行必须按照总行有关规定逐企业、逐笔审核，并由省级分行提出初步认定意见，报总行核准，经批复后入账，未经核复不得随意调整。申报时，须提供以下材料:

（一）开户行的请示。请示内容包括贷款发放与收回基本情况，粮食市场变化情况，粮食收购价格与销售价格，贷款占用形态，逐步收回贷款的计划及资金来源等。并将《待清收粮油准政策性贷款转入申请表》（见附件2）作为请示的附件同时上报。

（二）二级分行的审查意见（审查意见签署在附件2中）。

（三）省级分行上报《关于申请转入待清收准政策性贷款科目的请示》。

（四）其他需要提交的证明材料。

三 努力清收粮油销售价差亏损占用贷款

粮油销售价差亏损占用的粮油收购贷款，虽经批准转入“待清收粮油准政策性贷款”科目核算，但仍要千方百计抓紧清收。各级行在支持企业做好粮油收购工作，帮助企业度过经营困难的同时，对企业销售新收购粮油回笼货款，在收回本笔贷款本息后，尽可能多收回占用的待清收粮油准政策性贷款，确保待清收准政策性贷款收回计划的落实。

（附件略）

关于进一步完善《对种粮农民直接补贴工作经费管理办法》的通知

（财政部 财建〔2009〕801号 2009年11月17日）

各省、自治区、直辖市财政厅（局）：

为进一步严格对种粮农民直接补贴工作经费的管理，深入贯彻落实党中央、国务院粮食直补及农资综合补贴政策，加快中国农民补贴网建设，全面推广对种粮农民补贴"一卡通"或"一折通"，建立健全农户补贴数据旬报制度，加强对农户补贴发放的监管，根据《国务院关于进一步深化粮食流通体制改革的意见》（国发〔2004〕17号）等有关文件规定及近年来实施粮食直补、农资综合补贴出现的新情况，我们对原来的《对种粮农民直接补贴工作经费管理办法》进行了修订完善，现印发给你们，从即日起执行。2008年11月28日财政部印发的《对种粮农民直接补贴工作经费管理办法》（财建〔2008〕892号）同时废止。

对种粮农民直接补贴工作经费管理办法

根据《国务院关于进一步深化粮食流通体制改革的意见》（国发〔2004〕17号）、《财政部关于调整完善中国农民补贴网分户补贴数据资料上报方式等有关问题的通知》（财建〔2009〕112号）等有关文件规定，为进一步严格对种粮农民直接补贴工作经费的管理，特制定本办法。

一 对种粮农民直接补贴工作经费的内容

（一）对种粮农民直接补贴工作经费，包括贯彻落实粮食直补及农资综合补贴政策、推进农民补贴网络信息系统建设、实行农民补贴"一折通"或"一卡通"、向种粮农民兑付补贴资金、建立健全农户补贴数据旬报制度、加强对农户补贴发放的监管等相关工作经费。

二 对种粮农民直接补贴工作经费的筹措

（二）对种粮农民直接补贴工作经费，原则上由地方财政预算安排，中央财政适当补助。地方财政安排确有困难的，报经财政部批准后，可按批准额度在粮食风险基金中列支。

（三）按政策规定正常发生的对种粮农民直接补贴工作经费，地方财政预算要优先安排。用对种粮农民直接补贴工作经费中央财政补助款和在核准的额度内从粮食风险基金中列支后，工作经费仍有缺口的，地方政府负责及时足额筹措到位。

（四）对种粮农民直接补贴工作经费中央补助资金，由中央财政根据年度工作情况适当妥排。补助资金的分配，坚持向粮食主产区倾斜原则，同时兼顾非主产区。

（五）对种粮农民直接补贴工作经费从粮食风险基金中的列支额度，根据地方财政困难程度，按照需要和从紧控制相结合的原则审批。地方财政列支数额不得突破中央财政批准的额度。

三 对种粮农民直接补贴工作经费的使用

（六）对种粮农民直接补贴工作经费的开支范围:一是在人员经费、公用经费等预算正常安排的行政经费之外，确因工作需要额外增加的费用开支。二是财政部布置的需地方财政整理、收集、报送的各类粮食财务报表及相关数据等信息资料所需的费用。

（七）对种粮农民直接补贴工作经费，由省级财政部门根据本省工作的实际情况，统筹安排，对县、乡财政部门等基层单位的工作经费，要优先保证。

（八）核实农户补贴面积等基础资料、规范补贴兑付程序、农民补贴网络信息系统应用软件培训及联网管理等方面的技术支持、实施“一折通”或“一卡通”、建立健全农户补贴数据旬报制度、实现对农户补贴发放的及时监管，是进一步加强对种粮农民补贴管理的基础，对种粮农民直接补贴工作经费要优先保证相关费用开支。

四 对种粮农民直接补贴工作经费的拨付

（九）对种粮农民直接补贴工作经费中央补助资金，纳入中央对地方的粮食风险基金补助，在年度预算执行过程中，一次性拨入省级粮食风险基金专户；地方收到中央补助的工作经费后，对下拨付必须经过粮食风险基金专户。

（十）地方财政安排的工作经费，原则上要求通过粮食风险基金专户拨付。

（十一）从粮食风险基金中列支的工作经费，对下拨付必须经过粮食风险基金专户。

五 对种粮农民直接补贴工作经费的监管

（十二）对种粮农民直接补贴工作经费中央补助资金、从粮食风险基金中列支的工作经费均纳入粮食风险基金监督管理，各省、自治区、直辖市要按照有关文件的规定，及时准确地报送月报和年报。地方财政预算安排的工作经费，从粮食风险基金专户拨付的，也要纳入监督管理范围，在粮食风险基金月报和年报中如实反映。

（十三）对各省（自治区、直辖市）农民种粮补贴工作、农民补贴网络信息系统建设、补贴资金兑付管理、农户补贴数据旬报等要制定全面的考评体系，实行严格的责任追究制度。考评实行分类评级，重点考核填报数据的及时性、准确性、补贴落实到户情况，并在全国通报，考评结果直接与中央财政补助的工作经费挂钩，奖优罚劣。

（十四）各省、自治区、直辖市要按财政部的有关文件规定，及时上报财政部布置的各类粮食财务报表及有关信息资料。粮食财务报表的上报情况和有关上报信息的质量，作为分配中央财政补助工作经费的参考依据。

（十五）各级财政部门要加强对种粮农民直接补贴工作经费的管理和监督，严格按规定的范围使用，不得挪作他用。如发现违规违纪问题，要追究有关责任人的责任，从严从重处理。各省、自治区、直辖市要根据本省实际情况，制定本省、自治区、直辖市的具体管理办法。

（十六）本办法从印发之日起执行。由财政部负责解释。

关于部分国家储备商品有关税收政策的通知

（财政部、国家税务总局财税〔2009〕151号 2009年12月22日）

各省、自治区、直辖市、计划单列市财政厅（局）、地方税务局，西藏、宁夏、青海省（自治区）国家税务局，新疆生产建设兵团财务局：

为支持国家商品储备业务发展，经国务院批准，现将中央和地方部分商品储备政策性业务（以下简称商品储备业务）有关税收政策明确如下：

一、对商品储备管理公司及其直属库承担商品储备业务取得的财政补贴收入暂免征收营业税。

二、对商品储备管理公司及其直属库资金账簿免征印花税，对其承担商品储备业务过程中书立的购销合同免征印花税，对合同其他各方当事人应缴纳的印花税照章征收。

三、对商品储备管理公司及其直属库承担商品储备业务自用的房产、土地，免征房产税、城镇土地使用税。

四、本通知所称商品储备管理公司及其直属库，是指接受中央、省、市、县四级政府有关部门委托，承担粮（含大豆）、食用油、棉、糖、肉、盐（限于中央储备）等6种商品储备任务，取得财政储备经费或补贴的商品储备企业。

五、承担中央政府有关部门委托商品储备业务的储备管理公司及其直属库、直属企业名单见附件。省、自治区、直辖市财政、税务部门会同有关部门明确承担省、市、县政府有关部门委托商品储备业务的储备管理公司及其直属库名单或制定具体管理办法，并报省、自治区、直辖市人民政府批准后予以发布。

六、对中国华粮物流集团公司及其直属企业接受中国储备粮管理总公司、分公司及其直属库委托承担的粮（含大豆）、食用油等商品储备业务，可按本通知前三条规定享受相应税收优惠，具体名单见附件。

七、商品储备管理公司及其直属库、直属企业名单若有变化，财政、税务等部门应及时进行调整。

八、本通知执行时间自2009年1月1日起至2010年12月31日。2009年1月1日以后已缴上述应予免税的税款，从企业应缴纳的相应税款中抵扣，2010年度内抵扣不完的，按有关规定予以退税。

九、有关部门在办理免税、退税手续时，要认真审核企业提供的相关材料，符合要求的及时办理。如发现不符合本通知规定政策的企业及其直属库，应取消其免退税资格。

十、《财政部 国家税务总局关于部分国家储备商品有关税收政策的通知》（财税〔2006〕105号）、《财政部国家税务总局关于华粮物流集团公司有关税收政策的通知》（财税〔2006〕157号）和《财政部 国家税务总局关于地方商品储备有关税收问题的通知》（财税〔2008〕110号）同时废止。

请遵照执行。

附件（略）

附　录

2009年大事记

一月

1月4日，为进一步做好秋粮收购和安全储粮工作，国家发展改革委、国家粮食局、财政部、中国农业发展银行联合发出通知，对进一步做好东北地区秋粮收购和安全储粮工作提出具体要求：一是认真落实粮食收购政策；二是督促企业做好安全储粮工作；三是指导农民做好科学储粮工作；四是加强政策宣传。

1月12~13日，经国务院批准，全国粮食局长会议在北京召开。会议主要任务是认真贯彻党的十七大、十七届三中全会和中央经济工作会议、中央农村工作会议精神，深入学习实践科学发展观，总结2008年粮食流通工作，分析当前面临的新形势，统一思想，提高认识，研究部署2009年粮食流通工作。国家粮食局局长聂振邦同志在会上作了题为《深入学习实践科学发展观，加强粮食宏观调控，保障国家粮食安全》的工作报告，郄建伟、任正晓、张桂凤、杨兵、曾丽瑛同志出席会议。

1月16日，国家粮食局与湖北省人民政府签署国家粮食局、湖北省政府关于推动湖北省粮食工作发展备忘录。根据约定，国家粮食局将在武汉国家稻米交易中心建设、粮油食品工业发展、粮食现代物流体系建设、粮食仓储设施建设、食用油产业发展、农户储粮工程、粮食科研教育基地建设、粮油质量检测体系建设等8个方面对湖北给予重点支持。湖北省委书记罗清泉、省长李鸿忠、国家粮食局局长聂振邦、副局长郄建伟出席仪式。

1月24日，经报请国务院批准，2009年继续在稻谷主产区实行最低收购价政策，并大幅提高最低收购价水平。2009年生产的早籼稻（三等，下同）、中晚籼稻、粳稻最低收购价分别提高到每50公斤90元、92元、95元，均比2008年提高13元，提高幅度分别为16.9%、16.5%、15.9%。

二月

2月11~13日，为贯彻落实《国务院办公厅关于开展全国粮食清仓查库工作的通知》（国办发〔2008〕118号）和《2009年全国粮食清仓查库工作实施方案》精神，做好2009年全国粮食清仓查库工作，国家粮食局在北京举办全国粮食清仓查库师资培训班，对粮食库存实物检查方法、粮食库存统计账检查方法、粮食库存会计账检查方法、粮食库存质量检查方法、粮食清仓查库工作纪律与监督等进行了培训。各省（区、市）有关部门和单位选派了500多名专业人员参加培训。国家粮食局、中国农业发展银行总行、中储粮总公司、中粮集团、华粮物流有限公司的有关同志也参加了培训。国家发展和改革委员会副主任张晓强和国家粮食局局长聂振邦、副局长任正晓同志出席培训班开班仪式。

2月13日，全国粮食流通监督检查工作会议在北京召开。会议的主要内容是：总结2008年度全国粮食流通监督检查工作，安排部署2009年全国粮食清仓查库等监督检查工作任务，公布2008年度全国粮食流通监督检查工作考核结果。任正晓同志出席会议并讲话。

2月23日，国家粮食局召开全体党员、干部职工大会，对深入学习实践科学发展观活动进行全面总结。国家粮食局按照党中央的总体部署和要求，以“实践科学发展观，保障国家粮食安全”为主题，认真扎实地开展了学习实践活动，圆满完成了各项任务，达到了预期目的。学习实践活动主要取得三个方面的显著成效：一是进一步统一思想，形成了粮食流通工作科学发展的共识；二是取得了一批推进粮食流通事业科学发展的调研成果；三是解决了一些影响制约粮食流通科学发展和基层、群众迫切需要解决的突出问题，取得了一批重要成果。

三月

3月10~12日，2009年全国粮食清仓查库质量检验工作会议在湖北省武汉市召开。会议的主要内容是：听取各国家粮食质量监测中心关于本省（区、市）2009年全国粮食清仓查库质量检查扦样和检验工作准备情况的汇报；研究跨省交叉检验实施方案；审议2009年全国粮食清仓查库质量检验实施细则；开展主要检验项目比对检验培训。任正晓同志出席会议并讲话。

3月23~24日，全国粮食调控与统计工作会议在贵州省贵阳市召开。会议的主要内容是：总结2008年粮食调控和统计工作，讨论并部署2009年工作任务；研究分析2009年粮食供求和购销形势；会审、汇编2008年度全国粮油统计年报；公布2008年度全国粮食流通统计工作考核结果。曾丽瑛同志出席会议并讲话。

3月25日上午，国务院召开全国粮食清仓查库工作电视电话会议。这次会议的主题是，对全国粮食清仓查库进行动员部署，确保工作取得预期成效。中共中央政治局常委、国务院副总理李克强出席会议并讲话。会议由国务院副秘书长尤权主持，全国粮食清仓查库工作部际联席会议牵头人、国家发展改革委副主任张晓强对清查工作作了部署；吉林省副省长王守臣，福建省委常委、常务副省长张昌平和河南省副省长刘满仓作了发言；全国粮食清仓查库工作部际联系会议成员单位负责同志参加会议，国家粮食局局长聂振邦、副局长任正晓同志参加电视电话会议。

3月26~27日，全国粮食财会工作会议在江苏省南京市召开。会议的主要内容是：总结2008年粮食财会工作，研究和布置2009年粮食财会工作任务，会审汇编2008年度国有粮食企业会计决算报表。任正晓同志出席会议并讲话。

四月

4月1日，第十二届中国粮食论坛在北京举行。论坛由中国粮食行业协会、中国储备粮管理总公司、中国农业发展银行、中粮集团、郑州粮食批发市场、郑州商品交易所、大连商品交易所联合举办，来自全国各地的粮食行政管理部门、行业协会、粮油企业及有关大专院校、科研机构的领导、专家出席了论坛。曾丽瑛同志出席研讨会并作报告。

4月8~9日，全国粮食系统纪检监察工作会议在山东省青岛市召开。会议的主要内容是：贯彻落实中纪委全会和国务院廉政工作会议精神；对2008年全国粮食系统纪检监察工作进行总结和交流，部署2009年全国粮食系统纪检监察工作；各地汇报2008年工作情况和2009年工作安排。聂振邦、杨兵同志出席会议并讲话。

4月16日，经国家发展改革委和外交部批准，国家粮食局与美国内布拉斯加州政府在北京举行了《合作协议》签字仪式。作为落实《合作协议》的重要内容，美国齐富工业公司与国家粮食局科学研究院所属的国贸工程设计院签订了《粮食仓储物流建设科技合作框架协议》。两个协议的签订，标志着中美双方粮食科技合作进入了新阶段。美国内布拉斯加州政府代表、州农业部长格雷格先生和贸易代表斯坦先生、美国齐富工业公司总裁卢格·唐森以及内布拉斯加州政府访华代表团成员出席签字仪式，国家粮食局局长聂振邦、副局长郄建伟同志出席签字仪式。

五月

5月13日，全国粮食清仓查库部际联合抽查工作全面启动。全国粮食清仓查库部际联合抽查10个工作组，统一从北京出发，分赴河北、山西、吉林、黑龙江、江苏、安徽、河南、广东、四川和陕西等10个重点省份，对这些省份粮食库存情况进行随机抽查。5月中下旬，国家粮食局又派出由局领导带队的巡查组，分赴陕西、河北、江苏、黑龙江、四川对粮食清仓查库工作进行巡查。

5月16日，2009年粮食科技活动周开幕式在陕西省西安市举行。本届粮食科技活动周的主题是"科学消费植物油"，主要宣传国家关于促进植物油产业健康发展、保障安全供给的相关政策，重点展示"十五"、"十一五"粮食科技创新成果，以加强营养健康宣传、普及科学知识为目的。郄建伟同志出席开幕式。

5月19日，部分主产区小麦收购工作座谈会在河北省石家庄市召开。会议对2009年小麦收购工作作出具体部署：加强指导和协调，认真落实小麦最低收购价执行预案；督促国有和国有控股粮食企业发挥好主渠道作用，引导和鼓励有资质的粮食企业积极入市收购；进一步充实地方粮食储备；做好仓容、器材等各项准备工作，保证夏粮收购需要和储粮安全；正确履行市场监管职责，维护好粮食流通市场秩序等。聂振邦、曾丽瑛同志出席会议。

5月19日，经国务院批准，国家发展改革委、财政部、农业部、国家粮食局、农业发展银行、中国储备粮管理总公司联合印发关于2009年小麦最低收购价执行预案的通知。执行本预案的小麦主产区为河北、江苏、安徽、山东、河南、湖北6省。小麦最低收购价以2009年生产的国标三等小麦为标准品，白麦每市斤0.87元，红麦、混合麦每市斤0.83元。小麦最低收购价适用时间为2009年5月21日至9月30日。

5月26日，《粮食流通管理条例》颁布实施五周年暨《粮食法》研究座谈会在北京召开。会议主要内容是总结《粮食流通管理条例》实施五年来的贯彻落实情况，交流粮食依法行政的成效和做法，研究新形势下如何推进粮食法制建设。聂振邦同志出席会议。

5月26日，全国粮食系统贯彻实施《食品安全法》工作会议在陕西省西安市召开。会议总结了近几年全国粮食质量安全监管工作取得的成效，部署粮食系统全面贯彻落实《食品安全法》工作，旨在进一步推进我国粮食质量安全监管工作科学发展，确保国家粮食质量安全。任正晓同志出席会议并讲话。

六月

6月2日，国家发展改革委、国家粮食局、财政部、中国农业发展银行下达2009年国家临时存储菜籽油收购计划的通知，由中储粮总公司组织在内蒙古、江苏、浙江、安徽、江西、河南、湖北、湖南、重庆、四川、贵州、云南、西藏、陕西、甘肃、青海和新疆等省（区、市）收购。这批国家临时存储菜籽油收购采取由委托收储企业按规定挂牌价格向农民收购油菜籽，再委托加工企业加工成菜籽油转为国家临时存储油的方式进行。油菜籽挂牌收购价格为每市斤1.85元。这次油菜籽托市收购政策的执行期限为，冬播油菜籽产区为2009年6月1日~9月30日；春播油菜籽产区为2009年9月1日~12月31日。

6月11日，国家发展改革委、国家粮食局发出通知，决定从6月下旬至10月底，部署各地价格主管部门、粮食行政管理部门开展粮食收购价格重点检查工作。此次检查对象包括河北、江苏、安徽、山东、河南、湖北等小麦最低收购价预案执行地区，辽宁、吉林、黑龙江、内蒙古等国家临时存储玉米执行地区，承担小麦最低收购价收购、国家临时存储玉米收购任务的中储粮直属企业，以及委托收储库点和延伸收购库点。检查内容是2008年1月1日以后，有关粮食收购企业执行小麦最低收购价、国家临时存储玉米收购价格政策的情况。

6月~7月，国家粮食局派出调研组，分别由局领导带队，分赴河南、内蒙古、四川、山东、福建、江西、湖南、江苏、陕西、湖北、浙江等省调研夏季粮油收购工作。

七月

7月7日，经国务院批准，国家发展改革委、财政部、农业部、国家粮食局、农业发展银行、中储粮总公司印发2009年早籼稻最低收购价执行预案的通知。执行本预案的早籼稻主产区为安徽、江西、湖北、湖南、广西等5省（区）。早籼稻最低收购价每市斤0.90元，以2009年生产的国标三等早籼稻为标准品，具体质量标准按新稻谷国家标准（GB1350–2009）执行。适用时间为2009年7月16日至2009年9月30日。

7月8日，早籼稻收购工作座谈会在浙江省杭州市召开。会议对2009年早籼稻收购工作做出具体部署：认真落实早籼稻最低收购价政策；引导和鼓励各类企业积极入市收购；进一步充实地方储备；加强与农发行的沟通协调，解决好收购资金问题等。曾丽瑛同志出席会议并讲话。

7月22~23日，全国放心粮油进社区及粮食经纪人培育发展工作经验交流会在山西召开。会议的主要内容是：学习贯彻《食品安全法》和国务院文件精神，交流推广放心粮油进农村进社区工作和粮食经纪人培育发展工作的先进经验；研究部署放心粮油进农村进社区示范工程和粮食经纪人培育发展工作；为放心粮油进农村进社区先进单位、粮食经纪人培育发展工作先进单位、诚信粮油企业和首批信用评价试点企业授牌。张桂凤同志出席会议并讲话。

7月23~24日，全国粮食政策法规工作座谈会在黑龙江召开。会议的主要内容是：总结一年来全国粮食政策法规工作，研究部署下一步工作重点；专题研究下一阶段粮食流通工作的总体思路；组织交流在政策研究、粮食立法、“五五”普法、依法行政、粮食流通产业发展、市场体系建设等方面的做法和经验；研究讨论《粮食法（草案，初稿）》和《粮食批发市场管理办法（初稿）》。聂振邦同志出席会议并讲话。

八月

8月6~7日，2009年度全国粮油市场信息工作会议在青海省西宁市召开。会议的主要内容是：研讨如何围绕粮食流通中心任务，进一步做好粮油市场信息服务工作；研讨如何利用现有资源，充分发挥各省粮油信息中心优势，建立和完善高效、一流的信息服务网络；2008/2009年度国内外粮油市场供求状况及价格趋势分析；总结2008/2009年度粮油市场信息工作。

8月19日，国家粮食局召开党组扩大会议，研究审议《粮食法（草案）》起草有关工作。会议决定，由国家粮食局党组成员、副局长任正晓同志担任《粮食法（草案）》研究起草工作组组长，政策法规司司长颜波同志任副组长，局内有关司室负责同志为工作组成员。聂振邦同志主持会议，郄建伟、任正晓、杨兵、曾丽瑛同志出席。

8月20日，经国务院批准，国家发展改革委、国家粮食局、财政部、农发行联合下发关于下达国家临时存储小麦收购计划的通知。由中储粮总公司组织在新疆收购国家临时存储小麦，收购计划数量为150万吨。指定库点小麦挂牌收购价格（国标三等质量标准）为：白麦每市斤0.87元，红麦、混合麦每市斤0.84元。

8月24日，为妥善解决东北地区仓容不足的问题，缓解东北地区收储压力，国家发展改革委、国家粮食局、财政部、铁道部、农发行和中储粮总公司联合下达2009年第三批国家临时存储粮食跨省移库计划300万吨，全部为东北地区收购的国家临时存储粮食。

九月

9月9日，国家粮食局在湖南长沙召开部分主产区中晚稻收购工作座谈会。会议对2009年中晚稻收购工作做出具体部署：认清形势，把握政策，高度重视并统筹安排好中晚稻收购工作，切实落实中央各项强农惠农政策；认真落实中晚稻最低收购价执行预案；引导和鼓励各类企业积极入市收购；积极充实地方储备，认真做好中央和地方储备的轮换入库工作；及时研究解决收购中出现的新情况和新问题，确保中晚稻收购工作顺利进行等。曾丽瑛同志出席会议并讲话。

9月17~18日，全国粮食系统办公室主任会议在广东省广州市召开，会议的主要内容是：通报粮食系统信息化建设情况；介绍47个省级粮食局节点接入全国发展改革系统纵向网工程建设进展情况，督促有关省份进一步完善条件、尽快完成纵向网接入，部署纵向网运行维护等相关工作；研究布置全国粮食动态信息系统建设有关前期工作；交流粮食系统办公室工作的经验与体会，研究探讨做好新形势下粮食信息化工作的具体措施。

9月17~18日，国家粮食局在安徽省合肥市组织召开2009年农户科学储粮专项启动工作会议，对专项实施工作进行安排部署。2009年农户科学储粮专项主要为黑龙江、辽宁、吉林、内蒙古、河北、山东、湖南、河南、江西、四川、安徽、湖北、新疆、陕西等14个省（区）的57.2万户农户配置有关储粮设施设备，项目总投资66785万元，其中中央预算内投资20000万元，地方配套23133万元，农户自筹23652万元。

9月18日，经国务院批准，国家发展改革委、财政部、农业部、国家粮食局、农业发展银行、中储粮总公司印发2009年中晚稻最低收购价执行预案的通知。执行本预案的中晚稻主产区为辽宁、吉林、黑龙江、江苏、安徽、江西、河南、湖北、湖南、广西、四川等11省（区）。中晚籼稻最低收购价每市斤0.92元，粳稻最低收购价每市斤0.95元，以2009年生产的国标三等中晚稻为标准品，具体质量标准按新稻谷国家标准（GB1350-2009）执行。适用时间：江苏、安徽、江西、河南、湖北、湖南、广西、四川8省（区）为2009年9月16日至2009年12月31日；辽宁、吉林、黑龙江3省为2009年11月16日至2010年3月31日。

9月25日，《粮食法（草案）》起草工作组第一次全体成员会议在京召开。会议研究讨论了《粮食法（草案）》的立法宗旨、适用范围、基本原则和主要制度，《粮食法（草案）》专题调研项目和分工意见，以及编辑《粮食法（草案）》起草工作简报等有关问题。会议由《粮食法（草案）》起草领导小组成员兼工作组组长、国家粮食局副局长任正晓同志主持，国务院法制办、科技部、工业和信息化部、财政部、国土资源部、水利部、农业部、商务部、卫生部、人民银行、工商总局、质检总局、国家发展改革委、国家粮食局等14个部门相关司局的负责同志和部门联络员参加。

十月

10月9日，国务院召开全国粮食清仓查库工作总结电视电话会议，中共中央政治局常委、国务院副总理李克强出席会议并讲话。至此，2009年全国粮食清仓查库工作圆满结束。清查结果表明，2009年3月末全国国有粮食企业粮食总库存22540万吨（原粮），账实相符，质量总体良好，质量合格率97.1%，宜存率99.1%。

10月13日，国家决定2010年继续在小麦和稻谷主产区实行最低收购价政策，并适当提高最低收购价水平。2010年生产的白小麦（三等，下同）、红小麦、混合麦最低收购价分别提高到每50公斤90元、86元、86元，均比2009年提高3元。

10月16日，由农业部、国家粮食局和联合国粮农组织共同主办，农业部国际合作司、国家粮食局发展交流中心和上海海洋大学承办的“2009年世界粮食日主题宣传活动”在上海海洋大学举行启动仪式。本年度宣传活动的主题为“应对危机 实现粮食安全”。张桂凤同志出席宣传活动。

10月16~18日，新中国成立60周年全国粮食行业成就展暨第九届中国国际粮油产品及设备技术展览会在江苏省南京市召开。新中国成立60周年全国粮食行业成就展包括综合展区，各省（区、市）展区以及企业展区等，通过多种形式，全面反映了我国粮食行业60年来的重大历史变迁和取得的丰硕成果。爱粮节粮展览、粮食文物展、粮食书画展等内容也同时展出。第九届中国国际粮油产品设备技术展览会共有来自全国30多个省（区、市）以及意大利等国的近600家企业参加，重点展示了粮油产品、深加工产品以及粮油储运、加工及粮食检化验仪器设备等上千个品种，涉及粮食行业产业链各个环节。任正晓、张桂凤同志出席展览会开幕仪式。

10月16日，国家粮食局与中国农业发展银行联合印发关于加强合作支持现代粮食流通产业发展的通知。支持的主要范围：一是政府储备粮油的增储和轮换业务，以及国家最低收购价粮、临时存储粮和政府用于市场调控的其他政策性粮油的购销；二是国有粮食企业及取得粮食收购资格的其他粮食企业按市场价自主购销粮食业务；三是粮食产业化龙头企业生产基地建设、技术升级改造、固定资产购置和食品安全及检测能力建设，以及粮食订单收购和放心粮油工程建设；四是粮油仓储、物流设施建设和粮食批发市场建设等；五是粮食产区与销区的产销合作。

10月29日，《粮食法（草案）》起草领导小组第一次会议在北京召开。会议主要内容是审议确定

《粮食法（草案）》起草思路、进度安排、专题调研等相关事宜，正式启动《粮食法（草案）》起草工作。会议由国家发展改革委副主任张晓强主持，国务院法制办、科技部、工信部、财政部、国土资源部、水利部、农业部、商务部、卫生部、人民银行、工商总局、质检总局及国家粮食局等部门相关负责同志参加。聂振邦、任正晓同志出席会议。

十一月

11月2~3日，国有粮食企业改革和发展工作研讨会在上海召开。会议主要内容：总结近年来各地国有粮食企业改革和发展工作，分析当前面临的新形势和新情况，研究部署下一阶段进一步推进国有粮食企业改革和发展工作；交流近年来各地国有粮食企业改革和发展工作经验。任正晓同志出席会议。

11月11~12日，粮食经济类期刊主编暨《中国粮食经济》通讯联络员会议在湖南省长沙市召开。会议的主要内容是：回顾各地粮食经济期刊自创刊以来的发展历程，总结各地粮食经济期刊对粮食事业发展作出的贡献，交流各地多年来办刊的经验和体会；总结各地粮食经济期刊2009年编辑出版工作，研究2010年宣传要点；探讨面对出版业改革和粮食工作新形势，如何进一步做好粮食经济期刊工作。郄建伟同志出席会议。

11月13日，为贯彻落实党中央、国务院领导同志的指示精神和国务院办公厅《关于做好强降雪防范应对工作的通知》要求，妥善安排好人民生活，进一步做好强降雪期间粮食供应和安全生产工作，国家粮食局印发《关于做好强降雪期间粮食供应和安全生产工作的紧急通知》（国粮电〔2009〕17号）。通知要求：切实加强领导，高度重视雪灾期间粮食供应和安全生产工作；采取积极措施，保障粮油市场供应；加强市场监测，做好启动粮油应急预案的准备；强化市场监管，维护市场流通秩序；加强安全检查，防止发生雪灾事故；认真落实值班制度，确保信息畅通。

11月23日，经国务院批准，国家发展改革委、财政部、国家粮食局、中国农业发展银行联合发出通知，决定对内蒙古自治区和辽宁、吉林、黑龙江省的玉米和大豆继续实行国家临时收储政策。通知明确，此次在东北主产区收购的2009年新产玉米和大豆，作为国家临时存储。各指定库点要严格执行国家粮食收购政策，按照规定价格公开挂牌收购，切实保护农民利益。

11月23~24号，国家粮食局在甘肃省兰州市召开部分地区国有粮食企业经营管理工作座谈会。会议的主要内容：认真分析2009年以来国有粮食企业经营管理情况，以及当前存在的主要问题，交流各地国有粮食企业经营管理的经验和做法，研究和布置下一阶段国有粮食企业经营管理工作。任正晓同志出席会议并讲话。

11月27日，为贯彻落实好中央关于粮食工作的方针政策，开好2010年全国粮食局长会议，国家粮食局召开部分省（市）粮食局负责同志座谈会，征求对聂振邦同志在2010年全国粮食局长会议上工作报告的意见及建议。聂振邦同志出席会议。

十二月

12月1日，国家粮食局在内蒙古呼和浩特市召开部分省（区）玉米购销工作座谈会。会议对2009

年玉米和秋粮收购工作做出具体部署：一是要充分认识做好当前玉米及秋粮收购工作的重要意义，高度重视并统筹安排好收购工作；二是要认真落实好当前各项粮食收购政策措施，切实保护种粮农民利益；三是要引导和鼓励各类企业积极入市收购，搞活粮食流通；四是要提前做好收购工作的各项准备，确保收购工作顺利进行；五是要积极引导南方企业到东北地区采购玉米，加强产销合作；六是要继续做好地方粮食储备充实工作，夯实保障国家粮食安全的物质基础；七是加强对粮食收购和有关政策落实情况的监督检查，切实维护市场秩序。曾丽瑛同志出席会议并讲话。

12月5~6日，部分省（区、市）粮食局机关党建工作座谈会在广西北海召开。会议主要内容是：学习贯彻党的十七届四中全会和全国机关党建工作会议精神，交流机关党建工作情况；研讨如何进一步做好新形势下的机关党建工作，为粮食流通工作科学发展提供政治动力和组织保证。张桂凤同志出席会议并讲话。

12月8日，国家粮食局党组召开会议，传达学习胡锦涛总书记、温家宝总理在中央经济工作会议上的重要讲话，结合粮食流通工作实际，研究提出贯彻落实会议精神、做好粮食流通工作的具体措施：一是加强和改善粮食宏观调控，保障粮食有效供给，确保国家粮食安全；二是充分利用清仓查库成果，健全粮食库存管理长效机制；三是深化粮食流通体制改革，促进国有粮食企业健康发展；四是积极推进现代粮食流通产业发展，着力构建新型粮食购销服务体系；五是认真做好《粮食法》草案的调研和起草工作，积极推进依法管粮；六是总结粮食行业发展和“十一五”规划实施经验，认真研究制订粮食行业“十二五”发展规划；七是贯彻落实党的十七届四中全会精神，加强粮食行业党的建设和队伍建设。

12月16~17日，全国粮食仓储工作会议在安徽省合肥市召开。会议的主要内容是回顾总结2009年全国粮食仓储管理、流通设施建设和安全生产工作，分析当前面临的形势和任务，研究布置2010年粮食仓储管理、设施建设和安全生产工作，部署全国粮食流通设施建设“十二五”规划工作。郄建伟同志出席会议并讲话。

12月27~28日，中央农村工作会议在北京举行。会议认真贯彻党的十七大和十七届三中、四中全会以及中央经济工作会议精神，系统总结2009年农业农村工作，重点研究加大统筹城乡发展力度、进一步夯实农业农村发展基础的政策措施，全面部署2010年的农业农村工作。聂振邦同志参加会议。

12月29日，国家发展和改革委员会发布“中华人民共和国国家发展和改革委员会第5号令”。委第5号令指出：为规范粮油仓储单位的粮油仓储活动，维护粮食流通秩序，保障国家粮食安全，根据《粮食流通管理条例》、《中央储备粮管理条例》和相关法律法规，特制定《粮油仓储管理办法》，经国家发展和改革委员会主任办公会议讨论通过，自公布之日起施行。原商业部1987年6月22日颁布的《国家粮油仓库管理办法》（（87）商储（粮）字第12号）同时废止。

2009年，国家粮食局批准成立乌鲁木齐、北京、大连、天津等4个国家粮食交易中心。

2009年，国家粮食局授予297户企业粮食类代储资格，46户企业油脂类代储资格。

2009年4月和9月，国家粮食局共安排粮油保管员、粮油质量检验员集中鉴定考试各6次，制米工、制粉工和制油工集中鉴定考试各2次。

国家粮食局优秀软科学研究成果奖
2009年度获奖项目名单

一等奖

项目名称：完善我国粮食价格形成机制问题研究

项目单位：国家粮食局政策法规司

项目负责人：聂振邦

项目组成员：颜 波 赵素丽 韩继志 陈玉中 孔伟娟 陈书玉 杨绪珍 亢 霞 周 辉 田 野 贺 伟 肖 玲 于 涛

主要执笔人：陈玉中 亢 霞

项目名称：保障我国粮食安全应对全球化对策的思考

项目单位：国家粮食局外事司

项目负责人：聂振邦

项目组成员：刘 韧 王正友 林 潇 孙 冰 程志良 程任邦

主要执笔人：程任邦

项目名称：浅谈农村粮食经纪人的发展与管理

项目单位：湖北省粮食局

项目负责人：马木炎

项目组成员：熊贵斌 龚 伟 谢支武

主要执笔人：龚 伟

项目名称：关于四川粮食安全与粮油储备战略的研究

项目单位：四川省粮食局 西南财经大学 四川省财政厅

项目负责人：侯 勇 胡小平

项目组成员：侯 勇 帅 克 张书冬 胡小平 汪希成 郭 飞 游佐伦 王辽邦 蔡开泉 潘朝松 王海林 王亚南 朱文川 柏富才 罗 叶 黄玖辉 胥 镤 郭晓慧 钟秋波 杨健苏 星 焱

主要执笔人：胡小平 罗 叶 黄玖辉 胥 镤 郭晓慧 钟秋波 杨健苏 星 焱

二等奖

项目名称：关于粮食行业高层次专业技术人才队伍建设的研究

项目单位：国家粮食局人事司

项目负责人：聂振邦

项目组成员：徐京华 陈军生 李寅铨 林明亮 程继伟 李 涛 曲贵强 匡广忠 麻 婷

主要执笔人：李 涛

项目名称：国有粮食企业改革和发展的成效、障碍与路径选择

项目单位：国家粮食局财务司

项目负责人：任正晓

项目组成员：邓亦武 朱传碧 王耀鹏 肖春阳 王 旭 罗文娟 郭 建 李 红 李亚莉 秦 剑

主要执笔人：王 旭

项目名称：关于粮食储备管理体制与制度的研究

项目单位：国家粮食局调控司

项目负责人：曾丽瑛

项目组成员：卢景波 陈家积 周冠华 姚秀敏 刘冬竹 秦玉云 张 云 唐 茂 李 洵 何少平

主要执笔人：周冠华 刘冬竹 唐 茂 李 洵 何少平

项目名称：对政策性粮食监督检查的思考

项目单位：国家粮食局监督检查司

项目负责人：程传秀

项目组成员：赵文先 袁 辉 刘铁宏 于英威 罗守全 杨卫辰 张永刚 周晓耘 陈 玲 邓 立 刘俭荣

主要执笔人：袁 辉 罗守全

项目名称：基于功能和效率目标的粮食市场体系建设研究

项目单位：江苏省粮食局

项目总顾问：王元慧

项目组成员：王建国 张国钧 郭晓东 李光泗 李 丰 朱 行 李彦光 尤晓萍 王金峰

主要执笔人：郭晓东 张国钧 李光泗 李 丰 朱 行

项目名称：加强粮食现代物流建设 保障浙江粮食安全

项目单位：浙江省粮食局

项目负责人：陈聪道

项目组成员：张如祖 俞颂阳 沈李元 胡淑平 张谷平 胡迎红

主要执笔人：张如祖 张谷平 俞颂阳

项目名称：中国粮食安全的现状、挑战与对策研究

项目单位：江苏省粮食局 南京财经大学粮食经济研究院

项目负责人：曹宝明

项目组成员：李全根 张国钧 李彦光 李光泗 徐建玲 郭晓东 李 丰 朱 行

主要执笔人：曹宝明 李光泗 李全根 徐建玲 郭晓东 李 丰

项目名称：北京市地方储备粮异地代购代储课题研究

项目单位：北京市粮食局

项目负责人：朱 雷

项目组成员：阎维洪 周光俊 成丕强 莫文达 孔 晶

主要执笔人：阎维洪

项目名称：关于进一步完善玉米市场宏观调控政策

项目单位：吉林省粮食局

项目负责人：祝业辉

项目组成员：刘笑然 王 梅 高晓春 曹 洋 任红霞

主要执笔人：王 梅

三等奖

项目名称：新形势下粮食政务信息工作研究

项目单位：国家粮食局办公室

项目负责人：聂振邦

项目组成员：孙鉴奇 张树森 吴永顺 郁士祥 史京华 杨 正 段建丽 麻国杰 金 贤 刘莉华

主要执笔人：郁士祥

项目名称：国家政策对粮食产业发展的绩效评价

项目单位：中国粮食研究培训中心

项目负责人：何松森

项目组成员：李文明 孙咏梅 唐 成 胡文国

主要执笔人：何松森 李文明 孙咏梅 唐 成 胡文国

项目名称：国家粮食宏观调控能力研究

项目单位：中国粮食研究培训中心

项目负责人：何松森

项目组成员：唐 成 胡文国 李文明 孙咏梅

主要执笔人：何松森 唐 成 胡文国 李文明 孙咏梅

项目名称：陕西省地方储备粮管理体制与制度的研究

项目单位：陕西省粮食局

项目负责人：王 勇

项目组成员：张 翔 姚进房 杜红社 李文锋

主要执笔人：张 翔 姚进房 李文锋

项目名称：国外粮食法律制度研究

项目单位：陕西省粮食局

项目负责人：秦克勤

项目组成员：秦克勤 冯建军 郭 明 闫国强 朱六九 杨照涛

主要执笔人：杨照涛

项目名称：关于全面推进粮食依法行政的研究

项目单位：天津市粮食局

项目负责人：周 海

项目组成员：商树英 路 杰 尚津祥 蔡清泉 邸力军

主要执笔人：邸力军

项目名称：我国粮食立法的几个重要问题研究

项目单位：安徽省粮食局

项目负责人：刘 惠

项目组成员：刘 惠 方 进 杨家祥 魏清松 王志宏

主要执笔人：王志宏

项目名称：现代粮食流通产业发展规制研究

项目单位：黑龙江省粮食局

项目负责人：金 辉

项目组成员：李春艳 卜祥银 孙亚明 孙春艳

主要执笔人：卜祥银

项目名称：中山市粮食安全体系发展研究

项目单位：暨南大学应急管理学院 中山市粮食局

项目负责人：洪 凯

项目组成员：黄桂光 李从东 李永东 陈志航 李庆棠 刘 蕾 侯丹丹 魏祖志

主要执笔人：洪 凯

项目名称：河南省国有粮食购销企业改革路径选择

项目单位：河南省粮食局

项目负责人：黄东民

项目组成员：黄东民 刘大贵 葛巧红 田万林 张建业 潘新超 安禄芳 于 恒 胡心宽 仝俊英

主要执笔人：于 恒

项目名称：关于健全粮食流通监督检查机制的研究

项目单位：山东省粮食局

项目负责人：王顺厚

项目组成员：孟 军 张新荣 张金山 薛 嵬 潘 峰

主要执笔人：张新荣

项目名称：新疆粮食安全战略研究

项目单位：新疆维吾尔自治区粮食局

项目负责人：王卫军

项目组成员：陈天甲 张建梅 苏里唐 党文海

主要执笔人：陈天甲

项目名称：我国建立地方成品粮储备的必要性及管理机制研究

项目单位：河北省粮食局

项目负责人：徐受棠

项目组成员：杨洲群 董志伟 王雪松 王跃进 米勤练 朱晓东

主要执笔人：王雪松 王跃进 朱晓东

项目名称：非正常状态下粮食抢购的产生机理与公共危机管理

项目单位：四川省粮食局

项目负责人：侯 勇

项目组成员：侯 勇 张书冬 蔡开泉 罗 叶 黄玖辉 贾爱民 胥 镤 鲜文铎 孙丽颖

主要执笔人：罗 叶 鲜文铎 孙丽颖

项目名称：云南省贯彻落实粮食行政首长负责制的实践与理论研究

项目单位：云南省粮食局

项目负责人：苏全忠

项目组成员：张 睿 马红跃 孙卫平 王 江 张 春 李 昆 王毓华

主要执笔人：王毓华 李 昆

国家粮食局2009年度粮食工作优秀调研报告获奖名单

一等奖

调研报告题目：关于贵州仁怀粮油购销公司三合镇粮站10·17事故的调查报告

调研单位：国家粮食局流通与科技发展司

调研组成员：郄建伟 林风刚 温朝晖 和振宏

调研报告题目：关于吉林黑龙江稻谷生产收购情况的报告

调研单位：国家粮食局调控司

调研组成员：刘冬竹 罗守全 王晓辉 许 策 周 辉 于 涛 李 红 周 波

调研报告题目：关于外资进入我国粮食流通领域并购企业的调查报告

调研单位：国家粮食局财务司

调研组成员：邓亦武 肖春阳

调研报告题目：加快仓储设施建设 确保储粮安全

调研单位：广西壮族自治区粮食局

调研组成员：庞栋春 黄显阳 谢 俊 刘文志 韦尚英 覃泽鲁 周明耀 颜树迅 张秉德 朱其俊

调研报告题目：关于苏州“粮食银行”发展情况的调研报告

调研单位：江苏省粮食局

调研组成员：王元慧 张国钧 李彦光

调研报告题目：四川乡村粮油超市在农村商品流通渠道建设中的作用调查

调研单位：四川省粮食局

调研组成员：侯 勇 张书冬 蔡开泉 曾树林 罗 叶 黄玖辉 魏建国 贾爱民 胥 镤

调研报告题目：关于油菜籽托市收购政策执行情况的调研报告

调研单位：湖北省粮食局

调研组成员：马木炎 谭富生 熊贵斌 龚 伟

调研报告题目：对吉林省粮食干燥现状的调查与思考

调研单位：吉林省粮食局

调研组成员：张宏明 朱铁军 吴文福

二等奖

调研报告题目：关于安徽省夏季粮油收购情况的调研报告

调研单位：国家粮食局监督检查司

调研组成员：任正晓 袁 辉 郭晓虹 徐广超

调研报告题目：陕西省夏季粮油收购情况的调查报告

调研单位：国家粮食局财务司

调研组成员：杨 兵 王黎明 肖春阳 张 云 郭 建

调研报告题目：关于黑龙江省粮食收储政策执行情况及完善相关政策措施意见的报告

调研单位：国家粮食局调控司

调研组成员：陈家积 刘 平 周 辉 张 潮

调研报告题目：关于我国土地适度规模经营的调研报告

调研单位：中国粮食研究培训中心

调研组成员：何松森 胡文国 唐 成 李文明

调研报告题目：关于建设菜籽油产业园区及粮油贸易食品加工物流园区的调研报告

调研单位：青海省粮食局

调研组成员：顾艳华 邓宏岩 李兴明 牛库山 杨文利

调研报告题目：关于四川2009年油菜籽收益成本的调研报告

调研单位：四川省粮食局

调研组成员：张书冬 蔡开泉 罗 叶 黄玖辉 贾爱民 胥 镤

调研报告题目：陕西省粮食流通基础设施建设调研报告

调研单位：陕西省粮食局

调研组成员：王晓森 李 晶 王富超

调研报告题目：关于山东省国有粮食企业经营管理情况的调研报告

调研单位：山东省粮食局

调研组成员：迟心水 李全军

调研报告题目：广东省低收入困难群体粮油保障制度拟定工作调研报告

调研单位：广东省粮食局

调研组成员：张 军 李 敏 林善为 胡连锋 王鸿鸣 吴少宇 胡军辉

调研报告题目：围绕河南粮食核心区建设 加快粮食流通产业发展

调研单位：河南省粮食局

调研组成员：葛巧红 周双喜

调研报告题目：关于广东省早稻收购情况的调研报告

调研单位：广东省粮食局

调研组成员：张 军 李 敏 邵信辉 符策博 仲爱华 彭 愉 马 源 张朝春 朱 健

调研报告题目：河北黑马粮油公司农村粮油连锁经营模式深度调查

调研单位：河北省粮食局

调研组成员：徐受棠 刘志安 王雪松 米勤练 李绪芬

调研报告题目：依法治粮 任重道远

——娄底市粮食流通监管工作调查与建议

调研单位：湖南省娄底市粮食局

调研组成员：刘先玺 朱 洁

调研报告题目：加强粮食宏观调控 确保我市粮食安全

——对我市粮食生产和粮食安全问题的调研与思考

调研单位：甘肃省平凉市粮食局

调研组成员：车兴安 孙云鹏

三等奖

调研报告题目：赴山西、河北专题调研粮食库存清查工作的情况报告

调研单位：国家粮食局监督检查司

调研组成员：任正晓 程传秀 赵文先 于英威 张永刚

调研报告题目：关于湖南、陕西粮食流通产业发展专题调研报告

调研单位：国家粮食局财务司

调研组成员：邓亦武 罗 叶 王 旭 王业东 曲美玉 张建华 赵 鹏 许鹏程 何志勇 王建波 赵 奕

调研报告题目：现代粮食仓储理念创新及实践价值初探

调研单位：四川省粮食局

调研组成员：侯 勇 王亚南 冯 任 余 波

调研报告题目：关于江苏省粮食风险基金安全保障作用的调研报告

调研单位：江苏省粮食局

调研组成员：严长俊 赵云芳 王吉富 卢洪清 赵广沭 陈海峰

调研报告题目：发展粮食产业化经营 促进助农增收

调研单位：贵州省六盘水市粮食局

调研组成员：司选权 张朝美 陈玉章

调研报告题目：关于新疆维吾尔自治区“放心粮油”工作进展情况的调研报告

调研单位：新疆维吾尔自治区粮食局

调研组成员：黄建庄 任 宏 武继礼 雷义荣

调研报告题目：河北粮食流通监督检查行政执法现状与思考

调研单位：河北省粮食局

调研组成员：杨洲群 张 琳 刘玉领 裴书英 韩长生

调研报告题目：山西“放心粮油”工程调查与思考

调研单位：山西省粮食局

调研组成员：姚高宽

调研报告题目：基层国有粮食企业面临的困境及对策

调研单位：安徽省粮食局

调研组成员：赵学工

调研报告题目：遵义市有机红粱产销合作的对策和建议

调研单位：贵州省遵义市粮食局

调研组成员：焦 军 杨光虎

调研报告题目：建立健全粮食安全体系及其运行机制

——对福州市粮食安全若干问题调查与建议

调研单位：福建省福州市粮食局

调研组成员：赵时可 郑时藩

调研报告题目：2009年浙江省早稻收购情况调研报告

调研单位：浙江省粮食局

调研组成员：陈聪道 韩鹤忠 张如祖 王路平 孙 强 周 静 李庆光

调研报告题目：关于完善省级储备粮直储体系建设的调研报告

调研单位：吉林省粮食局

调研组成员：冯春梅 吴万军 张立军

调研报告题目：关于郴州市粮食流通及网络建设情况的调查与思考

调研单位：湖南省郴州市粮食局

调研组成员：陈葆春 全天生 黄少勇 黎振光 何军平 张泽荣 刘小丽 陈录仕

调研报告题目：上海粮食仓储行业建设发展若干问题调查

调研单位：上海市粮食局

调研组成员：夏伯锦 孙绪良 杨纵鲸 庄旦鸣 谢 诺 岳 勇 郑亚娟 朱海燕 曹海军 王 菁

调研报告题目：关于庆阳市粮食安全问题的思考

——情系百姓温饱 确保粮食安全 促进科学发展

调研单位：甘肃省庆阳市粮食局

调研组成员：杜学军 强文慧

调研报告题目：关于储备粮油动态运行的思考

调研单位：云南省昭通市粮食局

调研组成员：郑成才

调研报告题目：关于深化江西省地方国有粮食企业改革的调查

调研单位：江西省粮食局

调研组成员：熊根泉 刘福元 崔家楠 杜 伟

粮食行业统计资料

1. 全国主要农作物播种面积（1978~2009年）
2. 全国主要农作物产量（1978~2009年）
3. 全国主要农作物单位面积产量（1978~2009年）
4. 各地区粮食播种面积（2008~2009年）
5. 各地区粮食总产量（2008~2009年）
6. 各地区粮食单位面积产量（2008~2009年）
7. 2009年各地区分季粮食播种面积和产量
8. 2009年各地区分品种粮食播种面积和产量
9. 2009年各地区油料作物播种面积和产量
10. 2009年各地区粮油产量及人均占有量排序
11. 农产品生产价格指数（2004~2009年）
12. 各地区农产品生产价格指数（2004~2009年）
13. 人均主要农业产品产量（1978~2009年）
14. 居民消费价格指数（2003~2009年）
15. 粮食成本收益变化情况表（1991~2009年）
16. 2009年粮食收购价格分月情况表
17. 2009年成品粮零售价格分月情况表
18. 2009年粮食主要品种批发市场价格
19. 2009年国内期货市场小麦、玉米、早籼稻、大豆分月价格表
20. 2009年美国芝加哥商品交易所谷物和大豆分月价格表
21. 全国主要粮食品种收购量（1978~2009年）
22. 2009年国有粮食企业粮食收购情况统计表
23. 全国主要粮食品种销售量（1978~2009年）
24. 2009年国有粮食企业粮食销售情况统计表
25. 全国粮油进口情况表(1980~2009年)
26. 2009年国有粮食企业粮食进口情况统计表
27. 全国粮油出口情况表（1980~2009年）
28. 2009年国有粮食企业粮食出口情况统计表
29. 2009年国有粮食企业退耕还林用粮情况统计表
30. 2009年全国国有粮食企业经营情况调查表
31. 2009年全国国有粮食企业改革情况调查表
32. 2009年全国国有粮食购销企业改革情况调查表

33. 2009年全国粮食仓储企业数量表
34. 2009年上半年取得中央储备粮代储资格企业名单
35. 2009年下半年取得中央储备粮代储资格企业名单
36. 2009年粮油加工业企业汇总表
37. 2009年粮油加工业年生产能力汇总表
38. 2009年各地区粮油加工业年生产能力情况表
39. 2009年各地区粮油加工产品产量汇总表
40. 2009年各地区粮油加工企业主要经济指标汇总表
41. 2009年全国粮食质量情况表
42. 2009年中央和地方储备粮质量与储存品质情况统计表
43. 2009年粮食质量检验机构检测样品统计表
44. 2009年发布、废止和转化粮油国家标准和行业标准统计表
45. 2009年粮食质量检验机构在职人员统计表
46. 2009年粮食行业机构与从业人员情况年报表
47. 2009年粮食行业取得国家职业资格证书人员统计表
48. 国民经济与社会发展总量指标（1978~2009年）
49. 2009年国民经济与社会发展速度指标

表1 全国主要农作物播种面积(1978～2009年)

单位：千公顷

年份	粮食	稻谷	小麦	玉米	大豆	油料
1978	120587	34421	29183	19961	7144	6222
1979	119263	33873	29357	20133	7247	7051
1980	117234	33878	28844	20087	7226	7928
1981	114958	33295	28307	19425	8024	9134
1982	113462	33071	27955	18543	8419	9343
1983	114047	33136	29050	18824	7567	8390
1984	112884	33178	29576	18537	7286	8678
1985	108845	32070	29218	17694	7718	11800
1986	110933	32266	29616	19124	8295	11415
1987	111268	32193	28798	20212	8445	11181
1988	110123	31987	28785	19692	8120	10619
1989	112205	32700	29841	20353	8057	10504
1990	113466	33064	30753	21401	7560	10900
1991	112314	32590	30948	21574	7041	11530
1992	110560	32090	30496	21044	7221	11489
1993	110509	30355	30235	20694	9454	11142
1994	109544	30171	28981	21152	9222	12081
1995	110060	30744	28860	22776	8127	13102
1996	112548	31406	29611	24498	7471	12555
1997	112912	31765	30057	23775	8346	12381
1998	113787	31214	29774	25239	8500	12919
1999	113161	31283	28855	25904	7962	13906
2000	108463	29962	26653	23056	9307	15400
2001	106080	28812	24664	24282	9482	14631
2002	103891	28202	23908	24634	8720	14766
2003	99410	26508	21997	24068	9313	14990
2004	101606	28379	21626	25446	9589	14431
2005	104278	28847	22793	26358	9591	14318
2006	104958	28938	23613	28463	9304	11738
2007	105638	28919	23721	29478	8754	11316
2008	106793	29241	23617	29864	9127	12825
2009	108986	29627	24291	31183	9190	13652

数据来源：国家统计局统计资料。

表2 全国主要农作物产量(1978~2009年)

单位：万吨

年份	粮食	稻谷	小麦	玉米	大豆	油料
1978	30476.5	13693.0	5384.0	5594.5	756.5	521.8
1979	33211.5	14375.0	6273.0	6003.5	746.0	643.5
1980	32055.5	13990.5	5520.5	6260.0	794.0	769.1
1981	32502.0	14395.5	5964.0	5920.5	932.5	1020.5
1982	35450.0	16159.5	6847.0	6056.0	903.0	1181.7
1983	38727.5	16886.5	8139.0	6820.5	976.0	1055.0
1984	40730.5	17825.5	8781.5	7341.0	969.5	1191.0
1985	37910.8	16856.9	8580.5	6382.6	1050.0	1578.4
1986	39151.2	17222.4	9004.0	7085.6	1161.4	1473.8
1987	40297.7	17426.2	8590.2	7924.1	1246.5	1527.8
1988	39408.1	16910.7	8543.2	7735.1	1164.5	1320.3
1989	40754.9	18013.0	9080.7	7892.8	1022.7	1295.2
1990	44624.3	18933.1	9822.9	9681.9	1100.0	1613.2
1991	43529.3	18381.3	9595.3	9877.3	971.3	1638.3
1992	44265.8	18622.2	10158.7	9538.3	1030.4	1641.2
1993	45648.8	17751.4	10639.0	10270.4	1530.7	1803.9
1994	44510.1	17593.3	9929.7	9927.5	1599.9	1989.6
1995	46661.8	18522.6	10220.7	11198.6	1350.2	2250.3
1996	50453.5	19510.3	11056.9	12747.1	1322.4	2210.6
1997	49417.1	20073.5	12328.9	10430.9	1473.2	2157.4
1998	51229.5	19871.3	10972.6	13295.4	1515.2	2313.9
1999	50838.6	19848.7	11388.0	12808.6	1424.5	2601.2
2000	46217.5	18790.8	9963.6	10600.0	1540.9	2954.8
2001	45263.7	17758.0	9387.3	11408.8	1540.6	2864.9
2002	45705.8	17453.9	9029.0	12130.8	1650.5	2897.2
2003	43069.5	16065.6	8648.8	11583.0	1539.3	2811.0
2004	46946.9	17908.8	9195.2	13028.7	1740.1	3065.9
2005	48402.2	18058.8	9744.5	13936.5	1634.8	3077.1
2006	49804.2	18171.8	10846.6	15160.3	1508.2	2640.3
2007	50160.3	18603.4	10929.8	15230.0	1272.5	2568.7
2008	52870.9	19189.6	11246.4	16591.4	1554.2	2952.8
2009	53082.1	19510.3	11511.5	16397.4	1498.2	3154.3

数据来源：国家统计局统计资料。

表3 全国主要农作物单位面积产量(1978~2009年)

单位：公斤/公顷

年 份	粮食	稻谷	小麦	玉米	大豆	油料
1978	2527.3	3978.1	1844.9	2802.7	1059.0	838.6
1979	2784.7	4243.8	2136.8	2981.9	1029.4	912.7
1980	2734.3	4129.6	1913.9	3116.4	1098.8	970.0
1981	2827.3	4323.7	2106.9	3047.9	1162.2	1117.2
1982	3124.4	4886.3	2449.3	3265.9	1072.6	1264.8
1983	3395.7	5096.1	2801.7	3623.3	1289.8	1257.4
1984	3608.2	5372.6	2969.1	3960.3	1330.6	1372.5
1985	3483.0	5256.3	2936.7	3607.2	1360.5	1337.7
1986	3529.3	5337.6	3040.2	3705.1	1400.2	1291.1
1987	3621.7	5413.1	2982.9	3920.6	1476.0	1366.5
1988	3578.6	5286.7	2968.0	3928.1	1434.1	1243.3
1989	3632.2	5508.5	3043.0	3877.9	1269.3	1233.1
1990	3932.8	5726.1	3194.1	4523.9	1455.1	1479.9
1991	3875.7	5640.2	3100.5	4578.3	1379.5	1421.0
1992	4003.8	5803.1	3331.2	4532.7	1427.0	1428.4
1993	4130.8	5847.9	3518.8	4963.0	1619.1	1619.0
1994	4063.2	5831.1	3426.3	4693.4	1734.9	1646.9
1995	4239.7	6024.8	3541.5	4916.9	1661.4	1717.6
1996	4482.8	6212.4	3734.1	5203.3	1770.2	1760.7
1997	4376.6	6319.4	4101.9	4387.3	1765.1	1742.5
1998	4502.2	6366.2	3685.3	5267.8	1782.5	1791.0
1999	4492.6	6344.8	3946.6	4944.7	1789.2	1870.5
2000	4261.2	6271.6	3738.2	4597.5	1655.7	1918.7
2001	4266.9	6163.3	3806.1	4698.4	1624.8	1958.1
2002	4399.4	6189.0	3776.5	4924.5	1892.9	1962.0
2003	4332.5	6060.7	3931.8	4812.6	1652.9	1875.2
2004	4620.5	6310.6	4251.9	5120.2	1814.8	2124.6
2005	4641.6	6260.2	4275.3	5287.3	1704.5	2149.2
2006	4745.2	6279.6	4593.4	5326.3	1620.9	2249.3
2007	4748.3	6433.0	4607.7	5166.7	1453.7	2270.0
2008	4950.8	6562.5	4762.0	5555.7	1702.8	2302.3
2009	4870.6	6585.3	4739.0	5258.5	1630.2	2310.5

数据来源：国家统计局统计资料。

表4 各地区粮食播种面积(2008～2009年)

单位：千公顷

地 区	2008年	2009年	2009年比2008年增加	
			绝对数	%
全国总计	106792.6	108985.8	2193.1	2.1
东部地区	24478.3	24734.9	256.6	1.0
中部地区	31346.0	31852.1	506.1	1.6
西部地区	32552.3	33456.0	903.7	2.8
东北地区	18416.0	18942.8	526.8	2.9
北 京	226.3	226.3	0.0	0.0
天 津	293.5	306.6	13.1	4.5
河 北	6158.1	6216.5	58.4	0.9
山 西	3111.3	3146.7	35.3	1.1
内蒙古	5254.5	5424.0	169.5	3.2
辽 宁	3035.9	3124.1	88.2	2.9
吉 林	4391.2	4427.7	36.5	0.8
黑龙江	10988.9	11391.0	402.1	3.7
上 海	174.5	193.3	18.8	10.7
江 苏	5267.1	5272.0	4.9	0.1
浙 江	1271.6	1290.1	18.5	1.5
安 徽	6561.1	6605.6	44.5	0.7
福 建	1210.3	1231.0	20.7	1.7
江 西	3578.1	3604.6	26.5	0.7
山 东	6955.6	7030.1	74.5	1.1
河 南	9600.0	9683.6	83.6	0.9
湖 北	3906.7	4012.5	105.8	2.7
湖 南	4588.8	4799.1	210.3	4.6
广 东	2499.9	2538.5	38.6	1.5
广 西	2973.1	3067.5	94.4	3.2
海 南	421.3	430.4	9.2	2.2
重 庆	2215.4	2229.5	14.1	0.6
四 川	6430.9	6419.4	−11.5	−0.2
贵 州	2919.6	2984.7	65.2	2.2
云 南	4095.9	4200.1	104.2	2.5
西 藏	170.6	169.4	−1.2	−0.7
陕 西	3126.0	3134.0	8.0	0.3
甘 肃	2683.0	2740.0	57.0	2.1
青 海	272.0	275.7	3.7	1.4
宁 夏	826.2	826.9	0.7	0.1
新 疆	1585.2	1984.7	399.5	25.2

数据来源：国家统计局统计资料。

表5 各地区粮食总产量(2008～2009年)

单位：万吨

地 区	2008年	2009年	2009年比2008年增加	
			绝对数	%
全国总计	52870.9	53082.1	211.2	0.4
东部地区	13586.6	13817.4	230.8	1.7
中部地区	16407.1	16615.2	208.1	1.3
西部地区	13951.9	14245.4	293.6	2.1
东北地区	8925.3	8404.0	−521.3	−5.8
北 京	125.5	124.8	−0.7	−0.5
天 津	148.9	156.3	7.4	4.9
河 北	2905.8	2910.2	4.4	0.2
山 西	1028.0	942.0	−86.0	−8.4
内蒙古	2131.3	1981.7	−149.6	−7.0
辽 宁	1860.3	1591.0	−269.3	−14.5
吉 林	2840.0	2460.0	−380.0	−13.4
黑龙江	4225.0	4353.0	128.0	3.0
上 海	115.7	121.7	6.0	5.2
江 苏	3175.5	3230.1	54.6	1.7
浙 江	775.6	789.2	13.6	1.8
安 徽	3023.3	3069.9	46.6	1.5
福 建	652.3	666.9	14.5	2.2
江 西	1958.1	2002.6	44.5	2.3
山 东	4260.5	4316.3	55.8	1.3
河 南	5365.5	5389.0	23.5	0.4
湖 北	2227.2	2309.1	81.9	3.7
湖 南	2805.0	2902.7	97.7	3.5
广 东	1243.4	1314.5	71.1	5.7
广 西	1394.7	1463.2	68.5	4.9
海 南	183.5	187.6	4.1	2.2
重 庆	1153.2	1137.2	−16.0	−1.4
四 川	3140.0	3194.6	54.6	1.7
贵 州	1158.0	1168.3	10.3	0.9
云 南	1518.6	1576.9	58.3	3.8
西 藏	95.0	90.5	−4.5	−4.7
陕 西	1111.0	1131.4	20.4	1.8
甘 肃	888.5	906.2	17.7	2.0
青 海	101.8	102.7	0.9	0.9
宁 夏	329.2	340.7	11.5	3.5
新 疆	930.5	1152.0	221.5	23.8

数据来源：国家统计局统计资料。

表6 各地区粮食单位面积产量(2008～2009年)

单位：公斤/公顷

地 区	2008年	2009年	2009年比2008年增加	
			绝对数	%
全国总计	4950.8	4870.6	−80.2	−1.6
东部地区	5550.5	5586.2	35.7	0.6
中部地区	5234.2	5216.4	−17.8	−0.3
西部地区	4286.0	4258.0	−28.0	−0.7
东北地区	4846.5	4436.5	−410.0	−8.5
北 京	5542.8	5513.7	−29.1	−0.5
天 津	5074.1	5096.9	22.8	0.4
河 北	4718.7	4681.4	−37.3	−0.8
山 西	3304.1	2993.6	−310.4	−9.4
内蒙古	4056.2	3653.6	−402.6	−9.9
辽 宁	6127.7	5092.7	−1035.0	−16.9
吉 林	6467.5	5555.9	−911.5	−14.1
黑龙江	3844.8	3821.4	−23.3	−0.6
上 海	6627.9	6295.9	−332.0	−5.0
江 苏	6028.9	6126.9	97.9	1.6
浙 江	6098.9	6117.0	18.1	0.3
安 徽	4607.9	4647.4	39.5	0.9
福 建	5389.9	5417.2	27.2	0.5
江 西	5472.5	5555.6	83.1	1.5
山 东	6125.3	6139.8	14.5	0.2
河 南	5589.0	5565.1	−24.0	−0.4
湖 北	5701.1	5754.7	53.7	0.9
湖 南	6112.7	6048.4	−64.3	−1.1
广 东	4973.9	5178.3	204.4	4.1
广 西	4691.1	4770.0	78.9	1.7
海 南	4355.2	4358.5	3.3	0.1
重 庆	5205.4	5100.7	−104.6	−2.0
四 川	4882.7	4976.5	93.8	1.9
贵 州	3966.3	3914.2	−52.2	−1.3
云 南	3707.6	3754.5	46.9	1.3
西 藏	5569.7	5343.2	−226.5	−4.1
陕 西	3554.1	3610.1	56.1	1.6
甘 肃	3311.6	3307.3	−4.3	−0.1
青 海	3742.8	3724.4	−18.4	−0.5
宁 夏	3985.2	4120.3	135.1	3.4
新 疆	5869.9	5804.4	−65.5	−1.1

数据来源：国家统计局统计资料。

表7

2009年各地区分季粮食播种面积和产量(一)

单位：千公顷；万吨；公斤/公顷

地 区	全年粮食总计			1.夏收粮食		
	播种面积	总 产 量	每公顷产量	播种面积	总 产 量	每公顷产量
全国总计	108985.8	53082.1	4870.6	27382.2	12348.5	4509.7
东部地区	24734.9	13817.4	5586.2	9053.8	4712.4	5204.9
中部地区	31852.1	16615.2	5216.4	9903.7	4916.0	4963.8
西部地区	33456.0	14245.4	4258.0	8361.3	2679.8	3205.0
东北地区	18942.8	8404.0	4436.5	63.4	40.3	6362.8
北 京	226.3	124.8	5513.7	60.9	31.1	5106.8
天 津	306.6	156.3	5096.9	110.2	54.0	4903.3
河 北	6216.5	2910.2	4681.4	2424.2	1243.2	5128.4
山 西	3146.7	942.0	2993.6	748.8	212.9	2843.1
内蒙古	5424.0	1981.7	3653.6	0.0	0.0	0.0
辽 宁	3124.1	1591.0	5092.7	63.4	40.3	6362.8
吉 林	4427.7	2460.0	5555.9	0.0	0.0	0.0
黑龙江	11391.0	4353.0	3821.4	0.0	0.0	0.0
上 海	193.3	121.7	6295.9	73.4	27.9	3796.7
江 苏	5272.0	3230.1	6126.9	2323.5	1103.2	4748.1
浙 江	1290.1	789.2	6117.0	169.8	58.5	3446.6
安 徽	6605.6	3069.9	4647.4	2398.6	1182.2	4928.6
福 建	1231.0	666.9	5417.2	83.7	31.6	3770.2
江 西	3604.6	2002.6	5555.6	59.0	8.0	1349.2
山 东	7030.1	4316.3	6139.8	3546.2	2047.7	5774.4
河 南	9683.6	5389.0	5565.1	5290.0	3065.0	5794.0
湖 北	4012.5	2309.1	5754.7	1227.3	398.5	3246.7
湖 南	4799.1	2902.7	6048.4	180.0	49.5	2750.0
广 东	2538.5	1314.5	5178.3	222.6	100.3	4504.5
广 西	3067.5	1463.2	4770.0	78.5	20.3	2586.3
海 南	430.4	187.6	4358.5	39.4	14.9	3782.1
重 庆	2229.5	1137.2	5100.7	526.1	155.2	2949.2
四 川	6419.4	3194.6	4976.5	1796.9	552.8	3076.4
贵 州	2984.7	1168.3	3914.2	967.0	226.5	2341.9
云 南	4200.1	1576.9	3754.5	1128.3	236.5	2095.8
西 藏	169.4	90.5	5343.2	0.0	0.0	0.0
陕 西	3134.0	1131.4	3610.1	1319.3	426.0	3228.9
甘 肃	2740.0	906.2	3307.3	1111.3	341.3	3071.1
青 海	275.7	102.7	3724.4	0.0	0.0	0.0
宁 夏	826.9	340.7	4120.3	248.7	76.3	3068.4
新 疆	1984.7	1152.0	5804.4	1185.1	645.0	5442.8

数据来源：国家统计局统计资料。

表7 2009年各地区分季粮食播种面积和产量(二)

单位：千公顷；万吨；公斤/公顷

地 区	2.早 稻			3.秋 粮		
	播种面积	总 产 量	每公顷产量	播种面积	总 产 量	每公顷产量
全国总计	5870.1	3335.5	5682.2	75733.5	37398.1	4938.1
东部地区	1410.7	782.7	5548.2	14270.3	8322.4	5831.9
中部地区	3412.7	1962.3	5749.8	18535.7	9737.0	5253.1
西部地区	1046.6	590.5	5642.3	24048.1	10975.1	4563.8
东北地区	0.0	0.0	0.0	18879.4	8363.7	4430.0
北 京	0.0	0.0	0.0	165.4	93.7	5663.4
天 津	0.0	0.0	0.0	196.5	102.3	5205.4
河 北	0.0	0.0	0.0	3792.3	1666.9	4395.6
山 西	0.0	0.0	0.0	2397.8	729.1	3040.7
内蒙古	0.0	0.0	0.0	5424.0	1981.7	3653.6
辽 宁	0.0	0.0	0.0	3060.7	1550.7	5066.4
吉 林	0.0	0.0	0.0	4427.7	2460.0	5555.9
黑龙江	0.0	0.0	0.0	11391.0	4353.0	3821.4
上 海	0.0	0.0	0.0	119.9	93.8	7825.5
江 苏	0.0	0.0	0.0	2948.6	2126.9	7213.3
浙 江	114.9	67.9	5908.4	1005.4	662.8	6591.9
安 徽	273.9	150.4	5491.5	3933.0	1737.3	4417.1
福 建	213.7	125.5	5874.1	933.6	509.8	5460.3
江 西	1400.8	793.8	5666.8	2144.8	1200.8	5598.7
山 东	0.0	0.0	0.0	3483.9	2268.6	6511.6
河 南	0.0	0.0	0.0	4393.6	2324.0	5289.5
湖 北	357.4	208.3	5829.1	2427.9	1702.3	7011.5
湖 南	1380.6	809.7	5864.8	3238.5	2043.5	6310.0
广 东	944.9	519.4	5496.7	1371.0	694.8	5068.2
广 西	988.8	553.3	5595.7	2000.2	889.6	4447.5
海 南	137.3	69.9	5093.6	253.8	102.8	4050.3
重 庆	0.0	0.0	0.0	1703.4	982.04	5765.2
四 川	1.3	0.8	6153.8	4621.2	2641.0	5715.0
贵 州	0.1	0.0	5714.3	2017.6	941.8	4667.7
云 南	56.5	36.4	6447.0	3015.3	1304.1	4324.7
西 藏	0.0	0.0	0.0	169.4	90.5	5343.2
陕 西	0.0	0.0	0.0	1814.6	705.4	3887.3
甘 肃	0.0	0.0	0.0	1628.7	564.9	3468.4
青 海	0.0	0.0	0.0	275.7	102.7	3724.4
宁 夏	0.0	0.0	0.0	578.2	264.4	4572.9
新 疆	0.0	0.0	0.0	799.7	507.0	6340.3

数据来源：国家统计局统计资料。

表8 2009年各地区分品种粮食播种面积和产量(一)

单位：千公顷；万吨；公斤/公顷

地区	谷物			(一)稻谷		
	播种面积	总产量	每公顷产量	播种面积	总产量	每公顷产量
全国总计	88401.1	48156.3	5447.5	29626.9	19510.3	6585.3
东部地区	22378.4	12924.8	5775.6	6658.6	4459.9	6697.9
中部地区	28112.1	15798.0	5619.6	12233.6	7933.5	6485.0
西部地区	24450.4	11926.6	4877.9	6956.8	4531.4	6513.7
东北地区	13460.2	7506.9	5577.1	3777.9	2585.5	6843.7
北京	214.1	121.5	5676.0	0.4	0.2	6315.8
天津	292.7	154.1	5266.2	16.0	11.3	7018.1
河北	5753.0	2801.8	4870.2	85.1	57.5	6750.9
山西	2617.1	895.8	3422.9	1.1	0.5	4386.0
内蒙古	3632.3	1677.2	4617.6	101.8	64.8	6365.4
辽宁	2848.6	1517.2	5326.1	656.7	506.0	7705.2
吉林	3747.3	2348.0	6265.8	660.4	505.0	7646.9
黑龙江	6864.3	3641.7	5305.2	2460.8	1574.5	6398.3
上海	183.7	119.5	6506.0	108.5	90.0	8296.6
江苏	4867.7	3100.3	6369.2	2233.2	1802.9	8073.0
浙江	1062.2	716.1	6741.9	938.7	666.7	7101.8
安徽	5386.2	2895.9	5376.6	2246.9	1405.6	6255.9
福建	911.0	532.7	5847.6	864.6	515.3	5960.3
江西	3311.5	1916.1	5786.3	3282.1	1905.9	5807.0
山东	6620.7	4088.1	6174.7	134.6	112.0	8321.1
河南	8839.0	5159.9	5837.6	611.3	451.0	7377.7
湖北	3578.8	2179.8	6090.9	2045.1	1591.9	7784.1
湖南	4379.5	2750.4	6280.2	4047.2	2578.6	6371.3
广东	2136.5	1136.7	5320.1	1959.7	1058.1	5399.3
广西	2674.6	1373.8	5136.5	2125.0	1145.9	5392.5
海南	336.8	153.9	4569.8	317.7	145.9	4592.9
重庆	1331.2	813.0	6107.0	682.0	511.30	7496.6
四川	4789.4	2632.2	5495.9	2027.1	1520.2	7499.4
贵州	1797.3	922.5	5133.0	698.2	453.2	6490.2
云南	3005.9	1274.4	4239.7	1039.8	636.2	6118.6
西藏	162.2	87.8	5410.5	1.0	0.5	5200.0
陕西	2598.8	1012.9	3897.7	125.3	82.5	6582.4
甘肃	1889.3	681.1	3605.0	5.7	3.9	6878.3
青海	146.8	53.6	3651.5	0.0	0.0	0.0
宁夏	561.5	298.4	5314.5	78.2	64.6	8250.3
新疆	1861.3	1099.8	5908.7	72.5	48.3	6664.8

数据来源：国家统计局统计资料。

表8 2009年各地区分品种粮食播种面积和产量(二)

单位：千公顷；万吨；公斤/公顷

地 区	(二)小 麦			其中：冬小麦		
	播种面积	总 产 量	每公顷产量	播种面积	总 产 量	每公顷产量
全国总计	24290.8	11511.5	4739.0	22422.4	10797.3	4815.4
东部地区	8310.7	4413.3	5310.4	8299.1	4408.2	5311.6
中部地区	9377.7	4784.3	5101.7	9377.1	4784.0	5101.8
西部地区	6296.3	2192.1	3481.6	4746.2	1605.1	3381.8
东北地区	306.0	121.8	3981.0	0.0	0.0	0.0
北 京	60.6	31.0	5118.0	60.5	31.0	5119.1
天 津	110.2	54.0	4903.3	102.3	50.6	4941.4
河 北	2394.5	1229.8	5136.2	2391.0	1228.3	5137.3
山 西	727.5	211.1	2902.0	726.9	210.9	2901.6
内蒙古	528.2	171.2	3241.3	0.0	0.0	0.0
辽 宁	8.8	4.5	5113.6	0.0	0.0	0.0
吉 林	4.1	1.0	2439.0	0.0	0.0	0.0
黑龙江	293.1	116.3	3968.6	0.0	0.0	0.0
上 海	57.6	22.1	3837.6	57.6	22.1	3837.6
江 苏	2077.6	1004.4	4834.5	2077.6	1004.4	4834.5
浙 江	60.4	23.2	3849.6	60.4	23.2	3849.6
安 徽	2355.3	1177.2	4998.0	2355.3	1177.2	4998.0
福 建	3.8	1.1	2929.9	3.8	1.1	2929.9
江 西	9.9	1.9	1921.5	9.9	1.9	1921.5
山 东	3545.2	2047.3	5774.9	3545.1	2047.2	5774.9
河 南	5263.3	3056.0	5806.2	5263.3	3056.0	5806.2
湖 北	993.4	331.7	3338.9	993.4	331.7	3338.9
湖 南	28.4	6.4	2253.5	28.4	6.4	2253.5
广 东	0.8	0.2	2857.1	0.8	0.2	2857.1
广 西	4.0	0.6	1500.0	0.0	0.0	0.0
海 南	0.0	0.0	0.0	0.0	0.0	0.0
重 庆	168.2	51.7	3072.4	168.2	51.7	3072.4
四 川	1277.5	423.3	3313.5	1268.4	421.6	3323.9
贵 州	262.9	44.5	1693.3	262.9	44.5	1693.3
云 南	432.4	92.3	2134.6	430.1	91.6	2130.3
西 藏	36.8	24.6	6681.2	26.9	19.5	7251.4
陕 西	1146.0	383.1	3343.0	1146.0	383.1	3343.0
甘 肃	963.9	261.1	2708.9	617.5	146.8	2377.2
青 海	104.1	39.0	3749.2	0.0	0.0	0.0
宁 夏	218.5	73.6	3367.2	81.2	19.8	2442.1
新 疆	1153.9	627.2	5435.2	745.1	426.5	5723.8

数据来源：国家统计局统计资料。

表8 2009年各地区分品种粮食播种面积和产量(三)

单位：千公顷；万吨；公斤/公顷

地 区	(三)玉 米			(四)谷 子		
	播种面积	总产量	每公顷产量	播种面积	总产量	每公顷产量
全国总计	31182.6	16397.4	5258.5	787.9	122.5	1554.8
东部地区	6838.8	3892.7	5692.0	163.0	42.1	2580.5
中部地区	5882.8	3004.3	5106.9	237.8	26.7	1124.5
西部地区	9529.6	4807.1	5044.4	256.6	31.2	1214.8
东北地区	8931.5	4693.3	5254.8	130.5	22.5	1725.7
北 京	150.8	89.8	5953.8	1.6	0.3	1962.0
天 津	165.9	88.7	5348.7	0.1	0.0	3333.3
河 北	2950.5	1465.2	4966.1	146.2	37.2	2543.6
山 西	1451.2	654.3	4508.4	199.7	15.7	787.8
内蒙古	2451.2	1341.3	5471.9	149.6	14.4	960.5
辽 宁	1964.1	963.1	4903.5	87.4	15.1	1727.7
吉 林	2957.2	1810.0	6120.7	17.7	3.0	1678.0
黑龙江	4010.2	1920.2	4788.4	25.4	4.5	1752.0
上 海	4.2	2.4	5755.4	0.0	0.0	0.0
江 苏	399.8	216.2	5406.4	0.1	0.0	1480.0
浙 江	27.0	11.7	4310.0	0.0	0.0	0.0
安 徽	730.7	304.7	4169.7	0.1	0.0	401.5
福 建	37.9	14.6	3843.5	0.2	0.0	2964.1
江 西	16.1	7.3	4530.8	0.0	0.0	0.0
山 东	2917.3	1921.5	6586.5	14.7	4.4	3014.3
河 南	2895.4	1634.0	5643.4	38.0	11.0	2897.8
湖 北	507.3	244.1	4812.3	0.1	0.0	1250.0
湖 南	282.0	159.9	5670.2	0.0	0.0	0.0
广 东	166.7	74.7	4481.1	0.3	0.1	2333.3
广 西	534.6	225.2	4212.5	2.7	0.7	2592.6
海 南	18.7	8.0	4247.8	0.0	0.0	0.0
重 庆	459.1	244.5	5324.3	0.0	0.0	0.0
四 川	1334.4	643.0	4818.6	0.0	0.0	0.0
贵 州	751.5	405.2	5392.0	1.7	0.2	1420.1
云 南	1354.2	542.7	4007.3	0.3	0.0	400.0
西 藏	4.0	2.6	6343.3	0.0	0.0	0.0
陕 西	1164.0	526.1	4519.8	77.7	12.3	1583.7
甘 肃	657.8	312.6	4752.2	18.4	2.9	1553.5
青 海	5.3	4.3	8190.5	0.0	0.0	0.0
宁 夏	215.1	156.4	7270.8	5.6	0.4	639.4
新 疆	598.4	403.4	6741.4	0.6	0.3	5322.6

数据来源：国家统计局统计资料。

表8 2009年各地区分品种粮食播种面积和产量(四)

单位：千公顷；万吨；公斤/公顷

地 区	(五)高 梁			(六)大 豆		
	播种面积	总 产 量	每公顷产量	播种面积	总 产 量	每公顷产量
全国总计	559.4	167.7	2997.3	9189.8	1498.2	1630.2
东部地区	27.4	8.1	2961.6	763.1	175.0	2293.2
中部地区	40.7	7.7	1897.4	1926.5	291.5	1513.1
西部地区	243.6	82.3	3378.0	1890.9	327.8	1733.3
东北地区	247.7	69.5	2807.4	4609.3	703.9	1527.2
北 京	0.3	0.1	2812.5	8.4	1.5	1784.4
天 津	0.4	0.1	1794.9	12.5	1.6	1283.9
河 北	18.4	5.2	2802.8	165.8	28.5	1717.6
山 西	27.8	4.1	1456.8	195.3	13.8	708.1
内蒙古	124.9	38.5	3086.9	840.2	114.4	1362.0
辽 宁	95.2	22.9	2405.5	164.1	30.0	1828.2
吉 林	89.3	25.0	2799.6	437.4	82.0	1874.7
黑龙江	63.2	21.6	3424.1	4007.8	591.9	1476.9
上 海	0.0	0.0	0.0	4.4	1.0	2181.8
江 苏	0.1	0.0	2883.3	233.0	60.9	2613.3
浙 江	0.0	0.0	0.0	55.5	13.6	2445.1
安 徽	1.1	0.2	1823.6	970.0	124.7	1285.2
福 建	1.5	0.6	4194.4	59.1	14.1	2378.2
江 西	1.0	0.4	4019.6	99.5	19.7	1980.1
山 东	6.6	2.1	3190.8	161.2	39.6	2454.2
河 南	4.0	0.4	932.0	467.0	86.0	1841.5
湖 北	3.3	1.3	3909.1	105.4	25.6	2428.6
湖 南	3.5	1.4	4000.0	89.3	21.7	2430.0
广 东	0.1	0.0	2500.0	59.8	13.6	2271.4
广 西	2.5	0.7	2800.0	101.1	16.7	1651.8
海 南	0.1	0.0	4185.6	3.4	0.8	2340.2
重 庆	12.9	3.5	2727.3	85.9	17.0	1982.8
四 川	41.5	17.2	4144.6	221.2	50.4	2278.5
贵 州	34.3	10.9	3174.8	131.9	15.9	1203.6
云 南	2.4	0.2	882.4	130.8	29.1	2221.2
西 藏	0.0	0.0	0.0	0.1	0.1	4615.4
陕 西	9.1	2.9	3186.1	187.3	42.4	2261.2
甘 肃	13.2	6.7	5083.3	91.3	14.3	1566.0
青 海	0.0	0.0	0.0	0.0	0.0	0.0
宁 夏	0.2	0.0	1363.6	16.4	1.0	610.5
新 疆	2.7	1.6	6000.0	84.7	26.5	3131.9

数据来源：国家统计局统计资料。

表9 2009年各地区油料作物播种面积和产量（一）

单位：千公顷；吨；公斤/公顷

地区	2008年			2009年		
	播种面积	总产量	每公顷产量	播种面积	总产量	每公顷产量
全国总计	12825.5	29528200	2302.3	13652.1	31542893	2310.5
东部地区	2583.5	8066625	3122.4	2593.8	8090122	3119.1
中部地区	5587.9	12632114	2260.6	5978.9	13856649	2317.6
西部地区	4055.7	7541249	1859.4	4356.2	8257069	1895.5
东北地区	598.5	1288212	2152.6	723.3	1339053	1851.3
北　京	7.2	21703	3026.9	6.1	18136	2968.2
天　津	1.8	4800	2651.9	2.0	5412	2719.6
河　北	516.9	1525905	2952.3	496.6	1432691	2885.0
山　西	179.2	191185	1067.1	168.1	170188	1012.3
内蒙古	705.1	1175354	1666.9	702.2	1196204	1703.6
辽　宁	167.5	485027	2896.5	277.3	553499	1995.7
吉　林	212.3	518418	2441.6	242.9	503976	2074.4
黑龙江	218.7	284767	1302.3	203.0	281578	1387.0
上　海	15.5	36028	2330.4	15.5	33879	2192.8
江　苏	567.4	1502927	2648.7	593.3	1622317	2734.3
浙　江	190.8	412686	2163.2	210.1	432433	2057.8
安　徽	936.7	2280332	2434.5	968.8	2403472	2480.8
福　建	107.4	253977	2365.7	110.4	262662	2378.8
江　西	658.8	911919	1384.2	716.4	1020240	1424.1
山　东	812.5	3406341	4192.3	787.6	3345121	4247.0
河　南	1518.3	5053354	3328.3	1541.2	5329800	3458.2
湖　北	1365.6	2857352	2092.4	1455.0	3140500	2158.4
湖　南	929.3	1337972	1439.7	1129.3	1792449	1587.3
广　东	323.9	815353	2517.5	331.4	846429	2553.9
广　西	163.3	375455	2299.9	181.2	420771	2322.6
海　南	40.2	86905	2162.3	40.7	91042	2238.6
重　庆	215.5	356767	1655.3	237.0	405388	1710.3
四　川	1155.1	2499402	2163.8	1205.3	2617646	2171.7
贵　州	455.1	683909	1502.6	513.1	786782	1533.3
云　南	188.0	303774	1615.6	317.3	501562	1580.9
西　藏	24.7	60306	2438.6	24.5	57855	2362.4
陕　西	277.2	494634	1784.7	295.5	543788	1840.4
甘　肃	331.7	535388	1614.1	351.9	585447	1663.8
青　海	172.7	352224	2039.2	172.4	366016	2122.9
宁　夏	80.5	135569	1684.1	85.8	136473	1590.6
新　疆	286.7	568467	1982.9	270.1	639137	2366.7

数据来源：国家统计局统计资料。

表9 2009年各地区油料作物播种面积和产量（二）

单位：千公顷；吨；公斤/公顷

地区	其中：花生			油菜籽		
	播种面积	总产量	每公顷产量	播种面积	总产量	每公顷产量
全国总计	7277.7	13657148	1876.6	7277.7	13657148	1876.6
东部地区	727.6	1701207	2338.1	727.6	1701207	2338.1
中部地区	3830.8	7023812	1833.5	3830.8	7023812	1833.5
西部地区	2717.2	4928406	1813.8	2717.2	4928406	1813.8
东北地区	2.1	3723	1772.9	2.1	3723	1772.9
北京	0.0	0.0	0.0	0.0	0.0	0.0
天津	0.0	0.0	0.0	0.0	0.0	0.0
河北	22.4	29957	1335.0	22.4	29957	1335.0
山西	6.5	6939	1061.9	6.5	6939	1061.9
内蒙古	218.9	223810	1022.3	218.9	223810	1022.3
辽宁	0.4	798	1995.0	0.4	798	1995.0
吉林	0.0	0.0	0.0	0.0	0.0	0.0
黑龙江	1.7	2925	1720.6	1.7	2925	1720.6
上海	14.3	30900	2160.8	14.3	30900	2160.8
江苏	476.3	1216923	2555.1	476.3	1216923	2555.1
浙江	185.8	370216	1993.0	185.8	370216	1993.0
安徽	721.8	1577714	2185.8	721.8	1577714	2185.8
福建	10.9	14593	1338.1	10.9	14593	1338.1
江西	538.5	609619	1132.1	538.5	609619	1132.1
山东	10.9	30744	2833.5	10.9	30744	2833.5
河南	382.0	930700	2436.6	382.0	930700	2436.6
湖北	1165.9	2365100	2028.6	1165.9	2365100	2028.6
湖南	1016.1	1533740	1509.4	1016.1	1533740	1509.4
广东	7.1	7874	1110.9	7.1	7874	1110.9
广西	12.4	13400	1083.3	12.4	13400	1083.3
海南	0.0	0.0	0.0	0.0	0.0	0.0
重庆	173.6	309515	1782.5	173.6	309515	1782.5
四川	936.6	1999090	2134.5	936.6	1999090	2134.5
贵州	466.9	703987	1507.9	466.9	703987	1507.9
云南	253.6	414131	1633.0	253.6	414131	1633.0
西藏	24.4	57729	2364.0	24.4	57729	2364.0
陕西	194.6	356291	1830.6	194.6	356291	1830.6
甘肃	188.9	331092	1753.1	188.9	331092	1753.1
青海	170.3	361995	2126.0	170.3	361995	2126.0
宁夏	0.1	184	1415.4	0.1	184	1415.4
新疆	76.9	157182	2042.8	76.9	157182	2042.8

数据来源：国家统计局统计资料。

表9 2009年各地区油料作物播种面积和产量（三）

单位：千公顷；吨；公斤/公顷

地 区	胡麻籽			向日葵籽		
	播种面积	总产量	每公顷产量	播种面积	总产量	每公顷产量
全国总计	336.9	318135	944.2	958.7	1955641	2039.8
东部地区	49.2	15833	322.0	25.1	33696	1342.7
中部地区	61.7	49964	809.5	62.6	76930	1229.8
西部地区	226.0	252338	1116.4	670.7	1543100	2300.6
东北地区	0.0	0.0	0.0	200.4	301915	1506.9
北 京	0.0	0.0	0.0	0.3	352	1408.0
天 津	0.0	0.0	0.0	0.9	1849	2175.3
河 北	49.2	15833	322.0	23.8	30975	1302.0
山 西	61.7	49959	809.5	49.8	57045	1145.0
内蒙古	48.6	29082	598.9	402.2	900484	2239.2
辽 宁	0.0	0.0	0.0	12.3	11004	896.1
吉 林	0.0	0.0	0.0	100.7	172432	1712.6
黑龙江	0.0	0.0	0.0	87.4	118479	1355.8
上 海	0.0	0.0	0.0	0.0	0.0	0.0
江 苏	0.0	0.0	0.0	0.1	272	2720.0
浙 江	0.0	0.0	0.0	0.0	0.0	0.0
安 徽	0.0	5.0	500.0	0.0	27	900.0
福 建	0.0	0.0	0.0	0.0	61	1347.6
江 西	0.0	0.0	0.0	0.8	1036	1363.2
山 东	0.0	0.0	0.0	0.1	187	3116.7
河 南	0.0	0.0	0.0	6.4	11800	1832.3
湖 北	0.0	0.0	0.0	5.4	6975	1284.5
湖 南	0.0	0.0	0.0	0.1	47	671.4
广 东	0.0	0.0	0.0	0.0	0.0	0.0
广 西	0.0	0.0	0.0	3.1	3621	1160.6
海 南	0.0	0.0	0.0	0.0	0.0	0.0
重 庆	0.0	0.0	0.0	4.0	4135	1035.8
四 川	0.0	0.0	0.0	2.6	3838	1459.3
贵 州	0.1	52	838.7	6.7	8786	1306.5
云 南	0.0	22	703.2	4.9	9410	1932.7
西 藏	0.0	0.0	0.0	0.0	0.0	0.0
陕 西	4.4	5071	1157.8	34.6	47835	1381.7
甘 肃	112.7	143803	1276.1	25.7	70067	2723.2
青 海	2.2	4021	1870.2	0.0	0.0	0.0
宁 夏	45.7	51407	1124.1	31.2	80929	2598.0
新 疆	12.4	18880	1518.6	155.7	413995	2658.3

数据来源：国家统计局统计资料。

表10 2009年各地区粮油产量及人均占有量排序

单位：万吨、吨、公斤

地区	粮食产量		粮食人均占有量		油料产量		油料人均占有量	
	绝对数	位次	绝对数	位次	绝对数	位次	绝对数	位次
全国总计	53082.1		398.7		31542893		23.69	
北　京	124.8	28	72	30	18136	30	1.05	30
天　津	156.3	27	130	29	5412	31	0.45	31
河　北	2910.2	7	415	12	1432691	8	20.43	15
山　西	942.0	21	276	23	170188	25	4.98	28
内蒙古	1981.7	12	820	3	1196204	9	49.47	4
辽　宁	1591.0	13	369	16	553499	15	12.82	20
吉　林	2460.0	9	899	2	503976	17	18.41	17
黑龙江	4353.0	2	1138	1	281578	23	7.36	26
上　海	121.7	29	64	31	33879	29	1.78	29
江　苏	3230.1	4	419	11	1622317	7	21.07	13
浙　江	789.2	23	153	27	432433	19	8.40	25
安　徽	3069.9	6	501	7	2403472	5	39.19	5
福　建	666.9	24	184	26	262662	24	7.26	27
江　西	2002.6	11	453	10	1020240	10	23.10	10
山　东	4316.3	3	457	8	3345121	2	35.42	6
河　南	5389.0	1	570	4	5329800	1	56.35	2
湖　北	2309.1	10	404	13	3140500	3	54.95	3
湖　南	2902.7	8	454	9	1792449	6	28.04	9
广　东	1314.5	16	137	28	846429	11	8.83	23
广　西	1463.2	15	303	21	420771	20	8.70	24
海　南	187.6	26	218	24	91042	27	10.60	22
重　庆	1137.2	19	399	14	405388	21	14.23	19
四　川	3194.6	5	391	15	2617646	4	32.07	7
贵　州	1168.3	17	308	20	786782	12	20.73	14
云　南	1576.9	14	346	17	501562	18	11.01	21
西　藏	90.5	31	314	19	57855	28	20.05	16
陕　西	1131.4	20	300	22	543788	16	14.44	18
甘　肃	906.2	22	344	18	585447	14	22.25	11
青　海	102.7	30	185	25	366016	22	65.85	1
宁　夏	340.7	25	548	5	136473	26	21.96	12
新　疆	1152.0	18	537	6	639137	13	29.80	8

数据来源：国家统计局统计资料。

表11 农产品生产价格指数(2004~2009年)

(上年=100)

指　标	2004年	2005年	2006年	2007年	2008年	2009年
农产品生产价格指数	113.1	101.4	101.2	118.5	114.1	97.6
农业产品	115.9	101.6	104.5	109.8	108.4	102.9
谷物	128.1	99.2	102.1	109.0	107.1	104.9
小麦	131.2	96.4	100.1	105.5	108.7	107.9
稻谷	136.3	101.6	102.0	105.4	106.6	105.2
玉米	116.9	98.0	103.0	115.0	107.3	98.5
大豆	120.2	94.2	99.2	124.2	119.7	92.3
油料	116.6	91.3	104.8	133.4	128.0	94.2
棉花	79.5	111.8	97.1	109.6	90.6	111.8
糖料	104.9	111.6	121.1	100.0	98.4	101.5
蔬菜	105.2	107.2	109.3	106.9	104.7	111.8
水果	97.4	107.4	111.4	101.3	101.4	107.0
林业产品	104.6	104.8	112.8	104.4	108.5	94.9
畜牧产品	111.1	100.5	94.3	131.4	123.9	90.1
猪(毛重)	112.8	97.6	90.6	145.9	130.8	81.6
牛(毛重)	103.9	101.7	100.6	117.5	123.6	101.0
羊(毛重)	103.7	101.7	101.8	121.0	118.8	101.1
家禽(毛重)	111.3	105.6	97.2	117.0	111.9	102.2
蛋类	112.6	106.4	96.0	115.9	112.2	102.8
奶类	103.7	99.6	102.9	106.2	125.5	91.6
渔业产品	110.2	104.7	103.9	108.1	111.2	99.0
海水鱼类	109.2	104.2	109.6	110.1	109.4	99.9
淡水鱼类	111.5	106.2	99.9	106.8	114.6	101.3

数据来源：国家统计局统计资料。

表12 各地区农产品生产价格指数（2004~2009年）

(上年=100)

地 区	2004年	2005年	2006年	2007年	2008年	2009年
全 国	113.1	101.4	101.2	118.5	114.1	97.6
北 京	105.8	103.5	99.1	114.4	112.3	98.3
天 津	108.1	103.4	103.4	107.8	107.1	103.0
河 北	110.1	102.5	100.2	116.2	109.0	99.7
山 西	110.6	103.5	100.2	113.0	109.2	100.4
内蒙古	112.0	103.2	103.6	114.9	111.0	99.8
辽 宁	120.4	101.5	105.8	116.6	109.8	102.9
吉 林	118.1	100.3	104.6	114.0	104.5	103.8
黑龙江	117.3	101.0	100.0	119.9	117.0	98.1
上 海	110.8	105.7	101.9	110.2	109.7	102.2
江 苏	122.7	100.3	99.9	112.6	114.3	99.9
浙 江	116.8	105.9	102.7	108.6	112.9	100.3
安 徽	117.8	98.7	99.3	114.1	114.7	99.1
福 建	106.8	103.9	102.7	112.6	110.7	98.0
江 西	119.5	100.5	101.4	115.0	114.2	96.8
山 东	112.3	102.9	103.4	114.0	112.5	101.2
河 南	121.9	100.7	100.9	117.7	115.0	99.1
湖 北	121.7	100.3	99.5	117.0	117.0	96.3
湖 南	127.3	99.5	100.7	130.6	126.7	90.6
广 东	110.7	103.5	102.6	109.7	113.9	95.0
广 西	118.9	100.0	106.8	121.5	113.0	89.3
海 南	106.4	102.2	105.6	104.7	112.5	101.9
重 庆	125.5	100.0	93.6	121.8	120.2	89.0
四 川	120.4	103.2	102.7	120.8	118.4	96.9
贵 州	111.1	101.8	101.4	113.0	115.5	96.1
云 南	112.9	104.0	106.6	117.5	115.5	96.5
西 藏						
陕 西	111.7	104.9	103.2	115.4	111.2	95.8
甘 肃	113.1	103.1	102.6	111.4	114.0	100.2
青 海	108.8	103.3	104.5	119.0	114.9	94.6
宁 夏	114.2	103.3	101.2	115.0	118.7	99.4
新 疆	100.8	108.3	98.4	114.7	119.8	92.9

数据来源：国家统计局统计资料。

表13 人均主要农业产品产量(1978~2009年)

单位：公斤

年 份	粮食	棉花	油料	糖料	水果	水产品
1978	318.7	2.3	5.5	24.9	6.9	4.9
1980	326.7	2.8	7.8	29.7	6.9	4.6
1985	360.7	3.9	15.0	57.5	11.1	6.7
1990	393.1	4.0	14.2	63.6	16.5	10.9
1991	378.3	4.9	14.2	73.2	18.9	11.7
1992	380.0	3.9	14.1	75.6	20.9	13.4
1993	387.4	3.2	15.3	64.7	25.6	15.5
1994	373.5	3.6	16.7	61.6	29.4	18.0
1995	387.3	4.0	18.7	65.9	35.0	20.9
1996	414.4	3.5	18.2	68.7	38.2	27.0
1997	401.7	3.7	17.5	76.3	41.4	25.4
1998	412.5	3.6	18.6	78.8	43.9	27.2
1999	405.8	3.1	20.8	66.5	49.8	28.5
2000	366.0	3.5	23.4	60.5	49.3	29.4
2001	355.9	4.2	22.5	68.1	52.3	29.9
2002	357.0	3.8	22.6	80.4	54.3	30.9
2003	334.3	3.8	21.8	74.8	112.7	31.6
2004	362.2	4.9	23.7	73.8	118.4	32.8
2005	371.3	4.4	23.6	72.5	123.6	33.9
2006	379.9	5.7	20.1	79.8	130.4	35.0
2007	380.6	5.8	19.5	92.5	137.6	36.0
2008	399.1	5.7	22.3	101.3	145.1	37.0
2009	398.7	4.8	23.7	92.2	153.2	38.5

注：本表计算中所使用的人口数为年平均人口数(下表同)。2003年起水果产量含果用瓜。
数据来源：国家统计局统计资料。

表14 居民消费价格指数(2003~2009年)

(上年=100)

项　目	2003年	2004年	2005年	2006年	2007年	2008年	2009年
居民消费价格指数	101.2	103.9	101.8	101.5	104.8	105.9	99.3
食品	103.4	109.9	102.9	102.3	112.3	114.3	100.7
#粮食	102.3	126.4	101.4	102.7	106.3	107.0	105.6
油脂	112.6	118.2	94.3	98.6	126.7	125.4	81.7
肉禽及其制品	103.3	117.6	102.5	97.1	131.7	121.7	91.3
蛋	98.6	120.2	104.6	96.0	121.8	104.3	101.6
水产品	100.3	112.7	105.9	101.2	105.1	114.2	102.5
菜	117.7	95.1	109.1	108.2	107.9	111.0	113.6
糖	97.5	102.2	104.0	111.2	101.6	104.0	102.5
茶及饮料	99.2	100.0	100.1	101.0	101.5	103.7	101.8
干鲜瓜果	103.0	104.0	102.2	117.9	102.2	110.8	107.1
液体乳及乳制品	99.2	100.5	100.9	100.9	102.7	117.0	101.5
烟酒及用品	99.8	101.2	100.4	100.6	101.7	102.9	101.5
#烟草	99.8	100.9	100.4	100.2	100.8	100.4	100.4
酒	100.1	102.2	100.6	101.2	103.5	107.5	103.4
衣着	97.8	98.5	98.3	99.4	99.4	98.5	98.0
#服装	97.6	98.3	98.1	99.0	99.4	98.3	97.8
鞋袜帽	97.7	98.3	98.3	100.2	99.0	98.2	97.8
家庭设备用品及服务	97.4	98.6	99.9	101.2	101.9	102.8	100.2
#耐用消费品	95.8	97.1	98.8	100.8	101.6	101.2	98.1
室内装饰品	98.8	99.2	99.5	100.0	100.3	100.2	99.7
家庭服务及加工维修服务	101.1	101.9	104.4	105.8	107.2	109.0	105.2
医疗保健和个人用品	100.9	99.7	99.9	101.1	102.1	102.9	101.2
医疗保健	101.2	99.1	99.5	100.2	102.1	102.2	101.4
个人用品及服务费	100.2	101.2	100.8	103.2	102.1	104.4	100.8
交通和通信	97.8	98.5	99.0	99.9	99.1	99.1	97.6
交通	99.5	100.4	101.5	103.2	100.8	102.2	98.6
通信	96.1	96.8	96.6	96.4	97.1	95.6	96.3
娱乐教育文化	101.3	101.3	102.2	99.5	99.0	99.3	99.3
文娱用耐用消费品及服务	92.7	93.3	93.8	94.2	93.1	92.3	90.6
教育	104.3	103.4	105.1	100.0	99.6	100.5	101.6
文化娱乐用品	101.3	101.1	101.2	101.0	101.0	101.3	102.5
旅游	95.4	100.6	99.6	103.1	102.3	101.1	97.5
居住	102.1	104.9	105.4	104.6	104.5	105.5	96.4
建房及装修材料	99.5	104.3	102.6	103.9	105.1	107.1	100.2
租房	103.5	103.0	101.9	102.7	104.2	103.5	101.6
自有住房	99.1	100.9	105.6	103.7	107.0	102.8	85.3
水电燃料	105.7	107.5	108.6	105.9	103.0	106.4	97.9

数据来源：国家统计局统计资料。

表15 粮食成本收益变化情况表(1991~2009年)

单位：元

年份	每50公斤平均出售价格				每亩总成本				每亩净利润			
	粮食平均	稻谷	小麦	玉米	粮食平均	稻谷	小麦	玉米	粮食平均	稻谷	小麦	玉米
1991	26.1	28.5	30.0	21.1	153.9	188.4	138.4	135.3	34.3	62.4	6.3	34.0
1992	28.4	29.3	33.1	24.3	163.8	192.3	149.3	150.6	44.0	67.7	21.2	42.3
1993	35.8	40.4	36.5	30.2	178.6	211.2	169.8	155.2	92.3	145.1	35.6	95.8
1994	59.4	71.2	56.5	48.2	239.4	298.1	213.2	206.7	190.7	316.7	82.3	173.3
1995	75.1	82.1	75.4	67.0	321.8	391.4	281.7	292.2	223.9	311.1	130.5	230.1
1996	72.3	80.6	81.0	57.2	388.7	458.3	359.5	351.2	155.7	247.5	92.9	123.8
1997	65.1	69.4	70.1	55.8	386.1	450.2	349.5	358.4	105.4	171.8	74.8	69.8
1998	62.1	66.9	66.6	53.8	383.9	437.4	357.5	356.6	79.3	155.9	−6.2	88.2
1999	53.0	56.6	60.4	43.7	370.7	425.2	351.5	337.2	25.6	75.8	−12.1	11.2
2000	48.4	51.7	52.9	42.8	356.2	401.7	352.5	330.6	−3.2	50.1	−28.8	−6.9
2001	51.5	53.7	52.5	48.3	350.6	400.5	323.6	327.9	39.4	81.4	−27.5	64.3
2002	49.2	51.4	51.3	45.6	370.4	415.8	342.7	351.6	4.9	37.6	−52.7	30.8
2003	56.5	60.1	56.4	52.7	368.3	419.1	339.6	347.6	42.9	94.9	−30.3	62.8
2004	70.7	79.8	74.5	58.1	395.5	454.6	355.9	375.7	196.5	285.1	169.6	134.9
2005	67.4	77.7	69.0	55.5	425.0	493.3	389.6	392.3	122.6	192.7	79.4	95.5
2006	72.0	80.6	71.6	63.4	444.9	518.2	404.8	411.8	155.0	202.4	117.7	144.8
2007	78.8	85.2	75.6	74.8	481.1	555.2	438.6	449.7	185.2	229.1	125.3	200.8
2008	83.5	95.1	82.8	72.5	562.4	665.1	498.6	523.5	186.4	235.6	164.5	159.2
2009	91.3	99.1	92.4	82.0	600.4	683.1	567.0	551.1	192.4	251.2	150.5	175.4

数据来源：国家发展改革委统计资料。

表16 2009年粮食收购价格分月情况表

单位：元/50公斤

月份	三种粮食平均	稻谷				小麦	玉米	大豆
		平均	早籼稻	晚籼稻	粳稻			
1月	82.0	94.5	96.4	94.5	92.7	87.7	63.8	174.3
2月	83.5	95.5	96.6	95.1	94.9	90.2	64.7	174.8
3月	85.8	97.2	97.0	96.2	98.4	92.7	67.6	177.3
4月	87.0	97.9	97.1	96.5	100.0	92.7	70.4	175.4
5月	87.7	98.7	97.6	96.7	101.7	92.1	72.4	171.0
6月	88.1	99.2	97.5	96.7	103.4	90.2	75.1	177.1
7月	89.2	99.3	96.7	96.7	104.3	90.7	77.7	180.5
8月	90.3	99.2	95.8	96.5	105.5	92.0	79.6	176.6
9月	91.9	99.0	95.5	95.8	105.7	93.6	83.1	178.3
10月	91.3	98.5	94.6	95.3	105.5	95.2	80.3	180.1
11月	90.2	97.3	94.6	94.7	102.7	96.8	76.7	184.6
12月	92.3	100.0	94.9	95.4	109.6	99.3	77.7	185.9
全年平均	88.3	98.0	96.2	95.8	102.0	92.8	74.1	178.0

数据来源：国家发展改革委统计资料。

表17 2009年成品粮零售价格分月情况表

单位：元/500克

月份	标一早籼米	标一晚籼米	标一粳米	标准粉	富强粉
1月	1.52	1.69	1.81	1.61	1.79
2月	1.53	1.70	1.83	1.62	1.81
3月	1.56	1.72	1.84	1.64	1.83
4月	1.56	1.73	1.85	1.64	1.83
5月	1.56	1.74	1.87	1.65	1.84
6月	1.58	1.75	1.89	1.65	1.85
7月	1.58	1.75	1.91	1.66	1.85
8月	1.58	1.75	1.91	1.65	1.87
9月	1.58	1.75	1.93	1.66	1.86
10月	1.59	1.76	1.94	1.67	1.87
11月	1.60	1.76	1.95	1.68	1.88
12月	1.60	1.76	1.97	1.69	1.90
全年平均	1.57	1.74	1.89	1.65	1.85

数据来源：国家发展改革委统计资料。

表18 2009年粮食主要品种批发市场价格

单位：元/吨

月份	三等白小麦	二等黄玉米	标一早籼米	标一晚籼米	标一早粳米	三等大豆
1月	1753	1393	2722	2832	3010	3522
2月	1789	1405	2735	2859	3135	3549
3月	1825	1479	2761	2951	3235	3522
4月	1845	1506	2758	2944	3242	3463
5月	1844	1541	2756	2918	3287	3473
6月	1813	1578	2768	2967	3353	3625
7月	1828	1659	2749	2972	3373	3602
8月	1847	1733	2748	2948	3387	3593
9月	1890	1821	2750	2932	3398	3615
10月	1911	1762	2750	2907	3383	3635
11月	1930	1781	2741	2865	3370	3699
12月	1994	1774	2768	2914	3410	3761
全年平均	1856	1619	2751	2917	3299	3588

数据来源：国家发展改革委统计资料。

表19 2009年国内期货市场小麦、玉米、早籼稻、大豆分月价格表

单位：元/吨

品种	小麦1	小麦2	玉米	早籼稻	大豆1	大豆2	豆粕
1月	1779	1900	1456		3748	3990	3363
2月	1880	1956	1450		3651	3750	2692
3月	1850	1940	1530		3680	3750	2929
4月	1820	1876	1609	2038	3499	3550	2950
5月	1860	1922	1590	2027	3580	3924	2885
6月	1679	1900	1565	2066	3737	3680	3330
7月	1729	2109	1679	2037	3672	3640	3000
8月	1800	2069	1706	1969	3800	3910	3450
9月	1870	2050	1740	1955	3770	4200	3459
10月	1902	2085	1620	1960	3721	3859	3350
11月	2000	2080	1768	1944	3750	4003	3456
12月	1880	2131	1844	2064	4075	4316	3360

注：1.小麦1为郑州商品交易所硬冬白小麦，小麦2为郑州商品交易所优质强筋小麦。
2.玉米为大连商品交易所玉米。
3.早籼稻为郑州商品交易所早籼稻，于4月份上市。
4.大豆1为大连商品交易所国产大豆，大豆2为大连商品交易所进口大豆。
5.豆粕为大连商品交易所豆粕。
6.均为最近交割期月末收盘价格，小数点后按四舍五入计。
数据来源：国家粮油信息中心统计资料。

表20 2009年美国芝加哥商品交易所谷物和大豆分月价格表

单位：美元/吨

品种	小麦	大米	玉米	大豆
1月	214	285	159	369
2月	196	269	146	317
3月	203	267	165	344
4月	202	275	162	372
5月	206	278	175	412
6月	203	272	143	374
7月	203	312	138	364
8月	187	315	131	358
9月	168	293	135	340
10月	181	317	145	359
11月	216	338	164	388
12月	199	321	163	382

注：1.均为美国芝加哥商品交易所标准品。
2.均按美元整数四舍五入换算。
3.均为最近交割期月末当日收盘价格。
数据来源：国家粮油信息中心统计资料。

表21 全国主要粮食品种收购量(1978~2009年)

单位：贸易粮，万吨

年份	粮食合计	小麦	大米	玉米	大豆	其他
1978	5110.15	1176.80	1995.70	1046.65	216.00	675.00
1979	5925.00	1562.55	2200.95	1280.95	205.00	675.55
1980	5882.10	1396.10	2214.50	1357.75	296.50	617.25
1981	6255.50	1418.30	2421.05	1408.00	412.60	595.55
1982	7367.45	1933.60	2900.30	1427.40	401.65	704.50
1983	9879.55	2763.30	3312.40	2337.75	409.80	1056.30
1984	11165.85	3427.00	3858.10	2588.05	382.35	910.35
1985	7925.50	2666.10	3012.90	1374.20	503.30	369.00
1986	9453.20	2842.00	3258.70	2183.10	653.70	515.70
1987	9920.10	2816.20	3143.70	2848.60	609.70	501.90
1988	9430.40	2673.90	3185.90	2414.70	693.50	462.40
1989	10040.20	2855.50	3622.90	2587.70	620.00	354.10
1990	12364.50	3646.60	4316.00	3372.80	661.20	367.90
1991	11423.00	3392.45	3810.00	3338.40	582.20	299.95
1992	10414.35	3841.40	3272.60	2621.70	406.10	272.55
1993	9233.95	3373.10	2505.00	2469.95	606.20	279.70
1994	9226.41	3230.41	2697.60	2185.00	732.20	381.20
1995	9443.80	3125.00	3061.40	2435.60	522.50	299.30
1996	11919.80	3614.80	3382.15	4224.65	437.80	260.40
1997	11535.40	4600.20	3510.55	2692.15	515.20	217.30
1998	9654.50	2795.60	2562.00	3867.40	351.00	78.50
1999	12807.70	3863.30	3186.10	5425.10	246.60	86.60
2000	11695.10	4018.20	3327.30	4019.20	237.90	92.50
2001	11784.15	4437.85	2798.80	4128.20	326.80	92.50
2002	10826.25	4201.30	2189.60	4181.95	140.40	113.00
2003	9717.05	3682.00	2109.80	3702.45	120.30	102.50
2004	8919.45	3448.10	2138.05	3158.10	91.00	84.20
2005	11493.75	3745.20	2572.25	4529.90	506.00	140.40
2006	12256.50	6039.95	2153.45	3424.70	492.20	146.20
2007	10167.40	4733.15	1985.05	3008.30	321.45	119.45
2008	15470.88	6712.73	3604.84	4754.18	313.47	85.65
2009	15223.00	6833.95	2637.45	4988.45	653.00	110.15

注：1978~2002年粮食购销存数字按粮食年度统计，粮食年度是指当年4月1日至翌年3月31日。从2003年开始，粮食统计年度改为日历年度。

数据来源：国家粮食局统计资料。

表22 2009年国有粮食企业粮食收购情况统计表

单位：万吨

地区	收购						
	原粮	贸易粮	小麦	大米	玉米	大豆	其他
全 国	16386.50	15223.00	6833.95	2637.45	4988.45	653.00	110.15
北 京	97.30	96.90	46.10	0.95	48.25	0.90	0.70
天 津	61.95	59.70	43.70	5.35	10.65		
河 北	770.85	770.65	473.45	0.30	295.10	0.50	1.30
山 西	254.50	254.40	62.25	0.20	184.25	0.20	7.50
内蒙古	689.75	688.65	35.20	1.90	578.95	67.00	5.60
辽 宁	905.05	867.70	6.60	87.60	765.60	6.00	1.90
吉 林	1603.80	1579.65		49.95	1496.20	33.50	
黑龙江	1695.60	1571.55	31.85	269.60	756.40	509.30	4.40
上 海	35.70	27.70	6.25	18.35	1.60	0.90	0.60
江 苏	1469.40	1341.00	970.90	299.30	31.20	1.75	37.85
浙 江	92.70	65.25	4.25	58.80	1.70	0.05	0.45
安 徽	972.30	877.95	642.30	220.30	12.50	0.30	2.55
福 建	65.70	46.50	1.50	44.75	0.15	0.10	
江 西	582.15	409.50	0.70	403.00	5.75	0.05	
山 东	1239.45	1238.35	948.85	2.55	266.25	20.15	0.55
河 南	3014.55	2975.55	2642.80	81.80	223.25	7.70	20.00
湖 北	557.00	424.95	108.70	308.00	8.25		
湖 南	382.50	272.35	1.90	257.00	13.45		
广 东	178.25	139.20	8.70	84.35	46.15		
广 西	133.80	98.25	3.80	82.95	11.50		
海 南	14.15	10.40	0.50	9.25	0.65		
重 庆	96.35	71.35	9.15	49.65	11.95		0.60
四 川	380.75	291.60	65.30	195.75	27.15		3.40
贵 州	45.10	37.15	3.65	18.10	8.90		6.50
云 南	107.65	88.70	10.50	43.55	32.15		2.50
西 藏	3.95	3.90	3.50	0.20	0.20		
陕 西	294.15	291.20	204.55	5.95	79.30	1.30	0.10
甘 肃	109.55	108.00	60.00	3.40	32.10	0.30	12.20
青 海	9.95	9.90	8.25	0.05	0.65		0.95
宁 夏	53.30	47.55	11.95	12.75	22.85		
新 疆	469.30	457.50	416.80	21.80	15.40	3.00	0.50

数据来源：国家粮食局统计资料。

表23 全国主要粮食品种销售量(1978～2009年)

单位：贸易粮，万吨

年份	粮食合计	小麦	大米	玉米	大豆	其他
1978	5343.45	1869.50	1773.90	876.10	162.45	661.50
1979	5679.05	1940.30	1826.00	1067.90	179.80	665.05
1980	6416.80	2256.75	2014.30	1301.45	204.40	639.90
1981	7223.25	2563.50	2122.90	1622.25	239.00	675.60
1982	7710.40	2858.05	2289.45	1596.70	271.80	694.40
1983	8003.20	3005.90	2497.65	1458.50	288.75	752.40
1984	10417.85	3699.65	3438.50	1931.95	355.25	992.50
1985	8564.90	3078.50	3006.30	1328.10	322.90	829.10
1986	9347.70	3618.10	3243.90	1357.00	321.30	807.40
1987	9190.80	3643.30	3080.00	1423.80	355.50	688.20
1988	10091.00	3885.20	3038.00	1898.60	406.70	862.50
1989	8931.10	3521.80	2566.20	1846.10	346.50	650.50
1990	9033.30	3574.90	2770.50	1723.10	341.70	623.10
1991	10433.00	4085.00	3267.40	1046.30	1402.60	631.70
1992	9000.00	3247.00	3044.43	1637.30	256.80	814.47
1993	6700.30	2848.50	2128.50	1088.20	229.90	405.20
1994	7648.40	3328.20	2609.40	1121.30	234.00	355.50
1995	9264.20	3707.60	2896.80	1570.00	620.30	469.50
1996	7340.55	3090.25	2259.48	1346.72	356.80	287.30
1997	6830.65	2439.29	2042.94	1632.34	429.40	286.70
1998	6115.95	2137.10	1795.45	1648.50	348.60	186.30
1999	9353.25	3137.15	2420.90	3197.60	439.40	158.20
2000	12556.90	3961.88	3029.80	4718.50	645.50	201.20
2001	8528.70	3225.60	2155.60	2574.90	439.20	133.40
2002	12070.00	4733.00	3155.50	3551.50	510.50	119.50
2003	13453.70	5500.30	3559.05	3800.85	422.20	171.30
2004	11944.00	4640.60	3246.20	3574.50	309.30	173.40
2005	12138.30	4276.90	2556.75	4348.75	841.70	114.20
2006	12034.15	4246.10	2671.35	4133.20	847.60	135.90
2007	12958.25	5104.00	2896.00	3890.35	892.75	175.15
2008	15324.79	7352.83	3120.00	3985.40	755.91	110.65
2009	16693.18	7094.24	3054.12	5261.36	1145.71	137.75

注：1978～2002年粮食购销存数字按粮食年度统计，粮食年度是指当年4月1日至翌年3月31日。从2003年开始，粮食统计年度改为日历年度。
数据来源：国家粮食局统计资料。

表24 2009年国有粮食企业粮食销售情况统计表

单位：万吨

地区	销售						
	原粮	贸易粮	小麦	大米	玉米	大豆	其他
全 国	17974.42	16693.18	7094.24	3054.12	5261.36	1145.71	137.75
北 京	588.89	572.89	130.50	35.80	213.28	178.60	14.70
天 津	292.22	276.77	121.17	36.00	20.95	98.65	
河 北	818.36	816.56	459.25	5.35	345.57	5.30	1.10
山 西	400.28	398.28	110.48	4.90	275.30	0.20	7.40
内蒙古	538.54	528.44	47.95	21.60	444.84	5.60	8.45
辽 宁	1321.21	1268.76	78.73	123.65	962.50	102.38	1.50
吉 林	1239.52	1176.37	2.20	142.95	981.37	48.65	1.20
黑龙江	1672.21	1423.69	47.90	557.14	604.35	208.80	5.50
上 海	294.89	281.24	51.52	54.85	94.50	76.88	3.50
江 苏	1933.97	1830.24	1148.74	366.30	64.05	211.15	40.00
浙 江	259.28	208.38	39.65	109.95	54.38	2.90	1.50
安 徽	821.05	770.05	617.65	118.95	29.90	0.45	3.10
福 建	332.51	275.96	75.47	132.10	62.04	5.95	0.40
江 西	405.65	294.20	1.35	260.20	32.60	0.05	
山 东	1101.14	1098.29	815.72	6.80	249.67	25.05	1.05
河 南	2460.99	2441.69	2183.50	48.80	183.89	5.50	20.00
湖 北	507.75	424.10	213.55	195.15	15.40		
湖 南	286.95	221.85	12.30	152.10	57.45		
广 东	619.95	540.67	113.52	169.06	187.29	69.70	1.10
广 西	266.40	234.20	15.05	75.15	50.10	93.90	
海 南	68.18	60.88	7.50	17.90	34.98	0.50	
重 庆	154.55	121.60	22.05	66.00	28.55	2.60	2.40
四 川	455.57	369.47	105.05	184.80	72.92		6.70
贵 州	52.00	41.70	5.25	23.10	12.00		1.35
云 南	173.99	142.92	22.65	73.02	42.25	0.20	4.80
西 藏	15.65	14.85	12.75	1.90			0.20
陕 西	344.75	335.40	254.40	20.65	58.15	1.80	0.40
甘 肃	168.90	165.65	96.60	7.90	50.75	0.20	10.20
青 海	21.95	21.50	19.10	1.00	0.30		1.10
宁 夏	60.75	52.55	19.00	17.60	15.85		0.10
新 疆	296.38	284.03	243.68	23.45	16.20	0.70	

数据来源：国家粮食局统计资料。

表25 全国粮油进口情况表(1980～2009年)

单位：万吨

年份	粮食进口总量	谷物	其中：小麦	大米	玉米	大麦	大豆	食用植物油
1980	1444	1391	1097	15	164	2	53	9
1981	1444	1387	1305	9	68	5	57	4
1982	1608	1572	1380	22	157	8	36	6
1983	1349	1349	1111	8	211	7	–	4
1984	1037	1037	987	13	6	5	–	1
1985	596	596	541	21	9	3	–	68
1986	769	740	611	32	59	20	29	46
1987	1628	1597	1320	54	154	–	31	51
1988	1534	1519	1455	31	11	8	15	21
1989	1654	1654	1488	93	7	25	–	106
1990	1369	1369	1253	6	37	6	–	112
1991	1343	1343	1237	14	0	75	–	61
1992	1174	1162	1058	10	0	83	12	42
1993	742	732	642	10	0	77	10	24
1994	909	904	718	51	0	132	5	308
1995	2069	2040	1159	164	518	127	29	353
1996	1194	1083	825	76	44	131	111	264
1997	705	417	186	33	0	187	288	275
1998	707	388	149	25	25	152	319	206
1999	771	339	45	17	7	227	432	208
2000	1357	315	88	24	0	197	1042	179
2001	1738	344	69	27	0	237	1394	165
2002	1417	285	60	24	1	191	1132	319
2003	2282	208	43	26	0	136	2074	541
2004	2998	975	723	76	0	171	2023	676
2005	3286	627	351	52	0	218	2659	621
2006	3183	359	61	73	7	214	2824	671
2007	3237	155	10	49	4	91	3082	838
2008	3898	154	4	33	5	108	3744	753
2009	4570	315	90	36	8	174	4255	816

数据来源：国家发展改革委统计资料。

表26 2009年国有粮食企业粮食进口情况统计表

单位：万吨

地区	进口						
	原粮	贸易粮	小麦	大米	玉米	大豆	其他
全 国	985.70	984.75	23.10	2.20		948.25	11.20
北 京	162.55	162.55				151.35	11.20
天 津	116.70	116.70				116.70	
河 北							
山 西							
内蒙古							
辽 宁	131.00	131.00				131.00	
吉 林	24.30	24.30				24.30	
黑龙江	64.50	64.50				64.50	
上 海	43.50	43.50				43.50	
江 苏	267.65	267.65				267.65	
浙 江	14.85	14.85	14.20			0.65	
安 徽							
福 建	9.70	9.20	7.90	1.10		0.20	
江 西							
山 东	2.10	2.10				2.10	
河 南							
湖 北							
湖 南							
广 东	8.45	8.00	1.00	1.00		6.00	
广 西	117.00	117.00				117.00	
海 南							
重 庆							
四 川	23.30	23.30				23.30	
贵 州							
云 南	0.10	0.10		0.10			
西 藏							
陕 西							
甘 肃							
青 海							
宁 夏							
新 疆							

数据来源：国家粮食局统计资料。

表27 全国粮油出口情况表(1980~2009年)

单位：万吨

年份	粮食出口总量	谷物	小麦	大米	玉米	大豆	食用植物油
1980	156	145	0	112	8	11	4
1981	98	84	0	58	14	14	6
1982	78	63	0	47	7	15	10
1983	110	75	0	58	6	35	16
1984	313	229	0	116	95	84	14
1985	918	804	0	101	634	114	16
1986	888	751	0	95	564	137	19
1987	739	568	0	102	392	171	6
1988	718	570	0	70	392	148	3
1989	609	484	0	32	350	125	6
1990	507	413	0	33	340	94	14
1991	1006	895	0	69	778	111	10
1992	1268	1202	0	95	1031	66	7
1993	1364	1327	0	143	1110	37	14
1994	1187	1104	11	152	874	83	27
1995	102	64	2	5	11	38	52
1996	143	124	0	26	16	19	47
1997	852	833	0	94	661	19	82
1998	906	889	1	375	469	17	31
1999	758	738	0	270	431	20	10
2000	1399	1378	0	295	1047	21	11
2001	901	876	45	186	600	25	13
2002	1510	1482	69	199	1167	28	10
2003	2221	2194	224	262	1639	27	6
2004	506	473	78	91	232	33	7
2005	1054	1014	26	69	864	40	23
2006	643	605	111	125	310	38	40
2007	1032	986	307	134	492	46	17
2008	228	181	31	97	27	47	25
2009	167	132	25	79	13	35	11

数据来源：国家发展改革委统计资料。

表28 2009年国有粮食企业粮食出口情况统计表

单位：万吨

地区	出口						
	原粮	贸易粮	小麦	大米	玉米	大豆	其他
全 国	65.00	52.75	3.95	28.55	6.40	8.75	5.10
北 京	8.80	8.80			4.80	3.05	0.95
天 津							
河 北	0.10	0.10					0.10
山 西							
内蒙古							
辽 宁	5.50	3.90		3.90			
吉 林	11.60	10.10		3.20	1.60	5.30	
黑龙江	1.10	1.10				0.40	0.70
上 海							
江 苏	4.85	4.40		1.05			3.35
浙 江							
安 徽							
福 建							
江 西	29.10	20.40		20.40			
山 东							
河 南	3.00	3.00	3.00				
湖 北							
湖 南							
广 东	0.95	0.95	0.95				
广 西							
海 南							
重 庆							
四 川							
贵 州							
云 南							
西 藏							
陕 西							
甘 肃							
青 海							
宁 夏							
新 疆							

数据来源：国家粮食局统计资料。

表29 2009年国有粮食企业退耕还林用粮情况统计表

单位：万吨

地区	原粮	贸易粮	小麦	大米	玉米	大豆	其他
全 国	13.60	13.10	9.70	1.00	2.40		
北 京	4.30	4.10	3.70	0.40			
天 津							
河 北							
山 西							
内蒙古							
辽 宁							
吉 林							
黑龙江							
上 海							
江 苏							
浙 江							
安 徽							
福 建							
江 西							
山 东							
河 南							
湖 北							
湖 南							
广 东							
广 西							
海 南							
重 庆							
四 川							
贵 州							
云 南							
西 藏							
陕 西							
甘 肃							
青 海							
宁 夏	9.30	9.00	6.00	0.60	2.40		
新 疆							

数据来源：国家粮食局统计资料。

表30

2009年全国国有粮食企业经营情况调查表

截至2009年12月31日 单位：万元

地区或单位	利润（或亏损）总额		主营业务收入		主营业务成本		费用总额		资产总额		负债总额	
	合计	其中：购销企业	合计	其中：购销企业	合计	其中：购销企业	合计	其中：购销企业	合计	其中：购销企业	合计	其中：购销企业
合 计	540412	450664	37384707	31987795	36539358	31509423	4391133	3798474	78646790	68195696	70476887	61529961
北 京	13436	1930	927702	331728	872257	325617	107888	39554	1338433	578348	1016969	488595
天 津	7840	3923	340959	232234	338186	235224	47985	41896	753286	486125	456631	262977
河 北	−4260	−846	1076652	1025498	1069418	1014747	101589	90777	1472139	1254086	1169936	959010
山 西	−9074	−4896	565297	527668	545450	510187	90221	71252	1499105	1044983	1461416	964534
内蒙古	−1553	−1328	280958	280113	273912	272344	59631	57575	647425	601163	532196	490678
辽 宁	−1751	4957	1043198	941296	1026569	921458	98839	77028	2310729	1765461	2454476	1831736
吉 林	50764	16702	1816220	502967	1719274	487301	109277	14224	930029	263176	741994	238801
黑龙江	−907	4435	1101813	1003220	1062611	982262	192813	163070	3357203	2989808	3673459	3205617
上 海	14786	−5400	816226	349836	772909	356748	137973	78756	1647522	911570	1175504	746018
江 苏	25287	20154	2530894	2469772	2449345	2393239	204568	186298	3298799	2899727	2765330	2461500
浙 江	7627	2395	440445	324613	429958	326975	117503	91674	1403412	1051529	994184	776120
安 徽	12710	12923	530906	504180	518263	492495	128857	125778	1478423	1331235	1313065	1163799
福 建	3659	4340	496732	461805	498936	458850	78870	67782	990214	798232	772837	624032
江 西	7101	5610	638181	525476	616918	513287	77083	63835	1342987	921643	1245594	910950
山 东	29544	5002	2723197	1204067	2615451	1185998	189542	121278	2971203	1906848	2409953	1613022
河 南	17244	14853	1219295	1098829	1181870	1074333	276174	257257	2996866	2434210	3058083	2504343
湖 北	7360	6727	405338	382496	401526	377751	65636	62674	981851	832280	1144779	986820
湖 南	2146	2497	310388	290836	300735	284107	56650	50301	863376	778468	679536	586038
广 东	8839	9450	1027898	959115	1012719	952072	167215	145079	2383977	1981221	1935876	1544643
广 西	1276	4318	330349	324936	325853	322272	69171	62012	1069254	815645	991132	683278
海 南	−978	−564	100626	100543	101782	101782	8053	7287	173764	91908	195919	82687
四 川	1470	2209	727677	688935	714494	677441	103134	94623	1661567	1496668	1325068	1138434
重 庆	2502	2849	334333	318095	321903	306897	45505	43055	555593	539139	313333	290452
贵 州	335	422	138881	106289	129847	100650	38211	30183	551409	354090	537815	367420
云 南	5553	2074	500607	413510	481726	402182	61650	52692	995046	895646	753947	668854
陕 西	4335	3961	425843	364023	413349	352692	62536	53917	1480780	1110543	1464678	1160717
甘 肃	953	844	261595	252602	253181	245030	41169	38901	983994	527492	889622	448371
青 海	31	211	26041	25559	27559	27141	9337	8920	137515	121610	113430	98282
宁 夏	234	396	75666	73089	74651	71603	14395	13165	188193	166787	152775	141624
新 疆	12122	12926	573973	496464	533161	452728	84794	71913	1088324	888378	1018790	856330
兵 团	2121	−39	41822	786	37965	749	1965	321	63775	7878	51610	6955
中储粮	277732	277732	14302586	14302586	14235271	14235271	1421582	1421582	35354965	35354965	32417727	32417727
中 谷	43227	43227	804563	804563	760341	760341	35133	35133	282936	282936	186587	186587
华 粮	−1299	−3330	447846	300066	421968	287649	86184	58682	1392696	711898	1062636	623010

数据来源：国家粮食局统计资料。

表31

2009年全国国有粮食企业改革情况调查表

截至2009年11月30日 单位：个，人

地区或单位	1.企业数	2.改制企业数				3.粮食产业化龙头企业	4.职工人数			5.粮食部门新增就业岗位		6.安置企业富余职工再就业人数			
		当年改制企业数		现有企业中已改制企业数			(1)小计	(2)在岗人数	(3)不在岗人数	当年数	1998~2009年	当年安置数		1998~2009年	
		小计	其中：股份制公司	小计	其中：股份制公司							小计	其中：粮食部门	累计	其中：粮食部门
总 计	18163	2388	515	11197	4100	997	639659	393217	246442	25023	138772	33604	23799	1316871	796543
北 京	173	0	0	3	2	1	9028	6944	2084	130	136	0	0	5878	5010
天 津	140	4	0	12	1	12	5248	3246	2002	52	189	61	59	5709	5230
河 北	1132	128	28	929	573	46	40347	18004	22343	574	4082	852	489	97284	56809
山 西	1656	0	0	404	284	10	38363	19396	18967	0	0	3492	2008	17181	8353
内蒙古	278	16	5	197	24	8	8402	6475	1927	39	74	39	39	26135	9180
辽 宁	571	23	11	287	52	39	11671	7684	3987	792	2609	1481	1437	15320	14776
吉 林	113	665	0	43	0	4	4544	4420	124	0	0	712	712	25732	8332
黑龙江	907	110	76	833	423	67	36323	29696	6627	1184	6762	3831	2351	114264	81172
上 海	197	1	1	132	95	2	9840	6163	3677	4	4621	482	291	16132	12497
江 苏	1827	126	28	1335	278	60	39740	22377	17363	1440	32300	1054	892	74004	48753
浙 江	299	0	0	299	0	13	14077	11298	2779	0	0	0	0	30862	17196
安 徽	815	178	39	501	226	114	36846	23596	13250	779	9841	1595	1220	49658	37578
福 建	508	1	0	195	26	16	9769	6789	2980	74	1048	170	94	14144	5048
江 西	1283	48	4	1000	77	40	34430	19821	14609	1104	2887	1777	1097	48199	30714
山 东	985	41	6	593	380	63	70101	26293	43808	3663	13793	3259	2208	88693	60422
河 南	1214	178	65	1036	638	58	85612	51888	33724	2380	17828	3033	1710	143715	98274
湖 北	605	175	71	413	169	56	19250	13286	5964	1244	4155	1949	1377	154976	62588
湖 南	320	93	57	313	186	67	12370	9017	3353	34	1433	247	155	84482	50960
广 东	722	82	33	365	45	15	17565	11408	6157	8450	10829	662	645	50618	25044
海 南	61	0	0	57	0	0	1114	1017	97	21	348	15	15	4196	2294
广 西	907	91	3	471	37	10	15984	7232	8752	203	1316	955	816	15792	7202
四 川	739	137	21	492	149	144	18986	15127	3859	1380	13013	2767	2286	66053	48703
重 庆	345	28	28	29	29	22	5807	5508	299	0	0	0	0	25517	18461
贵 州	354	17	3	209	59	42	12358	5601	6757	261	4181	253	245	11623	9473
云 南	242	81	10	186	49	35	7525	5577	1948	164	2261	221	215	13837	10560
西 藏	97	0	0	0	0	0	1895	1431	464	0	0	0	0	0	0
陕 西	517	90	17	387	165	25	14308	8484	5824	463	2621	3287	2279	72287	29048
甘 肃	210	34	6	311	113	10	11851	6167	5684	229	744	633	602	24244	17275
青 海	54	0	0	54	5	1	1344	1197	147	156	200	156	156	4085	3767
宁 夏	102	9	0	37	0	0	1360	1055	305	13	73	11	5	4235	3747
新 疆	142	30	3	58	11	16	8490	6816	1674	190	1353	363	339	9728	6839
兵 团	55	2	0	13	1	1	1991	1991	0	0	75	247	57	2288	1238
中储粮	421	0	0	0	0	0	21914	18577	3337	0	0	0	0	0	0
中 粮	114	0	0	0	0	0	3192	2849	343	0	0	0	0	0	0
华 粮	58	0	0	3	3	0	8014	6787	1227	0	0	0	0	0	0

数据来源：国家粮食局统计资料。

表32

2009年全国国有粮食购销企业改革情况调查表

截至2009年11月30日

单位：个，人

地区或单位	1.企业数	2.改制企业数				3.粮食产业化龙头企业	4.职工人数			5.粮食部门新增就业岗位		6.安置企业富余职工再就业人数			
		当年改制企业数		现有企业中已改制企业数			（1）小计	（2）在岗人数	（3）不在岗人数	当年数	1998～2009年	当年安置数		1998～2009年	
		小计	其中：股份制公司	小计	其中：股份制公司							小计	其中：粮食部门	累计	其中：粮食部门
总 计	12567	1814	383	8399	3323	711	458360	312069	146291	19767	96232	21595	16922	870297	561060
北 京	51	0	0	0	0	0	4028	2886	1142	45	82	0	0	3417	3320
天 津	71	4	0	12	1	8	4308	2624	1684	5	100	10	10	2267	1786
河 北	883	58	20	833	538	39	29634	16335	13299	548	3679	631	426	67611	42158
山 西	820	0	0	303	185	5	19221	12427	6794	0	0	0	0	12976	8016
内蒙古	253	12	1	190	23	8	8146	6346	1800	55	55	55	55	22361	8784
辽 宁	436	14	11	254	44	24	9892	6779	3113	702	2435	1325	1285	14389	14080
吉 林	50	665	0	43	0	4	1307	1307	0	0	0	712	712	24713	6994
黑龙江	598	60	60	598	361	32	30770	25652	5118	1651	5953	3493	2351	77566	61841
上 海	103	1	1	76	76	1	4131	2562	1569	4	886	294	200	5974	4167
江 苏	1426	101	17	1007	172	41	27393	18326	9067	1321	16485	892	721	52516	35673
浙 江	128	0	0	128	0	5	7870	7173	697	0	0	0	0	12997	6827
安 徽	624	146	36	403	215	54	28861	21711	7150	709	7126	1372	1168	30488	28583
福 建	263	1	0	87	23	16	7128	5141	1987	74	765	207	94	9656	3273
江 西	928	45	1	723	39	29	27690	17549	10141	537	2654	880	429	27564	16234
山 东	711	25	2	404	259	40	41140	13962	27178	588	4796	1234	1065	51427	33542
河 南	700	11	11	689	554	32	58942	41099	17843	1969	14483	2457	1645	62609	61797
湖 北	397	135	56	271	116	41	12364	9288	3076	1117	3397	1336	1040	88564	35931
湖 南	300	91	59	297	177	65	11145	8412	2733	30	566	296	177	71994	44560
广 东	582	82	33	268	47	14	15082	9289	5793	8434	10200	651	627	39617	21506
海 南	48	0	0	47	0	0	966	949	17	16	321	14	14	2017	1339
广 西	575	60	2	275	3	8	9625	6104	3521	206	893	803	771	12084	7773
四 川	602	103	18	434	115	123	17127	13621	3506	734	11636	2735	2030	53313	39392
重 庆	228	28	28	29	29	18	4628	4416	212	0	0	0	0	18226	13235
贵 州	163	6	0	158	39	30	6953	4335	2618	124	3611	111	108	8936	7389
云 南	191	50	6	156	43	36	6623	5094	1529	123	2121	220	214	11319	8961
西 藏	86	0	0	0	0	0	1422	970	452	0	0	0	0	0	0
陕 西	383	74	15	332	136	19	9440	6540	2900	209	2195	1331	1302	54431	20774
甘 肃	176	25	4	286	96	8	10057	5105	4952	223	737	210	179	22673	15652
青 海	32	0	0	32	4	1	1107	987	120	156	200	156	156	2289	2289
宁 夏	86	0	0	11	19	0	1253	1011	242	11	71	11	5	1977	1805
新 疆	110	17	2	50	6	10	6957	5826	1131	176	710	159	138	4090	3143
兵 团	4	0	0	0	0	0	43	43	0	0	75	0	0	236	236
中储粮	421	0	0	0	0	0	21914	18577	3337	0	0	0	0	0	0
中 粮	80	0	0	0	0	0	3179	2836	343	0	0	0	0	0	0
华 粮	58	0	0	3	3	0	8014	6787	1227	0	0	0	0	0	0

数据来源：国家粮食局统计资料。

表33 2009年全国粮食仓储企业数量表

单位：户

地区或单位	合计	其中非国有	分规模企业构成			
			2.5万吨以下	2.5～5万吨	5～10万吨	10万吨以上
全国总计	17995	4372	14434	1826	1136	599
一、地方小计	17519	4372	14405	1780	954	380
北 京	100	21	51	21	16	12
天 津	69	10	37	9	8	15
河 北	995	191	823	112	42	18
山 西	735	33	671	28	24	12
内蒙古	674	365	531	91	40	12
辽 宁	803	405	659	76	46	22
吉 林	778	195	663	56	48	11
黑龙江	1080	370	788	174	95	23
上 海	96	33	65	11	9	11
江 苏	1399	195	1191	130	62	16
浙 江	154	32	83	26	30	15
安 徽	999	191	776	147	56	20
福 建	745	156	680	40	17	8
江 西	1258	60	1167	60	23	8
山 东	949	426	737	100	74	38
河 南	1654	162	1337	171	100	46
湖 北	829	340	673	87	52	17
湖 南	507	222	371	74	47	15
广 东	525	163	409	71	31	14
广 西	313	26	266	24	14	9
海 南	39	4	36	2	1	
重 庆	105	17	75	12	11	7
四 川	790	219	637	105	40	8
贵 州	207	13	182	22	3	
云 南	258	88	222	22	10	4
西 藏	91	4	91			
陕 西	480	147	418	40	15	7
甘 肃	282	92	238	26	17	1
青 海	51	3	43	6	1	1
宁 夏	203	66	187	5	8	3
新 疆	272	118	220	31	14	7
兵 团	79	5	78	1		
二、中央单位小计	476		29	46	182	219
中储粮	350		4	23	138	185
中 粮	69		24	7	19	19
华 粮	57		1	16	25	15

注：2.5万吨以下不包括2.5万吨，2.5～5万吨包括2.5万吨，5～10万吨包括5万吨，10万吨以上包括10万吨。
数据来源：国家粮食局统计资料。

表34 2009年上半年取得中央储备粮代储资格企业名单

单位：万吨

序号	企业名称	类别	总仓(罐)容	取得资格仓(罐)容	取得资格仓(罐)号	证书编号	备注
	北京						
1	北京市平谷官庄粮食收储库	粮	12.0059	0.7909	27-28	11000200-2	
2	北京市顺义牛栏山粮食收储库	粮	14.0000	1.0000	普通平房仓12-15	11001200-2	
3	北京市通州粮食收储库	粮	32.4613	4.5622	3分库：12-13，4分库：1-4	11001400-3	
	天津						
4	天津市大港区太平镇粮食购销有限公司	粮	2.6396	2.6396	1-4、6-9	12002900	
5	天津市宝坻区粮食购销有限公司	粮	10.1800	9.0370	1-27	12001300-1	
6	天津静海城东国家粮食储备库	粮	13.0150	3.3842	主库区：B区14仓；1分库：C区1仓-6仓	12001800-2	
7	天津市静海古城粮食储备库	粮	4.1116	4.1116	1-6	12003000	
8	蓟县尤古庄粮食购销有限公司	粮	3.4614	3.4614	钢板平房仓1-5、8，普通平房仓6-7	12002700-1	取消第八批取得资格的1-7号仓房资格，编号12002700证书作废。
9	天津塘沽国家粮食储备库	粮	12.2620	2.2520	7、14、21-22	12003100	
10	天津西青国家粮食储备库	粮	5.5165	1.1018	64-65	12001900-1	
	河北						
11	衡水龙华粮食储备库有限责任公司	粮	4.3512	2.8512	1分库：1-10	13015100	
12	承德滦河粮食储备有限公司	粮	4.0036	4.0036	钢板平房仓P01-P08，普通平房仓P09-P14	13015200	
13	河北省任县省级粮食储备有限公司	粮	3.3067	3.3067	1-21	13015300	
14	徐水县遂城国有粮食购销库	粮	4.2325	1.3434	主库区：7-8	13014800-1	
15	大城县粮食局直属库	粮	2.5776	2.5776	1-21	13015400	
16	河北秦皇岛青山国家粮食储备库	粮	11.4450	5.0602	普通浅圆仓1-4，普通平房仓29-32	13000800-1	
17	衡水前么头国储粮库有限责任公司	粮	9.7771	1.0787	29-30	13004800-1	
18	河北良禾粮油购销有限公司	粮	4.5395	4.1130	主库区：1-6	13015600	
19	衡水桃城粮食储备库有限公司	粮	3.1962	3.1962	1-6	13015700	
20	邢台市粮食储备库	粮	18.0000	6.0060	1分库：1-12	13005900-1	
21	唐县王京国家粮食储备库	粮	3.5000	0.6636	D1-D7、E1-E3	13007300-1	
22	遵化国家粮食储备有限公司	粮	4.2975	0.7626	8-9	13011000-2	
23	滦县国家粮食储备有限公司	粮	10.4040	1.8050	1-5、9	13000500-3	
24	河北秦皇岛青山国家粮食储备库	油	1.0507	0.6532	4-5	13008001-1	
25	河北仓盛兴粮油工贸有限公司	油	1.3824	1.0968	1-8	13016001	
	山西						
26	晋中市榆次粮食储备库	粮	10.2987	1.2572	13-15	14001200-2	
27	山西离石国家粮食储备库	粮	3.4500	0.9500	11-12	14004300-1	
	内蒙古						
28	呼伦贝尔市根河森粮实业有限责任公司	粮	2.6000	2.6000	钢板平房仓1-8，钢立筒仓9-16	15009500	
29	牙克石第二粮库	粮	12.2472	6.6000	主库区：钢立筒仓23-41；1分库：钢立筒仓1-36，钢板平房仓1-4	15003400-4	
30	包头市九原粮食购销有限责任公司	粮	3.3900	3.3900	1-9	15009600	
31	内蒙古通辽大沁他拉国家粮食储备库	粮	7.3255	0.8471	11-13	15002100-1	
	辽宁						
32	辽宁辽阳铁西国家粮食储备库	粮	12.4615	0.9981	22-24	21001400-1	

续表

序号	企业名称	类别	总仓(罐)容	取得资格仓(罐)容	取得资格仓(罐)号	证书编号	备注
33	大连市旅顺口区粮库	粮	6.3000	3.6353	主库区：普通立筒仓1-20、30-45，钢板平房仓21，普通平房仓22-24、26、29	21010500	
34	海城恒基粮业有限公司	粮	6.5943	4.9600	普通立筒仓1B-22B，钢板平房仓1C-12C	21010600	
35	葫芦岛中浩粮油食品有限公司	粮	9.9984	9.9984	1-6、7-12	21010700	
36	建平辽粮谷物有限公司	粮	3.3484	2.5852	钢板浅圆仓GQY1-16，普通平房仓PPF1-18	21010800	
37	宽甸满族自治县第一粮库	粮	5.4192	1.3583	钢板平房仓11-12、14，钢立筒仓仓36-39	21000800-1	
38	辽宁佳禾粮食储备库	粮	2.5446	2.5446	钢板浅圆仓GQY1-25，普通平房仓PPF1-7，钢板平房仓GPF8	21010900	
39	辽宁省建昌药王庙粮食储备库	粮	3.0000	2.5000	3-4、6-10	21011000	
40	辽阳市宏伟粮库	粮	6.5715	3.4788	普通平房仓1-12、14-16，钢板浅圆仓19-30	21011100	
41	沈阳市直属粮食储备库	粮	18.4664	5.1220	1-10	21003100-1	
42	铁岭市粮库	粮	8.3100	3.3000	普通平房仓7-14，普通立筒仓15-34	21001700-1	
	吉林						
43	洮南市安定粮库	粮	3.1500	3.1500	普通立筒仓1-6，钢板平房仓7-10、14-17	22010400	
44	九台市营城粮食储备库	粮	8.0200	5.5200	01-18	22010500	
45	吉粮集团公主岭金玉收储有限责任公司陶家屯粮库	粮	11.0000	5.2600	普通平房仓1-6，钢板平房仓10-13	22010600	
	黑龙江						
46	克山县北兴粮库	粮	3.0012	3.0012	普通平房仓1-9，钢板平房仓11-14，普通立筒仓15-20	23020800	
47	甘南国家粮食储备库	粮	7.5500	0.4000	钢板平房仓6	23016100-1	
48	杜尔伯特蒙古族自治县石人沟粮库有限责任公司	粮	3.5000	2.5760	钢板平房仓1-7	23020900	
49	双鸭山市丰合粮食购销储备有限公司	粮	2.5632	2.5632	钢立筒仓1-24	23021000	
50	勃利县双河粮库有限责任公司	粮	4.6000	1.8023	普通平房仓4-11，钢板平房仓1、13-14	23019300-1	
51	鹤岗市粮食局第一粮库	粮	11.9289	6.4797	普通平房仓1-14，钢板平房仓15	23001900-1	
52	鹤岗市新华粮库有限公司	粮	4.0000	4.0000	钢板平房仓1-2	23021200	
53	哈尔滨市阿城区第二粮库	粮	4.0900	3.0987	钢板平房仓5-11，普通平房仓13-15	23021300	
54	萝北县军川粮库	粮	4.5000	3.8000	普通立筒仓1-10，钢板平房仓1-3、5-12	23002200-1	
55	兰西县东方红粮库	粮	9.4800	4.9000	钢板平房仓1-3，普通立筒仓6-8	23021400	
56	拜泉县拜泉粮库有限公司	粮	5.7300	1.2000	钢板平房仓四号库、五号库，普通平房仓三号库、六号库、七号库	23001600-1	
	上海						
57	上海南汇国家粮食储备库	粮	7.6184	7.6184	普通平房仓1-21、26-49，钢板平房仓22-25	31001000	
	江苏						
58	太仓市粮食购销有限公司	粮	7.5299	7.5299	主库区：1-4；1分库：1-20	32014500	
59	阜宁县郭墅粮油管理所	粮	4.4100	4.4100	钢板平房仓1-14	32014600	
60	盐城市亭湖区粮食购销总公司	粮	2.6368	2.6368	1-16	32014700	
61	溧水县和凤粮食购销有限公司	粮	2.6724	2.6724	1-15	32014800	
62	南京远望富硒农产品有限责任公司	粮	4.2180	4.2180	钢板平房仓11-22	32014900	
63	兴化合陈国家粮食储备库	粮	5.4340	5.4340	1-20	32005800-1	
64	兴化市周庄粮油贸易公司	粮	6.1768	6.1768	101-124	32015000	
65	南京铁心桥国家粮食储备库	粮	21.6876	9.2876	1分库：2-3、5-29	32000100-1	
66	江苏盐城江海粮油收储有限公司	粮	4.4928	4.4928	1-32	32015100	
67	江苏省国营弶港农场农业服务中心	粮	2.5428	2.5428	1-8	32015200	
68	镇江市粮食中转库	粮	8.5028	3.1644	1分库：21-32	32002800-1	

续表

序号	企业名称	类别	总仓(罐)容	取得资格仓(罐)容	取得资格仓(罐)号	证书编号	备注
69	宜兴市屺亭国家粮食储备库	粮	3.2780	3.2780	1-14	32009200-1	
70	南京远望润军工贸实业有限公司	粮	2.8710	2.8710	钢板平房仓5-9	32015300	
71	新沂市瓦窑粮油管理所	粮	4.8054	1.0812	主库区：钢板平房仓25-30	32009800-2	
72	铜山县沿湖乡粮油管理所	粮	4.7306	3.6383	1-13、19、21-28、20A、20B	32015400	
73	宿迁市宿豫区来龙粮库	粮	3.9937	3.9937	普通平房仓1-28，钢板平房仓29-34	32015500	
74	江阴白屈港粮食储备库	粮	2.5074	2.5074	1-1、1-2、2-1、2-2、3-1、3-2、3-3、4-1、4-2、5-1、5-2	32015600	
75	昆山市粮食储备库	粮	7.7070	2.5764	主库区：普通平房仓101-102、201-202、301-303、401-403，普通立筒仓501-510；1分库：普通平房仓127-130	32009500-1	
76	新沂市时集粮库	粮	3.9574	0.8222	钢板平房仓35-38	32009100-1	
77	新沂市窑湾粮库	粮	3.4584	0.8592	主库区：22-25	32008600-1	
78	南通中宝实业总公司	粮	3.8000	2.6448	19#、20#西、20#东、23#-26#、31#-34#、37#1、37#2、38#1、38#2	32015800	
79	灌南百禄国家粮食储备库	粮	3.1644	0.5274	11-12	32005500-1	
80	沭阳县悦来粮食储销有限公司	粮	2.8713	2.8713	1-3、5-16	32015900	
81	江苏恒益粮油有限公司	粮	5.0000	4.1168	3-30、33-59	32016000	
82	如东县粮食购销公司	油	1.5203	1.5203	1-5、11-29	32016101	
83	泰州市过船港务有限公司	油	5.4463	4.8643	106-108、501-505、805-807	32016201	
84	南通市城供粮油购销总公司	油	0.8052	0.8052	1—14	32016301	
85	常熟市粮油购销公司	油	0.5979	0.5979	1-9	32016401	
	浙江						
86	绍兴县粮食收储有限公司	粮	4.7232	4.7232	储备中心：钢板平房仓1-24	33001400	
87	绍兴市储备粮管理有限公司	粮	2.9368	2.9368	北库：普通平房仓1-1、1-2、2-1、2-2、3-1、3-2、4-1、4-2、5-1、5-2、6-1、6-2、7-1、7-2、8-1、8-2，钢板平房仓9、10、11、12、13-1、13-2、14、15-1、15-2、16	33001500	
88	杭州余杭区粮食收储有限责任公司	粮	3.2498	2.6360	仓前中心粮库：1-20	33001600	
89	嘉兴市粮食收储有限公司	粮	5.6940	2.7780	10-16、18-22、24-26、28	33001000-1	
90	金华第二粮库	粮	4.8500	4.8500	101南-105南、101北-105北、201西-202西、201东-202东、301西-308西、301东-308东、401西-406西、401东-406东	33001700	
91	上虞市粮食收储有限公司	粮	5.0130	5.0130	一区1-23、二区1-27	33001800	
92	长兴县粮食收储有限公司	粮	3.5400	3.2200	1-20	33001900	
93	嵊州市地方储备粮管理有限公司	粮	3.3000	3.3000	1-12	33002000	
94	平湖市粮食收储有限公司	粮	5.5300	2.2120	9-10、13-14、17-20	33000900-1	
	安徽						
95	六安三农粮油食品发展有限公司	粮	5.7500	2.7500	7-12	34009500-1	
96	巢湖市国粮饲料有限公司	粮	2.6516	2.6516	1-4、6-8	34010500	
97	休宁县粮食收储有限公司	粮	4.0174	0.9640	1分库：35-38	34008700-1	
98	安徽亳州国家粮食储备库	粮	7.8500	3.6000	1-8、12	34001500-1	
99	安徽三农集团临淮岗粮油储备有限公司	粮	13.5565	6.9884	城关分库：1-13	34010400-1	
100	黟县粮食购销有限责任公司	粮	5.1071	2.5724	1分库：1-8	34009000-1	
101	芜湖县省级粮食储备库	粮	3.0000	3.0000	1-8	34010600	
102	舒城县城关省级粮食储备库	粮	4.0292	1.4904	新1-新6	34008100-1	
103	安徽省桐城青草香米业集团有限公司	粮	2.9500	2.5000	1-8	34010700	
104	安徽泗县省级粮食储备库	粮	3.6000	3.6000	1-9	34010800	

续表

序号	企业名称	类别	总仓(罐)容	取得资格仓(罐)容	取得资格仓(罐)号	证书编号	备注
	福建						
105	福建省三明市荆西粮油储运站	粮	6.0109	1.7304	楼房仓126-133	35001400-1	
106	福州市粮食购销有限公司	粮	10.3362	2.6756	楼房仓101-106	35001900-1	
107	南安市储备粮直属库	粮	3.5480	3.5480	001-008	35002700	
	江西						
108	南昌县新联粮食管理所	粮	5.2975	5.2975	1-43	36013300	
109	江西修水国家粮食储备库	粮	4.6921	0.5332	4-5、8、12	36008500-3	
110	江西弋阳国家粮食储备库	粮	4.9311	0.4844	普通立筒仓34-1至34-14	36007300-2	
111	抚州市临川区粮食局大岗粮油管理所	粮	2.6521	2.6521	1-17	36013400	
112	南昌县向塘粮食管理所	粮	4.8701	4.8701	1-25	36013500	
113	余干县粮食局瑞洪直属库	粮	3.0000	3.0000	1-10	36013600	
114	抚州市临川区粮食局东馆粮油管理所	粮	2.7436	2.7436	5-21	36013700	
115	江西宜丰国家粮食储备库	粮	9.5589	3.6289	主库区：25-26；1分库：1-19	36004200-2	
116	江西分宜国家粮食储备库	粮	5.2385	1.3036	10、23-28	36007600-1	
117	江西丰城剑光国家粮食储备库	粮	2.5000	2.5000	钢板平房仓1-5	36013800	
118	江西金佳谷物股份有限公司新干粮食储备库	粮	8.1306	8.1306	钢立筒仓A1-A10、B1-B8、C1-C14，普通平房仓D1-D2	36013900	
119	江西省鹰潭市龙虎山风景旅游区粮食收储公司	粮	2.7895	2.7895	钢板平房仓1-2，普通平房仓3-5	36014000	
120	江西新余渝水国家粮食储备库	粮	3.3100	2.7800	4、6-9、11、13、15-23	36014100	
121	江西省新余经济开发区粮食购销公司	粮	6.0000	4.5000	主库区：1-12	36014200	
122	丰城市粮食局小港粮油管理所	粮	2.5418	2.5418	1-17	36014300	
123	上高县粮食局塔下粮油管理所	粮	4.6150	1.3000	20-21、A1-A12	36003300-1	
124	赣州市章贡区粮油收储公司	粮	4.6300	3.3200	A5-19、A5-20、A5-21、A6-22、A6-23、A6-24、A7-25、A7-26、A7-27、A8-28、A8-29、A8-30、A9-31、A9-32、A9-33、A10-34、A10-35、A10-36、A11-37、A11-38、A11-39、A12-40、A12-41	36014400	
125	进贤县衙前粮油购销公司	粮	2.7550	2.7550	1-37	36014500	
126	鹰潭市月湖区粮食收储公司	粮	3.6779	3.6779	钢板平房仓1-7	36014600	
127	靖安县粮食局香田粮管所	粮	3.0114	3.0114	1-22	36014700	
128	江西金佳谷物股份有限公司樟树油脂储备库	油	2.1000	2.0000	1-19	36014801	
129	江西南昌横岗国家粮食储备库	油	0.3250	0.3250	1-13	36014901	
130	江西彭泽国家粮食储备库	油	1.0000	1.0000	1-20	36015001	
	山东						
131	曹县地方粮食储备库	粮	4.8328	4.8328	1-13	37012400	
132	山东省昌乐粮食储备库	粮	4.9851	4.9851	主库区：1-29	37012500	
133	山东东阿国家粮食储备库	粮	6.5720	1.3440	43-49	37005300-3	
134	枣庄市粮食储备库	粮	4.8402	4.8402	1-18	37006000-1	
135	山东淄博北郊国家粮食储备库	粮	4.0210	1.2880	1分库：1-17、23-25	37003600-2	
136	泰安市粮库	粮	2.9734	2.9734	1-10	37012600	
137	山东省庆云县粮食收储公司	粮	4.2121	4.2121	1-95	37012700	
138	济南第二粮库	粮	13.3180	5.0040	1分库：5-8、13-14、17-18、21-22、27-30	37002800-2	
139	山东嘉祥国家粮食储备库	粮	4.0000	4.0000	1-6、17-25	37003900-1	
140	山东济阳国家粮食储备库	粮	4.2660	4.2660	1-8	37005400-1	
141	山东良友储备粮承储有限公司	粮	18.7767	8.5475	1分库：1-13、16-17；2分库：1-28	37005800-2	

续表

序号	企业名称	类别	总仓(罐)容	取得资格仓(罐)容	取得资格仓(罐)号	证书编号	备注
142	菏泽信源粮油收储有限责任公司	粮	2.6114	2.6114	普通平房仓1，钢板平房仓2-4，钢立筒仓5-7	37012800	
143	山东齐河晏城国家粮食储备库	粮	3.3828	3.3828	1-12	37012900	
144	东营市粮食储备库	粮	21.0000	3.0000	2、5-6、10、13、17-20、26、31、44、45	37010400-1	
145	山东省日照粮食储备库	粮	5.5860	1.2620	13-16	37009100-3	
146	山东定陶国家粮食储备库	粮	27.9400	0.3836	主库区：27-28	37002300-3	
147	山东高密国家粮食储备库	粮	5.0600	0.9600	31-33	37009400-2	
148	青州市民生地方储备粮管理中心	粮	2.5154	2.5154	1-12	37013000	
149	青岛第三粮库	粮	10.0285	2.7785	1分库:1-10	37008800-1	
150	枣庄市峄城区粮食储备库	粮	3.0472	3.0472	1-12	37013100	
151	菏泽信源粮油收储有限责任公司	油	0.3600	0.3600	1-6	37013201	
	河南						
152	河南德盛国家粮食储备管理有限公司	粮	15.8540	6.9508	主库区：30-33，1分库：27-34	41009200-1	
153	河南开封城东国家粮食储备有限公司	粮	13.8086	6.0315	普通平房仓21-24，钢板平房仓25-31	41000500-1	
154	开封城南国家粮食储备有限责任公司	粮	13.5930	4.7381	主库区：普通平房仓2-4、10，3分库：普通平房仓38-40、钢板平房仓41-42	41000600-1	
155	河南武陟国家粮食储备库	粮	3.0660	2.3687	0、2、5-19、21-31	41004000-1	
156	河南商丘国家粮食储备库	粮	14.7557	6.3277	1分库：普通平房仓平1-平8，钢板平房仓平9、平10	41005600-1	
157	河南世通谷物贸易公司	粮	12.5866	4.0780	1分库:33-38	41000100-1	
158	河南郑州中原国家粮食储备库	粮	12.9649	6.3148	1分库:14-25	41007800-1	
159	临颍县龙堂粮食收储有限公司	粮	8.0774	4.6824	普通平房仓9-10、21，钢板平房仓14-15、20	41020200-1	
160	新乡市新丰粮油仓库	粮	3.7046	3.1378	主库区：1-10	41009000-1	
161	河南郾城国家粮食储备库	粮	10.3228	1.8198	27-32	41011000-1	
162	开封市军粮供应站	粮	2.9876	2.9876	钢板平房仓1-6	41021900	
163	河南省谷物储贸有限公司	粮	13.3570	2.5090	1分库：1-4	41011900-1	
164	清丰0八0三河南省粮食储备库	粮	3.9426	0.2186	41、42	41004500-1	
165	漯河市荣盛源粮油购销有限公司	粮	11.8784	4.0804	13-14、17-20、23-24	41005100-1	
166	河南济源国家粮食储备库	粮	7.0200	1.8078	31-33	41007700-1	
	湖北						
167	宜城市楚源米业有限责任公司	粮	2.9500	2.9100	朱市1-1、1-2、2-1、2-2、3-1、3-2、4-1、4-2、5-1、5-2、5-3、5-4、6-1、6-2、7-1、7-2、8-1、9-1、9-2	42010300	
168	宜昌市宝塔河粮食储备库	粮	8.7890	3.5156	沿江大道新库1-4	42010400	
169	湖北阳新鄂东南国家粮食储备库	粮	7.3000	1.8000	17-38	42002400-1	
170	黄梅县地方粮食储备库	粮	2.9439	2.6166	1、4-9、11-14、新1-新3	42010500	
171	鄂州市兴粮油脂储备有限公司	油	0.8000	0.8000	201-207	42010601	
172	湖北甲林粮油有限公司	油	1.8800	1.8800	1-3、5-17	42010701	
173	湖北绿秀粮油集团有限公司	油	1.2000	1.2000	1-10	42010801	
174	宜昌市油脂储备库	油	3.7000	3.7000	1-18	42010901	取消第一批取得资格的1-28号仓房的资格，编号42003401证书作废
	湖南						
175	湖南金山粮油食品有限公司	粮	3.8418	3.8418	钢板平房仓1-6	43009500	

续表

序号	企业名称	类别	总仓(罐)容	取得资格仓(罐)容	取得资格仓(罐)号	证书编号	备注
176	湖南金霞粮食产业有限公司	粮	21.6467	5.0622	2分库：21-26	43002800-2	
177	湖南桃源国家粮食储备库	粮	4.1332	1.2440	10-14	43009600	
178	湖南金霞粮食产业有限公司	油	1.9236	1.7236	1-16	43009701	
179	湖南粮食中心批发市场	油	0.4750	0.4750	1-9	43009801	
180	湖南长沙霞凝国家粮食储备库	油	0.6412	0.6412	1-19	43009901	
	广西						
181	广西梧州国家粮食储备库	粮	6.5700	2.4139	楼房仓2-1、2-2、2-3，平房仓3、4、20-25	45002300-1	
182	广西植物油库	油	2.6500	1.4900	1-3、5-7、9	45001301-1	
	四川						
183	成都市金稻粮食购销有限责任公司	粮	2.8260	2.8260	1-10	51011700	
184	四川洪雅城关省粮食储备库	粮	2.5044	2.5044	1-15	51011800	
185	四川富顺国家粮食储备库有限公司	粮	4.0962	4.0962	1-24	51011900	
186	四川安岳国家粮食储备库	粮	3.8978	0.4650	主库区：36	51009800-1	
187	四川合江城区国家粮食储备库	粮	6.9048	3.1102	主库区：1-7	51002400-2	
188	四川苍溪国家粮食储备库	粮	3.1068	3.1068	1-18	51000700-1	
189	四川罗江国家粮食储备库	粮	4.0001	0.6431	6、9-11	51003400-1	
190	四川威远严陵省粮食储备库	粮	3.5373	3.5373	1-15	51012000	
191	四川省中江县仓山粮油购销公司	油	0.6160	0.3060	1-3	51012101	
192	四川彭州国家粮食储备库	油	0.6114	0.6114	1-8	51012201	
193	四川蓬溪国家粮食储备库	油	0.6237	0.6237	1-12	51012301	
194	岳池顺福来油脂有限责任公司	油	0.6428	0.3416	1-8	51012401	
195	四川丹棱城关省粮食储备库	油	0.3149	0.3149	1-13	51012501	
196	四川苍溪国家粮食储备库	油	0.3000	0.3000	1-6	51012601	
	重庆						
197	重庆市粮食储运公司	粮	23.7894	10.5462	2分库:1-28	50000200-1	
198	重庆市油脂公司	油	3.2300	1.7700	4-1#、4#-8#、8-1#、9#-21#	50001901-1	
	贵州						
199	思南南江粮食购销有限责任公司	油	0.3049	0.3049	1-3	52002901	
	云南						
200	丘北县粮油购销有限责任公司	粮	2.5800	2.5800	布宜储备库1-11	53002900	
201	云南迪庆国家粮食储备库	粮	2.5593	1.9280	主库区：1-7	53003000	
	陕西						
202	陕西大荔省粮食储备库	粮	2.6414	2.5414	地下仓1-12	61003000	
	甘肃						
203	甘肃省景家店粮油储备库有限公司	粮	7.6000	1.0146	14-15	62000100-1	
204	张掖市粮食局直属粮库	粮	4.1791	1.5949	11-13	62003100-1	
	中粮集团						
205	中粮祥瑞粮油工业(荆门)有限公司	油	3.5703	3.5703	201-208、301-306、401-405	42000821	
206	中国植物油公司	油	1.2350	0.5850	九江油脂库3-10	11001811-1	
	华粮集团						
207	中国华粮物流集团康金粮库	粮	5.0000	0.9000	钢立筒仓1-4、钢板浅圆仓6	23001570-1	
208	中国华粮物流集团讷河国家粮食储备库	粮	9.8208	2.1809	钢板平房仓7、8、18	23001200-2	
209	中国华粮物流集团嫩江国家粮食储备库	粮	19.8500	1.0000	钢板平房仓337-340	23009600-1	

续表

序号	企业名称	类别	总仓(罐)容	取得资格仓(罐)容	取得资格仓(罐)号	证书编号	备注
210	中国华粮物流集团五常粮库	粮	3.3000	2.5000	钢板浅圆仓1-1、1-2、1-3、1-4，钢板平房仓2	23002070	
211	中国华粮物流集团克山粮库	粮	9.6900	1.8033	普通平房仓1-6、21	23001670-1	
212	中国华粮物流集团克东国家粮食储备库	粮	6.5000	1.0500	钢板平房仓1、3、10-12	23019800-1	
213	中国华粮物流集团舍伯吐国家粮食储备库	粮	7.0000	1.2735	主库区：立筒仓19-20，钢板浅圆仓24-25	15004600-1	
214	中国华粮物流集团城陵矶港口库	粮	11.4000	4.7557	普通平房仓4-5、11-16、19	43001000-1	
	黑龙江农垦						
215	黑龙江农垦建三江粮库有限责任公司	粮	10.3600	2.5584	普通浅圆仓5-8，钢板浅圆仓9-16、37-48	23014100-1	

数据来源：国家粮食局统计资料。

表35 2009年下半年取得中央储备粮代储资格企业名单

单位：万吨

序号	企业名称	类别	总仓(罐)容	取得资格仓(罐)容	取得资格仓(罐)号	证书编号	备注
	北京						
1	北京大兴国家粮食储备库	粮	14.5169	7.7307	44-64、67-97	11001000-1	
	天津						
2	天津静海国家粮食储备库	粮	57.9005	27.5830	51-59、61-69、71-79、81-89、91-99、201-210	12000900-2	
3	天津市津南区小站粮食购销有限公司	粮	9.6118	9.6118	1-17	12003200	
4	天津市静海古城粮食储备库	粮	20.0716	15.9600	7-30	12003000-1	
5	天津运东粮食储备库	粮	16.9727	9.2696	25-57	12002600-1	
	河北						
6	唐山市丰润区昆仑国家粮食储备有限公司	粮	7.4140	2.0198	17-20、钢立筒仓1-6	13006900-1	
7	河北省粮食局直属机械化粮油储备库	粮	12.5514	2.9035	1、2、18D-1、18D-2、19D-1、19D-2、0AD	13000100-1	
8	河北省昌黎县粮食局安山粮库	粮	3.7191	0.4566	55-56	13011900-2	
9	唐山市丰润区金谷省级粮食储备有限公司	粮	4.8500	2.5000	主库区：1-9	13016200	
10	东光县粮食局连镇中心站	粮	3.6510	1.0020	20-22	13008500-1	
11	吴桥县宋门粮库	粮	4.1750	1.1000	主库区10、主库区16、19	13013400-1	
12	邯郸市国粮粮油储备有限公司	粮	22.5574	13.5574	1分库：北库区1—8、2分库：东库区1-14	13002000-1	
13	河北吴桥国家粮食储备库	粮	5.6003	0.7291	33-35	13004500-1	
	山西						
14	山西晋粮植物油库晋中库	油	0.9320	0.9320	1-12	14006001	
	内蒙古						
15	内蒙古正奇粮食物流有限公司	粮	8.1638	3.4638	5-8、13-28	15008900-1	
16	内蒙古通辽集丰粮贸有限责任公司	粮	5.4000	5.4000	1-7、16-17	15009700	
17	喀喇沁旗乃林粮库	粮	3.3830	3.2330	5-18	15009800	
	辽宁						
18	抚顺五洲粮油有限公司	粮	5.0000	3.0000	L1-L23、P1-P4	21011200	
19	沈阳南方谷物实业公司	粮	4.1846	0.6026	9	21004400-1	
20	普兰店市粮食收储库	粮	8.4027	4.0027	机场分库一区、二区	21004600-2	
21	大连北良企业集团有限公司	油	13.9840	8.8320	T04-T15	21000241-1	
	吉林						
22	吉林长岭太平川国家粮食储备库	粮	10.0000	2.6112	21-28	22003200-1	
	黑龙江						
23	鸡西市第一粮库	粮	8.0000	3.2000	1-22、钢板平房仓4-5	23021600	
24	鸡西市恒山粮库	粮	6.5000	4.2000	1-12	23021700	
25	鹤岗市第三粮库有限责任公司	粮	6.5200	2.5200	9-11	23020700-1	
26	黑龙江省建三江农垦前进第二粮库有限公司	粮	5.6000	3.0000	22-23	23021800	
27	绥滨县绥东粮库有限公司	粮	13.4480	3.8440	41-61	23002400-1	
28	依安县依安粮库有限公司	粮	6.3000	1.3300	1-14	23011000-2	
29	讷河市长发粮库有限公司	粮	2.9500	2.7500	1-17	23022100	
30	嫩江新良粮食收储有限公司	粮	4.0800	4.0800	1-20	23022200	
31	齐齐哈尔市京双粮库	粮	2.8400	2.5200	3-5、9-12、15-16	23022300	

续表

序号	企业名称	类别	总仓(罐)容	取得资格仓(罐)容	取得资格仓(罐)号	证书编号	备注
32	齐齐哈尔市第七粮库有限公司	粮	5.8000	4.7319	2-7、10	23022400	
33	安达市第六粮库有限公司	粮	7.3881	1.4881	主库区：18	23007800-1	
34	黑龙江省阳霖油脂集团有限公司	粮	18.1000	10.0000	一厂20-24、二厂18-20、三厂21-22	23022600	
35	富裕县龙安桥粮库有限公司	粮	5.0000	1.4550	6-12	23018000-1	
36	黑龙江省阳霖油脂集团有限公司	油	5.1500	4.1000	二厂1-8、三厂1-5	23022801	
	上海						
37	上海良友新港储运有限公司（上海市粮食储运公司外高桥分公司）	粮	9.6000	9.6000	1-5	31001100	
38	上海良友新港储运有限公司（上海市粮食储运公司外高桥分公司）	油	17.0000	13.4000	A01-A10、B01-B06、D01-D04	31001201	
	江苏						
39	新沂市徐塘粮油管理所	粮	7.4958	3.3890	主库区：16、20-21、2分库:1-5	32009900-2	
40	新沂高流粮库	粮	7.9317	4.2950	主库区：9仓、38仓、祥源分库1-18仓	32009300-2	
41	江苏省姜堰粮食储备直属库	粮	7.9259	0.6280	31-34	32010100-2	
42	江苏省粮食局高港直属库	粮	7.1671	1.0479	主库区：11-1、11-2、11-3	32002600-1	
43	沭阳县粮食购销总公司	粮	8.0654	4.0322	13-22	32013200-1	
44	淮安市恒晟米业有限公司	粮	5.6113	5.2413	主库区：9-11#仓、20-30#仓、1分库:1-3#仓、6-11#仓	32016500	
45	江苏沭阳国家粮食储备库	粮	4.8772	1.0548	27-30	32001600-2	
46	响水县粮食购销总公司	粮	4.1950	3.0950	主库区：1-20仓	32016600	
47	江苏永友粮食有限公司	粮	7.5681	5.0610	13#-26#	32014100-1	
48	丰县欢口镇欢口粮油管理所	粮	2.8134	2.8134	1-22	32016700	
49	江苏省泗洪粮食储备直属库	粮	5.7692	5.7692	主库区：瑶沟库区1-7#、1分库：戚庄库区1-6#	32016800	
50	江苏省新海粮食储备直属库	粮	9.9160	2.7260	1分库：A1-A10	32001100-1	
51	南京市浦口区粮食购销公司	粮	2.7620	2.7620	1－12号仓	32016900	
52	南京市六合区粮食购销公司(乌石中心库)	粮	2.5760	2.5760	1-10	32017000	
53	江苏碾庄粮食储备直属库	粮	7.5537	2.5137	1分库：1-24	32000500-1	
54	丰县粮食局直属库	粮	5.1852	2.6112	1分库：11-16	32012600-1	
55	南京弘益油脂有限公司	粮	2.5668	2.5668	1－11	32017100	
	浙江						
56	兰溪市粮食购销有限公司	粮	4.7220	4.7220	1-15	33002100	
57	杭州萧山粮食购销有限责任公司	粮	4.6006	4.6006	1-10、新1、新3、钢板平房仓1-4	33001100-1	
58	建德市国有粮食收储有限公司	粮	4.1580	4.1580	1-22	33002200	
59	永康市粮食收储有限责任公司	粮	3.3286	3.3286	1、2、3、4、7、8、9、5-1、5-2、6-1、6-2	33002300	
60	江山市粮食收储有限责任公司	粮	4.4600	3.6221	5-1、5-2、5-3、6-1、6-2、7-1、7-2、7-3、8-1、8-2、8-3、9-1、9-2、9-3、10-1、10-2、10-3、11-1、11-2、11-3、12-1、12-2、12-3、13-1、13-2、13-3、13-4、13-5、13-6、14-1、14-2、14-3、14-4、15-1、15-2、16-1、16-2、17-1、17-2、18-1、18-2、19-1、19-2、20-1、20-2、21-1、21-2	33002400	
61	桐乡市粮食收储有限公司	粮	4.7458	2.1088	P06-1- P09-2	33001200-1	
62	杭州大运河储备油库有限公司	油	3.7325	3.7325	1-10#	33002501	

续表

序号	企业名称	类别	总仓(罐)容	取得资格仓(罐)容	取得资格仓(罐)号	证书编号	备注
	安徽						
63	安徽石台省级粮食储备库	粮	2.7500	2.7500	1-7	34008500-1	取消第三批取得资格的1-25，1分库：26-29号仓房资格，编号34008500证书作废
64	安徽定远国家粮食储备库	粮	6.4685	6.4685	1-28	34002300-1	取消第二批取得资格的1-28号仓房资格，编号34002300证书作废
65	安徽肥东国家粮食储备库	粮	9.2932	9.2932	1-30	34005800-1	取消第二批取得资格的1-31号仓房资格，编号34005800证书作废
66	安徽金寨国家粮食储备库	粮	2.9770	2.8540	2-16	34003800-1	
67	安徽省粮油储运公司	粮	8.3200	2.5112	主库区:1-6	34010900	
68	萧县金麦粮油购销有限公司	粮	2.9176	2.9176	主库区1-8	34011000	
69	安徽泗县国家粮食储备库	粮	6.0000	4.9996	1-26	34001900-1	取消第二批取得资格的1-18号仓房资格，编号34001900证书作废
70	黄山市徽州粮食购销有限公司	粮	3.2445	2.8472	1-14	34009100-1	
71	合肥市粮食局第三仓库	粮	6.9176	5.8360	1-16	34000300-1	取消第二批取得资格的1-16号仓房资格，编号34000300证书作废
72	安徽宿州省级粮食储备库	粮	5.9143	2.8040	1分库1-4	34004900-1	
73	淮北市振淮粮食物流有限责任公司	粮	2.5500	2.5500	1#-6#	34011300	
74	安庆市粮油储运公司	油	0.5914	0.5914	1-2、5-6、9-13	34006201-1	
75	安徽省粮油储运公司	油	1.0800	1.0800	1-3	34011401	
76	安徽六安双墩国家粮食储备库	油	4.6000	2.6000	A1-A7	34006401-1	
77	安徽滁州国家粮食储备中转库	油	2.0000	2.0000	1-8	34006301-1	取消第二批取得资格的1-8号油罐资格，编号34006301证书作废
	福建						
78	南靖县靖城粮食购销有限责任公司	粮	4.6016	1.8768	九美5-7号仓	35001100-1	
79	福建省永安市粮食购销有限公司	粮	3.3898	3.3898	军供1号库-2号库、1号库-5号库	35002800	
	江西						
80	南昌县蒋巷粮食管理所	粮	4.6166	1.4499	31-40	36009400-1	
81	新余市粮食局直属粮库	粮	2.7420	2.7420	1-11	36015100	

续表

序号	企业名称	类别	总仓(罐)容	取得资格仓(罐)容	取得资格仓(罐)号	证书编号	备注
82	高安市相城粮油管理所	粮	3.5752	3.4478	2-30	36015200	
83	高安市大城粮油管理所	粮	3.9240	3.9240	1-28	36015300	
84	樟树市直属粮库	粮	6.3728	1.2848	9、11、16东、16西、24、28、29、32	36006700-2	
85	南昌县幽兰粮食管理所	粮	4.1340	4.1340	1-31	36015400	
86	奉新县宋埠粮食购销公司	粮	2.6433	2.6433	1-22、新1仓	36015500	
87	江西宜春国家粮食储备库	粮	4.9805	1.2300	8-10	36009900-2	
88	抚州市临川区粮食局城郊粮油管理所	粮	2.7656	2.7656	1-8	36015600	
89	抚州市临川区粮食局嵩湖粮油管理所	粮	2.5070	2.5070	4-13	36015700	
90	宜春市袁州区粮食购销公司	粮	4.9960	1.4700	25-33	36009500-1	
91	江西樟树国家粮食储备库	粮	17.9801	5.0943	12、16、17、27、34-35、39、44-48、50-69	36008600-2	
92	江西省万载县粮食购销公司	粮	2.6250	2.6250	1-10	36015800	
93	高安市粮食局直属库	粮	8.6494	5.9161	主库区：1-10、20-35	36004500-1	
94	樟树市粮食购销公司临江国家粮食储备库	粮	3.6000	3.6000	1-20	36015900	
95	奉新县干洲粮食购销公司	粮	2.8882	2.8882	1-18、新1-新6	36016000	
	山东						
96	山东潍坊国家粮食储备库	粮	12.4358	1.5757	主库区10、主库区42-46	37005500-1	
97	山东省石臼粮食储备库有限公司	粮	6.3329	0.8201	17-19	37012200-1	
98	山东蒙阴国家粮食储备库	粮	3.0898	3.0898	1-7	37013700	
99	山东定陶国家粮食储备库	粮	27.9400	16.3560	3分库1-40	37002300-4	
100	巨野金诚粮食储备库有限公司	粮	12.0393	6.1008	1-24	37013300	
101	胶南市粮食储备库	粮	2.5050	2.5050	1-13	37013400	
102	莱西市粮食储运站	粮	3.1138	3.1138	1-9、13-32、新1-6	37013500	
103	蓬莱市粮食收储管理中心	粮	3.5000	3.5000	1-13	37013600	
	湖北						
104	湖北省第二粮食储备库	粮	5.3435	2.5364	新1库－新6库	42011000	
	湖南						
105	常德广积米业有限公司	粮	5.3218	5.3218	1-9	43010000	
106	湘潭湖头岭省粮食储备库	粮	5.8000	2.9000	1-8	43010100	
	四川						
107	绵阳市游仙粮油购销公司	粮	6.8135	3.3130	主库区1-10	51003500-2	
108	平昌县城东粮库	油	0.3030	0.3030	1-6	51012701	
109	四川平昌国家粮食储备库	油	0.3030	0.3030	1-6	51012801	
110	资阳市粮食储备库	油	0.4613	0.4613	1-6	51012901	
111	四川大竹云东省粮食储备库	油	0.3002	0.3002	1-5	51013001	
112	资阳国家粮食储备库	油	0.7005	0.7005	1-3	51013101	
	重庆						
113	重庆红蜻蜓油脂有限责任公司	粮	41.0143	25.4275	主库区：18、31-36、40-45、2分库：储运分公司东方红库1-8、12-17、3分库：西彭库1-14、4分库：储运分公司人和库1-17	50002000	
114	重庆红蜻蜓油脂有限责任公司	油	3.2300	2.7700	主库4-1#、主库8-1#、主库4#-21#、一分库1#-8#	50002101	

续表

序号	企业名称	类别	总仓(罐)容	取得资格仓(罐)容	取得资格仓(罐)号	证书编号	备注
	云南						
115	沾益县惠盛粮油购销有限责任公司	粮	3.0805	3.0805	西平分公司1号-20号	53003100	
116	个旧市粮食储备库	粮	2.7800	2.7800	1号仓-14号仓	53003200	
	陕西						
117	西安西粮实业有限公司	粮	24.9675	16.5000	1分库3-38	61001600-1	
118	陕西西瑞粮食储备库有限公司	粮	36.9000	23.9000	1分库1-6、2分库1-4、3分库1-4、4分库1-16、4分库19-34	61001000-1	
119	西安西粮实业有限公司	油	1.2150	0.7500	11-15	61001801-1	
	甘肃						
120	临洮县粮油购销公司	粮	2.6786	2.6786	1-5	62004200	
121	武威市凉州区粮食总公司	粮	2.7864	2.5914	1-4	62004300	
122	平凉市丰田粮食储备购销有限责任公司	粮	5.2788	5.2788	1号洞仓、2号洞仓、1分库－1～1分库－6、1分库崆峒1－6	62004400	
123	景泰县北滩粮库	油	1.2075	0.8475	7-9	62004501	
	中国华粮物流集团公司						
124	中国华粮物流集团通辽粮库	粮	4.0000	0.5790	立筒1、立筒2、18	15008500-1	
125	中国华粮物流集团乌兰花国家粮食储备库	粮	4.5000	0.6000	16-17	15001370-1	
126	中国华粮物流集团嫩江国家粮食储备库	粮	19.8500	0.8000	351、352、355、356	23009600-2	
127	中国华粮物流集团绥化粮库	粮	13.0101	5.0101	钢板平房仓1-10、2-10、3-19、钢板浅圆仓1-11、1-12、1-13、1-14	23007700-1	
128	中国华粮物流集团双辽粮库	粮	6.0000	0.3000	3	22007000-1	
	中国纺织集团公司						
129	中纺油脂有限公司	油	3.7000	2.0000	2001#-2010#	42000181	

数据来源：国家粮食局统计资料。

表36 2009年粮油加工业企业汇总表

单位：个

项目类别	企业数量	按生产能力规模（吨/天）						
		30以下	30~50（含30）	50~100（含50）	100~200（含100）	200~400（含200）	400~1000（含400）	1000以上（含1000）
全国总计	14472	1704	2098	4392	3296	1839	749	311
其中：国有及国有控股企业	1278	167	178	391	303	149	48	35
外商及港澳台商投资企业	444	80	19	39	57	73	95	73
民营企业	12750	1457	1901	3962	2936	1617	1326	203
一、大米加工业	7687	400	1401	3222	1941	570	115	38
其中：国有及国有控股企业	754	42	115	300	211	72	8	6
外商及港澳台商投资企业	36	3	1	12	10	5	4	1
民营企业	6897	355	1285	2910	1720	493	103	31
二、小麦粉加工业	2787	308	351	632	672	562	212	50
其中：国有及国有控股企业	259	26	38	57	71	47	15	5
外商及港澳台商投资企业	37			1	3	12	15	6
民营企业	2491	282	313	574	598	503	182	39
三、食用植物油加工业	1321	254	91	178	251	278	146	123
其中：国有及国有控股企业	107	32	12	14	9	14	12	14
外商及港澳台商投资企业	93	4	1	2	11	15	19	41
民营企业	1121	218	78	162	231	249	835	68
四、玉米加工业	346	72	16	25	50	64	62	57
其中：国有及国有控股企业	26	6	1	5	1	4	3	6
外商及港澳台商投资企业	29	3		1	1	2	7	15
民营企业	291	63	15	19	48	58	52	36
五、粮食食品加工业	591	422	65	42	39	13	8	2
其中：国有及国有控股企业	44	39	2	2		1		
外商及港澳台商投资企业	103	65	15	7	10	3	3	
民营企业	444	318	48	33	29	9	5	2
六、杂粮及薯类加工业	215	91	24	38	28	19	9	6
其中：国有及国有控股企业	16	10		2	1			3
外商及港澳台商投资企业	9	3		1	4		1	
民营企业	190	78	24	35	23	19	8	3
七、饲料加工业	1442	157	150	255	315	333	197	35
其中：国有及国有控股企业	65	12	10	11	10	11	10	1
外商及港澳台商投资企业	129	2	2	15	18	36	46	10
民营企业	1248	143	138	229	287	286	141	24
八、粮机设备制造业	83							
其中：国有及国有控股企业	7							
外商及港澳台商投资企业	8							
民营企业	68							

数据来源：国家粮食局统计资料。

表37

2009年粮油加工业年生产能力汇总表

单位：万吨

项目类别	合计	按生产能力规模（吨/天）						
		30以下	30~50（含30）	50~100（含50）	100~200（含100）	200~400（含200）	400~1000（含400）	1000以上（含1000）
一、大米加工业	19423.7	174	1226.3	5057.8	5981.2	3541.6	1580.5	1862.3
其中：国有及国有控股企业	2292.8	17.8	101.7	483.3	647.9	460.5	109.7	471.9
外商及港澳台商投资企业	215.1	0.8	0.8	25.6	30.8	40	82.8	34.5
民营企业	16828.3	154.9	1123.9	4544.9	5288.8	2994.4	1365.6	1355.9
二、小麦粉加工业	12167	125.2	312.3	1022.8	2196.5	3598.1	2896.3	2016
其中：国有及国有控股企业	1131.9	11.2	35.4	93.1	237.3	291.8	179.5	283.8
外商及港澳台商投资企业	502.3			2	10.5	78.3	222.8	188.8
民营企业	10478.3	114	276.9	927.7	1944.2	3209.4	2462.8	1543.5
三、食用植物油加工业								
（一）油料处理	10946.3	60.8	70.5	252.9	752.9	1680.1	1784.3	6344.8
其中：国有及国有控股企业	981.3	11.7	12.3	23.1	31.5	85	139.5	678.3
外商及港澳台商投资企业	2819.6	0.9	1	2	24.2	42.8	138.8	2610
民营企业	7098.8	48.3	55.6	227.9	697.2	1552.4	139.5	3056.5
（二）油脂精炼	3389.9	67.4	129.6	306	459	564.1	838.9	1025
其中：国有及国有控股企业	342.8	6.4	4.5	18	22.3	70.8	68.5	152.5
外商及港澳台商投资企业	1241.9	1.5	0.8	3.8	28.7	133.4	371.3	702.5
民营企业	1785.9	58.4	124.3	284.2	405.3	354.5	389.2	170
四、玉米加工业	4593.8	15.9	17	40.9	173	457	1038.6	2851.5
其中：国有及国有控股企业	411.1	1.9	1.8	7.9	2.6	32.5	44	320.4
外商及港澳台商投资企业	807.8	0.8		3	2.5	10	100.6	690.9
民营企业	3373.2	13.1	15.2	28.3	167.9	414.5	894	1840.2
五、粮食食品加工业	816.2	91.5	88.3	121	186	126.9	126.4	76.3
其中：国有及国有控股企业	29.6	9.3	4.4	6.5	3.3	6.3		
外商及港澳台商投资企业	127.1	7.6	13.2	16.4	29.7	20.5	39.7	
民营企业	651.8	73.2	70.7	95.2	149.7	100.1	86.7	76.3
六、杂粮及薯类加工业	670.7	27.2	24.8	60	97.6	120.7	105	235.5
其中：国有及国有控股企业	155.1	2	0.8	4.3	2.5			145.5
外商及港澳台商投资企业	28	1		1.3	15.8		10	
民营企业	486.5	23.8	23.3	54.5	79.3	120.7	95	90
七、饲料加工业	8243.1	84.2	135.2	443.9	1067.5	2257.6	2990.4	1264.5
其中：国有及国有控股企业	400.4	12.7	9.6	32	43.8	87	145.3	70
外商及港澳台商投资企业	1427.1	1.5	2.8	26.3	64.7	259.4	726.8	345.6
民营企业	6349.4	69.5	122.1	378.8	949.6	1897.4	2083.3	848.8

注：大米加工业、小麦粉加工业、食用植物油加工业以及玉米加工业的生产能力指年设计处理原料量；粮食食品加工业、饲料加工业生产能力指年设计生产产品量；生产能力规模：大米加工业、小麦粉加工业、食用植物油加工业、玉米加工业均按日处理原料的能力划分；粮食食品加工业和饲料加工业按日生产产品能力划分。

数据来源：国家粮食局统计资料。

表38 2009年各地区粮油加工业年生产能力情况表（一）

单位：万吨

地区	处理稻谷	处理小麦	处理油料	其中：处理大豆	油脂精炼	其中：豆油精炼	大豆分离蛋白	大豆浓缩蛋白	处理玉米
全国总计	19423.7	12167.0	10946.3	6080.2	3389.9	1665.1	87.7	576.7	4593.8
北京	69.4	83.5	10.3	5.0	7.4	6.0			1.0
天津	54.8	82.9	226.3	225.0	180.8	113.9			57.5
河北	91.7	1069.2	529.1	422.6	115.6	81.7			518.9
山西	5.9	214.7	29.0		2.8				73.6
内蒙古	26.8	106.2	152.6	59.0	37.0	11.9			330.0
辽宁	993.2	61.3	632.4	620.4	129.2	120.5			254.7
吉林	1061.4	7.5	264.1	216.8	51.4	34.4	0.8		952.4
黑龙江	4122.4	234.2	1463.9	1367.3	197.8	178.8	76.7	575.0	585.2
上海	122.2	36.3	35.3	25.0	97.6	37.5			
江苏	1360.9	1221.8	1473.3	774.0	577.2	282.0			12.5
浙江	361.3	109.5	235.5	168.8	96.8	62.3			
安徽	1868.6	1035.7	334.0	13.3	115.4	7.5			206.9
福建	578.2	183.1	333.3	225.0	104.4	34.5			13.4
江西	2352.3	7.0	37.2		17.1				60.8
山东	91.7	2366.8	1421.6	745.4	321.8	161.0	9.4	1.7	898.7
河南	321.0	2548.3	331.4	87.4	116.4	65.7			217.5
湖北	2368.1	386.2	746.5	15.3	244.4	13.8	0.8		13.0
湖南	999.6	28.0	165.8	2.5	85.8	20.0			15.6
广东	499.4	286.8	679.0	635.0	370.1	286.6			0.5
广西	407.1	22.8	415.7	288.8	106.5	72.5			3.5
海南	76.9	7.5	0.2						
重庆	250.5	18.3	98.4		27.7				
四川	637.5	360.2	258.8	75.0	89.1	30.0			70.9
贵州	179.0	13.0	87.1		38.6				0.4
云南	152.0	52.4	34.4	10.0	16.4	10.0			
西藏	0.2	1.3	0.3						
陕西	108.8	573.3	122.4	32.6	49.5	10.3			150.2
甘肃	6.8	375.0	70.9	3.0	14.8	0.5			22.9
青海		40.0	62.9		23.8				
宁夏	175.1	172.7	12.7	2.7	5.9				93.1
新疆	81.5	461.8	682.6	60.5	149.0	24.0			41.0

数据来源：国家粮食局统计资料。

表38 2009年各地区粮油加工业年生产能力情况表（二）

单位：万吨、台（套）

地区	杂粮及薯类	挂面	方便面	饼干	米粉(米线)	速冻米面制品	面包糕点等	饲料	粮机
全国总计	670.7	358.3	257.6	94.3	106.1	77.9	78.1	8243.1	395666
北 京		0.4	0.3	1.9			1.2	179.3	
天 津			17.2	2.7			0.6	130.3	
河 北	32.0	37.7	44.9	2.7		1.1	0.2	507.2	3250
山 西	0.7	1.3	1.3					72.7	
内蒙古	23.7							114.5	1
辽 宁	33.6	2.0	10.3	0.2		0.3	1.0	608.9	200
吉 林	11.2	0.3	0.6					166.8	20
黑龙江	216.6	2.4	14.6	0.3		0.5	0.7	139.1	300
上 海	0.5	2.4	0.8	3.0	10.4	5.8	9.1	93.0	8654
江 苏	38.6	21.8	1.3	0.6	14.9	10.6	4.0	612.2	195948
浙 江	3.8	2.5		2.0	0.3	4.0	2.6	348.9	18000
安 徽	16.1	30.4	24.1	19.7	11.9		13.8	189.1	9095
福 建		8.8	18.9	5.7	1.3	8.6		198.4	150
江 西	3.5	7.6	0.5	0.2	13.7	0.4		362.4	1000
山 东	30.7	56.6	15.4	12.4	0.8	1.6	7.7	1577.1	1470
河 南	4.0	52.2	67.3	11.7	12.8	31.9	0.1	348.6	50010
湖 北	29.5	29.6	16.5	20.5	11.5	0.1	23.4	393.3	98580
湖 南	30.0	27.4	0.8	2.0	7.7	4.5	9.4	348.0	3480
广 东	10.0	5.4	5.6	4.8	4.4	3.0	0.7	535.2	45
广 西	48.2	3.6			8.6		0.1	268.7	
海 南								41.4	
重 庆		5.6				0.5	0.5	136.0	
四 川	37.3	21.5	5.8	2.0	6.1	4.5	1.9	400.8	5178
贵 州		23.6	1.5			0.4		30.6	
云 南		3.8			0.2			55.7	
西 藏	1.3								
陕 西	0.6	9.5	6.4	1.6	1.0			140.9	180
甘 肃	23.9	0.2	0.9		0.8			34.2	
青 海								9.2	
宁 夏	74.9	1.7		0.5		0.2	1.3	44.8	105
新 疆	0.3	0.5	2.9					156.1	

数据来源：国家粮食局统计资料。

表39 2009年各地区粮油加工产品产量汇总表

单位：万吨、台（套）

地区	大米	小麦粉	食用植物油	玉米加工产品	粮食食品	杂粮及薯类	饲料	粮机设备
全国总计	5723.8	5532.7	2780.9	3523.7	1036.3	161.7	6356.4	412400
北 京	12.4	35.3	10.1	0.2	3.2		150.7	
天 津	26.7	61.3	184.5	2.4	16.6		121.1	
河 北	18.0	534.9	120.8	312.7	69.1	12.1	346.3	2236
山 西	1.2	35.1	3.4	64.0	0.5	0.3	25.8	
内蒙古	9.3	26.3	13.4	179.6		5.3	74.8	6
辽 宁	205.8	22.2	94.7	123.6	14.1	8.7	342.6	27
吉 林	326.1	0.3	27.0	769.3	3.4	3.0	137.9	10
黑龙江	870.3	58.0	100.5	325.6	7.5	17.9	78.7	118
上 海	49.9	23.7	121.1		122.4		78.7	4537
江 苏	532.1	674.3	511.0	7.5	68.8	29.0	367.7	133527
浙 江	107.5	60.2	61.9		13.5	0.6	213.9	9250
安 徽	697.2	564.9	90.2	109.1	94.8	8.6	177.9	7625
福 建	196.1	84.3	122.3	5.8	45.1		156.5	110
江 西	637.9	1.5	9.0	18.8	15.6	1.3	396.6	315
山 东	29.0	1107.8	367.5	1068.3	59.0	11.9	1390.3	110748
河 南	119.4	1214.7	92.3	250.7	166.0	4.2	259.7	55000
湖 北	772.3	187.8	182.6	4.8	197.9	7.2	213.5	81028
湖 南	371.4	14.7	52.6	8.8	44.2	6.3	248.4	3840
广 东	190.8	179.2	273.5		24.3	1.5	573.8	45
广 西	97.5	16.2	96.9	0.6	6.9	12.6	228.6	
海 南	14.6	0.9					60.8	
重 庆	69.5	2.3	17.5		3.3		62.1	
四 川	201.4	98.1	72.4	27.6	39.6	15.5	348.8	3693
贵 州	39.0	3.9	12.8	0.3	3.8		23.8	
云 南	24.1	7.0	6.5		1.8		48.4	
西 藏		0.2				0.8		
陕 西	32.5	224.4	50.3	126.6	9.5	0.4	67.9	180
甘 肃	0.8	117.4	4.9	12.7	1.3	9.7	37.7	
青 海		5.9	12.1				2.3	
宁 夏	54.1	45.7	4.7	94.9	2.5	4.9	19.0	105
新 疆	16.6	124.2	64.3	9.8	1.7		102.2	

数据来源：国家粮食局统计资料。

表40 2009年各地区粮油加工企业主要经济指标汇总表

单位：亿元

地区	工业总产值	工业增加值	产品销售收入	出口交货值	利税总额	利润总额
全国总计	11184.2	1553.2	11098.9	150.0	450.4	312.0
北 京	71.9	10.7	90.4	0.1	5.7	5.1
天 津	297.7	102.8	295.9		14.4	9.1
河 北	608.5	101.0	601.2	20.3	39.5	27.7
山 西	45.5	6.4	39.8	0.6	1.6	1.2
内蒙古	191.7	38.5	183.3	1.0	13.2	9.6
辽 宁	343.6	44.1	342.7	10.7	10.3	5.1
吉 林	543.1	72.8	555.2	13.6	34.0	19.5
黑龙江	633.7	70.5	598.0	7.2	18.3	12.7
上 海	195.4	47.8	246.9	1.3	13.3	9.9
江 苏	1150.2	143.1	1136.9	15.8	39.6	28.4
浙 江	212.9	19.6	218.2	0.4	4.1	2.2
安 徽	637.8	71.7	698.5	9.6	21.9	16.3
福 建	335.6	35.2	333.8	0.8	11.6	7.1
江 西	323.7	27.0	324.6	1.3	8.2	6.4
山 东	1795.8	246.4	1758.4	46.0	80.2	58.4
河 南	816.4	83.3	782.5	1.9	21.3	14.6
湖 北	725.8	168.7	690.2	0.3	25.1	17.8
湖 南	271.2	26.9	270.4	0.8	10.0	8.4
广 东	682.9	61.6	675.4	7.2	21.4	14.9
广 西	297.1	30.6	289.4	4.7	8.0	6.4
海 南	18.9	0.3	19.4		0.1	0.1
重 庆	68.4	9.4	69.6		5.0	1.3
四 川	335.1	56.9	338.1	0.2	18.2	11.0
贵 州	37.0	5.4	36.8		0.5	0.4
云 南	36.5	4.0	37.2		0.9	0.6
西 藏	0.4	0.1	0.5		0.0	0.0
陕 西	193.2	21.6	184.8	0.1	10.0	8.1
甘 肃	43.6	6.2	48.4	0.4	1.7	1.0
青 海	10.1	1.8	8.2	0.2	0.2	0.2
宁 夏	89.6	19.3	79.2	5.2	6.3	5.0
新 疆	171.2	19.5	145.2	0.5	5.7	3.7

数据来源：国家粮食局统计资料。

表41 2009年全国粮食质量情况表

单位：个，%，克/升

粮食种类	地区	样品数	覆盖市、县数	出糙率	中等以上	整精米率			不完善粒
						平均值	其中≥50的比例	其中≥44的比例	
早籼稻	5省合计	970	51市231县	77.4	97.4	58.8	83.6	91.3	4.8
	江西	297	11市73县	77.7	98.0	54.6	69.7	83.5	4.4
	湖南	257	11市56县	77.7	99.2	62.5	92.6	94.9	4.4
	湖北	110	11市22县	76.9	99.1	60.7	88.2	95.5	3.9
	安徽	69	4市11县	76.7	98.6	64.9	100.0	100.0	4.6
	广西	237	14市69县	77.2	93.7	57.4	84.4	92.8	6.0
中晚籼稻	7省合计	1285	82市313县	77.8	94.5	59.8	89.0	95.3	4.8
	安徽	193	11市31县	78.0	96.4	60.1	92.2	96.9	4.7
	江西	282	11市66县	77.9	93.3	59.6	89.4	97.2	4.7
	河南	63	1市7县	77.2	90.5	57.0	85.7	92.1	5.9
	湖北	319	15市49县	77.7	94.4	57.7	84.3	91.8	4.0
	湖南	150	12市56县	78.1	92.0	58.7	85.3	92.7	4.6
	四川	196	18市67县	77.7	96.9	62.0	93.9	98.0	6.2
	广西	82	14市37县	77.3	96.3	66.2	96.3	100.0	4.0

粮食种类	地区	样品数	覆盖市、县数	出糙率	中等以上	整精米率			不完善粒
						平均值	其中≥61的比例	其中≥55的比例	
粳稻	5省合计	753	42市117县18农场	79.6	81.1	66.7	66.7	94.4	5.5
	辽宁	111	11市30县	79.6	91.9	68.8	68.8	100.0	2.5
	吉林	100	8市25县	78.6	68.0	66.8	66.8	97.0	11.3
	黑龙江	311	5市15县18农场	77.3	67.5	59.4	59.4	87.5	6.0
	江苏	194	13市41县	83.1	100.0	75.6	75.6	100.0	3.6
	安徽	37	5市6县	82.5	100.0	74.2	74.2	100.0	4.1

粮食种类	地区	样品数	覆盖市、县数	容重	中等以上	白硬麦比例	白软麦比例	白麦合计比例	不完善粒
小麦	6省合计	2324	71市353县	783	92	75.9	4.3	80.2	9.5
	河北	320	6市70县	808	100	96.3	0.9	97.2	3.5
	江苏	173	13市40县	765	80	—	—	—	21.5
	安徽	270	9市29县	777	94	64.4	4.3	68.8	3.5
	山东	514	16市88县	789	97	73.8	4.3	78.1	4.0
	河南	877	17市108县	778	87	74.9	6.4	81.2	14.3
	湖北	123	10市18县	745	59	74.5	0.0	74.5	38.5

续表

粮食种类	地区	样品数	覆盖市、县数	容重	中等以上	不完善粒率		蛋白质	淀粉
						总量	其中≤8		
玉米	9省合计	1141	91市395县	717	96.5	3.0	93.1	0.0	74.1
	河北	212	11市78县	726	100.0	2.2	98.6	0.0	73.4
	山西	52	6市28县	696	86.5	1.5	100.0	0.0	73.7
	内蒙古	36	7市12县	699	100.0	3.4	86.1	0.0	75.1
	辽宁	121	13市41县	740	100.0	1.1	99.2	0.0	74.4
	吉林	200	7市25县	739	100.0	0.9	99.5	0.0	75.9
	黑龙江	100	11市34县	666	69.0	5.4	85.0	0.0	73.3
	山东	161	16市78县	717	100.0	2.7	97.5	0.0	73.7
	河南	145	14市70县	708	99.3	6.9	70.3	0.0	74.0
	陕西	114	6市29县	713	99.1	3.2	95.6	0.0	72.8
粮食种类	地区	样品数	覆盖市、县数	完整粒率	中等以上	损伤粒率		粗脂肪	粗蛋白
						总量	其中≤3		
大豆	3省合计	104	17市40县	0.0	78.8	4.3	36.5	18.4	39.5
	内蒙古	14	1市3县	0.0	85.7	2.8	71.4	17.6	38.6
	吉林	20	7市8县	0.0	85.0	6.2	25.0	17.7	40.4
	黑龙江	70	9市29县	0.0	75.7	4.1	32.9	18.8	39.4

数据来源：国家粮食局2009年度全国收获粮食质量会检。

表42 2009年中央和地方储备粮质量与储存品质情况统计表

地区	中央储备粮			地方储备粮		
	样品份数	质量合格率%	宜存率%	样品份数	质量合格率%	宜存率%
全国总计	3229	98.5	99	1457	94	98.6
北 京	85	100	100	62	100	100
天 津	58	100	100	58	100	100
河 北	187	99.5	93.4	89	97.6	100
山 西	119	95	100	36	91.2	100
内蒙古	152	94	97.3	21	86.7	92.3
辽 宁	156	100	100	66	98.3	100
吉 林	163	100	98.8	50	98	96
黑龙江	379	99.1	99.7	16	100	90.1
上 海	17	100	100	85	94.5	98.7
江 苏	108	91.2	97	77	98.5	95.8
浙 江	38	97.3	100	87	96.8	100
安 徽	187	97.5	100	72	95.3	100
福 建	47	100	100	82	94	95
江 西	114	97.3	100	31	72.2	100
山 东	188	100	100	104	93.8	100
河 南	465	98.8	99.8	38	87.8	100
湖 北	118	100	100	29	93.8	100
湖 南	91	97.6	96.6	22	91.3	93.3
广 东	43	100	100	90	90.7	99.2
广 西	46	100	100	41	91.3	94.8
海 南	11	100	100	9	86.1	100
重 庆	29	96.5	96.5	20	100	100
四 川	83	98.2	96	58	84.7	98.2
贵 州	39	100	100	28	86.4	100
云 南	32	96	100	39	88.2	100
西 藏	10	100	100	33	100	100
陕 西	75	100	100	48	98.4	100
甘 肃	37	100	100	30	100.0	100
青 海	12	100	100	12	100.0	100
宁 夏	36	100	100	8	100.0	100
新 疆	104	100	100	16	100.0	100

数据来源：国家粮食局标准质量中心统计资料。

表43 2009年粮食质量检验机构检测样品统计表

单位：个，份

项目			省级	地市级	县级	合计
参加统计的检验机构数			32	186	566	784
检测样品总份数			82470	158199	103281	343950
按类别分	原粮	中央储备粮	17680	13645	11090	42415
		地方储备粮	15822	39480	19373	74675
		其他政策性粮食	8282	38089	36893	83264
	油料		806	1807	1209	3822
	成品粮油	储备粮	1955	3492	2248	7695
		政策性粮食	1560	15277	2215	19052
		其他	8307	24822	12029	45158
	饲料		1951	2650	642	5243
	其他		26107	18937	17582	62626
按任务分	粮食部门的任务		52658	126328	86836	265822
	工商、质检等部门的任务		5816	7419	4890	18125
	社会、企业委托的业务		23996	24452	11555	60003

数据来源：国家粮食局标准质量中心统计资料。

表44 2009年发布、废止和转化粮油国家标准和行业标准统计表

序号	标准号	标准名称		发布日期	实施日期
1	GB 1350-2009	稻谷		2009-3-28	2009-7-1
2	GB 1352-2009	大豆		2009-3-28	2009-9-1
3	GB 1353-2009	玉米		2009-3-28	2009-9-1
4	GB 1354-2009	大米		2009-3-28	2009-10-1
5	GB/T 5503-2009	粮油检验 碎米检验法		2009-10-30	2009-12-1
6	GB/T 8234-2009	蓖麻籽油		2009-9-30	2010-1-1
7	GB 15680-2009	棕榈油		2009-3-28	2009-10-1
8	GB 23347-2009	橄榄油、油橄榄果渣油		2009-3-28	2009-10-1
9	GB/T 24301-2009	氢化蓖麻籽油		2009-9-30	2010-1-1
10	GB/T 24302-2009	粮油检验 大米颜色黄度指数测定		2009-9-30	2010-1-1
11	GB/T 24303-2009	粮油检验 小麦粉蛋糕烘焙品质试验 海绵蛋糕法		2009-9-30	2010-1-1
12	GB/T 24304-2009	动植物油脂 茴香胺值的测定		2009-9-30	2010-1-1
13	GB/T 24534.1-2009	谷物与豆类隐蔽性昆虫感染的测定 第1部分：总则		2009-10-30	2009-12-1
14	GB/T 24534.2-2009	谷物与豆类隐蔽性昆虫感染的测定 第2部分：取样		2009-10-30	2009-12-1
15	GB/T 24534.3-2009	谷物与豆类隐蔽性昆虫感染的测定 第3部分：基准方法		2009-10-30	2009-12-1
16	GB/T 24534.4-2009	谷物与豆类隐蔽性昆虫感染的测定 第4部分：快速方法		2009-10-30	2009-12-1
17	GB/T 24535-2009	粮油检验 稻谷粒型检验方法		2009-10-30	2009-12-1
18	LS/T 1531-2009	小麦硬度指数标准样品		2009-6-4	2009-6-4
19	LS/T 15111：1-2009	南方小麦粉加工精度标准样品	特制一等	2009-1-5	2009-4-1
20	LS/T 15111：2-2009		特制二等	2009-1-5	2009-4-1
21	LS/T 15111：3-2009		标准粉	2009-1-5	2009-4-1
22	LS/T 15112：1-2009	北方小麦粉加工精度标准样品	特制一等	2009-1-5	2009-4-1
23	LS/T 15112：2-2009		特制二等	2009-1-5	2009-4-1
24	LS/T 15112：3-2009		标准粉	2009-1-5	2009-4-1
25	LS/T 15121：1-2009	早籼米加工精度标准样品	特等	2009-1-5	2009-4-1
26	LS/T 15121：2-2009		标准一等	2009-1-5	2009-4-1
27	LS/T 15121：3-2009		标准二等	2009-1-5	2009-4-1
28	LS/T 15122：1-2009	晚籼米加工精度标准样品	特等	2009-1-5	2009-4-1
29	LS/T 15122：2-2009		标准一等	2009-1-5	2009-4-1
30	LS/T 15122：3-2009		标准二等	2009-1-5	2009-4-1
31	LS/T 15123：1-2009	晚粳米加工精度标准样品	特等	2009-1-5	2009-4-1
32	LS/T 15123：2-2009		标准一等	2009-1-5	2009-4-1
33	LS/T 15123：3-2009		标准二等	2009-1-5	2009-4-1
34	LS/T 15211.1-2009	小麦储存品质品尝评分参考样品		2009-2-27	2009-3-1
35	LS/T 15211.2-2009	小麦储存品质品尝评分参考样品		2009-9-27	2009-10-1
无废止粮油国家标准和行业标准					
无转化粮油国家标准和行业标准					

数据来源：国家粮食局标准质量中心统计资料。

表45

2009年粮食质量检验机构在职人员统计表

单位：名

地区	检验机构在职人员总数	其中			按职称分布			按学历分布				
		省级	市级	县级	高级	中级	初级及以下	博士	硕士	本科	大专	中专及以下
全国总计	6562	575	1967	4020	443	1889	4230	1	91	1244	2268	2958
北 京	40	40			6	17	17	1	7	18	9	5
天 津	12	12			6	2	4		2	7	3	
河 北	76	15	57	4	9	27	40		1	29	25	21
山 西	205	15	24	166	2	8	195		1	20	63	121
内蒙古	115	15	46	54	8	39	68		8	43	24	40
辽 宁	554	17	179	358	39	178	337		8	113	200	233
吉 林	485	31	96	358	78	186	221		3	104	226	152
黑龙江	101	14	72	15	8	64	29		1	60	24	16
上 海	16	16			3	6	7		2	10	3	1
江 苏	303	9	84	210	14	107	182		7	95	86	115
浙 江	277	21	51	205	13	68	196		4	52	75	146
安 徽	756	12	114	630	45	136	575		4	47	214	491
福 建	142	13	69	60	3	30	109			25	33	84
江 西	323	11	69	243	22	96	205			70	155	98
山 东	378	26	169	183	24	121	233		9	76	211	82
河 南	401	29	159	213	27	165	209		10	111	144	136
湖 北	301	14	91	196	13	167	121		6	39	146	110
广 东	31	14	9	8	5	7	19		4	11	8	8
海 南	10	10			1	3	6			2	8	
广 西	757	97	255	405	6	25	726		3	75	210	469
四 川	384	11	94	279	28	195	161		2	57	139	186
重 庆	157	11	26	120	36	32	89		1	31	46	79
贵 州	30	21	9		5	10	15			7	16	7
云 南	310	11	105	194	20	77	213		2	43	65	200
西 藏	42	6	36			11	31			4	11	27
陕 西	177	24	71	82	14	59	104		2	46	75	54
甘 肃	8	8			1	4	3		1	6	1	
青 海	15	15			4	7	4			10	4	1
宁 夏	124	9	78	37	1	29	94		1	19	33	71
新 疆	32	28	4		2	13	17		2	14	11	5

数据来源：国家粮食局标准质量中心统计资料。

表46

2009年粮食行业机构与从业人员情况年报表

填报单位：全国　　　　2009年度　　　　单位：个，人

项目	粮食行业机构					从业人员																								离开本单位仍保留劳动关系的职工
	机构总数	按层次划分				人员总数									按层次划分				按学历划分						按年龄划分				
		中央	省、自治区、直辖市	省辖市、自治州、行署	县（市、区）及以下		其中:女	其中:少数民族	其中:中共党员	1、在岗职工	其中:专业技术人员	其中:技术工人	按用工期限划分 长期职工	按用工期限划分 临时职工	2、其他从业人员	中央	省、自治区、直辖市	省辖市、自治州、行署	县（市、区）及以下	研究生	大学本科	大学专科	中专	高中	初中及以下	35岁及以下	36岁至45岁	46岁至54岁	55岁及以上	
甲	1	2	3	4	5	6	7	8	9	10	11	12	13	14	15	16	17	18	19	20	21	22	23	24	25	26	27	28	29	30
总　计	48795	614	706	5130	42345	952407	280791	38118	255786	922713	113719	149000	850742	71971	29694	62655	44944	156568	688240	5007	66482	163675	161963	310729	244551	298076	379451	223500	51380	152561
一、行政管理部门	2680	2	40	382	2256	46469	10817	3804	37233	46402	1326	4754	46173	229	67	143	1729	8903	35694	1041	11849	20287	6241	5508	1543	4794	15405	20365	5905	1072
二、事业单位	2796	9	176	638	1973	38264	13460	2556	19618	37959	11872	7064	37363	596	305	303	7365	8494	22102	919	8452	12560	6201	7404	2728	9073	14266	11976	2949	1620
三、粮食经营企业单位	43319	603	490	4110	38116	867674	256514	31758	198935	838352	100521	137182	767206	71146	29322	62209	35850	139171	630444	3047	46181	130828	149521	297817	240280	284209	349780	191159	42526	149869
其中：国有及国有控股企业	16236	603	395	1585	13653	493045	154558	20258	153283	484037	66903	90165	464651	19386	9008	62209	32283	78502	320051	1775	27050	86341	94530	167838	115511	138317	209970	121489	23269	143185

注：1. “机构总数”：指具有法人资格的独立核算单位。

2. “从业人员”：指报告期的最后一天，在各级国家机关、政党机关、社会团体及企业、事业单位中工作，取得工资或其他形式的劳动报酬的全部人员。包括在岗职工、再就业的离退休人员、民办教师以及在各单位中工作的外方人员和港澳台方人员、兼职人员、借用的外单位人员和第二职业者。不包括离开单位仍保留劳动关系的职工。

3. “在岗职工”：指在本单位工作并由单位支付工资的人员，以及有工作岗位，但由于学习、病伤产假（六个月以内）等原因暂未工作，仍由单位支付工资的人员。其中，长期职工是指用工期限在一年以上（含一年）的在岗职工，当年新分配的大中专技校毕业生虽在当年用工期限不满一年，但应视为长期职工；临时职工是指用工期限在一年以内的在岗职工，包括签订一年以内的劳动合同或使用期不超过一年的临时性、季节性用工，如临时招用的清洁工、司炉工等。

4. “其他从业人员”：是指劳动统计制度规定不作在岗职工统计，但实际参加各单位工作并取得劳动报酬的人员。包括：聘用和留用的离退休人员；聘用的外籍人员和港、澳、台方人员；领取补贴的人员（指主要由街道、里弄临时安排到单位劳动锻炼的待业青年和犯了错误开除公职留用察看的人员）、兼职人员和从事第二职业者，不包括领取报酬的在校学生；使用外单位离岗职工。

5. “离开本单位仍保留劳动关系的职工”：指由于各种原因，已经离开本人的生产或工作岗位，并已不在本单位从事其他工作，但仍与本单位保留劳动关系的职工。包括：内部退养、长期病休、协保、无岗待工、轮流歇工、放长假、停薪留职和借到外单位工作并由外单位支付劳动报酬的人员等。

6. “学历”：指在国家认可的各类学校接受正规教育的学习经历，有国家认可的毕业证书，含全日制教育和在职教育。其中，研究生含博士研究生、硕士研究生。参加各种课程进修班学习获得结业证书的，不作为学历依据。

7. “粮食经营企业单位”：指辖区内所有从事粮食收购、销售、存储、加工、进出口等经营活动的企业单位。

数据来源：国家粮食局统计资料。

表47

2009年粮食行业取得国家职业资格证书人员统计表

2009年1月1日—2009年12月31日

职业／等级／人数／地区或单位	合计	粮油保管员					粮油质量检验员					粮油竞价交易员				制米工					制粉工					制油工				
		初级	中级	高级	技师	高级技师	初级	中级	高级	粮油质量检验师	高级粮油质量检验师	粮油竞价交易员	助理粮油竞价交易师	粮油竞价交易师	高级粮油竞价交易师	初级	中级	高级	技师	高级技师	初级	中级	高级	技师	高级技师	初级	中级	高级	技师	高级技师
总计	8837	5558					3041					85				29					124					—				
		1564	3026	798	170	—	1182	1591	176	92	—	—	22	23	40	—	29	—	—	—	7	85	32	—	—	—	—	—	—	—
北京	114		61				26															27								
天津	253	124	68				40	21																						
河北	152		152																											
山西	245	188					57																							
内蒙古	353	111	52				111	79																						
辽宁	188	49	47	17				45	30																					
吉林	987		412				356	190									29													
黑龙江	734	484	31				171	48																						
上海	78	26	52																											
江苏	642	144	81	64			129	176	26				22																	
浙江	121	12	44	45																	7	13								
安徽	448	52	15	169	55		119	38																						
福建	52		52																											
江西	230		41	133				48	8																					
山东	442		219	35				188																						
河南	425	73	80	76	53		28	34	42													7	32							
湖北	459		341					76		42																				
湖南	163	25	138																											
广东	193		81					49						23	40															
广西	396	57	95				117	103	24																					
四川	526		388					138																						
重庆	77			42				35																						
贵州	68		40					28																						
云南	156	13	83	8			19	27	6																					
陕西	274		119	40				52	25													38								
甘肃	173		68	51				42	12																					
青海	18		13	2				3																						
宁夏	69		21	39				9																						
新疆	157	58	60	2			9	25	3																					
中储粮总公司	476	148	70	75	62			71		50																				
中粮集团	168		102					66																						

数据来源：国家粮食局统计资料。

表48 国民经济与社会发展总量指标（1978～2009年）(一)

指　标	单位	1978年	1990年	2000年	2008年	2009年
人口						
总人口(年末)	万人	96259	114333	126743	132802	133474
城镇人口	万人	17245	30195	45906	60667	62186
乡村人口	万人	79014	84138	80837	72135	71288
就业和失业						
就业人员数	万人	40152	64749	72085	77480	77995
城镇登记失业人员	万人	530	383	595	886	921
国民经济核算						
国内生产总值	亿元	3645.2	18667.8	99214.6	314045.4	335352.9
第一产业	亿元	1027.5	5062.0	14944.7	33702.0	35477.0
第二产业	亿元	1745.2	7717.4	45555.9	149003.4	156957.9
第三产业	亿元	872.5	5888.4	38714.0	131340.0	142918.0
支出法国内生产总值	亿元	3605.6	19347.8	98749.0	314901.3	341515.0
最终消费支出	亿元	2239.1	12090.5	61516.0	152346.6	166126.2
资本形成总额	亿元	1377.9	6747.0	34842.8	138325.3	162297.1
货物和服务净出口	亿元	−11.4	510.3	2390.2	24229.4	13092.0
固定资产投资						
全社会固定资产投资总额	亿元		4517.0	32917.7	172828.4	224845.6
城　镇	亿元		3274.4	26221.8	148738.3	194138.6
#房地产开发	亿元		253.3	4984.1	31203.2	36231.7
农　村	亿元		1242.6	6695.9	24090.1	30707.0
对外贸易和实际利用外资						
货物进出口总额	亿美元	206.4	1154.4	4742.9	25632.6	22072.2
出口额	亿美元	97.5	620.9	2492.0	14306.9	12016.6
进口额	亿美元	108.9	533.5	2250.9	11325.6	10055.6
外商直接投资	亿美元		34.9	407.2	924.0	900.3
外商其他投资	亿美元		2.7	86.4	28.6	17.7
财政和金融						
国家财政收入	亿元	1132.3	2937.1	13395.2	61330.4	68476.9
国家财政支出	亿元	1122.1	3083.6	15886.5	62592.7	75873.6
金融机构人民币各项存款余额	亿元	1155	13943	123804	466203	597741
金融机构人民币各项贷款余额	亿元	1890	17511	99371	303395	399684.82
主要农业、工业产品产量						
粮食	万吨	30476.5	44624.3	46217.5	52870.9	53082.1
棉花	万吨	216.7	450.8	441.7	749.2	637.7
油料	万吨	521.8	1613.2	2954.8	2952.8	3154.3
肉类	万吨			6013.9	7278.7	7649.9
原煤	亿吨	6.18	10.80	13.84	28.02	29.73
原油	万吨	10405	13831	16300	19505	18949
发电量	亿千瓦小时	2566	6212	13556	34958	37147
粗钢	万吨	3178	6635	12850	50306	56803
水泥	万吨	6524	20971	59700	142355.73	165000

数据来源：国家统计局统计资料。

表48 国民经济与社会发展总量指标（1978～2009年）（二）

指 标	单 位	1978年	1990年	2000年	2008年	2009年
建筑业						
建筑业企业从业人员	万人		1011	1994	3315	3597
建筑业总产值	亿元		1345	12498	62037	75864
交通和邮电						
客运量	万人	253993	772682	1478573	2867892	2976898
货运量	万吨	248946	970602	1358682	2585937	2780628
沿海主要港口货物吞吐量	万吨	19834	48321	125603	429599	475481
邮电业务总量	亿元	34.1	155.5	4792.7	23649.5	27312.7
移动电话年末用户	万户		1.8	8453.3	64124.5	74738.4
固定电话年末用户	万户	192.5	685.0	14482.9	34035.9	31368.8
国内贸易和旅游						
社会消费品零售总额	亿元	1559	8300	39106	114830	132678
入境过夜旅游者人数	万人次	71.6	1048.4	3122.9	5304.9	5087.5
国际旅游外汇收入	亿美元	2.6	22.2	162.2	408.4	396.8
教育、科技、文化、卫生						
在校学生数						
#普通高等学校	万人	85.6	206.3	556.1	2021.0	2144.7
普通中学	万人	6548.3	4586.0	7368.9	8050.4	7867.9
普通小学	万人	14624.0	12241.4	13013.3	10331.5	10071.5
研究与试验发展经费支出	亿元			895.7	4616.0	5433.0
技术市场成交额	亿元		75	651	2665	3039
图书总印数	亿册(张)	37.7	56.4	62.7	70.6	70.3
期刊总印数	亿册	7.6	17.9	29.4	31.0	31.1
报纸总印数	亿份	127.8	211.3	329.3	442.9	437.0
医院、卫生院数	个	64311	62126	66095	59572	59918
执业(助理)医师	万人	97.8	176.3	207.6	208.2	220.5
医院、卫生院床位数	万张	184.7	259.2	290.8	374.8	408.1

注：1.由于计算误差的影响，按支出法计算的国内生产总值不等于按生产法计算的国内生产总值。
2.本表价值量指标中，邮电业务总量2000年及以前按1990年不变价格计算，2001年起按2000年不变价格计算，其余按当年价格计算。

数据来源：国家统计局统计资料。

表49

2009年国民经济与社会发展速度指标（一）

指标	2009年为下列各年%				平均每年增长%		
	1978年	1990年	2000年	2008年	1979～2009年	1991～2009年	2001～2009年
人口							
总人口(年末)	138.7	116.7	105.3	100.5	1.1	0.8	0.6
城镇人口	360.6	205.9	135.5	102.5	4.2	3.9	3.4
乡村人口	90.2	84.7	88.2	98.8	-0.3	-0.9	-1.4
就业和失业							
就业人员数	194.2	120.5	108.2	100.7	2.2	1.0	0.9
城镇登记失业人员	173.8	240.3	154.8	104.0	1.8	4.7	5.0
国民经济核算							
国内生产总值	1855.7	658.8	244.2	108.7	9.9	10.4	10.4
第一产业	401.8	210.7	145.1	104.2	4.6	4.0	4.2
第二产业	2837.7	933.1	262.3	109.5	11.4	12.5	11.3
第三产业	2505.7	692.0	262.1	108.9	10.9	10.7	11.3
固定资产投资							
全社会固定资产投资总额		4977.8	683.1	130.1		22.5	22.6
城 镇		5929.0	740.4	130.5		23.7	23.9
#房地产开发		14306.7	726.9	116.1		31.6	25.6
农 村		2471.2	458.6	127.5		18.2	16.7
对外贸易和实际利用外资							
货物进出口总额	10693.9	1912.0	465.4	86.1	16.3	16.8	18.6
出口额	12324.7	1935.4	482.2	84.0	16.8	16.9	19.1
进口额	9233.7	1884.8	446.7	88.8	15.7	16.7	18.1
外商直接投资		2582.0	221.1	97.4		18.7	9.2
外商其他投资		660.8	20.5	62.0		10.4	-16.1
财政和金融							
国家财政收入	6047.8	2331.4	511.2	111.7	14.1	18.0	19.9
国家财政支出	6761.8	2460.6	477.6	121.2	14.6	18.4	19.0
金融机构人民币各项存款余额	51752.5	4287.1	482.8	128.2	22.3	21.9	19.1
金融机构人民币各项贷款余额	21142.9	2282.5	402.2	131.7	18.9	17.9	16.7
主要农业、工业产品产量							
粮食	174.2	119.0	114.9	100.4	1.8	0.9	1.6
棉花	294.3	141.5	144.4	85.1	3.5	1.8	4.2
油料	604.5	195.5	106.8	106.8	6.0	3.6	0.7
肉类			127.1	105.0			2.7
原煤	481.1	275.3	214.8	106.1	5.2	5.5	8.9
原油	182.1	137.0	116.3	97.1	2.0	1.7	1.7
发电量	1447.6	598.0	274.0	106.3	9.0	9.9	11.9
粗钢	1787.4	856.1	442.0	112.9	9.7	12.0	18.0
水泥	2529.1	786.8	276.4	115.9	11.0	11.5	12.0

数据来源：国家统计局统计资料。

表49 2009年国民经济与社会发展速度指标（二）

指标	2009年为下列各年%				平均每年增长%		
	1978年	1990年	2000年	2008年	1979～2009年	1991～2009年	2001～2009年
建筑业							
建筑业企业从业人员		355.9	180.4	108.5		6.9	6.8
建筑业总产值		5640.4	607.0	122.3		23.6	22.2
交通和邮电							
客运量	1172.0	385.3	201.3	103.8	8.3	7.4	8.1
货运量	1117.0	286.5	204.7	107.5	8.1	5.7	8.3
沿海主要港口货物吞吐量	2397.3	984.0	378.6	110.7	10.8	12.8	15.9
邮电业务总量	107532.7	23566.9	764.8	115.5	25.3	33.3	25.4
移动电话年末用户		4084066	884.1	116.6		74.9	27.4
固定电话年末用户	16291.8	4579.2	216.6	92.2	17.9	22.3	9.0
国内贸易和旅游							
社会消费品零售总额	8512.7	1598.5	339.3	115.5	15.4	15.7	14.5
入境过夜旅游者人数	7105.5	485.3	162.9	95.9	14.7	8.7	5.6
国际旅游外汇收入	15085.6	1788.8	244.6	97.1	17.6	16.4	10.4
教育、科技、文化、卫生							
在校学生数							
#普通高等学校	2505.4	1039.6	385.7	106.1	10.9	13.1	16.2
普通中学	120.2	171.6	106.8	97.7	0.6	2.9	0.7
普通小学	68.9	82.3	77.4	97.5	−1.2	−1.0	−2.8
研究与试验发展经费支出			606.6	117.7			22.2
技术市场成交额		4046.6	467.0	114.0		21.5	18.7
图书总印数	186.4	124.6	112.1	99.6	2.0	1.2	1.3
期刊总印数	409.2	173.7	105.8	100.3	4.7	3.0	0.6
报纸总印数	341.9	206.8	132.7	98.7	4.0	3.9	3.2
医院、卫生院数	93.2	96.4	90.7	100.6	−0.2	−0.2	−1.1
执业(助理)医师	225.5	125.1	106.2	105.9	2.7	1.2	0.7
医院、卫生院床位数	220.9	157.5	140.3	108.9	2.6	2.4	3.8

注：本表价值量指标中，除国内生产总值和邮电业务总量按可比价格计算，其他按当年价格计算；
　　平均每年增长速度除固定资产投资额按累计法计算外，其他按水平法计算。
数据来源：国家统计局统计资料。